우파니샤드

우파니샤드

임근동 옮김

을유문화사

옮긴이 임근동(林根東)

충남 당진에서 태어나 한국외국어대학교 인도어과와 같은 학교 대학원 힌디과(힌디 문학 석사)를 졸업하고, 인도로 건너가 델리 대학교 산스크리트과에서 디플로마, 석사, 준박사 과정을 마쳤다. 이후 한국으로 돌아와 한국외국어대학교 대학원 비교문학과에서 힌디 문학과 산스크리트 문학의 신화 대비 연구로 문학 박사 학위를 받았다. 부산외국어대학교, 원광대학교, 서울대학교에서 힌디 어와 산스크리트를 강의했으며, 현재 한국외국어대학교 인도학과 교수와 국제지역대학장 그리고 한국인도학회장으로 있다. 주요 전공은 산스크리트 문학 가운데 『베다』와 신화이며, 요가 경전과 인도 철학을 강의하면서 인도 철학 분야에서도 연구 업적을 내고 있다.
지은 책으로 『신묘장구대다라니 강해』가 있고, 옮긴 책으로는 현대 인도어 소설인 『나한야테』와 산스크리트 어 서정시인 『구름 노래』 등이 있다. 그 밖에도 산스크리트어 논문인 「Ṛgvedātharvavedayoryamasūktāni(리그베다와 아타르바베다의 야마찬가 연구)」를 비롯한 40여 편의 논문이 있다.
sanskrit@hufs.ac.kr

우파니샤드

발행일
초판 제1쇄 2012년 5월 15일
초판 제11쇄 2025년 9월 30일

옮긴이 임근동
펴낸이 정상준
펴낸곳 (주)을유문화사

창립 1945년 12월 1일
주소 서울시 마포구 서교동 469-48
전화 02-733-8153
팩스 02-732-9154
홈페이지 www.eulyoo.co.kr
ISBN 978-89-324-5261-6 03150

- 책값은 뒤표지에 있습니다. 잘못된 책은 구입하신 곳에서 바꾸어 드립니다.

차례

옮긴이의 말 7
해제 15
일러두기 32

1. 이샤 우파니샤드 33
2. 께나 우파니샤드 49
3. 까타 우파니샤드 69
4. 쁘라스나 우파니샤드 127
5. 문다까 우파니샤드 163
6. 만두끄야 우파니샤드 201
7. 따잇띠리야 우파니샤드 211
8. 아이따레야 우파니샤드 259
9. 찬도그야 우파니샤드 279
10. 브리하드아란야까 우파니샤드 517
11. 스웨따스와따라 우파니샤드 799

찾아보기 859

옮긴이의 말

『우파니샤드』를 처음 읽은 것은 1982년 전철이 청량리역을 지나 지상으로 나오면 회기역에 이르기까지 철로 축대 위에 개나리꽃이 노랗게 흐드러질 무렵입니다. 인도어가 배우고 싶어 대학에 입학한 첫해 봄날, 전철에서 읽던 책이 박석일 선생님께서 번역하신 문고판 『우파니샤드』입니다. 무슨 내용인지는 제대로 이해되지 않았지만, 전철 안에서 『우파니샤드』를 읽은 그날 아침 교정에서 같은 학번 동기가 저를 보고는 "초탈한 사람같이 보이네!"라고 말했습니다. 깜짝 놀라 웃음으로 빙그레 대답하며 '전철에서 읽은 『우파니샤드』의 기운이 마음에 남아 그렇게 보이는 모양인가 보다!'라고 생각했습니다. 처음 읽은 『우파니샤드』는 그렇게 기운 있는 책이었습니다. 그래서 저도 한번 『우파니샤드』를 원어로 공부해서 우리말로 옮겨 보아야지 하고 마음을 먹었습니다.

하지만 우리나라에서 대학원 석사 과정을 마칠 때까지도 『우파니샤드』를 원어로 읽을 수가 없었습니다. 인도의 현대어인 힌디 어를 전공한 탓이기도 하지만, 『우파니샤드』의 원어가 너무 어려웠기 때문입니다. 우리나라에서 대학원을 마치는 동안 『바가바드기타』는 원어로 서너 번을 읽었지만, 산스크리트 어 실력이 부족한 저는 석사 과정을 마칠 때까지도 『우파니샤드』만은 원어로 읽을 수가 없었습니다. 그러다 인도로 공부하러 가서 델리 대학교 산스크리트학과 디플로마 과정과 석사 과정 수업 시간에 『우파니샤드』를 배우게 되었습니다. 『이샤 우파니샤드』가 디플로마 과정의 과목이고, 『이샤 우파니샤드』와 『스웨따스와따라 우파니샤드』가 석사 과정의 과목이었기 때문입니다. 석사 과정 입학 자격을 주는 디플로마 과정에서 배우는 『우파니샤드』가 『이샤 우파니샤드』 단 한 편이고, 석사 과정에서 일 년 동안 배우는 『우파니샤드』가 『이샤 우파니샤드』와 『스웨따스와따라 우파니샤드』 이렇게 단 두 편에 불과하다는 사실을 보면 『우파니샤드』의 원어가 얼마나 어려운지 알 수 있습니다.

『우파니샤드』는 아침에 공부해야 한다는 담당 교수님의 지론에 따라 델리 대학교의 산스크리트학과 석사 과정 『우파니샤드』 수업 시간은 항상 1교시였습니다. 아침 맑은 기운에 즐겁게 강의를 듣던 어느 날, 교수님께서 강의 중에 불쑥 이런 말씀을 하셨습니다.

"너희는 지금 강의를 들어도 절대로 『우파니샤드』를 이해할 수 없다! 『우파니샤드』는 너희가 세상을 살아가는 동안 아무리 애를 써도 되는 일이 하나 없고 삶에서 버림 받아 고통만이 가득할 때, 그때가 되어서야 이해할 수 있는 것이다. 그 전에는 너희는 절대로 『우파니샤드』를 이해할 수 없다!"

교수님의 이런 말씀을 듣는 순간 저는 마음속으로 혼자 중얼거렸습니다. '그래, 맞아! 그렇다면…… 『우파니샤드』를 이해하려면…… 내 모든 희망과 꿈이 산산이 무너져야 한다는 거네! 헤어날 길 없는 지독한 고통 속으로 내가 들어가야 한다는 거네! 아, 안 되지! 내가 인도에 와서 더위에 왜 이 고생을 하는데? 그래…… 난 절대로 『우파니샤드』를 이해하지 말아야지!' 이렇게 저는 인도의 아침 수업 시간에 『우파니샤드』를 이해하지 않기로 결심했습니다.

델리 대학교 산스크리트학과 석사 과정은 이 년 과정인데, 일 년 과정을 마치면 자신의 전공을 선택합니다. 전공은 『베다』, 문법, 철학, 문학, 금석문 등으로 나누어져 있습니다. 우리나라 대학원에서 인도의 현대어 문학인 힌디 시를 전공한 저는 가장 오래된 인도의 시詩인 『베다』를 읽고 싶어서 『베다』를 전공으로 택했습니다. 그러자 제게 늘 따뜻하게 대해 주시던 『우파니샤드』 담당 교수님이 무척이나 안타까워하셨습니다. 왜냐하면 『우파니샤드』는 『베다』 문학에 포함되지만, 철학적인 내용이 중심을 이루기에 본격적인 『우파니샤드』 공부는 철학 전공자들에게 해당되는 과목이었기 때문입니다.

나중에 안 사실이지만, 제가 좋은 학생이라서가 아니라 『우파니샤드』 교수님께서 학생 시절에 함께 친하게 공부했던 한국인 동기분이 생각나서 제게 친절하게 대해 주신 것이었습니다. 인도인 교수님께서는 저를 보면 그분 생각이 난다고 하셨습니다. 언젠가 연구실에서 눈물을 글썽이시며 하시는 말씀이 그분께서는 정말 산스크리트의 대가이신데, 인도에서는 외국인이라 학교에 자리를 잡을 수가 없어 산스크리트를 공부하며 고생하시다가 그만 굶어 돌아가셨다고 했습니다. 인도에서 산스크리트를 공부한 우리나라 일 세대 선배님께서 인도에서 겪으신 그 고통을 생각하면 지금도 마음이 불편합니다.

그렇게 따듯하게 대해 주신 『우파니샤드』 담당 교수님은 『베다』를 전공으로 선택한 지 반 년이 지나도록 제가 전공을 바꾸어 『우파니샤드』를 공부하기를 바라셨습니다. 당시 『우파니샤드』도 배우고 싶었지만, 앞서 말씀드린 이유로 『우파니샤드』를 이해하고 싶지 않았고, 『베다』를 알면 『우파니샤드』는 저절로 알게 될 것이라 내심 자만하고 있었습니다. 이런 저의 마음을 읽으셨는지 『우파니샤드』 담당 교수님은 『우파니샤드』를 이해하지 못하고서 어떻게 『베다』를 이해할 수 있겠냐며 『우파니샤드』를 선택하지 않은 것을 나중에 후회하게 될 것이라고 말씀하시고는 더 이상 제게 『우파니샤드』를 권유하지 않으셨습니다.

『베다』 전공으로 석사 과정을 마치고 저는 박사 과정의 예비 단계인 엠필 과정에서도 역시 『베다』를 전공으로 선택했습니다. 인도의 대학교는 우리와는 학제가 달라 석사 과정과 박사 과정 사이에 준박사에 해당하는 엠필 과정이 있습니다. 석사 과정과 엠필 과정의 『베다』는 정말 재밌었습니다. 아마 『베다』를 공부했던 그때가 지금까지 공부 시간 가운데 가장 행복한 때가 아니었나 싶습니다. 나중에 『우파니샤드』를 번역하면서 알게 되었지만 『베다』가 그냥 아름다운 경치를 바라보는 것이라면, 이에 비해 『우파니샤드』는 여기는 이래서 아름답고 저기는 저래서 아름답고 그래서 경치가 아름답다는 것을 아는 것입니다. 아마도 예술 작품인 시와 철학의 차이인 것 같습니다.

인도의 대학은 박사 과정에 수업이 없습니다. 그래서 『베다』 전공으로 박사 과정에 진학한 다음 여러 사정으로 우리나라에 들어와 대학에서 강사 생활을 하며 이리저리 시간을 낭비하며 보냈습니다. 고통스럽고 힘든 시간이었던 것 같습니다. 그래서 그런지 『우파니샤드』를 이따금 펼치며 마음을 위로했습니다. 그 시절 은사님이신 한국외국어대학교 인도어과 서행정 교수님께서 당신의 연구실 절반을 내어 주시며 제가 공부할 수 있는 공간을 마련해 주셨습니다. 부드럽지만 단호하게 바른 길로 이끌어 주시던 은사님께서 1997년 어느 가을날 딴짓만 하는 저의 모습이 안타까우셨는지 『우파니샤드』를 한번 제대로 번역해 보라고 하셨습니다. 선생님 말씀이라면 무조건 "네!"라고 대답부터 하는지라 생각하지도 않고 "네!"라고 대답했습니다. 하지만 『우파니샤드』를 제대로 번역할 산스크리트 실력이 제게는 없었습니다.

그러다 세월이 흘러 저도 교수가 되어 연구실을 얻어 독립해 나오고 이런저런 일로 시간을 보내던 중 연세대학교 영문학과 윤혜준 교수님의 추천으로 2007년에 을유문화사와 『우파니샤드』를 번역하기로 했습니다. 하지만 좀처럼 『우파니샤드』를 번역할 틈이 나지 않았습니다. 그러다 처음으로 학교에서 연구년을 맞아 재작년 한 해 수업을 쉬게 되었습니다. 그래서 만사 미루어 두고 짐을 챙겨 산으로 들어갔습니다. 왠지 도시에서는 『우파니샤드』가 제대로 번역이 되지 않았기 때문입니다.

그러나 산에서 번역을 하면서도 하루에도 열두 번은 더 번역을 그만두고 싶은 생각이 간절했습니다. 너무 힘들었기 때문입니다. 『우파니샤드』는 혼자 읽으면 무슨 말인지 다 이해가 되는 것 같은데, 막상 우리 글로 정확히 직역하여 옮기려 하면 막막해집니다. 그래서 우리말로 옮기면서 여러 차례 직역을 그만두고 의역을 하고 싶었습니다. 직역을 하다 보면 우리말이 이상해져, 일일이 감추어진 의미를 각주로 부연 설명을 해야 하는 고된 상황에 연이어 마주하게 되었기 때문입니다. 이에 비해 의역은 파악한 원문의 내용에 상상의 날개를 달아 문장을 시원스레 멋있게 꾸며 만들면 그만일 것이란 생각이 자꾸만 들었습니다. 아울러 이해하기 어려운 직역보다 읽기 쉬운 의역이 서점에서 많이 팔릴 것이라는 느낌도 들었습니다.

『우파니샤드』의 언어는 일반 산스크리트 어가 아닌 그보다 더 고어인 후기 베다 어에 해당합니다. 『베다』 문헌들이 그렇듯이 『우파니샤드』는 워낙 생략과 상징, 함축, 대명사의 사용이 많습니다. 따라서 직역을 하면 이해하기도 힘들고 우리말의 문장도 어색해집니다. 그냥 제가 파악한 내용을 의역하여 문장을 곱게 꾸미면 책도 어느 정도 팔리고 좋을 텐데, 직역을 하자니 문장은 이상해지고 원어에 정확히 대응하는 우리말을 찾자니 아는 단어들도 다시 이 사전 저 사전을 뒤져 가며 의미를 새로이 파악해야 했습니다. 그래도 안 되면 어근에서 의미를 찾아내고, 그래도 미진하면 영어 번역과 힌디 어 번역에서 해석된 경우까지 일일이 살펴야 했습니다. 아울러 직역이니만큼 책을 읽으시는 분들은 우리말로 옮긴 것만을 보아서는 정확한 의미 파악이 힘드실 것 같았습니다. 그래서 지금까지 역사상 산스크리트 최고 학자라고 하는 샹카라Śaṃkara의 주석에서 중요 부분을 골라 원문에 각주로 달아 놓아야 했습니다. 그러다 보니 각주가 어느덧 사천구백여 개에 이르게 되었습니다.

그래서 『우파니샤드』를 우리말로 다 옮기기까지 내내 직역을 버리고 의역을 하고 싶은 유혹이 그치지 않았습니다. 그러나 문학 작품은, 특히 시는 의역이 좋지만 철학이나 사상과 관련한 작품은 직역이 좋다는 생각을 떨치기가 힘들었습니다. 몇 해 전 산스크리트의 서정시를 번역해 출간한 적이 있습니다. 그때 느낀 점은 시는 직역이 곤란하고 의역을 해야 하는데, 시를 의역하는 번역자는 자신의 마음이 원저자인 시인의 마음이 되어야 한다는 것이었습니다. 의역이란 원저자와 시공간의 장벽을 넘어 마음이 하나가 되어야 함을 알았습니다. 그러나 『우파니샤드』는 모든 것을 버리고 인생과 우주의 진리를 탐구하기 위해 자신의 전 존재를 내던진, 어두운 밤 불꽃같은 삶을 산 고대 인도 성현들의 글입니다. 세속에 찌들어 하찮게 삶을 살아가는 저의 탁한 마음이 어찌 감히 시공의 벽을 넘어 성현의 맑은 마음과 하나 될 수 있겠습니까? 따라서 저는 의역에 대한 계속되는 유혹을 물리치며 직역을 고수할 수밖에 없었습니다. 하지만 도저히 우리말이 이상해질 때는 저도 어쩔 수 없이 약간의 의역을 피하기가 힘들었습니다.

이렇게 글을 쓰다가 불안한 마음에 제가 번역한 원고를 처음부터 다시 원문과 대조하며 교정을 보았습니다. 어찌나 틀린 곳이 많던지! 과장을 하면 거의 첫 번역에 들어간 시간만큼의 시간을 다시 교정에 소요했습니다.

교정을 보면서 국내에 번역된 기존의 『우파니샤드』들과 저의 번역을 비교해 보게 되었습니다. 비교 결과 이미 국내에 간행된 기존의 『우파니샤드』 번역서들과 저의 『우파니샤드』 번역에 얼마간의 차이를 느낄 수 있었습니다. 그리고 이 차이 때문에 아마 기존 번역서를 읽으신 독자 분들께서는 의아해하실 것이라고 생각했습니다. 그 차이와 이유는 다음과 같습니다.

첫째, 기존 번역서와 낱말과 문장이 다른 경우입니다. 이것은 많은 경우 원어가 가진 다의성 혹은 직역과 의역의 차이 때문입니다.

둘째, 기존 번역서에는 없는 단어와 문장이 저의 번역서에 있거나, 아니면 기존 번역서에 있는 문장이 저의 번역서에 없는 경우입니다. 이 경우는 기존 번역서가 원문 번역을 생략하거나, 원문에 없는 문장을 임의로 만들어 삽입한 경우입니다.

셋째, 기존 번역서와 저의 번역서 문장이 정반대의 의미를 갖는 경우입니다. 이 경우는 대부분 기존 번역서가 오역을 한 경우입니다.

저의 번역에도 제가 미처 발견하지 못한 오역이 있을 수 있습니다. 발견되는 대로 보완토록 하겠습니다.

원고를 드리기로 한 지 약 이 년의 시간이 더 지났습니다. 묵묵히 기다려 주신 을유문화사에 감사드립니다. 그리고 책을 만드느라 애를 쓰신 을유문화사와 임정우 님, 교정을 맡아 성심으로 책을 다듬어 주신 홍희정 님께 진심으로 감사를 드립니다. 을유문화사에서 제가 번역한 『우파니샤드』가 나오게 되어서 기쁩니다. 강호제현江湖諸賢 여러분의 서가에 책이 누가 되지 않기를 간절히 바랍니다. 많은 질정叱正 부탁드립니다.

2012년 봄 누실陋室에서

삼가 씀

해제

좁은 의미의 『베다』는 『베다』의 본집인 『쌍히따saṁhitā』를 말하며, 브야싸Vyāsa에 의해 편집된 『리그베다Ṛgveda』, 『싸마베다Sāmaveda』, 『야주르베다Yajurveda』, 『아타르바베다Atharvaveda』들이 이에 해당된다. 넓은 의미의 『베다』는 이들 네 가지 『쌍히따』들과 『브라흐마나Brāhmaṇa』, 『아란야까Āraṇyaka』, 그리고 『우파니샤드Upaniṣad』[1]까지를 포함한다. 넓은 의미의 『베다』는 다시 크게 '행위의 편karmakāṇḍa'과 '지혜의 편jñānakāṇḍa'으로 구분된다. 일반적으로 『브라흐마나』는 행위karma의 편에 해당하며, 『아란야까』는 행위와 지혜jñāna의 편에 아울러 포함되고, 『우파니샤드』는 지혜의 편에 속한다.

『베다』에서 행위는 제사yajña를 뜻하며, 지혜는 제사와 관련된 형이상학적인 요소와 존재의 궁극적 실재를 파악하는 것을 의미한다. 따라서 『브라흐마나』는 많은 부분 『쌍히따』와 관련된 제식적인 상관성을 가지며, 『아란야까』는 『쌍히따』와 관련된 제식적인 상관성과 더불어 형이상학적인 상관성을 가진다. 그리고 『우파니샤드』는 『쌍히따』와 관련된 제

1 『우파니샤드』의 원어는 'Upaniṣad'와 'Upaniṣat' 두 개가 다 통용된다.

식적인 상관성도 일부 갖지만, 그 상관성은 제식이 가지고 있는 형이상학적인 의미를 해석하는 데 중점을 둔다.[2]

『베다』의 형이상학은 『리그베다』에서 "인드라, 미뜨라, 와루나, 아그니라고 말하니, 바로 저 하늘에 아름답게 나는 가루뜨만이라고, 하나지만 현자들은 여러 가지로 말하니, 아그니, 야마, 마따리스와라고 말하노라"[3]에서 보이듯이 다양성 속에서 단일성을 보는 것이며, 더 나아가 일체가 여여如如함을 느끼어 육신을 지닌 채 해탈하는 것이다. 이러한 『베다』의 형이상학을 전개하는 『우파니샤드』는 『베다』의 정수에 해당한다. 그래서 『베다』의 정점anta 혹은 『베다』의 끝anta이라는 의미로 『우파니샤드』를 '베단따Vedānta'라고도 부른다.

샹카라Śaṁkara에 의하면 『우파니샤드』는 아我, ātman인 브라흐만brahman에 가까이upa 이르게 하는 것, 모든 지혜明, vidyā들 가운데 '최고의 신비paramarahasya', 아울러 최고para인 지복至福, śreyas이 '모여 깃들어 있는 곳upaniṣanna'인 '신비한 지혜upaniṣat'다.

『베다』는 고대 인도의 신비주의 문헌이다. 따라서 『베다』의 정수인 『우파니샤드』는 신비 사상의 핵심을 담고 있다. 신비 사상의 핵심은 공개적으로 전달되는 것이 아니라, 남들 모르게 스승과 제자의 비전秘傳을 통해 전해지는 것이다. 즉 어원적인 의미로 살펴볼 때 '옆에upa 확실하게ni 앉는 것ṣad'인 『우파니샤드』는 스승과 제자만이 알 수 있게 스승 옆에 바

---

2 『브리하드아란야까(*Bṛhadāraṇyaka*)』와 『찬도그야(*Chāndogya*)』가 특히 제식과 관련된 행위가 가지고 있는 형이상학적인 의미를 해석하고 있다. 이하 『우파니샤드』의 명칭에서는 대부분의 경우 『우파니샤드』라는 말을 생략한다.

3 "indraṁ mitraṁ varuṇamagnimāhuratho divyaḥ sa suparṇo garutmān, ekaṁ sadviprā bahudhā vadantyagniṁ yamaṁ mātariśvānamāhuḥ." (『리그베다』 1. 164. 46)

짝 다가앉아 들어야 하는 신비한 이야기를 뜻한다. 『우파니샤드』 자체가 그러한 것이 아니라, 『우파니샤드』의 내용이 그렇다는 것이다. 그래서 『우파니샤드』에 숨겨진 비전의 내용을 알지 못하면 『우파니샤드』를 아는 것이 아니다. 즉 스승의 가르침이 없으면 『우파니샤드』는 아무리 읽어도 읽은 것이 아니다.

『우파니샤드』의 문체가 상징적이고, 함축적이고, 생략이 심하며, 대명사 사용이 지나칠 정도로 많은 문체라는 사실은 가르침을 주는 스승을 통하지 않고는 『우파니샤드』의 내용을 정확히 파악할 수 없다는 것을 의미한다. 인도의 산스크리트 어 학자들은 『우파니샤드』의 원어인 산스크리트 어에 대해서 이야기하기를, 산스크리트 어의 음운 결합 규칙은 산스크리트 어라는 성城에 접근하지 못하게 땅을 파서 물을 채운 해자이며, 복합어는 산스크리트 어의 성을 함부로 넘어올 수 없게 만든 높은 성벽이라고 한다. 즉 음운 결합 규칙과 복합어는 인도의 낮은 계층이 스승 없이는 귀족의 언어이며 성스러운 언어인 산스크리트 어에 입문할 수 없게 만든 장치다.

『우파니샤드』 역시 이와 마찬가지다. 고대 인도에는 하층민인 수드라Śūdra가 사제 계급인 브라흐마나Brāhmaṇa가 낭송하는 『베다』를 우연히라도 들으면, 귀에 유리 조각을 박았다. 얼마나 철저하게 『베다』의 지식을 귀족 계급의 전유물로 삼았는지를 짐작할 수 있게 하는 대목이다. 이러한 귀족들이 『베다』의 정수인 『우파니샤드』를 스승의 가르침 없이 스스로 읽고 깨우칠 수 있게 만들었다고 생각하는 것은 어리석음이다. 스승에게 헌신하며 다가가 앉아 스승의 허락을 받아 비밀리에 전해 받기 전에는 그 내용을 알 수 없게 만든 것이 『우파니샤드』다. 그래서 '옆에 확실하게 앉는 것'이란 의미에서 비전을 『우파니샤드』라고 한다. 샹카라에 의하면 이러한 '『우파니샤드』는 사념해야 할 신비다upaniṣadaṁ rahasyaṁ yaccintyam.'

아울러 『우파니샤드』의 언어는 일반 산스크리트 어가 아니라 훨씬 오래된 산스크리트 어인 후기 베다 어다. 따라서 일반 산스크리트 어만을 공부한 학자가 완전하게 번역할 수 있는 문헌이 아니다. 이것은 중세 국어에 능통한 학자가 신라 향가를 완전하게 해독할 수 없는 것과 같은 이치다. 결론은 스승이 없으면 『우파니샤드』의 정확한 내용을 파악하기 곤란하다는 것이다.

그렇다면 우리가 『우파니샤드』의 내용을 이해하려면 어디에서 스승을 만나 가르침을 받을 것인가? 그리고 그 스승은 누구일까? 아쉽게도 그 스승은 오늘날 현존하지 않는다. 하지만 다행히 그 스승께서 지나치게 자상할 정도로 『우파니샤드』의 내용을 풀이하여 가르침을 베푼 글이 있다. 그 스승의 이름은 '샹카라'이며, 그 글은 『우파니샤드』에 대한 샹카라의 산스크리트 어 주석서다.

샹카라는 흔히 아짜르야Ācārya라는 칭호를 덧붙여 샹카라 아짜르야Śaṁkāra Ācārya라고 불린다. '아짜르야'는 스승이라는 뜻이다. '샹카라 아짜르야'는 6세기 중엽에서 말엽 사이에 인도에서 가장 정통 브라흐마나인 남부드리Nambūdri 브라흐마나 출신으로 생존한 인물이다.[4] 여덟 살에 모든 『베다』에 정통한 신동이었으며, 출가 수행자의 삶을 살다가 서른두 살에 히말라야에서 생을 마감했다. 샹카라는 생전에 인도 남부에 위치한 마이소르의 슈린게리Śringeri, 동부의 푸리Pūri, 서부의 드와르까Dvārakā,

4 라다크리슈난(S. Radhakrishnan)에 의하면 반다르까르(R. G. Bhāndārkar)는 샹카라가 680년에 출생했다고 주장한다. 막스 뮐러(F. Max Müllar)와 맥도널(A. A. Macdonell)은 샹카라가 788년에 출생하여 820년에 이 세상을 떠났다고 주장한다. 키트(Keith)는 샹카라가 9세기 초에 활동한 인물이라고 주장한다. 아난다기리(Ānandagiri)는 샹카라가 기원전 44년에 태어나서 기원후 12년에 세상을 떠났다고 주장한다. 말라바르(Mālabar) 지역의 남부드리 브라흐마나 출신이며 인도의 서해안에 위치한 깔라디(Kālādi)에서 태어났다고 한다. 가우다빠다(Gauḍapāda)의 제자인 고빈다(Govinda)의 제자다.

북부인 히말라야의 바드리나타Badarīnātha 이렇게 인도의 동서남북 네 곳에 사원을 건립했다. 지금까지도 현존하는 이 사원들에는 각각 한 사람의 제자가 '샹카라'라는 이름으로 머물며 그의 법통을 이어 오고 있다. 이러한 샹카라의 주석은 인도의 『우파니샤드』 해석에서 최고 권위를 갖는다. 『베다』를 모르고 『베다』의 정수인 『우파니샤드』를 이해한다는 것은 불가능하다. 따라서 그 누가 여덟 살에 모든 『베다』에 정통한 인물인 샹카라의 『우파니샤드』 해석을 무시하겠는가?

『무끄띠까 우파니샤드Muktikopaniṣad』에 의하면, 『우파니샤드』는 모두 백팔 개[5]가 있으며, 이들 백팔 개의 『우파니샤드』를 읽으면 살아서 해탈을 얻는다고 한다.[6] 백팔 개의 『우파니샤드』 가운데 『아이따레야Aitareya』와 『까우쉬따끼Kauṣītaki』를 비롯한 열 개는 『리그베다』와 관련되며, 『이샤Īśa』와 『브리하드아란야까Bṛhadāraṇyaka』를 비롯한 열아홉 개는 『슈끌라야주르베다Śuklayajurveda』와 관련되고, 『까타Kaṭha』, 『따잇띠리야Taittirīya』, 『스웨따스와따라Śvetāśvatara』, 『까이왈야Kaivalya』 등 서른두 개는 『끄리스나야주르베다Kṛṣṇayajurveda』와 관련되며, 『께나Kena』, 『찬도그야Chāndogya』, 『마이뜨라야니Maitrāyaṇī』 등 스물여섯 개는 『싸마베다』와 관련되고, 『쁘라스나Praśna』, 『문다까Muṇḍaka』, 『만두끄야Māṇḍūkya』, 『마하나라야나Mahānārāyaṇa』 등 서른한 개는 『아타르바베다』와 관련된다. 한편 모띠랄 바나르씨다쓰Motilal Banarsidass에서 간행된 『우파니샤드』 전집에는 백여든여덟 개의 『우

---

5 인도에서는 고통의 수를 모두 108개라고 한다. 고통을 통과하면 고통은 기쁨이 된다. 따라서 기쁨의 수도 마찬가지로 108개다. 108이라는 수가 상징하는 바를 통해 『우파니샤드』는 고통을 통과해 기쁨으로 나아가게 하는 문헌임을 미루어 알 수 있다.

6 "gṛhītvā'ṣṭottaraśataṁ ye paṭhanti dvijottamāḥ, prārabdhakṣayapryantaṁ jīvanmuktā bhavanti te." (『무끄띠까 우파니샤드』 1. 42)

파니샤드』가 실려 있으며, 뭄바이에서 간행된 『우파니샤드 문장 대사전 Upaniṣad-Vākya-Mahākoṣa』에는 모두 이백스물세 개의 『우파니샤드』들이 언급되어 있다.

그러나 샹카라는 『이샤』, 『께나』, 『까타』, 『쁘라스나』, 『문다까』, 『만두끄야』, 『따잇띠리야』, 『아이따레야』, 『찬도그야』, 『브리하드아란야까』, 『스웨따스와따라』 이렇게 열한 개의 『우파니샤드』에 대해서만 주석을 달았다. 이들 가운데 『스웨따스와따라』의 현존하는 산스크리트 주석에 대해서는 진짜 샹카라의 주석인지 여부에 대해 이견이 있다. 하지만 샹카라가 다른 『우파니샤드』 주석에서 『스웨따스와따라』의 내용을 언급하고 있으며, 문체도 샹카라의 다른 『우파니샤드』 주석들과 크게 다르지 않고, 기타프레스Gītāpress에서 출간한 단행본 『스웨따스와따라』는 샹카라의 주석이라 명시되고 있는 것으로 보아 샹카라의 주석으로 인정하는 것이 좋을 것 같다. 이와 같이 샹카라가 주석한 『우파니샤드』의 수는 모두 열한 개에 불과하다. 따라서 이들 열한 개의 『우파니샤드』가 가장 중요한 『우파니샤드』이며 정통 『우파니샤드』라고 할 수 있다. 현재 인도의 대표적인 현대어인 힌디 어로 번역된 『우파니샤드』는 샹카라가 주석한 열한 개의 『우파니샤드』가 전부다. 샹카라가 주석한 이들 열한 개의 『우파니샤드』에 나타나는 주요 개념은 다음과 같다.

아我, ātman

아我의 원어인 아트만ātman은 '가다, 늘 가다' 등을 의미하는 어근 '아뜨at', 혹은 '숨 쉬다, 살다, 능력이 있다, 가다' 등을 의미하는 어근 '안an'에서 파생된 낱말이다. 아트만은 남성 명사로 '영혼, 생기, 자아, 우주적인 영혼, 브라흐만, 본질, 몸, 자신, 마음, 사고력, 형상, 아들, 태양, 불, 바람' 등을 의미한다. 아트만은 불경에서 '아我, 아자我者, 기己, 자自, 성性, 자성自性, 신身, 자신自身, 체體, 체성體性, 기체己體, 자체自體, 신神, 신식神識' 등으로 한역漢譯된다.

샹카라에 의하면 아는 '편재하다'는 의미를 지닌 어근에서 파생된 낱말이다āpnotervyāptikarmaṇaḥ ātmā.' 그리고 스며들어 '편재하기 때문에āpnoteḥ', '먹기 때문에atteḥ', '계속해서 가기 때문에atateḥ' 아라고 한다. 아울러 샹카라는 아를 모든 것과 모든 곳에 스며들어 편재하기 때문에 '도달하다, 만나다, 얻다, 들어가다, 스며들어 편재하다' 등의 의미를 지닌 어근 '아쁘āp'에서, 자신이 창조한 세상을 맛보는 존재이기 때문에 '먹는다'는 의미를 지닌 어근 '아드ad'에서, 윤회하는 존재 속에 계속 들어오기 때문에 계속해서 간다는 의미를 지닌 어근 '아뜨at'에서 파생된 낱말로 보고 있다.

샹카라에 의하면 '드높은 것para', '모든 것을 아는 것sarvajña', '모든 것의 힘sarvaśakti', '먹고 싶은 마음aśanāyā'을 비롯한 세상의 특질이 없는 것, '항상恒常한 것nitya', '순정純淨한 것śuddha', '깨어 있는 것佛陀, buddha', '해탈한 것mukta', '본질svabhāva', '생겨나지 않은 것aja', '늙지 않는 것ajara', '죽지 않는 것amara', '불사不死, amṛta', '두려움이 없음인 것abhaya', '둘이 아닌 것advaya'이 바로 아다.

이러한 아는 시간kāla과 공간deśa과 사물vastu에 의해서 단절되지 않는다. '모든 것一切, 宇宙, 世界, viśva'은 아의 형태다. 그러나 지고至高, para의 아는 '모든 것의 형태인 것viśvarūpatva'은 아니다. 즉 모든 것은 아의 형태지만, 아는 모든 것의 형태가 아니다. 왜냐하면 변형은 언어에서 비롯된 이름에 불과한 것이기 때문이다.

심장hṛd이라는 연꽃 형태의 살덩어리에 지성buddhi이 있기 때문에 심장은 지성을 뜻한다. 이러한 지성 안에 있는 빛이 아다. 지성 안에 있다는 것은 지성과 다르다는 것을 의미한다. 조명照明, avabhāsa이 본질이기에 아를 빛jyotis이라고 일컫는다. '의식의 빛caitanyajyotis', 스스로에게는 '조명하는 성질avabhāsakatva' 말고는 궁극적인 의미에 있어서 '만드는 자의 성질kartṛtva'이 없다. '의식아意識我의 빛caitanyātmajyotis'으로 내적 기관을 통해 몸과 지각 기관을 조명하면, 조명된 몸과 지각 기관들이 행위들에 종사한다. 그곳에 아의 '만드는 자의 성질'이 가설假設, upacāra된다. 그리고 아가 스스로 '모든 것의 아sarvātman'로서 자신 안의 최고 '지혜의 아prājñātman'와 하나가 되면, 지각 기관들과 대상들이 별개로 존재하지 않게 된다. 그래서 '보는 자draṣṭṛ'와 분리된 별개의 것을 본다는 것은 없다.

따라서 궁극적으로 아와 다른 사물은 없다. 그러나 '잠에서 깨어 있는 상태jāgarita' 혹은 꿈svapna에서는 다른 것인 양, 즉 무명無明, avidyā에 의해서 아와 다른 사물인 것처럼 앞에 나타난다. 그래서 아를 보지 못하는 사람들은, 즉 아와 다른 사물을 추구하는 사람들은 '이것이 내 것이 되었으면, 이것이 아들의 것이 되었으면, 이것이 아내의 것이 되었으면!' 이렇게 갈구하면서 거듭거듭 생사의 끊임없는 흐름에 올라타 몸의 병을 따라 병이 든다. 그러나 '모든 것의 아'를 보는 사람들은 그렇지가 않다.

아는 '최고의 자신svaṁ param'이며, 모든 생명체들이 욕망하는 것을 아는 존재이며, 심장에 머물러 있으며, 먹고 싶은 마음을 비롯한 속성을 벗어난 존재다. 이것은 모든 생명체들의 인식을 직접 바라보는 '최고의 아parātman'다. "이렇게는 아니다, 이렇게는 아니다neti neti" 등을 통해 언급된 것이다. 이것 말고는 다른 보는 자, 듣는 자, 생각하는 자, 아는 자가 없는 것이다. 동일함sama이다. 모든 존재들에 머무는 것이다. 항상하고, 순수하며, 깨어 있고, 해탈한 본질이다.

그러나 몸에 있는 아는 미세신微細神, liṃga으로 제한되어 죄pāpman의 결합과 분리의 형태인 태어남janma과 죽음maraṇa을 통해 이 세상ihaloka과 저 세상paraloka을 잠의 영역과 깨어 있는 영역처럼 따라 오간다. 이러한 몸에서 아가 떠나면 생기生氣, prāṇa를 비롯한 것들도 떠나간다. 몸에 있는 아는 지혜智慧, 般若, prājña인 '최고의 아', 즉 '스스로가 빛의 본질인 것svayaṁjyotiḥs-vabhāva'이 올라탄 채, 즉 '스스로가 빛의 본질인 것'에 의해 조명되며 그의 숨이 위로 거두어질 때까지 몸에 존재한다.

인아人我, puruṣa

인아人我의 원어는 뿌루샤puruṣa다. 뿌루샤는 남성 명사로 '남자, 사람, 신하, 지고의 존재, 우주적인 영혼, 개별적인 영혼, 우주의 근원인 영혼, 눈동자' 등을 의미한다. 불경에서 뿌루샤는 '인人, 인자人者, 남男, 남자男子, 장부丈夫, 사부士夫, 사士, 대사大士, 아我, 인아人我' 등으로 한역된다.

샹카라에 의하면 '사람의 형태인 것puruṣākāratva'이기 때문에 뿌루샤다. 혹은 '생기인 지성의 아prāṇabuddhyātman'에 의해서 모든 세상은 가득하다pūrṇa. 그래서 뿌루샤다. 혹은 몸pur에 깃들기śayana 때문에 뿌루샤다. '이것으로 모든 것이 충만함으로 뿌루샤다puruṣaḥ pūrṇamanena sarvamiti.' 즉 샹카라의 어원에 따르면, '인아'는 모든 것에 깃들어 모든 것을 충만케 하는 존재다.

샹카라에 의하면 빛의 본질인 인아는 심장인 지성과 가까이 있게 되어 지성을 닮은 것이 된다. 지성은 맑은 것이어서 '아의식我意識의 빛ātmacaitanyajyotis'의 영상影像, praticchāyā이 된다. 그래서 분별력이 있는 사람들도 처음에는 지성에 대해 '아라는 자각ātmābhimānabuddhi'을 갖게 된다. 이어서 지성과 가까이 연결된 마음manas에 '의식의 현시顯示, caitanyāvabhāsatā'가 있게 된다. 이어서 마음과 연결된 지각 기관indriya들에, 이어서 바로 지각 기관들과 연결된 몸śarīra에 '의식의 현시'가 있게 된다. 이처럼 계통적으로 연결되어 '의식의 본모습인 빛caitanyasvarūpajyotis'으로 모든 '몸과 지각 기관의 집적 결합'을 조명한다. 인아는 지성과 동일화됨으로써 모든 것과 동일하게 된 상태에서 이 세상과 저세상을 육신을 벗고 새 육신을 받아들이며 수백 가지로 이어져 연결되는 관계를 따라 돌아다닌다. 즉 스스로가 두 세상을 배회하는 원인이 되는 것이 아니라 지성과 동일하게 되는 것이 원인이 된다.

이처럼 인아는 스스로가 생각하는 것이 아니라 지성에 위치한 '의식의 본질인 빛의 형태'로 지성을 조명하여 지성과 동일하게 되어 생각하는 것처럼 보이는 것이다. 궁극적인 의미에 있어서는 생각하는 것이 아니다. 그리고 움직이는 것도 실은 움직이는 것이 아니라, 지성을 비롯한 기관들과 숨들이 움직이면 그들을 조명하기 때문에 움직이는 것처럼 보이는 것이다.

인아는 '붙지 않는 것無着, asaṃga'이기 때문에 잠에서 깨어 있는 상태인 깨어 있는 영역에서 무엇을 보든지 그것에 걸림이 없다. 아의 빛에 의해서 조명된 몸과 지각 기관의 집적 결합이 활동하는 것이지, 궁극적인 의미에 있어서 이 인아는 잠에서 깨어 있는 상태, 꿈꾸는 상태, 꿈 없는 잠의 상태, 이 세 가지 상태들에 있어서 걸림이 없는 것이다. 따라서 이 인아는 불사이며, 세 가지 상태의 속성dharma과는 성격이 다르다.

생령生靈, jīva과 윤회輪廻, saṁsāra

생령生靈의 원어인 지바jīva는 '생명을 가지다, 살다, 살아나다, 생계를 유지하다' 등을 의미하는 어근 '지브jīv'에서 파생된 낱말이다. 지바는 형용사로 '살아 있는, 존재하는' 등을 의미하며, 남성 명사로 '생기, 생명, 영혼, 육신에 깃들어 육신을 살게 하고 움직이게 하고 지각하게 하는 개별적인 영혼, 생명체' 등을 의미한다. 불경에서 지바는 '명命, 명자命者, 존명存命, 활명活命, 수壽, 수자壽者, 수명壽命, 신神, 신아神我' 등으로 한역된다.

샹카라에 의하면 생령은 무명에 의한 욕망kāma에 따른 행위에 의해서 특화된 몸과 지각 기관을 조건upādhi으로 갖는 아이며 '윤회하는 것saṁsārin'이다.

이에 비해 '내부의 조종자antaryāmin'인 자재자自在者, Īśvara는 더할 바가 없는 항상한 '지혜의 힘jñānaśakti'을 조건으로 갖는 아다. 조건을 갖지 않은 아는 유일하고 순수하며, 자신의 본질에 의해서 불멸不滅, akṣara 혹은 지고라고 일컬어진다. 이 조건을 갖지 않은 아는 규명할 수 없는 것이기 때문에, 특별함이 없는 것이기 때문에, 그리고 하나인 것이기 때문에 "이렇게는 아니다, 이렇게는 아니다"라고 지시된다.

조건을 갖지 않은 아가 히란야가르바黃金子宮, 金胎, Hiraṇyagarbha, '드러나지 않은 것avyākṛta', 신devatā, 덩어리, 사람, 천한 것, 중음신中陰身, preta을 비롯한 몸과 지각 기관의 조건들에 의해서 특화되면, 바로 그 이름과 그 형태가 된다. 차이bheda는 '조건이 만들어 낸 것upādhikṛta'이다. 조건을 갖지 않은 아는 소금 덩어리처럼 '앎이 꽉 찬 하나의 맛이 본질prajñānaghanaikaras-asvābhāva'이기 때문에 스스로는 차이도 '차이가 아닌 것abheda'도 없다.

그러나 생령은 아가 아닌 것인 몸을 비롯한 것을 아로 여기면서 신sura, 인간nara, 축생tiryak 등의 종류로 나누어지는 여러 가지의 자궁yoni들에 배회하듯 맴돈다. 아인 '생령의 아jīvātman'와 '움직이게 하는 자preritṛ'인 자재자를 별개로 알아 여러 자궁들에 맴도는 것이다. "그것은 다른 것, 나는 다른 것이다"라고 생령과 자재자를 '구분하여 봄bhedadarśana'으로 인해서 세상saṁsāra에 맴도는 것이다.

이처럼 세상에 맴도는 것이 윤회輪廻, saṁsāra다. 윤회의 원어는 싼싸라다. 싼싸라는 '향해 가다, 돌다, 펼쳐지다, 움직이다, 가다, 함께 가다, 도달하다' 등을 의미하는 어근 '싼쓰리saṁsṛ'에서 파생되어, 남성 명사로 '돌아다님, 윤회, 세속의 삶, 세상' 등을 의미한다. 싼싸라는 불경에서 '유有, 해海, 생사生死, 윤회輪回, 輪廻, 유행遊行, 세간世間, 무시생사無始生死, 생사지고生死之苦' 등으로 한역된다.

샹카라에 의하면 이 세상에 살면서 아를 모르면 큰mahatī 낭패vinaṣṭi다. 즉 길고 영원한 패망vināśana인 태어남生, janma과 늙음老, jarā과 죽음死, maraṇa의 연속이 끊어지지 않음으로 나타나는 '윤회의 길saṁsāragati'이 있게 된다.

브라흐만梵, brahman

브라흐만은 '자라다, 증가하다, 큰 소리를 내다' 등을 의미하는 어근 '브리흐bṛh'에서 파생된 낱말이다. 브라흐만은 중성 명사로 '예배, 성스러운 삶, 찬가, 기도, 성서, 주문呪文, 옴ॐ, 『베다』, 신학, 사제 계급, 절대자, 지고의 존재, 순결' 등을 의미하며, 남성 명사로는 '기도하는 사람, 사제, 성스런 지식, 사제 계급, 절대자, 창조자' 등을 의미한다. 브라흐만은 불경에서 '진정眞淨, 묘정妙淨, 청정淸淨, 정결淨潔, 청결淸潔, 적정寂靜, 범천梵天, 범천왕梵天王, 범왕梵王, 대범천왕大梵天王, 범주梵主, 범존梵尊' 등으로 한역되며, '범梵, 범의梵矣, 범마梵摩' 등으로 음사音寫된다.

샹카라에 의하면 브라흐만에는 현상계現象界, prapañca의 속성이 없다. 그래서 브라흐만은 지고至高, parama다. 지고는 수승한 것utkṛṣṭa이다. 세상saṁsāra의 속성에 침해받지 않는 것이기 때문에, '높게 찬양된 것udgīta'이기 때문에 브라흐만은 수승한 것이다. 수승한 것인 브라흐만에 대한 명상upāsana을 통해 해탈mokṣa이라는 수승한 결과를 얻는다.

비록 브라흐만이 '현상계와 접촉하지 않는 것prapañcāsaṁspṛṣṭa'이며 '독립된 것svatantra'이지만, 현상계는 독립적인 것이 아니다. 그 브라흐만에는

'경험의 주체享受者, bhoktṛ', '경험의 대상享受對象, bhogya', '경험하게 하는 자作動者, preritṛ' 이렇게 셋이 자리 잡고 있다. 혹은 '경험의 주체', '경험의 대상', '의미artha' 이렇게 셋이 자리 잡고 있다. 혹은 이름nāma, 형태rūpa, 행위karma, 이렇게 셋이 자리 잡고 있다. 혹은 세계viśva, 광채taijas, 지자智者, prājña, 이렇게 셋이 자리 잡고 있다. 혹은 '잠에서 깨어 있는 상태jāgrat', '꿈꾸는 상태svapna', '꿈 없는 잠의 상태suṣupti', 이렇게 셋이 자리 잡고 있다. 이러한 셋은 밧줄을 뱀으로 착각할 때 밧줄에 뱀이 자리 잡듯이 그렇게 자리 잡고 있다.

이처럼 현상계의 형태가 브라흐만에 자리 잡고 있기 때문에 브라흐만은 현상계의 '좋은 바탕supratiṣṭhā', 즉 '훌륭한 바탕śobhanapratiṣṭhā'이다. 그리고 현상계의 바탕은 변형vikāra이며, 변형은 '미망력迷妄力을 본질로 하는 것māyātmakatva'이지만, 그럼에도 브라흐만은 불멸이다. 변형의 의지처가 됨에도 멸하지 않는 것인 브라흐만은 변함없이kūṭastha 머물러 있다. 그러므로 브라흐만은 '모든 것의 아가 되는 것sarvātmakatva'이지만, 현상계의 '허망한 것의 아가 되는 것mithyātmakatva'과는 무관하다. 브라흐만은 현상계와 접촉하지 않기 때문에 '충만한 환희인 브라흐만의 아pūrṇānandabrahmātman'를 바라보는 자들은 해탈이라는 '인간의 최고 목표paramapuruṣārtha'를 이루게 된다.

브라흐만은 헤아려지지 않는 것, 항구적인 것, 항상한 것, 움직임이 없는 것dhruva, 안정된 것avicālī, 법dharma과 비법非法, adharma을 비롯한 더러움mala이 없는 것, 나타나지 않은 것avyākṛta이라고 부르는 허공ākāśa보다 미세한 것이거나 편재하는 것, 생겨나지 않은 것, 즉 출생janman과 출생 이후에 존재하는 '상태의 변화bhāvavikāra'가 없는 것, 양적으로 모든 것보다 큰 것, '멸하지 않는 것avināśin', 아이다. 생겨나는 것이 아니고 늙는 것이 아니기 때문에 '멸하지 않는 것'이다. 그래서 불사다. 생겨남jani을 비롯한 세 가지 '상태의 변형bhāvavikāra'이 없기 때문에 세 가지 상태의 변형에서 만들어진 욕망과 행위와 미혹moha을 비롯한 죽음의 형태 또한 없다.

브라흐만에는 그 무엇도 각기 다른 것이 없다. 각기 다름이 없음에도 무명avidyā을 통해 각기 다른 성질을 부여하는 자는 죽음에서 죽음을 얻는다. 궁극적인 의미에 따르면 '둘이라는 것二元性, dvaita'은 무명이 부여한 것일 뿐 실재하는 것이 아니다. 이 브라흐만은 '일체가 하나임sarvaikatva'이기 때문에 '헤아려지지 않는 것aprameya'이다. 아울러 브라흐만은 논리tarka에 의해서, 설교pravacana와 총명함medhā과 '많이 배움bahuśruta'과 고행tapas과 제사 등을 통해서 알 수 있는 것이 아니다. 브라흐만의 수많은 형태들은 이름과 형태로 제한되어 만들어진 것이지, 브라흐만 스스로 형태가 있는 것이 아니다.

모든 무명에 의해 상정된 이원성dvaita이 멈추어진 불이원성不二元性, advaita이 브라흐만이다. 브라흐만은 지극히 순정한 지성의 틀과 관련하여 전지자sarvajña, 자재자다. 모든 것의 공통된 바탕인 나타나지 않은 세상의 씨앗을 발동시키는 자다. 통제자의 특성이라는 관점에서 '내면의 통제자antaryāmin'라는 이름을 갖는다. 바로 이러한 브라흐만이 나타나지 않은 세상의 씨앗이 된 '지성의 아知性我, buddhyātman'라는 자의식自意識, abhimāna으로 나타난 것을 히란야가르바hiraṇyagarbha라고 한다. 바로 그러한 브라흐만이 알에서 깨어나 첫 번째로 몸의 틀을 갖춘 것을 위라뜨쁘라자빠띠Virāṭprajāpati라고 한다. 그리고 브라흐마Brahmā에서 기둥에 이르기까지 특정한 몸체의 틀 속에 있는 브라흐만에게 있어서 브라흐만은 바로 그런 이름의 형태를 얻는다. 아울러 브라흐만에는 간다르바gandharva들, 조상pitṛ들, 신deva들, 아쑤라阿修羅, asura들, 락샤쓰rakṣas들 이렇게 다섯 존재들이, 니샤다niṣāda를 비롯한 카스트들이, 그리고 '전개하지 않은 것avyākṛta'이라고 이름하는 허공이 자리 잡고 있다.

해탈解脫, mokṣa

해탈의 원어는 목샤mokṣa다. 목샤는 '풀려나다, 자유롭게 하다, 해방하다, 풀다, 팽개치다, 떨어트리다, 떼어내다' 등을 의미하는 어근 목스mokṣ에서 파생된 낱말이다. 목샤는 남성 명사로 '해방, 탈출, 자유, 구원, 윤회로부터 벗어남, 죽음, 떨어짐, 풀림, 방출, 포기, 흩어짐' 등을 의미한다. 목샤는 불경에서 '해탈解脫, 진해탈眞解脫, 원해寃解, 탈脫, 도탈度脫, 출出' 등으로 한역된다.

샹카라에 의하면 '경험의 주체', 경험享受, bhoga, '경험의 대상'의 형태인 셋은 '미망의 아인 것māyātmaka'이기 때문에 바탕adhiṣṭhāna이 되는 것인 브라흐만 외에는 없으며 오로지 브라흐만뿐이라고 알게 될 때, 그때 모든 허망분별虛妄分別, vikalpa을 벗어나 '충만한 것, 환희인 것, 둘이 아닌 것인 브라흐만pūrṇānandādvitīyabrahman'과 하나 되어 행위자의 성질을 비롯한 모든 세상의 속성을 버리고 슬픔을 여의어 이룰 것을 이룬 자가 된다. 혹은 아는 자인 자재자, 알지 못하는 자인 생령, 그리고 생겨나지 않은 것인 자연prakṛti의 형태, 이 셋인 브라흐만을 알게 될 때, 그때 비로소 해탈한다.

무명이 아주 거두어지면서 '모든 것의 아'를 대상으로 하는 지혜가 생겨나면 '내가 바로 이 모든 것이다ahamevedaṁ sarvo'smi'라고 여기게 된다. 그러한 것이 이 아의 최고의 세상, 즉 본질적으로 최고인 '아의 상태ātmabhāva'다. 무명이 사라지면서 지혜가 정점에 달하면 '모든 것의 아인 상태sarvātmabhāva'인 해탈을 얻는다.

욕망은 '갈망의 품류品類, tṛṣṇāprabheda'다. 아들과 재산, 이 세상과 저세상을 위한 갈구eṣaṇā 등이 욕망이다. 이러한 욕망들이 사람의 심장hṛdaya, 즉 지성에 깃들어 있다. 지성에 깃든 이 욕망들이 흩어져 사라져 버리면, 욕망이 뿌리째 떨어지기 때문에 죽어야 할 속성을 지닌 인간이 불사의 존재가 된다. 아가 아닌 것에 대한 욕망들이 무명으로 나타나는 죽음들이다. 따라서 알고 있는 사람은 죽음과 떨어져, 살아 있는 동안 불사가 된다. 이 몸에 현존하면서 브라흐만을 얻는다, 즉 '브라흐만의 상태 brahmabhāva'인 해탈을 얻는다.

깨달음bodha이란 낱말은 '지성과 관련된 인식들bauddhāḥ pratyayāḥ'을 일컫는다. 모든 인식pratyaya들을 대상으로 가지는 그러한 아가 모든 깨달음들을 얻는다. '모든 인식을 바라보는 자sarvapratyayadarśin'인 '정신력의 본모습뿐인 것cicchaktisvarūpamātra'은 인식들과 더불어 인식들 안에서 차별 없이 나타난다. 아를 알기 위한 다른 문門, dvāra은 없다. 따라서 각각의 인식을 향하는 아성我性, ātmatā을 통해서 브라흐만에 대해 알게 될 때, 그때 그 앎mata은 '바로 보는 것正見, samyagdarśana'이다. '모든 인식을 바라보는 자의 상태sarvapratyayadarśitva'일 때 '거둘 것도 물리칠 것도 없는 시선의 본질upajananāpāyavarjitadṛksvarūpatā', 항상성, '순수 청정한 본모습인 것viśuddhasvarūpatva', 아성, '구분이 없는 상태nirviśeṣatā', 그리고 단일성ekatva이 모든 존재들 안에서 얻어진다. 그래서 '죽음이 없는 상태amaraṇabhāva'이며, '자신의 아svātman'에 '자리 잡는 것安住, avasthāna'이며, 해탈인 불사성不死性, amṛtatva에 이른다.

현명한 사람들은 '나의 것mama'과 '나라는 생각ahambhāva'으로 나타나는 무명의 형태인 이 세상에서 물러나, '모든 아가 하나인 상태sarvātmaikatvabhāva'인 '둘이 아님不二, advaita'에 이르러 불사가 된다. 불사가 된다는 것은 브라흐만이 된다는 것으로, 해탈을 의미한다.

일러두기

1. 이 책은 1958년에 인도 푸나Poona의 베다 교정 기관Vaidika Saṁśodhana Maṇḍala에서 간행한 교정 판본을 번역의 저본으로 삼았고, 1964년 인도 델리Delhi에서 간행된 샹카라Śaṁkara의 산스크리트 어Sanskrit 주석본의 재판본(2007)을 번역의 부본으로 삼았다. 『스웨따스와따라 우파니샤드Śvetāśvatara Upanìṣad』의 경우에는 기타프레스Gītāpress에서 간행된 샹카라의 산스크리트어 주석본의 재판본(2007)을 번역의 부본으로 삼았다.
2. 샹카라의 산스크리트 어 주석을 위주로 의미를 맞추고, 원어의 풍격과 원의를 잃지 않기 위해 직역을 원칙으로 했다.
3. 『우파니샤드』 본문과 샹카라의 산스크리트 어 주석의 의미를 파악하는 데 많은 부분 기타프레스에서 나온 현대 인도어인, 힌디 어Hindī 번역의 도움을 받았다. 본문 해석을 하는 데 싸뜨야브라따 씻단따랑까라Satyavrata Siddhāntālaṃkāra의 힌디 어 번역, 막스 뮐러F. Max Müllar의 영어 번역, 그리고 라다크리슈난S. Radhakrishnan의 영어 번역을 참고했다.
4. 장과 절의 구분은 1958년에 인도 푸나의 베다 교정 기관에서 간행한 교정 판본의 체재와 샹카라의 산스크리트 어 주석본의 체재를 따랐다.
5. 이 책의 주석은 대부분 샹카라의 산스크리트 어 주석본의 주요 내용을 번역한 것이다. 주석에서 괄호 속의 원어는 대부분 산스크리트 어 낱말의 본래 형태이며, 일부는 낱말의 주격 단수 혹은 다른 격 표지가 첨가된 형태다. 산스크리트 어 원어가 다른 경우, 다른 원어들은 동의어이다. 동일한 원어가 의미가 다른 경우는 원어가 가진 다의성 때문이다.
6. 이 책의 주석에서 "샹카라에 의하면"과 "샹카라는"으로 시작하는 것은 샹카라의 산스크리트 어 주석본의 내용이다. "막스 뮐러에 의하면"과 "막스 뮐러는"으로 시작하는 것은 막스 뮐러의 영어 번역본의 내용이다. "라다크리슈난에 의하면"과 "라다크리슈난은"으로 시작하는 것은 라다크리슈난의 영어 번역본의 내용이다. 아무런 말이 없이 시작하는 것은 옮긴이의 주석이다.
7. 이 책의 주석에 설명된 어근의 의미는 파니니Pāṇini의 『어근집』, 모니에르 윌리엄스Sir M. Monier Williams의 『산스크리트 사전』, 압테Vaman Shivaram Apte의 『산스크리트 사전』에 나와 있는 것이다. 단어의 의미는 모니에르 윌리엄스의 『산스크리트 사전』, 압테의 『산스크리트 사전』, 칼 차펠러Carl Cappeller의 『산스크리트 사전』, 오기와라 운라이荻原雲来의 『범화대사전梵和大辭典』에 나와 있는 것이다. 그리고 불경에서 한역漢譯이 된 용례는 오기와라 운라이의 『범화대사전』에 나와 있는 것이다.
8. 산스크리트 어 원어의 발음은 소리 나는 대로 표기함을 원칙으로 하고, 일부 국내에 통용되는 발음은 그 발음을 따랐다.

이샤 우파니샤드

『야주르베다Yajurveda』 가운데 『슈끌라 야주르베다Śukla Yajurveda』의 마지막 장인 제40장에 해당하는 부분이다. 『슈끌라 야주르베다』의 깐바Kāṇva 본과 마드얀디나Mādhyandina 본 이 두 가지 모두에 실려 전한다. 번역은 깐바 본을 따르며, 마드얀디나 본의 번역은 주석의 형식으로 추가한다. '절대자가 깃든 것' 혹은 '절대자에 의해 감싸인 것' 등을 의미하는 이샤와쓰야Īśāvāsya라는 말로 시작하기에 이 『우파니샤드』를 『이샤와쓰야 우파니샤드Īśāvāsya Upaniṣad』라고도 부른다. 『베다』의 일부분이기 때문에 『우파니샤드』 가운데 가장 오래된 것이지만, 후대에 『베다』에 삽입된 부분으로 보는 학자들도 있어 이견이 있다.

평온을 위한 낭송[1]

옴ॐ, 그것은 충만한 것이다.[2] 이것은 충만한 것이다.[3] 충만한 것에서 충만한 것이 생겨난다.[4] 충만한 것의 충만함을 취하니, 충만함만이 남는다.[5]

---

1 1958년에 간행된 푸나의 판본에는 "평온을 위한 낭송(śāntipāṭha)"이 없다. 그러나 샹카라의 산스크리트 주석본에는 본문 앞뒤로 이것이 있다. 막스 뮐러의 영어 번역본에는 이것이 없다. 라다크리슈난의 영어 번역본에는 본문 앞에만 실려 있다. 고얀다까의 힌디어 번역본에는 본문의 앞과 뒤에 실려 있다. 싸뜨야브라따 씻단따랑까라의 힌디 어 번역본에는 실려 있지 않다. 이 "평온을 위한 낭송"은 『브리하드아란야까 우파니샤드(*Bṛhadāraṇyaka Upaniṣad*)』(5. 1. 1)의 만뜨라다. 만뜨라(mantra)는 '말하다, 충고하다, 숙고하다, 성전(聖典)으로 축성하다, 주문을 걸다' 등을 의미하는 어근 만뜨르(mantr)에서 파생된 낱말이다. 남성 명사로 '베다 찬가, 베다 찬가와 우파니샤드의 구절, 신성한 기도문, 주문(呪文), 조언, 숙고, 비밀, 정책, 계획, 위스누, 쉬바' 등을 의미한다. 불경에서 만뜨라는 '진언(眞言), 언(言), 어언(語言), 사(辞), 언사(言辞), 주(呪), 주술(呪術), 주어(呪語), 신주(神呪), 명(明), 명주(明呪), 비밀(秘密)' 등으로 한역된다. 인도에서 만뜨라는 명상의 도구로 활용되며 신비한 힘을 지닌 것으로 여겨진다.

2 샹카라에 의하면 "충만한 것(pūrṇa)"은 그 어디에서도 배제되지 않는 것으로 '편재하는 것(vyāpin)'이다. "그것(adas)"은 눈에 보이지 않는 간접적인 것을 지칭하는 대명사로서 '최고의 브라흐만(paraṁ brahman)'을 의미한다. "그것"은 '온전히 충만한 것(sampūrṇa)', '허공(ākāśa)처럼 편재하는 것', '끊임이 없는 것(nirantara)', '조건 지어지지 않은 것(nirupādhika)'이다.

3 샹카라에 의하면 "이것(idam)"은 '조건 지어진 것(sopādhika)', '이름과 형태에 위치하는 것(nāmarūpastha)', '작용을 갖춘 것(vyavahārāpanna)'이다. 이러한 "이것" 또한 조건에 제한된 '특별한 아(我, viśeṣātman)'로서가 아니라 자신의 '최고의 아(paramātman)'의 형태로 편재하는 것이다. 막스 뮐러는 "이것"을 '보이는 브라흐만(the visible Brahman)'이라고 해석한다.

4 샹카라에 의하면 '특별한 상태에 도달한(viśeṣāpanna)', '결과로서의 아(我)인 것(kāryātmaka)'인 브라흐만은 충만한 것인 '원인으로서의 아(kāraṇātman)'에서 생겨 나온다. 만일 '결과로서의 아(kāryātman)'에서 생겨 나온다 할지라도 본모습인 충만성(pūrṇatva), 즉 '최고아의 상태(paramātmabhāva)'를 버리지 않고 충만한 것이 생겨나온다. 막스 뮐러는 '이 충만한 것(보이는 브라흐만)은 저 충만한 것(보이지 않는 브라흐만)에서 생겨난다'고 해석한다.

5 샹카라에 의하면 충만한 것인 '결과로서의 아(我)'인 브라흐만의 충만성을 가지고 '아의 본모습(ātmasvarūpa)'인 '단일한 맛의 상태(ekarasatva)'에 도달한 후, 지혜(明, vidyā)를 통해 무명(無明, avidyā)에 의해서 생겨난 '다른 것이라고 하는 것(anyatva)'으로 현현(顯現, avabhāsa)함을 무시해 버리면, 충만한 것만이, 안과 밖이 없는 것이, '앎으로 꽉 찬 하나

옴ॐ, 평온! 평온! 평온![6]

땅에서[7] 움직이는[8] 이 그 모든 것은 절대자가 깃든 것이다.[9]

의 맛인 본래의 상태(prajñānaghanaikarasasvabhāva)'가, '유일한 것(kevala)'인 브라흐만이 남는다. 막스 뮐러는 '이 충만한 것(보이는 브라흐만)의 충만함을 파악하면 저 충만한 것(보이지 않는 브라흐만)이 남는다'고 해석한다.

6 "평온"의 원어는 샨띠(śānti)다. 샨띠는 '고요해지다, 가라앉다, 멈추다, 끝나다, 그만두다, 없애다, 죽이다' 등을 의미하는 어근 '샴(śam)'에서 파생된 여성 명사로 '평온, 평화, 고요, 평정(平靜), 멈춤, 굶주림의 해소, 속죄 의식, 행운, 파괴, 끝, 죽음, 여신인 두르가(Durgā)의 이름' 등을 의미한다. 불경에서 샨띠는 '멸(滅), 적(寂), 적멸(寂滅), 적정(寂靜), 적막(寂寞), 식(息), 식재(息災), 제멸(除滅), 안은(安隱)' 등으로 한역된다. 샨띠를 세 번 반복하는 것은 나의 몸 혹은 마음과 관련된 평온, 나 이외의 다른 물질과 관련된 평온, 그리고 신적인 영역과 관련된 평온을 위해서이며, 셋은 땅 허공 하늘이라는 모든 공간, 과거 현재 미래를 아우르는 모든 시간을 의미하기 때문이다. 즉 모든 시간 그리고 모든 공간과 관련하여 평온에 이르기 위함이다.

7 "땅"의 원어는 자가띠(jagatī)다. 자가띠는 여성 명사로 '암컷, 암소, 대지, 땅, 집터, 세상, 사람' 등을 의미한다. 불경에서 자가띠는 '세(世), 유정(有情)' 등으로 한역된다. 샹카라에 의하면 자가띠는 땅(pṛthivī)이다. 땅은 이름(nāma), 형태(rūpa), 행위(karma)라고 일컬어지는 것들로 '변형되어 생겨난 것(vikārajāta)'이다.

8 '움직이는'의 원어는 자가뜨(jagat)다. 자가뜨는 형용사로 '움직이는, 살아 있는' 등을 의미하며, 남성 명사로 '바람, 사람' 등을 의미하고, 중성 명사로 '살아 있는 것, 움직이는 것, 세상, 이 세상, 땅, 인류' 등을 의미한다. 불경에서 자가뜨는 '세(世), 세간(世間), 제세간(諸世間), 세계(世界), 유정(有情), 중생(衆生), 제중생(諸衆生), 군려(群黎), 군생(群生), 군생류(群生類)' 등으로 한역된다.

9 "절대자가 깃든 것"의 원어는 이샤와쓰얌(īśāvāsyam)이다. 이샤와쓰얌은 '이샤아(īśā)'와 '와쓰얌(vāsyam)'의 결합, 혹은 '이스(īś)'와 '아와쓰얌(āvāsyam)'의 결합, 혹은 '이샤'와 '아와쓰얌'의 결합이다. '이샤아'는 '다스리다, 소유하다, 자신이 원하는 모든 것을 할 수 있는 능력을 지니다, 자신이 원하는 모든 것으로 존재할 수 있는 능력을 가지다' 등을 의미하는 어근 '이스'에서 파생된 낱말이다. 여성 명사 혹은 중성 명사로 '주인, 지고의 영혼' 등을 의미하는 '이스'라는 낱말의 기구격 단수 형태, 혹은 동일한 어근에서 파생되어 남성 명사, 중성 명사, 여성 명사로 사용되어 '지배자, 주인, 자재자(自在者)'를 의미하는 '이샤(īśa)'라는 낱말의 여성 주격 단수 형태다. '이샤'는 불경에서 '왕(王), 자재(自在)' 등으로 한역된다. '와쓰얌'은 '덮여 있는 것, 감추어 있는 것'을 의미하는 중성 명사 '와쓰야(vāsya)'의 주격 단수 형태다. 이에 비해 '아와쓰얌'은 '거주하고 있는, 가득 찬' 등을 의미하는 중성 명사 아와쓰야(āvāsya)의 주격 단수 형태다. 따라서 이샤와쓰얌을 '이샤

그러니 마땅히 버림으로서 즐거움을 누리고[10]
그 누구의 재산도 탐하지 마라.[11] 1[12]

이 세상에서 행위들을[13] 행하며[14] 백 년 동안 살기를 희망하라.

아'와 '와쓰얌'이란 낱말들의 결합으로 보면 원어는 '주인 혹은 지고의 영혼에 의해서 덮인, 감추어진 것'이라는 의미로 해석된다. 그리고 '이스'와 '아와쓰얌'의 결합, 혹은 '이샤'와 '아와쓰얌'의 결합으로 보면 원어는 '주인 혹은 지고의 영혼 혹은 자재자가 거주하는 것 혹은 가득 찬 것'이라는 의미로 해석된다. 샹카라에 의하면 이샤와쓰얌은 '이샤아'와 '와쓰얌'이라는 낱말이 결합된 것이다. 그에 따르면 '이샤아'는 '이스'의 기구격 단수이며 '이스'는 '이샤'와 동의어다. '이스' 혹은 '이샤'는 주인(īśitṛ)인 '지고의 자재자(parameśvara)'로서 모든 것의 '지고의 아(paramātman)'다. 왜냐하면 그가 모든 중생(衆生, jantu)들의 아(我)가 되어 '개별적인 아(pratyagātman)'로써 모든 것을 다스리기 때문이다. 그러한 자신의 모습으로 아인 주인에 의해서 땅에 있는 그 모든 세상(jagat)은 '덮여야 하는 것(ācchādanīya)'이다. 즉 자재자(īśa)인 '개별적인 아'로써 "내가 바로 이 모든 것이다(ahamevedaṁ sarvam)!"라고 '궁극적인 사물(paramārtha)'인 '실재의 형태(satyarūpa)'로 거짓된 것인 이 움직이고 움직이지 않는 모든 것을 덮어야 하는 것이다. '지고의 아'로써 덮어야 하는 것이다. 막스 뮐러는 '땅에 있는 그 모든 것은 주(자아)[Lord(the Self)] 안에 감추어져 있는 것이다'라고 해석한다. 라다크리슈난은 '이 움직이는 세상 안에서 움직이는 그 무엇이라도 이 모든 것은 신에 의해서 감싸인 것이다'라고 해석한다. 하리끄리스나다싸 고얀다까는 '모든 우주에 있는 그 어떤 것이라도 의식이 있는 것과 의식이 없는 것이 본질인 세상이다. 이 모든 것은 자재자에 의해서 편재되어 있다'라고 해석한다.

10 샹카라에 의하면 이름, 형태, 행위라고 일컬어지는 것들로 '변형되어 생겨난 것(vikārajāta)'인 이 세상 속에 있는 모든 것을 '궁극적인 사물(paramārtha)'인 '실재의 아로 명상(satyātmabhāvanā)'하여 '이원적인 형태(dvaitarūpa)'를 버려야 한다. 이처럼 '자재자의 아에 대한 명상(īśvarātmabhāvanā)'과 결합한 사람은 아들(putra)을 비롯한 세 가지 희구(希求, eṣaṇā)를 모두 확실하게 버려 행위들에 대한 의무가 없다.

11 샹카라에 의하면 재산을 원하지 마라는 의미다. 혹은 "아(我)가 바로 이 모든 것이다(ātmaivedaṁ sarvam)!"라고 '자재자에 대한 명상(īśvarabhāvanā)'을 통해 모든 것을 버린 상태이기 때문에 헛된 대상에 대해 욕망하지 마라는 의미다.

12 마하트마 간디에 의하면 "모든 『우파니샤드』들과 다른 모든 경전들이 갑자기 재가 되어 버린다 하더라도, 『이샤 우파니샤드』의 이 첫 번째 구절만 힌두들의 기억 속에 고스란히 남아 있다면, 힌두 사상은 영원할 것이다."

13 샹카라에 의하면 "행위"는 화제(火祭, agnihotra)를 비롯한 것이다. 하리끄리스나다싸 고얀다까에 의하면 "행위"는 경전에 규정된 행위들이다.

이것 말고 그대에게 다른 길은 없나니,

행위는 사람에게 누가 되지 않는다.[15] 2

좋은 것을 주지 않는 것이라는 이름의 세상들은[16]

눈앞이 안 보이는 짙은 어둠에 덮여 있다.[17]

자신을 해치는 사람들은 떠나[18]

바로 그곳들로 간다.[19] 3

---

14 라다크리슈난에 의하면 행위들을 행한다는 것은 성공과 실패 등 행위의 결과와는 무관하게 자신이 행해야 할 일들을 해 나가는 것이다.

15 샹카라에 의하면 행위에 걸림이 없다는 의미다.

16 "좋은 것을 주지 않는 것"의 원어는 아쑤르야(asuryā)다. 아쑤르야는 아쑤라(asura)라는 낱말에서 파생된 형태다. 아쑤라는 '생명, 생기'를 의미하는 남성 명사 '아쑤(asu)'라는 낱말과 '주다, 부여하다' 등의 의미를 지닌 어근 '라(rā)'에서 파생되어 형용사로 '소유하는, 주는' 등을 의미하는 '라(ra)'라는 낱말의 결합 혹은 '아(a)'라는 '부정, 반대, 비슷함' 등을 의미하는 접두어와 '신'을 의미하는 '쑤라(sura)'라는 낱말의 결합이다. '쑤라'는 '좋은, 아름다운'을 의미하는 '쑤(su)'와 '소유하는, 주는' 등을 의미하는 '라'가 결합한 낱말이다. 즉 '좋은 것을 가지고 있고 좋은 것을 주는 존재'가 신이라는 뜻이다. '아쑤'와 '라'의 결합으로 아쑤라를 파악할 경우 아쑤라는 '생명을 주는 존재'를 의미한다. 이 의미는 『베다』에서 일반적으로 나타나는 아쑤라의 의미다. 그러나 '아'와 '쑤라'의 결합으로 파악할 경우 아쑤라는 '신의 반대인 악신'을 의미한다. 이 의미는 후기 『베다』와 그 이후의 문헌들에 나타나는 의미다. 불경에서 아쑤라는 '비천(非天), 장폐(障蔽)' 등으로 한역되며, '아수라(阿修羅), 아소라(阿素羅)' 등으로 음사된다. 샹카라에 의하면 '지고의 아(我)의 상태(paramātmabhāva)'인 '둘이 아님(不二, advaya)'에 비하면, 신(deva)을 비롯한 것들 또한 아쑤라들이다. 이러한 것들의 세상이 아쑤르야다. 그 세상들은 '행위의 결과(karmaphala)'가 보이는 것, 즉 행위의 결과들을 누리게 되는 것이기 때문에 출생(janma)들을 의미한다. 다음 생에 출생한다는 것은 윤회를 의미한다. 윤회는 죽음이며, 해탈은 불사(不死)다. 따라서 윤회를 주는 것은 '좋은 것을 주지 않는 것(asuryā)'이다. 막스 뮐러는 '아쑤라들의 세상들(the worlds of the Asuras)'이라고 번역한다.

17 샹카라에 의하면 '보이지 않는 것이 본질인 것(adarśanātmaka)'인 무지(無智, ajñāna)인 어둠에 덮여 있다.

18 하리끄리스나다싸 고얀다까에 의하면 "떠나(pretya)"는 '죽은 다음에'라는 의미다.

19 샹카라에 의하면 무명(無明)의 결합으로 인해 아(我)를 무시하게 되면, 존재하는 아의 결과인 불노(不老, ajarā)와 불사성(不死性, amaratva) 등에 대한 지각(saṁvedana)의 형태가 사

움직이지 않으면서[20] 마음보다 더 빠른 하나,
먼저 가 버린[21] 그 하나를 신神들은[22] 따라잡지 못한다.
머물러 있으면서 달리는 다른 것들을 앞지르는 하나,
그곳에서 생명의 바람은[23] 움직이는 물[24]을 양성養成한다.[25] 4

라진다. 이것은 죽은 사람과 같다. 따라서 무지한 사람들을 '자신을 해치는 사람(ātmahan)'이라고 말한다. 이러한 자신을 해치는 잘못으로 인해서 그들은 윤회한다.

20 샹카라에 의하면 '자신의 상태(svāvasthā)'를 상실하지 않고 항상 '하나의 형태(ekarūpa)'라는 의미다.

21 샹카라에 의하면 허공(vyoman)처럼 '편재하는 것(vyāpitva)'이기 때문에 "먼저 가 버린" 것이다. 마드얀디나 본에 따르면 "가 버린(arṣat)"은 '사라지지 않은(arśat)'이 된다. 하리끄리스나다싸 고얀다까에 의하면 "가 버린"은 '지혜의 본모습 혹은 모든 것을 아는 자'를 의미한다.

22 샹카라에 의하면 "신들"은 '밝히는 것(dyotana)'이기 때문에 눈을 비롯한 지각 기관(indriya)들이다. 지각 기관들은 '아의 본질(ātmatattva)'에 도달할 수 없다.

23 "생명의 바람"의 원어는 마따리스반(mātariśvan)이다. 샹카라에 의하면 허공에서(mātari) 움직인다(śvayati), 그래서 모든 생명을 유지하는 '활동의 아가 되는 것(kriyātmaka)'인 바람(vāyu)이 마따리스반이다. 원인과 결과로 생겨난 것들은 이 바람에 깃들고 이 바람에 날줄과 씨줄로 짜여 있다. 모든 세상을 '배정하여 마련하는 자(vidhārayitṛ)'이며 실(sūtra)이라고 이름 하는 그것이 마따리스반이다. 『니루끄따(*Nirukta*)』(6. 26)에 의하면 마따리스반은 바람이며, 『아타르바베다(*Atharvaveda*)』(11. 4. 15)에 의하면 마따리스반은 생기(生氣, prāṇa)다. 막스 뮐러는 마따리스반을 '바람, 움직이는 영혼(the wind, the moving spirit)'이라고 해석한다. 라다크리슈난은 '모든 것에 스며드는 바람(the all-pervading air)'이라고 번역한다.

24 "움직이는 물"의 원어는 아빠쓰(apas)다. 아빠쓰는 중성 명사로 '일, 행위, 제사 행위' 등을 의미하며, 남성 명사, 여성 명사, 중성 명사로 '활동, 물, 움직이는 물' 등을 의미한다. 샹카라에 의하면 아빠쓰는 행위, 즉 생명체들의 활동으로 나타나는 것, 불의 빛과 타오름, 태양의 빛, 구름의 강우를 비롯한 특성을 배정하거나 지니게 한다. 모든 원인과 결과의 변화(vikriyā)는 '항상한 의식의 아(我)의 본질(nityacaitanyātmasvarūpa)'에 모든 바탕을 둔 상태에서 존재한다는 의미다. 막스 뮐러는 아빠쓰를 '힘들(powers)'이라고 번역한다. 라다크리슈난은 '존재들의 활약, 활동, 활동력들(the activities of beings)'이라고 해석한다.

25 "그곳에서 생명의 바람은 움직이는 물을 양성한다(tasminnapo mātariśvā dadhāti)"를 막스 뮐러는 '(바람, 움직이는 영혼인) 마따리스반이 그것에 힘들을 부여한다'고 번역한다. 마따리스반은 마따리스바(mātariśvā)의 원래 낱말 형태다. 라다크리슈난은 '그 안에서 모든 것에 깃드는 바람은 존재들의 활동들을 지탱한다'고 번역한다.

그것은 움직인다.
그것은 움직이지 않는다.
그것은 멀리 있음과 동시에 가까이 있다.
그것은 이 모든 것들의 안에 있음과 동시에 밖에 있다.[26] 5

그래서 모든 존재들을 바로 자기 안에서 바라보고,
모든 존재들 안에서 자기를 바라보는
사람은 미워하지 않는다. 6

잘 알아 모든 존재들이 바로 자기가 된 경지
그곳에, 그 무슨 미혹이 있겠는가?
하나임을 바라보는 이에게 그 무슨 슬픔이 있겠는가? 7

그는 모두에 가 있다.[27]
밝음, 몸이 없음, 상처가 없음, 신경이 없음, 순수함, 죄가 침범치 못함이다.[28]
시인, 사유하는 지자, 모든 곳에 있음, 스스로 존재함이다.[29]

---

26 샹카라에 의하면 "그것(tat)"은 '아(我)의 본질(ātmatattva)'이다. 스스로는 움직이지 않는 것이면서도 움직이는 듯하다는 뜻이다.

27 샹카라에 의하면 "그"는 아(我)이며, 허공(ākāśa)처럼 편재한다는 의미다.

28 샹카라에 의하면 "몸이 없음(akāya)"은 미세신(微細身, liṃgaśarīra)을 의미한다. "상처가 없음(avraṇa)"과 "신경이 없음(asnāvira)"은 '구체적인 몸(sthūlaśarīra)'이 없음을 의미한다. "순수함(śuddha)"은 '무명의 때(無明之垢, avidyāmala)'가 없다는 것으로 '원인의 몸(原因體, kāraṇaśarīra)'이 없음을 의미한다. "죄가 침범치 못함(apāpaviddha)"은 법(法, dharma)과 비법(非法, adharma)을 비롯한 죄(pāpa)가 없음을 의미한다. 죄가 없다는 것은 시(是)와 비(非)를 초월한다는 것이다.

29 샹카라에 의하면 "시인(詩人, kavi)"은 '넘어서 보는 자(krāntadarśin)'로 '모든 것을 보는 자

그는 영원한 해들로부터[30] 여실하게 사물을 배정한다. 8

지혜가 아닌 것[31]을 숭배하는 사람들은
앞이 보이지 않는 어둠으로 들어간다.
지혜에[32] 빠진 사람들은
그보다 더욱 심한 어둠으로 들어간다. 9

지혜로 얻는 것과 지혜가 아닌 것으로 얻는 것은
각각 다른 것이라 말한다.[33]
우리를 밝혀 주신 현인들에게서 이와 같이 들었다. 10

지혜와 지혜가 아닌 것, 이 두 가지 모두를 함께 아는 사람
그는 지혜가 아닌 것으로 죽음을 넘어서고
지혜로 불사不死를[34] 얻는다. 11

안 나타난 것을[35] 숭배하는 사람들은

(sarvadṛk)'다. "사유하는 지자(manīṣin)"는 마음(manas)을 '보는 자(īṣitṛ)'로 전지자(全知者, sarvajña)인 자재자(自在者, īśvara)를 의미한다.

30 샹카라에 의하면 "영원한 해들로부터(śāśvatībhyaḥ samābhyaḥ)"는 항상(nitya)한 해(年, sama)들로부터, 즉 해(年, saṁvatsara)라고 일컬어지는 쁘라자빠띠(Prajāpati)들로부터라는 의미다. 하리끄리스나다싸 고얀다까에 의하면 '시작이 없는 시간부터'라는 뜻이다.

31 샹카라에 의하면 "지혜가 아닌 것(無明)"은 행위를 의미한다.

32 샹카라에 의하면 "지혜(明)"는 '신에 대한 지식(devatājñāna)'을 의미한다.

33 샹카라에 의하면 "지혜(明)"인 '신에 대한 지식'을 통해 '신의 세계(devaloka)'에 오른다. "지혜가 아닌 것(無明)"인 행위의 결과는 '조상의 세계(pitṛloka)'다.

34 샹카라에 의하면 여기서 "불사"는 '신의 아의 상태(神我狀態, devātmabhāva)'를 의미한다. 싸뜨야브라따 씻단따랑까라에 의하면 "불사"는 불사의 경지인 해탈을 의미한다.

35 "안 나타난 것"의 원어는 아쌈부띠(asaṁbhūti)다. 아쌈부띠는 여성 명사로 '실재하지 않

눈앞이 보이지 않는 어둠으로 들어간다.
나타난 것에[36] 빠진 사람들은
그보다 더욱 심한 어둠으로 들어간다. 12

생겨난 것으로[37] 얻는 것과 안 생겨난 것으로[38] 얻는 것은

는 것, 환영(幻影), 다시 태어나지 않은 것, 현상되지 않은 원인' 등을 의미한다. 샹카라에 의하면 아쌈부띠는 그것의 결과가 생겨나지 않은 것이다. 이것은 '나타나지 않은 것(avyākṛta)'이라 이름하며, 자연(自然, prākṛti)이며, 원인(kāraṇa)이며, 무명(無明)이며, 욕망과 행위의 씨앗이 되는 것이다. 이것은 '보이지 않는 본질인 것(adarśanātmikā)'이다. 막스 뮐러는 아쌈부띠를 '진실한 원인이 아닌 것(what is not the true cause)'이라고 번역한다. 라다크리슈난은 아쌈부띠를 '명백하지 않은 것(the unmanifest)'이라고 번역한다. 하리끄리스나다싸 고얀다까에 의하면 아쌈부띠는 멸하는 것인 신과 조상(pitara)과 인간(manuṣya) 등이다. 싸뜨야브라따 씻단따랑까라에 의하면 아쌈부띠는 개별주의(vyaktivāda) 혹은 모이지 않은 것을 의미한다.

36 "나타난 것"의 원어는 쌈부띠(saṁbhūti)다. 쌈부띠는 여성 명사로 '출생, 기원, 결합, 적합, 힘, 지식, 초능력' 등을 의미한다. 불경에서 쌈부띠는 '생(生), 현기(現起)' 등으로 한역된다. 샹카라에 의하면 쌈부띠는 히란야가르바(黃金子宮, 金胎, hiraṇyagarbha)라고 이름하는 것으로 '결과인 브라흐만(kāryabrahma)'이다. 막스 뮐러는 쌈부띠를 '진실한 원인(the true cause)'이라고 번역한다. 라다크리슈난은 쌈부띠를 '명백한 것(the manifest)'이라고 번역한다. 하리끄리스나다싸 고얀다까에 의하면 쌈부띠는 멸하지 않는 것인 '지고의 자재자'를 의미한다. 싸뜨야브라따 씻단따랑까라에 의하면 쌈부띠는 집합으로 묶은 것 혹은 전체주의(全體主義, samaṣṭivāda)를 의미한다.

37 "생겨난 것"의 원어는 쌈바바(saṁbhava)다. 쌈바바는 남성 명사로 '함께 있음, 결합, 출생, 기원, 근원, 동기, 원인, 나타남, 존재, 가능성' 등을 의미한다. 불경에서 쌈바바는 '생(生), 성(成), 생성(生成), 유(有), 집(集), 본(本), 소인(所因), 출(出), 기(起), 합(合), 인(因), 합생(合生), 출현(出現), 출생(出生), 소생(所生), 종(種), 흥(興), 수생(受生), 용유(容有), 득유(得有), 용가득(容可得), 관습(串習)' 등으로 한역된다. 샹카라에 의하면 쌈바바는 앞에서 '나타난 것'의 원어인 쌈부띠와 동의어이며, '결과의 브라흐만'이다. 막스 뮐러는 쌈바바를 '원인에 대한 지식(knowledge of the cause)'이라고 번역하고, 라다크리슈난은 쌈부띠와 마찬가지로 '명백한 것'이라고 번역한다. 하리끄리스나다싸 고얀다까에 의하면 쌈바바는 멸하지 않는 브라흐만을 의미한다. 싸뜨야브라따 씻단따랑까라에 의하면 쌈바바는 쌈부띠며 전체주의(全體主義)를 의미한다.

38 "안 생겨난 것"의 원어는 아쌈바바(asaṁbhava)다. 아쌈바바는 남성 명사로 '존재하지 않음, 부재, 결핍, 불가능, 불합리' 등을 의미한다. 불경에서 아쌈바바는 '무(無), 불유(不

각각 다른 것이라 말한다.
우리를 밝혀주신 현인들에게서 이와 같이 들었다. 13

나타난 것과 멸함, 이 두 가지 모두를 함께 아는 사람
그는 멸함으로 죽음을 넘어서고
나타난 것으로 불사不死를 얻는다.[39] 14

有), 비유(非有), 불생(不生), 무성(無成), 리(離), 불용(不容), 무용유(無容有), 불친(不親), 체시공(體是空)' 등으로 한역된다. 샹카라에 의하면 아쌈바바는 앞에서 '안 나타난 것'의 원어인 아쌈부띠와 동의어다. 막스 뮐러는 아쌈바바를 '진실한 원인이 아닌 것에 대한 지식(knowledge of what is not the cause)'이라고 번역한다. 라다크리슈난은 아쌈바바를 아쌈부띠와 마찬가지로 '명백하지 않은 것(the unmanifest)'이라고 번역한다. 하리끄리스나다싸 고얀다까에 의하면 아쌈바바는 아쌈부띠와 마찬가지로 멸하는 것인 신과 조상과 인간 등이다. 싸뜨야브라따 씻단따랑까라에 의하면 아쌈바바는 아쌈부띠와 마찬가지로 개별주의 혹은 모이지 않은 것을 의미한다.

39 샹카라에 의하면 이 만뜨라는 '나타난 것과 멸함, 이 두 가지 모두를 함께 아는 사람, 그는 멸함으로 죽음을 넘어서고, 안 나타난 것으로 불사를 얻는다'로 번역된다. 즉 "멸함(vināśa)"은 '나타난 것'의 속성(dharma)이다. "죽음을 넘어서고 나타난 것으로(mṛtyuṁ tīrtvā sambhūtyā)"에 해당되는 원문은 "죽음을 넘어서고 안 나타난 것으로(mṛtyuṁ tīrtvā's-ambhūtyā)"라고 읽힌다. 즉 아쌈부띠의 기구격 단수 형태인 아쌈부따(asambhūtyā)의 첫 모음 '아(a)'가 넘어서고(tīrtvā)의 마지막 모음인 장모음 '아(ā)'에 연접된 것으로 원문이 읽힌다. 샹카라에 의하면 "나타난 것"과 그것의 속성인 "멸함"은 히란야가르바(黃金子宮, 金胎)를 의미한다. 히란야가르바를 숭배하여 그 결과로 '몸이 아주 작아지는 신통력(aṇimā)'을 비롯한 것을 얻는다. 이러한 것을 통해 권능(aiśvarya) 등이 아닌 것인 죽음(mṛtyu)을 넘어서고 '안 나타난 것'을 통해서 불사(amṛta), 즉 '자연에 잠긴 상태(prakṛtilaya)'를 얻는다. 막스 뮐러는 "멸함"을 '사멸하는 몸을 의미하는 멸함[the destruction (the perishable body)]'으로 해석하고, 전반부의 "나타난 것"은 원인(the cause)으로 해석하고, 후반부의 "나타난 것"은 '진실한 원인에 대한 지식[(knowledge of) the true cause]'이라고 해석한다. 라다크리슈난은 "멸함"을 '명백하지 않은 것'이라고 번역하고, "나타난 것"을 '명백한 것'이라고 번역한다. 즉 "멸함"을 '안 나타난 것'으로 해석한다. 하리끄리스나다싸 고얀다까에 의하면 "나타난 것"은 불멸의 '지고의 자재자'이며, "멸함"은 멸하는 것인 신을 비롯한 것들이다. 싸뜨야브라따 씻단따랑까라에 의하면 "멸함"은 '안 나타난 것'인 아쌈부띠와 동의어이며 개별주의 혹은 모이지 않은 것을 의미한다.

진리의 얼굴이 황금 그릇에 덮여 있네!
뿌샨[40]이여,
진리의 법을[41] 보게
그대여 그것을 거두려무나.[42] 15 [43]

뿌샨[44]이여, 일선一仙[45]이여, 염라閻羅[46]여, 태양[47] 이여, 조물주造物主의

---

40 "뿌샨(Pūṣan)"은 이 낱말의 주격 단수 형태를 사용해서 '뿌샤(Pūṣā)'라고도 부른다. '풍성하게 하다, 양육하다' 등의 의미를 지닌 어근 '뿌스(pūṣ)'에서 파생된 낱말로 『니루끄따(*Nirukta*)』(12. 10)에 의하면 '풍성한 햇살들로 풍성하게 하기 때문에 뿌샨이다.' 뿌샨은 태양신이며, 가축을 보호하고 길을 수호하는 신격으로 영혼을 조상들의 세계로 안내하는 역할을 하기도 한다. 하리끄리스나다싸 고얀다까에 의하면 여기서 뿌샨은 모두를 기르고 양육하는 '지고의 자재자'를 의미한다.

41 막스 뮐러는 "진리의 법(satyadharma)"을 '진실의 본질(the nature of the true)'이라고 해석한다. 라다크리슈난은 '진리를 사랑하는 나(I who love the truth)'라고 번역한다. 하리끄리스나다싸 고얀다까에 의하면 '진리의 법을 실행하는 나에게'라는 의미다.

42 샹카라에 의하면 '태양의 둥근 원(ādityamaṇḍala)'에 머무는 진리(satya)인 브라흐만의 얼굴(mukha), 즉 브라흐만의 문(門, dvāra)은 빛으로 만들어진 덮개로 덮여 있다. 그대인 진리에 대한 명상(upāsanā)을 통해서 진리를 속성으로 가진 바로 그러한 나를 위해서 혹은 그대의 '진리의 아(satyātman)'를 얻기 위해 그대인 뿌샨은 그 문을 젖혀라라는 의미다. 마드얀디나 본에는 "뿌샨이여, 진리의 법을 보게. 그대여, 그것을 거두려무나"라는 부분 대신에 다음 만뜨라의 마지막 부분인 "저기, 저 사람, 그것은 바로 나!"라는 부분이 온다.

43 라다크리슈난에 의하면 여기서부터 마지막 만뜨라까지(15~18) 네 만뜨라는 죽음의 시간에 발음하는 것들이다. 오늘날에도 힌두들은 장례식에 이 만뜨라들을 사용한다.

44 샹카라에 의하면 세상을 양육(poṣaṇa)하기 때문에 "뿌샨"은 태양(ravi)이다.

45 "일선(一仙)"의 원어는 에까르쉬(ekarṣi)다. '에까(eka)'는 '하나, 유일, 으뜸' 등을 의미하며, '르쉬(ṛṣi)'는 베다 찬가를 지은 선인(仙人)을 뜻한다. 따라서 에까르쉬는 '유일한 선인, 으뜸 선인'이란 의미로, 태양을 부르는 말이다. 샹카라에 의하면 하나(eka)가 간다(ṛṣati). 그래서 에까르쉬다.

46 "염라(閻羅)"의 원어는 야마(yama)다. 야마는 도덕의 신이며 선한 일을 한 이들이 사후에 즐기는 세상의 왕이다. 태양신 가운데 하나로 석양에서 다음 날 아침에 해가 뜨기까지의 태양이다. 이곳에서는 문맥으로 보아 석양의 신을 뜻한다. 샹카라에 의하면 모든 것을 통제(saṁyamana)하기 때문에 야마다.

아들[48]이여,

햇살들을 가지런히 하여 빛을 모아라!

지복至福의[49] 그대의 모습,

나는 그대의 그걸 보리라!

저기, 저 인아[50], 그건 바로 나! 16[51]

---

47 "태양"의 원어는 쑤르야(sūrya)다. 『니루끄따』(12. 9)에 의하면 쑤르야는 '가다'를 의미하는 어근 '쓰리(sṛ)', '보내다, 일을 붙이다' 등을 의미하는 어근 '수(ṣū)', '잘, 좋게, 아름답게' 등을 의미하는 접두어 '쑤(su)'에 '가다, 흔들리다' 등을 의미하는 어근 '이르(īr)'가 결합하여 파생된 낱말로 떠오르는 태양을 뜻한다. 샹카라에 의하면 햇살(raśmi)들과 생기(生氣)들과 정수(精髓, rasa)들을 '받아들이는 것(svīkaraṇa)'이기 때문에 태양이다.

48 "조물주(造物主)의 아들"의 원어는 쁘라자빠땨(prajāpatya)다. 샹카라에 의하면 쁘라자빠땨는 쁘라자빠띠의 아들이란 의미다. 쁘라자빠띠는 '생겨난 것, 백성(prajā)'의 '주인, 보호자(pati)'이며 조물주인 브라흐마를 의미한다. 불경에서 쁘라자빠띠는 '생주(生主), 중생주(衆生主), 세주(世主), 세간주(世間主), 세계주(世界主), 구류주(九類主), 범천(梵天), 범왕(梵王), 범천왕(梵天王), 유신천(有信天)' 등으로 한역된다.

49 "지복"의 원어는 깔야나따마(kalyāṇatama)다. 깔야나따마는 형용사로 '축복받은, 행복한, 운 좋은, 아름다운, 사랑스런, 탁월한, 상서로운, 좋은, 진짜' 등을 의미하는 깔야나(kayāṇa)의 최상급 형태다. 깔야나는 '행운, 행복, 선(善), 축제, 황금, 천국' 등을 의미하며 여성 명사로는 '암소, 성스런 암소, 어린 암소' 등을 의미한다. 불경에서 깔야나는 '선(善), 현선(賢善), 친선(親善), 진선(眞善), 선승(善勝), 정진(正眞), 진실(眞實), 정(淨), 묘(妙), 미묘(微妙), 묘선(妙善), 덕(德), 행복(幸福), 번영(繁榮), 제(祭), 선지식(善知識)' 등으로 한역된다. 샹카라에 의하면 깔야나따마는 '지극히 아름다운, 좋은, 상서로운(atyantaśobhana)'을 의미한다.

50 "인아"의 원어는 뿌루샤(puruṣa)다. 뿌루샤는 남성 명사로 '남자, 사람, 신하, 지고의 존재, 우주적인 영혼, 개별적인 영혼, 우주의 근원인 영혼, 눈동자' 등을 의미한다. 불경에서 뿌루샤는 '인(人), 인자(人者), 남(男), 남자(男子), 장부(丈夫), 사부(士夫), 사(士), 대사(大士), 아(我), 인아(人我)' 등으로 한역된다. 샹카라에 의하면 '사람의 형태인 것(puruṣākāratva)'이기 때문에 뿌루샤다. 혹은 이 '생기(生氣)인 지성의 아(我, prāṇabuddhy-āman)'에 의해서 모든 세상은 가득하다(pūrṇa). 그래서 뿌루샤다. 혹은 몸(pur)에 깃들기(śayana) 때문에 뿌루샤다.

51 마드얀디나 본에는 "저기, 저 인아, 그건 바로 나!"라는 부분만이 열일곱 번째 만뜨라의 마지막 부분으로 나타나며 "뿌샨이여, 일선이여, 염라여, 태양이여, 조물주의 아들이여, 햇살들을 가지런히 하여 빛을 모아라! 지복의 그대의 모습, 나는 그대의 그걸 보리라!"라는 부분은 나타나지 않는다.

숨결은[52] 바람으로[53] 불사不死로,

이 몸은 재가 되어 끝나고,

옴ॐ[54] 지성知性[55]이여, 기억하라, 행한 것을[56] 기억하라,

---

52 "숨결"의 원어는 와유(vāyu)다. 와유는 남성 명사로 '바람, 바람의 신, 다섯 가지 생기(生氣), 숨결, 호흡' 등을 의미한다. 샹카라에 의하면 여기서 와유는 생기(生氣)를 의미한다. 하리끄리스나다싸 고얀다까에 의하면 와유는 생기와 기관(indriya)들을 의미한다. 기관은 지각 기관과 활동 기관을 뜻한다. 싸뜨야브라따 씻단따랑까라에 의하면 와유는 생기 혹은 움직이는 생령(生靈, jīvātman)이다. 생령은 개별적인 영혼을 뜻한다. 막스 뮐러는 와유를 '숨(breath)'이라고 번역한다. 라다크리슈난은 '생명(life)'이라고 번역한다.

53 "바람"의 원어는 아닐라(anila)다. 아닐라는 '바람, 바람의 신' 등을 의미한다. 마흔아홉의 아닐라가 존재한다. 『리그베다(*Ṛgveda*)』(10. 16. 3)에 따르면 "눈은 태양으로 가고, 영혼은 바람으로 간다." 샹카라에 의하면 생기가 '몸과 관련된 한계(adhyātmaparicccheda)'를 버리고 '신과 관련된 아(我, adhidaivatātman)', '모든 것의 아가 되는 것(sarvātmaka)', 불사(不死), '실의 아(sūtrātman)'로 되라는 의미다.

54 "옴"의 의미는 먼저 브라흐마나 문헌에 따르면 모든 것에 퍼진다는 의미를 담고 있으며, 브라흐마의 큰 아들이며, 마음이며, 신들의 왕인 인드라(Indra)이며, 태양이며, 천상계이며, 진리요, 생명의 정수로, 생명의 원천인 물을 담고 있는 것이다. 『우파니샤드』 문헌에 따르면 옴의 의미는 보다 구체적으로 불멸, 과거와 현재 그리고 미래를 동시에 포함하며 아울러 시간을 초월한 존재. 지고의 영혼인 브라흐만이 문자로 현현된 것, 이 세상 모든 것, 접신을 이루게 하는 주문(呪文)이다. 요가 문헌에 따르면 "옴"은 고통과 행위와 행위의 결과와 욕망들로부터 완전히 결별된 특별한 영혼인 절대자를 의미하며, 옴을 염송함으로써 절대자의 의미가 환기된다. 또한 "옴"은 상주함이요, 청정함이요, 깨달음이요, 불변함이요, 집착이 없음이요, 드러나지 않음이요, 시작과 끝이 없음이요, 하나요, 네 번째요, 과거요 현재요 미래요, 변함이요, 늘 단절되지 않음이요, 지고의 브라흐만이다. 불경에서 "옴"은 극찬(極讚)으로 한역되며, '봉(蓬), 엄(唵)' 등으로 음사된다. 『진언집』에 따르면 "옴"은 '일체 진언의 어머니(一切眞言之母)'다. 샹카라에 의하면 여기서 "옴"은 불(agni)이라고 이름 하는 '실재의 아성(實在我性, satyātmaka)'인 브라흐만을 의미한다. 『만두끄야 우파니샤드』 전체 부분 참조.

55 "지성"의 원어는 끄라뚜(kratu)다. 끄라뚜는 '제사(祭祀), 우주를 보호 유지 육성하는 신인 위스누(Viṣṇu), 지성, 힘, 능력, 의지, 결정, 계획, 적합, 영감(靈感), 봉헌(奉獻), 예배, 숭배, 말을 제물로 삼아 지내는 제사인 마제(馬祭, aśvamedhayajña)' 등을 의미하는 낱말이다. 불경에서 끄라뚜는 '사사(祠祀), 공시(供施)' 등으로 한역된다. 샹카라에 의하면 끄라뚜는 '의지의 아인 것(saṁkalpātmaka)'을 의미한다. 막스 뮐러는 끄라뚜를 '마음(mind)'이라고 번역한다.

56 샹카라에 의하면 "행한 것(kṛta)"은 어린 시절부터 행한 행위다.

지성이여, 기억하라, 행한 것을 기억하라! 17[57]

아그니[58]여, 지복至福을[59] 위해 우리를 좋은 길로[60] 인도하라.

신이여, 모든 움직임을[61] 헤아려[62] 그릇되게 하는 우리 잘못을 사하여라.

그대에게 예경의 말을 우리 한껏 바치노라![63] 18[64]

---

57 마드얀디나 본에 따르면 열다섯 번째 만뜨라이며, "지성이여, 기억하라, 행한 것을 기억하라, 지성이여, 기억하라, 행한 것을 기억하라!"라는 부분은 "지성이여, 기억하라, 세상을 위해 기억하라, 행한 것을 기억하라!" 또는 "지성이여, 기억하라, 성취를 위해 기억하라, 행한 것을 기억하라!"가 된다.

58 "아그니(agni)"는 불의 신이다. 신과 인간의 세계를 연결시키는 역할을 한다.

59 "지복"의 원어는 라이(rai)다. 라이는 남성 명사로 '부(富), 황금, 소리' 등을 의미한다. 샹카라에 의하면 라이는 재산(dhana)이며, '행위의 결과를 누리는 것(karmaphalabhoga)'을 의미한다. 하리끄리스나다싸 고얀다까에 의하면 지고의 재산의 형태인 '지고의 자재자'를 섬기는 것이다. 막스 뮐러는 라이를 '지복인 부[wealth (beatitude)]'라고 번역한다. 라다크리슈난은 '번영(prosperity)'이라고 번역한다.

60 샹카라에 의하면 "좋은 길(supath)"은 '남쪽 길(dakṣiṇamārga)'을 벗어난다는 의미다. '오고 감을 특징으로 하는 남쪽 길을 나는 혐오하니, 오고 감이 없는 상서로운 길로 데려가 달라. 그대에게 거듭거듭 요청한다'는 의미다. '남쪽 길'은 일 년 중 태양이 적도 아래로 남행하는 여섯 달 동안이다. 영혼이 태양이 남행하는 이 길을 따라가면 해탈에 이르지 못하고 태어나고 죽음, 즉 오고 감을 거듭하는 윤회를 벗어나지 못한다.

61 "움직임"의 원어는 와유나(vayuna)다. 와유나는 '가다, 움직이다' 등을 의미하는 어근 '와이(vay)'에서 파생된 중성 명사로 '지식, 지혜, 지각 기능, 사원(寺院), 규범, 관습, 행위' 등을 의미한다. 샹카라에 의하면 와유나는 행위 혹은 앎(vijñāna)이다. 막스 뮐러는 와유나를 '사물(thing)'이라고 번역한다. 라다크리슈난은 '행위(deed)'라고 번역한다.

62 "신이여, 모든 움직임을 헤아려(viśvāni deva vayunāni vidvān)"를 막스 뮐러는 '모든 것들을 알고 있는 신이여!'라고 번역한다. 라다크리슈난은 '우리의 모든 행위들을 알고 있는 신이여!'라고 번역한다. 그러나 샹카라에 의하면 '신이여, 모든 행위들 혹은 앎들을 알면서'라는 뜻이 된다.

63 샹카라에 의하면 지금 우리는 그대에게 봉사(奉事, paricaryā)를 할 수 없기 때문에 "예경의 말(namokti)", 즉 경례(敬禮, namaskāra)로 봉사를 행한다는 의미다.

64 마드얀디나 본에 따르면 열여섯 번째 만뜨라다.

평온을 위한 낭송

옴ॐ, 그것은 충만한 것이다. 이것은 충만한 것이다. 충만한 것에서 충만한 것이 생겨난다. 충만한 것의 충만함을 취하니, 충만함만이 남는다.[65]

옴ॐ, 평온! 평온! 평온!

65 35쪽 1번 각주 참조.

께나 우파니샤드

이 『우파니샤드』는 '누구에 의해서, 무엇에 의해서' 등을 의미하는 께나kena라는 말로 시작하기에 『께나 우파니샤드Kena Upaniṣad』라고 한다. 아울러 이 『우파니샤드』는 『싸마베다Sāmaveda』 계열의 『딸라와까라 브라흐마나Talavakāra Brāhmaṇa』의 아홉 번째 장에 해당되는 내용이다. 그래서 『브라흐마나 우파니샤드Brāhmaṇa Upaniṣad』라고도 하며, 『딸라와까라 우파니샤드Talavakāra Upaniṣad』라고도 부른다.

평온을 위한 낭송[1]

옴ॐ, 우리 둘을 함께 보호하소서! 우리 둘을 함께 맛보게 하소서! 우리 둘이 함께 위용을 떨치리니! 우리 둘이 배운 것을 빛나게 하소서! 우리 둘은 미워하지 않으리니!

옴ॐ! 평온이여, 평온이여, 평온이여![2]

옴ॐ, 내 몸의 부분들, 언어와 생기生氣와 눈과 귀가 충만해지길 원하노라. 모든 기관들 또한 힘차기를 원하노라. 우파니샤드가 품은 브라흐만은 모든 것이니, 내가 브라흐만을 물리치지 않기를 원하노라. 브라흐만이 나를 물리치지 않기를 바라노라. 물리침이 없기를 바라노라. 내게 물리침이 없기를 바라노라. 그러므로 우파니샤드들에 있는 진리들, 그것들이 아我 안에서 만족해하는 나에게 있기를 바라노라. 그것들이 나에게 있기를 바라노라.

옴ॐ, 평온이여, 평온이여, 평온이여!

제1장

무엇에 의해 마음은 고무되고 지시되어 날아다니나요?[3] 무엇에 의

---

1 1958년에 인도 푸나의 베다 교정 기관에서 간행된 교정 판본에는 없는 부분이다. 샹카라의 산스크리트 주석본에 있는 것을 우리말로 옮긴 것이다.

2 샹카라의 주석본에는 이 부분이 "평온을 위한 낭송(śāntipāṭha)"에 포함되어 있지만, 하리끄리스나다싸 고얀다까의 힌디 어 해석본과 라다크리슈난의 영어 번역본에는 이 부분이 생략되어 있다.

해 임용되어 첫째인 생기生氣는 나아가나요?[4] 무엇에 의해 고무되어 이 말을 하나요?[5] 어떤 신이 눈과 귀를 향하게 하나요?[6] 1[7]

귀의 귀, 마음의 마음, 말의 말인 것이다. 그것은 또한 생기의 생기, 눈의 눈이다.[8]

홀연히 벗어나,[9] 현명한 이들은
이 세상에서 떠나 불사不死들이 된다. 2

---

3 샹카라에 의하면 '어떤 행위자(kartṛ)에 의해서 고무된(iṣita), 즉 원해진(iṣṭa), 즉 의도된(abhipreta) 상태에서 마음(manas)이 자신의 대상(viṣaya)을 향해 가는가?'라는 의미다. 라다크리슈난은 '누구에 의해 의지를 갖고 지도되어 마음은 대상들을 밝히나(By whom willed and directed does the mind light on its objects)?'라고 해석한다.

4 샹카라에 의하면 "생기(prāṇa)"는 모든 '기관의 활동(indriyapravṛtti)'에 선행하는 것이기 때문에 첫째(prathama)다. 막스 뮐러는 생기를 호흡(breath)이라고 번역한다. 라다크리슈난은 '누구에 의해 지정 받아, 즉 명령을 받아 첫 번째 생명은 움직이나(By whom commanded does life the first, move)?'라고 번역한다.

5 샹카라에 의하면 '누구에 의해서 고무된, 이 소리로 나타나는 언어를 세상 사람들은 말하나?'라는 의미다. 라다크리슈난은 '누구의 의지에 따라 사람은 이렇게 말하나(At whose will do (people) utter this speech)?'라고 번역한다.

6 샹카라에 의하면 그 "어떤 신", 즉 "그 어떤 '밝히는 것(dyotanavān)'이 눈과 귀를 각각 자신의 대상에 향하게 하는가? 즉 적용시키는가? 혹은 보내나?"라는 의미다.

7 샹카라에 의하면 제자가 스승에게 물어 보는 말이다.

8 샹카라에 의하면 스승이 제자에게 답하는 말이다. 여기서 마음은 지성(buddhi)과 마음을 함께 의미한다. 생기(生氣)는 코(ghrāṇa)도 함께 의미한다. 여기서 생기는 입을 뜻한다.

9 샹카라에 의하면 "홀연히 벗어나(atimucya)"는 것은 귀를 비롯한 것들의 귀 등을 '브라흐만의 아(我, brahmātman)'라고 알아 벗어나는 것, 즉 '귀 등에 대해 아라고 생각하는 상태(śrotrādyātmabhāva)'를 모두 버리는 것이다. '현명한 이(dhīra)'들은 '귀 등에 대해 아라고 생각하는 상태'를 모두 버리는 지혜가 있는 사람들이다. '이 세상에서 떠나(pretyāsmāllokāt)'는 것은 아들, 친구, 아내, 친지들에 대해 나의 것이라는 생각, 이기심, 친교로 나타나는 모든 희구(希求, eṣaṇā)를 버린 상태가 되는 것이다. 혹은 이 몸을 떠나는 것, 즉 죽어서라는 의미다. 라다크리슈난은 "홀연히 벗어나"를 '그들의 자만이라는 잘못된 생각들을 버리며[giving up (wrong notions of their self-sufficiency)]'라고 해석한다.

눈은[10] 그곳에[11] 가지 못한다.
언어는[12] 가지 못한다. 마음도 못 간다.
우리는 모른다. 어떻게 이것을 가르쳐야 하는지 잘 모른다.[13] 3

그것은 아는 것과는 다른 것이라고, 또한 모르는 것 위에 있는 것이라고,[14]

이렇게 우리에게 그것을 밝혀 말씀해 주신 옛 분들에게서 들었노라.[15] 4[16]

---

10 하리끄리스나다싸 고얀다까에 의하면 "눈(cakṣu)"은 시각 기관을 비롯한 모든 지각 기관(jñānendriya)들을 의미한다.

11 샹카라에 의하면 "그곳(tatra)"은 귀의 귀 등의 '아(我)가 되는(ātmabhūta)' 브라흐만을 의미한다.

12 하리끄리스나다싸 고얀다까에 의하면 "언어(vāc)"는 언어 기관을 비롯한 모든 활동 기관(karmendriya)을 의미한다.

13 샹카라에 의하면 지각 기관(indriya)과 마음을 통해서 사물들에 대해 앎이 있게 된다. 그러나 지각 기관과 마음을 통해서 파악이 안 되는 것이기 때문에 우리는 그 브라흐만이 이러한 것이라고 알지 못한다. 따라서 어떻게 이 브라흐만을 우리가 제자에게 가르쳐야 할지 잘 모른다. 알지 못하고 잘 모른다고 하는 것 등은 가르침과 의미를 파악함에 있어서 더할 바 없는 노력을 해야 함을 나타낸다.

14 샹카라에 의하면 "그것(tat)"은 귀의 귀, 마음의 마음, 말의 말, 생기의 생기, 눈의 눈 등이라고 앞에서 언급한 것이며, 이것은 귀, 마음, 말, 생기, 눈 등의 대상이 아닌 것이다. 즉 브라흐만을 의미한다. "아는 것(vidita)"은 '드러난 것(vyākṛta)' 모든 것이다. "모르는 것(avidita)"은 '드러난 것'의 씨앗인 무명(無明)이다. 위에 있다는 것은 다르다는 것을 의미한다.

15 샹카라에 의하면 '우리에게 그것인 브라흐만에 대해 아주 명확하게 말씀해 주신 옛날의 그 스승님들의 말씀을 이렇게 우리는 들었다'는 의미다. 브라흐만은 대를 이어 전해지는 스승(ācārya)의 가르침의 전통을 통해서 알 수 있는 것이다. 브라흐만은 논리(tarka)에 의해서, 설교(pravacana)와 총명함(medhā)과 '많이 배움(bahuśruta)'과 고행(tapas)과 제사(yajña) 등에 의해서 알 수 있는 것이 아니다.

16 하리끄리스나다싸 고얀다까의 힌디 어 번역과 싸뜨야브라따 씻단따랑까라의 힌디 어 번역에서 이 네 번째 만뜨라는 앞의 세 번째 만뜨라와 연결시켜 독립된 만뜨라로 취급하지 않는다. 그러나 1958년에 인도 푸나의 베다 교정 기관에서 간행된 교정 판본과 샹

언어로 드러나는 것이 아니다, 그것에 의해 언어가 드러난다.[17]
바로 그것이 브라흐만이라고 너는 알아야 한다.[18]
예배하는 여기 이것은 아니다.[19] 5

마음으로[20] 생각되어지는 것이 아니라, 그것에 의해 생각이 있다고 말들을 한다.
바로 그것이 브라흐만이라고 너는 알아야 한다.
예배하는 여기 이것은 아니다.[21] 6

눈으로 보는 것이 아니라, 그것에 의해 눈들이 본다.[22]

카라의 주석본에서는 이것을 독립된 만뜨라로 취급한다. 막스 뮐러와 라다크리슈난 역시 이 만뜨라를 독립된 만뜨라로 번역한다.

17 샹카라에 의하면 브라흐만에 의해서 말하고자 하는 의미를 위해 언어가 생겨난다. 즉 '의식의 빛(caitanyajyotis)'에 의해서 밝혀지고 작용된다. 하리끄리스나다싸 고얀다까는 '언어에 의해서 말해지는 것이 아니다. 그것에 의해서 언어가 말해지는 것이다. 즉 그의 힘에 의해서 말하는 사람은 말하는 능력이 있게 된다'고 번역한다.

18 샹카라에 의하면 "바로 그것(tadeva)"은 '아(我)의 본모습(ātmasvarūpa)'이다. '아의 본모습'을 너는 브라흐만이라고 알아야 한다. 이 브라흐만은 '더할 바가 없는 것(niratiśaya)', '큰 것(bhūman)'이라고 이름하는 것이며, '거대한 것(bṛhattva)'이기 때문에 브라흐만(brahman)이라고 한다.

19 샹카라에 의하면 "이것(idam)"은 칭호(upādhi)의 차이에 의해서 구별되는 '아(我)가 아닌 자재자(anātmeśvara)'다. 이것에 대해 숭배한다, 즉 명상한다. 그러나 이것은 브라흐만이 아니다. 하리끄리스나다싸 고얀다까에 의하면 이것은 언어를 통해서 말해질 수 있는 것이다.

20 샹카라에 의하면 여기서 "마음"은 '내적 기관(antaḥkaraṇa)'으로 지성과 마음을 모두 의미한다.

21 하리끄리스나다싸 고얀다까에 의하면 "이것"은 마음과 지성을 통해서 알 수 있는 것이다.

22 샹카라에 의하면 '의식의 아(我)의 빛(caitanyāmajyotis)'을 통해서 대상화(對象化) 한다. 즉 편재한다.

바로 그것이 브라흐만이라고 너는 알아야 한다.
예배하는 여기 이것은 아니다.[23] 7

귀로 듣는 것이 아니라, 그것에 의해 이 귀가 들리는 것이다.
바로 그것이 브라흐만이라고 너는 알아야 한다.
예배하는 여기 이것은 아니다.[24] 8

생기로 숨 쉬는 것이 아니라, 그것에 의해 생기가 숨 쉬어 진다.[25]
바로 그것이 브라흐만이라고 너는 알아야 한다.
예배하는 여기 이것은 아니다.[26] 9

제2장

"그대가 만일 잘 안다고 생각한다면, 그렇다면 그대는 정말 브라흐만의 모습을 아주 조금만 알 뿐이다.[27]

---

23 하리끄리스나다싸 고얀다까에 의하면 "이것"은 눈을 통해서 볼 수 있는 것이다.

24 하리끄리스나다싸 고얀다까에 의하면 "이것"은 청각 기관을 통해서 알 수 있는 것이다.

25 샹카라에 의하면 여기서 "생기(生氣)"는 콧구멍 안에 위치한 '내적 생기(antaḥkaraṇaprāṇa)'의 두 활동을 동반하는 코를 의미한다. 숨 쉰다는 것은 코에 의해서 냄새를 지닌 것이 대상화되는 것을 뜻한다.

26 하리끄리스나다싸 고얀다까에 의하면 "이것"은 생기들의 힘으로 활동을 갖춘 것으로 보이는 것이다.

27 샹카라에 의하면 앞에서 '귀의 귀, 마음의 마음, 말의 말인 것이다. 그것은 또한 생기의 생기, 눈의 눈이다.'(1. 2) '언어로 드러나는 것이 아니다, 그것에 의해 언어가 드러난다.'(1. 5) '그것은 아는 것과는 다른 것이라고, 또한 모르는 것 위에 있는 것'(1. 4)이라고 말했다. 이것을 총결하여 뒤에서 '구분하여 아는 이들에게는 잘 알려지지 않은 것이며, 구분하여 알지 않는 이들에게는 잘 알려진 것이다'(2. 3)라고 말한다. 따라서 스승이 '나

이의 것이 그대이든, 이의 것이 신들에 있는 것이든,[28]
그대의 '내가 안다'고 여기는 것에 대해 성찰해 보아야 한다." 1

"제가 잘 안다고 생각하지 않으며, 제가 모른다고 여기지도 않습니다.
우리 가운데 그것을 아는 사람은 그것을 알고,
모르는 사람은 모릅니다."[29] 2

견해를 가지지 않은 자, 그에게 앎이 있는 것이다.
견해가 있는 자, 그는 모른다.
구분하여 아는 이들에게는 잘 알려지지 않은 것이며,
구분하여 알지 않는 이들에게는 잘 알려진 것이다.[30] 3

는 잘 안다'라고 하는 제자의 지성을 물리침은 적절한 것이다. 이 브라흐만 외에 브라흐만에 대해 아는 다른 존재는 없다. 그래서 '내가 브라흐만에 대해 잘 안다'라는 인식(pratipatti)은 헛된 것이다. 브라흐만의 수많은 형태(rūpa)들은 이름과 형태로 제한되어 만들어진 것들이지, 브라흐만 스스로 형태가 있는 것이 아니다.

28 샹카라에 의하면 "이의 것(yadasya)"은 브라흐만의 형태다. 단지 '몸에 관련된 제한(adhyātmopādhi)'에 의해 구분된 이 브라흐만의 형태를 제자인 그대는 조금만 아는 것이 아니라, '신과 관련된 제한(adhidaivatopādhi)'에 의해 구분된 이 브라흐만의 형태를 신들에 있어서도 그대는 조금 아는 것으로 스승인 나는 여긴다는 의미다. "이의 것이 그대이든, 이의 것이 신들에 있는 것이든(yadasya tvaṁ yadasya deveṣu)"에 해당되는 부분을 막스 뮐러는 삽입된 부분으로 보고 번역하지 않는다.

29 샹카라에 의하면 스승의 말을 들은 제자가 외딴 곳에 앉아 명상에 들어 스승이 말한 것에 대해 의미를 생각하고 논리로 헤아려 '자기 경험(svānubhava)'을 하고는 스승의 곁으로 다가와 "저는 이제 브라흐만에 대해 안다고 여깁니다. 신들로 제한된 신에 속하는 것도 안다고 여깁니다. 어떤지 들어 보십시오"라며 제자가 스승에게 말하는 부분이다. "저는 브라흐만에 대해 잘 안다고 생각하지 않습니다"라고 제자가 말하자, 스승이 "그럼 너는 브라흐만을 모르느냐?"고 물었다. 이에 제자는 "모른다고 알지는 않습니다." 즉 "알기도 합니다. 우리 학생들 가운데 당신께서 하신 말씀을 본질적으로 아는 사람은 브라흐만을 아는 것입니다"라고 대답했다.

30 브라흐만은 규정되지 않은 존재다. 따라서 특정한 견해를 내어 규정하게 되면 브라흐

낱낱이 깨달음을 통해 알게 된 앎은 불사성不死性을[31] 얻는다.[32]
자기 자신으로는[33] 힘을 얻고,
지혜로는 불사不死를[34] 얻는다.[35] 4

만을 알 수 없다. 브라흐만은 일체(sarva)이며 하나(eka)다. 따라서 브라흐만인 것과 브라흐만이 아는 것으로 구분하여 아는 사람들은 브라흐만을 알 수 없다. 브라흐만은 욕망이 담박하여 마음이 비워진 상태에서야 느낄 수 있는 것이다. 따라서 마음과 지성으로 헤아리고 구분하여 알 수 있는 것이 아니다.

31 하리끄리스나다싸 고얀다까는 "불사성"을 '불사의 본모습인 지고의 아(我, amṛtasvarūpa paramātmā)'라고 해석한다.

32 샹카라에 의하면 "깨달음(bodha)"이란 '지성과 관련된 인식들(bauddhāḥ pratyayāḥ)'을 일컫는다. 모든 인식(pratyaya)들을 대상으로 가지는 그러한 아(我)가 모든 깨달음들을 깨닫는다. '모든 인식을 바라보는 자(sarvapratyayadarśin)'인 '정신력의 본모습만인 것(cicchaktisvarūpamātra)'은 인식들과 더불어 인식들 안에서 차별 없이 나타난다. 아를 알기 위한 다른 입구(門, dvāra)는 없다. 따라서 '각각의 인식을 향하는 아성(我性, pratyayapratyagātmatā)'을 통해서 브라흐만에 대해 안 것일 때, 그때 그 앎(mata)은 '바로 보는 것(正見, samyag-darśana)'이다. '모든 인식을 바라보는 자의 상태(sarvapratyayadarśitva)'일 때 '거둘 것도 물리칠 것도 없는 시선의 본질(upajananāpāyavarjitadṛksvarūpatā)', 항상성(恒常性, nityatva), '순수 청정한 본모습인 것(viśuddhasvarūpatva)', 아성(ātmatva), '구분이 없는 상태(nirviśeṣatā)', 그리고 단일성(ekatva)이 모든 존재들 안에서 얻어진다. 그래서 '죽음이 없는 상태(amaraṇabhāva)'이며, '자신의 아(svātman)'에 '자리 잡는 것(安住, avasthāna)'이며, 해탈인 불사성(不死性)을 얻는다.

33 "자기 자신"의 원어는 아트만(ātman)이다. 아트만은 남성 명사로 '영혼, 아(我), 브라흐만, 본질, 본성, 몸, 마음, 아들, 자기 자신, 지성, 생기, 형상, 태양, 불, 바람' 등을 의미한다. 샹카라는 '자기 자신으로(ātmanā)'를 '자신의 형태로(svena rūpeṇa)'라고 풀이한다. 막스 뮐러는 여기서 아트만을 '자아(the Self)'라고 번역한다. 라다크리슈난은 '자기 자신(one's own self)'이라고 번역한다. 하리끄리스나다싸 고얀다까는 '내적 통제자인 지고의 아'라고 번역한다.

34 하리끄리스나다싸 고얀다까는 "불사"를 '불사의 형태인 지고의 브라흐마인 최상의 인아(人我, amṛtarūpa parabrahma puruṣottama)'라고 해석한다.

35 샹카라에 의하면 아(我)로써, 즉 스스로의 모습으로써 힘(vīrya), 즉 공능(功能, sāmar-thya)을 얻는다. 재산과 더불어 만뜨라와 약초와 고행의 결합으로 만들어진 힘을 죽음은 압도하지 못한다. '자신의 지혜(ātmavidyā)'로 만들어진 것이 힘이다. 힘은 자신이 얻는 것이지, 다른 것이 얻는 것이 아니다. 지혜(明)는 아를 대상으로 하는 지혜다. 아를 대상으로 하는 지혜로써 불사를 얻는다. 윤회는 거듭거듭 죽게 되는 것이므로 죽음이며, 윤회를 벗어나는 해탈은 죽음이 없는 상태이므로 불사다.

만약 여기서 알면 진짜다.[36]
만약 여기서 모르면 큰 낭패다.[37]
존재들 안에서 존재들 안에서 분명하게 알아
현인賢人들은 이 세상을 떠나 불사不死들이 된다.[38] 5

제3장

브라흐만이 신들을 위해 승리했다.[39] 그 브라흐만의 승리에 대해 신들은 들떴다. 그들은 이 승리는 우리 것이라고, 이 위력은 우리 것이라고 생각했다. 1

---

36 샹카라에 의하면 무지(ajñāna)로 인해서 신과 인간과 짐승과 망령을 비롯한 윤회의 고통이 많은 생명체의 몸들 안에서 생노사병(生老死病, janmajarāmaraṇaroga)을 얻음은 정말 괴로운 일이다. 따라서 바로 여기서 사람의 자격으로 능력을 갖추어 만일 아(我)를 알게 된다면, 이 사람의 생에는 진실(satya), 즉 불멸(不滅, avināśa), 유의미함(arthavattā), '진실한 상태(sadbhāva)', '궁극의 의미(paramārthatā)' 혹은 실재(satya)가 있게 된다.

37 샹카라에 의하면 그리고 만약 이곳에 살면서 아(我)를 모른다면 큰(mahatī) 낭패(vinaṣṭi)다. 즉 길고 영원한 패망(vināśana)인 태어남(生, janma)과 늙음(老, jarā)과 죽음(死, maraṇa)의 연속이 끊어지지 않음으로 나타나는 '윤회의 길(saṁsāragati)'이 있게 된다.

38 샹카라에 의하면 "존재(bhūta)들 안에서 존재들 안에서"는 '모든 존재(sarvabhūta)들 안에서'라는 의미다. '움직이지 않는 것(sthāvara)'들과 '움직이는 것(cara)'들 안에서 '하나인 것(eka)'인 '아의 본질(ātmatattva)'인 브라흐만을 직접 보아, '나의 것(mama)'과 '나라는 생각(ahambhāva)'으로 나타나는 무지(無明)의 형태인 이 세상에서 물러난 현명한 사람들은 '모든 아가 하나인 상태(sarvātmaikatvabhāva)'인 '둘이 아님(不二)'에 이르러 불사들이 된다. "불사들이 된다"는 것은 브라흐만이 된다는 것을 의미한다.

39 샹카라에 의하면 브라흐만은 '모든 방법으로 다스리는 자(sarvaprakāreṇa praśāstṛ)', 신(deva)들에게 있어서 또한 최고의 신, 자재자(自在者, īśvara)들의 또한 자재자, '알기 힘든 것(durvijñeya)', 신들에게 있어서 승리의 원인, 악신(阿修羅, asura)들에게 있어서는 패배의 원인이다. 이러한 브라흐만이 신들과 악신들과의 싸움에서 신들에게 승리를 안겨주었다는 의미다.

그는 신들이 이러한 것을 알았다. 그래서 신들 앞에 나타났다.[40] 신들은 그를 몰라보고는

이것은 어떤 영靈인가[41] 의아해했다. 2

그들은 불의 신에게[42] 말했다.

"'자따베다쓰'[43]여, 이에 대해 그대가 알아보시오.

이 영靈이 어떤 것인지 말이오."

그러리라 대답했다. 3

---

40 샹카라에 의하면 '모든 것을 바라보는 자(sarvekṣṭr)'인 브라흐만은 모든 존재의 기관(karaṇa)을 작용하게 하는 것이기 때문에 신들의 '그릇된 인식(mithyājñāna)'을 알았다. 그래서 신들이 악신들처럼 헛된 자만(abhimāna) 때문에 패배할까 하는 동정심(anukampā)에서 신들의 자만을 물리쳐 주기 위해 그 신들 앞에 나타났다. 그러나 자신의 '요가의 위력(yogamāhātmya)'을 통해 만들어진 희유(稀有, adbhuta)하고 놀라운 모습으로 신들에게 나타났다.

41 "영"의 원어는 약샤(yakṣa)다. 약샤는 '존경하다, 경배하다, 예배하다, 움직이다' 등을 의미하는 어근 '약스(yakṣ)'에서 파생된 낱말로, 남성 명사로는 '부(富)의 신인 꾸베라(Kubera)의 신하로 하늘을 나는 등의 신통력을 지닌 반신반인의 존재, 영(靈)의 한 종류, 꾸베라의 이름, 예배, 멍멍이' 등을 의미하며, 중성 명사로는 '유령, 제사, 존경스러운 것' 등을 의미한다. 불경에서 약샤는 '용건(勇健), 귀(鬼), 귀신(鬼神), 상자(傷者)' 등으로 한역되며, '야차(夜叉), 약차(藥叉), 열차(閱叉)' 등으로 음사된다. 샹카라에 의하면 여기서 약샤는 '존경스러운 것(pūjya)', '위대한 존재(mahadbhūta)'라는 뜻이다. 막스 뮐러는 약샤를 신령(spirit)이라고 번역한다. 라다크리슈난 역시 신령이라고 번역한다. 하리끄리스나다싸 고얀다까는 '신성한 약샤(divya yakṣa)'라고 번역한다. 싸뜨야브라따 씻단따랑까라는 '약샤, 존경스러운 것, 위대한 것'이라고 번역한다.

42 "불의 신"의 원어는 아그니(agni)다. 아그니는 남성 명사로 '불, 불의 신, 성화(聖火), 희생제단, 위장의 소화 기능, 3이라는 숫자의 상징, 하늘' 등을 의미한다. 아그니는 신의 세계와 인간의 세계를 연결하는 역할을 한다. 불의 신 아그니는 인간이 불에 태워 바친 제물을 신에게 가져가고, 신들의 축복을 인간에게 전달해 준다.

43 "자따베다쓰(Jātavedas)"는 '생겨난 모든 것을 아는 자'라는 의미로, 『베다』에서 불의 신인 아그니를 지칭하는 이름이다. 샹카라에 의하면 "자따베다쓰"는 '모든 것을 알 수 있는 것(sarvajñakalpa)'이다.

그에게 다가가자 그는 그에게 물었다.[44]

"그대는 누구냐?"

"나는 바로 '아그니'오, '자따베다쓰'가 바로 나요."[45]

이렇게 대답했다. 4

"그러한 그대에게 어떤 힘이 있는가?"

"나는 땅에 있는 이 모든 것을 태울 수 있소이다!"[46] 5

그에게 지푸라기를 하나 놓아 주었다.

"이것을 태워 보시오!"

그것 가까이 온 힘을 다해 다가갔으나, 그것을 태울 수가 없었다.

그래서 그는 되돌아갔다.

"이에 대해, 이 영靈에 대해 알 수가 없습니다!"[47] 6

이제 그들은 바람의 신에게 말했다.

"'와유'여,[48] 이에 대해 그대가 알아보시오.

---

44 샹카라에 의하면 "그에게"는 '영(靈)에게'라는 의미다. 그 영이 불의 신인 아그니에게 너는 누구냐고 물은 것이다.

45 샹카라에 의하면 아그니와 자따베다쓰, 이렇게 이름 두 개를 말하는 것은 불의 신인 아그니가 자신을 추켜세우며 하는 말이다. 아그니와 자따베다쓰에 대해서는 바로 앞의 만뜨라에서 해당 사항 각주 참조. 59쪽 42, 43번 각주 참조.

46 샹카라에 의하면 브라흐만의 질문에 대한 불의 신 아그니의 대답이다. "이 모든 것(idaṁ sarvam)"은 세상(jagat) 모든 것이다. 땅에 있는 것은 허공에 있는 것도 동시에 의미한다.

47 샹카라에 의하면 지푸라기 하나 태우지 못해 부끄럽고 낙담하여 신들에게 되돌아간 불의 신이 신들에게 보고하는 말이다.

48 바람의 신의 원어는 "와유(vāyu)"다. 와유는 남성 명사로 '바람, 바람의 신, 생기(生氣), 호흡' 등을 의미한다.

이 영靈이 어떤 것인지 말이오."
그러리라고 대답했다. 7

그에게 다가가자 그에게 물었다.[49]
"그대는 누구냐?"
"나는 바로 '와유'[50]요, '마따리스반'[51]이 바로 나요!"
이렇게 대답했다. 8

"그러한 그대에게 어떤 힘이 있는가?"
"나는 땅에 있는 이 모든 것을 가져갈 수 있소이다!" 9

그에게 지푸라기를 하나 놓아 주었다.
"이것을 가져가 보시오!"
그것 가까이 온 힘을 다해 다가갔으나, 그것을 가져갈 수가 없었다.
그래서 그는 되돌아갔다.
"이에 대해, 이 영靈에 대해 알 수가 없습니다!"[52] 10

---

49 "그에게 다가가자 그에게 물었다(tadabhyadravat tamabhyavadat)"는 '영(靈)의 모습을 한 브라흐만에게 바람의 신인 와유가 다가가자 브라흐만이 그 바람의 신에게 물었다'는 의미다. 원어에서 앞의 그는 중성 명사, 뒤의 그는 남성 명사 목적격이 사용되었다. 브라흐만과 와유라고 각각 서로 다른 명사를 명확하게 사용하지 않고, 이렇게 모호하게 동일한 대명사를 성만 다르게 사용하는 것은 모든 것은 궁극적으로 같은 것이지만 다른 것이기도 하다는『우파니샤드』의 사상을 은연중에 나타내는 표현법이다.

50 샹카라에 의하면 '가는 것 혹은 냄새를 맡게 하는 것(vāna)'이다. 그래서 와유다.

51 "마따리스반(mātariśvan)"은 바람의 신인 와유의 다른 이름이다.『니루끄따』(6. 26)에 의하면 마따리스반은 바람이며,『아타르바베다』(11. 4. 15)에 의하면 마따리반은 생기인 쁘라나(prāṇa)다. 생명의 바람을 의미한다. 샹카라에 의하면 허공에서(mātari) 움직인다(śvayati), 그래서 마따리스반이다. 39쪽 23번 각주 참조.

52 샹카라에 의하면 앞에서 불의 신의 경우와 마찬가지로 지푸라기 하나 가져가지 못해

이제 그들은 신들의 왕인 '인드라'에게[53] 말했다.
"'마가반'[54]이여, 이에 대해 당신께서 알아보십시오.
이 영靈이 어떤 것인지 말입니다."
그러리라고 대답했다.
그에게 다가가자 그에게서 사라져 버렸다.[55] 11

그는 바로 그곳 허공에 있는 한 여인에게,
아주 빛나는 히말라야의 딸[56] 우마[57]에게 다가갔다.[58]

부끄럽고 낙담하여 신들에게 되돌아간 바람의 신이 신들에게 보고하는 말이다.

53 "인드라(Indra)"는 남성 명사로 '신들의 왕, 비의 신, 구름, 지배자, 왕, 오른쪽 눈의 눈동자, 다섯 가지 지각 기관' 등을 의미한다. 인드라는 『베다』 최고의 신격이다. 인드라는 땅에 뿌린 곡식의 씨앗이 싹을 틔우게 하는 비를 내리는 구름을 몰고 오는 바람, 그리고 궁극적으로는 그러한 바람을 만들어 내는 태양의 힘을 신격화한 것이다. 비를 내리지 못하고 검게 뭉쳐 있는 구름에 번개를 내려쳐 비가 내리게 하는 신의 모습으로 『베다』에서 자주 형상화 된다. 번개를 인드라의 무기인 금강저(金剛杵, vajra)라고 한다. 불경에서 인드라는 '제석(帝釋), 석제환인(釋帝桓因)'이라 하며 '왕(王), 주(主), 제(帝), 천주(天主), 제왕(帝王)' 등으로 한역되고 '인달라(因達囉, 印達羅), 인타라(因陀羅)' 등으로 음사된다. 『삼국유사』에 전하는 우리나라 단군 신화에 의거하면 인드라가 바로 환웅(桓雄)의 아버지다. 따라서 인드라는 단군왕검(檀君王儉)의 할아버지다. 단군 신화와 인도 신화를 비교하여 볼 때 우리 한민족은 베다 시대 인도 신들의 왕의 혈통이다.

54 "마가반"은 신들의 왕인 인드라의 다른 이름이다. 마가(magha)는 '선물, 하사품, 재산, 힘' 등을 의미하며 반(van)은 '가지고 있는 존재'를 뜻한다. 따라서 마가반(Maghavan)은 많은 선물과 하사품과 재산과 힘 등을 가지고 그것들을 우리에게 풍요하게 베풀어 주는 신격을 의미한다.

55 샹카라에 의하면 인드라가 브라흐만에게 가까이 다가오자, 인드라에게는 신의 왕으로서의 자만심이 아주 강하기 때문에 브라흐만은 인드라의 그 강한 자만심을 물리치기 위해서 대화조차 하지 않고 사라진 것이다.

56 "히말라야의 딸"의 원어는 하이마와띠(Haimavatī)다. 샹카라에 의하면 하이마와띠는 황금(hema)으로 만든 장신구를 걸치고 있는 것처럼 아주 빛나고 있는 여인, 혹은, '히말라야, 히말라야의 산신(Himavat)'의 딸을 의미하는 하이마와띠다. 하이마와띠는 모든 것을 아는 자재자와 함께 있기 때문에 알 수 있으리라 여기고는 그녀에게 갔다는 의미다. 자재자는 쉬바(Śiva)다. 쉬바는 전지전능한 존재로 우주를 파괴하고 새로운 우주를 탄생

그녀에게 물었다.
"이 영靈은 누구인가요?" 12

제4장

그녀가 말했다.
"'브라흐만'[59]이에요!
'브라흐만'의 승리에 대해 그대들은 이리 들뜬 거예요."
그래서 그는 '브라흐만'이라고 알게 되었다. 1

불의 신인 아그니, 바람의 신인 와유, 신들의 왕인 인드라,
이들은 '브라흐만'을 아주 가까이에서 접하고,
처음으로 그가 바로 '브라흐만'임을 알았기에

하게 하는 신이다. 쉬바의 주 거처는 히말라야 산이며, 주로 히말라야 산에서 요가 명상에 잠겨 있다. 쉬바의 부인은 히말라야 산신의 딸이다. 히말라야를 산중의 산이라는 의미에서 산(parvata)이라고도 부른다. 그래서 쉬바의 부인을 '산의 딸'이라는 뜻에서 빠르와띠(Pārvatī)라고 한다. 라다크리슈난은 '가장 아름다운 우마, 히말라야의 딸(most beautiful, Umā, the daughter of Himavat)'이라고 번역한다.

57 "우마"는 쉬바의 아내인 빠르와띠의 다른 이름이다. 빠르와띠는 쉬바를 자신의 남편으로 얻기 위해 땅에 떨어진 나뭇잎마저 먹지 않는 등 대단한 고행을 했다. 그래서 빠르와띠의 엄마가 자신의 딸이 고행을 그만두길 바라는 마음에서 '애야(u), 그만(mā)'이라고 말해서 우마(Umā)라고 불리게 되었다.

58 샹카라에 의하면 인드라는 브라흐만이 사라지자 불의 신 등과는 달리 되돌아가지 않고 그 영(靈)이 있던 허공으로 가서 머물러 그 영이 어떤 것인가에 대해 명상했다. 그러자 브라흐만은 영에 대한 인드라의 이러한 헌신을 알고는 우마의 형태인 여인의 모습으로 나타났다.

59 샹카라에 따르면 브라흐만은 자재자다.

다른 신들보다 우월하다. 2

신들의 왕인 인드라가 '브라흐만'을 아주 가까이에서 접하고,
처음으로 그가 바로 '브라흐만'이라는 것을 알았기에
인드라는 다른 신들보다 우월하다. 3

신에 관한 것은 번개가 번쩍하는 것 같고, 눈을 감은 듯하다는 것이다.
이것이 그의 가르침이다.[60] 4

이제 영혼에 관한 것이다.[61]

---

60 샹카라에 의하면 브라흐만의 "가르침(ādeśa)"은 '비유를 통한 가르침(upamopadeśa)'이다. 브라흐만은 자신을 번개처럼 보이고는 신들에게서 사라졌다. 번갯불이 번쩍하는 것 같다. 그리고 마치 눈을 감은 것 같다. 즉 눈의 대상을 비추던 빛이 사라진 것 같다. 이것이 '신에 대한(adhidaivata)' 브라흐만의 가르침이다. 하리끄리스나다싸 고얀다까에 의하면 신은 한 순간 번갯불처럼 우리 앞에 형태를 가진 모습을 드러내고 사라지거나, 아니면 우리의 마음에 형태가 없는 본질로 찰나지간에 경험되고는 사라진다. 이처럼 신의 모습을 찰나지간에 직접 보거나 혹은 마음에서 신의 본질을 찰나지간에 경험한 사람은 경이로운 환희에 놀라게 된다. 그래서 그런 사람의 마음에는 항상 끊임없이 신을 보거나 경험하고 싶은 강한 열망이 생겨난다. 욕망과 아만(我慢, ahaṁkāra)에 젖어 무명(無明)의 어둠 속에서 살아가는 일상적인 우리의 삶 속에서 신성은 번개가 번쩍이는 찰나지간 지각되거나 인식되곤 사라지는 것이다. 만일 무명에 잠겨 욕망과 아만에 이끌리는 일상적인 삶 속에서도 신성이 항상 지각되거나 인식되는 것이라면, 쉬지 말고 기도할 필요가 무엇이 있겠으며, 끊임없이 명상 수행할 필요가 무엇이 있으며, 항상 깨어 있을 필요가 무엇이 있겠는가? 신성은 무명의 어둠에서 욕망과 아만에 젖어 가는 삶 속에서는 번갯불처럼 짧은 순간 무명의 어둠을 밝히며 느껴질 뿐이다. 그러나 욕망을 벗어나 마음이 담박해지면 신성은 늘 나타나거나 인식되는 것이다. 욕망의 대상을 향하는 마음의 눈을 감고, 번개가 먹구름을 내리쳐 비를 뿌리듯이, 끊임없이 지혜의 칼날로 욕망을 내려치면 욕망이 끊기어 법운삼매(法雲三昧, dharmameghasamādhi)에서 한량없이 법우(法雨)가 내려 신의 세계가 곳곳마다 꽃피어 활짝 열린다.

61 샹카라에 의하면 "영혼에 관한 것(adhyātma)"은 '개별적인 영혼(pratygātman)'을 대상으로 하는 가르침이다. 막스 뮐러는 '(심리적인) 몸에 관련된 브라흐만의 가르침[the teaching of

마음이 이것에게 가는 것이다.
이 마음을 통해 이것을 가까이 기억하고 자주 생각한다.[62] 5

그것은[63] 바로 '그것은 소망'[64]이란 이름이다.
'그것은 소망'이라고 그것을 명상해야 한다.
모든 존재들은 이와 같이 아는 자를 모두 소망한다.[65] 6

"우파니샤드[66]를 말해 주십시오."

Brahman, with regard to the body (psychological)]'이라고 해석한다. 라다크리슈난은 '자아에 관계된 가르침(the teaching concerning the self)'이라고 해석한다.

62 샹카라에 의하면 마음이 브라흐만인 이것에 가는 듯하다. 즉 마음이 브라흐만을 대상화하는 것 같다. 이를테면 수행자(sādhaka)는 마음을 통해서 이 브라흐만을 자주 가까이 기억한다. 그리고 생각한다. 즉 브라흐만을 대상으로 하는 마음의 생각(saṁkalpa)이 있다. 브라흐만은 마음에 '한정된 상태(upādhitva)'로 마음의 기억(smṛti)과 생각을 비롯한 인식들을 통해서 대상화되면서 현시된다. 그래서 이것은 브라흐만의 개별적인 영혼에 대한 가르침이다. 앞에서 말하듯이 번갯불처럼 순식간 밝혀지는 속성을 가진 것이라든지, 이처럼 마음의 인식과 동시에 나타나는 속성을 가진 것으로 제시되는 브라흐만은 아둔한 지혜를 가진 자가 파악하는 브라흐만이다. 왜냐하면 '한정되지 않은 것(nirupādhika)'인 브라흐만은 아둔한 지혜를 가진 자들이 파악할 수 없는 것이기 때문이다. 한정(upādhi)은 무한한 브라흐만이 신, 마음, 물질(bhūta)을 비롯한 것으로 한정되는 것을 뜻한다.

63 샹카라에 의하면 "그것"은 브라흐만이다.

64 "그것은 소망"의 원어는 따드와남(tadvanam)이다. 따드와남은 따뜨(tat)와 와남(vanam)이 합한 낱말이다. 따뜨는 중성 명사 주격과 목적격 단수 형태로서 '그것'이라는 뜻이며, '그것'은 브라흐만을 의미한다. 와남은 '존경하다, 경배하다, 돕다, 소리 내다, 종사하다, 원하다, 소유하다, 좋아하다, 사랑하다, 준비하다, 상처를 주다, 해치다' 등을 의미하는 어근 완(van)에서 파생된 중성 명사의 형태로 '숲, 무리, 거처, 샘, 물, 목기, 목재, 구름, 숲에서 살기, 경배, 풍부' 등을 의미한다. 샹카라에 의하면 브라흐만은 생명체들의 개별적인 영혼이 되어 바랄 것, 즐기는 것이 되기에 따드와남이라고 이름한다.

65 샹카라에 의하면 모든 존재들은 마치 브라흐만을 희구하듯이 이와 같이 알고 명상하는 수행자를 희구한다.

66 샹카라에 의하면 여기서 '우파니샤드는 사념해야 할 신비다(upaniṣadaṁ rahasyaṁ yaccintyam).'

"그대에게 우파니샤드를 말했노라.
우린 브라흐만의 것[67]인 우파니샤드[68]에 대해 말했노라." 7[69]

고행과 자제와 행위는 그것을 위한 바탕이다.[70]
베다들은 모든 부분들이다.
진실은 거처다.[71] 8

이와 같이 이것을[72] 아는 사람은

---

67 "브라흐만의 것"의 원어는 브라흐미(brāhmī)다. 브라흐미는 형용사로 '브라흐만 혹은 창조자 혹은 최고의 영혼에 관련된 것, 사제 계급인 브라흐마나에 관련된 것, 성스러운 지혜에 관한 것, 『베다』에 언급된 것, 성스러운 것, 브라흐마의 세상(brahmaloka)에 관련된 것' 등을 의미한다.

68 샹카라에 의하면 여기서 "우파니샤드"는 '지고의 아(我)에 대한 지혜(paramātmavidyā)'다.

69 샹카라에 의하면 이 부분은 스승과 제자 사이에 주고받는 말이다.

70 샹카라에 의하면 '고행은 몸과 지각 기관과 마음을 모아 명상함이다(tapaḥ kāyendriyamanasāṁ samādhānam).' 자제(dama)는 적정(寂靜, upaśama)이다. 행위는 화제(火祭, agnihotra)를 비롯한 것들이다. 이것들은 앞에서 언급한 우파니샤드를 얻기 위한 방편들이 되는 것들이다. 왜냐하면 이러한 것들에 의해 정화된 사람의 순수한 정신을 통해서 본질에 대한 지혜가 생겨나기 때문이다. 막스 뮐러는 행위를 제사(sacrifice)라고 번역한다. 라다크리슈난은 고행을 '내핍, 금욕 생활들(austerities)', 행위를 '일, 작업, 노력(work)'이라고 번역한다.

71 샹카라에 의하면 네 가지 『베다』들과 음성학(śikṣā)을 비롯한 『베다』의 여섯 가지 부속 학문들이 행위와 지혜를 밝혀 주는 것이므로 '바탕인 것(pratiṣṭhātva)'이다. 혹은 바탕(pratiṣṭhā)은 두 발을 의미하기 때문에 『베다』들은 머리를 비롯한 다른 모든 부분들이다. 만일 이렇게 해석한다면, "베다들"이라는 낱말을 모든 부속 학문들을 포함해서 의미하는 낱말로 해석해야 한다. "진실(satya)"은 말과 마음과 몸들에 있어서 거짓과 왜곡이 없음이다. 『우파니샤드』는 진리(satya)에 머물기 때문이다. 막스 뮐러는 '고행과 자제와 제사는 『우파니샤드』가 그 위에 서는 발들이다. 베다들은 그것의 모든 신체 부분들이다. 진리는 그것의 거처다'라고 번역한다. 라다크리슈난은 '베다들은 모두 그것의 구성 단위들이다(Vedās are all its units)'라고 해석한다. 『베다』의 부속 학문들은 음성학(śikṣā), 운율학(chandas), 문법학(vyākaraṇa), 어원학(nirukta), 천문학(jyotiṣa), 제례학(Kalpa) 이렇게 여섯 가지이다. 이 학문들은 『베다』를 연구하기 위한 도구 학문이다.

죄악을 물리쳐[73] 영원한[74] 하늘나라에,

가장 높은 곳에 확고히 머문다,[75] 확고히 머문다. 9

평온을 위한 낭송[76]

옴ॐ, 우리 둘을 함께 보호하소서! 우리 둘을 함께 맛보게 하소서! 우리 둘이 함께 위용을 떨치리니! 우리 둘이 배운 것을 빛나게 하소서! 우리 둘은 미워하지 않으리니!

옴ॐ! 평온이여, 평온이여, 평온이여![77]

옴ॐ, 내 몸의 부분들, 언어와 생기生氣와 눈과 귀가 충만해지길 원하노라. 모든 기관들 또한 힘차기를 원하노라. 우파니샤드가 품은 브라흐만은 모든 것이니, 내가 브라흐만을 물리치지 않기를 원하노라. 브라흐

---

72 샹카라에 의하면 "이것을(etām)"은 '브라흐만에 대한 지혜를(brahmavidyām)'이란 뜻이다.

73 샹카라에 의하면 "죄악을 물리쳐(apahatya pāpmānam)"는 '무지와 욕망과 행위로 나타나는 것인 윤회의 씨앗을 털어 버리고'라는 뜻이다.

74 라다크리슈난은 '영원함에(anante)'라는 원문을 '끝에(ante)'라고 파악하여 '마지막에(in the end)'라고 해석한다. 샹카라는 원문을 '영원함에'라고 파악하여 '영원함에, 끝없음에(anante'paryante)'라고 풀이한다. 막스 뮐러 역시 '영원함에(in the endless)'라고 번역한다.

75 샹카라에 의하면 "가장 높은 곳에 확고히 머문다(jyeye pratitiṣṭhati)"는 것은 보다 월등한 것, 즉 모든 것보다 큰 것인 자신의 아(我)에 으뜸이 되어 확고히 머문다는 것이며, 다시 윤회하지 않는다는 의미다.

76 1958년에 인도 푸나의 베다 교정 기관에서 간행된 교정 판본에는 없는 부분이다. 샹카라의 산스크리트 주석본에 있는 것을 우리말로 옮긴 것이다.

77 샹카라의 주석본에는 이 부분이 "평온을 위한 낭송"에 포함되어 있지만, 하리끄리스나다싸 고얀다까의 힌디 어 해석본과 라다크리슈난의 영어 번역본에는 이 부분이 생략되어 있다.

만이 나를 물리치지 않기를 바라노라. 물리침이 없기를 바라노라. 내게 물리침이 없기를 바라노라. 그러므로 우파니샤드들에 있는 진리들, 그것들이 아我 안에서 만족해하는 나에게 있기를 바라노라. 그것들이 나에게 있기를 바라노라.

옴ॐ, 평온이여, 평온이여, 평온이여!

까타 우파니샤드

『까타 우파니샤드Kaṭha Upaniṣad』는 두 장章, adhyāya으로 나누어지고, 다시 각 장은 세 개의 절節, vallī로 구분된다. 까타kaṭha는 『야주르베다』의 학파인 까타 학파의 창설자의 이름이다. 까타는 '비탄 속에서 살다'를 의미하는 어근 까트kaṭh에서 파생된 낱말이다. 어쩌면 이 『우파니샤드』의 주인공이 아버지에 의해서 죽음의 신에게 내던져지는 인물이기에 『까타 우파니샤드』라고 하게 되었는지도 모른다. 이 『우파니샤드』에 나오는 나찌께따쓰Naciketas의 이야기가 『끄리스나 야주르베다Kṛṣṇayajurveda』의 『따잇띠리야 브라흐마나Taittirīyabrāhmaṇa』에도 나타나므로 『끄리스나 야주르베다』 계열에 속하는 『우파니샤드』다. 이 『우파니샤드』를 '까타의 『우파니샤드』, 혹은 까타 학파의 『우파니샤드』'라는 의미에서 『까타까 우파니샤드Kāṭhaka Upaniṣad』라고도 부른다.

평온을 위한 낭송[1]

옴ॐ, 우리 둘을 함께 보호하소서! 우리 둘을 함께 맛보게 하소서! 우리 둘이 함께 위용을 떨치리니! 우리 둘이 배운 것을 빛나게 하소서! 우리 둘은 미워하지 않으리니!

옴ॐ! 평온이여, 평온이여, 평온이여!

제1장

제1절

바라며[2] '와자슈라와싸'[3]는 모든 재산을 바쳤다고 한다.
그에게는 '나찌께따쓰'[4]라는 이름의 아들이 있었다. 1

---

1 1958년에 인도 푸나의 베다 교정 기관에서 간행된 교정 판본에는 없는 부분이다. 샹카라의 산스크리트 주석본에 있는 것을 우리말로 옮긴 것이다.

2 샹카라에 의하면 와자슈라와(Vājaśravā)의 아들인 "와자슈라와싸(Vājaśravasa)"는 '모든 것을 이기는 것(viśvajit)'이라는 이름의 제사를 그 제(祭)의 결과를 바라며 지냈다. "바라며"의 원어는 우샨(uśan)이다. 라다크리슈난이 인용하는 밧따바쓰까라 미슈라(Bhaṭṭabhāskara Miśra)의 의견에 따르면 우샨은 와자슈라와쓰(Vājaśravas)의 아들의 이름이다. 일반적으로 『우파니샤드』는 누구의 아들인 아무개 하는 식으로 사람의 이름을 거명한다. 따라서 밧따바쓰까라 미슈라의 의견도 참고할 만하다.

3 "와자슈라와싸"는 와자슈라와의 아들이란 뜻이다. 샹카라에 의하면 와자(vāja)는 곡식(anna)이며, 슈라와(śrava)는 명성(yaśa)이다. 그래서 와자슈라와는 '곡식을 베풀어 명성을 얻은 사람'을 의미한다.

4 라다크리슈난은 『리그베다』(10. 79. 5)의 "죽을 존재인 인간인 나는 신에 대해 모른다(nāhaṁ devasya martyaś ciketa)"라는 구절을 인용하며 '나는 모른다(na ciketa)'에서 나찌께따쓰(Naciketas)라는 이름이 유래한 것으로 본다. 그에 의하면 나찌께따쓰는 '모르는 자이기 때문에 알기를 추구하는 자(one who does not know and therefore seeks to know)'를 의미하는 이름이다.

그는 어린이지만 보시布施[5]로 가져오는 것들을 보고는 경건한 마음이 들었다.

그는 생각했다.[6] 2

'더 이상 물도 마시지 못하는 암소, 더 이상 풀도 뜯지 못하는 암소,
더 이상 젖도 짜낼 수 없는 암소, 더 이상 새끼 치지 못하는 늙은 암소,
이런 암소들을 주는 사람은 '기쁨이 없음들'이라는 이름의 세상들
정녕 그 세상들로 가리라.'[7] 3

그래서 그는 아버지에게 물었다.

---

5 "보시"의 원어는 닥쉬나(dakṣiṇā)다. 닥쉬나는 부사적으로는 '오른쪽에서, 남쪽에서' 등을 의미하며, 여성 명사로는 '브라흐마나에게 주는 선물, 스승에게 드리는 예물, 좋은 젖소, 남쪽, 남쪽 지방, 명성' 등을 의미한다. 불경에서 닥쉬나는 '시(施), 보시(布施), 소시(所施), 재시(財施), 복(福), 복전(福田), 복덕(福德)' 등으로 한역된다.

6 샹카라에 의하면 제관들에게 보시로 나누어 주기 위해 소들을 가져오는 것을 보았을 때 아직 생식 능력(prajananaśakti)이 없는 어린이에게 아버지의 이익과 관련된 '경건한 마음(信心, śraddhā)'이, 즉 '신앙의 경건한 지혜(āstikyabuddhi)'가 들어왔다. 나찌께따쓰의 아버지가 지내는 제사는 싸르바메다(sarvamedha) 제사다. 이 제사는 자신이 가진 '모든 것(sarva)'을 제물(medha)로 바치기 때문에 싸르바메다 제사라고 한다. 여기서 제물은 제관들에게 주는 선물도 포함된다. 이 제사는 '모든 것을 얻는 제사(viśvajit)'로 이 제사에는 자신의 전 재산을 바쳐야 한다. 그래서 이 제사를 지내고 나면 일단 알거지가 된다. 깔리다싸(Kālidasa)의 『라구완샤(*Raghuvaṁśa*)』라는 서사시에 보면 라마(Rāma)의 조상인 라구(Raghu) 왕이 이 제사를 지냈을 때 그의 왕궁에 남은 것이라고는 흙으로 만든 밥그릇뿐이었다. 그러나 어린 아들이 보니 아버지가 자기 집에서 제일 안 좋은 소들만 제관들에게 주기 위해 가져오고 있다. '큰일 났다, 이래서는 우리 아버지가 제사 지내는 것이 아무 소용이 없겠구나!' 하는 신앙심이 비록 어린 아이지만 마음에 일어났다는 뜻이다. 모든 것을 얻는 제사에서 모든 것을 바치는 것은 자신의 모든 것을 버려야 다른 모든 것을 얻을 수 있기 때문이다.

7 샹카라에 의하면 보시(布施)라는 생각으로 이러한 암소들을 제관(祭官, ṛtvij)들에게 주는 제주(祭主, yajamāna)는 "기쁨이 없음들(anandāḥ)"이라는 이름의 세상들로 간다.

"아버지, 저는 누구에게 주시려 합니까?"
두 번 세 번 그것을 물어보자, 그에게 이렇게 대답했다.
"나는 너를 죽음에게 준다."[8] 4

'나는 많은 가운데 첫째, 많은 가운데 중간은 가니,
오늘 나를 시켜 죽음의 신인 '야마'[9]에게 무언가 할 일을 하시려는 걸 거야!'[10] 5

---

8 샹카라에 의하면 "죽음(mṛtyu)"은 와이와쓰와따(Vaivasvata)다. 와이와쓰와따는 사후 세계의 신인 '야마 와이와쓰와따(Yama Vaivasvata)'다.

9 『리그베다』(10. 165. 4)에 보면 "바로 그 야마에게 예배 드립니다. 죽음에게(tasmai yamāya namo astu mṛtyave)"라는 구절이 나온다. "야마(Yama)"는 '통제하다, 제어하다, 억누르다, 멈추다, 주다, 지지하다, 들어 올리다, 펼치다, 가다, 보여주다' 등을 의미하는 어근 '얌(yam)'에서 파생되어 형용사로는 '쌍둥이의, 한 쌍의' 등을 의미하며, 남성 명사로는 '통제, 자제, 억제, 조종, 도덕적이거나 종교적인 준수 사항, 죽음의 신, 쌍둥이, 토성, 까마귀, 2의 상징, 고삐, 마부' 등을 의미한다. "야마"는 불경에서 '쌍세(雙世), 쌍(雙), 박(縛), 금(禁), 옥주(獄主), 옥제(玉帝)' 등으로 한역되며, '염마(琰魔, 焰魔, 閻摩, 閻磨), 염라(閻羅), 야마(夜磨)' 등으로 음사된다. "야마"는 신들 가운데 도덕의 신이다. 그래서 야마를 '도덕의 왕(dharmarājan)'이라고도 부른다. 『베다』 문헌에서 야마는 지옥의 왕이 아니라, 선한 일을 한 사람들이 사후에 즐기는 곳의 주인이다. 이러한 야마의 신격이 이후 불교에서 지옥의 왕으로 통용된다.

10 샹카라에 의하면 이런 말을 들은 아들은 외딴 곳에서 다음처럼 비탄했다. "많은 제자들 혹은 아들들 가운데 으뜸이 되는 행실로 보아 나는 으뜸이 되고, 중간이 되는 행실로 보면 많은 중간이 되는 사람들 가운데 중간은 간다. 나는 그 어느 때도 천한 행실을 한 적이 없다. 그런데 이런 자질을 가진 아들인 내게 아버지가 '나는 너를 죽음에게 준다'라고 하셨다. 나를 야마에게 주어서 야마에게 무언가 할 일을 오늘 하시려는 걸까? 아무 생각 없이 화가 나서 아버지가 말씀하신 것일 테지만, 아버지의 말씀이 헛되어서는 안 될 것이다!". 라다크리슈난은 "(내 뒤에 올) 수없이 많은 사람들 중에 나는 첫째, (내 앞에 간 사람들을 생각하면) 나는 중간은 가는데……"라고 번역하고는 "죽음이란 것은 모든 사람들이 반드시 겪는 것이니, 앞으로 죽을 사람들로 보면, 내가 맨 처음으로 죽음에 가는 것이 되고, 이제까지 나보다 앞서 죽은 수많은 사람들을 생각하면 내가 중간쯤 되리라……"고 주석한다. 막스 뮐러의 영어 번역도 이와 유사하다. 하리끄리스나다싸 고얀다까는 "나는 많은 제자들 가운데 첫 번째 등급의 행실을 하여 왔고, 많은 사람들 가운데 중간 등급의 행실을 하여 왔다. 그 언제도 낮은 등급의 행실을 한 적이 없

'조상들을 살펴보듯 후손들을 바라보니, 죽음을 벗어날 수 없는 인간은
난알마냥 익어가고, 난알마냥 다시 태어난다.'[11] 6

"혼魂불[12]이, 손님인 브라흐마나[13]가 집들에 들어옵니다.
그를 이리 평안케 합니다.
'와이와쓰와따'[14]여, 물을 가져오소서!"[15] 7

다"라고 번역한다. 싸뜨야브라따 씻단따랑까라는 "나는 나의 많은 친구들 가운데 첫째가 되어 지내고, 많은 이들 가운데 중간으로 지낸다. 나는 결코 쓸데없는 자가 아니다"라고 해석한다.

11 샹카라에 의하면 '죽어야 할 것(martya)'은 인간(manuṣya)이다. 인간은 곡식(sasya)이 익듯이 늙고 죽는다. 그리고 곡식이 다시 나타나듯이 죽은 다음 다시 태어난다. 이처럼 무상한 '생명의 세상(jīvaloka)'에 쓸데없는 신체로 무엇을 하겠는가? 아(我)의 실재(satya)를 바라보리다. '나를 야마에게 보내세요!' 하는 의미다.

12 "혼불"의 원어는 와이스바나라(vaiśvānara)다. 와이스와나라는 형용사로 '모든 인간에게 공통된, 모든 사람에게 알맞은, 일반적인' 등을 의미하며, 남성 명사로는 '불, 위장에 있는 소화력으로서의 불, 일반적인 의식(意識), 지고의 존재' 등을 의미한다. 샹카라에 의하면 와이스와나라는 불이다. 204쪽 15번 각주 참조.

13 "브라흐마나(brāhmaṇa)"는 사제(師祭) 계급이다. 『브라흐마나』 문헌에 의하면 우주의 궁극적 실재인 브라흐만(brahman)과 동일시되기도 한다.

14 "와이와쓰와따"는 여기서도 사후 세계의 신인 '야마 와이와쓰와따'를 의미한다. 와이와쓰와따는 위와쓰와뜨(vivasvat)의 아들이라는 뜻이며, 위와쓰와뜨는 태양을 의미한다. 따라서 '야마 와이와쓰와따'는 '태양의 아들 야마'라는 뜻이다. 야마는 석양에 지고 난 밤의 태양이 신격화된 것이다. 밤의 태양은 이 세상의 태양이 아닌 다른 세상의 태양이며, 낮의 태양이 만들어 낸 것이다. 그래서 밤의 태양인 야마를 태양의 아들이라는 의미에서 와이와쓰와따라고 부른다.

15 샹카라에 의하면 나찌께따쓰는 야마의 집에 가서 삼일 밤을 머물렀는데 그때 야마는 외출 중이었다. 외출에서 돌아온 야마에게 야마의 신하들 또는 야마의 아내가 알려 주었다. "와이스와나라 불(agni)이 직접 집에 왔다고, 손님인 브라흐마나가 집을 태울 것만 같다고. 손님인 불을 위한 발 씻길 물과 앉을 자리 등을 마련해 주는 것이 불을 고요 안정케 하는 것이니, 손님인 나찌께따쓰의 발을 씻길 물을 가져오라"고 와이와쓰와따에게 말했다.

자기 집에서 브라흐마나가 굶으며 머물게 되는 그런 어리석은 사람은 희망과 기대, 우정과 친절, 공희와 공적,[16] 아들과 가축들, 이 모든 것들을 잃는다. 8

"브라흐만이여,[17] 공경스런 손님인 그대는 내 집에서 삼일 밤을 굶고 지냈소.

브라흐만이여, 그대에게는 공경이 그리고 내게는 길상吉祥이 있기 바라오!

그러니 각기 세 가지 소원을 선택하시오." 9

"죽음이여, 아버님인 '가우따마'[18]께서 나에 대해 마음을 누그리시고, 편안한 마음이 되시며, 노여움이 없게 하소서. 당신이 보내는 나를 기억하여 반기게 하소서.

이것이 세 가지 가운데 첫 번째 소원으로 바라는 것입니다." 10

---

16 샹카라에 의하면 "희망(āśā)"은 확연한 것을 얻기 위해 희구하는 것이며, "기대(pratīkṣā)"는 막연한 것을 얻기 위한 기다림이다. "우정(saṁgata)"은 진실한 관계에서 생겨나는 결과이며, "친절(sūnṛtā)"은 사랑스런 말을 원인으로 하여 생겨나는 것이다. "공희(供犧, iṣṭa)"는 제사에서 생겨나는 결과이며, "공적(功績, pūrta)"은 공원을 비롯한 것을 만드는 행위에서 생겨나는 결과다.

17 "브라흐만"은 중성 명사로 '예배, 성스러운 삶, 찬가, 기도, 성서, 주문(呪文), 옴(ॐ), 『베다』, 신학, 사제 계급인 브라흐마나, 절대자, 지고의 존재, 순결' 등을 의미하며, 남성 명사로는 '기도하는 사람, 사제(司祭), 성스런 지식, 사제 계급인 브라흐마나, 절대자, 창조자' 등을 의미한다. 브라흐만은 불경에서 '진정(眞淨), 묘정(妙淨), 청정(淸淨), 정결(淨潔), 청결(淸潔), 적정(寂靜), 범천(梵天), 범천왕(梵天王), 범왕(梵王), 대범천왕(大梵天王), 범주(梵主), 범존(梵尊)' 등으로 한역되며 '범(梵), 범의(梵矣), 범마(梵摩)' 등으로 음사된다. 바로 앞에서는 나찌께따쓰를 위해 브라흐마나라는 낱말을 사용했는데, 여기서는 야마가 나찌께따쓰를 브라흐마나가 아니라 브라흐만이라고 부르고 있다. 공경을 나타내기 위한 표현이다.

18 "가우따마(Gautama)"는 가문의 이름이다. 고따마(Gotama)의 후손이라는 의미다.

"'아우드달라끼 아루니'[19]는 내게 감화를 입어 그댈 이전처럼 기억할 것이다. 죽음의 입에서 풀려난 그대를 보고 노여움이 사라져 밤들에 편안히 자는 자가 될 것이다." 11

"천상 세계[20]에는 그 어떤 두려움도 없습니다.

그곳엔 당신이 안 계시며 늙을까 겁나지도 않습니다.[21]

먹고 싶은 마음과 마시고 싶은 마음을 둘 다 넘어 슬픔을 여의고 즐거워할 뿐입니다." 12

"바로 당신께서는 천상을 얻게 하는 불을 아십니다.

죽음이여, 당신께서 경건히 믿는 제게 그 불을 알려 주십시오.

천상 세계에 사는 사람들은 불사성不死性을 얻으니, 이것이 제가 두 번째 소원으로 바라는 것입니다."[22] 13

"'나찌께따쓰'여, 잘 아는 내가 천상을 얻는 불을 그대에게 말할 테니, 그대는 그것을 내게서 확연히 깨우쳐라.

---

19 샹카라에 의하면 "아우드달라끼(Auddālaki)"는 우드달라까(Uddālaka)다. "아루니(Āruṇi)"는 아루나(Aruṇa)의 아들이다. 즉 아루나의 아들 우드달라까를 의미한다. 나찌께따쓰의 아버지 와자슈라와싸의 정식 이름이다.

20 라다크리슈난이 인용하는 랑가라마누자(Raṁgarāmanuja)의 의견에 의하면 "천상 세계(svargaloka)"에 있어서 천상(svarga)이란 낱말은 '해탈의 장소(mokṣasthāna)'를 의미한다.

21 샹카라에 의하면 "두려움(bhaya)"은 질병 등으로 인한 두려움이다. "당신(tvam)"은 죽음이다. 당신인 죽음이 힘(sahas)으로 압도하지 못한다는 뜻이다.

22 샹카라에 의하면 "천상 세계에 사는 사람들(svargalokāḥ)"은 제주(祭主)들이다. 제주들이 불을 모아 피워 불사성(amṛtatva)인 죽지 않는 신성(神性, devatva)을 얻게 되는 그러한 '불에 대한 지혜(agnivijñāna)'를 두 번째 소원으로 선택한다는 의미다. 불을 모아 피워 불사의 신성을 얻는다. 인도인들이 화장(火葬)을 하는 이유가 여기에 있다.

그대는 이것을 영원한 세상을 얻게 하는 것임을, 바탕임을, 또한 동굴 속에 은밀하게 감추어진 것[23]임을 알아라." 14

죽음은 세상의 시작인[24] 그 불에 대해 그에게 알려 주었다. 어떤 벽돌들이[25] 얼마나 필요한지 어떻게 하는지 말했다. 그리고 그 또한 들은 그대로 대답하자, 죽음은 이에 흡족해하며 다시 말했다. 15

위대한 영혼은 만족하여 그에게 말했다.

"내 지금 여기서 다시 너에게 선물을 더 주리라!

이 불은 너의 이름이 될 것이다. 그리고 이 다채로운 목걸이도[26] 가져라." 16

세 번 '나찌께따쓰'의 불을 피우고,[27] 셋과 관계를 가지어,[28] 세 가지

---

23 샹카라에 의하면 "동굴 속에 은밀하게 감추어진 것(nihitaṁ guhāyām)"은 '현자들의 지성 속에 자리 잡고 있는 것(viduṣāṁ buddhau niviṣṭam)'이다. 막스 뮐러는 '어둠 속에 숨겨진(hidden in the darkness)'이라고 번역한다. 라다크리슈난은 '(심장이라는) 비밀의 장소에 머물고 있는 것으로[as abiding in the secret place (of the heart)]'라고 해석한다. 하리끄리스나다쓰 고얀다까는 '지성(buddhi)이라는 모습의 동굴 속에 감추어져 있는 것'이라고 해석한다.

24 샹카라에 의하면 불은 세상(loka)들 가운데 첫 번째로 '몸체를 가지게 된 것(śarīritva)'이기 때문에 "세상의 시작(lokādi)"이다.

25 "벽돌"의 원어는 이스따까(iṣṭakā)다. 이스따까는 여성 명사로 '벽돌'을 의미한다. 불을 피워 제사를 지내기 위해서는 먼저 벽돌을 일정한 형태로 쌓아 불을 피울 제단을 만든다. 제사의 종류에 따라 제단의 형태도 달라지며 벽돌의 수도 달라진다. 일반적으로 불에 구운 흙벽돌을 사용한다. 막스 뮐러, 라다크리슈난, 하리끄리스나다싸 고얀다까, 그리고 싸뜨야브라따 씻단따랑까라 모두 이스따까를 '벽돌'이라고 번역한다.

26 샹카라에 의하면 "다채로운 목걸이"는 소리가 나는 보석으로 된 목걸이다. 혹은 다른 결과의 원인이 되는 '행위에 관한 지식(karmavijñāna)'을 의미한다.

27 샹카라에 의하면 세 번 나찌께따쓰의 불을 피운 사람 혹은 그것을 알고 그것을 연구하고 그것을 실행하는 사람이다.

행위를 이룬 사람[29]은 삶과 죽음을 건너간다.[30]

브라흐마에서 생겨난 것을 아는 자인[31] 찬미받을 신을[32] 알고 보아서[33] 이 지극한 평안[34]에 이른다. 17

이 셋을[35] 알아 세 번 '나찌께따쓰'의 불을 피우는 자, 이와 같이 알면서 '나찌께따쓰'의 불을 피우는 자,[36] 그는 죽음의 올가미들을 먼저 벗겨내고 슬픔을 벗어나 천상 세계에서 즐긴다. 18

---

28 샹카라에 의하면 어머니와 아버지와 스승 셋을 통해 얻어, 혹은 『베다』와 법전(smṛti)과 훌륭한 사람에 의해, 혹은 '직접 지각'(pratyakṣa)과 추론(anumāna)과 성언(聖言, āgama)에 의해서라는 의미다. 하리끄리스나다싸 고얀다까는 '『리그베다』, 『싸마베다』, 『야주르베다』 셋 모두와 관련을 가지고'라고 해석한다.

29 샹카라에 의하면 "세 가지 행위(trikarma)"는 제사(ijyā)와 연구(adhyayana)와 보시다. 하리끄리스나다싸 고얀따까는 "세 가지 행위를 이룬 사람(trikarmakṛt)"을 '제사와 보시와 고행이라는 형태의 세 가지 행위를 결과에 대한 아무런 욕망의 감정 없이 행하며 지내는 사람(yajña, dāna aura taparūpa karmoṁ ko niṣkāma bhāvase kartā rahanevālā manuṣya)'이라고 해석한다.

30 "삶과 죽음을 건너간다(tarati janmamṛtyū)"는 윤회의 흐름을 벗어난다는 뜻이다.

31 샹카라에 의하면 "브라흐마에서 생겨난 것을 아는 자(brahmajajña)"는 브라흐마인 히란야가르바(黃金子宮, 金胎)에서 생겨난 것을 아는 자, 즉 모든 것을 아는 자다. 라다크리슈난은 '브라흐마의 아들인 전지자(the son of Brahmā, the omniscient)'라고 번역한다. '브라흐마에서 생겨난 것을 아는 자'의 원문을 님바르까(Nimbarka)는 '브라흐마의 제사(brahmayajña)'라고 파악한다.

32 샹카라에 의하면 신은 빛나는 것이기 때문에 지혜(jñāna)를 비롯한 성질(guṇa)을 지닌 자를 의미한다. 라다크리슈난은 신을 '빛나는(resplendent)'이라고 번역한다.

33 샹카라에 의하면 안다는 것은 경전을 통해서 아는 것이고, 본다는 것은 '아(我)의 상태(ātmabhāva)'로 본다는 것이다.

34 샹카라에 의하면 "이 지극한 평안"은 자신의 지성으로 직접 지각되는 평안이다.

35 샹카라에 의하면 '셋(traya)'은 앞에서 언급한 "어떤 벽돌들이 얼마나 필요한지 어떻게 하는지"를 의미한다. 하리끄리스나다싸 고얀다까에 의하면 "이 셋(etattraya)"은 벽돌들의 본모습, 벽돌들의 숫자, 불을 피우는 방법이다.

36 샹카라에 의하면 "이와 같이 알면서 나찌께따쓰의 불을 피우는 자(ya evaṁ vidvāṁścinute nāciketam)"는 불을 '아(我)의 형태(ātmarūpa)'로 알면서 나찌께따쓰의 불, 즉 제사(kratu)를 행하는 자를 의미한다.

"'나찌께따쓰'여, 이것은 천국에 이르게 하는 그대의 불이다.
이것을 두 번째 소원으로 택했구나.
이 불을 사람들은 바로 그대의 것[37]이라 말하리라.
'나찌께따쓰'여, 세 번째 소원을 택하려무나." 19

"죽은 사람에 대해 누구는 이것이[38] 있다고 하고,
누군가는 이것이 없다고 하는 이런 의혹이 있습니다.
이에 대한 지식을 제가 당신께 가르침 받는 것이 소원들 가운데 바로 세 번째 소원입니다." 20

"'나찌께따쓰'여, 신들도 예전에 이에 대해 궁금해했지만, 너무도 미묘한 진리라 잘 알 수가 없는 것이다.
이 소원은 내게 돌려주고, 다른 소원을 원하여라.
나를 난처하게 하지 말거라!" 21

"궁금해했지만 신들조차 이에 대해 잘 알 수는 없는 것이라고,
죽음이여, 당신께선 말하십니다.
그러면, 당신 말고는 이에 대해 말해 줄 이를 만나지 못할 것이니,
이것에 견줄 만한 다른 소원은 아무것도 없습니다." 22

---

37 샹카라에 의하면 "바로 그대의 것(tavaiva)"은 '바로 그대의 이름으로(tavaiva nāmnā)'라는 뜻이다. 라다크리슈난은 '오직 그대의 이름으로(by thy name only)'라고 번역한다.

38 "이것이"의 원어는 아얌(ayam)이다. 아얌은 '이것, 이 사람' 등을 의미하는 지시 대명사의 주격 단수 형태다. 샹카라에 의하면 아얌은 현재의 몸, 기관, 마음, 지성과는 별도의 것으로 다음 생에서 '다른 몸과 관계를 가지는 아(我, dehāntarasambandhyātman)'다. 하리끄리스나다싸 고얀다까는 '이 아가'라고 해석한다.

"백 살 동안 사는 아들 손자들을 원하여라.

많은 가축들을, 코끼리와 황금과 말들을, 광대한 땅의 터전을 원하여라.

그대 자신 또한 원하는 해만큼 살기를 바라라." 23

"'나찌께따쓰'여, 만일 이와 견줄 소원이 있다 생각하면 그걸 원하라.

그대는 재산과 오래 살기를, 광활한 대지에서 번성하길 바라라.[39]

나는 그대가 원하는 것을 마음껏 누리게 해 주리라!" 24

"죽어야 할 인간의 세상에선 얻기 힘든 소망들, 그런 모든 소망들을 너는 마음껏 원하려무나. 악기를 들고 수레를 탄 이 아름다운 여인들을, 이런 여인들을 사람은 못 얻나니, 너는 내가 주는 이 여인들의 시중을 받으려무나. '나찌께따쓰'여, 죽음을[40] 내게 묻지 마라!" 25

"덧없는 것들입니다! 죽을 인간을 끝내는 이여, 모든 기관들의[41] 이 활력을 쇠잔케 하는 것들입니다. 또한 모든 수명[42]은 짧은 것입니다. 수레는 당신이나 가지십시오. 춤과 노래도 당신이나 즐기십시오." 26

"인간은 재물에 만족할 수 없습니다. 우리는 재물을 얻을 수 있지만,

---

39 샹카라에 의하면 '너는 거대한 대지에서 왕이 되어라'라는 의미다.

40 샹카라에 의하면 "죽음(maraṇa)"은 죽음에 관련된 질문, 즉 영혼이 육신을 떠나 존재하는지 존재하지 않는지에 대한 질문이다.

41 "모든 기관(sarvendriya)"은 눈, 귀, 코, 혀, 피부 이렇게 다섯 가지 지각 기관과 입, 팔, 다리, 생식기, 배설기 이렇게 다섯 가지 활동 기관을 의미한다.

42 샹카라에 의하면 "모든 수명"은 브라흐마의 수명까지도 포함한 모든 수명을 의미한다.

만일 당신을 보게 되면?[43] 우리는 당신께서 주관하신 만큼만 살잖습니까? 제가 바라는 소망은 오직 그것[44]뿐입니다." 27

"늙지 않는 불사의 존재들에 다가가 잘 알면서
아래 땅에 머물며 늙어 죽을 인간이
제 아무리 오래 산다 하여도
미색美色과 환락들을 탐내며 즐길 그 누가 있겠습니까?"[45] 28

"죽음이여, 그에 대해 궁금해들 하는 이것,[46]
저 세상에 관련된 큰 것, 그것을[47] 제게 말해 주십시오.
이 소망은 비밀[48] 속으로 따라 들어가는 것이오니,

---

43 우파니샤드브라흐마요기(Upaniṣadbrahmayogi)에 의하면 '만약 재물에 대한 우리의 갈망이 있다면, 우리는 재물을 얻을 것입니다. 내가 희구하는 브라흐만에 대한 앎이라는 재물을 우리는 당신에게서 보았습니다'라는 뜻이다.

44 샹카라에 의하면 "그것(saḥ)"은 '아(我)에 대한 앎(ātmavijñāna)'이다.

45 샹카라에 의하면 의미는 다음과 같다. 늙지 않는 불사(不死)들에 가까이 다가가 자신의 드높은 다른 목표(prayojana)에 도달해야 한다는 것을 스스로 잘 알면서 어찌 늙고 죽는 자가 허공 아래인 땅에 머물며, 어떻게 분별없는 자들이나 소망하는 아들과 재산을 비롯한 영구적이지 않은 것을 선택하겠습니까? 제 아무리 오래 산다고 하더라도 선녀(apsaras)를 필두로 하는 미색(varṇarati)과 환락(pramoda)들을 불확실한 형태들인 것으로 파악하면서 분별이 있는 그 누가 즐기겠습니까? "아래 땅에 머물며(kvadhaḥsthaḥ)"는 다른 판본에 따르면 '어디 그에 머무름이(kva tadāsthaḥ)'이다. 이 말은 '그것이 정수가 아님을 아는 그 어느 누가 그것을 원하는 자이겠습니까?'라는 뜻이다.

46 샹카라에 의하면 "그에 대해 궁금해들 하는 이것(yasminnidaṁ vicikitsanti)"은 '죽은 다음에 존재하는가? 존재하지 않는가?'에 대한 의혹(vicikitsana)이다.

47 샹카라에 의하면 "그것(tat)"은 아(我)에 대해 '결정하는 지식(nirṇayavijñāna)'이다. 즉 사람이 죽은 후에 그 사람의 '아가 존재하는가, 존재하지 않는가?'를 결정하는 지식이다.

48 샹카라에 의하면 "비밀(gūḍa)"은 '심오한 것(gahana)', 즉 '분별하기가 힘든 것(durvivecana)'이다. 막스 뮐러는 비밀을 '감추어진 세계(the hidden world)'라고 번역한다. 라다크리슈난은 '신비, 불가사의(the mystery)'라고 번역한다.

그것 말고 다른 것을 '나찌께따쓰'는 원치 않습니다!" 29

제2절

"좋은 것과 즐거운 것은 각각 별개다.[49] 그 둘은 다른 것을 지향하며 사람을 연결한다. 둘 가운데 좋은 것을 택하는 이는 길하게 되고, 즐거운 것을 택하는 이는 목적에서 벗어난다."[50] 1

---

49 샹카라에 의하면 "좋은 것(śreyas)"은 지복(至福)이다. 지혜(明)가 좋은 것이다. "즐거운 것(preyas)"은 '더욱 사랑스런 것(priyatara)'이다. 무명(無明)이 즐거운 것이다.

50 샹카라에 의하면 "목적(artha)"은 '인간의 목적(puruṣārtha)', 즉 궁극적인 의미에 있어서의 목적(prayojana)인 항불멸(恒不滅, nitya)이다. '인간의 목적'은 다르마(眞理, 道德, 義務, dharma), 재산(dhana), 욕망, 해탈 이렇게 네 가지다. 이들 네 가지 목적들은 인생을 백년으로 보고 네 시기로 나누어 추구된다. 약 스물다섯 살까지인 청정범행 시기(清淨梵行時期, brahmacarya)에는 스승의 집에서 고행자적인 학생 생활을 하며『베다』와『베다』관련 학문을 익혀 다르마가 무엇인지를 파악한다. 즉 인생의 네 가지 목적 가운데 첫 번째 것인 다르마를 추구하는 시기가 학생의 시기다. 스승에게서 배움을 마치고 집으로 돌아와 결혼을 하여 '가정에 머무는 시기(gṛhastha)'에 들어간다. 인생의 두 번째 시기인 이 시기에는 다르마를 바탕으로 즉 다르마에서 벗어나지 않는 방법으로 재산을 모아 그 재산으로 욕망을 충족시킨다. 이처럼 인생의 두 번째 시기에는 가정에서 가장으로 머물며 네 가지 인간의 목적 가운데 다르마, 재산, 욕망 이렇게 세 가지 모두를 추구하는 시기다. 다르마에 합당하게 모은 재산을 가지고 다르마에 벗어나지 않는 온갖 욕망들을 맛보다 약 쉰 살에 이르러 아들이 학생의 시기를 마치고 돌아와 결혼하여 가정을 이루게 되면 집을 나와 숲으로 들어가 '숲으로 나아가 머무는 시기(vānaprastha)'를 시작한다. 황금 식기로 식사를 하던 사람이라도 깨진 밥그릇 하나와 옷 한 벌 그리고 달려드는 들개를 쫓아내는 지팡이 하나만을 집에서 가져 나오는 이 인생의 세 번째 시기에는 숲에서 머물며 인생의 네 가지 목적 가운데 다르마에 합당하게 해탈을 추구한다. 재산과 욕망이라는 다른 두 가지 인생의 목적과는 무관한 시기다. 고행과 명상을 하며 약 이십오 년을 숲에서 지내면 다르마도 초월하여 해탈의 상태에 이르게 된다. 그래서 약 일흔다섯 살 이후부터는 다르마마저도 버린, 즉 '모든 것을 확실하게 버린 시기(saṁnyāsin)'인 인생의 네 번째 시기로 들어간다. 이 시기에는 인간의 네 가지 목적 가운데 마지막 최고의 목적인 해탈의 상태에 도달해 아무런 걸림 없이 지내는 시기다. 인간의 네 가지 목적 가운데 궁극적인 의미에 있어서의 목적은 해탈이다. 해탈은 생과 사가 반복되는 윤회를 벗어나는 것이므로 항불멸이다. 인생의 첫 번째 시기인 '청정범행 시기'를 마치고 두 번째 시기인 '가정에 머무는 시기'로 들어갈 것인가, 아니면 두 번째 시

"인간에게 다가오는 좋은 것과 즐거운 것, 현명한 사람은 그 둘을 잘 헤아려 구분한다. 현명한 사람은 즐거운 것보다 좋은 것을 택하고, 어리석은 사람은 얻고 지키고자[51] 즐거운 것을 택한다." 2

"'나찌께따쓰'여, 그대는 잘 살펴 사랑하는 것들과 사랑스런 모습들,[52] 욕망들을 버렸구나! 많은 사람들이 빠지는 이 재물이라는 길[53]로 그대는 가지 않았구나!" 3

"명明과 무명無明이라 알려진 것, 이 둘은 아주 반대이며 이르는 곳이 아주 다르다.[54] 수많은 욕망들이 그대를 꾀어내지 못하니, '나찌께따쓰'인 그대를 명明을 추구하는 자로 내 여기노라." 4

"무명無明[55] 안에 머무르며 스스로가 현자요, 학자라 여기는 어리석은

기를 건너뛰고 바로 '숲으로 나아가 머무는 시기'로 갈 것인가를 결정하게 된다. '즐거운 것'은 가정에 머무르며 재산을 가지고 욕망을 누리는 것이다. 그리고 '좋은 것'은 가정을 떠나 욕망을 버리고 해탈을 향해 나아가는 것이다. 해탈을 위한 출가의 길이 지혜(明)이며, 욕망과 더불어 세속에 머무름이 무명(無明)이다.

51 샹카라에 의하면 "얻고 지키고자(yogakṣemāt)"는 '육체를 비롯해 모은 것을 지키기 위해서(śarīrādyupacayarakṣaṇanimittam)'다. 라다크리슈난은 '세속의 행복을 위해(for the sake of worldly well-being)'라고 해석한다.

52 샹카라에 의하면 "사랑하는 것(priya)들"은 아들을 비롯한 것들이다. "사랑스런 모습(priyarūpa)"들은 선녀(apsaras)를 비롯한 것으로 나타나는 것들이다.

53 "길"의 원어는 쓰링까(sṛṁkā)다. 쓰링까는 여성 명사로 '짤랑짤랑 소리 나는 보석 띠, 길'을 의미한다. 샹카라에 의하면 쓰링까는 길(sṛti)이다. 막스 뮐러는 도로(the road)라고 번역하고, 라다크리슈난은 길(the way)이라고 번역한다. 하리끄리스나다싸 고얀다까는 사슬(śṛṃkhalā)이라고 해석한다.

54 샹카라에 의하면 즐거운 것을 대상으로 하는 것이 무명이고, 좋은 것을 대상으로 하는 것이 명이다. 무명은 윤회(saṁsāra)의 원인이고, 명은 해탈의 원인이다. 막스 뮐러와 라다크리슈난은 여기서 무명을 '무지(ignorance)', 그리고 명을 '지혜(wisdom)'라고 번역한다.

사람들은 마치 장님에 인도되는 장님들처럼 갈팡질팡[56] 맴돈다." 5

"재물에 현혹되어 도취된 어리석은 바보에게는 다른 세상에 관한 것이[57] 드러나지 않나니, '바로 이 세상 뿐 다른 것은 없다'고 여기는 사람은 거듭거듭 나의 손아귀에 이른다."[58] 6

"그것은[59] 많은 사람이 들을 수도 없고, 들어도 많은 사람이 그것을 모른다. 그것에 대해 잘 파악해서 말하는 사람도 희귀하고, 가르침을 받아 잘 아는 사람 역시 희귀하다." 7

"이것은[60] 열등한 사람에 의해 말해지는 것이 아니오. 여러 가지로 생각하는 사람이[61] 쉽게 알 수 있는 것이 아니다. 다르지 않음이 말해지는 이곳에는 움직임이 없다.[62] 이것은 극소량보다 더 극소한 것이기 때문에

55 "무명"을 막스 뮐러는 '어둠(darkness)'이라고 번역한다. 라다크리슈난은 '무지(ignorance)'라고 번역한다.

56 "갈팡질팡(dandramyamāṇāḥ)"을 하리끄리스나다싸 고얀다까는 '여러 자궁들 속으로 사방으로 헤매며(nānāyoniyoṁmeṁ cāroṁ ora bhaṭakate hue)'라고 해석한다. 즉 이리 저리 윤회를 거듭한다는 의미다.

57 샹카라에 의하면 "다른 세상에 관한 것(sāmparāya)"은 다른 세상을 얻는 방법(prayojana), 경전에 따른 특별한 방편(sādhana)이다. 막스 뮐러는 "다른 세상에 관한 것"을 '사후 세계, 내세(the hereafter)'라고 번역한다. 라다크리슈난은 '저편에 놓여 있는 것(what lies beyond)'이라고 번역한다.

58 샹카라에 의하면 "거듭거듭 나의 손아귀에 이른다(punaḥ punarvaśamāpadyate me)"는 것은 생사를 비롯한 형태의 고통에 얽매인다는 의미다.

59 샹카라에 의하면 "그것(yaḥ)"은 아(我)다.

60 샹카라에 의하면 "이것(eṣā)"은 아(我)다.

61 "여러 가지로 생각하는 사람이(bahudhā cintyamāna)"는 '여러 가지로 생각하면서'라고 번역될 수 있다. 샹카라에 의하면 '있다, 없다, 행위자다, 행위자가 아니다, 순수하다, 순수하지 않다 등 여러 가지로 생각하며 말하는 사람들에 의해서'라는 의미다.

헤아릴 수 없는 것이다." 8

"아주 마음에 드는 그대여, 이 지혜[63]는 논리로[64] 얻을 수 있는 것이 아니라, 다른 이에 의해[65] 말해져 잘 알게 되는 것이다. 진리에 확고한 그대가 그것을 얻었으니, '나찌께따쓰'여, 내게 다른 질문자도 너와 같기를 원하노라." 9

"변하는 것들로는 그 변하지 않는 것을 얻을 수 없기에
나는 보화寶貨란 덧없단 걸 아노라.
그래서 나에 의해 '나찌께따쓰' 불이 마련되어
덧없는 물질들로[66] 나는 항상恒常함[67]을 얻는다."[68] 10

---

62 "다르지 않음이 말해지는 이곳에는 움직임이 없다(ananyaprokte gatiratra nāsti)"에서 움직임에 해당되는 낱말의 원문은 가띠(gati)다. 가띠는 여성 명사로 '가기, 거동, 움직임, 도달, 길, 기원, 이유, 수단, 방법, 조건, 상태, 윤회, 경지' 등을 의미한다. 샹카라에 의하면 다르지 않음으로, 즉 각각이 아닌 것으로 바라보는 스승에 의해서 '브라흐만의 아(brahmātman)'가 된 상태에서 말해진 이 아(我)에는 있다 없다 등의 여러 가지 특징을 가진 생각인 움직임이 없다'는 뜻이다. "이곳에는 움직임이 없다(gatiratra nāsti)"는 '이곳에는 다른 앎이 없다' 혹은 '윤회의 움직임이 이곳에는 없다' 혹은 '움직임인 모르는 것, 통찰치 못함이 이곳에는 없다'는 뜻이다.

63 샹카라에 의하면 "지혜(mati)"는 경전에서 표명되고 있는 아(我)에 대한 지혜다.

64 샹카라에 의하면 "논리(tarka)"는 자신의 지성으로 추론하는 것만을 의미한다.

65 샹카라에 의하면 "다른 이에 의해(anyena)"는 추론을 하는 사람과는 다른, '경전에 정통한 스승에 의해'라는 의미다.

66 "덧없는 물질들로(anityairdravyaiḥ)"라는 말은 '덧없는 것인 보화들을 불에 태워서, 즉 재물에 대한 욕망을 지혜의 불로 완전히 살라 재로 만듦으로서'라는 의미다. 샹카라에 의하면 '덧없는 물질(anityadravya)'은 '가축을 비롯한 것(paśvādi)'이다.

67 샹카라에 의하면 "항상함"은 '야마천(天)의 자리(yāmyaṁ sthānam)'다.

68 샹카라에 의하면 야마가 나찌께따쓰에게 하는 말이다. 하리끄리스나다싸 고얀다까도 야마가 나찌께따쓰에게 말하는 것으로 본다. 막스 뮐러는 나찌께따쓰가 야마에게 하는 말로 본다.

"욕망의 성취를,[69] 세상의 바탕을,[70] 제사의 무한함을[71], 무외無畏의 피안彼岸을,[72] 찬양의 위대함을,[73] 드넓게 펼쳐지는 것을,[74] 영광을[75] 보고도

흔들리지 않아 현명한 '나찌께따쓰'여,

그대는 놓아 버렸구나!"[76] 11

---

69 샹카라에 의하면 "욕망의 성취(āpti)"는 욕망의 종결(samāpti)이다. 왜냐하면 여기서 모든 욕망들이 종결되기 때문이다. 여기서는 천국을 의미한다.

70 샹카라에 의하면 "세상(jagat)의 바탕(pratiṣṭhā)"은 자신과 관련된 것, 물질과 관련된 것, 신과 관련된 것을 비롯한 것의 바탕, 즉 '의지하는 원인이 되는 것(所依因, āśraya)'을 의미한다. '모든 것의 아인 것(sarvātmakatva)'이기 때문이다. 천국에 항상 머무는 것이 아니다. 일정한 기간이 되면 다시 이 세상으로 돌아와 태어나야 한다. 이러한 관점에서 바라보면 천국은 이 세상 모든 것의 원인이 되므로 '모든 것의 아인 것'이라고 생각할 수 있다.

71 샹카라에 의하면 "제사의 무한함(kratoranantya)"은 제사 예배의 결과인 히란야가르바(黃金子宮, 金胎)의 영원한 자리다. 막스 뮐러는 "제사의 무한함"을 '선행들의 끝없는 보상들(the endless rewards of good deeds)'이라고 번역한다. 라다크리슈난은 '제례 의식의 끝없는 결과(the endless fruit of rites)'라고 번역한다.

72 샹카라에 의하면 "무외(abhaya)의 피안(pāra)"은 무외의 최고 정점(頂點, niṣṭhā)이다.

73 샹카라에 의하면 "찬양의 위대함(stomamahat)"은 아주 작아지는 초능력을 비롯한 신통력의 많은 성질을 구비한 찬가(stoma), 더할 바가 없기 때문에 위대한 찬가다. 막스 뮐러는 "찬양의 위대함"을 '찬가에 의해서 커지는 것(that which is magnified by praise)'이라고 번역한다. 라다크리슈난은 '명성의 위대함(the greatness of fame)'이라고 번역한다.

74 샹카라에 의하면 "드넓게 펼쳐지는 것(urugāya)"은 '넓게 펼쳐지는 움직임(vistīrṇā gati)'을 의미한다. 막스 뮐러는 "드넓게 펼쳐지는 것"을 '넓은 거처(the wide abode)'라고 번역한다. 라다크리슈난은 '멀리 펼쳐지는 것(far-stretching)'이라고 번역한다. 싸뜨야브라따 씻단따랑까라는 '넓게 퍼지는 찬양(vistṛta gāna)'이라고 번역한다.

75 "영광"의 원어는 쁘라띠스타(pratiṣṭhā)다. 쁘라띠스타는 여성 명사로 '쉬는 것, 상태, 상황, 지위, 집, 거처, 토대, 바탕, 지주(支柱), 고위직, 품위, 명성, 영광, 안치(安置), 성취, 평안, 휴식, 안정, 신상을 모심, 땅, 대지, 경계(境界), 발, 맹세의 완수, 초능력을 얻기 위한 의식' 등을 의미한다. 쁘라띠스타는 불경에서 '주(住), 소주(所住), 주지(住持), 지(持), 능지(能持), 임지(任持), 주처(住處), 소주처(所住處), 국토(國土), 기세간(器世間), 입(立), 안립(安立), 건립(建立), 지용법(持用法), 의지(依支), 의처(依處), 소의(所依)' 등으로 한역된다. 샹카라에 의하면 여기서 쁘라띠스타는 자신의 최고로 높은 상태(sthiti)를 의미한다. 막스 뮐러는 쁘라띠스타를 '안정(the rest)'이라고 번역한다. 라다크리슈난은 '토대(the foundation)'라고 번역한다. 싸뜨야브라따 씻단따랑까라는 '명성(yaśa)' 혹은 '자신이 원하는 상태인 해탈'이라고 해석한다.

"그 보기 힘든 것[77]에, 깊은 것[78]에, 따라 들어간 것[79]에, 동굴에 놓인 것[80]에, 심연에 머문 것[81]에, 옛것[82]에, 현자는 내적인 요가[83]로 다가가

---

76 하리끄리스나다싸 고얀다까에 의하면 의미는 다음과 같다. '나는 너에게 선물로 천국을 제시했다. 그 천국은 모든 종류의 환락으로 가득하고, 세상의 토대 그 자체이며, 제사를 비롯한 선행의 무한한 결과이며, 모든 두려움과 고통을 벗어난 것이며, 찬양할 만한 것이며, 아주 위대한 것들로 가득한 것이다. 또한 그 천국은 『베다』들에서 그 아름다움이 다양하게 찬양되었으며, 오랜 시간 동안 유지되는 것이다. 그러나 너는 그러한 천국의 중요성을 알고서도 아주 확고하게 그 천국을 버렸다. 너의 마음은 조금도 천국에 대해 집착하질 않았다. 그래서 나는 네가 아주 지혜로운 사람이라는 걸, 집착이 없다는 걸, 그리고 '아의 본질(ātmatattva)'을 알 수 있는 자격을 갖춘 사람이라는 걸 인정한다.'

77 샹카라에 의하면 지나치게 미세한 것이기 때문에 "보기 힘든 것"이다.

78 "깊은 것"의 원어는 구다(gūḍha)다. 구다는 형용사로 '감추어진, 은밀한, 덮인, 보이지 않는' 등을 의미하며, 중성 명사로는 '은밀한 장소, 은밀한 부분, 비밀, 신비' 등을 의미한다. 불경에서 구다는 '심(深), 심심(甚深), 불현(不現)' 등으로 한역된다. 샹카라에 의하면 여기서 구다는 '깊은 것(gahana)'을 의미한다. 라다크리슈난은 구다를 '깊게 감추어진 것(deeply hidden)'이라고 번역한다. 하리끄리스나다싸 고얀다까는 '요가의 환상(yogamāyā)'의 장막 안에 감추어진 것이라고 해석한다.

79 아(我)는 각각의 존재 안에 들어가 있는 것이기 때문에 존재를 "따라(anu) 들어간 것(praviṣṭa, anupraviṣṭa)"이다. 샹카라에 의하면 따라 들어간 이것은 '자연의 대상(prākṛtaviṣaya)'들에 따라 변형된 식(識, vijñāna)들로 덮여 나누어진 것이다. 막스 뮐러는 "따라 들어간 것"을 '깊은 것'과 연결시켜서 '어둠 속으로 들어간 것(who has entered into the dark)'이라고 번역한다. 하리끄리스나다싸 고얀다까는 '모든 것에 편재하는 것(sarvavyāpī)'이라고 번역한다.

80 샹카라에 의하면 "동굴에 놓인 것(guhāhita)"은 지성에서 인식될 수 있기 때문에 지성에 자리 잡은 것이다. 지성의 장소는 심장이다. 『우파니샤드』에서 심장은 자주 동굴로 비유된다. 막스 뮐러는 "동굴에 놓인 것"을 '동굴에 감추어진 것(who is hidden in the cave)'이라고 번역한다. 라다크리슈난은 '(심장의) 동굴 안에 놓인 것[set in the cave (of the heart)]'이라고 번역한다. 하리끄리스나다싸 고얀다까는 '모든 것의 심장이라는 형태의 동굴 안에 자리 잡은 것'이라고 해석한다.

81 "심연에 머문 것(gahvareṣṭha)"에서 심연(深淵)의 원어인 가흐와라(gahvara)는 형용사로는 '깊은, 통과할 수 없는, 혼란스러운' 등을 의미하며, 중성 명사로는 '심연, 숲, 동굴, 접근할 수 없는 곳, 숨겨두는 곳, 수수께끼, 물, 울음, 깊은 한숨' 등을 의미한다. 불경에서 가흐와라는 '조림(稠林), 험삼(嶮森)' 등으로 한역된다. 샹카라에 의하면 "심연에 머문 것"은 혼란함에, 험난함에, 많은 재난과 곤경에 머물기에 혼란함에 머무는 것이다. 막

그것을 신[84]으로 여기어 기쁨과 슬픔을 여읜다." 12

"죽어야 할 운명의 인간은 이것[85]을 듣고 잘 간직해 바른 일을 근면히 하여,[86]

스 뮐러는 '심연에 존재하는 것(who dwells in the abyss)'이라고 번역한다. 하리끄리스나다싸 고얀다까는 '세상이라는 형태의 깊은 숲에 머무는 것'이라고 해석한다.

82 아(我)는 우주 생성 이전부터 본래로 존재하는 것이기에 "옛것(purāṇa)"이다.

83 샹카라에 의하면 "내적인 요가(adhyātmayoga)"는 대상(對象, viṣaya)들에서 물러나 정신(cetas)을 아(我)에 일치시키는 것이다. 막스 뮐러는 "내적인 요가"를 '자신의 자아에 대한 명상(meditation on his Self)'이라고 번역한다. 라다크리슈난은 '자아 명상(self-contemplation)'이라고 번역한다. 『요가수트라(*Yogasūtra*)』의 산스크리트 주석가인 브야싸(Vyāsa)와 와짜쓰빠띠미슈라(Vācaspatimiśra)에 의하면 요가(yoga)는 '연결하다, 묶다'를 의미하는 어근 '유즈(yuj)'에서 파생된 낱말이 아니라 삼매 명상을 의미하는 어근 '유즈'에서 파생된 낱말로 삼매(三昧, samādhi)와 동의어다.

84 샹카라에 의하면 "신(deva)"은 아(我)다. 하리끄리스나다싸 고얀다까는 신을 '지고의 아인 신(paramātmadeva)'이라고 해석한다. 라다크리슈난은 신을 '옛것'과 연결시켜 '최초의 신(primal God)'이라고 번역한다.

85 샹카라에 의하면 "이것(etat)"은 '아의 본질'이다.

86 샹카라에 의하면 "바른 일을 근면히 하여(pravṛhya dharmyam)"는 다르마에서 벗어나지 않는 것을 근면히 하여라는 의미다. 막스 뮐러는 "바른 일을 근면히 하여"를 '그것에서 모든 특질들을 분리한 자(who has separated from it all qualities)'라고 번역한다. 라다크리슈난은 '본질을 추출하여(extracting the essence)'라고 번역한다. 하리끄리스나다싸 고얀다까는 '다르마에 대한(dharmamaya) 가르침(upadeśa)에 대해 분별 있게 숙려(熟慮, vicāra)하여'라고 해석한다. '바른 일'의 원어는 다르므야(dharmya)다. 다르므야는 '다르마(dharma)'에서 파생된 낱말이다. 다르마는 남성 명사로 '종교, 법, 관습, 풍습, 규칙, 규정, 진리, 정의, 도덕, 미덕, 선행, 의무, 태도, 본성, 속성, 영혼, 방법' 등을 의미하며, 불경에서 '법(法), 정법(正法), 교법(敎法), 시법(是法), 선법(善法), 묘법(妙法), 실법(實法), 여법(如法), 법문(法門), 공덕(功德), 복(福), 과(果), 성(性)' 등으로 한역되며, '달마(達磨), 달마(達摩), 달리마(達哩摩)' 등으로 음사되는 낱말이다. 이러한 다르마라는 낱말에서 파생된 다르므야는 형용사로 '합법적인, 종교적인, 의무에 합당한, 정의로운, 일상적인, 특질을 지닌, 다르마에 관계된' 등을 의미하며, 불경에서는 '법(法), 여법(如法)' 등으로 한역된다. 샹카라는 다르므야를 '다르마에서 벗어나지 않는 것(dharmādanapeta)'이라고 풀이한다. 그러나 막스 뮐러는 '모든 특질들(all qualities)'이라고 번역한다. 라다크리슈난은 다르므야를 본질(the essence)이라고 번역한다. "근면히 하여"의 원어는 쁘라브리흐야(pravṛhya)다. 쁘라브리흐

미세한 이것[87]에 이르고, 그는[88] 즐길 것[89]을 얻어 즐긴다.
'나찌께따쓰'에게 집[90]이 열렸음을 내 아노라."[91] 13

"법法과 다른 것[92], 비법非法과 다른 것[93], 이 행行해진 것과[94] 행해지지 않은 것[95]과 다른 것, 과거와도 다른 것, 미래와도 다른 것,[96] 당신이 바라보는 것[97], 바로 그것을 말해 주십시오." 14

"모든 베다[98]들이 담고 있는 그 구절,[99] 모든 고행이 그것을 위한 것이

야는 '노력하다'는 의미를 가진 어근 '브리흐(vṛh)'에 강조를 의미하는 접두어 '쁘라(pra)'가 앞에 첨가되어 '~하여', '~하고' 등의 의미를 나타내는 분사 활용 형태를 취한 것이다. 따라서 쁘라브리흐야를 '분리(separate)'로 해석하는 막스 뮐러와 '추출(extract)'로 해석하는 라다크리슈난의 해석은 적절치 않다.

87 샹카라에 의하면 "미세한 이것(aṇumetam)"은 '미세한(sūkṣma) 이 아(我)'라는 의미다.

88 샹카라에 의하면 "그(saḥ)"는 "죽어야 할 운명의 인간(martya)"이다.

89 샹카라에 의하면 "즐길 것(modanīya)"은 '즐길 것인 아(我, harṣaṇīyamātman)'다.

90 샹카라에 의하면 '브라흐만이 집이고 저택(brahma sadma bhavana)'이다.

91 샹카라에 의하면 '그대는 해탈할 자격이 있다고 나는 여기노라'라는 의미다.

92 샹카라에 의하면 "법과 다른 것(anyatra dharmāt)"은 경전에 규정된 올바른 행위와 별개의 것, 그 행위의 결과(phala)와 별개의 것, 그 행위의 행위자(kāraka)들과는 별개의 것을 의미한다. 법(法)의 원어는 다르마다. 다르마에 대해서는 바로 앞의 만뜨라 13의 각주 참조. 88쪽 86번 각주 참조.

93 샹카라에 의하면 "비법과 다른 것(anyatra adharmāt)"은 규정된 것을 행하지 않는 형태인 죄악(pāpa)과 다른 것을 의미한다.

94 샹카라에 의하면 "행해진 것(kṛta)"은 결과(kārya)다.

95 샹카라에 의하면 "행해지지 않은 것(akṛta)"은 원인(kāraṇa)이다.

96 샹카라에 의하면 "과거와도 다른 것, 미래와도 다른 것(anyatra bhūtācca bhavyācca)"은 '삼시(三時, kālatraya)에 의해 구분되지 않는 것'이라는 의미다. 삼시는 과거, 현재, 미래다.

97 샹카라에 의하면 '바라보는 것은 아는 것이다(paśyasi jānāsi).'

98 『베다』는 인도에서 가장 오래된 문헌이며, 자연과 자연물, 자연 현상, 그리고 자연 현상에 내재되어 있는 원리 등을 신격화하여 그 신격을 찬양하고, 그 신격에 소망을 기원하는 내용을 위주로 하는 찬가들을 모은 문헌이다. 이러한 『베다』는 우주의 궁극적인 진리를 담고 있다. 『리그베다』, 『싸마베다』, 『야주르베다』, 『아타르바베다』 이렇게 네

라 말하고, 그것을 바라며 청정범행清淨梵行을[100] 행하는, 그 구절을 그대에게 간략히 말하리니, '옴ॐ'이라는 이것이다." 15

"이것이 바로 자구字句[101] 인 '브라흐만'[102], 이것이 바로 자구인 지고至高, 바로 이 자구를 알아[103] 그가 원하면, 그것은 그의 것이 된다."[104] 16

가지 『베다』가 있다. 『리그베다』와 『싸마베다』는 그 내용이 거의 동일하며 신에 대한 찬가를 위주로 하고, 『야주르베다』는 제례와 관련을 지닌 찬가를 위주로 하며, 『아타르바베다』는 주술적인 내용을 포함한다.

99 샹카라에 의하면 "구절(pada)"은 '탐구해야 할 것, 이르러야 할 것(padanīyaṁ gamanīyam)'이다. 모든 『베다』들이 '담고 있다(āmananti)'는 것은 모든 『베다』들이 '표명한다(pratipādayanti)'는 것이다.

100 "청정범행"의 원어는 브라흐마짜르야(brahmacarya)다. 샹카라에 의하면 브라흐마짜르야는 '스승의 가정(gurukula)'에 머무는 것이다. 혹은 달리 '브라흐만에 이르기 위해 행하는 것이다(brahmaprāptyarthaṁ caranti).' 불경에서 브라흐마짜르야는 '정행(淨行), 범행(梵行), 정범행(淨梵行)' 등으로 한역된다. 브라흐마짜르야는 약 스물다섯 살까지에 해당되는 시기로 인생의 첫 번째 시기다. 집을 떠나 스승의 집에 머물며, 나무 껍질로 만든 옷을 입고, 침대에서 잠을 자지 않고 땅바닥에 자리를 깔고 잔다. 이성(異性)을 멀리하고 척박한 음식을 먹으며 철저하게 동정을 지킨다. 『베다』와 『베다』의 부속 학문을 연마한 후 스승에게 가르침이 완성되었음을 인가 받아 이 시기를 마친다. 브라흐마짜르야의 시기를 마치면 목욕을 하고 자기 집으로 돌아간다. 그래서 '목욕한 사람(snātaka)'은 브라흐마짜르야의 시기를 마친 사람을 의미한다. 오늘날 인도 대학의 졸업생(學士)을 '목욕한 사람'이라고 한다.

101 "자구"의 원어는 악샤라(akṣara)다. 악샤라는 형용사로는 '불멸(不滅)의, 고정된' 등을 의미하고, 중성 명사로는 '옴(ॐ), 철자(綴字), 음절, 단음절, 낱말, 문서, 파괴되지 않는 영혼, 브라흐만, 제사, 물, 하늘, 지복(至福), 정의' 등을 의미한다. 불경에서 악샤라는 '무궁진(無窮盡), 무진(無盡), 자(字), 문(文), 문자(文字), 명(名), 문구(文句), 자구(字句), 자문(字門)' 등으로 한역된다. 막스 뮐러는 문자를 '(불멸의) 음절[(imperishable) syllable]'이라고 번역한다. 라다크리슈난은 음절(syllable)이라고 번역한다.

102 샹카라에 의하면 여기서 "브라흐만"은 '지고(至高, para)가 아닌 것(apara)'이다. 샹카라는 브라흐만을 지고의 브라흐만과 지고가 아닌 브라흐만 이렇게 두 가지로 파악한다. 형태가 없고 규정지을 수 없는 브라흐만이 지고의 브라흐만이며, 형태가 있고 규정지을 수 있는 브라흐만이 지고가 아닌 브라흐만이다.

103 샹카라에 의하면 "알아(jñātvā)"는 '명상하여(upāsya)'라는 의미다.

104 샹카라에 의하면 자구(字句)인 것은 '지고(至高)인 것'과 '지고가 아닌 것'으로 나뉜다.

"이것이 으뜸인 바탕[105], 이것이 지고의 바탕,[106] 이 바탕[107]을 알아 '브라흐마'의 세상에서 위대해지리라."[108] 17

"생겨나지 아니하며, 죽지 아니하나니,

현자[109]인 이것은[110] 그 어디에서 생겨난 것이 아니요, 그 무엇이 되는 것도 아니다.

태어남이 없음이요, 항상恒常함이요, 영원함[111]이요, 이는 옛것이니,[112]

몸이 죽어 진다 하여도 죽지 않는다."[113] 18

"죽이는 자가 죽일 수 있는 거라 여기거나, 죽임을 당한 자가 죽은 거

이 자구(옴, ॐ)는 바로 이 지고와 지고가 아닌 두 가지 것의 상징(pratīka)이다. 이 가운데 지고의 것을 원하는 사람은 지고의 존재가 되고, 지고가 아닌 것을 원하는 사람은 지고가 아닌 존재가 된다. 지고의 것은 '알아야 하는 것(jñātavya)'이고, 지고가 아닌 것은 '얻어야 하는 것(prāptavya)'이다.

105 샹카라에 의하면 "으뜸인 바탕(ālambanaṁ śreṣṭham)"은 '브라흐만을 얻기 위한 바탕들 가운데 으뜸인 가장 훌륭한 것(brahmaprāptyālambanānāṁ śreṣṭhaṁ praśasyatamam)'이다.

106 "으뜸인 바탕"은 현상계의 궁극과 관련된 것이고, "지고의 바탕(ālambanaṁ paraṁ)"은 본질계의 궁극과 관련된 것이다. 샹카라는 현상계의 궁극을 '지고가 아닌 브라흐만(aparam brahman)', 본질계의 궁극을 '지고인 브라흐만(paraṁ brahman)'이라고 부른다.

107 샹카라에 의하면 "바탕(ālambana)"은 지고의 브라흐만과 지고가 아닌 브라흐만과 관련됨으로 말미암아 지고의 것에 대한 바탕과 지고의 것이 아닌 것에 대한 바탕이다.

108 샹카라에 의하면 지고의 브라흐만과 지고가 아닌 브라흐만의 안에서 브라흐만이 된다는, 즉 명상의 대상자인 브라흐만처럼 된다는 의미다.

109 샹카라에 의하면 이 아(我)는 '전혀 손상이 없는 의식을 본성으로 하기 때문에(aviparil-uptacaitanyasvabhāvāt)' "현자", 즉 '분명하게 보는 자, 지혜로운 자(vipaścinmedhāvī)'다.

110 샹카라에 의하면 "이것"은 아(我)다.

111 샹카라에 의하면 "영원함(śāśvata)"은 '소멸함이 없음(apakṣyavivarjita)'이다.

112 샹카라에 의하면 "옛것(purāṇa)"은 전에도(purāpi) 새것(nava)이었다는 의미다. 옛것이라고 함은 아(我)가 우주 창조 이전부터 존재함을 의미한다.

113 『바가바드기타(*Bhagavadgītā*)』(2. 20)의 구절과 유사하다.

라 여기면,
그 두 가지 다 제대로 아는 것이 아니니,
이것은[114] 죽이지도 않고, 죽지도 않느니라."[115] 19

"이 중생[116]의 심장에[117] 놓여 있는 아我는
가장 미세한 것보다 미세하며, 가장 큰 것보다 크나니,[118]
무념무위無念無爲[119]하여 슬픔을 여읜 사람은 요소要素의 해맑음[120]으로
아의 그 위대함을 보느니라."[121] 20

"그는 앉아서도 멀리 돌아다니며, 그는 자면서도 모든 곳에 가나

---

114 샹카라에 의하면 "이것"은 아(我)를 의미한다.

115 『바가바드기타』(2. 19)의 구절과 유사하다.

116 샹카라에 의하면 "중생(jantu)"은 브라흐마에서 초목에 이르기까지의 생명체들이다.

117 "심장"의 원어는 구하(guhā)다. 구하는 여성 명사로 '비밀스런 곳, 숨는 곳, 동굴, 심장' 등을 의미한다. 샹카라에 의하면 여기서 구하는 심장(hṛdaya)을 의미한다.

118 샹카라에 의하면 아(我)는 '모든 이름과 형태의 사물로 한정되는 것이기 때문이다(sarv-anāmarūpavastūpādhikatvāt).' 아는 가장 작은 것 혹은 가장 큰 것이라고 이름과 형태를 통해 사물로써 한정되지만, 아의 본질은 이러한 한정(upādhi)을 초월하는 것이다. 따라서 "가장 미세한 것보다 미세하며, 가장 큰 것보다 큰" 것이다. 즉 작다 크다 하는 것을 초월한 것이다.

119 샹카라에 의하면 "무념무위(akratu)"는 무욕(akāma)이며, 본 것과 보지 않은 외부 대상에서 물러난 지성이라는 의미다. 본 대상은 지상의 대상이요, 보지 않은 대상은 천국을 비롯한 대상이다.

120 샹카라에 의하면 "요소(dhātu)"는 육신을 지니는 것으로 마음을 비롯한 기관들이다. 기관은 지각 기관과 활동 기관으로 나뉜다. 막스 뮐러는 "요소"를 '창조자(the Creator)'라고 번역한다. 그리고 "해맑음(prasāda)"을 '은총(grace)'이라고 번역한다. 즉 "요소의 해맑음(dhātuprasāda)"을 '창조자의 은총(the grace of the Creator)'이라고 해석한다. 라다크리슈난은 '마음과 지각들의 고요함(tranquillity of the mind and the senses)'이라고 번역한다.

121 샹카라에 의하면 "아의 그 위대함"은 행위로 인한 증장과 쇠잔이 없음이며, 본다는 것은 '이것이 나다!'라고 직접적으로 안다는 것이다. 그리하여 슬픔을 여의게 된다.

니,[122]

기쁘며 우울한 그 신을[123] 나 말고 누가 알리요?" 21

"몸들 안에서 몸 없는 것을, 불안정함들 속에서 안정된 것을,[124]
위대한 것을, 편재한 것을, 아我로 알아
현자는 슬퍼하지 않느니라." 22

"성서의 가르침에 의해서,[125] 지혜에 의해서,[126] 많이 들어서
이 아我는 얻어지는 것이 아니다.
바로 이것을 원하는 이, 그에 의해 얻어지나니,
그에게 이 아我는 자신의 몸[127]을 드러내노라." 23

---

122 아(我)는 일체에 편재한 것이다. 따라서 죽음의 신인 '야마'는 '나찌께따쓰'에게 아에 대해 "앉아서도 멀리 돌아다니며, 자면서도 모든 곳에 가나니"라고 말하는 것이다.

123 샹카라에 의하면 "기쁘며 우울한 그 신을(taṁ madāmadaṁ devam)"에서 신은 아(我)를 의미한다. 신인 이 아는 멈춤(sthiti)과 움직임(gati), 항상함(nitya)과 덧없음(anitya)을 비롯한 상반되는 많은 특질에 '한정되는 것(upādhitva)'이기 때문에 상반되는 특질을 가진 것이다. 그 누구에게든 여의주(如意珠, cintāmaṇi)처럼 모든 모습으로 나타난다. 따라서 알기 어렵게 보인다.

124 샹카라에 의하면 "불안정함(anavastha)"은 '안정이 없는 것(avasthitirahita)'으로 무상(無常)함이다. "안정된 것(avasthita)"은 항상(恒常)함, 즉 '변형되지 않은 것(avikṛta)'이다. 막스 뮐러는 '변하는 것 중에서 변하지 않는 것(unchanging among changing)'이라고 번역한다. 라다크리슈난은 '불안정한 것 중에서 안정된 것(the stable among the unstable)'이라고 번역한다.

125 "성서의 가르침"의 원어는 쁘라와짜나(pravacana)다. 쁘라와짜나는 중성 명사로 '말하기, 발표, 천명(闡明), 설명, 해석, 교설(教說), 성서' 등을 의미한다. 불경에서 쁘라와짜나는 '언(言), 교(教), 언교(言教), 소설(所說), 법(法), 묘법(妙法), 성언량(聖言量), 경(經)' 등으로 한역된다. 샹카라에 의하면 여기서 쁘라와짜나는 '많은 『베다』를 받아들임(anekavedas-vīkaraṇa)'을 의미한다. 막스 뮐러는 쁘라와짜나를 '『베다』(the Veda)'라고 번역한다. 라다크리슈난은 '가르침(instruction)'이라고 해석한다.

126 샹카라에 의하면 "지혜(智慧, medhā)"는 '문헌의 의미를 파악할 능력(granthārthadh-āraṇaśakti)'이다.

"악행을 멈추지 않고, 고요함이 없으며,[128] 집중하지 않고,
마음이 평정치 않으면, 수승한 지혜로도 이것을 얻지 못하니라."[129] 24

"사제 계급과 왕공 무사 계급[130] 둘 다 그의[131] 밥이요, 죽음은 그의 반찬이니,[132]
그가 있는 곳을[133] 누가 이리 알리오?"[134] 25

---

127 샹카라에 의하면 "몸"은 '궁극의 의미를 가진 몸이며, "자신"은 자신의 것으로 자기의 본성이라는 의미다(pāramārthikīṁ tanūṁ svāṁ svakīyāṁ svayāthātmyamityarthaḥ).'

128 샹카라에 의하면 "고요함이 없으며(aśānta)"는 기관(indriya)이 동요하여 고요하지 않은 것, 멈추지 않은 것을 의미한다.

129 샹카라에 의하면 경전과 법전에 규정된 죄악을 멈추지 않는 사람, 기관의 동요를 고요하게 멈추지 않는 사람, 집중 통일(ekāgra)하지 못하고 정신이 산만한 사람, 정신이 집중 통일이 된 상태라도 정신 집중의 결과를 원함으로 인해서 마음이 평정치 못한 사람 혹은 마음이 분주한 사람, 이런 사람은 '수승한 지혜(prajñāna)', 즉 '브라흐만에 대한 지혜(brahmavijñāna)'를 통해서도 아(我)를 얻지 못한다.

130 샹카라에 의하면 "사제 계급과 왕공 무사 계급(brahma ca kṣatraṁ ca)"은 '모든 다르마를 배정하는 것 또한 모든 구원이 되는 것(sarvadharmavidhārake api sarvatrāṇabhūte ubhe)' 둘 다를 의미한다.

131 샹카라에 의하면 "그의(yasya)"에서 '그'는 아(我)를 의미한다.

132 아(我)의 본모습에 비해 죽음이란 것은 밥에 부수적인 국과 마찬가지로 그 자체가 본질인 것이 아니다. 사실 죽음이란 것은 윤회하는 존재에 새로운 생의 맛을 더하는 반찬(upasecana)과 같은 것이다.

133 샹카라에 의하면 "그가 있는 곳"은 아(我)가 있는 곳을 의미한다.

134 하리끄리스나다싸 고얀다까에 의하면 의미는 다음과 같다. 인간의 몸들 가운데 다르마에 충실한 사제 계급인 브라흐마나와 다르마를 지키는 왕공 무사 계급인 끄샤뜨리야는 '지고의 아(paramātman)'를 얻기 위한 최고의 몸이다. 하지만 그들 또한 '시간의 본모습(kālasvarūpa)'인 '지고의 자재자'의 음식이 된다. 하물며 다른 일반 인간의 몸이야 말할 것이 무엇이 있겠는가? 모든 것을 죽이는 '죽음의 신(mṛtyudeva)'조차 '지고의 자재자'의 반찬과 같은 것이다. 그 어떤 사람도 무상(無常)한 마음과 지성과 지각 기관들을 통해 이러한 '지고의 자재자'를 알 수는 없다. 따라서 '지고의 아'가 연민(憐愍, kṛpā)의 대상으로 삼아 자신의 본질(tattva)을 이해시켜 주길 원하는 사람, 그 만이 '지고의 아'를 알 수 있다.

제3절

"세 번 '나찌께따쓰'의 불을 마련한, 다섯 불을 지니는,[135]

'브라흐만'을 아는 사람들은

지고至高의 저편[136] 동굴에[137] 들어가

선업善業[138]의 세계[139]에서 물[140]을 마시는 그림자와 햇볕[141]에 대해 말한다."[142] 1

"제관祭官들의 다리橋梁를,[143] 불멸인 지고의 브라흐만을,

---

135 제화(祭火)를 채화하는 불이며, 조상 대대로 집안에 전해 지고 후손들에게 전해 내려가는 불인 '가르하빠뜨야(gārhapatya)', 제단의 오른쪽에 위치하는 제화인 '닥쉬나', 제단의 동쪽에 위치하면서 제물을 봉헌하는 제화인 '아하와니야(āhavanīya)', 집회의 불인 '싸브야(sabhya)', 가사(家事)의 불인 '아와싸트야(āvasathya)' 이렇게 다섯 가지 불을 간수하며 가정 생활을 하는 브라흐마나가 "다섯 불을 지니는 사람(pañcāgnaya)"이다. 슈리고빈다샤스뜨리(Śrīgovindaśāstrī)에 의하면 '가르하빠뜨야', '닥쉬나', '아하와니야', '싸브야', '아와싸트야'가 다섯 불이며, 이 불들을 간수하는 사람이 다섯 불을 지니는 사람들이다. 혹은 하늘과 구름과 땅과 남자와 여자에게서 불을 보는 사람을 다섯 불을 지닌 사람이라고 한다.

136 샹카라에 의하면 "저편(parārdha)"은 브라흐만의 처소이며 심장의 빈 공간이다.

137 샹카라에 의하면 "동굴"은 지성(知性)을 의미한다. 지성은 심장의 허공에 위치한다. 심장의 허공을 "동굴"이라고 한다.

138 샹카라에 의하면 "선업(sukṛta)"은 스스로 행한 행위다.

139 샹카라에 의하면 "세계(loka)"는 이 몸(śarīra)이다.

140 베다 어에서 "물(ṛta)"은 진리를 의미한다. 샹카라에 의하면 이 물은 진리로 반드시 존재하는 행위의 결과다.

141 샹카라에 의하면 '윤회하는 세속성과 윤회하지 않는 비세속성에 의해 그림자와 햇볕처럼 차이가 나는 것이다(chāyātapauviva vilakṣaṇau saṁsāritvāsaṁsāritvena).'

142 아(我)는 궁극적으로 순수하여 윤회를 벗어난 비세속적인 존재지만, 깨달음을 얻지 못한 사람에게는 현상적으로 윤회하는 세속적인 존재로 파악된다. 따라서 아는 본질적으로 하나지만 그림자와 햇볕처럼 상반되는 둘로 보인다고 궁극의 본질인 브라흐만을 아는 사람들은 말한다.

143 샹카라에 의하면 "제관들"은 행위자들이며, 고통에서 벗어나게 해 주기 때문에 "다리" 같은 것이다.

건너길 원하는 사람들을 겁 없이 건네주는 것을,
'나찌께따쓰'의 불을 우린 피울 수 있노라." 2

"몸을 마차로, 아我를 마차를 탄 사람으로 알아라.
지성知性[144]을 마부로, 그리고 마음[145]을 고삐로 알아라." 3

"지혜로운 이들은 지각 기관[146]들을 말馬들이라고 말한다.
대상들을[147] 그것들에[148] 있어서 길[149] 들이라고,
아我와 지각 기관과 마음이 결합한 것을[150] 즐기는 자[151]라고 말한다." 4

"분별이 없는 사람은 마음이 늘 챙겨 있지[152] 않으니,
그의 지각 기관들은 통제되지 않아

---

144 샹카라에 의하면 "지성"은 확정하는 특징을 가진 것이다.

145 샹카라에 의하면 "마음"은 결심하고 선택하는 등의 특징을 가진 것이다.

146 샹카라에 의하면 '지각 기관들은 눈 등이다(indriyāni cakṣurādīni).' 즉 "지각 기관"은 눈과 귀와 코와 혀와 피부를 의미한다.

147 샹카라에 의하면 "대상들"은 형태 등이다. 즉 형태(rūpa) 등은 지각 기관의 지각 대상들인 형태와 소리와 냄새와 맛과 촉감을 의미한다.

148 "그것들에 있어서(teṣu)"는 '말(馬)로 비유되는 지각 기관에 있어서'라는 의미다.

149 "길"의 원문은 고짜라(gocara)다. 고짜라는 남성 명사로 '지각의 범위, 목장, 행동 반경, 지각으로 감지되는 것, 접근할 수 있는 것' 등을 의미한다. 그러나 샹카라에 의하면 여기서는 길(mārga)을 의미한다.

150 샹카라에 의하면, "아와 지각 기관과 마음이 결합한 것"은 '몸과 지각 기관과 마음이 함께 결합한 아'를 의미한다.

151 "즐기는 자"의 원어는 복뜨리(bhoktṛ)다. 복뜨리는 남성 명사로 '소유자, 즐기는 자, 경험자, 향수자(享受者), 사용자, 남편, 왕, 연인' 등을 의미한다. 샹카라에 의하면, 여기서 복뜨리는 '윤회하는 자(bhokteti saṁsārīti)'를 의미한다.

152 "마음이 늘 챙겨" 있다는 것은 샹카라에 의하면 '집중된 마음에 의해서'라는 의미다. 즉 집중되어 삼매에 든 상태가 '마음이 챙겨진 상태'다.

마부의 나쁜 말들과 같다.” 5

“허나 분별이 있는 사람[153]은 마음이 늘 챙겨 있으니,[154]
그의 지각 기관들은 통제되어
마부의 훌륭한 말들과 같다.” 6

“분별이 없는 사람은 늘 멍한 마음[155]에 순정純正치 않으니,
그러한 사람은 그 자리[156]를 얻지 못하고
세상에 빠진다.”[157] 7

“허나 분별이 있는 사람은 늘 마음을 챙겨 순정하니,
그러한 사람은 그 자리를 얻어
그곳에서 다시 태어나지 않는다.”[158] 8

“분별이 있는 마부인 마음의 고삐를 잡은 사람,[159]
그는 길 저편

---

153 샹카라에 의하면 “분별이 있는 사람(vijñānavān)”은 ‘마음을 다잡은 사람(pragṛhītamanāḥ)’ 이다.

154 앞에서와 마찬가지로 “마음이 늘 챙겨 있다”는 것은 샹카라에 의하면 ‘집중된 정신(samāhitacitta)’을 의미한다.

155 샹카라에 의하면 “멍한 마음(amanaska)”은 ‘마음을 다잡지 못한 것(apragṛhītamanaska)’ 이다.

156 샹카라에 의하면 “그 자리(tatpadam)”는 앞에서 말한, 불멸인 지고의 자리다.

157 샹카라에 의하면 “세상에 빠진다(saṁsāraṁ cādhigacchati)”는 윤회, 즉 생사의 형태에 빠진다는 의미다.

158 샹카라에 의하면 얻은 자리에서 떨어지지 않아 다시 세상에 태어나지 않는다는 의미다.

159 샹카라에 의하면 “마음의 고삐를 잡은 사람(manaḥpragrahavān naraḥ)”은 마음을 다잡아 집중된 마음, 즉 정신이 삼매에 들어 순정(純正)한 사람을 의미한다.

바로 위스누의 그 지고의 자리에[160] 도달한다."[161] 9

"지각 기관들보다 대상들이 높고,[162]
대상들보다 마음이[163] 높으며,
마음보다 지성이[164] 높고, 지성보다 위대한 아我는[165] 높다." 10

"큰 것[166]보다 나타나지 않은 것[167]은 높고,
나타나지 않은 것보다 인아人我[168]는 높으며, 인아보다 높은 것은 아

---

160 샹카라에 의하면 "위스누의 그 지고의 자리(tadviṣṇoḥ paramaṁ padam)"는 편재성을 지닌 브라흐만이며, 최고의 영혼인 와쑤데바(Vāsudeva)라고 불리는 이의 지고의 장소다.

161 샹카라에 의하면 "도달한다(āpnoti)"는 모든 윤회의 속박들에서 벗어난다는 의미다.

162 샹카라에 의하면 "높다(parā)"는 미세하고 위대한 것이라는 의미다.

163 샹카라에 의하면 "마음"은 '개념화하거나 결심하고 분별이나 망상 등을 야기하는 것(saṃkalpavikalpādyārambhaka)'이다.

164 샹카라에 의하면 "지성"은 '정신적인 노력이나 판단 혹은 이해력을 야기하는 것(adhyavasāyādyārambhaka)'이다.

165 샹카라에 의하면 "아"는 모든 생명체들의 지성들에 개별적인 아로 존재하는 아이며, 모든 것의 위대성(偉大性, mahattva)이기 때문에 위대한 것이며, '나타나지 않은 것(avyakta)'에서 제일 먼저 생겨난 것인 히란야가르바(黃金子宮, 金胎)의 본질이며, 지와 무지를 본질로 하는 것이다.

166 상캬 철학에서 "큰 것(mahat)"은 지성과 동의어다. 라다크리슈난은 "큰 것"을 '위대한 자아(the great self)'라고 번역하여 바로 앞의 열 번째 만뜨라에 나오는 "위대한 아(我, ātmā mahān)"와 동일한 것으로 파악한다. 막스 뮐러는 '위대한 것(the Great)'이라고 번역한다. 하리끄리스나다싸 고얀다까는 '생령의 아(jīvātman)'라고 번역한다. 싸뜨야브라따 씻단따랑까라는 "큰 것"을 '결과인 자연(kārya prakṛti)'이라고 해석한다. '결과인 자연'은 지성을 의미한다. 상캬 철학에 따르면 인아(人我)는 지성에 투영된다. 지성에 투영된 인아가 개별적인 아의 형태다.

167 샹카라에 의하면 "나타나지 않은 것(avyakta)"은 '모든 세상의 씨앗이 되는 것으로 이름과 형태가 구분되지 않은 것(sarvasya jagato bījabhūtamavyākṛtanāmarūpam)'이다. 즉 명색(名色)이 구분되지 않은 것이다. 상캬 철학에서 "나타나지 않은 것"은 으뜸(勝因, pradhāna)인 자연(prakṛti)이다.

168 샹카라에 의하면 "인아"는 '모든 원인의 원인성(sarvakāraṇakāraṇatva)'이며, '의식만으로

무것도 없다.

그 절정, 그 최고 경지!" 11

"이것은[169] 모든 존재들 안에 숨겨진 아我[170]이며,

드러나지 않는다.[171]

허나, 미세한 것을 바라보는 이들에 의해

집중되고 미세한 지성을 통해[172] 이것은 보인다." 12

"현명한 사람은 말語[173]을 마음에 갈무리하나니,[174]

그 마음을 자신의 지혜에[175] 갈무리하나니,

지혜를 아我인 큰 것[176]에 잘 갈무리하나니,

꽉 찬 것(cinmātraghana)'이다. '모든 것을 채우기 때문에 인아다(puruṣaḥ sarvapūraṇāt).'

169 샹카라에 의하면 "이것(eṣaḥ)"은 인아(人我)를 의미한다.

170 샹카라에 의하면 인아(人我)는 브라흐마에서 초목(stamba)에 이르기까지 모든 존재(bhūta)들 안에 숨겨진 아(我)다. 즉 감싸여 있는 아다.

171 샹카라에 의하면 '무명(無明)의 미망(avidyāmāyā)'이 덮고 있어 아(我)는 그 누구에게도 '아인 것(我性, ātmatva)'으로 밝혀지지 않는다.

172 샹카라에 의하면 "집중되고 미세한 지성을 통해(agrayayā buddhyā sūkṣmayā)"는 '잘 다듬어진(saṁskṛta)', 끝(agra)처럼 최상(agrya)의 '집중 통일의 상태(ekāgratā)'이며, '미세한 사물(sūkṣmavastu)'을 드러낼 수 있는 그런 지성을 통해서라는 의미다.

173 샹카라에 의하면 "말(vāc)"은 모든 지각 기관들을 제유하는 의미다. 즉 여기서 말은 모든 지각 기관들을 뜻한다.

174 막스 뮐러는 '현명한 사람은 말과 마음을 갈무리해야 한다(A wise man keep down speech and mind)'라고 번역한다.

175 샹카라에 의하면 "지혜"는 '빛의 본모습(prakāśasvarūpa)'인 지성이다. 상캬 철학에 의하면 지성은 본래 해맑은 특질, 빛의 특질, 기쁨의 특질을 가진 진성(眞性, sattva)의 상태다. 그래서 지성을 진성이라고도 부른다. 상캬 철학의 창시자인 까삘라(Kapila) 무니(muni)는 지성을 '마음(manas)' 혹은 '큰 것(mahat)'이라고도 부른다. 요가 철학에서는 지성을 정신(citta)이라고 부른다. 바로 이 정신에 인아(人我)가 투영되어 개별아의 형태로 나타난다.

176 샹카라에 의하면 "큰 것"은 '제일 먼저 생겨난 것(prathamaja)'을 의미한다. 상캬 철학에

그 큰 것을 자신의 적정寂靜[177]에 갈무리하나니." 13[178]

"그대들이여 일어나라, 깨어나라, 훌륭한 것들을 얻어[179] 깨우치라!
그 길은[180] 가기 힘든 길,
다가가기 힘든 날카로운 칼날이라
시인들은[181] 말하노라!" 14

"소리가 없고, 감촉이 없고, 모습이 없고, 멸함이 없고,
그리고 맛이 없고, 항상恒常하고, 냄새가 없고, 시작이 없고, 끝이 없고,
큰 것보다 수승하고, 변함이 없는 것,[182]
그것을 알아 죽음의 입에서[183] 벗어나노라!" 15

의하면 자연에서 제일 먼저 생겨난 것이 진성(眞性)의 상태인 지성이며, 지성을 "큰 것"이라고 부른다.

177 "적정(śānta)"은 문맥으로 보아 '나타나지 않은 것(avyakta)'이다. 샹카라에 의하면 "적정"은 모든 구분이 사라진 형태, 모든 것 안에 있는 불변하는 존재, 그리고 모든 지성이 인식하는 것을 직접 바라보는 존재다.

178 여기서 "자신"이란 말은 '자아'로도 번역이 가능하다. "자신"의 원어인 아트만(ātman)은 '자신, 자아, 몸, 영혼, 브라흐만, 아들' 등을 의미한다. 원문에서 '마음'에는 아트만이라는 말이 형용사로 나타나지 않지만, 지혜, 큰 것, 적정이란 세 낱말에는 모두 아트만이란 낱말이 형용사로 나타난다. 따라서 지혜, 큰 것, 적정은 자아의 여러 단계들에 해당되는 것으로 해석될 수 있다.

179 샹카라에 의하면 "훌륭한 것들을 얻어(prāpya varān)"는 '본질을 아는 탁월한 스승들에게 다가가서'라는 의미다.

180 샹카라에 의하면 "그 길(pathastat)"은 지혜의 길이다.

181 샹카라에 의하면 "시인(kavi)"은 '지혜로운 사람(medhāvin)'을 의미한다. 베다 문학에서 시인은 현상을 넘어 사물의 본질을 바라보는 현자를 의미한다. 그래서 시인을 '넘어 보는 자(krāntadarśin)'라고 한다.

182 아(我)는 오감을 통해 볼 수도 없고, 들을 수도 없고, 냄새를 맡을 수도 없고, 맛을 볼 수도 없고, 만져볼 수도 없는 존재며, 시작도 끝도 없이 본래부터 존재하는 영원한 것이며, 변함이 없는 불멸의 존재로서 가장 미세한 것이며 최고의 것이란 의미다.

'나찌께따쓰'의 이야기, 죽음의 신이 말한 영원한 것,
이를 말하고 들어 지혜로운 사람은
브라흐만의 세상에서[184] 존경을 받는다.[185] 16

이 지극히 신비한 것을
브라흐만의 모임에서[186] 혹은 제사 때에
경건하게[187] 들려주면,
그것은[188] 영원성을 얻는다. 그것은 영원성을 얻는다! 17[189]

---

183 샹카라에 의하면 "죽음의 입(mṛtyumukha)"은 죽음의 영역인 무명(無明)과 욕망과 행위의 형태를 의미한다.

184 브라흐만은 중성 명사로 '우주의 궁극적인 실재(Brahma), 우주의 창조자인 범천(梵天, Brahmā), 사제 계급인 브라흐마나(brāhmaṇa)' 등을 의미한다. 따라서 "브라흐만의 세상"은 '범천의 세상' 혹은 '사제 계급인 브라흐마나의 세상' 혹은 '우주의 궁극적인 실재의 세상'을 의미한다. 막스 뮐러는 '브라흐만의 세상(the world of Brahman)'이라고 번역한다. 라다크리슈난은 '브라흐마의 세상(the world of Brahmā)'이라고 번역한다.

185 "존경을 받는다"의 원어는 마히야떼(mahīyate)다. 마히야떼는 '기쁘게 되다, 행복하게 되다, 번영하다, 높은 지위로 올라가다, 드높게 존경을 받다, 위대해지다' 등을 의미하는 어근 '마히(mahīy)'의 활용형이다. 샹카라에 의하면 "존경을 받는다"는 것은 '아(我)의 상태(ātmabhūta)'가 되어 '예배 혹은 명상의 대상(upāsya)'이 된다는 것을 의미한다.

186 샹카라에 의하면 브라흐마나들의 모임을 의미한다.

187 샹카라에 의하면 "경건하게(prayataḥ)"는 '청정한 상태가 되어'라는 의미다.

188 샹카라에 의하면 "그것(tat)"은 제사(śrāddha)를 의미한다. 하리끄리스나다싸 고얀다까는 "그것"을 '들려주는 형태의 행위'라고 해석한다. 싸뜨야브라따 씻단따랑까라는 "그것"의 원문을 그때(tadā)라고 읽는다.

189 샹카라에 의하면 두 번 반복하는 것은 절이 완결되는 것을 의미한다.

제2장[190]

제4절[191]

밖으로 나가는 구멍들을[192] 스스로 존재하는 이가[193] 뚫어 놓아

그리하여, 밖을 보지 내면의 아我를 보지 않는다.

그 어떤 지혜로운 사람은 불사성不死性을[194] 바라

눈을 되돌려[195] 안의 아를 바라본다. 1

어리석은 사람들은 외부의 욕망들을[196] 추구하니,

그들은 펼쳐진 죽음의[197] 올가미로 들어간다.

허나, 지혜로운 사람들은 불사성不死性을 알아

---

190 샹카라는 장(adhyāya)으로 구분한다. 1958년에 인도 푸나의 베다 교정 기관에서 간행된 교정 판본에는 장의 구별이 없이 바로 다음 절(vallī)인 제4절로 이어진다.

191 샹카라는 장으로 구분하지만, 절은 계속되는 것으로 보아 제4절이라고 한다. 막스 뮐러 역시 제2장 제4절로 구분한다. 라다크리슈난은 제2부 제1장이라고 새로운 편제로 나눈다. 하리끄리스나다싸 고얀다까 역시 제2장 제1절로 새로운 편제로 나눈다. 싸뜨야브라따 씻단따랑까라는 베다 교정 기관에서 간행된 교정 판본과 마찬가지로 장의 구별이 없이 제4절이라고 한다.

192 샹카라에 의하면 귀를 비롯한 지각 기관들이 "구멍들"이다.

193 샹카라에 의하면 "스스로 존재하는 이"는 지고의 자재자다. 늘 스스로 독립하여 존재하며 의타(依他)하지 않는다.

194 샹카라에 의하면 "불사성"은 죽지 않는 성질의 것으로 '항상(恒常)한 자성(自性, nityas-vabhāvatā)'을 의미한다.

195 샹카라에 의하면 "눈을 되돌려(āvṛttacakṣuḥ)"는 귀를 비롯한 모든 지각 기관들을 남김없이 대상들에서 되돌린 자를 의미한다. 막스 뮐러는 "눈을 되돌려"를 '그의 눈을 감고서(with his eyes closed)'라고 번역한다. 라다크리슈난은 '그의 눈을 내부로 돌리고서(with his eyes turned inward)'라고 번역한다. 하리끄리스나다싸 고얀다까는 '눈을 비롯한 지각 기관들을 외부의 대상들에서 되돌려서'라고 해석한다.

196 샹카라에 의하면 "욕망들"은 탐스러운 지각 대상들이다.

197 샹카라에 의하면 "죽음"은 무명(無明)과 욕망과 행위의 결합체다.

여기[198] 덧없는 것들 속에서 변치 않는 것을 추구하지 않는다. 2

이에 의해[199] 형태와 맛과 냄새와 소리들과 촉감들,
그리고 성교性交들을[200] 아나니,
이로 인해 아나니,
여기 그 무엇이 남아 있으리오.[201] 이것이 바로 그것이니![202] 3

꿈속이든, 깨어 있든, 둘 다 이에 의해[203] 바라보니,
아我를 위대한 것으로, 편재한 것으로 알아
지혜로운 사람은 슬퍼하지 않는다.[204] 4

꿀을 먹는 자인[205] 이것을 아我인 생령生靈[206]으로,

---

198 샹카라에 의하면 "여기(iha)"는 세상(saṁsāra)이다. 세상의 원어 싼싸라는 윤회도 동시에 의미하는 낱말이다.

199 샹카라에 의하면, "이에 의해(yena)"는 식(識, 지성, 이해, 판단, 인지, vijñāna)의 자성(自性, svabhāva)인 아(我)에 의해서라는 의미다.

200 샹카라에 의하면 "성교(maituna)들"은 성교를 원인으로 하는 '기쁨의 인식(sukhapratyaya)'들이다.

201 샹카라에 의하면 "여기 그 무엇이 남아 있으리오(kimatra pariśiṣyate)"는 '모든 것은 아(我)에 의해 알려지는 것(sarvameva tvātmanā vijñeyam)', 그리고 '바로 그 아가 전지자(全知者, sa ātmā sarvajñaḥ)'임을 의미한다.

202 샹카라에 의하면 "이것이 바로 그것이니(etadvai tat)"는 그것이 무엇이냐고 나찌께따쓰가 질문한 것, 신들조차도 궁금해 하는 것, 도덕(진리, 종교, 관습, 의무, dharma)을 비롯한 것들과는 다른 것, 그보다 더 높은 것이 없는 것인 위스누의 지고의 처소(자리, pada), 그것이 바로 이것이라고 이해함이라는 의미다.

203 샹카라에 의하면 "이에 의해"는 '아(我)에 의해'다.

204 샹카라에 의하면 "지혜로운 사람"은 "내가 지고의 아(我)다!"라고 아의 상태로 직접 바라봄으로 인해서 슬퍼하지 않는다.

205 샹카라에 의하면 "꿀을 먹는 자(madhvada)"는 '행위의 결과를 누리는 자(karmaphalabhuj)'를 의미한다.

과거와 미래의[207] 지배자로 가까이 아는 사람은
그리하여 염오厭惡하지 않는다.[208] 이것이 바로 그것이니![209] 5

옛날에[210] 열熱[211]에서 생긴 것이[212] 물水보다 먼저[213] 생겨났으니,
그것이 동굴에[214] 들어가 머무네,
존재들에 의해 보였으니, 이것이 바로 그것이네![215] 6

신들을 함유한 아디띠는[216] 생기로 생겨나는 것이네,[217]

---

206 샹카라에 의하면 "생령"은 호흡을 비롯한 온몸의 기능들을 유지하게 하는 존재다.

207 샹카라에 의하면 "과거와 미래(bhūtabhavya)"는 '삼시(三時, 과거 현재 미래)'를 의미한다.

208 샹카라에 의하면 "염오하지 않는다(vijugupsate)"는 '두려움 속에 있는 사람은 아(我)를 덧없는 것으로 여기는 동안은 아로부터 피하기를 바란다. 그러나 아를 항상(恒常)한 것으로, 불이(不二)인 것으로 확연히 알면, 그 누구도 그 무엇 때문에든 그 무엇으로 부터든 피하길 원하지 않는다'는 의미다. 막스 뮐러는 "염오하지 않는다"를 '더 이상 두려워하지 않는다(fears no more)'라고 번역한다. 하리끄리스나다싸 고얀다까는 '결코 그 누구도 비난하지 않는다'라고 해석한다.

209 샹카라에 의하면 앞의 103쪽 202번 각주와 마찬가지 의미다.

210 샹카라에 의하면 "옛날에(pūrvam)"는 '제일 먼저(prathamam)'라는 의미다.

211 "열(tapas)"은 고행을 의미하기도 한다. 여기서 열은 샹카라에 의하면 지혜를 비롯한 특성을 가진 브라흐만이다.

212 샹카라에 의하면 '생긴 것은 생겨난 것으로 히란야가르바(黃金子宮, 金胎)다(jātamutpannaṁ hiraṇyagarbhaḥ).'

213 샹카라에 의하면 "물보다 먼저"는 단지 물보다 먼저가 아니라, '물을 포함한 오대 원소들보다 먼저'라는 의미다.

214 샹카라에 의하면 "동굴"은 모든 생명체의 동굴인 '심장의 허공(hṛdayākāśa)'이다.

215 샹카라에 의하면 "그것이 동굴에 들어가 머무네, 존재들에 의해 보였으니, 이것이 바로 그것이네(guhāṁ praviśya yo bhūtebhirapaśyata, etadvai tat)!"는 '모든 생명체의 동굴인 심장의 허공에 들어가 머무는 것, 소리를 비롯한 것들을 수용하고 있는 것, 존재들에 의해 즉 원인과 결과의 형태들과 더불어 머무는 것, 이것을 보는 사람이 그것이다. 이렇게 보는 자는 그가 그러한 브라흐만이 된 것을 보는 자다'라는 의미다.

216 "아디띠(Aditi)"는 형용사로 '자유로운, 무한한, 전체의, 행복한' 등을 의미하며, 여성 명사로는 '빈곤, 대지, 신들의 어머니, 자유, 무한, 소, 우유' 등을 의미한다. 아디띠는

동굴에[218] 들어가 머무는 그녀는 존재들과 더불어 생겨났네.[219] 이것이 바로 그것이네! 7

두 부싯나무에[220] 감추어진 것, 생겨난 모든 것을 아는 것이[221]
임신부들에 의해 태아가 보호되듯 잘 보살펴지네.[222]

인도 신화에서 조물주인 닥샤(Dakṣa)의 딸이며, 까스야빠(Kaśyapa) 선인(仙人, ṛṣi)의 아내다. 아디띠가 낳은 자식들을 아디뜨야(āditya)라고 한다. 아디뜨야는 신(神, deva)을 의미한다. 따라서 아디띠는 신들의 어머니다. 샹카라에 의하면 모든 신들을 함유한 아디띠는 모든 신들의 본질이다. 샹카라의 아디띠에 대한 어원에 따르면 '소리를 비롯한 것들을 먹음으로써 아디띠다(śabdādīnāmadanādaditiḥ).' 즉 샹카라는 보고, 듣고, 냄새 맡고, 맛보고, 촉감을 느끼는 인식 주체를 아디띠로 파악한다.

217 "생기로 생겨나는 것이네(yā prāṇena sambhavati)"에서 "생기(生氣)"의 원어는 쁘라나(prāṇa)다. 쁘라나는 남성 명사로 '숨결, 생기, 호흡, 원기, 생명, 영혼, 지고의 영혼, 활력, 지각기관, 사랑하는 사람 혹은 대상' 등을 의미한다. 샹카라에 의하면 여기서 쁘라나는 '히란야가르바(黃金子宮, 金胎)의 형태(hiraṇyagarbharūpa)'다. "생기로 생겨나는 것이네"는 '히란야가르바의 형태로 지고의 브라흐만에서 생겨난다'는 의미다.

218 샹카라는 다른 곳에서 "동굴"을 '심장의 허공' 혹은 지성이라고 풀이한다. 심장은 지성이 위치하는 장소다.

219 "존재들과 더불어 생겨났네(bhūtebhirvyajāyate)"는 샹카라에 의하면 '존재들을 갖추어 생겨났다'는 의미다. 막스 뮐러는 존재를 요소(elements)라고 보고 '요소들로부터 태어난 것(was born from the elements)'이라고 번역한다. 라다크리슈난은 '존재들과 함께 태어난 것(who was born with beings)'이라고 번역한다. 하리끄리스나다싸 고얀다까는 '생명체들과 함께 생겨난 것'이라고 번역한다. 싸뜨야브라따 씻단따랑까라는 '존재들에 의해서 생겨난 것'이라고 번역한다.

220 "두 부싯나무에"의 원어는 아란요호(araṇyoḥ)다. 아란요호는 아라니(araṇi, araṇī)의 처소격 양수 형태다. 아라니는 비벼서 마찰시켜 불을 피우는 데 사용하는 부싯나무다. 샤미(śamī)라는 이름의 나무가 부싯돌처럼 불 피우는 도구로 사용된다. 샤미에는 불이 숨겨져 있다고 한다. 불 피우는 데는 나무 조각이 두 개 필요하다. 나무 조각 하나는 아래에 놓고 하나는 위에 막대기처럼 올려놓아 비벼 돌려서 불을 피운다. 그래서 원문은 "두 부싯나무에"라고 말한다.

221 "생겨난 모든 것을 아는 것"의 원어는 자따베다쓰(Jātavedas)다. 자따베다쓰는 '생겨난 모든 것을 아는 자'라는 의미로 『베다』에서 불의 신인 아그니를 지칭하는 이름이다. 막스 뮐러는 자따베다쓰를 '모든 것을 보는 자(the all-seeing)'라고 번역한다. 라다크리슈난은 '모든 것을 아는 자, 아그니(Agni, all-knower)'라고 번역한다.

날마다 깨어 제물을 올리는 사람들에 의해[223] 찬양되는 불. 이것이 바로 그것이네![224] 8

그로부터[225] 태양이 떠오르고 저물어 가는 그곳
그에[226] 모든 신들이 놓여 있네,[227]
그 무엇도 그것을[228] 벗어나지 못하네. 이것이 바로 그것이네. 9

바로 여기 있는 것[229] 그건 저기 있는 것[230]이라네,
저기 있는 건 그것은 여기에 따라 있는 것이네,
이곳에서 서로 다른 것들마냥 보는 사람,[231] 그는 죽음에서 죽음에

---

222 샹카라에 의하면 '잘 보살펴지네(subhṛtaḥ)'는 제관과 요가 수행자들에 의해 잘 보살펴지는 것이다.

223 샹카라에 의하면 "깨어 제물을 올리는 사람들에 의해(jāgṛvadbhirhaviṣmadbhirmanuṣyebhiḥ)"는 '제례를 행하는 사람들과 요가 수행자들에 의해, 깨어 있는 사람들에 의해, 즉 부주의하지 않은 사람들에 의해, 제사(adhvara)에서 그리고 심장에서 '녹인 우유 기름(ājya) 등과 정신 집중(禪, dhyāna)의 상태 같은 것들이라는 제물들에 의해'라는 의미다.

224 샹카라에 의하면 여기서 "이것이 바로 그것이네(etadvai tat)!"는 '그것이 바로 지금 이야기되고 있는 브라흐만(tadeva prakṛtaṁ brahma)'이라는 의미다.

225 샹카라에 의하면 "그로부터(yasmāt)"는 '생기로부터(prāṇāt)'라는 의미다.

226 샹카라에 의하면 "그에(tam)"는 '생기의 아(我)에(prāṇātmānam)'다.

227 샹카라에 의하면 "놓여 있네(arpitāḥ)"는 모든 바퀴살들이 수레바퀴의 굴대통에 고정되어 모여 들어감과 같은 것이다.

228 샹카라에 의하면 "그것"은 모든 것의 아(我)인 이 브라흐만이다.

229 샹카라에 의하면 "바로 여기 있는 것(yadeveha)"은 '원인과 결과의 제한을 갖춘 것, 세상(輪廻)의 속성을 지닌 것처럼 나타나는 것(kāryakāraṇopādhisamanvitaṁ saṁsāradharmavadavabhāsamānam)'을 의미한다.

230 샹카라에 의하면 "그건 저기 있는 것(tadamutra)"에서 '그건 바로 자신의 아(我)에 깃든 것(tadeva svātmastham)'을 의미한다. 그리고 저기(amutra)는 항상한 의식체인 자성(自性)으로 세상(輪廻)의 모든 속성을 벗어난 브라흐만을 의미한다.

231 샹카라에 의하면 "이곳에서 서로 다른 것들마냥 보는 사람(ya iha nāneva paśyati)"은 '무명(無明)에 미혹되어 서로 다르지 않은 상태인 브라흐만 안에서 "다른 것과 나는 별개의

이른다네.[232] 10

이것은[233] 바로 마음으로 얻는 것이라네,
이곳엔[234] 그 어떤 다른 게 없으니, 이곳에서 다른 것인 양 보는 사람,
그는 죽음에서 죽음으로 간다네. 11

엄지만 한[235] 인아人我가 몸 가운데 머무네.
그는 있은 것과 있을 것의[236] 지배자니,
이로 인하여 염오厭惡하지 않는다네.[237] 이것이 바로 그것이네. 12

존재다! 지고의 브라흐만은 나와는 다른 것이다!" 이렇게 여러 가지인 것처럼 다른 것들마냥 보는 사람, 즉 '받아들이는 사람'을 의미한다.

232 샹카라에 의하면 "죽음에서 죽음에 이른다네(mṛtyoḥ sa mṛtyumāpnoti)"는 거듭거듭 생과 죽음의 상태를 얻는다는 의미다.

233 샹카라에 의하면 "이것(idam)"은 '단일한 맛인 브라흐만(brahmaikarasa)'을 의미한다.

234 샹카라에 의하면 "이곳엔(iha)"은 '브라흐만에(brahmaṇi)'라는 의미다.

235 샹카라에 의하면 '심장이라는 하얀 연꽃의 구멍에 존재하는 내적 기관으로 한정된 것은 엄지만 하다. 엄지만 하다는 것은 대나무 마디 가운데 있는 허공 같다는 것이다.' 내적 기관(內的器官)의 원어는 안따하까라나(antaḥkaraṇa)다. 안따하까라나는 중성 명사로 '내적 기관, 심장, 영혼, 마음, 사고와 지각의 중심, 의식' 등을 의미한다. 불경에서 안따하까라나는 '내작구(內作具)'로 한역된다. 베단타 철학에서 안따하까라나는 마음, 지성, 자아(ahaṁkāra), 정신 이렇게 네 가지다. 마음은 의심하는 작용, 지성은 결정하는 작용, 자아는 오만(傲慢)하는 작용, 정신은 기억하는 작용을 한다.

236 "있은 것과 있을 것(bhūtabhavya)"은 '과거와 미래'를 의미하지만, 여기서 더 나아가 '과거, 현재, 미래' 이렇게 삼시(三時, trikāla)를 의미한다.

237 "이로 인하여 염오하지 않는다네(na tato vijugupsate)"는 우리의 몸 안 심장 속의 엄지만 한 빈 공간에 과거, 현재, 미래의 모든 것을 다스리며 모든 것을 충만케 하는 인아(人我)가 머물고 있음을 알게 되면, 우리는 저절로 충만하게 되어 오유지족(吾唯知足)의 상태가 됨으로써, 이 세상에는 그 무엇도 염오할 것이 없게 된다는 뜻이다. 막스 뮐러는 '염오하지 않는다'를 '더 이상 두려워하지 않는다'라고 번역한다. 라다크리슈난은 '움츠리지 않는다(does not shrink)'라고 번역한다.

엄지만 한 인아人我는 연기 없는 광명光明인 양 하네.[238]

있은 것과 있을 것을 다스리는 자이니,

그가 바로 오늘이며 그가 또한 내일이라네.[239] 이것이 바로 그것이네. 13

아득한 곳에[240] 내린 빗물이 산자락들로[241] 흘러 사라지듯이

그렇게 속성들을[242] 다르게 보면서 그것들을 따라 흘러 사라지네.[243] 14

깨끗한 곳에 부은 깨끗한 물은 바로 그대로이듯이

그렇게 잘 헤아리는 현인[244]의 아我는 그러하니라. 가우따마여![245] 15

---

238 샹카라에 의하면 '최고의 광명인 것(jyotiṣparatvāt)'이기 때문에 '연기가 없는 것(adhūmaka)'이라고 하는 것이다. 하리끄리스나다싸 고얀다까에 의하면 세속의 불에는 연기라는 결함이 있다. 그러나 이것은 연기가 없는 것, 즉 항상 순수한 '지혜의 본모습(jñānasvarūpa)'이다. 다른 불들은 줄어들고 커지지만, 이것은 시간에 따라 사그라지는 것이 아니다. 오늘처럼 내일도 마찬가지인 것이다. 이것의 '단일한 맛(一味性, ekarasatā)'은 항상(恒常)하고 단절되지 않는 것이다.

239 샹카라에 의하면 "그가 바로 오늘이며 그가 또한 내일이라네(sa evādya sa u śvaḥ)"는 '그가 바로 항상한, 불변하는 것이며, 그는 지금 생명체들 안에 존재하면서 그는 내일 또한 존재할 것이다'라는 의미다.

240 "아득한 곳"의 원어는 두르가(durga)다. 두르가는 형용사로 '가기 힘든, 접근하기 어려운, 이해하기 힘든' 등을 의미하며, 중성 명사로는 '접근하기 힘든 장소, 산, 성, 위험, 협로' 등을 의미한다. 샹카라에 의하면 두르가는 가기 힘든 곳으로 높은 곳이다.

241 "산자락"의 원어는 빠르와따(parvata)다. 빠르와따는 남성 명사로 '산, 7의 상징 수, 바위, 나무, 구름' 등을 의미한다. 샹카라에 의하면 여기서 빠르와따는 울퉁불퉁한 곳들로 낮은 장소들을 의미한다.

242 샹카라에 의하면 "속성(dharma)들"은 아(我)와 다르지 않은 것들을 의미한다.

243 샹카라에 의하면 "다르게 보면서 그것들을 따라 흘러 사라지네(pṛthakpaśyaṁstān-evānudhāvati)"는 각각의 몸을 보면서 그 몸들의 차이를 뒤따르는 것으로 거듭거듭 다른 몸을 얻는다는 의미다.

제5절

생겨나지 않은 이의,[246] 마음이 삐뚤지 않은 이의[247] 열한 개의 문을[248] 가진 성城이[249] 있나니,

주재하여[250] 슬퍼하지 않으니,

벗어난 이는 벗어나네.[251] 이것이 바로 그것이네. 1

---

244 "현인"의 원어인 무니(muni)는 원래 학문이나 수행 등을 통해 성인의 반열에 오른 수행자를 뜻하는 말이다. 샹카라에 의하면, 여기서 무니는 '사려가 깊은 사람, 명상하는 사람(mananaśīla)'을 의미한다.

245 하리끄리스나다싸 고얀다까에 의하면 의미는 다음과 같다. 바로 그 깨끗한 빗물이 깨끗한 물에 내리면 그 순간 빗물은 깨끗한 물이 된다. 그 빗물에는 그 어떤 변화도 생겨나지 않는다. 이처럼 가우따마 가문의 나찌께따쓰여! 그 무엇이든지 간에 그것은 전부 다 지고의 브라흐만, '지고의 인아(puruṣottama)'라는 사실을 잘 아는 사람, 사려가 깊은 사람, 즉 세상의 외적인 본질에서 물러선 사람의 아(我)는 지고의 브라흐만에 섞여 지고의 브라흐만과 동일하게 된다.

246 샹카라에 의하면 "생겨나지 않은 이(aja)"는 '생겨남을 비롯한 변형이 없는 것(janmādivikriyārahita)'이다.

247 샹카라에 의하면 "마음이 삐뚤지 않은 이(avakracetas)"는 태양빛(ādityaprakāśa)처럼 늘 항상(恒常)하게 '하나의 모습(ekarūpa)'으로 머무는 마음(cetas), 즉 의식(vijñāna)으로 브라흐만을 의미한다. 마음의 원어는 쩨따쓰(cetas)다. 쩨따쓰는 중성 명사로 '양상(樣相), 지성, 의식, 마음, 욕망, 감관, 정신, 의지' 등을 의미한다. 불경에서 쩨따쓰는 '심(心), 의(意), 념(念), 심상(心想)' 등으로 한역된다.

248 샹카라에 의하면 "열한 개의 문(ekādaśadvāra)"은 얼굴에 있는 일곱 개, 배꼽과 더불어 아래에 있는 세 개, 머리에 있는 것 하나 이렇게 열한 개의 문이다. 하나의 입, 두 개의 눈구멍, 두 개의 귓구멍, 두 개의 콧구멍까지 모두 일곱 개가 얼굴에 있는 문이다. 배꼽, 생식기, 배설기 이렇게 세 개의 구멍이 배꼽과 더불어 아래에 있는 세 개의 문이다. 머리에 있는 구멍은 정수리 부분에 있는 '브라흐만의 구멍(梵孔, brahmarandra)'이다. 사람이 죽을 때면 영혼은 이 브라흐만의 구멍을 통해 빠져 나간다.

249 샹카라에 의하면 '몸이 성이다(śarīraṁ puram).'

250 샹카라에 의하면 '주재한다'는 것은 집중 명상하는 것이다. 막스 뮐러는 "주재하여(anuṣṭhāya)"를 '다가간다(approaches)'라고 해석한다. 라다크리슈난은 '다스림으로써(by ruling)'라고 해석한다.

251 샹카라에 의하면 "벗어난 이는 벗어나네(vimuktaśca vimucyate)"는 이승에서 무명(無明)에 의해 만들어진 욕망과 행위의 얽매임들에서 벗어나게 된다. 벗어난 사람이 되어서는 벗어난다. 즉 다시 육신을 취하지 않는다는 의미다.

백조,[252] 광휘光輝에 자리 잡은 것,[253] 거처하게 하는 것,[254] 허공에 자리 잡은 것,[255]

252 "백조(白鳥)"의 원어는 한싸(haṁsa)다. 한싸는 남성 명사로 '거위, 백조, 홍학, 지고의 영혼, 브라흐만, 태양, 쉬바, 위스누, 수행자의 한 단계, 영적인 지도자, 순수한 사람, 산, 물소, 말(馬), 은(銀)' 등을 의미한다. 불경에서 한싸는 '아(鵝), 안(雁), 백곡(白鵠), 난조(鸞鳥)' 등으로 한역된다. 신화에서 한싸는 브라흐마가 타고 다니는 새다. 쏘마(soma)와 물을 분간할 줄 아는 새, 후대에는 우유와 물을 분간할 줄 아는 새라고 하여 지혜로운 자의 상징이다. 샹카라에 따르면, 백조의 원어인 '한싸는 간다는 의미를 지닌 어근 한(han)에서 파생된 낱말이다(haṁso hanti gachatītī).' 따라서 백조는 생을 거듭하며 이 몸에서 다른 몸으로 움직여 가는 존재를 상징한다. 막스 뮐러는 한싸를 '그(브라흐만)는 백조(태양)다[He (Brahman) is the swan (sun)]'라고 해석한다. 라다크리슈난은 다음의 백조인 한싸와 '광휘에 자리 잡은 것(śuciṣad)'을 이어서 '그는 하늘에 있는 백조(태양)다[He is the swan (sun) in the sky]'라고 해석한다. 하리끄리스나다싸 고얀다까에 의하면 여기서 한싸는 스스로 빛나는 것인 '지고의 인아(puruṣottama)'를 의미한다. 싸뜨야브라따 씻단따랑까라에 의하면 한싸는 분별하는 자인 '생령의 아'를 의미한다.

253 샹카라에 의하면 "광휘에 자리 잡은 것(śuciṣad)"은 '천상의 태양의 아(我)로서 태양에 자리 잡는 것이다(śucau divyādityātmanā sīdatīti).' 막스 뮐러는 "광휘에 자리 잡은 것"을 '빛나는 천국에 거주하는(dwelling in the bright heaven)'이라고 번역한다. 라다크리슈난은 '하늘에 있는(in the sky)'이라고 번역한다. 하리끄리스나다싸 고얀다까는 순수한 '지고의 처소(paramadhāma)에 머무는 것'이라고 해석한다. 싸뜨야브라따 씻단따랑까라는 '성스러운 장소에 머무는 것'이라고 해석한다.

254 "거처하게 하는 것"의 원어는 와쑤(vasu)다. 와쑤는 '거주하다, 머물다, 존재하다, 보내다' 등을 의미하는 어근 와쓰(vas)에서 파생된 낱말이다. 와쑤는 형용사로는 '감미로운, 건조한, 부유한, 좋은' 등을 의미하고, 중성 명사로는 '부(富), 보석, 금, 물, 사물, 우유 기름' 등을 의미하며, 남성 명사로는 '특정한 신들의 부류, 8이란 숫자의 상징, 부의 신인 꾸베라(Kubera)의 이름, 태양' 등을 의미하며, 여성 명사로는 '빛, 광선' 등을 의미한다. 불경에서 와쑤는 '세(世), 보(寶), 천(天), 물(物), 재물(財物)' 등으로 한역되며 '파수(婆藪), 파소(婆蘇)' 등으로 음사된다. 샹카라의 어원에 따르면 '와쑤는 모든 것들을 머물게 하는 것이다(vasurvāsayati sarvāniti).' 막스 뮐러는 와쑤를 바람(air)으로 해석한다. 라다크리슈난은 '만연하는 것(the pervader)'이라고 해석한다. 싸뜨야브라따 씻단따랑까라는 '거주하는 자, 거주하게 하는 자'라고 해석한다.

255 샹카라에 의하면 "허공에 자리 잡은 것(antarikṣasad)"은 '바람의 아(我)로서 허공에 자리 잡는 것(vāyvātmanāntarikṣe sīdatītyantarikṣasad)'을 의미한다. 막스 뮐러는 '허공에 자리 잡은 것'을 '하늘에 거주하는 것(dwelling in the sky)'이라고 번역한다. 라다크리슈난은 앞의 '거처하게 하는 것'의 원어인 와쑤와 '허공에 자리 잡은 것(antarikṣasad)'을 이어서 '(땅과 하

제단에 앉아 신을 부르는 제관,[256] 집에 앉은 손님,[257]

사람에 자리 잡은 것, 탁월한 것에 자리 잡은 것,[258] 진리에 자리 잡은 것,[259] 하늘에 자리 잡은 것, 물에서 생겨난 것,[260] 땅에서 생겨난 것,[261] 진리에서 생겨난 것,[262] 산에서 생겨난 것,[263] 진리, 큰 것이다.[264] 2

늘 사이의) 공간에 만연한 것[the pervader in the sky (between earth and heaven)]'이라고 번역한다. 싸뜨야브라따 씻단따랑까라는 '허공(심장의 허공)에 머무는 자'라고 해석한다.

256 샹카라에 의하면 "제단에 앉아 신을 부르는 제관(hotā vediṣat)"에서 "신을 부르는 제관(hotā)"은 불(火)이며, 제단(vedi)은 땅(pṛthivī)이다. 땅에 앉는 것이 제단에 앉는 것이다. 즉 땅에 있는 불을 의미한다. 막스 뮐러는 "제단에 앉아 신을 부르는 제관"을 '그는 희생제를 지내는 자(불), 화로(火爐)에 거처하는 것[he is sacrificer (fire), dwelling in the hearth]'이라고 번역한다. 라다크리슈난은 '제단에 있는 사제(the priest at the altar)'라고 번역한다. 하리끄리스나다싸 고얀다까는 제단에 놓인 불의 본모습 그리고 그 불에 헌공(獻供, āhuti)을 넣어 태워 올리는 '신을 부르는 제관(hotṛ)'이라고 해석한다. 싸뜨야브라따 씻단따랑까라는 제단 옆에 앉아 '지혜의 불(jñānāgni)'에 헌공을 넣어 태워 올리는 사람이라고 해석한다.

257 샹카라에 의하면 "집에 앉은 손님(atithirduroṇasat)"에서 '손님은 쏘마가 되어 집에, 즉 단지에 자리 잡아 있기에 집에 앉은 손님이다. 혹은 사제 계급인 브라흐마나가 손님의 모습으로 집들에 앉는다는 의미다(atithiḥ somaḥ sanduroṇe kalaśe sīdadīti duroṇasat. brāhmaṇo'-tithirūpeṇa vā duroṇeṣu gṛheṣu sīdatīti).' 따라서 "집에 앉은 손님"은 단지에 안에 놓인 쏘마 혹은 집에 손님으로 앉아 있는 사제 계급인 브라흐마나를 의미한다. 막스 뮐러는 "집에 앉은 손님"을 '그는 손님(쏘마), 제사용 단지에 거하는 자[he is guest(Soma), dwelling in the sacrificial jar]'라고 번역한다. 라다크리슈난은 '제사용 단지(집)에 거하는 손님[the guest in the sacrificial jar(house)]'이라고 번역한다. 하리끄리스나다싸 고얀다까와 싸뜨야브라따 씻단따랑까라는 집에 머무는 자라고 번역한다.

258 샹카라에 의하면 "탁월한 것에 자리 잡은 것(varasat)"은 '탁월한 존재인 신들에 자리 잡는 자(varasadvareṣu deveṣu sīdatīti)'를 의미한다. 막스 뮐러, 라다크리슈난, 그리고 하리끄리스나다싸 고얀다까 모두 '탁월한 것에 자리 잡은 자'를 신들 안에 있는 것으로 해석한다. 싸뜨야브라따 씻단따랑까라는 좋은 장소에 거하는 자라고 해석한다.

259 샹카라에 의하면 "진리에 자리 잡은 것(ṛtasat)"에서 '진리는 진실 혹은 제사다, 그것에 자리 잡는다는 것이다(ṛtaṁ satyaṁ yajño vā tasminsīdatīti).' 막스 뮐러는 "진리에 자리 잡은 것"을 '그는 희생제 안에 거한다[he dwells……in the sacrifice(ṛta)]'라고 번역한다. 라다크리슈난은 '그는 올바름 안에 거한다(He dwells……in the right)'라고 번역한다.

260 샹카라에 의하면 "물에서 생겨난 것(abjā)"은 물에서 소라, 조개류, 악어 등의 형태로 생겨나는 것이다.

261 샹카라에 의하면 "땅에서 생겨난 것(gojā)"은 쌀 등의 형태로 생겨나는 것이다.

생기生氣를[265] 위로[266] 올라가게 하고 하기下氣를[267] 아래로 던지네.
가운데 앉은[268] 난쟁이를[269] 모든 신들이[270] 섬기네.[271] 3

육신에 머물다 떨어져 나가는 이 몸에 깃든 것에게,[272]
몸에서 벗어나는 이에게, 여기 그 무엇이 남아 있으리오. 이것이 바로 그것이네. 4

---

262 샹카라에 의하면 "진리에서 생겨난 것(ṛtajā)"은 '제사의 부분의 형태로 생겨나는 것이다(yajñāṃgarūpeṇa jāyata iti).' 막스 뮐러는 "진리에서 생겨난 것"을 '그는 희생제 안에서 생겨난다(he is born······in the sacrifice)'라고 해석한다. 라다크리슈난은 '올바름에서 태어난다(born of right)'라고 번역한다. 하리끄리스나다싸 고얀다까는 '진실한 행위 안에서 생겨나는 것'이라고 해석한다. 싸뜨야브라따 씻단따랑까라는 '진실 안에서 생겨나는 것'이라고 번역한다.

263 샹카라에 의하면 "산에서 생겨난 것(adrijā)"은 산들로부터 강 등의 형태로 생겨나는 것이다.

264 샹카라에 의하면 "큰 것(bṛhat)"은 '모든 것의 원인이 되기 때문에 큰 것이다(bṛhanmahānsarvakāraṇāt).'

265 "생기(prāṇa)"에 대해서는 143쪽 120번 각주 참조.

266 샹카라에 의하면 "위로(ūrdhvam)"는 '심장으로부터 위로(ūrdhvaṁ hṛdayāt)'를 의미한다.

267 "하기(apāna)"에 대해서는 143쪽 119번 각주 참조.

268 샹카라에 의하면 "가운데 앉은(madhye āsīnam)"은 '심장이라는 흰 연꽃의 허공(hṛdayapuṇḍarīkākāśa)'에 앉은 것이며, 지성에 나타난 식(識)을 '밝히는 것(prakāśana)'이다.

269 『샤따빠타브라흐마나(*Śatapathabrāhmaṇa*)』(1. 2. 55)에 따르면 '난쟁이는 바로 위스누다(vāmano ha viṣṇurāsa).'

270 샹카라에 의하면 "모든 신들(viśve devāḥ)"은 '눈 등을 비롯한 생기들이다(viśve sarvedevāścakṣurādayaḥ prāṇāḥ).' 신은 지각 기관을 의미한다.

271 본 『우파니샤드』의 만뜨라(4. 12)에서는 "엄지만 한 인아(人我)가 몸 가운데 머무네. 그는 있은 것과 있을 것의 지배자니(aṃguṣṭhamātraḥ puruṣo ātmani tiṣṭhati īśānaṁ bhūtabhavyasya)"라고 말하고 있다.

272 샹카라에 의하면 "몸에 깃든 것(dehin)"은 '몸을 가진 것이다(dehino dehavataḥ).' 하리끄리스나다싸 고얀다까는 "몸에 깃든 것"을 '생령의 아'라고 해석한다. 싸뜨야브라따 씻단따랑까라는 '몸의 주인(dehādhipati)'인 아(我)라고 해석한다.

죽어야 할 존재인 그 어떤 사람도[273] 생기生氣에 의해 사는 것이 아니며,

하기下氣에 의해서 사는 것도 아니네.[274]

그것에 이 둘이[275] 의지하고 있는 다른 것에[276] 의해서 산다네. 5[277]

이제 그대에게 이 신비하고[278] 항구한 브라흐만에 대해,

그리고 죽음을 얻어 아我가 존재하는 것에 대해[279] 확연히 말하리라. 가우따마여![280] 6

육신에 깃든 어떤 것들은[281] 몸을 위해[282] 자궁에 도달하며,

어떤 것들은[283] 둥치로[284] 들어간다.

---

273 "사람"의 원어는 마르뜨야(martya)다. 마르뜨야는 '죽다'라는 의미를 지닌 어근 '므리(mṛ)'에서 파생된 낱말로 '죽어야 할 존재'라는 뜻이다.

274 막스 뮐러는 "생기"를 '올라가는 숨(the breath that goes up)', 그리고 "하기"를 '내려가는 숨(the breath that goes down)'이라고 번역한다. 라다크리슈난은 "생기"를 '날숨(out-breath)' 그리고 "하기"를 '들숨(in-breath)'이라고 번역한다.

275 "이 둘(etau)"은 생기(生氣)와 하기(下氣)를 의미한다.

276 샹카라에 의하면 "다른 것(itara)"은 아(我)다.

277 샹카라에 의하면 바로 생기(生氣)와 하기(下氣)를 비롯한 것들이 없어짐으로 이것이 멸한다는 견해, 생기와 하기와는 별개의 아(我)가 떠나서 멸하는 것이 아니라는 견해, 죽어야 할 존재인 인간은 생기 등에 의해서 사는 것이라는 견해, 이러한 견해는 잘못된 것이다.

278 샹카라에 의하면 "신비(guhya)"는 '감추어진 것, 은밀한 것, 보존된 것(guhyaṁ gopyam)'을 의미한다.

279 샹카라에 의하면 "죽음을 얻어 아가 존재하는 것에 대해(yathā ca maraṇaṁ prāpya ātmā bhavati)"는 그것을 알아 모든 윤회를 멈추며, 그것에 대해 알지 못함으로 인하여 죽음을 얻어 아는 그렇게 존재한다. 즉 아는 그렇게 윤회한다는 의미다.

280 샹카라에 의하면 "가우따마여!"는 '가우따마여, 그렇게 알아들어라!(tathā śṛṇu he gautama)'라는 의미다.

281 샹카라에 의하면 여기서 "어떤 것들(anye)"은 무지한 어리석은 이들이다.

282 샹카라에 의하면 "몸을 위해(śarīratvāya)"는 '육신을 취하기 위해서(śarīragrahaṇārtham)'다.

283 샹카라에 의하면 여기서 "어떤 것들"은 '아주 천한 것들이다(anye'tyantādhamāḥ).'

행위를 따라 배운 것을 따라.[285] 7

잠든 이들 속에 깨어 있어 바라는 것마다 이루어 내는 이 인아人我,[286]

그것이 바로 해맑게 빛나는 것,[287] 그것이 브라흐만, 그것이 바로 불사不死라고 말해지네.

그것에 모든 세상들이 깃드나니,[288] 그 무엇도 그것을 벗어나지 못하네.

이것이 바로 그것이네. 8

하나인 불이 세상에 들어가 각각의 모습들로 나타나 있듯이,

그렇게 하나인 모든 존재들 안의 아我는 각각의 모습들로 나타나네, 아울러 밖에도 있네.[289] 9

---

284 샹카라에 의하면 "둥치(sthāṇu)"는 나무를 비롯한 움직이지 않는 존재들이다.

285 샹카라에 의하면 "행위를 따라 배운 것을 따라(yathā karma yathāśrutam)"는 이번 생에서 행한 행위에 얽매이며, 그리고 획득한 지식의 형태에 따라 몸을 얻어 들어간다는 의미다.

286 하리끄리스나다싸 고얀다까에 의하면 생령(生靈)들의 행위에 따라 여러 가지 종류의 겪어야 할 것들을 만들어 내는 '지고의 인아'인 '지고의 자재자'는 파멸의 시간에 모든 것들이 잠들어도 깨어 있다. 바로 그것이 지고로 순수한 본질, 바로 그것이 브라흐만, 바로 그것이 불사(不死)라고 일컫는 것이다.

287 "해맑게 빛나는 것"의 원어는 슈끄라(śukra)다. 슈끄라는 '목욕하다, 정화하다, 젖다, 악취가 나다, 문지르다, 비비다, 갈다, 상처를 주다, 빛나다, 타다' 등을 의미하는 어근 '슈쯔(śuc)'에서 파생된 낱말이다. 슈끄라는 형용사로 '밝은, 빛나는, 순수한' 등을 의미하고, 남성 명사로는 '금성, 아쑤라(阿修羅)의 스승의 이름, 불과 불의 신의 이름' 등을 의미하며, 중성 명사로는 '정액, 정수, 남성과 여성의 에너지, 물, 밝음, 황금, 부(富)' 등을 의미한다. 불경에서 슈끄라는 '백(白), 태백(太白), 금성(金星), 금태요(金太曜), 정(精), 정혈(精血), 부정(不淨)' 등으로 한역된다. 샹카라에 의하면 슈끄라는 해맑게 빛남이요, 순수함이다(śukraṁ śubhraṁ śuddham). 막스 뮐러는 슈끄라를 '빛나는 것(the Bright)'이라고 번역한다. 라다크리슈난은 '순수한 것(the pure)'이라고 번역한다.

288 샹카라에 의하면 "그것"은 '모든 세상의 원인이 되는 것(sarvalokakāraṇatva)'이기 때문이다.

289 하리끄리스나다싸 고얀다까에 의하면 "모든 존재들 안의 아(sarvabhūtāntarātman)"는 모

하나인 바람이 세상에 들어가 각각의 모습들로 나타나 있듯이,

그렇게 하나인 모든 존재들 안의 아我는 각각의 모습들로 나타나네, 아울러 밖에도 있네. 10

모든 세상의 눈眼인 태양이 눈에 보이는 외부의 결함들에 걸리지 않듯이,

그렇게 하나인 모든 존재 안의 아我는 세상의 고통에 걸리지 않네, 밖에 있는 것이라네.[290] 11

유일한[291] 통제자인[292] 모든 존재 안의 아我는

한 가지 모습을 여러 가지로 만드는 것,[293]

자신에 머무는[294] 그것을 바라보는 현인들,

그들의 행복은 영원하며, 다른 사람들의 행복은 그렇지 않도다. 12

든 생명체들의 '내적인 아(antarātman)'인 지고의 브라흐만을 의미한다. 그리고 "아울러 밖에도 있네(bahiśca)"는 생명체들인 그것들 밖에도 있다는 뜻이다.

290 하리끄리스나다싸 고얀다까에 의하면 "밖에 있는 것(bāhya)"은 모든 것 안에 있으면서도 그 모든 것과는 별개라는 의미다.

291 샹카라에 의하면 지고의 자재자는 모든 곳에 편재하며 독립적인 유일자로서 그와 같거나 그를 능가하는 다른 것은 존재하지 않기에 유일하다.

292 샹카라에 의하면 모든 세상이 그의 통제 하에 존재하기 때문에 "통제자"다.

293 샹카라에 의하면 "한 가지 모습을 여러 가지로 만드는 것(ekaṁ rūpaṁ bahudhā yaḥ karoti)"에서 한 가지 모습은 '한 맛인 아(ekarasātman)', 즉 '순수한 의식의 형태(viśuddha-vijñānarūpa)'를 의미한다. 그리고 '여러 가지로 만든다는 것'은 이름과 형태를 비롯한 순수하지 않은 한정(限定, upādhi)의 차이로 통제하여 '불가사의(不可思議)한 힘인 것(acintya-śaktitva)'으로 인해서 '자신의 아의 존재성(svātmasattā)'만으로 여러 가지 많은 종류로 만들어 내는 것'을 의미한다.

294 샹카라에 의하면 "자신에 머무는(ātmastha)" 것은 '자신의 몸에, 심장의 허공에, 지성에 의식의 형태로 나타난 것(ātmasthaṁ svaśarīra hṛdayākāśe buddhau caitanyākāreṇābhivyakta)'을 의미한다.

항상恒常하지 않은 것들 가운데 항상한 것, 의식체意識體들[295]의 의식,
많은 것들 속에 있는 하나, 욕망들을[296] 충족시켜 주는 것,
자신에 머무는 그것을 바라보는 현인들,
그들의 평온은[297] 영원하며, 다른 사람들의 평온은 그렇지 않도다. 13

'그것이 이것이다'라고 여기네,
형언할 수 없는 최고의 행복이네.[298]
아, 어찌 내가 확연히 알리오,
그것이 빛나는 건지, 아니면 나타나는 건지![299] 14

그곳에[300] 태양은 비추지 못하네,
달과 별은 비추지 못하네,
이 번갯불들도 비추지 못하네,
하물며 이 불은[301] 어떠하겠는가?
빛나는 그것을[302] 따라 모든 것이 비추나니, 그의 빛으로 이 모든 것

295 샹카라에 의하면 "의식체(意識體, cetana)"는 브라흐마를 비롯한 생명체들이다.

296 샹카라에 의하면 여기서 욕망은 행위의 결과를 의미한다.

297 샹카라에 의하면 "평온(śānti)"은 '정적(靜寂), 고요함이다(śāntiruparatiḥ).'

298 샹카라에 의하면 아(我)에 대한 앎(vijñāna)의 행복(sukha)은 형언할 수 없는 드높은 것, 즉 인간의 말과 마음의 파악 대상이 아닌 것이다. 그러나 욕구(eṣaṇā)가 사라진 브라흐마나들은 그것을 이것이라고 직접적인 것으로 여긴다. 욕망이 담박해지면, 형언할 수 없는 최고의 행복인 아에 대한 앎이 눈앞의 사물처럼 명백해진다는 의미다.

299 샹카라에 의하면 '나타난다(vibhāti)'는 것은 우리의 지성의 파악 가능한 대상으로써 명백하게 보인다는 의미다.

300 샹카라에 의하면 "그곳에(tatra)"는 '자신의 아가 된 브라흐만인 그곳에(tasminsvātma-bhūte brahmaṇi)'라는 의미다.

301 샹카라에 의하면 "이 불(ayamagniḥ)"은 우리의 눈에 감지되는 불이다.

302 샹카라에 의하면 "그것"은 지고의 자재자다.

들이 나타나네![303] 15

제6절[304]

이 영원永遠의 보리수는[305] 위로 뿌리가, 아래로 가지가 있나니,[306]

그것이 바로 해맑게 빛나는 것,[307] 그것이 브라흐만, 그것이 바로 불사不死라고 말하네.

그것에 모든 세상들이 의지하나니, 그 무엇도 그것을 벗어나지 못하네.

이것이 바로 그것이네. 1

여기 피어난 그 모든 세상은 숨결 속에서 떨리나니,[308]

---

303 "나타나네"의 원어는 위바띠(vibhāti)다. 위바띠는 '비추다, 나타나다, 빛나다, 보이다' 등을 의미하는 어근 위바(vibhā)의 삼인칭 단수 현재형이다. 따라서 '비추네'라고 번역해도 좋은 말이다. 막스 뮐러는 위바띠를 '비친다(is lighted)'라고 번역한다. 라다크리슈난은 '비춘다(illumines)'라고 번역한다.

304 베다 교정 기관에서 간행된 교정 판본에 의하면 장의 구별이 없이 제6절이다. 샹카라에 의하면 제2장 제6절이다. 막스 뮐러 역시 제2장 제6절로 구분한다. 라다크리슈난에 의하면 제3부 제1장이다. 하리끄리스나다싸 고얀다까에 의하면 제3장이다. 싸뜨야브라따 씻단따랑까라에 의하면 베다 교정 기관에서 간행된 교정 판본과 마찬가지로 장의 구별이 없이 제6절이다.

305 "보리수"의 원어는 아스와뜨타(aśvattha)다. 아스와뜨타의 학명은 'Ficus religiosa'이며, '성스러운 무화과나무(The holy fig tree)'라고도 한다. 보리수(菩提樹)의 일종이다. 불경에서 아스와뜨타는 '길상수(吉祥樹), 길안(吉安)' 등으로 한역되며, 아설타(阿說他)로 음사된다. 막스 뮐러는 아스와뜨타를 '나무(tree)'라고 번역한다. 라다크리슈난은 무화과나무(fig tree)라고 번역한다. 하리끄리스나다싸 고얀다까는 '보리수나무(pīpala kā vṛkṣa)'라고 번역한다. 싸뜨야브라따 씻단따랑까라 역시 보리수나무라고 번역한다.

306 샹카라에 의하면 "뿌리(mūla)"는 위스누의 지고의 처소(pada)며, 뿌리가 위에 있는 나무는 '나타나지 않은 것(不顯現, avykta)'에서 '움직이지 않는 것(sthāvara)'에 이르기까지의 '세상(윤회)이라는 나무(saṁsāravṛkṣa)'다. 베단타에서 규명한 지고의 브라흐만이 뿌리인 핵심(sāra)이다. 그리고 천국(svarga), 나락(奈落, naraka), 미천한 생명체, 유령(preta)을 비롯한 것들이 가지들이다.

307 114쪽 287, 288번 각주 참조.

아주 무서운 존재인 금강저金剛杵를 치켜 잡은 그를 아는 사람들,[309]
그들은 영생하게 된다네. 2

이에 대한 두려움으로[310] 불이 뜨겁고, 두려움으로 해가 빛나며,
두려움으로 인드라가,[311] 바람이, 다섯 번째로 죽음이 내달리나니. 3

만일 육신을 벗어나기 전에 이승에서 알 수 있다면,[312]
그로 인해[313] 창조되는 세상들에 육신을 얻을 수 있게 되나니.[314] 4

---

308 샹카라에 의하면 "여기 피어난 그 모든 세상은 숨결 속에서 떨리나니(yadidaṁ kiñca jagatsarvaṁ prāṇa ejati niḥsṛtam)"는 이 모든 세상 그 어떤 것이라도 지고의 브라흐만이 있음으로 움직인다. 바로 그리하여 피어나, 즉 나타나 움직인다, 즉 법도에 맞게 활동한다는 의미다.

309 샹카라에 의하면 "아주 무서운 존재인 금강저(金剛杵, vajra)를 치켜 잡은 그를 아는 사람들(mahadbhayaṁ vajramudyataṁ ya etadviduḥ)"은 금강저를 치켜들고 얼굴을 향하고 있는 왕을 보고는 신하들이 법도에 맞게 왕의 통치에 따라 행동하듯이, 그렇게 달, 태양, 행성, 별과 별자리로 나타나는 이 세상은 자재자와 더불어 법도에서 한 찰나지간이라도 어긋나지 않게 움직인다. 이것을 아는 사람들이라는 의미다.

310 샹카라에 의하면 "이에 대한 두려움으로(bhayādasya)"는 '지고의 자재자에 대한 두려움에 의해서(bhayādbhītyāsya parameśvarasya)'라는 의미다.

311 "인드라(indra)"는 남성 명사로 '신들의 왕, 비의 신, 구름, 지배자, 왕, 오른쪽 눈의 눈동자, 다섯 가지 지각 기관' 등을 의미한다. 인드라는 『베다』 최고의 신격이다. 인드라는 땅에 뿌린 곡식의 씨앗이 싹을 틔우게 하는 비를 내리는 구름을 몰고 오는 바람, 그리고 궁극적으로는 그러한 바람을 만들어 내는 태양의 힘을 신격화한 것이다. 비를 내리지 못하고 검게 뭉쳐있는 구름에 번개를 내리쳐 비가 내리게 하는 신의 모습으로 『베다』에서 자주 형상화 된다. 번개를 인드라의 무기인 금강저(金剛杵)라고 한다. 불경에서 인드라를 '제석(帝釋), 석제환인(釋帝桓因)'이라 하며 '왕(王), 주(主), 제(帝), 천주(天主), 제왕(帝王)' 등으로 한역된다.

312 샹카라에 의하면 '두려움의 원인(bhayakāraṇa)'인 브라흐만을 알아 '윤회의 속박(saṁsārabandhana)'에서 벗어난다.

313 샹카라에 의하면 "그로 인해(tataḥ)"는 만일에 알 수 없다면, '그러면 모름으로 말미암아'라는 의미다.

314 샹카라는 그러하니 육신을 벗어나기 전에 아(我)를 알기 위해 머뭇거리지 말아야 한

자신[315]에게서는 거울에서와 같고, 조상님들의 세계에선 꿈에서와 같으며,

건달바乾達婆의 세계에서는 물에 비추는 것과 같고, 브라흐만의 세계에선 그늘과 햇볕과도 같나니.[316] 5

다고 풀이한다. 즉 샹카라는 이승에서 브라흐만을 알게 되면 윤회의 속박을 벗어나게 되나, 이승에서 브라흐만을 알지 못하게 되면 만물이 창조되는 세상들에서 다시 육신을 얻게 되니, 이번 생에서 브라흐만을 알기 위해 노력해야 한다고 말한다. 브라흐만을 알면 절대적인 자유를 얻으니, 윤회의 속박을 벗어날 뿐만 아니라 세상이 창조될 때 자신의 의지에 따라 자유로이 몸을 선택하여 태어날 수도 있게 된다. 진정한 해탈은 윤회를 벗어나는 것만이 아니라 자유자재로 자신의 의지에 따라 생을 취할 수 있기 때문이다. 윤회하고 싶으면 윤회하고, 윤회에서 벗어나고 싶으면 벗어나는 것이 윤회로부터 진정한 자유를 얻음이다. 따라서 만뜨라의 의미를 있는 그대로 해석하는 것이 좋을 듯하다. 즉 만뜨라의 의미는 '이승에서 브라흐만을 알게 되면, 창조되는 세상에서 자신이 원하는 육신을 자유로이 얻을 능력을 갖추게 된다'일 것이다. 막스 뮐러는 '만일 사람이 육신에서 떨어져 나가기 전에 알지 못한다면, 그 사람은 창조의 세상들 속에서 다시 육신을 얻는다'라고 해석한다.

315 "자신"의 원어는 아트만(ātman)이다. 아트만은 '가다, 늘 가다'를 의미하는 어근 아뜨(at) 혹은 '숨 쉬다, 살다, 능력이 있다, 가다' 등을 의미하는 어근 안(an)에서 파생된 낱말이다. 아트만은 남성 명사로 '영혼, 생기, 자아, 우주적인 영혼, 브라흐만, 본질, 몸, 자신, 마음, 사고력, 형상, 아들, 태양, 불, 바람' 등을 의미한다. 불경에서 아트만은 '아(我), 아자(我者), 기(己), 자(自), 성(性), 자성(自性), 신(身), 자신(自身), 체(體), 체성(體性), 기체(己體), 자체(自體), 신(神), 신식(神識)' 등으로 한역된다. 막스 뮐러는 여기서 아트만을 몸(body)이라고 번역한다. 라다크리슈난은 여기서 아트만을 영혼(the soul)이라고 번역한다. 아트마(ātmā)는 아트만이란 낱말의 주격 단수 형태다.

316 샹카라에 의하면, 세상 사람들이 거울에서 자신의 아주 뚜렷한 모습이 비친 것을 보듯이 이 세상에서는 자신 안에서, 즉 거울처럼 때가 사라진 자신의 지성 안에서 뚜렷한 아(我)를 보게 된다. 깨어 있을 때의 욕망이 야기한 것과 마찬가지를 꿈(svapna) 속에서 보듯이, 그렇게 '조상님들의 세계(pitṛloka)'에서는 '행위의 결과(karmaphala)'를 누리는 것에 집착함으로써 자신의 것과 마찬가지를 보게 된다. 마찬가지의 지체를 가진 자신의 모습을 물에서 보듯이, 그렇게 "건달바의 세계(gandharvaloka)"에서 자신과 마찬가지를 보게 된다. "브라흐만의 세계(brahmaloka)"에서만은 "그늘과 햇볕(chāyātapa)"처럼 아주 별개다. 그리고 그것은 아주 특별한 행위와 지혜를 통해 얻어지는 것이기 때문에 얻기 힘든 것이다. 따라서 아를 보기 위해 바로 금생(今生, iha)에서 노력을 해야 한다는 의미다.

지각 기관과 관련된 것과는 별개의 존재임을, 떠오르고 저무는 것인 생겨나는 것들과는 별개임을 알아, 지혜로운 사람은 슬퍼하지 않노라.[317] 6

마음은 지각 기관들보다 뛰어나고, 마음보다 진성眞性은[318] 더욱 높다. 진성보다 아我는[319] 훨씬 크며, 큰 것보다 나타나지 않은 것은[320] 더욱 높다.[321] 7

---

317 샹카라에 의하면 귀를 비롯한 지각 기관들은 '자신의 원인(svakāraṇa)'들인 허공(ākāśa)을 비롯한 것들에서 각각 생겨난 것들이다. 아(我)는 '지극히 순수한 것(atyantaviśuddha)'이기 때문에, '홀로인 것(kevala)'이기 때문에, '의식뿐인 아 자신의 형태(cinmātrātmasvarūpa)'이기 때문에 지각 기관들과는 본질적으로 다른 것이다. 깨어 있는 상태와 꿈의 상태를 고려하면, 지각 기관들은 '떠오르고 저무는 것(udayāstamaya)', 즉 생겨나고 멸하는 것이다. 아에는 이 생겨나고 멸함이 없다는 것을 알아 지혜로운 사람은 슬퍼하지 않는다. 아는 '항상(恒常) 하나인 자기 상태인 것(nityaikasvabhāvatva)'이며, '분리되지 않는 것(avyabhicāra)'이기에 '슬픔의 원인이 되는 것(śokakāraṇatva)'이 생겨나지 않기 때문이다.

318 샹카라에 의하면 여기서 "진성(sttva)"은 지성을 의미한다. 막스 뮐러는 '마음보다 진성은 더욱 높다(manasaḥ sattvamuttamam)'를 '가장 높은 (창조된) 존재는 마음을 능가한다[beyond the mind is the highest (created) Being]'라고 번역한다. 라다크리슈난은 '마음보다 높은 것은 그것의 정수(지성)다[above the mind is its essence(intelligence)]'라고 번역한다. 상캬 철학에 따르면 지성은 진성이 수승한 것이다.

319 98쪽 162~165번 각주 참조.

320 98쪽 166, 167번 각주 참조.

321 상캬 철학에 의하면 진성(眞性)은 빛의 성질, 해맑음의 성질, 가벼운 성질, 기쁨의 성질이다. 염성(染性, rajas)은 움직이는 성질, 전이 하는 성질, 고통의 성질이다. 암성(闇性, tamas)은 멈춤의 성질, 덮는 성질, 미혹의 성질이다. 이러한 진성, 염성, 암성이라는 세 가지 성질들이 평형을 이루어 각각의 자기 특질을 나타내지 않고 있는 상태가 자연(自然)인 '나타나지 않은 것'이다. 진성, 염성, 암성이 평형을 이루다 '나타나지 않은 것'과는 별개의 존재이며, 성질과는 전혀 무관한 존재인 인아(人我)의 의도에 의해서 진성, 염성, 암성의 평형이 무너지면, 제일 먼저 진성이 자신의 성질을 발현한다. 바로 이 진성이 수승한 상태가 지성이며, 이 상태는 '나타나지 않은 것'인 자연이 제일 처음 변화된 상태이다. 바로 이 지성에 깃든 것이 '개별적인 아(pratyagātman)'다. 샹카라에 의하면 여기서 아(我)는 개별적인 아를 의미한다. 진성이 수승한 상태에서 염성과 암성이 조금 더 나타나면 '나라고 하는 것(自我, ahaṁkāra)'이 생긴다. 이 '나라고 하는 것'에서 염성과 암

나타나지 않은 것보다 높은 인아人我는 편재하는 것이며, 징표가 없는 것이다.

중생은 그를 알아 해탈하고, 불멸성에 도달한다. 8

이것의 모습은 시야에 머물지 않나니, 그 누구도 이것을 눈으로 볼 수 없노라.

가슴으로,[322] 지혜로,[323] 마음으로[324] 밝혀지는 것이니, 이것을 아는 사람들은 불멸하게 되노라. 9

마음과 더불어 다섯 지각들이[325] 가라앉고,
지성[326] 또한 활동하지 않을 때,
그때의 상태를 지고의 경지라고 말하노라. 10

성의 양이 더 늘어나면 마음과 '다섯 개 뿐인 것(五唯, pañcatanmātra)'인 형태(色, rūpa), 소리(聲, śabda), 냄새(香, gandha), 맛(味, rasa), 촉감(觸, sapr̥śa)들과 다섯 가지 지각 기관 그리고 다섯 가지 활동 기관 이렇게 모두 열한 개가 생겨난다. 그리고 다시 '다섯 개 뿐인 것'에서 '다섯 가지 큰 물질(五大, pañcamahābhūta)'인 흙(地, pr̥thivī), 물(水, āpas), 불(火, tejas), 바람(風, vāyu), 허공(空, ākāśa)이 생겨난다. 그리고 이 '다섯 가지 큰 물질'들이 적절히 배합되어 구체적인 세상이 만들어진다. 마음은 지각 기관을 통섭하는 내적 기관이다. 따라서 지각 기관보다 마음이 높고, 진성은 마음의 원인이기 때문에 마음보다 높다. 또한 개별적인 아는 진성에 깃드는 것이기에 진성보다 높으며, '나타나지 않은 것'은 개별적인 아가 깃드는 진성의 원인이기 때문에 개별적인 아보다 높다. 하지만 궁극적으로 가장 높은 것은 인아다.

322 샹카라에 의하면 "가슴으로(hr̥dā)"는 '심장에 자리 잡은 지성에 의해서(hr̥dā hr̥tsthayā buddhyā)'라는 의미다.

323 샹카라에 의하면 "지혜로(manīṣā)"는 '확정하는 기능을 하는 지성에 의해서'라는 의미다.

324 샹카라에 의하면 "마음으로(manasā)"는 '숙고의 형태인 올바른 관찰에 의해서'라는 의미다.

325 샹카라에 의하면 "지각(jñāna)"은 귀를 비롯한 지각 기관을 일컫는다.

326 샹카라에 의하면 지성은 확정하는 것을 특징으로 한다.

지각 기관을 확고히 챙기는 그것을 요가라고 여기나니,

그때엔 부주의하지 않게 되나니, 요가는 생겨나게 하고 없어지게 하는 것이기 때문이다.[327] 11

말로도, 마음으로도, 눈으로도 얻을 수 없는 것,

"존재한다"라고 말하는 사람 외에 어찌 그것이 얻어지리오![328] 12

두 가지의 본질성에 의해서,[329] 얻어지는 것이[330] "존재한다"라고,

"존재한다"라고 얻은 이에게 본질성이[331] 밝히네. 13

이의 가슴에[322] 깃든 모든 욕망들이 사라지면, 이제, 죽어야 할 존재

---

327 싸뜨야브라따 씻단따랑까라에 의하면 "요가(yoga)"는 좋은 행(行, saṁskāra)을 생겨나게 하고, 나쁜 행을 사라지게 하는 것이다. 행(行, saṁskāra)은 과거의 생과 이번 생의 행위들을 통해 형성된 잠재의식이다. 행들 가운데 기억을 야기하는 것을 습기(習氣, vāsanā)라고 한다. 『요가수트라(*Yogasūtra*)』(1. 2)에 의하면 "요가는 정신 활동을 멈추는 것이다(yoga-ścittavṛttinirodhaḥ)." 정신 활동은 진성적인 것, 염성적인 것, 암성적인 것, 이렇게 크게 세 가지가 있다. 정신 활동들 가운데 우선 염성적인 것과 암성적인 것을 사라지게 하고 진성적인 것을 생겨나게 하는 것이 요가다. 그리고 궁극적으로는 진성적인 정신 활동마저 사라지게 하고 인아(人我)의 '홀로 있는 상태(kaivalya)'에 도달하는 것이 요가다.

328 샹카라에 의하면 세상의 뿌리인 아(我)가 없다고 말하는 사람에게는 어떻게든 그것인 브라흐만이 얻어지지 않는다.

329 샹카라에 의하면 "본질성(tattvabhāva)"은 '무한정적인 것(nirupādhika)', '징표가 없는 것(aliṃga)', 있음(sat)과 없음(asat)을 비롯한 '인식의 대상성(pratyayaviṣayatva)'을 벗어나 존재하는 '아의 본질성(ātmanastattvabhāva)'을 의미한다. 그리고 "두 가지의 본질성"은 '한정적인 것(sopādhika)'과 '무한정적인 것'의 '존재성의 본질성(astitvatattvabhāva)'을 의미한다.

330 샹카라에 의하면 "얻어지는 것(upalabdhavya)"은 '인중유과론(因中有果論)에 의해 한정된 존재성(satkāryopādhikṛtāstitva)'에 대한 인식(pratyaya)에 의해 얻어지는 것이라는 의미다.

331 샹카라에 의하면 여기서의 본질성은 '모든 제한적인 형태가 사라진 아의 본질성(pratyastamitasarvopādhirūpa ātmanastattvabhāva)'이며, 알려지는 것과 알려지지 않는 것과는 별개의 것인 '둘이 아닌 자성(不二自性, advayasvabhāva)'을 의미한다.

인 인간은 불사가 되네, 여기서 브라흐만을 온전히 맛보네.[333] 14

이승에서 가슴의 모든 매듭들이[334] 풀어지면, 이제, 죽어야 할 존재인 인간은 불사가 되네, 이만큼이 진정 가르침[335]이네. 15

심장에는 백한 개의 경락經絡이[336] 있나니,
그중에 하나가 정수리로 솟아 흐르네.[337]
그 한 경락에 의해 위로 올라 불사성에 이르나니, 다른 경락들은 벗어날 때 모든 곳으로 가는 것이 되노라![338] 16

엄지만 한 인아人我가, 내면의 아我가 늘 사람들의 심장에 자리 잡고

---

332 샹카라에 의하면 "이의 가슴에(asya hṛdi)"는 '지혜로운 이의 가슴인 지성에(viduṣo hṛdi buddhau)'라는 의미다.

333 샹카라에 의하면 "브라흐만을 온전히 맛본다(brahma samaśnute)'는 것은 '바로 브라흐만이 된다(brahmaiva bhavati)"는 의미다.

334 샹카라에 의하면 "매듭(granthi)들"은 매듭처럼 견고한 '속박의 형태(bandhanarūpa)'인 무명(無明, avidyā)의 인식들이라는 의미다.

335 샹카라에 의하면 "가르침(anuśāsana)"은 모든 베단타의 가르침이다. 베단타는『우파니샤드』의 철학을 의미한다.

336 샹카라에 의하면 '심장의 백한 개의 경락(經絡)들(śataṁ caikā ca hṛdayasya nāḍyaḥ)'은 모두 쑤슘나(suṣumnā)라는 이름이다. 쑤슘나는 '자애(慈愛)로운, 우아한, 은혜로운 경락'이라는 의미다.

337 샹카라는 "그중에 하나가 정수리로 솟아 흐르네(tāsāṁ mūrdhānamabhiniḥ sṛtaikā)"에 대해 다음과 같이 설명한다. '그 가운데 정수리를 뚫고 솟아 흐르는 즉 빠져나가는 한 개의 쑤슘나라는 이름의 경락이 있다. 이 경락을 통해 마지막 때에 아(我)를 통어(通御)하여 심장에 결합시켜야 한다. 이 경락을 타고 위로 올라가 태양문(太陽門, ādityadvāra)을 통해 불사성(不死性)과 연결된다.

338 샹카라에 의하면 "다른 경락들은 벗어날 때 모든 곳으로 가는 것이 되노라(viṣva-ṃṃanyā utkramaṇe bhavanti)"는 다른 경락들은 마지막 때에 여러 가지로 가는 것이 된다. 즉 윤회를 위한 것들이 된다는 의미다.

있나니,

그를 갈풀에서[339] 줄기를 뽑아내듯 단호히 자신의 몸에서 떼어 내어야 하네,

그를 해맑게 빛나는 것으로,[340] 불사로 알아야 하네.[341] 그를 해맑게 빛나는 것으로, 불사로 그리 알아야 하네![342] 17

'나찌께따쓰'는 죽음이 말해 준 이 지혜와[343] 요가의 모든 방법을 얻어서

브라흐만에 이르러 정결淨潔하게[344] 되었노라, 죽음을 여의었노라.

아我에 대해 아는 다른 이들 또한 그렇게 되리라! 18

---

339 "갈풀"의 원어는 문자(muñja)다. 문자는 풀의 한 종류다. 고대 인도의 학생들은 이 문자 풀로 허리띠를 만들었다. 불경에서 문자는 '마(麻), 시(枲), 초갈(草葛), 구등(鉤藤), 요대삭계(腰帶索繫)' 등으로 한역되며, '문도(文闍), 문차(們叉)' 등으로 음사된다.

340 114쪽 287번 각주 참조.

341 샹카라에 의하면 몸에서 빼어낸 '의식뿐인 것(cinmātra)'인 그것을 순수한 것이고 "불사"인 브라흐만이라고 알아야 한다는 의미다.

342 샹카라에 의하면 "그리(iti)"라는 말과 동일한 내용이 두 번 반복되는 것은 『우파니샤드』를 마친다는 의미다.

343 샹카라에 의하면 "지혜(明)"는 '브라흐만에 대한 지혜(brahmavidyā)'다.

344 샹카라에 의하면 "정결(viraja)"은 '지혜를 얻어 법과 비법이 사라진 것이다(vidyāprāptyā virajo vigatadharmādharmaḥ).' 즉 활동하는 성질인 염성(染性)이 사라져 시(是)와 비(非)를 가르는 마음의 작용이 끊어진 상태를 의미한다.

평온을 위한 낭송[345]

우리 둘을 함께 보호하소서! 우리 둘을 함께 맛보게 하소서! 우리 둘이 함께 위용을 떨치리니! 우리 둘이 배운 것을 빛나게 하소서! 우리 둘은 미워하지 않으리니!

옴ॐ! 평온이여, 평온이여, 평온이여!

---

345 1958년에 인도 푸나의 베다 교정 기관에서 간행된 교정 판본에는 없는 부분이다. 샹카라의 산스크리트 주석본에 있는 것을 우리말로 옮긴 것이다.

쁘라스나 우파니샤드

『쁘라스나 우파니샤드Praśna Upaniṣad』에서 쁘라스나는 질문을 의미한다. 삐빨라다Pippalāda 대선인大仙人의 여섯 제자들이 차례로 여쭈는 질문에 대한 삐빨라다의 대답이 이 『우파니샤드』의 주요 내용이다. 그래서 '질문의 『우파니샤드』'라는 의미에서 이 『우파니샤드』를 『쁘라스나 우파니샤드』라고 부른다. 이 『우파니샤드』는 『아타르바베다Atharvaveda』의 삐빨라다 파派 계통에 속한다.

평온을 위한 낭송

옴ॐ, 신들이여, 우리는 귀를 통해 상서로운 것을 들으리라! 숭배받을 이들이여, 우리는 눈을 통해 상서로운 것을 보리라! 우린 탄탄한 지체를 가진 몸으로 흡족한 이들이어라! 우린 신이 정해 준 수명을 누리리라![1]

광대한 명성을 가진 자 인드라는[2] 우리에게 복을,[3] 모든 것을 아는 자 뿌샨은[4] 우리에게 복을, 멸하지 않는 번개를 가진 자[5] 따르끄스야는[6] 우리에게 복을, 브리하쓰빠띠는[7] 우리에게 복을 주라![8]

---

1 1958년에 인도 푸나의 베다 교정 기관에서 간행된 교정 판본에는 없는 부분이다. 샹카라의 산스크리트 주석본에 있는 것을 우리말로 옮긴 것이다.

2 62쪽 53번 각주 참조.

3 "복(福)"의 원어는 쓰와쓰띠(svasti)다. 쓰와쓰띠는 남성 명사와 여성 명사로 '복(福), 복지, 행복, 성공, 번영' 등을 의미하며, 불변화사로 '잘, 행복하게' 등을 의미한다. 불경에서 쓰와쓰띠는 '길(吉), 복(福), 길경(吉慶), 묘락선(妙樂善), 안락(安樂), 길상(吉祥), 무병(無病), 무뇌(無惱), 획길상(獲吉祥)' 등으로 한역된다. 만(卍) 자를 쓰와쓰띠인 '복(福), 복지, 행복, 성공, 번영'을 만드는 것이라는 의미에서 쓰와쓰띠까(svastika)라고 한다.

4 44쪽 40번 각주 참조.

5 "멸하지 않는 번개를 가진 자(ariṣṭanemi)"를 라다크리슈난은 '막힘이 없는 길의(of unobstructed path)'라고 번역한다. 하리끄리스나다싸 고얀다까는 '적(ariṣṭa)을 물리치기 위한 바퀴(cakra) 같은 힘을 지닌 자'라고 번역한다.

6 "따르끄스야(Tārkṣya)"는 남성 명사로 '금시조(金翅鳥)인 가루다(Gāruḍa)의 이름, 가루다의 형제인 아루나(Aruṇa), 말, 뱀, 쉬바(Śiva), 새, 황금' 등을 의미한다. 가루다는 새들의 왕이며 까스야빠(Kaśyapa) 선인과 위나따(Vinatā)라는 여인 사이에 태어난 아들이다. 뱀들의 적이다. 가루다는 우주를 유지하고 보호 육성하는 신인 위스누(Viṣṇu)의 탈것이다. 불경에서 가루다는 '금시조'로 한역되며, '가루(迦樓), 가루라(迦樓羅), 가루라(迦婁羅), 가루라(加樓羅), 게로도(揭路荼)' 등으로 음사된다.

7 "브리하쓰빠띠(Bṛhaspati)"는 남성 명사로 '신들의 스승의 이름, 목성' 등을 의미한다. 브리하쓰빠띠는 기도주(祈禱主)이며, 지혜와 웅변의 신이다. 아내는 따라(多羅, Tārā)다. 달의 신인 쏘마(Soma)가 브리하쓰빠띠의 아내인 따라를 납치했다고 한다. 불경에서 브리하쓰빠띠는 '목성(木星), 목대요(木大曜)' 등으로 한역된다.

8 1958년에 인도 푸나의 베다 교정 기관에서 간행된 교정 판본에는 없는 부분이다. 샹카라의 산스크리트 주석본에도 없는 부분이다. 라다크리슈난과 하리끄리스나다싸 고얀

옴ॐ, 평온이여, 평온이여, 평온이여!

첫째 질문

옴ॐ, 쑤께샤 바아라드와자,[9] 샤이브야 싸뜨야까마,[10] 싸우르야니이 가르그야,[11] 까우쌀야 아스왈라야나,[12] 바르가바 와이다르비,[13] 까반디 까뜨야야나,[14] 그러한 이들은 정녕 브라흐만에 전념하고, 브라흐만에 충실하며, 최고의 브라흐만을 궁구窮究하는 이들이다. "이분이야 말로 모든 것을 말씀해 주시리라!" 여기어 그들은 제사 때 쓰는 땔나무들을 손에 들고는 세존世尊이신 삐빨라다를 찾아왔다.[15] 1

다까의 번역본에는 이 부분이 들어 있다.

9 샹카라에 의하면 "쑤께샤(Sukeśā)"는 이름이며, "바아라드와자(Bhāradvāja)"는 바라드와자(Bharadvaja)의 아들(apatya)이라는 뜻이다.

10 샹카라에 의하면 "샤이브야(Śaibya)"는 쉬비(Śibi)의 자손을 의미하며, "싸뜨야까마(Satyakāma)"는 이름이다.

11 샹카라에 의하면 쑤르야(Sūrya)의 아들이 싸우르야(Saurya)이며, 싸우르야의 아들이 싸우르야니(Sauryaṇi)다. 베다 어이기 때문에 "싸우르야니이(Sauryaṇī)"라고 장모음화한 것이다. "가르그야(Gārgya)"는 가르가(Garga) 가문(gotra)에서 태어났다는 의미다.

12 샹카라에 의하면 "까우쌀야(Kausalya)"는 이름이며, "아스왈라야나(Āśvalayana)"는 아스왈라(Aśvala)의 아들이란 의미다.

13 샹카라에 의하면 "바르가바(Bhārgava)"는 브리구(Bhṛgu) 가문의 자손을 의미하며, "와이다르비(Vaidarbhi)"는 위다르바(vidarbha) 국에서 태어난 사람이라는 의미다.

14 샹카라에 의하면 "까반디(Kabandhī)"는 이름이며, "까뜨야야나(Kātyāyana)"는 까뜨야(Katya)의 아들을 의미한다.

15 "제사 때 쓰는 땔나무를 손에 들고(samitpāṇayaḥ)" 찾아오는 것은 그 땔나무로 불을 피워 제자로 입문하는 의식을 치르기 위함이다. 따라서 제사 때 쓰는 땔나무를 손에 들고 찾아오는 것은 제자가 되기를 간청하는 것이다.

바로 그 선인仙人께서는 그들에게 이렇게 말씀하셨다.

"너희는 다시 고행과[16] 청정범행清淨梵行과 신심으로 일 년 내내 함께 머물다 의문 나는 것이 있으면, 내키는 대로 물어보도록 하여라. 내가 만일 아는 게 있다면, 내 모두 다 너희에게 말해 주리라!" 2

이제[17] '까반디 까뜨야야나'가 다가와 물었다.

"세존이시여, 진정 어디에서 이 백성들은[18] 생겨나는 것입니까?" 3

그분께서는[19] 그에게[20] 말씀하셨다.

"바로 백성을 원하시는 창조주[21] 그분께서 고행을 행하셨으니,[22] 그분께서 고행을 하시어 바로 그분께서 한 쌍을[23] 만드셨노라. 물질과

---

16 샹카라에 의하면 "고행(tapas)"은 '기관의 통제(indriyasaṁyama)'다. 즉 지각 기관과 활동 기관들을 통제하는 것을 의미한다.

17 샹카라에 의하면 "이제"는 '일 년 후에(atha saṁvatsarādūrdhvam)'다.

18 "백성"의 원어는 쁘라자(prajā)다. 쁘라자는 여성 명사로 '생식, 출산, 출생, 후손, 자녀, 아이, 창조물, 인민, 백성, 정자' 등을 의미한다. 불경에서 쁘라자는 '인(人), 민(民), 자(子), 중생(衆生), 유정(有情), 군생(群生), 세간(世間)' 등으로 한역된다.

19 삐빨라다 선인을 의미한다.

20 질문을 한 까반디를 의미한다.

21 "창조주"의 원어는 쁘라자빠띠(prajāpati)다. 쁘라자빠띠는 '생식, 출산, 출생, 후손, 자녀, 아이, 창조물, 인민, 백성, 정자' 등을 의미하는 '쁘라자'라는 낱말과 '주인, 지배자, 소유자, 주, 보호자, 남편' 등을 의미하는 빠띠(pati)라는 낱말이 합해서 만들어진 단어다. 쁘라자빠띠는 남성 명사로 '창조주인 브라흐마(Brahmā), 우주를 보호 유지 육성하는 신인 위스누, 신들의 장인(匠人)인 위스바까르만(Viśvakarman), 조물주, 제사, 태양, 왕, 아버지, 남성 성기' 등을 의미한다. 불경에서 쁘라자빠띠는 '생주(生主), 중생주(衆生主), 세주(世主), 세간주(世間主), 세계주(世界主), 구류주(九類主), 범천(梵天), 범천왕(梵天王), 유신천(有信天)' 등으로 한역된다.

22 "고행을 행하시었으니(tapo'tapyata)"는 '열을 내어 덥히시었으니'로 번역되어도 좋은 말이다. 알을 품어 열을 가해 덥히어 생명이 탄생되듯이 인도에서 열은 창조가 비롯되는 근원적인 에너지다. 고행과 열은 산스크리트 어에서 동의어다.

생기[24] 이 두 가지가 나를 위해 여러 가지 백성들을 만들어 내리라! 라고." 4

"태양이 바로 생기이며 물질이 바로 달이니라. 형상이 있고 형상이 없는 이 모든 것은 바로 물질이라! 그리하여 형상은 바로 물질이니라." 5

"이제 태양이 솟아 동쪽 방향으로 들어오나니, 그로 인해 동쪽의 생기들을 햇살들에 잠기게 하노라. 남쪽, 서쪽, 북쪽, 아래쪽, 위쪽, 사이쪽, 그 모두를 비추나니, 그로 인해 모든 생기들을 햇살들에 잠기게 하노라." 6

"바로 이 와이스바나라가,[25] 모든 모습이,[26] 생기가, 불이 떠오르니, 그러한 이것이 베다 찬가에[27] 의해서 말해지노라." 7

모든 모습이, 황금색이,[28] 생겨난 모든 것을 아는 이가,[29] 궁극의 안식처가,[30] 빛이, 하나가,[31] 덥히는 것이, 천 개의 빛살을 지닌 존재가, 백 가

---

23 샹카라에 의하면 '한 쌍은 대립되는 한 쌍이다(mithunaṁ dvandvam).'

24 샹카라에 의하면 '물질은 쏘마며 곡식이고, 그리고 생기는 불이며 먹는 자다(rayiṁ ca somamannaṁ prāṇaṁ cāgnimattāram).'

25 샹카라에 의하면 '와이스바나라(Vaiśvānra)는 모든 것의 아(我)다(vaiśvānaraḥ sarvātmā).' 74쪽 12번 각주 참조.

26 샹카라에 의하면 '모든 것의 아성(我性)이기 때문에 모든 모습이다(viśvarūpo viśvātmatvāt).'

27 샹카라에 의하면 '베다 찬가(ṛc)'는『베다』의 시련(詩聯)인 만뜨라(mantra)다.

28 샹카라에 의하면 "황금색(hariṇa)"은 '햇살을 가진 것(raśmivanta)'이라는 의미다.

29 샹카라에 의하면 "생겨난 모든 것을 아는 이(jātavedasa)"는 '생겨난 모든 것을 확연히 아는 것(jātasarvaprajñāna)'을 의미한다. 59쪽 43번 각주 참조.

30 샹카라에 의하면 "궁극의 안식처(parāyaṇam)"는 '모든 생명이 의지하는 곳(sarvaprāṇāśraya)'이라는 의미다. 막스 뮐러는 "궁극의 안식처"를 '가장 높이 올라가는 자(who ascends

지로 현존하는 것이,[32] 백성들의 생기가, 이 태양이 떠오르네! 8

"한 해가[33] 바로 창조주니, 그의 길은 북쪽과 남쪽이로다. 사적이고 공적인 공덕功德[34] 쌓아 그 한 해를 섬기는 사람들, 그들은 바로 달의 세계로 도달하니, 그들은 분명 다시 돌아오나니,[35] 그래서 백성을 원하는 선인仙人들은 남쪽으로[36] 발길 디디니라. 이것이 바로 조상의 길인 물질이니라." 9

"이제 사람들은 북쪽 길에 의해, 고행에[37] 의해, 청정범행清淨梵行에 의해, 신심에 의해, 지혜에 의해,[38] 아我를[39] 추구하여[40] 태양으로 도달하

---

highest)'라고 번역한다. 라다크리슈난은 '(모든 것의) 목적지[the goal (of all)]'라고 번역한다. 하리끄리스나다싸 고얀다까는 '모든 것의 바탕(sarvādhāra)'이라고 번역한다.

31 샹카라에 의하면 "빛이, 하나가(jyotirekam)"는 '모든 생명체들의 눈이 된 유일무이한 것(sarvaprāṇināṁ cakṣurbhūtaṁ ekamadvitīyam)'이라는 의미다. 막스 뮐러는 '빛이, 하나가'를 '자신의 광채 속에서 홀로(alone in his splendor)'라고 번역한다. 라다크리슈난은 '유일한 빛(the sole light)'이라고 번역한다.

32 샹카라에 의하면 "백 가지로 현존하는 것(śatadhā vartamānaḥ)"은 '생명체로 구분되어 현존하는 것(prāṇibhedena vartamānaḥ)'이다.

33 샹카라에 의하면 '한 해는 시간의 아(我)이다(saṁvatsaraḥ kālātmā).' 그리고 해와 달을 진행시킨 월일과 낮과 밤의 집합이 "한 해"이며, "한 해"는 다른 것이 아니기 때문에 물질과 생명의 합체를 본질로 하는 것이다.

34 "사적이고 공적인 공덕(iṣṭāpūrte)"에서 '사적인 공덕(iṣṭa)'은 '화제(火祭), 고행, 진실, 『베다』에 규정된 행위의 준수(遵守), 손님 접대, 아침저녁으로 행해지는 모든 신들에 대한 봉헌' 등을 의미한다. '공적인 공덕(pūrta)'은 '우물, 샘, 못(池), 신전, 급식 시설, 그리고 공원의 건립' 등을 의미한다.

35 샹카라에 의하면 쌓은 공덕이 쇠잔하게 되어 이 세상 혹은 더 못한 세상으로 되돌아오는 것이다.

36 샹카라에 의하면 남쪽은 남쪽 길이 내포하고 있는 의미인 달을 뜻한다.

37 샹카라에 의하면 '고행은 기관에 대해 승리를 거두는 것이다(tapasendriyajayena).' 여기서 기관(indriya)은 지각 기관과 활동 기관 모두를 의미하는 것으로 보인다.

38 샹카라에 의하면 '지혜(明, vidyā)는 창조주와 아(我)를 대상으로 하는 지혜다(vidyayā ca

니, 이것은 바로 생기들의 바탕, 이것은 두려움이[41] 없는 불사不死, 이것은 최고의 길이라! 이로부터는 다시 되돌아오지 않으니, 이리하여 이것은 멈춤이라.[42] 이 찬송은 그에 대한 것이니라." 10

다섯 개의 발,[43] 아버지,[44] 열두 모습,[45] 하늘 위 절반에 물을 지닌 이라고[46]

말들을 하네.

이제 이 다른 이들은 또한

높이 여섯 개의 살이[47] 박힌 일곱 개의 바퀴에[48] 자리 잡아 밝게 헤

---

prajāpatyātmaviṣayayā).'

39 샹카라에 의하면 '아(我)는 생기인 태양이다(ātmānaṁ prāṇaṁ sūryam).'

40 샹카라에 의하면 "추구하여(anviṣya)"라는 말은 '내가 바로 이것이다(ahamasmi)'라고 아는 것을 의미한다.

41 샹카라에 의하면 "두려움(bhaya)"은 달처럼 줄어들고 늘어나는 것에 대한 두려움이다.

42 샹카라에 의하면 "멈춤(nirodha)"은 '무지한 사람들에게 제한된 것(aviduṣāṁ nirodhaḥ)'을 의미한다. 막스 뮐러는 "멈춤"을 '끝(the end)'이라고 해석한다. 라다크리슈난은 '(다시 태어남을) 멈추게 하는 것[the stopping (of rebirth)]'이라고 해석한다. 하리끄리스나다싸 고얀다까는 '다시 되돌아 옴(punarāvṛtti)'을 물리치는 것이라고 번역한다.

43 샹카라에 의하면 "다섯 개의 발(pañcapāda)"은 다섯 개의 계절이다. 인도의 계절은 원래 여섯 계절인데, 샹카라는 여섯 계절 가운데 겨울인 헤만따(hemanta)와 초봄에 해당되는 쉬쉬라(śiśira)를 합해서 하나로 보아 다섯 계절로 상정한 것이라고 한다. 그러나 현상계의 생성은 지수화풍공(地水火風空) 이렇게 다섯 가지 요소를 통해 이루어지므로 '다섯 개의 발'을 지수화풍공인 오대 요소(pañcamahābhūta)로 보아도 좋을 듯하다.

44 샹카라에 의하면 모든 것을 생겨나게 하기 때문에 "아버지"다.

45 샹카라에 의하면 달이 열두 달이기 때문에 "열두 모습"이다.

46 "물을 지닌 이"의 원어는 뿌리쉰(purīṣin)이다. 뿌리쉰은 '땅을 소유하는 것, 땅에 거주하는 것, 땅에 펼쳐지는 것' 등을 의미한다. 샹카라는 뿌리쉰을 '물을 지닌 이(purīṣavantamudakavantam)'라고 풀이한다. 막스 뮐러는 '비를 주는 자(the giver of rain)'라고 해석한다. 라다크리슈난은 '물이 가득한(full of water)'이라고 해석한다. 하리끄리스나다싸 고얀다까는 '물을 만들어 내는 자'라고 해석한다. 싸뜨야브라따 씻단따랑까라는 '이 절반의 형태인 도시에 깃드는 것, 현존하는 것'이라고 번역한다.

아리는 이라고[49]

말들을 하네.[50] 11

"한 달이 바로 창조주다. 그 달의 그믐 쪽 밝은 보름은 물질이요, 초승 쪽 어둔 보름은 생기이다.[51] 그래서 이 선인仙人들은 초승 쪽 보름에 제祭를 올리고,[52] 다른 이들은 다른 때에 올린다."[53] 12

"낮과 밤이 바로 창조주다. 그 가운데 낮은 생기이며, 밤은 물질이다. 낮에 사랑하는 아내와[54] 합환合歡하는 사람, 바로 이들은 생기를 흘려보낸다.[55] 밤에 사랑하는 아내와 합환合歡하는 것, 그것은 청정범행淸淨梵行

---

47 샹카라에 의하면 '여섯 개의 살은 여섯 계절이다(ṣaḍare ṣaḍṛtum).'

48 『따잇띠리야 쌍히따(*Taittirīya Saṁhitā*)』(3. 5. 3. 4)에 따르면 일 년은 '열세 달이다(asti trayodaśo māsa ityāhuḥ).' 두 달이 한 계절을 이루니, 열세 달은 여섯 계절 더하기 여분의 한 달이다. 따라서 "일곱 개의 바퀴"는 여섯 계절과 나머지 한 달을 의미하는 것으로 볼 수 있다.

49 샹카라에 의하면 "밝게 헤아리는 이"는 완전한 전지자다.

50 『리그베다』(1. 164. 12)와 『아타르바베다』(9. 9. 12)의 만뜨라와 거의 동일하다.

51 샹카라에 의하면 어느 한 달의 아(我)인 창조주의 한 부분인 그믐 쪽의 어두운 보름은 물질이며, 곡식이요, 달이다. 그리고 다른 부분인 초승 쪽의 밝은 보름은 생명이며, 태양이요, 먹는 자이며, 불이다.

52 샹카라에 의하면 생기를 바라보는 이 선인(仙人)들은 그믐 쪽의 어두운 보름에도 또한 제(祭)를 올리면서 초승 쪽의 밝은 보름에 제를 올린다.

53 샹카라에 의하면 "다른 이들"은 초승 쪽의 밝은 보름에 올리면서도 바로 그믐 쪽의 어두운 보름에 올린다.

54 "사랑하는 아내와(ratyā)"에서 "사랑하는 아내"에 해당하는 원어 라띠(rati)는 여성 명사로 '성애(性愛), 사랑의 신(神)인 까마(Kāma)의 아내의 이름' 등을 의미한다. 샹카라에 의하면 라띠와 함께는 '성애의 원인이 되는 여자와 함께(ratikāraṇabhūtayā saha striyā)'라는 의미다. 아래의 '사랑하는 아내와'의 경우도 마찬가지다.

55 샹카라에 의하면 "흘려보낸다(praskandanti)"는 말은 내보내다, 고갈시키다, 또는 자신의 아(我)에서 '분리 제거시키다'라는 의미다.

이다."[56] 13

"곡식이 바로 창조주다. 정녕 곡식으로 인해 정액精液이[57] 생겨나고, 정액에서 이 백성들이 생겨나기 때문이다." 14

"그러므로 창조주의 계율을[58] 지키는 사람들은[59] 한 쌍을[60] 낳는다. 고행과[61] 청정범행淸淨梵行을[62] 행하고, 진실과[63] 성실이[64] 있는 사람들, 이 브라흐만의 세계는[65] 그들의 것이다." 15

"왜곡과 거짓과 미망이[66] 없는 사람들, 이 해맑은[67] 브라흐만의 세계는 그들의 것이다!" 16

---

56 샹카라에 의하면 밤엔 아내와 부부 생활을 해야 한다는 의미다.

57 샹카라에 의하면 "정액(retas)"은 사람의 씨앗으로 백성을 만들어내는 원인이다.

58 샹카라에 의하면 "창조주의 계율(prajāpativrata)"은 배란기에만 아내와 잠자리를 하는 것을 의미한다.

59 샹카라에 의하면 "사람들"은 가정을 가진 사람들을 의미한다.

60 샹카라에 의하면 "한 쌍"은 아들과 딸이다.

61 샹카라에 의하면 여기서 "고행"은 학생의 시기를 마치고 가정에 머무는 시기로 들어갈 자격을 갖춘 사람들이 지켜야 하는 계율들을 의미한다.

62 샹카라에 의하면 여기서 "청정범행(brahmacarya)"은 배란기 외의 다른 때에는 부부 생활을 하지 않는 것이다.

63 샹카라에 의하면 "진실(satya)"은 거짓을 물리친 것이다.

64 샹카라에 의하면 "성실(pratiṣṭhita)"은 늘 방종치 않게 행동함이다.

65 샹카라에 의하면 달이 "브라흐만의 세계"며, 조상의 길을 통해 도달하는 세계다.

66 샹카라에 의하면 "미망(māyā)"은 밖으로는 자신을 다르게 드러내 보이면서 행동은 그와는 다르게 하는 것을 의미한다. 이 미망은 그릇된 행동의 형태다.

67 샹카라에 의하면 "해맑은(virajas)"은 순수(純粹)함이며, 달의 브라흐만의 세계처럼 오염된 것이 아니다. 즉 차고 기울음을 비롯한 것이 없음을 의미한다.

둘째 질문

이제 이분께[68] '바르가바 와이다르비'가 여쭈었다. "세존이시여, 바로 얼마나 많은 신들이 백성을[69] 보양합니까? 어떤 신들이 이것을[70] 드러나게 합니까?[71] 또한 이들 가운데 가장 뛰어난 이는 누굽니까?" 1

그에게[72] 그분께서는[73] 대답하셨다.

"허공이 바로 이 신이다. 바람, 불, 물, 흙,[74] 그리고 언어와 마음과 눈과 귀이니라.[75] 그들이 드러나게 하여 말하느니라."

"우리가 이 갈대의 줄기를[76] 지탱하여 보양하노라!" 2

"으뜸인 생기가 그들에게 말했다. '너희는 헷갈리지 마라! 바로 내가 이 내 몸을 다섯 가지로 나누어 이 갈대를 지탱하여 보양하노라.' 그러자 그들은 미더워하지 않았다." 3

---

68 "이분께(enam)"의 "이분"은 삐빨라다 선인이다.

69 샹카라에 의하면 여기서 "백성(prajā)"은 몸을 의미한다. 131쪽 18번 각주 참조.

70 샹카라에 의하면 "이것(etat)"은 지각 기관과 활동 기관들로 구분되는 것을 의미한다.

71 샹카라에 의하면 "드러나게 하다(prakāśayante)"는 말은 자신의 공능을 발현하여 나타나게 함이다.

72 "그에게(tasmai)"는 '바르가바 와이다르비에게'라는 의미다.

73 "그분(saḥ)"은 삐빨라다 선인이다.

74 샹카라에 의하면, 바로 이 신인 "허공, 바람, 불, 물, 흙" 들은 몸이 비롯되게 하는 다섯 요소들이다.

75 샹카라에 의하면 "언어"와 "마음"과 "눈"과 "귀"를 비롯한 것들은 활동 기관과 지각 기관 들이다.

76 여기서 "갈대의 줄기(bāṇa)"는 육신을 의미한다. 샹카라에 의하면 갈대의 줄기는 원인과 결과의 관계에 의한 결합체다.

"그는[77] 자만심에 그곳에서 위로 솟구치는 듯이 떠올라 갔다. 그러자 다른 모두 다 위로 떠올라 갔다. 그가 자리 잡자 모두들 자리 잡았다. 그것은 마치 벌들이 떠오르는 왕벌을 따라 떠올라 가고, 왕벌이 자리 잡으면 따라 가만히 자리를 잡는 것 같았다. 이렇게 이들 언어와 마음과 눈과 귀는 기꺼이 생기를 찬양했다." 4

이 불이 타오르네,[78]

이것은 태양,[79] 이것은 비의 신 빠르잔야,[80] 마가완,[81] 이것은 바람이라네.

이것은 땅, 물질, 신, 있음과 없음,[82] 그리고 불사不死인 것이라네. 5

수레바퀴 구멍에 바큇살마냥 모든 것이 생기에 자리 잡아 있네.

리그베다가, 야주르베다가, 싸마베다가,

제사가, 그리고 끄샤뜨라[83]와 브라흐만[84]이. 6

---

77 "그(saḥ)"는 생기(生氣, prāṇa)를 의미한다.

78 샹카라에 의하면 "이 불이 타오르네(eṣo'gnistapati)"라는 말은 이 생기는 불이 되어 타오른다는 의미다.

79 샹카라에 의하면 "이것은 태양(eṣa sūryaḥ)"은 이것은 태양이 되어 빛난다는 의미다.

80 샹카라에 의하면 "이것은 비의 신 빠르잔야(eṣa parjanyaḥ)"는 이것은 비의 신 빠르잔야가 되어 비를 내린다는 의미다.

81 샹카라에 의하면 "마가완(maghavān)"은 인드라의 다른 이름이다. 선물(magha)을 가진 자라는 뜻이며, 제사에 대한 보답으로 선물을 주는 자를 의미하는 이름이다. 인드라가 되어 백성들을 지켜 준다는 것은 아쑤라와 오랑캐들을 없애 준다는 의미다.

82 샹카라에 의하면 "있음과 없음(sadasacca)"은 형태가 있는 것과 형태가 없는 것을 의미한다.

83 샹카라에 의하면 "끄샤뜨라(kṣatra)"는 모든 것의 보호자다. 끄샤뜨라는 베다 어로서 왕공 무사 계급인 끄샤뜨리야(kṣatriya)를 의미하는 낱말이다. 막스 뮐러는 끄샤뜨라를 '끄샤뜨리야'라고 번역한다. 라다크리슈난은 '용맹(valour)'이라고 번역한다. 싸뜨야브라따 씻단따랑까라는 '물질적인 힘'이라고 해석한다.

84 샹카라에 의하면 "브라흐만"은 제사를 비롯한 행위를 행하는 권한을 가진 자를 의미

창조주 당신이 자궁에서 움직이네, 바로 당신이 다시 태어나네.
생기여,[85] 이 백성들은[86] 당신을 위해 제물祭物을[87] 가져오네.[88]
당신은 생기들과 더불어[89] 머무네. 7

당신은 신들께 으뜸으로 가 닿게 하는 분,[90] 조상님들의 첫 번째 공양供養이네.[91]

당신은 선인仙人들이신[92] 아타르바앙기라싸들의[93] 참된 행실[94]이라네. 8

한다. 브라흐만은 사제 계급인 브라흐마나(brāhmaṇa)를 의미하기도 한다. 막스 뮐러는 브라흐만을 사제 계급인 '브라만(Brâhman)'이라고 번역한다. 라다크리슈난은 '지혜(wisdom)'라고 번역한다. 싸뜨야브라따 씻단따랑까라는 브라흐만을 '영적인 힘'이라고 해석한다.

85 샹카라에 의하면 모든 존재의 몸에 영혼의 형태로 변장한 하나의 생기인 모든 아(我)가 바로 그대라는 의미다.

86 샹카라에 의하면 여기서 "백성(百姓)"은 사람을 비롯한 생겨난 것들이다.

87 여기서 "제물(bali)"은 아(我)의 인식 대상을 의미한다.

88 영혼인 인아(人我)는 정신(citta)을 통해 모든 대상을 인식하는 존재다. 인식을 비유적으로 표현하면 먹는 것이다. 그래서 영혼을 '먹는 자(bhoktā)'라고 말하기도 한다. 샹카라에 의하면 영혼인 그대는 먹는 자이기 때문에 다른 모든 것은 바로 그대의 먹을 것이다.

89 샹카라에 의하면 "생기(生氣)들과 더불어"는 '눈(眼)을 비롯한 것들과 더불어'라는 의미다.

90 샹카라에 의하면 "으뜸으로 가 닿게 하는 분(vahnitama)"이란 것은 제물(祭物)들을 으뜸으로 가 닿게 하는 분이란 의미다.

91 샹카라에 의하면 '공양은 곡식이다(svadhānnam).'

92 샹카라에 의하면 "선인들"은 눈(眼)을 비롯한 생기들이다. 즉 눈을 비롯한 지각 기관인 생기를 의미한다.

93 샹카라에 의하면 '숨이 바로 아타르바라고, 『베다』에서 말하기 때문에 아타르바앙기라싸는 생기들이며 앙기라싸가 된 생기들이다(prāṇānāmatharvāṃgirasāṁ aṁgirasabhūtān-āmatharvaṇāṁ teṣāmeva prāṇo vātharvā iti śruteḥ).' 앙기라싸(aṁginasa)는 불의 신 아그니의 아들인 앙기라쓰(aṁgiras)의 후손이라는 의미다. 앙기라쓰는 아그니의 아버지라 여겨지기도 한다.

94 샹카라에 의하면 "행실"은 행함이며, "참됨"은 헛되지 않은 것으로 몸을 지니게 하는 등의 효용을 의미하는 것이다.

생기여, 당신은 인드라,[95] 위광威光으로는 루드라, 두루 보살피는 분이네.[96] 당신은 허공에서 움직이시니, 당신은 태양, 빛들의 주主라네. 9

당신이 비를 내리면, 이 백성들 숨을 쉰다네.[97] '곡식이 생기리라!' 이렇게 희망하며 환희로운 모습들이 되어 지낸다네. 10

생기여, 당신은 부랑자라네![98] 한 선인仙人,[99] 먹는 자,[100] 모든 존재의

95 62쪽 53번 각주 참조. 샹카라에 의하면 여기서 '인드라는 지고의 자재자(自在者)를 의미한다(indraḥ parameśvaraḥ).'

96 "루드라(Rudra)"는 『베다』의 신격으로 건기를 마감하는 우기의 폭풍우 또는 그러한 폭풍우를 만들어 내는 태양이 신격화된 것이다. 폭풍우는 파괴하며 아울러 비를 내려 대지에 새로운 생명을 잉태케 한다. 따라서 루드라는 파괴와 창조라는 두 가지 상반된 속성을 지닌다. 힌두 삼신 가운데 하나인 쉬바의 원형이다. 샹카라에 의하면 위광은 용맹이며 용맹하게 세상을 멸하기에 루드라이며, 그러한 루드라가 당신이다. 그리고 고요한 상태에서는 온화한 모습으로 세상을 두루 보호하는 자이며, 그러한 존재 역시 바로 당신이다.

97 샹카라에 의하면 당신이 비의 신(神) 빠르잔야가 되어 비를 내릴 때, 그때 이 백성들은 곡식을 얻어 생명 활동을 한다는 의미다. 막스 뮐러에 의하면 '그대가 비를 내릴 때, 오, 생기여, 그대의 이 창조물들은 기뻐하네'라는 뜻이 된다. 하리끄리스나다싸 고얀다까 역시 비슷한 의미로 해석한다. 그러나 라다크리슈난은 '그대가 비를 내릴 때, 그때 이 창조물들은 살아 숨 쉰다'라고 번역한다. 번역의 이러한 차이는 원문의 '쁘라나떼(prāṇate)'를 이어서 읽느냐, 아니면, 끊어서 '쁘라나 떼'라고 읽느냐의 차이에서 기인한다. '쁘라나떼'라고 이어서 읽으면 '숨을 쉰다'는 뜻이 된다. 그러나 '쁘라나 떼'라고 끊어서 읽으면 '생기여(쁘라나, prāṇa), 너의(떼, te)'라는 뜻이 된다. 샹카라는 이어서 읽는다.

98 "부랑자(vrātya)"는 의례를 갖추지 못해 사회에서 버림받은 떠돌이를 의미한다. 샹카라에 의하면 첫 번째로 생겨난 존재이기에 의례를 갖추게 할 다른 존재가 없어서 의례를 갖추지 못한 부랑자인 당신은 본성적으로 순수한 존재라는 의미다.

99 "한 선인"의 원어는 에까르쉬다. '에까(eka)'는 '하나, 유일, 으뜸' 등을 의미하며, '르쉬(ṛṣi)'는 '베다 찬가'를 지은 선인을 뜻한다. 따라서 에까르쉬(ekarṣi)는 '유일한 선인, 으뜸 선인'이란 의미다. 태양을 일컫는 말이다. 샹카라에 의하면 하나(eka)가 간다(ṛṣati). 그래서 에까르쉬다.

100 영혼은 정신을 통해 모든 대상을 인식하는 존재다. 인식을 비유적으로 표현하면 먹는 것이다. 그래서 영혼을 "먹는 자(attṛ)"라고 말한다. 앞의 '먹는 자(bhoktṛ)'와 여기서의

주主라네.[101] 우리는 먹을 것의 제공자니,[102] 허공에서 숨 쉬는 이여,[103] 당신은 우리의 아버지[104]라네. 11

당신의 그 몸은 언어에[105] 자리 잡아 있네.[106] 그 몸은 귀에, 그리고 눈에 자리 잡아 있네. 그 몸은 마음에 펼쳐 있나니,[107] 당신은 상서로움을 행하소서! 당신은 떠오르지 마소서![108] 12

세 하늘에[109] 자리 잡은 이 모든 것은 생기의 손아귀에 있네.[110] 당신

"먹는 자"는 동의어다. 샹카라에 의하면 불이 되어 모든 제물들을 먹는 자라는 의미다.

101 샹카라에 의하면 "당신"은 바로 모든 존재의 주인, 혹은 좋은 주인이라는 의미다.

102 샹카라에 의하면 우리는 다시 그대가 먹을 것인 제물을 주는 자들이라는 의미다. 생기가 비의 신인 빠르잔야가 되어 비를 내려 우리에게 곡식이 풍성케 되면, 우리는 다시 그 곡식의 일부를 당신께 제물로 바친다는 의미일 것이다.

103 "허공에서 숨 쉬는 이"는 마따리스바(Mātariśva)를 옮긴 말이다. 샹카라에 의하면 마따리스바는 마따리스반(Mātariśvan)의 호격 형태다. 허공에서(mātari) 움직인다(śvayati), 그래서 모든 생명을 유지하는 '활동의 아가 되는 것(kriyātmaka)'인 바람(vāyu)이 마따리스반이다. 39쪽 23번 각주 참조. 라다크리슈난은 마따리스바를 '오, 모든 것에 편재하는 바람이여(O, all-pervading Air)'라고 번역한다. 하리끄리스나다싸 고얀다까는 '허공에서 돌아다니는 생기여!'라고 번역한다.

104 샹카라에 의하면 '마따리스반이여, 당신은 우리의 아버지 혹은 당신은 바람의 아버지'라는 의미다.

105 『우파니샤드』에서 "언어(vāc)"는 자주 발음 기관인 입을 의미한다.

106 샹카라에 의하면 화자(話者)로서 언어 행위를 한다는 의미다.

107 "펼쳐 있나니(saṁtatā)"는 '항상(恒常)하나니'라고 옮길 수도 있다. 막스 뮐러는 '펼쳐 있나니'를 '편재하는 것(which pervades)'이라고 번역한다. 라다크리슈난은 '계속해서 존재하는 것(which exists continuously)'이라고 번역한다.

108 "떠오르지 마소서(motkramīḥ)"는 생기가 떠나지 말라는 의미다. 즉 죽음으로 향하지 말라는 뜻이다. 샹카라에 의하면 '상서롭지 않은 것을 행하지 마소서!'라는 의미다.

109 나와 너를 비롯한 일체 모든 것이 생기라는 것을 깨달으면 지상과 허공 그리고 하늘이 각각 다른 공간이 아니라 지상도 마찬가지 하늘이요, 허공도 마찬가지로 하늘임을 알게 될 것이다. 따라서 지상과 허공 그리고 하늘 이 삼계(三界)를 세 하늘이라 표현한 것이다.

은 어머니인 양 아들들을 보살피소서! 당신은 영광과 뛰어난 지혜를 우리에게 주소서! 13

셋째 질문

이제 이분께 '까우쌀야 아스왈라야나'가 여쭈었다.

"세존이시여! 이 생기는 어디에서 생겨납니까? 어떻게 이 몸으로 옵니까? 어떻게 자신을 나누어 자리 잡고 있습니까? 무엇에 의해 떠나갑니까? 어떻게 외적인 것을 간직합니까?[111] 아我와는 어떤 관계입니까?" 1

그에게 그분께서 말하셨다.

"너는 극히 어려운 질문들을 하는구나! 너는 브라흐만에 대해 아주 몰두 하는 자로구나![112] 그러니, 내 너에게 말해 주리라!" 2

"아我에서[113] 이 생기가 생겨난다. 마치 사람이 있어서 이 그림자가 있

---

110 샹카라에 의하면 이 세상에 공존하는 그 모든 존재는 생기가 장악하고 있으며, 그리고 세 번째 하늘에 자리 잡은 신을 비롯한 존재들의 보호자 역시 생기라는 의미다.

111 샹카라에 의하면 "외적인 것"은 물질적인 것과 신적인 것을 의미한다.

112 "브라흐만에 대해 아주 몰두하는 자"의 원어는 브라흐미스타(brahmiṣṭha)다. 브라흐미스타는 남성 명사로 '최고 등급의 브라흐마나, 아주 박학하고 경건한 브라흐마나 혹은 왕후(王侯), 브리하스빠띠의 이름, 쁘라자빠띠의 이름' 등을 의미한다. 샹카라에 의하면 브라흐미스타는 더할 바 없이 '브라흐만에 대해 아는 자(brahmavid)'를 의미한다. 막스 뮐러는 브라흐미스타를 '브라흐만을 아주 좋아하는(very fond of Brahman)'이라고 번역한다. 라다크리슈난은 '브라흐만에 가장 헌신하는(most devoted to Brahman)'이라고 번역한다. 하리끄리스나다싸 고얀다까는 '『베다』들을 잘 아는 자'라고 번역한다. 싸뜨야브라따 씻단따랑까라는 '브라흐마에 대한 지혜에 몰두하는 자, 브라흐마에 대해 아는 자'라고 해석한다.

113 샹카라에 의하면 "아"는 지고의 인아(人我)인 이지러지지 않는 진실(眞實)을 의미한다.

듯이, 이것이[114] 있어 이것이[115] 드리운다.[116] 마음을 먹음으로[117] 이 몸에 온다." 3

"마치 황제가 '이 마을들을, 이 마을들을 그대가 관장하라!'며 관리들을 임명하듯이 바로 그렇게 생기가 다른 생기들을[118] 각각 지정한다." 4

"항문과 생식기에는 하기下氣가 주재駐在하고,[119] 눈과 귀에는 입과 코를 통해 생기生氣가 직접 주재하고,[120] 그리고 가운데는 평기平氣가 주재한다.[121] 이것은 이 공양한 음식을 고르게 가져간다. 그로부터 이 일곱 빛

---

114 샹카라에 의하면 "이것"은 브라흐만을 의미한다.

115 샹카라에 의하면 "이것"은 생기라고 이름하는 그림자에 해당되는 거짓된 형질(形質)이다.

116 샹카라에 의하면 "드리운다"는 것은 이 생기라고 이름하는 그림자에 해당되는 거짓된 형질(形質)이 진실한 인아(人我)에 부여된 것이다.

117 "마음을 먹음으로(manokṛtena)"는 '마음이 행한 것에 의해서'로 번역될 수도 있다. 샹카라에 의하면 '마음의 결심과 소망 등에 의해 만들어진 행위를 원인으로 해서'라는 의미다.

118 샹카라에 의하면 "다른 생기들"은 눈(眼)을 비롯한 것들과 자신을 나눈 것들을 의미한다. 이에 대해서는 바로 다음 만뜨라에서 구체적으로 제시된다.

119 샹카라에 의하면 생기(生氣)가 자기를 나눈 것인 "하기"는 소변과 대변을 빼 내며 주재한다. 하기인 아빠나(apāna)는 '떨어져, 뒤로, 아래로' 등을 의미하는 접두어 '아빠(apa)'에 '호흡하다, 숨 쉬다, 헐떡이다, 살다, 가다, 움직이다' 등을 의미하는 어근 '안(an)'에서 파생된 낱말로 '호흡, 숨'을 의미하는 '아나(ana)'가 결합하여 만들어진 낱말이다. 따라서 하기인 아빠나는 '아래로 움직이는 숨, 떨어져 나가게 하는 숨'이라는 어원적인 의미를 가진다.

120 샹카라에 의하면 "생기"는 입과 코로 나가며 스스로 황제의 자리에 주재한다는 의미다. 생기인 쁘라나(prāṇa)는 '앞에, 앞으로, 매우' 등을 의미하는 접두어 '쁘라(pra)'에 '호흡하다, 숨 쉬다, 헐떡이다, 살다, 가다, 움직이다' 등을 의미하는 어근 '안(an)'에서 파생된 낱말로 '호흡, 숨'을 의미하는 '아나(ana)'가 결합하여 만들어진 낱말이다. 따라서 생기는 '앞으로 움직이는 숨, 수승한 숨'이라는 어원적인 의미를 갖는다.

121 샹카라에 의하면 가운데는 생기(生氣)와 하기(下氣)의 장소의 가운데로서 '배꼽에'라는 의미다. "평기(samāna)"는 먹고 마신 것을 고르게 가져가기 때문에 "평기"라고 한다.

들이 생겨난다."[122] 5

"심장에 바로 이 아我가 있다.[123] 이곳에[124] 백한 개의 경락經絡이[125] 있다. 그 각각의 백한 개의 경락들은 백 개씩 나누어지고, 그 각각의 백 개의 경락에는 칠만 이천 개로 분기되는 경락이 있다. 이 경락들에 편기遍氣가[126] 움직인다." 6

"이제 하나를 통해서 위로 상기上氣는 덕에 따라 덕의 세상으로 데려

평기인 싸마나는 '같음, 부드러움, 평평함, 평행, 동일, 유사함, 올바름, 평화' 등을 의미하는 싸마(sama)라는 낱말에 '호흡하다, 숨 쉬다, 헐떡이다, 살다, 가다, 움직이다' 등을 의미하는 어근 '안(an)'에서 파생된 낱말로 '호흡, 숨'을 의미하는 '아나(ana)'가 결합하여 만들어진 낱말이다. 따라서 평기는 '고르게 하는 숨'이라는 어원적인 의미를 가진다.

122 샹카라에 의하면 먹고 마신 것이 연료가 된 복부(腹部)의 불(火)이 심장 지역에 도달함으로써 일곱 개의 빛이 생겨 나온다. 머리의 생기에 의해서 보고 듣는 등의 표상 작용 형태를 비롯한 대상을 조명한다는 의미다.

123 샹카라에 의하면 연꽃 모양의 살덩어리로 구분된 심장의 빈 공간에 바로 이 아(我)가, 즉 아와 결합한 몰아(沒我, liṃgātman)인 생아(生我, jīvātman)가 있다는 의미다. 우리의 몸 안에 깃들어 있는 영혼은 삶을 살아가는 주체가 되기 때문에 생아라고 한다. 생아는 궁극적인 아가 우리의 몸과 결합한 것이다. 따라서 아가 우리의 몸과 분리되면, 생아는 궁극의 아로 몰입(沒入)하여 되돌아가게 된다. 이런 이유로 생아를 몰아라고 부른다. 어원적으로 볼 때 생아는 '생(生, jīva) + 아(我, ātman)'이며, 몰아는 '몰(沒, liṃga) + 아(我, ātman)'다.

124 샹카라에 의하면 "이곳에"는 '이 심장에'라는 의미다.

125 "경락(經絡)"의 원어는 나디(nāḍī)다. 나디는 여성 명사로 '혈관, 맥관, 관, 관악기' 등을 의미한다. 여기서는 기(氣)의 통로를 뜻한다.

126 샹카라에 의하면 퍼지기 때문에 "편기(vyāna)"다. 편기는 태양에서 햇살들이 모든 곳으로 퍼지어 도달하듯이 심장으로부터 모든 곳에 도달하는 경락들을 통해 모든 몸에 두루 퍼져 편재한다. 편기는 '두 부분으로, 떨어져, 따로, 앞뒤로, 다른 방향들로, 없이, 다른, 구분, 강조, 정렬(整列), 탁월, 반대, 다양' 등을 의미하는 접두어 '위(vi)'에 '호흡하다, 숨 쉬다, 헐떡이다, 살다, 가다, 움직이다' 등을 의미하는 어근 '안(an)'에서 파생된 낱말로 '호흡, 숨'을 의미하는 '아나(ana)'가 결합하여 만들어진 낱말이다. 따라서 편기는 '다른 방향들로 다양하게 나누어 움직이는 숨'이라는 어원적인 의미를 가진다.

가고 악에 따라 악의 세상으로, 그리고 둘에 의해 인간의 세상으로 데려간다."[127] 7

"바로 외부의 생기인 태양이 떠오른다. 이것이 바로 이 눈에 생기를 베푼다. 대지에 있는 신 바로 이것이 사람의 하기下氣를 지탱하여 있다. 사이에 있는 허공 그것이 평기平氣다. 바람이 편기遍氣다."[128] 8

"불기운이 바로 상기上氣다.[129] 그래서 불기운이 쇠잔해진 사람은 마

---

127 샹카라에 의하면 그리고 이제 그곳에 있는 백한 개의 경락 가운데 위로 가는 쑤슘나(suṣumnā)라는 이름의 경락이 있다. 그 쑤슘나 경락 위에 상기(udāna)가 있으며, 상기는 발바닥에서 머리끝까지 작용한다. 상기는 덕행(德行)을 원인으로, 즉 경전에 규정된 행위를 원인으로 하여 덕의 세상, 즉 신(神)의 세계로 표상되는 곳으로 데려가고, 악을 원인으로, 즉 경전에 규정된 행위에 반대되는 행위를 원인으로 악의 세계인 나락(奈落, naraka), 즉 비천한 자궁 등으로 표상되는 세계로 데려간다. 둘에 의해서란 덕과 악이 대등하게 주를 이룬다는 것을 의미하며, 덕과 악이 대등한 것을 원인으로 삼아 인간의 세계로 데려간다.' 상기는 '위, 위로, 위에, 떨어져' 등을 의미하는 접두어 '우드(ud)'에 '호흡하다, 숨 쉬다, 헐떡이다, 살다, 가다, 움직이다' 등을 의미하는 어근 '안(an)'에서 파생된 낱말로 '호흡, 숨'을 의미하는 '아나(ana)'가 결합하여 만들어진 낱말이다. 따라서 '위로 움직이는 숨'이라는 어원적인 의미를 가진다.

128 샹카라에 의하면 대지에 주관하는 바로 그 유명한 신(神, devatā)이 사람의 하기의 움직임을 지탱하여, 즉 장악하여 아래로 끌어당김으로써 은총을 베풀며 존재한다는 의미다. 그렇지 않으면 몸은 무게 때문에 쓰러지거나 혹은 허공으로 올라갈 것이기 때문이다. 하늘과 땅 사이에 있는 바로 그 허공, 그 허공에 머무는 바람을 허공(ākāśa)이라고 말한다. 단상에 있는 것처럼 그 평기는 고르게 베푼다는 의미다. 그리고 평기 사이의 허공에 위치해 균일하기 때문에 외부의 바람이 동일하게 편재하므로 편기는 퍼지게 하며 존재한다는 의미다. '주관하는(abhimāninī)'은 불의 신인 아그니(Agni)로 번역해도 좋은 말이다. 일체 모든 것은 불이라는 견해에 따르면, 불은 하늘의 불인 태양, 허공의 불인 바람, 땅의 불인 지상의 모든 것 이렇게 세 가지가 있다. 따라서 하늘의 불인 태양이 생기를 주관하고, 대지의 불이 하기를 주관하고, 허공의 불이 평기와 편기를 주관하는 것으로 해석할 수도 있다. 여기서 "바람"은 기(氣)로도 번역될 수 있는 낱말이다.

129 샹카라에 의하면 외부의 바로 그 보편적인 불기운 그것이 몸 안의 "상기"다. 그것이 자신의 빛으로 몸 안에 상기를 베푼다는 의미다. 고빈다 샤쓰뜨리(Govinda Śāstrī)에 의하

음에 흡수되는 지각 기관들과 더불어 다시 생을 얻는다."[130] 9

"그 사념과[131] 함께 이것이[132] 생기生氣로 들어온다.[133] 생기는 불기운과 결합하여 아我와 함께 상정想定된 세상을 얻게 한다."[134] 10

"이처럼 생기生氣를 아는 자, 그의 백성들은 사라지지 않으며,[135] 그는

면 '불길은 번개라는 의미다(tejaḥvidyudityarthaḥ).' 막스 뮐러는 불기운(tejas)을 빛(light)이라고 번역한다. 라다크리슈난은 불(fire)이라고 번역한다. 싸뜨야브라따 씻단따랑까라는 '외부 세상의 열'이라고 해석한다.

130 샹카라에 의하면 세상 사람이 불기운이 쇠잔해지면, 즉 사람이 지닌 불기운의 본상태가 쇠잔해지면, 그 사람을 수명이 쇠한 것으로 죽을 것으로 알아야 한다. 그러한 사람은 다시 생을, 즉 다른 몸을 얻는다. 어떻게인가 하면 마음에 흡수되는, 즉 마음에 들어간 혀를 비롯한 지각 기관들과 더불어 얻는다.' 여기서 지각 기관은 눈, 코, 귀, 혀, 피부 등의 지각 작용을 의미하는 것으로도 볼 수 있다.

131 "사념"의 원어는 찌뜨따(citta)다. 찌뜨따는 '생각하다, 기억하다, 정신을 차리다' 등을 의미하는 어근 '찌뜨(cit)'에서 파생된 낱말로 형용사로는 '본, 직접 지각(知覺)한, 생각한, 결심한, 바란' 등의 의미를 지니며, 중성 명사로는 '봄(見), 집중하기, 생각, 사념, 소망, 마음, 정신, 심장, 논리, 지혜' 등을 의미한다. 불경에서 찌뜨따는 '식(識), 심(心), 의(意), 심의(心意), 사(思), 사의(思議), 주량(籌量)' 등으로 한역되며, '질다(質多), 즐다(喞多)' 등으로 음사된다. 막스 뮐러는 찌뜨따를 '생각(thought)'이라고 번역한다. 라다크리슈난은 '생각하기(thinking)'라고 번역한다.

132 샹카라에 의하면 "이것"은 생령(生靈, jīva)이다. 생령은 개체 안에 깃들어 생의 주체가 되는 영혼, 즉 개별적인 영혼이다.

133 샹카라에 의하면 이 생령은 죽음의 시간에 존재하는 바로 그 사념에 의해서 즉 상정된 사념에 의해 지각 기관들과 더불어 생기로, 즉 생기 활동으로 들어온다. 죽음의 시간에는 지각 활동이 쇠한 가운데 주요 생기 활동으로만 유지된다는 의미다.

134 샹카라에 의하면 '그리고 바로 그 생기(生氣)가 불기운과 즉 상기(上氣)의 활동과 결합한 상태에서 아(我)와 함께, 즉 주인인 맛보는 자와 함께, 즉 이처럼 상기의 활동과 결합한 생기는 그것을 맛보는 자를 선악의 행위에 따라서 적절하게 상정된, 즉 적절하게 의도된 세상으로 데려간다. 아는 궁극적인 주체이며 경험의 주체이기 때문에 주인(svāmin)과 '맛보는 자(bhoktṛ)'로 표현된다.

135 샹카라에 의하면 바로 이러한 지혜로운 사람의 백성은 아들, 손자 등이며, 이들이 끊이지 않는 것을 의미한다.

불사不死가 된다.[136] 이것은 그에 대한 찬송이다."[137] 11

생기生氣의 생겨남, 다가옴, 머무름, 그리고 다섯 가지로 편재함, 그리고 아我에 관련된 것을[138] 알아 불사不死를 얻는다. 알아 불사를 얻는다. 12

넷째 질문

이제 이분께 '싸우르야니이 가르그야'가 여쭈었다.

"세존이시여, 어떠한 것들이 이 사람 안에 잠들고, 어떠한 것들이 깨어 있나요?[139] 이 어떤 신이 꿈들을 보나요?[140] 이 기쁨은 누구의 것인가요?[141] 그리고 모두 어디에 모여 자리 잡고 있나요?"[142] 1

---

136 샹카라에 의하면 '그리고 몸이 떨어져도 생기와 결합함으로 말미암아 불사, 즉 죽지 않는 성질을 지닌 존재가 된다는 것을 의미한다.'

137 샹카라에 의하면 '찬송은 만뜨라다(śloko mantro bhavati).' 만뜨라는 『베다』와 『우파니샤드』의 시행(詩行)이다.

138 샹카라에 의하면 "아에 관련된 것(adhyātma)"은 눈을 비롯한 형태로 자리 잡은 것을 의미한다. 아의 원어인 아트만(ātman)은 몸을 의미하기도 한다. 따라서 여기서 '아에 관련된 것'은 '몸에 관련된 것'을 뜻한다.

139 샹카라에 의하면 '몇 개의 기관들이 잠들고(자신의 활동을 멈추고), 그리고 몇 개의 기관이 깨어 있고(잠들지 않은 상태에서) 자신의 활동을 하는가?'라는 의미다.

140 샹카라에 의하면 둘 가운데 어떤, 즉 원인과 결과로 나타나는 것 가운데 어떤 이 신이 꿈들을 보는가? 꿈이란 실로 깬 상태에서 보는 것에서 물러난 사람이 깬 상태처럼 몸 안에서 보는 것이다. 그러한 꿈을 '결과로 나타나는 신에 의해서 꾸는 것인가? 아니면 원인으로 나타나는 그 무엇에 의해서 꾸는 것인가?'라는 의미다.

141 샹카라에 의하면 '각성 활동과 수면 활동이 멈추었을 때의 해맑은 기쁨, 즉 자연스럽게 나타나는 전혀 걸림이 없는 바로 이 기쁨은 누구의 것인가?'라는 의미다.

142 샹카라에 의하면 그때에 각성 활동과 수면 활동으로부터 물러나 멈춘 상태가 되어서 어디에 모든 것들이 온전히 하나 되어 머무는가? 꿀 속에 있는 물처럼 그리고 바다로 들어간 강을 비롯한 것들처럼 분별하기 힘든 상태로 존재한다는, 즉 '모여서 함께 자리

그에게 그가 말했다.[143]

"가르그야여, 저물어 가는 태양의 모든 햇살들이 둥근 불기운 안에 하나가 되고, 떠올라 그 햇살들이 다시 또 다시 퍼져 나간다. 바로 이처럼 그 모든 것은 높은 신인 마음 안에 하나가 된다.[144] 그래서 이 사람은 듣지 못하고, 보지 못하고, 냄새 맡지 못하고, 맛보지 못하고, 만지지 못하고, 말하지 못하고, 가지지 못하고, 즐거워하지 못하고, 버리지 못하고, 가지 못한다. 잠자는 거라고들 말한다."[145] 2

"이 성城 안에 바로 생기生氣의 불들이 깨어 있다.[146] 가주家主의 불이 바로 이 하기下氣다. 공양供養의 불이 편기遍氣다. 가주의 불에서 데려오는 것, 데려오는 것이라서 봉헌奉獻의 불은 생기다."[147] 3

잡는다'는 의미다.

143 스승인 삐빨라다 선인이 질문을 한 제자인 가르그야에게 말했다는 의미다.

144 샹카라에 의하면 눈(眼)을 비롯한 신들의 으뜸이 되기 때문에 마음은 높은 신이다. 그 모든 지각 기관 등은 수승한 신(deva), 즉 빛나는 마음에 잠자는 그 시간에 하나가 된다. 둥근 원(圓) 안에 있는 햇살들처럼 차별성을 지니지 않은 상태가 된다.

145 샹카라에 의하면 그는 잠을 자는 거라고 세상 사람들이 말한다는 의미다.

146 샹카라에 의하면 귀(耳)를 비롯한 기관들이 잠들어 있을 때 바로 이 성 안에, 즉 아홉 개의 구멍이 있는 이 몸 안에서 생기의 불은 즉 '다섯 가지 기(氣)인 생기라는 불은 깨어 있다'는 의미다.

147 "가주의 불"인 가르하빠뜨야(gārhapatya)는 조상 대대로 집안에 전해져 내려오는 불이다. 제(祭)를 지낼 때 사용되는 불은 바로 이 불에서 점화된다. '삭망(朔望)의 불' 또는 '공양의 불'인 안와하르야빠짜나(anvāhāryapacana)는 '남쪽 불'이라는 의미에서 '닥쉬나그니(dakṣṇāgni)'라고도 부른다. "봉헌의 불"인 아하와니야(āhavanīya)는 '가주의 불'인 가르하빠뜨야에서 채화되어 축성(祝聖)된 불이다. 제에서 신(神)에게 바치는 봉헌물들이 이 불에 타 신의 세계로 전달된다. 샹카라에 의하면 불에 제물을 바칠 때 가주의 불에서 다른 불인 봉헌의 불을 데려온다. 어원으로 볼 때 '데려오는 것(praṇayana)'이기 때문에 봉헌의 불은 생기(prāṇa)라는 의미다. 잠든 사람의 하기(下氣)의 활동으로부터 데려오는 것 같은 생기(生氣)는 코와 입을 통해 들락거린다. 따라서 가주의 불은 하기에 해당된다. 편기(遍氣)는 심장으로부터 남쪽 구멍의 문을 통해 나오기 때문에 남쪽 방향과 관련되

"들숨과 날숨이라는 이 두 제물을 고르게 가져가기 때문에 평기平氣다.[148] 마음은 바로 제주祭主다.[149] 제祭의 결과가 바로 상기上氣다.[150] 그것은 이 제주를 매일매일 브라흐만에게로 가게 한다."[151] 4

"이 신神이 이곳 꿈에서 대단한 것을 경험한다.[152] 본 것 본 것을 따라 본다. 들은 것을, 바로 들은 대상을 따라 듣는다. 다른 시간 다른 장소에서 각기 경험한 것을 다시 또 다시 각기 경험한다. 본 것과 보지 못한 것, 들은 것과 듣지 못한 것, 경험한 것과 경험하지 못한 것, 그리고 실재하는 것과 실재하지 않는 것 모든 것을[153] 본다. 모두가[154] 본다."[155] 5

어 삭망(朔望)의 불 또는 공양의 불인 남쪽의 불이라는 의미다.

148 샹카라에 의하면 몸의 상태를 유지하기 위해 고르게(samaṁ sāmyena) 가져간다(nayati). 그래서 평기(samāna)다.

149 샹카라에 의하면 "마음"은 "제주"처럼 원인과 결과들에 대해서 주요하게 작용하기 때문에 천국과 같은 브라흐만을 향해 출발하게 함으로써 제주로 상정된다.

150 샹카라에 의하면 소망의 결과를 얻음은 "상기"를 원인으로 하기 때문이다.

151 샹카라에 의하면 상기(上氣)는 이 마음이라고 하는 제주를 꿈꾸는 활동의 형태로부터 또한 벗어나 날마다 꿈 없는 잠의 시간에 천국 같은 불멸의 브라흐만에 도달하게 한다. 따라서 상기는 제사의 결과에 해당된다.

152 샹카라에 의하면 "이 신"은 햇살처럼 자아(自我, svātman) 속으로 귀(耳)를 비롯한 기관을 거두어들인 것이다. 이것은 꿈에서 대단한 것을(초인적인 능력을) 즉 객관과 주관으로 표상되는 수많은 아(我)의 상태를 경험한다(얻는다)는 의미다.

153 샹카라에 의하면 "모든 것"은 꿈들을 의미한다.

154 샹카라에 의하면 "모두(sarva)"는 모든 기관의 아(我)인 마음의 신이다.

155 샹카라에 의하면 친구나 아들 등 이전에 본 것의 습기(習氣, vāsanā)에 훈습(薰習)된 사람이 친구나 아들 등의 습기에서 생겨난 것을 무명(無明, avidyā)에 의해 아들 혹은 친구를 보는 것으로 여긴다. 마찬가지로 들은 것도 그것의 습기에 의해서 다시 듣는 것처럼 된다. 다른 장소와 다른 시간에 각기 경험한 것을 무명에 의해 다시 또 다시 각각 경험하는 것같이 된다. 본 것은 이번 생에 본 것을 의미하고, 보지 못한 것은 다른 생에 본 것을 의미한다. 전혀 보지 못한 것에 대해서는 습기가 생겨나지 않기 때문이다. 들은 것과 듣지 못한 것도 이와 마찬가지다. 그리고 경험한 것은 이번 생에 오로지 마음으로 경험한 것을 의미하며, 경험하지 못한 것은 다른 생에서 바로 마음으로 경험한 것을 의

"그것이 불기운에[156] 장악되면, 여기서 이 신은 꿈들을 보지 못한다. 이제 그때 이 몸 안에서 이 기쁨이 생긴다."[157] 6

"사랑스런 애야, 그것은 마치 아름다운 새들이 둥지가 있는 나무에 깃드는 것과 같다. 그렇게 그 모든 것은 지고의 아我에 깃든다." 7

"흙과 흙의 요소도,[158] 물과 물의 요소도, 불과 불의 요소도, 바람과 바람의 요소도, 허공과 허공의 요소도, 눈과 볼 것도,[159] 귀와 들을 것도, 코와 맡을 것도, 혀와 맛볼 것도, 피부와 만질 것도, 입과 말할 것도, 양손과 가져야 할 것도, 성기性器와 즐겨야 할 것도, 배설 기관과 버려야 할 것도, 두 발과 가야 할 곳도, 마음과 생각할 것도, 지성知性과[160] 알아

미한다. 실재하는 것은 궁극적인 사물로 물(水) 등이며, 실재하지 않는 것은 신기루 등이다. 더 말할 필요 없이 표현된 것과 표현되지 않은 모든 것을 본다. 모두가 본다. 즉 모든 마음의 습기에 의해 규정된 상태에서 이처럼 모든 기관의 아(我)인 마음의 신이 꿈들을 본다. 습기에 대해서는 122쪽 327번 각주 참조.

156 막스 뮐러와 라다크리슈난은 "불기운"을 '빛(light)'이라고 번역한다. 하리끄리스나다싸 고얀다까는 '상기(上氣)'라고 해석한다. 싸뜨야브라따 씻단따랑까라는 '빛, 진성의 성질(sattvaguṇa)'이라고 해석한다. 진성에 대해서는 120쪽 321번 각주 참조.

157 샹카라에 의하면 그 마음의 형태인 신(神)이 경락(經絡)에 잠들어 있는 담(pitta)이라고 하는 태양의 불기운에 의해서 완전히 장악되면, 즉 습기(習氣)의 문이 닫힌 상태가 되면, 마음의 빛들은 기관들과 더불어 심장에 거두어 모이게 된다. 마음이 들불처럼 온전한 식(識, vijñāna)의 형태로 모든 몸에 편재하여 머물면 그때 꿈 없는 잠의 상태가 된다. 여기서 이러한 시간에 이 마음이라는 신은 꿈들을 보지 않는다. 왜냐하면 불기운에 의해 보는 문이 막혔기 때문이다. 그래서 이제 바로 이 몸에 이 기쁨이 생긴다. 즉 온몸에 편재하는 걸림이 없는 식인 해맑음이 온전하게 생겨난다는 의미다.

158 샹카라에 의하면 "흙의 요소"는 흙의 원인이 되는 향유(香唯, gandhamātrā)를 의미한다. 따라서 "물의 요소"는 물의 원인이 되는 미유(味唯, rasamātrā), "불의 요소"는 불의 원인이 되는 색유(色唯, rūpamātrā), "바람의 요소"는 바람의 원인이 되는 촉유(觸唯, sparśamātrā), "허공의 요소"는 허공의 원인이 되는 성유(聲唯, śabdamātrā)를 의미한다.

159 샹카라에 의하면 "볼 것"은 형태(色, rūpa)를 의미한다.

야 할 것도, 나라고 하는 것과[161] 나라고 해야 할 것도, 정신精神과[162] 의식해야 할 것도, 빛과 밝혀야 할 것도, 생기生氣와 모아야 할 것도.[163]" 8

"이것은 바로 보는 자, 만지는 자, 듣는 자, 냄새 맡는 자, 맛보는 자, 생각하는 자, 아는 자, 행하는 자, 식識의 아我인[164] 인아人我다.[165] 그는 불멸인 지고의 아에 깃든다.[166]" 9

"그 그림자가 없는 것을,[167] 몸이 없는 것을,[168] 붉은색이 없는 것을,[169] 순수한 것을,[170] 불멸을 아는 사람 그는 바로 지고인 불멸에 도달한다.[171]

---

160 샹카라에 의하면 "지성(buddhi)"은 확정하는 것을 본질로 하는 것이다.

161 샹카라에 의하면 "나라고 하는 것(ahaṁkāra)"은 아만(我慢, abhimāna)을 특징으로 하는 내적 기관(antaḥkaraṇa)이다.

162 샹카라에 의하면 "정신"은 의식(意識, cetanā)과 같은 내적 기관이다.

163 샹카라에 의하면 원인과 결과에 의해 생겨난 이름(名, nāma)과 형태(色, rūpa)를 본질로 하는 모든 것은 다른 사물을 위해 모인 것이기 때문이다. 하리끄리스나다싸 고얀다까에 의하면 이 모든 것들은 '지고의 아(我)에 깃든다'는 뜻이다.

164 샹카라에 의하면 식별하는 것이 식(vijñāna)이며, 식은 '주체 행위자의 형태(kartṛkār-akarūpa)'다. 그러한 식을 본질로 하는 '식의 아(vijñānātman)'는 '의식자의 본질(vijñātṛs-vabhāva)'을 의미한다.

165 샹카라에 의하면 원인과 결과가 모여 나타나는 틀(upādhi)에 채워짐(pūrṇa)이기 때문에 "인아"다.

166 샹카라에 의하면 물에 비친 태양 등의 모습이 태양 등으로 들어가듯이 세상의 바탕이 메마르게 되면 불멸인 지고의 아(我)에 깃든다는 의미다.

167 샹카라에 의하면 "그림자가 없는 것"은 암성(闇性, tamas)이 없는 것을 의미한다. 암성은 멈추는 성질, 무거운 성질, 덮는 성질, 미혹의 성질이다.

168 샹카라에 의하면 "몸이 없는 것"은 이름(名)과 형태(色)의 모든 규정된 몸이 없는 것을 의미한다.

169 샹카라에 의하면 "붉은색이 없는 것"은 붉음을 비롯한 모든 성질이 없는 것을 의미한다.

170 샹카라에 의하면 모든 형용사를 배제하기 때문에 순수한 것이다.

171 샹카라에 의하면 "불멸(不滅, akṣara)"은 실재(satya)인 인아(人我)라고 하는 것이다. 생기

사랑스런 애야, 그는 모든 것을 아는 자, 모든 것이 된다.[172] 이것이 그에 대한 찬송이다."[173] 10

모든 신들과 더불어 식識의 아我[174]가 그리고 생기들과 원소들이 깃드는 곳,[175]
그 불멸을 아는 사람,
사랑스런 애야,
그는 모든 것을 아는 사람이 되어 모든 것에[176] 들어간다. 11

다섯째 질문

이제 이분께[177] '샤이브야 싸뜨야까마'가 여쭈었다.

(生氣)가 없는 것, 마음으로 감지할 수 없는 것, 상서로운 것, 평온한 것, 안과 밖을 동반한 것, 생겨나지 않은 것을 의미한다.

172 샹카라에 의하면 불멸인 이것을 아는 사람은 모든 것을 버린 사람이다. 그런 사람은 그 어떤 것도 모르는 것이 없는, 모든 것을 아는 사람이 된다. 전에는 무명(無明)에 의해 모든 것을 아는 사람이 아니었지만, 다시 지혜(明)에 의해 무명이 거두어지면 모든 것이 된다는 의미다.

173 "찬송"은 원래 운율의 한 형태를 의미하는 낱말인 슬로까(śloka)를 번역한 말이다. 샹카라에 의하면 슬로까는 만뜨라다.

174 하리끄리스나다싸 고얀다까에 의하면 "식의 아(vijñānātmā)"는 의식이 본성인 아(我)를 의미한다. 막스 뮐러는 '진리를 아는 자(the true knower)'라고 번역한다. 라다크리슈난은 '지성을 본질로 하는 자아(the self of the nature of intelligence)'로 해석한다.

175 샹카라에 의하면 "신(神)"은 불의 신인 아그니를 비롯한 것들이며 "원소(bhūta)"들은 흙(pṛthivī)을 비롯한 것들이다. 하리끄리스나다싸 고얀다까에 의하면 "모든 신들"은 지각 기관과 내적 기관들을 의미하며, "원소들"은 지수화풍공인 오대 원소를 의미한다.

176 하리끄리스나다싸 고얀다까에 의하면 "모든 것(sarvam)"은 모든 것의 본모습인 '지고의 자재자(parameśra)'를 의미한다.

"세존이시여, 사람들 가운데 그 누가 떠날 때까지[178] 옴ॐ에 대해 온전히 집중하면,[179] 그는[180] 그에 의해서[181] 어떤[182] 세상을 얻습니까?" 1

그에게 그가 말했다.[183]

"'싸뜨야까마'야, 바로 이 높은 브라흐만과 낮은 브라흐만 그것이 바로 옴ॐ이다.[184] 그래서 아는 자는 바로 이 바탕에 따라 어느 하나를 따라간다.[185] " 2

---

177 "이분"은 스승인 삐빨라다다.

178 샹카라에 의하면 "떠날 때까지"는 죽을 때까지, 즉 살아 있는 동안을 의미한다.

179 샹카라에 의하면 "옴에 대해 온전히 집중"한다는 것은 옴을 사념하는 것이다. 지각 기관들을 외부의 대상으로부터 거두어들인 상태에서 마음을 편안하게 모아 자신을 바쳐 브라흐만의 상태인 옴에 들어간 것, 아(我)에 대한 인식이 끊임없이 이어지는 가운데 다른 종류의 인식의 간섭에 의해 틈이 생기지 않는 것, 바람 없는 곳에 자리 잡은 등불의 불같은 것이 온전히 집중한다는 의미다. 46쪽 54번 각주 참조.

180 샹카라에 의하면 여기서 "그"는 진실(satya), 청정범행(brahmacarya), 비폭력(ahiṁsā), 무소유(aparigraha), 내버림(tyāga), 물러남(sannyāsa, saṁnyāsa), 정결(śauca), 지족(知足, santoṣa), '술법(術法)을 쓰지 않음(amāyavitva)' 등의 많은 자제와 통제를 갖추어 살아 있는 동안 계(戒)를 지켜 나가는 사람을 의미한다.

181 "그에 의해서(tena)"는 '옴에 대해 온전히 집중함으로써'다.

182 샹카라에 의하면 지혜(jñāna)와 행위(karma)들에 의해 얻어지는 여러 세상들이 있는데, 그 가운데 "어떤" 세상이냐는 의미다.

183 질문을 한 싸뜨야까마에게 스승인 삐빨라다가 대답했다는 의미다. 이 부분은 1958년에 인도 푸나의 베다 교정 기관에서 간행된 교정 판본에 의하면 바로 앞의 만뜨라에 포함된다.

184 샹카라에 의하면 "높은 브라흐만(paraṁ brahman)"은 실재, 불멸, 인아(人我)라는 것으로 소리를 비롯한 것에 의해 표상되지 않는 것, 모든 속성과 특별이 배제된 것, 따라서 지각 기관에 의해 파악되지 않음으로 말미암아 단지 마음에 의해서는 헤아릴 수 없는 것이다. 그리고 낮은 브라흐만(aparaṁ brahman)은 생기(生氣)로 제일 먼저 생겨난 것, 옴(ॐ)이다. 즉 옴의 상징성 때문에 옴을 본질로 하는 것이다. 그러나 경전(經典, śāstra)이 입증하는 바에 따르면 위스누를 비롯한 신상(神像, pratimā)이 자리 잡은 옴에 정신을 집중하는 사람들이 자신을 바쳐 들어간 브라흐만의 상태에서 높은 브라흐만은 명료해지는 것으로 이해된다. 따라서 옴은 높은 브라흐만과 낮은 브라흐만으로 비유된다.

185 샹카라에 의하면 아는 자는 아(我)를 얻는 방편인 옴(ॐ)에 대한 '온전한 집중(abhidhy-

"만일 그가 한 부분만을 온전히 집중한다면,[186] 그는 바로 그것에 의해 잘 알게 되어 얼른 세상에 오게 된다.[187] 리그베다는 그를 인간 세상으로 데려온다.[188] 그는 그곳에서 고행과 청정범행清淨梵行과 믿음을 온전히 갖추어 위대한 것을 경험하게 된다." 3

"이제 만일 두 부분에 의하면, 그는 마음에 도달한다.[189] 그는 야주르베다에 의해 달 세계인 허공으로 올려 데려가진다. 그는 달 세계에서 위대함을 경험하고는 다시 돌아온다.[190]" 4

"또한 바로 옴ॐ이라는 이 세 부분의 음절에 의해 지고의 이 인아人我에 대해 온전하게 집중하면,[191] 그는 빛인 태양에 태어나는 존재가 된

āna)'에 의해서 높은 브라흐만 혹은 낮은 브라흐만 가운데 "어느 하나"를 따라간다는 의미다.

186 샹카라에 의하면 '단지 옴(ॐ)의 한 부분에 대해 온전하게 늘 집중한다면'이라는 의미다. 하리끄리스나다싸 고얀다까에 의하면 옴의 한 부분은 옴을 발음하는 여러 단위 가운데 한 단위를 의미한다. 부분의 원어인 마뜨라(mātra)라는 낱말은 발음의 단위로 단모음 아(a)를 발음하는 동안에 해당된다. 눈 한 번 깜박일 동안, 혹은 번개가 한 번 번쩍하는 동안이다. 옴은 음성학적으로 단모음 '아(a)'와 단모음 '우(u)'와 자음 'ㅁ(m)'이라는 세 음이 모여 만들어진 소리다. 따라서 여기서 옴의 한 부분은 세 음 가운데 첫 번째 음인 단모음 '아(a)'를 의미한다.

187 샹카라에 의하면 바로 옴(ॐ)의 한 부분에 대해 온전하게 집중함으로써 완전히 알게 되어 얼른 땅으로, 즉 인간 세계로 온다는 의미다.

188 샹카라에 의하면 『리그베다』 형태의 옴(ॐ)의 첫 번째 한 부분을 통해서 온전히 집중하는 사람은 인간의 생에 브라흐마나로 태어난다는 의미다.

189 샹카라에 의하면 만일 두 부분을 아는 사람이 두 부분에 의해 특화된 옴(ॐ)에 대해 온전하게 집중하면 꿈을 본질로 하는 마음에, 즉 숭경(崇敬)하는 『야주르베다(*Yajurveda*)』로 이루어진 달의 신의 세계에 도달한다. 즉 집중통일(ekāgratā)에 의해서 아(我)의 존재 상태에 도달한다. 여기서 옴의 두 부분은 단모음 '아(a)'와 단모음 '우(u)'의 합음인 '아우(au)'를 의미한다. 합음인 '아우'는 '오(o)'라는 음이 된다.

190 샹카라에 의하면 인간 세계로 다시 돌아온다는 의미다.

다.[192] 마치 뱀이 허물을 벗듯이 바로 그렇게 그는 죄에서 벗어나 그는 싸마베다에 의해서 브라흐마의 세계로 올려 데려가진다.[193] 그는 이 생령 덩어리보다 높고도 높은 몸에 깃든 인아를 본다.[194] 바로 이에 대한 두 개의 찬송이[195] 있다." 5

세 개의 음절들은 죽음이 있는 것들,[196] 적용된 것들,[197] 서로서로 결합된 것들, 나뉘어 특별하게 적용되는 것들이네.[198]

외부와 내부 그리고 중간 활동들에 온전히 활용되면

---

191 샹카라에 의하면 '옴이라는 바로 이 음절의 상징성을 통해 지고의, 즉 태양에 내재된 인아에 대해 온전히 집중하면'이라는 의미다. 음절을 의미하는 산스크리트 낱말 악샤라(akṣara)는 불멸(不滅)을 의미하며 아울러 바로 옴을 의미하기도 한다. '옴이라는 이 세 부분의 음절'은 단모음 '아(a)'와 단모음 '우(u)'와 자음 'ㅁ(m)'이라는 세 음이 모여 만들어진 소리인 '옴(aum)'을 의미한다.

192 샹카라에 의하면 그는 집중을 하면서 세 번째 음의 형태, 빛인 태양에 태어나는 존재가 된다. 죽었음에도 달의 세계에서처럼 태양에서는 다시 되돌아오는 것이 아니다. 단지 태양에 존재할 뿐이라는 의미다.

193 샹카라에 의하면 뱀의 허물에 해당되는 죄인 불순함에서 벗어나 세 번째 음절의 형태인 『싸마베다(*Sāmaveda*)』에 의해서 위로 올려 데려가진다는 의미다. 브라흐마의 세계는 히란야가르바(黃金子宮, 金胎)인 브라흐마의 세계로 '진실'이라고 이름하는 것이다.

194 샹카라에 의하면 히란야가르바(黃金子宮, 金胎)는 모든 윤회하는 생령(生靈)들의 아(我)가 되는 존재다. 이것은 생겨 나오고 환멸(還滅)해 들어가는 형태로 모든 존재들에 '내재하는 아(antrātmā)'다. 바로 이 생겨 나오고 환멸해 들어가는 것에 모든 생령들이 함께 모여 있다. 따라서 이것을 '생령 덩어리(jīvaghana)'라고 한다. 세 음절의 옴(ॐ)을 제대로 아는 사람은 집중하면서 이 생령 덩어리인 히란야가르바보다 높고도 높은 '지고의 아(至高我, paramātman)'인 몸에 깃든 인아(人我) 즉 모든 몸에 들어가 있는 것을 본다.

195 샹카라에 의하면 찬송(śloka)은 『베다』와 『우파니샤드』의 구절인 만뜨라를 의미한다.

196 샹카라에 의하면 옴(ॐ)의 음절들인 '아(a), 우(u), 그리고 ㅁ(m)'은 죽음의 영역을 벗어나지 않는 것이라는 의미다. 하리끄리스나다싸 고얀다까에 의하면 '옴의 음절들인 아(a), 우(u), 그리고 ㅁ(m)은 서로 다른 것과 결합하여 연결된 것이거나 하나하나 각각의 정신 집중 대상에 대한 명상에 사용되는 것들로 죽음에 묶인 것'이라는 의미다.

197 샹카라에 의하면 그 세 음절들은 아(我)에 대한 명상에 활용되는 것이라는 의미다.

198 샹카라에 의하면 '특별하게 각각의 대상에 대해 활용되는 것'이라는 의미다.

아는 사람은 흔들리지 않는다네.[199] 6

리그베다에 의해 이것을[200]

야주르베다에 의해 허공을,[201] 싸마베다에 의해 그것을[202] 이라고

시인들은[203] 아네.

아는 자는[204] 그것을[205] 옴ॐ이라는 바탕을[206] 통해서 도달하네.

그것은 바로 평온함이며, 늙지 않음이며, 죽지 않음이며, 두려움이 없음이며, 최고라네.[207] 7

---

199 샹카라에 의하면 특별하게 한 집중의 시간에 외부, 내부 그리고 가운데와 관련된 세 가지 활동들에 있어서, 즉 '잠에서 깨어 있음(jāgrat)'과 꿈(svapna)과 '꿈 없는 깊은 잠(suṣupta)'에 위치한 인아(人我)에 대한 명상으로 표상되는 요가 활동(yogakriyā)들에 있어서 옴(ॐ)이 온전한 명상의 시간에 활동되면, 요가 행자(yogin)는 흔들리지 않는다. 왜냐하면 '잠에서 깨어 있음'과 꿈과 '꿈 없는 깊은 잠'의 인아들이 장소들과 더불어 세 음절의 형태인 옴의 본질적인 모습으로 보여지기 때문이다. 따라서 옴자체인 '모든 아(全我, sarvātman)'가 된 바로 그 '아는 사람(vidvas)'은 어디로도 혹은 어느 곳에서도 흔들리지 않는다.

200 샹카라에 의하면 "이것"은 '이 세계'로 인간 세계를 의미한다.

201 샹카라에 의하면 "허공"은 달이 주관하는 곳이다.

202 샹카라에 의하면 "그것"은 '브라흐마의 세계(brahmaloka)'다.

203 샹카라에 의하면 "시인(kavi)들"은 지혜롭고 현명(賢明)한 사람들을 의미한다. 『베다』와 『우파니샤드』에서 시인은 '현상을 넘어 본질의 세계를 보는 사람(krāntadarśin)'을 의미한다.

204 하리끄리스나다싸 고얀다까에 의하면 여기서 '아는 자(vidvān)'는 분별력이 있는 수행자를 의미한다.

205 샹카라에 의하면 여기서 "그것"은 '낮은 브라흐만'으로 표상되는 세 가지 세상이다.

206 샹카라에 의하면 "바탕(āyatana)"은 방편(sādhana)을 의미한다.

207 샹카라에 의하면 바로 "그것"은 최고(para), 불멸인 브라흐만, 실재, 인아(人我)라고 하는 것, 평온함(śānta), 벗어남(vimukta), '잠에서 깨어 있음'과 꿈과 '꿈 없는 깊은 잠' 등의 한정된 모든 표상을 벗어난 것, 그래서 늙지 않는 것, 늙지 않는 것이기에 죽음을 벗어난 것, 늙는 것을 비롯한 변형이 없기 때문에 두려움이 없는 것, 두려움이 없기 때문에 더할 것이 없는 것이다. 가는 방편인 옴(ॐ)에 의해서 바로 이러한 것에 도달한다.

여섯째 질문

이제 이분께[208] '쑤께샤 바아라드와자'가 여쭈었다.

"세존이시여, 꼬쌀라 국의 왕자인 '히란야나바'가 제게 와서 이렇게 물었습니다. '바아라드와자여, 당신은 열여섯 부분으로 된 인아人我를[209] 알고 있습니까?' 저는 그 왕자에게 대답했습니다. '저는 이것을 모릅니다. 만일 제가 이것을 안다면, 왜 당신께 말해 주지 않겠습니까?' 거짓을 말해 주는 자, 이자는 뿌리째 바짝 시들어 버립니다.[210] 그래서 저는 거짓을 말할 수 없었습니다. 그는 말없이 수레를 타고 되돌아갔습니다. 저는 그것을 당신께 여쭈어 봅니다. 그 인아는 어디에 있습니까?" 1

그에게 바로 그가 말했다.[211]

"사랑스런 애야, 바로 여기 몸 안에[212] 그 인아人我가 있다. 그 안에서[213] 이 열여섯 부분들이[214] 생겨난다.[215] " 2

---

208 여기서 "이분"은 스승인 삐빨라다다.

209 샹카라에 의하면 "열여섯 부분"은 무명(無明)에 의해서 아(我)에 잘못 부여(附與)된 형태들을 의미한다.

210 샹카라에 의하면 "뿌리째 시들어 버린다"는 것은 이승에서도 저승에서도 파멸한다는 것을 의미한다.

211 제자인 쑤께샤에게 스승인 삐빨라다가 말했다는 의미다.

212 샹카라에 의하면 "몸 안에"는 '심장의 연꽃에 있는 허공 가운데'라는 의미다.

213 "그 안에서"는 '그 인아(人我) 안에서'라는 뜻이다.

214 『쌍크야까리까(*Sāṁkhyakārikā*)』에 대한 가우다빠다(Gauḍapāda)의 주석에 따르면, 열여섯 가지는 변형(vikāra)이기만 한 것으로 마음(manas), '다섯 가지 지각 기관(pañcabuddhīndriya)', '다섯 가지 행위 기관(pañcakarmendriya)', '다섯 가지 큰 원소(pañcamahābhūta)', 이렇게 열여섯 가지로 이루어진 무리다.

215 샹카라에 의하면 그 몸 안에서 생기(生氣)를 비롯한 열여섯 부분들이 생겨난다는 의미다. 그리고 부분들은 의식(caitanya)과 별개의 것이 아니기에 늘 생겨나고 머물고 잠기어 사라지는 것으로 나타난다.

"그는 바라보았다.[216] 무엇인가가 떠나면 나는 떠나는 자가 될 것이다.[217] 무엇인가가 자리 잡으면 나는 자리 잡는 자가 될 것이다.[218]" 3

"그는 생기生氣를 만들었다.[219] 생기에서 믿음,[220] 허공,[221] 바람,[222] 불,[223] 물,[224] 흙,[225] 기관,[226] 마음, 곡식이. 곡식에서 힘,[227] 고행,[228] 만뜨

---

216 샹카라에 의하면 열여섯 부분을 가진 그 인아(人我)는 창조의 결과가 생겨나는 과정 등을 대상으로 삼아 바라보았다는 의미다.

217 샹카라에 의하면 어떤 특정한 행위자가 몸에서 떠나면, 바로 나는 떠나는 존재가 될 것이라는 의미다.

218 샹카라에 의하면 어떤 특정한 행위자가 몸에 자리 잡으면, 나는 자리 잡는 존재가 될 것이라는 의미다. 하리끄리스나다싸 고얀다까에 의하면 새로운 창조의 시작에 세상을 만들고자 하는 '지고의 인아(parama puruṣa)'인 '지고의 자재자'는 다음처럼 생각했다. '나는 브라흐마의 알(梵卵, brahmāṇḍa)을 만들어야지, 그리고 그 브라흐마의 알에 그것이 없으면 나도 그것에 없을 것이고, 즉 나의 존재가 분명하게 드러나지 않을 것이고, 그것이 있으면 나의 존재가 분명하게 드러나는 그런 실재(實在, tattva)를 집어넣어야지'라고 생각했다는 의미다.

219 샹카라에 의하면 자재자(īśvara)인 인아(人我)에 의해 전권을 행하는 생기가 만들어졌다는 의미다. 앞에서 말한 방법대로 인아가 바라보아서 히란야가르바(黃金子宮, 金胎)라고 하는 생기를, 즉 모든 생명의 원인이 되는 바탕인 '내면의 아(antarātman)'를 만들었다는 의미다.

220 샹카라에 의하면 "믿음(śraddhā)"은 모든 생명들이 상서로운 행위를 하게 하는 원인이 되는 것이다. 고빈다 샤쓰뜨리에 의하면 "믿음"은 '나라는 감정(ahambhāvanā)'이라는 의미다.

221 샹카라에 의하면 "허공(空, kha)"은 소리(聲, śabda)가 성질(guṇa)인 것이다.

222 샹카라에 의하면 "바람(風, vāyu)"은 촉감(觸, sparśa)이 자신의 성질인 것으로 소리(聲, śabda)를 동반하여 두 개의 성질을 가진 것이다.

223 샹카라에 의하면 "불(火, jyotis)"은 형태(色)가 자기 성질인 것으로 앞의 두 가지 성질 즉 소리(聲)와 촉감(觸)을 동반하여 세 개의 성질을 가진 것이다.

224 샹카라에 의하면 "물(水, āpas)"은 맛(味, rasa)이 자기 성질인 것으로 앞의 세 가지 성질 즉 소리(聲), 촉감(觸), 형태(色)를 동반하여 네 개의 성질을 가진 것이다.

225 샹카라에 의하면 "흙(土, pṛthivī)"은 냄새(香, gandha)가 자기 특질인 것으로 앞의 네 가지 특질 즉 소리(聲), 촉감(觸), 형태(色), 맛(味)을 동반하여 모두 다섯 개의 특질을 가진 것이다.

226 샹카라에 의하면 "기관(器官, indriya)"은 다섯 개의 지각 기관과 다섯 개의 행위 기관으로 모두 열 개의 기관을 의미한다.

라들,[229] 행위,[230] 세상들,[231] 그리고 세상들 가운데 이름[232]이."[233] 4

"그것은[234] 마치 바다를 향해 흘러가는 이 강들이 바다에 이르러 잠기는 것과 같다.[235] 그것들의 이름과 형태는 사라져 버린다.[236] 바다라고 이렇게 일컫는다. 바로 이와 마찬가지로 이 모두를 살펴보는 이의[237] 이 열여섯 부분들은 인아人我를[238] 향하여 가는 것들로 인아에 이르러 잠겨 버린다. 그리고 이것들의 형태와 이름은 사라져 버린다. 인아라고 이렇게 일컫는다.[239] 그러한 이것이 부분이 없는 것, 불사不死가 된다.[240] 이것이

---

227 샹카라에 의하면 "힘(vīrya)"은 능력이며 모든 일을 행하는 방편이다.

228 샹카라에 의하면 "고행(tapas)"은 정화의 수단이다.

229 샹카라에 의하면 "만뜨라들"은 고행을 통해 정화된 내적 기관과 외적 기관에 의해 행동의 방편이 되는 『리그베다』, 『야주르베다』, 『싸마베다』, 그리고 『아타르바베다』를 의미한다.

230 샹카라에 의하면 "행위(karma)"는 화제(火祭, angnihotra) 등을 의미한다.

231 샹카라에 의하면 "세상(loka)들"은 행위들의 결과다.

232 샹카라에 의하면 "이름"은 데바닷따(Devadatta), 야갸닷따(Yajñadatta)라는 사람의 이름을 비롯한 생명체들의 이름을 말한다.

233 하리끄리스나다싸 고얀다까에 의하면 생기에서 믿음, 허공, 바람, 불, 물, 흙, 기관(器官), 마음, 곡식이 만들어졌다. 그리고 곡식에서 힘, 고행, 만뜨라들, 행위, 세상들, 그리고 세상들 가운데 이름이 만들어졌다.

234 하리끄리스나다싸 고얀다까에 의하면 귀멸(歸滅, pralaya)의 예는 이와 같다는 의미다.

235 샹카라에 의하면 "잠기는 것"은 보이지 않게 되는 것으로 이름(名)과 형태(色)가 사라지는 것을 의미한다.

236 샹카라에 의하면 갠지스(Gaṁgā), 야무나(Yamunā) 강 등의 특징인 이름과 형태는 사라진다는 의미다.

237 샹카라에 의하면 "모두를 살펴보는 이(paridraṣṭṛ)"는 전체적으로 바라보는 자의 본모습이 된 자라는 의미다. 하리끄리스나다싸 고얀다까에 의하면 모든 곳을 모두 바라보는 '지고의 자재자'를 의미한다.

238 샹카라에 의하면 여기서 "인아"는 '인아의 상태(puruṣabhāva)'를 의미한다. 하리끄리스나다싸 고얀다까에 의하면 '지고의 인아'인 '지고의 아'를 의미한다.

239 샹카라에 의하면 브라흐만을 아는 사람들은 이름과 형태가 파괴되어도 멸하지 않는 본질(tattva) 바로 그것을 인아(人我)라고 말한다.

그에 대한 찬송이다."[241] 5

수레바퀴의 가운데에 바퀴살들마냥
부분들이 자리 잡은 그곳,[242]
그것을 알아야 할 인아人我로[243]
여하히 알라!
하여 죽음이 너희를 괴롭히지 못하게 하라! 6

그들에게 말씀하셨다.[244]

"바로 이와 같이 나는 이 지고至高의 브라흐만에 대해 안다. 이보다 더 높은 것은 없다." 7

그들은 그분께 머리를 조아렸다.[245]

"당신은 저희의 어버이십니다.[246] 당신께서 저희를 무명無明의 저편으

---

240 샹카라에 의하면 죽음(mṛtyu)은 무명(無明)에 의해 만들어진 부분(kalā)이 원인이기 때문에 부분이 사라지면, 부분이 없음으로 죽음이 없게 된다.

241 하리끄리스나다싸 고얀다까에 의하면 이러한 것에 대한 것이 다음의 "찬송"이라는 의미다.

242 샹카라에 의하면 생기(生氣)를 비롯한 부분들이 생겨나고(生, utpatti) 머무르고(住, sthiti) 사라지는(滅, pralaya) 시간들 속에서 그 인아(人我)에 자리 잡고 있다는 의미다.

243 샹카라에 의하면 여기서 인아는 부분들의 '아가 되는 것(ātmabhūta)'이다. 인아는 '충만하게 채우는 것(pūrṇatva)'이기 때문에 혹은 '몸 안에(puri)' 잠자기(śayana) 때문에 '뿌루샤(puruṣa)'라고 한다. 하리끄리스나다싸 고얀다까에 의하면 여기서 인아는 모든 것의 바탕이 되는 '지고의 인아'인 '지고의 자재자'를 의미한다.

244 샹카라에 의하면 스승인 삐빨라다가 제자들에게 말했다는 의미다.

245 하리끄리스나다싸 고얀다까에 의하면 여섯 명의 제자들이 스승인 삐빨라다에게 예배를 올렸다는 의미다.

246 샹카라에 의하면 당신께서는 지혜(明)를 통해 항상(恒常, nitya)하고, 늙음이 없고, 죽음이 없고, 두려움이 없는 브라흐만의 몸으로 우리를 태어나게 하셨기에 어버이라는

로 건너게 해 주십니다.[247] 지고의 선인仙人이신 분께[248] 머리를 조아리옵니다! 지고의 선인이신 분께 머리를 조아리옵니다!" 8

평온을 위한 낭송[249]

옴ॐ, 신들이여, 우리는 귀를 통해 상서로운 것을 들으리라! 숭배 받을 이들이여, 우리는 눈을 통해 상서로운 것을 보리라! 우린 탄탄한 지체를 가진 몸으로 흡족한 이들이어라! 우린 신이 정해준 수명을 누리리라!

광대한 명성을 가진 자 인드라는 우리에게 복을, 모든 것을 아는 자 뿌샨은 우리에게 복을, 멸하지 않는 번개를 가진 자 따르끄스야는 우리에게 복을, 브리하쓰빠띠는 우리에게 복을 주라!

옴ॐ, 평온이여, 평온이여, 평온이여!

의미다.

247 샹카라에 의하면 무명으로부터, 즉 '전도(顚倒)된 지혜(viparītajñāna)'로부터, 태어남(生, janma), 늙음(老, jarā), 질병(病, roga), 죽음(死, maraṇa) 등의 고통 더미인 이편의 무명의 큰 바다로부터 명(明)의 배를 통해서 다시 되돌아오지 않는 특징을 지닌 해탈(解脫, mokṣa)이라는 저편으로 우리를 건너게 해 준다. 그래서 당신은 저희의 아버님이 되시기에 합당하다는 의미다.

248 샹카라에 의하면 "지고의 선인(parama ṛṣi)"은 '브라흐만의 지혜(brahmavidyā)'를 베풀어 주시는 분이라는 의미다.

249 본『우파니샤드』의 처음에 나오는 부분과 동일하다. 129쪽 1~8번 각주 참조.

문다까 우파니샤드

『문다까 우파니샤드Muṇḍaka Upaniṣad』는 『아타르바베다』의 샤우나까Śaunaka파 계통의 『우파니샤드』다. 이 『우파니샤드』를 『문다 우파니샤드Muṇḍa Upaniṣad』라고도 부른다. 문다까muṇḍaka는 남성 명사로 '밀어낸 것 혹은 사람, 삭발한 것 혹은 사람, 면도기, 이발사' 등을 의미한다. 그리고 문다muṇḍa는 형용사로 '삭발한, 대머리의, 뿔이 없는' 등을 의미하고, 남성 명사로는 '삭발한 사람, 면도한 사람, 이발사, 대머리' 등을 의미하며, 중성 명사로는 '머리'를 의미한다. 두 낱말 모두 '면도하다, 삭발하다, 부수다, 갈다, 깨끗하게 하다, 잠기다' 등의 의미를 가진 문드muṇḍ라는 어근에서 파생된 낱말이다. 신성한 원리를 터득한 모든 사람은 무명無明, avidyā과 무명을 원인으로 해서 생겨나는 번뇌의 풀을 밀어낸 사람에 해당된다. 따라서 무명과 번뇌의 풀을 밀어낸 사람 혹은 밀어내는 사람이라는 의미에서 『우파니샤드』의 이름을 문다 혹은 문다까라고 삼았다고 뜻을 새겨도 좋을 듯하다.

평온을 위한 낭송[1]

옴ॐ, 신들이여, 우리는 귀를 통해 상서로운 것을 들으리라! 숭배 받을 이들이여, 우리는 눈을 통해 상서로운 것을 보리라! 우린 탄탄한 지체를 가진 몸으로 흡족한 이들이어라! 우린 신이 정해준 수명을 누리리라!

광대한 명성을 가진 자 인드라는 우리에게 복을, 모든 것을 아는 자 뿌샨은 우리에게 복을, 멸하지 않는 번개를 가진 자 따르끄스야는 우리에게 복을, 브리하쓰빠띠는 우리에게 복을 주라!

옴ॐ, 평온이여, 평온이여, 평온이여!

첫 번째 문다까

제1편

옴ॐ, 온 세상을 만드는 자며 온 세상을 지키는 자인 브라흐마가[2] 빛나는 신들 가운데 첫째로[3] 온전히 생겨났다.[4] 그는 모든 지혜의 바탕인

---

1 막스 뮐러의 번역본과 라다크리슈난의 번역본에는 평온을 위한 낭송이 없다. 『쁘라스나 우파니샤드』와 동일한 평온을 위한 낭송이다. 129쪽 1~8번 각주 참조.

2 샹카라에 의하면 여기서 브라흐마(Brahmā)는 절대적이고 위대한 다르마(dharma)와 지혜(jñāna)와 이욕(離慾, vairāgya)과 신통력(aiśvarya)을 지니어 다른 모든 것을 능가하는 존재다. 주격 단수 형태가 단모음 '아(a)'로 끝나는 낱말인 브라흐마(Brahma)는 우주의 궁극적인 실재를 의미하고, 장모음 '아(ā)'로 끝나는 낱말인 브라흐마(Brahmā)는 우주의 창조자로서의 인격신을 의미한다. 이 두 낱말의 본래 형태는 브라흐만(Brahman)으로 동일하다. 이 둘을 구별하기 위해서 본 번역서에서는 주격 단수 형태가 단모음 아(a)로 끝나는 낱말인 브라흐마(Brahma)를 낱말의 본래 형태인 브라흐만(Brahman)으로, 장모음 아(ā)로 끝나는 낱말인 브라흐마(Brahmā)를 주격 단수 형태인 브라흐마(Brahmā)로 표기한다. 인격신인 브라흐마는 네 개의 얼굴을 가진 것으로 형상화된다. 얼굴이 넷이라는 의미에서 브라흐마를 짜뚜라나나(caturānana), 혹은 짜뚜르무카(caturmukha)라고도 부른다.

브라흐만의 지혜를[5] 제일 큰 아들인 아타르반에게 알려 주었다. 1

브라흐마가 아타르반에게 알려준 그 브라흐만의 지혜를 먼저 아타르반은 앙기르에게 말해 주었다. 그는[6] 바아라드와자 싸뜨야와하[7]에게 말해 주었다. 바아라드와자는 대대로 전해온 지혜를[8] 앙기라쓰에게 말해 주었다.[9] 2

정말, 바로 대가大家인[10] 샤우나까[11]가 예의바르게[12] 앙기라쓰를 찾아와 물었다.

---

3 샹카라에 의하면 "첫째로"는 장점들로 으뜸이면서 순서로 첫 번째라는 의미다.

4 샹카라에 의하면 "온전히 생겨났다"는 것은 '스스로 생겨났다'는 것을 의미한다. 그리고 모든 윤회하는 다른 존재들은 다르마(法)와 아다르마(非法, adharma)의 힘에 지배되어 태어나는데, 브라흐마는 그렇게 생겨난 것이 아니라는 의미다.

5 샹카라에 의하면 "브라흐만의 지혜(brahmavidyā)"는 '지고의 아(paramātman)'인 브라흐만에 관한 지혜(明, vidyā), 혹은 첫째로 생겨난 브라흐마가 말한 지혜라서 브라흐만의 지혜라고 한다. 그리고 브라흐만의 지혜는 모든 지혜가 생겨나는 원인이 되기 때문에 모든 지혜의 바탕이다. 165쪽 2번 각주 참조.

6 여기서 "그"는 앙기르(Aṃgir)를 의미한다.

7 샹카라에 의하면 "바아라드와자(Bhāradvāja)"는 바라드와자(Bharadvāja)의 족성(族姓, gotra)이다. "싸뜨야와하(Satyavāha)"는 이름이다. 라다크리슈난은 바아라드와자를 '바아라드와자의 아들(son of Bhāradvāja)'이라고 번역한다.

8 샹카라에 의하면 "대대로 전해 내려온 지혜(parāvarā)"는 대대로의 모든 지혜(明)를 대상으로 포함하는 지혜이기도 하다.

9 하리끄리스나다싸 고얀다까에 의하면 "아타르반(Atharvan), 앙기르, 싸뜨야와하(Satyavaha), 앙기라쓰(Aṃgiras)"는 모두 선인(仙人, ṛṣi)들이다. 아타르반은 아타르바(Atharvā)로, 앙기르는 앙기(Aṁgī)로, 앙기라쓰는 앙기라(Aṁgirā)로 불리기도 한다.

10 샹카라에 의하면 "대가(mahāśāla)"는 '큰 집에 거주하는 사람(mahāgṛhastha)'을 의미한다. '큰 집에 거주하는 사람'을 재가 생활을 하는 사람 가운데 위대한 사람이라고도 해석할 수 있다. 하리끄리스나다싸 고얀다까에 의하면 대가는 아주 거대한 학교의 총장이다.

11 샹카라에 의하면 "샤우나까(Śaunaka)"는 슈나까(Śunaka)의 자손(apatya)을 의미한다.

12 샹카라에 의하면 "예의"는 경전(śāstra)에 규정된 것을 따르는 것이다.

"세존이시여, 진정 어느 것에 대해 알면 이 모든 것을 알게 됩니까?"[13] 3

그에게 그가 말했다.[14]

"브라흐만을 아는 사람들이[15] 바로 높은 것과 그리고 낮은 것이라고 말하는, 그 두 개의 지혜를 알아야 합니다."[16] 4

"그 가운데 낮은 것[17]은 리그베다, 야주르베다, 싸마베다, 아타르바베다, 음성학, 제의학祭儀學, 문법학, 어원학, 운율학, 천문학입니다.[18] 그리고 바로 그 불멸不滅[19]을 얻게 하는 것이 높은 것[20]입니다." 5

---

13 샹카라에 의하면 하나를 알면 모든 것을 알게 된다는 그 하나에 대해 샤우나까는 묻는 것이다.

14 샹카라에 의하면 샤우나까에게 앙기라가 말했다는 의미다. 앙기라쓰는 앙기라로 불리기도 한다.

15 샹카라에 의하면 "브라흐만을 아는 사람(brahmavid)"들은 『베다』의 의미를 아는 사람들로 지고의 의미를 관(觀, darśana)하는 사람들이다.

16 샹카라에 의하면 "높은 것(parā)"은 '지고의 아'에 대한 지혜(明)이며, '낮은 것(aparā)'은 다르마(法)와 아다르마(非法)라는 방편과 그 방편의 결과에 대한 지혜다.

17 "낮은 것"은 '낮은 지혜(aparā vidyā)'를 의미한다. 여기서는 문맥상 지혜(明)를 지식으로 번역해도 좋다.

18 『리그베다』는 신(deva)을 제장(祭場)으로 불러들이는 제관인 호신관(號神官, hotṛ)이 사용하는 『베다』다. 『야주르베다』는 제장에서 제의(祭儀)를 집행하는 집행관(執行官, adhvaryu)이 사용하는 『베다』다. 『싸마베다』는 제장에서 신을 찬양하는 찬송관(讚頌官, udgātṛ)이 사용하는 『베다』다. 『아타르바베다』는 제장에서 행해지는 제의를 총감독하는 감조관(監造官, Brahma)이 사용하는 『베다』다. 음성학(śikṣā), 제의학(祭儀學, kalpa), 문법학(vyākaraṇa), 어원학(nirukta), 운율학(chandas), 천문학(jyotiṣ)은 모두 상기의 『베다』 연구에 관련된 부속 학문들로 『베다』의 부분(aṃga)이라는 의미에서 베당가(Vedāṃga)라고 부른다.

19 하리끄리스나다싸 고얀다까에 의하면 "불멸(akṣara)"은 멸하지 않는 높은 브라흐만(parabrahman)이며, 얻는다는 것을 본질을 안다는 의미다.

20 "높은 것"은 '높은 지혜(parā vidyā)'를 의미한다.

"바로 그 볼 수 없는 것,[21] 잡을 수 없는 것,[22] 종성種姓이 없는 것,[23] 색깔이 없는 것,[24] 눈과 귀가 없는 것,[25] 손과 발이 없는 그것,[26] 항상恒常한 것,[27] 다양하게 존재하는 것,[28] 모든 것에 가 있는 것,[29] 아주 미묘微妙한 것,[30] 존재의 자궁인[31] 그 변하지 않는 것을[32] 지혜로운 사람들은[33] 온전

---

21 샹카라에 의하면 "볼 수 없는 것"은 지각 기관(buddhīndriya)들이 미치지 못하는 것을 의미한다.

22 샹카라에 의하면 "잡을 수 없는 것"은 행위 기관(karmendriya)들의 대상이 아니란 것을 의미한다.

23 샹카라에 의하면 "종성이 없는 것(agotra)"은 계통(anvaya)이 없는 것으로 그것의 근원이 없다는 것을 의미한다.

24 샹카라에 의하면 "색깔이 없는 것(avarṇa)"은 굵다거나 희다는 등의 사물의 성질이 없다는 것이며, 불멸(不滅)을 의미한다. 막스 뮐러와 라다크리슈난은 "색깔이 없는 것"을 '카스트가 없는 것(no caste, without caste)'이라고 번역한다. 하리끄리스나다싸 고얀다까는 색(raṁga)과 형태(ākṛti)가 없는 것이라고 번역한다. 싸뜨야브라따 씻단따랑까라는 '색과 형태가 없는 것' 혹은 '형용할 수 없는 것'이라고 해석한다.

25 샹카라에 의하면 "눈과 귀가 없는 것"은 이름(名, nāma)과 형태(色, rūpa)가 없다는 것을 의미한다. 하리끄리스나다싸 고얀다까에 의하면 지각 기관이 없다는 것을 의미한다.

26 샹카라에 의하면 "손과 발이 없는 그것"은 운동 기관이 없는 것을 의미한다.

27 샹카라에 의하면 "항상한 것(nitya)"은 스러지지 않는 것이다.

28 샹카라에 의하면 "다양하게 존재하는 것"은 브라흐마를 비롯해 식물들에 이르기까지 다양한 생명체로 존재하는 것을 의미한다. 하리끄리스나다싸 고얀다까에 의하면 다양하게 존재하는 것은 모든 것에 편재하는 것을 의미한다.

29 샹카라에 의하면 "모든 것에 가 있는 것"은 허공처럼 편재하는 것을 의미한다.

30 샹카라에 의하면 "아주 미묘한 것"은 소리를 비롯한 구체성의 원인이 없기 때문이다. 소리를 비롯한 것들은 허공, 바람 등으로 이어 내려오는 것들의 구체성의 원인들이다. 그러한 원인이 없기 때문에 아주 미묘한 것이다. 상캬(Sāṁkhya) 철학에 따르면 소리(聲, śabda)를 원인으로 허공(空, ākāśa)이, 촉감(觸, sparśa)을 원인으로 바람(風, vāyu)이, 형태(色)를 원인으로 불(火, teja)이, 맛(味, rasa)을 원인으로 물(水, āpas)이, 그리고 냄새(香, gandha)를 원인으로 해서 흙(地, pṛthvī)이 생겨난다.

31 샹카라에 의하면 "존재의 자궁"은 존재들의 원인이라는 의미다.

32 샹카라에 의하면 '지체(肢體)가 없는 것'은 자신의 지체가 쇠하는 것으로 나타나는 몸의 손상 변화 같은 것이 생겨나지 않는다. 또한 왕 같은 존재는 재물의 손괴로 나타나는 손상이 생겨나지 않는다. 성질(性質, guṇa)이 없는 것은 성질을 원인으로 하는 변화가 생겨나지 않는다. 또한 '모든 것의 아(sarvātman)'이기 때문에 변화가 생겨나지 않는다.

히 바라봅니다."[34] 6

"마치 거미가 만들어 내고 거두듯이,[35] 마치 대지에 초목들이 생겨나듯이,[36] 마치 살아 있는 사람에게서 머리카락과 털들처럼,[37] 그렇게 불멸不滅[38]에서 여기 모든 게 생겨납니다."[39] 7

"열기에 의해 브라흐만이 불어납니다.[40] 그로부터 곡식이 생겨납니다.[41] 곡식에서 생기生氣가,[42] 마음이,[43] 실재實在가,[44] 세상들이, 그리고 행

"변하지 않는 것"은 이러한 변화가 없다는 것을 의미한다.

33 샹카라에 의하면 여기서 "지혜로운 사람"은 분별력이 있는 사람을 의미한다.

34 샹카라에 의하면 이상과 같은 불멸(不滅)의 존재를 얻는 지혜(明)는 '높은 지혜'다.

35 샹카라에 의하면 "거미"는 그 어떤 다른 것을 원인으로 삼지 않고 자기 스스로 거미줄을 자기 몸과 별개가 아닌 듯이 밖으로 만들어 내고, 다시 그 거미줄들을 자기 자신인 것처럼 집어넣는다는 의미다.

36 샹카라에 의하면 벼를 비롯한 초목들은 땅에서 자기 자신과 별개가 아닌 것으로 생겨난다는 의미다.

37 '머리카락과 털들이 자라나듯이'라는 의미다.

38 하리끄리스나다싸 고얀다까에 의하면 "불멸"은 멸하지 않는 '높은 브라흐만'을 의미한다.

39 샹카라에 의하면 그 어떤 다른 것들을 원인으로 삼지 않고 생겨난다는 의미다.

40 샹카라에 의하면 "열기(tapas)"는 생성의 법도를 아는 지혜를 의미하며, 브라흐만은 존재의 자궁(원인, yoni)인 불멸(不滅)을 의미한다. 그리고 불어난다는 것은 이러한 브라흐만인 씨앗이 마치 세상이라는 새싹이 나듯이 부풀어 오른다는 의미다. 하리끄리스나다싸 고얀다까에 의하면 지고의 브라흐만이 결심이라는 형태의 열에 의해서 성장한다는 의미다. 라다크리슈난에 의하면 명상의 힘에 의해 브라흐만이 팽창된다는 의미다.

41 샹카라에 의하면 "곡식(anna)"은 윤회하는 존재들의 현현되지 않은 공통된 원인을 의미한다. 그리고 이 원인은 생겨나고 존재하고 사라지게 하는 힘으로서의 식(識, vijñāna)인 전지성(全知性, sarvajñatā)에 의해 증장된 브라흐만으로부터 현현되기를 원하는 상태의 형태로 생겨난다.

42 샹카라에 의하면 "생기(prāṇa)"는 브라흐만의 지혜가 활동하게 하는 힘에 존재하는 것으로 세상의 공통된 바탕인 히란야가르바(黃金子宮, 金胎, Hiraṇyagarbha)다. 이것은 무명(無明)에 의한 욕망에 따른 행위가 모여 이루어진 것이며, 씨앗의 싹인 배아(胚芽)에 해당된다. 아울러 이것은 '세상의 아(jagadātman)'다.

위들 안에서 불사不死[45]가 생겨납니다."[46] 8

"그는[47] 모든 것을 아는 자,[48] 모든 것을 밝게 헤아리는 이,[49] 그에게는 지혜가 가득한 열기가 있습니다.[50] 그로부터 이 브라흐만이,[51] 이름이, 형태가, 그리고 곡식이 생겨납니다." 9

제2편

그러한 것인[52] 이것은 진실이다. 시인들이[53] 진언眞言들에[54] 있는 행위

---

43 샹카라에 의하면 "마음(manas)"은 결심, 상상, 의심, 선택을 본질로 하는 것이다.

44 샹카라에 의하면 여기서 "실재(satya)"는 허공을 비롯한 오대 원소를 의미한다. 오대 원소는 땅(地), 물(水), 불(火), 바람(風), 허공(空)이다.

45 샹카라에 의하면 여기서 "불사(amṛta)"는 행위(業, karma)들을 원인으로 해서 생겨나는 업보(業報)인 결과(phala)를 의미한다. 왜냐하면 행위인 업이 수십억 겁(劫, kalpa)들이 지나도 소멸되지 않듯이 행위의 결과도 소멸되지 않기 때문이다. 따라서 행위의 결과는 불사인 것이다.

46 샹카라에 의하면 이것들은 순차적으로 생겨난다. 열기, 곡식, 생기, 마음, 실재, 세상, 행위, 불사가 순차적으로 생겨난다는 의미다.

47 샹카라에 의하면 "그"는 지금까지 불멸로 언급된 존재다.

48 샹카라에 의하면 "모든 것을 아는 자(sarvajña)"는 모든 것을 보편적으로 아는 자를 의미한다.

49 샹카라에 의하면 "모든 것을 밝게 헤아리는 이(sarvavid)"는 모든 것을 특별하게 아는 자를 의미한다.

50 샹카라에 의하면 "지혜가 가득한(jñānamaya)"은 지혜의 산물인 전지성(全知性)을 의미하고, 열기는 노력의 부재를 의미한다. 인공 부화장처럼 열기가 있으면, 어미 닭이 알에 열을 전달하기 위해 알을 품는 노력을 하지 않아도 알에서 병아리가 태어난다. 마찬가지로 열기는 노력하지 않아도 창조가 생겨난다는 것을 의미한다. 라다크리슈난은 '지혜가 가득한 열기(jñānamayaṁ tapas)'를 '지식으로 구성된 고행(austherity consist of knowledge)'이라고 번역한다.

51 샹카라에 의하면 히란야가르바라고 하는 결과로서 나타나는 브라흐만을 의미한다.

52 샹카라에 의하면 "그러한 것(tat)"은 『리그베다』를 비롯한 진언(眞言, mantra) 등에 있는 화제(火祭, agnihotra)를 비롯한 행위들이다. 이 행위들은 진언들을 통해 밝혀진 것들로 와씨스타(Vasiṣṭha)를 비롯한 선인(仙人)들이 본 것이다. 본 것은 창작한 것이라는 의미

들을[55] 본 것은 사실이다. 이 행위들은 세 개에[56] 다양하게 펼쳐져 있다. 진실을 추구하는[57] 너희는 그 행위들을 항상 온전히 행하라. 이것은 너희에게 있어서 선행善行의[58] 세상을[59] 위한 길이다. 1

제물을 운반하는 잘 붙은 불에[60] 불길이 일렁일 때, 바로 그때 녹은 우유 기름을 넣는 중간 중간에 제물들을[61] 집어넣어야 한다.[62] 2[63]

다. 『베다』의 진언은 만든 것이 아니라 선인이 자신의 눈앞에 펼쳐진 세계를 노래한 것이기 때문이다.

53 샹카라에 의하면 "시인(kavi)들"은 현인들이다.

54 샹카라에 의하면 "진언"은 『리그베다』 등이다.

55 샹카라에 의하면 "행위들"은 화제(火祭)를 비롯한 것들이다.

56 샹카라에 의하면 "세 개에(tretāyām)"는 제장에서 신을 부르는 제관인 호신관(號神官), 제전을 집행하는 집행관(執行官), 제장에서 신을 찬양하는 찬송관(讚頌官) 들이 관장하는 것들에 라는 의미다. 혹은 은시기(銀時期)에 해당하는 두 번째 시기인 뜨레따(tretā) 시기에 일반적으로 행해지던 행위들이라는 의미다. 막스 뮐러는 '세 개에'를 '뜨레따 시기에(in the Tretâ age)'라고 번역한다. 라다크리슈난은 '세 가지 『베다』(in the three Vedas)'로 해석한다. 하리끄리스나다싸 고얀다까 역시 '세 가지 『베다』들에'라고 해석한다. 싸뜨야브라따 씻단따랑까라는 '뜨레따 시기에'라고 해석한다. 379쪽 744번 각주 참조.

57 샹카라에 의하면 "진실을 추구하는(satyakāmāḥ)"은 있는 '행위 그대로에 따른 결과를 추구하면서'라는 의미다.

58 샹카라에 의하면 "선행(sukṛta)"은 스스로 행한 행위를 의미한다.

59 샹카라에 의하면 "세상(loka)"은 '행위의 결과(karmaphala)'다.

60 불(agni)은 인간 세계와 신의 세계를 연결하는 신이다. 따라서 인간 세계에서 신들에게 바치는 제물을 불에 넣으면 불은 그 제물들을 신의 세계로 운반한다.

61 샹카라에 의하면 제사는 여러 날 동안에 지내는 것이기에 제물이 아니라 제물들이라고 복수를 사용했다.

62 샹카라에 의하면 행위들 가운데 화제(火祭)가 첫째가는 것이기에 이에 대해 제일 먼저 언급하는 것이다.

63 막스 뮐러와 라다크리슈난의 영어 번역본에 나오는 '경건하게(with faith, śraddhayā)'에 해당하는 원문이 1958년에 인도 푸나의 베다 교정 기관에서 간행된 교정 판본과 샹카라의 산스크리트 어 주석본, 그리고 하리끄리스나다싸 고얀다까의 현대 인도어인 힌디 어 번역본에는 나오지 않는다. 그러나 싸뜨야브라따 씻단따랑까라의 힌디 어 번역본에는 나온다.

초승 제사를[64] 지내지 않는 사람, 보름 제사를[65] 지내지 않는 사람, 넉 달 제사를[66] 지내지 않는 사람, 가을 제사를[67] 지내지 않는 사람, 손님을 모시지 않는 사람, 제물을 올리지 않는 사람, 모든 신들께 올리는 제사를[68] 지내지 않는 사람, 법도에 맞지 않게 제물을 올리는 사람의 화제火祭는 일곱 번째에 이르기까지의 그의 세상들을[69] 망친다. 3

검은 것, 사나운 것, 마음처럼 빠른 것, 아름답게 붉은 것, 아름다운 연기색 나는 것, 불꽃이 이는 것, 온통 빛나는 여신,[70] 이렇게 일곱 개가 일렁이는 혀들이다.[71] 4

---

64 "초승 제사(darśa)"는 초승 날에 지내는 제사다.

65 "보름 제사(paurṇamāsa)"는 보름날에 지내는 제사다.

66 "넉 달 제사(cāturyamāsya)"는 일 년을 세 계절로 보고 매 계절이 시작되는 넉 달의 초에 지내는 제사다. 즉 까르띠까(kārtika) 달, 팔구나(phālguṇa) 달, 아샤라(āṣāḍha) 달이 시작할 때 지내는 제사다.

67 "가을 제사(āgrayaṇa)"는 우기가 끝나고 가을이 시작될 때 첫 과일을 제물로 올리는 제사다.

68 "모든 신들께 올리는 제사(vaiśvadeva)"는 집안에서 아침저녁으로 드리는 제사로, 요리한 음식 일부를 모든 신들에게 특히 음식을 익히고 제물을 신들의 세계로 운반하는 불의 신에게 올리는 제사다.

69 샹카라에 의하면 부후(bhūḥ)를 비롯하여 싸뜨야(satya)에 이르기까지의 일곱 개의 세상들을 의미한다. 즉 차례로 보다 높은 곳에 위치하는 세계인 지계(地界, bhūrloka), 허공계(虛空界, bhuvarloka), 천계(天界, svarloka), 대계(大界, maharloka), 인계(人界, janarloka), 고행계(苦行界, 熱界, taparloka), 진계(眞界, satyaloka) 혹은 범계(梵界, brahmaloka) 등을 의미한다. 막스 뮐러는 부후를 비롯하여 싸뜨야에 이르기까지의 일곱 개의 세상들을 의미하지만, 증조할아버지부터 시작해서 자신을 포함해 증손자에 이르기까지의 일곱 세대의 세상들을 의미하는 것일수도 있다고 한다.

70 "온통 빛나는 여신(viśvarucī ca devī)"을 막스 뮐러는 '모든 형태들을 가진(having all forms)'이라고 해석하고, 라다크리슈난은 '모든 형태를 한 여신(the all-shaped goddess)'이라고 해석한다. 하리끄리스나다싸 고얀다까는 사방으로 빛나는 이라고 해석한다. 싸뜨야브라따 씻단따랑까라는 여러 가지로 빛나는 것 혹은 다양한 색을 가진 것이라고 해석한다.

71 샹카라에 의하면 제물을 삼키기 위해 날름거리는 불의 혀가 일곱 개라는 의미다. '검

이 빛나는 것들에[72] 때맞추어 제물들을 바치며 행하는 사람을 이 햇살들은[73] 신들의 한 주主가 주재하는 곳으로 데려간다.[74] 5

"오소서! 오소서!" "이것은 그대들의 덕이 잘 이룩한 브라흐만의 세상이오!"[75] 이렇게 사랑스런 말을 하고 경례하며, 빛나는 제물들은 햇살들을 통해 그 제주祭主를 데려간다. 6

제사의 형태인[76] 이 열여덟들은 갈피없이 둥둥 떠다니는 배들이기에,[77] 그들에 있어서 행위는 하찮은 것이라 일컫는다.[78] 바로 이것이 보다 좋은 것이라[79] 즐거워하는 사람들, 어리석은 그들은 바로 또 다시 늙음과 죽음을 향해 간다.[80] 7

은 것(kālī)', '사나운 것(karālī)', '마음처럼 빠른 것(manojavā)', '아름답게 붉은 것(sulohitā)', '아름다운 연기색 나는 것(sudhūmravarṇā)', '불꽃이 이는 것(sphuliṃginī)', '온통 빛나는 여신(viśvarucī devī)' 이렇게 일곱 개가 제물을 삼키는 불의 신의 혀라는 뜻이다.

72 샹카라에 의하면 "이 빛나는 것들"은 불의 신인 아그니(Agni)의 일곱 혀들을 의미한다.

73 샹카라에 의하면 "이 햇살들"은 '이 제물들이 태양의 햇살들이 되어서'라는 의미다.

74 샹카라에 의하면 신(神)들의 주는 신들의 왕인 인드라(Indra)며, 인드라가 모든 것들 위에 주재하는 곳은 천국(主, svarga)이다.

75 샹카라에 의하면 덕스런 선행(善行)의 결과는 브라흐만의 세상이라는 의미다.

76 샹카라에 의하면 "제사의 형태"는 제사를 지내는 사람들을 의미한다. 열여섯 명의 제관(祭官, ṛtvik)과 제주(祭主, yajamāna) 그리고 제주의 아내를 포함하여 모두 열여덟이 된다.

77 샹카라에 의하면 "둥둥 떠다니는 배"는 덧없는 것을 의미한다.

78 샹카라에 의하면 지혜가 배제된 행위기 때문에 "하찮은 것"이다.

79 샹카라에 의하면 "보다 좋은 것"은 지복에 이르는 수단을 의미한다.

80 샹카라에 의하면 어느 기간 동안 천국에 머문 다음에 다시 또 늙음과 죽음을 향해 간다는 의미다. 제사는 단지 천국에 이르는 수단일 뿐이다. 인도의 천국은 사람이 영원히 머물 수 있는 곳이 아니다. 단지 자신이 쌓은 공덕만큼만 머물 수 있는 곳이다. 따라서 제사를 지내는 사람들은 제사를 통해 천국에 이르러 머문 다음 다시 늙고 죽음이 존재하는 윤회의 세상에 거듭 태어나게 된다.

무명無明 안에 머무르며 스스로가 현자요 학자라 여기는 사람들, 그 어리석은 사람들은 장님에 인도되는 장님들처럼 고통에 시달리며 갈팡질팡 맴돈다. 8[81]

어린 사람들은[82] 무명無明 안에 다양하게 머무르며 우리는 목표를 달성했다고 자만한다. 행위를 중시하는 사람들은[83] 애착 때문에[84] 잘 몰라서 세상들이 소진되면[85] 안절부절 좌절한다.[86] 9

제사와 공덕을[87] 최고라고 여기어 그보다 더 좋은 다른 것은[88] 모르는 아주 멍청한 사람들, 그 사람들은 선행의 결과인[89] 천국 위에서 향유하다 이 세상으로 혹은 더 낮은 세상으로 들어간다.[90] 10

---

81 84쪽 55, 56번 각주 참조.

82 샹카라에 의하면 "어린 사람"은 지혜롭지 못한 사람을 의미한다.

83 하리끄리스나다싸 고얀다까에 의하면 "행위를 중시하는 사람"은 행위의 결과를 바라며 행위를 하는 사람을 의미한다.

84 샹카라에 의하면 "애착(rāga)"은 행위의 결과에 대한 애착을 의미한다.

85 샹카라에 의하면 "세상들이 소진"된다는 것은 행위의 결과들이 소진된다는 것을 의미한다.

86 샹카라에 의하면 "좌절한다"는 것은 행위의 결과들이 소진되어 천국에서 떨어져 내려오는 것을 의미한다.

87 샹카라에 의하면 "공덕(pūrta)"은 우물을 파고 연못을 만드는 행위들을 의미한다.

88 샹카라에 의하면 "다른 것"은 '아에 대한 지혜(ātmajñāna)'를 의미한다.

89 샹카라에 의하면 "선행의 결과"는 향수(享受, bhoga)의 바탕을 의미한다.

90 샹카라에 의하면 남은 행위를 따라 행위의 결과인 인간의 세상이나, 혹은 인간의 세상보다 더 낮은 미물의 세상, 나락(奈落, naraka) 등으로 들어간다는 것을 의미한다. 즉 선행은 악행을 보상하지 않는다. 선행의 결과는 선행의 결과대로 악행의 결과는 악행의 결과대로 각각 사후에 겪어야 한다. 따라서 선행의 결과에 따라 천국에서 살다가 나머지 악행의 결과에 따라 인간 세상이나 그보다 더 못한 세상으로 태어나게 된다는 것을 의미한다.

구걸로 살아가며[91] 숲에서 고행과[92] 믿음을[93] 지켜 행하는 평온한[94] 현인들, 그들은 속진을 벗어나[95] 태양의 문을 통해 불사不死의 바로 그 인아人我인[96] 불후不朽의 아我가[97] 있는 곳으로 떠나간다. 11

행위에 의해 얻어진 세상들을 잘 살피어[98] 브라흐마나는 무욕無慾에 이르러야 한다.[99] 만든 것에 의해서 안 만들어진 것은 구해지지 않는다.[100] 이것을 잘 알기 위해 제사에 쓸 화목火木을 손에 들고 성스런 지식에 정통한,[101] 브라흐만에 확실히 자리 잡은[102] 스승께 다가가야만 하

---

91 샹카라에 의하면 "구걸로 살아"간다는 것은 무소유의 삶을 의미한다.

92 샹카라에 의하면 "고행(tapas)"은 자신의 은둔처(隱遁處, āśrama)에 합당한 행위를 의미한다.

93 샹카라에 의하면 "믿음(śraddhā)"은 히란야가르바(黃金子宮, 金胎) 등을 대상으로 하는 지식을 의미한다.

94 샹카라에 의하면 "평온"하다는 것은 지각 기관들이 고요하다는 것을 의미한다.

95 샹카라에 의하면 "속진을 벗어난" 것은 선행도 스러지고 악행도 스러지는 것을 의미한다. 하리끄리스나다싸 고얀다까에 의하면 "속진을 벗어난" 것은 염성(染性, rajoguṇa)이 없다는 것을 의미한다. 염성은 움직이며, 동요하고, 자극하고, 전이(轉移)하고, 세속과 행위의 결과를 추구하게 하는 성질로 고통스럽게 하는 것이다.

96 샹카라에 의하면 여기서 "인아"는 처음으로 생겨난 것인 히란야가르바를 의미한다.

97 샹카라에 의하면 "불후의 아"는 쇠하지 않는 것을 본질로 하는 존재를 의미한다.

98 샹카라에 의하면 "행위에 의해서 얻어진 세상들"은 법(法)과 비법(非法)에 의해서 되돌아가는 윤회하는 세상들이며, 이러한 세상들은 미망, 신기루, 꿈, 물거품 등처럼 매순간 사라지는 것들로 무명(無明)으로 인한 그릇된 욕망이 야기하는 행위가 쌓인 것들이다.

99 샹카라에 의하면 사제 계급인 "브라흐마나(brāhmaṇa)"는 특별히 모든 것을 버림으로써 브라흐만의 지식에 정통해야 한다. 따라서 "브라흐마나"라는 낱말을 사용한 것이다.

100 샹카라에 의하면 "만든 것(kṛta)"은 행위를 의미하고 "안 만들어진 것(akṛta)"은 항상(恒常)한 것을 의미한다. 모든 세상들은 행위가 쌓인 것이기에 행위성으로 인해서 항상하지 않은 것들이다. 하리끄리스나다싸 고얀다까에 의하면 "만든 것"은 행해지는 행위들이고, '안 만든 것'은 스스로 존재하는 항상한 지고의 자재자(自在者, īśvara)를 의미한다. 요가 철학에 따르면, "안 만들어진 것"은 자연(自然, prakṛti)인 '나타나지 않은 것(avyakta)'이다. 이로부터 전개된 지성(buddhi)을 비롯해 현상의 세계 모든 것들에 이르기까지가 만들어진 것, 즉 '만든 것'이다. 지성마저 버려야 우주 최초의 상태인 자연으로 돌아간다. 따라서 "만든 것"으로는 안 만든 것을 구할 수가 없다.

나니![103] 12

아주 평온한 마음을[104] 가진, 평정을 갖춘,[105] 다가온 그에게 그 현인은 불멸不滅이요 인아人我이며 실재인[106] 것을 알 수 있는 브라흐만의 지혜를 사실 그대로 잘 말해 주었나니.[107] 13

두 번째 문다까

제1편

그러한 것인[108] 이것은 진리다! 마치 활활 타는 불에서 마찬가지 모습의 수천의 불꽃들이 생겨나듯이,[109] 그렇게 불멸不滅에서[110] 여러 다양

---

101 샹카라에 의하면 "성스런 지식에 정통한" 사람은 연구하고 전해들은 의미에 정통한 사람이다. 하리끄리스나다싸 고얀다까에 의하면 성스런 지식에 정통한 사람은『베다』를 제대로 아는 사람이다.

102 샹카라에 의하면 "브라흐만에 확실히 자리 잡은" 사람은 모든 행위들을 버리고 오로지 '둘이 아닌(advaya)' 브라흐만에 확실히 자리 잡은 사람이다.

103 샹카라에 의하면 경전을 아는 사람이라 할지라도 스승이 없이 독립적으로 브라흐만의 지혜에 대해 연구하지 말아야 한다는 의미다.

104 샹카라에 의하면 "아주 평온한 마음"은 자만심을 비롯한 결함이 멈추어 버린 마음이다.

105 샹카라에 의하면 "평정을 갖춘" 것은 외부의 지각 기관을 멈추어 집착이 완전히 사라진 상태를 의미한다.

106 샹카라에 의하면 "실재"는 세상이 생겨나고, 또한 세상이 환멸(還滅)되는 불멸의 바탕이다. 이 바탕을 알게 되면 모든 것을 알게 된다. 이 바탕은 높은 브라흐만에 대한 지식의 대상이다. 라다크리슈난은 실재를 '진리(the true)'라고 번역한다.

107 샹카라에 의하면 제대로 찾아온 진실한 제자를 무명(無明)의 큰 바다로부터 벗어나게 하는 것은 스승의 의무이기 때문이다.

108 샹카라에 의하면 "그러한 것(tat)"은 '지혜의 대상(vidyāviṣaya)'을 의미한다.

109 활활 타는 불에서 피어나는 수천의 불꽃들도 결국은 불과 마찬가지다.

한 존재들이[111] 생겨나고, 사랑스런 이여, 그리고 바로 그곳으로 잠겨 든다. 1

인아人我는 신성한 것,[112] 형태가 없는 것, 안과 밖을 함께하는 것,[113] 생겨나지 않은 것,[114] 생기가 없는 것,[115] 마음이 없는 것,[116] 순백純白인 것,[117] 높은 것인 불멸不滅보다 훨씬 높은 것이다.[118] 2

이것에서[119] 생기가,[120] 마음이, 모든 기관들이,[121] 허공이, 바람이, 불

---

110 하리끄리스나다싸 고얀다까에 의하면 "불멸"은 불멸의 브라흐만을 의미한다.

111 샹카라에 의하면 여기서 "존재(bhūta)들"은 생령(生靈, jīva)들을 의미한다.

112 샹카라에 의하면 "신성한 것(divya)"은 스스로 빛을 지녀 빛나는 것 혹은 하늘에 존재하는 것, 혹은 세상의 것이 아닌 것을 의미한다.

113 샹카라에 의하면 "안과 밖을 함께하는 것"은 안에도 밖에도 존재하는 것을 의미한다.

114 샹카라에 의하면 "생겨나지 않은 것(aja)"은 자기 자신 외에는 그 어디에도 출생의 원인이 없다는 것을 의미한다. 안과 밖에 존재하며 자신 외에는 출생의 원인이 없기 때문에 늙음도 없고, 죽음도 없으며, 불멸이며, 항상하고, 두려움이 없다는 것을 의미한다.

115 샹카라에 의하면 "생기가 없는 것"은 활동력에 차이가 있는, 움직이는 성질의 숨(vāyu)이 없다는 것을 의미한다.

116 샹카라에 의하면 "마음이 없는 것"은 다양한 인식의 차이가 있는 마음이, 욕망을 비롯한 것들을 본질로 하는 마음이 없다는 의미다.

117 샹카라에 의하면 "순백"은 순수(純粹)를 의미한다.

118 샹카라에 의하면 '나타나지 않은 것(avyakta)'이라 규정되어 부르는 "불멸"은 모든 결과의 원인이 되는 씨앗이기 때문에 그로부터 변화되어 생긴 모든 것들보다 높은 것이다. 그러나 인아(人我)는 규정되지 않는 것이기에 규정되는 것인 불멸보다 더 높은 존재라는 의미다. 상캬(Sāṁkhya) 철학에 따르면, 불멸은 물질들 가운데 가장 높은 근본 물질인 자연(自然)에 해당된다. 따라서 영혼인 인아는 물질인 불멸보다 높은 존재가 된다. 자연을 모든 물질들의 원인이 되는 가장 높은 물질이라는 의미에서 승인(勝因, pradhāna)이라고도 부른다.

119 샹카라에 의하면 "이것"은 이름(名)과 형태(色)의 씨앗으로 규정되어 나타나는 인아(人我)를 의미한다. 하리끄리스나다싸 고얀다까에 의하면 이것은 '지고의 자재자(parameśvara)'를 의미한다.

120 샹카라에 의하면 "생기(生氣)"는 변형된 것이며, 이름 지어진 것이며, 진실되지 않은 것

이, 물이, 모든 것을 간직하는 흙이 생겨난다. 3

머리는 불,[122] 두 눈은 달과 해, 두 귀는 방향,[123] 그리고 입은 베다들로 전개되었다.[124] 숨결은 바람,[125] 심장은 이 모든 것,[126] 이것의 두 발에서는 대지가,[127] 바로 이것은 모든 존재들 안에 있는 아我다.[128] 4

태양을 땔감으로 하는 그것에서 불이, 달에서 비구름이, 대지에 식물들이, 남자는 여자에게 정액을 뿌린다.[129] 많은 백성들이 인아人我에서

으로 무명(無明)의 대상을 의미한다. 라다크리슈난은 "생기"를 '생명(life)'으로 번역한다.

121 라다크리슈난은 "모든 기관들"을 '모든 지각 기관들(all the sense-organs)'이라고 번역한다. 그러나 샹카라와 하리끄리스나다싸 고얀다까는 "모든 기관들"을 지각 기관으로 한정하지 않는다. 여기서 "모든 기관들"은 다섯 가지 지각 기관(buddhīndriya, jñānendriya)들과 다섯 가지 행위 기관 모두를 포함하는 기관들로 보는 것이 좋다.

122 샹카라에 의하면 "불"은 하늘나라(dyuloka)를 의미한다.

123 라다크리슈난은 "두 귀는 방향"을 '공간의 영역들은 그의 귀들(the regions of space are his ears)'이라고 번역한다.

124 샹카라에 의하면 전개된 것은 나타난 것, 즉 유명한 것을 의미하며, "입"은 유명한 『베다』들이라는 의미다. 라다크리슈난은 '현시된 베다들(the revealed Vedas)'이라고 번역한다.

125 라다크리슈난은 '바람은 그의 생명(air is his life)'이라고 번역한다.

126 샹카라에 의하면 "심장(hṛdaya)"은 내적 기관(antaḥkaraṇa)인 마음을 의미한다. 왜냐하면 모든 것은 바로 내적 기관의 변형이기 때문이다. 또한 세상이 꿈 없는 잠의 상태인 마음에 잠겨 드는 것이 보이기 때문이다.

127 샹카라에 의하면 두 발에서 대지가 생겨났다는 의미다.

128 샹카라에 의하면 "모든 존재들 안에 있는 아(sarvabhūtāntrātman)"는 위스누(Viṣṇu) 신으로 영원하며, 제일 처음 몸을 지니고, 삼계(三界)를 체(體)로 삼은 존재를 의미한다.

129 샹카라에 의하면 그것은 지고의 인아(人我)며, 지고의 인아에서 생겨난 것들에 자리잡는 태양을 연료로 하는 하늘나라의 불이 생겨나고, 하늘나라의 불에서 생겨난 쏘마(Soma)에서 두 번째 불인 빠르잔야(Parjanya)가 생겨난다. 빠르잔야로부터 대지에 식물들이 생겨난다. 사람의 불에 화제(火祭)의 제물로 바친 식물들을 원인으로 삼아 남성의 불이 여성의 불에 정액을 뿌린다는 의미다. 쏘마는 본래 즙을 짜서 제사에 사용하는 식물과 그 식물의 즙을 의미한다. 이 식물의 약성이 달과 관계가 있어 달을 쏘마라고 부르기도 한다. 빠르잔야는 비의 신이며, 비구름 또는 비를 의미하기도 한다.

생겨났다. 5

그로부터[130] 운문들이,[131] 찬송이,[132] 제문祭文들이,[133] 제의비전祭儀秘傳이,[134] 제사들이,[135] 모든 제례들과[136] 선물들이,[137] 한 해가,[138] 제주祭主가,[139] 세상들이,[140] 달이 정화하는 곳이, 태양이 있는 곳이.[141] 6

그로부터[142] 여러 종류의 신들이, 천상의 존재들이,[143] 사람들이, 길

---

130 그 '지고의 인아(paramapuruṣa)'로부터 이하의 것들이 생겨났다는 의미다.

131 "운문(ṛc)"은 여러 운율을 사용하여 신(神)들을 제장으로 불러들일 때 사용하는 찬가들이다. 하리끄리스나다싸 고얀다까에 의하면 운문은 『리그베다』의 찬가들을 의미한다.

132 "찬송(讚頌, sāma)"은 운문을 노래로 불러 신들을 찬양하는 노래들이다. 하리끄리스나다싸 고얀다까에 의하면 찬송은 『싸마베다』를 의미한다.

133 "제문(yajus)"은 실제 제사를 집행하는 동안에 사용되는 기도문들이다. 하리끄리스나다싸 고얀다까에 의하면 제문은 『야주르베다』를 의미한다.

134 샹카라에 의하면 "제의비전(dīkṣā)"은 행위자에 관련된 특별한 계율(戒律)이다. 여기서 행위자는 제사를 지내는 사람을 의미한다.

135 샹카라에 의하면 "제사(祭祀, yajña)"는 모든 화제(火祭) 등을 의미한다.

136 샹카라에 의하면 여기서 "제례(祭禮, kratu)"는 희생물을 묶는 나무 기둥을 사용하는 제사를 의미한다. 하리끄리스나다싸 고얀다까에 의하면 희생물을 묶는 나무 기둥을 사용하지 않는 것이 제사(祭祀)며, 희생물을 묶는 나무 기둥을 사용하는 것이 제례다.

137 샹카라에 의하면 "선물(膳物, dakṣiṇā)"은 소 한 마리를 주는 것에서부터 무한정으로 모든 것을 주는 것에 이른다.

138 샹카라에 의하면 "한 해(saṁvatsara)"는 시간이며 행위에 해당되는 부분을 의미한다. 행위는 시간 속에서 이루어지기 때문이다.

139 샹카라에 의하면 "제주"는 행위자를 의미한다.

140 샹카라에 의하면 "세상들"은 행위의 결과를 의미한다.

141 샹카라에 의하면 "달이 정화하는 곳"과 "태양이 있는 곳"은 '세상들'을 설명하는 말이다. 남행길(dakṣiṇāyana)과 북행길(uttarāyaṇa)의 두 길을 통해 가는 세상을 각각 의미하며, 현명한 사람과 현명하지 못한 사람이 결과로서 얻게 되는 곳이다.

142 샹카라에 의하면 "그로부터"는 인아(人我)로부터다. 하리끄리스나다싸 고얀다까에 의하면 '지고의 자재자'로부터다.

143 "천상의 존재"는 원문 싸드야(Sādhya)를 번역한 말이다. 싸드야는 『샤따빠타 브라흐마나(*Śatapatha Brāhmaṇa*)』에 의하면 신들의 세계보다 더 위의 세계에 거주하는 존재, 『니루

짐승들이, 날짐승들이, 생기生氣와 하기下氣가,[144] 벼와 보리가,[145] 고행이, 믿음이,[146] 진실이,[147] 청정범행淸淨梵行이,[148] 그리고 규정이[149] 생겨났다. 7

그로부터 일곱 생기生氣들이,[150] 일곱 불길들이,[151] 일곱 화목火木이,[152]

끄따(*Nirukta*)』에 의하면 허공의 세계에 거주하는 존재, 『마누쓰므리띠(*Manusmṛti*)』에 의하면 신들 다음으로 창조된 존재로 아주 우아하게 정제된 성질들로 만들어진 존재다. 샹카라에 의하면 싸드야들은 특별한 신들을 의미한다.

144 "생기"는 원어 쁘라나(prāṇa)를 번역한 말이다. 쁘라나는 '앞에, 앞으로, 매우' 등을 의미하는 접두어 '쁘라(pra)'에 '호흡하다, 숨 쉬다, 헐떡이다, 살다, 가다, 움직이다' 등을 의미하는 어근 '안(an)'에서 파생된 낱말로 '호흡, 숨'을 의미하는 '아나(ana)'가 결합하여 만들어진 낱말이다. 따라서 생기는 '앞으로 움직이는 숨, 수승한 숨' 이라는 어원적인 의미를 가진다. "하기"는 원어 아빠나(apāna)를 번역한 말이다. 아빠나는 '떨어져, 뒤로, 아래로' 등을 의미하는 접두어 '아빠(apa)'에 '호흡하다, 숨 쉬다, 헐떡이다, 살다, 가다, 움직이다' 등을 의미하는 어근 '안(an)'에서 파생된 낱말로 '호흡, 숨'을 의미하는 '아나(ana)'가 결합하여 만들어진 낱말이다. 따라서 하기는 '아래로 움직이는 숨, 떨어져 나가게 하는 숨' 이라는 어원적인 의미를 가진다.

145 샹카라에 의하면 여기서 "벼(vrīhi)와 보리(yava)"는 불에 넣는 제물을 의미한다.

146 샹카라에 의하면 "믿음"은 해맑은 정신으로 신심 어린 지성을 의미한다.

147 샹카라에 의하면 "진실(眞實, satya)"은 거짓이 배제된, 있는 그대로의 사실을 말하는 것으로 괴롭히지 않는 것이다. 만일 나의 결점에 대해 누군가가 있는 그대로를 말한다고 해서 괴로워한다면, 괴로워하는 나의 태도는 옳지 않기 때문이다.

148 샹카라에 의하면 "청정범행(brahmacarya)"은 성교(性交)를 하지 않는 것이다.

149 샹카라에 의하면 "규정(vidhi)"은 의무를 의미한다.

150 샹카라에 의하면 바로 그 인아(人我)로부터 머리의 "일곱 생기들"이 생겨난다는 의미다. 하리끄리스나다싸 고얀다까에 의하면 "일곱 생기들"은 대상(對象, viṣaya)들을 밝히는 능력을 가진 것들로, 귀, 피부, 눈, 혀, 코, 입, 마음을 의미한다. 『브라흐마쑤뜨라(*Brahmasūtra*)』(2. 4. 2~6)에서는 귀, 피부, 눈, 혀, 코, 입, 손, 발, 생식기, 배설기, 마음이 대상을 밝히는 기관들로 언급되어 있다. 여기서는 이 열한 가지 기관들 가운데 일곱 가지 중요한 기관을 언급하고 있다.

151 샹카라에 의하면 "일곱 불길들"은 자신의 대상들을 밝히는 것들이다. 하리끄리스나다싸 고얀다까에 의하면 "일곱 불길들"은 듣기, 만지기, 보기, 맛보기, 냄새 맡기, 말하기, 생각하기 등이다.

152 샹카라에 의하면 "일곱 화목(火木, samidha)"은 일곱 가지 대상(對象)들을 의미한다. 즉 소리, 촉감, 형태, 맛, 냄새, 언어, 생각할 것 등을 의미한다.

일곱 화제火祭들이,[153] 생기들이 그 안에서 움직이는 이 일곱 세상들이,[154] 일곱 일곱씩 동굴에서 잠드는 것들이 배정되어 생겨난다.[155] 8

이로부터[156] 모든 바다와 산들이,[157] 이로부터[158] 모든 형태의 강들이 흐른다. 이로부터 모든 식물들과 맛이,[159] 바로 이에 의해서 내아內我는 원소들과 더불어 머문다.[160] 9

인아人我가 바로 이 모든 것,[161] 행위,[162] 고행,[163] 브라흐만, 지고의 불

---

153 샹카라에 의하면 "일곱 화제(homa)"는 대상에 대한 인식(認識, vijñāna)을 의미한다. 호마(homa)는 화제를 지낼 때 불에 넣는 제물을 의미하기도 한다.

154 샹카라에 의하면 "일곱 세상들"은 생기들이 움직이고 있는 기관들의 장소들을 의미한다.

155 샹카라에 의하면 "동굴(guhā)"은 몸 혹은 심장을 의미한다. 잠잘 때 몸 안에서 혹은 심장 안에서 잠자기 때문에 동굴에서 잠드는 것들이라고 한다. 창조자에 의해 일곱 일곱씩 배정된다는 의미다. 하리끄리스나다싸 고얀다까에 의하면 잠잘 때 마음과 더불어 기관의 형태인 생기들은 하나가 되어 심장이라는 모습의 동굴 속에서 잠을 잔다. 이 일곱 일곱의 무리들은 '지고의 자재자'에 의해서 모든 생명체들에 배정된 것들이다.

156 샹카라에 의하면 "이로부터"는 '인아(人我)로부터'다.

157 하리끄리스나다싸 고얀다까에 의하면 모든 바다와 산들이 생겨난다는 의미다.

158 "이로부터"는 '인아(人我)로부터'를 의미한다.

159 샹카라에 의하면 "이로부터"는 '인아(人我)로부터'이며, "식물(oṣadhi)"은 쌀과 보리 등을 의미한다. "맛"은 단맛 등 여섯 가지를 의미한다. 여섯 가지 맛은 단맛(madhura), 신맛(amla), 짠맛(lavaṇa), 쓴맛(tikta), 매운맛(kaṭuka), 떫은맛(kaṣāya)이다. 막스 뮐러와 라다크리슈난은 "식물들"을 '약초들(herbs)'이라고 번역한다.

160 샹카라에 의하면 "이에 의해서"는 '맛에 의해서'며, "내아(antarātmā)"는 여섯 가지 맛에 의해 오대 원소로 감싸여 머문다. "내아"는 '잠기는 것(liṁga)'으로 미묘한(sūkṣma) 몸(śarīra)이다. "내아"는 몸과 아(我) 사이에 아처럼 존재하기에 "내아"라고 한다. 오대 원소는 지수화풍공을 의미한다. 여기서 맛(rasa)은 정수를 의미한다.

161 샹카라에 의하면 이렇게 인아(人我)에서 "이 모든 것"이 생겨났다. 그래서 "이 모든 것"은 인아다. 인아가 아닌 것은 그 어떤 것도 없다. 바로 이 '지고의 아'인, 모든 것의 원인인 인아에 대해 알게 되면, 바로 "이 모든 것"은 인아며, 인아가 아닌 것은 없다는 것을 알게 된다.

사不死다. 동굴 속에 놓인 이것을 아는 사람은 이승에서 무명無明의 매듭을 풀어 헤친다.[164] 사랑스런 애야! 10

제2편

나타난 것을,[165] 잘 자리 잡은 것을,[166] 동굴에서 움직이는 자라고 이름하는 것을,[167] 크나큰 자리를,[168] 이곳에 온전히 바쳐진 이것을,[169] 움직이고 숨을 쉬고 눈을 깜박이는 것을,[170] 있음과 없음을,[171] 바랄 것을,[172]

---

162 샹카라에 의하면 "행위"는 화제(火祭) 등을 의미한다.

163 샹카라에 의하면 "고행"은 지혜를 의미한다. 고행을 통해 욕망이 정화되면, 지혜가 생겨난다.

164 샹카라에 의하면 모든 것은 지고의 불멸인 브라흐만이며, 바로 나다. 이렇게 모든 생명체의 동굴인 심장에 머무는 것을 아는 사람은 이렇게 앎으로써 무명(無明)의 매듭을, 즉 매듭처럼 견고한 무명의 습기(習氣, vāsanā)를 이승에서 살아 있는 동안에 멸한다. 요가 철학에 의하면 '정신의 인상(行, saṁskāra)'이 정신 활동(cittavṛtti)을 만들어 내고, 정신 활동은 다시 정신의 인상을 만들어 낸다. 이 과정에서 정신의 인상은 기억(smṛti)을 통해서 정신 활동을 만들어 낸다. 기억을 만들어 내는 '정신의 인상'이 바로 습기다. 욕망은 습기에 의해 만들어진다. 따라서 습기가 멸해지면, 욕망이 담박해진다.

165 샹카라에 의하면 보고, 듣고, 생각하고, 이해하는 것 등으로 규정된 속성들을 통해서 모든 생명체들의 심장에 있는 것으로 나타나는 것을 의미한다.

166 샹카라에 의하면 심장에 잘 자리 잡은 브라흐만을 의미한다.

167 샹카라에 의하면 보고, 듣는 방법 등을 통해 심장이라는 동굴에서 움직이는 것으로 알려진 것을 의미한다.

168 샹카라에 의하면 모든 사물의 거처가 되기 때문에 모든 것에 의해서 모든 위대한 것보다 위대한 자리에 도달한다는 의미다.

169 샹카라에 의하면 이곳 브라흐만에 이 모든 것이 바쳐진 것 즉 수레바퀴의 굴대에 바퀴살들처럼 들어와 있는 것을 의미한다.

170 샹카라에 의하면 "움직이는 것"은 새 등을 의미하고, "숨을 쉬는 것"은 사람과 짐승 등을 의미하며, "눈을 깜박이는 것"은 눈을 깜박이는 등의 행동을 하는 것을 의미하며, 이 모든 것들이 브라흐만에 바쳐진 것임을 뜻한다.

171 샹카라에 의하면 "있음(sat)"은 형태가 있는 것으로 구체적인 것이며, "없음(asat)"은 형태가 없는 것으로 미세한 것이다. 이 두 가지 외에 다른 것은 없기 때문이다.

172 샹카라에 의하면 모든 것의 항상성(恒常性, nityatva)이기 때문에 소망스런 것이다.

가장 뛰어난 것을,[173] 생겨난 것들의 이해력을 넘어선 것을,[174] 너희는 바로 이것을 알아라.[175] 1

빛나는 것,[176] 가장 작은 것들보다 가장 작은 것과,[177] 세상들과 세상에 사는 것들이 자리 잡은 곳,[178] 바로 그 이것은 불멸인 브라흐만, 그것은 생기, 그것은 또한 말과 마음,[179] 그 이것은 실재, 그것은 불사不死, 꿰뚫어야 할 것이다. 사랑스런 애야, 너는 그것을 꿰뚫어야 한다. 2

큰 쏠 것인 우파니샤드의 활을 들고, 명상의 예리한 화살을[180] 재어라. 몰두하는 마음으로 그것을 당겨[181] 바로 그 불멸不滅인 과녁을 너는 꿰뚫어라. 3

옴ॐ을 활,[182] 아我를 화살,[183] 바로 그 브라흐만을 과녁이라고 일컫는

173 샹카라에 의하면 일체의 결함이 없기 때문에 모든 사물들 가운데 뛰어난 것이다.

174 샹카라에 의하면 세속적인 이해력으로 파악되지 않는다는 의미다.

175 샹카라에 의하면 '제자들아, 이 모든 것인 이 거처가 너희의 아(我)가 됨을 알라'는 의미다.

176 샹카라에 의하면 그 빛에 의해서 태양을 비롯한 것들이 빛난다. 따라서 브라흐만은 "빛나는 것"이다.

177 샹카라에 의하면 "과(ca)"라는 말을 사용함으로써 가장 '미세한 것(sūkṣma)'과 가장 '거친 것(sthūla)'을 동시에 의미한다.

178 샹카라에 의하면 "세상들"은 지상의 세계를 비롯한 세상들이며, "세상에 사는 것들"은 사람을 비롯한 것들이다. 브라흐만은 모든 것들의 바탕이다.

179 샹카라에 의하면 모든 것의 바탕이요 불멸인 브라흐만은 말이자 마음, 모든 기관들이다. 브라흐만은 의식(caitanya)의 바탕이므로 숨결과 기관을 비롯한 모든 것들이 모인 것이다.

180 샹카라에 의하면 꾸준한 명상에 의해서 가늘어지고 다듬어진 화살이라는 의미다.

181 샹카라에 의하면 불멸(不滅)인 브라흐만에 몰두하는 마음으로 기관들과 더불어 마음을 자기의 대상들로부터 거두어들이는 것을 의미한다.

다. 정신 차려 꿰뚫어야 한다.[184] 화살처럼 그것과 일체가 되어야 한다.[185] 4

하늘이, 땅이, 허공이, 그리고 모든 생기들과 더불어 마음이 엮여 있는 곳,[186] 그것은 바로 하나임을,[187] 아我임을[188] 너희는 알아라. 다른 말들은[189] 너희는 내버려라. 이것이 불사不死의 다리다.[190] 5

수레바퀴의 중심에 있는 바퀴살들처럼 경락經絡들이 모여 있는 곳,[191] 그러한 이것은 여러 가지로 생겨나면서 안에서 움직인다.[192] 너희는 아我

---

182 샹카라에 의하면 거듭 반복하는 옴에 의해서 마치 활에 의해 화살이 과녁에 앉듯이 거침없이 불멸(不滅)에 자리 잡게 된다.

183 샹카라에 의하면 물속의 태양을 비롯한 것들처럼 이 몸 안에 들어와 있는, 규정된 것으로 나타나는 아다.

184 샹카라에 의하면 외부의 대상을 얻고자 하는 갈망을 버린 정신, 전적으로 집착을 버린 정신, 기관들에 대해 승리한 정신, 집중 통일된 정신으로 브라흐만이라는 과녁을 꿰뚫어야 한다는 의미다.

185 샹카라에 의하면 과녁을 꿰뚫은 다음에는 화살이 과녁과 하나가 되는 결과가 생기듯이, 그렇게 몸을 비롯한 것의 아(我)라는 인식을 버림으로써 불멸(不滅)과 동일한 본질성이라는 결과에 도달해야 한다는 의미다.

186 샹카라에 의하면 "엮여 있다"는 것은 받쳐 올려 있다는 것을 의미하며, "생기(生氣)"는 다른 모든 기관들을 의미한다.

187 샹카라에 의하면 "하나(eka)"는 '유일한 것(advitīya)'을 의미한다.

188 샹카라에 의하면 너희와 모든 생명체들의 내적 본질인 아(我)를 의미한다.

189 샹카라에 의하면 "다른 말들"은 낮은 지혜의 형태의 것들을 의미한다.

190 샹카라에 의하면 불사성(不死性, amṛtatva)인 해탈에 이르기 위한 교량이라는 의미다.

191 샹카라에 의하면 수레바퀴의 중심으로 바퀴살들이 모이듯, 온몸에 퍼진 경락(nāḍī)들은 심장에 모여든다는 의미다.

192 샹카라에 의하면 "그러한 이것"은 경락(經絡)들이 모여 있는 심장 가운데에서 지성(知性)의 인식을 직접 목격하는 존재인 바로 이 부여된 아(我)를 의미한다. 안에서 움직이는 이 아는 보고, 듣고, 생각하고, 알면서 여러 가지로 분노와 기쁨 등의 인식을 통해서 마음이 규정되는 것에 맞추어짐으로써 여러 가지로 생겨나는 것과 같다.

를 옴ॐ이라고 이렇게 집중하라.[193] 저편 어둠으로부터 건너오기 위해 너희에게 행운이 깃들기를 바라노라.[194] 6

모든 것을 아는 자,[195] 모든 것을 밝게 헤아리는 이,[196] 세상에 이 위력偉力을 가진 이,[197] 바로 이 아我는 빛나는 브라흐만의 성城인 허공에[198] 자리 잡고 있다.[199] 7

---

193 샹카라에 의하면 "집중하라"는 것은 사념(思念)하라는 의미다.

194 샹카라에 의하면 "저편 어둠"은 무명(無明)의 어둠(闇性, tamas)을 의미하며, "건너오기 위해"는 피안(彼岸, parakūla)을 위해서라는 의미이며, "행운(svasti)"은 장애가 없음을 의미한다. 무명이 없이 '브라흐만의 아(brahmātman)'의 본질에 이르기 위해서라는 의미다. 스승은 이미 무명을 벗어나 피안의 경지에 도달한 사람이다. 따라서 스승의 입장에서 보면 제자들은 저편 어둠의 강 언덕에 서서 스승이 있는 이편 피안의 언덕으로 건너와야 할 존재들이다.

195 샹카라에 의하면 "모든 것을 아는 자(sarvajña)"는 모든 것을 보편적으로 아는 자를 의미한다.

196 샹카라에 의하면 "모든 것을 밝게 헤아리는 이(sarvavid)"는 모든 것을 특별하게 아는 자를 의미한다.

197 샹카라에 의하면 "위력(偉力, mahimā)"은 하늘과 땅을 그의 통치하에 두고, 해와 달을 그의 통치하에 횃불의 수레바퀴처럼 끊임없이 돌게 하고, 강과 바다 들이 그의 통치하에서 벗어나지 못하고, 움직이는 것과 움직이지 못하는 것들이 그의 지배하에 통제되고, 계절과 세월들이 그의 지배를 벗어나지 못하고, 행위자들과 행위들과 결과가 그의 지배에 의해서 각각의 시간을 벗어나지 못하는 것 등을 의미한다.

198 샹카라에 의하면 "빛나는 브라흐만의 성"은 모든 지각 인식된 것을 밝히는 심장의 연꽃을 의미하며, 허공은 심장의 연꽃 사이의 허공을 의미한다.

199 1958년에 인도 푸나의 베다 교정 기관에서 간행된 교정 판본과 라다크리슈난의 영어 번역본은 여기까지를 일곱 번째 만뜨라로 보고 다음에 이어지는 부분을 여덟 번째 만뜨라로 분리한다. 그러나 샹카라는 다음에 이어지는 여덟 번째 만뜨라까지를 일곱 번째 만뜨라로 본다. 막스 뮐러 역시 다음에 이어지는 여덟 번째 만뜨라까지를 일곱 번째 만뜨라로 본다. 하리끄리스나다싸 고얀다까 역시 다음에 이어지는 부분까지를 포함하여 일곱 번째 만뜨라로 보고 있다. 싸뜨야브라따 씻단따랑까라의 힌디 어 번역본 역시 샹카라의 주석본과 마찬가지다.

마음으로 된 것,[200] 생기와 몸의 지도자는[201] 심장에 잘 얹혀 곡식에 자리 잡고 있다.[202] 지혜로운 사람은 그것을,[203] 환희의 모습을,[204] 불사不死를, 빛나는 것을[205] 식識으로[206] 두루 바라본다. 8

마음의 매듭이[207] 풀리고, 모든 의심들이 끊긴다. 그 높고 낮은 것을 보면, 이 모든 업業들이 소멸된다.[208] 9

황금의 높은 그릇에 티끌 없는, 부분이 없는 브라흐만,[209] 그것은 순

---

200 샹카라에 의하면 아(我)가 심장의 연꽃 사이에 머물러 마음으로 규정되어 마음의 작용들을 통해 나타나기 때문에 "마음으로 된 것(manomaya)"이라고 한다.

201 샹카라에 의하면 구체적인 몸으로부터 다른 몸으로 이끌어 가기 때문에 "생기와 몸의 지도자"다.

202 샹카라에 의하면 먹는 음식의 결과인 날마다 커지고 줄어드는 살덩어리 형태의 곡식에 심장을, 즉 연꽃의 틈에 지성(知性)을 안치하고 자리 잡는다. 왜냐하면 심장에 자리 잡는 것이 아(我)의 상태지, 곡식에 자리 잡은 것이 아의 상태는 아니기 때문이다. 라다크리슈난은 이 부분을 '음식에 자리 잡아 심장을 통제한다(seated in food controlling the heart)'라고 번역한다. 하리끄리스나다싸 고얀다까는 이 부분을 '심장의 연꽃에 기반을 잡고 곡식으로 된 구체적인 몸에 자리 잡는다'라고 번역한다.

203 샹카라에 의하면 "지혜로운 사람(dhīra)"은 분별력이 있는 사람이며, "그것"은 '아의 본질(ātmatattva)'이다.

204 샹카라에 의하면 "환희의 모습(ānandarūpa)"은 모든 부질없는 고통을 애써 여읜 기쁨의 형태다.

205 샹카라에 의하면 "빛나는 것"은 자신의 아(我)들을 특별히 밝히는 것을 의미한다.

206 샹카라에 의하면 "식(viñjāna)"은 특별하게 경전과 스승의 가르침에 의해서 생겨난 지혜다. 이 지혜는 마음의 평정과 감각 기관의 제어와 정신 통일과, 모든 것을 버리고 모든 욕망을 여읨으로써 고양되는 것이다.

207 샹카라에 의하면 "마음의 매듭(hṛdayagranthi)"은 무명의 습기(習氣)에 의해서 쌓인, 지성에 깃든 욕망(kāma)을 의미한다.

208 샹카라에 의하면 "그"는 전지자(全知者)인 윤회하지 않는 자이며, 높은 것은 원인아(原因我, kāraṇātman)이며, 낮은 것은 결과아(結果我, kāryātman)다. 본다는 것은 그 원인아와 결과아가 바로 나다(ahamasmi)라고 직접 지각하여 보는 것이다. 이렇게 보게 되면, 윤회의 원인이 끊기게 되어 해탈한다.

수純粹,[210] 빛들의 빛,[211] 아我를 아는 사람들이[212] 알고 있는 그것이다. 10

그곳에 태양은 비추지 못하고,[213] 달과 별들이, 이 번갯불들이 비추지 못한다. 하물며 이 불은[214] 어떠하겠는가? 비추는 그것을 따라 모든 것이 비춘다.[215] 그것의[216] 빛에 의해 이 모든 것들이 나타난다. 11

바로 이것이 불사不死인 브라흐만이다. 동에도 브라흐만, 서에도 브라흐만, 남에도 그리고 북에도, 아래로도 그리고 위로도 펼쳐 있다. 바로 이 브라흐만이 모든 것이다. 이것은 더없이 좋은 것이다![217] 12

---

209 샹카라에 의하면 "황금"은 빛나는 것이며, 지성이 인식하여 밝힘을 의미한다. "높은" 것은 아(我)의 본모습을 얻는 장소기에 높은 것이다. 모든 내재성(內在性, abhyantaratva)이기에 티끌이 없음이며, 티끌이 없음은 무명(無明)등의 결함이라는 티끌인 때가 남김없이 제거된 것을 의미한다. "부분이 없는" 것은 브라흐만이 모든 위대성이며 전아성(全我性, sarvātmatva)이기 때문에 부분이 사라짐으로 인해서 부분이 없다는 것을 의미한다.

210 샹카라에 의하면 브라흐만은 부분이 없으므로 "순수"함이다.

211 샹카라에 의하면 "빛들의 빛"은 내면화된 '브라흐만의 아(梵我)'로써 의식의 빛의 원인이라는 의미다.

212 샹카라에 의하면 "아(我)"는 소리를 비롯한 대상에 대한 지성의 인식을 직접 지각하는 존재로서의 자신이며, "아는 사람"은 분별력이 있는 사람이다.

213 샹카라에 의하면 "그곳"은 브라흐만이며, "태양"은 브라흐만을 비추지 못한다는 의미다.

214 샹카라에 의하면 "이 불"은 지상에서 움직이는 우리의 불을 의미한다.

215 샹카라에 의하면 스스로 '빛의 형태의 본질(bhārūpatva)'에 의해서 빛나는 그 '지고의 자재자'를 따라 이 세상이 빛나는 것이다.

216 샹카라에 의하면 "그것"은 브라흐만이며, 브라흐만에게는 '빛의 형태의 본질'이 있다.

217 샹카라에 의하면 브라흐만이 아니라고 하는 인식은 밧줄을 뱀으로 인식하는 것과 마찬가지로 모두가 단지 무명(無明)에 불과할 뿐이다. 무명을 벗어나 일체가 여여(如如)하게 브라흐만임을 확연히 알게 된다면, 이 세상 모든 것들은 시(是)와 비(非)를 넘어서는, 더없이 좋은 것이라는 것을 환희 속에서 자연히 느끼게 될 것이다.

세 번째 문다까

제1편

아름다운 날개를 가진 두 마리 새가[218] 함께 어울려[219] 함께 나타나[220] 같은 나무에[221] 깃든다. 두 마리 가운데 하나는[222] 열매를[223] 맛있게 먹고,[224] 다른 하나는[225] 먹지 않으며 바라만 본다.[226] 1[227]

몰두하는 인아人我는 같은 나무에서 하릴없이 미혹되어 슬퍼한다.[228]

---

218 샹카라에 의하면 "아름다운 날개를 가진 새(suparṇa)"는 아름답게 나는 새 혹은 일반적인 새를 의미한다. 하리끄리스나다싸 고얀다까에 의하면 "두 마리 새"는 '생령의 아(jīvātman)'와 '지고의 아'를 의미한다.

219 샹카라에 의하면 "함께 어울려"는 언제나 함께 짝을 이루는 것을 의미한다.

220 샹카라에 의하면 "함께 나타나"는 것은 동일한 원인에 의해 나타나는 것을 의미한다.

221 샹카라에 의하면 "나무"는 몸을 의미한다. 바로 이 나무는 뿌리가 위에 있고 줄기가 아래에 있는 아스왓타(Aśvattha) 나무를 가리키고, 나타나지 않은 뿌리에서 생겨난 것이며, 토양(kṣetra)이라고 이름하는 것이며, 모든 생명체의 업과 업보의 바탕인 것이다.

222 샹카라에 의하면 여기서 "하나"는 사라지는 것으로 규정된 나무를 추구하는 '토양을 아는 자(몸과 관련된 영혼, kṣetrajña)'를 의미한다. 즉 몸은 언젠가 사라져 없어지는 것이다. 이러한 몸을 토양으로 하여 생겨나는 감각을 추구하는 생령을 의미한다.

223 샹카라에 의하면 "열매"는 업(業, karma)에 의해서 생겨난 기쁨과 고통으로 나타나는 업보(phala)를 의미한다.

224 샹카라에 의하면 "맛있게 먹는다"는 것은 무분별하게 다양한 느낌이라는 맛의 형태를 즐기는 것을 의미한다.

225 샹카라에 의하면 "다른 하나"는 항상(恒常)하고 순수하며 깨어 있고 해탈한 본성을 지닌 전지자(全知者)로서 모든 것의 존재성(存在性, sattva)으로 규정되는 자재자(自在者)를 의미한다.

226 샹카라에 의하면 이것은 먹을 것과 먹는 자에 대한 직접 지각성(直接知覺性, sākṣitva)의 존재일 뿐이기 때문이다.

227 『리그베다』(1. 164. 20)와 『아타르바베다』(9. 14. 20)에 동일하게 나타나는 만뜨라다. 『스웨따스와따라 우파니샤드(*Śvetāśvatara Upaniṣad*)』(4. 6)에도 동일하게 나타난다.

228 샹카라에 의하면 "나무"는 바로 앞의 만뜨라에서 말한 몸을 의미한다. 인아(人我)는 몸 안에서 맛보는 자인 생령(生靈)을 의미한다. "몰두한다"는 것은 무명(無明)과 욕망과

이와는 다른 흠모하는 주인과 그의 위력偉力을 보면 슬픔을 여의게 된다.[229] 2

보는 자가[230] 황금색을,[231] 행위자를,[232] 주인을, 인아人我를, 브라흐만의 모태를[233] 볼 때, 그때 지혜로운 자 되어 선악善惡을 털고 흠 없이[234]

행위의 결과에 대한 애착을 비롯한 무거운 짐에 겨워 호리병박이 바닷물에 빠진 것과 같음을 의미한다. 즉 '몸의 아(身我, dehātman)'의 상태로 떨어져 바로 이것이 나다, 나는 저 사람의 아들이다, 나는 이 사람의 손자다, 나는 야위었다, 나는 통통하다, 나는 덕이 있다, 나는 덕이 없다, 나는 기쁘다, 나는 괴롭다, 바로 이러한 인식, 이러한 것 말고는 다른 것은 없다는 인식을 의미한다. 이러한 인식 때문에 태어나고, 죽고, 일가 친지들과 만나고, 헤어진다. "하릴없이(anīśayā)"는 나는 어떤 능력도 없다, 내 아들이 망했다, 내 부인이 죽었다, 내가 살아서 무엇 하나, 이런 어쩔 수 없다는 생각을 의미한다. 슬퍼하는 것은 괴로워하는 것을 의미한다. "미혹되어"는 수많은 부질없는 유형들을 분별하지 못해 근심에 사로잡히는 것을 의미한다. 이러한 근심에 사로잡힌 사람은 죽은 후에 동물 인간 등의 자궁에, 즉 비천한 상태로 거듭 떨어지게 된다.

229 샹카라에 의하면 흠모하는 주인과 그의 위력을 보기 위해서는, 수많은 생들 가운데 그 언젠가 순수한 다르마의 집적이 원인이 되어 그 어떤 아주 자비로운 이에 의해서 제시된 요가의 길인 비폭력(ahiṁsā), 진실, 청정범행(淸淨梵行), '모든 것에 대한 포기(sarvatyāga)', '마음의 평정(śama)', '감관의 제어(dama)' 등을 갖추어 삼매에 든 아(我)가 되는 것이 전제 조건으로 갖추어져야 한다. "흠모하는"이란 말은 수많은 요가의 길들과 행위들에 의해서 섬겨지는 것을 의미한다. "다른"이란 말은 나무로 규정되어 나타나는 것과는 다른 특징을 의미한다. "주인"은 윤회하지 않는 자, 배고픔과 갈증과 슬픔과 미혹과 늙음과 죽음을 벗어난 존재로 모든 세상의 주인을 의미한다. "보면"이란 말은 바로 내가 모든 존재에 깃들어 있는 모든 것과 동일한 아(我)지, 무명(無明)에 의해 생겨난 틀로 규정된 '미망의 아(迷妄我, māyātman)'가 아니라는 것을, 그리고 세상의 모습으로 나타나는 위력은 바로 이 나, '지고의 자재자'의 것이라고 보는 것을 의미한다. 이렇게 볼 때 그때 슬픔을 여의게 된다. 즉 모든 슬픔의 바다에서 확연하게 벗어나게 된다. 다르마에 대해서는 88쪽 86번 각주 참조.

230 샹카라에 의하면 "보는 자"는 지혜로운 예배자라는 의미다. 하리끄리스나다싸 고얀다까에 의하면 보는 자는 '생령의 아(生靈我)'다.

231 샹카라에 의하면 "황금색(rukmavarṇa)"은 스스로 빛나는 것 혹은 황금처럼 변치 않게 빛나는 것을 의미한다.

232 샹카라에 의하면 "행위자"는 모든 세상을 만든 자를 의미한다.

233 샹카라에 의하면 "브라흐만의 모태(brahmayoni)"는 브라흐만이 모태인 것 혹은 낮은

지고의 동일함에[235] 도달한다. 3

이것은 바로 생기生氣, 모든 존재들을 통해서 빛나는 것이다.[236] 잘 알아[237] 지혜로운 자는 벗어나 말하지 않게 된다.[238] 이 사람은 아我에 노니는 자,[239] 아我를 사랑하는 자,[240] 행위를 갖춘 자로[241] 브라흐만을 아는 사람들 가운데 으뜸이다. 4

이 아我는 항상[242] 진실과[243] 고행과[244] 바른 지혜와[245] 청정범행淸淨梵行

브라흐만의 근원을 의미한다. 하리끄리스나다싸 고얀다까에 의하면 창조자인 브라흐마의 원인이다.

234 샹카라에 의하면 "흠 없이"라는 말은 번뇌가 사라진 것을 의미한다.

235 샹카라에 의하면 "동일함(sāmya)"은 동등성(samatā)이며 둘이 아닌 것으로 정의된다.

236 샹카라에 의하면 "생기"는 생기의 생기로서 높은 자재자(自在者)다. 이러한 자재자가 모든 존재에 깃든 '모든 것의 아'가 되어 다양하게 빛난다.

237 샹카라에 의하면 "잘 알아"라는 말은 모든 존재에 깃든 높은 자재자를 바로 자기 자신으로 아는 것을 의미한다.

238 샹카라에 의하면 모든 것이 아(我)고 다른 것은 없다고 직관할 때, 이것을 벗어나 말할 것은 없다. 아와 다른 것은 보지 않고, 아와 다른 것은 듣지 않고, 아와 다른 것은 알지 못하는 지혜로운 사람은 따라서 이것을 벗어나 말하지 않는다.

239 샹카라에 의하면 "아에 노니는 자(ātmakrīḍa)"는 아들과 아내 등 다른 것들 속에서 노니는 사람이 아니라, 아 속에서 소요유(逍遙遊)하는 사람을 의미한다.

240 샹카라에 의하면 "아를 사랑하는 자(ātmarati)"는 바로 아 안에 그의 성애(性愛)인 사랑이 존재하는 사람을 의미한다.

241 샹카라에 의하면 "행위를 갖춘 자"는 지혜와 선정(禪定, dhyāna)과 여읨(離慾, vairāgya)을 비롯한 행위를 갖춘 사람을 의미한다.

242 샹카라에 의하면 "항상" 진실하고, "항상" 고행하며, "항상" '바른 지혜(samyagjñāna)'를 통하고, "항상" 청정범행(淸淨梵行)하여야 함을 의미한다.

243 샹카라에 의하면 "진실"은 거짓을 버리는 것 즉 헛된 말을 버리는 것이다.

244 샹카라에 의하면 "고행"은 기관(indriya)과 마음을 하나로 집중 통일하는 것이다. 왜냐하면 마음과 기관들을 하나로 집중 통일하는 것이 최고의 고행이기 때문이다. 마음과 기관들을 하나로 집중 통일함은 순조롭게 아를 보게(darśana)하기 때문에 최고의 방편이다. '달 따라가기(cāndrāyaṇa)'를 비롯한 다른 고행을 의미하는 것이 아니다. 달 따라가

을 통해서 얻어지는 것이다. 몸 안에서[246] 빛나는 순수는 결함이 사라진[247] 수행자들이[248] 보는 것이기 때문이다. 5

진실만이 승리한다, 거짓은 아니다.[249] 진실의 길을 통해 신의 길은 펼쳐진다. 세속의 모든 욕망을 버린[250] 선인仙人들은[251] 그 길을 통해 실재實在의[252] 최고 거처인 곳으로 나아간다. 6

기는 고행법의 하나로 음식의 양이 달의 크기를 따라가는 것이다. 즉 보름에는 열다섯 숟가락, 다음 날은 열네 숟가락, 이렇게 매일 한 숟가락씩 음식의 양을 줄여 가다가 마침내 그믐에는 전혀 밥을 먹지 않는다. 그러다 다시 초승에는 한 숟가락, 초이틀에는 두 숟가락, 이렇게 음식의 양을 늘려 가다가 보름에는 열다섯 숟가락을 먹는다. 샹카라는 여기서 고행은 '달 따라가기'를 비롯한 다른 고행을 의미하는 것이 아니라고 말한다. 비롯한(ādi)이라는 말을 통해 일체의 육체적 고통을 가하는 행위를 배제함을 알 수 있다. 기관에는 지각 기관과 활동 기관이 있다. 여기서는 지각 기관을 의미한다.

245 샹카라에 의하면 "바른 지혜"는 아(我)를 있는 그대로 보는 것이다.

246 샹카라에 의하면 "몸 안"은 '연꽃의 허공(puṇḍarīkākāśa)'을 의미한다. '연꽃의 허공'은 심장의 빈 공간을 뜻한다.

247 샹카라에 의하면 "결함(doṣa)"은 분노를 비롯한 마음의 때들이다.

248 샹카라에 의하면 "수행자(yati)들"은 노력하는, '속세를 완전히 벗어난 수행자(saṁnyṣāsin)'들을 의미한다.

249 샹카라에 의하면 거짓을 주장하는 사람은 승리하지 못한다는 의미다.

250 샹카라에 의하면 "세속의 모든 욕망을 버린" 사람들은 갈망이 완전히 사라진 사람들을 의미한다. 원문인 아쁘따까마하(āptakāmāḥ)는 '자신의 욕망을 달성한 사람들, 세속의 모든 욕망을 버린 사람들'이라는 서로 상반되는 사전적인 의미를 가진다. 왜냐하면 진정으로 욕망을 달성한다는 것은 모든 욕망을 버림으로써만이 가능하기 때문이다. 욕망의 불길은 채우면 채울수록 더욱 타오른다. 따라서 욕망은 충족시킴으로써가 아니라 버림을 통해서 달성되는 것이다. 막스 뮐러는 아쁘따까마하를 '그들의 욕망들 안에서 만족한(satisfied in their desires)'이라고 번역한다. 라다크리슈난은 '욕망을 달성한 사람들(who have their desires fulfilled)'이라고 번역한다.

251 샹카라에 의하면 "선인들"은 보는 게 있는 사람들로 사기, 기만, 배신, 아만(我慢), 과시, 거짓이 없는 사람들이다. 보는 게 있다는 것은 아(我)를 봄이 있다는 의미 혹은 아를 보는 방편인 진실이 있다는 의미다.

252 샹카라에 의하면 "실재"는 진실을 의미하며, 진실은 최고의 방편이다. 하리끄리스나다싸 고얀다까에 의하면 여기서 실재는 진실의 본모습인 지고의 브라흐만이며 '지고의

그것은 크고,[253] 신성하며, 헤아릴 수 없는 모습이다.[254] 미세한 것보다 더 미세한 그것은[255] 다양하게 빛난다.[256] 그것은 먼 곳보다 훨씬 더 먼 곳에 있으면서도 이곳 아주 가까이에 있는 것이다.[257] 바로 여기 보는 것들 안에, 동굴에 감추어진 것이다.[258] 7

그것을[259] 눈으로 얻을 수 없고,[260] 또한 언어로도,[261] 다른 신들에 의해서도,[262] 고행을 통해서도,[263] 그리고 행위를[264] 통해서도 얻을 수 없다. 그것은 지혜의 해맑음을 통해서 보이는 것이다.[265] 그러므로 정신이

아'를 의미한다.

253 샹카라에 의하면 "그것"은 브라흐만이며, 브라흐만은 모든 곳에 편재하기 때문에 "큰" 것이다.

254 샹카라에 의하면 "신성한 것(divyam)"은 스스로 생겨난 것이고, 지각 기관을 통해서 감지되는 것이 아님을 의미한다. 그래서 모습을 헤아릴 수가 없는 것이다.

255 샹카라에 의하면 모든 것의 원인이 되는 것이기 때문에 가장 미세한 것이다.

256 샹카라에 의하면 태양과 달을 비롯한 모습들로 다양하게 빛난다.

257 샹카라에 의하면 브라흐만은 현명하지 못한 사람들은 결코 이해할 수 없는 것이기에 지극히 먼 곳에 있는 것이며, 현명한 사람들에게는 아성(我性, ātmatva)으로 파악되는 것이기 때문에 이곳 가까이 몸에 있는 것이다. 브라흐만은 모든 곳에 편재해 있는 존재다. 따라서 나로부터 지극히 먼 곳에 있음과 동시에 지극히 가까운 내 안에 있는 것이다.

258 샹카라에 의하면 "보는 것들"은 의식이 있는 존재들을 의미하며, "동굴"은 지성(知性)을 의미하고, "감추어진 것"이라는 것은 자리하고 있음을 의미한다.

259 샹카라에 의하면 "그것"은 브라흐만인 아(我)를 의미한다.

260 샹카라에 의하면 형태가 없기 때문이다.

261 샹카라에 의하면 말로 표현될 것이 없기 때문이다.

262 샹카라에 의하면 "신(神)"은 지각 기관을 의미한다. 즉 다른 지각 기관들에 의해서도 파악되지 않는다는 뜻이다.

263 샹카라에 의하면 "고행"은 모든 성취의 수단이지만 고행을 통해서도 얻을 수 없는 것이다.

264 샹카라에 의하면 "행위"는 화제(火祭)를 비롯한 『베다』의 제식(祭式)을 의미한다.

265 샹카라에 의하면 지각 기관과 대상의 접촉에 의해서 생기는 애(愛, rāga)를 비롯한 더러운 때를 제거함으로써 명경지수(明鏡止水, ādarśasalila) 등과 같이 해맑은 평정한 상태에 머물면 '지혜의 해맑음(jñānaprasāda)'이 생겨난다.

정화된 사람은 선정禪定에 들어[266] 부분이 없음을[267] 보는 것이다.[268] 8

다섯 가지로 생기가[269] 들어와 있는 곳에서 이 극미極微한 아我는 정신을 통해서 알아지는 것이다.[270] 백성들의[271] 모든 정신은 생기들과[272] 엮여 있다.[273] 그것이 순수해지면 이 아가 드러난다.[274] 9

---

266 샹카라에 의하면 "선정에 들어"라는 말은 진실을 비롯한 방편들을 구비한 사람이 지각 기관들을 대상으로부터 거두어들인 상태에서 집중 통일된 마음으로 념(念)하는 것을 의미한다.

267 샹카라에 의하면 "부분이 없음(niṣkala)"은 모든 부분의 차이가 제거된 상태를 의미한다.

268 불가(佛家)에서는 선(禪)을 하는 동안 조사(祖師)를 만나면 조사를 살(殺)하고, 부처를 만나면 부처를 살하라고 말한다. 선을 하는 동안 조사를 만난다는 것은 조사와 나와의 구분이 생긴다는 것을 의미하고, 부처를 만난다는 것은 부처와 나와 구분이 생긴다는 것을 뜻하기 때문일 것이다.

269 라다크리슈난은 "생기(生氣)"를 '감각 혹은 지각(sense)'이라고 번역한다.

270 샹카라에 의하면 생기가 생기와 하기를 비롯한 다섯 가지로 나뉘어 들어와 있는 몸 안의 심장에 "이 극미(aṇu)한 아"가 있으며, 이 아(我)는 오로지 순정(純淨)한 지혜인 정신(精神, cit)을 통해서만 알 수 있다는 것을 의미한다. 다섯 가지 생기는 생기(生氣, prāṇa), 하기(下氣, apāna), 평기(平氣, samāna), 편기(遍氣, vyāna), 상기(上氣, udāna)들이다. 샹카라에 의하면 생기는 입과 코로 나가며 스스로 황제의 자리에 주재하는 숨이다. 생기가 스스로 자기를 나눈 것인 하기는 소변과 대변을 빼내며 주재(駐在)한다. 평기는 먹고 마신 것을 고르게 가져가기 때문에 평기라고 한다. 편기는 태양에서 햇살들이 모든 곳으로 퍼지어 도달하듯이 심장으로부터 모든 곳에 도달하는 경락들에 의해 모든 몸에 두루 퍼져 편재한다. 상기는 쑤슘나(suṣumṇā)라는 경락 위에 있으며 발바닥에서 머리끝까지 작용하는 숨이다. 143쪽 119~121번, 144쪽 126번, 145쪽 127번 각주 참조.

271 "백성(prajā)"은 창조주(Prajāpati)가 창조한 창조물을 의미한다. 막스 뮐러와 라다크리슈난은 백성들을 사람들(men)이라고 번역한다.

272 막스 뮐러와 라다크리슈난은 "생기(生氣)"를 '감각 혹은 지각(sense)'이라고 번역한다.

273 샹카라에 의하면 "정신"은 내적 기관을 의미하며, 모든 내적 기관은 지각 기관들을 포함한 생기들에 의해서 우유에 유지방이 편재하고, 장작에 불이 편재하듯이 편재되어 있음을 의미한다. 내적 기관에는 정신, 자아(ahaṁkāra), 마음 이렇게 세 가지가 있다. 상캬 철학에 따르면, 정신에서 자아가 생겨나고 자아에서 마음이 생겨난다.

274 샹카라에 의하면 번뇌(kleśa)를 비롯한 때가 떨어져 정신이 순수해지면 아(我)를 자신의 아와 다름없게 밝힌다는 의미다. 여기서 아는 '지고의 아'인 브라흐만을 뜻하고, '자신의 아(svātman)'는 자기 자신의 개체적인 아를 뜻한다. 따라서 범아일여(梵我一如)의 경

정신이 정화된 자가[275] 각각의 세상을 마음으로 상념想念하고,[276] 바라는 것들을 희구하면, 그 각각의 세상들과 그 바라는 것들을 얻는다. 그러므로 복福을 갈망하는 자는 바로 아我를 아는 자를[277] 예경해야 한다. 10

제2편

그는[278] 온 세상이 자리 잡아 빛나는 곳인 이 지고이며 브라흐만이고 바탕이며 순수인 것을 안다.[279] 욕망이 없이[280] 그 인아人我를[281] 예경하는 지혜로운 이들은 정혈精血을 벗어난다.[282] 1

지에 도달함을 의미한다.

275 샹카라에 의하면 "정신이 정화된 자(viśuddhasattva)"는 번뇌가 소진된 사람이고, 아(我)를 아는 사람이며, 내적 기관이 청결한 사람이다.

276 샹카라에 의하면 "각각의 세상"은 조상의 세상 등으로 나타나는 세상들이며, 이러한 세상들이 자신의 것 혹은 다른 사람의 것이 되게 하기 위해 상념하는 것이다.

277 샹카라에 의하면 "아를 아는 자"는 아에 대한 지혜를 통해 내적 기관이 정화된 사람을 의미한다.

278 막스 뮐러에 의하면 "그"는 '자아를 아는 사람(the knower of the Self)'이다. 하리끄리스나다싸 고얀다까에 의하면 그는 욕망이 없는 상태의 사람을 의미한다.

279 샹카라에 의하면 "바탕"은 모든 욕망하는 것들의 바탕을 의미한다. "바탕"의 원어는 다마(dhāma)다. 다마는 중성 명사로 '거처, 주거, 관습, 힘, 광휘' 등을 의미한다. "순수"의 원어는 슈브라(śubhra)다. 슈브라는 형용사로 '빛나는, 아름다운, 흠이 없는' 등을 의미하며, 남성 명사로는 '흰색, 단향(檀香), 천국' 등을 의미한다. 라다크리슈난은 이 부분을 '그는 모든 세상이 자리 잡아 밝게 빛나는 브라흐만의 최고 거처를 안다'라고 번역한다. 하리끄리스나다싸 고얀다까는 '그는 모든 세상이 머물러 빛나는 이 지고로 순수한 브라흐만의 거처를 안다'라고 번역한다.

280 샹카라에 의하면 "욕망이 없이"라는 말은 '신통에 대한 갈망이 없이 해탈을 원하면서'라는 의미다.

281 샹카라에 의하면 여기서 "인아"는 아(我)를 아는 사람을 의미한다. 하리끄리스나다싸 고얀다까는 "인아"를 '지고의 아'인 '지고의 인아'로 해석한다.

282 샹카라에 의하면 "정혈(śukra)을 벗어난다"는 말은 다시 자궁으로 향해 가지 않는다는 의미다.

욕구하는 것들을 음미하며[283] 희구하는 자는 욕구들에 따라 곳곳에 태어난다.[284] 그러나 욕구가 충만한 자인[285] 아我를 이룬 이의[286] 모든 욕구들은 바로 여기서 확연히 사라진다.[287] 2

이 아我는 교설教說을[288] 통해서, 지성을[289] 통해서, 많이 들어 배워 얻는 것이 아니다. 바로 이것을 선택하는[290] 이에 의해서 얻어지는 것이다. 이 아는 그에게 자신의 몸을 드러낸다. 3[291]

이 아我는 무력한 이에 의해서,[292] 부주의에 의해서,[293] 잠겨 감이 없

---

283 샹카라에 의하면 "욕구하는 것"은 본 대상과 보지 못한 대상을 바라는 것을 의미하며, "음미"는 그 대상의 특질들을 생각하는 것을 의미한다. 본 대상은 우리가 지상에서 직접 경험할 수 있는 대상이다. 예를 들면 황금, 거문고 소리 등이다. 보지 못한 대상은 우리가 지상에서 직접 경험하지 못하고 다른 사람들에게 들어서 혹은 추론을 통하여 알게 된 대상이다. 예를 들면 영생의 감로, 천국, 천상의 음악 등이다.

284 샹카라에 의하면 욕구는 대상을 원하는 형태들이며, 법(法)의 행위와 비법(非法)의 행위의 원인이다. 이러한 욕구는 대상을 얻기 위해 대상이 있는 곳곳에서 사람을 행위와 결합시킨다. 욕구들에 휘감긴 상태로 태어난다.

285 샹카라에 의하면 "욕구가 충만한 자(paryāptakāma)"는 궁극의 실재성을 인식함으로써 욕구가 충만한 사람을 의미한다. 즉 아(我)에 대한 욕구로 충만해진 사람을 의미한다. 욕구란 채움으로 충족되는 것이 아니라 버림으로써 충족되는 것이다. 따라서 욕구가 충만한 사람은 세속적인 욕구가 없는 사람을 뜻한다.

286 샹카라에 의하면 무명(無明)에 의해서 나타나는 낮은 형태로부터 벗어나 지혜(明)를 통해 자신의 높은 형태로 아(我)를 만든 사람을 의미한다. 하리끄리스나다싸 고얀다까는 내적 기관이 정화된 사람이라고 번역한다.

287 샹카라에 의하면 이승에 머무르며 바로 몸 안에서 모든 법(法)의 행위와 비법(非法)의 행위를 만드는 원인들이 사라진다는 의미다.

288 샹카라에 의하면 "교설(pravacana)"은 『베다』 경전에 대한 많은 연구를 의미한다. 막스 뮐러는 "교설"을 '『베다』(the Veda)'라고 해석한다.

289 샹카라에 의하면 "지성(medhā)"은 문헌의 의미를 파악하는 능력을 의미한다.

290 샹카라에 의하면 "선택"한다는 것은 얻기를 원한다는 것을 의미한다.

291 이 만뜨라는 『까타 우파니샤드』(1. 2. 23)에도 나온다.

는 고행에 의해서 얻어지는 것이 아니다.[294] 이러한 방편들을 가지고 노력하는 지혜로운 이,[295] 그의 이 아我는 브라흐만의 처소로 들어간다. 4

지혜에 만족하는[296] 선인仙人들은[297] 이것을[298] 온전하게 얻어[299] 아我를 이루며,[300] 애愛를 벗어나고,[301] 평정해진다.[302] 아와 연결된 그 지혜로

---

292 샹카라에 의하면 "무력"함이란 아(我)에 충실함으로써 생겨나는 용맹 정진이 없음을 의미한다.

293 샹카라에 의하면 "부주의(pramāda)"는 세속적으로 아들이나 가축을 비롯한 대상에 접함으로써 생기는 부주의를 의미한다. 즉 아(我)에 대한 부주의함을 뜻한다.

294 샹카라에 의하면 "잠겨 감"은 모두 분명하게 내던져 버리는 상태를 의미하고, "고행"은 지혜를 의미한다. 즉 세속의 모든 것을 확연하게 내던져 버리는 지혜가 없이는 아(我)를 얻을 수 없다는 의미다. 잠겨 감의 원어는 링가(liṃga)다. 링가는 '가다, 움직이다, 색칠하다' 등을 의미하는 어근 '링그(liṃg)'에서 파생된 낱말이다. 링가는 중성 명사로 '표시, 상징, 거짓 표시, 증상, 원인, 성징(性徵), 성(性), 남성 성기, 신상, 미세신(微細神), 우주의 근원인 자연(自然) 혹은 승인(勝因)' 등을 의미한다. 불경에서 링가는 '상(相), 형상(形相), 체상(體相), 형(形), 상(狀), 상모(狀貌), 세상(細相), 기(記), 안명(安名), 몰(沒)' 등으로 한역된다. 링가를 '녹다, 잠기다, 사라지다, 얻다, 붙다' 등을 의미하는 어근 '리(lī)'에서 파생된 낱말로 보기도 한다. 따라서 자신이 다른 것에 잠기어 녹아드는 것을 링가라고 한다. 즉 원질(原質)에 잠겨 감이 링가다.

295 샹카라에 의하면 힘, 주의 깊음, 잠겨 감이 있는 고행은 아(我)를 추구하는 데 도움이 되는 방편들이다. 여기서 고행은 지혜를 의미하고, 잠겨 감은 모든 것을 분명하게 내던져 버리는 상태를 의미한다.

296 샹카라에 의하면 "지혜에 만족"한다는 것은 육신을 살찌우는 원인이 되는 외부의 방편에 만족하지 않는다는 것을 의미한다.

297 샹카라에 의하면 "선인"들은 봄(darśana)이 있는 사람들을 의미한다. 즉 본질을 보는 사람들을 뜻한다.

298 샹카라에 의하면 "이것"은 아(我)를 의미한다. 하리끄리스나다싸 고얀다까는 이것을 '지고의 아'라고 해석한다.

299 샹카라에 의하면 "온전하게 얻어"라는 말은 '온전하게 다가가' 혹은 '온전하게 이해하여'라고도 번역될 수 있다.

300 샹카라에 의하면 '지고의 아'의 본래 모습을 갖춘 아가 되어서라는 의미다.

301 샹카라에 의하면 "애를 벗어"난다는 것은 애를 비롯한 결함들이 사라지는 것을 의미한다.

302 샹카라에 의하면 "평정"이란 기관들이 멈춘 것이다. 기관들은 다섯 가지 지각 기관

운 이들은[303] 모든 곳에 편재하는 것을[304] 얻어 바로 모든 곳으로 들어간다.[305] 5

베단따의 지식을[306] 통해서 목표가[307] 분명해진 수행자들은 모든 것을 확연하게 버리는 요가를[308] 통해서 정신이 정화된다. 그들은 브라흐마의 세상들[309] 안에서 가장 마지막 시간에[310] 모두 지고의 불멸이 되어 완전히 해탈한다. 6

열다섯 부분들은[311] 바탕으로 가 버리고,[312] 모든 신들은[313] 각기의

과 다섯 가지 활동 기관 그리고 마음을 비롯한 세 가지 내적 기관들이 있다. 이 기관들에 지배당하지 않는다는 의미다. 마음마저 벗어나야 평정해지기 때문이다.

303 샹카라에 의하면 "아(我)와 연결된 지혜로운 사람"은 항상 삼매에 든 자기 상태로 아주 분별력이 있는 사람을 의미한다.

304 샹카라에 의하면 "편재하는 것(sarvaga)"은 허공처럼 모든 곳에 편재한 것을 의미한다.

305 샹카라에 의하면 "모든 곳으로 들어간다"는 것은 무명(無明)에 의해 제한된 한계를 버린다는 것을 의미한다. 이처럼 브라흐만을 아는 사람들은 브라흐만의 처소로 들어간다.

306 하리끄리스나다싸 고얀다까는 베단따(vedānta)의 지식을 『우파니샤드』의 지식이라고 설명한다.

307 샹카라에 의하면 "목표"는 '지고의 아'로써 알아야 할 것이다.

308 샹카라에 의하면 "모든 것을 확연하게 버리는 요가(sannyāsayoga)"는 모든 행위를 온전히 버리는 것으로 나타나는 요가로써 오로지 브라흐만에 충실한 것을 본질로 하는 등의 요가를 의미한다. 하리끄리스나다싸 고얀다까는 행위의 결과와 애착(āsakti)을 버리는 형태의 요가다.

309 샹카라에 의하면 "브라흐마의 세상(brahmaloka)"은 하나지만 여러 개처럼 보이기 때문에 "세상들"이다.

310 샹카라에 의하면 "가장 마지막 시간"은 해탈을 추구하는 사람들이 윤회를 멈추어 육신을 완전히 버리는 시간을 의미한다.

311 『쁘라스나 우빠니샤드』(6. 4)에 의하면 브라흐만인 '그는 생기(生氣)를 만들었다. 생기에서 믿음, 허공, 바람, 불, 물, 흙, 기관(器官), 마음, 곡식을 만들었다. 곡식에서 힘, 고행, 만뜨라들, 행위, 세상들, 그리고 세상들 가운데 이름을 만들었다.' 따라서 열다섯 부분들은 이들 가운데 이름을 제외한 생기, 믿음, 허공, 바람, 불, 물, 흙, 기관, 마음, 곡식,

의 신들에[314] 가 버린다. 모든 행위들과 식識으로 된 아我는[315] 높은 불변不變 안에서 하나가 된다.[316] 7

강들이 흘러 이름과 형태를 버리고 바다에 잠기듯이, 그렇게 지혜로운 이는 이름과 형태에서 벗어나 높고도 높은 성스런 인아人我에게로 다가간다.[317] 8

힘, 고행, 만뜨라, 행위, 세상 들이다. 샹카라는 열다섯 가지를 일일이 나열하지 않고 '생기를 비롯한 것들'이라고 말한다.

312 샹카라에 의하면 해탈의 시간에 몸을 이루는 부분들인 생기(生氣)를 비롯한 것들은 각자의 원인으로 간다는 의미다. 막스 뮐러에 의하면 '그들의 요소들 안으로 들어간다(enter into their elements)'는 의미다.

313 샹카라에 의하면 신(神)들은 몸에 깃들어 눈을 비롯한 기관들에 머무는 신들이다. 즉 지각 기관들에 주재하는 신들을 의미한다. 하리끄리스나다싸 고얀다까는 신들을 기관들이라고 해석한다.

314 샹카라에 의하면 몸에 깃든, 즉 눈을 비롯한 기관들에 머무는 모든 신들은 태양을 비롯한 각기의 신들 안에 간 것들이 된다는 의미다. 즉 눈에 깃들어 사물을 보게 하던 신은 태양의 신으로, 귀에 깃들어 소리를 듣게 하던 신은 허공의 신으로, 코에 깃들어 냄새를 맡게 하던 신은 바람의 신으로, 혀에 깃들어 맛을 보게 하던 신은 물의 신으로, 피부에 깃들어 감촉을 느끼게 하던 신은 흙의 신으로 돌아가 잠긴다는 뜻이다.

315 샹카라에 의하면 무명(無明)에 의해 만들어진 지성(知性)을 비롯한 제한을 '아의 본질(我性)'로 여기고 여러 물들에 비친 태양을 비롯한 것들처럼 이곳 여러 육체들 안에 들어와 행위의 결과를 추구하는 것이 바로 '식(識)으로 된(vijñānamaya)' 아(我)다.

316 샹카라에 의하면 "높은 불변"은 영원히 불변하는 것, 생겨나지 않는 것, 죽지 않는 것, 두려움이 없는 것, 그 전에 아무것도 없는 것, 그 뒤에 아무것도 없는 것, 다른 것이 없는 것, 밖의 것이 아닌 것, 둘이 아닌 것, 상서로운 것, 평온한 것, 허공과 같은 브라흐만이다. 그릇을 비롯한 것을 없애면 그릇을 비롯한 것에 있는 허공이 허공에 하나가 되듯이 동일성을 얻는 것이다. 찻그릇 안에 담긴 허공, 밥그릇 안에 담긴 허공, 술잔에 담긴 허공은 찻그릇을 없애고, 밥그릇을 없애고, 술잔을 없애면 하나의 허공이 되듯이 하나가 된다는 의미다.

317 샹카라에 의하면 무명(無明)이 만들어 낸 이름과 형태에서 벗어나는 것을 의미한다. 상캬 철학에 의하면, 우리가 지각할 수 있는 이 세상의 구체적인 사물들보다 지각 기관들이 높고, 지각 기관들보다 마음이 높고, 마음보다 자아의식이 높고, 자아의식보다 정신이 높고, 정신보다 자연이 높고, 자연보다 인아가 높다. 그리고 인아보다 높은 것은

정녕 그 지고의 브라흐만을 아는 그는[318] 바로 브라흐만이 된다. 이의 집안에는 브라흐만을 모르는 이는 생겨나지 않는다. 슬픔을 벗어나고 죄악을 벗어난다. 동굴의 매듭들에서[319] 풀려나 불사不死가 된다. 9

그것에 대해[320] 이렇게 찬송으로 말해진다.

행위를 갖추고 들어 배운 자들은[321] 브라흐만에 충실하며, 스스로 경건하게 한 선인仙人에게[322] 봉헌한다. 법도에 맞게 수계首戒를[323] 준수한 그들에게 이 브라흐만에 관한 지혜를 말해 주어야 한다. 10

바로 이 진리를 앙기라 선인仙人께서 먼저 말씀해 주셨다. 계율을 지키지 않는 자는 이것을 배워서는 안 된다.[324] 최고 선인들께 머리를 조아리옵니다. 최고 선인들께 머리를 조아리옵니다. 11

없다. 자연 이하는 모두가 물질적인 존재들이지만, 인아는 물질적인 존재가 아니다. 따라서 높고도 높은 성스러운 인아인 것이다.

318 샹카라에 의하면 "브라흐만을 아는" 사람은 확연하게 내가 바로 브라흐만이라고 아는 사람을 의미한다.

319 샹카라에 의하면 "동굴의 매듭들"은 심장에 있는 무명(無明)의 매듭들을 의미한다.

320 샹카라에 의하면 "그것"은 지혜(明)를 전해 주는 규정을 의미한다.

321 하리끄리스나다싸 고얀다까에 의하면 "행위를 갖춘" 사람은 행위의 결과에 집착하지 않고 행위하는 사람이며, "들어 배운" 사람은 『베다』의 의미를 아는 사람이다.

322 샹카라에 의하면 "한 선인(ekarṣi)"이라는 이름의 불(火)을 의미한다. 44쪽 45번 각주 참조.

323 샹카라에 의하면 "수계(śirovrata)"는 머리에 불을 지니는 것으로 특징되는 계율을 의미한다. 하리끄리스나다싸 고얀다까는 수계를 가장 수승한 계율이라고 해석한다.

324 샹카라에 의하면 "이것"은 '문헌의 형태(grantharūpa)'다. 지혜는 "계율"을 지키는 사람에게만이 효과가 있기 때문이다. 하리끄리스나다싸 고얀다까는 계율을 청정범행(淸淨梵行)의 계율로 해석한다. 라다크리슈난은 계율을 의례(rite)라고 번역한다.

평온을 위한 낭송[325]

옴ॐ, 신들이여, 우리는 귀를 통해 상서로운 것을 들으리라! 숭배받을 이들이여, 우리는 눈을 통해 상서로운 것을 보리라! 우린 탄탄한 지체를 가진 몸으로 흡족한 이들이어라! 우린 신이 정해 준 수명을 누리리라!

광대한 명성을 가진 자 인드라는 우리에게 복을, 모든 것을 아는 자 뿌샨은 우리에게 복을, 멸하지 않는 번개를 가진 자 따르끄스야는 우리에게 복을, 브리하쓰빠띠는 우리에게 복을 주라!

옴ॐ, 평온이여, 평온이여, 평온이여!

---

325 막스 뮐러의 번역본과 라다크리슈난의 번역본에는 평온을 위한 낭송이 없다. 『쁘라스나 우파니샤드』에 있는 평온을 위한 낭송과 동일하다. 129쪽 1~8번 각주 참조.

만두끄야 우파니샤드

『만두끄야 우파니샤드Māṇḍūkya Upaniṣad』는 『아타르바베다』 계통의 『우파니샤드』다. 만두끄야Māṇḍūkya는 '개구리, 선인仙人의 이름' 등을 의미하는 만두까Maṇḍūka라는 낱말에서 파생된 말이다. 아마도 만두까 선인과 관련된 『우파니샤드』이기 때문에 이런 이름이 붙여진 것으로 보인다. 네 개의 음절로 이루어진 옴ॐ에 대해서 말하고 있다. 모두 열두 개의 만뜨라로 이루어진 아주 짧은 『우파니샤드』지만, 샹카라Śaṁkara는 이 『우파니샤드』를 '베단따의 의미의 정수를 모아 놓은 것'이라고 부르고 있다. 이 『우파니샤드』에 대해서 샹카라의 스승의 스승인 가우다빠다Gauḍapāda가 운문 형태로 간략하게 요점을 서술한 것인 까리까Kārikā를 만들었으며, 샹카라는 『우파니샤드』와 가우다빠다의 까리까 모두에 주석을 달았다. 따라서 아주 중요한 『우파니샤드』라는 것을 알 수 있다.

평온을 위한 낭송[1]

옴ॐ, 신들이여, 우리는 귀를 통해 상서로운 것을 들으리라! 숭배받을 이들이여, 우리는 눈을 통해 상서로운 것을 보리라! 우린 탄탄한 지체를 가진 몸으로 흡족한 이들이어라! 우린 신이 정해 준 수명을 누리리라![2]

광대한 명성을 가진 자 인드라는 우리에게 복을, 모든 것을 아는 자 뿌샨은 우리에게 복을, 멸하지 않는 번개를 가진 자 따르끄스야는 우리에게 복을, 브리하쓰빠띠는 우리에게 복을 주라!

옴ॐ, 평온이여, 평온이여, 평온이여!

옴ॐ이란 이것은 불멸不滅,[3] 이 모든 것은[4] 그것에[5] 대해 설명하는 것이다.[6] 과거 현재 미래 이렇게 모든 것은 바로 옴이다. 그리고 삼시三時를 벗어나는[7] 다른 것, 그것 또한 바로 옴이다. 1

---

1 막스 뮐러의 번역본과 라다크리슈난의 번역본에는 평온을 위한 낭송이 없다. 『문다까 우파니샤드』 그리고 『쁘라스나 우파니샤드』와 동일한 평온의 장이다. 129쪽 1~8번 각주 참조.

2 1958년에 인도 푸나의 베다 교정 기관에서 간행된 교정 판본에는 없는 부분이다. 샹카라의 산스크리트 주석본에 있는 것을 우리말로 옮긴 것이다.

3 샹카라에 의하면 "불멸"은 음절을 의미한다. "불멸"로 번역한 원어 악샤라(akṣara)는 문자와 음절이라는 의미도 동시에 가진다. 소리는 사라져 멸하지만, 소리를 기록한 문자는 사라지지 않기에 불멸이며 문자를 통해 음절이 표기되기 때문이다. 불멸과 음절과 문자를 동시에 의미하는 중의법이 사용된 것으로 보는 것이 좋다.

4 하리끄리스나다싸 고얀다까에 의하면 "이 모든 것"은 이 모든 세상이다.

5 샹카라에 의하면 "그것"은 높고 낮은 브라흐만의 형태인 '옴'이란 음절을 의미한다.

6 이 부분은 하리끄리스나다싸 고얀다까의 해석에 따랐다. 라다크리슈난의 번역에 따르면 '옴이란 이 음절은 이 모든 것, 그것에 대한 설명(이 뒤에 이어진다)'이라는 의미가 된다.

7 샹카라에 의하면 "삼시를 벗어나는" 것은 시간으로 한정되지 않는 것을 의미한다. 삼시는 과거 현재 미래를 의미한다.

이 모든 것은[8] 브라흐만이다. 이 아我는[9] 브라흐만이다. 그러한 이 아는 네 개의 발을[10] 가진 것이다. 2

잠에서 깬 상태가 그의 자리이며, 외부를 인식하는 자이며,[11] 일곱 부분으로 이루어지고,[12] 열아홉 개의 입을 가지고,[13] 구체적인 것을 맛보는 자인[14] 와이스바나라[15]가 첫 번째 발이다. 3

---

8 샹카라에 의하면 "이 모든 것"은 바로 앞에서 옴(ॐ)의 음절이라고 언급한 모든 것을 의미한다.

9 하리끄리스나다싸 고얀다까에 의하면 눈에 보이는 이 세상에 충만한 '지고의 아(paramā-tman)'를 의미한다.

10 샹카라에 의하면 "발"은 위스바(viśva)를 비롯한 세 가지가 앞서서 차례대로 녹아 들어가 뚜리야(turīya)가 생겨나는 원인이 되는 것을 의미한다. 고빈다 샤쓰뜨리(Govinda Śāstri)에 의하면 "네 개의 발"은 위스바, 따이자싸(taijasa), 쁘라갸(prājña), 뚜리야의 상태를 의미한다. 위스바는 잠에서 깨어 있는 상태이며, 따이자싸는 잠을 자며 꿈을 꾸는 상태이고, 쁘라갸는 꿈 없는 잠의 상태이며, 뚜리야는 이상의 세 가지 상태를 초월한 상태이며 네 번째를 의미한다.

11 샹카라에 의하면 지혜(prajñā)가 '자신의 아(svātman)'가 아닌 외부의 대상을 향한 자로서 그의 지혜는 무명(無明, avidyā)이 만들어 낸 것으로 나타난다.

12 하리끄리스나다싸 고얀다까에 의하면 부르(bhūr)와 부와르(bhuvar)를 비롯한 '일곱 세상'을 의미한다. 나머지 다섯 세상들은 쓰와르(svar), 마하르(mahar), 자나르(janar), 따빠르(tapar), 싸뜨야(satya)다.

13 샹카라에 의하면 다섯 개의 지각 기관, 다섯 개의 활동 기관, 다섯 개의 생기(prāṇa), 마음(manas), 지성(buddhi), 자아(ahaṁkāra), 정신(citta) 이렇게 "열아홉 개"의 획득 통로를 의미한다. 다섯 개의 생기에 대해서는 193쪽 270번 각주 참조.

14 샹카라에 의하면 열아홉 개의 획득 통로들을 통해서 소리를 비롯한 구체적인 대상들을 맛보기 때문에 구체적인 것을 맛보는 자다.

15 샹카라에 의하면 "와이스바나라(Vaiśvānara)"는 세상(viśva)의 사람(nara)들을 다양하게 데려가기 때문에 '와이스바나라'이며, 혹은 이 세상이 사람인 그런 사람이라서 '와이스바나라'라고 한다. 하리끄리스나다싸 고얀다까에 의하면 세상을 취하는 '지고의 자재자(parameśvara)'가 '와이스바나라'다. 가우다빠다에 의하면 '와이스바나라'는 얼굴의 오른쪽 눈에 자리 잡으며 '위스바'다. 싸뜨야브라따 씻단따랑까라에 의하면 와이스바나라는 모든 것(기관들)의 지도자, 모든 사람들(생명체들) 안에 존재하는 자, 불이다.

꿈의 상태가 그의 자리이며, 내부를 인식하는 자이며,[16] 일곱 부분으로 이루어지고, 열아홉 개의 입을 가지고, 미세한 것을 맛보는 자인[17] 따이자싸[18]가 두 번째 발이다.[19] 4

잠자는 사람이 그 어떠한 것도 욕망하지 않고, 그 어떤 꿈도 꾸지 않는 상태가 바로 숙면熟眠이다. 숙면의 상태가 바로 그의 자리이며, 하나가 된 것이고,[20] 인식의 덩어리이며,[21] 환희로 이루어지고,[22] 환희를 맛보는 자이며, 의식의 입인[23] 쁘라갸[24]가 세 번째 발이다.[25] 5

이것이 모든 것을 다스리는 자다.[26] 이것이 모든 것을 아는 자다.[27] 이

---

16 샹카라에 의하면 마음은 지각 기관보다 내적인 것이다. 마음의 내적 욕망의 형태인 지혜가 꿈에 관련되기 때문에 내적인 것이다.

17 샹카라에 의하면 지혜가 단지 마음의 내적 욕망만을 맛보기 때문이다.

18 샹카라에 의하면 단지 마음의 내적인 욕망만이 지혜의 대상일 뿐 다른 대상은 없기 때문에, 지혜는 오로지 자신의 모습인 빛으로 나타난다. 따라서 따이자싸라고 한다. 싸뜨야브라따 씻단따랑까라에 의하면 따이자싸는 빛이 으뜸이 되는 것이다.

19 가우다빠다에 의하면 따이자싸는 마음 안에 자리 잡는다.

20 샹카라에 의하면 밤의 어둠 속에 잠긴 것처럼 분별이 없이 마음이 창조된 것들과 더불어 하나가 된 것을 말한다.

21 샹카라에 의하면 분별이 없이 마음이 창조된 것들과 더불어 하나가 되었기 때문에 깬 상태와 꿈을 꾸는 상태의 마음 작용인 인식들이 응고된 것과 같은 것을 의미한다.

22 샹카라에 의하면 마음의 대상과 대상에 대한 작용 주체의 형태를 통해서 생겨나는 고통이 없기 때문에 절대적인 환희 그 자체는 아니지만 대체로 환희에 해당되는 것이다.

23 샹카라에 의하면 꿈을 비롯한 것을 인식하는 의식의 통로가 되기 때문이다.

24 "쁘라갸(prājña)"는 '지성, 지혜로운 사람' 등으로도 번역이 가능하다. 샹카라에 의하면 숙면의 상태에서는 과거와 미래의 대상을 아는 성질, 모든 대상들을 아는 성질이 존재하기 때문에 쁘라갸다. 혹은 알려 주는 특별한 형태의 것이기에 "쁘라갸"다. 잠에서 깬 상태와 꿈꾸는 상태와는 다른 인식이 이 상태에는 존재하기 때문에 "쁘라갸"다. 싸뜨야브라따 씻단따랑까라에 의하면 "쁘라갸"는 어느 것도(외부의 미세하고 구체적인 사물들을) 모르는 자 혹은 아주 많은 의식을 가진 자를 의미한다.

25 가우다빠다에 의하면 쁘라갸는 심장의 허공에 자리 잡는다.

것이 안을 통제하는 자다.[28] 이것이 모든 것의 근원이다. 바로 존재들이 나오고 들어가는 곳이다. 6

내부를 인식하는 자가 아니며, 외부를 인식하는 자도 아니고, 둘 다를 인식하는 자도 아니며,[29] 인식의 덩어리도 아니고, 인식하는 자도 아니며,[30] 인식하지 않는 자도 아니다.[31] 보이지 않는 것이며, 사용할 수 없는 것이고,[32] 잡을 수 없는 것이며,[33] 징표가 없는 것이고, 마음으로 헤아릴 수 없는 것이며, 지시될 수 없는 것이고, 하나의 아我로 인식되는 것이 그의 본질인 것이며,[34] 창조가 멈춘 것이고,[35] 평온한 것이며, 상서로운 것이며, 둘이 아닌 것이 네 번째의 것으로 여겨진다. 그것이 아다. 그것이 확연히 알아야 할 것이다. 7

---

26 "모든 것을 다스리는 자(sarveśvara)"는 '모든 곳에 스스로 존재하는 자'로도 번역이 가능하다. 샹카라에 의하면 바로 이것은 자신의 모습에 자리 잡고 있으면서 구별되어 생겨나는 모든 것을 다스리는 자다. 가우다빠다에 의하면 "모든 것을 다스리는 자"는 모든 고통들을 다스리는 자를 의미한다.

27 샹카라에 의하면 바로 "이것"은 구별된 모든 것들에 자리 잡고 있으면서 아는 자로서 전지자다.

28 샹카라에 의하면 모든 존재들의 안으로 들어가 통제하는 자라는 의미다.

29 샹카라에 의하면 잠에서 깨어 있는 상태와 꿈꾸는 상태 사이에 걸쳐 있는 상태가 아니라는 의미다.

30 샹카라에 의하면 동시에 모든 대상을 인식한다는 것을 부정하는 의미다.

31 샹카라에 의하면 무의식적인 존재라는 것을 부정하는 의미다.

32 샹카라에 의하면 보이지 않는 것이기에 사용할 수 없는 것이다.

33 샹카라에 의하면 지각 기관들에 의해서 파악되지 않는다는 의미다.

34 샹카라에 의하면 잠에서 깨어 있는 상태의 자리를 비롯한 곳들에 있는 바로 이것은 하나의 아라는 올곧은 인식에 의해 추구되는 것, 혹은 네 번째 단계를 이해하는 데 있어서 하나의 아라는 인식을 결론하는 것을 의미한다.

35 샹카라에 의하면 잠에서 깨어 있는 상태의 자리를 비롯한 속성들이 없는 것을 의미한다.

바로 이 아我는 음절과 관련된 것이다.[36] 옴ॐ 자는[37] 음의 분량과 관련된 것이다.[38] 음의 분량들이 발들이며, 아अ, 우उ, 마म가 발들인 음의 분량들이다. 8

첫 번째 음의 분량인 아अ는 편재하고[39] 첫째 것이기 때문에 잠에서 깬 상태를 자리로 삼는 와이스바나라다. 이처럼 아는 자는[40] 모든 욕망들을 이루고 첫째가[41] 된다. 9

두 번째 음의 분량인 우उ는 높고[42] 양쪽으로 있는 것이기 때문에[43] 꿈의 상태를 자리로 삼는 따이자싸다. 이처럼 아는 자는 앎의 범위를 높이고 동일하게 된다.[44] 이러한 이의 집안에 브라흐만을 모르는 자는 생겨나지 않는다. 10

---

36 샹카라에 의하면 음절(音節, akṣara)을 위주로 하여 대체적으로 언급되어 설명된다는 의미다.

37 샹카라에 의하면 "옴 자"는 음절이다.

38 샹카라에 의하면 음절인 '옴 자'는 발로 나누어져 "음의 분량(mātrā)"에 주재하여 존재한다는 의미다.

39 샹카라에 의하면 모든 말들에는 '아(अ)'가 편재해 있다. 산스크리트 음성학에서 모든 음은 '아'로부터 생겨나고, '아'라는 음의 분량이 모든 음에 편재해 있는 것으로 본다. 불경에서는 '아'를 불생(不生)이라고 한다. 즉 생겨나는 것이 아니라 본래부터 존재함을 의미한다. 반야를 상징한다.

40 "이처럼 아는 자는(ya evaṁ veda)"에 해당되는 부분의 원문이 1958년에 인도 푸나의 베다 교정 기관에서 간행된 교정 판본에는 없다. 샹카라의 산스크리트 주석본에 있는 것을 우리말로 옮긴 것이다.

41 샹카라에 의하면 위대한 자들 가운데 첫 번째라는 의미다.

42 샹카라에 의하면 '우'는 '아'보다 높은 음의 분량이라는 의미다.

43 샹카라에 의하면 '우'는 '아'와 '마'의 사이에 있기 때문이라는 의미다. '아'와 '마' 사이에 있는 것은 '아'와 '마' 양쪽으로 있는 것이다.

44 샹카라에 의하면 "동일하게 된다"는 것은 적들도 친구들처럼 그를 미워하지 않게 된다는 의미다.

세 번째 음의 분량인 마म는 헤아리고, 잠겨 들어가는 것[45]이기 때문에 꿈이 없는 잠의 상태를 자리로 삼는 쁘라갸다. 이처럼 아는 이는 이 모든 것을 헤아리고,[46] 모든 것이 들어오는 존재가 된다.[47] 11

음의 분량이 없는 것이 네 번째이며, 발화發話될 수 없는 것이고,[48] 창조가 멈춘 것이며, 상서로운 것이고, 둘이 아닌 것이다. 이러한 것이 바로 옴ॐ인 아我다. 이처럼 아는 이는 아로써[49] 아에[50] 온전히 들어간다.[51] 12

평온을 위한 낭송[52]

옴ॐ, 신들이여, 우리는 귀를 통해 상서로운 것을 들으리라! 숭배받을 이들이여, 우리는 눈을 통해 상서로운 것을 보리라! 우린 탄탄한 지체를

---

45 샹카라에 의하면 "잠겨 들어가는 것"은 하나가 되는 상태를 의미한다.

46 샹카라에 의하면 "이 모든 것을 헤아린다"는 것은 이 모든 세상을 여하하게 안다는 것이다.

47 샹카라에 의하면 "모든 것이 들어오는 존재가 된다"는 것은 '세상의 원인인 아(jagatkāraṇātman)'가 된다는 것이다.

48 라다크리슈난은 '말해질 수 없는 것(which cannot be spoken of)'이라고 번역한다.

49 샹카라에 의하면 '자신의 아'를 의미한다.

50 샹카라에 의하면 '가장 높은 의미에서의 아(pāramārthikātman)'를 뜻한다. 하리끄리스나다싸 고얀다까는 여기에서의 "아"를 '높고도 높은 브라흐만인 최고의 아(parātparabrahm-aparamātman)'라고 번역한다.

51 샹카라에 의하면 가장 높은 의미를 봄으로 말미암아 브라흐만을 아는 사람은 세 번째 것인 씨앗의 상태를 태우고 아(我)로 들어간다. 아인 '네 번째 것(turīya)'은 씨앗이 없는 것이기 때문에 다시 태어나지 않는다는 것을 뜻한다.

52 막스 뮐러의 번역본과 라다크리슈난의 번역본에는 평온을 위한 낭송이 없다. 『문다까 우파니샤드』 그리고 『쁘라스나 우파니샤드』와 동일한 평온의 장이다. 129쪽 1~8번 각주 참조.

가진 몸으로 흡족한 이들이어라! 우린 신이 정해준 수명을 누리리라!

광대한 명성을 가진 자 인드라는 우리에게 복을, 모든 것을 아는 자 뿌샨은 우리에게 복을, 멸하지 않는 번개를 가진 자 따르끄스야는 우리에게 복을, 브리하쓰빠띠는 우리에게 복을 주라!

옴ॐ, 평온이여, 평온이여, 평온이여!

따잇띠리야 우파니샤드

『야주르베다Yajurveda』의 학파 가운데 따잇띠리야Taittirīya 학파에 속하는 『따잇띠리야 아란야까Taittirīya Āraṇyaka』는 모두 열 개의 장으로 되어 있다. 그 열 개의 장들 가운데 제7장, 제8장, 제9장이 바로 『따잇띠리야 우파니샤드Taittirīya Upaniṣad』다. 따라서 『따잇띠리야 우파니샤드』는 『야주르베다』에서도 따잇띠리야 학파의 『야주르베다』인 『끄리스나 야주르베다Kṛṣṇa Yajurveda』 계열의 『우파니샤드』이면서 그 자체가 아란야까에 해당되기도 한다. 이로써 아주 오래된 중요한 『우파니샤드』라는 것을 알 수 있다.

음성학의 장[1]

첫 번째 절[2]

옴ॐ, 미뜨라가[3] 우리를 평안케 하고, 와루나가[4] 우리를 평안케 하고, 아르야만이[5] 우리를 평안케 하기를 원하노라!

인드라와[6] 브리하쓰빠띠가[7] 우리를 평안케 해 주기를 원하노라!

훌쩍 걸음을 내디뎌 가는 위스누가[8] 우리를 평안케 해 주기를 원하노라!

브라흐만에게 머리 숙이노라,

와유여,[9] 그대에게 머리 숙이노라!

---

1 "음성학(śikṣā)"의 원문은 '교육, 훈육'을 의미하기도 하지만, 『베다』의 도구 학문 가운데 하나인 음성학을 뜻하기도 한다.

2 1958년에 인도 푸나의 베다 교정 기관에서 간행된 교정 판본에는 절(anuvāka)의 편제가 없다. 그러나 샹카라의 산스크리트 어 주석본에는 절의 편제가 있다.

3 샹카라에 의하면 "미뜨라(Mitra)"는 생기(生氣, prāṇa)의 작용과 낮을 주관하는 '신의 아(devatātman)'다.

4 샹카라에 의하면 "와루나(Varuṇa)"는 하기(下氣, apāna)의 작용과 밤을 주관하는 '신의 아'다.

5 샹카라에 의하면 "아르야만(Aryaman)"은 눈(眼)과 태양을 주관하는 '신의 아'다.

6 샹카라에 의하면 "인드라(Indra)"는 힘을 주관하는 '신의 아'다. 하리끄리스나다싸 고얀다까에 의하면 인드라는 힘과 팔을 주관하는 신(devatā)이다.

7 샹카라에 의하면 "브리하쓰빠띠(Bṛhaspati)"는 말과 지성(buddi)을 주관하는 '신의 아'다.

8 샹카라에 의하면 "위스누(Viṣṇu)"는 두 발을 주관하는 '신의 아'다. "훌쩍 걸음을 내디뎌 가는 위스누"는 와마나(Vāmana)를 의미하는 듯하다. 와마나는 난쟁이라는 뜻으로 위스누의 다섯 번째 화신이다. 난쟁이지만 첫걸음에 허공계를 디디고 두 걸음에 천상계를 디딘 다음 세 번째 걸음이 우주를 감싸고 있는 막을 찢어 우주 밖에 있던 영생의 감로가 우주로 흘러 들어와 은하수가 되었다고 한다. 그 은하수가 지상으로 내려온 것이 갠지스 강이다.

9 샹카라에 의하면 모든 활동의 결과는 브라흐만의 권한하에 있기 때문에 브라흐만이 "와유(Vāyu)"다. 와유는 바람의 신이다.

그대는 바로 직접 지각되는 브라흐만이니, 나는 바로 그대를 직접 지각되는 브라흐만이라고 말하리라.

진리라고 말하리라,[10] 실재라고 말하리라![11]

그러하니 그대는 나를 보살피라,[12] 그러하니 말하는 사람을 보살피라.[13]

나를 보살피라, 말하는 사람을 보살피라![14]

옴ॐ 평온이여! 평온이여! 평온이여![15] 1[16]

두 번째 절

옴ॐ, 음성학에 대해 명확하고 자세하게 설명하겠다. 음의 부류,[17] 음의 성조, 음의 분량, 음의 강세, 균일한 조음, 음의 결합, 이와 같이 음성학 과목이 언명된다.[18] 1

---

10 샹카라에 의하면 "진리(ṛta)"는 경전과 의무에 합당하게 지성에 확정된 의미이며, 이러한 의미를 그대가 주관하기 때문이다.

11 샹카라에 의하면 "실재(satya)"는 말과 몸을 통해 얻을 수 있는 것이며, 이것 또한 그대가 주관하기 때문이다.

12 샹카라에 의하면 바람의 신인 '와유'라고 하는 '모든 것의 아(sarvātman)'인 브라흐만은 나에 의해서 이처럼 찬양되어 지혜(明, vidyā)를 간구하는 내게 지혜를 부여함으로써 보살피라는 의미다.

13 샹카라에 의하면 "말하는 사람"은 스승(ācārya)을 의미하며, 바로 그 브라흐만은 말하는 사람인 스승님에게 강설할 수 있는 능력을 부여함으로써 보살피라는 뜻이다.

14 샹카라에 의하면 두 번 반복하여 말하는 것은 예경의 의미다.

15 샹카라에 의하면 세 번 말하는 것은 아(我)에 대한 지혜, 물질에 대한 지혜, 신에 대한 지혜를 얻는 데 있어서 장애를 제거하기 위함이다.

16 『리그베다(*Ṛgveda*)』(1. 90. 9), 『아타르바베다(*Atharvaveda*)』(19. 9. 6), 그리고 『야주르베다(*Yajurveda*)』(36. 9)에도 동일하게 들어 있는 만뜨라다. 평온을 위한 낭송의 역할을 한다.

17 샹카라에 의하면 "음의 부류(varṇa)"는 아(अ)자를 비롯한 것들이다.

18 샹카라에 의하면 『우파니샤드』는 의미의 인식이 주를 이루는 것이기 때문에 『우파니샤드』 문헌을 읽을 때 발음에 대해 부주의하면 안 된다. 따라서 음성학 과목이 초반에 나오는 것이다. 발음이 달라지면 의미가 달라지기 때문이다.

세 번째 절

우리 둘이 함께 명성을![19]

우리 둘이 함께 브라흐만의 광휘를![20]

이제, 지금부터 결합의 신비한 지식을 명확하고 자세하게 설명하겠다. 다섯 곳에 관련된 것이다. 세상에 관련된 것, 발광체에 관련된 것, 지혜에 관련된 것, 자손에 관련된 것, 몸에[21] 관련된 것이다. 이것들은 대결합이라고 말해진다.[22]

이제 세상에 관련된 것이다. 땅이 앞의 것의 모습이다.[23] 하늘이 뒤의 것의 모습이다.[24] 허공이 접합이다.[25] 1[26]

바람이 연결시키는 것이다.[27] 이상이 세상에 관련된 것이다.[28]

이제 발광체에 관련된 것이다. 불이 앞의 것의 모습이다. 태양이 뒤

19 샹카라에 의하면 결합을 비롯한 신비한 지식으로 인해 얻어지는 명성이 스승과 제자 둘 모두에게 함께 있기를 기원한다는 의미다. 그리고 이 기원은 제자가 하는 것이다. 왜냐하면 스승은 이미 뜻을 이룬 상태의 존재이기 때문이다.

20 샹카라에 의하면 스승은 이미 뜻을 이룬 상태이기 때문에 이 기원들은 아직 뜻을 이루지 못한 제자가 하는 것이다. 막스 뮐러는 "브라흐만의 광휘(brahmavarcasa)"를 '『베다』의 빛(Vedic light)'이라고 번역한다.

21 원문(ātman)은 '아(我), 브라흐만, 자신, 몸, 아들' 등의 의미를 가진다. 문맥에 따라 여기서는 "몸"으로 옮긴다. 57쪽 33번 각주 참조.

22 샹카라에 의하면 『베다』를 아는 사람들이 말한다는 의미다.

23 샹카라에 의하면 "앞의 것의 모습"은 앞에 오는 음의 부류다. 여기서 앞에 오는 음의 부류는 음이 결합할 때 앞에 오는 음을 의미한다.

24 "뒤의 것의 모습"은 음이 결합할 때 뒤에 오는 음을 의미한다.

25 샹카라에 의하면 "허공(ākāśa)"은 허공계(antarikṣaloka)다. "허공계(antarikṣaloka)"가 앞의 것의 모습과 뒤의 것의 모습이 결합하는 곳이라는 의미다.

26 샹카라에 의하면 여기까지가 세 번째 절 첫 번째 만뜨라에 해당된다.

27 바람의 신인 와유가 앞의 음과 뒤의 음을 연결시킨다는 의미다.

28 라다크리슈난에 의하면 여기까지가 세 번째 절 첫 번째 만뜨라에 해당된다.

의 것의 모습이다. 물이 접합이다.[29] 번개가 연결시키는 것이다. 이상이 발광체에 관련된 것이다.[30]

이제 지혜에 관련된 것이다. 스승이 앞의 것의 모습이다. 2[31]

제자가 뒤의 것이 모습이다. 지혜가 접합이다. 교설教說이[32] 연결시키는 것이다. 이상이 지혜에 관련된 것이다.[33]

이제 자손에 관련된 것이다. 어머니가 앞의 것의 모습이다. 아버지가 뒤의 것의 모습이다. 자손이 접합이다. 수태受胎하는 것이 연결시키는 것이다. 이상이 자손에 관련된 것이다. 3[34]

이제 몸에 관련된 것이다. 아래턱이 앞의 것의 모습이다. 위턱이 뒤의 것의 모습이다. 말이 접합이다. 혀가 연결시키는 것이다. 이상이 몸에 관련된 것이다.[35]

이와 같은 것들이 대결합들이다. 이처럼 명확하고 자세하게 설명된 이 대결합들을 아는 사람은[36] 자손과, 가축들과, 브라흐만의 광휘와, 곡식을 비롯한 것과, 천국과 연결된다. 4[37]

---

29 하리끄리스나다싸 고얀다까에 의하면 여기서 "물"은 구름을 의미한다.

30 라다크리슈난에 의하면 여기까지가 세 번째 절 두 번째 만뜨라에 해당된다.

31 샹카라에 의하면 여기까지가 세 번째 절 두 번째 만뜨라에 해당된다.

32 막스 뮐러는 "교설(pravacana)"을 '『베다』의 암송(the recitation of the Veda)'이라고 해석한다. 싸뜨야브라따 씻단따랑까라는 가르침이라고 해석한다.

33 라다크리슈난에 의하면 여기까지가 세 번째 절 세 번째 만뜨라에 해당된다.

34 샹카라에 의하면 여기까지가 세 번째 절 세 번째 만뜨라에 해당된다. 라다크리슈난에 의하면 여기까지가 세 번째 절 네 번째 만뜨라에 해당된다.

35 라다크리슈난에 의하면 여기까지가 세 번째 절 다섯 번째 만뜨라에 해당된다.

36 샹카라에 의하면 "아는 사람"은 섬기는 사람 혹은 명상하는 사람을 의미한다.

37 라다크리슈난에 의하면 여기까지가 세 번째 절 여섯 번째 만뜨라에 해당된다.

네 번째 절

베다들 가운데 으뜸이고, 모든 형태이며,[38] 불멸의 베다들로부터 생겨난 바로 그 인드라는[39] 나를 지혜로 북돋우라!

신이여, 나는 불사不死를 지닌 자가 되기 원하노라.[40]

내 몸이 활기가 있고, 내 혀가 더없이 감미롭게 되며,[41] 두 귀로는 많은 것을 듣게 하라.

브라흐만의 곳간인 그대는 지혜로 덮여 있으니,[42] 내가 들은 것을 보살피라![43] 1

그대는[44] 항상 나의 옷들과 암소들을! 그리고 먹을 것과 마실 것을! 얼른[45] 나의 것을! 가져오고, 늘리고, 만들어, 그리하여 내게 영광을 가져다주라!

가축들과 함께 털 짐승들을[46] 가져오기를 바라니 이루어지라![47]

---

38 "모든 형태"는 모든 형태로 나타나는 존재를 의미한다.

39 샹카라에 의하면 "『베다』들 가운데 으뜸"인 그는 옴(ॐ)이며, "인드라"는 모든 욕망을 다스리는 자인 '지고의 자재자(parameśvara)'다.

40 샹카라에 의하면 "불사(amṛta)"는 불멸성의 원인이 되는 '브라흐만에 대한 지혜(brahmajñāna)'이며, 그러한 지혜를 통달함으로써 불사를 지닌 자가 되리라는 것을 의미한다.

41 샹카라에 의하면 "혀가 더없이 감미롭게 된다"는 것은 더없이 감미롭게 말하는 사람이 된다는 것을 의미한다.

42 샹카라에 의하면 "브라흐만"은 '지고의 아(paramātman)'이며, "지혜(medhā)"는 세속의 지혜다. 세속의 지혜에 의해서 덮여 가려진 옴(ॐ)은 일반적인 세속의 지혜를 통해서는 얻을 수 없다. 옴은 브라흐만의 상징이기 때문에 그대인 옴 안에서 브라흐만을 얻을 수 있다.

43 샹카라에 의하면 "들은 것"은 아(我)에 대한 지혜(jñāna)를 비롯한 특별한 지혜이며, 그 지혜를 잊지 않게 하라는 의미다.

44 샹카라에 의하면 "그대"는 옴(ॐ)을 의미한다.

45 샹카라에 의하면 "얼른(aciram)"이란 낱말은 '오래(ciram)'를 의미할 수도 있다.

46 샹카라에 의하면 "털 짐승들"은 양과 염소를 의미한다.

청정범행을 행하는 학생들이 내게 오기를 바라니 이루어지라! 청정범행을 행하는 학생들은 거짓됨이 없기를 바라니 이루어지라! 청정범행을 행하는 학생들은 확실한 지식을 얻기를 바라니 이루어지라! 청정범행을 행하는 학생들은 감관을 제어하기를 바라니 이루어지라! 청정범행을 행하는 학생들은 마음이 평온하기를 바라니 이루어지라! 2[48]

사람들 사이에 나는 명성이 있기를 바라니 이루어지라! 재산이 많은 사람들 가운데 나는 으뜸이 되기를 바라니 이루어지라!

---

47 "바라니 이루어지라!"는 쓰바하(svāhā)를 번역한 말이다. 쓰바하는 불교의 진언에서 쓰이는 "수리수리 마수리 수수리 사바하" 등의 사바하와 똑같은 낱말이다. 쓰바하는 '부르다, 소망하다, 도전하다' 등의 의미를 지닌 어근 '흐웨(hve)'에 불변화사로는 '동의, 동정, 고통이나 유감' 등을 나타내며 허사(虛辭)로도 쓰이고, 접두어로는 '모두, 가까이, 반대 방향' 등을 의미하며, 탈격의 명사 형태와 더불어 '…로부터, …까지' 등의 의미를 나타내고, 형용사와 더불어 쓰일 때에는 '작은' 느낌을 나타내는 장모음 '아(ā)'가 접두어로 첨가되어 '부르다, 초대하다, 덤비다' 등을 뜻하는 어근 '아흐웨(āhve)' 앞에 '좋은, 훌륭한, 가장, 뛰어난, 아름다운, 잘, 아주, 쉽게, 얼른, 많은' 등을 나타내는 불변화사 '쑤(su)'가 접두어로 결합되어 파생된 낱말이다. 여성 명사로는 '신들에게 바치는 봉헌물, 불의 신인 아그니(Agni)의 부인' 등의 의미를 지니며, 불변화사로는 '신들께 공양을 바칠 때 내는 소리'를 뜻한다. 또한 쓰바하는 호마(護摩, homa) 불에 봉헌(奉獻)물을 넣으며 내는 소리로 여격 낱말을 동반하는 낱말이다. 야쓰까(Yāska)의 『니루끄따(*Nirukkta*)』(8. 13)에 따르면 쓰바하는 '아름답게 잘 말한다, 나의 언어가 말한다, 나의 것을 말한다, 또는 아름답게 봉헌한 봉헌물을 제사에 올린다(svāhetyetat su āheti vā svaṁ prāheti vā svāhutaṁ havirjuhotīti vā)' 등의 의미에 어원을 둔 낱말이다. 다음에 나오는 "바라니 이루어지라!"는 모두 다 쓰바하를 번역한 말들이다. 호마 불에 봉헌물을 넣으며 내는 소리인 쓰바하가 각각의 문장 끝에 오는 것으로 보아서 호마 제사를 지낼 때 사용하는 진언임을 알 수 있다. 쓰바하는 불경에서 '안정(安定), 침지계(侵地界)' 등으로 한역되며, '사하(莎賀), 사가(娑呵), 사파가(娑婆呵), 사박하(娑縛賀), 살파가(薩婆呵), 승사가(僧娑呵)' 등으로 음사된다. 오늘날 우리말로는 '사바하'라고 발음한다.

48 샹카라에 의하면 호마(護摩)에 사용되는 만뜨라(眞言, mantra)로 영광과 부를 가져오는 만뜨라다. 호마는 제단을 만들어 불을 피우고, 제물을 불에 집어넣어 신을 부르며 소망을 기원하는 제사다.

신령한 이여, 바로 그대에게 들어가기를 바라니 이루어지라![49]

신령한 이여, 그러한 그대가 내게 들어오길 바라니 이루어지라!

신령한 이여, 천 가지 그러한 그대 안에서 나는 죄를 씻기를 바라니 이루어지라!

물이 비탈을 흘러내려 가듯이,
달들이 저무는 해를 향해 가듯이,
청정범행을 행하는 학생들이 그렇게 내게로!
창조주여, 모든 곳에서 오기를 바라니 이루어지라![50]
그대는 안식처이니 나에게 빛을 밝히라! 내게 다가오라! 3

다섯 번째 절

'부르', '부와하', '쑤와르' 이렇게 이 세 신비한 낱말들이 있다.[51] 이것들에 비해 네 번째인 이것을 '마하짜마쓰야'[52]가 처음으로 알려 주었다.

---

49 샹카라에 의하면 "그대에게 들어가기를 바란다"는 것은 그대의 아(我)와 다름없이 된다는 것을 의미한다.

50 "바라니 이루어지라!"는 앞의 만뜨라와 마찬가지로 모두 '쓰바하'를 번역한 말이다.

51 "부르(bhūr)"는 지상의 모든 존재를 담고 있는 소리다. 문장에 사용될 때 음운 결합 현상에 의해 '부후(bhūḥ)'로 발음되기도 한다. "부와하(bhuvaḥ)"는 허공의 모든 존재를 담고 있는 소리다. "쑤와르(suvar)"는 하늘의 모든 존재를 담고 있는 소리다. 문장에 사용될 때 '쑤와하(suvaḥ)'로 발음되기도 한다. "쑤와르"는 다른 문헌들에서 '쓰와르(svar)'로 나타나기도 한다. '부르', '부와하', '쑤와르' 등처럼 존재를 담은 신비한 낱말을 브야흐리띠(vyāhṛti)라고 한다. 따라서 브야흐리띠를 "신비한 낱말"이라고 옮긴다. 샹카라에 의하면 "부르"는 이 세상이며, 불이고, 『리그베다』이며, 생기(生氣)다. "부와하"는 허공이며, 바람이고, 『싸마베다』이며, 하기(下氣)다. "쑤와르"는 저세상이며, 태양이고, 『야주르베다』이며, 편기(遍氣, vyāna)다.

52 샹카라에 의하면 "마하짜마쓰야(Māhācamasya)"는 마하짜마싸(Māhācamasa)의 자손을 의미한다. 마하짜마싸에서 마하(Māhā)는 크다는 의미를 나타내고, 짜마싸(camasa)는 제사용 잔을 의미한다. 따라서 고빈다 샤쓰뜨리(Govinda Śāstri)에 의하면 마하짜마싸라는 이름은 수많은 제사를 지낸 자를 뜻한다.

'마하쓰'[53]라는 그것은 브라흐만이다.[54] 그것은 아我다.[55] 다른 신들은 부분들이다.[56] '부르'라는 것은 바로 이 세상이다.[57] '부와하'라는 것은 허공이다. '쑤와르'라는 것은 저세상이다.[58] 1

'마하쓰'라는 것은 태양이다. 태양에 의해서 진정 모든 세상들이 위력을 갖춘다.[59] '부르'라는 것은 바로 불이다. '부와하'라는 것은 바람이다. '쑤와르'라는 것은 태양이다. '마하쓰'라는 것은 달이다.[60] 달에 의해서 진정 모든 별들이 위력을 갖춘다.[61] '부르'라는 것은 바로 리그베다다. '부와하'라는 것은 싸마베다다. '쑤와르'라는 것은 야주르베다다. 2

'마하쓰'라는 것은 브라흐만이다. 브라흐만에 의해서 모든 베다들이 위력을 갖춘다.[62] '부르'라는 것은 생기生氣다. '부와하'라는 것은 하기下氣다. '쑤와르'라는 것은 편기遍氣다. '마하쓰'라는 것은 곡식이다. 곡식에 의

---

53 "마하쓰(mahas)"는 문장에 사용될 때 음운 결합 현상에 의해 '마하(maha)', '마하하(mahaḥ)'로도 발음되기도 한다. 샹카라에 의하면 "마하쓰"는 태양이며, 달이고, 브라흐만이며, 곡식이다.

54 샹카라에 의하면 "브라흐만"은 옴(ॐ)을 의미한다.

55 샹카라에 의하면 "아"는 편재하다는 의미를 지닌 어근에서 파생된 낱말이다(āpnotervyāptikarmaṇaḥ ātmā). 하리끄리스나다싸 고얀다까에 의하면 앞에서 언급한 세 신비한 낱말들의 아란 의미다.

56 샹카라에 의하면 신은 세상 등을 의미하는 제유적인 의미로 사용된 낱말이다. 하리끄리스나다싸 고얀다까에 의하면 다른 모든 신들은 마하쓰라는 신비한 낱말의 부분들이라는 의미다.

57 하리끄리스나다싸 고얀다까에 의하면 "이 세상"은 지상의 세계다.

58 하리끄리스나다싸 고얀다까에 의하면 "저세상"은 천국이다.

59 라다크리슈난에 의하면 여기까지가 첫 번째 절 첫 번째 만뜨라에 해당된다.

60 샹카라에 의하면 "마하쓰"는 태양이며, 달이고, 브라흐만이며, 곡식이다.

61 라다크리슈난에 의하면 여기까지가 첫 번째 절 두 번째 만뜨라에 해당된다.

62 라다크리슈난에 의하면 여기까지가 첫 번째 절 세 번째 만뜨라에 해당된다.

해서 진정 모든 생기들이 위력을 갖춘다.[63] 그러한 바로 이 넷은 네 가지다. 신비한 낱말은 넷 넷이다.[64] 그것들을 아는 이, 그는 브라흐만을 아는 이다. 이에게 모든 신들은 제물을[65] 가져온다.[66] 3[67]

여섯 번째 절

심장 안에 있는 바로 이 허공,[68] 그곳에 마음을 이루는 이 인아人我가[69] 있다. 불사不死인 것으로 황금빛 나는 것이다.[70] 입천장 사이에[71] 달려 있

---

63 라다크리슈난에 의하면 여기까지가 첫 번째 절 네 번째 만뜨라에 해당된다.

64 '부르', '부와하', '쑤와르', '마하쓰'라는 신비한 낱말 넷 가운데 '부르'는 지상의 세상인 이 세상, 불, 『리그베다』, 생기(生氣) 이렇게 네 가지다. '부와하'는 허공계, 바람, 『싸마베다』, 하기(下氣) 이렇게 네 가지다. '쑤와르'는 하늘나라 천국인 저세상, 태양, 『야주르베다』, 편기(遍氣) 이렇게 네 가지다. '마하쓰'는 태양, 달, 브라흐만, 곡식 이렇게 네 가지다. 이들을 모두 합하면 열여섯 가지로, 넷 넷은 열여섯을 의미한다.

65 하리끄리스나다싸 고안다까에 의하면 "제물"은 선물을 의미한다.

66 라다크리슈난에 의하면 여기까지가 첫 번째 절 다섯 번째 만뜨라에 해당된다.

67 라다크리슈난은 첫 번째 절을 다섯 개의 만뜨라로 나누지만, 샹카라는 이처럼 세 개의 만뜨라로 구분한다.

68 샹카라에 의하면 "심장"은 고개를 숙인 연꽃 형태의 살덩어리로 생기의 바탕이며 수많은 위로 향하는 경락(nāḍī)관의 구멍들이 있다. 이러한 심장 안에는 "허공"이 있다. 『요가수트라』(1. 36)에 대한 브야싸(Vyāsa)의 주석을 설명하면서 와짜쓰빠띠미슈라(Vācaspatimiśra)는 다음처럼 말한다. "배와 가슴 사이에 아래로 얼굴을 한 여덟 개의 꽃잎을 가진 연꽃을 한쪽 콧구멍으로 숨을 내쉬는 호흡법을 통해 얼굴을 위로 향하게 하고는 그 연꽃에 대해 정신을 집중해야 한다. 그 연꽃 가운데는 태양의 훈륜(暈輪)인 '아(अ)' 자이며 깨어 있는 처소라고, 그 위는 달의 훈륜인 '우(उ)' 자이며 꿈의 처소라고, 또 그 위는 불의 훈륜인 '마(म)' 자이며 꿈 없는 잠의 처소라고, 그 위는 지고의 하늘의 본질인 브라흐만의 소리이며 제4의 처소로 반절단모음이라고 브라흐만을 아는 사람들은 말한다. 그 연꽃의 과피(果皮)에서 위로 향해 태양을 비롯한 훈륜의 가운데를 통과해 가는 것이 범경락(梵經絡, brahmanāḍī)이며, 그것 위로 감겨 나가는 것이 '고마운이란 이름의 경락(suṣumnānāḍī)'이며, 그것에 의해 밖에 있는 태양의 훈륜 등이 관통된다. 바로 그것이 '정신의 장소(cittasthāna)'다. 그곳에 집중함으로써 요가 수행자에게는 정신에 대한 감지(cittasaṁvid)가 생겨난다. 허공과 같다는 것은 편재성(vyāpitā)을 말한다."

69 샹카라에 의하면 "인아"는 몸에(puri) 깃들어서(śayanāt) 혹은 '부르'를 비롯한 세상들이 인아로 충만한 것이기 때문에 뿌루샤(puruṣa)라고 한다. 45쪽 50번 각주 참조.

는 이 젖꼭지 같은 것, 그곳에서[72] 두개골을 양쪽으로 뚫고 이 머리카락의 끝이[73] 감돌아 올라간다. 그것은 인드라의 자궁이다.[74] '부르'라는 것은 불에 자리 잡는다. '부와하'라는 것은 바람에![75] 1

'쑤와르'라는 것은 태양에![76] '마하쓰'라는 것은 브라흐만에![77] 자신의 왕국을 얻는다.[78] 마음의 주인에 이른다. 언어의 주인이, 눈의 주인이, 귀의 주인이, 의식意識의 주인이 된다. 그로써 이것이 된다.[79] 허공의 몸인[80] 브라흐만, 실재의 아我,[81] 생기의 휴식,[82] 마음의 환희, 풍요한 평온, 불사

---

70 샹카라에 의하면 "황금빛 나는 것"은 별처럼 반짝이는 것을 의미한다.

71 샹카라에 의하면 심장 위에서 시작된 '고마운이란 이름의 경락'은 "입천장 사이"로 지나간다.

72 샹카라에 의하면 "그곳에서"는 젖꼭지 같은 것 사이를 의미한다.

73 샹카라에 의하면 "머리카락의 끝(keśānta)"은 머리카락의 뿌리이며 정수리를 의미한다. 하리끄리스나다싸 고얀다까에 의하면 머리카락의 끝은 백회혈(brahmarandhra)을 뜻한다.

74 샹카라에 의하면 그것은 심장 위에서 시작되어 입천장 사이의 젖꼭지 같은 것을 통과해 정수리에 도달한 다음 정수리에서 두개골을 양쪽으로 뚫고 나오는 '고마운이란 이름의 경락'이다. 인드라는 브라흐만이며, 자궁(yoni)은 길이다. 인드라의 자궁은 브라흐만의 길이다. 본모습(svarūpa)을 얻는 문이라는 의미다. 본모습을 얻는다는 것은 아(我)가 자신의 본모습인 브라흐만의 상태가 됨을 뜻한다.

75 샹카라에 의하면 바람에 자리 잡는다는 의미다.

76 샹카라에 의하면 태양에 자리 잡는다는 의미다.

77 샹카라에 의하면 브라흐만에 자리 잡는다는 의미다.

78 샹카라에 의하면 불, 바람, 태양, 브라흐만 등에 아(我)의 상태로 머물러 브라흐만이 된 자는 스스로 왕이 된다는 뜻이다. 하리끄리스나다싸 고얀다까에 의하면 자신의 왕국을 얻는다는 의미다.

79 샹카라에 의하면 "이것이 된다"는 것은 다음처럼 된다는 것을 뜻한다.

80 샹카라에 의하면 "허공의 몸(ākāśaśarīra)"은 허공 같은 몸 혹은 미묘한 몸을 지닌 존재를 뜻한다.

81 샹카라에 의하면 "실재의 아(satyātman)"는 구체적인 것이든 추상적인 것이든 확실한 본모습으로써 아 혹은 자기 존재를 가진 것을 뜻한다.

82 샹카라에 의하면 생기들 안에서 노니는 것 혹은 생기들이 휴식하는 곳을 뜻한다.

不死! 쁘라찌나요그야여,[83] 이리 명상하라! 2

일곱 번째 절

땅, 허공, 하늘, 방위, 간방間方들.[84] 불, 바람, 태양, 달, 별들.[85] 물, 약초, 수목樹木, 허공,[86] 몸.[87] 이러한 것들은 물질에 관련된 것들이다.

이제 몸에 관련된 것들이다. 생기生氣, 편기遍氣, 하기下氣, 상기上氣, 평기平氣.[88] 눈, 귀, 마음, 입, 피부.[89] 살가죽, 살, 힘줄, 뼈, 골수.[90] 이처럼 상정하여 선인은 말했다.[91] "다섯 묶음은 바로 이 모든 것이다.[92] 바로 다섯 묶음에 의해서 다섯 묶음이 갖추어진다"라고.[93] 1

---

83 "쁘라찌나요그야(Prācīnayogya)"는 제자의 이름이다.

84 샹카라에 의하면 "땅, 허공, 하늘, 방위, 간방들"은 세상의 '다섯 묶음(pāṃkta)'이다. 다섯 묶음은 제사(yajña)이며, 제사로 상정된 다섯 묶음을 통해서 다섯 묶음의 아(我)인 창조주(Prajāpati)의 상태에 도달하게 된다.

85 샹카라에 의하면 "불, 바람, 태양, 달, 별들"은 신들의 다섯 묶음이다.

86 여기서 "허공(虛空, ākāśa)"은 오대 원소인 지, 수, 화, 풍, 공(地, 水, 火, 風, 空) 가운데의 공인 허공을 의미한다.

87 샹카라에 의하면 "물, 약초, 수목, 허공, 몸"은 물질의 다섯 묶음이다.

88 샹카라에 의하면 "생기, 편기, 하기, 상기, 평기"는 생기(生氣)의 다섯 묶음이다. 143쪽 119~121번 각주, 144쪽 126번, 145쪽 127번 각주 참조.

89 샹카라에 의하면 "눈, 귀, 마음, 입, 피부"는 지각 기관의 다섯 묶음이다.

90 샹카라에 의하면 "살가죽, 살, 힘줄, 뼈, 골수"는 몸의 요소의 다섯 묶음이다.

91 샹카라에 의하면 다음처럼 말했다는 뜻이다.

92 샹카라에 의하면 이처럼 "다섯 묶음이 바로 이 모든 것"이라는 것을 아는 사람은 바로 창조주의 아(我)가 된다.

93 샹카라에 의하면 몸에 관련된 다섯 묶음에 의해서 외부의 다섯 묶음이 갖추어진다는 의미다. 하리끄리스나다싸 고얀다까에 의하면 몸에 관련된 다섯 묶음에 의해서 외부의 다섯 묶음이 그리고 외부의 다섯 묶음에 의해서 몸에 관련된 다섯 묶음이 갖추어진다는 의미다.

여덟 번째 절

옴ॐ이란 것은 브라흐만이다.[94] 옴이란 것은 이 모든 것이다. 옴이란 이것은 따라 하는 것이다.[95] 또한, "오, 그대여, 들려주세요!"라고 하면 대답해 주신다.[96] 옴 이렇게 하며 싸마베다를 노래한다. 옴 숌śom 이렇게 하며 경전들을 가르친다.[97] 옴 이렇게 하며 제사의 실무를 담당하는 제관은[98] 신을 부르는 제관에게[99] 호응하여 대답한다. 옴 이렇게 하며 제사를 감독하는 제관은[100] 승인한다. 옴ॐ 이렇게 하며 화제火祭를 승인한다. 옴 이렇게 브라흐마나는 소리 내며 "나는 브라흐만에게 다가가리라"고 말한다.[101] 그는 바로 브라흐만에 이른다. 1

아홉 번째 절

진리와[102] 공부하고 가르침은 함께 행해져야 한다.[103] 진실과[104] 공부

---

94 샹카라에 의하면 "옴"은 소리에 불과한 것이지만, 높고 낮은 브라흐만을 얻는 방편이 된다. 옴은 높고 낮은 브라흐만의 바탕(ālambana)이며, 위스누를 향하는 것이다. 옴이란 소리를 브라흐만이라고 마음으로 명상하여야 한다.

95 샹카라에 의하면 "나는 할 거야 혹은 나는 갈 거야!" 이렇게 행위를 말하면, 다른 사람은 옴이라고 말하며 따라한다.

96 하리끄리스나다싸 고얀다까에 의하면 제자가 스승에게 "오, 스승님! 제게 알려 주십시오." 바로 이렇게 말하면, 스승은 옴이라고 대답하며 제자에게 가르침을 전해 준다.

97 샹카라에 의하면 "옴 숌"이라고 말하며 경전을 가르치는 사람들은 경전을 가르친다는 의미다.

98 "제사의 실무를 담당하는 제관"을 아드와르유(adhvaryu)라고 한다.

99 "신을 부르는 제관"을 호뜨리(hotṛ)라고 한다.

100 "제사를 감독하는 제관"을 브라흐마(brahmā)라고 한다.

101 샹카라에 의하면 여기서 "브라흐만"은 『베다(*veda*)』 혹은 '지고의 아'를 의미한다.

102 하리끄리스나다싸 고얀다까에 의하면 여기서 "진리"는 적절하고 올바른 행위의 준수를 의미한다.

103 샹카라에 의하면 "공부"는 연구를 의미하며, "가르침"은 가르침 혹은 '브라흐만의 제사(brahmayajña)'를 의미한다. 행해져야 한다는 말이 뒤에 오는 것으로 보아야 한다. '브라흐만의 제사'는 『베다』와 성전을 매일매일 일정 시간에 읽는 것이다. 막스 뮐러는 "공

하고 가르침은 함께 행해져야 한다. 고행과 공부하고 가르침은 함께 행해져야 한다. 감각 기관의 제어와[105] 공부하고 가르침은 함께 행해져야 한다. 마음의 제어와[106] 공부하고 가르침은 함께 행해져야 한다. 불들과[107] 공부하고 가르침은 함께 행해져야 한다. 화제火祭와 공부하고 가르침은 함께 행해져야 한다. 손님들과[108] 공부하고 가르침은 함께 행해져야 한다. 인간적인 것과[109] 공부하고 가르침은 함께 행해져야 한다. 자식을 생산하는 행위와 공부하고 가르침은 함께 행해져야 한다. 아내와 합방하고[110] 공부하고 가르침은 함께 행해져야 한다. 자손을 늘리는 것과 공부하고 가르침은 함께 행해져야 한다. 라티따라 싸뜨야와짜는 진실이라고 한다.[111] 따뽀니뜨야 빠우루쉬스띠는 고행이라고 한다.[112] 나까 마우드갈

부하고 가르침(svādhyāyapravacana)"을 '『베다』를 배우고 연습하기(learning and practising the Veda)'라고 해석한다. 하리끄리스나다싸 고얀다까에 의하면 "공부"는 『베다』를 읽는 것이며, "가르침"은 『베다』를 가르치는 것을 의미한다. 병행되어야 한다는 말을 붙여서 해석해야 한다.

104 하리끄리스나다싸 고얀다까에 의하면 "진실"은 진실하게 말하는 것을 의미한다.

105 샹카라에 의하면 "감각 기관의 제어(dama)"는 외부 기관이 고요해지는 것이다. 외부 기관은 눈, 코, 귀, 혀, 피부 등으로 외부의 지각 기관을 의미한다.

106 샹카라에 의하면 "마음의 제어(śama)"는 내부 기관이 고요해지는 것이다. 내부 기관은 마음(manas), 자아(ahaṁkāra), 정신(citta) 등을 의미한다. 내부 기관을 통칭하여 마음으로 부르기도 한다.

107 샹카라에 의하면 여기서 "불들"은 불들을 간직하는 것을 의미한다. 하리끄리스나다싸 고얀다까에 의하면 제사를 위해 불들을 고르는 것을 의미한다.

108 샹카라에 의하면 "손님들"은 손님들을 공경하는 것을 의미한다.

109 샹카라에 의하면 "인간적인 것"은 세상과의 교류를 의미한다. 하리끄리스나다싸 고얀다까에 의하면 "인간적인 것"은 사람으로서 합당한 세속적인 행위를 의미한다.

110 샹카라에 의하면 "아내와 합방"하는 것은 배란기에 합방하는 것을 의미한다.

111 샹카라에 의하면 "라티따라(Rāthītara)"는 라티따라싸(Rathītarasa)의 족성을 의미하며 "싸뜨야와짜(Satyavacā)"는 이름이다. 싸뜨야와짜는 바로 진실을 말하는 사람이라는 뜻이다. "라티따라"는 스승이다. 그의 주장에 의하면 진실만을 행해야 한다는 의미다.

112 샹카라에 의하면 "빠우루쉬스띠(Pauruśiṣṭi)"는 뿌루쉬스따(Puruśiṣṭa)의 자손을 의미한다. "따뽀니뜨야(Taponitya)"는 늘 고행하는 사람 혹은 고행을 으뜸으로 아는 사람이라

야는 공부하고 가르침이라고 한다.[113] 왜냐하면 바로 그것이 고행이기 때문이다.[114] 왜냐하면 바로 그것이 고행이기 때문이다. 1

열 번째 절

나는 나무의 지배자![115]

명성은 산봉우리 같도다!

위에서 성스럽게 하는 태양처럼[116]

나는 아주 훌륭한 불사의 감로다![117]

빛나는[118] 보물이다![119]

영생의 감로로 관정灌頂을 한, 지혜가 으뜸가는 사람이다![120]

는 뜻 혹은 이름이다. "빠우루쉬스띠"는 스승이다. 그의 주장에 의하면 바로 고행을 해야 한다는 의미다.

113 샹카라에 의하면 "마우드갈야(Maudgalya)"는 무드갈라(Mudgala)의 자손을 의미한다. "나까(Nāka)"는 이름이다. "마우드갈야"는 스승이다. 그의 주장에 의하면 '공부하고 가르침(svādhyāyapravacana)'이 고행이기 때문에 공부하고 가르침을 행해야 한다는 의미다.

114 샹카라에 의하면 "그것"은 공부와 가르침을 의미하며, 동일한 말이 두 번 반복되는 것은 공부와 가르침을 중시한다는 뜻이다.

115 샹카라에 의하면 "나무"는 멸하는 성질을 지닌 세상이라는 나무이며, "지배자(prerayitṛ)"는 아(我)로써 지배하는 자인 내면의 통제자를 의미한다. 막스 뮐러는 '나는 나무를 흔드는 자(I am he who shakes the tree)'라고 번역한다. 하리끄리스나다싸 고얀다까에 의하면 "지배자"는 '자르는 자'라는 의미다.

116 샹카라에 의하면 "위에서"는 원인을 의미하며, "성스럽게 하는"이란 말은 지혜를 통해 밝혀지는 것인 지고의 브라흐만을 의미한다. 그리고 "태양"은 곡식을 있게 하는 존재로서의 태양을 뜻한다.

117 샹카라에 의하면 "아주 훌륭한 불사의 감로(svamṛta)"는 아름답고 아주 순수한 '아의 본질(我性, ātmatattva)'을 의미한다. '빛나는'이라고 번역해도 좋다.

118 샹카라에 의하면 "빛나는" 그것은 바로 '아의 본질(我性)'을 뜻한다. 혹은 '아의 본질'을 밝히는 것이기 때문에 '브라흐만에 대한 지혜'를 의미한다.

119 샹카라에 의하면 "보물"은 재산이며, 해탈의 기쁨의 원인이 되기 때문에 재산이다.

120 샹카라와 하리끄리스나다싸 고얀다까에 의한 해석이다. 샹카라는 동시에 '훌륭한 지혜는 불사이며, 스러지지 않는다'로도 해석한다.

이상은 베다에 관한 뜨리샹꾸의 독송이다.[121] 1

열한 번째 절

베다를 가르친 다음에 스승께서 집 안에 머무는 제자에게[122] 훈계한다.

"너는 진실을 말해라. 덕행을[123] 행하라. 공부들을[124] 게을리 하지 마라. 스승께 기꺼운 재물을 가져오고, 자손의 대가 끊기게 하지 마라.[125] 진실들에 대해 부주의해서는 안 된다. 덕행들에[126] 대해 부주의해서는 안 된다. 안녕들에[127] 대해 부주의해서는 안 된다. 번영에[128] 대해 부주의해서는 안 된다. 공부와 가르침들에[129] 대해 부주의해서는 안 된다." 1[130]

---

121 샹카라에 의하면『베다』는 아는 것이며, 아는 것은 아(我)의 단일성(ekatva)에 대한 인식을 뜻한다. 이러한 인식을 얻는 것과 관련된 독송(anuvacana)이 "『베다』에 관한 독송"이란 의미다. 브라흐만이 된, 브라흐만을 아는 "뜨리샹꾸(Triśaṃku)" 선인(仙人)의 독송이다. 아에 대한 지혜를 밝히는 것이라는 의미다. 와마데바(Vāmadeva) 선인 역시 이와 같이 독송한 바가 있다. 막스 뮐러는 "『베다』에 관한 독송(vedānuvacana)"을 '『베다』에 대한 가르침(the teaching of the Veda)'이라고 번역한다.

122 "집 안에 머무는 제자"는 안떼와씬(antevāsin)을 번역한 말이다. 안떼(ante)는 '안에'라는 의미로 스승의 집 안을 뜻한다. 와씬(vāsin)은 '거주하고 있는 사람'을 의미한다. 제자는 자신의 집을 떠나 스승의 집에서 스승과 함께 살며 스승에게서 배웠음을 알 수 있다.

123 "덕행"은 다르마(dharma)를 번역한 말이다. 다르마는 남성 명사로 '정의, 진리, 도덕, 의무, 종교, 관습, 속성' 등을 의미하는 낱말이다. 88쪽 86번 각주 참조.

124 막스 뮐러에 의하면 "공부(svādhyāya)"는 '『베다』의 학습(the study of the Veda)'이다.

125 샹카라에 의하면 스승이 원하는 것을 가져다 드리고, 스승의 뜻에 합당한 아내들을 데려와 자손의 대가 끊기게 하지 말라는 의미다.

126 앞에서와 마찬가지로 다르마를 번역한 말이다.

127 샹카라에 의하면 "안녕(安寧, kuśala)"은 자신을 보호하기 위한 행위를 의미한다. 하리끄리스나다싸 고얀다까에 의하면 안녕은 상서로운 행위를 의미한다.

128 샹카라에 의하면 "번영(bhūti)"은 기쁨과 연관된 자기 행위를 의미한다. 막스 뮐러는 '위대함(greatness)'이라고 번역한다. 하리끄리스나다싸 고얀다까에 의하면 '발전의 방편'을 의미한다. 싸뜨야브라따 씻단따랑까라는 '신통의 획득'이라고 해석한다.

129 막스 뮐러는 "공부와 가르침(pravacana)"을 '『베다』를 배우고 가르치기(the learning and

"신들과 조상들에 대한 일들에 대해 부주의해서는 안 된다.[131] 그대는 어머니가 신인 사람이 되어라.[132] 아버지가 신인 사람이 되어라.[133] 스승이 신인 사람이 되어라.[134] 손님이 신인 사람이 되어라.[135] 비난받지 않을 행동들을 행하고 그렇지 않은 것들은 행하지 마라. 우리의 좋은 행위들을 너는 본받아야 한다."[136] 2[137]

"그렇지 않은 것들은 본받지 마라.[138] 그 누구든 우리보다 훌륭한 브라흐마나들이라면, 너는 그들에게 의자를 내주어 한숨 돌리게 해야 한다. 공경하며 주어야 한다. 공경하지 않으면서 주어서는 안 된다. 풍성하게 주어야 한다.[139] 겸손하게 주어야 한다. 어려워하며 주어야 한다. 잘 헤아려서 주어야 한다.[140] 그리고 어쩌면 행위나[141] 일에[142] 대한 의심이 너에게 생겨나리라!" 3[143]

---

teaching of the Veda)'라고 해석한다.

130 샹카라와 막스 뮐러에 의하면 여기까지가 열한 번째 절 첫 번째 만뜨라에 해당된다.

131 라다크리슈난에 의하면 여기까지가 열한 번째 절 첫 번째 만뜨라에 해당된다.

132 샹카라에 의하면 어머니를 신처럼 섬기라는 의미다.

133 샹카라에 의하면 아버지를 신처럼 섬기라는 의미다.

134 샹카라에 의하면 스승을 신처럼 섬기라는 의미다.

135 샹카라에 의하면 손님을 신처럼 섬기라는 의미다.

136 샹카라에 의하면 스승인 우리의 행위들 가운데 경전에 어긋나지 않는 올바른 행위들만을 본받으라는 의미다.

137 샹카라와 막스 뮐러에 의하면 여기까지가 열한 번째 절 두 번째 만뜨라에 해당된다.

138 라다크리슈난에 의하면 여기까지가 열한 번째 절 두 번째 만뜨라에 해당된다.

139 하리끄리스나다싸 고얀다까는 '경제 형편에 맞게 주어야 한다'라고 해석한다.

140 라다크리슈난에 의하면 여기까지가 열한 번째 절 세 번째 만뜨라에 해당된다.

141 샹카라에 의하면 "행위(karma)"에 대한 의심은 경전과 법전에 있는 행위에 대한 의심을 의미한다.

142 샹카라에 의하면 "일(vṛtta)"에 대한 의심은 좋은 행동으로 정의되는 것에 대한 의심을 의미한다.

143 샹카라와 막스 뮐러에 의하면 여기까지가 열한 번째 절 세 번째 만뜨라에 해당된다.

"그러한 것에 대해 잘 판단하는 사람들, 적절한 사람들, 온전한 사람들,[144] 온화한 사람들, 덕망이 있는 사람들인 브라흐마나들이 있으리라. 이들이 그러한 것에 대해 처신하는 대로 너도 그러한 것에 대해 그렇게 처신해라![145] 그리고 잘못되게 비난 받는 사람들에[146] 대해서 의심이 너에게 생겨나리라. 그러한 사람들에 대해 잘 판단하는 사람들, 적절한 사람들, 온전한 사람들, 온화한 사람들, 덕망이 있는 사람들인[147] 브라흐마나들이 있으리라. 이들이 그러한 사람들에 대해 처신하는 대로 그렇게 너도 그러한 사람들에 대해 처신해라![148] 이것은 명령이다.[149] 이것은 가르침이다. 이것은 베다의 신비며, 이것은 전승의 가르침이다. 이처럼 따라야 한다. 이처럼 이것을 따라야 한다." 4[150]

열두 번째 절[151]

미뜨라가 우리를 평안케 하고, 와루나가 우리를 평안케 하고, 아르야만이 우리를 평안케 하기를 원하노라!

인드라와 브리하쓰빠띠가 우리를 평안케 해 주기를 원하노라!

훌쩍 걸음을 내디뎌 가는 위스누가 우리를 평안케 해 주기를 원하

---

144 샹카라에 의하면 "온전한 사람들"은 다른 일에 매어 있지 않은 사람들을 의미한다.

145 라다크리슈난은 여기까지를 열한 번째 절 네 번째 만뜨라로 구분한다.

146 막스 뮐러는 "잘못되게 비난 받는 사람(abhyākhyāta)들"을 '반대로 말해진 사물들(things that have been spoken against)'이라고 해석한다. 싸뜨야브라따 씻단따랑까라는 '논란이 되는 대상들'이라고 해석한다.

147 샹카라에 의하면 "덕망이 있는 사람들"은 견물생심이 없는 사람이며, 욕망에 사로잡히지 않은 사람이다.

148 라다크리슈난은 여기까지를 열한 번째 절 다섯 번째 만뜨라로 구분한다.

149 샹카라에 의하면 "명령(ādeśa)"은 자재자(Īśvara)의 언명을 의미한다.

150 샹카라와 막스 뮐러에 의하면 여기까지가 열한 번째 절 네 번째 만뜨라에 해당된다. 그러나 라다크리슈난은 여기까지를 열한 번째 절 여섯 번째 만뜨라로 구분한다.

151 첫 번째 절과 동일하다. 213~214쪽 3~16번 각주 참조.

노라!

브라흐만에게 머리 숙이노라,

와유여, 그대에게 머리 숙이노라!

그대는 바로 직접 지각되는 브라흐만이니, 나는 바로 그대를 직접 지각되는 브라흐만이라고 말하리라,

진리라고 말하리라, 실재라고 말하리라!

그러하니 그대는 나를 보살피라, 그러하니 말하는 사람을 보살피라,

나를 보살피라, 말하는 사람을 보살피라!

옴ॐ, 평온이여! 평온이여! 평온이여! 1

브라흐만의 환희의 장

평온을 위한 낭송[152]

옴ॐ, 미뜨라가 우리를 평안케 하고, 와루나가 우리를 평안케 하고, 아르야만이 우리를 평안케 하기를 원하노라!

인드라와 브리하쓰빠띠가 우리를 평안케 해 주기를 원하노라!

훌쩍 걸음을 내디뎌 가는 위스누가 우리를 평안케 해 주기를 원하노라!

브라흐만에게 머리 숙이노라,

와유여, 그대에게 머리 숙이노라!

그대는 바로 직접 지각되는 브라흐만이니, 나는 바로 그대를 직접 지각되는 브라흐만이라고 말하리라,

152 샹카라의 산스크리트 주석본에 있는 내용이다.

진리라고 말하리라, 실재라고 말하리라!

그러하니 그대는 나를 보살피라, 그러하니 말하는 사람을 보살피라,

나를 보살피라, 말하는 사람을 보살피라!

옴ॐ, 우리 둘을[153] 함께 보호하소서! 우리 둘이 함께 맛보게 하소서![154] 우리 둘이 함께 용맹 정진하리니![155] 우리 둘이 배운 것을 빛나게 하소서![156] 우리 둘은 미워하지 않으리니!

옴ॐ, 평온이여! 평온이여! 평온이여!

첫 번째 절

옴ॐ, 브라흐만을[157] 아는 사람은 최고에[158] 도달한다.[159] 이것은[160] 그에 대해 말한 것이다.

"브라흐만은 실재요,[161] 지혜이며,[162] 영원함이다.

동굴 속 최고의 하늘에 자리 잡고 있는 것을[163] 아는 사람,

153 샹카라에 의하면 "우리 둘"은 스승과 제자를 의미한다.

154 샹카라에 의하면 브라흐만을 맛보게 하라는 의미다.

155 샹카라에 의하면 "용맹 정진(vīrya)"은 지혜(明) 등을 얻기 위해서 적절한 것을 의미한다.

156 샹카라에 의하면 의미를 알기에 적합하게 해달라는 의미다.

157 샹카라에 의하면 어원적으로 '가장 큰 것이기 때문에 브라흐만이라고 한다(bṛhattamatvādbrahma).'

158 샹카라에 의하면 "최고(para)"는 더할 바가 없는 것으로 그것은 바로 높은 브라흐만이다.

159 샹카라에 의하면 "브라흐만을 아는 사람"은 브라흐만이다.

160 샹카라에 의하면 "이것(eṣā)"은 바로 다음에 이어지는 찬송(ṛc)을 의미한다.

161 샹카라에 의하면 정해진 형태를 벗어나지 않는 것이며, 있는 것이 "실재"다.

162 샹카라에 의하면 지혜는 앎(jñapti)이요, 깨달음(avabodha)이다.

163 샹카라에 의하면 "동굴(guhā)"은 지성을 의미한다. 이곳에서 인아(人我)의 목적인 먹음(享受, bhoga)과 물러남(apavarga)이 존재한다. 혹은 현현되지 않은 허공이 동굴이다. 최고의 하늘은 심장과 관련된 것이다. 왜냐하면 브라흐만의 편재성 때문에 브라흐만은 달

그는 모든 것을 아는[164] 브라흐만과 함께 모든 욕망들을 누린다." 이렇게.[165]

그러한 이 아我로부터[166] 허공이 생겨난다.[167] 허공에서 바람이,[168] 바람에서 불이,[169] 불에서 물이,[170] 물에서 흙이,[171] 땅에서 초목들이, 초목들에서 곡식이, 곡식에서 사람이 생겨난다.[172] 바로 이 사람은 곡식의 정수로 된 것이다.[173] 그의 바로 이것은 머리, 이것은 남쪽 팔,[174] 이것은 북쪽 팔,[175] 이것은 아,[176] 이것은 꼬리이며 바탕이다.[177] 이것은 그에 관한[178]

리 특별한 공간과 시간에 한정되지 않기 때문이다. 따라서 심장이 하늘이며 지성이 동굴이다. 바로 그러한 곳에 브라흐만은 자리 잡고 있다.

164 하리끄리스나다싸 고얀다까에 의하면 "모든 것을 아는" 자는 '식(識, vijñāna)의 본질'을 의미한다.

165 샹카라에 의하면 "이렇게(iti)"라는 낱말은 만뜨라가 끝나는 것을 의미한다.

166 샹카라에 의하면 아의 본모습인 브라흐만을 의미한다. 하리끄리스나다싸 고얀다까에 의하면 "이 아"는 '지고의 아'를 의미한다.

167 샹카라에 의하면 "허공(空)"은 소리(聲, śabda)가 성질이다.

168 샹카라에 의하면 "바람(風)"은 촉감(觸, sparśa)이 자신의 고유한 성질이지만, 소리를 성질로 가진 허공에서 생겨났으므로 바람은 소리, 촉감이라는 두 가지 성질을 가진다.

169 샹카라에 의하면 "불(火, agni)"은 형태(色, rūpa)가 자신의 고유한 성질이지만, 소리와 촉감의 성질을 가진 바람에서 생겨났으므로 불은 소리, 촉감, 형태라는 세 가지 성질을 가진다.

170 샹카라에 의하면 "물(水, āpas, ap)"은 맛(味, rasa)이 자신의 고유한 성질이지만, 소리와 촉감과 형태의 성질을 가진 불에서 생겨났으므로 물은 소리, 촉감, 형태, 맛 이라는 네 가지 성질을 가진다.

171 샹카라에 의하면 "흙(地, pṛthivī, pṛthvī)"은 냄새(香, gandha)가 자신의 고유한 성질이지만, 소리와 촉감과 형태와 맛의 성질을 가진 물에서 생겨났기 때문에 흙은 소리, 촉감, 형태, 맛, 냄새라는 다섯 가지 성질을 모두 가진다.

172 샹카라에 의하면 곡식에서 정액의 형태로 변화된 것에 의해서 머리와 팔 등의 형태를 갖춘 사람이 생겨난다.

173 샹카라에 의하면 "곡식의 정수(精髓, rasa)"가 변화된 것이라는 의미다.

174 샹카라에 의하면 얼굴이 동쪽을 향하고 있으면, 오른팔은 "남쪽 팔"이 된다.

175 샹카라에 의하면 얼굴이 동쪽을 향하고 있으면, 왼팔은 "북쪽 팔"이 된다.

찬송[179]이다. 1

두 번째 절

땅에 깃들고 있는 그 모든 생명체들은[180] 진정 곡식으로 인해서 생겨난다. 그리고 바로 곡식에 의해서 생명을 유지한다. 그러고는 결국은 이것을 향해 간다.[181] 왜냐하면 곡식은 존재하는 생명체들[182] 가운데 첫 번째로 생겨난 것이기 때문이다.[183] 그러므로 모든 약이라고[184] 일컫는다. 곡식을 브라흐만이라고 명상하는[185] 이들은 분명히 모든 곡식을 얻는다.

---

176 샹카라에 의하면 "이것"은 몸의 이 가운데 몸체이며, '지체들의 아'라는 의미다.

177 샹카라에 의하면 "꼬리"는 배꼽의 아랫부분을 의미한다. 하리끄리스나다싸 고얀다까에 의하면 새의 모습에 비유하는 것으로 "바탕"은 새의 다리를 의미한다. 따라서 꼬리와 다리라는 의미다. 이렇게 해석하면 사람의 전체 몸의 모습은 동쪽을 향하고 있는 새의 모습이 된다. 샹카라가 팔로 해석한 원어 빡샤(pakṣa)는 '날개'를 의미하기도 한다.

178 '곡식이 주가 되는 것(annamaya)'에 대한 찬송(śloka)이라는 뜻이다.

179 샹카라에 의하면 이 "찬송"은 다음에 이어지는 찬송을 의미한다.

180 샹카라에 의하면 "생명체들"은 움직이는 것과 움직이지 않는 것 모두를 의미한다. 생명체의 원어인 쁘라자(prajā)는 여성 명사로 '생겨난 것, 창조물, 후손, 자손, 동물, 사람, 백성, 정액' 등을 의미한다.

181 샹카라에 의하면 생명 활동이 다하면 곡식에 녹아 들어간다는 의미다.

182 "존재하는 생명체"에 해당하는 원어인 부따(bhūta)는 중성 명사로 '존재하는 것, 생명체, 중생, 세상, 유령, 다섯 가지 물질 요소' 등을 의미한다. 샹카라에 의하면 여기서 부따의 의미는 생명체다.

183 샹카라에 의하면 "곡식은 존재하는 생명체들 가운데 첫 번째로 생겨난 것이기 때문"에 곡식은 곡식으로 된 것을 비롯한 다른 생명체들의 원인이다. 따라서 모든 생명체들은 곡식에서 생겨나고, 곡식으로 살고, 곡식으로 되돌아가 잠긴다. 상캬(Sāṁkhya) 철학에 따르면 첫 번째로 생겨난 것에서 그 이후의 모든 것들이 생겨나고, 생겨난 모든 것들은 모두 다 첫 번째로 생겨난 것으로 되돌아가 잠긴다.

184 샹카라에 의하면 "모든 약"은 모든 생명체들의 몸의 열병을 없애 주는 것이라는 의미다.

185 샹카라에 의하면 나는 곡식에서 생겨나고, '곡식의 아(annātman)'이며, 곡식으로 되돌아가 잠긴다. 따라서 곡식이 브라흐만이다. 이렇게 명상하는 것이다.

왜냐하면 곡식은 존재하는 생명체들 가운데 첫 번째로 생겨난 것이기 때문이다. 그러므로 모든 약이라고 일컫는다.

"곡식으로 인해서 생명체들이 생겨난다. 생겨난 것들은 곡식에 의해서 자라난다.

먹히고 그리고 생명체들을 먹기 때문에[186] 그래서 그것은 곡식이라고 일컫는 것이다."[187] 이렇게.[188]

그러한 이 곡식의 정수로 만들어진 것 말고 내면의 아我인 생기生氣가 주를 이루는 것이 확실히 있다. 그것으로 이것은 가득하다.[189] 그러한 이것은 바로 사람의 형태다.[190] 그러한 사람의 형태성을 따라 이것은 사람의 형태다.[191] 생기는 바로 그것의 머리다.[192] 편기遍氣는 남쪽 팔,[193] 하기下氣는 북쪽 팔,[194] 허공은 아,[195] 땅은 꼬리이며 바탕이다. 이 찬송은[196] 그

186 생명체들은 생명이 다하면 곡식으로 되돌아가 잠기기 때문에 곡식에게 먹힌다고 표현하는 것이다.

187 곡식의 어원을 말하는 부분이다. 즉 곡식인 안나(anna)는 '먹다'라는 의미를 가진 어근 아드(ad)에서 파생된 낱말이라는 뜻이다.

188 "이렇게"는 여기까지가 '곡식이 주가 되는 것(annamaya)'에 관한 찬송이라는 뜻이다.

189 샹카라에 의하면 풀무 주머니에 공기가 가득하듯이 곡식의 정수가 주를 이루는 아는 생기가 주를 이루는 것으로 가득하다는 의미다.

190 샹카라에 의하면 생기(生氣)가 주를 이루는 아(我)는 머리와 팔 등을 갖춘 "사람의 형태"다. 숨이 주를 이루는 것을 원어로 쁘라나마야(prāṇamaya)라고 한다.

191 샹카라에 의하면 생기가 주를 이루는 아(我) 스스로가 사람의 형태가 아니라, 곡식의 정수가 주를 이루는 아의 형태를 본받아 사람의 형태인 것이다.

192 샹카라에 의하면 "생기"는 코와 입을 통해 나가기 때문에 "머리"로 상정되는 것이다.

193 앞에서와 마찬가지로 "남쪽 팔"은 오른팔을 의미한다.

194 앞에서와 마찬가지로 "북쪽 팔"은 왼팔을 의미한다.

195 샹카라에 의하면 생기의 활동을 주관하기 때문이며, 가운데 자리 잡기 때문이다. 아(我)는 가운데 자리 잡는 것이다. 하리끄리스나다싸 고얀다까에 의하면, 아는 몸의 가

에 관한 것[197]이다. 1

세 번째 절

"신들, 사람들, 짐승들은 생기生氣를[198] 따라 숨을 쉰다.[199]
생기는 생명체들의 수명이기 때문이다.
그러기에 모든 수명이라고[200] 일컫는다.
생기를 브라흐만이라고 명상하는 사람들은 진정 모든 수명을 누린다.
생기는 생명체들의 수명이기 때문이다.
그러기에 모든 수명이라고 일컫는다." 이렇게.[201]

이것은 바로 그 이전 몸의 아我다.[202] 그러한 이 생기가 주를 이루는 것 말고 내면의 아인 마음이 주를 이루는 것이 확실히 있다.[203] 그것으로

운데 부분을 의미한다. 따라서 허공은 몸의 가운데 부분이라는 뜻이다.

196 앞에서와 마찬가지로 이 찬송은 다음에 이어지는 찬송을 의미한다.

197 '생기가 주를 이루는 것(prāṇamaya)'에 관한 찬송이라는 뜻이다.

198 샹카라에 의하면 여기서 "생기"는 숨을 본질로 하는 것으로 호흡하는 힘을 지닌 것을 의미한다.

199 샹카라에 의하면 "숨을 쉰다"는 것은 호흡 활동을 한다는 것으로 호흡 작용을 통해서 활동하는 존재가 된다는 뜻이다. 혹은 신들은 기관들을 의미한다. 기관들이 주요한 호흡을 따라 활동한다는 의미다. 그리고 사람들과 짐승들은 호흡 작용에 의해서 활동하게 된다는 의미다. 하리끄리스나다싸 고얀다까에 의하면 "숨을 쉰다"는 것은 살아 활동한다는 의미다.

200 샹카라에 의하면 "모든 수명"은 모든 것들의 수명을 의미한다.

201 "이렇게"는 여기까지가 '생기가 주를 이루는 것'에 관한 찬송이라는 뜻이다.

202 샹카라에 의하면 "이 생기가 주를 이루는 것"은 그 이전의 몸인 곡식이 주를 이루는 몸의 아다.

203 샹카라에 의하면 마음은 결심(saṃkalpa)을 비롯한 것들을 본질로 하는 내적 기관이다. "마음이 주를 이루는 것"은 생기가 주를 이루는 것의 내적인 아(我)다. "마음이 주를 이루는 것"을 원어로 마노마야(manomaya)라고 한다.

이것은 가득하다.[204] 그러한 이것은 바로 사람의 형태다.[205] 그러한 사람의 형태성을 따라 이것은 사람의 형태다.[206] 야주르베다는 바로 그것의 머리다. 리그베다는 남쪽 팔,[207] 싸마베다는 북쪽 팔,[208] 지시는[209] 아, 아타르방기라싸는[210] 꼬리이며 바탕이다.[211] 이 찬송은[212] 그에 관한 것[213]이다. 1

네 번째 절

"이르지 못하고 그곳에서 언어는 마음과 함께 되돌아간다.[214]

브라흐만의 환희를 아는 사람은 그 언제라도 두려워하지 않는다." 이렇게.[215]

---

204 마음이 주를 이루는 아(我)는 생기가 주를 이루는 것으로 가득하다는 의미다.

205 마음이 주를 이루는 아(我)는 머리와 팔 등을 갖춘 "사람의 형태"라는 의미다.

206 마음이 주를 이루는 아 스스로 사람의 형태가 아니라, 생기가 주를 이루는 아의 형태를 본받아 "사람의 형태"라는 의미다.

207 앞에서와 마찬가지로 "남쪽 팔"은 오른팔을 의미한다.

208 앞에서와 마찬가지로 "북쪽 팔"은 왼팔을 의미한다.

209 샹카라에 의하면 "지시(ādeśa)"는 브라흐마나에게 특별히 지시하는 것을 의미한다.

210 "아타르방기라싸(Atharvāṃgirasa)"는 아타르방기라쓰(Atharvāṃgiras)로 불리는 사제 계급과 관련된 것을 의미한다. 아타르방기라쓰는 아타르반(Atharvan)과 앙기라쓰(Aṁgiras) 선인의 후손들을 뜻한다. 이들은 『아타르바베다』와 관련이 있는 선인들이다. 따라서 "아타르방기라싸"는 『아타르바베다』를 의미한다.

211 샹카라에 의하면 아타르반과 앙기라쓰에 의해서 보아 만들어진 만뜨라들과 브라흐마나는 평온하게 하는 것, 풍요롭게 하는 것 등의 바탕이 되는 원인으로써의 작용을 위주로 하는 것이기 때문에 "꼬리이며 바탕"이다. 여기서 브라흐마나는 『베다』의 의미를 밝히고, 『베다』와 관련된 제식을 설명하는 『베다』 문헌을 의미한다. 『베다』와 『베다』 문헌은 계시된 것이기 때문에 만들어진 것이 아니라 본 것이라고 표현한다. 따라서 우리말로 '보아 만들어진 것'이라고 옮긴다.

212 앞에서와 마찬가지로 이 찬송은 다음에 이어지는 찬송을 의미한다.

213 '마음이 주를 이루는 것'에 관한 찬송이라는 뜻이다.

214 그것은 불립문자(不立文字)의 세계로 언어를 통해서도 이해할 수 없고, 마음을 통해서도 이해할 수 없는 경지라는 의미다. 마음마저 떠나야 이를 수 있는 곳이라는 뜻이다.

이것은 바로 그 이전 몸의 아我다. 이러한 마음이 주를 이루는 바로 이것 말고 내면의 아인 식識이 주를 이루는 것이 확실히 있다.[216] 그것으로 이것은 가득하다.[217] 그러한 이것은 바로 사람의 형태다.[218] 그러한 사람의 형태성을 따라 이것은 사람의 형태다.[219] 믿음은 바로 그것의 머리다.[220] 진리는[221] 남쪽 팔, 진실은[222] 북쪽 팔, 요가는[223] 아, 큰 것은 꼬리이며 바탕이다.[224] 이 찬송은 그에 관한 것[225]이다. 1

---

215 "이렇게"는 여기까지가 '마음이 주를 이루는 것'에 관한 찬송이라는 뜻이다.

216 샹카라에 의하면 마음이 주를 이루는 것은 『베다』의 아(vedātman)'다. 『베다』의 의미를 대상으로 삼는 확정적인 성질의 지성이 식(vijñāna)이다. 그리고 식은 이해(adhyavasāya)를 특징으로 하는 내적 기관의 속성이다. 분명한 식들인 사실을 입증하는 것의 본질들에 의해서 만들어진 아(ātman)가 식이 주를 이루는 것이다. 막스 뮐러는 '식'을 '이해(understanding)'라고 번역한다.

217 마음이 주를 이루는 아(我)는 '식(識)이 주를 이루는 것(vijñānamaya)'으로 가득하다는 의미다.

218 식(識)이 주를 이루는 아(我)는 머리와 팔 등을 갖춘 "사람의 형태"라는 의미다.

219 식(識)이 주를 이루는 아(我) 스스로 사람의 형태가 아니라, 마음이 주를 이루는 아의 형태를 본받아 "사람의 형태"라는 의미다.

220 샹카라에 의하면 확정인 식(識)을 가진 사람에게는 해야 할 것의 의미들에 대해 먼저 "믿음(śraddhā)"이 생겨나기 때문이다.

221 샹카라에 의하면 "진리"는 경전과 의무에 합당하게 지성에 확정된 의미다. 하리끄리스나다싸 고얀다까에 의하면 "진리"는 참된 행동에 대한 확정을 의미한다.

222 샹카라에 의하면 "진실"은 말과 몸을 통해 얻을 수 있는 것이다. 하리끄리스나다싸 고얀다까에 의하면 "진실"은 진실된 말에 대한 확정을 의미한다.

223 샹카라에 의하면 "요가(yoga)"는 결합이며, 마음을 모두는 것이다. 하리끄리스나다싸 고얀다까에 의하면 "요가"는 선(禪, dhyāna)을 통해서 '지고의 아'에 집중 통일하는 형태다. 요가 철학에 따르면 "요가"는 삼매(三昧, samādhi)를 의미한다.

224 샹카라에 의하면 "큰 것(mahas)"은 대(大, mahat)이며, 제일 처음 생겨난 것을 의미한다. 대는 모든 식(識)들의 원인이다. 그래서 "큰 것"은 식을 위주로 하는 아의 바탕이다. 상캬 철학에 따르면, 자연(prakṛti)인 으뜸(勝因, pradhāna)에서 진성(眞性, sattvaguṇa)이 수승한 상태의 존재인 대가 생겨난다. 하리끄리스나다싸 고얀다까에 의하면 "큰 것"은 유명한 '지고의 아(至高我)'를 의미한다. 본 『우파니샤드』 음성학의 장 다섯 번째 절에 따르면, "큰 것"의 원어인 '마하쓰'는 브라흐만을 의미한다.

225 '식이 주를 이루는 것'에 관한 찬송이라는 뜻이다.

다섯 번째 절

"식識은 제사를 펼친다, 행위들을 또한 펼친다.
모든 신들은 식을 브라흐만이라고, 으뜸이라고 명상한다.
만일 식을 브라흐만이라 알고, 그로부터 부주의하지 않는다면,[226]
몸 안의 죄악들을 여의고 모든 욕망들을 온전하게 누린다." 이렇게.[227]

이것은 바로 그 이전 몸의 아我다.[228] 이러한 식識이 주를 이루는 바로 이것 말고 내면의 아인 환희가 주를 이루는 것이[229] 확실히 있다. 그것으로 이것은 가득하다.[230] 그러한 이것은 바로 사람의 형태다.[231] 그러한 사람의 형태성을 따라 이것은 사람의 형태다.[232] 좋음은 바로 그것의 머리다.[233] 즐거움은[234] 남쪽 팔, 큰 즐거움은[235] 북쪽 팔, 환희는[236] 아, 브라

226 샹카라에 의하면 '곡식이 주를 이루는 것' 등에 대해서는 아(我)라는 생각을 버리고 오로지 '식(識)이 주를 이루는 것'인 브라흐만에 대해 아성(我性, ātmatva)을 환기하는 것을 의미한다.

227 "이렇게"는 여기까지가 '식(識)이 주를 이루는 것'에 관한 찬송이라는 뜻이다.

228 샹카라에 의하면 이 '식(識)이 주를 이루는 것'은 그 이전의 몸인 '마음이 주를 이루는 것'인 몸의 아(我)다.

229 샹카라에 의하면 "환희(ānanda)"는 지혜(明)와 행위의 결과다. 그 결과가 변한 것이 '환희가 주를 이루는 것(ānandamaya)'이다.

230 식(識)이 주를 이루는 아(我)는 '환희가 주를 이루는 것'으로 가득하다는 의미다.

231 환희가 주를 이루는 아(我)는 머리와 팔 등을 갖춘 사람의 형태라는 의미다.

232 환희가 주를 이루는 아(我) 스스로 사람의 형태가 아니라, 식이 주를 이루는 아의 형태를 본받아 사람의 형태라는 의미다.

233 샹카라에 의하면 원하는 아들 등을 보아서 생기는 것이 "좋음(priya)"이다. "좋음"을 비롯한 습기(習氣, vāsanā)에 의해 만들어진 아(我)가 바로 환희가 주를 이루는 것이다. "좋음"은 으뜸이기 때문에 머리와 같다.

234 샹카라에 의하면 "즐거움(moda)"은 좋음을 얻음을 원인으로 하는 기쁨(harṣa)이다. 막스 뮐러는 "즐거움"을 '만족(satisfaction)'이라고 번역한다.

235 샹카라에 의하면 "큰 즐거움(pramoda)"은 좋음을 얻음을 원인으로 하는 강한 기쁨이다. 막스 뮐러는 "큰 즐거움"을 '대만족(great satisfaction)'이라고 번역한다.

흐만은[237] 꼬리이며 바탕이다. 이 찬송은 그에 관한 것[238]이다. 1

여섯 번째 절

"만일 없는 것이 브라흐만이라고 아는 자가 있다면, 그는 바로 없는 자가 된다.

만일 브라흐만은 있다고 아는 자가 있다면, 그렇다면 사람들은 그를 있다고들 여긴다."[239] 이렇게.

이것은 바로 그 이전 몸의 아我다.[240]

이제 여기서부터 스승의 말씀에 따른 질문들이 이어진다.

"모르는 자[241] 또한 이생을 떠나 저세상으로 가는 것입니까? 아니면, 그 누구라도 아는 사람이[242] 이생을 떠나 저세상을 얻는 것입니까?"[243]

---

236 샹카라에 의하면 "환희"는 좋음을 비롯한 행복(sukha)의 부분들에 긴밀하게 연결되어 있는 것이기 때문에 행복에 보편하는 아(我)다. 암성(闇性, tamas)을 없애는 고행(tapas), 지혜(明), 청정범행(淸淨梵行, brahmacarya), 믿음에 의해서 내적 기관(antaḥkaraṇa)이 무구(無垢)해지면 무구해질수록 해맑은 내적 기관에는 환희가 커져 간다.

237 샹카라에 의하면 모든 무지(無明, avidyā)에 의해 상정된 이원성(dvaita)이 멈추어진 불이원성(advaita)이 "브라흐만"이다.

238 '환희가 주를 이루는 것'에 관한 찬송이라는 뜻이다.

239 샹카라에 의하면 브라흐만을 아는 사람들은 그가 브라흐만의 본질로 존재하는 것으로 여긴다는 의미다. 하리끄리스나다싸 고얀다까에 의하면 지혜로운 사람들은 그를 진실한 사람으로 여긴다는 의미다.

240 샹카라에 의하면 이 '환희가 주를 이루는 것'은 그 이전의 몸인 식(識)이 주를 이루는 몸의 아(我)다.

241 브라흐만을 모르는 사람을 뜻한다.

242 샹카라에 의하면 "아는 사람"은 브라흐만을 아는 사람을 의미한다.

243 샹카라에 의하면 "저세상"은 '지고의 아'를 의미한다.

그는[244] 나는 생겨나리라, 나는 많은 것이 되리라고 원했다. 그는 고행을[245] 했다. 그는 고행을 하여[246] 이 세상 그 모든 것들을 만들었다. 그것을[247] 만들고는 그것을 따라 들어갔다.[248] 그것으로 들어가서는 감지할 수 있는 것과 감지할 수 없는 것이 되었다.[249] 설명할 수 있는 것과 설명할 수 없는 것이, 터전이 있는 것과 터전이 없는 것이,[250] 의식이 있는 것과 의식이 없는 것이, 진실과 거짓이, 바로 실재가 되었다.[251] 이 그 모든 것, 그것을 실재라고 말한다. 이 찬송은 그에 관한 것[252]이다. 1

일곱 번째 절

"없음이[253] 이것에[254] 앞서 있었다.

바로 그것에서[255] 있음이[256] 생겨났다.

244 "그"는 브라흐만을 뜻한다. 하리끄리스나다싸 고얀다까에 의하면 "그"는 '지고의 자재자'를 의미한다.

245 샹카라에 의하면 "고행"은 지혜를 의미한다.

246 샹카라에 의하면 고행은 지혜이며, "고행을 한다"는 것은 창조될 세상을 만들 것 등에 대해서 고찰한다는 의미다.

247 "그것"은 이 세상 모든 것을 뜻한다.

248 "따라 들어간다"는 것은 물이 항아리에 들어가 담기면 항아리를 따라 항아리의 모습을 채우고, 물이 찻잔에 들어가 담기면 찻잔을 따라 찻잔의 모습을 채우는 것과 같이 브라흐만은 자신이 들어간 존재의 모습을 따라 담긴다는 것을 뜻한다.

249 하리끄리스나다싸 고얀다까에 의하면 "감지할 수 있는 것(sat)"은 형상이 있는 것이고, "감지할 수 없는 것(tyat)"은 형상이 없는 것이다.

250 샹카라에 의하면 "터전이 있는 것(nilayana)"은 형상이 있는 것의 속성이고, "터전이 없는 것(anilayana)"은 형상이 없는 것의 속성이다.

251 샹카라에 의하면 "실재"는 '최상승의 의미로서의 실재(paramārthasatya)'를 의미한다. 하리끄리스나다싸 고얀다까에 의하면 "실재"는 실재의 본모습인 '지고의 아'를 의미한다.

252 '실재'에 관한 찬송이라는 뜻이다.

253 샹카라에 의하면 "없음(asat)"은 이름과 형태로 구별되는 것과는 반대되는 것으로 변형되지 않은 브라흐만을 의미한다.

254 샹카라에 의하면 "이것"은 이름과 형태로 나타나 구별된 세상을 의미한다.

그것은[257] 자신을 스스로 만들었다. 그래서 그것을[258] 스스로 된 것이라고[259] 일컫는다." 이렇게.[260]

분명 스스로 된 그것은 바로 맛이다.[261] 왜냐하면 이것은[262] 바로 맛을 얻어 환희하는 존재가 되기 때문이다. 만일 이 환희가 허공에 없다면,[263] 바로 무엇이 움직이고,[264] 무엇이 숨을 쉴 수 있겠는가?[265] 분명 이것은 환희롭게 한다.[266] 바로 보이지 않는 것에, 몸이 없는 것에, 설명할 수 없는 것에, 터전이 없는 것에, 이것에[267] 이것이[268] 두려움 없는 바탕을

---

255 샹카라에 의하면 "그것에서"는 없음에서라는 의미다.

256 샹카라에 의하면 "있음(sat)"은 이름과 형태로 구별되어 나누어진 것이다.

257 샹카라에 의하면 여기서 "그것(tat)"은 없음(asat)으로 일컫는 것을 의미한다.

258 샹카라에 의하면 여기서 "그것"은 브라흐만을 의미한다.

259 "스스로 된 것"의 원어는 쑤끄리따(sukṛta)다. 원래 쑤끄리따는 '잘(su) 만들어진(kṛta)' 혹은 '잘 만들어진 것'을 뜻한다. 샹카라는 '쑤끄리따'를 스스로 만드는 자라고 해석한다. 문맥에 따라 '스스로 된 것'이라고 옮기기로 한다.

260 "이렇게"는 여기까지가 실재인 브라흐만에 관한 찬송이라는 뜻이다.

261 "맛"의 원어는 라싸(rasa)다. 라싸는 남성 명사로 '맛, 즙액, 정수(精髓), 예술 작품을 통해 승화된 정서' 등을 의미한다. 샹카라에 의하면 라싸는 만족의 원인이 되는 것으로 환희롭게 만드는 단맛, 신맛 등이다.

262 샹카라의 문맥에 따르면 "이것"은 세상 사람을 의미한다. 하리끄리스나다싸 고얀다까에 의하면 "이것"은 '생령의 아(jīvātman)'를 의미한다.

263 샹카라에 의하면 '심장이라는 동굴 속 최고의 하늘인 허공에 자리 잡고 있는 환희가 없다면'이라는 의미다. 하리끄리스나다싸 고얀다까에 의하면 '편재하는 환희의 본모습인 지고의 아가 없다면'이라는 의미다.

264 하리끄리스나다싸 고얀다까에 의하면 '무엇이 살 수 있겠는가?'라는 의미다.

265 샹카라에 의하면 '무엇이 하기(下氣) 활동을 하고, 혹은 무엇이 생기(生氣) 활동을 하겠는가?'라는 의미다.

266 샹카라에 의하면 '바로 이 높은 아(para ātmā)'가 다르마에 합당하게 세상을 행복하게 한다는 의미다. 여기서 세상(loka)은 사람이라고 번역되어도 좋은 말이다.

267 샹카라에 의하면 "이것에"는 '브라흐만에 대해서'라는 의미다.

268 샹카라에 의하면 "이것"은 수행자(sādhaka)를 의미한다. 하리끄리스나다싸 고얀다까에 의하면 "이것"은 '생령의 아'를 의미한다.

얻을 때, 이제 그것은[269] 두려움 없는 경지가 된다.[270] 바로 이것이[271] 조금이라도 이것에 대해서[272] 구별을 하면,[273] 그러면 그것에[274] 두려움이 생겨난다. 그 두려움은 고찰함이 없는 현인에게[275] 생겨난다. 이 찬송은 그에 관한 것[276]이다. 1

여덟 번째 절

"이것이 두려워서[277] 바람의 신이[278] 분다.

두려워서 태양의 신이[279] 뜬다.

이것이 두려워서 불의 신이, 신들의 왕인 인드라가,[280]

---

269 샹카라에 의하면 "그것"은 수행자를 의미한다. 하리끄리스나다싸 고얀다까에 의하면 "그것"은 '생령의 아'를 의미한다.

270 샹카라에 의하면 자신의 본모습에 바탕을 두는 사람은 다른 것은 보지 않고, 다른 것은 듣지 않고, 다른 것은 알지 않는다. 다른 것에 대해 다른 것이 두려워하는 것이기 때문에 자신의 자신에 대한 두려움은 적합하지 않다. 두려움이 없음의 원인은 브라흐만이다. 자신 안에서 다른 것을 보지 않고, 구별을 하지 않을 때 두려움이 없는 경지가 된다는 의미다.

271 샹카라에 의하면 "이것"은 '무지한 사람(無明人, avidyāvān)'을 의미한다.

272 샹카라에 의하면 "이것에 대해서"는 '브라흐만에 대해서'라는 의미다.

273 샹카라에 의하면 자재자(自在者)는 나와는 다른 존재이고, 나는 그와는 다른 윤회하는 자라고 구별하는 것을 의미한다.

274 샹카라에 의하면 "그것"은 '무지한 사람(無明人)'을 의미한다.

275 샹카라에 의하면 "고찰함이 없는 현인"은 단일성으로 '고찰하지 않는 현인'을 의미한다. 하리끄리스나다싸 고얀다까는 "고찰함이 없는 현인"을 '아만심이 있는 현인'이라고 해석한다.

276 '두려움(bhaya)'에 관한 찬송이라는 뜻이다.

277 샹카라에 의하면 환희인 브라흐만에 대한 두려움 때문이다.

278 "바람의 신"은 와따(Vāta)다. '와유(vāyu)'라고도 부른다.

279 "태양의 신"은 쑤르야(Sūrya)다.

280 "인드라"는 "신들의 왕"이다. 마제(馬祭, aśvamedhayajña)를 백 번 지낸 사람은 인드라가 된다고 한다. 그래서 인드라를 제사를 백 번 지낸 자라는 의미에서 샤따끄라뚜(Śatakratu)라고도 부른다. 다른 말로 인드라를 샤끄라(śakra)라고 한다. 62쪽 53번 각주 참조.

그리고 다섯 번째로 죽음의 신이[281] 내달린다." 이렇게.[282]

바로 이것은[283] 환희에[284] 대한 고찰이다. 좋은 청춘이고,[285] 배움이 있고,[286] 최고의 지도력을 가지고, 가장 튼튼하고, 가장 힘이 센 청년이 있는데, 재물로 가득한 이 모든 땅이 그 청년의 것이라면, 그것은 인간적인 한 개의 환희다. 인간적인 백 개의 그 환희들이 있다. 1[287]

그것은 인간 간다르바들에게[288] 있어서는 한 개의 환희이며, 베다를 공부한 욕망에 침해되지 않은 사람의 것이다.

인간 간다르바들의 백 개의 그 환희들이 있다. 그것은 신神 간다르바들에게[289] 있어서는 한 개의 환희이며, 베다를 공부한 욕망에 침해되지 않은 사람의 것이다.

천신天神 간다르바들의 백 개의 그 환희들이 있다. 그것은 오랜 시간 세상을[290] 얻은 조상님들에게 있어서는 한 개의 환희이며,[291] 베다를 공

---

281 "죽음의 신"은 므리뜨유(Mṛtyu)다. 야마(Yama)라고도 부른다. 73쪽 9번 각주 참조.
282 "이렇게"는 여기까지가 두려움에 관한 찬송이라는 뜻이다.
283 "바로 이것은"은 바로 뒤를 이어 전개되는 내용을 의미한다.
284 샹카라에 의하면 "환희"인 브라흐만이다.
285 하리끄리스나다싸 고얀다까는 뛰어난 행동을 하는 청년으로 해석한다.
286 샹카라에 의하면『베다』에 대한 배움이 있다는 의미다.
287 샹카라에 의하면 여기까지가 여덟 번째 절의 첫 번째 항이다.
288 샹카라에 의하면 "인간 간다르바(manuṣyagandharva)"는 인간이면서 행위에 대한 특별한 지혜(明, 呪文)를 통해 간다르바(gandharva)의 지위에 오른 사람이다. "인간 간다르바"는 모습을 보이지 않게 하는 등의 능력을 가지고 있다.
289 샹카라에 의하면 "천신 간다르바(devagandharva)"는 태어나면서부터 간다르바인 존재를 의미한다.
290 하리끄리스나다싸 고얀다까에 의하면 "세상"은 '조상의 세계(pitṛloka)'를 의미한다.
291『베다』에 의하면 살아생전 선행을 한 조상들은 '야마의 세상(yamaloka)'에서 야마와 함께 쏘마(soma)를 마시며 행복하게 지낸다고 한다.

부한 욕망에 침해되지 않은 사람의 것이다.

오랜 시간 세상을 얻은 조상님들의 백 개의 그 환희들이 있다. 그것은 천국에서 태어나 신神이 된 존재들에게[292] 있어서는 한 개의 환희다. 2[293]

그 환희는 베다를 공부한 욕망에 침해되지 않은 사람의 것이다.

천국에서 태어나 신이 된 존재들의 백 개의 그 환희들이 있다. 그것은 행위에 의해서 신이 된 존재인 행위천신行爲天神이라는 신들에게[294] 있어서는 한 개의 환희이며, 베다를 공부한 욕망에 침해되지 않은 사람의 것이다.

행위천신들의 백 개의 그 환희들이 있다. 그것은 신들에게[295] 있어서는 한 개의 환희이며, 베다를 공부한 욕망에 침해되지 않은 사람의 것이다. 신들의 백 개의 그 환희들이 있다. 그것은 인드라에게[296] 있어서는 한 개의 환희다. 3[297]

그 환희는 베다를 공부한 욕망에 침해되지 않은 사람의 것이다.

---

292 "천국에서 태어나 신이 된 존재"의 원어는 아자나자 데바(ājānaja deva)다. '아자나(ājāna)'는 '출생, 출생지' 등을 뜻하며, '자(ja)'는 '태어남'을 뜻하고, '데바(deva)'는 신을 뜻한다. 낱말의 뜻으로 보면 '출생 혹은 출생지에 의해서 신이 된 존재'를 의미한다. 샹카라에 의하면 '아자나'는 천국이다. 천국에 태어나서 아자나자(ājānaja)라고 한다. 법전(法典, smṛti)에 따른 특별한 행위를 통해서 신들이 있는 곳에서 태어난 존재를 의미한다.

293 샹카라에 의하면 여기까지가 여덟 번째 절의 두 번째 항이다.

294 샹카라에 의하면 "행위천신(karmadeva)"은 오로지 『베다』와 관련된 행위인 화제(火祭, agnihotra) 등을 통해서 신이 된 존재들을 의미한다.

295 샹카라에 의하면 신(神)은 제물을 받는 서른세 존재를 의미한다. 고빈다 샤쓰뜨리에 의하면 여덟 명의 와쑤(Vasu), 열한 명의 루드라(Rudra), 열두 명의 아디뜨야(Āditya), 인드라, 쁘라자빠띠(Prajāpati) 이렇게 모두 서른세 명이다.

296 샹카라에 의하면 "인드라"는 서른세 신들의 왕이다.

297 샹카라에 의하면 여기까지가 여덟 번째 절의 세 번째 만뜨라다.

인드라의 백 개의 그 환희들이 있다. 그것은 브리하쓰빠띠에게[298] 있어서는 한 개의 환희이며, 베다를 공부한 욕망에 침해되지 않은 사람의 것이다.

브리하쓰빠띠의 백 개의 그 환희들이 있다. 그것은 쁘라자빠띠에게[299] 있어서는 한 개의 환희이며, 베다를 공부한 욕망에 침해되지 않은 사람의 것이다.

쁘라자빠띠의 백 개의 그 환희들이 있다. 그것은 브라흐만에게 있어서는 한 개의 환희이며, 베다를 공부한 욕망에 침해되지 않은 사람의 것이다. 4[300]

그리고 바로 사람에게 있는 이것, 바로 태양에 있는 저것, 그것은 하나다. 이처럼 아는 그는 이 세상을 떠나서 곡식이 주를 이루는 이 아我로 넘어간다. 생기生氣가 주를 이루는 이 아로 넘어간다. 마음이 주를 이루는 이 아로 넘어간다. 식識이 주를 이루는 이 아로 넘어간다. 환희가 주를 이루는 이 아로 넘어간다.[301] 이 찬송은 그에 관한 것이다. 5[302]

---

298 샹카라에 의하면 "브리하쓰빠띠"는 서른세 신들의 왕인 인드라의 스승이다. 129쪽 7번 각주 참조.

299 샹카라에 의하면 "쁘라자빠띠"는 삼계를 몸체로 하는 지배자인 브라흐마이며, 전체적이고 개별적인 형태로 '세상의 원(saṁsāramaṇḍala)'에 편재한 존재이며, 히란야가르바(黃金子宮, 金胎, Hiraṇyagarbha)다. 131쪽 21번 각주 참조.

300 샹카라에 의하면 여기까지가 여덟 번째 절의 네 번째 만뜨라다.

301 샹카라에 의하면 넘어간 이후에 이제 보이지 않는 것에, 몸이 없는 것에, 설명할 수 없는 것에, 터전이 없는 것에 두려움 없는 바탕을 얻는다. 막스 뮐러는 "넘어간다(upasaṃkrāmati)"를 '도달하고 이해한다(reaches and comprehends)'라고 번역한다. 싸뜨야브라따 씻단따랑까라는 '얻은 다음 넘어간다'라고 해석한다.

302 샹카라에 의하면 여기까지가 여덟 번째 절의 다섯 번째 만뜨라다.

아홉 번째 절

"이르지 못하고 그곳에서[303] 언어는[304] 마음과[305] 함께 되돌아간다.

브라흐만의 환희를 아는 사람은 그 무슨 이유로도 두려워하지 않는다."[306] 이렇게.[307]

'내가 왜 좋은 일을 하지 않았는가? 내가 왜 죄악을 저질렀는가?'라는 것은 이 사람을 진정 괴롭히지 못한다. 이와 같이 이 두 가지에 대해 아는 그는 자신을 구원한다.[308] 이와 같이 이 두 가지에 대해 아는 이는 분명히 자신을 구원한다. 이것은 우파니샤드다.[309] 1

평온을 위한 낭송[310]

옴ॐ, 우리 둘을 함께 보호하소서! 우리 둘이 함께 맛보게 하소서! 우리 둘이 함께 용맹 정진하리니! 우리 둘이 배운 것을 빛나게 하소서! 우리 둘은 미워하지 않으리니!

---

303 샹카라에 의하면 "그곳"은 둘이 아닌 '환희의 아'를 의미한다.

304 하리끄리스나다싸 고얀다까에 의하면 "언어"는 모든 지각 기관을 의미한다.

305 샹카라에 의하면 "마음"은 이해하는 식(識)이다.

306 샹카라에 의하면 항상(恒常, nitya)하고, 구분되지 않은 지고의 환희인 브라흐만에 대해 아는 사람에게는 다른 사물은 없다. 두려움은 구분에서 온다. 무지(無明)에 의해서 조금이라도 구분을 할 때 두려움은 생겨나는 것이다.

307 "이렇게"는 여기까지가 환희에 대한 찬송이라는 뜻이다.

308 샹카라에 의하면 "자신을 구원한다"는 것은 아(我)를 편안하게 한다는 것 혹은 활력을 준다는 것으로 '지고의 아'의 상태로 선(puṇya)과 악(pāpa) 두 가지를 바라본다는 의미다. 막스 뮐러에 의하면 두 가지는 '좋은 것과 나쁜 것(good and bad)'이다.

309 샹카라에 의하면 이처럼 이 장에서 언급된 '브라흐만에 대한 지혜'인 "우파니샤드"는 모든 지혜들 가운데 '최고의 신비(paramarahasya)'라는 의미다. 하리끄리스나다싸 고얀다까에 의하면 이처럼 "우파니샤드"에서 브라흐만의 환희의 장이 끝난다는 의미다.

310 1958년에 인도 푸나의 베다 교정 기관에서 간행된 교정 판본에는 없지만, 샹카라의 산스크리트 주석본에 있는 내용이다.

옴ॐ, 평온이여! 평온이여! 평온이여!

브리구의 장

평온을 위한 낭송[311]

옴ॐ, 우리 둘을 함께 보호하소서! 우리 둘이 함께 맛보게 하소서! 우리 둘이 함께 용맹 정진하리니! 우리 둘이 배운 것을 빛나게 하소서! 우리 둘은 미워하지 않으리니!

옴ॐ, 평온이여! 평온이여! 평온이여!

첫 번째 절

'브리구 와루니'[312]가 아버지인 '와루나'에게 다가갔다.

"신령한 분이시여![313] 브라흐만에 대해 가르쳐 주십시오."

---

311 1958년에 인도 푸나의 베다 교정 기관에서 간행된 교정 판본에는 없지만, 샹카라의 산스크리트 주석본에 있는 내용이다.

312 샹카라에 의하면 "브리구(Bhṛgu)"는 이름이며, "와루니(Vāruṇi)"는 와루나(Varuṇa)의 아들을 의미한다.

313 "신령한 분"의 원어는 바가와뜨(bhagavat)다. 바가(bhaga)는 남성 명사로 '태양, 달, 보호자, 운, 풍요, 명성, 행복, 탁월함, 사랑스러움, 사랑, 여성 성기, 쾌락, 무욕, 도덕, 힘, 지식, 욕망, 지복, 여덟 가지 초능력, 전능, 장엄, 위엄' 등을 의미하며, '와뜨(vat)'는 소유를 의미하는 접미어다. 즉 '지복(至福)과 여덟 가지 초능력과 전능함' 등을 가지고 있는 성스런 존재를 바가와뜨라고 한다. 바가와뜨는 형용사로는 '영광스러운, 존경스러운, 신성한, 성스러운' 등을 의미하고, 남성 명사로는 '신, 위스누, 쉬바, 불타(佛陀, Buddha)' 등을 의미한다. 불경에서는 '세존(世尊), 유덕(有德), 덕성취(德成就), 출유(出有), 출유괴(出有壞), 여래(如來), 불(佛), 불세존(佛世尊)' 등으로 한역되며, '박가범(薄伽梵), 파가파(婆伽婆)' 등으로 음사된다. 바가와뜨의 호격 단수 형태인 바가보(bhagavo)를 여기서는 "신령한 분이시여!"라고 옮긴다. 다른 곳에서는 호격 단수 형태가 바가완(bhagavan)으로도 나타난다. 다른 곳에서는 이를 '존경스런 분이시여' 혹은 '세존이시여'라고도 옮긴다.

그러자, 그에게[314] 이렇게 말했다.

"곡식,[315] 생기,[316] 눈, 귀, 마음, 언어다."[317]

그에게 분명히 말했다.

"그로부터 이 존재들이[318] 생겨 나오는 곳, 그에 의해서 생겨난 것들이 살아가는 것, 그를 향해 다가 들어가 하나가 되는 것, 너는 그것에 대해 알도록 하여라.[319] 그것이 브라흐만이다."

그러자, 그는 고행을 했다.[320] 그는 고행을 하고는. 1

두 번째 절

곡식이 브라흐만이라고 이해했다. 왜냐하면 바로 곡식에서 정말 이 존재들이 생겨나기 때문이었다. 곡식에 의해서 생겨난 것들이 살아간다. 곡식을 향해 다가 들어가 하나가 된다.[321] 그것을 알고는 바로 다시[322] 아버지인 와루나에게 다가갔다.

"신령한 분이시여! 브라흐만에 대해 가르쳐 주십시오."

---

314 샹카라에 의하면 "그에게"는 '아버지가 아들에게'라는 의미다.

315 샹카라에 의하면 "곡식"은 몸(śarīra)을 의미한다.

316 샹카라에 의하면 "생기(生氣)"는 몸 안에 있는 먹는 자다.

317 샹카라에 의하면 이것들은 브라흐만을 얻는 문들이다.

318 하리끄리스나다싸 고얀다까에 의하면 "존재들"은 생명체들을 의미한다.

319 샹카라에 의하면 생겨나고, 머물고, 사라질 때에도 존재들이 버리지 않는 아성(我性), 바로 그것이 브라흐만에 대한 정의다. 이러한 정의를 가진 브라흐만을 곡식 등을 통해서 발견하라는 의미다.

320 샹카라가 인용하고 있는 성전(聖傳, 法典, smṛti)의 내용에 의하면 '마음과 지각 기관들을 집중 통일하는 것이 최고의 고행이다'. 따라서 "그는 고행을 했다"는 것은 와루나의 아들인 브리구가 아버지가 알려준 브라흐만을 얻는 통로인 곡식, 생기, 눈, 귀, 마음, 말 등에 대해 마음과 지각 기관들을 집중 통일하여 고찰했음을 뜻한다.

321 막스 뮐러에 의하면 '그들의 죽음에 이르러 그들은 음식으로 들어간다(into food they enter at their death)'는 의미다.

322 샹카라에 의하면 '바로 다시 의심이 생긴'이란 의미다.

그러자 그에게 분명히 말했다.

"너는 고행을 통해 브라흐만에 대해 알도록 하여라. 고행이 브라흐만이다."

그러자, 그는 고행을 했다. 그는 고행을 하고는. 1

세 번째 절

생기生氣가 브라흐만이라고 이해했다. 왜냐하면 바로 생기에서 정말 이 존재들이 생겨나기 때문이었다. 생기에 의해서 생겨난 것들이 살아간다. 생기를 향해 다가 들어가 하나가 된다.[323] 그것을 알고는 바로 다시 아버지인 와루나에게 다가갔다.

"신령한 분이시여! 브라흐만에 대해 가르쳐 주십시오."

그러자 그에게 분명히 말했다.

"너는 고행을 통해 브라흐만에 대해 알도록 하여라. 고행이 브라흐만이다."

그러자, 그는 고행을 했다. 그는 고행을 하고는. 1

네 번째 절

마음이 브라흐만이라고 이해했다. 왜냐하면 바로 마음에서 정말 이 존재들이 생겨나기 때문이었다. 마음에 의해서 생겨난 것들이 살아간다. 마음을 향해 다가 들어가 하나가 된다.[324] 그것을 알고는 바로 다시 아버지인 와루나에게 다가갔다.

---

323 막스 뮐러에 의하면 '그들의 죽음에 이르러 그들은 숨으로 들어간다(into breath they enter at their death)'는 의미다.

324 막스 뮐러에 의하면 '그들의 죽음에 이르러 그들은 마음으로 들어간다(into mind they enter at their death)'는 의미다.

"신령한 분이시여! 브라흐만에 대해 가르쳐 주십시오."

그러자 그에게 분명히 말했다.

"너는 고행을 통해 브라흐만에 대해 알도록 하여라. 고행이 브라흐만이다."

그러자, 그는 고행을 했다. 그는 고행을 하고는. 1

다섯 번째 절

식識이[325] 브라흐만이라고 이해했다. 왜냐하면 바로 식에서 정말 이 존재들이 생겨나기 때문이었다. 식에 의해서 생겨난 것들이 살아간다. 식을 향해 다가 들어가 하나가 된다.[326] 그것을 알고는 바로 다시 아버지인 와루나에게 다가갔다.

"신령한 분이시여! 브라흐만에 대해 가르쳐 주십시오."

그러자 그에게 분명히 말했다.

"너는 고행을 통해 브라흐만에 대해 알도록 하여라. 고행이 브라흐만이다."

그러자, 그는 고행을 했다. 그는 고행을 하고는. 1

여섯 번째 절

환희가 브라흐만이라고 이해했다. 왜냐하면 바로 환희에서 정말 이 존재들이 생겨나기 때문이었다. 환희에 의해서 생겨난 것들이 살아간다. 환희를 향해 다가 들어가 하나가 된다.[327] 바로 이 브리구와 와루나의

---

325 막스 뮐러는 "식(vijñāna)"을 '이해(understanding)'라고 번역한다. 라다크리슈난은 '지성(intelligence)'이라고 번역한다. 싸뜨야브라따 씻단따랑까라는 '지성'으로 해석한다.

326 막스 뮐러에 의하면 '그들의 죽음에 이르러 그들은 이해 속으로 들어간다(into understanding they enter at their death)'는 의미다.

지혜는 지고의 하늘에 자리 잡고 있다.[328] 이렇게 아는 사람은 확고히 자리 잡는다.[329] 곡식이 풍성하고, 곡식을 먹는 사람이[330] 된다. 자손과 더불어, 가축들과 더불어, 브라흐만의 권능과[331] 더불어 위대하게 된다. 명성으로[332] 위대해진다. 1

일곱 번째 절

곡식을 비난하지 말아야 한다.[333] 그것은 계율이다. 생기生氣가 바로 곡식이다.[334] 몸이 곡식을 먹는 자다.[335] 생기에 몸이 자리 잡고 있다. 몸에 생기가 자리 잡고 있다.[336] 곡식이 곡식에 자리 잡고 있는 이것을 아

---

327 막스 뮐러에 의하면 '그들의 죽음에 이르러 그들은 환희 속으로 들어간다(into bliss they enter at their death)'는 의미다.

328 샹카라에 의하면 "바로 이"가 가리키는 것은 와루나가 지도하고, 브리구가 알아낸 지혜다. 이 지혜는 지고의 하늘인 심장의 허공이란 동굴 속에 지고의 환희인 둘이 아님에 자리 잡고 있다.

329 샹카라에 의하면 고행을 방편으로 삼아 차례대로 진입하여 환희인 브라흐만을 아는 사람은 환희인 지고의 브라흐만에 "확고히 자리 잡는다." 즉 바로 브라흐만이 된다는 의미다. 여기서 고행은 마음과 지각 기관들을 한 곳에 모아 집중 통일하는 것을 뜻한다.

330 샹카라에 의하면 "곡식을 먹는 사람"은 음식에 대한 소화력이 좋은 사람을 의미한다.

331 샹카라에 의하면 '마음의 평정(śama)', '감각 기관의 제어(dama)', 지혜 등을 통해서 생겨나는 힘을 의미한다.

332 샹카라에 의하면 '상서로운 것(śubha)'을 통해서 생겨나는 "명성"을 의미한다.

333 샹카라에 의하면 곡식을 통해 브라흐만을 이해하기 때문에 스승을 비난하지 않듯이 곡식을 비난하지 말아야 한다.

334 샹카라에 의하면 생기는 몸 안에 있기 때문이다. 무언가의 안에 자리 잡고 있는 것은 무언가의 곡식이 된다.

335 샹카라에 의하면 생기는 몸에 자리 잡고 있기 때문에 곡식이며, "몸이 곡식을 먹는 자"다.

336 샹카라에 의하면 무언가의 안에 자리 잡고 있는 것은 무언가의 곡식이 된다. 생기는 몸에 자리 잡고 있기 때문에 곡식이며, 몸은 곡식을 먹는 자다. 마찬가지로 몸 또한 곡식이며, 생기는 곡식을 먹는 자다. 생기를 바탕으로 삼아 몸이 유지되기 때문에 생기에 몸이 자리 잡고 있는 것이다. 그래서 몸과 생기 이 둘은 곡식이면서 아울러 곡식을 먹

는 이는 확고히 자리 잡는다.[337] 곡식이 풍성하고, 곡식을 먹는 이가 된다. 자손과 더불어, 가축들과 더불어, 브라흐만의 권능과 더불어 위대하게 된다. 명성으로 위대해진다. 1

여덟 번째 절

곡식을 버리지 말아야 한다. 그것은 계율이다. 물이 바로 곡식이다. 불이[338] 곡식을 먹는 자다. 물에 불이 자리 잡고 있다. 불에 물이 자리 잡고 있다. 그러한 이 곡식은 곡식에 자리 잡고 있다.[339] 곡식이 곡식에 자리 잡고 있는 이것을 아는 이는 확고히 자리 잡는다.[340] 곡식이 풍성하고, 곡식을 먹는 이가 된다. 자손과 더불어, 가축들과 더불어, 브라흐만의 권능과 더불어 위대하게 된다. 명성으로 위대해진다. 1

아홉 번째 절

곡식을 많게 만들어야 한다. 그것은 계율이다. 땅이 바로 곡식이다. 허공이 곡식을 먹는 자다.[341] 땅에 허공이 자리 잡고 있다. 허공에 땅이 자리 잡고 있다. 그러한 이 곡식은 곡식에 자리 잡고 있다. 곡식이 곡식에 자리 잡고 있는 이것을 아는 이는 확고히 자리 잡는다.[342] 곡식이 풍

는 자다.

337 샹카라에 의하면 '곡식과 곡식을 먹는 아(annānnādātman)'로 "확고히 자리 잡는다"라는 의미다.

338 "불"의 원어는 즈요띠쓰(jyotis)다. 즈요띠쓰는 여성 명사로 '빛, 불, 달빛, 안광, 광휘, 광명' 등을 의미한다. 막스 뮐러와 라다크리슈난은 즈요띠쓰를 '빛(light)'이라고 번역한다.

339 샹카라에 의하면 앞의 곡식과 생기의 관계와 같다.

340 물과 불의 아(我)가 된다는 뜻이다.

341 하리끄리스나다싸 고얀다까에 의하면 "허공"은 땅(pṛthivī)이라는 형태의 곡식의 바탕이 되기 때문에 곡식을 먹는 자다.

342 땅과 허공의 아(我)가 된다는 뜻이다.

성하고, 곡식을 먹는 이가 된다. 자손과 더불어, 가축들과 더불어, 브라흐만의 권능과 더불어 위대하게 된다. 명성으로 위대해진다. 1

열 번째 절

사는 곳에서 그 누구도 거절하지 마라.[343] 그것은 계율이다. 그러므로 어떻게든 많은 곡식을 갖추어 두어라. 이를 위해[344] 곡식이 준비되어 있다고 말해야 한다. 바로 으뜸으로 준비된 이 곡식은 으뜸으로 이에게[345] 곡식을 갖추게 한다.[346] 바로 중간으로 준비된 이 곡식은 중간으로 이에게 곡식을 갖추게 한다.[347] 바로 마지막으로 준비된 이 곡식은 마지막으로 이에게 곡식을 갖추게 한다.[348] 이와 같이 아는 자.[349] 1

말에는 지킴이란[350] 것이 있다.[351] 생기生氣와 하기下氣에는 얻음과[352]

---

343 샹카라에 의하면 집에 머물기 위해 온 손님을 거절하지 마라는 의미다.

344 하리끄리스나다싸 고얀다까에 의하면 '집에 찾아온 손님에게'라는 의미다.

345 하리끄리스나다싸 고얀다까에 의하면 '곡식을 주는 사람에게'라는 의미다.

346 샹카라에 의하면 가장 좋은 음식으로 혹은 최고의 예절로 음식을 손님에게 대접하면, 음식을 주는 사람이 그렇게 대접하는 대로 대접 받게 된다는 것을 의미한다.

347 샹카라에 의하면 중간 정도의 음식으로 혹은 중간 정도의 예절로 음식을 손님에게 대접하면, 음식을 주는 사람이 그렇게 대접하는 대로 대접 받게 된다는 것을 의미한다.

348 샹카라에 의하면 하찮은 음식으로 혹은 변변찮은 예절로 음식을 손님에게 대접하면, 음식을 주는 사람이 그렇게 대접하는 대로 대접 받게 된다는 것을 의미한다.

349 "이와 같이 아는 자(ya evaṁ vida)"에 해당되는 부분은 1958년에 인도 푸나의 베다 교정 기관에서 간행된 교정 판본에는 나오지만, 샹카라의 산스크리트 어 주석본에는 나오지 않는다. 하리끄리스나다싸 고얀다까는 "이와 같이 아는 자"를 '이처럼 이 신비에 대해 아는 자는 손님에 대해 아주 최고의 행동을 한다'라고 해석한다. 막스 뮐러와 라다크리슈난은 "이와 같이 아는 자"를 다음 만뜨라의 시작 부분으로 본다. 싸뜨야브라따 씻단따랑까라의 힌디 어 번역본에는 "이와 같이 아는 자"에 해당되는 부분이 없다.

350 샹카라에 의하면 "지킴(kṣema)"은 얻은 것을 온전하게 지키는 것을 의미한다.

351 샹카라에 의하면 브라흐만이 말에 지킴이라는 형태로 자리 잡고 있는 것을 명상해야 한다.

지킴이란 것이 있다.[353] 두 손 안에는 행위란 것이 있다.[354] 두 발에는 움직임이란 것이 있다.[355] 항문에는 방출放出이란 것이 있다.[356] 이상은 인간에 관련된 명상들이다. 이제부터는 신에 관련된 명상이다. 비에 만족이란 것이 있다.[357] 번갯불에 힘이란 것이 있다. 2

가축들에는 부귀富貴란[358] 것이 있다. 별들에는 빛이란 것이 있다. 생식기에는 불사不死이며 환희인 자식을 낳을 수 있는 힘이란 것이 있다. 허공에는 모든 것이 있다. 그것을 바탕이라고 명상하라.[359] 바탕이 있는 사람이 된다.[360] 그것을 위대한 것[361]이라고 명상하라. 위대하게 되리라. 그

---

352 샹카라에 의하면 "얻음(yoga)"은 얻지 못한 것을 얻는 것을 의미한다.

353 샹카라에 의하면 브라흐만이 '얻음과 지킴의 아(yogakṣemātman)'로 생기와 하기에 자리 잡고 있는 것을 명상해야 한다. 143쪽 119~120번 각주 참조.

354 샹카라에 의하면 브라흐만이 '행위의 아(karmātman)'로 두 손에 자리 잡고 있는 것을 명상해야 한다.

355 하리끄리스나다싸 고얀다까에 의하면 '지고의 아'가 두 발에 움직이는 힘의 형태로 존재한다는 의미다.

356 하리끄리스나다싸 고얀다까에 의하면 '지고의 아'가 항문에 배변하는 힘의 형태로 존재한다는 의미다. 앞의 경우와 마찬가지로 브라흐만이 항문에 '방출의 아(vimuktyātman)'로 자리 잡고 있는 것을 명상해야 한다는 뜻이다.

357 샹카라에 의하면 비를 통해 곡식 등을 얻게 되어 만족하게 되므로 브라흐만이 '만족의 아(tṛptyātman)'로 비에 자리 잡고 있다는 것을 명상해야 한다. 다른 경우에도 마찬가지 방식으로 브라흐만이 각각의 아로 자리 잡고 있다는 것을 명상해야 한다.

358 "부귀"의 원어는 야샤쓰(yaśas)다. 야샤쓰는 중성 명사로 '영광, 명예, 명성, 명문(名聞), 미칭(美稱), 아름다움, 부귀, 음식, 물' 등을 의미한다. 막스 뮐러는 야샤쓰를 '영광(glory)'으로 번역한다. 라다크리슈난은 '명성(fame)'으로 번역한다.

359 샹카라에 의하면 모든 것은 허공에 자리 잡은 것이기 때문에 허공에 있는 모든 것을 바로 브라흐만이라고 명상해야 한다. 그 허공이 바로 브라흐만이다. 그러므로 그 허공을 모든 것의 바탕이라고 명상해야 한다.

360 샹카라에 의하면 그것이 바로 브라흐만이라고 그것에 대해 명상하면, 그것을 가진 사람이 된다는 의미다. 다음에 이어지는 것도 마찬가지 의미다. 성전(聖典)에선 "그것을 명상하는 대로 바로 그것이 된다"고 말한다.

것을 마음이라고[362] 명상하라. 생각이 깊은 사람이 되리라. 3

그것을 예배라고 명상하라.[363] 그러면 욕망들이 이에게 예배하리라. 그것을 브라흐만이라고[364] 명상하라. 그러면 브라흐만이 있는 사람이 되리라.[365] 그것을 브라흐만의 죽을 판이라고[366] 명상하라.[367] 그러면 온통 증오하는 적들이 죽어 갈 것이다. 온통 달갑지 않은 사촌들이[368] 죽어 갈 것이다. 사람에게 있는 그 이것과 태양에 있는 저것, 그것은 하나다. 4

이와 같이 아는 사람은 이 세상에서 떠나 이 곡식이 주가 되는 아我

---

361 샹카라에 의하면 "위대한 것"은 위대한 특질을 지닌 것이다. 하리끄리스나다싸 고얀다까에 의하면 "위대한 것"은 가장 큰 것이다. 막스 뮐러는 "위대한 것"을 '위대함(greatness)'이라고 번역한다.

362 샹카라에 의하면 여기서 "마음"은 생각을 의미한다. 생각의 원어인 마나나(manana)는 중성 명사로 '사유, 명사, 지성, 이해, 생각' 등을 의미한다.

363 샹카라에 의하면 "예배(namas)"는 숙임(namana)이다. 숙임의 특질을 가진 것으로 명상하면, 욕망인 즐길 대상들이 명상하는 사람에게 기운다는 의미다.

364 샹카라에 의하면 여기서 "브라흐만"은 '가장 증가한 것(parivṛḍhatama)'을 의미한다.

365 샹카라에 의하면 여기서 "브라흐만"은 가장 증가한 것을 의미한다. 따라서 "브라흐만이 있는 사람"은 가장 증가한 특질을 갖춘 사람을 의미한다.

366 살판 죽을 판 할 때의 "죽을 판"을 뜻한다. "브라흐만의 죽을 판"에 해당되는 원어인 '브라흐마나하 빠리마라(brahmaṇaḥ parimara)'의 사전적인 의미는 '적들을 멸하기 위한 주술적인 의식'이다.

367 샹카라에 의하면 "죽을 판(parimara)"은 번개의 신, 비의 신, 달의 신, 태양의 신, 불의 신, 이렇게 다섯 신들이 죽어가는 곳이기 때문에 "죽을 판"이라고 한다. 성전(聖典)에 의하면 바람의 신이 죽을 판이다. 바로 이 바람의 신은 허공과 다를 바가 없기 때문에 허공이 브라흐만의 죽을 판이다. 따라서 '바람의 아(vāyvātman)'인 허공을 브라흐만의 죽을 판이라고 명상해야 한다.

368 "사촌"의 원어는 브라뜨리브야(bhrātṛvya)다. 브라뜨리브야는 남성 명사로 '사촌, 조카, 경쟁자, 적'을 의미한다. 『마하바라타(*Mahābhārata*)』라는 산스크리트 어 대서사시는 사촌들 간에 왕국을 놓고 벌어지는 처참한 전쟁에 대한 이야기다. 브라뜨리브야는 고대 인도에서는 사촌들 간의 관계가 적대적 관계였을 것을 짐작하게 하는 낱말이다.

로 넘어가고, 이 생기生氣가 주가 되는 아로 넘어가고, 이 마음이 주가 되는 아로 넘어가고, 이 식識이 주가 되는 아로 넘어가고, 이 환희가 주가 되는 아로 넘어가서, 원하는 대로 곡식을 지니는 사람, 원하는 대로 모습을 가지는 사람으로 이 세상들을 따라 거닐며[369] 이 동일함을[370] 노래하며 지낸다.

"아, 놀라워라! 아, 놀라워라! 아, 놀라워라! 5

나는 곡식이네, 나는 곡식이네, 나는 곡식이네!

나는 곡식을 먹는 자라네, 나는 곡식을 먹는 자라네, 나는 곡식을 먹는 자라네!

나는 잇는 자라네, 나는 잇는 자라네. 나는 잇는 자라네![371]

나는 진리 가운데 첫 번째로 생겨난 것이며,[372]

신들보다 앞서는 불사不死의 중심이네!

나를 주는 사람, 그는 바로 나를 보호하는 거라네![373]

---

369 샹카라에 의하면 "이 세상들을 따라 거닐며"라는 말은 '모든 것의 아'로써 이 세상들을 아성(我性)을 통해 경험하는 것을 의미한다.

370 샹카라에 의하면 동일성(samatva)이기 때문에 브라흐만은 바로 모든 것이 다르지 않은 형태인 "동일함(sāma)"이며, "동일함을 노래한다"는 것은 '아의 단일성(ātmaikatva)'을 밝히는 것이다. 동일함의 원어 싸마는 '노래, 성가, 찬양, 선율, 『싸마베다』의 찬가' 등을 의미하는 중성 명사 싸만(sāman)의 목적격 단수로도 볼 수 있다. 그럴 경우 "동일함을 노래한다"는 '『싸마베다』의 선율을 노래한다'라고 번역된다.

371 샹카라에 의하면 "잇는 자(ślokakṛt)"는 곡식과 곡식을 먹는 자를 연결시키는 자를 의미한다. 막스 뮐러는 "잇는 자"를 '(둘을 함께 연결하는) 시인[the poet (who joins the two together)]'이라고 번역한다. 라다크리슈난은 '연결하는 행위자(the combining agent)'라고 번역한다. 싸뜨야브라따 씻단따랑까라는 "잇는 자"를 '찬송을 만드는 자'라고 해석한다.

372 샹카라에 의하면 여기서의 "진리"는 형상이 있는 것과 형상이 없는 것으로 이 세상(jagat)을 의미한다.

373 샹카라에 의하면 그 누구라도 곡식인 나를 곡식을 원하는 사람들에게 주는 사람은, 즉 '곡식의 아'라고 말하는 사람은 나를 멸하지 않게 여실하게 보호한다는 의미다.

곡식인 나는 곡식을 먹는 자를 먹는다네![374]

나는 온 세상을 제압한다네!

태양 같은 빛이네!"

이와 같이 아는 자,[375]

이것이 우파니샤드[376]다. 6

평온을 위한 낭송[377]

옴ॐ, 우리 둘을 함께 보호하소서! 우리 둘이 함께 맛보게 하소서! 우리 둘이 함께 용맹 정진하리니! 우리 둘이 배운 것을 빛나게 하소서! 우리 둘은 미워하지 않으리니!

옴ॐ, 평온이여! 평온이여! 평온이여!

---

374 샹카라에 의하면 나를 원하는 사람들에게 주지 않고 곡식을 먹는 사람을 바로 곡식인 나는 먹는다는 의미다.

375 샹카라에 의하면 "이와 같이 아는 자(ya evaṁ vedā)"는 그에게 언급한 대로의 해탈이 있다는 의미다. 막스 뮐러에 의하면 '이것을 아는 자는 이 모든 것을 얻는다'는 의미다. 하리끄리스나다싸 고얀다까에 의하면 바로 '그 역시 이와 같은 상태를 얻는다'는 의미다.

376 샹카라에 의하면 여기서 "우파니샤드"는 '지고의 아에 대한 지혜(paramātmajñāna)'를 의미한다.

377 1958년에 인도 푸나의 베다 교정 기관에서 간행된 교정 판본에는 없으나, 샹카라의 산스크리트 어 주석본에 있는 내용이다.

아이따레야 우파니샤드

『아이따레야 우파니샤드Aitareya Upaniṣad』는 『리그베다』 계통의 아란야까Āraṇyaka인 『아이따레야 아란야까Aitareya Āraṇyaka』 가운데 두 번째 아란야까의 제4장, 제5장, 제6장에 해당되는 부분들이다. 이 부분들은 브라흐만에 대한 지혜가 주를 이루기에 『우파니샤드』라고 부르게 되었다. 따라서 『리그베다』 계통의 『우파니샤드』이며, 아주 오래된 중요한 『우파니샤드』다. 아이따레야Aitareya는 이따라Itarā의 후손이라는 뜻이다. '이따라'라는 이름을 가진 여인의 아들이 만든 『우파니샤드』라는 뜻에서 『아이따레야 우파니샤드』라고 한다.

평온을 위한 낭송[1]

말이[2] 나의 마음에 자리 잡기를 원하노라. 마음이 나의 말에 자리 잡기를 원하노라. 나타남이여,[3] 나에게 나타나라.[4] 나에게 베다에 관한 것을[5] 가져오는 것이 되어라.[6] 내가 들은 것이[7] 나를 버리지 않게 하라.[8] 이 배움으로 나는 밤낮을 이어가리라.[9] 나는 진리를[10] 말하리라. 나는 진실을[11] 말하리라. 그것은[12] 나를[13] 보살피라! 그것은 말하는 사람을[14] 보살피라! 보살피라 나를, 보살피라 말하는 사람을, 보살피라 말하는 사람을!

옴ॐ, 평온이여! 평온이여! 평온이여!

---

1 1958년에 인도 푸나의 베다 교정 기관에서 간행된 교정 판본에는 없는 부분이다. 샹카라의 산스크리트 주석본에 있는 내용이다.

2 고빈다 샤쓰뜨리(Govinda Śāstrī)에 의하면 『우파니샤드』를 읽고 있는 언어 기관을 의미한다.

3 고빈다 샤쓰뜨리에 의하면 스스로 현시된 브라흐만을 의미한다.

4 고빈다 샤쓰뜨리에 의하면 '브라흐만이여, 그대는 나를 위해 무지를 제거하고 나타나라'는 의미다.

5 하리끄리스나다싸 고얀다까에 의하면 "베다에 관한 것"은 『베다』에 관한 지혜(jñāna)를 의미한다.

6 고빈다 샤쓰뜨리에 의하면 나를 위해 『우파니샤드』에 가까이 다가갈 능력이 생기게 하라는 의미다.

7 하리끄리스나다싸 고얀다까에 의하면 "들은 것"은 들은 지혜를 의미한다.

8 고빈다 샤쓰뜨리에 의하면 내가 배운 것을 잊지 않게 해달라는 의미다.

9 고빈다 샤쓰뜨리에 의하면 게으름을 버리고, 나는 공부한 경전을 계속해서 읽을 것이라는 의미다.

10 고빈다 샤쓰뜨리에 의하면 "진리(ṛta)"는 심적인 진실을 의미한다.

11 고빈다 샤쓰뜨리에 의하면 "진실(satya)"은 언어적인 진실을 의미한다.

12 고빈다 샤쓰뜨리에 의하면 "그것(tat)"은 '브라흐만의 본질(brahmatattva)'을 의미한다.

13 고빈다 샤쓰뜨리에 의하면 "나"는 제자를 의미한다.

14 고빈다 샤쓰뜨리에 의하면 "말하는 사람"은 스승을 의미한다.

첫 번째 장

첫 번째 절

옴ॐ, 진정 하나인 이 아我가[15] 먼저[16] 있었다. 다른 것은 어떤 것도 눈을 뜨지 않았다. "나는 세상들을 만들어야지!" 이리 그는 바라보았다.[17] 1

그는[18] 이 세상들을 만들었다. 천수天水,[19] 대기 중의 빛나는 입자,[20]

---

15 샹카라에 의하면 "아"는 스며들어가 '편재하기 때문에(āpnoteḥ)', '먹기 때문에(atteḥ)', '계속해서 가기 때문에(atateḥ)' "아"라고 한다. '드높은 것(para)', '모든 것을 아는 것(sarvajña)', '모든 것의 힘(sarvaśakti)', '먹고 싶은 마음(aśanāya)'을 비롯한 세상의 특질이 없는 것, '항상(恒常)한 것(nitya)', '순정(純淨)한 것(śuddha)', '깨어 있는 것(佛陀, buddha)', '해탈한 것(mukta)', 본질(svabhāva), '생겨나지 않은 것(aja)', '늙지 않는 것(ajara)', '죽지 않는 것(amara)', '멸함이 없는 것(amṛta)', '두려움이 없음인 것(abhaya)', '둘이 아닌 것(advaya)'이 바로 "아"다. 이 "아"는 이름과 형태와 행위의 차이가 없는 '세상의 아(jagadātman)'를 의미한다. 샹카라는 "아"는 모든 것과 모든 곳에 스며들어 편재하기 때문에 '도달하다, 만나다, 얻다, 들어가다, 스며들어 편재하다' 등의 의미를 지닌 어근 '아쁘(āp)'에서, 아는 자신이 창조한 세상을 맛보는 존재이기 때문에 먹는다는 의미를 지닌 어근 '아드(ad)'에서, 아는 윤회하는 존재 속에 계속 들어오기 때문에 계속해서 간다는 의미를 지닌 어근 '아뜨(at)'에서 파생된 낱말로 보고 있다. '드높은 것'은 '피안의 것, 최고의 것' 등으로도 번역이 가능하다.

16 샹카라에 의하면 "먼저"는 '세상의 창조보다 먼저'를 의미한다.

17 '보다'는 의미를 지닌 원어 어근 '이끄스(īkṣ)'는 육안으로 보는 것과 심안으로 보는 것, 두 가지를 다 의미한다.

18 샹카라에 의하면 아(我)를 의미한다.

19 샹카라에 의하면 "천수(ambhas)"는 하늘나라보다 위에 있는 세계의 이름이다. 천수를 지니고 있어서 천수라고 한다. 신화에 따르면 은하수 건너편이 하늘나라며 하늘나라의 하늘은 막이 감싸고 있다. 그 막 너머에는 불사의 감로인 천수가 가득 차 있다. 난쟁이의 모습으로 화현한 위스누(Viṣṇu)의 발길에 채여 막에 구멍이 생겼다. 그 구멍을 통해 천수가 우주로 흘러 들어와 만들어진 강이 은하수다. 그리고 은하수가 땅에 내려와 흘러 생긴 강이 갠지스 강이다. 따라서 인도인들은 갠지스 강을 성스럽게 여긴다.

20 샹카라에 의하면 "대기 중의 빛나는 입자(marīci)"는 하늘나라 아래에 있는 허공(antarikṣa)을 의미한다.

죽음의 세계,[21] 물을[22] 만들었다. 천수天水는 하늘 위이며, 하늘은 바탕이다.[23] 대기 중의 빛나는 입자들은[24] 허공이다. 죽음의 세계는 땅이며, 그 아래에 있는 것이 물이다. 2

그는 바라보았다. "그래 이제 이 세상들은 됐구나. 세상을 보살피는 자들을 만들어야지!" 그래서 그는 물들에서 인아를[25] 끌어내어 형태를 갖추게 했다.[26] 3

그것을 달구었다.[27] 그 달구어진 것의 얼굴이 알에서처럼 깨어 나왔다.[28] 얼굴에서 말이,[29] 말에서 불이,[30] 코의 두 구멍들이 깨어 나왔다. 코

---

21 샹카라에 의하면 "죽음의 세계(mara)"는 땅의 세계에서 생명체들이 죽어 가기 때문에 땅(pṛthivī)이다.

22 샹카라에 의하면 "물(āpas)"은 땅 아래 있는 세상들을 의미한다.

23 샹카라에 의하면 "하늘(dyau)"는 천수 세계의 바탕이라는 의미다. 이 부분을 '천수는 하늘의 바탕이다'라고 해석해도 좋다. 왜냐하면 천수에서 은하수가 생겨나고 은하수의 물에 의해 하늘나라가 유지되기 때문이다.

24 샹카라에 의하면 하나지만 수많은 장소들의 차이가 있기 때문에 단수가 아닌 복수로 표현한 것이다.

25 하리끄리스나다싸 고얀다까에 의하면 "인아(人我)"는 히란야가르바(黃金子宮, 金胎, Hiraṇyagarbha) 형태의 인아다. 이 "인아"는 브라흐마(Brahmā)를 의미한다. 왜냐하면 브라흐마는 물속의 연꽃 줄기에서 생겨났으며 세상을 보살피는 쁘라자빠띠(Prajāpati)들이 브라흐마로부터 생겨났기 때문이다.

26 샹카라에 의하면 물들은 천수(天水)를 비롯한 세계들을 만든 재료인 물이 주가 되는 오대 원소(pañcamahābhūta)를 의미한다. 이러한 물들에서 도공이 흙에서 흙덩어리를 끌어내듯이 머리와 팔 등을 갖춘 인아를 끌어내어 제대로 "형태를 갖추게" 만들었다는 의미다. 오대 원소는 지(地), 수(水), 화(火), 풍(風), 공(空)이다.

27 샹카라에 의하면 사람과 같은 그 알을 목표로 삼아 명상(abhidhyāna)하고 결심(saṃkalpa)했다는 의미다.

28 샹카라에 의하면 달구어진 덩어리에서 얼굴 형태의 구멍이 생겨났다는 것이며, 새알이 깨어 나오듯이 그렇게 깨어 나왔다는 의미다.

29 샹카라에 의하면 얼굴에서 말하는 기관이 생겨났다는 의미다.

의 두 구멍에서 생기生氣가, 생기에서 바람이. 두 눈이 깨어 나왔다. 두 눈에서 시력이, 시력에서 태양이, 두 귀가 깨어 나왔다. 두 귀에서 청력이, 청력에서 방위方位들이, 피부가 깨어 나왔다. 피부에서 털들이, 털들에서 약초와 식물들이, 심장이 깨어 나왔다. 심장에서 마음이, 마음에서 달이, 배꼽이[31] 깨어 나왔다. 배꼽에서 하기下氣가,[32] 하기에서 죽음이,[33] 남성 성기가 깨어 나왔다. 남성 성기에서 정액이, 정액에서 물이. 4

두 번째 절

바로 이렇게 만들어진 신들은 이 큰 바다에[34] 떨어졌다.[35] 허기와 갈증으로 그것을[36] 시달리게 했다. 그러자, 그들은 이에게[37] 말했다. "우리가 자리 잡아 곡식을 먹을 수 있는 의지할 곳을 우리에게 마련해 주십시오." 1

그들에게 소牛를 가져왔다.[38] 그들은 말했다. "이것은 우리에게 충분

---

30 샹카라에 의하면 말하는 기관에서 말하는 기관에 주재하는 신인 불의 신 아그니(Agni)가 생겨났다는 의미다. 이하 마찬가지다.

31 샹카라에 의하면 "배꼽"은 모든 호흡이 연결되는 곳이다.

32 샹카라에 의하면 여기서 "하기(apāna)"는 하기와 관련된 기관인 항문을 의미한다. 143쪽 119번 각주 참조.

33 샹카라에 의하면 "죽음(mṛtyu)"은 하기에 주재하는 신이다.

34 샹카라에 의하면 "이 큰 바다"는 세상의 바다, 윤회의 바다로 큰 무지(無明, avidyā)의 욕망에 따른 행위에 의해서 생겨난 고통의 물을 의미한다.

35 샹카라에 의하면 창조자인 자재자(自在者, īśvara)가 떨어트렸다는 의미다.

36 샹카라에 의하면 "그것"은 신들이 생겨난 씨앗이 되는 첫 번째로 생겨난 인아(人我)를 의미한다.

37 샹카라에 의하면 '창조자에게'라는 의미다.

38 샹카라에 의하면 자재자(自在者)가 앞에서처럼 물이 주가 되는 오대 원소로 덩어리를 끌어내어 소의 형태로 빚어서 신들에게 보여 주었다는 의미다.

하지 않습니다!" 그들에게 말馬을 가져왔다. 그들은 말했다. "이것은 우리에게 충분하지 않습니다!" 2

그들에게 인아人我를 가져왔다.[39] 그들은 말했다. "아, 잘 만든 것입니다!" "인아는 정말 잘 만든 것입니다!" 그들에게 말했다. "너희는 알맞게 의지할 곳으로 들어가라!" 3

불은 언어가 되어 입으로 들어갔다. 바람은 생기生氣가 되어 코의 두 구멍들로 들어갔다. 태양은 시력視力이 되어 두 눈으로 들어갔다. 방위方位들은 청력聽力이 되어 두 귀로 들어갔다. 약초와 식물들은 털들이 되어 피부로 들어갔다. 달은 마음이 되어 심장으로 들어갔다. 죽음은 하기下氣가 되어 배꼽으로 들어갔다. 물은 정액이 되어 남성 성기로 들어갔다. 4

그에게[40] 허기와 갈증은 말했다. "당신께서는 우리 둘을 배려해 주시기 바랍니다."[41] 그 둘에게 대답했다. "바로 이 신들에게 너희 둘을 배당한다. 너희 둘을 이 신들의 몫을 나누는 자들로 만든다!" 그래서 그 어떤 신을 위해 제물이 취해지든지 간에 몫을 나누는 자들인 허기와 갈증은 그에게[42] 있게 된다.[43] 5

---

39 샹카라에 의하면 그들에게 자신들의 출생의 원인이 되는 인아를 가져왔다는 의미다.

40 샹카라에 의하면 "그"는 자재자(自在者)를 의미한다.

41 샹카라에 의하면 신들이 있을 곳을 얻게 되자, 있을 곳이 없어진 허기와 갈증이 둘에게도 있을 곳을 마련해 달라는 의미다.

42 샹카라에 의하면 "그"는 신을 의미한다. 신은 지각 기관을 의미한다.

43 하리끄리스나다싸 고얀다까에 의하면 "제물(havi)"은 각각 다른 지각 대상이며, 제물을 취하는 것은 지각 기관들이 지각 대상을 취하는 것이다. 허기와 갈증은 지각 기관을 주재하는 모든 신들에게 배당되어 지각 기관을 통해 신들에게 전달되는 지각 대상을 자신들의 몫으로 나누어 받는다. 따라서 허기와 갈증이 항상 함께 존재하는 지각 기관

세 번째 절

그는 바라보았다. "그래, 이 세상들과 세상을 보살피는 자들은 됐구나. 이제 이들을 위해 곡식을 만들어야지!" 1

그는 물들을[44] 뜨겁게 했다. 뜨거워진 물들에서 형상이 생겨났다. 그 형상으로 생겨난 그것이 바로 곡식이다. 2

그렇게 생겨난 이것은 외면하며 달아나려 했다.[45] 언어로 그것을 잡으려 했지만, 언어로는 그것을 잡을 수가 없었다. 그가[46] 만일 언어로 이것을 잡을 수가 있었다면, 곡식에 대해 말하기만 하더라도 만족할 수 있을 것이다. 3

생기生氣로 그것을 잡으려 했다. 생기로는 그것을 잡을 수가 없었다. 그가 만일 생기로 이것을 잡을 수가 있었다면, 곡식을 숨쉬기만 하더라도 만족할 수 있을 것이다.[47] 4

이 지각 대상에 만족한다는 것은 불가능하다. 즉 지각 기관들을 통해서는 결코 욕망이 충족되지 않는다는 뜻이다.

44 샹카라에 의하면 "물들"은 앞에서 말한 물이 주가 되는 오대 원소를 의미한다.

45 샹카라에 의하면 만든 곡식(anna)을 세상과 세상을 보살피는 자들을 위해 앞에 놓으니, 쥐를 비롯한 것이 고양이 따위를 보고 도망가듯이 나의 죽음인 곡식을 먹는 자로구나 여기고는 곡식이 등을 돌려 도망가기 시작했다는 의미다.

46 샹카라에 의하면 "그"는 세상과 세상을 보살피는 자 모두이며, 원인의 결과로 나타난 몸체를 의미한다.

47 하리끄리스나다싸 고얀다까는 "생기(prāṇa)"를 호흡 기관인 코로 해석하고, 숨을 쉰다는 것을 냄새를 맡는다는 것으로 해석한다. 여기서는 "생기"를 '숨' 혹은 '호흡'으로 번역해도 좋을 듯하다. 143쪽 120번 각주 참조.

눈으로 그것을 잡으려 했다. 눈으로는 그것을 잡을 수가 없었다. 그가 만일 눈으로 이것을 잡을 수가 있었다면, 곡식을 보기만 해도 만족할 수 있을 것이다. 5

귀로 그것을 잡으려 했다. 귀로는 그것을 잡을 수가 없었다. 그가 만일 귀로 이것을 잡을 수가 있었다면, 곡식에 대해 듣기만 하더라도 만족할 수 있을 것이다. 6

피부로 그것을 잡으려 했다. 피부로는 그것을 잡을 수가 없었다. 그가 만일 피부로 이것을 잡을 수가 있었다면, 곡식을 만지기만 하여도 만족할 수 있을 것이다. 7

마음으로 그것을 잡으려 했다. 마음으로는 그것을 잡을 수가 없었다. 그가 만일 마음으로 이것을 잡을 수가 있었다면, 곡식에 대해 깊게 생각만 하더라도 만족할 수 있을 것이다. 8

남성 성기로 그것을 잡으려 했다. 남성 성기로는 그것을 잡을 수가 없었다. 그가 만일 남성 성기로 이것을 잡을 수가 있었다면, 곡식에 뿌리기만 하더라도 만족할 수 있을 것이다. 9

하기下氣로[48] 그것을 잡기를 원했다. 그것을 잡았다.[49] 그러한 이것이 곡식을 잡는 것이다. 바람이란 것은 바로 곡식의 수명이다.[50] 바람이란

48 샹카라에 의하면 여기서 "하기"는 입 구멍을 의미한다.
49 샹카라에 의하면 곡식을 먹었다는 의미다.

이러한 것이다. 10

그는 바라보았다. "이제 이것이[51] 내가 없이 어떻게 지낼 수 있을까?" 그는 바라보았다. "어느 것을 통해서 내가 안으로 들어갈까?"[52] 그는 바라보았다. "만일 말하는 것에 의해서 말이 되는 것이라면, 만일 생기에 의해서 숨이 쉬어지는 것이라면, 만일 눈에 의해서 보이는 것이라면, 만일 귀에 의해서 들리는 것이라면, 만일 피부에 의해서 만져지는 것이라면, 만일 마음에 의해서 깊이 생각되어지는 것이라면, 만일 하기下氣에 의해서 하기의 작용이[53] 일어나는 것이라면, 만일 남성 성기에 의해서 뿌려지는 것이라면, 이제 나는 아무것도 아닐 것이다!" 11

그는[54] 바로 이 가르마를 가르고[55] 이곳을 통해서 안으로 들어갔다. 그러한 이것은 두개골의 봉합선인 갈라짐이란 이름을 가진 문이다.[56] 그러한 이것은 천국의 정원이다.[57] 그에게는 세 개의 머물 곳이 있다.[58] 세

---

50 샹카라에 의하면 "곡식의 수명"은 곡식을 묶어두는 것이며, 곡식에게 생명을 주는 것으로 유명한 것이 바로 이 바람이라는 의미다.

51 샹카라에 의하면 "이것"은 세상과 세상을 보살피는 자 모두가 의지한 곳인 곡식을 의미한다.

52 샹카라에 의하면 "들어가는 길"은 발끝과 머리다. 이 둘 가운데 '어느 길로 들어갈 것인가'란 의미다.

53 하리끄리스나다싸 고얀다까에 의하면 "하기의 작용"은 곡식을 취하는 것을 비롯한 하기의 작용을 의미한다.

54 샹카라에 의하면 "그"는 창조자(sraṣṭṛ)인 자재자(自在者)를 의미한다.

55 샹카라에 의하면 "가르마(sīman)"는 정수리의 가르마이며, 머리카락들이 나누어지는 끝 부분이다. "가르고"는 구멍을 내고라는 의미다.

56 샹카라에 의하면 "갈라짐(vidṛti)"은 '갈라졌기 때문에(vidāritatvāt)' 갈라짐이란 이름으로 유명한 문이다.

57 샹카라에 의하면 이 문을 통해 지고의 브라흐만에게 가서 즐겁기 때문에 즐거움(nandana)이라고 한다. 즐거움의 원어는 나안다나(nāndana)다. 샹카라에 의하면 베다 어라서 첫

개의 꿈들,[59] 이것이 머물 곳,[60] 이것이 머물 곳,[61] 이것이 머물 곳[62]이라는 것이다. 12

태어난 그는[63] 존재들을 구별해 보았다. 그는 말했다. "여기에 다른 것이 없구나!" 그는 바로 이 인아人我를 모든 곳에 편재한 브라흐만으로 보았다. "아! 나는 이것을 보았노라!"[64] 13

그러므로 이단드라가 이름인데, 이단드라가 바로 정말 이름인데, 그 이단드라인 것을 드러나지 않게 인드라라고 말한다.[65] 왜냐하면 신들은

모음이 장모음화된 것이다. 즉 나안다나는 난다나(nandana)다. 난다나는 즐거움을 의미하며 아울러 신들의 왕인 인드라의 정원의 이름이다. 즉 천국 왕의 정원 이름이다. 불경에서 난다나는 '희(喜), 환희(歡喜), 제석원(帝釋園)' 등으로 한역되며, 난타(難陀)로 음사된다.

58 샹카라에 의하면 자신이 창조한 것에 생령(生靈, jīva)인 아(我)로 들어간 창조자인 자재자(自在者)에게 마치 왕에게 왕이 머물 성들이 있는 것처럼 세 곳의 머물 곳이 있다는 의미다. 깨어 있을 때에는 지각 기관(indriya)의 처소인 오른쪽 눈, 꿈을 꿀 때는 내면의 마음, 꿈 없는 잠일 때는 심장의 허공이 세 곳의 머물 곳이다. 혹은 아버지의 몸, 모태, 자신의 몸을 "세 개의 머물 곳"이라고 일컫는다.

59 샹카라에 의하면 '깨어 있는 상태(jāgrat)', '꿈꾸는 상태(svapna)', '꿈 없는 잠의 상태(suṣupti)' 이렇게 세 가지가 "세 개의 꿈들"이다. 깨어 있는 상태는 최고의 대상인 자신의 아(我)에 대한 깨달음이 없기에 꿈처럼 헛된 사물을 봄으로 말미암아 역시 꿈에 해당된다.

60 하리끄리스나다싸 고얀다까에 의하면 이 심장의 동굴이 첫 번째 장소임을 의미한다. 막스 뮐러에 의하면 '눈(the eye)'이다.

61 하리끄리스나다싸 고얀다까에 의하면 이 최고의 처소가 두 번째 장소임을 의미한다. 막스 뮐러에 의하면 '목구멍(the throat)'이다.

62 하리끄리스나다싸 고얀다까에 의하면 이 모든 우주가 세 번째 장소임을 의미한다. 막스 뮐러에 의하면 '심장(the heart)'이다.

63 샹카라에 의하면 '생령의 아(jīvātman)'로 몸에 들어온 것을 의미한다.

64 샹카라에 의하면 "나"는 이 브라흐만이 '나의 아(mamātman)'의 본모습임을 보았다는 의미다.

65 샹카라에 의하면 '이것(idam)'인 모든 것 안에 있는 브라흐만을 직접적으로 보았다고

드러나지 않는 것을 좋아하는 것 같기 때문이다. 왜냐하면 신들은 드러나지 않는 것을 좋아하는 것 같기 때문이다. 14

두 번째 장

사람 안에서 바로 이것은[66] 제일 먼저 모태가 된다.[67] 이 정액이란 것, 그러한 이것은 모든 몸의 활력이 변하여 된 것으로 자신 안에서 아我를 간직하는 것이다.[68] 그것을 여성에게 뿌리면, 이제 이것을 생겨나게 한다.[69] 그것은 이것의 첫 번째 태어남이다.[70] 1

해서 '지고의 아(paramātman)'의 이름이 "이단드라(idandra)"다. 자재자는 세상에서 '이단드라'라는 이름으로 유명하다. 가장 존경의 대상이 되는 것이기 때문에 직접적인 이름을 취하는 것을 피하여 브라흐만에 대해 아는 사람들은 이단드라를 간접적으로 인드라(indra)라고 부른다. 막스 뮐러는 이단드라를 '이것을 보는 것(seeing this)'이라고 해석한다. '이담(이것을, idam) 드라스뜨리(보는 자, draṣṭṛ)'에서 '이단드라'라는 낱말이 만들어진 것으로 볼 수도 있다.

66 샹카라에 의하면 "이것"은 무지(無明, avidyā)에 의한 욕망(kāma)에 따른 행위(karma)를 지향하는 윤회하는 자를 의미한다.

67 샹카라에 의하면 제일 먼저 정액(retas)의 형태로 "모태(garbha)"가 된다는 의미다.

68 샹카라에 의하면 몸의 '정수의 형태(sārarūpa)'가 변하여 된 것인 정액은 사람의 아가 되는 것이므로 아다. 이 아를 정액의 형태를 통해 모태화한 것이 자신의 몸 안에서 "아를 간직하는 것"이다. "활력"의 원어는 떼자쓰(tejas)다. 떼자쓰는 중성 명사로 '예리함, 불, 열기, 빛, 광휘, 아름다움, 원기(元氣), 기력, 활력, 힘, 정액, 위력, 위광, 위덕(威德), 위신력(威神力)' 등을 의미한다. 샹카라에 의하면 떼자쓰는 '정수의 형태(sārarūpa)'다. 막스 뮐러는 떼자쓰를 '힘, 기력, 활력(strength)'이라고 번역한다. 라다크리슈난은 '활기, 정력, 힘, 원기(the vigour)'라고 번역한다. 싸뜨야브라따 씻단따랑까라는 '힘(śakti)'으로 해석한다.

69 샹카라에 의하면 아버지가 이 정액을 모태로 생겨나게 한다는 의미다.

70 샹카라에 의하면 윤회하는 존재가 정액의 형태를 통해서 태어남을 의미한다. 즉 첫 번째 상태의 나타남을 의미한다. 따라서 그것은 모태화 된 정액의 상태를 뜻하고, 이것은 윤회하는 존재를 뜻한다.

그것은[71] 마치 자기 몸의 일부분인 것처럼 그렇게 여인에게 자신의 것이 된다. 그러므로 그것은[72] 이 여인을[73] 해치지 않는다. 그녀는 이곳에 들어온 이의 이 아我를 기른다.[74] 2

기르는 그 여인은 그것을 기르기에 알맞은 여인이 된다.[75] 먼저[76] 여인은 그 태아를 잘 간수한다. 그는 아이를 태어나기 전과 태어난 다음에 북돋아 준다.[77] 그가 아이를 태어나기 전과 태어난 다음에 북돋아 주는 것, 그것은 이 세상들을 잇기 위해 자신을 북돋아 주는 것이다.[78] 왜냐하면 이렇게 이 세상들은 이어지는 것이기 때문이다. 그것이[79] 바로 이것의[80] 두 번째 태어남이다. 3

이것의[81] 그러한 이 아我는[82] 덕이 있는 행위들을[83] 위한 대리인이 되어진다.[84] 이제 이것의[85] 이 다른 아는[86] 할 바를 다하고 나이가 들어

---

71 샹카라에 의하면 "그것"은 여인에게 뿌려진 정액을 의미한다.
72 샹카라에 의하면 "그것"은 태아(garbha)를 의미한다.
73 샹카라에 의하면 "이 여인"은 어머니를 의미한다.
74 샹카라에 의하면 "그녀"는 안에 있는 이것을 남편의 아가 자신의 배 안에 들어온 것임을 알아 기른다는 의미다.
75 샹카라에 의하면 "그 여인"은 태아가 된 남편의 아(我)를 남편에 의해서 기르기에 적합한 여인, 키우기에 적합한 여인, 보호하기에 적합한 여인이 된다는 의미다.
76 샹카라에 의하면 "먼저(agre)"는 '태어나기 전에'라는 의미다.
77 샹카라에 의하면 아버지는 갓 태어난 아이를 먼저 출생 의식(jātakarma) 등을 통해 북돋아 준다는 의미다.
78 샹카라에 의하면 아버지의 아(我)가 아들의 모습으로 생겨나는 것이기 때문이다.
79 샹카라에 의하면 "그것"은 어머니의 배에서 아이의 모습으로 태어남을 의미한다.
80 샹카라에 의하면 "이것"은 '윤회하는 자(saṃsārin)'를 의미한다.
81 샹카라에 의하면 "이것"은 아버지를 의미한다.
82 샹카라에 의하면 "이 아"는 '아들의 아(putrātman)'를 의미한다.
83 샹카라에 의하면 "덕이 있는 행위들"은 경전(śāstra)에 언급된 행위들을 의미한다.

떠나간다. 그는 여기서 떠나가며 바로 다시 태어난다.[87] 그것은 이것의 세 번째 태어남이다. 4[88]

그것에 대해 선인仙人께서 말씀하셨다.[89]
"나는 태아의 상태로 있으면서 이 신들의 모든 출생들을 알아냈다.[90]
백 개의 철의 성城이 전에 나를 지켰었다.[91]
이제 난 매처럼 잽싸게 벗어 나왔다."[92]라고
이렇게 모태에 잠들어 있으면서 와마데바는 이것을[93] 말했다. 5

이와 같이 알고 있는 그가[94] 이 몸이 분리됨으로써[95] 위로 솟아 올라

---

84 샹카라에 의하면 아버지에 의해서 아버지 대신에 해야 할 일들을 대신하게 되어진다는 의미다.

85 샹카라에 의하면 "이것"은 아들을 의미한다.

86 샹카라에 의하면 "이 다른 아"는 '아버지의 아(pitrātman)'를 의미한다.

87 샹카라에 의하면 행위가 쌓은 다른 몸을 육신을 버리면서 얻는다는 의미다.

88 샹카라에 의하면 여기까지가 네 번째 만뜨라다.

89 샹카라에 의하면 윤회의 바다에 떨어진 사람이 어떻게든 성전(聖典, śruti)에 말해진 아(我)에 대해 올바로 알게 될 때, 바로 그때 윤회의 모든 속박에서 벗어나 해야 할 바를 이루게 된다는 것, 바로 그것을 선인(ṛṣi)이 만뜨라(眞言, mantra)로 말했다는 의미다. 라다크리슈난은 여기까지를 네 번째 만뜨라로 본다.

90 샹카라에 의하면 수많은 다른 생에 대한 환기(bhāvanā)가 무르익음으로 말미암아 말(vāc)과 불(agni)을 비롯한 신들의 모든 출생들을 나는 생각해 냈다는 의미다.

91 샹카라에 의하면 쇠로 된 것처럼 뚫을 수 없는 수많은 몸들이 윤회의 올가미를 벗어나기 전에 나를 지켰다는 의미다.

92 샹카라에 의하면 이제 매(鷹, 독수리, śyena)가 그물을 뚫고 잽싸게 날아가 버리듯이 나는 지혜에 의해 만들어진 힘을 통해서 벗어나는 사람이 되었다는 의미다.

93 이것은 와마데바(Vāmadeva)가 바로 앞에서 말한 만뜨라를 뜻한다.

94 샹카라에 의하면 "그"는 와마데바를 의미한다.

95 샹카라에 의하면 "이 몸이 분리됨으로써"라는 말은 '몸을 생겨나게 하는 씨앗인 무지(無明) 등의 원인을 억눌러 없애 몸이 멸함으로써'라는 의미다.

가[96] 저 천국에서[97] 모든 욕망들을 누리고는[98] 불사不死가 되었다, 되었다.[99] 6

세 번째 장

"우리는 무엇이 이 아我라고 명상해야 하는가?[100] 혹은 그것에 의해서 보고, 혹은 그것에 의해서 듣고, 혹은 그것에 의해서 냄새들을 맡고, 혹은 그것에 의해서 말을 구분해서 하고, 혹은 그것에 의해서 맛있는 것과 맛없는 것을 분간해 내는 것, 바로 그런 아가 어떤 것인가?" 1

이 심장이란 것, 이것이 마음이기도 하다. 의식意識,[101] 인지認知,[102] 식

96 샹카라에 의하면 "위로 솟아 올라가"라는 말은 '지고의 아'가 되어 아래의 상태인 윤회로부터 벗어나 지혜가 제시한 무구(無垢, amala)한 '모든 것의 아(sarvātman)'의 상태에 도달한다는 의미다.

97 샹카라에 의하면 "저 천국"이란 말은 '늙음이 없고(不老, ajara)', 영생(永生, amara)하며, 불사(不死, amṛta)이고, '두려움이 없고(無畏, abhaya)', 전지(全知, sarvajña)하며, 앞과 뒤가 없고, 안도 없고 바깥도 없으며, '지성인 불사의 감로(不死識, prajñānāmṛta)'로써 '단일한 맛(ekarasa)'인, 자신의 아인 본모습을 의미한다.

98 샹카라에 의하면 "모든 욕망들을 누리고"라는 말은 '아(我)에 관한 지혜에 의해서 살면서 이전에 생긴 욕망에 따라서 모든 욕망들을 누리고'라는 의미다.

99 샹카라에 의하면 두 번 말하는 것은 완결됨을 나타내기 위함이다.

100 샹카라에 의하면 '와마데바가 아라고 직접 명상하면서 불사(不死)가 된 바로 그것에 대해 우리 또한 헌신하는데, 무엇이 정말 그 아일까?'라는 의미다. 1958년에 인도 푸나의 베다 교정 기관에서 간행된 교정 판본에 의하면 이 부분과 "그런 아가 어떤 것인가?"로 번역된 부분이 제1항에 해당된다. 그러나 샹카라의 산스크리트 어 주석본에 따라 항의 순서를 맞추기로 한다.

101 샹카라에 의하면 "의식(saṃjñāna)"은 '알려 주는 것(saṃjñapti)'이며, 지각 상태(cetanabhāva)다.

102 샹카라에 의하면 "인지(ājñāna)"는 명령(ājñapti)이며, '자재자의 마음 상태(īśvarabhāva)'다. 여기서 자재자는 지배자로 해석해도 좋다.

별識別,[103] 지성知性,[104] 지식智識,[105] 안식眼識,[106] 인내忍耐,[107] 생각,[108] 고려考慮,[109] 산란散亂,[110] 기억,[111] 구상構想,[112] 의향意向,[113] 생존,[114] 욕망,[115] 애욕,[116] 이처럼 이 모든 것은 바로 지성의[117] 이름들이다. 2

이것은[118] 브라흐마[119]다. 이것은 인드라[120]다. 이것은 쁘라자빠띠[121]

---

103 샹카라에 의하면 "식별(vijñāna)"은 부분들에 대한 이해(parijñāna)다.

104 샹카라에 의하면 "지성(prajñāna)"은 알려 줌(prajñapti)이며, 앎(prajñatā)이다.

105 샹카라에 의하면 "지식(medhā)"은 '문헌을 기억하여 간직하는 능력(granthadhāraṇasāmarthya)'이다.

106 샹카라에 의하면 "안식(dṛṣṭi)"은 지각 기관을 통해서 '모든 대상을 파악함(sarvaviṣayopalabdhi)'이다.

107 샹카라에 의하면 "인내(dhṛti)"는 짓눌리는 몸의 기관들을 지탱하여 몸을 유지하게 해 주는 것이다.

108 샹카라에 의하면 "생각(mati)"은 생각함(manana)이다.

109 샹카라에 의하면 "고려(manīṣā)"는 생각함에 있어서 자신의 의지를 따르는 것이다.

110 샹카라에 의하면 "산란(jūti)"은 마음의 질병을 비롯한 '고통 받는 감정(duḥkhitvabhāva)'이다.

111 샹카라에 의하면 "기억(smṛti)"은 기억하기(smaraṇa)다.

112 샹카라에 의하면 "구상(saṃkalpa)"은 흰색과 검은 색을 비롯한 상태로 형태를 비롯한 것에 대한 상념(saṃkalpana)이다.

113 샹카라에 의하면 "의향(kratu)"은 탐착(adhyavasāya)이다.

114 샹카라에 의하면 "생존(asu)"은 호흡을 비롯한 살아 나가기 위한 활동이다.

115 샹카라에 의하면 "욕망"은 가까이 없는 대상에 대한 열망(ākāṃkṣā)이며 갈망(tṛṣṇā)이다.

116 샹카라에 의하면 "애욕(愛慾, vaśa)"은 여자와 섞는 것을 비롯한 것에 대한 욕구(abhilāṣa)다.

117 "지성"은 마음의 작용이다. 따라서 상캬 철학과 요가 철학에서 마음을 체(體)의 측면에서는 진성(眞性, sattva), 그리고 용(用)의 측면에서는 지성(知性, buddhi)이라고 부른다. 여기서는 "지성"을 의미하는 일반적인 낱말인 '붓디(buddhi)'가 아니라 '쁘라갸나(prajñāna)'가 사용되어 모든 마음의 작용을 나타내는 의미로 쓰이고 있다.

118 샹카라에 의하면 "이것"은 지성의 형태인 아(我), '낮은 브라흐만(brahmāpara)', '모든 몸에 머무는 것(sarvaśarīrastha)', 생기(生氣), '지성의 아(prajñātman)', 내적 기관의 틀 속에 들어온 것, 물을 뚫고 들어온 태양의 비춤 같은 히란야가르바(黃金子宮, 金胎)를 의미한다.

119 "브라흐마"는 창조의 신이다.

120 "인드라(Indra)"는 신(deva)들의 왕이다.

121 샹카라에 의하면 "쁘라자빠띠"는 제일 처음에 생겨난 몸체다. 일반적으로 쁘라자빠

다. 이 모든 신들과 흙, 바람, 허공, 물, 불들이라는 이들 오대 원소들이다. 이러한 이 사소한 것들로 뒤섞여 씨앗이 다른 것들이다.[122] 이와는 다른 것들인 알에서 생겨나는 것들,[123] 태막胎膜에서 생겨나는 것들,[124] 발한發汗에서 생겨나는 것들,[125] 발아發芽에서 생겨나는 것들이다.[126] 말馬들, 소들, 사람들, 코끼리들이다. 이 모든 생명체, 길짐승, 날짐승, 움직이지 않는 것이다. 그 모든 것은 지성의 눈[127]이다. 지성에 자리 잡고 있는 것이다.[128] 지성의 눈이 세상이다. 지성이 바탕이다. 지성이 브라흐만[129] 이다. 3

띠는 창조자를 뜻하며, 브라흐마와 같은 의미로 쓰이기도 한다.

122 샹카라에 의하면 "사소한 것들로 뒤섞여 씨앗이 다른 것들"은 뱀 등을 의미한다.

123 샹카라에 의하면 "알에서 생겨나는 것(aṇḍaja)"은 새 등을 의미한다.

124 샹카라에 의하면 "태막에서 생겨나는 것(jāruja, jarāyuja)"은 사람 등을 의미한다.

125 샹카라에 의하면 "발한에서 생겨나는 것(svedaja)"은 이(蝨) 등을 의미한다.

126 샹카라에 의하면 "발아에서 생겨나는 것(udbhijja)"은 나무 등을 의미한다.

127 샹카라에 의하면 "그 모든 것"은 전부 다 "지성(prajñā)의 눈"이다. 알려줌이며, 앎인 것이 바로 브라흐만이다. 그것을 통해서 가져와지는(nīyate) 것이라서 눈(netra)이다. 지성이 그것의 눈인 것이 지성의 눈(prajñanetra)이다. 지성의 원어는 쁘라갸다. 쁘라갸는 여성 명사로 '식별, 판단, 지혜, 지성, 이해' 등을 의미한다. 불경에서는 '혜(慧), 묘혜(妙慧), 승혜(勝慧), 각혜(覺慧), 지(智), 지혜(智慧)' 등으로 한역되며, 반야(般若)로 음사된다. 쁘라갸나(prajñāna)와 마찬가지로 여기서는 지성을 뜻한다. 막스 뮐러는 쁘라갸를 '앎(knowledge)'이라고 번역한다. 라다크리슈난은 '지성(intelligence)'이라고 번역한다. 싸뜨야브라따 씻단따랑까라는 '지성(buddhi)'이라고 해석한다.

128 샹카라에 의하면 지성(prajñāna)인 브라흐만 안에, 생겨나고 존재하고 소멸하는 시간들 속에서 자리 잡은 것, '지성에 깃든 것(prajñāśraya)'이라는 의미다. 여기서 지성의 원어는 쁘라갸나다. 쁘라갸나는 중성 명사로 '지성, 지혜, 인지, 식별, 표식' 등을 의미하며, 불경에서 쁘라갸나는 '료(了), 지(知), 각(覺), 견지(見知), 가지(可知)' 등으로 한역된다. 막스 뮐러는 쁘라갸나를 '앎(knowledge)'이라고 번역한다. 라다크리슈난은 '지성'이라고 번역한다. 싸뜨야브라따 씻단따랑까라는 '지성(buddhi)'이라고 해석한다. 하리끄리스나다싸 고얀다까는 쁘라갸나를 앞에 나오는 쁘라갸와 동일한 의미로 파악한다.

129 샹카라에 의하면 "브라흐만"은 지극히 순정한 지성의 틀과 관련하여 전지자(sarvajña), 자재자, 모든 것의 공통된 바탕인 나타나지 않은 세상의 씨앗을 발동시키는 자, 통제자의 특성이라는 관점에서 '내면의 통제자(Antaryāmin)'라는 이름을 갖는다. 바로 그러한 브라흐만이 나타나지 않은 세상의 씨앗이 된 '지성의 아(知性我, buddhyātman)'라는 자의식(自意識, abhimāna)으로 나타난 것을 히란야가르바(黃金子宮, 金胎)라고 이름한다. 바로

그는[130] 이 지성의[131] 아我에 의해서 이 세상에서 위로 올라가[132] 저 천국에서[133] 모든 욕망들을 누리고는[134] 불사不死가 되었다, 되었다.[135] 4

평온을 위한 낭송[136]

옴ॐ, 말이 나의 마음에 자리 잡기를 원하노라. 마음이 나의 말에 자리 잡기를 원하노라. 나타남이여, 나에게 나타나라. 나에게 베다에 관한 것을 가져오는 것이 되어라. 내가 들은 것이 나를 버리지 않게 하라. 이 배움으로 나는 밤낮을 이어가리라. 나는 진리를 말하리라. 나는 진실을 말하리라. 그것은 나를 보살피라! 그것은 말하는 사람을 보살피라! 보살피라 나를, 보살피라 말하는 사람을, 보살피라 말하는 사람을!

그러한 브라흐만이 알 안에서 깨어나 첫 번째로 몸의 틀을 갖춘 것을 위라뜨쁘라자빠띠(Virāṭprajāpati)라고 이름한다. 그리고 브라흐마에서 기둥에 이르기까지 특정한 몸체의 틀 속에 있는 브라흐만에게 있어서 브라흐만은 바로 그런 이름의 형태를 얻는다.

130 샹카라에 의하면 "그"는 와마데바 또는 다른 사람을 의미한다. 왜냐하면 다른 사람도 마찬가지로 지성인 아(我)에 의해서 이 세상에서 위로 올라가 저 천국에서 모든 욕망들을 누리고는 불사(不死)가 될 수 있기 때문이다.

131 "지성의"의 원어는 단모음 '아(a)'로 끝나는 쁘라갸(prajña)다. 쁘라갸는 형용사로 '지성의, 이해력이 있는, 지혜로운' 등을 의미하며, 불경에서는 '혜(慧), 지법(知法)' 등으로 한역된다.

132 샹카라에 의하면 '윤회로부터 벗어나 지혜가 제시한 무구(無垢)한 모든 것의 아(全我)의 상태에 이르러'라는 의미다.

133 샹카라에 의하면 "저 천국"이란 말은 '늙음이 없고(不老)', 영생(永生)이며, 불사(不死)이고, '두려움이 없고(無畏)', 전지(全知)하며, 앞과 뒤가 없고, 안도 없고 바깥도 없으며, '지성인 불사의 감로'로서 '단일한 맛'인, 자신의 아인 본모습을 의미한다.

134 273쪽 98번 각주 참조.

135 273쪽 99번 각주 참조.

136 261쪽 1~14번 각주 참조.

옴ॐ, 평온이여! 평온이여! 평온이여!

찬도그야 우파니샤드

『찬도그야 우파니샤드Chāndogya Upaniṣad』는 『싸마베다Sāmaveda』 계통의 브라흐마나Brāhmaṇa인 『찬도그야 브라흐마나Chāndogya Brāhmaṇa』 가운데 제3장에서 제10장까지에 해당하는 부분이다. 『찬도그야 브라흐마나』는 모두 열 개의 장으로 구성되어 있다. 제1장과 제2장을 제외한 나머지 부분이 『브라흐마나』이면서 동시에 『우파니샤드』에 해당된다. 따라서 『찬도그야 우파니샤드』는 『싸마베다』 계통의 『우파니샤드』이며, 아주 오래된 중요한 『우파니샤드』다.

찬도가Chandoga는 『싸마베다』를 관장하며 제장에서 『싸마베다』의 찬가를 노래로 불러 신을 찬양하는 제관인 우드가뜨리Udgātṛ를 뜻하는 낱말이다. 찬도그야Chāndogya는 찬도가에서 파생된 중성 명사로 '찬양 제관인 우드가뜨리와 관련된 교리'를 뜻한다. 이처럼 『싸마베다』로 찬양하는 찬양 제관의 교리와 관련된 『우파니샤드』라는 뜻에서 『찬도그야 우파니샤드』라고 한다.

평온을 위한 낭송[1]

옴ॐ, 내 몸의 부분들, 언어와 생기生氣와 눈과 귀가 충만해지길 원하노라. 모든 기관들 또한 힘차기를 원하노라. 우파니샤드가 품은 브라흐만은 모든 것이니, 내가 브라흐만을 물리치지 않기를 원하노라. 브라흐만이 나를 물리치지 않기를 바라노라. 물리침이 없기를 바라노라. 내게 물리침이 없기를 바라노라. 그러므로 우파니샤드들에 있는 진리들, 그것들이 아我 안에서 만족해하는 나에게 있기를 바라노라. 그것들이 나에게 있기를 바라노라.

옴ॐ, 평온이여, 평온이여, 평온이여!

첫 번째 장

첫 번째 절

옴ॐ[2] 이란 불멸不滅[3]이며 우드기타[4]인 것으로 명상하라.[5] 옴 이렇게

---

1 1958년에 인도 푸나의 베다 교정 기관에서 간행된 교정 판본에는 없는 부분이다. 샹카라의 산스크리트 주석본에 있는 내용이다. 『께나 우파니샤드』의 평온을 위한 낭송의 일부와 동일하다.

2 샹카라에 의하면 "옴"이란 음절을 나타내는 철자는 '지고의 아(paramātman)'에 가장 가까운 이름이다. 이 이름을 사용하면 그는 기뻐한다.

3 악샤라(akṣara)는 "불멸"과 '음절을 나타내는 철자'를 동시에 뜻한다. 악샤라에서 '아(a)'는 불(不)에 해당되고 '끄샤라(kṣara)'는 멸(滅)에 해당된다. 소리인 음절은 발음하고 나면 사라져 멸해 버리지만, 음절을 나타내는 철자는 멸하지 않고 남는다. 그래서 '음절을 나타내는 철자'를 불멸이란 뜻에서 악샤라라고 한다. 옴(ॐ)은 그 자체가 불멸이면서 '음절을 나타내는 철자'다. 철자는 소리와 음절과 낱말을 나타낸다. 따라서 악샤라라는 낱말은 '소리'와 '음절'과 '낱말'을 뜻하기도 한다.

4 샹카라에 의하면 "우드기타(Udgītha)"는 옴(ॐ)의 이름이다. 우드기타는 『싸마베다』를 노

하며 싸마베다를 노래한다. 이에 대한 설명이다. 1

이 존재들의[6] 정수精髓는[7] 땅이다. 땅의 정수는 물이다. 물의 정수는 약초들이다.[8] 약초들의 정수는 사람이다.[9] 사람의 정수는 말이다. 말의 정수는 리그베다다. 리그베다의 정수는 싸마베다다.[10] 싸마베다의 정수는 우드기타다. 2

그러한 이 우드기타는[11] 정수精髓들의 최고 정수이며, 지고이며,[12] 지고의 응공應供이며,[13] 여덟 번째인[14] 것이다. 3

어떠어떠한 것이 리그베다인지, 어떠어떠한 것이 싸마베다인지, 어떠

래하는 것을 뜻하기도 한다. 막스 뮐러는 우드기타를 '『싸마베다』의 부분(a portion of Sâma-veda)'이라고 설명한다.

5 이 부분은 "옴(ॐ)이란 음절을 나타내는 철자는 우드기타, 즉 『싸마베다』를 노래하는 것이다. 이에 대해 명상해야 한다"라고 번역할 수도 있다.

6 샹카라에 의하면 "존재(bhūta)들"은 '움직이는 것(cara)'과 '움직이지 않는 것(acara)'을 의미한다.

7 샹카라에 의하면 여기서 "정수(rasa)"는 구경(究竟, parāyaṇa), 의지처(āśraya)를 의미한다.

8 샹카라에 의하면 "약초(oṣadhi)들"은 물이 변화된 것이기 때문이다.

9 샹카라에 의하면 "사람(puruṣa)"은 곡식(anna)이 변화된 것이기 때문이다. 뿌루샤(puruṣa)는 여기서 인아(人我)가 아니라 사람을 뜻한다.

10 『리그베다』에는 1,028개의 찬가(sūkta)가 있다. 기본적으로 『리그베다』의 찬가에 음표를 표시하여 노래로 부르는 것이 『싸마베다』다. 따라서 『리그베다』와 『싸마베다』는 그 내용이 거의 동일하다. 『리그베다』에는 성조의 표시만 있을 뿐 노래로 부르기 위한 음표 표시는 없다. 이에 비해 『싸마베다』에는 숫자로 음표가 표시되어 있다.

11 샹카라에 의하면 "이 우드기타"는 우드기타라는 이름의 옴(ॐ) 자를 의미한다.

12 샹카라에 의하면 '지고의 아'를 상징하는 것이기 때문에 "지고(parama)"다.

13 샹카라에 의하면 '지고의 아'의 자리를 얻은 것으로 지고의 아처럼 섬겨야 하는 것이기 때문이다. '섬겨야 하는 것'을 '명상해야 하는 것'이라고 번역해도 좋다.

14 샹카라에 의하면 땅에서부터 세어서 "여덟 번째" 정수(精髓)라는 의미다.

어떠한 것이 우드기타인지, 이에 대해 고찰된다.[15] 4

말이 바로 리그베다다. 생기生氣가 싸마베다다.[16] 옴ॐ이란 이 음절이 우드기타다. 그 말과 생기, 리그베다와 싸마베다, 바로 이것은 짝을 이루는 것이다.[17] 5

그 짝을 이루는 이것은 옴ॐ이란 이 음절에서 만난다. 짝을 이루는 두 사람이 함께 만날 때 그제야 서로서로 욕망을 채우게 되기 때문이다. 6

이와 같이 알면서 불멸不滅인[18] 이 우드기타를 명상하는 이는 바로 욕망들을 채우게 하는 이[19]가 된다. 7

그 무언가를 동의할 때는 바로 옴ॐ이라고 그때 말하기 때문에 그러한 이것은 동의의 소리[20]다.[21] 이 동의란 것은 바로 풍요다.[22] 이와 같이

---

15 샹카라에 의하면 어떠한 것이 아니라 반복해서 "어떠어떠한 것"이라고 말하는 것은 존중함을 나타내기 위해서다.

16 샹카라에 의하면 "말(vāc)"과 "생기(prāṇa)"는 『리그베다』와 『싸마베다』의 원인이다. 그래서 말을 『리그베다』, 생기를 『싸마베다』라고 말한다.

17 샹카라에 의하면 『리그베다』와 『싸마베다』의 원인이 되는 말과 생기가 "짝을 이루는 것"이라는 의미다.

18 여기서 "불멸"은 음절이라는 의미도 동시에 지니고 있는 것으로 보는 것이 좋다.

19 샹카라에 의하면 제주(祭主, yajamāna)의 욕망들을 채우게 하는 사람이 된다는 의미다.

20 샹카라에 의하면 동의(anujñā)이면서 소리(akṣara)인 것을 "동의의 소리(anujñākṣara)"라고 한다. 원어인 악샤라는 '소리'를 뜻하기도 한다.

21 샹카라에 의하면 동의이자 허락(anumati)인 것이 옴(ॐ)이라는 의미다.

22 샹카라에 의하면 "풍요(samṛddhi)"는 동의를 바탕으로 하기 때문에 동의란 것은 풍요다. 풍요한 사람만이 옴(ॐ)이라며 동의해 준다. 그래서 옴은 풍요한 특질을 지닌 것이

알면서 불멸不滅인[23] 이 우드기타를 명상하는 이는 바로 풍요롭게 하는 이[24]가 된다. 8

그것에 의해서 이 세 가지의 지혜가 이루어진다.[25] 옴ॐ이라고 하며 들려준다.[26] 옴이라고 하며 찬양한다.[27] 옴이라고 하며 노래한다.[28] 장대하게[29] 정수精髓로서[30] 바로 이 음절을 존중하기 위해서다.[31] 9

라는 의미다.

23 여기서도 역시 "불멸"은 음절이라는 의미도 동시에 지니고 있는 것으로 보는 것이 좋다.

24 샹카라에 의하면 제주(祭主)의 욕망들을 풍요롭게 채워 주는 사람이 된다는 의미다.

25 샹카라에 의하면 『리그베다』를 비롯한 세 가지 지혜(vidyā)를 의미하며, 단순히 『베다』의 지혜만이 아니라 지혜와 관련된 행위(karma)도 함께 의미한다. 『리그베다』를 비롯한 세 가지 지혜는 『리그베다』, 『야주르베다』, 『싸마베다』를 뜻한다. 이 세 『베다』와 관련된 행위는 쏘마 제사(somayajña)이며, 『리그베다』의 지혜와 관련된 행위는 『리그베다』를 찬송하여 제장으로 신을 부르는 일, 『야주르베다』의 지혜와 관련된 행위는 제사에서 필요한 사항들을 『야주르베다』의 내용을 따라 지시하는 일, 『싸마베다』의 지혜와 관련된 행위는 제장에 강림한 신을 기쁘게 하기 위해 『싸마베다』를 노래하는 일이다.

26 기타프레스에서 나온 해석본에 의하면, 아드와르유(Adhvaryu)가 "옴"이라고 말하고는 들려주는 일을 한다는 의미다. 아드와르유는 『야주르베다』를 관장하며 제사의 실무를 담당하는 제관이다.

27 기타프레스에서 나온 해석본에 의하면, 호뜨리(Hotṛ)가 "옴"이라고 말하고는 찬양한다는 의미다. 호뜨리는 『리그베다』의 찬가로 신들을 찬양하여 신들을 제사장으로 불러들이는 일을 담당하는 제관이다. 호뜨리의 주격 단수 형태가 호따(Hotā)다.

28 기타프레스에서 나온 해석본에 의하면, 우드가뜨리가 "옴"이라고 말하고 노래한다는 의미다. 우드가뜨리는 제장에 강림한 신들을 『싸마베다』의 찬가로 노래하여 기쁘게 하는 일을 담당하는 제관이다. 우드가뜨리의 주격 단수 형태가 우드가따(Udgātā)다.

29 샹카라에 의하면 "장대하게(mahimnā)"는 '거대하게'를 뜻하며, '제관과 제주를 비롯한 생명들에 의해서'라는 의미다.

30 샹카라에 의하면 "정수"는 쌀과 보리 등이다. 정수에 의해서 생겨난 제물이라는 의미다.

31 샹카라에 의하면 "이 음절"은 '지고의 아'의 상징이기 때문이다. 그래서 장대하게 제관과 제주가 모여 옴(ॐ)이라는 음절을 사용하여 법도에 맞게 제물을 바치며 쏘마 제사를 지낸다는 의미다.

이것을[32] 이처럼 아는 이와 모르는 이 둘 다 그것을 통해 행한다.[33] 그러나 지혜와 지혜가 없는 것은 각기 다르다. 지혜와 믿음과 헌신으로[34] 행하는 것, 그것은 더욱더 힘이 있게 된다.[35] 이것은 바로 이 음절에 대한 설명이다. 10

두 번째 절

신과 아쑤라阿修羅 들이 싸움을 벌였는데,[36] 둘 다 쁘라자빠띠의 자손들이었다.[37] 그때 신들은 이것으로 이들을[38] 제압하리라 여기고 우드

---

32 샹카라에 의하면 "이것"은 음절을 의미한다.

33 샹카라에 의하면 "그것을 통해 행한다"는 것은 음절을 사용해서 행위를 행한다는 의미다. 여기서 행위는 제사(yajña)를 뜻한다.

34 "헌신"으로 번역한 낱말의 원어는 우파니샤드(upaniṣad)다. 우파니샤드는 여성 명사로 '누군가의 말을 듣기 위해 발치에 가까이 앉는 것, 이러한 방법에 의해서 전해진 신비의 지식, 최고의 영혼에 대한 지식을 드러냄으로써 무지를 물리침, 비전(秘傳)의 교리, 외부 사물의 질서 이면에 놓인 초자연적인 진리, 신비한 의미, 『우파니샤드』 문헌' 등을 의미한다. 그러나 샹카라에 의하면 여기서 우파니샤드는 '요가(yoga)'를 의미한다. 고빈다 샤쓰뜨리(Govinda Śāstrī)에 의하면 요가는 신을 비롯한 대상에 대한 명상(upāsana)이다. 요가 철학에 따르면, 요가는 삼매(三昧, samādhi)를 뜻한다. 삼매는 명상을 통해 얻어진다. 아울러 진정한 헌신은 절대성에 대한 명상이다. 따라서 "헌신"을 '명상'이라 번역할 수도 있다. 헌신을 의미하는 우빠싸나(upāsana)라는 낱말은 명상을 의미하기도 한다.

35 샹카라에 의하면 무지한 행위보다 훨씬 더 많은 결과가 생긴다는 의미다.

36 샹카라에 의하면 "신(神, deva)"은 경전(śāstra)에 의해서 밝아진 기관(indriya)의 활동들이다. "아쑤라(asura)"는 이와는 반대되는 것으로 자신의 호흡(asu)들과 관련하여 다양한 대상들을 향한 호흡 활동을 즐기기(ramaṇa) 때문에 본질적으로 기관의 암성(闇性, tamas)적인 활동들이다. 기관들의 어두운 형태의 활동들은 본성적으로 경전과 관련되는 빛의 활동을 제압하려 하기 때문에 아쑤라들이다. 이와는 반대로 경전의 의미를 대상으로 삼는 분별(viveka)의 빛의 본모습인 신들은 어둠의 형태인 아쑤라들을 제압하는 데 몰두한다. 이처럼 서로의 활동들이 누르고 일어나는 형태의 싸움처럼 모든 생명체들 각각의 몸속에서 무시 이래(無始以來)로 신과 아쑤라의 싸움이 진행되고 있다는 의미다. 120쪽 321번 각주 참조.

37 샹카라에 의하면 여기서 "쁘라자빠띠(Prajāpati)"는 행위와 지혜(jñāna)를 주관하는 인아(人我)를 의미한다. 왜냐하면 경전과 관계되는 기관의 활동들과 본성적인 기관의 활동

기타를 가지고 왔다. 1

그들은 코의 생기生氣를[39] 우드기타로 명상했다. 바로 그것을 아쑤라들은 죄악으로 뚫었다. 그래서 그것으로 향기와 악취 두 가지 냄새를 맡는다. 왜냐하면 이것은 죄악에 의해 뚫렸기 때문이다. 2

이제 그들은 말을[40] 우드기타로 명상했다. 바로 그것을 아쑤라들은 죄악으로 뚫었다. 그래서 그것으로 진실과 거짓 두 가지 말을 한다. 왜냐하면 이것은 죄악에 의해 뚫렸기 때문이다. 3

이제 그들은 눈을 우드기타로 명상했다. 바로 그것을 아쑤라들은 죄악으로 뚫었다. 그래서 그것으로 볼 것과 보지 말아야 할 것 두 가지를 본다. 왜냐하면 이것은 죄악에 의해 뚫렸기 때문이다. 4

이제 그들은 귀를 우드기타로 명상했다. 바로 그것을 아쑤라들은 죄악으로 뚫었다. 그래서 그것으로 들을 것과 듣지 말아야 할 것 두 가지를 듣는다. 왜냐하면 이것은 죄악에 의해 뚫렸기 때문이다. 5

이제 그들은 마음을 우드기타로 명상했다. 바로 그것을 아쑤라들은 죄악으로 뚫었다. 그래서 그것으로 생각해야 할 것과 생각하지 말아야 할

들, 상반되는 그의 이러한 기관의 활동들은 그에게서 생겨나는 것이기 때문에 그의 아들들과 같다는 의미다. 131쪽 21번 각주 참조.

38 샹카라에 의하면 "이들"은 아쑤라(阿修羅)들이다.

39 샹카라에 의하면 "코의 생기"는 코에 있는 생기이며, 지각이 있는 후각 기관을 의미한다.

40 여기서 "말"은 '말하는 기관(vāgindriya)'으로 보는 것이 좋다.

것 두 가지를 생각한다. 왜냐하면 이것은 죄악에 의해 뚫렸기 때문이다. 6

이제 바로 이 입에 있는 생기生氣, 그것을 우드기타로 명상했다. 아쑤라들은 그곳으로 가서 마치 단단한 바위에 부딪히듯이[41] 그렇게 부서졌다. 7

이렇게 아는 자에 대해 악행을 원하고, 이를 해치는 이는 마치 단단한 바위에 가 부딪히듯이 바로 그렇게 부서진다. 그러한 이 자는[42] 단단한 바위다.[43] 8

이것에[44] 의해 향기와 악취는 구분되지 않는다.[45] 왜냐하면 이것은[46] 죄악이 제거되었기 때문이다.[47] 그것에[48] 의해 먹고 마시는 것, 그것으로[49] 다른 생기들을[50] 보살핀다. 바로 이것을[51] 마지막에 얻지 못하고 위로 올라간다.[52] 마지막에 크게 벌린다.[53] 9

---

41 샹카라에 의하면 '흙덩어리(loṣṭa), 부서지기 쉬운 흙덩어리'라는 낱말을 첨가해 '마치 단단한 바위에 흙덩어리가 부딪히듯이'라고 해석해야 한다.

42 샹카라에 의하면 "이 자"는 이처럼 생기(生氣)를 아는 사람을 의미한다. 생기에 대해서는 143쪽 120번 각주 참조.

43 샹카라에 의하면 생기(生氣)를 아는 사람은 생기가 되기 때문에 단단한 바위처럼 부술 수 없다는 의미다.

44 "이것"은 입에 있는 생기(生氣)를 뜻한다.

45 샹카라에 의하면 입에 있는 생기는 아쑤라들에 의해서 뚫리지 않았기 때문이다.

46 "이것"은 입에 있는 생기(生氣)를 뜻한다.

47 샹카라에 의하면 청정(清淨, viśuddha)하다는 의미다.

48 샹카라에 의하면 "그것"은 입에 있는 생기(生氣)를 의미한다.

49 샹카라에 의하면 "그것"은 입에 있는 생기로 먹고 마시는 것을 의미한다.

50 샹카라에 의하면 "다른 생기들"은 코를 비롯한 것들을 의미한다.

51 샹카라에 의하면 "바로 이것"은 입에 있는 생기의 활동인 먹고 마시는 것을 의미한다.

52 샹카라에 의하면 죽을 때 코를 비롯한 생기의 무리들이 입에 있는 생기의 활동인 먹고 마시는 것을 얻지 못하고 "위로 올라간다"는 의미다.

앙기라쓰는 그것을[54] 우드기타로 명상했다. 부분들의 정수精髓이기 때문에 바로 이것을[55] 앙기라쓰로 여긴다.[56] 10

그래서 그것을 브리하쓰빠띠는[57] 우드기타로 명상했다. 바로 이것을 브리하쓰빠띠로 여긴다. 왜냐하면 말이 브리하띠이며[58] 이것은[59] 그것의[60] 주인이기 때문이다.[61] 11

그래서 그것을 아야쓰야는[62] 우드기타로 명상했다. 바로 이것을 아야쓰야로 여긴다. 왜냐하면 이것은 입에서 나오기 때문이다.[63] 12

---

53 샹카라에 의하면 입을 벌린다는 의미다.

54 샹카라에 의하면 "그것"은 입에 있는 생기를 의미한다.

55 "이것"은 입에 있는 생기를 뜻한다.

56 샹카라에 의하면 "앙기라쓰(Aṃgiras, Aṃgirās)"라는 이름의 선인(仙人, ṛṣi)이 바로 생기(生氣)가 되어 앙기라쓰 생기인 자신을 우드기타라고 명상했다. 왜냐하면 그는 생기가 되어 몸의 부분(aṃga)들의 정수(精髓)가 되기 때문이다.

57 "브리하쓰빠띠(Bṛhaspati)"는 기도와 예배의 신이다. 신들의 제관이며, 지혜와 웅변의 신이기도 하다. 앙기라쓰의 아들이며, 따라(Tārā)의 남편이다. 목성을 뜻하기도 한다. 129쪽 7번 각주 참조.

58 "브리하띠(bṛhatī)"는 '높은, 큰, 커다란, 넓은, 강한, 완전히 자란, 하늘' 등을 의미하는 브리하뜨(bṛhat)에서 파생된 여성 명사로, '서른여섯 개의 음절로 구성된 운율, 36의 상징, 가슴에서 등뼈 사이 몸의 일부분, 하늘과 땅, 언어' 등을 뜻한다.

59 "이것"은 브리하쓰빠띠를 뜻한다.

60 "그것"은 말, 즉 언어를 뜻한다.

61 샹카라에 의하면 말인 브리하띠(bṛhatī)의 "주인(pati)"이기 때문에 브리하쓰빠띠(Bṛhaspati)라는 의미다.

62 샹카라에 의하면 "아야쓰야(Āyāsya)"는 선인(仙人)의 이름이다.

63 샹카라에 의하면 원어로 아쓰야(āsya)는 입이며, 아야떼(ayate)는 나온다는 의미다. 따라서 나온다는 의미를 지닌 어근 '아야(ay)'가 앞에 오고 뒤에 입을 뜻하는 아쓰야(āsya)라는 말이 온 다음 첫 모음인 단모음 '아(a)'가 장모음화되어서 "아야쓰야(Āyāsya)"라는 이름이 되었다는 뜻이다.

그래서 그것을[64] '바까 달브야'가[65] 알았다. 그는 나이미샤 숲에 사는 사람들을[66] 위해 싸마베다를 노래하는 제관이[67] 되었다. 바로 그는 이들이 원하는 것들을 얻어 주기 위해 노래했다. 13

이것을 이렇게 알면서 음절인 우드기타에 대해 명상하는 이는 원하는 것들을 얻는 노래를 하는 이가 된다. 이상은 몸에 관련된 것이다. 14

세 번째 절

이제부터 신에 관련된 것이다. 바로 저 달구는 것, 그것을 '우드기타'라고 명상하라. 이것은 떠오르며 백성들을[68] 위해 노래한다.[69] 떠오르며 어둠과 두려움을 물리친다. 이처럼 아는 이는 분명히 두려움과 어둠을 물리치는 이가 된다.[70] 1

이것과 그리고 저것은 같은 것이다.[71] 이것은[72] 따듯하고, 저것도[73] 따

---

64 "그것"은 입에 있는 생기를 뜻한다.

65 샹카라에 의하면 "바까(Baka)"는 이름이며 "달브야(Dālbhya)"는 달바(Dalbha)의 자손을 의미한다.

66 샹카라에 의하면 "나이미샤(Naimiṣa) 숲에 사는 사람들"은 나이미샤 숲에서 쏘마 제사를 지내는 사람들이라는 의미다.

67 "『싸마베다』를 노래하는 제관"의 원어는 우드가뜨리다. 우드가따는 우드가뜨리의 주격 단수 형태다.

68 막스 뮐러는 "백성(prajā)"을 '모든 창조물들(all creatures)'이라고 번역한다.

69 샹카라에 의하면 떠오르면서 "백성들을 위해", 즉 백성들의 곡식을 만들기 위해 노래하기 시작한다. 왜냐하면 떠오르지 않으면 쌀을 비롯한 것이 생겨나지 않을 것이다. 『싸마베다』를 노래하는 사람이 곡식을 위해서 노래를 하듯이 그렇게 노래한다. 그래서 우드기타가 태양(savitṛ)이라는 의미다.

70 샹카라에 의하면 떠오르면서 밤의 "어둠"과 생명체들의 그 어둠에서 생겨난 "두려움"을 없애 준다. 이와 같은 태양의 특질을 아는 사람은 생과 사 등으로 나타나는 아(我)에 대한 두려움과 그 두려움의 원인인 무지(ajñāna)의 형태인 어둠을 물리치는 사람이 된다.

듯하다. 이것을 음조라고 말하고, 저것을 음조라고, 돌아와 비추는 것[74] 이라고 말한다.[75] 따라서 바로 이것과[76] 바로 이 저것을[77] 우드기타라고 명상하라. 2

이제 바로 편기遍氣를 우드기타라고 명상하라. 밖으로 숨을 내쉬는 것,[78] 그것이 생기生氣다. 안으로 숨을 들이쉬는 것,[79] 그것이 하기下氣다. 그리고 생기와 하기의 결합인 것, 그것은 편기다.[80] 편기인 것, 그것이 말이다.[81] 그러므로 밖으로 숨을 내쉬지 않으면서, 안으로 숨을 들이쉬지 않으면서 말소리를 낸다. 3

---

71 샹카라에 의하면 생기(生氣)는 태양과 성질(guṇa)이 같고, 태양은 생기와 성질이 같다는 의미다.

72 샹카라에 의하면 "이것"은 생기를 의미한다.

73 샹카라에 의하면 "저것"은 태양을 의미한다.

74 막스 뮐러와 라다크리슈난은 "음조(svara)"를 '소리(sound)'로 그리고 "돌아와 비추는 것(pratyāvara)"을 '메아리 소리(reflected sound)'라고 번역한다. 싸뜨야브라따 씻단따랑까라는 "음조"를 '가는 것', '저무는 것' 그리고 "돌아와 비추는 것"을 '되돌아오는 것', '떠오르는 것'으로 해석한다.

75 샹카라에 의하면 이 생기를 "음조"라고 말한다. 그리고 저 태양을 "음조라고, 돌아와 비추는 것"이라고 말한다. 왜냐하면 생기는 발화(發話)만 하지, 죽어 다시 되돌아오지 않는다. 그러나 태양은 매일매일 저문 다음 되돌아온다. 그래서 태양은 돌아와 비추는 것이다.

76 샹카라에 의하면 "이것"은 생기를 의미한다.

77 샹카라에 의하면 "저것"은 태양을 의미한다. "이 저것(imamamum)"은 이것과 저것은 같은 것이기에 '이 저것'이라고 말하는 것이다.

78 샹카라에 의하면 입과 코를 통해 숨을 밖으로 내보내는 것을 의미한다.

79 샹카라에 의하면 입과 코를 통해 숨을 안으로 끌어들이는 것을 의미한다.

80 샹카라에 의하면 생기(生氣)와 하기(下氣, apāna) 사이의 특별한 활동이 "편기(遍氣, vyāna)"다. 생기와 하기를 제쳐두고 크게 애쓰면서 왜 편기에 대해 명상을 하는가 하면, 편기는 힘 있는 행위의 원인이 되기 때문이다. 143쪽 119~120번, 144쪽 126번 각주 참조.

81 샹카라에 의하면 "말"은 편기에서 생겨나는 것이기 때문이다.

말인 것, 그것이 찬가[82]다. 그러므로 밖으로 숨을 내쉬지 않으면서, 안으로 숨을 들이쉬지 않으면서 찬가를 낭송한다. 찬가인 것, 그것이 찬송가[83]다. 그러므로 밖으로 숨을 내쉬지 않으면서, 안으로 숨을 들이쉬지 않으면서 찬송가를 부른다. 찬송가인 것, 그것이 우드기타다. 그러므로 밖으로 숨을 내쉬지 않으면서, 안으로 숨을 들이쉬지 않으면서 크게 노래한다.[84] 4

따라서 힘이 들어가는 다른 일들, 이를테면 불을 비벼 피우기, 육상 경주에서 달리기, 강궁强弓을 당기기 같은 것들, 그런 일들을 밖으로 숨을 내쉬지 않으면서, 안으로 숨을 들이쉬지 않으면서 한다. 이런 이유로 바로 편기遍氣를 우드기타라고 명상해야 한다. 5

이제 분명 우드기타의 음절들에 대해 '우드 기 타'라고 명상해야 한다. 생기生氣가 바로 '우드'다. 생기에 의해서 일어나기 때문이다. 말이 '기'다. 왜냐하면 말을 '기라'라고 일컫기 때문이다. 곡식이 '타'다. 곡식에 이 모든 것이 머물기 때문이다.[85] 6

---

82 "찬가"의 원어는 리쯔(ṛc)다. 리쯔는 여성 명사로 '찬가, 운문, 신의 찬가를 낭송하는 성스런 운율, 성경, 『리그베다』 등을 뜻한다. 리끄(ṛk)는 리쯔의 이형태다.

83 "찬송가"의 원어는 싸만(sāman)이다. 싸만은 중성 명사로 '찬가의 노래, 운율적인 찬송가, 『싸마베다』, 『싸마베다』의 찬가, 얻음, 부, 풍요, 달래는 말' 등을 의미한다.

84 샹카라에 의하면 찬가는 특별한 말이다. 찬가에 있는 것이 찬송가(sāman)다. 찬송가의 지체(肢體, avayava)가 되는 것이 우드기타다. 생기와 하기의 활동을 하지 않으면서 오로지 편기에 의해서 만들어 낸다는 의미다. 찬가를 『리그베다』로, 찬송가를 『싸마베다』로 번역해도 좋다.

85 샹카라에 의하면 생기가 없는 모든 것은 쓰러지는 것이 보이기 때문에 바로 생기에 의해서 일어나는 것이다. '일어나다'는 의미를 지닌 동사 활용형 우뜨띠스타띠(uttiṣṭhati)는 접두어 '우드(ud)'와 '띠스타띠(tiṣṭhati)'로 나누어진다. 접두어 '우드(ud)'의 'ㄷ(d)'가 뒤에 이어지는 'ㄸ(t)'에 영향을 받아 'ㄸ(t)'로 변한 것이다. 따라서 우뜨띠스타띠에서 접두어 '우

하늘이 바로 '우드'다.[86] 허공이 '기'다.[87] 땅이 '타'다.[88] 태양이 바로 '우드'다.[89] 바람이 '기'다.[90] 불이 '타'다.[91] 싸마베다가 바로 '우드'다.[92] 야주르베다가 '기'다.[93] 리그베다가 '타'다.[94] 이러한 우드기타의 음절들을 이처럼 알면서 '우드 기 타'라고 명상하는 이는 곡식이 풍성한 이, 곡식을 먹는 이가 된다.[95] 이에게 언어는 언어의 우유인 우유를 짜내 흘려준다.[96] 7

뜨(ut)'는 원래는 '우드(ud)'다. 우드기타(udgītha)의 '우드'가 여기서 유래한다고 보고 '일어나다'라는 의미로 해석하는 것이다. 기라(gīra)는 언어를 뜻한다. 기라의 '기(gī)'에서 우드기타의 '기(gī)'가 유래한 것으로 보고 '기'를 말이라고 해석하는 것이다. 쓰티따(sthita)는 '머무는 혹은 머무는 것, 자리 잡고 있는 혹은 자리 잡고 있는 것' 등을 뜻한다. 우드기타의 'ㅌ(th)'가 쓰티따(sthita)의 'ㅌ(th)'에서 온 것으로 보고, '타(tha)'를 머문다는 의미로 해석하는 것이다. 이 경우 'ㅌ(th)'와 '타(tha)'를 연결시키고 있는 것이 특이하다.

86 샹카라에 의하면 "하늘"은 높은 장소이기 때문에 바로 "우드"다. 높은(uccaiḥ)의 '우쯔(uc)'는 '우드(ud)'의 'ㄷ(d)'가 뒤에 오는 음 'ㅉ(c)'와 동화된 형태다.

87 샹카라에 의하면 "허공"은 세상들을 삼키는 것(giraṇa)이기 때문에 "기"다. 장모음 '기(gī)'가 단모음 '기(gi)'에서 온 것으로 보고 있다.

88 샹카라에 의하면 "땅"은 생명체들의 터전(sthāna)이기 때문에 "타"다. 단모음 '아(a)'가 있는 타(tha)가 장모음 '아(ā)'가 있는 타(thā)에서 온 것으로 보고 있다.

89 샹카라에 의하면 "태양"은 높이 있는 것(ūrdhvatva)이기 때문에 "우드"다. '우드(ud)'가 '우르드(ūrdh)'에서 온 것으로 보고 있다.

90 샹카라에 의하면 "바람"은 불을 비롯한 것을 삼키는 것(giraṇa)이기 때문에 "기(gī)"다.

91 샹카라에 의하면 "불"은 제사와 관련된 행위의 바탕(avasthāna)이기 때문에 "타(tha)"다.

92 샹카라에 의하면 『싸마베다』는 천국에서 '함께 찬송되는 것(saṁstutatva)'이기 때문에 "우드"다.

93 샹카라에 의하면 『야주르베다』는 『야주르베다』를 사용하는 제관이 바친 제물을 신들이 삼키기(giraṇa) 때문에 "기"다.

94 샹카라에 의하면 "『리그베다』에는 『싸마베다』와 관련된 일종의 찬송가가 풍부(adhyūḍhatva)하기 때문에 "타"다. 아마도 다(ḍha)와 타(tha) 발음의 유사성에서 연관시키는 것 같다.

95 샹카라에 의하면 "곡식을 먹는 이"는 음식을 잘 소화시킬 수 있는 사람을 의미한다.

96 샹카라에 의하면 "언어의 우유(doha)"는 『리그베다』를 비롯한 소리를 통해 얻을 수 있는 결과를 의미한다. 그 결과를 언어 스스로가 자기 자신을 짜서 내준다는 의미다.

이제 진정 축원하는 바가 이루어짐이다.[97] 추구해야 할 것들을 명상해야 한다. 찬송하려 하는 찬송가를[98] 좇아 달려가야 한다.[99] 8

관련되어 있는 찬가 그 찬가를, 관련되어 있는 선인 그 선인을, 찬양하려 하는 신 그 신을 좇아 달려가야 한다.[100] 9

그 운율로 찬양하려 하는 그 운율을 좇아 달려가야 한다. 그 성가로[101] 찬양하려 하는 그 성가를 좇아 달려가야 한다. 10

찬양하려 하는 방위, 그 방위를 좇아 달려가야 한다.[102] 11

마지막으로 자신에게 가까이 다가가[103] 바라는 것에 대해 정신을 집

---

97 샹카라에 의하면 소망을 이룸에 대해 이제부터 언급되어질 것이라는 의미다.

98 샹카라에 의하면 "찬송가"는 특별한 싸만이다. 찬송가의 원어인 싸만(sāman)은 중성 명사로 '찬가의 노래, 운율적인 찬송가, 『싸마베다』, 얻음, 부, 풍요, 달래는 말' 등을 의미한다.

99 샹카라에 의하면 "좇아 달려간다"는 말은 접근한다는 말이며, 생각한다는 의미다. 『싸마베다』를 사용하여 '신을 찬송하는 제관'은 찬송가의 유래 등과 더불어 그 찬송가에 대해 생각해 보아야 한다는 의미다.

100 샹카라에 의하면 찬송가가 들어 있는 그 찬가를 신들과 더불어 좇아 달려가야 한다. 그 싸만과 관련된 그 선인(仙人)을, 찬양하려는 그 신을 좇아 달려가야 한다. "좇아 달려가야 한다"는 말은 생각해 보아야 한다는 뜻이다.

101 "성가(聖歌)"는 쓰또마(stoma)를 번역한 말이다. 쓰또마는 남성 명사로 '찬가, 찬송가, 찬양가, 찬미가, 성가, 다섯 부분으로 구성된 제식에서 사용되는 성가의 한 형태'를 의미한다. 막스 뮐러는 쓰또마를 '곡(曲, tune)'이라고 번역한다. 라다크리슈난은 '성가의 형태(the hymn-form)'라고 번역한다.

102 샹카라에 의하면 찬양하려 하는 방위에 대해, 그 방위를 주재하는 신들과 더불어 생각해야 한다는 의미다.

103 샹카라에 의하면 "자신에게 가까이 다가간다"는 말은 자신의 집안과 이름을 비롯한 것들과 더불어 자신의 본모습에 대해 생각한다는 의미다.

중하며 실수 없이[104] 찬양해야 한다. 그것을 바라며 찬양하는 이에게 그 바람은 금방 이루어질 것이다. 그것을 바라며 찬양하는 것은.[105] 12

네 번째 절

옴ॐ이라는 이 음절을 우드기타라고 명상해야 한다. 왜냐하면 옴이라 하며 높은 소리로 노래를 시작하기 때문이다.[106] 이에 관한 설명이다. 1

신들은 죽음의 신이[107] 두려워 세 가지 지혜 안으로[108] 들어갔다. 그들은 운율들로 덮었다.[109] 이것들로[110] 덮은 거라서 운율들의[111] 운율이 되는 것이다.[112] 2

---

104 샹카라에 의하면 "실수 없이"라는 말은 모음, 열음(熱音, ūṣman), 자음 등에 대해 부주의하지 않으며 라는 의미다. 열음은 치찰음, 위싸르가(visarga) 음, 지흐바물리야(jihvā-mūlīya) 음, 우빠드마니야(upadhmānīya) 음, 아누쓰와라(anusvāra) 음 들을 의미한다.

105 샹카라에 의하면 두 번 반복하여 말하는 것은 존중의 의미다.

106 "높은 소리로 노래를 시작하다"에 해당되는 원어는 우드가야띠(udgāyati)다. 우드가야띠는 어근 '우드가이(udgai)'의 현재 타위형 삼인칭 단수 형태다. 우드가이는 '높은 음조로 노래하다, 크게 노래 부르다, 노래를 시작하다, 『싸마베다』의 찬가를 찬양하다' 등을 의미하는 어근이다. 우드기타는 『싸마베다』 고유의 찬가를 노래하는 것이다. "옴"이라 발음하며 『싸마베다』 고유의 찬가를 "높은 소리로 노래를 시작하기 때문"에 '옴'이 바로 우드기타라는 뜻이다. 막스 뮐러는 우드가야띠를 '우드기타가 노래된다(the udgîtha is sung)'고 번역한다.

107 므리뜨유(mṛtyu)는 '죽음, 죽음의 신' 등을 뜻한다. 샹카라는 '죽이는 자(māraka)'라고 해석한다.

108 샹카라에 의하면 "세 가지 지혜"는 세 가지 『베다』와 관련된 행위를 의미한다. 세 가지 『베다』는 『리그베다』, 『야주르베다』, 『싸마베다』를 의미한다. 여기서 행위는 제사 의식이다.

109 샹카라에 의하면 신들은 행위에 아직 사용하지 않은 운율인 진언(眞言, mantra)들로 염송(念誦, japa)과 '불에 제물을 올리는 제(homa)' 등을 행하며 자신들을 행위들로 덮어 버렸다는 의미다.

110 샹카라에 의하면 "이것들"은 진언(眞言)들을 의미한다.

111 샹카라에 의하면 "운율"은 진언(眞言)을 의미한다.

죽음의 신은 마치 물속에 있는 물고기를 환히 바라보듯이 그렇게 바로 그곳 리그베다와 싸마베다와 야주르베다에[113] 있는 그들을 환히 바라보았다. 그들은 알아채고 리그베다와 싸마베다와 야주르베다에서 일어나[114] 바로 소리로[115] 들어갔다.[116] 3

리그베다를 대할 때 바로 옴ॐ이라고 주의 깊게 소리를 낸다.[117] 싸마베다와 야주르베다에 대해서도 이렇게 한다. 불사不死이며, 무외無畏인 이 음절이란 것은 바로 이 소리다. 그것에 들어가 신들은 불사의 존재가, 두려움이 없는 존재가 되었다. 4

이처럼 알면서 이 음절을 찬양하는[118] 이는 바로 이 음절, 불사, 무외

---

112 샹카라에 의하면 운율들인 진언(眞言)들로 '덮음으로 인해서(chādanāt)' "운율이 되는 것(chandastva)"이다. 즉 운율을 의미하는 원어 찬다쓰(chandas)를 '덮다, 가리다, 숨다, 감추다' 등을 의미하는 어근 '차드(chad)'에서 유래한 낱말로 본다는 의미다.

113 샹카라에 의하면 『리그베다』, 『야주르베다』, 『싸마베다』와 관련된 행위들을 의미한다.

114 샹카라에 의하면 『리그베다』, 『야주르베다』, 『싸마베다』와 관련된 행위들의 자리에서 일어나서라는 의미다.

115 "소리"의 원어는 쓰와라(svara)다. 쓰와라는 '발음하다, 소리 내다, 소리가 울리다, 소리가 울리게 하다. 노래하다, 찬양하다, 빛나다' 등의 의미를 지닌 어근 '쓰브리(svṛ)'에서 파생된 남성 명사로 '소리, 소음, 성조, 강세, 음계, 7의 상징, 코로 나오는 숨, 위스누(Viṣṇu)의 이름' 등을 뜻한다. 샹카라에 의하면 '불사(不死, amṛta)'이며 무외(無畏, abhaya)의 특질을 가진 음절인 옴(ॐ)의 이름이 쓰와라다.

116 샹카라에 의하면 옴(ॐ)에 대한 명상에 몰두했다는 의미다.

117 『베다』를 읽는 사람은 옴(ॐ)이라는 소리를 주의 깊게 낸 다음에 『베다』를 읽기 시작한다. 『베다』를 읽고 난 다음에도 옴이라는 소리를 주의 깊게 낸다. 막스 뮐러는 '어떤 사람이 『리그베다』에 정통했을 때, 그는 아주 높게 옴이라고 말한다'라고 번역한다. 라다크리슈난은 '배울 때 옴을 소리 낸다'라고 번역한다. 싸뜨야브라따 씻단따랑까라는 '『리그베다』의 찬가를 얻었을 때, 진수를 알게 되었을 때 높은 음으로 길게 옴을 발음한다'라고 해석한다.

인 소리로 들어간다. 그것에 들어가 신들이 불사의 존재들이 되듯이 그렇게 불사의 존재가 된다. 5

다섯 번째 절

이제 분명 우드기타인 것, 그것은 쁘라나바[119]다. 쁘라나바인 것, 그것은 우드기타다. 이렇게 바로 저 태양이 우드기타다, 이 쁘라나바다. 왜냐하면 옴ॐ 이렇게 이것은[120] 소리 내며[121] 가기 때문이다. 1

"나는 바로 이것을 두루 노래했다.[122] 그래서 나에게는 네가 유일하다." 바로 이렇게 까우쉬따끼는[123] 아들에게 말했다. "너는 햇살들로 돌아 서라.[124] 너에게 바로 많은 것들이 있으리라!"[125] 이상은 신에 관한 내용이다. 2

---

118 샹카라에 의하면 여기서 "찬양(stuti)"은 명상을 의미한다. 명상의 원어인 우빠싸나(upāsana)는 중성 명사로 '존경, 귀의, 숭배, 시중, 좌석, 연습, 실행, 명상' 등을 의미한다. 불경에서 우빠싸나는 '승사(承事), 근사(近事)' 등으로 한역된다.

119 "쁘라나바(praṇava)"는 '윙윙거리는 소리를 내다, 찬양하다, 옴(ॐ)을 발음하다' 등을 의미하는 어근 쁘라누(praṇu)에서 파생된 남성 명사로 '신비한 음절인 옴'을 뜻한다. 옴의 다른 이름이라고 보고 번역하지 않고 원어를 그대로 쓰기로 한다.

120 "이것"은 태양(āditya)을 의미한다.

121 샹카라에 의하면 "소리 내며(svaran)"는 '발음하면서(uccārayan)' 혹은 '가면서(gacchan)'라는 의미다. 기타프레스의 힌디 어 번역본은 '가면서'를 '생명체들의 활동에 대해 옴(ॐ)이라고 허락하면서'라고 풀이한다.

122 샹카라에 의하면 '나는 태양(āditya)과 햇살(raśmi)을 구분하지 않고 정신 집중(dhyāna)을 했다'는 의미다. 정신 집중의 원어인 드야나(dhyāna)는 불경에서 '정(定), 사유(思惟), 정려(靜慮), 수정(修定)' 등으로 한역되며, '선(禪), 선나(禪那)' 등으로 음사되고, '선정(禪定), 선사(禪思)' 등으로 음사와 한역이 함께 이루어진다.

123 샹카라에 의하면 "까우쉬따끼(Kauṣītaki)"는 꾸쉬따까(Kuṣitaka)의 자손이라는 의미다.

124 샹카라에 의하면 그러므로 햇살들과 태양을 구분하라는 의미다.

125 샹카라에 의하면 바로 너에게 많은 아들들이 생겨날 것이라는 의미다.

이제 몸에 관한 내용이다. 입에 있는 바로 이 생기生氣를 우드기타라고 명상하라. 왜냐하면 이것은[126] 옴ॐ 이렇게 소리 내며 가기 때문이다.[127] 3

"나는 바로 이것을 두루 노래했다.[128] 그래서 나에게는 네가 유일하다." 바로 이렇게 까우쉬따끼는 아들에게 말했다. "나에게 바로 많은 것들이 있으리라![129]고 이렇게 너는 생기生氣들에 대해 마음으로 찬양하라."[130] 4

이제 진정 우드기타인 것은, 그것은 쁘라나바다. 쁘라나바인 것, 그것은 우드기타다. 이렇게[131] 신을 부르는 제관이 앉는 곳에서[132] 잘못 노래한 것을 다시 바로잡는다.[133] 다시 바로잡는다.[134] 5

---

126 샹카라에 의하면 "이것"은 입에 있는 생기를 의미한다.

127 샹카라에 의하면 말을 비롯한 활동들에 대해 옴이라고 허락하는 것처럼 가기 때문이라는 의미다. 운명할 때 죽는 사람 곁에 있는 이들은 생기가 옴이라고 발음하는 것을 듣지 못하기 때문이다.

128 샹카라에 의하면 앞부분과 마찬가지 의미다. 즉 생기들을 구분하지 않고 정신 집중을 했다는 의미다. 기타프레스의 힌디 어 번역본은 '나는 입에 있는 생기만을 노래했다'고 번역한다.

129 샹카라에 의하면 바로 나에게 많은 아들들이 생겨날 것이라는 의미다.

130 샹카라에 의하면 생기들을 구분하라는 의미다.

131 기타프레스의 힌디 어 번역본에 따르면 "이렇게(iti)"는 '이렇게 명상하고서'라는 의미다.

132 "신을 부르는 제관이 앉는 곳"은 호뜨리샤다나(hotṛṣadana)를 번역한 말이다. 호뜨리샤다나는 샹카라에 의하면 호뜨리가 자리 잡아 찬양하는 곳이다. 여기서는 잘 행해진 호뜨리의 행위를 의미한다. 호뜨리는 『리그베다』의 찬가를 낭송하여 신을 제사장으로 부르는 일을 하는 제관이다.

133 샹카라에 의하면 우드가뜨리가 잘못 노래한 『싸마베다』의 찬가를, 즉 우드가뜨리가 자신의 행위에 있어 망친 것을 바로잡는다는 의미다. 기타프레스의 힌디 어 번역본에 따르면 우드가뜨리가 호뜨리의 행위에 있어서 행해진 『싸마베다』의 찬가와 관련된 노래의 결함을 바로잡는다는 의미다. 우드가뜨리는 『싸마베다』의 찬가를 노래하여 제사장에 초대된 신들을 찬양하는 일을 하는 제관이다. 호뜨리에 대해서는 앞의 132번 각주

여섯 번째 절

이것은[135] 바로 리그베다다. 불은 싸마베다다. 그러한 이 싸마베다는 이 리그베다에 올라타 있다.[136] 그래서 리그베다에 올라타 있는 싸마베다가 노래 불러진다.[137] 바로 이것이 '싸'다.[138] 불은 '아마'다.[139] 그래서 싸마베다다.[140] 1

허공이 바로 리그베다다. 바람은 싸마베다다. 그러한 이 싸마베다는 이 리그베다에 올라타 있다. 그래서 리그베다에 올라타 있는 싸마베다가 노래 불러진다. 허공이 바로 '싸'다. 바람은 '아마'다. 그래서 싸마베다다.[141] 2

하늘이 바로 리그베다다. 태양은 싸마베다다. 그러한 이 싸마베다는 이 리그베다에 올라타 있다. 그래서 리그베다에 올라타 있는 싸마베다가 노래 불러진다. 하늘이 바로 '싸'다. 태양은 '아마'다. 그래서 싸마베다다. 3

참조.

134 반복은 절이 끝남을 의미한다.

135 샹카라에 의하면 "이것"은 땅(pṛthivī)을 의미한다.

136 샹카라에 의하면 『싸마베다』가 『리그베다』보다 높은 존재로 있는 상태라는 것을 의미한다.

137 샹카라에 의하면 '『싸마베다』를 노래하는 사람(sāmaga)'들에 의해서 노래 불러진다는 의미다.

138 샹카라에 의하면 싸마(sāma)의 앞부분인 '싸(sā)'는 땅이라는 의미다.

139 샹카라에 의하면 싸마의 뒷부분인 '아마(ama)'는 불(agni)이라는 의미다.

140 샹카라에 의하면 그러므로 『리그베다』와 『싸마베다』처럼 늘 붙어 있는 땅과 불 둘은 서로서로 다르지 않다는 의미다.

141 샹카라에 의하면 바로 앞의 만뜨라와 같은 방식으로 해석된다.

별들이 바로 리그베다다. 달은 싸마베다다. 그러한 이 싸마베다는 이 리그베다에 올라타 있다. 그래서 리그베다에 올라타 있는 싸마베다가 노래 불러진다. 별들이 바로 '싸'다. 달은 '아마'다. 그래서 싸마베다다.[142] 4

이제 태양의 이 밝은 빛인 것, 바로 그것은 리그베다다. 그리고 푸르고 아주 검은 것,[143] 그것은 싸마베다다. 그러한 이 싸마베다는 이 리그베다에 올라타 있다. 그래서 리그베다에 올라타 있는 싸마베다가 노래 불러진다. 5

이제 태양의 이 밝은 빛인 것, 바로 그것은 '싸'다. 그리고 푸르고 아주 검은 것, 그것은 '아마'다. 그래서 싸마베다다. 이제 태양 안에 있는 이 황금빛의 인아人我가[144] 보인다.[145] 황금 수염, 황금 머리, 손톱 끝까지 온통 황금색이다.[146] 6

그의 두 눈은 마치 원숭이 엉덩이처럼 붉은 연꽃인 양하다.[147] 그에게는 '우드'라는 이름이 있다. 그러한 이것은 모든 죄악에서[148] 일어나[149]

---

142 샹카라에 의하면 달은 별들의 우두머리이기 때문에 달이 『싸마베다』라는 의미다.

143 샹카라에 의하면 태양에 있는 "푸르고 아주 검은 것"을 의미한다. 이것은 아주 집중된 시선에 의해서 보여진다.

144 샹카라에 의하면 "인아"의 원어인 뿌루샤(puruṣa)는 몸에(puri) 깃든다(śete) 혹은 자신의 아(我)로 세상을 채운다(pūrayati)는 의미의 어원에서 온 말이다.

145 샹카라에 의하면 황금의 변형이 신이 된다는 것은 불가능하다. 따라서 황금이 아니라 "황금빛"이라는 의미다. 이후의 부분들도 마찬가지다.

146 샹카라에 의하면 "황금색"은 황금처럼 빛나는 모습이라는 의미다.

147 샹카라에 의하면 '아주 강하게 빛나는 두 눈'이라는 의미다.

148 샹카라에 의하면 '죄악과 더불어 죄악들의 결과로부터'라는 의미다.

149 '우드(ud)'는 원래 접두어로 '위에, 위로, 밖으로, 떨어져' 등을 의미한다. 샹카라에 의하면 '올라간 것(udita)', '일어선 것(udgata)'이기 때문이 '우드'라는 이름을 가지게 되었다.

있다. 이처럼 아는 이는 분명 모든 죄악에서 일어선다. 7

리그베다와 싸마베다는 그에 대해 노래하는 것[150]이다. 그러므로 '우드기타'다.[151] 그러므로 바로 '우드가뜨리'다.[152] 왜냐하면 이것에[153] 대해 노래하는 자이기 때문이다. 그러한 이것은[154] 바로 저 너머의 세상들,[155] 바로 그 세상 신들의 욕망들을 다스린다.[156] 이상이 신에 관련된 것이다. 8

일곱 번째 절

이제 몸에 관한 것이다. 언어가 바로 리그베다다. 생기生氣는[157] 싸마베다다. 그러한 이 싸마베다는 이 리그베다에 올라타 있다. 그래서 리그

150 "노래하는 것"의 원어는 게스나(geṣṇa)다. 게스나는 남성 명사로 '『싸마베다』의 찬송, 『싸마베다』를 노래하는 사람, 가수, 연결 마디' 등을 의미한다. 샹카라는 게스나를 한 달을 달이 기우는 보름과 달이 차는 보름으로 나눌 때의 그 양쪽 편을 의미하는 편(parvaṇī)이라고 해석한다. 그래서 샹카라에 의하면 『싸마베다』와 『리그베다』는 그 인아(人我)인 '우드(ud)'의 양편이라는 의미다. 왜냐하면 '모든 것의 아(sarvātman)'인 신이기 때문이다. 막스 뮐러는 게스나를 '이음매(joint)'라고 번역한다.

151 기타(gīthā)는 여성 명사로 '노래'를 의미한다. 베다 어에서 장모음과 단모음이 넘나드는 것으로 보면 우드기타에서 단모음 '아(a)'로 끝나는 기타(gītha)는 장모음 '아(ā)'로 끝나는 기타(gīthā)와 통한다. 따라서 우드기타(udgītha)는 황금빛 인아(人我)인 우드에 대한 혹은 우드의 노래를 의미하게 된다.

152 "우드가뜨리"는 제장에서 『싸마베다』의 찬가를 노래하는 제관이다. 우드가뜨리(udgātṛ)에서 가뜨리(gātṛ)는 남성 명사로 '노래하는 사람'을 의미한다. 따라서 우드가뜨리는 황금빛 인아(人我)인 우드에 대해 혹은 우드의 노래를 하는 사람을 의미하게 된다.

153 샹카라에 의하면 "이것"은 '우드'를 의미한다.

154 샹카라에 의하면 "이것"은 '우드'라는 이름을 가진 신을 의미한다.

155 샹카라에 의하면 "저 너머의 세상들"은 태양 위의 세상들을 의미한다.

156 샹카라에 의하면 단지 다스리는 것 뿐만이 아니라 챙기기도 한다.

157 샹카라에 의하면 여기서 "생기"는 숨(vāyu)과 더불어 후각 기관(ghrāṇa)을 의미한다. 샹카라가 왜 여기서 생기를 숨과 더불어 후각 기관인 코로 보는지 그 이유는 확실하지 않다. 아마도 『싸마베다』를 노래할 때 비음을 많이 사용하기 때문인 듯하다.

베다에 올라타 있는 싸마베다가 노래 불러진다. 언어가 바로 '싸'다. 생기는 '아마'다. 그래서 싸마베다다. 1

눈眼이 바로 리그베다다. 아我는[158] 싸마베다다. 그러한 이 싸마베다는 이 리그베다에 올라타 있다. 그래서 리그베다에 올라타 있는 싸마베다가 노래 불러진다. 눈이 바로 '싸'다. 아는 '아마'다. 그래서 싸마베다다. 2

귀가 바로 리그베다다. 마음은 싸마베다다. 그러한 이 싸마베다는 이 리그베다에 올라타 있다. 그래서 리그베다에 올라타 있는 싸마베다가 노래 불러진다. 귀가 바로 '싸'다. 마음은 '아마'다. 그래서 싸마베다다. 3

이제 눈의 이 밝은 빛인 것, 바로 그것이 리그베다다. 그리고 푸르고 아주 검은 것, 그것은 싸마베다다. 그러한 이 싸마베다는 이 리그베다에 올라타 있다. 그래서 리그베다에 올라타 있는 싸마베다가 노래 불러진다. 이제 눈의 이 밝은 빛인 것, 바로 그것이 '싸'다. 이제 푸르고 아주 검은 것, 그것은 '아마'다. 그래서 싸마베다다. 4

이제 눈 안에 이 인아人我가 보인다. 그것이 바로 리그베다다. 그것이 싸마베다다. 그것이 우끄타[159]다. 그것이 야주르베다다. 그것이 브라흐만[160]

---

158 샹카라에 의하면 여기서 "아"는 '영상의 아(映像我, chāyātman)'를 의미한다.
159 우끄타(uktha)는 중성 명사로 '문장, 찬양, 찬사, 찬미, 노래 불러지는 『싸마베다』의 시가와 나지막하게 중얼거리는 『야주르베다』의 제문과는 대조되는 제식적인 낭송의 한 종류'를 의미한다.
160 샹카라에 의하면 여기서 브라흐만(brahman)은 세 가지 『베다』를 의미한다. 『리그베다』,

이다. 그러한 저것의[161] 형태인 것, 그것은 바로 이것의[162] 형태다. 저것에[163] 대해 노래하는 두 개, 그 두 개는[164] 노래하는 두 개다.[165] 이름인 것, 그것이 이름이다.[166] 5

그러한 이것은[167] 이것보다[168] 아래의 세상들, 그 세상 인간들의 욕망들을 다스린다. 그러므로 칠현금七絃琴으로[169] 노래하는[170] 이들, 그들은 이것을[171] 노래하는 것이다. 그래서 그들은 부자다. 6

이제 이처럼 이것을 알면서[172] 싸마베다를 노래하는 이, 그는 둘 다

『싸마베다』, 『야주르베다』가 세 가지 『베다』다.

161 샹카라에 의하면 "저것"은 '태양의 인아(ādityapuruṣa)'를 의미한다.

162 샹카라에 의하면 "이것"은 눈 안에 있는 인아(人我)를 의미한다.

163 "저것"은 태양과 관련된 것을 뜻한다.

164 샹카라에 의하면 "그 두 개"는 눈과 관련된 것을 의미한다.

165 싸뜨야브라따 씻단따랑까라에 의하면 태양에 있는 인아(人我)를 찬양하는 두 개인 『리그베다』와 『싸마베다』는 바로 이 눈에 있는 인아를 "노래하는 두 개"다.

166 샹카라에 의하면 몸에 관련된 것과 신에 관련된 것은 바로 동일한 것이며, 장소의 구분으로 인해서 구분하는 의심이 있어서는 안 된다는 의미다. 싸뜨야브라따 씻단따랑까라에 의하면 태양에 있는 인아(人我)의 이름인 '우드'가 바로 이 눈에 있는 인아의 이름이라는 의미다.

167 샹카라에 의하면 "이것"은 눈에 있는 인아(人我)를 의미한다.

168 샹카라에 의하면 "이것"은 '몸과 관련된 아(adhyātmikātman)'를 의미한다.

169 칠현금의 원어는 위나(vīṇā)다. 위나는 고대 인도의 전통 현악기다. 창조자인 브라흐마(Brahmā)의 마음에서 태어난 열 명의 아들 가운데 하나인, 천상의 선인(仙人) 나라다(Nārada)가 만든 악기다. 둥근 울림통이 악기의 양쪽 아래에 하나씩 달려 있어 소리가 장중하고 웅장하며 유현(幽玄)한 신비의 세계로 이끈다. 수행자들이 신에게 음악 연주를 통해 찬미하고 기도할 때 사용하는 악기다. 현재 남부 인도에 위나의 전통이 이어지고 있다. 학문과 언어 그리고 예술의 여신인 싸라쓰와띠(Sarasvatī)의 악기이기도 하다.

170 "칠현금으로 노래한다"는 것은 신에게 음악 공양을 올리며 기도한다는 뜻이다.

171 샹카라에 의하면 "이것"은 자재자(自在者, īśvara)를 의미한다. 자재자는 '다스리는 자'로 번역되어도 좋은 말이다.

를[173] 노래하는 것이다. 그 그러한 이는 바로 이것에[174] 의해서 이곳[175] 너머의 세상들과 그 세상 신의 욕망들을 얻는다.[176] 7

이제 이것에[177] 의해서 이곳 아래의 세상들과 그 세상 사람의 욕망들을 얻는다. 그리하여 바로 이처럼 아는, 제장에 있는 신을 찬양하는 제관인 우드가뜨리는 말하라.[178] 8

"내가 당신의 어떤 욕망을 이루기 위해 노래해야 하는가요?"

왜냐하면 이처럼 알면서 싸마베다를 노래하는 자는 노래하여 욕망을 이루게 할 수 있기 때문이다. 싸마베다를 노래하는 자는.[179] 9

여덟 번째 절

쉴라까 샬라와뜨야,[180] 짜이끼따야나 달브야,[181] 쁘라와하나 자이왈리,[182] 이렇게 셋 모두가 우드기타에 대해 능통했다. 그들은 말했다.

---

172 샹카라에 의하면 "이처럼 이것을 안다"는 것은 앞에서 이야기한 것처럼 신인 우드기타를 안다는 것을 의미한다.

173 샹카라에 의하면 "둘 다"는 눈에 관한 것과 태양에 관한 것을 의미한다.

174 샹카라에 의하면 "이것"은 태양을 의미한다.

175 기타프레스의 힌디 어 번역본에 따르면 "이곳"은 '태양의 세상(ādityaloka)'을 의미한다.

176 샹카라에 의하면 태양 안에 있는 신이 되어서 얻는다는 의미다.

177 샹카라에 의하면 "이것"은 눈에 관한 것을 의미한다.

178 샹카라에 의하면 제주(祭主)에게 말해야 한다는 의미다. 즉 바로 다음에 이어지는 만뜨라의 내용을 말해야 한다는 뜻이다.

179 샹카라에 의하면 두 번 말함은 명상이 끝남을 의미한다.

180 샹카라에 의하면 "쉴라까(Śilaka)"는 이름이며, "샬라와뜨야(Śālāvatya)"는 샬라와뜨(Śālavat)의 아들이란 의미다.

181 샹카라에 의하면 "짜이끼따야나(Caikitāyana)"는 찌끼따야나(Cikitāyana)의 자손이란 의미이며, "달브야(Dālbhya)"는 달바(Dalbha) 가문의 사람이라는 의미다. 어쩌면 양쪽 가문에 제사를 지낼 수 있게 하며 받아들인 양자(養子)일지도 모른다.

"우리는 우드기타에 대해 능통하니, 어디, 우드기타에 대해 이야기를 나누어 보지요!" 1

"그렇게 하지요!"라며 그들은 함께 앉았다. 바로 '쁘라와하나 자이왈리'가 말했다.

"존경스런 두 분께서 먼저 말씀하시지요. 저는 두 분 브라흐마나께서[183] 말씀하시는 이야기를 듣고 싶습니다." 2

'쉴라까 샬라와뜨야'가 '짜이끼따야나 달브야'에게 말했다.

"그럼, 제가 당신께 여쭈어도 되겠습니까?"

"여쭈어 보시지요!"라고 그가 말했다.[184] 3

"싸마 찬가의[185] 바탕은[186] 무엇입니까?" 그러자, "소리입니다"라고 말

---

182 샹카라에 의하면 "쁘라와하나(Pravāhaṇa)"는 이름이며, "자이왈리(Jaivali)"는 지왈라(Jīvala)의 자손이란 의미다.

183 샹카라에 의하면 쁘라와하나가 쉴라까와 달브야에게 두 분 브라흐마나(brāhmaṇa)라고 말하는 것으로 보아 쁘라와하나는 사제 계급인 브라흐마나가 아니라 왕이다.

184 샹카라에 의하면 달브야가 대답한 것이다.

185 샹카라에 의하면 여기서 싸마 찬가(sāman)는 문맥에 의해 우드기타를 의미한다. 싸마 찬가의 원어 싸만은 중성 명사로 '찬가의 노래, 운율적인 찬송가, 『싸마베다』, 『싸마베다』의 찬가' 얻음, 부, 풍요, 달래는 말 등을 의미한다. 앞에서는 '찬송가'로 번역을 했지만, 이곳에서는 싸마 찬가라고 번역한다. 싸마(sama)는 싸만의 주격 단수 형태다. 막스 뮐러와 라다크리슈난은 번역을 하지 않고 싸만이란 원어를 그대로 사용하고 있다. 싸뜨야브라따 씻단따랑까라는 싸만을 '싸마의 노래(sāma-gana)'라고 해석한다.

186 "바탕"으로 번역한 원어 가띠(gati)는 '가는 것, 움직임, 감, 진행, 길, 통로, 발원지, 원인, 방편, 방법, 의지처, 행복, 조건, 상태, 다양한 생의 형태를 통해 영혼이 가는 길' 등을 의미한다. 그러나 샹카라에 의하면 여기서 가띠는 바탕, 마지막 의지처를 의미한다. 본질인 것이 가띠며, 그것이 바탕이다. 『우파니샤드』의 기본 사상 가운데 하나가 본질에서 생겨나 본질로 되돌아간다는 사상이다. 예를 들면, 벼의 바탕은 땅이다. 벼가

했다.

"소리의 바탕은 무엇입니까?" 그러자, "생기입니다"라고 말했다.

"생기의 바탕은 무엇입니까?" 그러자, "곡식입니다"라고 말했다.

"곡식의 바탕은 무엇입니까?" 그러자, "물입니다"라고 말했다. 4

"물의 바탕은 무엇입니까?" 그러자, "저세상입니다"[187]라고 말했다.

"저세상의 바탕은 무엇입니까?" 그러자, "천국의 세상을 넘어가서는 안 됩니다"[188]라고 말했다. "우리는 천국에 싸마 찬가를 자리 잡게 합니다.[189] 왜냐하면 싸마 찬가는 천국인 찬가이기[190] 때문입니다." 5

'쉴라까 샬라와뜨야'가 그러한 '짜이끼따야나 달브야'에게 말했다.

"달브야여, 그대의 싸마 찬가는 분명 잘 자리 잡지 못한 것이오![191] 지금 당장 그대의 머리가 분명히 떨어지라고 말한다면, 그대의 머리는 분명히 떨어질 것이오!"[192] 6

"그럼, 제가 이에 대해 존경스런 분께 알아보아도 되겠습니까?"

땅에서 생겨나 다시 땅으로 되돌아가듯이 그곳에서 생겨나 다시 그곳으로 되돌아가는 것이 바탕이다. 결국 바탕은 나오고 되돌아가는 곳인 본질을 뜻한다.

187 샹카라에 의하면 "저세상"에서 비가 생겨나기 때문이다.

188 샹카라에 의하면 그 누구도 천국인 저세상을 지나쳐 싸마 찬가를 다른 바탕으로 가져가지 말아야 한다는 의미다.

189 샹카라에 의하면 우리는 싸마 찬가가 천국에 자리 잡고 있는 것을 안다는 의미다.

190 샹카라에 의하면 왜냐하면 싸마 찬가가 바로 천국이라고 성전(聖典, śruti)에서 말하기 때문에 그것을 천국인 것으로 찬양함이 싸마 찬가라는 의미다.

191 샹카라에 의하면 선후 관계에 의해서 싸마 찬가의 바탕이 끝나지 않았다는 의미다.

192 샹카라에 의하면 싸마 찬가에 대해 알고 있는 성질 급한 사람이, 지금 제대로 자리 잡지 못한 싸마 찬가를 제대로 자리 잡은 것이라 말하는 죄인의 머리가 분명히 떨어지라고 말한다는 의미다.

"알아보십시오!"라고 말했다.[193]

"저세상의 바탕은 무엇입니까?" 그러자, "이 세상입니다"[194]라고 말했다.

"이 세상의 바탕은 무엇입니까?" 그러자, "이 토대인 세상을 넘어가서는 안 됩니다"[195]라고 말했다. "우리는 토대인 세상에 싸마 찬가를 자리잡게 합니다. 왜냐하면 싸마 찬가는 토대인 찬가이기[196] 때문입니다." 7

'쁘라와하나 자이왈리'가 그에게 말했다.

"'샬라와뜨야'여, 당신의 싸마 찬가는 분명 끝이 있는 것이오! 지금 당장 그대의 머리가 분명히 떨어지라고 말한다면, 그대의 머리는 분명히 떨어질 것이오!"[197]

"그럼, 제가 이에 대해 존경스런 분께 알아보아도 되겠습니까?"

"알아보십시오!"[198]라고 말했다. 8

아홉 번째 절

"이 세상의 바탕은 무엇입니까?"[199] 그러자, "허공입니다"[200]라고 말

---

193 샹카라에 의하면 달브야가 물어보자 쉴라까가 대답하는 것이다.

194 샹카라에 의하면 왜냐하면 "이 세상"은 제사와 시주와 화제(火祭) 등을 통해 저세상을 풍요롭게 하기 때문이다.

195 샹카라에 의하면 명확하게 모든 생명체들의 토대(pratiṣṭhā)는 대지(大地, dharaṇī)이기 때문이다. 그래서 이 세상은 바로 싸마 찬가의 토대이기도 하다.

196 샹카라에 의하면 왜냐하면 그것을 토대인 것으로 찬양하는 것이 싸마 찬가라는 뜻이다.

197 305쪽 192번 각주 참조.

198 샹카라에 의하면 쉴라까가 물어보자 쁘라와하나가 대답하는 것이다.

199 쉴라까가 물어보는 말이다.

200 쁘라와하나가 대답하는 말이다.

했다.

"진정 이 모든 존재들은 바로 허공에서 생겨나고 허공으로 잠기어 갑니다.[201] 왜냐하면 허공은 이것들보다[202] 더욱더 큰 것이고 허공은 귀의처이기[203] 때문입니다." 1

"그러한 이것은 가장 탁월한 것인[204] 우드기타입니다. 그러한 이것은 영원한 것입니다. 바로 이것을[205] 이처럼 알면서[206] 가장 탁월한 우드기타를 명상하는 이, 그에게는 가장 탁월함이[207] 분명 있게 되고, 가장 탁월한 세상들을 얻게 됩니다."[208] 2

그러한 이것을[209] '아띠단바 샤우나까'가[210] '우다라샨딜야'에게[211] 알

---

201 샹카라에 의하면 아(我)에서 허공이 생겨나고, 허공에서 불(tejas)이 생겨나고, 불에서 물(āpas)이 생겨나고, 물에서 곡식이 생겨난다. 그리고 귀멸(歸滅, pralaya)의 시간에는 이와는 역순으로 허공으로 잠겨 들어간다.

202 샹카라에 의하면 "이것"은 모든 존재를 의미한다.

203 샹카라에 의하면 "귀의처"는 '최고의 귀의처(paramayana)'다. 삼시(三時)에 있어서 모든 존재들의 토대임을 의미한다. 삼시는 과거, 현재, 미래다.

204 샹카라에 의하면 "가장 탁월한 것(parovarīyān)"은 '최고의 아(paramātman)'가 갖추어진 것을 의미한다.

205 샹카라에 의하면 "이것"은 가장 탁월한 '최고의 아'인 영원한 것을 의미한다.

206 "이처럼 안다"는 것은 가장 탁월한 '최고의 아'인 영원한 것이 바로 우드기타인 것을 안다는 것을 의미한다.

207 샹카라에 의하면 여기서 "가장 탁월함"은 더욱더 좋고, 더욱더 훌륭한 삶(jīvana)을 의미한다.

208 샹카라에 의하면 '브라흐만의 허공(brahmākāśa)'에 이르기까지 가면 갈수록 더욱더 훌륭한 세상들을 얻는다는 의미다.

209 샹카라에 의하면 "이것"은 '우드기타의 철학(udgīthadarśana)'이다.

210 샹카라에 의하면 "아띠단바(Atidhanvā)"는 이름이며, "샤우나까(Śaunaka)"는 슈나까(Śunaka)의 자손이란 의미다.

211 샹카라에 의하면 "우다라샨딜야(Udaraśāṇḍilya)"는 아띠단바의 제자다.

려 주고는 말했다.

"이 우드기타를 너의 자손들이 알고 있는 그 동안은 그들에겐 이 세상에서 이것들[212]보다 더욱더 훌륭한 삶이[213] 있게 될 것이다!" 3

"그렇게 저세상에 세상이 있는 것이다."[214]

이렇게 알면서 이것을 명상하는 자,[215] 이에게는 저세상에서 가장 탁월한 삶이 있게 된다. 그렇게 저세상에 세상이[216] 있다. 세상에 세상이 있다. 4

열 번째 절

번개를 맞아 망해 버린 꾸루 지방에서[217] 어린[218] 아내와 함께 짜끄라

---

212 샹카라에 의하면 "이것"은 '세속적인 삶(laukikajīvana)'이다.

213 샹카라에 의하면 가면 갈수록 더욱더 훌륭한 삶이란 의미다.

214 샹카라에 의하면 보이지 않는 저세상에도 또한 가장 탁월한 세상이 있을 것이라고 슈나까의 아들인 아띠단바는 우다라샨딜야에게 말했다는 의미다.

215 샹카라에 의하면 지금 당장 이렇게 알면서 우드기타에 대해 명상을 하는 사람이라는 의미다.

216 가장 탁월한 세상을 뜻한다.

217 샹카라에 의하면 번개들에 의해서 꾸루 지방의 농지들이 망쳐진 가운데라는 의미다. 기타프레스의 힌디 어 번역본에 따르면 번개(maṭacī)는 돌과 우박이 내리는 것을 의미한다. 실제로 꾸루(Kuru) 지방 인근 지역인 인도의 수도, 델리에서 40도가 넘는 1990년대 초반 사월에 구름 한 점 없던 마른하늘이 갑자기 번개를 치더니 탁구공만 한 우박이 하늘에서 떨어져 땅에 순식간에 쫙 깔렸다. 그러자 인도 사람들이 집집마다 양동이 등을 들고 나와 우박을 담아 가지고 집 안으로 얼음인 양 들고 들어갔다. 이 신기한 모습이 지금도 눈앞에 생생하다. 필자가 목격한 우박은 정확하게 기억나진 않지만, 약 5분 정도 내린 것 같았는데, 만약 십분 이상 그런 우박이 내렸다면, 모든 농산물들은 완전히 초토화되었을 것이다. 아마도 여기서 번개는 역자가 목격한 돌덩이처럼 큰 우박을 동반하는 번개를 뜻하는 것 같다.

218 샹카라에 의하면 "어린"의 원어인 아띠끼(āṭikī)는 젖가슴을 비롯한 여성의 징표가 나타나지 않은 여자를 의미한다.

야나 우샤쓰띠가[219] 코끼리를 키우는 이브야[220] 마을에 아주 궁핍하게 머물고 있었다.[221] 1

그는 형편없는 곡식을[222] 먹고 있는 코끼리 주인에게[223] 구걸했다.
그러자 그에게 말했다. "이것 말고는 다른 게 없소. 내가 가진 건 여기에[224] 다 털어 넣었소이다!" 2

그러자 "이것들이라도 내게 주시오"라고 말했다.
그것들을 이에게 주었다. "여기, 입가심할 물이오."
그러자 "분명히 남긴 걸 내가 마시는 것일 거요!"[225]라고 대답했다. 3

"이것들은 남긴 것들이 아니란 말이오?"
그러자 "이것들을 먹지 않았으면 내가 살 수가 없었을 것이오!" "그러나 입가심할 물은 나의 욕망이오"라고 대답했다. 4

그는 먹고 남은 것들을 아내를 위해 가지고 왔다. 그녀는 이미 잘 구

---

219 샹카라에 의하면 "우샤쓰띠(Uṣasti)"는 이름이며, "짜끄라야나(Cākrāyaṇa)"는 짜끄라(Cakra)의 자손이란 의미다.
220 샹카라에 의하면 "이브야(ibhya)"는 코끼리 주인 혹은 코끼리를 타는 사람을 의미한다.
221 샹카라에 의하면 "머물고 있었다"는 것은 누군가의 집에 의지하여 지내고 있었다는 의미다.
222 샹카라에 의하면 "형편없는 곡식(kulmāṣa)"은 '형편없는(kutsita) 콩(māṣa)'을 의미한다.
223 샹카라에 의하면 "코끼리 주인"은 코끼리를 타는 사람으로도 번역이 가능하다.
224 샹카라에 의하면 "여기에"는 '그릇에'라는 의미다.
225 먹다가 남긴 음식은 부정한 것으로 여겨진다. 따라서 코끼리 주인이 마시던 물을 먹으면 부정을 타게 될 것이란 뜻이다. 부인이 남편이 남긴 음식을 먹는 경우는 예외다. 축복에 해당된다.

걸해 먹은 터였다. 그것들을 받아서는 놓아 두었다. 5

그가 아침에 일어나 말했다. "아! 우리가 만일 곡식을 좀 구할 수 있으면, 우리가 재물을 좀 얻을 수 있을 텐데! 저기 왕이 제사를 지낼 건데, 그가 제관들이 할 모든 일들로 나를 뽑을 텐데!" 6

아내는 그에게 말했다. "그럼 여보, 여기 형편없는 곡식이 있어요." 그는 그것들을 먹고 저기 제사가 펼쳐지는 곳으로 갔다. 7

그곳에 가 그는 찬양하는 자리에서 제사장에 강림한 신을 싸마 찬가로 찬양하고 있는 제관[226]들 가까이 다가앉았다. 그리곤 그는 싸마 찬가의 서곡을 노래하는 부제副祭[227]에게 말했다. 8

"싸마 찬가의 서곡을 노래하는 부제副祭여, 그대가 만일 싸마 찬가의 서곡에 따라 깃든 신을 모르면서 서곡을 노래하면, 그대의 머리는 분명히 떨어질 것이오!" 9

제사장에 강림한 신을 싸마 찬가로 찬양하고 있는 제관인 우드가뜨리에게 바로 이처럼 말했다.

"우드가뜨리여, 당신이 만일 우드기타에[228] 따라 깃든 신을 모르면서

---

226 "제사장에 강림한 신을 싸마 찬가로 찬양하는 제관"은 우드가뜨리를 번역한 말이다.
227 "싸마 찬가의 서곡을 노래하는 부제"는 쁘라쓰또뜨리(prastotṛ)를 번역한 말이다. 쁘라쓰또뜨리는 싸마 찬가의 서곡인 쁘라쓰따바(prastāva)를 노래하는 제관이며, 제사장에 강림한 신을 『싸마베다』의 찬가로 찬양하는 제관인 우드가뜨리의 부제(副祭)다.
228 우드기타는 『싸마베다』 고유의 찬가 찬송을 의미한다.

싸마베다를 노래하면, 그대의 머리는 분명히 떨어질 것이오!" 10

싸마 찬가를 연결시켜 주는 음절들로 응창應唱하는 부제副祭인 쁘라띠하르뜨리[229]에게 바로 이렇게 말했다.

"싸마 찬가를 연결시켜 주는 음절들로 응창하는 부제여, 그대가 만일 응창에 따라 깃든 신을 모르면서 응창한다면, 그대의 머리는 분명히 떨어질 것이오!"

그러자 그들은 모두 멈추고 말없이 가만히 앉았다. 11

열한 번째 절

그러자 제주가[230] 그에게 말했다. "존경스런 분에 대해서 제가 알 수 있겠습니까?"

"저는 짜끄라야나 우샤쓰띠입니다"라고 대답했다. 1

그가 말했다. "바로 존경스런 분을 저는 이 제관들이 할 모든 일들로 찾았습니다! 그러나 저는 존경스런 분을 모실 수가 없어서 다른 이들을 택했습니다." 2

"저의 제관들이 할 모든 일들을 위해 바로 존경스런 분께서 계셔 주십시오!"

"그렇게 하지요!" "그럼 이제, 바로 이 사람들은 저의 명에 따라 기꺼

229 "쁘라띠하르뜨리(pratihartṛ)"는 싸마 찬가를 연결시켜 주는 음절인 쁘라띠하라(pratihāra)로 응창하며 노래에 참여하는 제관이다. 우드가뜨리의 부제다.

230 샹카라에 의하면 여기서 "제주(祭主)"는 왕(rājan)이다.

이 찬양을 하고, 이들에게 주시는 재물만큼 제게도 주시기 바랍니다."

그러자, "그렇게 하지요!"라고 제주는 말했다. 3

이제 싸마 찬가의 서곡을 노래하는 부제副祭가 이에게 가까이 다가왔다.

"존경스런 분께서 '싸마 찬가의 서곡을 노래하는 부제여, 그대가 만일 싸마 찬가의 서곡에 따라 깃든 신을 모르면서 서곡을 노래하면, 그대의 머리는 분명히 떨어질 것이오!' 이렇게 제게 이야기하신 바로 그 신은 어느 누구입니까?" 4

그러자, "생기生氣라오." 이리 말했다.

"이 모든 존재들은 생기 속으로 들어가오. 생기를 떠나가오.[231] 그러한 이 신이 싸마 찬가의 서곡에 따라 깃든 신이오.[232] 만일 이 신을 모르면서 서곡을 노래하면, 그대의 머리는 분명히 떨어질 것이라고 내가 말한 대로 그렇게 되었을 것이오!" 5

이제 제사장에 강림한 신을 싸마 찬가로 찬양하는 제관인 우드가뜨리가 이에게 가까이 다가왔다.

"존경스런 분께서 '우드가뜨리여, 당신이 만일 우드기타에 따라 깃든 신을 모르면서 싸마베다를 노래하면, 그대의 머리는 분명히 떨어질 것

---

231 샹카라에 의하면 귀멸(歸滅)의 시간에 움직이거나 움직이지 않는 모든 존재들은 생기(生氣) 속으로 들어가고, 생성(utpatti)의 시간에 바로 생기로부터 나온다는 의미다.

232 "이 신"은 생기(生氣)를 뜻한다. 샹카라에 의하면 '쁘라(pra)'라는 낱말이 동일하기 때문이다. 즉 생기인 쁘라나(prāṇa)의 '쁘라'와 싸마 찬가의 서곡을 의미하는 쁘라쓰따바(prastāva)의 '쁘라'가 동일하다는 의미다.

이오!' 이렇게 제게 이야기하신 바로 그 신은 어느 누구입니까?" 6

그러자, "태양이오"라고 말했다.

"이 모든 존재들은 높이 뜬 태양을 노래하오.[233] 그러한 이 신이 우드기타에 따라 깃든 신이오.[234] 만일 이 신을 모르면서 싸마베다를 노래하면, 그대의 머리는 분명히 떨어질 것이라고 내가 말한 대로 그렇게 되었을 것이오!" 7

이제 싸마 찬가를 연결시켜 주는 음절들로 응창應唱하는 부제副祭인 쁘라띠하르뜨리가 이에게 가까이 다가왔다.

"존경스런 분께서 '싸마 찬가를 연결시켜 주는 음절들로 응창하는 부제여, 그대가 만일 응창에 따라 깃든 신을 모르면서 응창한다면, 그대의 머리는 분명히 떨어질 것이오!' 이렇게 제게 이야기하신 바로 그 신은 어느 누구입니까?" 8

그러자, "곡식이오"라고 말했다.

"이 모든 존재들은 곡식을 섭취하면서 살아가오. 바로 이 신이 응창에 따라 깃든 신이오.[235] 만일 이 신을 모르면서 응창한다면, 그대의 머

---

233 샹카라에 의하면 "노래한다"는 것은 소리한다는 것이고, 찬양한다는 것이다.

234 "이 신"은 태양을 뜻하며 태양은 높이 뜬다. 샹카라에 의하면 '우드(ud)'라는 낱말이 동일하기 때문이다. 높다는 뜻을 가진 우쯔짜이히(uccaiḥ)의 '우쯔(uc)'는 '우드'가 뒤에 오는 음에 따라 음운 변화한 것이다. 따라서 우드기타의 '우드'가 동일하다는 의미다.

235 "이 신"은 곡식을 뜻하며 이 모든 존재들은 곡식을 섭취하면서(pratiharamāṇa) 살아간다. 샹카라에 의하면 '쁘라띠(prati)'라는 낱말이 동일하기 때문이다. '섭취하면서'라는 뜻을 가진 쁘라띠하라마나(pratiharamāṇa)의 '쁘라띠'와 응창을 의미하는 쁘라띠하라(praihāra)의 '쁘라띠'는 동일하다는 의미다.

리는 분명히 떨어질 것이라고 내가 말한 대로 그렇게 되었을 것이오. 내가 말한 대로 그렇게 되었을 것이오." 9

열두 번째 절

이로부터 이제 멍멍이들의 우드기타[236]가 시작된다. '바까 달브야' 혹은 '글라바 마이뜨레야'가[237] 독경을 하기 위해 물가로 간 것은[238] 유명하다. 1

그에게 하얀 멍멍이가 나타났다.[239] 다른 멍멍이들이 그에게[240] 모여와서 말했다.

"세존이시여, 저희를 위해 노래하시어 곡식을 얻게 하소서! 저희는 굶주리고 있습니다!"[241] 2

그들에게 말했다.[242] "아침에 이곳으로 나를 찾아오너라!"[243] 그래서

---

236 "멍멍이들의 우드기타"의 원어는 '샤우바 우드기타(śauva udgītha)'다. 샹카라에 의하면 멍멍이(śvan)들에 의해서 본 우드기타를 의미한다. 우드기타는 『싸마베다』의 찬가다. 모든 『베다』의 찬가들은 선인(仙人)이 만든 것이 아니라 계시된 세계를 본 것이다.

237 샹카라에 의하면 "글라바(Glava)"는 이름이며, "마이뜨레야(Maitreya)"는 미뜨라(Mitrā)의 자손이란 의미다.

238 샹카라에 의하면 독경(讀經, svādhyāya)을 하기 위해 마을 밖 외딴 곳에 있는 물가로 갔다는 의미다. 독경은 곡식을 얻기 위한 독경을 의미한다.

239 샹카라에 의하면 독경에 만족한 신 혹은 선인이 멍멍이 모습을 하고 "하얀 멍멍이"가 되어 그 선인들에게 은혜를 베풀기 위해 나타났다는 의미다.

240 샹카라에 의하면 "그"는 하얀 멍멍이를 의미한다.

241 샹카라에 의하면 어쩌면 입에 있는 생기에게 언어를 비롯한 부수적인 생기들이 이렇게 말했다는 의미다.

242 하얀 멍멍이가 다른 멍멍이들에게 말했다는 뜻이다.

243 샹카라에 의하면 아침이라는 이유는 바로 그 시간에 해야 한다는 의미이거나 혹은 곡식을 주는 태양은 오후에는 없기 때문이다. 해야 한다는 것은 싸마 찬가를 노래해야

'바까 달브야' 혹은 '글라바 마이뜨레야'는 기다렸다. 3

그들은 마치 여기서[244] 밖을 정화하는 찬가로 찬양하면서 줄을 지어 움직이듯이 그렇게 빙 돌았다. 그러고는 그들은 앉아 '힝' 소리를 냈다.[245] 4

옴ॐ, 우리는 먹으리라! 옴, 우리는 마시리라! 옴, 신은,[246] 수신水神은,[247] 창조주는,[248] 태양신은[249] 곡식을 이리 가져오라! 곡식의 주여,[250] 곡식을 이리 가져오라! 가져오라![251] 옴.[252] 5

한다는 의미다.

244 "여기서(iha)"는 제장(祭場)을 의미한다.

245 샹카라에 의하면 "그들"은 멍멍이들을 의미한다. 멍멍이들이 그곳으로 와서 선인(仙人)이 보는 앞에서 마치 제사장에 강림한 신을 싸마 찬가로 찬양하는 제관인 우드가뜨리들이 그곳에서 '외부를 정화하는 찬가(bahiṣpavamāna)'로 찬양하면서 서로서로 줄 지어 돌듯이 서로의 꼬리를 물고 빙빙 돌다가 앉아서 '힝(hīṃ)' 소리를 냈다는 의미다. '힝'은 송아지가 엄마 소를 찾으며 내는 소리다. 이 '힝' 소리는 제례 의식에 사용된다. 본『우파니샤드』의 열세 번째 절 두 번째 만뜨라에 의하면 '힝'이라는 음절은 창조주(Prajāpati)를 의미한다.

246 샹카라에 의하면 "신"은 빛나기(dyotana) 때문에 데바(deva)라고 한다.

247 샹카라에 의하면 "수신"은 세상에 '비를 내리기(varṣaṇa)' 때문에 와루나(Varuṇa)라고 한다.

248 샹카라에 의하면 "창조주"는 '창조물(백성, prajā)'들을 '보살피기(pālana)' 때문에 쁘라자빠띠(Prajāpati)라고 한다.

249 샹카라에 의하면 "태양신"은 모든(sarva) 것에 '활기를 주는 것(prasavitṛtva)'이기 때문에 싸비뜨리(Savitṛ)라고 한다. 싸비따(Savitā)는 싸비뜨리의 주격 단수 형태다.

250 샹카라에 의하면 태양은 모든 곡식에 활기(活氣)를 주기 때문에 "곡식의 주(annapati)"다.

251 샹카라에 의하면 반복은 존중의 의미다.

252 샹카라에 의하면 여기서 신(神), 수신(水神), 창조주, 태양신은 모두 태양을 의미하는 동의어로 사용된 것들이다.

열세 번째 절

바로 이 세상은 하우hāu라는 음이다.[253] 바람은 하이hāi라는 음이다. 달은 아타atha라는 음이다. 아我는 이하iha라는 음이다. 불은 이이ī라는 음이다. 1

태양은 우ū라는 음이다. 외쳐 부름은 애e라는 음이다. 모든 신들은 아우호여이auhoyi라는 음이다. 창조주는 힝hiṃ이라는 음이다. 생기生氣는 모음이다.[254] 곡식은 야yā다. 언어는[255] 위라뜨virāṭ[256]다. 2

설명할 수 없는 것이며,[257] 열세 번째 추임새는[258] 함께 움직이는 것[259]으로 훔huṃ이라는 음이다. 3

---

253 "하우"에서부터 세 번째 만뜨라의 "훔"에 이르기까지 열세 가지 소리는 싸마 찬가를 노래할 때 추임새로 쓰이는 소리인 쓰또바(stobha)들이다.

254 막스 뮐러는 "모음(svara)"을 '음조(tone)'라고 해석한다. 라다크리슈난은 '소리(sound)'라고 번역한다.

255 샹카라에 의하면 여기서 "언어"는 쓰또바를 의미한다. 쓰또바는 싸마 찬가를 노래할 때 추임새로 쓰이는 소리다.

256 샹카라에 의하면 "위라뜨"는 곡식 혹은 '특정한 신(devatāviśeṣa)'이다.

257 샹카라에 의하면 "설명할 수 없는 것(anirukta)"은 '나타나지 않은 것(avyaktatva)'이기 때문에 '이것이다, 이것이다'라고 말할 수 없는 것이다.

258 "추임새"의 원어는 쓰또바(stobha)다. 쓰또바는 싸마 찬가를 노래할 때 추임새로 쓰이는 소리다. 열세 번째 쓰또바라고 말함으로써 이 세상을 의미하는 하우(hāu)라는 음을 비롯한 이전의 열두 개의 음들 모두가 싸마 찬가를 노래할 때 추임새로 쓰이는 소리임을 알 수 있다.

259 샹카라에 의하면 "함께 움직이는 것(sañcara)"은 임의적인 본모습이라는 의미다. 싸뜨야브라따 씻단따랑까라에 의하면, "함께 움직이는 것"은 앞의 열두 개의 쓰또바에 또한 적용될 수 있는 것이라는 의미다. "함께 움직이는 것"을 '돌아다니는 것'이라고 번역해도 좋다.

이 싸마 찬가와 관련된 우파니샤드를[260] 이처럼 아는 이는 곡식이 풍성한 이, 곡식을 먹는 이가 된다.[261] 이에게 언어는 언어의 우유인 우유를 짜내 흘려준다. 우파니샤드를 아는 이는.[262] 4

두 번째 장

첫 번째 절

옴ॐ, 전체적인 싸마 찬가에[263] 대한 명상이 훌륭한 것이다. 진정 훌륭한 것, 그것을 싸마 찬가라고 말한다. 훌륭하지 않은 것, 그것은 싸마 찬가가 아니다! 1

또한 그것에 대해[264] 말한다.[265] 싸마 찬가로 이에게[266] 다가갔으면 훌륭하게 이에게 다가간 것이라고 그것에 대해 말한다. 싸마 찬가 아닌 것으로 이에게 다가갔으면, 훌륭하지 않게 이에게 다가간 것이라고 그것에 대해 말한다. 2

---

260 샹카라에 의하면 여기서 "우파니샤드"는 싸마 찬가의 부분인 쓰또바의 음절들을 대상으로 하는 관법(觀法, darśana)을 의미한다.

261 샹카라에 의하면 "곡식을 먹는 이"는 음식을 잘 소화시킬 수 있는 사람을 의미한다.

262 샹카라에 의하면 반복하는 것은 장(adhyāya)이 완결됨을 의미한다.

263 샹카라에 의하면 "전체적인 싸마 찬가"는 모든 부분(avayava)을 갖춘 것으로, 다섯 부분짜리 그리고 일곱 부분짜리라는 의미다.

264 샹카라에 의하면 "그것에 대해"는 '훌륭한 것(sādhu)'과 '훌륭하지 않은 것(asādhu)'의 분별에 대해서라는 의미다.

265 세상 사람들이 말한다는 뜻이다.

266 샹카라에 의하면 "이에게"는 '왕에게' 혹은 '공(公, sāmanta)에게'라는 의미다.

이제 또 다시 말한다. "훌륭한 것이면, 아! 훌륭하다. 우리를 위한 싸마 찬가다!"라고 바로 그것에 대해 말한다. "훌륭하지 않은 것이면, 아! 훌륭하지 않다. 우리를 위한 싸마 찬가가 아니다!"라고 바로 그것에 대해 말한다. 3

이것을 이렇게 알면서 훌륭한 것이 싸마 찬가[267]라고 명상하는 이, 바로 이에게 훌륭한 다르마들이 얼른 다가올 것이며, 가까이 와 머리 숙일 것이다. 4

두 번째 절

세상들에 대해서 다섯 가지로[268] 싸마 찬가를 명상해야 한다.[269] 땅은 '힝'[270]이라는 음이다.[271] 불은 서곡[272]이다. 허공은 절정[273]이다. 태양은 하강[274]이다. 천상은 종곡終曲[275]이다.[276] 이렇게 높아가는 곳들에 대

267 샹카라에 의하면 전체적인 싸마 찬가는 훌륭한 특질을 가진 것이라는 의미다.

268 샹카라에 의하면 "다섯 가지로"는 다섯 부분으로 구분해서라는 의미다.

269 싸뜨야브라따 씻단따랑까라에 의하면, '제사에서 싸마 찬가는 다섯 부분으로 나누어진다. 다섯 부분은 '힝'이라는 음, 서곡(prastāva), 절정(udgītha), 하강(pratihāra), 종곡(終曲, nidhana)이다.

270 싸뜨야브라따 씻단따랑까라에 의하면 "힝"은 싸마 찬가를 시작하기에 앞서 마음과 목청을 가다듬으면서 내는 소리다.

271 샹카라에 의하면 먼저라는 점에서 동일하기 때문이다. 땅은 점점 높이는 세상이라는 관점에서 보면 제일 먼저이며, '힝'이라는 음 역시 싸마 찬가에 있어서 제일 먼저다.

272 싸뜨야브라따 씻단따랑까라에 의하면 "서곡"은 싸마 찬가를 시작하는 것이다.

273 싸뜨야브라따 씻단따랑까라에 의하면 "절정"은 정상에 이르는 것이며, 높은 음으로 고조되는 것이다.

274 싸뜨야브라따 씻단따랑까라에 의하면 "하강"은 정상에서 내려옴이며, 낮은 음으로 오는 것이다.

275 싸뜨야브라따 씻단따랑까라에 의하면 "종곡"은 싸마 찬가를 마치는 것이다.

276 샹카라에 의하면 이곳에서 떠난 사람들이 천상(dyu)에 놓여진다. 즉 종곡(終曲)이란

해서.[277] 1

이제 아래로 향하는 곳들에[278] 대해서다. 천상은 '힝'이라는 음이다.[279] 태양은 서곡이다. 허공은 절정이다. 불은 하강이다. 땅은 종곡終曲이다.[280] 2

이것을[281] 이처럼 알면서 세상들에 대해서 다섯 가지로 싸마 찬가를 명상하는 이, 이에게는 위로 향하는 세상들과 아래로 향하는 세상들이 잘 갖춰지게[282] 된다. 3

세 번째 절

비에 대해 다섯 가지로 싸마 찬가를 명상해야 한다. 앞서 부는 바람은 '힝'이라는 음이다. 구름이 생겨난다, 그것은 서곡이다. 비가 내린다, 그것은 절정이다. 번개가 친다, 천둥이 울린다. 그것은 하강이다. 비가 갠

낱말은 '놓다'라는 의미를 지닌 어근 '니다(nidhā)'에서 파생된 낱말이다. 이승을 떠난 사람들이 천상에 놓이기 때문에 천상이 종곡인 '니다나(nidhana)'라는 뜻이다.

277 샹카라에 의하면 "높아가는 곳들에 대해서"는 높아가는 곳들에 대한 세상의 관점에서라는 의미다. 즉 점점 높아가는 세상이라는 관점에서 싸마 찬가의 다섯 부분들을 명상해야 한다는 뜻이다.

278 샹카라에 의하면 "아래로 향하는 곳들"에 대해 싸마 찬가를 다섯 가지로 명상하는 것이 말해진다는 의미다.

279 샹카라에 의하면 먼저라는 점에서 동일하기 때문이다. 천상은 점점 낮아지는 세상이라는 관점에서 보면 제일 먼저이며, '힝'이라는 음 역시 싸마 찬가에 있어서 제일 먼저다.

280 샹카라에 의하면 온 것들은 이곳에 놓이기 때문이다. 즉 종곡이란 낱말은 '놓다'라는 의미를 지닌 어근 '니다'에서 파생된 낱말이다. 이 세상에 온 존재들은 이 땅에 놓이기 때문에 땅이 종곡인 '니다나'라는 뜻이다.

281 싸뜨야브라따 씻단따랑까라에 의하면 "이것"은 싸마 찬가에 대한 명상을 의미한다.

282 샹카라에 의하면 "잘 갖춰진다는 것"은 맛볼 수 있게 잘 자리 잡는다는 의미다.

다, 그것은 종곡終曲이다. 1

이것을 이처럼 알면서 비에 대해 다섯 가지로 싸마 찬가를 명상하는 이, 바로 이 자를 위해 비가 내리고, 이 자는 비를 내리게 한다. 2

네 번째 절

모든 물들에 대해 다섯 가지로 싸마 찬가를 명상해야 한다. 구름이 모여 일어난다, 그것은 '힝'이라는 음이다. 비가 내리는 것, 그것은 서곡이다. 동쪽으로 흘러가는 것들, 그것은 절정이다. 서쪽으로 향하는 것들, 그것은 하강이다. 바다는 종곡이다. 1

이것을 이처럼 알면서 모든 물들에 대해 다섯 가지로 싸마 찬가를 명상하는 이, 그는 물에서 죽지 않는다. 그는 물이 풍부한 이가 된다. 2

다섯 번째 절

계절들에 대해 다섯 가지로 싸마 찬가를 명상해야 한다. 봄은 '힝'이라는 음이다. 여름은 서곡이다. 장마철은 절정이다. 가을은 하강이다. 겨울은 종곡이다. 1

이것을 이처럼 알면서 계절들에 대해 다섯 가지로 싸마 찬가를 명상하는 이, 이에게는 계절들이 잘 갖춰진다. 계절에 맞는 이가[283] 된다. 2

283 샹카라에 의하면 계절과 관련된 향수(享受, bhoga)들을 갖춘 사람이라는 의미다.

여섯 번째 절

동물들에 대해 다섯 가지로 싸마 찬가를 명상해야 한다. 염소들은 '힝'이라는 음이다. 양들은 서곡이다. 소들은 절정이다. 말들은 하강이다. 사람은 종곡이다. 1

이것을 이처럼 알면서 동물들에 대해 다섯 가지로 싸마 찬가를 명상하는 이, 동물들은 이의 것이 된다. 동물을 소유한 이가 된다. 2

일곱 번째 절

생기生氣들에 대해 점점 더 월등해지는 다섯 가지로 싸마 찬가를 명상해야 한다. 생기는[284] '힝'이라는 음이다. 언어는 서곡이다. 눈은 절정이다. 귀는 하강이다. 마음은 종곡이다. 바로 이것들이 점점 더 월등해지는 것들이다. 1

이것을 이처럼 알면서 생기들에 대해 점점 더 월등해지는 다섯 가지로 싸마 찬가를 명상하는 사람, 점점 더 월등함이 이의 것이 된다.[285] 점점 더 월등해지는 세상들을 얻는다. 이상은 다섯 가지에 대한 것이다. 2

여덟 번째 절

이제 일곱 가지에 대한 것이다.[286] 언어에 대해서 일곱 가지로 싸마

---

284 샹카라에 의하면 여기서의 "생기(生氣)"는 후각 기관을 의미한다.

285 샹카라에 의하면 점점 더 월등해지는 삶(jīvana)이 된다는 의미다.

286 샹카라에 의하면 이제부터 전체가 일곱 부분으로 되는 싸마 찬가에 대한 명상을 시작한다는 의미다. 지금까지는 다섯 부분으로 구성된 싸마 찬가에 대한 명상이었다. 이제부터 시작(ādi)과 파국(破局, upadrava)이 추가되어 모두 일곱 부분으로 구성된 싸마 찬

찬가를 명상해야 한다. 언어에 있어서 ‘훔hum’이라고 하는 그 어떠한 것도 그것은 ‘힝’이라는 음이다. ‘쁘라pra’라는 것, 그것은 서곡이다. ‘아아ā’라는 것, 그것은 시작[287]이다. 1

‘우드ud’라는 것, 그것은 절정이다. ‘쁘라띠prati’라는 것, 그것은 하강이다. ‘우빠upa’라는 것, 그것은 파국이다. ‘니ni’라는 것, 그것은 종곡이다. 2

이것을 이처럼 알면서 말에 대해서 일곱 가지로 싸마 찬가를 명상하는 이는 곡식이 풍성한 자, 곡식을 먹는 이가 된다. 이에게 언어는 언어의 우유인 우유를 짜내 흘려 준다. 3

아홉 번째 절

이제 바로 저 태양에 대해서 일곱 가지로 싸마 찬가를 명상해야 한다. 늘 같은 것이다. 그래서 싸마 찬가다.[288] 나를 향한 것이다. 나를 향한 것이다. 그렇기에 모두에게 같은 것이다. 그래서 싸마 찬가다.[289] 1

그곳에[290] 이 모든 존재들이 깃들어 있다고 알아야 한다.[291] 그것의

가에 대한 명상을 시작한다는 뜻이다.

287 샹카라에 의하면 옴(ॐ)은 모든 것의 “시작”이기 때문에, 시작은 옴이다.

288 샹카라에 의하면 태양은 늘어나고 줄어듦이 없기 때문에 늘 같다(sama). 이런 이유로 태양은 싸마 찬가라는 의미다.

289 샹카라에 의하면 태양은 나를 향해 있다. 나를 향해 있다고 사람들에게 같은 생각을 만들어 낸다. 그래서 태양은 모두에게 같다. 동일성(samatva)으로 인해서 태양은 싸마 찬가라는 의미다.

290 샹카라에 의하면 “그곳”은 태양을 의미한다.

291 샹카라에 의하면 태양 속에 앞으로 말할 모든 존재들이 전체를 이루는 부분들로 나

떠오르기 전인 그것은 '힝'이라는 음이다.[292] 그러한 이것에 동물들이 깃들어 있다. 그래서 그들은 '힝' 소리를 낸다.[293] 분명 이 싸마 찬가의[294] '힝' 소리를 몫으로 가지는 것들이다. 2

이제 처음으로 떠오르는 것, 그것은 서곡이다. 바로 이것에 사람들이 깃들어 있다. 그래서 그들은 찬송하기를 원하고, 찬양하기를 원한다. 왜냐하면 바로 이 싸마 찬가의 서곡을 몫으로 가지기 때문이다. 3

이제 소들이 모여들 때의 것, 그것은 시작이다.[295] 바로 이것에 새들이 깃들어 있다. 그래서 그들은 지탱하는 바가 없음을 취하여 허공에 자신을 두루 날린다. 바로 이 싸마 찬가의 시작을 몫으로 가지는 것들이기 때문이다. 4

이제 바로 정오의 것, 그것은 절정이다.[296] 바로 이것에 신들이 깃들어 있다. 그래서 그들은 창조주의[297] 자손들 가운데 가장 탁월한 존재다. 왜냐하면 이 싸마 찬가의 절정을 몫으로 가지기 때문이다. 5

이제 정오 이후에서 오후 이전의 것, 그것은 하강이다. 그러한 이것에

누어져서 태양에 의지하여 깃들어 있다고 알아야 한다는 의미다.

292 샹카라에 의하면 "그것"은 태양을 의미한다.

293 샹카라에 의하면 태양이 뜨기 전에 동물들이 "'힝' 소리를 낸다"는 의미다.

294 샹카라에 의하면 "이 싸마 찬가"는 태양이라고 하는 싸마 찬가를 의미한다.

295 샹카라에 의하면 햇살들이 혹은 소들이 송아지들과 함께 모여드는 시간이다. 그때의 태양의 모습은 시작 부분으로 옴(ॐ)이다.

296 샹카라에 의하면 바로 그 시간에 태양은 가장 빛나기 때문이다.

297 "창조주"는 쁘라자빠띠를 옮긴 말이다.

태아들이 깃들어 있다. 그래서 그것들은 위로 당겨진 상태가 되어 아래로 떨어지지 않는다. 왜냐하면 이 싸마 찬가의 하강을 몫으로 가지기 때문이다. 6

이제 오후 이후에서 해질녘 이전의 것, 그것은 파국이다. 그러한 이것에 숲 짐승들이 깃들어 있다. 그래서 그것들은 사람을 보고는 숲 동굴로[298] 내달려 간다. 왜냐하면 이 싸마 찬가의 파국을 몫으로 가지기 때문이다. 7

이제 이른 초저녁의 것,[299] 그것은 종곡終曲이다. 그러한 이것에 조상님들이 깃들어 계신다. 그래서 그 분들을 모셔 놓는다.[300] 왜냐하면 이 싸마 찬가의 종곡을 몫으로 가지시기 때문이다. 정녕 이처럼 저 태양을 일곱 부분으로 된 싸마 찬가로 명상한다! 8

열 번째 절

이제 정녕 스스로 딱 맞는 것으로,[301] 죽음을 넘어서게 하는 것으로,[302] 일곱 부분으로 된 싸마 찬가를 명상해야 한다. '힝' 소리는 세 음절이다.[303] 서곡은 세 음절이다.[304] 그래서 같다. 1

---

298 샹카라에 의하면 "숲 동굴로"는 '숲 동굴이 안전하다 여기고'라는 의미다.

299 샹카라에 의하면 지려고 할 때의 태양이다.

300 샹카라에 의하면 아버지, 할아버지, 증조할아버지의 신위를 다르바(darbha) 풀을 깐 자리 위에 모셔 놓거나, 혹은 그분들을 위해 삔다(piṇḍa)들을 진설(陳設)한다는 의미다. 삔다는 조상님들께 제물로 올리는 떡이다.

301 샹카라에 의하면 자신의 전체를 이루는 부분(avayava)의 균등성(tulyatā)에 의해 동일하게 계측되는 것 혹은 '지고의 아'와의 균등성에 의해서 동일한 질, 양, 수, 가치 등인 것을 의미한다.

302 샹카라에 의하면 '죽음을 이기는 원인인 것(mṛtyujayahetutva)'이기 때문이다.

시작이란 것은[305] 두 음절이다.[306] 하강이란 것은 네 음절이다.[307] 그곳에서 여기에 하나, 그래서 같다.[308] 2

절정이란 것은 세 음절이다.[309] 파국이란 것은 네 음절이다.[310] 세 개 세 개는 같다.[311] 음절이 남는다. 세 음절이다.[312] 그래서 같다. 3

종곡이란 것은 세 음절이다. 그래서 바로 같다.[313] 이것들은 바로 스물두 개의 음절들이다.[314] 4

스물하나가 태양을 얻는다.[315] 이곳에서 저 태양은 바로 스물한 번째

---

303 "힝 소리"의 원어인 힝까라(hiṃkāra)는 힝(hiṃ), 까(kā), 라(ra) 이렇게 세 음절이다.

304 "서곡"의 원어인 쁘라쓰따바(prastāva)는 쁘라쓰(pras), 따(tā), 바(va) 이렇게 세 음절이다.

305 샹카라에 의하면 "시작"은 옴(ॐ)이다.

306 "시작"의 원어인 아디(ādi)는 아(ā), 디(di) 이렇게 "두 음절"이다.

307 "하강"의 원어인 쁘라띠하라(pratihāra)는 쁘라(pra), 띠(ti), 하(hā), 라(ra) 이렇게 네 음절이다.

308 하강의 네 음절 중 한 음절이 오면 시작의 원어는 세 음절이 되어 시작과 하강의 음절수가 같아진다는 뜻이다.

309 "절정"의 원어인 우드기타(udgītha)는 우드(ud), 기(gī), 타(tha) 이렇게 세 음절이다.

310 "파국"의 원어인 우빠드라바(upadrava)는 우(u), 빠(pa), 드라(dra), 바(va) 이렇게 네 음절이다.

311 네 음절인 파국에서 한 음절을 빼면 세 음절이 되어 절정과 음절수가 같아진다는 뜻이다.

312 "음절"의 원어인 악샤라(akṣara)는 악(ak), 샤(ṣa), 라(ra) 이렇게 세 음절이다. 네 음절인 파국에서 한 음절이 남는데, 그 음절의 원어인 악샤라의 음절수 역시 세 음절이라는 의미다.

313 "종곡"의 원어인 니다나(nidhana)는 니(ni), 다(dha), 나(na) 이렇게 세 음절이다. 그래서 다른 음절들과 세 음절씩 음절수가 같다는 뜻이다.

314 시작인 아디, 힝 소리인 힝까라, 서곡인 쁘라쓰따바, 절정인 우드기타, 하강인 쁘라띠하라, 파국인 우빠드라바, 종곡인 니다나 이렇게 일곱 부분으로 구성된 싸마 찬가의 부분 명칭들의 음절수를 모두 합한 것이 스물두 개라는 뜻이다.

이다.[316] 스물두 번째에 의해서 태양보다 더 높은 것을 얻는다.[317] 그것은 기쁨을 가로막음이 없는 것,[318] 그것은 슬픔을 여읜 것[319]이다. 5

진정 태양의 승리를 얻는다.[320] 이 태양의 승리 너머의 승리가 생긴다.[321] 이것을 이처럼 알면서 스스로 딱 맞는 것으로, 죽음을 넘어서게 하는 것으로, 일곱 부분으로 된 싸마 찬가를 명상하는 이는 싸마 찬가를 명상하는 이는.[322] 6

열한 번째 절

마음은 '힝' 소리다. 언어는 서곡이다. 눈은 절정이다. 귀는 하강이다. 생기는 종곡이다.[323] 이 '가야뜨라'는[324] 생기들 안에 엮여 있다.[325] 1

---

315 샹카라에 의하면 스물두 개의 음절들 가운데 스물한 개의 음절들로 죽음인 태양을 얻는다는 의미다. 태양은 죽음의 신이기도 하다.

316 샹카라에 의하면 이 세상으로부터 저 태양은 숫자로 하면 스물하나에 해당된다. 십이 개월, 다섯 계절, 세 개의 이 세상들, 그래서 저 태양은 스물한 번째가 된다는 뜻이다. 세 개의 이 세상들은 땅의 세상, 허공의 세상, 하늘의 세상을 뜻한다.

317 샹카라에 의하면 나머지 스물두 번째의 음절에 의해서 죽음인 태양보다 더 높은 그 너머의 것을 얻는다는 의미다.

318 "기쁨을 가로막음이 없는 것"의 원어는 나아까(nāka)다. 샹카라에 의하면 나아까의 '까(ka)'는 기쁨(sukha)이다. '아(a)'는 그 기쁨을 막는 것이다. '나(na)'는 기쁨을 막는 그것이 없음이다. 나아까는 기쁨만이라는 의미다. 즉 절대적인 기쁨인 환희(ānanda)를 뜻한다.

319 샹카라에 의하면 "슬픔을 여읜 것(viśoka)"은 슬픔이 사라진 것, 마음의 고통이 없는 것이라는 의미다.

320 샹카라에 의하면 스물한 개의 음절로 태양의 승리(jaya)를 얻는다는 의미다.

321 샹카라에 의하면 스물두 개의 음절로 태양의 승리 너머의 승리, 즉 죽음의 영역(gocara) 너머의 승리가 생긴다는 의미다.

322 샹카라에 의하면 반복하는 것은 일곱 가지에 대한 가르침이 끝남을 의미한다.

323 샹카라에 의하면 잠(svāpa)을 잘 때 마음, 언어, 눈, 귀는 생기(生氣)에 자리 잡기 때문에 생기가 종곡이다. 언어는 언어 기관, 잠은 '꿈 없는 잠(suṣpti)'을 뜻한다.

324 샹카라에 의하면 가야뜨라(Gāyatra)는 가야뜨라 싸마 찬가다. 싸뜨야브라따 씻단따랑

이렇게 이 '가야뜨라'가 생기들 안에 엮여 있음을 아는 이, 그는 생기가 있는 사람이 된다. 모든 수명을[326] 얻는다. 찬란하게 산다. 자손에 의해 그리고 가축들에 의해 위대해진다. 명성에 의해 위대해진다. 아주 너그러운 마음이 되어야 한다. 그것은 계율[327]이다.[328] 2

열두 번째 절

비벼 문지른다, 그것은 '힝' 소리다. 연기가 생겨난다, 그것은 서곡이다. 밝게 탄다, 그것은 절정이다. 잉걸불들이 된다, 그것은 하강이다. 사그라진다, 그것은 종곡이다. 모두 꺼진다, 그것은 종곡이다. 이 '라탄따라'는[329] 불에 엮여 있다.[330] 1

이렇게 이 '라탄따라'가 불에 엮여 있음을 아는 이, 그는 브라흐만의 권능을[331] 갖추고, 곡식을 먹는 이가 된다. 모든 수명을 얻는다. 찬란하게 산다. 자손에 의해 그리고 가축들에 의해 위대해진다. 명성에 의해 위대해진다. 불을 향해서 먹지 말아야 하고,[332] 뱉지 말아야 한다.[333] 그

까라에 의하면 가야뜨라는 가야뜨리(gāyatrī) 운율(chanda)로 된 찬가다. 가야뜨리 운율은 일반적으로 각각 팔 음절 삼 행 연구(聯句)로 구성되어 모두 스물네 음절로 이루어진다.

325 샹카라에 의하면 가야뜨리 운율은 생기와 함께 찬양되는 것이기 때문이다.

326 샹카라가 인용하는 내용에 의하면 '인간에게 모든 수명은 백 년이다.'

327 싸뜨야브라따 씻단따랑까라에 의하면 여기서 "계율(vrata)"은 행해야 할 것을 결심함을 의미한다.

328 샹카라에 의하면 인색하지 않은 마음이 되어야 한다는 것이 가야뜨라 성가에 대해 명상하는 사람의 계율이라는 의미다.

329 싸뜨야브라따 씻단따랑까라에 의하면 "라탄따라(rathaṁtara)"는 싸마 찬가의 부분의 이름이다. 막스 뮐러에 의하면 라탄따라는 불을 피우는 의식에 사용된다.

330 샹카라에 의하면 비비기(manthana)에서 불이 노래되기 때문이다. 비비기는 두 개의 나무 조각을 서로 비벼 마찰시켜 불을 피우는 행위를 의미한다.

331 샹카라에 의하면 삶의 태도(vṛtta)와 독경(svādhyāya)으로 인해 생겨나는 위력(tejas)이다.

것은 계율이다. 2

열세 번째 절

가까이 오라 부른다,[334] 그것은 '힝' 소리다. 달랜다,[335] 그것은 서곡이다. 여자와 함께 잔다,[336] 그것은 절정이다. 여자와 맞대고 잔다,[337] 그것은 하강이다. 시간이 간다,[338] 그것은 종곡이다. 넘어간다,[339] 그것은 종곡이다. 이 '와마데브야'는[340] 성교에 엮여 있다. 1

이렇게 이 '와마데브야'가 성교 안에 엮여 있음을 아는 이, 그는 짝이 있는 이가 된다.[341] 성교 마다마다 자손이 생겨난다. 모든 수명을 얻는다. 찬란하게 산다. 자손에 의해 그리고 가축들에 의해 위대해진다. 명성에 의해 위대해진다. 그 어떤 여인도 버리지 말아야 한다.[342] 그것은 계율이다. 2

---

332 샹카라에 의하면 불쪽으로 얼굴을 향한 채 그 무엇도 먹어서는 안 된다는 의미다.

333 샹카라에 의하면 가래를 뱉지 말아야 한다는 의미다. 싸뜨야브라따 씻단따랑까라에 의하면 불 쪽으로 얼굴을 향하고 침을 뱉거나, 용변을 보지 말아야 한다는 의미다.

334 샹카라에 의하면 '미리 만날 약속(saṃketa)'을 한다는 의미다.

335 샹카라에 의하면 만족 시킨다는 의미다. 즉 감미로운 말로 속삭여 잘 달랜다는 뜻이다.

336 샹카라에 의하면 함께 침대에 든다는 의미다.

337 샹카라에 의하면 여자와 얼굴을 마주하고 잔다는 의미다.

338 샹카라에 의하면 성교(maituna)를 하며 시간이 간다는 의미다.

339 샹카라에 의하면 성교가 끝난다는 의미다.

340 싸뜨야브라따 씻단따랑까라에 의하면 "와마데브야(vāmadevya)"는 싸마 찬가의 부분의 이름이다.

341 샹카라에 의하면 홀아비(vidhura)가 되지 않는다는 의미다.

342 샹카라에 의하면 어떤 여인이라 할지라도 함께하기 위해 자신의 침대로 찾아온 여인들을 버리지 말아야 한다는 의미다.

열네 번째 절

떠오르는 것은 '힝' 소리다.[343] 떠오른 것은 서곡이다. 정오의 것은 절정이다. 오후의 것은 하강이다. 지는 것은 종곡이다. 이 '브리하뜨'[344]는 태양에 엮여 있다.[345] 1

이렇게 이 '브리하뜨'가 태양에 엮여 있음을 아는 이, 그는 권능을 갖추고, 곡식을 먹는 이가 된다. 모든 수명을 얻는다. 찬란하게 산다. 자손에 의해 그리고 가축들에 의해 위대해진다. 명성에 의해 위대해진다. 달구는 것을 비난하지 말아야 한다.[346] 그것은 계율이다. 2

열다섯 번째 절

구름들이 뭉게뭉게 일어난다, 그것은 '힝' 소리다. 비구름이 생긴다. 그것은 서곡이다. 비가 내린다, 그것은 절정이다. 번개가 번쩍이고 천둥을 친다. 그것은 하강이다. 비가 긋는다. 그것은 종곡이다. 이 '와이루빠'는[347] 비의 신에[348] 엮여 있다. 1

---

343 샹카라에 의하면 떠오르는 태양은 '힝' 소리라는 의미다.

344 싸뜨야브라따 씻단따랑까라에 의하면 "브리하뜨(bṛhat)"는 싸마 찬가의 부분의 이름이다.

345 샹카라에 의하면 "브리하뜨"는 태양신에 관련된 것이기 때문이다. 막스 뮐러에 의하면 브리하뜨는 태양이다.

346 싸뜨야브라따 씻단따랑까라에 의하면 빛나는 태양을 혹은 고행 수행을 하고 있는 사람을 비난하지 말아야 한다는 의미다. 막스 뮐러는 '절대로 태양의 열기를 불평하지 말아야 한다(Never complain of the heat of the sun)'고 번역한다.

347 싸뜨야브라따 씻단따랑까라에 의하면 "와이루빠(vairūpa)"는 싸마 찬가의 부분의 이름이다.

348 "비의 신"은 빠르잔야(Parjanya)다. 싸뜨야브라따 씻단따랑까라에 의하면 빠르잔야는 구름이다. 막스 뮐러는 빠르잔야를 '비의 신(the god of rain)'으로 해석한다. 라다크리슈난은 빠르잔야를 '비(rain)'라고 번역한다.

이렇게 이 '와이루빠'가 비의 신에 엮여 있음을 아는 이, 그는 다양한 형태들을, 아름다운 형태들을, 가축들을 지닌다.[349] 모든 수명을 얻는다. 찬란하게 산다. 자손에 의해 그리고 가축들에 의해 위대해진다. 명성에 의해 위대해진다. 비 오는 것을 비난하지 말아야 한다. 그것은 계율이다. 2

열여섯 번째 절

봄은 '힝' 소리다. 여름은 서곡이다. 장마철은 절정이다. 가을은 하강이다. 겨울은 종곡이다. 이 '와이라자는'[350] 계절들에 엮여 있다. 1

이렇게 이 '와이라자'가 계절들에 엮여 있음을 아는 이, 그는 자손에 의해, 가축들에 의해, 브라흐만의 권능에 의해 빛난다.[351] 모든 수명을 얻는다. 찬란하게 산다. 자손에 의해 그리고 가축들에 의해 위대해진다. 명성에 의해 위대해진다. 계절들을 비난하지 말아야 한다. 그것은 계율이다. 2

열일곱 번째 절

땅은 '힝' 소리다. 허공은 서곡이다. 하늘은 절정이다. 방위들은 하강이다. 바다는 종곡이다. 이 '샤끄와르야'는[352] 세상들에 엮여 있다.[353] 1

---

349 샹카라에 의하면 다양하게 생긴, 잘 생긴, 염소, 양을 비롯한 가축들을 얻는다는 의미다.

350 싸뜨야브라따 씻단따랑까라에 의하면 "와이라자(vairāja)"는 싸마 찬가의 부분의 이름이며, 위라뜨 운율로 된 것이다. 위라뜨는 위라즈(virāj)의 이형태다.

351 샹카라에 의하면 마치 계절들이 계절들과 관련된 특성들에 의해서 빛나듯이 자손 등에 의해서 빛난다는 의미다.

352 샹카라에 의하면 "샤끄와르야(śakvarya)"는 샤끄와리(śakvarī)가 복수 형태로 된 것이다.

이렇게 이 '샤끄와르야'들이 세상들에 엮여 있음을 아는 이, 그는 세상을 가진 이가 된다.[354] 모든 수명을 얻는다. 찬란하게 산다. 자손에 의해 그리고 가축들에 의해 위대해진다. 명성에 의해 위대해진다. 세상들을 비난하지 말아야 한다. 그것은 계율이다. 2

열여덟 번째 절

염소들은 '힝' 소리다. 양들은 서곡이다. 소들은 절정이다. 말들은 하강이다. 사람은 종곡이다. 이 '레바뜨야'들이[355] 동물들에 엮여 있다. 1

이렇게 이 '레바뜨야'들이 세상들에 엮여 있음을 아는 이, 그는 동물을 가진 이가 된다.[356] 모든 수명을 얻는다. 찬란하게 산다. 자손에 의해 그리고 가축들에 의해 위대해진다. 명성에 의해 위대해진다. 동물들을 비난하지 말아야 한다. 그것은 계율이다. 2

열아홉 번째 절

터럭은 '힝' 소리다. 피부는 서곡이다. 살은 절정이다. 뼈는 하강이다.

항상 복수 형태로 쓰인다. 싸뜨야브라따 씻단따랑까라에 의하면 샤끄와리는 싸마 찬가의 부분의 이름이며, 샤끄와리 운율로 된 것이다.

353 막스 뮐러에 의하면 샤끄와리들은 마하남니(mahānāmnī) 찬가들과 함께 노래된다. 이것들은 물이 된다고 말해지며, 물에 세상들이 의지한다고 말한다.

354 샹카라에 의하면 '세상을 가진 사람이 된다는 것은 세상에서 결실을 갖춘다는 의미다.' 싸뜨야브라따 씻단따랑까라에 의하면 '세상의 주인이 된다는 의미다.'

355 "레바뜨야(revatya)"는 레바띠(revatī)가 복수 형태로 쓰인 것이다. 싸뜨야브라따 씻단따랑까라에 의하면 레바띠는 싸마 찬가의 부분의 이름이며, 레바띠 운율로 된 것이다. 샹카라에 의하면 샤끄와리와 마찬가지로 항상 복수 형태로 쓰인다.

356 싸뜨야브라따 씻단따랑까라에 의하면 뛰어난 가축들을 가진 사람이 된다는 의미다. 막스 뮐러에 의하면 레바뜨야는 '부유(rich)'를 의미한다.

골수는 종곡이다. 이 '야갸야겨이야'는[357] 몸의 부분들에 엮여 있다. 1

이렇게 이 '야갸야겨이야'가 몸의 부분들에 엮여 있음을 아는 이, 그는 몸매가 있는 이가 된다.[358] 몸의 부분에 의해 비트적거리지 않는다.[359] 몸이 모든 수명을 얻는다. 찬란하게 산다. 자손에 의해 그리고 가축들에 의해 위대해진다. 명성에 의해 위대해진다. 일 년 내내 고기들을[360] 먹지 말아야 한다. 이것은 계율이다. 혹은 아예 고기들을 먹지 말아야 한다. 2

스무 번째 절

불의 신은[361] '힝' 소리다. 바람의 신은[362] 서곡이다. 태양의 신은[363] 절정이다. 별의 신들은[364] 하강이다. 달의 신은[365] 종곡이다. 이 '라자나'는[366] 신들에 엮여 있다.[367] 1

---

357 싸뜨야브라따 씻단따랑까라에 의하면 "야갸야겨이야(yajñāyañyīya)"는 싸마 찬가의 부분의 이름이다.

358 샹카라에 의하면 온전한 지체가 된다는 의미다.

359 샹카라에 의하면 팔과 다리 등이 비트적거리지 않는다. 즉 절름발이나 곱배팔이 되지 않는다는 의미다.

360 샹카라에 의하면 "고기들"이라고 복수를 쓴 것은 물고기까지 포함하기 위한 것이다.

361 "불의 신"은 아그니(Agni)다.

362 "바람의 신"은 와유(Vāyu)다.

363 여기서 "태양의 신"은 아디뜨야(Āditya)다. 다른 곳에서는 쑤르야(Sūrya), 싸비뜨리(Savitṛ), 뿌샨(Pūṣan), 미뜨라(Mitra) 등의 이름이 태양신을 뜻한다.

364 "별의 신"은 나끄샤뜨라(Nakṣatra)다. 일반적으로 나끄샤뜨라는 별을 의미하며, 해당되는 신들의 거주처를 뜻한다. 여기서는 문맥상 신을 뜻한다.

365 "달의 신"은 짠드라마(Candramā)다. 다른 곳에서는 쏘마(Soma)라는 이름이 달의 신을 뜻하기도 한다.

366 싸뜨야브라따 씻단따랑까라에 의하면 "라자나(rājana)"는 싸마 찬가의 부분의 이름이다.

367 샹카라에 의하면 신들은 빛나는 존재이기 때문에 라자나는 신들에 엮여 있다. 라자나는 '빛나다'라는 의미를 지닌 어근 '라즈(rāj)'에서 파생된 낱말이다.

이렇게 이 '라자나'가 신들에 엮여 있음을 아는 이, 그는 바로 이 신들과 같은 세상, 같은 상태,[368] 같이 연결됨을[369] 얻는다.[370] 모든 수명을 얻는다. 찬란하게 산다.[371] 자손에 의해 그리고 가축들에 의해 위대해진다. 명성에 의해 위대해진다. 브라흐마나들을 비난하지 말아야 한다. 그것은 계율이다. 2

스물한 번째 절

세 지혜는[372] '힝' 소리다. 이 세 세상,[373] 그것은 서곡이다. 불과 바람과 태양,[374] 그것은 절정이다. 별들과 새들과 빛들, 그것은 하강이다. 뱀들과 간다르바들과 조상들, 그것은 종곡이다. 이 싸마 찬가는 모든 곳에 엮여 있다. 1

---

368 샹카라에 의하면 "같은 상태(sārṣṭitā)"는 '같은 풍요(samānarddhitva)'를 의미한다.

369 샹카라에 의하면 "같이 연결됨"은 서로 결합하는 상태, 즉 신과 한 몸(deha), 한 영혼(dehin)이 되는 것을 의미한다.

370 샹카라에 의하면 '혹은(vā)'이라는 말이 생략된 것으로 보아야 한다. 신들과 같은 세상, 혹은 같은 상태, 혹은 같이 연결됨을 얻는다는 의미다.

371 "찬란하게 산다(jyogjīvati)"에 해당되는 부분은 1958년에 인도 푸나의 베다 교정 기관에서 간행된 교정 판본에는 없는 부분이다. 샹카라의 산스크리트 어 주석본에 있는 내용을 옮긴 것이다.

372 싸뜨야브라따 씻단따랑까라에 의하면 "세 지혜(trayī vidyā)"는 세 종류의 『베다』 만뜨라 혹은 네 『베다』 모두를 의미한다. 초기에는 『아타르바베다』가 『베다』로 인정을 받지 못했다. 따라서 세 지혜는 『리그베다』, 『싸마베다』, 『야주르베다』 이렇게 세 가지 『베다』와 이들 세 가지 『베다』와 관련된 제례 의식을 뜻하는 것으로 보는 것이 좋다.

373 싸뜨야브라따 씻단따랑까라에 의하면 "세 세상"은 땅, 허공, 하늘을 의미한다.

374 싸뜨야브라따 씻단따랑까라에 의하면 불, 바람, 태양은 세 세상을 주관하는 신 혹은 세 지혜와 관련된 최초의 선인(仙人)을 의미한다. 야스까(Yāska)의 『니루끄따(*Nirukta*)』에 의하면, 불은 땅의 신, 바람은 허공(antarikṣa)의 신, 태양은 하늘(dyu)의 신이다. 그리고 이 세 세상의 모든 신은 본질적으로 불의 신인 아그니다.

이렇게 이 싸마 찬가가 모든 곳에 엮여 있음을 아는 이, 그는 바로 모든 것이 된다.[375] 2

이것은 그에 대한 찬송이다.[376]

"다섯 가지가 셋씩 셋씩인 것,[377] 그것들보다 더 큰 것, 그 외의 다른 것은 없다." 3

그것을 아는 이,[378] 그는 모든 것을 안다.[379] 이를 위해 모든 방위들이 제물을[380] 날라 온다. '모든 것이 나다'라고 명상해야 한다. 그것이 계율이다. 그것이 계율이다.[381] 4

스물두 번째 절

'싸마 찬가의 우렁찬 소리[382]를 뽑노라.' 짐승들에게 이로운 것이요, 불의 신의 드높은 성가다.[383] 쁘라자빠띠의 것은[384] 명확하지 않다.[385] 쏘

---

375 샹카라에 의하면 모든 것의 주인이 된다는 의미다.

376 샹카라에 의하면 "찬송(śloka)"은 만뜨라(mantra)를 의미한다.

377 샹카라에 의하면 "다섯 가지"는 힝 소리, 서곡, 절정, 하강, 종곡의 다섯 가지를 의미한다. "셋씩 셋씩"은 세 지혜를 비롯한 세 세상, 불과 바람과 태양, 별들과 새들과 빛들, 뱀들과 간다르바들과 조상들을 의미한다.

378 샹카라에 의하면 '싸마 찬가'가 '모든 것의 아'임을 아는 사람을 의미한다.

379 샹카라에 의하면 "그"는 전지자(全知者, sarvajña)가 된다는 의미다.

380 샹카라에 의하면 "제물(bali)"은 향수(享受)를 의미한다.

381 샹카라에 의하면 반복하는 것은 싸마 찬가에 대한 명상이 끝남을 의미한다.

382 "우렁찬 소리"의 원어는 위나르디(vinardi)다. 샹카라에 의하면 위나르디는 황소가 울부짖는 것 같은 소리다.

383 "불의 신의 드높은 성가다(agnerudgīthaḥ)"를 '불의 신의 절정이다'로 번역할 수도 있다. 성가의 원어는 우드기타다. 우드기타는 『싸마베다』 찬가를 노래하여 제장의 신을 찬송하는 제관인 우드가뜨리가 부르는 『싸마베다』 찬가의 영창을 의미한다. 앞에서 우드기타는 절정이라는 의미로 사용되었다.

마의 것은 명확하다. 바람의 것은 부드럽고 매끄럽다. 인드라의 것은 매끄럽고 힘차다. 브리하쓰빠띠의 것은 끄라운짜[386] 새소리다. 와루나의 것은 그릇된 소리[387]다. 바로 이 모든 것들을 알맞게 써야 한다. 그러나 와루나의 것은 버려야 한다. 1

'신들을 위해 나는 불사不死를 노래하여 얻으리라!' 이렇게 노래하라. '조상님들을 위해 제물을, 사람들을 위해 희망을, 가축들을 위해 꼴과 물을, 제주祭主를 위해 천국을, 스스로를 위해 곡식을 노래하여 얻으리라!' 이렇게 이것들을 마음을 모아 생각하며 실수 없이[388] 찬송하라! 2

모든 모음들은 인드라의[389] 아我[390]들이다. 모든 열음熱音들은[391] 쁘라자빠띠의[392] 아들이다. 모든 촉음觸音들은[393] 죽음의 신의 아들이다. 그

384 샹카라에 의하면 "것"은 노래(gāna)를 의미한다.

385 샹카라에 의하면 "명확하지 않다"는 것은 특별하게 싸마 찬가의 명칭이 제시되지 않는다는 것을 의미한다.

386 "끄라운짜(krauñca)"는 마도요 속(屬)에 속하는 새로, 늘 한 쌍이 함께 다니는 새라고 한다.

387 샹카라에 의하면 "그릇된 소리"는 깨진 징 소리 같은 소리를 의미한다.

388 샹카라에 의하면 '모음(svara), 열음(熱音, ūṣma), 자음(vyañjana) 등에 대해 실수 없이 라는 의미다. 열음은 샤(ś), 시아(ṣ), 싸(s), 하(h), 위싸르가(visarga) 음, 아누쓰와라(anusvāra) 음, 지흐바물리야(jihvāmūlīya) 음, 우빠드마니야(upadhmānīya) 음 등이다.

389 샹카라에 의하면 여기서 "인드라(Indra)"는 힘이 행위인 생기(生氣)를 의미한다.

390 샹카라에 의하면 본 만뜨라에서 아(我)는 몸의 부분이 머물고 있는 것을 의미한다. 아의 원어인 아트만(ātman)은 남성 명사로 '몸, 자신, 영혼, 아(我), 아들, 브라흐만' 등을 의미한다. 여기서는 몸을 뜻한다.

391 열음은 치찰음, 위싸르가 음, 지흐바물리야 음, 우빠드마니야 음, 아누쓰와라 음들을 의미한다.

392 샹카라에 의하면 여기서 창조주인 "쁘라자빠띠"는 위라즈(Virāj) 혹은 까스야빠(Kaśyapa)를 의미한다.

393 촉음은 후음 계열의 까(k), 카(kh), 가(g) ᄀ하(gh), 앙(ṃ), 구개음 계열의 짜(c), 차(ch),

에게[394] 만일 모음들에 대해 비난한다면,[395] '나는 인드라에게[396] 귀의했었노라! 그가[397] 너에게 대답할 것이다!' 이렇게 이에게[398] 말하라. 3

이제 만일 이에게 열음熱音들에 대해 비난한다면, '나는 쁘라자빠띠에게 귀의했었노라! 그가 너를 박살낼 것이다!' 이렇게 이자에게 말하라. 이제 만일 이에게 촉음觸音들에 대해 비난한다면, '나는 죽음의 신에게 귀의했었노라! 그가 너를 재로 만들 것이다!' 이렇게 이자에게 말하라. 4

'인드라에게 나는 힘을 부여하노라!' 이렇게,[399] 모든 모음들은 낭랑하고 힘차게 발음되어야 한다. '쁘라자빠띠의 몸을 충만하게 해 주노라!'[400] 이렇게, 모든 열음熱音들은 잇대지 않고, 내뱉지 말고, 활연하게

자(j), ㅈ하(jha), 냐(ñ), 치경구개음 계열의 따(ṭ), 타(ṭh), 다(ḍ), ㄷ하(ḍh), 냐(ṇ), 치경음 계열의 따(t), 타(th), 다(d), ㄷ하(dh), 나(n), 순음 계열의 빠(p), 파(ph), 바(b), ㅂ하(bh), 마(ma) 이렇게 스물다섯 개의 자음을 뜻한다. 모든 자음이 촉음에 속하는 것은 아니다.

394 샹카라에 의하면 "그에게"는 '이렇게 알고 있는 우드가뜨리에게'라는 의미다. 우드가뜨리는 제장(祭場)에 강림한 신들을 싸마 찬가로 찬송하는 제관이다.

395 샹카라에 의하면 '만일 누군가가 당신은 모음을 잘못 사용했다'고 비난한다면 이라는 의미다.

396 샹카라에 의하면 여기서 "인드라"는 생기(生氣)인 자재자(自在者)를 의미한다.

397 "그가"는 인드라를 의미한다.

398 "이에게"는 '비난하는 사람에게'라는 의미다.

399 "이렇게"는 '이렇게 명상하면서'라는 뜻이다.

400 라다크리슈난은 쁘라자빠띠의 탈격 단수, 소유격 단수의 형태인 원문의 쁘라자빠떼헤(Prajāpateḥ)를 여격 단수의 의미로 해석하여 '내 자신을 쁘라자빠띠에게 바친다'는 의미로 해석한다. 『찬도그야 우파니샤드』는 브라흐마나 문헌에 해당되기 때문에 베다 산스크리트적인 요소를 많이 가지고 있다. 그러나 베다 산스크리트에서는 격 의미의 이동이 고전 산스크리트에 비해서 비교적 자유스럽다 할지라도, 여기서는 구태여 격 의미를 여격으로 이동시킬 필요가 없다. 왜냐하면 앞에서 '인드라에게 나는 힘을 부여하노라!'라고 말했기 때문이다. 성가를 노래하면서 인드라에게는 인드라의 힘을 부여하고, 쁘라자빠띠에게는 쁘라자빠띠의 몸을 부여하는 것이다. 성가를 노래하며 신에게 힘과

발음되어야 한다. '죽음의 신에게서 내 자신을 빼내노라!' 이렇게, 모든 촉음觸音들은 조금이라도 뒤섞이지 않게 발음되어야 한다. 5

스물세 번째 절

정법正法의[401] 세 기둥들이 있다. 제사,[402] 공부,[403] 보시는[404] 첫 번째다.[405] 고행은[406] 두 번째다. 스승의 집에 살면서 청정범행淸淨梵行을 행하는 학생이 스승의 집에서 스스로 지나치게 고생을 하며[407] 지내는 것은 세 번째다. 이 모든 이들은[408] 덕이 있는 사람들이 된다.[409] 브라흐만에

몸을 부여하여 신이 생명을 갖게 하는 것이, 그리고 그 신을 통해 소망을 성취하는 것이, 결국 신은 인간이 만든 인간을 위한 존재라는 것이 진정한『우파니샤드』의 사상이기 때문이다.

401 "정법"의 원어는 다르마(dharma)다. 다르마는 남성 명사로 '정의, 도덕, 의무, 진리, 종교, 사물의 고유한 특성, 속성, 관습, 풍습, 법칙, 규정, 덕, 미덕, 선행, 불타(佛陀)의 교설(敎說)' 등을 의미한다. 불경에서 다르마는 '법(法), 정법(正法), 교법(敎法), 시법(是法), 선법(善法), 실법(實法), 묘법(妙法), 여법(如法), 법문(法問)' 등으로 한역되며, '달마(達磨), 달리마(達哩摩)' 등으로 음사된다.

402 샹카라에 의하면 "제사"는 화제(火祭, agnihotra)를 비롯한 것이다.

403 샹카라에 의하면 "공부(adhyayana)"는 자기 제어(niyama)를 하면서『리그베다』등을 반복 학습하는 것이다.

404 샹카라에 의하면 "보시(dāna)"는 제단 밖에서 구걸하는 사람들에게 힘이 되는 대로 재물을 함께 나누는 것이다.

405 샹카라에 의하면 제사와 공부와 보시는 '출가하지 않고 집 안에 머무는 사람(gṛhastha)'에게 해당되는 의무다.

406 샹카라에 의하면 여기서 "고행(tapas)"은 '달의 모양에 따라 음식의 양을 맞추어 가는 것(kṛcchracāndrāyaṇa)' 등을 의미한다. 예를 들면 보름날에는 밥을 열다섯 숟가락 먹고, 그다음 날에는 열네 숟가락, 그러다 초하루에는 한 숟가락, 초이틀에는 두 숟가락, 다시 보름날에는 열다섯 숟가락을 먹는 등 달의 모양에 따라 음식의 양을 맞추는 고행이다.

407 샹카라에 의하면 몸 고생을 한다는 의미다.

408 "이 모든 이들"은 정법(正法)의 세 기둥을 준수하는 사람들 모두를 의미한다.

409 "덕(puṇya)"의 양만큼 천국에서 살 수 있다. 따라서 덕이 있는 사람이 된다는 것은 천국에서 살게 된다는 뜻이다.

잘 자리 잡은 이는 불사성不死性에 이른다.[410] 1

쁘라자빠띠가 세상들에 열을 가했다.[411] 열이 가해진 그것들에서 세 가지 지혜가[412] 펼쳐 나왔다. 그것에 열을 가했다. 열이 가해진 그것에서 부후, 부바하, 쓰바하라는[413] 이 세 음절들이 펼쳐 나왔다. 2

그것들에 열을 가했다.[414] 열이 가해진 그것들에서 옴ॐ 소리가 펼쳐 나왔다. 그것은 마치 엽맥葉脈에 의해서 모든 잎들이 관통되듯이 그렇게 옴 소리에[415] 의해서 모든 말들이 연결된다. 바로 옴 소리가 이 모든 것이다.[416] 바로 옴 소리가 이 모든 것이다. 3

---

410 싸뜨야브라따 씻단따랑까라에 의하면 이 모든 세 가지 인생 단계의 삶들은 덕행을 하기 위한 장소 혹은 덕을 만드는 것들이다. 그러나 인생의 네 번째 단계의 삶인 '초연의 삶(saṁnyāsa)'에 이르러 브라흐만을 명상하는 사람은 브라흐만에 잠기어 불사의 경지인 해탈을 얻는다.

411 샹카라에 의하면 쁘라자빠띠인 위라즈 혹은 까스야빠가 세상들의 정수를 취하기 위해 정신 집중인 고행을 했다는 의미다. 산스크리트에서 열과 고행은 동의어며, 최고의 고행은 감각 기관의 지배를 벗어난 고도의 정신 집중이다. 위라즈의 이형태는 위라뜨다.

412 싸뜨야브라따 씻단따랑까라에 의하면 '세 가지 지혜'는 『리그베다』, 『야주르베다』, 『싸마베다』 이렇게 세 종류의 『베다』, 혹은 『아타르바베다』를 포함하는 네 『베다』 모두를 의미한다.

413 "부후(bhūḥ)"는 '땅(pṛthivī)'이 소리로 화한 것, "부바하(bhuvaḥ)"는 '허공(antarikṣa)'이 소리로 화한 것, "쓰바하(svaḥ)"는 '하늘(dyu)'이 소리로 화한 것이다. 이 소리로 화한 것들을 브야흐리띠(vyāhṛti) 라고 부른다.

414 바로 앞에서 말한 부후, 부바하, 쓰바하라는 세 음절들에 대해 고도로 정신 집중을 하여 명상했다는 뜻이다.

415 샹카라에 의하면 "옴 소리"는 브라흐만이며, '지고의 아'의 상징(pratīka)이 되는 것이다.

416 샹카라에 의하면 이름 지어진 모든 것들은 '지고의 아'의 변형(vikāra)이다. 따라서 "옴 소리가 이 모든 것이다."

스물네 번째 절

브라흐만에 대해 말하는 이들은 말한다. "아침에 짠 쏘마는[417] 와쑤들의[418] 것이다. 점심에 짠 쏘마는[419] 루드라들의[420] 것이다. 세 번째 짠 쏘마는[421] 태양의 신들과[422] 모든 신들의 것이다."[423] 1

그러면,[424] 제주의 세상은 어디인가?[425] 그것을 모르는 이, 그가 어떻

---

417 "쏘마"는 쏘마라는 식물의 잎을 돌로 으깨어간 것을 '성초(聖草)로 만든 거름망(pavitra)' 위에 올려놓고 일반적으로 물을 부어 걸러 마시는 음료다. 물 대신에 우유나 꿀로 거르기도 하고 이들의 혼합물로 거르기도 한다. 현재 쏘마라는 식물이 어떤 식물인지는 정확히 알 수가 없다. 일부 학자는 버섯 종류라고 하는데, 버섯 종류가 아닌 것만은 분명하다. 베다 시대의 제사는 쏘마 없이는 지낼 수가 없었다. 그리고 제사를 지내지 않고 쏘마를 마시는 것은 금지되었다. 따라서 아침에 짠 쏘마는 아침 제사에 올린 쏘마를 뜻한다. 쏘마는 '천상의 환희(divyānanda)'를 느끼게 해 주는 음료이며, 힘과 용기를 주는 음료이지만, 너무 많이 마시면 아버지도 몰라볼 정도로 취하여 큰 실수를 하게 하는 음료다. 쏘마의 약성이 달과 아주 밀접한 관계가 있어서 달을 쏘마라고 부르기도 한다.

418 싸뜨야브라따 씻단따랑까라에 의하면 "와쑤들"은 여덟 명의 와쑤 신들 혹은 이십사 년간 끊임없이 청정범행을 수행한 사람을 의미한다. 여덟 명의 와쑤 신들은 일반적으로 아빠(Āpa, 물), 드루바(Dhruva, 북극성), 쏘마(Soma, 달), 다바[(Dhava), 주(主)] 혹은 다라(Dhara, 산), 아닐라(Anila, 바람), 아날라(Anala, 불) 혹은 빠와까(Pāvaka, 불), 쁘라뜨유샤(Pratyūṣa, 새벽), 쁘라바싸(Prabhāsa, 광채)다.

419 정오의 제사에 올린 쏘마를 뜻한다.

420 싸뜨야브라따 씻단따랑까라에 의하면 "루드라(Rudra)들"은 열한 명의 루드라 신들 혹은 사십사 년간 청정범행의 계율을 지킨 사람을 의미한다. 열한 명의 루드라 신들은 일반적으로 아자이까빠드(Ajaikapad), 아히르부드냐(Ahirbudhnya), 하라(Hara), 니르리따(Nirṛta), 이스바라(Īśvara), 부바나(Bhuvana), 앙가라까(Aṃgāraka), 아르다께뚜(Ardhaketu), 므리뜨유(Mṛtyu), 싸르빠(Sarpa), 까빨린(Kapālin)이다.

421 싸뜨야브라따 씻단따랑까라에 의하면 "세 번째 짠 쏘마"는 저녁에 짠 쏘마를 의미한다. 저녁 제사에 올린 쏘마를 뜻한다.

422 싸뜨야브라따 씻단따랑까라에 의하면 "태양의 신들"은 열두 명의 태양신들 혹은 사십팔 년간 끊임없이 청정범행을 수행한 사람을 의미한다. 열두 명의 태양신들은 열두 달을 상징한다.

423 하루를 아침, 점심, 저녁으로 나누면, 아침은 와쑤들의 것이고, 점심은 루드라들의 것이며, 저녁은 아디뜨야들과 모든 신들의 것이라는 뜻이다.

게 행할 것인가?[426] 그래서 아는 이가[427] 행해야 한다. 2

아침 성가를 시작하기 전에 가주家主의 불[428] 뒤에서 북쪽을 향해 앉아서 와쑤들과 관련된 싸마 찬가를 낭송한다.[429] 3

"세상의 문을 열어라![430] 왕국을 얻기 위해 우리는 그대를 보리라![431]" 이렇게.[432] 4

---

424 '아침은 와쑤들의 것이고, 점심은 루드라들의 것이며, 저녁은 아디뜨야들과 모든 신들의 것이라면'이라는 뜻이다.

425 샹카라에 의하면 '제주(祭主)가 얻기 위해 제사를 지내는 그 세상은 어디에 있는가?'라는 의미이며, 그 세상은 어디에도 없다는 의미다. 즉 제주가 세상을 얻을 방편을 모르면서 제사를 지내면 그 세상을 얻지 못한다는 뜻이다.

426 샹카라에 의하면 세상을 받아들이는 방편(upāya)인 싸마 찬가, 화제(火祭), 진언, 제막(祭幕, utthāna)이 나타내는 바를 모르는 제주(祭主)가 어떻게 제를 행할 수 있겠느냐는 의미다.

427 샹카라에 의하면 싸마 찬가를 비롯한 방편을 아는 사람이다. 여기서 방편은 제주가 세상을 얻기 위한 방편을 뜻한다.

428 라다크리슈난에 의하면『베다』문헌에 기반을 둔 제사인 스라우따(Śrauta) 제사에서는 '봉헌의 불(Āhavanīya)', '남방의 불(Dākṣiṇa)', '가주의 불(Gārhapatya)' 이렇게 세 가지 불이 인정된다. 이들 가운데 '봉헌의 불'은 하늘에 상응하며 신들에게 봉헌된 불이다. '남방의 불'은 허공에 상응하며 조상님들께 봉헌된 불이다. '가주의 불'은 땅에 상응하며 인간에게 봉헌된 불이다. '가주의 불'은 조상 대대로 집안에 전해져 내려오는 불이며, 이 불에서 제사에 쓰이는 다른 불들이 채화된다. '봉헌의 불'은 신에게 제물을 올리는 불이다. 동쪽에 위치한다. '남방의 불'은 남방에 위치하며 '삭망(朔望)의 불' 또는 '공양의 불(Anvahārya-pacana)'이라고도 한다.

429 싸뜨야브라따 씻단따랑까라에 의하면 제주(祭主)가 이렇게 앉아서 낭송한다는 의미다.

430 샹카라에 의하면 '불의 신이여, 그대는 이 땅의 세상을 얻기 위해 문(dvāra)을 열어라!'라는 의미다.

431 샹카라에 의하면 '그 문을 통해 왕국을 얻기 위해 우리는 그대를 보리라는 의미다.' "그대"는 불의 신인 아그니를 뜻한다.

432 싸뜨야브라따 씻단따랑까라에 의하면 "이렇게"는 이 진언을 염송하라는 의미다.

이제 불에 제물을 넣어 올린다.[433]

"땅에 사는, 세상에 사는,[434] 불의 신께 고개 숙이니,
세상을 제주祭主인 나를 위해 얻어라. 이것은 분명 제주의 세상이니,
나는 가려 하노라!" 5

"이곳에서 제주는[435] 수명壽命이 다한 후에 사바하![436]
빗장을[437] 거두어라!"
이렇게 말하고 일어난다. 그에게 와쑤들은 아침에 짠 쏘마를 돌려준다.[438] 6

점심 쏘마 짜기를 시작하기 전에[439] 남방南方의 불[440] 뒤에서 북쪽을 향해 앉아서 그는[441] 루드라 신들과 관련된 싸마 찬가를 낭송한다. 7

"세상의 문을 열어라! 광활한 왕국을 얻기 위해 우리는 그대를 보리라!" 이렇게.[442] 8

---

433 샹카라에 의하면 이어서 다음의 진언을 통해 불에 제물을 넣는다는 의미다.

434 샹카라에 의하면 "땅에 사는, 세상에 사는"이란 말은 '땅 세상에 사는'이란 의미다.

435 샹카라에 의하면 여기서 "제주"는 나(aham)다.

436 샹카라에 의하면 이곳인 '이 세상에서 제주인 나는 죽은 자가 되어'라는 의미다. 막스 뮐러에 의하면 '나는 이 생명을 마치면 그때 그리로 가리라!'라는 의미다.

437 샹카라에 의하면 "빗장(parigha)"은 세상 문의 빗장이다.

438 제주(祭主)가 아침 제사에서 와쑤들에게 봉헌한 쏘마를 와쑤들이 다시 제주에게 돌려준다는 뜻이다. 즉 땅 세상의 주인인 와쑤가 땅 세상을 제주에게 준다는 의미다.

439 싸뜨야브라따 씻단따랑까라에 의하면 점심 제사의 찬가를 행하기 이전이라는 의미다.

440 원문은 아그니드리야(Āgnīdhrīya)다. 샹카라에 의하면 '아그니드리야는 남방의 불이다.' 남방의 불은 닥쉬나(Dākṣiṇa) 혹은 닥쉬나그니(Dākṣiṇāgni)라고 한다. 남방에 위치하는 불이라서 남방의 불이라고 한다.

441 "그"는 제주를 뜻한다.

이제 불에 제물을 넣어 올린다.

"허공에 사는, 세상에 사는, 바람의 신께 고개 숙이니,
세상을 제주祭主인 나를 위해 얻어라. 이것은 분명 제주의 세상이니,
나는 가려 하노라!" 9

"이곳에서 제주는 수명壽命이 다한 후에 사바하!
빗장을 거두어라!"

이렇게 말하고 일어난다. 그에게 루드라들은 점심에 짠 쏘마를 돌려준다.[443] 10

세 번째 쏘마 짜기를 시작하기 전에[444] 공양供養의[445] 불 뒤에서 북쪽을 향해 앉아서 그는 태양의 신들과 관련된, 그는 모든 신들과 관련된 싸마 찬가를 낭송한다. 11

"세상의 문을 열어라! 자유로운 왕국을[446] 얻기 위해 우리는 그대를 보리라!" 이렇게. 이것은 태양의 신과 관련된 것이다.[447] 12

이제 모든 신들과 관련된 것이다.

---

442 싸뜨야브라따 씻단따랑까라에 의하면 이 싸마 찬가를 노래한다는 의미다.

443 제주(祭主)가 점심 제사에서 루드라들에게 봉헌한 쏘마를 루드라들이 다시 제주에게 돌려준다는 뜻이다. 즉 허공의 세상의 주인인 루드라가 허공의 세상을 제주에게 준다는 뜻이다.

444 저녁 제사를 시작하기 전이라는 뜻이다.

445 '공양의 불'은 신에게 제물을 올리는 불이다. 동쪽에 위치한다.

446 "자유로운 왕국(svārājya)"은 천국을 뜻한다.

447 바로 앞의 것은 태양의 신들과 관련된 진언이라는 뜻이다.

"세상의 문을 열어라! 제국帝國을[448] 얻기 위해 우리는 그대를 보리라!" 이렇게. 13

이제 불에 제물을 넣어 올린다.
"하늘에 사는, 세상에 사는, 태양의 신들께, 모든 신들께 고개 숙이니,
세상을 그대들은 제주祭主인 나를 위해 얻어라!" 14

"이것은 분명 제주인 나의 세상이니, 나는 가려 하노라!
이곳에서 제주는 수명壽命이 다한 후에 사바하!
빗장을 거두어라!"
이렇게 말하고 일어난다. 15

그에게 태양의 신들과 모든 신들은 세 번째 짠 쏘마를 돌려준다.[449] 이렇게 아는 이, 정녕 그는 제사의 정도를[450] 아는 자다. 이렇게 아는 이는.[451] 16

---

448 막스 뮐러는 "제국(sāmrājya)"을 '천국(heaven)'이라고 해석한다.

449 제주(祭主)가 저녁 제사에서 태양의 신들과 모든 신들에게 봉헌한 쏘마를 태양의 신들과 모든 신들이 다시 제주에게 돌려준다는 뜻이다. 즉 하늘 세상의 주인인 태양의 신들과 모든 신들이 하늘 세상을 제주에게 준다는 뜻이다.

450 여기서 "정도(mātrā)"는 '어느 정도, 이 정도, 저 정도'라고 말할 때의 정도다. 샹카라에 의하면 제사의 정도는 제사의 본질을 의미한다. 싸뜨야브라따 씻단따랑까라에 의하면 제사의 양, 제사의 본모습, 제사의 사실성, 제사의 결과 등을 의미한다.

451 샹카라에 의하면 반복해서 말하는 것은 장이 끝남을 의미한다.

세 번째 장

첫 번째 절

옴ॐ, 바로 저 태양은 신의 꿀,[452] 바로 하늘은 그의 비스듬한 대나무,[453] 허공은 벌집,[454] 햇살들은 애벌레들이다.[455] 1

그것의[456] 동쪽 햇살들, 그것들은 바로 이것의 동편에 있는 꿀의 대롱들이다. 리그 찬가는[457] 바로 꿀을 만드는 것들이다. 리그베다는[458] 바로 꽃이다. 그것들은[459] 불사不死의 물들이다.[460] 바로 그러한 이 리그 찬

---

452 샹카라에 의하면 저 태양은 꿀(madhu)처럼 신들을 기쁘게 하는 것이기 때문에 "신의 꿀"이다.

453 샹카라에 의하면 하늘은 비스듬하게 보이기 때문이다. 꿀벌의 꿀이 "비스듬한 대나무"에 매달린 것처럼 신들의 꿀인 태양이 비스듬한 하늘에 걸려 있다는 의미다.

454 샹카라에 의하면 허공은 하늘 대나무에 매달린 것 같기 때문에 대나무에 매달린 "벌집"과 동일성이 있다. 그리고 허공은 꿀인 태양의 바탕이기 때문이다. 태양은 허공을 디디고 있으며, 꿀은 "벌집"에 있다. 태양은 꿀이다. 따라서 허공은 벌집이 된다.

455 샹카라에 의하면 햇살들은 태양에 의해서 끌어 당겨진 땅의 물로 햇살에 있는 물이다. 이 물들은 허공이라는 벌집에 있는 태양광선 안에 있기 때문에 벌들의 애벌레인 새끼들처럼 보인다. 왜냐하면 벌들의 새끼들은 벌집의 관(管) 안에 있기 때문이다.

456 샹카라에 의하면 "그것"은 태양을 의미한다.

457 싸뜨야브라따 씻단따랑까라에 의하면 "리그 찬가"는 운문으로 엮인 『베다』의 만뜨라다.

458 샹카라에 의하면 여기서 단지 소리(śabda)인 것에서는 '향수할 대상(bhogya)' 형태(rūpa)인 정수가 흘러나오지 않기에 『리그베다』는 '『리그베다』에 규정된(rgvedavihita)' 행위를 의미한다. 왜냐하면 바로 행위에 의해서 '행위의 결과(karmaphala)'가 되는 꿀물이 흘러나오는 것이 가능하기 때문이다. 싸뜨야브라따 씻단따랑까라에 의하면 『리그베다』는 『리그베다』에 표명된 행위와 지혜를 의미한다.

459 샹카라가 인용하는 바에 의하면 "그것들"은 '행위에서 불에 넣은 쏘마', '녹인 우유기름(ājya)', 우유(dugdha)를 의미한다.' 싸뜨야브라따 씻단따랑까라에 의하면 "그것들"은 '꽃 속에 있는 것'을 의미한다.

460 『리그베다』에 규정된 바에 따라 『리그베다』의 지혜를 통해 삼매에 들어 쏘마, 우유 기

가들은.[461] 2

이 리그베다에[462] 열을 가했다.[463] 열이 가해진 그것의 명성이, 광채가,[464] 기관이,[465] 활기가,[466] 먹을 곡식이,[467] 정수精髓가[468] 생겨났다.[469] 3

그것은[470] 흘러가 버렸다.[471] 그것은 태양에 모두 깃들었다.[472] 그것은 바로 태양의 이 붉은 모습, 이것이다.[473] 4

름, 우유 등을 불에 넣어 제사 행위를 완성하면, 불멸성을 얻게 된다. 따라서 『리그베다』에 규정된 바에 따라 지혜를 통해 삼매에 들어 불에 넣은 쏘마, 우유 기름, 우유 등은 불멸성의 원인이 되므로 "불사의 물"이라는 뜻이다.

461 "바로 그러한 이 리그 찬가들은 이 리그베다에 열을 가했다"라고 다음에 이어지는 만뜨라와 연결시켜 해석해야 한다.

462 샹카라에 의하면 여기서 "리그베다"는 '『리그베다』에 규정된 행위(ṛgvedavihitaṁ karma)'를 의미한다.

463 "열"은 고행을 뜻한다. 최고의 삼매에 드는 정신 집중이 최고의 고행이다.

464 샹카라에 의하면 "광채(tejas)"는 몸의 위광을 의미한다.

465 샹카라에 의하면 "기관"은 능력을 갖춘 온전한 기관을 의미한다. 싸뜨야브라따 씻단따랑까라에 의하면 기관은 능력을 갖춘 '지각 기관(jñānendriya)'과 '행위 기관(karmendriya)' 모두를 의미한다.

466 샹카라에 의하면 "활기(vīrya)"는 능력(sāmarthya)과 힘(bala)을 의미한다.

467 샹카라에 의하면 "먹을 곡식(annādya)"은 곡식이기도 하고 '먹을 것(khādya)'이기도 한 것이다. 이것을 매일매일 취함으로써 신들의 상태(sthiti)가 된다.

468 샹카라에 의하면 명성, 광채, 활기, 먹을 곡식, 이 모두가 "정수"에 해당된다.

469 샹카라에 의하면 제사(yāga)를 비롯한 것으로 나타나는 행위에서 생겨난다는 의미다.

470 샹카라에 의하면 명성, 광채, 활기, 먹을 곡식을 의미한다.

471 샹카라에 의하면 "흘러가 버렸다(vyakṣarat)"는 특별하게 갔음을 의미한다.

472 샹카라에 의하면 "모두 깃들었다"는 것은 태양의 측면에, 앞부분에 깃들었음을 의미한다.

473 "태양의 이 붉은 모습"으로 보이는 것이 바로 명성, 광채, 활기, 먹을 곡식을 비롯한 정수라는 뜻이다.

두 번째 절

이제 이것의[474] 남쪽 햇살들, 그것들은 바로 이것의 남쪽에 있는 꿀의 대롱들이다. 야주르 찬가들은[475] 바로 꿀을 만드는 것들이다. 야주르베다는[476] 바로 꽃이다. 그것들은[477] 불사不死의 물들이다.[478] 1

바로 그러한 이 야주르 찬가들은 이 야주르베다에 열을 가했다. 열이 가해진 그것의 명성이, 광채가, 기관이, 활기가, 먹을 곡식이, 정수精髓가 생겨났다.[479] 2

그것은 흘러가 버렸다. 그것은 태양에 모두 깃들었다. 그것은 바로 태양의 이 맑은 모습, 이것이다. 3

세 번째 절

이제 이것의 서쪽 햇살들, 그것들은 바로 이것의 서편에 있는 꿀의 대롱들이다. 싸마 찬가는[480] 바로 꿀을 만드는 것들이다. 싸마베다는 바

---

474 샹카라에 의하면 "이것"은 앞에서와 마찬가지로 태양을 의미한다.

475 싸뜨야브라따 씻단따랑까라에 의하면 "야주르 찬가들(yajūṁṣi)"은 『베다』의 '산문 만뜨라(gadyamantra)'다.

476 샹카라에 의하면 여기서 "야주르베다"는 '『야주르베다』에 규정된 행위(yajurvedavihitaṁ karma)'를 의미한다.'

477 "그것들"은 제사 행위에서 불에 넣은 쏘마, 녹인 우유 기름, 우유를 뜻한다.

478 『야주르베다』에 규정된 바에 따라 『야주르베다』의 지혜를 통해 삼매에 들어 쏘마, 우유 기름, 우유 등을 제사 불에 넣어 『야주르베다』의 제사 행위를 완성하면, 불멸성을 얻게 된다. 따라서 『야주르베다』에 규정된 바에 따라 지혜를 통해 삼매에 들어 불에 넣은 쏘마, 우유 기름, 우유 등은 불멸성의 원인이 되므로 "불사의 물"이라는 뜻이다.

479 샹카라에 의하면 세 번째 장 첫 번째 절 세 번째 만뜨라와 마찬가지로 해석된다. 345쪽 464~468번, 345쪽 469번 각주 참조.

480 싸뜨야브라따 씻단따랑까라에 의하면 "싸마 찬가"는 노래로 부르는 『베다』의 만뜨라다.

로 꽃이다. 그것들은 불사不死의 물들이다. 1

바로 그러한 이 싸마 찬가들은 이 싸마베다에 열을 가했다. 열이 가해진 그것의 명성이, 광채가, 기관이, 활기가, 먹을 곡식이, 정수精髓가 생겨났다. 2

그것은 흘러가 버렸다. 그것은 태양에 모두 깃들었다. 그것은 바로 태양의 이 검은 모습, 이것이다. 3

네 번째 절

이제 이것의 북쪽 햇살들, 그것들은 바로 이것의 북쪽 편에 있는 꿀의 대롱들이다. 아타르바앙기라쓰 찬가는[481] 바로 꿀을 만드는 것들이다. 역사와 옛이야기는[482] 바로 꽃이다. 그것들은 불사不死의 물들이다. 1

바로 그러한 이 아타르바앙기라쓰 찬가들은 이 역사와 옛이야기에 열을 가했다. 열이 가해진 그것의 명성이, 광채가, 기관이, 활기가, 먹을 곡식이, 정수精髓가 생겨났다. 2

---

481 샹카라에 의하면 "아타르바앙기라쓰 찬가(atharvāṃgirasa)"는 아타르반(Atharvan)과 앙기라쓰(Aṃgiras) 선인(仙人)에 의해서 본 만뜨라를 의미한다. 본다는 것은 만든다는 의미다. 만뜨라는 영상으로 선인의 눈앞에 펼쳐진 세계를 노래한 것이기 때문이다. 싸뜨야브라따 씻단따랑까라에 의하면 아타르바앙기라쓰 찬가는『아타르바베다』의 만뜨라다.

482 "역사와 옛이야기"는 '이띠하싸(itihāsa)와 뿌라나(purāṇa)'를 번역한 것이다. 샹카라에 의하면 이띠하싸와 뿌라나는 마제(馬祭, aśvamedha)에서 여러 이야기들을 모아 듣는 밤에 활용되는 것으로 유명하다. 싸뜨야브라따 씻단따랑까라에 의하면 역사와 옛이야기는 이러한 이름을 가진『브라흐마나(*Brāhmaṇa*)』의 부분을 의미한다. 일반적으로 역사는『마하바라타(*Mahābhārata*)』를, 뿌라나는 열여덟 개의『뿌라나(*purāṇa*)』문헌들을 의미한다.『라마야나(*Rāmāyaṇa*)』를 역사에 포함시키기도 한다.

그것은 흘러가 버렸다. 그것은 태양에 모두 깃들었다. 그것은 바로 태양의 이 지나치게 검은 모습, 이것이다. 3

다섯 번째 절

이제 이것의 위쪽 햇살들, 그것들은 바로 이것의 위쪽 편에 있는 꿀의 대롱들이다. 바로 숨겨진 가르침들이[483] 꿀을 만드는 것들이다. 브라흐만이[484] 바로 꽃이다. 그것들은 불사不死의 물들이다. 1

바로 그러한 이 숨겨진 가르침들은 이 브라흐만에 열을 가했다. 열이 가해진 그것의 명성이, 광채가, 기관이, 활기가, 먹을 곡식이, 정수精髓가 생겨났다. 2

그것은 흘러가 버렸다. 그것은 태양에 모두 깃들었다. 그것은 바로 태양의 가운데에서 이 소용돌이치듯 하는 것, 이것이다. 3

바로 그러한 이것들은[485] 정수精髓들의 정수들이다. 베다들이 바로 정수들이다.[486] 이것들은[487] 그것들의[488] 정수들이다.[489] 바로 그러한 이것

483 샹카라에 의하면 "숨겨진 가르침"은 비밀스런 가르침, 즉 신비한 가르침이다. 로까드와리야(lokadvārīya)를 비롯한 방편 그리고 행위의 부분들을 대상으로 하는 명상들을 의미한다. 기타프레스의 힌디 어 번역본에 의하면, 로까드와리야는 두 번째 장의 스물네 번째 절에 나오는 "세상의 문을 열어라! 왕국을 얻기 위해 우리는 그대를 보리라!" 등의 방편을 의미한다.

484 샹카라에 의하면 여기서 "브라흐만"은 소리를 주관하기 때문에 쁘라나바로 불리는 것이다. 쁘라나바는 옴(ॐ)이다. 따라서 여기서 브라흐만은 옴을 뜻한다.

485 샹카라에 의하면 "그러한 이것들"은 앞에서 언급한 붉은색을 비롯한 태양의 모습들이다.

486 샹카라에 의하면 세상은 『베다』들에서 흐르는 것이기 때문에 『베다』들이 정수다. 『베

들은[490] 불사不死들의[491] 불사들이다. 베다들이 바로 불사들이다. 이것들은[492] 그것들의[493] 불사들[494]이다.[495] 4

여섯 번째 절

그[496] 첫 번째 불사不死인 것,[497] 그것에 와쑤들이[498] 불의 신을 으뜸으로 삼아[499] 의지해 산다. 정녕 신들은 먹지 않는다, 마시지 않는다, 바로

다』의 지혜와 『베다』의 제식에 의해서 세상은 바르게 흘러간다. 따라서 『베다』들이 정수라는 뜻이다.

487 "이것들"은 앞에서 언급한 붉은색을 비롯한 태양의 모습들이다.

488 "그것들"은 『베다』들을 뜻한다.

489 샹카라에 의하면 앞에서 언급한 붉은색을 비롯한 태양의 특별한 점들은 행위의 상태를 갖춘 것들의 최고 정수가 된다는 의미다. 행위의 상태를 갖춘 것은 제례 의식을 수반하는 『베다』들을 뜻한다.

490 샹카라에 의하면 "그러한 이것들"은 앞에서 언급한 붉은색을 비롯한 태양의 모습들이다.

491 샹카라에 의하면 여기서 "불사들"은 『베다』들을 의미한다. 불사의 원어인 아므리따(amṛta)는 중성 명사로 '불사, 한 방울만 마셔도 죽지 않고 영생을 얻는 신화 속 음료' 등을 의미한다. 막스 뮐러와 라다크리슈난은 아므리따를 '감로(nectar)'라고 번역한다.

492 "이것들"은 앞에서 언급한 붉은색을 비롯한 태양의 모습들이다.

493 "그것들"은 『베다』를 뜻한다.

494 샹카라에 의하면 여기서 "불사"는 붉은색을 비롯한 태양의 모습들이다.

495 샹카라에 의하면 이 만뜨라는 행위에 대한 찬사다. 『베다』들에 따른 제식(祭式) 행위의 결과가 불사(不死)라는 뜻이다.

496 샹카라에 의하면 "그"는 '그 가운데'라는 의미다.

497 샹카라에 의하면 "첫 번째 불사인 것"은 붉은 형태로 나타나는 것이다.

498 샹카라에 의하면 "와쑤들"은 아침에 쏘마를 짜서 지내는 제사의 주재신이다.

499 라다크리슈난은 "불의 신을 으뜸으로 삼아"를 '불을 그들의 입으로 하여(through fire as their mouth)'라고 번역한다. 그러나 샹카라에 의하면 '불의 신을 으뜸으로 삼아'라는 의미다. 바로 뒤에서 신들은 먹지 않고, 마시지 않으며, 단지 보고 만족한다고 말하고 있다. 먹지 않고, 마시지 않는 신들이 불의 신을 입으로 삼을 필요는 없다. 제사 불에 바쳐 타버린 제물은 신들에게 가 버린 것이라는 관점에서 신들이 불의 신을 입으로 삼는다고 해석할 수 있으나, 현재의 문맥에서는 안 어울린다. "으뜸"으로 번역한 원어인 무카(mukha)는 중성 명사로 '입, 얼굴, 으뜸' 등을 의미한다. 막스 뮐러는 불의 신인 '아그니

이 불사를 보고[500] 만족한다. 1

그들은 바로 이 형태 안으로 잠겨 들어간다, 이 형태로부터 떠올라 나온다.[501] 2

이 불사를 이처럼 아는 이, 그는 와쑤들 가운데 바로 하나가 되어 불의 신을 으뜸으로 삼아 바로 이 불사를 보고는 만족한다. 그는 바로 이 형태 안으로 잠겨 들어간다, 이 형태로부터 떠올라 나온다. 3

그는 태양이 앞에서[502] 떠오르고 뒤에서[503] 질 때까지[504] 바로 와쑤들의 통치권과 자유로운 왕국을 온전히 얻는다. 4

일곱 번째 절

이제 그 두 번째 불사不死인 것,[505] 그것에 루드라들이[506] 인드라를[507]

를 그들의 우두머리로 삼아(with Agni at their head)'라고 번역한다.

500 샹카라에 의하면 여기서 "본다"는 것은 모든 기관들을 통해 감지한다는 것을 의미한다.

501 샹카라에 의하면 와쑤들은 아무런 노력도 안 하고 불사(不死)에 의지해 사는 것이 아니다. 그들은 바로 이 형태를 지목하며 지금은 우리가 향수(享受)할 기회가 아니라고 알고는 우울해한다. 불사를 향수할 기회가 되었을 때 이 불사를 향수하는 원인이 되는 이 형태로 인해서 기뻐한다. 이에 따르면, "이 형태 안으로 잠겨 들어간다"는 것은 태양의 붉은 형태에 대해 우울해한다는 뜻이며, "이 형태로부터 떠올라 나온다"는 것은 태양의 붉은 형태로 인해서 기뻐한다는 뜻이다.

502 샹카라에 의하면 "앞에서"는 '동쪽에서'라는 의미다. 태양을 향해 서면 동쪽이 앞이 된다.

503 샹카라에 의하면 "뒤에서"는 '서쪽에서'라는 의미다. 태양을 향해 서면 서쪽이 뒤가 된다.

504 샹카라에 의하면 이 시간이 와쑤들이 향수(享受)하는 시간이다.

505 "두 번째 불사인 것"은 밝은 형태로 나타나는 태양을 뜻한다.

으뜸으로 삼아 의지해 산다. 정녕 신들은 먹지 않는다, 마시지 않는다, 바로 이 불사를 보고 만족한다. 1

그들은 바로 이 형태 안으로 잠겨 들어간다. 이 형태로부터 떠올라 나온다. 2

이 불사를 이처럼 아는 이, 그는 루드라들 가운데 하나가 되어 바로 인드라를 으뜸으로 삼아 이 불사를 보고는 만족한다. 그는 바로 이 형태 안으로 잠겨 들어간다, 이 형태로부터 떠올라 나온다. 3

태양이 앞에서[508] 떠오르고 뒤에서[509] 질 때까지의 두 배를[510] 남쪽에서 떠오르고 북쪽에서 진다. 그는 그때까지 바로 루드라들의 통치권과 자유로운 왕국을 온전히 얻는다. 4

여덟 번째 절

이제 그 세 번째 불사不死인 것,[511] 그것에 태양신들이[512] 와루나를 으뜸으로 삼아 의지해 산다. 정녕 신들은 먹지 않는다, 마시지 않는다, 바로 이 불사를 보고 만족한다. 1

---

506 "루드라들"은 점심에 쏘마를 짜서 지내는 제사의 주재신이다. 140쪽 96번 각주 참조.

507 "인드라"는 신들의 왕이며, 곡식의 싹을 틔우게 하는 비를 내리는 바람을 만드는 태양이다. 번개(vajra)를 무기로 삼는 신격으로 형상화된다. 62쪽 53번 각주 참조.

508 '동쪽에서'라는 뜻이다.

509 '서쪽에서'라는 뜻이다.

510 샹카라에 의하면 "두 배"는 두 배의 시간을 의미한다. 그 시간이 루드라가 향수(享受)하는 시간이다.

511 "세 번째 불사인 것"은 검은 모습으로 나타나는 태양을 뜻한다.

512 "태양신들"은 저녁에 쏘마를 짜서 지내는 제사의 주재신이다.

그들은 바로 이 형태 안으로 잠겨 들어간다, 이 형태로부터 떠올라 나온다. 2

이 불사를 이처럼 아는 이, 그는 태양신들 가운데 하나가 되어 바로 와루나를 으뜸으로 삼아 이 불사를 보고는 만족한다. 그는 바로 이 형태 안으로 잠겨 들어간다, 이 형태로부터 떠올라 나온다. 3

태양이 남쪽에서 떠오르고 북쪽에서 질 때까지의 두 배를 뒤에서 떠오르고 앞에서 진다. 그는 그때까지 바로 태양신들의 통치권과 자유로운 왕국을 온전히 얻는다. 4

아홉 번째 절

이제 그 네 번째 불사不死인 것,[513] 그것에 마루뜨들이[514] 쏘마를 으뜸으로 삼아 의지해 산다. 정녕 신들은 먹지 않는다, 마시지 않는다, 바로 이 불사를 보고 만족한다. 1

그들은 바로 이 형태 안으로 잠겨 들어간다, 이 형태로부터 떠올라 나온다. 2

이 불사를 이처럼 아는 이, 그는 마루뜨들 가운데 하나가 되어 바로 쏘마를 으뜸으로 삼아 이 불사를 보고는 만족한다. 그는 바로 이 형태

513 "네 번째 불사인 것"은 지나치게 검은 모습으로 나타나는 태양을 뜻한다.

514 "마루뜨(Marut)들"은 폭풍의 신들이다. 바람의 신이기도 하며 마흔아홉 명이다. 사람의 영혼은 바람의 신에 의해 실려 간다고 한다. 사십구 제의 유래는 바람의 신인 마루뜨들의 숫자와 관련이 있을 것 같다.

안으로 잠겨 들어간다, 이 형태로부터 떠올라 나온다. 3

태양이 뒤에서 떠오르고 앞에서 질 때까지의 두 배를 북쪽에서 떠오르고 남쪽에서 진다. 그는 그때까지 바로 마루뜨들의 통치권과 자유로운 왕국을 온전히 얻는다. 4

열 번째 절

이제 그 다섯 번째 불사不死인 것,[515] 그것에 싸드야들이[516] 브라흐만을[517] 으뜸으로 삼아 의지해 산다. 정녕 신들은 먹지 않는다, 마시지 않는다, 바로 이 불사를 보고 만족한다. 1

그들은 바로 이 형태 안으로 잠겨 들어간다. 이 형태로부터 떠올라 나온다. 2

이 불사를 이처럼 아는 이, 그는 싸드야들 가운데 하나가 되어 바로 브라흐만을 으뜸으로 삼아 이 불사를 보고는 만족한다. 그는 바로 이 형태 안으로 잠겨 들어간다, 이 형태로부터 떠올라 나온다. 3

태양이 북쪽에서 떠오르고 남쪽에서 질 때까지의 두 배를 위쪽에서

515 "다섯 번째 불사인 것"은 태양의 가운데에서 소용돌이치는듯한 모습을 뜻한다.
516 "싸드야(Sādhya)들"은 천상의 존재들이다. 이들의 세상은 신들의 세상 위에 있다고도 하며, 태양과 땅 사이의 허공계가 이들의 세상이라고도 한다.
517 막스 뮐러는 브라흐만(brahman)으로 본다. 라다크리슈난은 브라흐마(brahmā)로 본다. 브라흐만은 우주의 궁극적인 실재다. 브라흐마는 우주의 창조주다. 그래서 브라흐마를 창조주라고도 한다.

떠오르고 아래쪽에서 진다. 그는 그때까지 바로 싸드야들의 통치권과 자유로운 왕국을 온전히 얻는다. 4

열한 번째 절

이제 그 후로는 위로 솟아올라서는 떠오르지도 않고 지지도 않는다. 홀로 가운데에 머문다. 이것은 그에 대한 찬송이다.[518] 1

"그곳에선 정녕 아니다. 그 어느 때도 짐이 없고, 뜸이 없다.

신들이여, 이 사실로 인해 내가 브라흐만에 대해 등지지 않게 하라!"[519] 이렇게. 2

이처럼 이 브라흐만의 신비를[520] 아는 이, 이에게는 떠오르지도 않고, 가라앉지도 않는다. 이에게는 늘 낮이다.[521] 3

---

518 샹카라에 의하면, 와쑤를 비롯한 존재들과 행실이 같고, 붉은색 태양의 모습을 비롯한 불사를 향수(享受)한 어떤 지자(智者)가 앞에서 언급한 순서대로 '자신의 아'인 태양을 아성(我性, ātmatva)으로 얻어 삼매의 상태에서 이 만뜨라를 보고 깨어나자 다른 사람이 다음처럼 질문했다. "당신은 브라흐만의 세상에서 오셨습니다. 그곳에도 이 세상처럼 태양이 밤과 낮으로 변화하며 생명체들의 수명을 손상시키는지요?" 그러자 그는 다음에 이어지는 만뜨라로 대답했다.

519 샹카라에 의하면 내가 브라흐만의 본모습에 반(反)하지 않게 하라는, 브라흐만의 본모습을 얻지 못하는 일이 없게 하라는 의미다. 즉 신들을 불러 자신이 한 말이 거짓이 아니라는 것을 맹세하는 말이다.

520 샹카라에 의하면 "브라흐만의 신비(brahmopaniṣad)"는 '『베다』의 비밀(vedaguhya)'이다. 막스 뮐러는 '브라흐만의 신비'를 '『베다』의 비밀스런 교의(the secret doctrine of the Veda)'라고 번역한다. 라다크리슈난은 '브라흐마의 신비한 교의(mystic doctrine of Brahmā)'라고 번역한다.

521 샹카라에 의하면 일출과 일몰 시간에 의해 한정되지 않는 '항상한 것(nitya)'이며, '생겨나지 않은 것(aja)'인 브라흐만이 된다는 의미다.

바로 그 이것을[522] 브라흐마는[523] 쁘라자빠띠에게[524] 말했다. 쁘라자빠띠는 마누에게, 마누는 자손들에게,[525] 바로 그 이 브라흐만을[526] 아버지는 큰아들인 '우달라까 아루니'에게 알려 주었다. 4

이것을, 그 브라흐만을 아버지는 정녕 큰아들에게, 혹은 집에 머무는 사랑스러운 제자에게[527] 알려 주어야 한다. 5

다른 어느 누구에게도 안 된다.[528] 만일 이에게 물이 에워싸고 있는, 재물이 가득한 이것을 준다 하여도, 이것은 그것보다 더한 것이다![529] 이것은 그것보다 더한 것이다![530] 6

열두 번째 절

이 모든 그 어떤 것이라도 가야뜨리가 이 모든 존재[531]다. 언어가 가

---

522 샹카라에 의하면 "바로 그 이것"은 앞에서 언급한 '꿀에 대한 지혜(madhujñāna)'를 의미한다.

523 샹카라에 의하면 여기서 "브라흐마"는 히란야가르바(黃金子宮, 金胎, Hiraṇyagarbha)를 의미한다.

524 샹카라에 의하면 여기서 "쁘라자빠띠"는 위라즈를 의미한다. 131쪽 21번 각주 참조.

525 샹카라에 의하면 "자손들"은 이끄스와꾸(Ikṣvāku)를 비롯한 자손들이다.

526 샹카라에 의하면 "바로 그 이 브라흐만"은 앞에서 언급한 '꿀에 대한 지혜'이며 '브라흐만에 대한 인식(brahmavijñāna)'을 의미한다.

527 샹카라에 의하면 "사랑스러운 제자"는 자격을 갖춘 제자를 의미한다.

528 큰아들과 사랑스러운 제자 외의 다른 사람에게는 지금까지 언급한 '꿀에 대한 지혜'인 '브라흐만에 대한 인식'을 알려 주어서는 안 된다는 뜻이다.

529 샹카라에 의하면 만일 스승에게 그 누군가가 이 지혜와 바꾸기 위해 바다로 빙 둘러싸인 그리고 재물이 가득하고 즐길 거리들로 충만한 온 땅을 준다고 하여도, 그 땅은 이 지혜와 바꿀 만한 것이 못된다. 왜냐하면 그 땅을 주는 것보다 이 '꿀에 대한 지혜'를 주는 것이 훨씬 더 많은 보답이 있기 때문이다.

530 샹카라에 의하면 여기서 반복은 존중의 의미다.

야뜨리다. 언어가 이 모든 존재를 노래하고 그리고 보호한다.[532] 1

바로 그 가야뜨리인 것,[533] 이것이 바로 그것이다. 이 땅인 것이다. 왜냐하면 바로 이것에[534] 모든 존재가 자리 잡고 있고, 바로 이것을 넘어서지 않기 때문이다. 2

바로 그 이 땅인 것, 이것이 바로 그것이다. 이 사람에게 있는 이 몸인 것이다.[535] 왜냐하면 이것에 이 생기生氣들이[536] 자리 잡고 있고, 바로 이것을[537] 넘어서지 않기 때문이다. 3

바로 그 사람에 있는 몸인 것,[538] 이것이 바로 그것이다. 이 사람 안에 있는 심장인 것이다.[539] 왜냐하면 이것에 이 생기生氣들이 자리 잡고 있고, 바로 이것을 넘어서지 않기 때문이다.[540] 4

---

531 샹카라에 의하면 "존재"는 생명체로 생겨난 것을 의미한다.

532 샹카라에 의하면 왜냐하면 "언어"는 소리의 형태가 되어서 '저것은 소다', '저것은 말이다'라고 소리 낸다. 그리고 '너는 이것을 겁내지 마라', '너는 왜 겁을 내는가?' 이렇게 말을 통해서 두려움을 없애 보호한다는 의미다. 노래한다(가야띠, gāyati)와 보호한다(뜨라야떼, trāyate)에서 가야뜨리(gāyatrī)라는 낱말의 어원을 파악한다. 735쪽 1173번, 735쪽 1174번 각주 참조.

533 샹카라에 의하면 "바로 그 가야뜨리인 것"은 모든 존재의 형태인 가야뜨리를 의미한다.

534 "이것"은 이 땅을 뜻한다. 앞부분의 이것과 뒷부분의 이것도 마찬가지다.

535 샹카라에 의하면 "몸"은 흙으로 된 것이기 때문이다.

536 샹카라에 의하면 "이 생기들"은 존재라는 낱말이 의미하는 생기들이다.

537 샹카라에 의하면 "이것"은 몸을 의미한다.

538 샹카라에 의하면 사람에게 있어 몸인 가야뜨리를 의미한다.

539 샹카라에 의하면 "안에"는 가운데를 의미하며, 사람 가운데에 연꽃(白蓮, puṇḍarīka)이란 이름을 가진 심장이 있다. 이것이 가야뜨리다. 뿐다리까(puṇḍarīka)는 남성 명사로 '연꽃, 특히 백련(白蓮)'을 의미한다.

540 샹카라에 의하면 왜냐하면 심장(hṛdaya) 안에 생기들이 자리 잡고 있기 때문이다. 그

그러한 이 가야뜨리는 네 발이며, 여섯 가지다.[541] 그에 대해 리그베다의 구절을[542] 통해 거듭 언급되었다.[543] 5

"이것의 위대함은 그만큼이다.[544] 인아人我는 그보다 더욱더 크다.[545]

이것의[546] 한 발은 모든 존재들이다.[547] 이것의 세 발은 불사不死로 하늘에 있다." 이렇게.[548] 6

래서 몸(śarīra)처럼 심장이 가야뜨리다. 심장 안에 자리 잡고, 심장을 벗어나지 못하는 생기들은 앞에서와 마찬가지로 존재라는 낱말이 의미하는 생기들이다.

541 샹카라에 의하면 "가야뜨리"는 네 음보(音步)에 한 음보는 여섯 음절로 된 운율의 형태를 이룬다. 그리고 여섯 가지는 언어, 중생(존재), 땅, 몸, 심장, 생기라는 여섯 형태들을 의미한다. 라다크리슈난은 샹카라의 말을 인용하면서 '가야뜨리는 네 음보를 가지고 각각의 음보는 네 음절로 되어 있다(The Gāyatrī is a metre with four feet, each foot having four syllables).'고 주장한다. 그러나 샹카라의 산스크리트 원문은 'saiṣā catuṣpadā ṣaḍakṣr-apadā chandorūpā satī bhavati gāyatrī'라고 하여 한 음보는 네 음절이 아니라 여섯 음절로 되어 있다고 말하고 있다.

542 『리그베다』(10. 90. 3)의 구절이다.

543 샹카라에 의하면 만뜨라로도 표명되었다는 의미다.

544 샹카라에 의하면 네 발이며, 여섯 가지인 가야뜨리는 브라흐만의 변형인 한 개의 발에 해당된다. 가야뜨리라고 이름하는 브라흐만의 모든 위대함은 그 한 개의 발에 해당되는 그만큼이다. 위대함은 위신력(威神力, vibhūti)의 펼쳐짐을 의미한다.

545 샹카라에 의하면 브라흐만의 한 개의 발로 변형되어 나타나는 가야뜨리라는 이름의 언어에 내포된 양인 그것보다 '궁극적인 의미(paramārtha)'에 있어서 '실재 형태(satyarūpa)'인, '변형되지 않은 것(avikāra)'인 인아(人我)는 더욱더 위대한 것이다.

546 "이것"은 인아를 의미한다. 뒤의 것도 마찬가지다.

547 궁극의 실재의 사분의 일만이 현현되어 이 모든 우주가 된 것이라는 뜻이다.

548 샹카라에 의하면 뿌루샤라고 이름하는 세 발을 가진 불사(不死)는 모든 가야뜨리의 아(我)로서 하늘에, 즉 빛나는 '자신의 아'에 자리 잡고 있다. 우주의 궁극적인 실재가 존재하는 가장 높은 하늘은 바로 우리 자신의 아라는 것이 샹카라의 공간 관념이다. 궁극의 실재의 사분의 일만이 현현되어 이 모든 우주가 된 것이고, 나머지 사분의 삼은 궁극의 실재 그 자체로 현현하지 않은 채 우리 안에 존재한다는 뜻이다. 내 안에 영원성의 본질이 존재하는 가장 높은 하늘이 있다는 뜻이다.

바로 그 브라흐만인 것,[549] 이것이[550] 바로 그것[551]이다. 사람 외부의 허공인 이것이다.[552] 사람 외부의 허공인 바로 그것이다. 7

이것이[553] 바로 그것[554]이다. 사람[555] 안에 있는 허공인 이것이다.[556] 바로 사람 안에 있는 허공인 그것이다. 8

이것이[557] 바로 그것[558]이다. 심장[559] 안에 있는 허공인 이것이다.[560] 바로 이것은[561] 완전한 것이며 변하지 않는 것이다. 이처럼 아는 사람은 완전하고 변하지 않는 영광을 얻는다. 9

열세 번째 절

바로 그 이 심장에는 다섯 신의 구멍들이[562] 있다. 이것의[563] 동쪽 구

---

549 샹카라에 의하면 세 발을 가진 불사인 브라흐만을 의미한다.
550 샹카라에 의하면 외부의 물질적인(bhautika) 허공을 의미한다.
551 "그것"은 세 발을 가진 브라흐만을 의미한다.
552 샹카라에 의하면 이 "허공"은 '잠에서 깨어 있는 층위(jāgaritasthāna)'에서의 허공이며, 고통(duḥkha)이 많은 허공이다.
553 "이것"은 사람의 안에 있는 허공을 뜻한다.
554 "그것"은 브라흐만을 뜻한다.
555 샹카라에 의하면 여기서 "사람"은 몸을 의미한다. 뿌루샤는 남성 명사로 '사람, 남자, 영혼, 인아(人我), 브라흐만, 하인, 눈동자' 등을 의미한다. 여기서는 문맥상 사람의 몸을 뜻한다. 일곱 번째 만뜨라도 마찬가지다.
556 샹카라에 의하면 이 "허공"은 '꿈꾸는 층위(svapnasthāna)'에서의 허공이다. 고통이 약화된 허공이다.
557 "이것"은 사람의 안에 있는 허공을 뜻한다.
558 "그것"은 브라흐만을 뜻한다.
559 샹카라에 의하면 "심장"은 심장의 연꽃(hṛdayapuṇḍarīka)을 의미한다.
560 샹카라에 의하면 "허공"은 '꿈 없는 잠의 층위(suṣuptasthāna)'에서의 허공이다. 모든 고통이 사라진 허공이다.
561 "이것"은 심장 안에 있는 허공을 뜻한다.

멍인 것, 그것은 생기生氣다.[564] 바로 그것은 눈이다. 그것은 태양이다. 그러한 이것을 빛이요 곡식을 먹는 자라고 명상하라. 이렇게 아는 이는 빛나는 자, 곡식을 먹는 자가 된다.[565] 1

이제 이것의[566] 남쪽 구멍인 것, 그것은 편기遍氣다.[567] 그것은 귀다.[568] 그것은 달이다.[569] 그러한 이것을 영광[570]이고, 영예[571]라고 명상하라. 이렇게 아는 이는 영광스럽고, 명예가 있는 이가 된다.[572] 2

이제 이것의 서쪽 구멍인 것, 그것은 하기下氣다.[573] 그것은 언어다. 그

---

562 샹카라에 의하면 "다섯 신의 구멍들"은 다섯 신들의 구멍들이며, 천국을 얻는 문인 구멍들이다. 생기, 태양을 비롯한 신들이 지키기 때문에 신의 구멍들이다.

563 샹카라에 의하면 "이것"은 심장을 의미한다.

564 샹카라에 의하면 동쪽에 위치한 문을 통해 지나다니는 '특별한 숨(vāyuviśeṣa)', 그것은 동쪽으로(prāñc, prāk) 움직인다(aniti). 그래서 쁘라나(生氣, prāṇa)다. 생기는 심장의 동쪽에 있는 구멍을 통해서 움직인다는 뜻이다. 143쪽 120번 각주 참조.

565 샹카라에 의하면 빛나는 사람이 되고, 곡식을 먹는 사람이 되는 것은 명상의 부수적인 결과다. 명상의 주된 결과는 천국을 얻는 것이다.

566 "이것"은 심장을 뜻한다.

567 샹카라에 의하면 남쪽에 있는 구멍에 위치한 특별한 숨, 그것은 영웅적인(vīryavān) 행위를 하면서 움직인다(aniti). 혹은 생기(生氣)와 하기(下氣)와는 별도로(vigṛhya) 움직인다. 혹은 다양하게(nānā) 움직인다. 그래서 브야나(遍氣, vyāna)라고 한다.' 접두어 '비(위, vi)'에는 '다르다'는 뜻이 있다. 다르기 때문에 다양한 것이다. 따라서 '다양하게(nānā)'라는 말은 접두어 '비'와 연결된다. 144쪽 126번 각주 참조.

568 샹카라에 의하면 "귀"는 지혜의 원인이다.

569 샹카라에 의하면 "달"은 곡식의 원인이다.

570 샹카라에 의하면 지혜와 곡식에 의해서 "영광(śrī)"이 생긴다. 막스 뮐러는 영광을 '행복(happiness)'이라고 번역한다. 라다크리슈난은 '번영(prosperity)'이라고 번역한다.

571 샹카라에 의하면 지혜와 곡식에 의해서 "영예(yaśa)"가 생긴다.

572 샹카라에 의하면 영광스럽고, 영예가 있는 사람이 되는 것은 명상의 부수적인 결과다. 명상의 주된 결과는 천국을 얻는 것이다.

573 샹카라에 의하면 서쪽에 있는 구멍에 위치한 '특별한 숨', 그것은 소변과 대변을 끄집어

것은 불이다. 그러한 이것을 브라흐만의 권능[574]이고, 곡식을 먹는 자라고 명상하라. 이렇게 아는 이는 브라흐만의 권능이 있는 자, 곡식을 먹는 자가 된다. 3

이제 이것의 북쪽 구멍인 것, 그것은 평기平氣다.[575] 그것은 마음이다. 그것은 빠르잔야[576]다. 그러한 이것을 명성이고, 우아함[577]이라고 명상하라. 이렇게 아는 이는 명성이 있는 이, 우아한 이가 된다. 4

이제 이것의 위쪽 구멍인 것, 그것은 상기上氣다.[578] 그것은 바람이다. 그것은 허공이다. 그러한 이것을 기력氣力[579]이고, 위대함이라고 명상하라. 이렇게 아는 이는 기력이 있는 자, 위대한 이가 된다. 5

바로 그러한 이들 브라흐만의 다섯 신하들이 천국의 문을 지키는 자들이다.[580] 이처럼 브라흐만의 이 다섯 신하들이 천국의 문을 지키는 자

내어(apanayan) 아래로 움직인다(aniti). 그래서 아빠나(下氣, apāna)라고 한다. 143쪽 119번 각주 참조.

574 샹카라에 의하면 행실(vṛtta)과 독경들을 원인으로 생겨나는 권능이다.

575 샹카라에 의하면 북쪽에 있는 구멍에 위치한 '특별한 숨', 그것은 먹고 마신 것을 균등하게(samam) 가져간다(nayati). 그래서 싸마나(平氣, samāna)라고 한다. 143쪽 121번 각주 참조.

576 샹카라에 의하면 "빠르잔야"는 '비의 아가 되는 것(vṛṣṭyātmaka)'인 신이다. 빠르잔야는 비의 신이며, 구름을 뜻하기도 한다. 막스 뮐러와 라다크리슈난은 여기서 빠르잔야를 '비(rain)'라고 해석한다.

577 샹카라에 의하면 "우아함(vyuṣṭi)"은 미모(kānti)다. 몸의 아름다움(lāvaṇya)이다.

578 샹카라에 의하면 위쪽에 있는 구멍, 그것은 "상기"다. 발바닥에서 시작해서 위로(ūrdhvam) 상승(utkramaṇa)하여 움직인다(aniti). 혹은 끌어당기려는(utkarṣārtham) 일을 하며 움직인다. 그래서 우다나(上氣, udāna)라고 한다. 145쪽 127번 각주 참조.

579 샹카라에 의하면 "기력(ojas)"은 힘이다.

580 샹카라에 의하면 앞에서 언급한 다섯 구멍들과 관련되기 때문에 심장에 있는 브라

들임을 아는 그 사람, 이 사람의 가문에는 영웅이 태어난다.[581] 이처럼 이들 브라흐만의 다섯 신하들이 천국의 문을 지키는 자들임을 아는 이는 천국에 들어간다. 6

이제 이 빛나는 하늘 너머[582] 전체 등성이들에서, 모든 등성이들에서,[583] 더 높은 곳들이 없는 높은 세상들에서 이 최고의 빛이 빛난다. 그

흐만의 신하들이 문에 위치한 왕의 신하들처럼 심장에 있는 천국의 문을 지키는 자들이다. 왜냐하면 외부로 작용하는 눈, 귀, 발음 기관, 마음, 생기들에 의해 심장에 있는 브라흐만을 얻는 문들은 닫히기 때문이다. 기관들을 이기지 못함으로써, 외부의 대상에 대한 집착이라는 그릇됨이 만연돼 마음은 심장 속에 있는 브라흐만에 머물지 못한다. 그러므로 이 다섯 브라흐만의 신하들이 천국의 문을 지키는 자들이라고 말한 것은 진실을 말한 것이다.

581 샹카라에 의하면 그 누구라도 앞에서 말한 자질을 갖춘 천국의 수문장들에 대해 이와 같이 알면, 즉 명상을 하여 장악하면, 천국인 심장에 있는 브라흐만을 얻게 된다. 그리고 영웅을 접하게 됨으로 말미암아 이와 같이 아는 이 사람의 가문에는 영웅이 태어난다.

582 샹카라에 의하면 "이 빛나는 하늘"은 저 빛나는 하늘이다.

583 샹카라에 의하면 "모든 등성이들에서"는 '전체 등성이들에서'를 풀이해 주는 말이다. 윤회(saṁsāra)의 위라는 의미다. 왜냐하면 윤회가 모든 것이기 때문이다. 윤회하지 않는 것은 '단일한 것(ekatva)'이고, '구분이 없는(nirbhedatva) 것'이기 때문이다. 이 토끼, 저 토끼 이렇게 구분이 되고 단일하지 않은 것에 대해서만 모든 토끼라고 말할 수 있다. 따라서 '전체(viśvataḥ)', '모든(sarvataḥ)'이라는 말은 하나가 아니고 구분되는 것들에 대해서만 쓸 수 있다. 구분되는 모든 것들은 윤회하는 것들이며, 구분이 없는 단일성은 윤회하지 않는 본질이다. 앞의 열두 번째 절 여섯 번째 만뜨라에서 "이것의 위대함은 그만큼이다. 인아(人我)는 그보다 더욱더 크다. 이것의 한 발은 모든 존재들이다. 이것의 세 발은 불사(不死)로 하늘에 있다"라고 말한 대로 이 윤회하는 모든 세상은 네 발 중 한 발이고, 나머지 세 발은 윤회를 벗어난 불사의 존재로 가장 높은 하늘에 있기 때문이다. 윤회하는 모든 존재들은 죽는 존재들이며, 윤회를 벗어난 존재만이 죽음이 없는 불사의 존재다. "등성이"에 해당되는 원문은 쁘리스타(pṛṣṭha)다. 쁘리스타는 중성 명사로 '등, 배후, 뒷부분, 표면, 꼭대기' 등을 의미한다. 자신이 엎드린 모습을 상상해 보면, 자신의 등이 바로 배후이며, 뒷부분이고, 표면이며, 꼭대기가 된다는 것을 알 수 있다. 원문에서 쁘리스타라는 낱말을 사용한 것은 이런 의미를 담보하기 위해서다. 왜냐하면 열두 번째 절 아홉 번째 만뜨라에서 "이것이 바로 그것이다. 심장 안에 있는 허공인 이

것은 바로 이 사람 안에 있는 이 내면의 빛이다.[584] 만짐으로써 이 몸 안에서 열이 나고 있음[585]을 감지할 때의 이것, 이것이 그것에 대해 보는 것[586]이다. 두 귀를 막고[587] 울림[588] 같은 것을, 소음[589] 같은 것을, 불이 훨훨 타듯 하는 것을 들을 때의 이것, 이것이 그것에 대해 듣는 것이다. 그러한 이것을 본 것이고 들은 것이라고 명상하라.[590] 이렇게 아는 이는 볼만하고[591] 알려진[592] 이가 된다. 이렇게 아는 이는.[593] 7

열네 번째 절

이 모든 것은[594] 참으로[595] 브라흐만[596]이다. 그것은[597] 자ja,[598]

것이다. 바로 이것은 완전한 것이며 변하지 않는 것이다"라고 말하기 때문이다. 이처럼 가장 높은 하늘은 다른 곳이 아닌 바로 우리의 심장 안에 있는 허공이며, 불사의 존재는 바로 그 허공 안에 있는 존재라는 의미를 등성이라는 말이 은연중 나타낸다.

584 1958년에 인도 푸나의 베다 교정 기관에서 간행된 교정 판본과 샹카라의 산스크리트 어 주석본을 제외한 기타프레스의 힌디 어 번역본과 그 원본, 라다크리슈난의 영어 번역본과 그 원본, 싸뜨야브라따 씻단따랑까라의 힌디 어 번역본과 그 원본 모두 여기까지를 일곱 번째 만뜨라로 구분하고, 다음에 이어지는 부분을 여덟 번째 만뜨라로 본다.

585 샹카라에 의하면 "열이 나고 있음"은 형태와 함께 존재하는 열의 촉감을 의미한다.

586 샹카라에 의하면 피부 감촉으로 파악하는 것, 그것은 눈으로 파악하는 것이다. 왜냐하면 피부는 확실하게 인식하게 하는 것이며, 형태와 촉감은 불가분의 존재이기 때문이다.

587 샹카라에 의하면 '두 손가락으로 막고'라는 의미다. 즉 양쪽 귀를 각각 한 손가락으로 막는다는 뜻이다.

588 샹카라에 의하면 "울림(ninada)"은 마차 소리를 의미한다.

589 샹카라에 의하면 "소음(nadathu)"은 황소가 울부짖는 소리를 의미한다.

590 샹카라에 의하면 이 빛(jyoti)은 본 것과 들은 것이라는 징표(lakṣaṇa)가 있는 것이기 때문에 본 것으로 그리고 들은 것으로 명상하라는 의미다.

591 샹카라에 의하면 "볼만하다"고 말하는 것은 형태와 촉감(sparśa)은 함께 존재하는 것이기 때문이다.

592 샹카라에 의하면 "알려진" 사람은 '유명한' 사람이란 의미다.

593 샹카라에 의하면 여기서 반복은 존중을 의미한다.

594 샹카라에 의하면 "이 모든 것"은 세상(jagat)이다. 이름과 형태로 변화된 것, 직접 지

라[la],[599] 안[an600] 이라고 평온하게 명상하라.[601] 이제 참으로 결심으로[602] 된 것이 사람이다. 이 세상에서 사람이 결심한 대로 되듯이, 그렇게 이 세상을 떠나 그대로 된다.[603] 그 결심은 행해져야 한다![604] 1

마음이 위주인 것이다.[605] 생기가 몸인 것이다.[606] 빛이 형태인 것이

각(pratyakṣa) 등의 대상이 되는 것이다. 이 세상은 원인(kāraṇa)인 브라흐만이다. '가장 큰 것(vṛddhatamatva)'이기 때문에 브라흐만이다.

595 샹카라에 의하면 "참으로(khalu)"는 문장을 장식하는 말이다.

596 샹카라에 의하면 "브라흐만"은 원인이다. '가장 큰 것'이기 때문에 브라흐만이다.

597 "그것"은 브라흐만을 뜻한다.

598 샹카라에 의하면 모든 것은 그 브라흐만으로부터 빛, 물, 곡식을 비롯한 순서대로 '생겨난 것'이다. 그래서 그것은 "자"다. 생겨난 것을 의미하는 자따(jāta)와 '자'를 연관시켜 브라흐만을 명상하는 문자관법(文字觀法)이다.

599 샹카라에 의하면 그리고 생겨난 순서의 역순으로 바로 그 브라흐만에 잠긴다. 즉 '그것의 아성(我性, tadātmatā)'에 연결된다. 그래서 "라"다. '잠김'을 의미하는 라야(laya)와 '라'를 연관시켜 브라흐만을 명상하는 문자관법(文字觀法)이다.

600 샹카라에 의하면 그리고 바로 그곳에 머물러 있을 때 움직인다. 즉 숨을 쉰다. 즉 활동한다. 그래서 그것은 "안"이다. '움직이다, 숨을 쉬다, 활동하다'를 의미하는 아니띠(aniti)와 '안'을 연관시켜 브라흐만을 명상하는 문자관법(文字觀法)이다.

601 샹카라에 의하면 이처럼 '브라흐만의 아성(我性, brahmātmatā)'에 의해서 세 시간들에 있어 다름이 없으며, 브라흐만을 제외하면 파악할 수 없는 것이기 때문에 그것은 바로 이 세상이다. 이 모든 것은 브라흐만이다. 그러므로 평온하게, 즉 애증(愛憎, rāgadveṣa)을 비롯한 결함이 없이 기관들을 제어한 상태에서 모든 것이 브라흐만이라고 명상하라는 의미다. 세 시간들은 과거, 현재, 미래를 의미한다.

602 샹카라에 의하면 "결심(kratu)"은 확정(niścaya)이며 결정(adhyavasāya)이다. 바로 이렇게 다르지 않다는 흔들림 없는 인식(pratyaya)이 결심이다.

603 막스 뮐러는 '이 세상에서 그의 의지(will)가 무엇인가에 따라 그가 이생을 떠났을 때 그대로 된다'라고 번역한다. 라다크리슈난은 '이 세상에서 사람이 가진 의도(the purpose)에 따라 그는 여기서 떠나면서 그대로 된다'라고 번역한다.

604 샹카라에 의하면 결과는 결심의 형태를 따르는 성질의 것이기 때문에 그 결심은 행해져야 한다는 의미다.

605 샹카라에 의하면 이것으로 생각한다(manute). 그래서 "마음(manas)"이라고 한다. 인아(人我)는 마음이 위주가 되어 마음이 몰두하면 몰두하는 듯하며, 마음이 물러서면 물러서는 듯하다.

다.[607] 진실한 개념을 가진 것이다.[608] 허공이 아我인 것이다.[609] 모든 행위를 가진 것이다.[610] 모든 욕망을 가진 것이다.[611] 모든 향기를 가진 것이다.[612] 모든 맛을 가진 것이다.[613] 이 모든 편재한 것이다.[614] 발음 기관이 없는 것이다.[615] 무관심한 것이다.[616] [617] 2

---

606 샹카라에 의하면 여기서 생기는 인식력(vijñānaśakti)과 활동력(kriyāśakti)의 합체인 '잠기는 몸(liṃgaśarīra)'을 의미한다. 이러한 몸을 가진 것이 "생기가 몸인 것(prāṇaśarīra)"이다. '잠기는 몸'은 귀멸(歸滅)의 때에 자신의 몸체가 자신이 생겨난 원인 속으로 잠기어 사라지는 존재를 뜻한다.

607 샹카라에 의하면 밝음(dīpti)인 의식(caitanya)으로 나타나는 형태가 "빛이 형태인 것(bhārūpa)"이다.

608 샹카라에 의하면 그릇됨(avitatha)들이 없는 개념을 가진 것이 "진실한 개념을 가진 것(satyasaṃkalpa)"이다.

609 샹카라에 의하면 허공 같은 아, 즉 본모습(svarūpa)을 가진 것이 "허공이 아인 것(ākāś-ātman)"이다. 자재자(自在者)에게는 모든 것에 편재하는 성질, 미세성(sūkṣmatva), 형태를 비롯한 것들이 없는 성질을 가지기 때문에 허공과 비슷한 점이 있다.

610 샹카라에 의하면 모든 것은 자재자(自在者)에 의해서 만들어진다. 그래서 세상이 모든 행위다. 모든 세상을 가진 것이 "모든 행위를 가진 것(sarvakarmā)"이다.

611 샹카라에 의하면 결함이 없는 모든 욕망(kāma)들을 가진 것이 "모든 욕망을 가진 것(sarvakāma)"이다.

612 샹카라에 의하면 모든 기분 좋은 향기(gandha)들을 가진 것이 "모든 향기를 가진 것(sarvagandha)"이다.

613 샹카라에 의하면 모든 기분 좋은 맛(rasa)들을 가진 것이 "모든 맛을 가진 것(sarvarasa)"이다.

614 샹카라에 의하면 이 모든 세상에 온통 "편재한 것"이다.

615 샹카라에 의하면 발음 기관(vāk)을 가지지 않은 것이 "발음 기관이 없는 것(avākī)"이다. 여기서 발음 기관이 없다는 것은 제유법적인 의미다. 즉 후각 기관인 코를 비롯한 모든 기관들이 없다는 뜻이다.

616 샹카라에 의하면 "무관심(anādara)"은 '동요가 없는 것(asambhrama)'이다. 욕망을 이루지 못한 존재에게는 얻지 못한 것을 얻기 위한 동요가 있다. 그러나 욕망을 이룬 존재이기 때문에 항상 만족한 자재자(自在者)에게 동요는 결코 없다.

617 샹카라의 세 번째 만뜨라에 대한 주석에 의하면 이 만뜨라는 '나의 아(mamātman)'의 특질(guṇa)을 말하는 것이다.

심장 안에[618] 있는 이[619] 나의 아我는 보다 작은 것이다. 쌀보다, 보리보다, 겨자보다, 기장보다, 기장의 겨보다.[620] 심장 안에 있는 이 나의 아는 땅보다 큰 것이다. 허공보다 큰 것이다. 하늘보다 큰 것이다. 이 세상들[621]보다 큰 것이다. 3

모든 행위를 가진 것이다. 모든 욕망을 가진 것이다. 모든 향기를 가진 것이다. 모든 맛을 가진 것이다. 이 모든 편재한 것이다. 발음 기관이 없는 것이다. 무관심한 것이다. 이러한 나의 아我는 심장 안에 있다. 이것이 브라흐만이다. "이것을 이곳에서 떠나 나는 얻을 것이다." "진실로 그의[622] 것이 될 것이다. 의심의 여지가 없다!" 이렇게 '샨딜야'가[623] 말했다. '샨딜야'가.[624] 4

열다섯 번째 절

"허공이 배이고,[625] 땅이 뿌리인[626] 보고寶庫[627]다. 낡지 않는다.[628]

618 샹카라에 의하면 '심장의 연꽃 가운데'를 의미한다.

619 샹카라에 의하면 "이"는 앞에서 말한 특질을 가진 것을 의미한다.

620 샹카라에 의하면 아가 아주 미세하다는 것을 제시하기 위함이다.

621 "이 세상들"은 땅, 허공, 하늘을 합한 것이다.

622 샹카라에 의하면 "그"는 '이처럼 아는 사람'이다.

623 샹카라에 의하면 "샨딜야(Śāṇḍilya)"는 선인(仙人)의 이름이다.

624 샹카라에 의하면 여기서 반복은 존중의 의미다.

625 샹카라에 의하면 안에 구멍(suṣira)이 있는 것이 "허공이 배인 것(antarikṣodara)"이다.

626 "뿌리"의 원어는 부드나(budhna)다. 부드나는 남성 명사로 '그릇의 바닥, 나무의 뿌리, 낮은 부분, 몸, 하늘' 등을 의미한다. 막스 뮐러와 라다크리슈난은 부드나를 '바닥(bottom)'이라고 번역한다. 그러나 샹카라에 의하면 여기서 부드나는 뿌리(mūla)다. 아마도 샹카라는 생명체의 행위와 그 행위의 결과인 재산은 땅에서 만들어지는 것이기 때문에 '땅이 바닥인 보고'가 아니라 '땅이 뿌리인 보고'로 해석하는 듯하다.

627 샹카라에 의하면 "보고(kośa)"처럼 수많은 성질들이 같기 때문에 보고다. 보고에는 황금, 진주, 다이아몬드 등 수많은 보물들이 담겨 있다. 이 수많은 것들은 각각 다른

방위들은 이것의 모퉁이들이다. 하늘은 이것의 윗구멍이다.

그러한 이 창고는 재산을 두는 곳[629]이다. 그곳에 이 모든 것[630]이 깃들어 있다." 1

그것의[631] 동쪽은 '주후'라는 이름이다.[632] '싸하마나'라는 이름은 남쪽이다.[633] '라그여이'라는 이름은 서쪽이다.[634] '쑤부따'라는 이름은 북쪽이다.[635] 그것들에게 있어서는 바람이 자식이다.[636] 이처럼 이 바람이

사물들이지만 귀중함이라는 같은 성질을 가지고 있기 때문에 보고에 담겨 있는 것이다. 이와 마찬가지로 이곳에 있는 것들은 성질이 비슷하다는 의미다.

628 샹카라에 의하면 '삼계의 아인 것(trailokyātmakatva)'이기 때문에 낡지 않는 것, 즉 멸하지 않는 것이다.

629 샹카라에 의하면 "재산(vasu)"은 생명체들의 행위의 결과다. 이곳에 생명체들의 행위의 결과가 놓이기 때문에 "재산을 두는 곳(vasudhāna)"이라고 한다. 싸뜨야브라따 씻단따랑까라에 의하면 재산들을 간직하는 것 혹은 여덟 명의 와쑤(Vasu)들의 거처를 자기 안에 간직하는 것이다.

630 싸뜨야브라따 씻단따랑까라에 의하면 이 모든 것은 이 모든 세상을 의미한다.

631 샹카라에 의하면 "그것"은 보고(寶庫)를 의미한다.

632 샹카라에 의하면 동쪽 방향에 "주후(juhū)"가 있다. 행위자들은 동쪽으로 얼굴을 향하고 있다. 그래서 "주후"라는 이름이다. "주후"는 제사 불에 우유 기름을 떠서 부어 넣어 제사 불길을 돋우기 위한 나무로 만든 긴 숟가락이다. "주후"는 '불의 신인 아그니의 혀, 혹은 불길'을 뜻하기도 한다.

633 샹카라에 의하면 남쪽 방향에 있는 야마(Yama)의 성에서 생명체들은 악행의 결과들을 감내한다(sahante). 그래서 남쪽 방위는 "싸하마나(sahamānā)"다. 즉 싸하마나는 감내하는 방위라는 뜻이다. 죽음과 도덕의 신인 야마의 방위는 남쪽이다.

634 샹카라에 의하면 서쪽 방향은 와루나 '왕에 의해서(rājñā)' 주재되는 방위이기 때문에 혹은 저녁의 '붉은 색조(rāga)'와 결합하기 때문에 "라그여이(rājñyī)"다. 즉 라그여이는 물의 신이며 법의 신인 와루나의 방위 혹은 붉은 색조의 방위라는 뜻이다.

635 샹카라에 의하면 북쪽 방향은 이스와라(Īśvara), 꾸베라(Kubera)를 비롯한 풍요로운(bhūtimat) 신들이 주재하는 방위이기 때문에 "쑤부따(subhūtā)"다. 즉 쑤부따는 아주 풍요로운 방위라는 뜻이다. 여기서 이스와라는 쉬바(Śiva)를 뜻한다. 꾸베라는 부의 신이다. 쉬바가 있는 곳과 꾸베라의 도시인 알라까(Alakā)는 인접해 있다.

636 샹카라에 의하면 바람은 방위들에서 생겨나는 것이기 때문이다. 동풍(東風, purovāta) 등의 용례를 볼 수 있기 때문이다.

방위들의 자식임을 아는 이, 그는 아들로 인한 울음을 울지 않는다.[637]

"이처럼 이 바람이 방위들의 자식임을 아노니, 그러한 나는 아들로 인한 울음을 울지 않게 되리라!" 2

"나는 안전한 보고寶庫로[638] 들어가리라![639] 그와 함께, 그와 함께, 그와 함께![640]

나는 생기生氣로 들어가리라! 그와 함께, 그와 함께, 그와 함께!

나는 부후로[641] 들어가리라! 그와 함께, 그와 함께, 그와 함께!

나는 부바하로[642] 들어가리라! 그와 함께, 그와 함께, 그와 함께!

나는 쓰바하로[643] 들어가리라! 그와 함께, 그와 함께, 그와 함께!"[644] 3

"나는 생기로 들어가리라!"라는 것, 그것은 바로 생기가 이 모든 존

---

637 샹카라에 의하면 그 누구라도 아들이 오래 살기를 바라는 사람은 이처럼 말한 바대로 성질을 가진 바람이 방위들의 불사(不死)의 자손(vatsa)임을 안다면, 그는 아들로 인한 울음을 울지 않는다. 즉 아들이 죽지 않는다는 의미다.

638 샹카라에 의하면 "안전한 보고"는 불멸의 보고를 의미한다.

639 샹카라에 의하면 아들의 장수를 위해서 "들어간다(prapadye)", 즉 '나는 귀의한다'는 의미다.

640 샹카라에 의하면 이렇게 세 번 아들의 이름을 취한다는 의미다. 싸뜨야브라따 씻단따랑까라에 의하면 각각의 방편(sādhana)을 의미한다. 기타프레스의 힌디 어 번역본에 의하면 '아무개와 함께, 아무개와 함께, 아무개와 함께!'라는 의미다.

641 여기서 "부후"는 아래의 만뜨라에 따르면 땅과 허공과 하늘을 뜻한다. 다른 곳에서 부후는 땅의 세계가 소리로 화한 것을 뜻하기도 한다.

642 여기서 "부바하"는 아래의 만뜨라에 따르면 불과 바람과 태양을 뜻한다. 다른 곳에서 부바하는 허공의 세계가 소리로 화한 것을 뜻하기도 한다.

643 여기서 "쓰바하"는 아래의 만뜨라에 따르면 『리그베다』와 『야주르베다』와 『싸마베다』를 뜻한다. 다른 곳에서 쓰바하는 하늘의 세계가 소리로 화한 것을 뜻하기도 한다.

644 샹카라에 의하면 모든 곳에서 들어가리라 이렇게 하고는 세 번씩 거듭해서 아들의 이름을 취한다.

재라는 것이다, 그 어떠한 이것도[645] 생기라는 것이다. 그리하여[646] 바로 그것을[647] 나는 얻으리라는[648] 것이다. 4

이제, "나는 부후로 들어가리라!"라는 것은 바로 '나는 땅을 얻으리라, 허공을 얻으리라, 하늘을 얻으리라'는 것, 나는 그것을 말한 것이다. 5

이제, "나는 부바하로 들어가리라!"라는 것은 바로 '나는 불을[649] 얻으리라, 바람을[650] 얻으리라, 태양을[651] 얻으리라'는 것, 나는 그것을 말한 것이다. 6

이제, "나는 쓰바하로 들어가리라!"라는 것은 바로 '나는 리그베다를 얻으리라, 야주르베다를 얻으리라, 싸마베다를 얻으리라'는 것, 나는 그것을 말한 것이다. 나는 그것을 말한 것이다.[652] 7

열여섯 번째 절

사람이[653] 바로 제사다. 그의 이십사 년들인 것, 그것은 아침에 쏘마

---

645 샹카라에 의하면 "이것"은 세상을 의미한다.
646 샹카라에 의하면 "그리하여"는 '생기를 부여(pratipādana)하여'라는 의미다.
647 샹카라에 의하면 "그것"은 모든 것이라는 의미다.
648 샹카라에 의하면 "나는 얻으리라"는 말은 '나는 얻었다'는 것을 의미한다.
649 "불"은 땅의 주재신이다.
650 "바람"은 허공의 주재신이다.
651 "태양"은 하늘의 주재신이다.
652 반복은 절이 끝남을 의미한다.
653 원어는 뿌루샤(puruṣa)다. 뿌루샤는 남성 명사로 '사람, 남자, 인류, 신하, 궁극적인 존재, 인물, 인칭, 눈동자, 영혼, 우주의 궁극적인 영혼' 등을 의미한다. 불경에서는 '인(人), 인자(人者), 남(男), 남자(男子), 장부(丈夫), 사부(士夫), 사(士), 대사(大士), 인아(人我), 아(我), 신(臣), 사(吏), 사자(使者)' 등으로 한역된다. 이 책의 대부분의 경우에는 '인아'로

를 짜서 올리는 제사[654]다. 스물네 개의 음절들이 '가야뜨리'다. '가야뜨리' 운율의 찬가와 관련된 것이 아침에 쏘마를 짜서 올리는 제사다. 이것의 그것은 와쑤들이 뒤따르는 것이다.[655] 생기들이 바로 와쑤들이다. 왜냐하면 이것들이 이 모든 것을 살아 머물게 하기 때문이다. 1

그를[656] 만일 이 나이에 그 무언가가[657] 병고에 시달리게 한다면, 그는 말해야 한다.[658]

"생기들인 와쑤들이여, 이것을, 아침에 쏘마를 짜서 올리는 나의 제사를, 점심에 쏘마를 짜서 올리는 제사로 이어지게 하라! 그리하여, 제사인 나는 생기들인 와쑤들 가운데에서 부서지지 않게 되리라!"[659]

이렇게 하면, 그는 그로부터[660] 반드시 벗어나 분명히 병이 낫게 된다. 2

이제 사십사 년들인 것, 그것은 점심에 쏘마를 짜서 올리는 제사다.

그리고 이따금 '사람'으로 번역된 낱말이다. 샹카라에 의하면 여기서 뿌루샤는 원인과 결과의 결합인 '특별한 삶(jīvanaviśeṣa)'을 의미한다. 막스 뮐러는 여기서 뿌루샤를 '사람(man)'이라고 번역한다. 라다크리슈난은 '사람, 인간(person)'이라고 번역한다.

654 샹카라에 의하면 "제사"는 인생(puruṣa)이라는 이름의 제사다.

655 샹카라에 의하면 '인간의 제사(puruṣayajña)'의 아침에 쏘마를 짜서 올리는 제사는 "와쑤들이 뒤따르는 것", 즉 주인이라는 의미다.

656 샹카라에 의하면 "그"는 제사를 지내는 사람을 의미한다.

657 샹카라에 의하면 "그 무언가"는 질병을 비롯한 죽을지도 모를 원인을 의미한다.

658 샹카라에 의하면 자기 자신을 제사로 여기며 이어지는 진언(眞言)을 염송(念誦)해야 한다.

659 샹카라에 의하면 생기들인 와쑤들은 아침에 쏘마를 짜서 올리는 제사의 주신(主神)들이다. 따라서 "생기들인 와쑤들 가운데에서 부서지지 않게 되리라"는 것은 '인생의 아침에 해당되는 시기에 죽지 않게 되리라'는 것을 뜻한다.

660 샹카라에 의하면 "그로부터"는 '병고의 시달림으로부터'다.

마흔네 개의 음절들이 '뜨리스뚭'[661]이다. '뜨리스뚭' 운율의 찬가와 관련된 것이 점심에 쏘마를 짜서 올리는 제사다. 이것의 그것은 루드라들이 뒤따르는 것이다.[662] 생기들이 바로 루드라들이다. 왜냐하면 이것들이 이 모든 것을 울리기 때문이다.[663] 3

그를 만일 이 나이에 그 무언가가 병고에 시달리게 한다면, 그는 말해야 한다.

"생기들인 루드라들이여, 이것을, 점심에 쏘마를 짜서 올리는 나의 제사를, 세 번째 쏘마를 짜서 올리는 제사로 이어지게 하라! 그리하여, 제사인 나는 생기들인 루드라들 가운데에서 부서지지 않게 되리라!"

이렇게 하면, 그는 그로부터 반드시 벗어나 분명히 병이 낫게 된다.[664] 4

이제 사십팔 년들인 것, 그것은 세 번째 쏘마를 짜서 올리는 제사다. 마흔여덟 개의 음절들이 '자가띠'[665]다. '자가띠' 운율의 찬가와 관련된 것이 세 번째 쏘마를 짜서 올리는 제사다. 이것의 그것은 태양들이 뒤따르는 것이다. 생기들이 바로 태양들이다. 왜냐하면 이것들이 이 모든 것

661 "뜨리스뚭(triṣṭubh)"은 각각의 한 음보가 열한 개의 음절로 이루어진 사 음보 운율이다. 따라서 뜨리스뚭의 모든 음절수는 마흔네 개다.

662 샹카라에 의하면 '인간의 제사'의 점심에 쏘마를 짜서 올리는 제사는 루드라들이 뒤따르는 것, 즉 주인이라는 의미다.

663 샹카라에 의하면 생기들이 운다(rudanti), 울게 한다(rodayanti). 그래서 생기들이 루드라들이다. 왜냐하면 그것들은 중년의 나이에 잔혹(krūra)하기 때문이다. 그래서 루드라들이다.

664 앞의 두 번째 만뜨라의 각주들을 적용하여 마찬가지로 해석하면 된다.

665 "자가띠(jagatī)"는 각각의 한 음보가 열두 개의 음절로 이루어진 사 음보 운율이다. 따라서 자가띠의 모든 음절수는 마흔여덟 개다.

을 취하기 때문이다.[666] 5

그를 만일 이 나이에 그 무언가가 병고에 시달리게 한다면, 그는 말해야 한다.

"생기들인 태양들이여, 이것을, 세 번째 쏘마를 짜서 올리는 나의 제사를, 수명으로 이어지게 하라![667] 그리하여, 제사인 나는 생기들인 태양들 가운데에서 부서지지 않게 되리라!"

이렇게 하면, 그는 그로부터 반드시 벗어나 분명히 병이 낫게 된다. 6

이러한 그것을[668] 분명히 알고 있는 '마히다싸 아이따레야'[669]가 말했다.

"이게 그 뭐래서[670] 너는 나를 병고에 시달리게 하느냐?[671] 이에 의해서[672] 나는 떠나지 않으리라!"[673]

그는 정말 백열여섯 살[674]을 살았다. 이처럼 아는 사람은 분명히 백

---

666 샹카라에 의하면 "생기들"이 "태양들"이다. 왜냐하면 그것들은 이 소리를 비롯한 생겨난 것들을 취한다(ādadate). 그래서 태양(āditya)들이다.

667 샹카라에 의하면 백열여섯 살까지 온전히 얻게 하라. 제사를 온전히 마치게 하라는 의미다.

668 샹카라에 의하면 "이러한 그것"은 '제사의 철학(yajñadarśana)'인 그것이다.

669 샹카라에 의하면 "마히다싸(Mahīdāsa)"는 이름이며, "아이따레야(Aitareya)"는 이따라(Itarā)의 아들이란 의미다.

670 샹카라에 의하면 "그 뭐래서"는 '무엇 때문에'라는 의미다.

671 샹카라에 의하면 질병을 "너"라고 이인칭으로 부르며 하는 말이다.

672 샹카라에 의하면 "이에 의해서"는 '질병이 만드는 병고에 의해서'란 의미다.

673 샹카라에 의하면 "나는 떠나지 않으리"란 것은 '나는 죽지 않으리'란 것을 의미한다.

674 싸뜨야브라따 씻단따랑까라에 의하면 '24+44+48=116'이다. 즉 아침과 관련된 가야뜨리 운율의 음절수 이십사, 점심과 관련된 뜨리스뚭 운율의 음절수 사십사, 저녁과 관련된 자가띠 운율의 음절수 사십팔을 모두 합하면 백십육이 된다.

열여섯 살을 산다. 7

열일곱 번째 절

먹고 싶어 하는 것,[675] 마시고 싶어 하는 것,[676] 즐기지 않는 것,[677] 그것들이 이것의[678] 재계齋戒[679]다. 1

이제, 먹는 것, 마시는 것, 즐기는 것, 그것은 우빠싸다[680]들과 함께 가는 것이다. 2

이제, 웃는 것, 먹는 것, 성교를 하는 것, 그것은 바로 찬송 낭송들과 함께 가는 것[681]이다. 3

이제, 고행인 것, 보시인 것, 올바름인 것, 비폭력인 것, 진실을 말함인 것, 그것은 이것의 시주施主들[682]이다. 4

---

675 "먹고 싶어 하는 것"이란 먹고 싶어 하는 특정한 것을 먹지 않아서 생기는 먹고 싶은 마음의 고통을 경험하는 것을 뜻한다.

676 "마시고 싶어 하는 것"이란 마시고 싶어 하는 특정한 것을 마시지 않아서 생기는 마시고 싶은 마음의 고통을 경험하는 것을 뜻한다.

677 샹카라에 의하면 좋아하는 물건들을 얻지 않아서 "즐기지 않는 것"이다. 즉 자신이 즐거워하는 것을 피하는 것을 뜻한다.

678 "이것"은 인생(puruṣa)이라는 이름의 제사를 뜻한다. 싸뜨야브라따 씻단따랑까라에 의하면 "이것"은 제주(祭主)를 의미하는 대명사다.

679 "재계"의 원어는 딕샤(dīkṣā)다. 딕샤는 여성 명사로 '제례를 시작하기 이전에 행하는 준비 의식, 스승이 제자를 입문시키는 비밀 의식, 입문 의식' 등을 의미한다.

680 "우빠싸다(upasada)"는 쏘마를 짜는 의식 이전에 행하는 의식이다. 샹카라에 의하면 우빠싸다들에는 우유만을 마시는 계율로 인한 기쁨이 있다. 그리고 조금이라도 음식을 먹을 날들이 가깝다고 안도하게 된다. 그래서 먹는 것 등은 우빠싸다들과 동일하다.

681 샹카라에 의하면 소리가 있다는 것이 동일하기 때문이다.

682 샹카라에 의하면 덕(德, dharma)을 풍성하게 하는 것이 동일하기 때문이다.

그러므로[683] "짜낼 것이다." "짜냈다"라고 말하는 것, 그것은 바로 이것의[684] 다시 태어남이다.[685] 죽음은 바로 세정 의식洗淨儀式[686]이다.[687] 5

그러한 이것을[688] '고라 앙기라쓰'[689]가 '데바끼'의 아들인 '끄리스나'에게 알려 주고는 말했다. 그는 갈증이 없게 되었다.[690]

"마지막 시간에 이 세 가지를 의지해야 한다."[691]

"너는 손상이 없다!"[692] "너는 끄떡없다."[693] "너는 생기가 정예精銳하다"[694]라고. 이에 대한 리그베다의 이 두 시행詩行이[695] 있다. 6

---

683 샹카라에 의하면 제사는 인생이기 때문이라는 의미다.

684 싸뜨야브라따 씻단따랑까라에 의하면 "이것"은 제주(祭主)를 의미한다.

685 베다 시대의 제사는 쏘마가 없이는 지낼 수가 없다. 쏘마를 짠다는 것은 제주(祭酒)를 준비하는 것처럼 제사를 시작하는 것을 뜻한다. 인생이 제사라면, "쏘마를 짜낼 것이다"라고 말하는 것은 아이가 태어날 것이라는 뜻이고, "쏘마를 짜냈다"라고 말하는 것은 아이가 태어났다는 뜻이다. 윤회를 전제하면, 모든 태어남은 환생인 "다시 태어남"이다.

686 "세정 의식(avabhṛtha)"은 제사를 지내고 난 다음에 제기를 씻고, 그리고 제사 지낸 사람이 몸을 씻는 의식으로 제사가 끝났음을 뜻한다.

687 샹카라에 의하면 끝남(samāpti)이란 동일함 때문에 죽음은 바로 이 '인생 제사(puruṣa-yajña)'의 "세정 의식"이다.

688 샹카라에 의하면 "이것"은 '제사의 철학'을 의미한다.

689 샹카라에 의하면 "고라(Ghora)"는 이름이며, "앙기라쓰(Āṃgirās)"는 가문을 의미한다. 싸뜨야트라따 씻단따랑까라에 의하면 앙기라쓰는 앙기라(Aṃgirā)의 아들을 의미한다.

690 샹카라에 의하면 "끄리스나(Kṛṣṇa)"는 이 철학을 듣고는 갈증이 없게 되었다. 즉 다른 지혜들에 대한 갈증이 없게 되었다는 의미다.

691 샹카라에 의하면 죽을 때에 이 세 진언(眞言)을 염송(念誦)해야 한다는 의미다.

692 샹카라에 의하면 "손상이 없는 것(akṣita)"은 '소멸하지 않는 것(akṣīṇa)' 혹은 '부서지지 않은 것(akṣata)'을 의미한다. 첫 번째 진언이다.

693 샹카라에 의하면 "끄떡없음(acyuta)"은 '본모습에서 움직임이 없다'는 의미다. 두 번째 진언이다.

694 샹카라에 의하면 "생기가 정예함(prāṇasaṃśita)"은 생기가 아주 잘 다듬어진 것, 즉 미묘한 것, 그것이 너라는 것을 의미한다. 세 번째 진언이다.

695 샹카라에 의하면 이 두 시행은 두 만뜨라이며 염송하기 위한 것이 아니다. 막스 뮐러에 의하면 두 시행은 『리그베다』(8. 6. 30)의 시행이다.

"옛것[696]의 씨앗[697]의 빛을,[698] [699] 우리는 어둠[700] 저 위로 두루, 저 건너[701] 빛을[702] 바라본다.[703]

저 건너 자신으로[704] 바라본다.

신들 가운데 빛나는 최고의 빛인 태양으로[705] 갔노라!"[706] 이렇게. 최고의 빛으로! 이렇게.[707] 7

열여덟 번째 절

마음이 브라흐만이라고 명상해야 한다.[708] 이것은 몸에 관련된 것이

696 샹카라에 의하면 예전부터 존재하는 것인 "옛것"이란 의미다.

697 샹카라에 의하면 세상의 원인인 "씨앗"이 되는 것이다.

698 샹카라에 의하면 "빛"에 의해서 태양이 달아오르고, 달이 빛나며, 번개가 번쩍이고, 행성과 별들의 무리가 반짝인다.

699 싸뜨야브라따 씻단따랑까라에 의하면 여기까지가 일곱 번째 만뜨라다.

700 샹카라에 의하면 "어둠(tamas)"은 무지로 나타나는 어둠이다.

701 샹카라에 의하면 "저 건너(uttara)"는 '보다 높이 상승한(utkṛṣṭatara), 보다 높은(ūrdhvatara)', 혹은 '가장 높은, 다른(apara)'을 의미한다.

702 샹카라에 의하면 "빛"은 브라흐만의 빛이다.

703 샹카라에 의하면 브라흐만을 아는 사람들은 청정범행(淸淨梵行, brahmacarya)을 비롯한 출세간(nivṛtti)의 방편들을 통해서 내적 기관이 순수하게 되어 브라흐만의 빛을 전체적으로 본다는 의미다.

704 샹카라에 의하면 "자신으로(svaḥ)"는 그 빛은 우리의 심장에 위치한 자신의 것이란 것을 의미한다.

705 샹카라에 의하면 세상의 정수(精髓)들과 햇살들과 생기들을 움직이게 하기 때문에 태양이다.

706 샹카라에 의하면 태양을 얻었다는 의미다.

707 샹카라에 의하면 반복은 '제사에 대한 생각(yajñakalpanā)'을 마친다는 의미다. 싸뜨야브라따 씻단따랑까라에 의하면 "우리는 어둠 저 위로"부터 시작해서 여기까지가 여덟 번째 만뜨라다. 1958년에 인도 푸나의 베다 교정 기관에서 간행된 교정 판본, 샹카라의 산스크리트 어 주석본, 막스 뮐러의 영어 번역 그리고 라다크리슈난의 영어 번역은 이 전체를 일곱 번째 만뜨라로 본다.

708 샹카라에 의하면 "마음"이 '지고의 브라흐만'이라고 명상해야 한다.

다. 이제 신에 관련된 것이다. 허공이 브라흐만이다.[709] 이처럼 몸에 관련된 것과 신에 관련된 것 두 가지가 교시教示된다. 1

그러한 이 브라흐만은[710] 네 발을 가진 것이다. 언어가[711] 한 발이다. 생기가[712] 한 발이다. 눈이 한 발이다. 귀가 한 발이다. 이것은 몸에 관련된 것이다. 이제 신에 관련된 것이다.[713] 불이 한 발이다. 바람이 한 발이다. 태양이 한 발이다. 방위가 한 발이다. 이처럼 몸에 관련된 것과 신에 관련된 것 두 가지가 교시된다. 2

언어가 바로 브라흐만의[714] 네 번째 발이다. 그것은 불의 빛으로[715] 빛나고, 달군다. 이처럼 아는 이는 명성과 영예와 브라흐만의 권능으로 빛나고, 달군다. 3

생기가[716] 바로 브라흐만의[717] 네 번째 발이다. 그것은 바람의 빛으로[718] 빛나고, 달군다. 이처럼 아는 이는 명성과 영예와 브라흐만의 권능

709 샹카라에 의하면 마음은 '미세한 것(sūkṣmatva)'이기 때문에, 브라흐만은 마음으로 얻을 수 있는 것이기 때문에 마음은 브라흐만이라고 보기에 적합하다. 그리고 "허공"은 '모든 것에 편재한 것(sarvagatatva)'이기 때문에, 미세한 것이기 때문에, '한정이 없는 것(upādhihīnatva)'이기 때문에 브라흐만이라고 보기에 적합하다.

710 샹카라에 의하면 "그러한 이 브라흐만"은 마음이라는 이름의 브라흐만이다.

711 "언어"는 발음 기관을 의미한다.

712 샹카라에 의하면 여기서 "생기"는 후각 기관인 코(ghrāṇa)를 의미한다.

713 샹카라에 의하면 "신에 관련된 것"은 허공이라는 브라흐만에 관한 것이다.

714 샹카라에 의하면 여기서 "브라흐만"은 마음이라는 브라흐만이다.

715 샹카라에 의하면 "불의 빛"은 '불의 신'을 주신으로 하는 빛이라는 의미다.

716 여기서 생기는 두 번째 만뜨라의 경우와 마찬가지로 후각 기관인 코를 뜻한다.

717 싸뜨야브라따 씽단따랑까라에 의하면 마음이라는 형태의 브라흐만이다.

718 샹카라에 의하면 "그것"은 바람으로 냄새를 위해 빛나고 그리고 달군다.

으로 빛나고, 달군다. 4

눈이 바로 브라흐만의 네 번째 발이다. 그것은 태양의 빛으로[719] 빛나고, 달군다. 이처럼 아는 이는 명성과 영예와 브라흐만의 권능으로 빛나고, 달군다. 5

귀가 바로 브라흐만의 네 번째 발이다. 그것은 방위들의 빛으로[720] 빛나고, 달군다. 이처럼 아는 이는 명성과 영예와 브라흐만의 권능으로 빛나고, 달군다. 이처럼 아는 이는.[721] 6

열아홉 번째 절

태양이 브라흐만이다. 이것은 교시教示[722]다. 그에 대한 이야기다.[723] 바로 없음인[724] 이것이 먼저 있었다.[725] 그것은 있음이 되었다.[726] 그것이 생겨났다.[727] 그것은 알이[728] 되었다.[729] 그것은 꼬박 일 년을 잠이 들었다.[730]

---

719 샹카라에 의하면 '눈은 태양으로 형태를 파악하기 위해서'라는 의미다.

720 샹카라에 의하면 '귀는 방위들로 소리를 파악하기 위해서'라는 의미다.

721 샹카라에 의하면 여기서 반복은 철학(darśana)을 끝마침을 의미한다.

722 샹카라에 의하면 "교시(ādeśa)"는 가르침(upadeśa)이다.

723 싸뜨야브라따 씻단따랑까라에 의하면 "그에 대한 이야기"는 태양인 브라흐만에 대한 거듭된 설명이라는 의미다.

724 샹카라에 의하면 "없음(asat)"은 전적으로 없음이 아니라 이름(nāma)과 형태가 드러나지 않은 것을 의미한다.

725 샹카라에 의하면 "이것"은 세상을 의미하고, "먼저"는 생겨나기 이전의 상태를 의미한다. 즉 없음이 세상이 생겨나기 이전에 있었다는 의미다. 싸뜨야브라따 씻단따랑까라에 의하면 "먼저"는 창조 이전을 의미한다.

726 샹카라에 의하면 "그것"은 없음이란 낱말이 의미하는 것으로 생겨나기 이전에는 고요하고(stimita), '움직임이 없는(anispanda)' 없음 같은 있음이다. 이 없음 같은 있음이 결과를 향해 조금 작용하기 시작하는 것이 바로 "있음(sat)"이다.

727 샹카라에 의하면 그것은 없음 같은 있음이 결과를 향해 조금 작용하기 시작하는 그

그것은 갈라졌다. 그 두 개의 알바가지는 은과 그리고 금이 되었다. 1

바로 그 은인 것, 그것은 이 땅이다.[731] 금인 것, 그것은 하늘이다.[732] 겉껍질인 것, 그것은 산들이다. 속껍질인 것, 그것은 구름과 더불어 안개다. 맥관脈管들인 것, 그들은 강들이다. 알 속의 물인 것, 그것은 바다다. 2

이제 그로부터 생겨난 것, 그것은 저 태양이다. 생겨나는 그것을 따라 퍼져 울리는 소리가 일어났다. 모든 존재들과 모든 욕망들이 따라 일어났다. 그래서 그것이 뜨고 질 때 퍼져 울리는 소리가 따라 일어난다. 그리고 모든 존재들과 모든 욕망들이 따라 일어난다. 3

이것을 이처럼 알면서 태양을 브라흐만으로 명상하는 자, 이에게 얼른 좋은 소리들이[733] 다가 올 것이다, 그리고 행복하게 할 것이다,[734] 행복하게 할 것이다.[735] 4

러한 있음을 통해 진동(parispandana)을 얻은 것을 의미한다. 그리고 "그것이 생겨났다"는 것은 씨앗이 싹이 된 것처럼 살짝 이름과 형태가 드러났다는 의미다.

728 싸뜨야브라따 씻단따랑까라에 의하면 "알(āṇḍa, aṇḍa)"은 히란야가르바(黃金子宮, 金胎)의 형태다.

729 샹카라에 의하면 생겨난 것, 즉 살짝 이름과 형태가 드러난 것보다 더 구체화되면서 물에서 알로 변화하고 발달했다는 의미다.

730 샹카라에 의하면 "잠이 들었다"는 것은 동일한 상태로 있었다는 것이다.

731 샹카라에 의하면 "땅"은 알바가지가 아랫것임을 의미한다.

732 샹카라에 의하면 "하늘"은 알바가지가 위의 것임을 의미한다.

733 샹카라에 의하면 "좋은 소리"는 상서로운 소리다. 소리들이 좋다고 함은 즐겨도 죄악에 얽매임이 없다는 의미다.

734 샹카라에 의하면 단지 좋은 소리들이 다가올 뿐만이 아니라, 좋은 소리들이 행복하게도 만들 거란 의미다. 막스 뮐러는 "행복하게 할 것이다(nimreḍeran)"를 '지속될 것이다(they will continue)'로 번역한다. 라다크리슈난은 '기쁘게 하다(delight)'라고 번역한다.

735 샹카라에 의하면 여기서 반복은 장이 끝나는 의미와 더불어 존중의 의미다.

네 번째 장

첫 번째 절

옴ॐ, '자나슈루띠 빠우뜨랴야나'[736]는 경건하게 기증하는 사람, 넉넉히 베푸는 사람, 많은 음식을 준비하는 사람[737]이었다. 그는 사방에서 자신의 음식을 먹게 하기 위해 모든 곳에 거처를 만들게 했다. 1

그러자 밤에 기러기들이[738] 지나 날아갔다.[739] 그때 기러기 한 마리가 한 마리 기러기에게 이렇게 말했다.[740]

"아, 아, 이보시오, 눈 밝은 이여! 눈 밝은 이여![741] 자나슈루띠 빠우뜨랴야나의 불빛이[742] 하늘에 닿을 듯[743] 온통 퍼져 있구려! 그러니, 거

---

736 샹카라에 의하면 "자나슈루띠(Jānaśruti)"는 자나슈루따(Jānaśruta)의 후손을 의미하며, 빠우뜨라야나(Pautrāyaṇa)는 아들(putra)의 손자(pautra)로 증손자를 의미한다. 즉 자나슈루띠 빠우뜨라야나는 자나슈루따의 후손인 증손자를 뜻한다. 싸뜨야브라따 씻단따랑까라에 의하면 빠우뜨라야나는 아버지, 할아버지, 증조할아버지 모두가 생존해 있는 증손자를 의미한다.

737 샹카라에 의하면 식사를 원하는 사람들을 위해 매일매일 집에서 많은 음식을 만드는 사람이라는 의미다.

738 "기러기"의 원어는 한싸(haṁsa)다. 샹카라에 의하면 한싸는 '가다'라는 의미를 지닌 어근 '한(han)'에서 파생된 낱말로 길을 '가기 때문에(hanti iti)' 한싸(haṁsa)다. 불경에서 한싸는 '아(鵝), 안(雁), 안(鴈), 백고(白鵠), 난조(鸞鳥)' 등으로 한역된다. 다른 곳에서는 백조, 흰고니로 번역되었다. 110쪽 252번 각주 참조.

739 샹카라에 의하면 선인들 혹은 신(devatā)들이 왕이 베푸는 식사 보시 공덕에 흡족해서는 기러기의 모습을 하고는 왕이 보는 앞에서 날아갔다.

740 샹카라에 의하면 날고 있는 기러기들 가운데 뒤에서 날던 한 마리가 앞에서 날고 있는 기러기에게 말했다.

741 샹카라에 의하면 앞에서 날던 기러기가 계속 건드리자 브라흐만의 지혜에 대한 자신의 자부심 때문에 화가 난, 뒤에서 날던 기러기가 앞에서 날고 있는 기러기에게 "눈 밝은 이여!"라고 부르면서 시력이 나쁘다는 것을 암시하는 것이다. 즉 "눈 밝은 이여!"의 속뜻은 "눈 어둔 이여!"다. 잘난 척하지만, 실은 너는 나보다 못났다는 뜻이다.

기에 닿지 마시오! 그게 당신을 태워 버리게 하지 마시오!" 2

그에게 상대가 대답했다.

"이보게, 도대체 이게 누구길래 이런 정도를 가지고 수레를 가진 '라이끄바'라도 되는 것처럼 자넨 말하는 겐가?

그러자, "수레를 가진 라이끄바란 자가 어떻기에 그러나?"라고 물었다. 3

"끄리따로 이기는 사람에게 그 아래 것들이 합쳐 가듯이,[744] 이렇게

---

742 샹카라에 의하면 "불빛"은 음식을 보시하는 등의 공덕에 의해서 만들어진 위광에서 생겨난 불빛이다.

743 샹카라에 의하면 '낮처럼'이란 의미다.

744 샹카라에 의하면 노름을 할 때 네 끗짜리인 끄리따(kṛta)를 잡은 사람이 이기면 그 아래 끗짜리인 세 끗짜리의 뜨레따(tretā), 두 끗짜리의 드바빠라(dvāpara), 한 끗짜리의 깔리(kali)를 잡은 사람들은 끄리따로 이긴 사람에게 속하게 된다. 즉 네 끗짜리인 끄리따에는 세 끗짜리의 뜨레따, 두 끗짜리의 드바빠라, 한 끗짜리의 깔리가 포함된다는 의미다. 창조주인 브라흐마의 하루에 해당되는 시간은 이천 마하유가(大時期, mahāyuga)다. 한 개의 마하유가는 인간의 시간으로 사백삼십이 년이며, 네 개의 유가(時期, yuga)로 구성된다. 네 개의 유가의 이름은 차례로 끄리따 혹은 싸뜨야(satya), 뜨레따, 드바빠라, 깔리다. 끄리따 혹은 싸뜨야 유가는 인간의 시간으로 일백칠십이만 팔천 년간 지속된다. 이 시기는 비유적으로 표현하면, 진리가 네 발로 서 있는 시기다. 아마도 노름에서 끄리따를 네 끗으로 치는 것은 이 사실에 연유하는 듯하다. 뜨레따 유가는 인간의 시간으로 일백이십구만 육천 년간 지속된다. 이 시기는 비유적으로 표현하면, 진리가 세 발로 서 있는 시기다. 아마도 노름에서 뜨레따를 세 끗으로 치는 것은 이 사실에 연유하는 듯하다. 드바빠라 유가는 인간의 시간으로 팔십육만 사천 년간 지속된다. 이 시기는 비유적으로 표현하면, 진리가 두 발로 서 있는 시기다. 아마도 노름에서 드바빠라를 두 끗으로 치는 것은 이 사실에 연유하는 듯하다. 마지막으로 깔리 유가는 인간의 시간으로 사십삼만 이천 년간 지속된다. 이 시기는 비유적으로 표현하면, 진리가 한 발로 서 있는 시기다. 아마도 노름에서 깔리를 한 끗으로 치는 것은 이 사실에 연유하는 듯하다. 일반적으로 깔리 유가는 기원전 3102년 이월 십칠 일에서 십팔 일 사이의 자정에 시작되었다고 한다. 따라서 오늘날 우리가 살고 있는 시기는 진리가 한 발로 서

백성이 하는 착한 일은 그 어떤 거라도 모두 다 그 안에 들어가네![745] 그것에 대해 알고 있는 것은, 그가[746] 그것을 안다네.[747] 그래 내가 이리 말하는 걸세!" 4

그것을 자나슈루띠 빠우뜨라야나는 들었다. 그는 자리에서 일어나며 문을 지키는 내시內侍에게 말했다.

"어, 이보게! 어찌 수레를 가진 라이끄바를 찬양하듯이 하는가?"

그러자, "수레를 가진 라이끄바가 어떤 사람이옵니까?"라고 물었다.[748] 5

"끄리따로 이기는 사람에게 그 아래 것들이 합쳐 가듯이, 이렇게 백성이 하는 착한 일은 그 어떤 거라도 모두 다 그 안에 들어가네! 그것에 대해 알고 있는 것은, 그가 그것을 안다네. 그래 내가 이리 말하는 걸세!"[749] 6

있는 시기다. 이들 네 시기는 끄리따 혹은 싸뜨야, 뜨레따, 드바빠라, 깔리의 순으로 진행되며 순환한다. 깔리 유가가 끝나면, 한 발로 서 있던 진리가 무너져 세상이 끝나고 다시 진리가 네 발로 서는 싸뜨야 시기가 시작된다.

745 샹카라에 의하면 세상에서 그 누구라도 훌륭한 일을 하는 사람들 그 모두의 다르마는 라이끄바(Raikva)의 다르마에 포함된다는 의미다. 라이끄바의 과보(果報, phala)에 모든 생명체들의 다르마에 따른 과보들이 포함된다는 의미다.

746 샹카라에 의하면 여기서 "그"는 라이끄바를 의미한다.

747 라이끄바가 알고 있는 것이 노름에서 끄리따를 잡은 것처럼 가장 큰 것이어서 다른 사람들이 알고 있는 모든 것은 라이끄바가 알고 있는 것에 포함된다는 뜻이다.

748 샹카라에 의하면 자나슈루띠 빠우뜨라야나 왕은 자신이 보잘것없이 되어 버린, 라이끄바에 대한 기러기의 이야기를 거듭거듭 기억하며 남은 밤을 보냈다. 그러다 시종들이 왕에 대한 찬가를 엮은 말로 깨우자, 그는 잠자리에서 일어나며 말했다. "어, 얘야, 어찌 나를 마차를 가진 라이끄바를 찬양하듯이 찬양하느냐?" 이 말은 그가 찬양받을 만하지 나는 그렇지 않다는 의미다. 혹은 "너는 가서 마차를 가진 라이끄바에게 내가 보기를 원한다고 아뢰어라!"라는 의미다.

문을 지키는 그 내시는 찾아보고는 "난 모르겠다!"라며 되돌아 왔다.

그러자, 그에게 말했다.

"이봐라, 브라흐마나를 수소문하는 곳, 거기서 그에게 가 보거라!"[750] 7

그는 수레 아래에서 가려운 데를 긁고 있는 사람 가까이 다가앉았다.[751] 그리곤 그에게 말했다.

"오, 존경스런 분이시여, 바로 당신이 수레를 가지신 '라이끄바'이신가요?"

그러자, "어,[752] 바로 나일세!"라고 확인해 주었다.

문을 지키는 그 내시는 "난 알았다!"라며 되돌아 왔다. 8

두 번째 절

그러자 자나슈루띠 빠우뜨라야나는 육백 마리의 암소들을, 금목걸이를, 암노새가 끄는 수레를,[753] 그걸 가지고[754] 갔다. 그리고 그에게 말했다. 1

---

749 샹카라에 의하면 자나슈루띠 빠우뜨라야나 왕이 시종에게 눈 밝은 기러기가 한 이야기를 그대로 말해 주는 것이다.

750 샹카라에 의하면 바로 그 내시는 도시 혹은 마을로 가서 라이끄바를 찾아본 다음에 "난 라이끄바를 모르겠다! 난 알아보지 못하겠다!"라며 되돌아 왔다. 그러자 왕은 그 내시에게 말했다. "이봐라, 브라흐만을 아는 사람인 브라흐마나는 외딴 숲 강가 등 한적한 곳에서 찾아지느니라. 그런 곳에서 라이끄바에게 가 보거라!", 즉 그곳에서 라이끄바를 찾아보라는 의미다.

751 샹카라에 의하면 "가까이 다가앉았다"는 것은 공손하게 앉았다는 것을 의미한다.

752 샹카라에 의하면 "어(arā3)"라고 말하는 것은 상대를 존중하지 않는다는 것을 의미한다. 3은 선행하는 모음이 장모음보다 더 긴 모음임을 나타낸다. 즉 arā3은 arā를 더 길게 발음하라는 표시다.

753 샹카라에 의하면 두 마리의 암노새가 끄는 수레다.

754 샹카라에 의하면 "그걸 가지고"는 '재산(dhana)을 가지고'라는 의미다.

"라이끄바시여! 육백 마리의 암소들, 이 금목걸이, 이 암노새가 끄는 수레, 이것들이 있으니, 존경스런 분이시여! 당신께서 명상하시는 신, 그 신에 대해 제게 가르침을 주십시오!"[755] 2

그에게 상대가 대답했다.

"아, 수드라여![756] 목걸이와 수레는 암소와 더불어 바로 당신 것이나 하시오!"

그러자 바로 다시 자나슈루띠 빠우뜨라야나는 천 마리의 암소들을, 금목걸이를, 암노새가 끄는 수레를, 자기 딸을, 그걸 가지고 갔다. 3

그에게 말했다.

"라이끄바시여! 여기 천 마리의 암소들, 이 금목걸이, 이 암노새가 끄는 수레, 이 신부, 계시는 여기 이 마을이 있으니 받아들이시어, 존경스런 분이시여! 제게 가르침을 주십시오!" 4

---

755 샹카라에 의하면 당신은 이러한 재물들을 받고, 내게 가르침을 달라는 의미다.

756 샹카라에 의하면 다른 스승들이 말하길, 왕을 "수드라(śūdra)"로 부른 이유는, 왕은 기러기가 하는 이야기를 듣고 비애에 잠겼는데, 라이끄바는 왕이 이 비애(śuc)에 의해서 혹은 자신의 위대함을 귀로 들어서(śrutvā) 달려오는 것(ādravatīti)이라고 말하는 것이다. 이처럼 라이끄바는 자신이 보지 않았어도 상황을 알고 있음을 왕에게 보여주기 위해 "수드라"라고 말한 것이다. 혹은 배우고자 하는 열망으로 공손하게 지혜를 얻기 위해 온 것이 아니라 수드라처럼 재물로 지혜를 얻고자 찾아 와서 "수드라"라고 부르는 것이다. 그러나 다른 사람들은 말하기를 많은 재물을 가지고 왔을 때 그것을 받아들이는 것으로 보아서 재물을 조금 가지고 왔기 때문에 화가 나서 "수드라"라고 부르는 것이다. "수드라"는 인종적으로 귀족인 아리안(Āryan) 족과는 원래 다른 종족이며, 귀족에게 봉사하는 계급이다. 사제 계급인 브라흐마나(brāhmaṇa), 왕공 무사 계급인 끄샤뜨리야(kṣatriya), 상인 계급인 바이샤(vaiśya), 이렇게 세 계급은 귀족인 아리안 족이며, 이들은 원래 인종적으로 동일하다.

그녀의 얼굴을 잡아 가까이 들어 올리며 말했다.

"수드라여, 이것들을 가지고 왔구려! 바로 이 얼굴로 그대는 내게 말하게 하려는구려!"[757]

그가 살고 그를 위한 이 마을은 '마하브리쉬'에 있는 '라이끄바빠르나'라는 이름이다.

그에게 말했다. 5

세 번째 절

바람이 바로 흡수하는 것[758]이다. 불은 꺼져갈 때 바로 바람 속으로 들어간다. 해는 저물어 갈 때 바로 바람 속으로 들어간다. 달은 기울어 갈 때 바로 바람 속으로 들어간다. 1

물들은 말라갈 때 바로 바람 속으로 들어간다. 왜냐하면 바로 바람이 이 모든 것들을 자신 안으로 가져가기 때문이다. 이상은 신에 관련된 것이다. 2

이제 몸에 관련된 것이다. 생기가[759] 바로 흡수하는 것이다. 그가[760]

---

757 샹카라가 인용하는 바에 의하면 "청정범행을 행하는 사람, 재물을 주는 사람, 지혜로운 사람, 『베다』를 공부한 사람, 사랑스러운 사람, 지식에 대해서 지식으로 말하는 사람, 이 여섯 개가 나의 성지(聖地, tīrtha)들이다"라고 지혜가 말했다. 쉬바 신의 성지를 쉬바 신이 머무는 곳이라 하듯이 지혜의 성지는 지혜가 머무는 곳을 의미한다. 즉 사랑스런 사람에게는 지혜를 전달해 머물게 해 준다는 뜻이다. '자나슈루띠 빠우뜨라야나'가 얼굴이 아름다운 딸을 신부감으로 데려왔기에 하는 말이다.

758 샹카라에 의하면 "흡수하는 것(saṃvarga)"은 자신을 위해 '잡아들이는 것(saṃvarjana)'이기 때문에, '모으는 것(saṃgrahaṇa)'이기 때문에, '삼키는 것(saṃgrasana)'이기 때문에 흡수하는 것이다.

759 샹카라에 의하면 여기서 "생기(生氣)"는 '입과 관련된(mukhya)' 생기다. '입과 관련된 생

잠잘 때 생기는 바로 언어 속으로 들어간다. 생기는 눈이다. 생기는 귀다. 생기는 마음이다. 왜냐하면 생기는 바로 이 모든 것들을 자신 안으로 가져가기 때문이다. 3

그런 이 두 개가 흡수하는 것이다. 신들에게 있어서는 바람, 생기들에[761] 있어서는 생기[762]다. 4

이제 이런 일이 있었다. 식사를 대접받고 있는[763] '샤우나까 까뻬야'[764]와 '아비쁘라따리 까끄샤쎄니'[765] 둘에게 청정범행清淨梵行을 행하는 이가 구걸하였다. 그러나 그에게 둘은 주지 않았다.[766] 5

기'를 '으뜸인 생기'라고 번역할 수도 있다.

760 샹카라에 의하면 "그"는 사람을 의미한다.

761 샹카라에 의하면 여기서 "생기(生氣)"는 언어를 비롯한 것들이다. 즉 언어, 눈, 귀, 마음 등이다. 언어는 지각 기관과 함께 언급되는 경우 발음 기관을 의미한다. 다른 부분들에서도 마찬가지다.

762 샹카라에 의하면 이 두 번째 "생기(生氣)"는 '입과 관련된' 생기다. '입과 관련된 생기'를 으뜸인 생기라고 번역할 수도 있다.

763 샹카라에 의하면 식사를 하기 위해 앉아 요리사들에게 음식을 대접받는다는 의미다.

764 샹카라에 의하면 "샤우나까(Śaunaka)"는 슈나까(Śunaka)의 아들이란 의미이며, "까뻬야(Kāpeya)"는 까뻬 가문(Kapigotra)을 의미한다. 따라서 샤우나까 까뻬야는 까뻬 가문의 슈나까의 아들이란 뜻을 가진 이름이다.

765 샹카라에 의하면 "아비쁘라따리(Abhipratārī)"는 이름이고, "까끄샤쎄니(Kākṣaseni)"는 까끄샤쎄나(Kākṣasena)의 아들이란 의미다. 따라서 아비쁘라따리 까끄샤쎄니는 까끄샤쎄나의 아들 아비쁘라따리라는 뜻을 가진 이름이다.

766 샹카라에 의하면 브라흐만을 아는 자라고 도취되어 있는 사람이 구걸을 했다. 둘은 '청정범행을 행하는 사람(brahmacārin)'이 가진 브라흐만을 아는 자라는 자만심을 알아채고는 그가 무어라고 말하는지 들어보기 위해 그에게 구걸하는 것을 주지 않았다. '청정범행을 행하는 사람'은 일반적으로 인생의 네 시기 가운데 학생의 시기에 있는 사람을 의미한다.

바로 그가 말했다.

"세상의[767] 수호자인 그 어느[768] 한 신이 위대한 아我 넷[769]을 삼켰다오.

까삐야여, 아비쁘라따리여, 죽어야 할 운명의 인간들은 여러 가지로 살면서도[770] 그를 보지 못하고 있소.[771]

이 곡식은 바로 그를 위한 것인데, 그에게 이것이 주어지지 않고 있소![772]"6

샤우나까 까삐야는 그에 대해서[773] 마음으로 살펴보면서 다가왔다.[774]

"아我,[775] 신들과 백성들을 낳는 자,[776] 황금 이,[777] 먹는 자, 정말 지혜

---

767 샹카라에 의하면 "세상(bhuvana)"은 그곳에 존재(bhūta)들이 있다(bhavanti). 그래서 세상이다. 땅의 세계를 비롯한 모든 세상을 의미한다.

768 샹카라에 의하면 "어느(ka)"는 쁘라자빠띠를 의미한다. 『베다』 문헌에서 '어느, 누구, 무엇' 등을 의미하는 의문 대명사 '까(ka)'는 쁘라자빠띠를 뜻한다.

769 샹카라에 의하면 "한 신이 위대한 아(大我, mahātman) 넷을 삼킨" 것은 바람이 불 등을 그리고 생기가 언어 등을 삼킨 것을 의미한다. 즉 앞의 첫 번째~세 번째 만뜨라에서 언급한 대로 하나의 바람은 불, 해, 달, 물 이렇게 넷을 삼키고, 하나의 생기는 언어, 눈, 귀, 마음 이렇게 넷을 삼킨다는 뜻이다.

770 샹카라에 의하면 "여러 가지로 살면서"는 '몸과 관련되는 방법으로, 신과 관련되는 방법으로, 물질과 관련되는 방법으로 살면서'라는 의미다.

771 샹카라에 의하면 "그를 보지 못한다"는 것은 쁘라자빠띠를 알지 못한다는 의미다.

772 샹카라에 의하면 매일매일 먹기 위해 골라지는 "이 곡식"은 쁘라자빠띠를 위한 것인데 그에게 이 곡식이 주어지지 않았다는 의미다.

773 샹카라에 의하면 "그에 대해서"는 '청정범행을 하는 사람이 한 말에 대해서'다.

774 샹카라에 의하면 청정범행을 행하는 사람에게로 가서는 "당신이 죽어야 할 운명의 사람들은 보지 못한다고 한 그것을 우리는 보고 있소!"라고 말했다. 다음에 이어지는 부분이 어떻게 보는가에 대한 내용이다.

775 샹카라에 의하면 움직이고 움직이지 않는 모든 것들의 아를 의미한다.

776 샹카라에 의하면 불을 비롯한 신들을 자신 안에 모아 거두고 삼키어 다시 만들어 내는 생산자, 불을 비롯한 신들과 관련해서는 바람의 형태가 되고, 언어를 비롯한 몸과 관련해서는 생기의 형태가 되어 만들어 내는 생산자. 그리고 백성들을 만들어 내는 자

로운 자라오!

먹히지 않으면서 곡식이 아닌 것을[778] 먹기 때문에 이것의 위대한[779] 위신력威神力이 말해지는 거라오!

청정범행을 행하는 이여, 우리는 이것을[780] 이리 명상한다오."[781]

"달라는 것을 이분께 드려라!"[782] 7

그러자 그에게 주었다.[783] 그러한 이들 다섯 개와 다른 다섯 개는 다른 열 개가 되어 그것은 끄리따가 된다.[784] 따라서 모든 방위들에 열 개

를 의미한다. 그리고 이 "아, 신들과 백성들을 낳는 자"에 해당되는 부분은 '불을 비롯한 신들의 아, 움직이고 움직이지 않는 것인 백성들을 만들어 내는 자'라는 의미로도 해석된다.

777 샹카라에 의하면 "황금 이(hiraṇyadaṃṣṭra)"는 '불사(不死)의 이(amṛtadaṃṣṭra)', '깨어지지 않는 이(abhagnadaṃṣṭra)'를 의미한다.

778 샹카라에 의하면 "곡식이 아닌 것(anadyamāna)"은 불과 언어를 비롯한 신의 형태를 의미한다.

779 샹카라에 의하면 여기서 "위대한"은 양을 초과하여 헤아릴 수 없음을 의미한다.

780 샹카라에 의하면 "이것"은 언급한 것 같은 징표를 지닌 브라흐만이다.

781 샹카라에 의하면 다른 사람들은 '청정범행을 행하는 이여, 우리는 이것을 명상하지 않는다오'라고 해석한다. 즉 우리는 언급한 것 같은 징표로 나타나는 브라흐만을 명상하는 것이 아니라 바로 '지고의 브라흐만(paramevabrahma)'을 명상한다는 의미로 해석한다.

782 샹카라에 의하면 하인들에게 하는 말이다.

783 샹카라에 의하면 구걸(bhikṣā)을 주었다는 의미다.

784 샹카라에 의하면 불을 비롯한 것들은 먹히는 것들이고 이들을 먹는 자는 바람이다. 이것들은 언어를 비롯한 것들과는 다른 다섯 개(바람, 불, 해, 달, 물)이다. 그리고 생기와 언어를 비롯한 것들은 이들과는 다른 것들로 몸과 관련된 다섯 개(생기, 언어, 눈, 귀, 마음)이다. 이들 모두는 숫자로 10(바람, 불, 해, 달, 물, 생기, 언어, 눈, 귀, 마음)이 된다. 10이 되어 이것들은 끄리따가 된다. 사 점짜리 주사위(aya) 네 개, 삼 점짜리 주사위 세 개, 이 점짜리 주사위 두 개, 일 점짜리 주사위 한 개가 있다. 이렇게 10(4+3+2+1=10)이 되어 끄리따가 된다. 네 번째 장 첫 번째 절 네 번째 만뜨라는 "끄리따로 이기는 사람에게 그 아래 것들이 합쳐 가듯이"라고 말한다. 따라서 끄리따는 사 점짜리지만, 끄리따로 이기면, 그 아래의 것들이 끄리따에 합쳐져(4+3+2+1=10) 끄리따의 수는 10이 됨을 알 수 있다.

가, 곡식이, 끄리따가 있다.[785] 바로 이 위라즈가 곡식을 먹는 자다.[786] 그에 의해서[787] 이 모든 것은 보여진 것이 된다.[788] 이렇게 아는 자는 모든 것이 이의[789] 본 것이[790] 되고, 곡식을 먹는 자가 된다. 이렇게 아는 자는.[791] 8

네 번째 절

바로 싸뜨야까마 자발라[792]가 어머니인 자발라아를 부르며 말했다.

"존경스런 분이시여, 저는 청정범행처清淨梵行處에 들어가고자 합니다.[793] 제가 어느 가문입니까?" 1

---

785 샹카라에 의하면 모든 방위들은 10이다[동서남북(4) +간방(4) +상하(2) = 시방(十方)]. 불을 비롯한 것들(바람, 불, 해, 달, 물)과 언어를 비롯한 것들(생기, 언어, 눈, 귀, 마음)은 합하면 10이다. 성전(聖典)에 의하면, "열 개의 음절들이 위라즈다." "위라즈는 곡식이다." 따라서 곡식은 바로 10이다. 끄리따도 10이다. 즉 방위들이 10이고, 10이 곡식이고, 10이 끄리따다.

786 샹카라에 의하면 위라즈는 10이 되어 곡식이며, 10은 끄리따로 곡식을 먹는 자다. 노름에서 끄리따를 잡으면 그 아래 끗수의 모든 것을 먹기 때문이다.

787 샹카라에 의하면 "그에 의해서"는 '곡식과 곡식을 먹는 자에 의해서'다.

788 샹카라에 의하면 위라즈는 수가 10이 되어 곡식이며, 곡식을 먹는 자이다. 이렇게 아는 사람은 10신(바람, 불, 해, 달, 물, 생기, 언어, 눈, 귀, 마음)의 아(我)가 된 상태에서 위라즈인 10이라는 수에 의해서 곡식이, 끄리따의 수(10)에 의해서 곡식을 먹는 자가 된다. 그리고 그 곡식과 곡식을 먹는 자에 의해서 열 개의 방위에 위치한 이 모든 세상은 보여진 것이 된다. 즉 끄리따의 수가 됨에 의해서 얻어진 것이 된다.

789 "이의(asya)"는 '이렇게 아는 자의'라는 의미다.

790 샹카라에 의하면 "본 것"은 얻은 것이란 의미다.

791 샹카라에 의하면 여기서 반복은 명상이 끝남을 의미한다.

792 샹카라에 의하면 "싸뜨야까마(Satyakāma)"는 이름이고, "자발라(Jābāla)"는 자발라아(Jabalā)의 아들이란 의미다.

793 샹카라에 의하면 자기 공부를 하기 위해 스승의 문하에 들어가 살기를 원한다는 의미다.

그녀가 이에게[794] 말했다.

"아들아, 난 네가 어느 가문인지, 이걸 모르는구나! 젊은 시절 많이 돌아다니며 하녀 일을 하다가 난 너를 얻었단다.[795] 그런 나는 네가 어느 가문인지, 이걸 모르겠구나! 나는 이름이 '자발라아'고, 너는 이름이 '싸뜨야까마'이니, 그런 너는 싸뜨야까마 자발라라고 말하려무나."[796] 2

바로 그는 하리드루마따 가우따마[797]에게 가서 말했다.

"존경스런 분이시여, 저는 청정범행처清淨梵行處에 머물고자 합니다. 제가 존경스런 분의 문하에 들게 해 주십시오!" 3

바로 그에게 물었다.

"얘야, 너는 어느 가문이냐?"[798]

그가 대답했다.

"스승님, 저는 이걸 모르옵니다. 제가 어느 가문인지를 어머님께 여쭈어 보았습니다. 그러자 그분께서 대답하셨습니다. '젊은 시절 많이 돌아다니며 하녀 일을 하다가 난 너를 얻었다. 그런 나는 네가 어느 가문에 속하는지, 이걸 모른다. 하지만, 나는 이름이 자발라아고, 너는 이름

---

794 "이에게"는 '이 아들에게'이다.

795 샹카라에 의하면 '남편 집에서 찾아오는 많은 사람들과 손님들 시중을 치르느라 여념이 없던 나는 가문 같은 것은 기억할 마음이 없었단다. 그런 젊은 시절에 너를 얻었다. 바로 그때 너의 아버님이 세상을 떠나셔서 나는 의지할 바가 없게 되었단다. 그래서 나는 네가 어느 가문에 속하는지, 그걸 모른단다'는 의미다.

796 샹카라에 의하면 만일 스승(ācārya)이 물으면 이렇게 대답하라는 의미다.

797 샹카라에 의하면 "하리드루마따(Hāridrumata)"는 하리드루마뜨(Hāridrumat)의 아들이란 의미이며, "가우따마(Gautama)"는 가문을 의미한다.

798 샹카라에 의하면 집안과 가문을 아는 사람만을 제자로 받아들여야 한다. 그래서 가문을 물어보는 것이다.

이 싸뜨야까마다.' 그래서, 스승님, 그런 저는 싸뜨야까마 자발라이옵니다!" 4

바로 그에게 말했다.

"브라흐마나가 아닌 자는 이렇게 말할 수가 없다! 얘야, 화목火木을 가져 오너라.[799] 너를 제자로 받아들이는 의식을 치를 테다! 왜냐하면 너는 진실에서 벗어나지 않았기 때문이다."

의식을 치러 그를 제자로 삼은 다음 야위고 힘없는 소들 가운데 사백 마리를 따로 떼어내고는 말했다.

"얘야, 이것들을 따라다녀 보살피거라!"

그것들을 몰고 가며 대답했다.

"천 마리가 아니면, 저는 함께 돌아오지 않겠습니다."

그것들이 천 마리가 될 때까지 그는 수년 동안을 다른 곳에서 지냈다. 5

다섯 번째 절

이제 그에게 황소가 말했다.[800]

"싸뜨야까마여!"

그러자 "존경스런 분이시여!"라고 대답했다.

"얘야, 우린 천 마리가 되었다. 스승의 집으로 우릴 데려가 다오." 1

---

799 샹카라에 의하면 화제(火祭)를 지내어 입문 의식을 치러 주기 위해서다.

800 샹카라에 의하면 믿음(śraddhā)과 고행을 통해 성취한 그에게 방위와 관련된 '바람의 신(vāyudevatā)'이 흡족해하며 은총을 베풀기 위해 황소(ṛṣabha)에 들어가, 즉 황소의 상태를 취해 그에게 말했다.

"너에게 브라흐만의[801] 한 발에 대해 내 말해 줄까?"

"존경스런 분이시여, 제게 말해 주십시오."

그에게 말했다.[802]

"동방이 한 부분, 서방이 한 부분, 남방이 한 부분, 북방이 한 부분이다. 얘야, 바로 이 네 부분이 브라흐만의 한 발로 빛이 있는 것[803]이란 이름이다." 2

이와 같이 이 네 부분이 브라흐만의 한 발이라고 알면서 빛이 있는 것이라고 명상하는 이, 그는 이 세상에서 빛이 있는 이가 된다,[804] 빛나는 세상들을 얻는다.[805] 이와 같이 이 네 부분이 브라흐만의 한 발이라고 알면서 빛이 있는 것이라고 명상하는 이는.[806] 3

여섯 번째 절

"불이 너에게 한 발을 말해 줄 것이다."[807]

다음 날이 되자 그는 소들을 몰고 길을 떠났다. 그들이 저녁이 되려고 하는 곳에 이르자, 그곳에 불을 피우고는 소들을 모아 놓은 다음 화목火木을 불에 넣고 동쪽으로 얼굴을 향하고 불 서쪽에[808] 다가앉았다. 1

---

801 샹카라에 의하면 여기서 "브라흐만"은 '높은(para) 브라흐만'을 의미한다.

802 샹카라에 의하면 황소가 싸뜨야까마에게 말했다는 의미다.

803 싸뜨야브라따 씻단따랑까라에 의하면 "빛이 있는 것(prakāśavān)"은 빛의 토대인 방위들이 그 안에 있는 것, 그리고 스스로 빛의 본모습인 것을 의미한다.

804 샹카라에 의하면 "빛이 있는 이가 된다"는 것은 알려진 사람이 된다는 것을 의미한다.

805 샹카라에 의하면 죽어서 신들과 관련된 세상들을 얻는다는 것이다.

806 여기서 반복은 절이 끝남과 존중을 뜻한다.

807 샹카라에 의하면 황소는 이렇게 말하고는 입을 다물었다.

808 "서쪽에(paścāt)"는 '뒤쪽에'라고 번역될 수도 있다. 막스 뮐러는 "서쪽에"를 '뒤쪽에(behind)'라고 번역한다.

그에게 불이 말했다.

"싸뜨야까마여!"

그러자 "존경스런 분이시여!"라고 대답했다. 2

"얘야, 너에게 브라흐만의 한 발에 대해 내 말해 줄까?"

"존경스런 분이시여, 제게 말해 주십시오."

그에게 말했다.

"땅이 한 부분, 허공이 한 부분, 하늘이 한 부분, 바다가 한 부분이다. 얘야, 바로 이 네 부분이 브라흐만의 한 발로 영원함이 있는 것[809]이란 이름이다." 3

이와 같이 이 네 부분이 브라흐만의 한 발이라고 알면서 영원함이 있는 것이라고 명상하는 이, 그는 이 세상에서 영원함이 있는 이가 된다, 영원한 세상들을 얻는다.[810] 이와 같이 이 네 부분이 브라흐만의 한 발이라고 알면서 영원함이 있는 것이라고 명상하는 이는. 4

일곱 번째 절

"흰 고니[811]가 너에게 한 발을 말해 줄 것이다."[812]

---

809 싸뜨야브라따 씻단따랑까라에 의하면 '영원한 세상(anantaloka)'이 그 안에 있는 것, 그리고 그것의 끝이 없는 것을 의미한다.

810 샹카라에 의하면 죽어서 "영원한 세상들을 얻는다"는 것이다.

811 "흰 고니"의 원어는 한싸(haṁsa)다. 불경에서 한싸는 '아(鵝), 안(雁), 안(鴈), 백고(白鵠), 난조(鸞鳥)' 등으로 한역된다. 샹카라에 의하면 한싸는 태양이다. 환하다는 것 그리고 난다는 것이 동일하기 때문이다. 막스 뮐러는 '플라밍고(flamingo)'라고 해석한다. 라다크리슈난은 '백조(swan)'라고 번역한다. 앞에서는 한싸를 경우에 따라 백조, 기러기라고 번역했다. 110쪽 252번, 378쪽 738번 각주 참조.

812 샹카라에 의하면 불은 이렇게 말하고는 입을 다물었다.

다음 날이 되자 그는 소들을 몰고 길을 떠났다. 그들이 저녁이 되려고 하는 곳에 이르자, 그곳에 불을 피우고는 소들을 모아 놓은 다음 화목火木을 불에 넣고 동쪽으로 얼굴을 향하고 불 서쪽에 다가앉았다. 1

그에게 흰 고니가 가까이 날아 내려와 말했다.

"싸뜨야까마여!"

그러자 "존경스런 분이시여!"라고 대답했다. 2

"얘야, 너에게 브라흐만의 한 발에 대해 내 말해 줄까?"

"존경스런 분이시여, 제게 말해 주십시오."

그에게 말했다.

"불이 한 부분, 태양이 한 부분, 달이 한 부분, 번개가 한 부분이다. 얘야, 바로 이 네 부분이 브라흐만의 한 발로 밝음이 있는 것이란 이름이다." 3

이와 같이 이 네 부분이 브라흐만의 한 발이라고 알면서 밝음이 있는 것이라고 명상하는 이, 그는 이 세상에서 밝음이 있는 이가 된다, 밝은 세상들을 얻는다.[813] 이와 같이 이 네 부분이 브라흐만의 한 발이라고 알면서 밝음이 있는 것이라고 명상하는 이는. 4

여덟 번째 절

"가마우지가[814] 너에게 한 발을 말해 줄 것이다."[815]

---

813 샹카라에 의하면 죽어서 달과 태양을 비롯한 밝은 세상들을 얻는다는 것이다.

814 샹카라에 의하면 "가마우지(madgu)"는 물에 사는 새다. 물과 관련되어 생기(生氣)다.

다음 날이 되자 그는 소들을 몰고 길을 떠났다. 그들이 저녁이 되려고 하는 곳에 이르자, 그곳에 불을 피우고는 소들을 모아 놓은 다음 화목火木을 불에 넣고 동쪽으로 얼굴을 향하고 불 서쪽에 다가앉았다. 1

그에게 가마우지가 가까이 날아 내려와 말했다.

"싸뜨야까마여!"

그러자 "존경스런 분이시여!"라고 대답했다. 2

"얘야, 너에게 브라흐만의 한 발에 대해 내 말해 줄까?"

"존경스런 분이시여, 제게 말해 주십시오."

그에게 말했다.

"생기가 한 부분, 눈이 한 부분, 귀가 한 부분, 마음이 한 부분이다. 얘야, 바로 이 네 부분이 브라흐만의 한 발로 거처가 있는 것[816]이란 이름이다." 3

이와 같이 이 네 부분이 브라흐만의 한 발이라고 알면서 거처가 있는 것이라고 명상하는 이, 그는 이 세상에서 거처가 있는 이가[817] 된다, 거처가 있는 세상들을 얻는다.[818] 이와 같이 이 네 부분이 브라흐만의 한 발이라고 알면서 거처가 있는 것이라고 명상하는 이는. 4

---

815 샹카라에 의하면 '흰 고니' 역시 이렇게 말하고는 입을 다물었다.

816 샹카라에 의하면 "거처(āyatana)"는 분명히 마음이다. 마음은 모든 기관(karaṇa)들이 제공하는 향수(享受)들의 거처다. 그 발(pāda)에 그러한 마음이 있는 것이 "거처가 있는 것(āyatanavat)"이란 이름의 발이다. 여기서 기관은 지각 기관을 뜻한다.

817 샹카라에 의하면 "거처가 있는 이"는 '의지처가 있는 사람'을 의미한다.

818 샹카라에 의하면 죽어서 여유가 있는 세상들을 얻는다는 것이다.

아홉 번째 절

스승의 집에 도착했다. 그에게 스승이 말했다.

"싸뜨야까마야!"

그러자 "존경스런 분이시여!"라고 대답했다. 1

"얘야, 너는 브라흐만을 아는 사람처럼 빛나는구나![819] 너에게 누가 가르침을 주었느냐?"

그러자, "사람들과는 다른 이들에게서이옵니다"[820]라고 대답하여 알려 주었다.

"허나, 제가 바라옵건대 존경스런 분께서 알려 주시옵소서!" 2

"제가 존경스런 분과 같은 분들께 듣기로는 스승님에게서 배운 지식만이 가장 훌륭한 것을 이루게 한다 하옵니다."

그러자, 그에게 바로 이것을[821] 말해 주었다. 여기에[822] 전혀 빠진 것이 없었다.[823] 전혀 빠진 것이 없었다.[824] 3

---

819 샹카라에 의하면 "브라흐만을 아는 사람(brahmavid)"은 해맑은 기관, 명랑한 얼굴, 근심이 없는, '목표를 이룬 상태(kṛtārtha)'가 된다.

820 샹카라에 의하면 신들이 나에게 가르침을 주었다는 의미다. 인간이 어찌 감히 존경스런 분의 제자인 저를 가르칠 엄두를 내겠냐는 의미가 숨겨져 있다.

821 샹카라에 의하면 "이것"은 신들이 말해 준 지혜다.

822 스승이 싸뜨야까마에게 말하는 브라흐만의 열여섯 부분에 관련된 지혜를 뜻한다. 황소, 불, 흰 고니, 가마우지가 네 부분으로 된 브라흐만의 서로 다른 한 발에 관해 각각 말해 주었다. 따라서 브라흐만의 발은 넷이다. 브라흐만의 네 발은 모두 열여섯 부분으로 이루어진다.

823 샹카라에 의하면 열여섯 부분에 관련된 지혜에서 그 어느 한 부분이라도 빠진 것이 없었다는 의미다.

824 샹카라에 의하면 여기서 반복은 지혜에 관련된 사항이 종결됨을 의미한다.

열 번째 절

우빠꼬쌀라 까말라야나[825]는 청정범행을 하며 싸뜨야까마 자발라에게 머물렀다.[826] 그의 불들을[827] 십이 년간이나 섬기며 보살폈다.[828] 그는[829] 집 안에 머물던 다른 제자들을 귀가[830] 시키면서 그만은 귀가 시키지 않았다. 1

그에게[831] 아내가 말했다.

"이 청정범행자는 고행을 마치고, 훌륭하게 불들을 섬기며 보살폈습니다. 불들이 당신을 나무라지 않게 하세요. 그에게 가르침을 주세요!"

그러나 그는 그에게 가르침을 주지 않은 채 외지로 나가 머물렀다. 2

그러자 그는 마음이 괴로워 음식을 안 먹기로 작정했다. 그에게 스승의 아내가 말했다.

"청정범행자야, 음식을 먹어라! 어찌하여 음식을 먹지 않느냐?"

그가 대답했다.

"많은 이 욕망들이 이 사람 안에서 여러 가지로 나타나려 하고 있습

825 샹카라에 의하면 "우빠꼬쌀라(Upakosala)"는 이름이며, "까말라야나(Kāmalāyana)"는 까말라(Kamala)의 아들이란 의미다.

826 '우빠꼬쌀라 까말라야나'는 제자가 되어 '싸뜨야까마 자발라(Satyakāma Jābāla)'의 집에서 지냈다는 뜻이다.

827 샹카라에 의하면 "그의 불들"은 스승의 불들이다.

828 불은 브라흐마나의 집 안에서 가장 소중한 것이다. 그런 불들을 섬기고 보살피는 제자는 스승에게는 아들처럼 소중한 수제자라는 것을 뜻한다.

829 샹카라에 의하면 "그"는 스승인 싸뜨야까마 자발라다.

830 "귀가(samāvartana)"는 스승의 집에 머물며 배우던 제자에 대한 가르침이 모두 끝나면, 스승이 제자들을 그들의 집으로 되돌려 보내는 것이다. 졸업에 해당된다.

831 샹카라에 의하면 "그에게"는 '스승에게'다.

니다.[832] 마음의 고통들로[833] 저는 가득합니다. 그래서 음식을 먹지 않으려고 합니다." 3

그러자 이제 불들이 함께 말했다.

"고행을 한 청정범행자일세! 훌륭하게 우리를 섬기며 보살폈네! 이보게, 이에게 우리가 가르침을 주기로 하세!"

그리곤 그에게 말했다.

"생기가 브라흐만! '까'가[834] 브라흐만! '카'가[835] 브라흐만!" 4

그러자 그가 대답했다.

"생기가 브라흐만이라는 걸 나는 알겠습니다. 그러나 나는 '까'와 '카'에 대해서는 모르겠습니다."[836]

그들은 말했다.

"분명히 '까'라는 것, 그것이 바로 '카'다. '카'라는 것, 그것이 바로 '까'다."[837]

---

832 샹카라에 의하면 목적을 이루지 못한 여기 이 사람 안에 수많은 바람들이 이뤄야 할 것들에 대한 근심인 마음의 고통을 넘어서 여러 가지로 향하고 있다는 의미다.

833 샹카라에 의하면 이뤄야 할 것을 이루지 못해서 생긴 "마음의 고통들"이라는 의미다.

834 "까(ka)"는 기쁨을 의미한다. 싸뜨야브라따 씻단따랑까라에 의하면 '까'는 기쁨의 본질인 쁘라자빠띠다.

835 "카(kha)"는 허공을 의미한다. 싸뜨야브라따 씻단따랑까라에 의하면 '카'는 허공처럼 모든 것에 편재하는 것이다.

836 샹카라에 의하면 '까'는 기쁨을 의미하고, '카'는 허공을 의미한다는 것은 유명하다. 그러나 '까'라는 낱말이 의미하는 기쁨이란 것은 순간 사라져 버리는 성질의 것이고, '카'라는 낱말이 의미하는 허공은 의식이 없는 것이기 때문에 어찌 브라흐만으로 볼 수가 있느냐는 뜻에서 청정범행자는 '까'와 '카'에 대해서는 모른다고 말한 것이다.

837 샹카라에 의하면 허공에 있는 기쁨이 브라흐만이지, 다른 세속적인 기쁨이 브라흐만이 아니다. 그리고 기쁨에 깃든 허공이 브라흐만이지, 다른 물질적인 허공이 아니다.

이처럼 이에게 생기와 그 허공에 대해 말해 주었다.[838] 5

열한 번째 절

이제 가주家主의 불이 그에게 가르침을 주었다.

"땅, 불, 곡식, 태양이다.[839] 태양 안에 보이는 이 사람,[840] 그가 나다.[841] 그가 바로 나다." 1

"이것을 이렇게 알면서 명상하는 이,[842] 그는 악업惡業을 멸한다, 세상을 소유한 자가 된다, 모든 수명을 누린다,[843] 빛나게 산다.[844] 이의 후손들이 쇠하지 않는다.[845] 이것을 이렇게 알면서 명상하는 이, 그를 우리는 이 세상에서 그리고 저세상에서 보살핀다." 2

---

838 샹카라에 의하면 "그 허공(tadākāśa)"은 그것의 허공이다. 생기와 관계된 토대임으로 인해서 심장의 허공이라는 의미다. "그 허공"이 특별한 기쁨의 성질을 가진 브라흐만이며, "그 허공"에 위치한 생기가 브라흐만과 접촉하는 것으로 말미암아 브라흐만이다. 이처럼 생기와 허공을 한데 모아 브라흐만이라고 불들이 말한 것이다.

839 샹카라에 의하면 "땅, 불, 곡식, 태양"이 "가주의 불"인 나의 몸들이라는 의미다. 이 가운데 땅과 곡식은 먹을 것이라는 성질로 나타나고, 불과 태양은 먹는 자라는 성질, 익히는 자라는 성질, 빛나는 자라는 성질이 공통적인 특질이다. 148쪽 147번, 340쪽 428번 각주 참조.

840 여기서 "사람"의 원어는 다른 부분들에서 주로 인아(人我)로 번역되던 '뿌루샤'다.

841 샹카라에 의하면 "나"는 '가주의 불'을 의미한다.

842 샹카라에 의하면 앞에서 말한 대로 '가주의 불'이 곡식과 곡식을 먹는 자의 성질에 의해 네 가지로 나뉘는 것을 명상함을 의미한다. 가주의 불은 바로 앞에서 땅, 불, 곡식, 태양, 이렇게 네 형태의 몸을 지닌 것으로 언급되었다. 이 가운데 땅과 곡식은 곡식으로서의 성질이 공통적이며, 불과 태양은 먹는 자로서의 성질이 공통적이다.

843 샹카라에 의하면 이 세상에서 모든 수명인 백 세에 이른다는 의미다.

844 샹카라에 의하면 아주 유명하게 산다는 의미다.

845 샹카라에 의하면 아는 사람의 후손의 대가 끊이지 않는다는 의미다.

열두 번째 절

이제 공양供養의 불이[846] 그에게 가르침을 주었다.

"물, 방위, 별, 달이다.[847] 달 안에 보이는 이 사람, 그가 나다.[848] 그가 바로 나다." 1

"이것을 이렇게 알면서 명상하는 이, 그는 악업惡業을 멸한다, 세상을 소유한 자가 된다, 모든 수명을 누린다, 빛나게 산다. 이의 후손들이 쇠하지 않는다. 이것을 이렇게 알면서 명상하는 이, 그를 우리는 이 세상에서 그리고 저세상에서 보살핀다."[849] 2

열세 번째 절

이제 봉헌奉獻의 불이[850] 그에게 가르침을 주었다.

"생기, 허공, 하늘, 번갯불이다.[851] 번갯불 안에 보이는 이 사람, 그가 나다.[852] 그가 바로 나다." 1

---

846 샹카라에 의하면 "공양의 불(Anvāhāryapacana)"은 '남방의 불'이다. 기타프레스의 힌디 어 해석본에 의하면 '초승과 보름 제사(darśapūrṇamāsa yajña)'에서 조상에게 바치는 공양물은 공양의 불로 익힌다. 148쪽 147번, 340쪽 428번 각주 참조.

847 샹카라에 의하면 "물, 방위, 별, 달"이 '공양의 불'인 나의 몸들이며, 이들 네 가지로 자신을 나누어 자리 잡는다는 의미다. 이 가운데 물과 별은 먹을 것이라는 성질과 관계된다. 별들은 달이 향수하는 것으로 유명하기 때문이다. 그리고 물은 곡식을 만들어 내는 성질이 있기 때문이다.

848 "나"는 공양의 불, 즉 남방의 불을 뜻한다. 기타프레스의 힌디 어 해석본에 의하면, 공양의 불을 남방의 불이라고도 말한다. 그리고 달은 남쪽 길로 간다. 따라서 공양의 불과 달은 남방과 연관된다.

849 397쪽 842~845번 주석을 참조하여 동일한 틀로 해석하면 된다.

850 "봉헌의 불(Āhavanīya)"은 신에게 바치는 공양물을 넣어 봉헌하는 불이다. 동방에 위치한다. 148쪽 147번, 340쪽 428번 각주 참조.

851 샹카라에 의하면 "생기, 허공, 하늘, 번갯불"이 '봉헌의 불'인 나의 몸들이다.

852 "나"는 '봉헌의 불'을 뜻한다.

"이것을 이렇게 알면서 명상하는 이, 그는 악업惡業을 멸한다, 세상을 소유한 자가 된다, 모든 수명을 누린다, 빛나게 산다. 이의 후손들이 쇠하지 않는다. 이것을 이렇게 알면서 명상하는 이, 그를 우리는 이 세상에서 그리고 저세상에서 보살핀다."[853] 2

열네 번째 절

그들이 말했다.[854]

"'우빠꼬살라'야, 애야, 우리의 이 지혜,[855] 아我의 지혜가[856] 너의 것이 되었다. 스승께서 너에게 길을[857] 말씀해 주실 것이다."

그러자, 그의 스승이 오셨다. 그에게 스승이 말했다.

"우빠꼬살라야!" 1

그러자 "존경스런 분이시여!"라고 대답했다.

"애야, 너의 얼굴은 브라흐만을 아는 사람처럼 빛나는구나! 너에게 누가 가르침을 주었느냐?"

"존경스런 분이시여, 누가 제게 가르침을 주겠사옵니까?"[858]라고 이에 대해 숨기듯이 대답했다.[859] 그러고는 "이것들이 지금은 이런 모습이

---

853 397쪽 842~845번 주석을 참조하여 동일한 틀로 해석하면 된다.

854 "그들"은 '가주의 불', '공양의 불'인 '남방의 불' 그리고 '봉헌의 불'을 의미한다.

855 샹카라에 의하면 "우리의 이 지혜"는 '불에 대한 지혜(agnividyā)'다.

856 샹카라에 의하면 "아의 지혜(ātmavidyā)"는 앞에서 말한 생기가 브라흐만, '까'가 브라흐만, '카'가 브라흐만이라는 것이다.

857 샹카라에 의하면 "길(gati)"은 지혜의 결과를 얻기 위한 길이다.

858 샹카라에 의하면 신들이 나에게 가르침을 주었다는 의미다. 인간이 어찌 감히 존경스런 분의 제자인 저를 가르칠 엄두를 내겠냐는 의미가 숨겨져 있다.

859 샹카라에 의하면 불이 말해 준 것을 숨기는 것도 아니고 사실 그대로 말하는 것도 아니다.

지만, 다른 모습이었습니다." 이렇게 넌지시 불들이라고 말했다.

"얘야, 너에게 무어라고 일러주었느냐?" 2

"이것입니다"라며 알려 주었다.

"얘야, 세상들만을 너에게 일러준 것이다! 허나, 나는 너에게 이렇게 알면,[860] 마치 연잎이 물에 닿지 않듯이 그렇게 죄업이 닿지 않는 그것을 말해 주리라!"

"존경스런 분이시여, 제게 말해 주옵소서!"

그러자 그에게 말했다. 3

열다섯 번째 절

"눈 안에 보이는 이 사람,[861] 이것은 아我[862]다." 이렇게 말했다. "이것이 불사不死다, 두려움이 없음이다. 이것이 브라흐만이다.[863] 만일 그[864] 여기에 우유 기름이나 물을 부으면 양 눈꺼풀로 간다."[865] 1

"이것을[866] '바라는 게 모이는 곳'[867]이라고 부른다. 왜냐하면 모든 바

---

860 샹카라에 의하면 "이렇게 알면"이란 '브라흐만을 이렇게 알면'이란 의미다.

861 샹카라에 의하면 외부 대상으로부터 물러난 눈을 가지고, 청정범행을 비롯한 방편을 갖추며, 평온하고 분별력이 있는 사람들에 의해서 "눈 안에 보이는 이 사람"인 눈의 보는 자가 보인다.

862 샹카라에 의하면 여기서 "아"는 생명체들의 아를 의미한다.

863 샹카라에 의하면 불사인 것은 죽지 않는 속성을 지닌 것으로 멸하지 않는다. 멸함(vināśa)에 대한 의심 때문에 두려움(bhaya)이 생기는 것이다. 그리고 멸함에 대한 의심이 없으므로 "두려움이 없음(無畏, abhaya)"이다. 그러므로 이 브라흐만은 큰 것, 영원한 것이다.

864 샹카라에 의하면 "그"는 인아(人我)의 장소인 눈을 의미한다.

865 샹카라에 의하면 연잎이 물과 무관하듯이 인아는 눈과 무관하다는 의미다.

866 "이것"은 '인아(人我)인 눈 안에 있는 사람'을 의미한다.

867 "바라는 게 모이는 곳"의 원어는 쌍야드와마(saṃyadvāma)다. 쌍야드(saṃyad)는 '접촉,

라는 것들이[868] 이것을 향해 모여 들기 때문이다. 이렇게 아는 이, 이를 향해 모든 바라는 것들이 모여 든다." 2

"이것은 또한 '바라는 걸 가져가는 것'[869]이다. 왜냐하면 이것은 모든 바라는 것들을 가져가기 때문이다. 이렇게 아는 이는 모든 바라는 것들을 가져간다." 3

"이것은 또한 '빛을 이끄는 것'[870]이다. 왜냐하면 이것은 모든 세상들에서 빛나기 때문이다. 이렇게 아는 이, 그는 모든 세상들에서 빛난다." 4

"이제 이에게[871] 있어서는 장례식을 하든지 만일 하지 않든지 빛에[872] 도달한다. 빛에서 낮에,[873] 낮에서 달이 차는 보름 기간에,[874] 달이 차는

연속, 계약, 연결의 매체' 등을 뜻하고, 와마(vāma)는 '사랑스러운 것, 좋은 것, 바람직한 것, 아름다운 것' 등을 뜻한다.

868 샹카라에 의하면 "바라는 것(vāma)"은 '바랄 만한 것(vananīya)', '좋아할 만한 것(sambhajanīya)', '아름다운 것(śobhana)'이다.

869 "바라는 걸 가져가는 것"의 원어는 와마니(vāmanī)다. 와마는 '사랑스러운 것, 좋은 것, 바람직한 것, 아름다운 것' 등을 뜻한다. 니(nī)는 '가져가는 것, 이끌어 가는 것, 지도하는 것, 안내자, 지도자' 등을 뜻한다. 샹카라에 의하면 '바라는 것'은 '덕행의 결과(puṇyakarmaphala)'다. '아의 속성(ātmadharmatva)'에 의해 덕행의 결과를 덕행에 따른 형태로 생명체들에게 가져간다, 도달하게 한다, 실어 간다. 그래서 "바라는 걸 가져가는 것"이라고 한다.

870 "빛을 이끄는 것"의 원어는 바마니(bhāmanī)다. 바마(bhāma)는 '빛, 밝음, 빛남' 등을 뜻하며, 니(ni)는 '가져가는 것, 이끌어 가는 것, 지도하는 것, 안내자, 지도자' 등을 뜻한다. 샹카라에 의하면 '모든 세상들에서 태양, 달, 불을 비롯한 형태들로 빛나는 것이다. 성전(聖典)에서 "그것의 빛으로 이 모든 것이 빛난다"고 한다. 따라서 빛들을 이끄는 것이라서 바마니다.

871 샹카라에 의하면 "이"는 이렇게 아는 사람이다.

872 샹카라에 의하면 "빛(arcis)"은 '빛의 신'을 의미한다.

873 샹카라에 의하면 "낮(ahar)"은 '낮의 신'을 의미한다.

보름 기간에서 북쪽으로 가는 여섯 달들에,[875] 달들에서 연年에,[876] 연에서 태양에,[877] 태양에서 달에, 달에서 번갯불에 도달한다. 사람이 아닌 인아人我가 그러한 이들을 브라흐만에게 가게 한다.[878] 이 신의 길은 브라흐만의 길이다. 이를 통해서 도달하는 이들은 이 인간의 물레로[879] 되돌아오지 않는다. 되돌아오지 않는다."[880] 5

열여섯 번째 절

가는 것인[881] 이것,[882] 바로 이것이 제사다. 바로 이것은 가면서 이 모

---

874 샹카라에 의하면 "달이 차는 보름 기간(āpūryamāṇapakṣa)"은 '밝은 보름 기간(śuklapakṣa)의 신'을 의미한다.

875 샹카라에 의하면 "북쪽으로 가는 여섯 달"은 태양의 북쪽 행로의 신을 의미한다. 동지에서 하지까지의 여섯 달이 태양이 북쪽으로 가는 여섯 달이다.

876 샹카라에 의하면 "연(saṃvatsara)"은 '연의 신'을 의미한다.

877 샹카라가 태양과 달(candramas) 등에 대해서는 각각 태양의 신, 달의 신 등을 의미한다고 주석하지 않는 이유는 산스크리트에서 태양과 달이라는 말이 각각 태양의 신과 달의 신을 아울러 의미하기 때문이다.

878 샹카라에 의하면 인간의 창조에서 생겨난 것이 인간이며, 그렇지 않은 것은 인간이 아닌 것이다. 이러한 그 어떤 인간이 아닌 인아가 브라흐만의 세계에서 와서 그곳에 위치한 이들을 '실재의 세계(satyaloka)'에 있는 브라흐만에게로 보낸다. 그곳에 위치한 이들과 관련하여 샹카라는 그곳이 어디라고 명백하게 밝히지 않고 있다. 문맥상 그곳은 번갯불을 의미하는 것으로 보는 것이 적당하다. 즉 마지막에 번갯불의 신에게 도달한 사람들을 "사람이 아닌 인아"가 브라흐만의 세계에서 와서 브라흐만의 세계로 보내준다는 뜻이다.

879 샹카라에 의하면 "인간의 물레(āvarta)"는 마누(Manu)의 창조로 나타나는 물레를 의미한다. 즉 생사로 연결된 바퀴 위에 오른 자들은 그릇을 만드는 도구와 같다는 의미다. 마누는 생겨나고 괴멸되어 다시 생겨나는 모든 새로운 세상에 있어서 모든 최초의 인간이다. 따라서 마누의 창조로 나타나는 물레는 끊임없이 반복하는 생사윤회를 의미한다.

880 샹카라에 의하면 여기서 반복은 지혜에 관한 것을 성공적으로 끝마침을 의미한다.

881 막스 뮐러와 라다크리슈난은 "가는 것"을 정화하는 것이라고 번역한다. '가다'라는 뜻을 지닌 어근 '빠브(pav)'의 현재형 삼인칭 단수 형태의 자위형 활용형 '빠바떼(pavate)'를 '정화하다'라는 뜻을 지닌 어근 '뿌(pū)'의 현재형 삼인칭 단수 형태의 자위형 활용형

든 것을[883] 정화한다.[884] 왜냐하면 이것은 가면서 모든 것을 정화하기 때문에, 그래서 이것이 바로 제사다.[885] 마음과 언어는 그것의[886] 두 길들이다. 1

그 가운데 다른 하나를[887] 제사를 감독하는 제관[888]은 마음으로[889] 거행한다. 신을 부르는 제관[890]과, 불러들인 신을 찬양하는 제관,[891] 제사를 집행하는 제관[892]은 언어로 다른 하나를[893] 거행한다. 아침 낭송이[894] 시작된 상황에서 만일 마감 찬가 이전에 제사를 감독하는 그 제관이 말문을 열면,[895] 2

빠바떼로 파악하여 번역하기 때문이다. 샹카라에 의하면 바람(vāta)은 '움직이는 자신의 본성(calanātmaka)'에 의해서 행위(kriyā)와 연결되는 것이다. 여기서 행위는 제사를 뜻한다.

882 샹카라에 의하면 "이것"은 바람(vāyu)이다. 이 만뜨라에 나오는 "이것"이란 대명사는 모두 바람을 뜻한다.

883 샹카라에 의하면 "이 모든 것"은 세상을 의미한다.

884 샹카라에 의하면 움직이지 않는 것에 정화(śuddhi)는 없다. 왜냐하면 움직이는 것에서 나쁜 것을 내버림을 볼 수 있지, 멈추어 있는 것에서는 나쁜 것을 내버림을 볼 수 없기 때문이다.

885 제사의 가장 중요한 기능이 정화임을 알 수 있다.

886 샹카라에 의하면 "그것"은 제사를 의미한다.

887 샹카라에 의하면 제사의 두 길 가운데 한 길(vartanī)을 의미한다. 마음의 길을 뜻한다.

888 "제사를 감독하는 제관"은 브라흐마다. 브라흐마는 『아타르바베다』를 관장한다.

889 샹카라에 의하면 여기서 "마음"은 분별지(vivekajñāna)가 있는 마음이다.

890 "신을 부르는 제관"은 호뜨리다. 호뜨리는 『리그베다』를 관장한다.

891 "불러들인 신을 찬양하는 제관"은 우드가뜨리다. 우드가뜨리는 『싸마베다』를 관장한다.

892 "제사를 집행하는 제관"은 아드와르유다. 아드와르유는 『야주르베다』를 관장한다.

893 샹카라에 의하면 여기서 "다른 하나"는 언어로 나타나는 길을 의미한다.

894 "아침 낭송(prātaranuvāka)"은 아침에 쏘마를 짜서 올리는 제사를 시작하는 찬가의 낭송이다.

895 샹카라에 의하면 "말문을 연다"는 것은 침묵을 깬다는 것이다.

그는 다른 하나의 길만을 거행하는 것이다.[896] 다른 하나는 버려지는 것이다.[897] 그는 마치 외다리가 걸어가는 것처럼 혹은 수레가 바퀴 하나로 나아가는 것처럼 무너진다. 이처럼 이의 제사는 무너진다.[898] 무너지는 제사를 따라 제주가 무너진다. 그는 제사를 지내고는 비참하게 된다.[899] 3

이제 아침 낭송이 시작된 상황에서 만일 마감 찬가 이전에 제사를 감독하는 제관이 말문을 열지 않으면,[900] 그들은 바로 두 길 모두를 거행하는 것이다.[901] 다른 하나가 버려지지 않는다. 4

그는 마치 두 발을 가진 사람이 걸어가는 것처럼 혹은 수레가 두 바퀴 모두로 나아가는 것처럼 자리 잡는다. 이처럼 이의 제사는 자리 잡는다. 자리 잡는 제사를 따라 제주가 자리 잡는다. 그는 제사를 지내고는 탁월하게 된다.[902] 5

열일곱 번째 절

쁘라자빠띠가 세상들을 달구었다.[903] 달구어지는 그것들 가운데서

---

896 샹카라에 의하면 언어의 길만을 거행하는 것이다.

897 샹카라에 의하면 브라흐마에 의해서 거행되지 않은 마음의 길은 버려진다, 파멸된다, 구멍이 난다.

898 샹카라에 의하면 "제주(祭主)"는 '제사의 생기(yajñaprāṇa)'이기 때문이다.

899 샹카라에 의하면 "비참하게 된다"는 것은 더욱더 죄인이 된다는 것을 의미한다.

900 샹카라에 의하면 침묵을 지키며 말을 하지 않는 것이다.

901 샹카라에 의하면 모든 제관들이 바로 두 개의 길을 다 거행하는 것이다.

902 샹카라에 의하면 제주(祭主)는 제사를 지내고는 최고(śreṣṭha)가 된다는 의미다.

903 샹카라에 의하면 세상들을 목표로 삼아 그곳에서 정수(精髓)를 취하기 위해서 정신 집중을 징표로 하는 고행을 했다.

정수精髓들을 끄집어냈다. 땅에서 불을, 허공에서 바람을, 하늘에서 태양을. 1

그는 이 세 신들을[904] 달구었다. 달구어지는 그것들 가운데서 정수들을[905] 끄집어냈다. 불에서 리그 찬가들을, 바람에서 야주르 찬가들을, 태양에서 싸마 찬가들을.[906] 2

그는 이 세 지혜들을 달구었다. 달구어지는 그것들 가운데서 정수들을 끄집어냈다. 리그 찬가들에서 '부후'를, 야주르 찬가들에서 '부바하'를, 싸마 찬가들에서 '쓰바하'를.[907] 3

그러므로 만일 리그 찬가와 관련하여 결함이 있을 때에는 "부후 사바하!" 이렇게 하며 가주의 불에 제물을 넣어 올려야 한다. 바로 리그 찬가들의 정수로써, 리그 찬가들의 원기元氣로써 리그 찬가들과 관련된 그 제사의 허물어진 것을 메운다. 4

이제 만일 야주르 찬가와 관련하여 결함이 있을 때에는 "부바하 사

---

904 샹카라에 의하면 "세 신"은 불을 비롯한 것들이다. 즉 불, 바람, 태양을 뜻한다.

905 샹카라에 의하면 여기서 "정수"는 세 가지 지혜다.

906 싸뜨야브라따 씻단따랑까라에 의하면 '리그 찬가'는 운문으로 엮인 『베다』의 만뜨라다. '야주르 찬가'는 산문으로 엮인 『베다』의 만뜨라다. '싸마 찬가'는 노래로 부르는 『베다』의 만뜨라다. 리그 찬가들은 『리그베다』의 찬가들이며, 신을 부르는 제관인 호뜨리가 담당한다. 야주르 찬가들은 『야주르베다』의 찬가들이며, 제사를 집행하는 제관인 아드와르유가 담당한다. 싸마 찬가들은 『싸마베다』의 찬가들이며, 불러들인 신을 찬양하는 제관인 우드가뜨리가 담당한다.

907 샹카라에 의하면 브야흐리띠들은 세상과 신과 『베다』의 정수들이다. '부후', '부바하', '쓰바하' 이 세 가지를 브야흐리띠라고 부른다. 338쪽 413번 각주 참조.

바하!" 이렇게 하며 남방의 불에 제물을 넣어 올려야 한다. 바로 야주르 찬가들의 정수로써, 야주르 찬가들의 원기元氣로써 야주르 찬가들과 관련된 그 제사의 허물어진 것을 메운다. 5

이제 싸마 찬가와 관련하여 결함이 있을 때에는 "쓰바하 사바하!" 이렇게 하며 봉헌의 불에 제물을 넣어 올려야 한다. 바로 싸마 찬가들의 정수로써, 싸마 찬가들의 원기元氣로써 싸마 찬가들과 관련된 그 제사의 허물어진 것을 메운다.[908] 6

그것은 마치 소금으로[909] 금을, 금으로 은을, 은으로 주석을, 주석으로 납을, 납으로 쇠[910]를, 쇠로 나무를, 나무를 가죽으로 연결하는 것과 같다. 7

이렇게 이 세상들, 이 신들, 이 세 지혜의 원기로써 제사의 허물어진 것을 메운다. 이와 같이 알고 있는 '제사를 감독하는 제관'이 있는 이 제사는 바로 치료가 된 것이다. 8

이와 같이 알고 있는 '제사를 감독하는 제관'이 있는 이 제사는 바로 북쪽으로 기운 것이 된다.[911] 이와 같이 알고 있는 제사를 감독하는 제

908 샹카라에 의하면 제사를 감독하는 제관인 브라흐마로 인해서 결함이 있을 때에는 세 가지 불에 세 가지 브야흐리띠를 사용하여 제물을 넣어 올려야 한다. 사바하에 대해서는 218쪽 47번 각주 참조.

909 샹카라에 의하면 붕사(ṭaṃkaṇa)를 비롯한 염기성에 의해 금을 연결한다. 왜냐하면 그것은 딱딱한 두 금을 부드럽게 하는 것이기 때문이다.

910 "쇠"의 원어인 로하(loha)는 남성 명사 혹은 중성 명사로 '구리, 동, 금, 금속' 등을 뜻하기도 한다.

관에 대한 여기 이 게송偈頌이 있다.

"곳곳에서 되돌아오니, 곳곳으로 그는 간다."[912] 9

묵상하는 자인[913] '제사를 감독하는 제관'이 바로 행위자들을 보호하는 유일한 제관인 암말이다.[914] 이와 같이 아는 '제사를 감독하는 제관'은 제사를, 제주祭主를, 모든 제관들을 보호한다. 그러므로 이와 같이 알고 있는 자만을 '제사를 감독하는 제관'으로 삼아야 한다. 이와 같이 알지 못하는 자는 아니다. 이와 같이 알지 못하는 자는 아니다.[915] 10

---

911 샹카라에 의하면 제사는 북쪽이 내려가고 남쪽이 올라간 것이 된다. 북쪽 길을 얻기 위한 원인이라는 의미다. 동지에서 하지까지의 여섯 달은 태양이 북행하는 여섯 달이다. 이 기간을 '북쪽 길(uttarāyaṇa)' 혹은 북행길이라고 한다. 북쪽 길은 '신의 길(devayāna)'이다. 반대로 하지에서 동지까지의 여섯 달은 태양이 남행하는 기간이다. 이 길을 '남쪽 길(dakṣiṇāyana)' 혹은 남행길이라고 한다. 남쪽 길은 '조상의 길(pitṛyāna)'이다. 따라서 북쪽으로 기운 제사는 신의 길로 향하는 통로가 된다.

912 샹카라에 의하면 제관들의 제사가 손상되면, '제사를 감독하는 제관'은 제사 제사마다 손상된 형태들을 보상법을 통해 교정해 간다. 즉 전체적으로 보살핀다는 의미다.

913 "묵상하는 자"의 원어는 마나바(mānava)다. 마나바의 사전적인 의미는 '마누의 후손, 인간' 등이다. 그러나 샹카라에 의하면 묵언(黙言, mauna)을 행하기 때문에 혹은 명상(瞑想, manana)을 하기 때문에 제사를 감독하는 제관은 마나바다. 따라서 마나바를 "묵상(黙想)하는 자"라고 옮긴다.

914 샹카라에 의하면 제사를 감독하는 제관은 묵언(黙言) 혹은 명상(瞑想)을 통해 '지혜를 가짐(jñānavattva)'으로 말미암아 행위자들을 "암말(aśvā)"이 타고 있는 용사들을 보호하듯이 보호하는 유일한 제관이다.

915 샹카라에 의하면 여기서 반복은 장이 끝남을 의미한다.

다섯 번째 장

첫 번째 절[916]

옴ॐ, 가장 맏이인 것과[917] 가장 탁월한 것을[918] 아는 자는 가장 맏이가 되고 가장 탁월한 자가 된다. 생기가 바로 가장 맏이인 것이고 가장 탁월한 것이다.[919] 1

가장 최고 부자를[920] 아는 자는 친지들 가운데 가장 최고 부자가 된다. 언어가 바로 가장 최고 부자인 것이다.[921] 2

잘 자리 잡는 것을 아는 자는 이 세상에서 그리고 저세상에서 잘 자리 잡는다. 눈이 바로 잘 자리 잡는 것이다.[922] 3

제대로 이루게 하는 것을 아는 자, 이에게 신적인 욕망과 인간적인 욕망들이 제대로 이루어진다. 귀가 바로 제대로 이루게 하는 것이다.[923] 4

---

916 「브리하드아란야까 우파니샤드」 여섯 번째 장 첫 번째 절과 많은 부분 유사하다.

917 샹카라에 의하면 "가장 맏이인 것(jyeṣṭha)"은 나이에 있어서 첫 번째를 의미한다.

918 샹카라에 의하면 "가장 탁월한 것(śreṣṭha)"은 특질들이 가장 뛰어난 것을 의미한다.

919 샹카라에 의하면 사람이 모태에 있을 때 생기의 활동은 발음 기관을 비롯한 것들보다 먼저 자기 성질을 얻는다. 생기에 의해서 모태가 자라난다.

920 샹카라에 의하면 "가장 최고 부자(vasiṣṭha)"는 '가장 최고로 입는 것(vasitṛtama)' 혹은 '가장 최고로 덮는 것(ācchādayitṛtama)' 혹은 '가장 최고로 거주하는 것(vasumattama)'을 의미한다.

921 샹카라에 의하면 말 잘하는 사람들이 다른 사람들을 제압하고, 가장 부자들이다. 따라서 언어가 가장 최고 부자다.

922 샹카라에 의하면 눈으로 보면서 평평한 곳과 울퉁불퉁한 곳에 잘 자리 잡기 때문이다. 그래서 눈이 "잘 자리 잡는 것(pratiṣṭhā)"이다.

923 샹카라에 의하면 "귀"로 『베다』들과 『베다』의 의미에 대한 지식을 습득한다. 그리하

거처를 아는 자는 친지들의 거처가 된다.[924] 마음이 바로 거처다.[925] 5

이제 생기들이[926] "내가 최고다!" "내가 최고다!"라며 내가 최고라는 것에 대해 다양하게 논쟁을 했다. 6

그들 생기들은 아버지인 쁘라자빠띠에게 가서 말했다.

"존경스런 분이시여, 우리 가운데 누가 가장 탁월한 자입니까?"

그들에게 대답했다.

"너희 가운데 누군가 여기서 빠져 나가 몸이 가장 나쁘게 보이면, 그가 너희 중에서 가장 탁월한 자다." 7

언어가 빠져 나갔다. 그녀는 일 년을 밖에서 지낸 후에 돌아와 말했다.

"어떠니? 나 없이 어떻게 살 수 있었니?"

"벙어리들처럼 말을 하지 않으면서, 생기로 숨을 쉬면서, 눈으로 보면서, 귀로 들으면서, 마음으로 생각하면서, 이렇게!"

그러자 언어는 들어갔다.[927] 8

눈이 빠져 나갔다. 그는 일 년을 밖에서 지낸 후에 돌아와 말했다.

여 행위들이 행해진다. 그래서 욕망이 제대로 이루어진다. 이처럼 귀는 욕망이 제대로 이루어지는 원인이 되기 때문에 "귀가 바로 제대로 이루게 하는 것(sampat, sampad)"이다.

924 샹카라에 의하면 친지들의 의지처(āśraya)가 된다는 의미다.

925 샹카라에 의하면 "마음"은 지각 기관이 제공한 대상들에 대한 향수자(享受者, bhoktṛ)들의 인식 형태(pratyayarūpa)의 거처, 즉 의지처다.

926 샹카라에 의하면 여기서 "생기들"은 앞에서 언급한 특질이 있는 것들이다. 즉 생기, 언어, 눈, 귀, 마음 등을 뜻한다.

927 언어는 자신이 가장 탁월한 것이 아님을 알고는 다시 몸으로 들어갔다는 뜻이다.

"어떤가? 나 없이 어떻게 살 수 있었는가?"

"장님들처럼 보지 않으면서, 생기로 숨을 쉬면서, 언어로[928] 말하면서, 귀로 들으면서, 마음으로 생각하면서, 이렇게!"

그러자 눈은 들어갔다. 9

귀가 빠져 나갔다. 그는 일 년을 밖에서 지낸 후에 돌아와 말했다.

"어떤가? 나 없이 어떻게 살 수 있었는가?"

"귀머거리들처럼 듣지 않으면서, 생기로 숨을 쉬면서, 언어로 말하면서, 눈으로 보면서, 마음으로 생각하면서, 이렇게!"

그러자 귀는 들어갔다. 10

마음이 빠져 나갔다. 그는 일 년을 밖에서 지낸 후에 돌아와 말했다.

"어떤가? 나 없이 어떻게 살 수 있었는가?"

"마음 없는[929] 어린 애들처럼, 생기로 숨을 쉬면서, 언어로 말하면서, 눈으로 보면서, 귀로 들으면서, 이렇게!"

그러자 마음은 들어갔다. 11

그러자 이제 생기가[930] 빠져 나가려고 했다. 그는 마치 명마名馬가 발을 묶은 말뚝들을 모두 걷어내 버리듯이 그렇게 다른 생기들을 걷어내 버렸다. 그러자 함께 앞으로 와서 그에게 말했다.

"머무시옵소서![931] 존경스런 분이시여, 당신은 우리 가운데 가장 탁

---

928 여기서 "언어"는 발음 기관, 즉 입을 뜻한다.

929 샹카라에 의하면 "마음 없는(amanas)"은 마음이 아직 성장하지 않은 것을 의미한다.

930 샹카라에 의하면 '우두머리(mukhya)인 생기'다. 우두머리인 생기는 '입의 생기'라고 번역할 수도 있다.

월한 분이십니다! 빠져나가지 마소서!" 12

이제 이에게 언어가 말했다.

"제가 가장 최고 부자라는 것, 그 가장 최고 부자라는 것은 당신이십니다."[932]

이제 이에게 눈이 말했다.

"제가 자리 잡는 자라는 것, 그 자리 잡는 자라는 것은 당신이십니다." 13

이제 이에게 귀가 말했다.

"제가 제대로 이루게 하는 자라는 것, 그 제대로 이루게 하는 자라는 것은 당신이십니다."

이제 그에게 마음이 말했다.

"제가 거처라는 것, 그 거처라는 것은 당신이십니다." 14

언어들이라, 눈들이라, 귀들이라, 마음들이라 말하지 않는다. 바로 생기들이라고 말한다. 왜냐하면 생기가 바로 이 모든 것들이기 때문이다. 15

두 번째 절

그가 말했다.

"나의 곡식은 무엇인가?"

---

931 샹카라에 의하면 '당신은 우리의 주인이 되소서'라는 의미다.

932 샹카라에 의하면 "가장 최고 부자"라는 나의 그 성질, 당신이 바로 그 성질이라는 의미다. 혹은 가장 최고 부자라는 성질은 당신의 것인데, 무지로 인해서 나의 것이라고 내가 여겼다는 의미다. 이하 눈, 귀, 마음의 경우도 마찬가지다.

"멍멍이들에 이르기까지 그리고 새들에 이르기까지 그 모든 이것들입니다."[933] 그들은[934] 이렇게 대답했다. 그것이 바로 이것으로 숨의 곡식이다.[935] 숨은 직접적인 이름이다.[936] 이와 같이 아는 사람에겐 그 무엇도 곡식이 아닌 것은 없게 된다.[937] 1

그가 말했다.

"나의 옷은 무엇인가?"

"물입니다." 그들은 이렇게 대답했다. 그래서 먹으면서 먼저 그리고 나중에 물로 이것에 옷을 입힌다.[938] 옷을 얻는 사람이 된다. 벌거벗지 않은 사람이[939] 된다.[940] 2

---

933 샹카라에 의하면 멍멍이들과 더불어 새들과 더불어 모든 생명체들의 곡식인 것, 그것은 당신의 곡식이라고 언어를 비롯한 것들이 말했다.

934 "그들"은 언어, 눈, 귀, 마음 등이다.

935 샹카라에 의하면 "그것이 바로 이것"은 세상에 그 무엇이라도 생명체들에 의해서 먹히는 곡식은 숨(ana)인 생기의 곡식(anna)이라는 의미다. 바로 생기에 의해서 그것은 먹히는 것이라는 의미다.

936 샹카라에 의하면 '모든 종류의 활동에 편재하는 생기의 성질을 보여 주기 위한 생기의 직접적인 이름이 숨이라는 것이다.' "숨"의 원어인 아나(ana)는 '호흡하다, 살다, 가다, 움직이다' 등을 의미하는 어근 '안(an)'에서 파생된 남성 명사다. 어근에 있는 '가다'라는 뜻이 생기의 편재성을 나타낸다. 모든 곳, 모든 것에 가 있는 것이 편재성이기 때문이다. 생기의 원어인 쁘라나(prāṇa)는 숨의 원어인 '아나'에 '앞으로, 수승함' 등을 의미하는 접두어 '쁘라'가 첨가되어 만들어진 낱말이다.

937 샹카라에 의하면 '모든 존재에 위치한 것이며 모든 곡식을 먹는 자인 생기가 나다.' 이와 같이 생기에 대해 아는 사람에겐 모든 곡식이 생긴다는 의미다.

938 샹카라에 의하면 학식이 있는 브라흐마나들은 식사를 하기 전과 식사를 하고 난 다음에 옷의 역할을 하는 물로 입의 생기에 옷을 입힌다. 식사 전과 식사 후에 정화를 위해 물로 입가심을 하는 것은 잘 알려져 있다. '입의 생기'는 '우두머리인 생기'로도 번역될 수 있다.

939 샹카라에 의하면 "벌거벗지 않은 사람"은 겉옷(uttarīya)이 있는 사람을 의미한다.

940 식사 전과 식사 후에 물로 입가심을 하면서 물로 입의 생기에 옷을 입힌다고 명상하는 사람, 그는 옷을 얻는 사람이 되고, 벌거벗지 않은 사람이 된다는 뜻이다.

그러한 이것을[941] '싸뜨야까마 자발라'는 '고슈루띠 바이야그라빠드야'[942]에게 알려 주고는 말했다.

"만일 이것을 마른 등걸에게 말해 주면, 그곳에 가지가 생겨나고 잎이 자라날 것이다!"[943] 3

이제 만일 위대함을 얻기 원한다면, 초승날에 제례祭禮에 대한 입문의 식을 치르고는 보름날 밤에 모든 약초들을 섞어 으깬 것을 발효한 우유와 꿀에 넣고 잘 휘저어 "가장 맏이인 것을 위해, 가장 탁월한 것을 위해 사바하!" 이러면서 녹인 우유 기름을 불에 넣어 올리고는 남은 것을 휘저은 것에 넣는다.[944] 4

"가장 최고 부자를 위해 사바하!"[945] 이러면서 녹인 우유 기름을 불

941 샹카라에 의하면 "그러한 이것"은 '생기의 철학(prāṇadarśana)'이다.

942 샹카라에 의하면 "고슈루띠(Gośruti)"는 이름이며, "바이야그라빠드야(Vaiyāghrapadya)"는 브야그라빠다(Vyāghrapada)의 아들이란 의미다.

943 샹카라에 의하면 살아 있는 사람에게 알려 주는 것은 말할 필요도 없다.

944 샹카라에 의하면 초승날에 '제례를 위한 입문 의식(dīkṣā)'을 치르고는 입문 의식을 치른 사람답게 땅바닥에서 잠을 자고, 진실한 말만을 하며, 성생활을 하지 않는 등 법도에 맞는 행위를 하고, 정화를 위해 우유만을 마시며 지낸다. 그러나 다른 제례를 위한 입문 의식에 따른 모든 행위를 취할 필요는 없다. 왜냐하면 '휘젓기(mantha)'라는 이름의 제례는 다른 제례의 변형이 아니기 때문이다. 그러다 보름날 밤에 행위를 시작한다. 마을 숲에 있는 약초들을 할 수 있는 한 조금씩 조금씩 가져온다. 약초들의 껍질을 벗겨 거칠게 간 것을 발효한 우유와 꿀과 함께 잔 모양 혹은 쏘마를 마시는 그릇 모양으로 생긴 우담바라(Udumbara) 나무 그릇에 넣어 잘 휘젓는다. 휘저은 것을 앞에 놓고는 "맏이를 위해, 탁월함을 위해 사바하(jyeṣṭhāya śreṣṭhāya svāhā)!"라고 하면서 녹인 우유 기름을 집에 있는 불 속에 넣는 곳에 제물로 넣어 올린다. 숟가락으로 우유 기름을 불에 넣어 제물로 올린 다음, 숟가락에 남은 우유 기름을 아래로 떨어뜨려 앞에 놓인 휘저은 것에 넣는다. 막스 뮐러는 입문 의식을 '초승날(the day of the new moon)'에 거행한다고 번역한다. 라다크리슈난은 입문 의식을 '초승날 밤(on the new moon night)'에 거행한다고 번역한다.

에 넣어 올리고는 남은 것을 휘저은 것에 넣는다.

"잘 자리 잡는 것을 위해 사바하!"[946] 이러면서 녹인 우유 기름을 불에 넣어 올리고는 남은 것을 휘저은 것에 넣는다.

"제대로 이루게 하는 것을 위해 사바하!"[947] 이러면서 녹인 우유 기름을 불에 넣어 올리고는 남은 것을 휘저은 것에 넣는다.

"거처를 위해 사바하!"[948] 이러면서 녹인 우유 기름을 불에 넣어 올리고는 남은 것을 휘저은 것에 넣는다.[949] 5

이제 물러나 양손에 휘저은 것을 담아 염송한다.[950]

"그대는 '아마'[951]라는 이름이다. 왜냐하면 이 모든 것은 그대와 함께 있기 때문이다.[952] 그가 가장 맏이인 것, 가장 탁월한 것, 왕, 지배자다.[953] 그가 나를 가장 맏이의 상태, 가장 탁월한 상태, 왕권, 지배권에 이르게 하기 원하노라![954] 나는 이 모든 것이 되리라![955]" 6

---

945 "vasiṣṭhāya svāhā." 사바하에 대해서는 218쪽 47번 각주 참조.

946 "pratiṣṭhāyai svāhā."

947 "sampade svāhā."

948 "āyatanāya svāhā."

949 413쪽 944번 각주 참조.

950 샹카라에 의하면 불에서 약간 비켜나 휘저은 것을 양손에 모아 담고는 다음의 진언을 염송한다. 막스 뮐러는 "물러나(pratisṛtya)"를 '다가가(going forward)'라고 번역한다. 라다크리슈난은 '비켜나(moving away)'라고 번역한다.

951 샹카라에 의하면 "아마(ama)"는 생기의 이름이다. 아마는 '가다, 향해 가다, 소리 내다, 섬기다, 공경하다, 위험해지다' 등을 의미하는 어근 '암(am)'에서 파생된 명사다.

952 샹카라에 의하면 왜냐하면 모든 세상은 생기가 된 너의 것이기 때문이다.

953 샹카라에 의하면 "그"는 생기가 된 휘저은 것이다. 이러한 그는 가장 맏이인 것이며, 가장 탁월한 것, 빛나는 것, 모든 것에 주재하여 보살피는 자다.

954 샹카라에 의하면 "그"는 휘저은 것인 생기(生氣)다. 이러한 그는 나를 가장 맏이인 것을 비롯한 자질의 집합에 이르게 하라는 의미다.

955 샹카라에 의하면 "나"는 생기처럼 바로 이 모든 세상이 되리라는 의미다.

이제 다음의 리그 찬가와 더불어 음보마다 조금씩 마신다.[956]

"우리는 태양의 그것을 택하노라!"[957] 이러며 조금씩 마신다.

"우리는 신의 음식을" 이러며 조금씩 마신다.

"가장 탁월한 것을, 모든 것을 간직한 것을"[958] 이러며 조금씩 마신다.

"얼른 보살피는 분을 우리는 곰곰이 생각하노라!"[959] 이러며 모두 마신다. 그릇 혹은 잔을 닦고는 불 서쪽에서 가죽 위에 혹은 맨땅에 말을 삼가고 위압되지 않은 채 눕는다.[960] 그가 만일 여자를 본다면, 행위는 완수된 것으로 알아야 한다. 7

이것은 그에 대한 찬송이다.

"소망을 위한 행위들에 있어서 여자를 꿈들 속에서 보았을 때, 그때 일이 이루어짐을 알아야 한다.[961] 그 꿈을 보게 되면, 그 꿈을 보게 되면." 8

---

956 샹카라에 의하면 각각의 음보마다 각각 한 모금씩 마신다.

957 샹카라에 의하면 "그것"은 음식이다. 태양은 모든 것을 생기게 하는 것이다. 생기와 태양을 하나로 여기고 말하는 것이다. '우리는 태양의 휘저은 형태를 원하노라! 태양의 음식인 그 곡식을 먹음으로써 우리는 태양의 본모습에 도달하리라'는 의미다.

958 샹카라에 의하면 '모든 곡식들 가운데 가장 훌륭한 것을, 모든 세상을 최고로 간직한 것을 혹은 모든 세상의 더할 바 없는 최고의 창조자를'이라는 의미다. 이들 모두는 음식을 꾸미는 형용사 역할을 한다.

959 샹카라에 의하면 '특별한 음식으로 정화된 몸이 되어 신인 태양의 본모습을 얼른 생각하리라'는 의미다. 혹은 '영광의 원인인 위대성을 얻기 위해 행위를 행하는 우리는 그에 대해 생각한다'는 의미다.

960 샹카라에 의하면 잔 모양 혹은 쏘마를 마시는 그릇 모양으로 생긴 우담바라 나무로 만들어진 그릇을 닦고는 입가심을 한다. 그 후에 불 서쪽에서 동쪽으로 머리를 하고 영양 가죽 위에 혹은 맨땅 위에 눕는다. 말을 삼가면서 그리고 꿈에 여자를 비롯한 원하지 않는 것을 보고 위압되지 않으리라 여기면서, 즉 마음을 다스린 상태에서 눕는다. 이와 같이 한 그가 만일 꿈들 속에서 여자를 본다면, 나의 이 행위가 성공한 것이라고 알아야 한다.

961 샹카라에 의하면 행위들의 결과를 얻음이 있을 것이라고 알아야 한다는 의미다.

세 번째 절

옛날에 '스웨따께뚜 아루네야가'[962] 빤짤라 국의 회합에 왔었다. 그에게 '쁘라와하나 자이발리가'[963] 물었다.

"젊은이여, 아버님께서는 자네에게 가르침을 주셨는가?"

"존경스런 분이시여, 가르침을 받았습니다!" 1

"이곳에서 위로 백성들이 가는 그곳을 아느냐?"

"모르옵니다. 존경스런 분이시여!"

"어떻게 다시 돌아오는지를 아느냐?"

"모르옵니다. 존경스런 분이시여!"

"신의 길과 조상의 길, 두 길의 갈라짐을 아느냐?"

"모르옵니다. 존경스런 분이시여!" 2

"어떻게 해서 저세상이 가득차지 않는지 아느냐?"

"모르옵니다. 존경스런 분이시여!"

"다섯 번째 헌공獻供을 하면 물이 어찌하여 사람으로 일컬어지는지 아느냐?"

"모르옵니다. 존경스런 분이시여!" 3

"그렇다면, 자네는 왜 '나는 가르침을 받았습니다!'라고 말하느냐?"

---

962 샹카라에 의하면 "스웨따께뚜(Śvetaketu)"는 이름이다. "아루네야(Āruṇeya)"는 아루니(Āruṇi)의 아들을 의미하며, 아루니는 아루나(Aruṇa)의 아들을 의미한다. 즉 아루네야는 아루나의 손자를 의미한다.

963 샹카라에 의하면 "쁘라와하나(Pravāhaṇa)"는 이름이다. "자이발리(Jaivali)"는 지발라(Jīvala)의 아들이란 의미다.

"이러한 것들을 모르는 그가 어찌 나는 가르침을 받은 사람이라고 말할 수 있겠느냐!"

그러자 그는 괴로워하며 아버지의 집으로 돌아 와서 그에게[964] 말했다.

"존경스런 분께서는 제게 가르침을 주지 않으시고도 '나는 너에게 가르침을 주었다'고 말하셨습니다!" 4

"왕공 무사의 친구 녀석이[965] 저에게 다섯 가지 질문을 했었습니다." "그 가운데 저는 단 하나도 헤아려 대답할 수가 없었습니다!"

그가[966] 말했다.

"마찬가지다. 네가 나에게 그것들을 말해 주었을 때, 마찬가지로 나는 그 가운데 단 하나도 아는 게 없었다. 만일 내가 그것들을 알았다면, 내 어찌 너에게 말해 주지 않았겠느냐!" 5

그러고는 그 가우따마는[967] 왕궁으로 찾아 갔다. 도착한 그에게 왕은 공경을 올렸다. 그가 아침에 일어나 어전으로 가자 그에게 말했다.[968]

"존경스런 가우따마시여, 인간에게 속한 것인 재부財富의 선물을 간택하옵소서."

그러자 그는 대답했다.

---

964 "그에게"는 '아버지에게'라는 의미다

965 "왕공 무사의 친구(rājanyabandhu)"는 왕을 무시하며 지칭하는 이름이다.

966 "그"는 아버지를 의미한다.

967 샹카라에 의하면 "가우따마(Gautama)"는 가문을 의미한다. 스웨따께뚜 아루네야의 아버지인 아루니를 의미한다.

968 샹카라에 의하면 손님 접대를 받은 가우따마는 하룻밤 머물고는 다음 날 아침에 왕이 어전으로 나가자 일어나 왕에게로 갔다. 혹은 다른 사람들에게서 존경을 받는 가우따마가 직접 왕을 찾아갔다는 의미다.

"왕이여, 인간의 재산은 당신 것으로 하십시오! 당신께서 아들 곁에서 하신 말씀, 바로 그 말씀을 내게 해 주십시오!"

그러자 왕은 난처해했다. 6

"오래 머무십시오!"

이렇게 왕이 그에게 명했다. 그리고 그에게 말했다.

"가우따마시여, 당신께서 내게 말씀하신 것처럼, 이 지혜는 당신 전에는 브라흐마나들에게 간 적이 없습니다. 그러므로 모든 세상들에서 왕공 무사만의 가르침으로 있었습니다."

그러고는 그에게 말했다. 7

네 번째 절

"가우따마여, 바로 저세상이 불입니다. 태양이 바로 그것의 땔감입니다. 햇살들은 연기입니다. 낮은 불길입니다. 달은 숯불들입니다. 별들은 불티들입니다."[969] 1

"그러한 이 불에 신들은[970] 믿음을[971] 넣어 태워 올립니다. 불에 넣어

---

969 샹카라에 의하면 "저세상"은 '하늘의 세상(dyuloka)'이다. 태양을 땔감으로 하여 저 하늘의 세상이 빛나기 때문에 "태양"은 땔감이다. 땔감에서 연기가 일어나기 때문에 태양에서 일어나는 "햇살"들은 연기다. 태양의 결과이기 때문에 그리고 빛이라는 동일함 때문에 "낮"은 불길이다. 낮이 수그러들면 나타나기 때문에, 불길이 수그러들면 숯불이 드러나기 때문에 "달"은 숯불이다. 달의 부분들인 것처럼 흩어진 것이 동일하기 때문에 "별들"은 불티들이다.

970 샹카라에 의하면 "신들"은 '제주의 생기(yajamānaprāṇa)'들로써 신과 관련하여 불을 비롯한 것들이다.

971 샹카라에 의하면 "믿음"은 화제(火祭)에서 불에 넣어 태워 올리는 제물의 변형으로 자리 잡은 형태의 미세한 물이다. 이 미세한 물이 믿음으로 상징되기 때문에 믿음이라고

태워 올리는 그 제물에서 쏘마 왕이 생겨납니다.[972]" 2

다섯 번째 절

"가우따마여, 빠르잔야가[973] 바로 불입니다. 바람이 바로 그것의 땔감입니다. 구름은 연기입니다. 번개는 불길입니다. 벼락은[974] 숯불들입니다. 천둥들은 불티들입니다." 1

"그러한 이 불에 신들은 쏘마 왕을 넣어 태워 올립니다. 불에 넣어 태워 올리는 그 제물에서 비가 생겨납니다.[975]" 2

여섯 번째 절

"가우따마여, 바로 땅이 불입니다. 연年은[976] 바로 그것의 땔감입니다.[977] 허공은 연기입니다.[978] 밤은 불길입니다.[979] 방위들은 숯불들입니

불린다.

972 샹카라에 의하면 하늘의 세상인 불에 넣어 태워 올리는 것은 믿음(śraddhā)이다. 이 믿음이라는 낱말이 의미하는 물의 변화인 쏘마 왕이 생겨난다. 화제(火祭)에서 불에 넣어 태워 올리는 제물과 관련된 믿음이라는 낱말이 의미하는 것은 미세한 물이다. 미세한 물은 하늘의 세상으로 들어가 화제에서 불에 넣어 태워 올린 제물의 결과 형태인 달과 관련된 일을 시작한다. 막스 뮐러는 '쏘마 왕(soma rājā)'을 '달(the moon)'이라고 해석한다. 라다크리슈난은 쏘마를 '달(the moon)'이라고 번역한다. 쏘마는 원래는 제사에 사용되는 음료를 만드는 식물의 이름이나, 그 약성이 달의 변화하는 모습과 밀접한 관계가 있어서 달을 쏘마라고도 부르게 되었다. 따라서 쏘마는 달을 의미하기도 한다. 『베다』에서 쏘마 신을 '쏘마 왕'이라 부르기도 한다.

973 샹카라에 의하면 "빠르잔야"는 비를 내리게 하는 비의 신이다.

974 "벼락(aśani)"은 싸뜨야브라따 씻단따랑까라에 의하면 땅으로 떨어지는 번개다.

975 샹카라에 의하면 믿음이라는 이름의 물은 쏘마의 형태로 변화되어 '빠르잔야의 불(Parjanyāgni)'을 얻어 '비의 본질(vṛṣṭitva)'로 변화된다.

976 "연"의 원어인 쌍와뜨싸라(samvatsara)는 원래 시간을 만들어 내는 태양을 의미한다. 막스 뮐러와 라다크리슈난 역시 쌍와뜨싸라를 '연(the year)'이라고 번역한다.

다.[980] 간방間方들은 불티들입니다."[981] 1

"그러한 이 불에 신들은 비를 넣어 태워 올립니다. 불에 넣어 태워 올리는 그 제물에서 곡식이[982] 생겨납니다." 2

일곱 번째 절

"가우따마여, 바로 사람이[983] 불입니다. 언어는[984] 바로 그것의 땔감입니다.[985] 생기는 연기입니다.[986] 혀는 불길입니다.[987] 눈은 숯불들입니다.[988] 귀는 불티들입니다."[989] 1

"그러한 이 불에 신들은 곡식을 넣어 태워 올립니다. 불에 넣어 태워 올리는 그 제물에서 정액이 생겨납니다." 2

---

977 샹카라에 의하면 시간(kāla)인 쌍와뜨싸라에 의해서 불타는 땅은 벼를 비롯한 것을 생산해 내기 때문이다.

978 샹카라에 의하면 "허공"은 땅에서 솟아 오른 듯이 보이기 때문이다.

979 샹카라에 의하면 "밤(rātri)"은 빛나지 않는 성질인 땅을 본 딴 모습이기 때문이다.

980 샹카라에 의하면 "방위(diś)들"은 사그라지는 것이 동일하기 때문에 숯불들이다. 아마도 방위들은 동쪽으로 멀리 사라지고, 서쪽으로 멀리 사라지는 등의 것들이기 때문이다.

981 샹카라에 의하면 "간방(avāntaradiś)"은 사소하다는 것이 동일하기 때문에 불티들이다.

982 샹카라에 의하면 "곡식"은 쌀(vrīhi)과 보리(yava)를 비롯한 것들이다.

983 "사람"의 원어는 뿌루샤다. 다른 부분들에서 인아(人我)로 많이 번역되던 낱말이다. 막스 뮐러와 라다크리슈난 역시 여기서는 뿌루샤를 '사람(man)'이라고 번역한다.

984 샹카라에 의하면 "언어"는 입이다.

985 샹카라에 의하면 언어인 입에 의해서 사람은 빛나기 때문이다. 벙어리는 빛나지 않는다.

986 샹카라에 의하면 "생기"는 연기처럼 입에서 밖으로 나가기 때문이다.

987 샹카라에 의하면 "혀"는 붉은 것이기 때문에 불길이다.

988 샹카라에 의하면 "눈"은 빛의 귀의처이기 때문에 숯불들이다.

989 샹카라에 의하면 퍼지는 성질의 동일함 때문에 "귀"는 불티들이다.

여덟 번째 절

"가우따마여, 바로 여자가 불입니다. 남성의 성기는 바로 그녀의 땔감입니다. 가까이 오게 하는 것은 연기입니다.[990] 여성의 성기는 불길입니다. 안에 넣는 것은 숯불들입니다. 쾌락들은[991] 불티들입니다." 1

"그러한 이 불에 신들은 정액을 넣어 태워 올립니다. 불에 넣어 태워 올리는 그 제물에서 태아가 생겨납니다."[992] 2

아홉 번째 절

"이처럼 다섯 번째 헌공獻供에 올린 물은 사람으로 일컬어지는 것이 됩니다. 모태에 싸인 그 태아는 열 달 혹은 아홉 달 동안 혹은 시기가 될 때까지 잠들어 있다 태어납니다." 1

"그는 태어나 수명이 다할 때까지 삽니다. 여기서 떠난 그를 지정된 곳에, 바로 그로부터 온 곳에, 그로부터 생겨나는 곳에, 바로 불에게 데려갑니다."[993] 2

---

990 남자가 여자를 "가까이 오게 하는 것"을 뜻한다.

991 샹카라에 의하면 "쾌락(abhinandana)"은 '사소한 기쁨(sukhalava)'이다.

992 샹카라에 의하면 이처럼 물은 믿음, 쏘마, 비(varṣa), 곡식, 정액(retas)으로 변화되며 불에 제물로 태워 올리는 순서에 의해서 바로 "태아(garbha)"가 된다. 그래서 다섯 번째 불에 넣어 태워 올리는 물이 사람으로 불리는 것이다.

993 샹카라에 의하면 행위에 의해 지정된 저세상으로 떠난, 즉 죽은 그를 마을에서 제관들 혹은 아들들이 불에게로 데려간다. 왜냐하면 그는 믿음을 비롯한 순서에 따라 바로 불로부터 왔기 때문이다. 다섯 가지 불들에 의해서 생겨났기 때문이다. 바로 그 불을 위해 데려간다. 바로 자신의 자궁인 불로 들여보낸다는 의미다. 싸뜨야브라따 씻단따랑까라에 의하면 바로 불들이 죽은 그를 이곳에서 정해진 장소로 데려간다. 그곳에서 이곳으로 온 그곳으로 이곳에서 간다. 이 모든 것은 바로 불이 하는 것이다. 샹카라와 싸뜨야브라따 씻단따랑까라의 해석에 나타나는 차이는 원문의 '아그나야 에바

열 번째 절

"그것을 이렇게 아는 이들,[994] 그리고 숲에서 신앙과 고행이란 것을 수행하는[995] 이들, 그들은 빛에 도달합니다. 빛에서 낮에, 낮에서 달이 차는 보름 기간에, 달이 차는 보름 기간에서 북쪽으로 가는 그 여섯 달들에,"[996] 1

"달들에서 연年에, 연에서 태양에, 태양에서 달에, 달에서 번갯불에.[997] 그곳에[998] 사람이 아닌 인아人我가 있습니다. 그가 이들을 브라흐만에게 가게 합니다. 이 길은[999] 신의 길입니다."[1000] 2

(agnaya eva)'에서 아그나야(agnaya)를 아그니(agni)의 여격 단수 형태인 아그나예(agnaye)로 보느냐, 아니면 아그니의 주격 다수 형태인 아그나야하(agnayaḥ)로 보느냐에 따라 생겨난 것이다. 아그나예와 아그나야하는 뒤에 오는 낱말 에바(eva) 때문에 음운 변화하여 문장 속에서 모두 아그나야라는 동일한 형태로 나타난다. 행위에 의해 지정된 저세상은 이번 생에서 행한 행위의 결과로 정해진, 즉 인과응보의 법칙에 따라 결정된 저세상이다. 저세상은 하늘의 세상이며 태양을 땔감으로 하는 불이다. 이 불에 미세한 물인 믿음을 태워 올리면 쏘마가 생겨난다. 쏘마에서 차례로 헌공을 통해 비, 곡식, 정액이 생겨난다. 그리고 정액에서 태아가 생겨난다. 결과적으로 저세상인 하늘의 세상과 믿음을 비롯한 다섯가지는 불이며, 사람은 불에서 생겨나는 것이다. 불이 자궁인 셈이다. 그래서 사람이 죽으면 새로운 탄생을 위해 자신의 자궁인 불로 화장을 해서 미세한 물의 형태로 보낸다는 의미다. 423쪽 1010번 각주 참조.

994 샹카라에 의하면 가정생활을 하는 사람들로서 앞에서 언급한 다섯 가지 불에 대한 지혜를 아는 사람들이다. 즉 하늘의 세상을 비롯한 불들에 의해서 차례대로 생겨난 우리는 불의 본모습인 다섯 가지 불의 아(pañcāgnyātman)들이라고 아는 사람들이다.

995 샹카라에 의하면 "수행(upāsana)"은 전념(tātparya)을 의미한다.

996 401~402쪽 871~875번 각주 참조.

997 번갯불에 도달한다는 의미다.

998 "그곳에"는 '번갯불에'라는 의미다.

999 샹카라에 의하면 '신의 길'인 "이 길"은 '실재의 세계'에서 끝난다. 우주 밖으로 가는 길이 아니다.

1000 402쪽 876~878번 각주 참조.

"이제 마을에서 제례와[1001] 공덕과[1002] 보시라는[1003] 것에 전념하는 이들, 그들은 연기에[1004] 도달합니다. 연기에서 밤에,[1005] 밤에서 다른 편 보름 기간에,[1006] 다른 편 보름 기간에서 남쪽으로 가는 여섯 달들에.[1007] 이들은 연年에까지는 이르지 못합니다." 3

"개월個月들에서[1008] 조상의 세계에, 조상의 세계에서 허공에, 허공에서 달에.[1009] 이것은 쏘마 왕입니다. 그것은 신들의 곡식입니다. 신들이 그것을 먹습니다."[1010] 4

1001 샹카라에 의하면 "제례(iṣṭa)"는 화제(火祭)를 비롯한『베다』와 관련된 행위다.

1002 샹카라에 의하면 "공덕(pūrta)"은 연못(vāpī), 우물(kūpa), 수조(taḍāga), 공원(ārāma) 등을 만드는 것이다.

1003 샹카라에 의하면 "보시(datta)"는 제단(vedi) 밖에서 자격을 갖춘 사람들에게 힘닿는 대로 재물을 나누어 주는 것이다.

1004 샹카라에 의하면 "연기(dhūma)"는 연기의 신을 의미한다.

1005 샹카라에 의하면 "밤"은 밤의 신을 의미한다.

1006 샹카라에 의하면 "다른 편 보름 기간(aparapakṣa)"은 '어두운 보름 기간(kṛṣṇapakṣa)의 신'을 의미한다.

1007 "남쪽으로 가는 여섯 달들에" 도달한다는 의미다. 샹카라에 의하면 남쪽으로 가는 여섯 달들은 태양이 남행하는 여섯 달들의 신들을 의미한다. "남쪽으로 가는 여섯 달들"은 동지에서 하지에 이르는 여섯 달들을 뜻한다. 이 기간을 태양이 남행하는 길이라는 뜻에서 '남쪽 길'이라고도 부른다.

1008 남쪽으로 가는 여섯 달들인 동지에서 하지에 이르는 여섯 달들을 뜻한다.

1009 달에 도달한다는 의미다.

1010 샹카라에 의하면 허공에 보이는 이 쏘마는 브라흐마나들의 왕이다. 그것은 신들의 곡식이다. 인드라를 비롯한 신들이 곡식인 그 달을 먹는다. 여기서 먹는다는 것은 이용한다는 의미다. 남자가 여자를 이용한다고 해서 여자를 비롯한 것들에 즐거움이 없는 것은 아니다. 그래서 행위를 하는 사람들은 신들에게 이용의 대상이 되면서도 행복하게 신들과 더불어 노닌다. 믿음이라는 낱말이 의미하는 물은 하늘의 불에 제물로 태워 올려져 쏘마 왕이 된다. 행위와 관련된 그 물이 다른 원소(불, 바람, 허공, 향기)들과 어울려 하늘나라에 도달한 다음에 달의 상태가 된다. 달의 상태가 된 그 물은 공덕 등에 전념하는 사람들의 몸을 비롯한 것들의 시초가 된다. 그리고 장례식 불에 제물로 넣어 올려진 몸은 불에 타면서 물이 생겨난다. 그 물은 연기와 더불어 제주(祭主)를 감싸서

"그곳에서[1011] 남을 때까지 머무르고는[1012] 이제 다시 바로 이 길을 간대로 되돌아옵니다.[1013] 허공에, 허공에서 바람에, 바람이 되어 연기가 됩니다. 연기가 되어 부운浮雲이[1014] 됩니다." 5

"부운浮雲이 되어 비구름이 됩니다. 비구름이 되어 비를 내립니다.[1015] 그것들은 이승에 보리, 벼, 약초, 초목들, 참깨, 콩들이란 것들로 생겨납니다. 여기서는 정말 빠져 나오기가 더욱 힘든 것입니다.[1016] 곡식을 먹는 그것마다 그 정액이 뿌려져 그것이 되어[1017] 생겨납니다." 6

"그 가운데 이승에서 아름다운 행위를 한 이들, 그들은 얼른 아름다

위로 '달의 권역(candramaṇḍala)'에 도달한다. 달의 권역에 도달한 그 물은 성초(聖草, kuśa)와 향기로운 흙(mṛttikā)에 머물게 되는 외부의 몸의 시초가 된다. 그렇게 비롯된 몸으로 공덕 등의 결과를 향수하며 지낸다.

1011 샹카라에 의하면 "그곳"은 '달의 권역'이다.

1012 샹카라에 의하면 수용(受用, upabhoga)의 원인이 되는 업이 쇠할 때까지다. 업이 모두 쇠하는 것은 아니다. 만일 업이 모두 쇠한다면, 바로 달의 권역에 머무는 사람이 해탈할 것이기 때문이다. 그리고 업이 모두 쇠하면, 이승으로 온 사람이 육신을 수용하는 것이 불가능할 것이기 때문이다. 한 번의 생에서 모든 업이 쇠하는 것은 아니다. 수많은 생에서 모든 업을 수용하는 것이다.

1013 샹카라에 의하면 "이 길"은 다음에 언급할 길이다. 다시 되돌아온다는 말을 사용하는 것으로 보아 전에도 또한 여러 번 달의 권역에 갔다가 되돌아왔다는 것을 알게 된다. 이승에서 공덕을 비롯한 행위 등을 쌓아 달로 간다. 그리곤 그곳에 머무는 원인이 되는 행위가 쇠해짐으로써 되돌아온다. 달의 권역에서 몸의 시초가 되는 물은 그곳에서 수용(受用)의 원인이 되는 행위가 쇠하면, 우유 기름을 불에 넣은 것처럼 기화한다. 그 기화된 것은 허공에 머무는 에테르가 된 것처럼 미세하게 된다. 그것들이 허공으로부터 바람이 된다.

1014 막스 뮐러와 라다크리슈난은 "부운(abhra)"을 '옅은 안개(mist)'라고 번역한다.

1015 샹카라에 의하면 빗줄기의 형태로 나머지 행위(業)들이 떨어진다는 의미다.

1016 사람의 몸에 도달해 정액으로 되기가 지극히 힘들다는 의미다.

1017 샹카라에 의하면 "그것이 되어"는 사람에게서는 사람이 생겨나고 소에서는 소의 모습이 생겨나지 종이 다른 모습이 생겨나지 않는다는 의미다.

운 자궁을 얻습니다. 사제 계급의 자궁, 혹은 왕공 무사 계급의 자궁, 혹은 상인 계급의 자궁을 얻습니다. 이제 악취 나는 행동을 한 이들, 그들은 얼른 악취 나는 자궁을 얻습니다. 멍멍이의 자궁, 혹은 돼지의 자궁, 혹은 최하층 천민의[1018] 자궁을 얻습니다." 7

"이제 그리고 이 두 길[1019] 가운데 그 어떤 길과도 상관이 없는 것들이 있습니다. 그러한 이것들은 계속해서 돌아오는 아주 이 보잘것없는 존재들입니다.[1020] '너는 태어나라, 너는 죽어라'[1021]라는 이것이 세 번째 장소입니다. 그래서 저세상은 가득 차지 않습니다.[1022] 그러므로 염오厭惡해야 합니다.[1023] 이것은 그에 대한 게송입니다." 8

1018 "최하층 천민"은 짠달라(Caṇḍāla)를 번역한 말이다. 짠달라는 최하층 카스트인 수드라를 아버지로 하고 최상층 카스트로 사제 계급인 브라흐마나를 어머니로 태어난 혼혈 종족이다. 화장터에서 일을 하며 보기만 해도 부정을 타는 천민이다. 멍멍이, 돼지 다음에 짠달라를 언급하는 것으로 보아 개와 돼지만도 못하게 여겨지던 천민임을 알 수 있다.

1019 샹카라에 의하면 "두 길"은 빛과 연기 등으로 나타나는 길이다.

1020 샹카라에 의하면 "보잘것없는 존재들"은 각다귀(혹은 등에, daṃśa), 모기(maśaka), 벌레(kīṭa) 등이다. 이들은 계속해서 돌아오는 것들이다. 두 길에서 벗어난 것들은 계속해서 생겨나고 죽는다는 의미다.

1021 샹카라에 의하면 '태어나라, 죽어라'라는 것은 자재자(自在者)를 원인으로 하는 움직임이라고 말해진다. 태어나고 죽는 순간을 통해서 시간만을 보낼 뿐이지, 행위들을 하거나 좋은 향수(享受)를 하는 시간은 없다는 의미다. 미물들은 자재자의 명령에 의해 단지 태어나고 죽을 뿐 향수는 없다는 뜻이다.

1022 샹카라에 의하면 향수(享受)는 없이 생사만을 반복하는 제삼의 장소가 존재하고, 남쪽의 길로 간 사람들도 또한 되돌아온다. 지혜와 행위의 자격을 갖추지 않은 사람들은 남쪽의 길로 가지도 않는다. 따라서 저세상은 가득차지 않는다. 여기서 향수가 없다는 것은 저세상에서의 향수가 없다는 뜻이다.

1023 샹카라에 의하면 '윤회의 길(saṁsāragati)'은 이처럼 고통스런 것이기 때문에 그 길을 염오해야 한다는 의미다.

"황금을 훔치는 자,[1024] 술을 마시는 자,[1025] 스승의 침대에 들어가는 자,[1026] 브라흐만을 죽이는 자,[1027]
이 넷 모두는 전락하네![1028]
그리고 다섯 번째, 그들과 더불어 행동하는 자들도 그러하네!" 9

"그러나 이처럼 이 다섯 불들을 아는 이는 그들과 함께 행동을 하면서도 죄악에 걸림이 없습니다. 이와 같이 아는 이는 순수하고, 정화된, 공덕 있는 세상[1029] 사람이 됩니다. 이렇게 아는 이는."[1030] 10

열한 번째 절

쁘라찌나샬라 아우빠만야바,[1031] 싸뜨야야갸 빠울루쉬,[1032] 인드라디윰나 바알라베야,[1033] 자나 샤르까라끄스야,[1034] 부딜라 아스바따라스

1024 샹카라에 의하면 브라흐마나의 황금을 훔치는 자다.

1025 샹카라에 의하면 브라흐마나이면서 술을 마시는 자다.

1026 샹카라에 의하면 스승의 아내와 함께 자는 자다.

1027 샹카라에 의하면 브라흐마나를 살해하는 자다.

1028 싸뜨야브라따 씻단따랑까라에 의하면 낮은 길로 혹은 천한 자궁으로 떨어진다는 의미다.

1029 샹카라에 의하면 "공덕 있는 세상(puṇyaloka)"은 창조주의 세상을 비롯한 것들이다.

1030 샹카라에 의하면 여기서 반복은 모든 질문에 대해 마무리 짓는 것을 나타내기 위한 것이다.

1031 샹카라에 의하면 "쁘라찌나샬라(Prācīnaśāla)"는 이름이고, "아우빠만야바(Aupamanyava)"는 우빠만유(Upamanyu)의 아들이란 의미다.

1032 샹카라에 의하면 "싸뜨야야갸(Satyayajña)"는 이름이고, "빠울루쉬(Pauluṣi)"는 뿔루샤(Puluṣa)의 아들이란 의미다.

1033 샹카라에 의하면 "인드라디윰나(Indradyumna)"는 이름이고, "바알라베야(Bhāllaveya)"는 바알라비(Bhāllavi)의 아들이란 의미이며, 바알라비는 발라비(Bhallavi)의 아들이란 의미다. 따라서 '인드라디윰나 바알라베야'는 발라비의 손자 인드라디윰나라는 뜻이다.

1034 샹카라에 의하면 "자나(Jana)"는 이름이고, "샤르까라끄스야(Śārkarākṣya)"는 샤르까라끄샤(Śarkarākṣa)의 아들이란 의미다.

비,[1035] 바로 대가들이며[1036] 대학자들인[1037] 이들이 함께 모여 논의했다.

"무엇이 우리의 아我인가? 무엇이 브라흐만인가?" 1

그들은 의견을 모았다.[1038]

"존경스런 분들이여, 이 '웃달라까 아루니'가[1039] 지금 이 아我를 바이스바나라로[1040] 알고 있으니, 그래, 우리는 그를 찾아갑시다."

그래서 그를 찾아갔다. 2

그러자 그는 생각했다. '대가들이며 대학자들인 이들이 내게 물어보려고 하는데, 나는 그들에게 전부 다 대답할 수는 없을 거야. 그래, 다른 사람이나[1041] 알려 주어야지!' 3

1035 샹카라에 의하면 "부딜라(Buḍila)"는 이름이고, "아스바따라스비(Āśvatarāśvi)"는 아스바따라스바(Aśvatarāśva)의 아들이란 의미다.

1036 샹카라에 의하면 "대가(大家, mahāśālā)"는 대가장(大家長, mahāgṛhastha), 즉 넓은 집들을 갖춘 사람이라는 의미다.

1037 샹카라에 의하면 "대학자(mahāśrotriya)"는 배움과 연구와 실천을 갖춘 사람이라는 의미다.

1038 샹카라에 의하면 그들은 논의를 해도 결론을 얻지 못하고 자신들을 가르쳐 줄 사람에 대해 의견을 모았다.

1039 샹카라에 의하면 "웃달라까(Uddālaka)"는 이름이고, "아루니"는 아루나의 아들이란 의미다.

1040 샹카라에 의하면 '모든 사람들을(viśvān narān)' 공덕과 죄악에 따른 모습의 길로 데려가기 때문에 바이스바나라(Vaiśvānara)다. 혹은 '모든 것의 아'인 자재자(自在者)가 바이스바나라다. 혹은 '모든 것의 아성(sarvātmatva)'으로 인해서 모든(viśva) 사람(nara)이 바이스바나라다. 혹은 모든 사람들에 의해서 '각각의 아성(pratyagātmatā)'으로 나누어 갖기 때문에 바이스바나라다. 싸뜨야브라따 씻단따랑까라에 의하면 바이스바나라는 모든 생명체들 안에 있으면서 우주를 움직이게 하는 존재다.

1041 샹카라에 의하면 "다른 사람"은 가르침을 줄 다른 사람이다.

그들에게 말했다.

"존경스런 분들이시여, 이 '아스바빠띠 까이께야'가[1042] 지금 이 아我를 바이스바나라로 알고 있습니다. 허니, 우리는 그를 찾아갑시다."

그들은 그를 찾아갔다. 4

찾아온 그들에게 각각 환대들을 하게 했다.[1043] 아침에 일어난 그는 말했다.[1044]

"저의 나라에는 도둑이 없습니다, 구두쇠가 없습니다, 술 마시는 사람이 없습니다,[1045] 화제火祭를 지내지 않는 사람이 없습니다,[1046] 무식한 사람이 없습니다, 난봉꾼이[1047] 없습니다, 화냥년이 어디 있겠습니까? 존경스런 분이시여, 제가 제사를 지내려 하고 있습니다. 한 분 한 분 제관에게 재물을 드리는 그만큼을 존경스런 분들께 드리겠습니다. 존경스런 분들이시여, 머무십시오!" 5

1042 샹카라에 의하면 "아스바빠띠(Aśvapati)"는 이름이고, "까이께야(Kaikeya)"는 께까야(Kekaya)의 아들이란 의미다.

1043 샹카라에 의하면 왕은 사제들과 신하들을 시켜 찾아온 사람들을 각각 따로따로 환대하게 했다. 이로써 '아스바빠띠 까이께야'는 왕이며, 끄샤뜨리야임을 알 수 있다.

1044 샹카라에 의하면 왕은 다음 날 아침에 일어나 공손히 다가가 말했다. "여러분께서는 제게서 이 재물을 받으십시오." 그들이 거절하자, 그들이 자신에게서 재물을 받지 않는 것은 자신에게 있는 잘못을 그들이 보기 때문이라고 여기고 왕은 자신의 바른 행동을 드러내고자 다음처럼 말했다.

1045 샹카라에 의하면 재생족(dvija) 가운데 으뜸이면서 술을 마시는 사람은 없다는 의미다. 재생족은 사제 계급인 브라흐마나, 왕공 무사 계급인 크샤뜨리야, 상인 계급인 바이샤다. 따라서 재생족 가운데 으뜸은 브라흐마나를 뜻한다. 재생족은 부모에게서 첫 번째로 몸이 태어나고, 스승을 통해 두 번째로 정신이 태어나기 때문에 재생족이라고 한다.

1046 샹카라에 의하면 소를 백 마리 가지고 있으면서 화제를 지내지 않는 사람은 없다는 의미다.

1047 샹카라에 의하면 "난봉꾼(svairin)"은 다른 사람의 아내들에게 가는 사람을 의미한다.

그러자 그들이 말했다.

"사람이 바라고 간 바로 그걸 말해 주시는 것이 좋습니다." "지금 당신께서는 이 아我를 바이스바나라로 알고 계십니다." "그걸 우리에게 말해 주십시오!" 6

그들에게 말했다.

"아침에 여러분께 그에 대해 제가 대답해 드리겠습니다."

그러자 그들은 오전에 화목火木을 손에 들고 그에게로 갔다.[1048] 그러나 그들을 제자로 받아들이는 입문 의식을 치르지 않은 채 바로 이에 대해[1049] 말했다.[1050] 7

열두 번째 절

"아우빠만야바여, 당신은 무엇을 아我라고 명상하십니까?"

그러자 "존경하는 왕이시여, 바로 하늘입니다"라고 대답했다.

"당신이 아我로 명상하고 있는 바로 이것은 '상서로운 빛'이라는 바이스바나라 아입니다. 그래서 당신의 집안에는 쏘마를 그냥 짠 것, 쏘마를

1048 샹카라에 의하면 왕의 의도를 알고 그들은 다음 날 오전에 대가이며 대학자인 브라흐마나들임에도 불구하고 대가라는 자만심을 버리고 손에 화목(samidh)을 들고 카스트가 낮은 왕에게 학생으로 공손하게 다가갔다. 옛날 인도에서는 가르침을 줄 때 가르침을 받길 원하는 사람이 가져온 화목으로 불을 피워 화제(火祭)를 올리어 '제자로 받아들이는 입문 의식(upanayana)'을 거행한 다음에 제자로 삼아 가르침을 주었다. 왕이 지금 말해 주지 않고 "아침에 여러분께 그에 대해 대답해 드리겠습니다"라고 말한 것은 다음 날 제자로 찾아오라는 뜻이다. 이러한 왕의 의도를 알고 화목을 손에 들고 찾아간 것이다.

1049 샹카라에 의하면 "이에 대해"는 '바이스바나라의 지식(Vaiśvānaravijñāna)'을 의미한다.

1050 자신보다 신분이 높은 브라흐마나들이 공손하게 제자가 되려 하는 것을 왕이 알고는 그들을 배려하여 제자로 삼는 의식을 생략한 채 가르침을 주는 것이다.

특별하게 짠 것, 쏘마를 섞어서 짠 것이 보입니다."[1051] 1

"당신은 곡식을 먹습니다. 사랑스러운 것을[1052] 봅니다. 이처럼 이것을 바이스바나라 아我라고 명상하는 이, 그는 곡식을 먹습니다, 사랑스러운 것을 봅니다. 그의 집안에는 브라흐만의 권능이[1053] 있습니다. 그러나 이것은 아의 머리입니다." 이렇게 말했다.

"만일 내게 오지 않았으면, 당신의 머리가 떨어졌을 것입니다!" 2

열세 번째 절

이제 '싸뜨야야갸 빠울루쉬'에게 물었다.

"옛것에 합당한 이여, 당신은 무엇을 아我라고 명상하십니까?"

그러자 "존경하는 왕이시여, 바로 태양입니다"라고 대답했다.

"당신이 아我로 명상하고 있는 바로 이것은 '다양한 형태'라는[1054] 바이스바나라 아입니다. 그래서 당신의 집안에는 많은 다양한 형태가[1055]

1051 샹카라에 의하면 "상서로운 빛(sutejā)"은 그의 빛이 상서로운 것이다. 이 '상서로운 빛'은 아의 부분이 되는 것이므로 당신은 아의 일부분으로 아를 명상하는 것이다. 이러한 '상서로운 빛'을 명상하기 때문에 행위에서 '쏘마를 짠 것', '쏘마를 특별하게 짠 것', '쏘마를 연속적으로 이어지는 제삿날들에 짠 것'이 당신의 집에 보이는 것이다. 즉 당신의 집안 사람들은 행위자들이라는 의미다. 행위자는 제사를 지내는 사람들을 의미한다.

1052 샹카라에 의하면 "사랑스러운 것(priya)"은 아들, 손자를 비롯한 좋아하는 것이다.

1053 샹카라에 의하면 여기서 "브라흐만의 권능(brahmavarcas)"은 행위에서 쏘마를 짜고, 쏘마를 특별하게 짜며, 쏘마를 연속적으로 이어지는 제삿날들에 짠다는 행위자로서의 성질을 의미한다. 막스 뮐러는 '브라흐만의 권능'을 '(학습과 희생제에서 생겨나는) 『베다』적인 영광[Vedic glory (arising from study and sacrifice)]'이라고 해석한다. 라다크리슈난은 '브라흐만의 지식에 있어서 탁월함(eminence in brahma-knowledge)'이라고 해석한다.

1054 샹카라에 의하면 흰색, 푸른색 등의 형태 때문에 태양은 "다양한 형태(viśvarūpa)"를 가진다. 혹은 태양의 모든 형태성 때문이다. 모든 형태들은 바로 제작자인 태양(tvaṣṭṛ)의 형태이기 때문에 태양은 모든 형태다.

1055 샹카라에 의하면 이승과 저승의 많은 도구들을 의미한다. 이승의 도구는 생활 도

보입니다." 1

"노새 수레, 하녀, 황금 목걸이가 있습니다.[1056] 당신은 곡식을 먹습니다. 사랑스러운 것을 봅니다.[1057] 이처럼 이것을 바이스바나라 아我라고 명상하는 이, 그는 곡식을 먹습니다. 사랑스러운 것을 봅니다. 그의 집안에는 브라흐만의 권능이 있습니다. 그러나 이것은 아의 눈입니다." 이렇게 말했다.

"만일 내게 오지 않았으면, 당신은 장님이 되었을 것입니다!" 2

열네 번째 절

이제 '인드라디윰나 바알라베야'에게 물었다.

"'바이야그라빠드야'여,[1058] 당신은 무엇을 아我라고 명상하십니까?"

그러자 "존경하는 왕이시여, 바로 바람입니다"라고 대답했다.

"당신이 아我로 명상하고 있는 바로 이것은 '각각의 길'이라는[1059] 바이스바나라 아입니다. 그래서 당신에게 각각의 선물들이 들어옵니다. 각각의 수레 행렬들이 당신을 뒤따릅니다." 1

구, 저승의 도구는 제사 도구를 뜻한다.

1056 샹카라에 의하면 노새 두 마리가 매어 있는 수레, 하녀들에 의해서 매어진 목걸이를 의미한다.

1057 싸뜨야브라따 씻단따랑까라에 의하면 노새 수레가 움직이고, 하녀들이 있고, 목걸이들이 있고, 충분한 곡식들이 있고, 기분 좋게 하는 볼 만한 것들이 있는 것, 바로 이 모든 것은 바로 앞의 만뜨라에서 말한 '다양한 형태'들이다.

1058 "바이야그라빠드야(Vaiyāghrapadya)"는 브야그라빠드(Vyāghrapad)의 후손이라는 의미다. '인드라디윰나 바알라베야'가 '브야그라빠드'의 후손임을 알 수 있다.

1059 샹카라에 의하면 "각각의 길(pṛthagvartmā)"은 다양한 길들이다. 바람에게는 아바하(āvaha), 우드바하(udvaha)를 비롯하여 다르게 존재하는 다양한 길들이 있다. 아바하는 하늘과 땅 사이 허공의 길이고, 우드바하는 별들과 달이 움직이는 길이다.

"당신은 곡식을 먹습니다, 사랑스러운 것을 봅니다. 이처럼 이것을 바이스바나라 아我라고 명상하는 이, 그는 곡식을 먹습니다, 사랑스러운 것을 봅니다. 그의 집안에는 브라흐만의 권능이 있습니다. 그러나 이것은 아의 생기입니다." 이렇게 말했다.

"만일 내게 오지 않았으면, 당신의 생기는 빠져 나갔을 것입니다!" 2

열다섯 번째 절

그리고 이제 '자나'에게 물었다.

"'샤르까라끄스야'여,[1060] 당신은 무엇을 아我라고 명상하십니까?"

그러자 "존경하는 왕이시여, 바로 허공입니다"라고 대답했다.

"당신이 아我로 명상하고 있는 바로 이것은 '풍요함'이라는[1061] 바이스바나라 아입니다. 그래서 당신은 자손과 재산이 풍요합니다." 1

"당신은 곡식을 먹습니다, 사랑스러운 것을 봅니다. 이처럼 이것을 바이스바나라 아我라고 명상하는 이, 그는 곡식을 먹습니다, 사랑스러운 것을 봅니다. 그의 집안에는 브라흐만의 권능이 있습니다. 그러나 이것은 아의 몸통입니다." 이렇게 말했다.

"만일 내게 오지 않았으면, 당신의 몸통이 부서졌을 것입니다!" 2

열여섯 번째 절

이제 '부딜라 아스바따라스비'에게 물었다.

1060 샹카라에 의하면 "샤르까라끄스야(Śārkarākṣya)"는 샤르까라끄샤(Śarkarākṣa)의 아들이란 의미다.

1061 샹카라에 의하면 편재성 때문에 허공에는 풍요함(bahula)이란 것이 있다.

"'바이야그라빠드야'여,[1062] 당신은 무엇을 아我라고 명상하십니까?"

그러자 "존경하는 왕이시여, 바로 물입니다"라고 대답했다.

"당신이 아我로 명상하고 있는 바로 이것은 재산이라는[1063] 바이스바나라 아입니다. 그래서 당신은 부유하고, 건장健壯합니다." 1

"당신은 곡식을 먹습니다, 사랑스러운 것을 봅니다. 이처럼 이것을 바이스바나라 아我라고 명상하는 이, 그는 곡식을 먹습니다, 사랑스러운 것을 봅니다. 그의 집안에는 브라흐만의 권능이 있습니다. 그러나 이것은 아의 방광입니다." 이렇게 말했다.

"만일 내게 오지 않았으면, 당신의 방광이 찢어졌을 것입니다!" 2

열일곱 번째 절

이제 웃달라까 아루니에게 물었다.

"'가우따마'여,[1064] 당신은 무엇을 아我라고 명상하십니까?"

그러자 "존경하는 왕이시여, 바로 땅입니다"라고 대답했다.

"당신이 아我로 명상하고 있는 바로 이것은 받침이라는[1065] 바이스바나라 아입니다. 그래서 당신은 자손과 가축들에 의해서 지탱되고 있습니다." 1

1062 '부딜라 아스바따라스비' 역시 '인드라디윰나 바알라베야'와 마찬가지로 '브야그라빠드'의 후손임을 알 수 있다.

1063 샹카라에 의하면 물에서 곡식이 생겨나고, 그로부터 재산(rayi)이 있게 되기 때문이다.

1064 "가우따마(Gautama)"는 고따마(Gotama)의 후손이란 의미다. 웃달라까 아루니가 고따마의 후손임을 알 수 있다.

1065 샹카라에 의하면 "받침(pratiṣṭhā)"은 바이스바나라의 두 발이다.

"당신은 곡식을 먹습니다, 사랑스러운 것을 봅니다. 이처럼 이것을 바이스바나라 아我라고 명상하는 이, 그는 곡식을 먹습니다, 사랑스러운 것을 봅니다. 그의 집안에는 브라흐만의 권능이 있습니다. 그러나 이것은 아의 두 발입니다." 이렇게 말했다.

"만일 내게 오지 않았으면, 당신의 두 발은 오그라들었을 것입니다!" 2

열여덟 번째 절

그들에게 말했다.

"여기 그대들은 정말 이 바이스바나라 아我를 서로 다른 것처럼 알면서 곡식을 먹고 있습니다.[1066] 그러나 바이스바나라 아를 이 '부분 양인 것'[1067]이라고, '나라고 여겨지는 것'[1068]이라고, 이처럼 명상하는 이, 그는 모든 세상들 속에서, 모든 존재들 안에서, 모든 몸 속에서[1069] 곡식을 먹습니다."[1070] 1

1066 샹카라에 의하면 당신들은 서로 다르지 않은 하나인 "이 바이스바나라 아"를 마치 장님들이 코끼리를 손으로 더듬어 보듯이 서로 다른 것처럼 알면서 곡식을 먹고 있다는 의미다.

1067 샹카라에 의하면 "부분 양(量)인 것(prādeśamātra)"은 하늘나라인 머리에서 땅인 발에 이르기까지 앞에서 언급한 부분들과 더불어 두드러진 부분에 양이 존재하는 하나인 것, 하늘나라인 머리에서 발인 땅에 이르기까지의 것들에 의해서 몸과 관련된 부분적인 것으로 알려지는 것, 혹은 입을 비롯한 기관들 안에서 먹는 자로서 알려지는 것, 혹은 하늘나라에서 땅에 이르기까지가 부분적인 양인 것을 의미한다. 막스 뮐러는 "부분 양인 것"을 '전장(全長)이 긴 것(a span long)'이라고 번역한다. 라다크리슈난은 '전장의 분량(分量, the measure of the span)'이라고 번역한다.

1068 샹카라에 의하면 "나라고 여겨지는 것(abhīvīmānamātmānam)"은 '각각의 아성(我性)'을 통해서 나라고 알려지는 것을 의미한다.

1069 샹카라에 의하면 "모든 몸"은 몸, 지각 기관, 마음, 지성을 의미한다.

1070 샹카라에 의하면 바이스바나라를 아는 사람은 모든 아(全我)가 되어 곡식을 먹는다는 의미다.

"그러한 이 바이스바나라 아我의 머리가 바로 '상서로운 빛'입니다. 눈이 '다양한 형태'입니다. 생기가 '각각의 길의 아'[1071] 입니다. 몸통이 '풍요함'입니다. 방광이 바로 '재산'입니다. 땅이 바로 '두 발'입니다. 가슴이 바로 '제단祭壇'입니다. 털들이 '성스런 풀'입니다.[1072] 심장은 '가주家主의 불'[1073]입니다. 마음은 '공양供養의 불'[1074]입니다. 입은 '봉헌奉獻의 불'[1075]입니다." 2

열아홉 번째 절

"그러므로 제일 처음 음식이 나오는 것,[1076] 그것을 불에 넣어 헌공獻供해야 합니다.[1077] 첫 번째로 불에 넣어 올리는 제물을 불에 넣어 올릴 때, 그것을 '생기를 위하여 사바하'[1078]라면서 불에 넣어 올려야 합니다. 생

1071 싸뜨야브라따 씻단따랑까라에 의하면 "각각의 길의 아(pṛthagvartmātman)"는 바람이다.

1072 샹카라에 의하면 성스런 풀인 바르히(barhi)는 가슴에 난 털들처럼 제단에 깔린 것으로 보이기 때문이다.

1073 "가주의 불"은 조상 대대로 집안에 모셔 내려오는 불이다. 제사를 지낼 때 나머지 불들은 가주의 불에서 채화된다. 148쪽 147번, 340쪽 428번 각주 참조.

1074 샹카라에 의하면 "공양의 불"은 '남방의 불'이다. 기타프레스의 힌디 어 해석본에 의하면 '초승과 보름 제사'에서 공양물은 공양의 불로 익힌다. 148쪽 147번, 340쪽 428번 각주 참조.

1075 '봉헌의 불'은 공양물을 넣어 봉헌하는 불이다. 동방에 위치한다. 148쪽 147번, 340쪽 428번 각주 참조.

1076 우파니샤드 시대에는 한꺼번에 음식을 차려 놓고 먹는 것이 아니라, 오늘날 코스 요리를 먹듯이 하나하나 음식이 나오는 대로 식사를 했던 것 같다.

1077 샹카라에 의하면 식사 시간이 오면 제일 첫 음식(bhakta)을 먹기 위해, 그것을 제물로 올려야 한다. '화제(火祭)'로 상정(想定)됨을 말하고자 하는 것이다. 따라서 화제의 부분이 되는 행위들을 할 필요가 없다. 즉 실제로 음식물 가운데 첫 번째로 먹는 음식물을 불에 제물로 넣어 제사를 올리는 것이 아니다. 입에 넣어 먹는 음식물을 불에 넣어 올리는 제물로써 신에게 공양을 드리는 것으로 상정하는 것이다. 이하 마찬가지다.

1078 "prāṇāya svāhā." 생기에 대해서는 143쪽 120번 각주 참조. 사바하에 대해서는 218쪽 47번 각주 참조.

기가 충족됩니다."[1079] 1

"생기가 충족되면, 눈이 충족됩니다. 눈이 충족되면, 태양이 충족됩니다. 태양이 충족되면, 하늘이 충족됩니다. 하늘이 충족되면, 하늘과 태양이 자리 잡고 있는 그 무엇이라도, 그것이 충족됩니다.[1080] 그것의 충족을 뒤이어 자손에 의해, 가축들에 의해, 먹을 곡식에 의해, 위광에[1081] 의해, 브라흐만의 권능에[1082] 의해서 충족됩니다." 2

스무 번째 절

"이제 두 번째로 불에 넣어 올리는 제물을 불에 넣어 올릴 때, 그것을 '편기遍氣를 위하여 사바하'[1083]라면서 불에 넣어 올려야 합니다. 편기가 충족됩니다."[1084] 1

1079 샹카라에 의하면 '불에 넣어 올리는 제물(āhuti)'이라는 낱말은 일부분의 양의 곡식을 넣으라는 의미다. 즉 첫 번째 불에 넣어 올리는 제물의 양만큼 음식을 입에 넣으라는 뜻이다. 싸뜨야브라따 씻단따랑까라에 의하면 음식이 처음 나오면, 그 음식을 불에 넣어 올리는 제물로 생각해야 한다. 식사를 하면서 첫 숟가락을 입에 넣을 때, 그것을 제사에서 첫 번째로 불에 넣어 올리는 제물로 생각해야 한다. 그렇게 생각하면서 "생기를 위하여 사바하"라고 말해야 한다. 이것은 "이 불에 넣어 올리는 제물을 나는 인간 몸에 있는 생기의 신에게 드립니다"라는 의미다. 이와 같이 인간 몸의 생기는 충족된다.

1080 샹카라에 의하면 그 위에 하늘의 세계와 태양이 주인의 상태로 자리 잡고 있는 그것이 충족된다는 의미다. 싸뜨야브라따 씻단따랑까라에 의하면 태양과 하늘에 의지하고 있는 모든 것들이 충족된다는 의미다. 막스 뮐러와 라다크리슈난은 '하늘 아래 그리고 땅 아래 있는 무엇이든지 간에 만족한다'라고 해석한다.

1081 샹카라에 의하면 "위광(威光, tejas)"은 몸에 있는 빛, 광채 혹은 자신감이다.

1082 샹카라에 의하면 "브라흐만의 권능"은 실천과 자기학습을 통해서 생겨나는 원기(元氣, tejas)다.

1083 "vyānāya svāhā." 편기에 대해서는 144쪽 126번 각주 참조.

1084 싸뜨야브라따 씻단따랑까라에 의하면 식사를 하면서 두 번째 숟가락을 입에 넣을 때, 그것을 제사에서 두 번째로 불에 넣어 올리는 제물로 생각해야 한다. 그렇게 생각하면서 "편기를 위하여 사바하"라고 말해야 한다. 이것은 "나는 이 불에 넣어 올리는

"편기가 충족되면, 귀가 충족됩니다. 귀가 충족되면, 달이 충족됩니다. 달이 충족되면, 방위들이 충족됩니다. 방위들이 충족되면, 방위들과 달이 자리 잡고 있는 그 무엇이라도, 그것이 충족됩니다.[1085] 그것의 충족을 뒤이어 자손에 의해, 가축들에 의해, 먹을 곡식에 의해, 위광에 의해, 브라흐만의 권능에 의해서 충족됩니다."[1086] 2

스물한 번째 절

"이제 세 번째로 불에 넣어 올리는 제물을 불에 넣어 올릴 때, 그것을 '하기下氣를 위하여 사바하'[1087]라면서 불에 넣어 올려야 합니다. 하기가 충족됩니다."[1088] 1

"하기가 충족되면, 언어가 충족됩니다. 언어가 충족되면, 불이 충족됩니다. 불이 충족되면, 땅이 충족됩니다. 땅이 충족되면, 땅과 불이 자리 잡고 있는 그 무엇이라도, 그것이 충족됩니다.[1089] 그것의 충족을 뒤이어 자손에 의해, 가축들에 의해, 먹을 곡식에 의해, 위광에 의해, 브라

제물을 인간 몸에 있는 편기의 신에게 드립니다"라는 의미다. 이와 같이 인간 몸의 편기는 충족된다. 436쪽 1079번 각주 참조.

1085 싸뜨야브라따 씻단따랑까라에 의하면 방위들과 달에 의지하고 있는 모든 것들이 충족된다는 의미다.

1086 436쪽 1081~1082번 각주 참조. 이하 스물세 번째 절에 이르기까지 동일하다.

1087 "apānāya svāhā." 하기에 대해서는 143쪽119번 각주 참조.

1088 싸뜨야브라따 씻단따랑까라에 의하면 식사를 하면서 세 번째 숟가락을 입에 넣을 때, 그것을 제사에서 세 번째로 불에 넣어 올리는 제물로 생각해야 한다. 그렇게 생각하면서 "하기를 위하여 사바하"라고 말해야 한다. 이것은 "이 불에 넣어 올리는 제물을 나는 인간 몸에 있는 하기의 신에게 드립니다"라는 의미다. 이와 같이 인간 몸의 하기는 충족된다.

1089 싸뜨야브라따 씻단따랑까라에 의하면 땅과 불에 의지하고 있는 모든 것들이 충족된다는 의미다.

흐만의 권능에 의해서 충족됩니다." 2

스물두 번째 절

"이제 네 번째로 불에 넣어 올리는 제물을 불에 넣어 올릴 때, 그것을 '평기平氣를 위하여 사바하'[1090]라면서 불에 넣어 올려야 합니다. 평기가 충족됩니다."[1091] 1

"평기가 충족되면, 마음이 충족됩니다. 마음이 충족되면, 빠르잔야가[1092] 충족됩니다. 빠르잔야가 충족되면, 번개가 충족됩니다. 번개가 충족되면, 번개와 빠르잔야가 자리 잡고 있는 그 무엇이라도, 그것이 충족됩니다.[1093] 그것의 충족을 뒤이어 자손에 의해, 가축들에 의해, 먹을 곡식에 의해, 위광에 의해, 브라흐만의 권능에 의해서 충족됩니다." 2

스물세 번째 절

"이제 다섯 번째로 불에 넣어 올리는 제물을 불에 넣어 올릴 때, 그것을 '상기上氣를 위하여 사바하'[1094]라면서 불에 넣어 올려야 합니다. 상기

1090 "samānāya svāhā." 평기에 대해서는 143쪽 121번 각주 참조.

1091 싸뜨야브라따 씻단따랑까라에 의하면 식사를 하면서 네 번째 숟가락을 입에 넣을 때, 그것을 제사에서 네 번째로 불에 넣어 올리는 제물로 생각해야 한다. 그렇게 생각하면서 "평기를 위하여 사바하"라고 말해야 한다. 이것은 "이 불에 넣어 올리는 제물을 나는 인간 몸에 있는 평기의 신에게 드립니다"라는 의미다. 이와 같이 인간 몸의 평기는 충족된다.

1092 "빠르잔야"는 비의 신이다. 막스 뮐러와 라다크리슈난은 빠르잔야를 '비의 신(the rain god, god of rain)'이라고 해석한다. 싸뜨야브라따 씻단따랑까라에 의하면 빠르잔야는 구름이다.

1093 싸뜨야브라따 씻단따랑까라에 의하면 번개와 구름에 의지하고 있는 모든 것들이 충족된다는 의미다.

1094 "udānāya svāhā." 상기에 대해서는 145쪽 127번 각주 참조.

가 충족됩니다."[1095] 1

"상기가 충족되면, 피부가 충족됩니다. 피부가 충족되면, 바람이 충족됩니다. 바람이 충족되면, 허공이 충족됩니다. 허공이 충족되면, 바람과 허공이 자리 잡고 있는 그 무엇이라도, 그것이 충족됩니다.[1096] 그것의 충족을 뒤이어 자손에 의해, 가축들에 의해, 먹을 곡식에 의해, 위광에 의해, 브라흐만의 권능에 의해서 충족됩니다." 2

스물네 번째 절

"이것을[1097] 모르면서 제물을 불에 넣어 올려 화제火祭를 지내는 사람, 그는 마치 잉걸불들을 물리치고 재에 제물을 넣어 올리는 것 같은 그런 사람이 됩니다." 1

"이제 이것을 알면서 제물을 불에 넣어 화제火祭를 지내는 사람, 그는 모든 세상들 속에, 모든 존재들 안에, 모든 몸 속에[1098] 제물을 넣어 올린 것입니다."[1099] 2

1095 싸뜨야브라따 씻단따랑까라에 의하면 식사를 하면서 다섯 번째 숟가락을 입에 넣을 때, 그것을 제사에서 다섯 번째로 불에 넣어 올리는 제물로 생각해야 한다. 그렇게 생각하면서 "상기를 위하여 사바하"라고 말해야 한다. 이것은 "이 불에 넣어 올리는 제물을 나는 인간 몸에 있는 상기의 신에게 드립니다"라는 의미다. 이와 같이 인간 몸의 상기는 충족된다.

1096 싸뜨야브라따 씻단따랑까라에 의하면 바람과 허공에 의지하고 있는 모든 것들이 충족된다는 의미다.

1097 샹카라에 의하면 "이것"은 '바이스바나라의 철학(Vaiśvānaradarśana)'이다.

1098 샹카라에 의하면 "모든 몸"은 몸, 지각 기관, 마음, 지성을 의미한다.

1099 434쪽 1069번 각주 참조.

"이것을 이렇게 알면서 제물을 불에 넣어 화제火祭를 지내는[1100] 사람의 그 모든 죄악들은 마치 불에 넣은 갈대의 끝이 타 버리듯 타 버립니다."[1101] 3

"그러므로 이와 같이 알고 있는 사람이 만일 최하층 천민에게[1102] 먹다 남은 음식을 준다면, 그것은 이의 바이스바나라 아我에 제물로 불에 넣어 올린 것이 됩니다.[1103] 이것은 그에 대한 게송偈頌입니다." 4

"마치 이 세상에서 배고픈 어린 아이들이 엄마 주위에 모여 앉듯이,
이처럼 모든 존재들은 화제火祭[1104] 가까이 모여 앉는다.
화제 가까이 모여 앉는다."[1105] 5

1100 샹카라에 의하면 여기서 제물을 불에 넣어 화제를 지낸다는 것은 음식을 먹는다는 것이다.

1101 샹카라에 의하면 수많은 생에 걸쳐 쌓인 모든 죄악, 이승에서 지혜가 생겨나기 이전의 죄악, 지혜가 생겨남과 더불어 생겨나는 죄악들이 타 버린다. 그러나 현재의 육신을 시작되게 만든 죄악은 태워지지 않는다. 왜냐하면 시위를 떠난 화살처럼 결과를 만들어 내는 것이기 때문이다.

1102 "최하층 천민"의 원어는 짠달라다. 425쪽 1018번 각주 참조.

1103 샹카라에 의하면 먹다 남은 음식을 주는 것은 금지된 행위다. 그리고 최하층 천민인 짠달라는 음식을 주기에 적절한 대상이 아니다. 그럼에도 만일 준다면, 그것은 바로 이 최하층 천민인 짠달라의 몸에 있는 바이스바나라 아에 제물로 불에 넣어 올린 것이다. 바이스바나라에 대해서는 427쪽 1040번 각주 참조.

1104 샹카라에 의하면 여기서 "화제"는 식사(bhojana)다. 즉 실제 화제가 아니라 화제로 상정된 식사 행위다.

1105 샹카라에 의하면 이 세상에서 배고픈 아이들은 언제 우리 엄마가 음식을 줄까 하며 엄마 주위에 모여 앉는다. 그렇게 곡식을 먹는 모든 존재들은 "언제 저 사람이 먹을까?" 하며 이렇게 알고 있는 사람의 화제(火祭)인 식사를 기다린다. 알고 있는 사람의 식사에 의해서 온 세상은 충족된다는 의미다. 반복은 장이 끝남을 의미한다.

여섯 번째 장

첫 번째 절

옴ॐ, '스베따께뚜 아루네야'가[1106] 있었다. 그에게 아버지가[1107] 말했다. "스베따께뚜야, 청정범행에 머무르며 배우도록 하여라.[1108] 얘야, 우리 집안에 배우지 않아 브라흐만의 친구[1109] 같이 되는 녀석은 없단다."[1110] 1

그는[1111] 열두 살에 입문하여 스물네 살에 모든 베다들을 배우고는 베다를 남에게 강의할 수 있다고 스스로 생각하고, 자신을 대단하게 여기며 기고만장하여 돌아왔다. 그에게 아버지가 말했다.[1112] 2

"얘야, 스베따께뚜야, 너는 베다를 남에게 강의할 수 있다고 스스로 생각하고 자신을 대단하게 여기며 이리 그리 기고만장하구나! 헌데, 너는 그 가르침을 여쭈어 청해 보았느냐?[1113] 듣지 않은 것이 들은 것이 되

1106 샹카라에 의하면 "스베따께뚜"는 이름이며, "아루네야"는 아루나의 손자라는 의미다.

1107 샹카라에 의하면 아버지의 이름은 아루니다.

1108 샹카라에 의하면 '스베따께뚜야, 집안에 알맞은 스승에게 가서 청정범행(淸淨梵行)에 머물도록 해라'는 의미다. 청정범행은 학생의 시기를 뜻한다. 자기 집을 떠나 스승의 집에 머무르며 청정하게 고행을 행하며 공부하는 시기다.

1109 샹카라에 의하면 "브라흐만의 친구(brahmabandhu)"는 스스로는 브라흐마나의 행동을 하지 않으면서 브라흐마나들을 자기 친구라고 말하는 사람을 의미한다.

1110 샹카라에 의하면 아버지가 타지로 나가려 한다는 것을 추측할 수 있다. 왜냐하면 자질을 갖추고 있음에도 스스로 아들의 입문 의식을 해 주려 하지 않기 때문이다.

1111 샹카라에 의하면 "그"는 아버지의 말을 들은 스베따께뚜다.

1112 1958년에 인도 푸나의 베다 교정 기관에서 간행된 교정 판본과 샹카라의 산스크리트 주석본에 의하면 여기까지가 두 번째 만뜨라다.

1113 기타프레스의 번역본의 원본, 싸뜨야브라따 씻단따랑까라의 번역본의 원본, 라다크리슈난의 번역본의 원본에 따르면 모두 다 여기까지가 두 번째 만뜨라다.

고, 생각지 않은 것이 생각한 것이 되고, 모르던 것이 안 것이 되는 그런 걸 말이다."

"존경스런 분이시여, 도대체 그 가르침은 어떠한 것이옵니까?" 3

"애야, 마치 흙덩어리 하나를 통해서 흙으로 된 모든 것을 알게 되는 것과 같으니라.[1114] 변형은[1115] 언어에 의해서 야기되는 이름이다. 바로 흙이란 것이 실재란다."[1116] 4

"애야, 마치 금덩어리 하나를 통해서 금으로 된 모든 것을 알게 되는 것과 같으니라. 변형은 언어에 의해서 야기되는 이름이다. 바로 금이란 것이 실재란다." 5

"애야, 마치 손톱깎이[1117] 하나를 통해서 검은 철로 된 모든 것을 알게 되는 것과 같으니라. 변형은 언어에 의해서 야기되는 이름이다. 바로 검은 철이란 것이 실재란다. 애야, 이런 것이 그 가르침이란다." 6

"분명히 존경스런 그분께서는[1118] 이것을 모르셨을 것입니다. 만일 이것을 아셨다면, 어찌 제게 가르쳐 주시지 않았겠습니까?"

1114 샹카라에 의하면 결과(kārya)는 원인(kāraṇa)과 다르지 않기 때문이다.

1115 막스 뮐러는 "변형(vikāra)"을 '차이(difference)'라고 번역한다.

1116 샹카라에 의하면 '단지 언어에 바탕을 둔 것일 뿐(vāgālambanamātra)'인 이름에 불과하지, 사실 변형이라고 하는 사물(vastu)은 없다. 궁극적인 의미에 있어서 바로 흙이 실재 사물이다. 막스 뮐러는 실재를 '진실한 존재(the truth being)'라고 번역한다. 라다크리슈난은 '진실(the truth)'이라고 번역한다.

1117 샹카라에 의하면 "손톱깎이"는 검은 철 덩어리라는 의미다.

1118 "존경스런 그분"은 자신의 스승을 의미한다.

"하오니, 존경스런 분이여,[1119] 제게 그것을 알려 주십시오."

"그러자꾸나! 얘야!"라고 말했다. 7

두 번째 절

"바로 있음이,[1120] 얘야, 이것이,[1121] 바로 하나가,[1122] 다른 게 없는 것이[1123] 먼저[1124] 있었다." "어떤 사람들은[1125] 없음이, 이것이, 바로 하나가, 다른 게 없는 것이 먼저 있었다, 그 없음에서 있음이 생겨났다 말한다." 1

"하지만, 얘야, 어떻게 그럴 수가 있겠느냐?"라고 말했다.

"어떻게 없음에서 있음이 생겨나겠느냐?" "그게 아니라, 바로 있음이, 얘야, 이것이, 바로 하나가, 다른 게 없는 것이 먼저 있었다." 2

"그것은[1126] 바라보았다.[1127] '나는 많게 되리라! 낳으리라!'[1128] 그것은

1119 "존경스런 분"은 아버지를 의미한다.

1120 샹카라에 의하면 "있음"은 존재성(astitā)뿐인 사물, '미세한 것(sūkṣma)', '특별함이 없는 것(nirviśeṣa)', '모든 것에 편재하는 것(sarvagata)', 하나(eka), '칠하지 않은 것(오염되지 않은 것, nirañjana)', '부분이 없는 것(niravayava)', 식(識, vijñāna)으로 모든 베단타(vedānta)들에서 알려지는 것이다. 베단타는 『우파니샤드』 혹은 『우파니샤드』의 철학을 의미한다.

1121 샹카라에 의하면 "이것"은 세상, 이름, 형태, 활동이 있는 것으로 된 그러한 있음이다.

1122 샹카라에 의하면 도공에 의해서 접시와 항아리 등 다른 여러 형태로 만들어지기 이전에 도공에 의해서 펼쳐 놓은 진흙 덩어리 같은 하나다.

1123 샹카라에 의하면 "다른 게 없는 것(advitīya)"은 흙이 항아리를 비롯한 형태가 되기 위해서는 흙과는 다른 사물인 도공이 필요하듯이, 그렇게 있음 외에 있음과는 다른 사물이 필요한 것이 아니라는 의미다.

1124 샹카라에 의하면 먼저는 세상이 생겨나기 이전이다. 그리고 생겨나기 이전의 상태는 꿈 없는 잠에서 깬 사람이 존재성만(sattvamātra)을 경험하듯이, 즉 꿈 없는 잠에는 있음만(sanmātra)이 유일한 사물이듯이 그러한 있음만의 상태다.

1125 샹카라에 의하면 "어떤 사람들"은 대멸(大滅, mahāvaināśika)을 주장하는 사람들이다.

1126 샹카라에 의하면 "그것"은 '있음'이다.

열기熱氣를 만들어 냈다.

그 열기는 바라보았다. '나는 많게 되리라! 낳으리라!' 그것은 물을 만들어 냈다.

그래서 어딘가[1129] 사람이 애타거나[1130] 땀나면. 그러면 물이 바로 열기에서 생겨난다."[1131] 3

"그 물은 바라보았다.[1132] '나는 많게 되리라! 낳으리라!' 그것은 곡식을[1133] 만들었다. 그래서 그 어딘가 비가 내리면 풍부한 곡식이 생긴다. 먹기 위한 그 곡식은 물에서 생겨난다." 4

세 번째 절

"그러한 이 생명체들에는 세 가지 씨앗들이 있다.[1134] 알에서 생겨나

1127 싸뜨야브라따 씻단따랑까라에 의하면 "바라보았다"는 것은 원했다는 것이다.

1128 샹카라에 의하면 예를 들면, 흙이 항아리를 비롯한 모습들로 되는 것, 혹은 지성(buddhi)에 의해서 밧줄을 비롯한 것들이 뱀을 비롯한 것들로 상정(想定, parikalpita)되는 것을 의미한다.

1129 샹카라에 의하면 "어딘가"는 시간(kāla) 혹은 공간(deśa)을 의미한다.

1130 "애타다"의 원어는 쇼짜띠(śocati)다. 쇼짜띠는 '슬퍼하다, 한탄하다, 후회하다, 젖다, 빛나다, 정화되다, 타다' 등을 의미하는 어근 '슈쯔(śuc)'의 활용 형태다. 샹카라는 쇼짜띠를 '싼따쁘야떼(santapyate)'라고 풀이한다. 싼따쁘야떼는 '달구다, 데우다, 말리다, 열기에 시달리다, 달구어지다, 고통 받다, 후회하다' 등을 의미하는 어근 '싼따쁘(santap)'의 활용 형태다. 막스 뮐러는 쇼짜띠를 '뜨거워지다(hot)'라고 번역한다. 라다크리슈난은 '마음 아파하다(grieve)'라고 번역한다.

1131 샹카라에 의하면 아(我)에서 허공이 생겨나고, 허공에서 바람이 생겨나며, 바람에서 열기(불)가 생겨난다. 그러나 여기서는 처음에 열기가 생겨난다고 말한다. 이것은 '있음'이 허공과 바람을 만들자마자 열기를 만들었다고 생각되기 때문이다. 혹은 창조의 순서를 말하고자 하기 때문이 아니라 이 모든 것은 있음의 결과라는 것을 말하고자 함이다. 혹은 열기, 물, 곡식 이 세 가지만을 말하고 싶었기 때문이다.

1132 샹카라에 의하면 물의 형태에 자리 잡은 '있음'이 바라보았다.

1133 샹카라에 의하면 여기서 "곡식"은 땅을 의미한다.

는 것,[1135] 산 채로 생겨나는 것,[1136] 뚫고 솟아 생겨나는 것[1137] 들이다."[1138] 1

"그러한 이 신이[1139] 바라보았다. '그래 내가 이 생령의 아我로써 이 세 신 안에 들어가서 이름과 형태를 구별해 드러내야지!'"[1140] 2

"'그들의 하나하나를 셋씩 셋씩으로[1141] 만들어야지!'라며 그러한 이

1134 샹카라에 의하면 그러한 생령(生靈, jīva)이 들어온 이 새들을 비롯한 직접적인 존재들에는 "세 가지 씨앗들", 즉 원인들이 있다. 이들 외의 원인들은 없다.

1135 샹카라에 의하면 "알에서 생겨나는 것(āṇḍaja)"은 새와 뱀 등이다. 알에서 생겨나는 것인 새들의 씨앗은 새이고, 뱀들의 씨앗은 뱀이다.

1136 샹카라에 의하면 "산 채로 생겨나는 것(jīvaja)"은 '태막(胎膜, jarāyu)에서 생겨나는 것(胎生, jarāyuja)'이며, 사람과 가축 등이다.

1137 샹카라에 의하면 "뚫고 솟아 생겨나는 것(udbhijja)"은 움직이지 않는 것들의 씨앗이다. 즉 땅을 뚫고 솟아 생겨나는 것으로 식물을 뜻한다.

1138 샹카라에 의하면 알 등을 씨앗이라고 하지 않고, '알에서 생겨나는 것' 등을 씨앗이라고 한 이유는 '알에서 생겨나는 것' 등이 없으면 그 종류의 것이 계통을 이어가지 못하기 때문이다. 따라서 '알에서 생겨나는 것' 등의 씨앗은 '알에서 생겨나는 것' 등이다. 그리고 '열습(熱濕, sveda)에서 생겨나는 것(濕生, svedaja)'과 '습열(濕熱, saṁśoka)'에서 생겨나는 것은 알에서 생겨나는 것과 뚫고 솟아 생겨나는 것에 가능한 포함된다. 따라서 씨앗들은 바로 세 가지라고 하는 것은 적절하다.

1139 샹카라에 의하면 "그러한 이 신"은 불과 물과 곡식의 원인이 되는 있음이라는 이름의 신이다.

1140 샹카라에 의하면 자신의 지성에 위치한 이전의 창조를 경험한 생기의 바탕인 아를 기억하면서 "이 생령의 아(jīvātman)로써"라고, 즉 '생기를 지니게 하는 아로써'라고 말했다. 이 말을 통해 자신의 아와 별개가 아닌 '의식의 본질(caitanyasvarūpatā)'로 들어가서 불, 물, 곡식의 존재량(bhūtamātrā)과 결합하여 '특별한 앎(viśeṣavijñāna)'을 얻은 상태가 되어 이름과 형태를 명확하게 하리라고, 즉 저것이 이 이름이고, 이 형태라고 구분해 내리라는 의미다. 그리고 앞서와 마찬가지로 "나는 많게 되리라"라고 바라보았다. 왜냐하면 많게 되리라는 목적이 아직 달성되지 않았기 때문이다.

1141 샹카라에 의하면 각각의 셋 가운데 하나는 주가 되는 것이고, 두 개는 부가 되는 것이다.

신이 생령의 아我로써 이 세 신 안에 들어가서 이름과 형태를 구별해 드러냈다." 3

"그들의 하나하나를 셋씩 셋씩으로 만들었다. 얘야, 이 세 신들 하나하나가 셋씩 셋씩으로 된 것을 내게서 알도록 해라!" 4

네 번째 절

"불의 붉은 형태, 그것은 열기의 형태다. 하얀 것, 그것은 물의 것이다. 검은 것, 그것은 곡식의 것이다. 불에서 불인 것은 사라져 버렸다. 변형은 언어에 의해서 야기되는 이름이다. 세 가지 형태들만이 실재다."[1142] 1

"태양의 붉은 형태, 그것은 열기의 형태다. 하얀 것, 그것은 물의 것이다. 검은 것, 그것은 곡식의 것이다. 태양에서 태양인 것은 사라져 버렸다. 변형은 언어에 의해서 야기되는 이름이다. 세 가지 형태들만이 실재다."[1143] 2

"달의 붉은 형태, 그것은 열기의 형태다. 하얀 것, 그것은 물의 것이

1142 샹카라에 의하면 세상에서 세 가지로 이루어진 불의 붉은 형태는 유명하다. 그것을 세 가지로 이루어지지 않은 열기의 형태로 너는 알아야 한다. 마찬가지로 불의 하얀 형태는 세 가지로 이루어지지 않은 물의 것으로 너는 알아야 한다. 그리고 불의 검은 형태는 세 가지로 이루어지지 않은 곡식인 흙의 것으로 너는 알아야 한다. 이와 같이 되면, 네가 이 세 가지 형태와는 별개로 불이라고 여기던 그 불에서 이제 '불인 것(agnitva)'은 사라져 버렸다. 즉 이 세 가지 형태를 분별하는 인식이 있기 전에 너에게 있던 '불에 대한 개념 작용(agnibuddhi)', 그 불에 대한 개념 작용과 불이라는 언어가 사라져 버렸다. 불에 대한 개념 작용은 헛된 것이며, 오로지 "세 가지 형태들만이 실재다."

1143 샹카라에 의하면 첫 번째 만뜨라와 동일하게 해석된다. 이하 네 번째 만뜨라에 이르기까지 마찬가지다.

다. 검은 것, 그것은 곡식의 것이다. 달에서 달인 것은 사라져 버렸다. 변형은 언어에 의해서 야기되는 이름이다. 세 가지 형태들만이 실재다." 3

"번개의 붉은 형태, 그것은 열기의 형태다. 하얀 것, 그것은 물의 것이다. 검은 것, 그것은 곡식의 것이다. 번개에서 번개인 것은 사라져 버렸다. 변형은 언어에 의해서 야기되는 이름이다. 세 가지 형태들만이 실재다." 4

"그러한 이것을 알고 있는 옛날 대가들인 대학자들은 '이제 그 누구도 우리를 들은 것이 없다고, 생각한 것이 없다고, 아는 것이 없다고 일컫지 못하리라!'[1144]고 말씀하였다. 왜냐하면 이것들로 알아내었기[1145] 때문이다." 5

"불그스레한 것이 있다면, 그것은 열기의 형태라고, 그렇게 그들은 알았다. 희끄무레한 것이 있다면, 그것은 물의 형태라고, 그렇게 그들은 알았다. 거무스레한 것이 있다면, 그것은 곡식의 형태라고, 그렇게 그들은 알았다." 6

"모호한 게 있다면, 바로 이 신들의 모임이라고, 그렇게 그들은 알았

1144 샹카라에 의하면 있음에 대한 지식을 가지고 있음으로 인해서 우리 집안 사람들은 모든 것을 알고 있다는 의미다.

1145 샹카라에 의하면 이렇게 알고 있는 세 가지로 이루어진 붉은 형태 등을 통해서 모든 다른 나머지들도 그러하다는 것을 알았다. 그래서 그들은 있음에 대한 지식에 의해서 모든 것을 아는 사람들이 되었다. 혹은 불을 비롯한 예를 통해 알려진 것들에 의해서 다른 모든 것들도 알았다.

다. 마찬가지로 이제 얘야, 이 세 신이 사람에 이르러 하나하나가 셋씩 셋씩으로 된 것을 내게서 알도록 해라!" 7

다섯 번째 절

"먹은 곡식은 세 가지로 나누어진다.[1146] 그것의 가장 거친 요소, 그것은 똥이 된다. 중간의 것, 그것은 살이 된다.[1147] 가장 미세한 것, 그것은 마음이 된다."[1148] 1

"마신 물은 세 가지로 나누어진다. 그것의 가장 거친 요소, 그것은 오줌이 된다. 중간의 것, 그것은 피가 된다. 가장 미세한 것, 그것은 생기가 된다." 2

"먹은 열기는[1149] 세 가지로 나누어진다. 그것의 가장 거친 요소, 그것은 뼈가 된다. 중간의 것, 그것은 골수가 된다. 가장 미세한 것, 그것은 언어가 된다."[1150] 3

"얘야, 곡식으로 된 것이 마음이다. 물로 된 것이 생기다. 열기로 된

1146 샹카라에 의하면 먹은 곡식은 '배 안의 불(jāṭharāgni)'에 의해서 소화되면서 세 가지로 나누어진다.

1147 샹카라에 의하면 정수(精髓)를 비롯한 과정을 통해 변화되어 살이 된다.

1148 샹카라에 의하면 먹은 곡식의 가장 미세한 부분은 위로 심장에 도달하여 이로움(hitā)이라는 이름의 경맥(nāḍī)들 안으로 들어가 발음 기관을 비롯한 지각 기관들이 집적된 상태를 만들어 내면서 마음이 된다. 따라서 곡식이 축적됨으로 인해서 마음은 물질적인 것이다.

1149 샹카라에 의하면 여기서 "열기"는 참기름, 우유 기름 등을 의미한다.

1150 샹카라에 의하면 참기름, 우유 기름 등을 먹음으로 말미암아 말이 유창해진다는 것은 세간에 유명하다.

것이 언어다."

"존경스런 분이시여, 제게 더 알려 주십시오!"

"그러자꾸나! 얘야!"라고 말했다. 4

여섯 번째 절

"얘야, 휘젓고 있는 발효유의 가장 미세한 부분, 그것은 위로 떠오른다. 그것은 우유 기름이 된다." 1

"이처럼 얘야, 먹는 곡식의 가장 미세한 부분, 그것은 위로 떠오른다. 그것은 마음이 된다."[1151] 2

"얘야, 마시는 물의 가장 미세한 부분, 그것은 위로 떠오른다. 그것은 생기가 된다." 3

"얘야, 먹는 열기의 가장 미세한 부분, 그것은 위로 떠오른다. 그것은 언어가 된다." 4

"얘야, 곡식으로 된 것이 마음이다. 물로 된 것이 생기다. 열기로 된 것이 언어다."

"존경스런 분이시여, 제게 더 알려 주십시오!"[1152]

1151 샹카라에 의하면 밥을 비롯한 먹고 있는 곡식은 휘젓는 막대기에 의한 것처럼 숨결과 더불어 배 안에 있는 불에 의해 휘저어지면서 미세한 부분은 위로 떠오른다. 그것은 마음이 된다. 즉 마음을 이루는 부분들과 만나 마음을 집적(集積)한다.

1152 샹카라에 의하면 물과 열기에 대해서는 모든 것이 그렇다는 것을 이해하지만, 마음이 곡식으로 된 것이라는 점에 대해서는 전적으로 확신이 생기지 않으니, '존경스런 분

"그러자꾸나! 얘야!"라고 말했다. 5

일곱 번째 절

"얘야, 사람은 열여섯 부분이다. 열다섯 날 동안을 먹지 말아라! 물은 마음껏 마셔라! 생기生氣는 물로 된 것이라서 마시는 사람에게는 끊어지지 않을 것이다."[1153] 1

그는 열다섯 날 동안을 먹지 않았다. 이제 이에게 공손하게 다가갔다.[1154]

"아, 무슨 말을 올릴까요?"

"얘야, 리그베다의 찬가, 야주르베다의 제문, 싸마베다의 송가들이다."[1155]

그가 대답했다.

"아, 제게 떠오르지 않습니다."[1156] 2

이시여, 마음이 곡식으로 된 것이라는 점에 대해 예를 들어 다시 알려 주십시오!'라는 의미다.

1153 샹카라에 의하면 먹은 음식의 가장 미세한 부분은 마음에 힘(śakti)을 부여한다. 곡식에 의해서 축적된 마음의 힘은 열여섯 가지로 나뉜다. 열여섯 가지로 나뉜 그 힘과 결합하여 그 힘을 지닌 자이며 몸(kārya)과 지각 기관(karaṇa)의 결합체로 나타나는 특화된 생령(生靈)인 사람(人我)은 열여섯 부분을 가진 것으로 일컬어진다. 그 힘이 있음으로 인해서 보는 자, 듣는 자, 생각하는 자, 아는 자, 행하는 자, 분별하는 자, 모든 활동 능력을 가진 사람이 된다. 그 힘이 없어지면 능력들을 잃게 된다. 모든 몸과 지각 기관의 능력은 마음이 만들어 내는 것이다. 세상에서 마음의 힘을 갖춘 사람이 힘 있게 보이고, 어떤 경우에는 정신 집중의 자양이 있는 사람으로 보인다. 곡식의 전아성(全我性, sarvātmatva)으로 인해서 마음의 원기(vīrya)는 곡식에 의해서 만들어지는 것이다.

1154 샹카라에 의하면 그는 마음이 곡식으로 된 것임을 직접 알기 위해서 열다섯 날 동안 곡식을 먹지 않았다. 그리곤 이제 열여섯 째 날이 되자 아버지에게로 가서 말했다.

1155 샹카라에 의하면 『리그베다』의 찬가, 『야주르베다』의 제문, 『싸마베다』의 송가들을 암송해 보라는 의미다.

그에게 말했다.

"얘야, 많이 쌓아 놓은 불더미 가운데 반딧불만큼의 불씨 하나만 남아 있다면, 그것으로는 그보다 더 많은 것을 태울 수는 없단다. 얘야, 마치 이처럼 너의 열여섯 부분들 가운데 한 부분만 남는다면, 바로 그것으로는 지금 너는 베다들을 되새길 수 없단다. 먹도록 하여라. 이제 내 말을 알게 될 것이다."[1157] 3

그는 먹었다. 그리고 이에게 공손히 다가갔다. 그러자 그에게 그 무엇을 물어보든지 간에 모두 다 대답했다.[1158] 4

그에게 말했다.

"얘야, 많이 쌓아 놓은 불더미 가운데 반딧불만큼의 불씨 하나만 남아 있다면, 그것을 지푸라기들로 잘 쌓아 불을 피우면 그것으로 그보다 더 많은 것을 태울 수 있는 것과 마찬가지다!" 5

"이처럼 얘야, 너의 열여섯 부분들 가운데 한 부분만 남아 있었다. 그것이 곡식에 의해서 지펴져 불이 피워진 거란다. 그것으로 이제 너는 베다들을 되새기는 거다. 왜냐하면 얘야, 마음은 곡식으로 된 것이기 때

1156 샹카라에 의하면 『리그베다』의 찬가를 비롯한 것들이 제 마음에서 보이질 않는다는 의미다.

1157 샹카라에 의하면 수북한 불더미가 꺼져 반딧불만큼의 불씨만 남는다면, 그 불씨로는 그 불씨보다 조금이라도 더 많은 양은 태울 수 없는 것처럼, 네가 축적한 음식의 열여섯 부분들 가운데 남은 한 부분만 가지고는 『베다』들을 알 수가 없다. 그러니 먹어라. 그러면 너는 내 말을 듣고 남김없이 알게 될 것이다.

1158 샹카라에 의하면 음식을 먹고 아버지에게 공손히 다가온 그에게 아버지가 『리그베다』 등에 관해 경전에 대한 것이든 의미에 대한 것이든 물어보자, 그는 모두 대답했다.

문이다. 생기는 물로 된 것이고, 언어는 열기로 된 것이다." 이처럼 그는 이에 대해 이해했다.[1159] 이해했다.[1160] 6

여덟 번째 절

'웃달라까 아루니'가[1161] 아들인 '스베따께뚜'에게 말했다.

"얘야, 꿈이 끝난 것에[1162] 대해 내게 배우도록 하려무나. 이 사람이 잠잔다고 말할 때, 얘야, 그때 그는 있음과[1163] 더불어 있는 거란다. 자신에게 간 것이다. 그래서 이 사람이 잠잔다고 말하는 거다. 왜냐하면 자신에게 간 것이기 때문이다."[1164] 1

1159 샹카라에 의하면 스베따께뚜는 아버지가 말한 마음을 비롯한 것들이 곡식으로 된 것 등이란 것을 이해했다.

1160 샹카라에 의하면 여기서 반복은 셋씩 만들어지는 것에 대한 단원이 끝남을 의미한다.

1161 샹카라에 의하면 "웃달라까(Uddālaka)"는 이름이고, "아루니"는 아루나의 아들이란 의미다.

1162 막스 뮐러와 라다크리슈난은 "꿈이 끝난 것(svapnānta)"을 '잠의 진실한 본질(the true nature of sleep)'이라고 번역한다.

1163 막스 뮐러는 "있음"을 '진실(the true)'이라고 번역한다. 라다크리슈난은 '순수한 본질(pure being)'이라고 번역한다.

1164 샹카라에 의하면 꿈(svapna)은 보는 활동이다. 잠든 사람이 꿈을 볼 때 그 꿈은 덕과 악덕의 결과인 기쁨과 고통이 결합된 것이다. 덕과 악덕의 바탕은 무명(無明, avidyā)과 욕망이다. 이러한 꿈의 상태에서 생령(生靈)은 본모습에 도달할 수 없다. '꿈이 끝난 것'은 꿈의 내면이며, '꿈 없는 잠의 상태(suṣupta)'다. 혹은 '꿈이 끝난 것'은 '꿈의 본질(svapnasatattva)'이다. 꿈의 본질은 마찬가지로 꿈 없는 잠의 상태를 의미한다. "자신에게 간 것이다(svamapīto bhavati)"는 말을 통해서도 꿈이 끝난 것은 꿈 없는 잠의 상태임을 알 수 있다. 브라흐만에 대해서 아는 사람은 꿈 없는 잠의 상태 말고 다른 곳에서 생령이 자신에게 도달한다고 인정하지 않기 때문이다. 꿈 없는 잠의 상태에서 마음을 비롯한 것들이 멈추어지면, 의식(意識)이 투영된 형태인 '생령의 아'로써 이름과 형태를 구별해 드러내기 위해서 마음에 들어온 그 '지고의 신(parā devatā)'은 마음이라는 이름의 '생령의 형태성(jīvarūpatā)'을 버리고 자신인 아(我)에 도달한다. 이처럼 생령의 형태를 버린 이러한 신 자신인 실재 형태(sadrūpa), 즉 궁극적인 의미에 있어서의 '실재가 있음'이다. 꿈 없는 잠의 상태에서 사람은 이러한 있음과 하나가 된다. 그리고 꿈 없는 잠의 상태에서는

"그것은 마치 줄에 묶인 새가 각방으로 날다가 다른 거처를 얻지 못하고 묶인 곳으로 깃드는 것과 같단다. 바로 이처럼 얘야, 그 마음은 각방으로 떠돌다 다른 머물 곳을 얻지 못하고 생기에 깃든다. 왜냐하면 얘야, 마음은 생기에 묶인 것이기 때문이다."[1165] 2

"얘야, 식욕과 갈증에 대해 내게 배우도록 하려무나. 이 사람이 먹고 싶어 한다고 말할 때, 그때는 바로 물이 먹은 것을 가져가고 있는 거란다. 그래서 마치 소를 끄는 자, 말을 끄는 자, 사람을 이끄는 자라고 하듯이 먹은 것을 끄는 자라고 그 물을 일컫는다. 그와 마찬가지로 얘야, 이 싹이 솟아난 것임을 알도록 해라. 이것이 뿌리가 없을 수는 없는 거란다!"[1166] 3

"그것의 뿌리가 곡식 말고 그 어디 다른 곳에 있겠느냐? 정말 이처럼

마음을 비롯한 모든 기관들은 생기(生氣)에 먹혀 오로지 생기 하나만이 거처인 몸에 깨어 있다. 그때 생령은 피로를 없애기 위해 자신인 신의 형태를, 즉 아를 얻는다. 이처럼 꿈이 없는 잠의 상태일 때 '자신에게 간 것(svamapīta)'이기 때문에 세상에서 '잠잔다고(svapitīti)' 말하는 것이다.

1165 샹카라에 의하면 새 사냥꾼의 손에 들어와 끈에 묶인 새가 벗어나기 위해 각방으로 날다가 결국 묶인 곳으로 깃들듯이, 열여섯 부분의 곡식에 의해서 축적된 마음은 무명과 욕망과 행위에 의해서 지시되는 잠에서 깨어 있는 상태와 꿈의 상태를 각방으로 떠돌아 기쁨과 고통을 비롯한 것들을 경험하고는 '있음'이라고 이름하는 것 말고 다른 곳에서는 쉴 곳을 얻지 못하고 바로 생기에 귀의한다. 여기서 "마음"은 마음이라고 이름하는 것으로 제한된 생령을 의미한다. 그리고 생기는 모든 몸과 지각 기관의 바탕이 되는 생기로써 특징지어진, '있음'이라고 이름하는 지고의 신을 의미한다.

1166 샹카라에 의하면 사람이 먹고 싶어 할 때는 그 사람이 먹은 딱딱한 곡식을 마신 물을 녹여서 정수(精髓) 등의 상태로 변화시키는 것이다. 그때 먹은 곡식은 소화된다. 모든 중생(jantu)은 곡식이 소화되면 먹기를 원한다. 물을 통해서 정수 등의 상태로 변화된 곡식에 의해서 이 몸은 무화과나무의 씨앗 속에서 싹이 솟아나듯이 마련된다. 몸은 새싹처럼 결과이기 때문에 뿌리인 원인 없이는 있을 수가 없다는 것을 알아야 한다.

애야, 곡식인 새싹을 통해서 물인 뿌리를 헤아려 보거라. 애야, 물인 새싹을 통해서 열기인 뿌리를 헤아려 보거라. 애야, 열기인 새싹을 통해서 있음인 뿌리를 헤아려 보거라. 있음이 뿌리들이란다. 애야, 이 모든 생겨난 것들은 있음이 바탕들이란다. 있음이 거처들이란다."[1167] 4

"이제 이 사람이 마시고 싶어 한다고 말할 때, 그때는 바로 마신 것을 열기가 가져가고 있는 거란다. 그래서 마치 소를 끄는 자, 말을 끄는 자, 사람을 이끄는 자라고 하듯이 '물을 이끄는 자'라고 그 열기를 일컫는다. 그와 마찬가지로 애야, 이 싹이 솟아난 것임을 알도록 해라. 이것이 뿌리가 없을 수는 없는 거란다!"[1168] 5

1167 샹카라에 의하면 남자가 먹은 곡식은 물에 의해서 녹는다. 물에 의해서 녹은 곡식은 '배 안의 불'에 의해서 소화되면서 정수(精髓)의 상태로 변한다. 정수에서 피로, 피에서 살로, 살에서 지방으로, 지방에서 뼈로, 뼈에서 골수로, 골수에서 정액(精液)으로 변한다. 여자가 먹은 곡식은 마찬가지 과정을 거쳐서 골수에서 난액(卵液, raja)으로 변한다. 곡식의 결과이며 매일 먹은 곡식에 의해 충만해진 정액과 난액이 결합하여 곡식을 뿌리로 하는 몸이라는 새싹이 자라난다. 몸의 원인이 곡식이듯이, 곡식의 원인은 물이며, 물의 원인은 열기다. 그리고 열기의 원인은 있음이다. 이 있음에 있어서 이 모든 것은 언어에 바탕을 둔 이름일 뿐인 변형에 불과하다. 마치 무명(無明)에 의해서 밧줄에 뱀 등을 상정해 생겨난 '가탁된 것(假託, adhyasta)'처럼 있음에 가탁한 것이, 즉 사실이 아닌 것이 바로 이 세상의 뿌리다. 그러므로 생겨난 모든 것들은 있음을 뿌리로 하는 것들이다. 즉 있음이 원인인 것들이다. 단지 있음을 뿌리로 하는 것일 뿐만이 아니라, 지금 존재하는 이 시간에도 있음을 바탕(āyatana)으로 하는 것들이다. 왜냐하면 흙에 바탕을 두지 않은 항아리를 비롯한 것들의 존재(sattā) 혹은 상태는 없기 때문이다. 그리고 마지막에 있음은 거처(居處, pratiṣṭhā)가 된다. 왜냐하면 마지막에 있음이 바로 생겨난 모든 것들의 거처, 녹아 들어가는 곳(laya), 종결(samāpti), 끝(avasāna), 나머지(pariśeṣa)이기 때문이다. 막스 뮐러는 "바탕"을 '거주하다(dwell)'는 의미, 그리고 "거처"를 '안식하다(rest)'는 의미로 번역한다. 라다크리슈난은 "바탕"을 '거처(abode)'로, 그리고 "거처"를 '지지하는 것(support)'이라고 번역한다.

1168 샹카라에 의하면 만약 녹인 음식을 가져가는 물이 열기에 의해 건조되지 않는다면, 물이 많아 곡식의 새싹인 몸은 느슨해질 것이다. 몸의 상태로 변화되어 가고 있는 물이 계속해서 열기에 의해 건조되기 때문에 사람은 물을 마시고 싶어 하는 것이다. 그때

"그것의 뿌리가 물 말고 그 어디 다른 곳에 있겠느냐? 정말 이처럼 얘야, 물인 새싹을 통해서 열기인 뿌리를 헤아려 보거라. 얘야, 열기인 새싹을 통해서 있음인 뿌리를 헤아려 보거라. 있음이 뿌리들이란다. 얘야, 이 모든 생겨난 것들은 있음이 바탕들이란다, 있음이 거처들이란다. 정말 이처럼 얘야, 이 세 신神들이[1169] 사람에 이르러 하나하나가 셋씩 셋씩으로 된다. 그에 대해서는 먼저 이야기를 했구나! 얘야, 떠나는 이 사람의 언어는 마음 안에 거두어진단다. 마음은 생기 안에, 생기는 열기 안에, 열기는 지고의 신 안에."[1170] 6

"그러한 이것은 가장 미세한 것이다. '이 아我인 것'이다. 이 모든 것이다. 그것은 실재다. 그것은 아다. 스베따께뚜야, 그것이 너다!"[1171]

"존경스런 분이시여, 제게 더 알려 주십시오!"[1172]

의 사람을 '마시고 싶어 한다(pipāsati)'라고 이름한다. 물을 가져가기 때문에 사람들은 열기를 "물을 이끄는 자(udanya)"라고 부른다.

1169 샹카라에 의하면 "세 신"은 열기, 물, 곡식이다. 열기는 불이며, 곡식은 흙이다. 따라서 세 신은 불, 물, 흙이다. 막스 뮐러는 세 신을 '세 존재들, 불, 물, 흙(three beings, fire, water, earth)'이라고 해석한다.

1170 샹카라에 의하면 차례대로 거두어져 자신의 뿌리에 도달하면, 마음에 머무르는 생령(生靈) 또한 꿈 없는 잠의 시간처럼 자신의 원인이 거두어짐으로써 바로 '있음'에 도달한다. 그리고 사람이 꿈 없는 잠에서 일어나듯이 그렇게 다시 다른 육신을 얻지는 않는다. 하지만 '아(我)를 모르는 사람(anātmajña)'은 꿈 없는 잠에서 일어나듯이 생령이 바로 그 뿌리에서 다시 육신의 그물로 들어온다.

1171 샹카라에 의하면 있음이라는 이름을 가진, 세상의 뿌리인 이것은 "가장 미세한 것(aṇimā)"이다. 이 '있음'은 이 그 모든 것의 아(我)다. 그래서 있음은 "이 아(etadātman)"이며, '이 아'의 상태가 '이 아인 것(aitadātman)'이다. 이 있음이라고 이름하는 아에 의해서 이 모든 세상은 아를 가진 것이다. 원인인 이 있음이라는 아는 실재다, 즉 궁극적인 의미에 있어서 있음이다. 따라서 바로 이 아가 세상의 개별적인 본모습이고, 본질(satattva)이며, '사실로서의 아인 것(yāthātmya)'이다. 그래서 '그 있음이 너인 것이다(tatsattvamasi).'

1172 샹카라에 의하면 아들은 생겨난 것들이 매일매일 꿈 없는 잠의 상태에서 있음에 도달하는데 어찌해서 있음에 도달한 것을 모르고 있는지에 대해서 아버지에게 물었다.

"그러자꾸나! 얘야!" 라고 말했다. 7

아홉 번째 절

"얘야, 꿀벌들이 몰두해 꿀을 만드는 것과 마찬가지다. 다양한 종류들의 나무들의[1173] 정수들을 모아 하나의 정수가 되게 하는 것과 같단다."[1174] 1

"그것들은 그곳에서 '나는 저 나무의 정수다. 나는 저 나무의 정수다'라고 분별해 내지 못한다. 마치 바로 이렇게 얘야, 이 모든 생겨난 것들은 있음에 도달하고서도 '우리가 있음에 도달한다'라고 알지 못하는 거란다."[1175] 2

"이승에서 호랑이 혹은 사자 혹은 늑대 혹은 멧돼지 혹은 버러지 혹은 나비 혹은 각다귀 혹은 모기로써 각각 존재하던 그것들은 계속해서 바로 그것이 된다."[1176] 3

1173 샹카라는 "다양한 종류들의 나무들"을 '다양한 방향들의 나무들'이라고 풀이한다.

1174 샹카라에 의하면 매일매일 '있음'에 도달하고서 어찌해서 있음에 도달한 것을 모르고 있는지에 대해 예를 들어 말하는 것이다.

1175 샹카라에 의하면 그것들인 정수(精髓)들은 그곳인 꿀에서 각각 자신들이 어느 나무의 정수인지를 분별하지 못한다. 즉 수많은 종류의 나무들의 단맛, 신맛, 쓴맛, 매운맛 등의 정수들이 꿀로 하나가 된 상태에서는 그 정수가 단맛을 비롯한 상태로 분별이 안 된다. 생겨난 것들은 바로 이와 마찬가지로 매일매일 꿈 없는 잠의 시간에, 죽음에서, 그리고 환멸(還滅, pralaya)에서 있음에 도달하고도 "우리가 있음에 도달한다", 이미 도달했다고 알지 못한다.

1176 샹카라에 의하면 이승에서 행위를 원인으로 호랑이를 비롯한 종류로 생겨난 것들은 '나는 호랑이다', '나는 사자다'라고 그것들 각각의 행위와 '인식의 습기(jñānavāsanā)'가 낙인찍힌 상태에서 '있음'에 들어갔다가 다시 있음에서 돌아와 호랑이 혹은 사자 혹은 버러지 혹은 나비 혹은 각다귀 혹은 모기 바로 그것이 된다. 즉 천억 년을 떨어져 있어

"그러한 이것은 가장 미세한 것이다. '이 아我인 것'이다. 이 모든 것이다. 그것은 실재다. 그것은 아다. 스베따께뚜야, 그것이 너다!"

"존경스런 분이시여, 제게 더 알려 주십시오!"[1177]

"그러자꾸나! 얘야!"라고 말했다. 4

열 번째 절

"얘야, 이 강들은 동으로 가는 것이 되어 동쪽을 향해 흘러가고, 서로 가는 것이 되어 서쪽을 향해 흘러간다. 그것들은 바다에서 바다로 들어간다. 그것은 바로 바다가 된다. 그곳에서 그것들은 '이것이 나다' '이것이 나다'라는 것을 모르는 듯하다."[1178] 1

"바로 이처럼 얘야, 이 모든 생겨난 것들은 있음에서 와서는 '우리가 있음에서 왔다'는 것을 모른단다. 이승에서 호랑이 혹은 사자 혹은 늑대 혹은 멧돼지 혹은 벌러지 혹은 나비 혹은 각다귀 혹은 모기로써 각각 존재하던 그것들은 계속해서 바로 그것이 된다."[1179] 2

도 윤회하는 중생들에게는 이전에 생긴 그 습기(習氣)가 멸하지 않는다.

1177 샹카라에 의하면 잠에서 일어난 사람이 다른 마을에 가서는 자신이 자기 집에서 그곳에 왔다는 것을 안다. 그러나 중생들은 어찌해서 있음에서 왔는지 인식하지 못하는지에 대해서 아버지에게 물었다.

1178 샹카라에 의하면 갠지스(Gaṃgā) 강을 비롯한 것들은 동으로 흐르는 강이 되어 동쪽으로 흐르고, 씬두(Sindhu) 강을 비롯한 강들은 서로 흐르는 강이 되어 서쪽으로 흐른다. 그 강들은 바다에서 구름으로, 구름에서 다시 비의 형태로 내려와 갠지스 강을 비롯한 형태들이 되어 바다로 가서 다시 바다가 된다. 바다에서 '바다의 아(samudrātman)'에 의해 하나가 된 그 강들은 '이 갠지스 강이 나다', '이 야무나(Yamunā) 강이 나다'라는 것을 알지 못한다.

1179 샹카라에 의하면 바로 이처럼 이 모든 생겨난 것들은 있음에 도달하고도 알지 못한다. 그래서 있음에서 와서도 있음에서 온다는 것을 모른다. 456쪽 1176번 각주 참조.

"그러한 이것은 가장 미세한 것이다. '이 아我인 것'이다. 이 모든 것이다. 그것은 실재다. 그것은 아다. 스베따께뚜야, 그것이 너다!"

"존경스런 분이시여, 제게 더 알려 주십시오!"[1180]

"그러자꾸나! 얘야!"라고 말했다. 3

열한 번째 절

"얘야, 누군가 이 큰 나무의 뿌리에 상처를 낸다면, 살면서 수액을 흘릴 것이다. 중간에 상처를 낸다면, 살면서 수액을 흘릴 것이다. 꼭대기에 상처를 낸다면, 살면서 수액을 흘릴 것이다. 그러한 이것은[1181] 생령인 아我가 충만하여 계속 마시면서 즐거워하며 서 있다." 1

"만일 이것의 한 가지를 생령이[1182] 버리면, 이제 그것은 말라 버릴 것이다. 두 번째 것을 버리면, 이제 그것은 말라 버릴 것이다. 세 번째 것을 버리면, 이제 그것은 말라 버릴 것이다. 모든 것을 버리면, 이제 모두 말라 버릴 것이다."[1183] 2

1180 샹카라에 의하면 세상에서는 물에서 물결, 파도, 거품, 기포 등이 일어났다가 다시 물의 상태가 되어 사라져 버린다. 그러나 생령(生靈)들은 매일 꿈 없는 잠의 상태에서, 그리고 죽음과 환멸(還滅)에서 자기 원인의 상태에 도달하면서도 멸하지 않는다. 어찌해서 그런지 예를 들어 알려 달라고 아버지에게 청하는 것이다.

1181 샹카라에 의하면 "그러한 이것"은 그러한 이 나무를 말한다.

1182 "생령(生靈)"의 원어는 지바(jīva)다. 지바는 형용사로 '살아 있는, 존재하는' 등을 의미하며, 남성 명사와 중성 명사로는 '살아 있는 존재, 존재, 생명' 등을 의미하고, 남성 명사만으로는 '생기, 개별적인 영혼, 여덟 명의 바람의 신들인 마루뜨들 가운데 하나의 이름, 운율의 이름' 등을 의미한다. 불경에서 지바는 '명(命), 명자(命者), 존명(存命), 활명(活命), 수(壽), 수자(壽者), 수명(壽命), 신(神), 신아(神我)' 등으로 한역된다. 막스 뮐러는 지바를 '생명(살아 있는 자아)[the life (the living Self)]'이라고 번역한다. 라다크리슈난은 '살아 있는 자아(the living self)'라고 번역한다.

1183 샹카라에 의하면 '움직이지 않는 것(sthāvara)'도 의식이 있는 것이다. 움직이지 않는 것

"정말 바로 이처럼 얘야, 알도록 해라!"라고 말했다.

"생령이 사라진 이것이 죽는 것이지, 생령은 죽는 것이 아니란다."

"그러한 이것은 가장 미세한 것이다. '이 아我인 것'이다. 이 모든 것이다. 그것은 실재다. 그것은 아다. 스베따께뚜야, 그것이 너다!"

"존경스런 분이시여, 제게 더 알려 주십시오!"[1184]

"그러자꾸나! 얘야!"라고 말했다. 3

열두 번째 절

"여기서 반얀 나무 열매를[1185] 하나 가져오너라."

"여기 있습니다. 존경스런 분이시여!"

"쪼개라!"

"쪼갰습니다. 존경스런 분이시여!"

"여기에 무엇이 보이느냐?"

"극히 작은 듯한 이 알갱이들입니다. 존경스런 분이시여!"

"그래, 그들 가운데 하나를 쪼개라."

"쪼갰습니다. 존경스런 분이시여!"

"여기에 무엇이 보이느냐?"

"그 아무것도 아닙니다. 존경스런 분이시여!" 1

은 의식이 없다는 불교(bauddha)와 원자론(kāṇāda)에 관련된 견해는 허무맹랑한 것이다.

1184 샹카라에 의하면 이 아주 '거칠고 큰 것(sthūla)'인 땅을 비롯한 이름과 형태를 지닌 세상이 어떻게 이름과 형태가 없는 지극히 '미세한 것'인 있음에서 생겨나는지를 예를 들어 알려 달라고 아버지에게 말하는 것이다.

1185 "반얀(Banyan) 나무"의 원어는 느야그로다(Nyagrodha)다. 느야그로다는 '아래로 자라는 것'을 의미한다. 느야그로다의 학명은 'Ficus indica'다. 반얀 나무를 벵골보리수라고도 부른다. 나뭇가지에서 뿌리가 내려와 그 뿌리가 줄기가 되어 새로운 나무가 생겨난다. 그래서 나무 한 그루가 숲을 이루기도 한다. 보리수(Pippala)와 마찬가지로 인도인들이 성스럽게 여기는 나무 가운데 하나다.

그에게 말했다.

"얘야, 지극히 작은 이것을 보지 못하느냐? 얘야, 지극히 작은 이것의 이처럼 이 크나큰 반얀 나무가 서 있구나! 얘야, 믿어라!"[1186] 2

"그러한 이것은 가장 미세한 것이다. '이 아我인 것'이다. 이 모든 것이다. 그것은 실재다. 그것은 아다. 스베따께뚜야, 그것이 너다!"

"존경스런 분이시여, 제게 더 알려 주십시오!"[1187]

"그러자꾸나! 얘야!"라고 말했다. 3

열세 번째 절

"이 소금을 물에 넣은 다음 이제 아침에 내게로 오너라."[1188]

그는 시키는 대로 했다. 그에게 말했다.

"그래! 밤에 물에 넣은 그 소금을 가져오너라!"

그것을 찾아도 발견할 수가 없었다. 1

"그래! 녹은 것 같구나![1189] 이것의 맨 위에서 손으로 떠서 입가심을 해 보아라." "어떠니?"

"짭니다!"

1186 샹카라에 의하면 지극히 작은 것인 있음에서 이름과 형태를 지닌 거칠고 큰 세상이 결과로 생겨났음을 믿어야 한다. 믿음이 있으면, 알고 싶어 하는 사물에 대해 마음이 모아진다. 그리하여 그 사물을 알게 된다.

1187 샹카라에 의하면 만일 그 있음이 세상의 뿌리라면, 어째서 그것을 얻을 수 없는지를 예를 들어 알려 달라고 아버지에게 청하는 것이다.

1188 아버지가 아들에게 준 소금은 아마도 제법 큰 암염 덩어리였을 것이다. 물에 녹는 데 하룻밤 정도의 시간이 필요해서 다음 날 아침에 오라고 말한 것이다.

1189 라다크리슈난은 여기까지를 첫 번째 만뜨라로 본다.

"중간에서 손으로 떠서 입가심을 해 보아라." "어떠니?"

"짭니다!"

"맨 아래에서 손으로 떠서 입가심을 해 보아라." "어떠니?"

"짭니다!"

"이제, 이것을 내버리고 내게로 오거라."

그는 시키는 대로 했다.

"그것이 항상 마찬가지로 있었습니다!"[1190]

그에게 말했다.[1191] "바로 여기에 정말이지 있음이,[1192] 얘야, 네가 보지 못하지만, 바로 여기에 정말이지 있는 것이란다."[1193] 2

"그러한 이것은 가장 미세한 것이다. '이 아我인 것'이다. 이 모든 것이다. 그것은 실재다. 그것은 아다. 스베따께뚜야, 그것이 너다!"

"존경스런 분이시여, 제게 더 알려 주십시오!"[1194]

"그러자꾸나! 얘야!"라고 말했다. 3

1190 샹카라에 의하면 자기가 밤에 물에 넣은 그 소금이 항상 마찬가지로 있었다고 말하면서 아들은 아버지에게로 다가왔다.

1191 아버지가 아들에게 말했다.

1192 1958년에 인도 푸나의 베다 교정 기관에서 간행된 교정 판본에는 "있음"이 '그것(tat)'으로 되어 있다. 그러나 샹카라의 산스크리트 어 주석본에는 그것이 '있음'으로 되어 있다. 막스 뮐러와 라다크리슈난 모두 '있음'을 원본으로 삼아 번역하고 있다.

1193 샹카라에 의하면 물에 녹은 지극히 미세한 소금을 보고 만져서는 알 수 없지만, 혀로 맛을 보고 알 수 있는 것처럼 이곳에 존재하는 세상의 뿌리인 '있음'도 다른 방법을 통해서 알 수 있다.

1194 샹카라에 의하면 만일 세상의 뿌리인 '있음'이 다른 방법을 통해서 알 수 있는 것이라면, 그것을 알 수 있는 방법이 어떤 방법인지를 예를 들어 알려 달라고 아버지에게 청하는 것이다.

열네 번째 절

"얘야, 사람을 간다라 지방에서 눈을 가리고 데려와 더욱이 그를 사람이 전혀 없는 곳에 내버리면, 그는 그곳에서 동쪽 혹은 북쪽 혹은 남쪽 혹은 서쪽으로 얼굴을 향하고 '눈을 가린 채 끌려왔소! 눈을 가린 채 버려졌소!'라고 소리칠 것이다." 1

"그의 묶인 것을 풀어주고 '간다라 지방은 이 방향이오, 이 방향으로 가시오!'라고 말해 준다면, 그는 마을에서 마을로 물어가며 앎이 있고 판단력이 있는 사람이 되어 간다라 지방에 도달할 것이다. 바로 이와 마찬가지로 이 세상에서는 스승이 있는 사람이 아는 거란다! 그가 풀려날 때까지 그렇게 오랫동안 있다가 비로소 만나는 거란다!"[1195] 2

1195 샹카라에 의하면 이 몸은 세상의 본모습인 있음에서 비롯되어 열기와 물과 곡식 등으로 된 숲이다. 이 몸이라는 숲에서 미혹(moha)의 천에 눈이 가려진 채 아내, 아들, 친구, 가축, 친척 등 수많은 대상들에 대한 갈망의 올가미에 걸려든다. 그리고 덕(puṇya)과 악덕(apuṇya)이라는 도둑들에 의해 집어 내던져진다. 그래서 "나는 아무개의 아들이다. 이들은 나의 친지들이다. 나는 행복하다. 나는 괴롭다. 나는 멍청하다. 나는 학식이 있다. 나는 친지들이 있다. 난 살았다! 난 죽었다! 난 늙었다. 난 죄인이다. 내 아들이 죽었다. 내 재산이 사라졌다. 아, 나는 망했다! 난 어떻게 사나? 내가 어떻게 될까? 무엇이 날 구해줄까?" 이렇게 수백만의 무의미한 그물에 걸려 울부짖는다. 그러다 어떻게든 덕이 많음으로 인해서 자애롭고, 있음인 '브라흐만의 아(梵我, brahmātman)'를 알며, 걸림이 없는, 브라흐만에 충실한, 그 누군가를 만나게 된다. 브라흐만을 아는 그에게서 세상의 대상들의 결함을 보는 길에 대한 가르침을 받고 세상의 대상들에 대한 애착을 버리게 된다. "당신은 윤회하는 존재가 아닙니다. 당신은 아무개의 아들이라는 등등의 속성을 지닌 사람이 아닙니다. 있음이란 것, 그것이 바로 당신입니다." 이처럼 가르침을 받아 무명(無明)의 미혹이라는 눈가리개 천이 벗겨진다. 그래서 간다라 지방의 사람과 마찬가지로 있음이라는 아(我)에 도달해 행복하고 편안하게 된다. 아버지가 아들에게 스승이 있는 사람이 아는 것이라고 말한 것은 바로 이러한 의미다. 그리고 "풀려날 때까지 그렇게 오랫동안 있다가 비로소 만나는 거란다!"라는 말의 의미는 행위에 의해서 시작된 몸이 수용(受用)에 의해서 행위가 소진됨으로써 몸을 벗어날 때까지 있다가 몸을 벗어나면 바로 즉시 있음에 도달한다는 것이다. 브라흐만을 아는 사람에게 있어서 삶

"그러한 이것은 가장 미세한 것이다. '이 아我인 것'이다. 이 모든 것이다. 그것은 실재다. 그것은 아다. 스베따께뚜야, 그것이 너다!"

"존경스런 분이시여, 제게 더 알려 주십시오!"[1196]

"그러자꾸나! 얘야!"라고 말했다. 3

열다섯 번째 절

"얘야, 열병에 시달리는 사람을 친지들이 빙 둘러 앉아 '나를 알아보겠나? 나를 알아보겠나?' 이렇게 물어보면, 그는 언어가 마음에, 마음이 생기에, 생기가 열기에, 열기가 지고의 신에 잠기기 전까지는 알아본다." 1

"이제 이 사람의 언어가 마음에 잠기고, 마음이 생기에, 생기가 열기에, 열기가 지고의 신에 잠기면 그러면 못 알아본다."[1197] 2

에 대한 의도가 없음에도 불구하고 활시위를 떠난 화살처럼 행위의 결과들이 이미 나타나고 있는 것들은 그 결과를 수용해야 하기 때문에 육신을 벗어날 때까지 기다려야 한다.

1196 샹카라에 의하면 스승이 있는 배운 사람이 있음에 도달하는 그 차서(次序, krama)를 예를 들어 알려 달라고 아버지에게 청하는 것이다.

1197 샹카라에 의하면 앎이 없는 사람은 있음에서 일어나 이전에 환기된(bhāvita) 호랑이를 비롯한 상태 혹은 인간이나 신의 상태로 들어온다. 그러나 앎이 있는 사람은 경전과 스승의 가르침에 의해서 생긴 지혜의 등불에 비추어진 있음인 '브라흐만의 아'에 들어간 다음 돌아오지 않는다. 이것이 있음에 도달하는 차서(次序)다. 그러나 다른 사람들은 정수리의 경맥을 통해 솟아 올라가 태양을 비롯한 문을 통해 있음에 이른다고 하는데, 이것은 거짓이다. 왜냐하면 이것은 장소(deśa), 시간, 원인(nimitta), 결과(phala)에 연결되어 가는 것으로 보이기 때문이다. 있음인 아(我)의 단일성(ekatva)을 보는 사람인 실재에 연결된 사람이 장소, 시간, 원인, 결과 등이라는 헛된 것과 연결된다는 것은 적절하지 않기 때문이다. 그러한 길로 가는 원인이 되는 무명(無明)과 욕망과 행위들이 '있음에 대한 확연한 지혜(sadvijñāna)'의 불길에 타 버려서 간다는 것이 성립되지 않기 때문이다.

"그러한 이것은 가장 미세한 것이다. '이 아我인 것'이다. 이 모든 것이다. 그것은 실재다. 그것은 아다. 스베따께뚜야, 그것이 너다!"

"존경스런 분이시여, 제게 더 알려 주십시오!"[1198]

"그러자꾸나! 얘야!" 라고 말했다. 3

열여섯 번째 절

"얘야, 손을 묶은 사람을 데려 온단다. '가져갔습니다.' '도둑질을 했습니다.' '이자를 위해 도끼를 달구어라!' 만일 그가 그 짓을 한 사람이라면, 그래서, 그는 자신을 거짓되게 꾸민다. 거짓으로 속이는 그는 자신을 거짓으로 가장하여 달구어진 도끼를 잡는다. 그는 덴다. 그래서 죽게 된단다."[1199] 1

"이제 만일 그 짓을 한 사람이 아니라면, 그래서, 그는 스스로 진실되게 행한다. 진실에 연결된 그는 자신을 진실로 감싸서 달구어진 도끼

1198 샹카라에 의하면 만일 죽는 사람과 해탈하는 사람이 마찬가지로 있음에 도달하더라도, 아는 사람은 있음에 도달한 다음 다시 돌아오지 않고, 모르는 사람만 돌아온다면, 왜 그런지 예를 들어 알려 달라고 아버지에게 청하는 것이다.

1199 샹카라에 의하면 도둑으로 의심되는 사람을 관리들이 벌을 주거나 시험하기 위해 손을 묶어 데려온다. 무슨 짓을 했냐고 높은 사람이 묻자 관리는 "이 사람이 이 사람의 재산을 가져갔습니다"라고 대답한다. 그러자 "단지 가져간 걸 가지고 손을 묶을 가치가 있느냐?"라고 묻는다. 이에 대해 관리는 "도둑질을 해서 재산을 가져갔습니다"라고 대답한다. 그러자 손이 묶인 사람은 "저는 그런 짓을 한 사람이 아닙니다"라고 자신을 숨긴다. 이에 대해 "이 자를 위해 도끼를 달구어라!" "너는 결백을 입증해라!" 이렇게 높은 사람은 말한다. 만일 그가 정말 도둑이라면, 그는 자신을 숨기고 거짓으로 가장하면서 달구어진 도끼를 미혹에 싸여 잡는다. 그는 화상을 입는다. 그래서 그는 거짓을 말한 죄로 관리들에게 죽음을 당한다. 옛날 인도에는 '불의 시험(agniparīkṣā)'이 있었다. 죄가 의심되는 사람을 불 속에 들어가게 하거나 불에 달군 도끼를 잡게 하여 만일 그 사람이 불에 타거나 데면 죄인으로 확정되고, 불에 타지도 않고 데지도 않으면 무죄로 판결이 난다.

를 잡는다. 그는 데지 않는다. 그래서 풀려난다." 2

"그가 그곳에서 데지 않는 것과 마찬가지인 게 '이 아我인 것'이다. 이 모든 것이다. 그것은 실재다. 그것은 아다. 스베따께뚜야, 그것이 너다!"

그러자 이에 대해 잘 알게 되었다. 잘 알게 되었다.[1200] 3

일곱 번째 장

첫 번째 절

옴ॐ, "존경스런 분이시여, 가르쳐 주십시오!"

이렇게 '나라다'는[1201] '싸나뜨꾸마라'의[1202] 곁을 찾아갔다.

1200 샹카라에 의하면 진실과 연결된 사람은 손바닥과 달구어진 도끼 사이에 진실이 놓여 있어서 데지 않는다. 바로 이와 마찬가지로 있음인 브라흐만이라는 진실에 연결된 사람과 그렇지 않은 사람은 몸을 벗어날 때 동일하게 있음에 도달하면서도 그곳에서 다시 되돌아옴과 되돌아오지 않음이 서로 다르다. 앎이 있는 사람은 호랑이와 신(神)을 비롯한 몸을 취하기 위해 다시 돌아오지 않는다. 그러나 앎이 없는 사람은 변형과 거짓에 연결되어 행위와 '들은 것(śruta)'에 따라 다시 호랑이를 비롯한 상태 혹은 신을 비롯한 상태를 얻는다. 아(我)와 연결되면 해탈이요, 아와 연결되지 않으면 얽매임(bandhana)이다. 이러한 아는 세상의 뿌리, 모든 생겨난 것들의 바탕, 모든 생겨난 것들의 거처, 모든 것의 아, 생겨나지 않은 것, 죽음이 없는 것, 두려움이 없는 것, 상서로운 것, 다른 게 없는 것이다. 바로 이러한 것이 실재다. 이것이 너의 아다. 그래서 '그것이 너다(tattvamasi).' 그리고 있음인 실재이며 '다른 게 없는 것(advitīya)'인 아에 대해 확실히 알게 되면 변형이며 거짓인 '생령의 아'에 대한 인식은 사라진다. '그것이 너다'라는 문장은 변형이며 거짓에 깃든 생령의 아에 대한 인식을 사라지게 하는 것이다. 여기서 반복은 장이 끝남을 의미한다.

1201 샹카라에 의하면 나라다(Nārada)는 '신의 선인(神仙, devarṣi)'으로 해야 할 바를 다하고 모든 것을 아는 자다. 그러나 아(我)에 대해 알고자 자만심을 버리고 평범한 사람처럼 싸나뜨꾸마라에게 찾아갔다. 신화에서 나라다는 신들과 인간 사이에 소식을 전해주는 역할을 하는 존재다. 칠현금(七絃琴)인 위나(vīṇā)라는 현악기의 창시자이기도 하다.

그에게 말했다.[1203]

"알고 있는 걸, 그걸 가지고 내게 가까이 앉으시오.[1204] 그 이후의 것을 내 그대에게 말해 주리다."

그가 말했다. 1

"리그베다를 존경스런 분이시여, 알고 있습니다. 야주르베다를, 싸마베다를, 네 번째 베다인 아타르바베다를, 다섯 번째 베다인 역사와[1205] 옛이야기를,[1206] 베다들의 베다를,[1207] 조상님들에 대한 것을,[1208] 수학을, 조짐을 보고 미래를 아는 것을, 연대학年代學을, 논리학을, 윤리학과 정치학을, 신神에 대한 학문을,[1209] 브라흐마의 학문을,[1210] 귀신에 대한 학문

칠현금에 대해서는 302쪽 169번 각주 참조.

1202 샹카라에 의하면 "싸나뜨꾸마라(Sanatkumāra)"는 '요가 수행자의 왕(yogīśvara)'이며 '브라흐만에 확실하게 머무는 자(brahmaniṣṭha)'다. 싸뜨야브라따 씻단따랑까라에 의하면 싸나뜨꾸마라는 늘(sanat) 아이(kumāra)로 지낸 선인(仙人)이다.

1203 싸나뜨꾸마라가 나라다에게 말했다는 의미다.

1204 샹카라에 의하면 당신이 아(我)에 대해 그 무엇이라도 알고 있는 것, 그것을 알려 주면서 내 곁에 앉으라는 의미다.

1205 "역사(itihāsa)"는 대서사시인 『마하바라타』와 『라마야나』를 뜻한다. 『마하바라타』만을 역사라 부르기도 한다.

1206 "옛이야기(Purāṇa)"는 『베다』의 편집자이며 『마하바라타』의 저자인 베다브야싸(Vedavyāsa)의 작품이라고 하는데, 작자의 진위는 확실치가 않다. 다양한 신화와 왕조의 계보에 관한 이야기들이 주를 이룬다.

1207 샹카라에 의하면 "베다들의 베다"는 문법학(vyākaraṇa)이다.

1208 샹카라에 의하면 "조상님들에 대한 것(pitrya)"은 '조상에 대한 제사의 제례학(祭禮學, śrāddhakalpa)'이다.

1209 샹카라에 의하면 "신에 대한 학문(devavidyā)"은 어원론(nirukta)이다. 기원전 7세기경 야쓰까(Yāska)가 지은 『니루끄따』란 책이 있다. 야쓰까는 이 책에서 어원론을 통해 『베다』의 신격의 정체를 규명하고 있다.

1210 샹카라에 의하면 브라흐마는 『리그베다』, 『야주르베다』, 『싸마베다』의 이름이다. 그리고 '브라흐마의 학문(brahmavidyā)'은 음성학(śikṣā), 제례학(kalpa), 운율학(chanda), 제단기하학(祭壇幾何學, citi)이다.

을,[1211] 왕공 무사의 학문을,[1212] 천문학을, 뱀에 대한 학문을,[1213] 신인神人의 학문을,[1214] 존경스런 분이시여, 알고 있습니다." 2

"그런 저는 존경스런 분이시여, 단지 진언眞言을 아는 자에 불과할 뿐입니다.[1215] 아我를 아는 자가 아닙니다. 존경스런 분들 같은 분들에게서 제가 듣기를 '아를 아는 사람은 괴로움을[1216] 넘어선다!'고 합니다. 존경스런 분이시여, 그런 저는 괴롭습니다. 그러한 저를 괴로움 너머로 건네주십시오."

그에게 말했다.

"그대가 아는 이것이 그 무엇이든, 이것은 단지 이름일 뿐이오!" 3

"이름일 뿐이오! 리그베다, 야주르베다, 싸마베다, 네 번째 베다인 아타르바베다, 다섯 번째 베다인 역사와 옛이야기, 베다들의 베다, 조상님들에 대한 것, 수학, 조짐을 보고 미래를 아는 것, 연대학年代學, 논리학,

---

1211 샹카라에 의하면 "귀신에 대한 학문'(bhūtavidyā)"은 '귀신에 대한 이론(bhūtatantra)'이다. 싸뜨야브라따 씻단따랑까라에 의하면 "귀신에 대한 학문"은 생명체에 대한 학문 혹은 요소적인 것과 관련된 학문이다.

1212 샹카라에 의하면 "왕공 무사의 학문(kṣatravidyā)"은 궁술이다.

1213 샹카라에 의하면 "뱀에 대한 학문(sarpavidyā)"은 '가루다와 관련된 것(Gāruḍa)'이다. 가루다(Garuḍa)는 새들의 왕으로 뱀들의 적이다. 따라서 뱀에 대한 학문은 뱀을 물리치고 뱀의 독을 없애는 학문을 뜻한다.

1214 샹카라에 의하면 "신인의 학문(devajanavidyā)"은 향을 제조하는 법, 무용, 음악, 공예 등의 지식들이다.

1215 샹카라에 의하면 단지 단어의 의미만을 알며, 행위를 알고, 변형을 아는 자에 불과할 뿐이라는 의미다. 왜냐하면 모든 단어들은 진언들에 포함되며, 진언들에는 행위들이 있고, 행위의 결과는 모든 변형이기 때문이다.

1216 샹카라에 의하면 "괴로움(śoka)"은 '마음의 고통(mānastāpa)', '목표를 이루지 못한 지성의 상태(akṛtārthabuddhitā)'다.

윤리학과 정치학, 신神에 대한 학문, 브라흐마의 학문, 귀신에 대한 학문, 왕공 무사의 학문, 천문학, 뱀에 대한 학문, 신인神人의 학문, 이것은 단지 이름에 불과하오![1217] 이름에 대해 명상하시오."[1218] 4

"이름을 브라흐만이라고 명상하는 자는 이름이 이르는 곳만큼, 그만큼 원하는 대로 할 수 있소.[1219] 이름을 브라흐만이라고 명상하는 자는 말이오."

"존경스런 분이시여, 이름보다 더한 게 있습니까?"

"이름보다 더한 게 분명 있소."

"그것을 제게 존경스런 분이시여, 말씀해 주십시오." 5

두 번째 절

"언어가 이름보다 더한 것이오![1220] 언어가 바로 리그베다를 알게 하오. 야주르베다를, 싸마베다를, 네 번째 베다인 아타르바베다를, 다섯 번째 베다인 역사와 옛이야기를, 베다들의 베다를, 조상님들에 대한 것을, 수학을, 조짐을 보고 미래를 아는 것을, 연대학年代學을, 논리학을, 윤리학과 정치학을, 신神에 대한 학문을, 브라흐마의 학문을, 귀신에 대한

1217 466~467쪽 1205~1214번 각주 참조.

1218 샹카라에 의하면 『리그베다』, 『야주르베다』 등은 단지 이름에 불과한 것일 뿐이다. 마치 신상을 위스누 신이라는 마음으로 예배하고 명상하듯이, 그렇게 이름을 브라흐만이라는 마음으로 브라흐만이라고 명상하라는 의미다.

1219 샹카라에 의하면 마치 왕이 자신의 영토(viṣaya)에 대해 그러하듯이 이름의 대상(viṣaya)에 대해 원하는 대로 할 수 있다는 의미다.

1220 샹카라에 의하면 여기서 "언어"는 혀뿌리(舌根, jihvāmūla)를 비롯한 여덟 곳에 위치한 음(varṇa)들을 나타내는 발음 기관(vāgindriya)을 의미한다. 음들이 이름이며, 이름보다 발음 기관인 언어가 더 우월한 것이다. 왜냐하면 세상에서 아들보다 아버지가 우월한 것처럼 결과보다 원인이 더 우월한 것이기 때문이다.

학문을, 왕공 무사의 학문을, 천문학을, 뱀에 대한 학문을, 신인神人의 학문을,[1221] 하늘과 땅과 바람과 허공과 물과 불을, 신들과 인간들과 짐승들과 새들과 초목들을, 맹수들을, 버러지와 나비와 개미들까지, 진리와[1222] 진리가 아닌 것을, 사실과 거짓을, 선한 것과 선하지 않은 것을, 마음에 드는 것과 마음에 들지 않는 것을 알게 하오! 언어가 없다면, 진리와 진리가 아닌 것을 알지 못할 것이오. 사실과 거짓을, 선한 것과 선하지 않은 것을, 마음에 드는 것과 마음에 들지 않는 것을 알지 못할 것이오. 언어가 바로 이 모든 걸 알게 하오! 언어에 대해 명상하시오."[1223] 1

"언어를 브라흐만이라고 명상하는 자는 언어가 이르는 곳만큼, 그만큼 원하는 대로 할 수 있소. 언어를 브라흐만이라고 명상하는 자는 말이오."

"존경스런 분이시여, 언어보다 더한 게 있습니까?"

"언어보다 더한 게 분명 있소."

"그것을 제게 존경스런 분이시여, 말씀해 주십시오." 2

세 번째 절

"마음이 언어보다 더한 것이오.[1224] 마치 두 알의 아말라까 열매, 혹은 두 알의 꼴라 열매, 두 알의 악샤 열매를 한 주먹으로 쥐듯이 바로 그

1221 이상의 학문과 지식에 대해서는 466~467쪽 1205~1214번 각주 참조.

1222 "진리"는 다르마(dharma)를 번역한 말이다. 원어인 다르마는 남성 명사로 '진리, 도덕, 관습, 의무, 정의, 종교, 법, 속성' 등을 때로는 낱낱이 때로는 폭넓게 의미하는 낱말이다. 88쪽 86번 각주 참조.

1223 샹카라에 의하면 '언어가 브라흐만이다(vācaṁ brahma)'라고 명상하라는 의미다.

1224 샹카라에 의하면 '생각하는 도구로 구별된 내적 기관(manasyanaviśiṣṭāntaḥkaraṇa)'인 마음은 언어보다 더한 것이다. 생각하는 도구의 작용을 갖춘 마음이 언어를 설하도록 작용한다. 그래서 언어는 마음에 포함된다. 포함시키는 것은 포함되는 것에 비해 광범위하기 때문에 마음은 언어보다 우월한 것이다.

렇게 마음이 언어와 이름을 쥐오. 마음으로 진언眞言들을 읽어야지 생각하면, 그러면 읽는다오. 행위들을 행해야지, 그러면 행한다오. 아들들과 가축들을 원해야지, 그러면 원한다오. 이 세상과 저세상을 원해야지, 그러면 원한다오. 마음이 바로 아我라오.[1225] 마음이 바로 세상이라오.[1226] 마음이 바로 브라흐만이라오.[1227] 마음에 대해 명상하시오." 1

"마음을 브라흐만이라고 명상하는 자는 마음이 이르는 곳만큼, 그만큼 원하는 대로 할 수 있소. 마음을 브라흐만이라고 명상하는 자는 말이오."

"존경스런 분이시여, 마음보다 더한 게 있습니까?"

"마음보다 더한 게 분명 있소."

"그것을 제게 존경스런 분이시여, 말씀해 주십시오." 2

네 번째 절

"결심이[1228] 마음보다 더한 것이오. 결심을 하면, 생각하게 되고, 그러면 언어를 활용케 한다오. 그것을 이름에 작용하게 하오. 이름 안에 진언眞言들은 포함되고, 진언들 안에 행위들이 포함되는 것이오."[1229] 1

1225 샹카라에 의하면 마음이 존재함으로써 아의 '행위자로서의 성질(kartṛtva)'과 '아의 향수자(享受者)로서의 성질(bhoktṛtva)'이 가능하기 때문에 "마음이 바로 아"다.

1226 샹카라에 의하면 마음이 존재함으로써 세상을 얻을 방편을 실행하기 때문에 "마음이 바로 세상"이다.

1227 샹카라에 의하면 마음이 세상이기 때문에 "마음이 바로 브라흐만"이다.

1228 막스 뮐러와 라다크리슈난은 "결심(saṁkalpa)"을 '의지(will)'라고 번역한다.

1229 샹카라에 의하면 생각하는 것과 마찬가지로 결심 또한 내적 기관(antaḥkaraṇa)의 활동이다. 해야 할 대상과 하지 말아야 할 대상을 나누어 지지하는 것이 결심이다. 대상을 나누어서 지지함으로써 하고 싶어 하는 마음의 상태, 즉 생각이 생겨난다. 예를 들면 해야 할 것을 비롯한 대상들을 나누면서 이것이 하기에 적합한 것이라고 결심하면,

"그러한 이것들은 결심이 유일한 길인 것들이요, 결심을 아我로 하는 것들이며, 결심에 자리 잡고 있는 것들이라오.[1230] 하늘땅은 결심한 것이오.[1231] 바람과 허공은 결심했소. 물과 열기는 결심했다오.[1232] 그들이 결심함으로써 비가 결심한다오.[1233] 비가 결심함으로써 곡식이 결심하오.[1234] 곡식이 결심함으로써 생기들이 결심하오.[1235] 생기들이 결심함으로써 진언들이 결심하오.[1236] 진언들이 결심함으로써 행위들이 결심하오.[1237] 행위들이 결심함으로써 세상이 결심하오.[1238] 세상이 결심함으로써 모든

'이제 진언들을 읽어야지' 하고 생각하게 된다. 그리고 이어서 언어를 진언을 읽는데 작용하게 한다. 언어를 이름에 작용하게 한다. 즉 이름을 발음하는 원인인 말하고 싶어하는 것으로 언어를 만들어 이름에 작용하게 한다. 특별한 낱말들인 진언들은 이름의 보편(sāmānya) 속에서 하나가 된다. 즉 진언들은 이름의 보편 속에 포함된다. 특별(viśeṣa)은 보편에 포함되기 때문이다. 그리고 진언들 속에 행위들은 포함된다. 진언들에 표명된 행위들만이 행해지며, 진언이 없는 행위는 없기 때문이다. 진언은 원래『베다』찬가의 시련(詩聯)을 의미한다. 진언들이 모여『베다』찬가가 구성된다.

1230 샹카라에 의하면 "그러한 이것들"은 마음을 비롯한 것들이다. 길(ayana)은 '가는 것(gamana)'이고, 환멸(還滅)이다. 따라서 마음을 비롯한 것들은 사라질 때 결심이 유일한 길인 것, 즉 하나같이 결심으로 환멸하는 것들이다. 그리고 생겨날 때는 결심을 "아로 하는 것들"이다. 또한 존재할 때는 "결심에 자리 잡는 것들"이다.

1231 샹카라에 의하면 "하늘땅(dyāvāpṛthivī)", 즉 하늘과 땅은 흔들림이 없는 것들로 보인다. 그래서 결심한 것 같다.

1232 샹카라에 의하면 자신의 모습과 더불어 흔들림이 없는 것들로 보이기 때문이다.

1233 샹카라에 의하면 하늘과 땅을 비롯한 것들의 결심을 원인으로 해서 비가 내릴 수 있다.

1234 샹카라에 의하면 비에서 곡식이 생기기 때문이다.

1235 샹카라에 의하면 생기들은 곡식으로 된 것이며, 곡식을 바탕으로 하는 것들이기 때문이다.

1236 샹카라에 의하면 생기가 있는 사람이 진언(眞言)들을 읽을 수 있기 때문이다. 힘없는 사람은 진언을 읽을 수가 없다.

1237 샹카라에 의하면 진언을 통해 행위들이 행해짐으로써 행위들의 결과가 생기기 때문이다.

1238 샹카라에 의하면 행위들의 결과가 세상이다. '행위와 행위자의 연결성(karmakartṛsamavāyitā)'에 의해서 행위의 결과인 세상이 가능해진다. 예를 들면 선한 행위를 하는 행위자(kartṛ)는 행위와 행위자의 연결성에 의해서 좋은 세상을 얻고, 악한 행위를 하는

것이 결심하오. 그런 이것이 결심이라오. 결심에 대해 명상하시오!" 2

"결심을 브라흐만이라고 명상하는 자, 그는 정해진 항구적인 세상들을 항구하게, 잘 갖추어진 세상들을 잘 갖추어, 두려움 없는 세상들을 두려움 없이 온전히 누리오.[1239] 결심을 브라흐만이라고 명상하는 자는 결심이 이르는 곳만큼, 그만큼 원하는 대로 할 수 있소."

"존경스런 분이시여, 결심보다 더한 게 있습니까?"

"결심보다 더한 게 분명 있소."

"그것을 제게 존경스런 분이시여, 말씀해 주십시오." 3

다섯 번째 절

"의식意識이 결심보다 더한 것이오. 의식을 하면, 결심하게 되고, 그리고 생각하게 되오.[1240] 그러면 언어를 활용케 한다오. 그것을 이름에 작용하게 하오. 이름 안에 진언들은 포함되고, 진언들 안에 행위들이 포함되는 것이오."[1241] 1

행위자는 행위와 행위자의 연결성에 의해서 나쁜 세상을 얻는다.

1239 샹카라에 의하면 결심이 브라흐만이라고 명상하는 사람은 창조자(dhātṛ)가 결과로써 자신에게 정해 준 세상들을 얻는다. 다른 항구적이지 않은 세상에 비해 "항구적인 세상"이다. 항구적이지 않은 존재에 비해 스스로 항구적인 존재다. "잘 갖추어진 세상"은 '생활에 필요한 것(upakaraṇa)'이 잘 갖추어진 세상이다. 아들들과 가축들로 잘 갖추어진 세상에서 스스로도 생활에 필요한 것을 잘 갖추고 누린다. "두려움 없는 세상"은 적을 비롯한 두려움이 없는 세상이다.

1240 샹카라에 의하면 "의식(citta)"은 '지각하게 하는 것(cetayitṛtva)', 현재 시간에 따른 형태에 대한 인식(bodha)이 있는 것, 과거와 미래의 대상에 대한 의도(prayojana)를 표명하게 하는 능력이다. 이러한 의식은 결심보다 더한 것이다. 왜냐하면 얻은 물건에 대해 '이러한 이것을 얻었다'라고 의식할 때, 그때 그 물건을 가질 것인지 아니면 버릴 것인지에 대해 결심한다. 그러고는 생각하기 때문이다. 막스 뮐러는 의식을 '고려, 숙려, 고찰(consideration)'이라고 번역한다. 라다크리슈난은 '생각하기(thought)'라고 번역한다.

"그러한 이것들은 의식이 유일한 길인 것들이요, 의식을 아我로 하는 것들이며, 의식에 자리 잡고 있는 것들이라오.[1242] 그러므로 만일 많이 아는 사람이라 할지라도 의식이 없다면, 그 사람에 대해 '이 사람은 아무것도 아니다. 이 사람이 아는 사람이거나 학자라면 이렇게 의식이 없지는 않을 것이다.' 라고 말들 한다오. 그리고 이제 조금만 아는 사람이라 할지라도 의식이 있는 사람이라면, 그에게서 들으려고 할 것이오. 따라서 의식이 이것들의[1243] 유일한 길이오. 의식이 아我라오. 의식이 바탕이라오. 의식에 대해 명상하시오!" 2

"의식을 브라흐만이라고 명상하는 자, 그는 바로 그가 의식한 항구적인 세상들을 항구하게, 잘 갖추어진 세상들을 잘 갖추어, 두려움 없는 세상들을 두려움 없이 온전히 누리오.[1244] 의식을 브라흐만이라고 명상하는 자는 의식이 이르는 곳만큼, 그만큼 원하는 대로 할 수 있소."

"존경스런 분이시여, 의식보다 더한 게 있습니까?"

"의식보다 더한 게 분명 있소."

"그것을 제게 존경스런 분이시여, 말씀해 주십시오." 3

여섯 번째 절

"집중이 의식보다 더한 것이오.[1245] 땅은 집중하는 듯하오.[1246] 허공은

1241 470쪽 1229번 각주 참조.

1242 샹카라에 의하면 "그러한 이것들"은 결심을 비롯한 것들이다.

1243 샹카라에 의하면 "이것들"은 결심을 비롯한 것들이다.

1244 샹카라에 의하면 "의식한(citta)"은 지성과 연결된 특성들에 의해 의식한 것을 의미한다. 나머지 부분은 472쪽 1239번 각주 참조.

1245 샹카라에 의하면 "집중(dhyāna)"은 경전에 언급된 신 등을 대상으로 하는 마음 수련에 있어서 움직임이 없는, 다른 종류들에 의해 간섭됨이 없는 '인식의 이어짐(pratyayas-

집중하는 듯하오. 하늘은 집중하는 듯하오. 물은 집중하는 듯하오. 산들은 집중하는 듯하오. 신인神人은 집중하는 듯하오.[1247] 그러므로 이승에서 사람들 사이에 위대성을 얻은 사람은 집중의 결과의 일부를 얻은 듯하오. 그러나 보잘것없는 사람들은 다투기 좋아하고, 흉보기 좋아하며, 트집 잡기 좋아 한다오.[1248] 걸출한 사람들은 집중의 결과의 일부를 얻은 듯하오. 집중에 대해 명상하시오!" 1

"집중을 브라흐만이라고 명상하는 자는 집중이 이르는 곳만큼, 그만큼 원하는 대로 할 수 있소. 집중을 브라흐만이라고 명상하는 자는 말이오."

"존경스런 분이시여, 집중보다 더한 게 있습니까?"

"집중보다 더한 게 분명 있소."

"그것을 제게 존경스런 분이시여, 말씀해 주십시오." 2

일곱 번째 절

"지知가 집중보다 더한 것이오.[1249] 지에 의해서 리그베다를 이해하오.

---

antāna)'이다. 집중을 통일(統一, ekāgratā)이라고도 말한다. 막스 뮐러는 집중을 '반성, 숙고, 심사(深思, reflection)'라고 번역한다. 라다크리슈난은 집중을 '주시, 정관(靜觀), 숙고, 심사, 명상, 관조(contemplation)'라고 번역한다.

1246 샹카라에 의하면 집중을 하는 요가 수행자(yogī)는 집중의 결과를 얻어 움직임이 없게 된다. 이처럼 움직임이 없는 땅은 집중하는 듯이 보인다. 이하 산에 이르기까지 마찬가지다. 물의 경우는 고요한 물을 가지고 말하는 것 같다.

1247 샹카라에 의하면 "신인(devamanuṣya)"은 신(神, deva)과 사람(manuṣya)이다. 혹은 신 같은 사람이다. 평정(平靜, śama)을 비롯한 특질을 갖춘 사람들은 신의 본모습을 버리지 않는다는 의미다.

1248 서로 다투기 좋아하고, 뒤에서 흉보기 좋아하며, 앞에서 트집 잡기 좋아하는 것은 집중을 하지 않아 마음이 부단히 움직이는 상태다. 따라서 이런 사람들은 집중의 결과를 전혀 얻지 못한 사람들이다.

야주르베다를, 싸마베다를, 네 번째 베다인 아타르바베다를, 다섯 번째 베다인 역사와 옛이야기를, 베다들의 베다를, 조상님들에 대한 것을, 수학을, 조짐을 보고 미래를 아는 것을, 연대학年代學을, 논리학을, 윤리학과 정치학을, 신神에 대한 학문을, 브라흐마의 학문을, 귀신에 대한 학문을, 왕공 무사의 학문을, 천문학을, 뱀에 대한 학문을, 신인神人의 학문을,[1250] 하늘과 땅과 바람과 허공과 물과 불을, 신들과 인간들과 짐승들과 새들과 초목들을, 맹수들을, 버러지와 나비와 개미들까지, 진리와[1251] 진리가 아닌 것을, 사실과 거짓을, 선한 것과 선하지 않은 것을, 마음에 드는 것과 마음에 들지 않는 것을, 곡식과 정수精髓를, 이승과 저세상을 바로 지에 의해서 이해한다오. 지知에 대해 명상하시오!" 1

"지知를 브라흐만이라고 명상하는 자는 지가 있고, 지혜가 있는 세상들을 온전히 누리오. 지를 브라흐만이라고 명상하는 자는 지가 이르는 곳만큼, 그만큼 원하는 대로 할 수 있소."

"존경스런 분이시여, 지知보다 더한 게 있습니까?"

"지知보다 더한 게 분명 있소."

"그것을 제게 존경스런 분이시여, 말씀해 주십시오." 2

여덟 번째 절

"힘이 지知보다 더한 것이오. 지가 있는 백 명의 사람조차 힘 있는 한

1249 샹카라에 의하면 "지(vijñāna)"는 경전의 의미를 대상으로 하는 지혜이며, 다른 대상에 대한 통찰이다. 지는 집중의 원인이기 때문에 집중보다 우월한 것이다. 막스 뮐러와 라다크리슈난은 지를 '이해, 식별, 지력, 예지, 오성(understanding)'이라고 번역한다.

1250 이상의 학문과 지식에 대해서는 466~467쪽 1205~1214번 각주 참조.

1251 469쪽 1222번 각주 참조.

사람이 흔들어 댄다오. 그가 힘 있는 사람일 때, 그제야 일어나는 사람이 되오. 일어나야 섬기는 사람이 되오. 섬겨야 가까이 가는 사람이 되오. 가까이 가야 보는 사람이 되오, 듣는 사람이 되오, 생각하는 사람이 되오, 아는 사람이 되오, 행하는 사람이 되오, 지가 있는 사람이 된다오.[1252] 힘으로 땅이 지탱하오. 힘으로 허공이, 힘으로 하늘이, 힘으로 산들이, 힘으로 신인神人들이,[1253] 힘으로 짐승들이, 새들이, 초목들과 맹수들과 버러지와 나비와 개미들까지, 힘으로 세상이 지탱한다오. 힘에 대해 명상하시오." 1

"힘이 브라흐만이라고 명상하는 자는 힘이 이르는 곳만큼, 그만큼 원하는 대로 할 수 있소. 힘을 브라흐만이라고 명상하는 자는 말이오."

"존경스런 분이시여, 힘보다 더한 게 있습니까?"

"힘보다 더한 게 분명 있소."

"그것을 제게 존경스런 분이시여, 말씀해 주십시오." 2

아홉 번째 절

"곡식이 힘보다 더한 것이오.[1254] 그래서 만일 열흘 밤을 먹지 않는다

1252 샹카라에 의하면 힘은 알아야 할 대상을 명확하게 파악케 하는 마음의 능력이다. 이러한 능력인 힘은 곡식을 먹어서 생긴다. 이 힘은 몸에 있어서도 일어나게 하는 등의 능력이 된다. 이러한 힘이 있어야 일어날 수 있고, 일어나야 스승(guru)과 '실천으로 지도하는 선생(ācārya)'을 섬길 수 있다. 섬겨야 가까이 갈 수 있는 사람, 즉 그들의 사랑을 받는 사람이 된다. 그래야만 실천으로 지도하는 선생과 가르침을 주는 다른 스승을 만나 보는 사람이 된다. 만나 보면, 그들의 말을 듣는 사람이 된다. 말을 들은 다음 그 말이 적절한 것인가 적절치 않은 것인가를 생각하는 사람이 된다. 생각을 하면, "이건 이렇고 이렇구나!"라고 아는 사람이 된다. 알아 결정하면 들은 것을 실행하는 사람이 된다. 그리하여 실행의 결과를 경험하는 사람인 "지(知)가 있는 사람"이 된다.

1253 474쪽 1247번 각주 참조.

면, 그러고도 만일 살아 있다면, 그러면, 보지 못하는 사람, 듣지 못하는 사람, 생각하지 못하는 사람, 지각知覺이 없는 사람, 행하지 못하는 사람, 지知가 없는 사람이 될 것이오.[1255] 이제 다시 곡식을 얻으면 보는 사람이 되오. 듣는 사람이 되오. 생각하는 사람이 되오. 지각이 있는 사람이 되오. 행하는 사람이 되오. 지가 있는 사람이 된다오. 곡식에 대해 명상하시오." 1

"곡식을 브라흐만이라고 명상하는 자는 곡식이 있고, 마실 것이 있는 세상들을 온전히 누리오.[1256] 곡식을 브라흐만이라고 명상하는 자는 곡식이 이르는 곳만큼, 그만큼 원하는 대로 할 수 있소."

"존경스런 분이시여, 곡식보다 더한 게 있습니까?"

"곡식보다 더한 게 분명 있소."

"그것을 제게 존경스런 분이시여, 말씀해 주십시오." 2

열 번째 절

"물이 곡식보다 더한 것이오. 그래서 좋은 비가 내리지 않으면, 곡식이 적어질 것이라고 생명들은 괴로워한다오. 그리고 이제 좋은 비가 내리면, 곡식이 많아질 것이라고 생명들은 기뻐하오. 이것들은 바로 물들이 형태화된 것이오. 이 땅이란 것, 허공이란 것, 하늘이란 것, 산들이란 것, 신인神人들이란 것, 짐승들과 새들과, 초목들과, 맹수들과, 버러지, 나

1254 샹카라에 의하면 "곡식"은 힘의 원인이 되기 때문이다.

1255 샹카라에 의하면 "보지 못하는 사람"은 스승을 만나 보지 못하는 사람을 의미한다. 476쪽 1252번 각주 참조.

1256 샹카라에 의하면 곡식이 풍부하고, 물이 풍부한 세상을 얻는다. 곡식과 물의 항상적인 관계 때문이다.

비, 개미들에 이르기까지의 것들은 바로 이 물이 형태화 된 것들이오. 물에 대해 명상하시오." 1

"물을 브라흐만이라고 명상하는 자는 모든 욕망들을 얻고, 만족하게 되오.[1257] 물을 브라흐만이라고 명상하는 자는 물이 이르는 곳만큼, 그만큼 원하는 대로 할 수 있소."

"존경스런 분이시여, 물보다 더한 게 있습니까?"

"물보다 더한 게 분명 있소."

"그것을 제게 존경스런 분이시여, 말씀해 주십시오." 2

열한 번째 절

"열기가 물보다 더한 것이오.[1258] 바로 그런 이것이 바람을 붙잡아 허공을 달구오. 그러면, 뜨겁게 타오른다고, 열을 내리 뿜는다고, 비가 내릴 거라고 말들 하오. 열기는 그 먼저 자신을 드러낸 다음에 물을 만든다오. 그런 이것은 위로 그리고 비스듬히 움직이는 번개들과 더불어 천둥소리들을 울리며 퍼진다오. 그래서 번개가 친다고, 천둥이 울린다고, 비가 내릴 거라고 말들 하오. 열기는 그 먼저 자신을 드러낸 다음에 물을 만든다오. 열기에 대해 명상하시오." 1

"열기를 브라흐만이라고 명상하는 자, 그는 영광스런 이가 되어 영광이 있고, 빛나는, 어둠이 사라진 세상들을 온전히 누리오.[1259] 열기를 브

1257 샹카라에 의하면 "욕망들"은 구체적인 모습을 갖춘 희구의 대상들을 의미한다. 그리고 만족은 물로 인한 것이기 때문에 물을 명상함으로써 만족이 있는 사람이 된다.

1258 샹카라에 의하면 "열기"는 물의 원인이기 때문이다. 막스 뮐러는 열기를 '불(fire)'이라고 번역한다. 라다크리슈난은 '열, 열기(heat)'라고 번역한다.

라흐만이라고 명상하는 자는 열기가 이르는 곳만큼, 그만큼 원하는 대로 할 수 있소."

"존경스런 분이시여, 열기보다 더한 게 있습니까?"

"열기보다 더한 게 분명 있소."

"그것을 제게 존경스런 분이시여, 말씀해 주십시오." 2

열두 번째 절

"허공이 열기보다 더한 것이오.[1260] 허공에 태양과 달 둘이, 번개와 별들이, 불이 있소. 허공을 통해 부르오, 허공을 통해 듣소, 허공을 통해 대답하오. 허공 속에서 즐기고, 허공 속에서 즐기지 않소.[1261] 허공 안에서 생겨나고, 허공을 향해 생겨난다오.[1262] 허공에 대해 명상하시오." 1

"허공을 브라흐만이라고 명상하는 자는 허공이 있고,[1263] 빛나고,[1264] 막힘이 없고,[1265] 널리 가는 세상들을 온전히 누리오.[1266] 허공을 브라흐만이라고 명상하는 자는 허공이 이르는 곳만큼, 그만큼 원하는 대로 할 수 있소."

1259 샹카라에 의하면 "어둠(tamaska)"은 외부의 어둠과 정신적인 어둠을 의미한다. 정신적인 어둠은 무지다.

1260 샹카라에 의하면 "허공"은 바람을 포함한 열기의 원인이 되기 때문이다.

1261 샹카라에 의하면 모두들 서로서로 허공에서 놀고 즐긴다. 여자 등과 헤어져 허공에서 즐기지 않는다.

1262 샹카라에 의하면 굳은 것과 막힌 것에는 생겨나지 않는다. 새싹 등이 허공을 향해 생겨나지 반대로 굳고 막힌 땅을 향해 생겨나지는 않는다.

1263 샹카라에 의하면 "허공이 있다"는 것은 넓다는 것을 의미한다.

1264 샹카라에 의하면 허공과 빛(prakāśa)은 항상적인 관계가 있기 때문이다.

1265 샹카라에 의하면 "막힘이 없는" 것은 서로서로에게 고통이 없다는 것을 의미한다.

1266 샹카라에 의하면 "널리 가는 세상"은 널리 트여 펼쳐진 세상을 의미한다.

"존경스런 분이시여, 허공보다 더한 게 있습니까?"
"허공보다 더한 게 분명 있소."
"그것을 제게 존경스런 분이시여, 말씀해 주십시오." 2

열세 번째 절

"기억이 허공보다 더한 것이오.[1267] 그래서 만일 많은 사람들이 앉아 있다 하여도 기억하지 못한다면, 그들은 아무것도 듣지 못하오, 생각하지 못하오, 알지 못한다오. 그러나 기억하면, 이제 그들은 듣소, 이제 생각하오, 이제 알게 된다오. 기억에 의해 아들들을 알게 되오, 기억에 의해 가축들을 알게 되오. 기억에 대해 명상하시오." 1

"기억이 브라흐만이라고 명상하는 자는 기억이 이르는 곳만큼, 그만큼 원하는 대로 할 수 있소. 기억을 브라흐만이라고 명상하는 자는 말이오."
"존경스런 분이시여, 기억보다 더한 게 있습니까?"
"기억보다 더한 게 분명 있소."
"그것을 제게 존경스런 분이시여, 말씀해 주십시오." 2

열네 번째 절

"희망이 기억보다 더한 것이오. 희망에 의해 불타는 기억이 진언眞言들을 연구하오, 행위들을 행하오, 아들들과 가축들을 바라오, 이 세상

1267 샹카라에 의하면 "기억(smara)"은 내적 기관의 속성(dharma)이다. 기억하는 사람이 기억해야 허공을 비롯한 모든 것들이 의미가 있다. 기억이 있는 사람에게 향수(享受)되는 것이기 때문이다. 그러나 기억이 없으면, 있는 것도 없는 것이다. 존재함(sattva)의 결과가 없기 때문이다. 기억이 없으면, 허공을 비롯한 것들 또한 알 수 없기에 기억이 허공보다 월등한 것이다.

과 저세상을 바란다오.[1268] 희망에 대해 명상하시오." 1

"희망이 브라흐만이라고 명상하는 자의 모든 욕망들은 희망에 의해서 모두 잘 달성되오. 그의 소원들은 틀림없이 이루어진다오. 희망을 브라흐만이라고 명상하는 자는 희망이 이르는 곳만큼, 그만큼 원하는 대로 할 수 있소."

"존경스런 분이시여, 희망보다 더한 게 있습니까?"

"희망보다 더한 게 분명 있소."

"그것을 제게 존경스런 분이시여, 말씀해 주십시오." 2

열다섯 번째 절

"생기가 희망보다 더한 것이오. 마치 바퀴통에 바퀴살들이 모여 있듯이 이 생기에 모든 것이 모여 있소. 생기는 생기에 의해 가오. 생기가 생기를 주오, 생기를 위해 준다오. 생기가 바로 아버지라오. 생기가 어머니라오. 생기가 형제라오. 생기가 누이라오. 생기가 스승이라오. 생기가 브라흐마나라오!"[1269] 1

1268 샹카라에 의하면 "희망(āśā)"은 얻지 못한 사물을 희구하는 것이다. 갈망(tṛṣṇā)과 욕망이 동의어다. 내적 기관에 위치한 희망에 의해 기억할 대상을 기억한다. 희망의 대상의 형태를 기억하면서 기억이 생긴다. 희망이 불붙은, 즉 희망에 의해서 증폭된 기억이 『리그베다』를 비롯한 진언들을 연구하고, 브라흐마나들에게서 그 의미와 규정(vidhi) 등에 대해 듣고는 행위들을 행한다. 그리고 그 행위의 결과에 대한 희망에 의해서 행위의 결과들인 아들들과 가축들을 바란다. 세상을 받아들이는 원인들과 더불어 이 세상을 희망을 통해 증폭하여 기억하며 바란다. 저세상을 얻는 방편이 되는 행위를 희망을 통해 증폭하여 기억하며 실행하여 저세상을 얻는다. 이처럼 기억과 허공을 비롯하여 이름에 이르기까지의 세상은 각각의 생명체에 대해 희망이라는 밧줄에 묶인 물레가 된다. 따라서 희망은 기억보다 월등한 것이다.

1269 샹카라에 의하면 바퀴살들이 수레바퀴의 중심에 모두 들어와 있듯이, 그렇게 이 '잠기는 것들이 집적된 형태(liṃgasaṃghātarūpa)'인 이 생기에, 즉 '반야(般若)의 아(prajñātman)'인

"그가 만일 아버지나, 어머니나, 형제나, 누이나, 스승이나, 브라흐마나에게 무언가 거칠게 대해 말하면, 사람들이 '넌 형편없는 놈이야! 넌 아버지를 죽이는 놈이야! 넌 어머니를 죽이는 놈이야! 넌 형제를 죽이는 놈이야! 넌 누이를 죽이는 놈이야! 넌 스승을 죽이는 놈이야! 넌 브라흐마나를 죽이는 놈이야!'라고 그에게 말들을 하오." 2

"이제 만일 그가 생기가 떠나간 이들을 부지깽이를 가지고 모으고 헤치며 불태운다면, 사람들이 '넌 아버지를 죽이는 놈이야! 넌 어머니를 죽이는 놈이야! 넌 형제를 죽이는 놈이야! 넌 누이를 죽이는 놈이야! 넌 스승을 죽이는 놈이야! 넌 브라흐마나를 죽이는 놈이야!'라고 그에게 말들을 하지 않는다오."[1270] 3

"생기가 바로 이 모든 것들이 되오. 이처럼 보고, 이처럼 생각하고, 이처럼 아는 바로 그런 이는 '벗어나 말하는 자'가 되오. 만일 그에게 '너는 벗어나 말하는 자다'라고 말들을 하면, '나는 벗어나 말하는 자다!'라고 말해야 하오. 감추지 말아야 하오!"[1271] 4

육신의 주요한 생기에 '지고의 신'이 이름과 형태를 구별해 나타내기 위해서 거울 등에 비추어지는 것처럼 생령의 아(我)로써 들어와 있다. 그래서 생기에 모든 것이 놓여 있는 것이다. 다른 것에 종속되지 않은 이 생기는 자신의 힘에 의해서 가는 것이다. 즉 가는 것을 비롯한 생기의 능력은 다른 어느 것에서 비롯된 것이 아니다. 모든 행동과 행동하는 자(kāraka)와 결과로 구분되어 나타나는 것들은 바로 생기이며, 생기 외의 것은 없다. 그래서 생기가 생기를 주는 것이며, 아버지 등으로 불리는 것들 또한 바로 생기다.

1270 샹카라에 의하면 이처럼 부정적이고 긍정적인 것을 통해서 아버지 등으로 불리는 것들은 바로 생기라는 것을 알 수 있다.

1271 샹카라에 의하면 "벗어나 말하는 자(ativādin)"는 이름에서 희망에 이르기까지의 것들을 벗어나 말하는 사람이다. 이름에서 희망에 이르기까지의 것들을 벗어나 현존하는 생기를 늘 모든 말들로 말하는 사람들이 있다. 이렇게 말하는 사람들이 이와 같이 보는 사람에게, 벗어나 말하는 사람에게, 브라흐마를 비롯해 기둥에 이르기까지의 세

열여섯 번째 절

"실재實在에[1272] 의해 벗어나 말하는 자가 바로 '벗어나 말하는 자'라오!"[1273]

"존경스런 분이시여, 저는 실재에 의해 벗어나 말하고자 합니다."

"실재를 알려고 해야 하오!"

"존경스런 분이시여, 실재를 알고자 합니다." 1

상의 생기인 아(我)가 나라고 말하는 사람에게 만일 "너는 벗어나 말하는 사람이다"라고 말하면, 확고하게 "나는 벗어나 말하는 사람이다"라고 대답해야 한다. '모든 것의 지배자(全自在者, sarveśvara)'인 생기를 "이것이 나다(ayamahahamasmi)!"라고 아성(我性)으로 얻은 사람이 무엇 때문에 숨기겠는가?

1272 "실재"의 원어는 싸뜨야(satya)다. 싸뜨야는 형용사로 '사실의, 진짜, 진실한, 정직한, 성실한, 올바른' 등을 의미하며, 남성 명사로는 '일곱 세계 가운데 가장 위의 세계인 브라흐마의 세계'를 의미하고, 중성 명사로는 '진리, 실재, 미덕, 사실, 물, 지고의 영혼, 진실, 맹세' 등을 의미한다. 불경에서 싸뜨야(satya)는 '진(眞), 실(實), 진실(眞實), 체(諦), 진제(眞諦), 진제리(眞諦理), 실제(實諦), 성(誠), 성제(誠諦), 성제(聖諦), 현선(賢善), 유의리(有義利), 서원사(誓願事), 서언(誓言), 지성(至誠)' 등으로 한역된다. 막스 뮐러는 싸뜨야를 '진실, 사실, 실재(reality)'라고 번역한다. 라다크리슈난은 '진리, 사실, 진실(truth)'이라고 번역한다.

1273 샹카라에 의하면 '나라다'는 자신의 아(我)인 생기를 '모든 것의 아'라고 듣고는 이것보다 더한 것은 없다고 여기고는 가만히 있었다. 왜냐하면 앞에서처럼 "존경스런 분이시여, 생기보다 더한 게 있습니까?"라고 질문하지 않았기 때문이다. 이처럼 나라다는 변형이며 거짓(anṛta)인 브라흐만에 대한 인식에 의해 만족하여 자신을 궁극적인 의미에 있어서의 실재를 말하는 사람, 벗어나 말하는 사람이라고 생각했다. 그러자 싸나뜨꾸마라는 이런 그릇된 생각에 사로잡힌 제자를 깨우치기 위해 다음처럼 말하는 것이다. "내가 앞으로 말할 사람, 그가 벗어나 말하는 사람이오. 생기를 아는 사람은 궁극적인 의미에 있어서 벗어나 말하는 사람이 아니오. 벗어나 말하는 사람이란 '더할 바 없음(bhūmā)'이라고 이름하는 것, '모든 것을 초월한 본질(sarvātikrānta tattva)', '궁극적인 의미에 있어서의 실재(paramārthasatya)'를 아는 사람이라오." 궁극적인 실재에 대한 인식에 의해서 벗어나 말하는 사람이 벗어나 말하는 사람이란 의미다.

열일곱 번째 절

"알 때에야 실재에 대해 말하오. 알지도 못하면서 실재에 대해 말하진 못하오. 알아야 실재에 대해 말하는 거라오. 그러므로 앎에 대해 알도록 하시오!"[1274]

"존경스런 분이시여, 앎에 대해 알고 싶습니다." 1

열여덟 번째 절

"생각을[1275] 할 때에야 비로소 아오. 생각하지 않고는 알지 못하오. 생각하고서야 아는 거라오. 생각에 대해 알도록 하시오!"

"존경스런 분이시여, 생각에 대해 알고 싶습니다." 1

1274 샹카라에 의하면 실재에 대해 "이것이 궁극적인 의미에 있어서 실재다"라고 궁극적인 의미에 있어서 제대로 잘 알 때에야 언어에 바탕을 둔 거짓인 변형으로 나타나는 것을 버리고 모든 변형에 위치한 하나인 있음을 실재라고 말하게 된다. 제대로 잘 알지도 못하면서 불을 비롯한 낱말을 통해 불을 비롯한 것을 궁극적인 의미에서 실재라고 말하는 사람들이 있다. 그러나 불을 비롯한 그것들은 궁극적인 의미에 있어서 '세 가지 형태(rūpatraya)' 외의 것들이 아니다. 그리고 그 형태들 또한 '있음'에 비하면 실재하는 것들이 아니다. 따라서 제대로 잘 알지 못하면서 실재에 대해 말하진 못한다. 제대로 잘 알아야 실재에 대해 말하는 것이다. 기타프레스의 힌디 어 해석본에 의하면, '세 가지 형태'는 붉은 형태, 흰 형태, 검은 형태를 의미한다. 이 세 가지 형태는 '세 가지 성질(triguṇa)'을 뜻하는 것으로 볼 수 있다. 즉 붉은 형태는 염성(染性, rajoguṇa), 흰 형태는 진성(眞性, sattva-guṇa), 검은 형태는 암성(闇性, tamoguṇa)을 뜻하는 것으로 볼 수 있다. 상캬(Sāṁkhya) 철학에 의하면 진성은 빛(prakāśa), 염성은 움직임(kriyā), 암성은 멈춤(sthiti)이라는 이 세 가지 성질들이 자신들의 특질을 전개함으로써 우주의 삼라만상이 만들어진다. 120쪽 321번 각주 참조.

1275 샹카라에 의하면 "생각(mati)"은 생각함(manana)이며 논리(tarka)다. 막스 뮐러는 생각을 '지각하다, 감지하다, 인식하다, 이해하다, 파악하다(perceive)'라고 번역한다. 라다크리슈난은 '생각, 사색, 사고(thought)' 혹은 '생각하다, 사색하다, 궁리하다(think)'라고 번역한다.

열아홉 번째 절

"믿을 때에야 생각을 하오. 믿지 않고는 생각하지 않는다오. 믿고서야 생각하는 거라오. 믿음에[1276] 대해 알도록 하시오!"

"존경스런 분이시여, 믿음에 대해 알고 싶습니다." 1

스무 번째 절

"충실忠實할[1277] 때에야 믿소. 충실하지 않고는 믿지 않는다오. 충실해야 믿는 거라오. 충실에 대해 알도록 하시오!"

"존경스런 분이시여, 충실에 대해 알고 싶습니다." 1

스물한 번째 절

"실행할[1278] 때에야 충실하오. 실행하지 않고는 충실하지 않다오. 실행해야 충실한 거라오. 실행에 대해 알도록 하시오!"

"존경스런 분이시여, 실행에 대해 알고 싶습니다." 1

스물두 번째 절

"행복을 얻을 때에야 실행하오. 행복을 얻지 않으면 실행하지 않는다

1276 샹카라에 의하면 "믿음"은 '생각할 대상(mantavyaviṣaya)'에 대한 존경(ādara)이며 '존재함에 대한 인식(āstikyabuddhi)'이다.

1277 샹카라에 의하면 "충실(niṣṭhā)"은 스승을 섬기는 것 등이며, '브라흐만에 대한 앎(brahmaviñāna)'을 위해 전념함이다. 막스 뮐러는 충실을 '(영적인 지도자인) 개인 선생을 섬기다[attends on a tutor (spiritual guide)]'라고 해석한다. 라다크리슈난은 '확고부동(steadfastness)'이라고 번역한다.

1278 샹카라에 의하면 "실행(kṛti)"은 '기관들을 잘 제어함(indriyasaṁyama)'이며 '정신을 통일하는 것(cittaikāgratākaraṇa)'이다. 막스 뮐러는 실행을 '모든 성스러운 의무들을 수행하다(performs all sacred duties)'라고 해석한다. 라다크리슈난은 '활동, 행동(activity)'이라고 번역한다.

오. 행복을 얻어야 실행하는 거라오. 행복에 대해 알도록 하시오!"

"존경스런 분이시여, 행복에 대해 알고 싶습니다." 1

스물세 번째 절

"더할 바 없음이 행복이오. 부족함에 행복은 없다오. 더할 바 없음이 바로 행복이라오. 더할 바 없음에 대해 알도록 하시오!"[1279]

"존경스런 분이시여, 더할 바 없음에 대해 알고 싶습니다." 1

스물네 번째 절

"다른 걸 보지 않고, 다른 걸 듣지 않고, 다른 걸 알지 않는 것, 그것이 더할 바 없음이오. 다른 걸 보고, 다른 걸 듣고, 다른 걸 아는 것, 그것은 부족함이라오. 더할 바 없음이란 것, 그것은 불사不死라오. 이제 부족함이란 것, 그것은 죽는 거라오."

"존경스런 분이시여, 그것은 어디에 자리 잡고 있습니까?"

"어쩌면 자신의 권능權能에, 아니면 자신의 권능에도 아니라오."[1280] 1

1279 샹카라에 의하면 "더할 바 없음"의 동의어는 '큰 것(mahat)', '더할 바 없는 것(niratiśaya)', '많은 것(bahu)'이다. 이것이 행복이다. 이것보다 아래의 것들은 더할 바가 있음으로 인해서 부족한 것이다. 부족함에 행복은 없다. 왜냐하면 부족함은 많은 갈망의 원인이며, 갈망은 고통의 씨앗이기 때문이다. 따라서 갈망을 비롯한 고통의 씨앗이 없기 때문에 "더할 바 없음"이 행복이다. 막스 뮐러와 라다크리슈난은 "더할 바 없음"을 '무한(infinite)'이라고 번역한다. "더할 바 없음"의 원어는 부마(bhūmā)이며, 부마는 부만(bhūman)의 주격 단수 형태다. 부만은 남성 명사로 '아주 많은 양, 많은 수, 풍부, 부, 지고의 존재' 등을 의미하며, 중성 명사로는 '대지, 구역, 존재, 창조물, 다수' 등을 의미한다. 막스 뮐러는 "부족함(alpa)"을 '유한(finite)'이라고 번역한다. 라다크리슈난은 '작은 것(유한)[small(finite)]'이라고 번역한다.

1280 샹카라에 의하면 대상의 차이에 대한 구별은 이름과 형태에 존재하는 것이다. 그리고 행동과 '행동하는 자'와 결과의 차이가 윤회다. '더할 바 없음'에는 윤회 활동이 없기에 차이와 구별이 없다. 무명(無明)의 대상과 관련해서 다른 것이 다른 것을 보는 것은

"소와 말을 이 세상에선 권능이라 말하오. 코끼리와 황금, 노예와 아내, 농토와 거처들을 말이오. 나는 이런 걸 말하는 게 아니오! 다른 것이 다른 것에 자리 잡고 있는 것이기에 나는 이런 걸 말하는 게 아니오!" 이렇게 말했다. 2

스물다섯 번째 절

"그것은 바로 아래에 있소, 그것은 위에 있소, 그것은 서쪽에 있소, 그것은 동쪽에 있소, 그것은 남쪽에 있소, 그것은 북쪽에 있소. 바로 그것은 이 모든 것이오! 이제 '나라고 하는 것'을 통한 가르침이오! 내가 바로 아래에 있소, 내가 위에 있소, 내가 서쪽에 있소, 내가 동쪽에 있소, 내가 남쪽에 있소, 내가 북쪽에 있소. 내가 바로 이 모든 것이오!"[1281] 1

"이제부터는 아我를 통한 가르침이오! 아가 바로 아래에 있소, 아가 위에 있소, 아가 서쪽에 있소, 아가 동쪽에 있소, 아가 남쪽에 있소, 아가 북쪽에 있소. 아가 바로 이 모든 것이오! 이렇게 보는 자, 이렇게 생각하는 자, 이렇게 아는 자, 그러한 이는 아 안에서 즐기는 자, 아 안에서

'무명의 시간(avidyākāla)'에 존재하는 것이다. 이것이 부족함이다. 이 부족함은 마치 꿈에서 본 사물이 잠에서 깨기 전까지만 존재하는 것과 같아서 꿈의 사물처럼 죽는 것, 즉 사라지는 것이다. 그러나 '더할 바 없음'은 이와는 반대로 불사다. '더할 바 없음'은 자신의 권능(mahimā), 즉 위신력(威神力, vibhūti)에 자리 잡고 있다. 그러나 만일 궁극적인 의미로 말한다면, '더할 바 없음'은 자리 잡지 않은 것, 즉 그 어디에도 의지하는 바가 없는 것이다. 막스 뮐러와 라다크리슈난은 "권능"을 '위대함(greatness)'이라고 번역한다.

1281 샹카라에 의하면 "그것"은 '더할 바 없음'이다. '더할 바 없음'이 자리 잡을 다른 것은 아무 것도 없다. 즉 모든 곳에 편재한다는 의미다. 동쪽을 향해 서면 앞은 동쪽이고 뒤는 서쪽이다. 그리고 오른쪽은 남쪽이고 왼쪽은 북쪽이다. 막스 뮐러는 서쪽을 '뒤', 동쪽을 '앞', 남쪽을 '오른쪽', 북쪽을 '왼쪽'이라고 번역한다. 라다크리슈난은 서쪽을 '뒤', 동쪽을 '앞'이라고 번역한다.

노는 자, 아 안에서 교합하는 자, 아 안에서 환희로운 자라오. 그는 스스로 왕이 되오. 모든 세상들 안에서 그가 원하는 대로 할 수 있게 되오. 이제 이와 다르게 아는 자들은 다른 자를 왕으로 삼게 되오. 그들은 소멸하는 세상들의 사람들이 되오. 모든 세상들 안에서 그들이 원하는 대로 할 수 없게 되오!"[1282] 2

스물여섯 번째 절

"그러한 이, 이와 같이 보는 이, 이와 같이 생각하는 이, 이와 같이 아는 이에게는 아我에서 생기가, 아에서 희망이, 아에서 기억이, 아에서 허공이, 아에서 열기가, 아에서 물이, 아에서 나타남과 사라짐이, 아에서 곡식이, 아에서 힘이, 아에서 지知가, 아에서 집중이, 아에서 의식이, 아에서 결심이, 아에서 마음이, 아에서 언어가, 아에서 이름이, 아에서 진언들이, 아에서 행위들이, 아에서 바로 이 모든 것이 비롯되오!"[1283] 1

1282 샹카라에 의하면 오로지 있음의 본모습인 순수한 아로 가르친다는 의미다. 아는 '일체 모든 것(sarvataḥ sarva)', '하나인 것(eka)', '생겨나지 않은 것(aja)', 하늘처럼 모든 곳에 가득한 것, '다른 것이 없는 것(anyaśūnya)'이다. 아를 이렇게 보는 사람은 생각과 앎에 의해서 아 안에서 즐기는 사람, 아 안에서 노니는 사람이 된다. '즐기는 것(rati)'은 육체만을 수단으로 하고, '노는 것(krīḍā)'은 외부의 것을 수단으로 한다. 그러나 제대로 잘 아는 사람에게 있어서 즐기고 노는 것은 이러한 것이 아니라 아에 대해 앎을 원인으로 한다. 교합(mithuna)은 쌍을 지음으로 생기는 것이다. 그러나 제대로 잘 아는 사람에게 있어서 교합은 쌍을 지음으로 생기는 것이 아니다. 환희는 제대로 잘 모르는 사람들에게 있어서는 소리를 비롯한 것들을 원인으로 하는 것이다. 그러나 제대로 잘 아는 사람에게 있어서는 언제나 모두 다 아를 원인으로 하는 것이다. 이와 같이 제대로 잘 아는 사람은 살아 있는 동안 자신의 왕국에 즉위하고, 육신을 벗어나서도 '스스로 다스리는 자(svarāj)'가 된다. 그러나 아에 대해 이와 반대로 아는 사람 혹은 아에 대해 제대로 알지 못하는 사람은 다른 사람을 왕으로 모시는 사람이 된다. 구분해서 본다는 것은 부족한 것을 대상으로 하는 것이기 때문에, 아울러 부족함은 죽는 것이라고 말했기 때문에 제대로 알지 못하는 사람들은 자신들이 보는 형태에 따라서 소멸하는 세상의 사람들이 된다. 그래서 모든 세상들 안에서 그들이 원하는 대로 할 수가 없게 된다.

이것은 그에 대한 찬송이다.

"보는 이는 죽음을 보지 않는다. 질병과 고통이란 것을 보지 않는다.

보는 이는 모든 것을 본다. 일체 모든 것을 얻는다.

그는 한 가지가 된다. 세 가지가, 다섯 가지가, 일곱 가지가, 아홉 가지가 된다.

그리고 다시 열한 개로, 백열한 개로, 이만 개로 기억된다.

먹는 것이 청정해지면, 진성眞性이[1284] 청정해진다.

진성이 청정해지면, 기억이 확고해진다.

기억을 얻으면, 모든 매듭들이 풀린다."

적황색이 지워진 이에게 세존이신 싸나뜨꾸마라께서는 어둠에서 건

1283 샹카라에 의하면 "그러한 이"는 앞에서 말한 자신의 왕국을 얻은 사람으로 제대로 잘 아는 사람이다. 이 사람에게 있어서는 있음인 아를 특별히 잘 알기 전에는 생기에서 이름에 이르기까지의 것들의 생겨남과 사라짐이 있음인 자신의 아와는 다른 것에서 비롯되었다. 그러나 이제 있음인 아에 대해 특별히 잘 알게 되자, '자신의 아'에서 비롯된다. 제대로 잘 아는 사람에게 있어서는 다른 작용들도 마찬가지로 아에서 비롯된다.

1284 "진성"의 원어는 싸뜨바(sattva)다. 싸뜨바는 중성 명사로 '존재, 본질, 천성, 생명, 생기, 의식, 마음, 태아, 사물, 원소, 동물, 악령, 선, 진실, 실재, 힘, 원기, 상캬 철학에서 말하는 세 가지 성질 가운데 하나인 진성, 지성, 미세신(微細神), 개별적인 영혼, 정신' 등을 의미한다. 불경에서는 '인(人), 피(彼), 타(他), 중생(衆生), 유정(有情), 유(有), 유상(有相), 력(力), 용(勇), 용건(勇健), 희(喜), 희락(喜樂), 정(情), 사(事), 심력(心力), 함식(含識)' 등으로 한역된다. 상캬 철학에 바탕을 둔 요가 철학에 따르면 싸뜨바는 빛의 성질이다. 빛의 성질이 가장 많은 상태가 정신이다. 따라서 정신을 체(體)의 측면에서 싸뜨바라고도 부른다. 빛은 밝히는 작용을 한다. 따라서 빛의 성질이 가장 많은 상태인 정신은 지성의 활동을 한다. 따라서 정신을 용(用)의 측면에서 지성이라고 부른다. 상캬 철학에서는 정신을 마음이라고도 부른다. 정신은 내적 기관 가운데 하나다. 요가 철학에서는 정신, 자아의식(ahaṁkāra), 마음을 내적 기관이라고 한다. 샹카라에 의하면 싸뜨바는 내적 기관이다. 막스 뮐러는 '전체적인 본질(the whole nature)'이라고 번역한다. 라다크리슈난은 '본질(nature)'이라고 번역한다.

너는 것을 보여주셨다. 그분을 '쓰깐다'라고 일컫는다. 그분을 '쓰깐다'라고 일컫는다.[1285] 2

1285 샹카라에 의하면 찬송은 진언(眞言)이다. '보는 사람(paśya)'은 위에서 말한 대로 보는 사람이며 제대로 잘 아는 사람이다. 이런 사람은 창조로 인해 구분되기 이전에는 한 가지로 존재하다가 창조의 시간에는 세 가지를 비롯해 무한히 구분되어 존재한다. 그러다 거두어져 멸할 때 다시 자신의 뿌리인 궁극적인 의미에서의 하나의 상태에 도달한다. 거두어 들여지는 것이 '먹는 것(āhāra)'이며, 먹는 것은 향수(享受)하는 사람이 향수하기 위한, 소리를 비롯한 대상들에 대한 인식이다. 먹는 것이 청정하다는 것은 소리를 비롯한 대상들에 대한 인식이 애(愛, 貪, rāga)와 증(憎, 瞋, dveṣa)과 미혹(痴)에 물들지 않은 것이다. 대상들에 대한 인식이 청정해지면, 대상과 연결된 내적 기관인 진성(眞性)이 청정해진다. 즉 때가 없는 상태가 된다. 진성이 청정해지면, 앞에서 말한 대로 알게 된 '더할 바 없음의 아(bhūmātman)'에 대한 확고한, 즉 끊임없는 기억(smṛti)이, 망각하지 않음이 생겨난다. 그러한 기억을 얻게 되면, 모든 무명(無明)이 만들어 낸 올가미의 형태인, 그리고 수많은 다른 생들에 대한 경험의 상태에 의해서 굳어 버린, 가슴 속에 있는 매듭(granthi)들이 확 풀린다. 즉 매듭들이 사라진다. 적황색(kaṣāya)은 나무 등에서 생겨난 염료다. 적황색은 진성을 물들이는 형태로 인해서 애(愛)와 증(憎)을 비롯한 해로운 것이다. 지혜와 '기대하거나 원하는 마음을 버림(離欲, vairāgya)'과 수련(修練, abhyāsa)이라는 잿물로 이 해로운 적황색을 씻어낸 사람은 나라다다. 이러한 '나라다'에게 '싸나뜨꾸마라'는 무지를 의미하는 어둠, 그 무지라는 어둠의 건너편, 즉 궁극적인 의미에 있어서의 본질(tattva)을 보여주었다. "세존(bhagavān)"은 존재들의 생성과 괴멸, 오고 감, 그리고 무명(無明)과 명(明)을 아는 사람을 일컫는다. 세존이신 싸나뜨꾸마라를 학자들은 쓰깐다(Skanda)라고 부른다. 반복은 장이 끝남을 의미한다. "적황색"의 원어는 까샤야(kaṣāya)다. 까샤야는 인도에서 수행자들이 입는 옷의 색을 의미한다. 불교의 승려들이 입는 법복을 지칭하는 가사장삼이라는 말 가운데 가사(袈裟)는 까샤야를 음사한 낱말이다. 불경에서는 '이진복(離塵服), 무구예(無垢穢)' 등으로 한역된다. 아마도 적황색 옷을 입고 늘 바라보면서 자신의 마음에 물든 탐(貪), 진(瞋), 치(痴)라는 삼독(三毒)을 씻어낼 것을 항상 잊지 않기 위해서 수행자의 옷으로 삼은 것 같다. 그래서 이진복, 즉 세속의 먼지를 떠나는 옷, 무구예, 즉 마음의 티끌과 때를 없애는 옷이라고 가사를 한역한 듯하다. 내적 기관인 진성은 정신(精神)이다. 정신은 진성, 염성, 암성이라는 세 가지 성질들 가운데 진성의 성질이 가장 많아 진성이라고도 부른다. "쓰깐다"는 껑충 뛰는 사람이란 뜻이다. 싸나뜨꾸마라는 유한한 현상의 세계에서 무한한 본질의 세계로 껑충 뛰어 건너는 사람, 혹은 껑충 뛰어 건너게 하는 사람임을 의미한다.

여덟 번째 장

첫 번째 절

옴ॐ, 이제 이 브라흐만의 성에 있는 작은 연꽃의[1286] 궁전, 그 안에 있는 작은 허공, 그 안에 있는 것에 대해 탐구해야 한다. 바로 그것에 대해 알려고 해야 한다.[1287] 1

그에게 만일 이렇게 물을지도 모른다.

"이 브라흐만의 성에 있는 작은 연꽃의 궁전, 이곳에 있는 작은 허공, 이곳에 있는 것에 대해 탐구해야 하고, 제대로 잘 알려고 해야 할 게 무

1286 여기서 "연꽃"을 의미하는 원어 뿐다리까(puṇḍarīka)는 일반적인 연꽃을 뜻하기도 하며, 특별히 하얀색의 연꽃(白蓮)을 의미하기도 한다.

1287 샹카라에 의하면 여섯 번째 장과 일곱 번째 장에서 방위와 장소와 시간 등의 구별이 없는 브라흐만인 있음이자 바로 하나이며 '다른 것이 없는 것'인 아(我)가 바로 이 모든 것이라고 이해되었다. 그러나 방위와 장소 등은 구분되어 있는 사물이라고 환기(喚起)된 어리석은 사람들의 지성은 갑자기 이러한 궁극적인 의미를 대상으로 삼지 못한다. 그래서 어리석은 사람들은 브라흐만에 대해 이해하지 못하고 인생의 목표도 달성하지 못한다. 그래서 어리석은 사람들이 브라흐만에 대해 이해할 수 있게 하려고 '심장의 연꽃이라는 곳(hṛdayapuṇḍarīkadeśa)'이 교시된다. 브라흐만의 성(城, pura)인 이 몸 안에 연꽃처럼 보이는 궁전 같은 것이 있다. 왕성에 왕의 뜻을 따르는 수많은 신하들이 있듯이, 이 브라흐만의 성인 몸에는 주인의 뜻을 행하는 기관, 마음, 지성들이 있다. 그리고 왕성에 왕궁이 있듯이 이 브라흐만의 성에는 브라흐만을 얻을 수 있는 거처인 작은 궁이 있다. 바로 있음이라는 이름의 브라흐만이 이름과 형태를 구별해 드러내기 위해 자신의 변형인 이 몸에 생령(生靈)의 아로써 들어와 있다. 몸 안에 들어와 있는 이 브라흐만은 이 심장의 연꽃의 궁 안에 있는 허공이란 이름의 브라흐만이다. 허공처럼 몸이 없고, 허공처럼 미세하고, 허공처럼 모든 곳에 편재하기 때문에 허공이라고 한다. 이 허공이라고 이름하는 것 안에 있는 것에 대해 스승에게 귀의함과 귀로 들어 배움 등의 방법들을 통해서 탐구하고 직접 체험해야 한다. 지각 기관들을 거두어들임으로써 외부의 대상들에서 벗어난 사람, 특별히 청정범행(清淨梵行)과 진실을 방편으로 하고, 앞으로 언급할 덕을 지닌 채 집중을 하는 사람들에 의해서 이 브라흐만은 얻어진다. 인생의 목표는 해탈을 의미한다.

엇이 있습니까?"

그는 대답해야 한다.[1288] 2

"이 허공만큼 심장 안에 그만큼 이 허공이 있다. 이 안에 하늘과 땅 둘 다 잘 놓여 있다. 불과 바람 둘 다, 태양과 달 둘 다, 번개와 별들이, 이것의 이 세상에 있는 것과 없는 것, 그 모든 것이 이곳에 잘 놓여 있다."[1289] 3

그에게 만일 이렇게 물을지도 모른다.

"이 브라흐만의 성에 이 모든 것이 잘 놓여 있고, 이 모든 존재들이, 이 모든 욕망들이 잘 놓여 있다면, 이것이 늙음에 이르거나, 멸할 때에는 그곳에 무엇이 남아 있겠습니까?"[1290] 4

그는 대답해야 한다.

"이것의 늙음으로 인해 그것이 늙는 것은 아니다. 이것의 죽임으로 인해 죽어지는 것이 아니다. 이 브라흐만의 성은 실재實在다. 이곳에 욕망

1288 샹카라에 의하면 만일 제자들이 스승에게 심장의 연꽃 안에 있는 허공에는 아무것도 없지 않겠느냐고 물으면, 대답해야 한다는 의미다.

1289 샹카라에 의하면 스승이 제자들에게 대답하는 내용이다. 이 세상의 허공만큼, 그만큼 심장 안에도 허공이 있다. 이 허공은 지성으로 특별하게 규정된 브라흐만의 허공이다. 이 허공 안에는 하늘과 땅 둘 다 잘 놓여 있다. 바퀴통에 바퀴살들이 놓여 있듯이, 그렇게 불과 바람 등이 놓여 있다. 또한 이 아(我)가 자기 자신의 것으로써 이 세상에 몸을 가지고 있는 것과 이 세상에 없는 것 모두가 놓여 있다. 없는 것은 멸한 것과 미래를 일컫는다. 즉 아의 과거 현재 미래의 형태가 모두 다 심장 안의 허공에 위치하고 있다는 의미다.

1290 샹카라에 의하면 만일 제자들이 스승에게 몸이 늙거나 멸하면 브라흐만의 성, 즉 '내면의 허공에는 아무것도 없지 않겠느냐고 물으면'이라는 의미다.

들이 잘 놓여 있다. 이것은 아我, 죄가 제거된 것, 늙음이 사라진 것, 죽음이 사라진 것, 슬픔이 사라진 것, 배고픔이 사라진 것, 목마름이 없는 것, 욕망이 진실한 것, 결심이 진실한 것이다. 마치 이 세상에서 왕명에 따라 백성들이 원하며 각각 목적지인 바로 그 지방, 바로 그 농지로 들어가듯이, 욕망하는 사람들은 바로 그것 그것에 의지해 살아간다."[1291] 5

"그에 있어 마치 이곳에서 행위에 의해서 얻은 세상이 쇠하듯이, 이처럼 덕행으로 얻은 세상은 저곳에서 쇠한다. 이곳에서 아我와 이 진실한 욕망들에 대해 온전히 알지 못하고 가는 이들, 그들은 모든 세상들에서 원하는 대로 할 수 없게 된다. 이제 이 세상에서 이 아와 이 진실한 욕망들에 대해 온전히 알고 가는 이들, 그들은 모든 세상들에서 원하는 대로 할 수 있게 된다."[1292] 6

1291 샹카라에 의하면 브라흐만이 바로 성(城)인 것을 "브라흐만의 성(brahmapura)"이라고 한다. 몸은 변형이며 거짓인 것이지만, 몸에서 브라흐만을 얻을 수 있기 때문에 몸을 '브라흐만의 성'이라고 한다. 심장의 연꽃으로 나타나는 이 브라흐만의 성은 '자신의 아'다. 바로 이곳에 외부의 존재를 통해 얻기를 원하는 모든 욕망들이 놓여 있다. 따라서 이것을 얻을 방편을 실행해야 하며, 외부의 대상에 대한 갈망은 버려야 한다. 이 아가 여러분들의 본모습이다. 이 아는 도덕(dharma)과 악덕(adharma)이라고 하는 죄가 제거된 것, 늙음이 사라진 것, 죽음이 사라진 것, 좋아하는 것과 떨어져서 생겨나는 마음의 고통인 슬픔이 사라진 것, 먹고 싶어 함이 사라진 것, 마시고 싶어 함이 사라진 것, 진실한 결심을 가진 것, 윤회하는 자들의 헛된 욕망들과는 반대로 진실한 욕망을 가진 자재자(自在者)다. 그러나 자재자에게 있어서 욕망과 결심은 순수한 진성(眞性)에 제한되어서 있는 것이지, 자재자 스스로에게 존재하는 것은 아니다. 그리고 마치 이 세상에서 백성들이 왕의 명에 따라 행동하면서 각각 목적지인 지방과 농지를 원하는 사람이 되듯이, 자신의 지성의 형태에 따라 각각 그곳에 의지해 살아간다. 이 예는 덕행(puṇya)의 결과를 경험함에 있어서 자신의 의지에 따른 잘못이 없다는 것에 대해 반박하는 것이다.

1292 샹카라에 의하면 이 세상에서 왕의 명에 따라 행동하는 백성들이 왕을 섬기는 대가로 얻은 세상은 남에게 종속된 것이라 끝이 있는 것처럼 화제(火祭) 등의 덕행으로 저 세상에서 얻은 세상은 종속된 것이라 누리는 것이 쇠한다. 앞에서 언급한 것으로 나타나는 아에 대한 경전과 스승의 가르침을 스스로 잘 이해하지 못하고 이 몸에서 떠나

두 번째 절

그가 만일 조상의 세계를 원하게 되면, 단지 결심만으로 이에게 조상님들이 함께하신다. 그 조상의 세계와 더불어 크게 된다.[1293] 1

이제 만일 어머니의 세계를 원하게 되면, 단지 결심만으로 이에게 어머니들이 함께하신다. 그 어머니의 세계와 더불어 크게 된다.[1294] 2

이제 만일 형제의 세계를 원하게 되면, 단지 결심만으로 이에게 형제들이 함께한다. 그 형제의 세계와 더불어 크게 된다. 3

이제 만일 누이의 세계를 원하게 되면, 단지 결심만으로 이에게 누이들이 함께한다. 그 누이의 세계와 더불어 크게 된다. 4

이제 만일 벗의 세계를 원하게 되면, 단지 결심만으로 이에게 벗들이

면, 그리고 진실한 결심의 결과인 자신의 아에 위치한 욕망들을 온전히 이해하지 못하고 이 몸에서 떠나면, 마치 왕의 명령에 따르는 백성들처럼 모든 세상들에서 독립성이 없는 상태가 된다. 그러나 아에 대한 경전과 스승의 가르침을 스스로 잘 이해하고 이 몸에서 떠나면, 그리고 진실한 결심의 결과인 자신의 아에 위치한 욕망들을 온전히 이해하고 이 몸에서 떠나면, 모든 세상들에서 마치 온 세상을 지배하는 황제처럼 원하는 대로 하게 된다.

1293 샹카라에 의하면 "조상(pitṛ)"들은 생겨나게 하는 존재들이다. 이들이 바로 행복의 원인임으로 인해서 향수(享受)의 대상이 됨으로 말미암아 세상들이라고 일컬어진다. 그러한 세상들에 대해 욕망하는 사람, 그러한 조상들에 관계되길 원하는 사람은 그 세상에 대해 단지 결심만 함으로써 조상들이 함께 일어나 나타나신다. 즉 '아(我)와의 친근성(ātmasambandhitva)'을 얻게 된다. 청정한 진성(眞性)에 의해서 결심이 진실해짐으로 말미암아 '조상의 세계(pitṛloka)'에 대한 향수를 갖추어, 즉 원하는 것을 얻어 풍요롭게 되어 존경 받는다. 혹은 크게 된다. 위대함을 경험한다.

1294 샹카라에 의하면 "어머니(mātṛ)"들은 과거에 생겨나게 한 존재들이다. 이들이 바로 행복의 원인이 될 수 있기 때문이다.

함께한다. 그 벗의 세계와 더불어 크게 된다. 5

이제 만일 향과 화환의 세계를 원하게 되면, 단지 결심만으로 이에게 향과 화환들이 함께한다. 그 향과 화환의 세계와 더불어 크게 된다. 6

이제 만일 곡식과 음료의 세계를 원하게 되면, 단지 결심만으로 이에게 곡식과 음료들이 함께한다. 그 곡식과 음료의 세계와 더불어 크게 된다. 7

이제 만일 노래와 연주의 세계를 원하게 되면, 단지 결심만으로 이에게 노래와 연주들이 함께한다. 그 노래와 연주의 세계와 더불어 크게 된다. 8

이제 만일 여자의 세계를 원하게 되면, 단지 결심만으로 그에게 여자들이 함께한다. 그 여자의 세계와 더불어 크게 된다. 9

원하는 곳마다 바라는 욕망마다 단지 결심만으로 그것이 이에게 함께한다. 그것과 더불어 크게 된다. 10

세 번째 절

그러한 이 진실한 욕망들은 거짓으로 덮여 있다. 그것들은 진실임에도 불구하고 거짓인 덮개가 있다. 이곳에서 떠나가는, 이와 관련된 각각의 사람, 그 사람을 이곳에서 보려 하여도 만나지 못한다.[1295] 1

1295 샹카라에 의하면 외부의 대상들인 여자, 곡식, 음식, 옷 등에 대한 갈망과 그 갈망

이제 이 세상에서 원하면서도 만나지 못하는, 이와 관련된 살아 있는 이들, 죽은 이들, 그리고 다른 것,[1296] 그 모두를 이곳으로[1297] 가서 얻는다. 이곳에는 이의 진실한 욕망들이 거짓으로 덮여 있기 때문이다.[1298] 그것은 마치 황금 창고가 밑에 놓여 있어도 장소를 모르는 사람들은 위로 위로 돌아다니면서도 얻지를 못하듯이, 바로 이처럼 이 모든 백성들은 매일매일[1299] 브라흐만의 세계로 가면서도 얻지 못한다. 왜냐하면 거짓으로 덮여 있기 때문이다.[1300] 2

그러한 이 아我는 심장에 있다. "심장에 이것이 있다"는 이것이 그에 대한 어원이다. 그래서 심장이다. 이와 같이 아는 이는 매일매일 천국의 세계로 간다.[1301] 3

에 의해서 생겨나는 '자기 소망의 전개(svecchāpracāra)'는 '헛된 인식(mithyājñāna)'을 원인으로 하기 때문에 "거짓"이라고 일컫는다. '자신의 아'에 위치하며 얻을 수 있는, "그러한 이 진실한 욕망들"은 이 거짓 때문에 얻지 못하기에 이 거짓은 덮개와 같다. 그래서 아들, 형제, 혹은 좋아하는 사람이 이 세상에서 죽으면, 그 좋아하는 사람, 아들, 형제가 '자신의 심장의 허공(svahṛdayākāśa)'에 존재함에도 불구하고 다시 보기를 원하면서도 만나지 못한다.

1296 샹카라에 의하면 "다른 것"은 옷, 곡식, 음료, 혹은 보물 등이다.

1297 샹카라에 의하면 "이곳"은 심장의 허공이라는 브라흐만이다.

1298 거짓을 걷어 내기만 하면 얻을 수 있다는 뜻이다.

1299 샹카라에 의하면 "매일매일"은 '꿈 없는 잠의 시간(suṣuptakāla)'이라는 의미다.

1300 샹카라에 의하면 거짓으로 덮여 있다는 것은 무명(無明)을 비롯한 해로운 것들에 의해서 '본모습'으로부터 끌려 나왔기 때문이다.

1301 샹카라에 의하면 "그러한 이 아"는 '심장의 연꽃'에 있는 허공으로 언급된 '죄가 제거된 아(ātmāpahatapāpmā)'다. 그 심장(hṛdayam)에 대한 어원은 '심장에(hṛdi) 이것이(ayam), 즉 아가 있다. 그래서 심장이다'는 것이다. 심장에 대한 이러한 어원을 통해서도 자신의 심장에 아가 있다는 것을 알아야 한다. 이와 같이 심장에 아가 있다고 알고 있는 사람은 매일매일 '꿈 없는 잠의 시간'에 천국의 세계, 즉 심장에 있는 브라흐만을 얻는다.

이제 이 온전한 해맑음은[1302] 이 몸에서 일어나 지고의 빛에 이르러 자신의 모습이 된다. 이것이 아我라고 말한다. 이것이 불사不死 무외無畏, 이것이 브라흐만이라고.[1303] 실재實在가 그러한 이 브라흐만의 이름이다.[1304] 4

싸sa, 뜨t, 얌yam 이라는 그 이 세 음절들이 있다. 그 가운데 싸라는 그것은 불사不死다. 이제 뜨라는 그것은 죽어야 하는 것이다. 이제 얌이라는 그것으로 둘 다를 제어한다. 이것으로 둘 다를 제어하기 때문에, 그래서 이것은 얌이다. 이와 같이 아는 이는 매일매일 천국의 세계로 간다.[1305] 5

1302 싸뜨야브라따 씻단따랑까라에 의하면 "온전한 해맑음(samprasāda)"은 무구(無垢, nirmala)이며, 죄 없는 '생령의 아(生靈我)'다.

1303 스승이 제자에게 말했다는 의미다.

1304 샹카라에 의하면 꿈 없는 잠의 시간에 자신의 아(我)인 '있음'과 만나 온전히 해맑아진다. '잠에서 깨어 있는 상태(jāgrat)'와 '꿈꾸는 상태(svapna)'에서 지각 기관과 대상의 결합에 의해서 생겨난 우매함(kāluṣya)을 버리는 것이 '온전한 해맑음'이다. 그것이 이 몸을 버리고 이 몸에서 일어나, 즉 '몸의 아(śarīrātman)'라는 생각을 버리고 '지고의 아'로 나타나는 '식(識)의 본질(vijñaptisvabhāva)'인 빛의 형태에 이르러 자기 자신의 형태가 된다. 이것이 자기 자신의 형태가 되기 전에는 낮은 형태인 몸을 무명(無明) 때문에 '아의 상태(ātm-abhāva)'로 알았었다. 이에 비교해서 자신의 모습이라고 말하는 것이다. 몸이 없음이 아의 자기 모습이다. 자신인 지고의 빛의 본모습을 얻은 온전한 해맑음을 아(我, ātman)라고 일컫는다. 스승은 제자들에게 이 불사(不死)는 불멸인 '더할 바 없음'이라고 말해야 한다. 왜냐하면 '더할 바 없음'은 불사라고 이미(7. 24. 1) 언급했기 때문이다. '더할 바 없음'과 다른 것은 없기에 이것은 두려움이 없는 것이다. 그래서 이것이 브라흐만이다. 실재(實在)는 허망하지 않은 것이라서 브라흐만이다.

1305 샹카라에 의하면 브라흐만의 이름인 실재(實在, satyam)라는 낱말의 원어에는 '싸(sa)', '띠(tī)', '얌(yam)' 이라는 세 개의 음절들이 있다. '띠'라는 음절에서 '이(ī)'는 '뜨(t)'를 발음하기 위해 덧붙인 것이다. 따라서 실제 음은 '싸', '뜨', '얌' 이렇게 세 개다. 이 가운데 '싸'는 불사(不死)이며 있음인 브라흐만이다. '뜨'는 죽어야 할 것이다. 그리고 '얌'은 앞의 두 자인 '싸'와 '뜨'를 스스로 제어하고 통제하는 것이다. 이것으로 둘 다를 제어하기 때문에 '얌'이다. '얌'은 '통제하다, 제어하다' 등을 뜻하는 어근이다.

네 번째 절

이제 아我라는 그것은 이 세상들이[1306] 서로 끊기지 않게 유지하는 교량이다. 낮과 밤은 이 다리를 건너지 못한다.[1307] 늙음도, 죽음도, 슬픔도, 선행과 악행도 이 다리를 건너지 못한다.[1308] 모든 죄는[1309] 여기서 되돌아 간다.[1310] 왜냐하면 이 브라흐만의 세계는 죄를 물리친 것이기 때문이다. 1

그러므로 이 다리를 건너 장님이어도 장님이 아니게 된다. 상처를 입어도 상처가 없게 된다. 고통스러워도 고통스럽지 않게 된다. 그러므로 이 다리를 건너 밤 또한 낮이 된다. 왜냐하면 바로 이 브라흐만의 세계는 항상 빛나는 것이기 때문이다.[1311] 2

그러한 이 브라흐만의 세계를 청정범행을[1312] 통해 발견하는 자들,

1306 "이 세상들"은 인간의 세상과 브라흐만의 세상을 비롯한 모든 세상들을 뜻한다.

1307 "낮과 밤"은 시간이다. 따라서 시간을 초월한다는 뜻이다.

1308 늙음도 없고, 죽음도 없고, 슬픔도 없고, 시(是)와 비(非)도 없다는 뜻이다.

1309 샹카라에 의하면 낮과 밤을 비롯한, 언급된 것과 언급되지 않은, 그 모든 것은 죄라고 일컬어진다.

1310 시(是)와 비(非)가 없으니 죄가 있을 리가 없다. 따라서 모든 죄들은 이 다리를 건너지 못하고 다리에서 되돌아간다. 즉 모든 세계를 연결하는 다리인 아(我)는 죄를 초월한 것이다.

1311 샹카라에 의하면 아(我)인 이 다리를 건너, 즉 아를 얻어, 몸이 있었을 때 장님이었던 것이 몸을 떠나 장님이 아니게 된다. 몸이 있었을 때 상처를 입었던 것이 몸을 떠나 상처가 없게 된다. 질병 등에 의해 고통스러웠어도 고통스럽지 않게 된다. 제대로 아는 사람에게는 '식(識)의 아인 빛의 본모습(vijñaptyātmajyotiḥsvarūpa)'이 낮처럼 항상 하나의 형태가 된다. 왜냐하면 이 브라흐만의 세계는 자신의 모습으로 늘 빛나는 항상 하나의 형태이기 때문이다.

1312 샹카라에 의하면 "청정범행(淸淨梵行)"은 여자라는 대상에 대한 갈망(渴望)을 버리는 것이다.

이 브라흐만의 세계는 그들의 것이다. 그들은 모든 세상들에서 원하는 대로 할 수 있게 된다. 3

다섯 번째 절

이제 제사라고 말하는 그것은 바로 청정범행이다. 왜냐하면 아는 이는 청정범행을 통해 그것을 얻기 때문이다. 이제 예배라고[1313] 말하는 그것은 바로 청정범행이다. 왜냐하면 청정범행을 통해 예배하여 아我를 얻기 때문이다.[1314] 1

이제 '있음의 구원'[1315]이라고 말하는 그것은 바로 청정범행이다. 왜냐하면 청정범행을 통해 '있음'인 아我의 구원을 얻기 때문이다. 묵언이라고 말하는 그것은 바로 청정범행이다. 왜냐하면 청정범행을 통해 아

1313 "예배(iṣṭa)"를 막스 뮐러는 공희(供犧, sacrifice)라고 번역한다. 라다크리슈난은 예배를 '공희된 것(what has been sacrificed)'이라고 번역한다.

1314 샹카라에 의하면 세상에서 교양 있는 사람들이 '지고의 인생 목적(paramapuruṣārtha)'을 위한 방편이라고 말하는 것은 바로 "청정범행(淸淨梵行)"이다. 제사의 성과는 청정범행을 갖춘 사람이 얻기 때문에 제사를 청정범행이라고 이해해야 한다. 전통적으로 제사의 결과인 브라흐만의 세계를 지혜로운 사람은 청정범행을 통해서 얻는다. 따라서 제사 또한 청정범행이다. 그리고 청정범행을 방편으로 하여 자재자(自在者)를 예배하여 혹은 아를 대상으로 간구하여 그 아를 얻는다. 따라서 간구함으로 말미암아 예배 또한 청정범행이다.

1315 "있음의 구원"의 원어는 싸뜨라야나(sattrāyaṇa)다. 싸뜨라야나는 원래 '일정 기간 지속되는 쏘마 제사, 혹은 그 제사의 기간' 등을 뜻하는 싸뜨라(sattra)와 '길, 노정, 행로, 여정' 등을 뜻하는 아야나(ayaṇa)라는 두 낱말이 합해 만들어진 복합어다. 그러나 샹카라는 싸뜨라야나를 '있음'을 뜻하는 싸뜨(sat)와 구원을 뜻하는 뜨라나(trāṇa)라는 두 낱말이 합하여 약간의 음운 변화가 생긴 것으로 보고 있다. 일정 기간 지속되는 쏘마 제사의 여정은 결국 있음으로 일컬어지는 브라흐만이며 지고의 아의 구원을 바라기 위한 행위다. 따라서 샹카라의 의미에 맞추어 싸뜨라야나를 '있음의 구원'이라고 옮긴다. 싸뜨야브라따 씻단따랑까라에 의하면 싸뜨라야나는 특정한 제사의 이름이다.

를 파악하여 집중 명상하기 때문이다.[1316] 2

이제 '멸하지 않는 길'[1317]이라고 말하는 그것은 바로 청정범행이다. 왜냐하면 청정범행을 통해서 얻는 이 아我는 멸하지 않기 때문이다. 이제 '숲의 길'이라고 말하는 그것은 바로 청정범행이다. 그 가운데[1318] '아라ara'와 'ㄴ야ṇya'는 여기서부터 세 번째 하늘인 브라흐만의 세계에 있는 두 개의 바다다.[1319] 그곳에 '곡식으로 된 즐거움'[1320]이란 호수가 있다. 그곳에 쏘마를 짜내는 보리수가 있다.[1321] 그곳에 불패不敗의 성城이 있다.

1316 샹카라에 의하면 '있음의 구원'이라고 말하는 것은 바로 "청정범행(淸淨梵行)"이다. 왜냐하면 청정범행을 방편으로 삼아 있음인 지고의 아에 의해서 아의 "구원(trāyaṇa)"을 얻기 때문이다. "묵언(默言)"이라고 말하는 것은 바로 청정범행이다. 왜냐하면 청정범행을 갖추어 경전과 스승을 통해 아를 파악하여 "집중 명상하기(manute dhyāyati)" 때문이다. 집중 명상(dhyāna)을 할 때는 말을 하지 않는다.

1317 "멸하지 않는 길"의 원어는 아나샤까야나(anāśakāyana)다. 아나샤까야나는 아나샤까(anāśaka)와 '길, 노정, 행로, 여정' 등을 뜻하는 아야나(ayaṇa)라는 두 낱말이 합해 만들어진 복합어다. 아나샤까의 사전적인 의미는 '단식(斷食)'이다. 그러나 샹카라는 아나샤까를 부정 접두어 '아(a)'와 '파괴, 멸망, 제거' 등을 뜻하는 나샤까(nāśaka)라는 두 낱말이 합하여 만들어진 것으로 보고 있다. 막스 뮐러는 아나샤까야나를 '단식(fasting)'이라고 해석한다. 라다크리슈난은 '단식 코스(a course of fasting)'라고 번역한다. 싸뜨야브라따 씻단따랑까라에 의하면 아나샤까야나는 브라흐만에 대한 지혜를 얻는 방편인 제사의 방법이다. 제사 지내는 방법 가운데 많은 경우 단식을 시행한다. 제사는 궁극적으로 멸함에서 벗어나는 길이다. 따라서 제사를 위한 단식은 멸하지 않는 길에 해당된다. 이런 뜻에서 샹카라의 의미에 맞추어 아나샤까야나를 "멸하지 않는 길"이라고 옮긴다.

1318 숲을 뜻하는 '아란야(araṇya)'의 가운데라는 의미다.

1319 싸뜨야브라따 씻단따랑까라에 의하면 머리 꼭대기에 있는 '브라흐만의 구멍(brahma-randhra)'에는 '천 개의 구멍 연꽃(sahasrārakamala)'이 있다. 이들 가운데 두 개의 중심이 있으며, 이 두 중심은 힘의 창고다. 이 두 개의 중심을 '아라'와 'ㄴ야'라고 한다. 천 개의 구멍 하나하나가 연꽃이 고개를 숙인 것처럼 뒤집어진 모습으로 생겼다는 뜻에서 '천개의 구멍 연꽃'이라고 부른다. 이 연꽃이 고개를 들어 바로 서서 꽃이 피어나면 해탈한다.

1320 "곡식으로 된 즐거움"의 원어는 아이람마디야(Airaṁmadīya)다. 샹카라에 의하면 아이라(aira)는 '곡식(irā)으로 된 것', 즉 '곡식을 끓이면 위에 떠서 굳는 더껑이(maṇḍa)'로 가득한 것을 의미한다. 마디야(madīya)는 '그것을 먹는 사람을 즐겁게 해주는 것'을 의미한다.

주께서 특별하게 황금으로 지은 게 있다.[1322] 3

청정범행을 통해서 그곳 브라흐만의 세계에서 '아라ara'와 'ㄴ야ṇya' 이 두 바다를 얻는 이들, 이 브라흐만의 세계는 그들의 것이다.[1323] 그들은 모든 세상들에서 원하는 대로 할 수 있게 된다. 4

여섯 번째 절

이제 심장의 이 경맥經脈이라는 그것들은 미세한 황색의[1324] 것이 머무는 것이다. 흰색의 것이, 푸른색의 것이, 노란색의 것이, 붉은색의 것이 머무는 것이다. 저 태양이 바로 황색이다. 이것이[1325] 흰색, 이것이 파란색, 이것이 노란색, 이것이 붉은색이다.[1326] 1

1321 샹카라에 의하면 쏘마는 '불사의 감로'다. 그 불사의 감로를 흘려 내보내는 나무의 이름이 '쏘마를 짜내는 것(somasavana)'이다.

1322 샹카라에 의하면 청정범행을 갖춘 사람은 '아라(ara)'와 'ㄴ야(ṇya)'라는 두 바다로 가기(ayana) 때문에 '숲의 길(araṇyāyana)'은 청정범행이다. '아라'와 'ㄴ야'라는 두 바다 혹은 바다와 같은 두 호수는 이 세상부터 세어서 세 번째 하늘인 브라흐만의 세계에 있다. 그리고 그곳에 아이람마디야라는 호수가 있다. 바로 그곳에 쏘마싸바나(Somasavana)라는 이름의 보리수가 있다. 혹은 쏘마는 '불사의 감로'를 의미한다. 따라서 불사의 감로를 흘려 주는 보리수가 있다. 바로 그곳 브라흐만의 세계에 청정범행의 방편을 갖추지 않은 사람들에 의해서는 패하지 않기 때문에 불패(aparājitā)라는 이름의 성(purī)이 있다. 그 성은 히란야가르바(黃金子宮, 金胎)인 브라흐만의 성이다. 그리고 주(主, prabhu)인 브라흐만에 의해서 특별하게 건설된 황금 사원(maṇḍapa)이 있다.

1323 1322번 각주 참조.

1324 "황색"의 원어는 삥갈라(piṃgala)다. 삥갈라는 '적갈색, 황갈색, 노란색, 황금색' 등을 의미한다.

1325 샹카라에 의하면 "이것"은 태양을 의미한다.

1326 샹카라에 의하면 연꽃 모양의 심장에는 심장의 살덩이에서 모든 곳으로 마치 태양의 원에서 빛이 퍼져나가듯이 나가는 경맥(經脈)들이 있다. 이 경맥들은 황색의 미세한 정수(精髓)가 가득 차 있는 형태로 존재한다. 이처럼 경맥들에는 흰색, 파란색, 노란색, 붉은색의 미세한 정수들이 가득 차 있다. 담액(膽液, pitta)이라는 이름의 태양의 열기는

그곳에 마치 큰길이 펼쳐져 이 마을로 저 마을로 두 마을을 가듯이 바로 이렇게 태양의 이 빛살들은 이 세상으로 저세상으로[1327] 두 세상을 간다. 저 태양으로부터 펼쳐 나오는 그것들은 이 경맥들 안에 미끄러져 들어간다. 이 경맥들로부터 펼쳐 나오는 그것들은[1328] 저 태양에 미끄러져 들어간다. 2

그 가운데 완전히 잠이 든 사람이 온전히 해맑게 되어 이 꿈을 알지 못할 때, 그 때는 이 경맥들에 미끄러져 들어간 것이다. 그 어떤 죄도 그에게 닿을 수 없다. 왜냐하면 그때 그는 열기로 가득하기 때문이다.[1329] 3

이제 이 사람이 힘없는 상태에 이르게 되면, 그 때 이 사람 주위에 앉아서 "저를 아세요?" "저를 아세요?"라고 물어본다. 그가 이 몸에서 벗어 나가기 전까지는 알아본다.[1330] 4

담액에 익은 약간의 점액(粘液, kapha)과 섞여 황색이 된다. 바로 이것이 풍액(風液, vāta)이 많아짐으로 인해서 푸른색이 된다. 바로 이것이 점액이 많아짐으로 인해서 흰색이 된다. 점액과 동일한 상태가 되면 노란색이 된다. 피(śoṇita)가 많아짐으로 인해서 붉은색이 된다. 그러나 경맥들에 들어간 태양의 열기가 이러한 색들이 된다고『우파니샤드』는 말하고 있다.

1327 샹카라에 의하면 "이 세상"은 사람이고, "저세상"은 태양이다.

1328 샹카라에 의하면 "그것들"은 빛살(raśmi)들이다. 앞의 그것들도 빛살들을 의미한다.

1329 샹카라에 의하면 완전히 잠이 들면 지각 기관들이 거두어들여져 외부의 대상과 접함으로써 생기는 우매함이 없기 때문에 온전히 해맑게 된다. 그래서 대상의 형태가 나타나는 것인 마음의 꿈의 인식을 모르게 된다. 즉 꿈의 인식을 경험하지 못한다. 이렇게 잠이 들면, 태양의 열기가 모든 경맥들 안에 미끄러져 들어가 경맥들을 통해 심장의 허공에 도달한다. 도덕과 악덕이란 형태의 죄는 있음을 성취한 사람에게 가 닿을 수 없다. 왜냐하면 그때는 아(我)가 자신의 본모습에 자리 잡은 상태이기 때문이다. 자신의 본모습에서 벗어난 아의 상태는 '잠에서 깨어 있는 상태'와 '꿈의 상태'로 아가 가는 것, 그리고 외부의 대상에 대한 아의 인식이다.

1330 샹카라에 의하면 데바닷따(Devadatta)가 질병이나 노쇠함으로 인해 힘없는 상태가 되

이제 이것이[1331] 이 몸에서 벗어 나갈 때는 이 빛살들에 의해 위로 올라간다. '옴ॐ'이라고 하며 위로 간다. 그가 마음을 보내는 그 동안에 태양으로 간다. 이것이 바로 세상의 문이다. 알고 있는 이들에게는 도달하게 하는 것이며, 알지 못하는 이들에게는 멈추게 하는 것이다.[1332] 5

이것은 그에 대한 찬송이다.

"심장의 백한 개의 경맥들이 있다.

그 가운데 하나가 머리 꼭대기로 빠져나간다.

그것에 의해 위로 가면서 불사不死의 상태에 도달한다.

다른 모든 곳들로 가는 것들은 떠나기만을 위한 것이다. 떠나기만을 위한 것이다."[1333] 6

어 죽음에 이르게 되었을 때 친지들이 그의 주위에 둘러 앉아 "당신의 아들인 저를 알아보시겠어요?" "너의 아버지인 날 알아보겠니?"라는 등의 말을 한다. 죽음에 임한 그가 이 몸을 벗어 나가기 전까지는 아들 등을 알아본다. 데바닷따는 일반적인 사람의 이름이다.

1331 "이것"이라는 낱말은 사람을 의미하는 듯하다. 그러나 중성 명사 주격 단수로 표현되어 있다. 샹카라에 의하면 이것을 의미하는 중성 명사 주격 단수 '에따뜨(etat)'는 부사로 사용되었다. 따라서 "이것"은 '이렇게'를 의미한다.

1332 샹카라에 의하면 "아는 사람"은 옴을 통해 아(我)에 대해 집중하며 위로 올라가고, 모르는 사람은 엇나간다. 태양은 브라흐만의 세계의 문이다. 아는 사람은 문이 되는 태양을 통해 브라흐만의 세계로 간다. 그래서 태양은 아는 사람들에게는 브라흐만의 세계에 도달하게 하는 것이다. 그러나 알지 못하는 사람들은 태양에서 멈추게 된다. 그래서 태양은 알지 못하는 사람들에게는 멈추게 하는 것이다. 알지 못하는 사람들은 태양의 열기에 의해서 바로 몸에 멈추어져서 머리에 있는 경맥을 통해 위로 올라가지 못한다.

1333 샹카라에 의하면 찬송은 진언(眞言)이다. 살덩어리로 된 심장의 주요한 경맥의 수는 백한 개다. 실제 몸의 경맥의 수는 끝이 없다. 이 가운데 한 개의 경맥만이 머리를 향해 빠져나간다. 바로 이 경맥에 의해서 '불사의 상태(amṛtatva)'로 간다. 그러나 위로 비스듬히 다양하게 움직여 가는 경맥들은 불사의 상태가 아닌 윤회로 가는 문이 되는 것들이

일곱 번째 절

"죄가 제거된 것, 늙음이 사라진 것, 죽음이 사라진 것, 슬픔이 사라진 것, 배고픔이 사라진 것, 목마름이 없는 것, 욕망이 진실한 것, 결심이 진실한 것인 아我, 그것에 대해 탐구해야 한다. 그것에 대해 제대로 잘 알려고 해야 한다. 그 아를 발견하여 제대로 잘 아는 이는 모든 세상들과 모든 욕망들을 얻는다." 이렇게 쁘라자빠띠가 말했다. 1

바로 이것을 신들과 악신들 둘 다 알게 되었다. 그들은 말했다.

"그래, 아我에 대해 알게 되면, 모든 세상들과 모든 욕망들을 얻는다고 하는데, 우리가 바로 그 아에 대해 알아보자!"

그래서 신들 가운데 인드라가,[1334] 그리고 악신들 가운데 비로짜나가[1335] 출발했다. 그 둘은 서로 말없이[1336] 화목火木을 손에 들고[1337] 서둘러 쁘라자빠띠의 곁으로 왔다. 2

그 둘은 삼십이 년 동안을 청정범행의 학생으로 머물렀다. 그러자 쁘라자빠띠가 그 둘에게 물었다.

"무엇을 원하여 너희 둘은 머물고 있느냐?"

그 둘은 대답했다.

"'죄가 제거된 것, 늙음이 사라진 것, 죽음이 사라진 것, 슬픔이 사라

다. 반복은 절이 끝남을 의미한다.

1334 "인드라"는 신들의 왕이다. 62쪽 53번 각주 참조.

1335 "비로짜나(Virocana)"는 악신(asura)들의 왕이다.

1336 샹카라에 의하면 "서로 말이 없다"는 것은 '지혜의 결과(vidyāphala)에 대해 서로 질투하면서'라는 의미다.

1337 스승이 제자를 받아들일 때는 불을 피워 입문 의식을 위한 제사를 지내어 제자로 받아들였다. 따라서 화목을 손에 들고 가는 것은 제자가 되기를 청한다는 뜻이다.

진 것, 배고픔이 사라진 것, 목마름이 없는 것, 욕망이 진실한 것, 결심이 진실한 것인 아我, 그것에 대해 탐구해야 한다. 그것에 대해 제대로 잘 알려고 해야 한다. 그 아를 발견하여 제대로 잘 아는 이는 모든 세상들과 모든 욕망들을 얻는다.' 존경스런 분의 이러한 말씀을 알게 되었습니다. 그것을 원하여 머물렀습니다." 3

그 둘에게 쁘라자빠띠가 말했다.

"눈 안에 보이는 이 인아人我,[1338] 이것이 아我라고 말하는 것이다. 이것이 불사不死이며 두려움이 없음이다. 이것이 브라흐만이다."

그러자 이렇게 물었다.

"존경스런 분이시여, 물속에 모두 보이는 이것, 그리고 거울에 모두 보이는 이것, 이 가운데 어느 것이옵니까?"[1339]

이렇게 대답했다.

"이것은 이 모든 것들 안에 보이는 것이다!"[1340] 4

여덟 번째 절

"물그릇에서 자신을 바라보고 아我에 대한 걸 알지 못하는 게 있으면, 그걸 내게 말해 보거라!"

1338 샹카라에 의하면 눈을 비롯한 감각 기관에서 벗어나고 적황색이 씻긴 요가 수행자들에게는 눈 안에 있는 '보는 자'인 이 인아가 보인다. 나무 등에서 생겨난 염료인 적황색은 애(愛)와 증(憎)을 비롯한 것이다. 이것들은 마음을 물들이는 해로운 것이다. 지혜와 '바라고 기대함을 버림(vairāgya)'과 수련(修練)이라는 잿물에 의해서 마음을 물들이는 적황색은 씻긴다.

1339 인아(人我)의 원어인 뿌루샤(puruṣa)는 사람을 의미하기도 한다. 인드라와 비로짜나는 뿌루샤를 인아가 아닌 사람으로 알아듣고 질문하는 것이다.

1340 샹카라에 의하면 쁘라자빠띠의 이 말은 "내가 말한 눈 안에서 보는 자인 이것은 이 모든 것들 안에 보이는 것이다!"라는 의미다.

그러자 둘은 물그릇에 비추어 보았다. 그 둘에게 쁘라자빠띠가 물었다.

"무엇을 보느냐?"

둘은 대답했다.

"존경스런 분이시여, 저희 둘은 이 모든 몸이[1341] 머리와 손톱에 이르기까지 비춰지는 모습을 보고 있습니다." 1

그 둘에게 쁘라자빠띠가 말했다.

"너희 둘은 훌륭한 장신구를 걸치고, 좋은 옷을 입고, 잘 다듬고는 물그릇에 비추어 보도록 하여라."

둘은 훌륭한 장신구를 걸치고, 좋은 옷을 입고, 잘 다듬고는 물그릇에 비추어 보았다. 그 둘에게 쁘라자빠띠가 물었다.

"무엇을 보느냐?"[1342] 2

그 둘은 대답했다.

"존경스런 분이시여, 저희가 훌륭한 장신구를 걸치고, 좋은 옷을 입고, 잘 다듬은 바로 이처럼 그렇게 훌륭한 장신구를 걸치고, 좋은 옷을 입고, 잘 다듬은 것이옵니다!"

그러자 말했다.

1341 "몸"의 원어는 아트만(ātman)이다. 아트만은 '자신, 몸, 아들, 영혼, 아(我), 브라흐만' 등을 의미하기도 한다. 여기서는 문맥상 자신 혹은 몸을 의미한다.

1342 샹카라에 의하면 "잘 다듬는다"는 것은 손톱과 머리카락을 다듬는 것을 의미한다. 손톱과 머리를 다듬고 물에 비친 모습을 보니, 전에 보이던 손톱과 머리카락이 보이지 않는다. 이와 마찬가지로 몸도 생겨나고 사라지는 것이다. 지금 훌륭한 장신구와 좋은 옷 등이 물에 비추어 보이듯이 장신구를 안 하고 좋은 옷을 입지 않은 전의 몸도 물에 비추어 보인 것이다. 따라서 거울에 비추어지는 모습은 아(我)가 아니다. 아울러 기쁨, 고통, 애정, 증오, 미혹 등도 때때로 생겨나는 것이므로 아가 아니다.

"이것이 아我다. 이것이 불사不死이며 두려움이 없음이다. 이것이 브라흐만이다."

그 둘은 모두 평안한 마음이 되어 떠나갔다. 3

쁘라자빠띠는 그 둘을 바라보고는 말했다.[1343]

"저 둘은 아我를 얻지 못하고, 알지 못하고 가는구나! 신들이든 악신들이든지 간에 둘 가운데 누구라도, 이렇게 우파니샤드를[1344] 갖게 된다면, 그들은 패하게 될 것이다!"

그 비로짜나는 평안한 마음이 되어 악신들에게로 갔다. 그들에게 이 우파니샤드를[1345] 알려 주었다.

"이 세상에 바로 몸이 존중해야 할 것이다. 몸이 섬겨야 할 것이다. 이 세상에서 바로 몸을 존중하고 섬기어서 이 세상과 저세상 둘 다 얻는다!" 4

그래서 오늘날 또한 이 세상에서 보시하지 않는 사람을, 믿음을 갖지 않는 사람을, 제사 지내지 않는 사람을 "아, 아수라阿修羅같은[1346] 놈!" 이라고 말한다. 이 우파니샤드는[1347] 악신들의 것이다. 그들은 죽은 몸을

1343 샹카라에 의하면 멀리 가고 있는 그 둘을 보면서 죄가 제거된 아에 대한 자신의 말처럼 이 말도 그들에게 전해질 것이라 생각하면서 말한 것이다.

1344 샹카라에 의하면 여기서 "우파니샤드"는 '아(我)에 대한 지혜(ātmavidyā)'를 의미한다.

1345 샹카라에 의하면 여기서 "우파니샤드"는 '몸이 아(我)라고 하는 지혜(śarīrātmavidyā)'를 의미한다.

1346 "아수라"는 악신의 원어인 아쑤라(asura)가 불경에서 음사된 형태다. 우리말에서 '아수라장' '아수라 같은 놈' 등의 표현이 사용되므로 여기서는 아쑤라를 악신으로 번역하지 않고 아수라(阿修羅)로 음사했다. 38쪽 16번 각주 참조.

1347 막스 뮐러와 라다크리슈난은 여기서 "우파니샤드"를 '교의, 가르침(doctrine)'이라고 번역한다.

구걸하여 얻은 것으로,[1348] 옷으로, 장신구로[1349] 잘 가꾼다. 이것을 통해 그들은 저세상을 얻으리라고 생각한다. 5

아홉 번째 절

이제 인드라는 신들에게 이르기 전에 이 두려움을 보았다.

"마치 이 몸에 훌륭한 장신구를 걸치면 이것은[1350] 훌륭한 장신구를 걸친 게 되듯이, 좋은 옷을 입으면 좋은 옷을 입은 게, 잘 다듬으면 잘 다듬은 게 되듯이, 바로 이처럼 이것은[1351] 이것이[1352] 장님이 되면 장님이 되고, 애꾸가[1353] 되면 애꾸가, 외팔이 외다리가 되면 외팔이 외다리가 된다. 이 몸이 사라지면 이것도 따라 사라진다! 나는 여기에[1354] 향수享受할 게 보이지 않는다!" 1

그는 화목火木을 손에 들고 다시 찾아갔다. 그에게 쁘라자빠띠가 물었다.

"마가반이여,[1355] 비로짜나와 함께 평안한 마음이 되어 떠나간 그대는 무엇을 바라 다시 돌아 왔는가?"

1348 샹카라에 의하면 "구걸하여 얻은 것"은 향, 화환, 곡식 등이다.

1349 샹카라에 의하면 "장신구"는 깃발과 만장 등이다.

1350 샹카라에 의하면 "이것"은 물에 '비친 아(映像我, chāyātman)'다.

1351 "이것"은 물에 '비친 아(映像我)'다.

1352 샹카라에 의하면 "이것"은 몸이다.

1353 "애꾸"의 원어는 쓰라마(srāma)다. 쓰라마의 사전적인 의미는 '절름발이, 환자' 등이다. 그러나 샹카라는 쓰라마를 문맥에 따라 애꾸(ekanetra)라고 해석한다. 막스 뮐러와 라다크리슈난은 쓰라마를 '절름발이(lame)'라고 번역한다.

1354 샹카라에 의하면 "여기에"는 '물에 비친 아(映像我) 혹은 몸이라는 아(身我, dehātman)에'라는 의미다.

1355 "마가반(Maghavan)"은 인드라의 다른 이름이다. 마가반은 '선물을 주는 자, 선물을 가진 자, 풍요로운 자, 후한 자' 등을 의미한다. 62쪽 54번 각주 참조.

그가 대답했다.

"존경스런 분이시여, 마치 이 몸에 훌륭한 장신구를 걸치면 바로 이것은 훌륭한 장신구를 걸친 게 되듯이, 좋은 옷을 입으면 좋은 옷을 입은 게, 잘 다듬으면 잘 다듬은 게 되듯이, 바로 이처럼 이것은 이것이 장님이 되면 장님이 되고, 애꾸가 되면 애꾸가, 외팔이 외다리가 되면 외팔이 외다리가 됩니다. 이 몸이 사라지면 이것도 따라 사라집니다. 저는 여기에 향수享受할 게 보이지 않습니다!" 2

"마가반이여, 이것은 바로 그러하다"라고 말했다. "이것을 내 너에게 더 가르쳐 주마! 다시 삼십이 년을 더 지내도록 하여라."

그는 다시 삼십이 년을 더 지냈다. 그러자 그에게 말했다. 3

열 번째 절

"꿈에서 존경받으며 돌아다니는 이것, 이것이 바로 브라흐만이다."[1356] 이렇게 말했다. "이것이 불사不死이며 두려움이 없음이다. 이것이 브라흐만이다."

그는 평안한 마음이 되어 떠나갔다. 그는 신들에게 이르기 전에 이 두려움을 보았다.

"그러면! 이 몸이 비록 장님이 된다 하더라도 그것은 장님이 아닌 것이 된다. 만일 애꾸라 하여도 애꾸가 아닌 것이, 이것은 이것의 흠으로 인해 흠나지 않는다!" 1

1356 샹카라에 의하면 꿈에서 여자 등에 의해 "존경받으며 돌아다니는" 것, 즉 수많은 꿈의 즐거움들을 경험하는 것, 이것이 아(我)다.

"이것이[1357] 살해되어도 죽지 않는다. 이것이 애꾸가 된다 해서 애꾸가 되지 않는다. 그러나 이것을[1358] 죽이는 것도 같고, 내쫓기도 하는 것 같다.[1359] 달갑지 않은 것을 아는 것 같다. 울기도 하는 것 같다. 나는 여기에[1360] 향수享受할 게 보이지 않는다!" 2

그는 화목火木을 손에 들고 다시 찾아갔다. 그에게 쁘라자빠띠가 물었다.

"마가반이여, 평안한 마음이 되어 떠나가더니, 무엇을 바라 다시 돌아 왔는가?"

그가 대답했다.

"존경스런 분이시여, 이 몸이 비록 장님이 되어도 그것은 장님이 아닌 것이 됩니다. 만일 애꾸라 하여도 애꾸가 아닌 것이, 이것은[1361] 이것의[1362] 흠으로 인해 흠나지 않습니다!" 3

"이것이 살해되어도 죽지 않습니다. 이것이 애꾸가 된다 해서 애꾸가 되지도 않습니다. 그러나 이것을 죽이는 것도 같고, 내쫓기도 하는 듯합니다. 달갑지 않은 것을 아는 것도 같고, 울기도 하는 듯합니다. 저는 여기에 향수享受할 게 보이지 않습니다!"

1357 여기서 "이것"은 몸을 뜻한다.

1358 샹카라에 의하면 '꿈의 아(svapnātman)'를 의미한다.

1359 "내쫓는다"의 원어는 윗차다얀띠(vicchādayanti)다. 윗차다얀띠는 '옷을 벗기다'라는 의미를 지닌 어근 윗차드(vicchad)의 사역 동사 삼인칭 다수 형태다. 그러나 샹카라는 '내쫓는다(vidrāvayanti)'로 해석한다. 샹카라의 의미를 따르기로 한다.

1360 샹카라에 의하면 "여기에"는 '꿈의 아에 대한 지혜(svapnātmajñāna)에'라는 의미다.

1361 여기서 "이것"은 '꿈의 아'를 뜻한다.

1362 여기서 "이것"은 몸을 뜻한다.

"마가반이여, 이것은 바로 그러하다!"라고 말했다. "이것을 내 너에게 더 가르쳐 주마! 다시 삼십이 년을 더 지내도록 하여라."

그는 다시 삼십이 년을 더 지냈다. 그러자 그에게 말했다. 4

열한 번째 절

"완전히 잠이 들어 온전히 해맑게 되어 꿈을 알지 못하는 그러한 이것이 바로 아我다"라고 말했다. "이것이 불사不死이며 두려움이 없음이다. 이것이 브라흐만이다."

그는 평안한 마음이 되어 떠나갔다. 그는 신들에게 이르기 전에 이 두려움을 보았다.

"이것은[1363] 지금 이처럼 '이것이 나다'라는 것을 알지 못한다. 이처럼 이 존재들을 알지 못한다. 멸망에 이른 것과 같다. 나는 여기에[1364] 향수享受할 게 보이지 않는다!" 1

그는 화목火木을 손에 들고 다시 찾아갔다. 그에게 쁘라자빠띠가 물었다.

"마가반이여, 평안한 마음이 되어 떠나간 그대는 무엇을 바라 다시 돌아 왔는가?"

그가 대답했다.

"존경스런 분이시여, 이것은 지금 이처럼 '이것이 나다'라고 자신을 알지 못합니다. 이처럼 이 존재들을 알지 못합니다. 멸망에 이른 것과 같습니다. 저는 여기에 향수享受할 게 보이지 않습니다!" 2

1363 "이것"은 '꿈 없는 잠의 상태'의 아(我)다.

1364 "여기에"는 '꿈 없는 잠의 상태의 아(我)에 대한 지혜에'라는 의미다.

"마가반이여, 이것은 바로 그러하다!"라고 말했다. "이것을 내 너에게 더 가르쳐 주마! 이와 다른 것은 없다.[1365] 다시 오 년을 더 지내도록 하여라."

그는 다시 오 년을 더 지냈다. 그 모두 백일 년이 되었다. 그래서 마가반이 백일 년 동안을 청정범행으로 쁘라자빠띠에게 머물렀다고 말들 하는 것이다. 그에게 말했다. 3

열두 번째 절

"마가반이여, 이 몸은 죽는 것이다. 죽음에 사로잡힌 것이다. 그것은[1366] 불사不死인, 몸이 없는 이 아我의 거처다. 몸과 함께 있으면 좋아함과 싫어함에 사로잡힌다. 몸과 함께 있는 것에 있어서 좋아함과 싫어함의 멸함은 없다. 좋아함과 싫어함은 몸이 없는 것을 건드리지 못한다!" 1

"바람은 몸이 없다. 구름, 번개, 천둥, 이들은 몸이 없는 것들이다. 그러한 이들은 저 허공에서 일어나 최고의 빛을[1367] 얻어 자신의 모습으로 나타난다." 2

"바로 이처럼 이 온전히 해맑은 것은 이 몸에서 일어나 최고의 빛을 얻어 자신의 모습으로 나타난다. 그것은 가장 높은 인아人我다. 그는 그곳에서 여자들과 혹은 수레들로 혹은 친지들과 웃으며[1368] 놀며 즐기며

1365 샹카라에 의하면 이 아(我)와 다른 것은 아무것도 없다는 의미다.

1366 "그것"은 몸을 의미한다. 몸의 원어인 샤리라(śarīra)는 불경에서 '사리(舍利), 설리라(設利羅)' 등으로 음사된다.

1367 샹카라에 의하면 "최고의 빛"은 높은 태양빛, 즉 여름빛을 의미한다.

1368 샹카라에 의하면 "웃으며"는 혹은 '먹으며'라는 의미다.

부가된 이 몸을[1369] 잊은 채 사방으로 돌아다닌다. 그것은 마치 매일 것이 수레에 매이듯 바로 이렇게 이 생기가 몸에 매어 있다."[1370] 3

"이제 이 허공에 고정된 곳에 있는 눈 그것은 눈에 있는 인아人我다.[1371] 눈은 보기 위한 것이다. '나는 냄새를 맡을 거야'라고 알고 있는 것, 그것은 아我다. 코는 냄새 맡기 위한 것이다. 이제 '나는 이것을 말할 거야'라고 알고 있는 것, 그것은 아다. 입은 말하기 위한 것이다. 이제 '나는 이것을 들을 거야'라고 알고 있는 것, 그것은 아다. 귀는 듣기 위한 것이다."[1372] 4

1369 샹카라에 의하면 "부가된 이 몸"은 '남녀가 서로 교제하여 생겨난 이 몸' 혹은 '아(我)의 상태로 혹은 아와 인접하여 생겨난 몸'을 의미한다.

1370 샹카라에 의하면 '온전히 해맑은 것'인 생령은 몸과는 다른 아(我)의 모습을 이해하여 '몸의 아(dehātman)'라는 생각을 버리고 자신의 본모습인 '있음의 아(sadātman)'로 나타난다. 눈에 있는 인아(人我)와 꿈의 인아는 드러난 인아이며, 꿈 없는 잠의 인아는 드러나지 않은 인아다. 자신의 본모습으로 머무는 인아는 이 드러난 인아와 드러나지 않은 인아에 비해 '가장 높은 인아(uttamapuruṣa)'다. 이 '온전히 해맑은 것'은 자신의 본모습으로 '자신의 아'에 스스로 머물러서 '모든 것의 아'가 되어 사방으로 돌아다닌다. 그 어딘가에서는 인드라 등의 아로써 웃거나 먹고, 그 어딘가에서는 마음만으로 즉 결심으로 인해서 나타난 브라흐만의 세계의 것들과 더불어 놀면서 혹은 마음을 통해 여자들과 즐기면서 부가된 이 몸을 잊은 채 사방으로 돌아다닌다. 왜냐하면 몸을 기억하면 고통이 생기기 때문이다. 말이나 황소가 수레나 마차에 매어 있듯이 다섯 가지 활동인 생기는 이 몸에서 기관, 마음, 지성과 연결된다. 인식력과 활동력 이 두 가지에 의해서 구체화된 아인 '앎을 본질로 하는 아(prajñātman)'가 행위의 결과를 향수(享受)하기 위해 이 몸에 연결된다.

1371 샹카라에 의하면 "허공"은 눈의 동공(瞳孔, kṛṣṇatārā)을 의미한다. 동공인 몸의 구멍에 고정된 곳, 즉 몸의 구멍 안에 있는 곳, 그곳에 몸이 없는 아(我)가 있다. 인아는 몸이 없는 아를 의미한다.

1372 샹카라에 의하면 "눈"은 눈에 있는 아가 보기 위한 것이고, "코"는 아가 냄새 맡기 위한 것이고, "입"은 아가 말하기 위한 것이고, "귀"는 아가 듣기 위한 것이다.

"이제 '나는 생각할 거야'라고 알고 있는 그것은 아我다. 마음은 이것의 신성한 눈이다. 그러한 이것은 신성한 눈인 마음으로 브라흐만의 세계에 있는 이 욕망들을 보며 즐긴다."[1373] 5

"그러한 이 아我에 대해 신들은 명상한다. 그래서 그들에게 모든 세상들과 모든 욕망들이 얻어진 것이다. 이 아를 발견하여 제대로 잘 아는 자는 모든 세상들과 모든 욕망들을 얻는다." 이렇게 쁘라자빠띠가 말했다. 쁘라자빠띠가 말했다.[1374] 6

열세 번째 절

나는 검은색에서 다양한 색을 얻으리라. 나는 다양한 색에서 검은색을 얻으리라. 말이 털들을 털듯이 죄를 털고, 달이 '라후'의 입에서 벗어나듯이 몸을 벗겨내고, 할 바를 이룬 아我가 되어 이루어진 바 없는 브라흐만의 세계에 나는 이르리라. 나는 이르리라.[1375] 1

1373 샹카라에 의하면 "이것"은 아를 의미한다. 알고 있는 것, 그것이 아라는 말이 모든 곳에 사용되는 것으로 보아 앎(vedana)이 아의 본모습인 것으로 이해된다. 지각 기관들은 현재의 대상만을 파악하는 것이라 신성하지 않다. 그러나 과거, 현재, 미래를 파악하는 기관인 마음은 흠결이 씻긴 것, 미묘한 것, 가려진 것 등 모든 것을 파악하는 기관이기 때문에 신성한 눈이라고 일컬어진다. 욕망들은 브라흐만의 세계에 있으며, 외부의 대상에 대한 집착이라는 거짓으로 덮여 있다. 이 욕망들을 단지 결심에 의해서 얻을 수가 있다.

1374 샹카라에 의하면 여기서 반복은 절이 끝남을 의미한다.

1375 샹카라에 의하면 정화(淨化)하는 진언(眞言)으로써 염송하거나 집중 명상을 하기 위한 것이다. 심장에 있는 브라흐만은 지극히 도달하기 힘든 것이기 때문에 "검은색(śyāma)"이다. 브라흐만의 세계는 많은 욕망들이 섞여 있어서 "다양한 색(śabala)"이다. 브라흐만의 세계인 이 다양한 색이 자연(근원, prakṛti)의 본모습인 아다. 나는 마치 말이 털들을 털어 피로와 먼지를 털어 내듯이 그렇게 심장의 브라흐만에 대한 지혜로써 도덕과 악덕이라는 죄(pāpa)를 털어 내고, 달이 라후(Rāhu)의 입에서 벗어나 빛나듯이 그렇게 모든 의미 없는 것들의 바탕인 몸을 버리고, 바로 이승에서 집중 명상을 통해서 해야 할 바를 행한

열네 번째 절

허공이라 불리는 것이 이름과 형태를 나타내는 것이다. 그 둘이 안에 있는 것, 그것이 브라흐만이다. 그것이 불사不死다. 그것이 아我다. 나는 쁘라자빠띠의 회당會堂에 이르리라. 나는 영광이다. 브라흐마나들의 영광, 왕들의 영광, 평민들의 영광이 되리라. 그런 나는 영광들의 영광이다. 이 없이 먹는 대추빛 붉은[1376] 진창에 나는 다가가지 않으리라. 대추빛 붉은 진창에 나는 다가가지 않으리라.[1377] 1

열다섯 번째 절

그러한 이것을 브라흐마가 쁘라자빠띠에게 알려 주었다. 쁘라자빠띠는 마누에게, 마누는 백성들에게. 스승의 집에서 스승께 해야 할 일을 남김없이 법도에 맞게 한 다음 베다를 공부하고, 돌아와 집에서 정결한 곳에서 스스로 공부할 바를 공부하고, 덕이 있는 자들로 만들며, 모든 기관들을 아我에 잘 바탕을 두게 하고, 경전에서 허락하는 것 외에는 다른 존재들에게 해를 주지 말며, 그는 나이가 다할 때까지 이와 같이 지내다 브라흐만의 세계를 얻는다. 그리고 다시 되돌아오지 않는다. 그리고 다시 되돌아오지 않는다.[1378] 1

상태가 되어 행한 바가 없는, 즉 항상한 브라흐만의 세계를 얻는다. 반복은 진언이 끝남을 의미한다. "라후"는 달을 먹는 악신이다. 라후가 달을 삼키면 월식(月蝕)이 생긴다.

1376 막스 뮐러와 라다크리슈난은 "대추빛 붉은(śyeta)"을 '흰(white)'이라고 번역한다.

1377 샹카라에 의하면 아(我)는 허공이라는 이름으로 유명하다. 아는 허공처럼 몸이 없고 허공처럼 미세하기 때문이다. 허공은 물이 물거품을 흘려 내듯이 이름과 형태를 구별해 나타내는 것이다. 그리고 브라흐만은 이름과 형태를 안에 지니고 있는 것으로 그 이름과 형태와는 무관하면서도 그 이름과 형태를 흘러 나가게 하는 것이다. 익은 대추처럼 붉은색이며 이빨이 없이도 먹는 것은 여성의 성기다. 여성의 성기는 자신과 성교하는 자들의 열기, 힘, 용맹, 지혜, 도덕 등을 없애 버린다. 반복은 나쁘다는 것을 나타내기 위함이다.

평온을 위한 낭송[1379]

옴ॐ, 내 몸의 부분들, 언어와 생기生氣와 눈과 귀가 충만해지길 원하노라. 모든 기관들 또한 힘차기를 원하노라. 우파니샤드가 품은 브라흐만은 모든 것이니, 내가 브라흐만을 물리치지 않기를 원하노라. 브라흐만이 나를 물리치지 않기를 바라노라. 물리침이 없기를 바라노라. 내게 물리침이 없기를 바라노라. 그러므로 우파니샤드들에 있는 진리들, 그것들이 아我 안에서 만족해하는 나에게 있기를 바라노라. 그것들이 나에게 있기를 바라노라.

옴ॐ, 평온이여, 평온이여, 평온이여!

1378 샹카라에 의하면 브라흐마는 히란야가르바(黃金子宮, 金胎) 혹은 '최고의 자재자(parameśvara)'다. 쁘라자빠띠는 까스야빠(Kaśyapa)다. 제자가 해야 할 가장 중요한 일은 스승을 섬기는 일이다. 따라서 스승께 해야 할 일을 다 하고 남은 시간에 『베다』를 공부한다. 공부를 마치고 집으로 돌아와 결혼 생활을 하면서도 부정하지 않은 정결한 외딴 곳에서 매일매일의 공부와 힘닿는 대로 더 많이 『리그베다』 등을 공부한다. 아들과 제자들을 덕이 있는 자들로 훈육한다. 자신의 심장에 있는 브라흐만에 모든 기관들을 거두어 모아 다른 생명체들을 해치지 않는다. 구걸을 하러 돌아다니다 다른 자에게 고통을 줄 수가 있다. 그래서 경전에서 허락하는 것 외에는 다른 것에 대해서는 해를 주지 말라는 것이다. 이와 같은 방식으로 평생을 지내면 죽음에 이르러 브라흐만의 세상을 얻는다. 그리고 육신을 취하기 위해 다시 돌아오지 않는다. 반복은 『우파니샤드』가 끝남을 의미한다.

1379 1958년에 인도 푸나의 베다 교정 기관에서 간행된 교정 판본에는 없는 부분이다. 샹카라의 산스크리트 주석본에 있는 내용이다.

브리하드아란야까 우파니샤드

『브리하드아란야까 우파니샤드Bṛhadāraṇyaka Upaniṣad』는 『야주르베다Yajurveda』 가운데 『슈끌라 야주르베다Śukla Yajurveda』의 계통에 속하는 브라흐마나Brāhmaṇa인 『샤따빠타 브라흐마나Śatapatha Brāhmaṇa』의 일부분이다. 전체가 『우파니샤드』이면서 동시에 브라흐마나이기 때문에 아주 오래되고 중요한 『우파니샤드』다.

브리하드아란야까Bṛhadāraṇyaka에서 브리하드Bṛhad는 '크다, 높다, 넓다'는 뜻이며, 아란야까āraṇyaka는 '숲, 숲에 사는 사람, 숲에서 생겨난 것, 숲에서 읽는 문헌' 등을 의미한다. 샹카라Śaṁkara에 의하면 모든 『우파니샤드』 가운데 가장 방대한 분량의 『우파니샤드』이며, 숲에서 읽는 『우파니샤드』이기 때문에 『브리하드아란야까 우파니샤드』라고 한다.

『슈끌라 야주르베다』의 학파는 마드얀디나Mādhyandina 파와 깐바Kāṇva 파 이렇게 두 학파가 있다. 따라서 『브리하드아란야까 우파니샤드』는 마드얀디나 파의 판본과 깐바 파의 판본이 존재한다. 샹까라의 산스크리트 주석은 깐바 파의 판본에 바탕을 두고 있다.

평온을 위한 낭송[1]

옴ॐ, 그것은 충만한 것이다.[2] 이것은 충만한 것이다.[3] 충만한 것에서 충만한 것이 생겨난다.[4] 충만한 것의 충만함을 취하니 충만함만이 남는다.[5]

옴ॐ, 평온! 평온! 평온![6]

첫 번째 장

첫 번째 절[7]

옴ॐ, 새벽은 제물로 쓸 말의 머리다.[8] 태양은 눈, 바람은 생기, 벌린

---

1 1958년에 인도 푸나의 베다 교정 기관에서 간행된 교정 판본에 없는 부분이다. 샹카라의 산스크리트 어 주석본에도 없는 부분이다. 막스 뮐러와 라다크리슈난의 영어 번역본에도 없는 부분이다. 싸뜨야브라따 씻단따랑까라의 힌디 어 번역본에도 없는 부분이다. 하지만 기타프레스에서 나온 현대 인도어인 힌디 어 해석본에 있는 부분이다. 샹카라에 의하면 본 『브리하드아란야까 우파니샤드』(5. 1. 1)의 보유편(補遺篇, khilakāṇḍa)에 있는 만뜨라다. 『이샤 우파니샤드』의 평온을 위한 낭송과 동일하다.

2 35쪽 2번 각주 참조.

3 35쪽 3번 각주 참조.

4 35쪽 4번 각주 참조.

5 35쪽 5번 각주 참조.

6 36쪽 6번 각주 참조.

7 『브라하드아란야까 우파니샤드』에서는 절을 브라흐마나(Brāhmaṇa)라고 부른다.

8 샹카라에 의하면 마제(馬祭, aśvamedha)는 모든 행위(karma)들 가운데 최고의 행위다. 전체적인 것과 개별적인 것을 결과로 얻게 하기 때문이다. 마제에 대해 이해하는 것은 제사를 지내는 것과 같은 결과를 가져온다. 마제의 주신(主神)은 조물주인 쁘라자빠띠(Prajāpati)이며, 말(馬, aśva)이 가장 중요한 역할을 하기 때문에 마제라고 이름한다. 시간과 세상과 신을 말에게 부여함으로써 말을 조물주인 쁘라자빠띠가 되게 한다. 신상(神像)에 위스누(Viṣṇu)의 신성 등을 부여하는 것과 마찬가지로 이 말은 쁘라자빠띠가 된다. "새벽(uṣā)"은 브라흐마무후르따(brahmamuhūrta)다. 머리는 으뜸이기 때문이다. 브라흐

입은 와이스바나라 불이다.[9] 연年은 제물로 쓸 말의 몸통이다.[10] 하늘은 등, 허공은 배, 땅은 발굽,[11] 방위들은 양 옆구리, 간방間方들은 갈빗대들, 계절들은 사지들, 개월들과 보름들은 관절들, 밤과 낮들은 발들, 별들은 뼈들, 구름들은 살들, 모래들은 소화가 덜된 것들, 강들은 혈관들,[12] 산들은 간과 허파들, 초목들은 털들, 떠올라가는 것은 앞 절반 부분, 지는 것은 뒤 절반 부분이다.[13] 하품하는 그것은 번개가 번쩍이는 것이다. 몸을 터는 그것은 천둥이 치는 것이다. 오줌을 누는 그것은 비가 내리는 것이다. 언어는 이것의 언어다.[14] 1

위대함인 낮은 말을 따라 앞에서 생겨나네, 동쪽 바다에 그것의 탄생지가 있다네. 위대함인 밤은 이것을 따라 뒤에서 생겨나네, 서쪽 바다에 그것의 탄생지가 있다네. 이 위대한 두 개가 말 양쪽으로 떠오르니.[15] 신의 말이[16] 되어 신들을 데려오고, 간다르바의 말이[17] 되어 간다르바들

마무후르따는 해가 뜨기 전의 시간이다. 햇살이 아직 나타나지 않은 시간이지만 태양의 기운이 상공에 가장 왕성하게 형성되는 시간이다.

9 샹카라에 의하면 "눈"의 주신은 태양이다. 와이스바나라에 대해서는 204쪽 15번 각주 참조.

10 "몸통"의 원어는 아트만(ātman)이다. 아트만은 남성 명사로 '자신, 몸, 아(我), 브라흐만, 영혼' 등을 뜻한다. 샹카라에 의하면 여기서 아트만은 몸을 의미하며, 특히 몸의 가운데 부분, 즉 몸통을 의미한다. "연(年, saṁvatsara)"은 열두 달 혹은 열세 달로 되어 있다.

11 샹카라에 의하면 "발굽(pājasya)"은 발판(pādāsansthāna)이다. 막스 뮐러는 발굽을 가슴(the chest)이라고 번역한다.

12 막스 뮐러는 "혈관"을 '창자, 내장(bowels)'이라고 번역한다.

13 샹카라에 의하면 태양이 정오에 이르기까지 떠올라 가는 것은 배꼽 위의 "절반 부분"이다. 태양이 정오에서 질 때까지 내려가는 부분은 배꼽 아래의 "절반 부분"이다.

14 샹카라에 의하면 "언어(vāc)"는 소리(śabda)이며, 말(馬)의 언어라는 의미다.

15 "떠오르니(saṁbabhūvatuḥ)"는 '함께 연결되니'라고 번역할 수도 있다.

16 "신(神, deva)의 말"의 원어는 하야(haya)다. 샹카라에 의하면 하야는 속도를 의미하는 어근 히(hi)에서 파생된 낱말로 특별한 속도라는 의미이며, 말의 한 종류다. 막스 뮐러는 하야를 경주마(racer)라고 번역한다. 라다크리슈난은 '승마용 말, 군마(steed)'라고 번역한다.

을, 아쑤라의 말이[18] 되어 아쑤라들을, 인간의 말이[19] 되어 인간들을 데려온다네. 바다는 바로 이것의 친척, 바다는 탄생지라네![20] 2

두 번째 절

이곳엔 처음에 그 아무 것도 없었다. 이 모든 것은 죽음으로, 먹고 싶은 욕망으로 덮여 있었다. 먹고 싶은 욕망이 바로 죽음이기 때문이다. 그는 마음을 만들었다.[21]

"나는 아我를[22] 갖추리라!"

---

17 "간다르바(Gandharva)의 말"의 원어는 와진(vājin)이다. 와진은 '힘, 원기, 전쟁, 음식' 등을 의미하는 와자(vāja)라는 낱말에서 파생된 단어로 일반적으로 전마(戰馬)를 뜻한다. 샹카라에 의하면 와진은 말의 한 종류다. 막스 뮐러와 라다크리슈난은 와진을 '종마(種馬, stallion)'라고 번역한다.

18 "아쑤라(阿修羅, asura)의 말"의 원어는 아르바(arvā)다. 아르바는 '경주마, 월신(月神, candramā)의 열 마리 말들 가운데 한 마리' 등을 뜻한다. 샹카라에 의하면 아르바는 말의 한 종류다. 막스 뮐러와 라다크리슈난은 아르바를 '경주마(runner)'라고 번역한다. 아수라에 대해서는 38쪽 16번 각주 참조.

19 "인간(manuṣya)의 말"의 원어는 아스바(aśva)다. 아스바는 일반적인 말의 통칭이다. 샹카라에 의하면 아스바는 말의 한 종류다. 막스 뮐러와 라다크리슈난은 아스바를 '말(horse)'이라고 번역한다.

20 샹카라에 의하면 말(馬)이 조물주인 쁘라자빠띠로 상정되기 때문에 말의 앞과 뒤에 위대함(mahimā)이라는 이름의 제기(祭器)를 각각 하나씩 놓는다. 말의 앞에 놓는 제기는 황금으로 만들어진 것으로 낮(aha)이라고 부른다. 이 제기의 출생지(子宮, yoni)는 동쪽 바다다. 말 뒤에 놓는 제기는 은으로 만들어진 것으로 밤(rātri)이라고 부른다. 이 제기의 출생지는 서쪽 바다다. 바다(samudra)는 '지고의 아(parātman)'이며, 친척(bandhu) 즉 '묶는 것(bandhana)'이다. 이곳에 묶이기 때문이다. 바다는 자궁(yoni)이다. 즉 생겨남의 원인이다.

21 막스 뮐러는 "그는 마음을 만들었다(tanmano'kuruta)"를 바로 앞의 죽음과 연결시켜서 '(첫 번째 존재) 죽음이 생각했다[death (the first being) thought]'고 번역한다.

22 "아"의 원어는 아트만(ātman)이다. 아트만은 남성 명사로 '영혼, 개별적인 영혼, 아, 브라흐만, 몸, 자신, 태양, 불, 아들' 등을 뜻한다. 샹카라에 의하면 여기서 아트만은 마음(manas)을 의미한다. 막스 뮐러는 여기서 아트만을 몸(body)으로 번역한다.

그는 예경하며[23] 움직였다. 예경하는 그에게서 물들이 생겨났다. "예경하는 나에게 기쁨이 생겨났다!"

그것이 '예경하는 자'를[24] '예경하는 자'라고 하는 이유다. 이처럼 '예경하는 자'를 '예경하는 자'라고 하는 이 이유를 아는 이에게는 분명히 기쁨이 생겨난다.[25] 1

---

23 "예경하며"의 원어는 아르짠(arcan)이다. 아르짠은 '빛나다, 찬양하다, 노래하다, 예배하다' 등을 뜻하는 어근 '아르쯔(arc)'의 활용 형태다. 따라서 "예경하며"를 '빛나며'로 옮겨도 좋다. 뒤에 나타나는 '예경하는'의 경우도 마찬가지다.

24 여기서 "예경하는 자"의 원어는 아르까(arka)다. 아르까는 남성 명사로 '빛, 광선, 태양, 일요일, 불, 수정(水晶), 예경, 찬송, 찬가, 노래, 가수, 예경하는 자' 등을 뜻한다.

25 샹카라에 의하면 마제(馬祭)에 사용되는 불(agni)의 발생에 대해 언급하는 것이다. 마음을 비롯한 것들이 생겨나기 이전에는 이 세상 그 어느 것도 이름(nāma)과 형태(rūpa)에 의해서 구분되는 것이 없었다. 그러나 원인과 결과 이 둘은 원인이 결과를 감싼 상태로 처음부터 존재해 있었다. 결과는 생겨나기 이전부터 있었다. 왜냐하면 결과는 '드러나는 특성을 지닌 것(abhivyaktiliṃgatva)', 즉 '직접적으로 인식에 바탕을 두어 얻는 것(sākṣādvijñānālambanatvaprāpti)'이기 때문이다. 이것은 마치 그릇을 감싸고 있는 어둠을 빛으로 거두어 내면 그릇이 인식(vijñāna)의 대상이 되는 것과 유사하다. 만일 그릇이 처음부터 없었다면, 해가 떠도 그릇은 없을 것이다. 이처럼 이 세상은 세상이 생겨나기 이전부터 존재하는 것이다. 그리고 원인에 존재하는 결과는 다른 결과를 덮고 있는 상태로 존재한다. 예를 들면 결과인 그릇을 깨어 거두어 내면 다른 결과인 가루 등의 결과가 나타난다. 가루 등의 결과를 거두어 내면 그릇이란 결과가 나타난다. 따라서 그릇 등의 결과를 나타내고 싶은 자들에게는 정해진 '행위자의 활동(kārakavyāpāra)'이 필요하다. 현재와 마찬가지로 과거와 미래에도 결과는 존재한다. 요가 수행자의 과거와 미래에 대한 앎(jñāna)은 진실이기 때문이다. 만일 결과가 미래에 존재하지 않는다면, 자재자(自在者, īśvara)의 미래의 결과에 대한 '직관적인 앎(pratyakṣajñāna)'은 헛될 것이기 때문이다. 이 모든 것들을 '먹고 싶은 욕망(aśanāyā)'인 죽음(mṛtyu)이 덮고 있었다. 먹기를 원하는 자는 '먹고 싶은 욕망'에 바로 이어서 중생(jantu)들을 죽이기 때문에 먹고 싶은 욕망이 죽음이라고 말하는 것이다. 먹고 싶은 욕망은 '지성의 아(buddhyātman)'가 가진 속성이다. 그래서 지성(buddhi)에 위치한 히란야가르바(黃金子宮, 金胎, Hiraṇyagarbha)를 죽음이라고 일컫는 것이다. 바로 이러한 죽음에 의해 이 결과들이 마치 그릇 등이 흙덩어리의 상태에 의해 덮여 있는 것처럼 덮여 있었다. 죽음은 결과를 창조해 내고자 결과를 '보는 능력(ālocanakṣama)'인 마음, 즉 결심(saṁkalpa) 등을 특징으로 하는 것인 내적 기관(antaḥkaraṇa)을 만들었다. 왜 마음을 만들었는가 하면, "나는 '마음이 있는 자(manasvin)'가 되리라!" 즉 죽음인 '히란야가르바 쁘라자빠띠(Hiraṇyagarbha Prajāpati)'는 드러낸 마음에 의해 마음

물이 바로 '예경하는 자'다. 그 가운데 바로 그 물의 더껑이로 있던 그것이 모였다. 그것이 땅이 되었다. 그것이 되자 지쳤다.[26] 그 지쳐 열난 것에서 열기정수熱氣精髓인 불이 생겨났다. 2[27]

그는 자신을 세 가지로 나누었다. 태양을 세 번째로, 바람을 세 번째로, 그러한 이 생기는 세 가지로 나누어졌다. 그것의 동쪽 방향은 머리, 저것과 저것은 앞 다리들이다. 이제, 서쪽 방향은 꼬리, 저것과 저것은 뒷다리들이다. 남쪽 방향과 북쪽 방향은 양 옆구리다. 하늘은 등, 허공은 배, 이것은 가슴이다.[28] "그런 이것은 물에 자리 잡고 있다. 이와 같이 알고 있는 이는 그 어디를 가든지 그곳에 자리 잡는다.[29] 3

을 지닌 존재가 되어 자신을 예배(pūjā)하며 "나는 뜻을 이룬 자가 되었다!"라고 했다. 쁘라자빠띠가 예배하는 동안 예배의 부분이 되는 정수(精髓, rasa)를 본질로 하는 물이 생겨났다. "예경하는(arcate) 나에게 물(ka)이 생겨났다!"고 해서 마제에 사용되는 불을 "예경하는 자"라고 한다. 이것이 불의 다른 이름인 아르까(arka)의 어원이다. 예경(arcana)에 의해서, 즉 기쁨의 원인인 예배를 함으로써 그리고 물과 관련되기 때문에 물의 다른 이름이 아르까가 된 것이다. 이와 같이 아르까가 아르까가 되는 것을 아는 사람은 까(ka), 즉 물 혹은 "기쁨(sukha)"이 생긴다. 왜냐하면 까는 물 혹은 기쁨과 동의어이기 때문이다.

26 막스 뮐러는 "그것이 되자 지쳤다"를 '그 땅에서 (죽음인) 그는 쉬었다[on that earth he (death) rested]'고 번역한다. 라다크리슈난은 '그곳에서 그는 쉬었다(on it he rested)'고 번역한다.

27 샹카라에 의하면 예경의 부분이 된 "바로 그 물"이 불인 '예경하는 자'의 원인이 되기 때문에 '예경하는 자'다. 또한 물에 불이 자리 잡고 있기 때문이다. 발효유의 더껑이 같은 그 물의 더껑이가 외부와 내부의 열기(熱氣, tejas)에 의해서 뭉쳐졌다. 이 뭉쳐진 것이 땅이 되었다. 땅이 만들어지자 죽음인 그 쁘라자빠띠는 피곤해졌다. 피곤해 열이 난 고통스런 쁘라자빠띠의 몸에서 열기가 바로 정수(精髓)인 열기정수(熱氣精髓, tejorasa)가 나왔다. 이 열기정수는 불이다. 이것이 알(aṇḍa) 안에 처음으로 생겨난 것이며, 원인과 결과가 모인 것인 위라뜨 쁘라자빠띠(Virāṭ Prajāpati)다.

28 "이것"은 땅을 의미한다. 막스 뮐러는 '먼지는 땅이다(the dust the earth)'라고 번역한다.

29 샹카라에 의하면 생겨난 그 쁘라자빠띠는 원인과 결과가 함께 모여 있는 자기 자신을 세 가지로 나누었다. 어떻게 세 가지로 나누었는가 하면, 그는 불과 바람(vāyu)에 비해

"내 두 번째 몸이[30] 생겨나야지!" 이리 그는 원했다. '먹고 싶은 욕망'인 그 죽음은 마음으로 언어와 교합했다. 그래서 생겨난 이 정액인 그것은 연年이 되었다. 그 이전에는 연이 없었다. 연의 시간만큼 그는 그 시간을 간직했다. 그만큼의 시간 후에 그는 그것을 만들어 냈다. 그는 태어난 것을 삼키려 입을 벌렸다. 그것은 '판'이라고 소리쳤다. 그것이 바로 언어가 되었다.[31] 4

태양(āditya)을 세 번째가 되게 만들었다. 마찬가지로 불과 태양에 비해 바람을 세 번째가 되게 만들었다. 마찬가지로 바람과 태양에 비해 불을 세 번째가 되게 만들었다. 왜냐하면 이 세 가지는 셋이라는 수를 채우는 데 있어서 능력이 동일하기 때문이다. 이처럼 이 생기(生氣, prāṇa)는 모든 존재들의 아(我)이면서 위라즈(virāj)로서의 자신의 모습을 없애지 않은 채 자신의 '죽음의 아(mṛtyvātman)'에 의해서 불, 바람, 태양의 형태라는 세 종류로 나누어진다. 이렇게 첫 번째로 생겨난 이 불, 즉 마제(馬祭)에 사용되는 아르까(예경하는 자)라는 불, 즉 제사를 지내기 위해 쌓아 놓은 장작불의 본질인 위라즈를 말의 모습으로 제시한다. 동쪽(prācī) 방향은 말의 모습으로 제시되는 아르까라는 불의 머리다. 저것과 저것, 즉 북동쪽(aiśānī)과 남동쪽(āgneyī)은 앞의 두 다리다. 그리고 이 불의 서쪽(pratīcī) 방향은 꼬리, 즉 뒷부분이다. 저것과 저것 즉 북서쪽(vāyavya)과 남서쪽(nairṛtya)은 뒤의 두 다리다. 남쪽(dakṣiṇā)과 북쪽(udīcī) 방향은 양 옆이다. 하늘은 등이고, 배는 허공이며, 이것은(땅은) 가슴이다. 바로 이러한 쁘라자빠띠 형태의 불은 세상의 본질인 불로써 물속에 자리 잡고 있다. 이처럼 물속에 자리 잡고 있는 불에 대해 알고 있는 사람은 그 어디를 가든지 그곳에 자리 잡는다.

30 "몸"의 원어는 아트만이다. 520쪽 10번, 521쪽 22번 각주 참조.

31 샹카라에 의하면 "먹고 싶은 욕망(aśanāyā)"인 그 죽음은 "나는 두 번째 몸을 가진 자가 되어야지!"라고 원했다. 그래서 그는 마음으로 세 가지『베다』로 나타나는 언어와의 교합을 생각했다. 즉 세『베다』에 제시된 창조의 순서를 마음으로 바라보았다. 교합하는 동안 정액(retas)이 생겨났다. 이 정액은 세『베다』를 바라보는 동안 생겨난 것으로 다른 생에 행한 지혜(jñāna)와 행위라는 형태의 씨앗이며, 생겨남의 원인이다. 이러한 씨앗의 상태에 환기되어 그는 물을 만들었다. 그리고 그는 씨앗인 정액의 상태로 그 물에 들어가 알의 모습으로 태(胎)의 상태로 존재한 다음 연(年)이 되었다. 연은 '연이라는 시간을 만드는 자(saṁvasarakālanirmātṛ)'인 '쌍와뜨싸라 쁘라자빠띠(Saṁvatsara Prajāpati)'를 의미한다. 쌍와뜨싸라 쁘라자빠띠 이전에는 연이라는 시간이 없었다. 죽음은 연이라는 시간을 만드는 자인 쁘라자빠띠를 이 세상에 유명한 시간인 연에 해당되는 만큼 태 안에 간직한 다음 일 년 후에 그 알을 쪼았다. 그러자 몸을 갖춘 어린 아이인 불이 태어났다. 죽음은 먹고 싶은 욕망 때문에 이처럼 갓 태어난 불을 먹으려고 입을 쩍 벌렸다.

그는 바라보았다. "내가 만일 이것을 해치운다면, 이것이 작은 곡식이 되게 할 뿐이다!" 그래서 그는 그 언어와 그 마음으로[32] 이 모든 것을, 리그베다의 찬가, 야주르베다의 제문, 싸마베다의 송가, 운율, 제사, 백성, 짐승들을 만들었다. 그는 만든 것 마다마다 먹을 마음을 먹었다. 그는 모든 것을 먹는다. 그것이 '먹는 자'의 '먹는 자로서의 성질'이다.[33] 이처럼 '먹는 자'의 '먹는 자로서의 성질'을 아는 이,[34] 그는 이 모든 것을 먹는 자가 된다. 모든 것은 이의 곡식이 된다.[35] 5

그러자 어린 아이는 자연스러운 무명(無明)으로 인해 겁이 나서 판(bhāṇ)이라고 소리쳤다. 바로 이것이 언어(vāc)가 되었다. 언어, 즉 소리(śabda)가 되었다. 판은 '소리 내다, 명확하게 말하다, 읽다'는 뜻을 가진 어근이다. 판에서 단모음 '아(a)'가 장모음 '아(ā)'로 된 것은 본 『우파니샤드』의 베다 어적인 특성에 의한 것이다.

32 "마음"의 원어는 아트만(ātman)이다. 521쪽 22번 각주 참조.

33 막스 뮐러에 의하면 그래서 죽음이 "먹는 자(Aditi)"라고 불린다는 의미다.

34 막스 뮐러에 의하면 죽음인 '먹는 자'를 왜 '먹는 자'라고 부르는지 이유를 아는 사람이라는 의미다.

35 샹카라에 의하면 두려워 소리 내는 어린 아이를 보고 죽음은 배고픔에도 불구하고 '만일 내가 이것을 해치우면, 곡식(anna)을 작게 만드는 것이다. 오래도록 먹기 위해서는 곡식을 작게 할 것이 아니라, 많게 해야 할 것이다. 씨앗을 먹으면 수확할 곡물이 없는 것처럼 이것을 먹으면 곡식을 작게 하는 게 될 것이다'라고 생각했다. 그래서 그는 많은 곡식을 생각하고는 세 가지 『베다』와 그리고 마음과 교합하는 상태를 바라보았다. 그래서 그는 '움직이는 것(jaṃgama)'과 '움직이지 않는 것(sthāvara)' 모두를 만들어 냈다. 『리그베다』의 찬가, 『야주르베다』의 제문, 『싸마베다』의 송가, 가야뜨리(gāyatrī)를 비롯한 운율로 결합된 찬가(stotra)와 낭송(śastra) 등으로써 행위의 부분을 이루는 만뜨라(眞言)들, 이 만뜨라들에 의해 완성되는 제사(yajña)들, 제사를 지내는 행위자들인 백성(prajā)들, 행위인 제사의 수단이 되는 집짐승과 들짐승들을 만들었다. 이렇게 만들고는 죽음은 만든 것 마다마다 먹어 치울 마음을 먹었다. 이처럼 죽음은 모든 것을 '먹는다(atti)'. 그래서 '먹는 자'라는 이름의 죽음이 가진 '먹는 자의 성질(aditiva)'은 유명하다. 그리고 '먹는 자'라는 이름을 가진 죽음인 쁘라자빠띠가 모든 것을 먹음으로 인해서 그에게 '먹는 자의 성질'이 있다는 것을 아는 사람은 '모든 것의 아(sarvātman)'가 된다. '모든 것의 아'로써 '먹는 자'에게는 모든 것은 곡식이 되기 때문에 모든 것은 그의 곡식이 된다.

그는 원했다. "나는 장대한 제사로 다시 제사를 지내야지!" 그는 애썼다.[36] 그는 고행을 행했다. 애쓰고 고행을 행한 그의 영광스런 원기가 솟아 나왔다. 생기들이 바로 영광스런 원기다. 생기들이 솟아 나오자 그 몸이 건잡을 수 없이 부풀기 시작했다. 마음은 바로 그의 몸에 있었다.[37] 6

그는 원했다. "나의 이것은 제사 지낼 만한 것이 되리라! 이것을 통해 나는 몸이[38] 있는 자가 되리라!" 그래서 말馬이 생겨났다. 팽창한 그것은 제사 지낼 만한 것이 되었다. 바로 그것이 마제馬祭의 마제가 됨이다. 이것을 이처럼 아는 이가 바로 마제에 대해서 아는 자다.

그는 그것을 거침없이 풀어 놓으리라 생각했다. 일 년 후에 그것을 자신을[39] 위해 희생으로 바쳤다. 그는 짐승들을 신들에게 보냈다. 그래서 모든 신들에게 성별聖別하여 바친 것을 쁘라자빠띠와 관련하여 희생

36 라다크리슈난은 "그는 애썼다(so'śrāmyat)"를 '그는 휴식을 취했다(he rested himself)'라고 번역한다. 막스 뮐러는 '그는 애썼다(he toiled)'라고 번역한다.

37 샹카라에 의하면 쁘라자빠띠는 다른 생에 마제(馬祭)를 지냈었다. 그래서 다시 제사를 지낸다고 말하는 것이다. 쁘라자빠띠는 전생의 제사에 환기되어 겁(劫, kalpa)이 시작할 때 다시 나타난다. 쁘라자빠띠는 마제의 행위(kriyā)와 행위자(kāraka), 결과(phala)를 모두 갖춘 상태에서 다시 장대한 제사로 제사를 지내길 원한 것이다. 그는 이처럼 거대한 일을 원하고는 사람들처럼 애를 썼다. 그는 고행을 행했다. 애쓰고 고행을 행한 그에게서 영광스런(yaśa) 원기(vīrya)가 솟아 나왔다. 눈을 비롯한 생기(生氣)들이 바로 "영광스런 원기"다. 왜냐하면 눈을 비롯한 생기들이 있음으로 인해서 명성(khyāti)이 생기며, 이 몸에 힘(bala)이 있기 때문이다. 그리고 영광과 원기가 된 생기들이 쁘라자빠띠의 몸에서 빠져나가자 쁘라자빠띠의 몸은 걷잡을 수 없이 부풀어 올랐다. 그래서 제물로 삼을 수 없는 부정한 상태가 되었다. 그러나 마치 그 어떤 이에게 있어 사랑스러운 대상이 멀리 갔음에도 마음이 그 대상에 머무는 것처럼 쁘라자빠띠의 마음은 생기들이 몸에서 빠져나옴에도 불구하고 그 몸에 머물렀다. "영광스런 원기(yaśo vīryam)"는 '영광과 원기(yaśo vīryaṁ ca)'로 해석되기도 한다.

38 "몸"의 원어는 아트만이다.

39 "자신"의 원어는 아트만이다.

으로 바치는 것이다.

달구고 있는 이것은 바로 마제다. 연年은 그것의 몸이다.[40] 이 불은 '예경하는 자'다. 이들 세상들은 그것의 몸의 부분들이다. 그러한 이 둘은 '예경하는 자'와 마제다. 그것은 다시 하나인 신, 바로 죽음이 된다. 그는 거듭되는 죽음을 물리친다. 죽음이 그에게 이르지 못한다. 죽음이 이의 아我가 된다. 이 신들 가운데 하나가 된다.[41] 7

---

40 "몸"의 원어는 아트만이다.

41 샹카라에 의하면 몸은 쁘라자빠띠와 분리되자 명성과 원기가 사라진 상태에서 '팽창했다(aśvat)'. 그래서 쁘라자빠띠는 이렇게 원했다. "나의 이 몸이 제사 지내기에 적합한 것이 되고, 이 몸으로써 몸을 갖춘 자가 되리라!" 그래서 그는 몸 속으로 들어갔다. 그러자 그 부푼(aśvat) 몸에서 말(馬)이 생겨났다. 쁘라자빠띠가 다시 몸 속으로 들어가자 명성과 원기가 사라져 '제사 지내기에 적합하지 않던 것(amedhya)'이 '제사 지내기에 적합한 것(medhya)'이 된 것이다. 바로 이 때문에 마제(馬祭)라는 제사(kratu)가 이름을 얻게 된 것이다. 그 누구든지 간에 이 말과 불의 형태인 '예경하는 자'를 아는 사람이 바로 마제를 아는 사람이다. 쁘라자빠띠는 "나는 장대한 제사로 다시 제사를 지내야지!" 이렇게 원하고는 바로 자기 자신을 제사 지낼 만한 짐승(paśu)으로 상정(想定)했다. 이렇게 자신을 짐승으로 상정한 쁘라자빠띠는 그 짐승을 붙잡지 않고 굴레를 풀어놓은 것으로 여긴 다음, 일 년 후에 그 짐승으로 자기 자신을 위해 제사 지냈다. 아울러 다른 집짐승과 들짐승 들을 각각 다른 신들 몫으로 돌아가게 만들었다. 쁘라자빠띠가 이렇게 여겼기 때문에 다른 사람 또한 자신을 제사 지낼 만한 짐승인 말로 상정하고는 "나는 모든 신들과 관련된 것으로 성화(聖化)되어 제사 지내어지지만, 그러나 나는 바로 내 자신인 신을 위한 것이 되리라! 다른 집짐승과 들짐승 들은 나의 부분들이 된 다른 신들을 위해 각각의 신들에게 알맞게 제사 지내어지리라!"라고 알아야 한다. 따라서 지금 제사 지내는 사람들은 모든 신들을 위해서 성별(聖別)된 것을 쁘라자빠띠를 위해 제사 지내는 것이다. 열기로 세상을 빛나게 하는 이 태양(savitṛ)은 바로 마제다. 즉 태양은 마제의 결과다. 그리고 연(年)은 마제의 결과인 태양의 몸이다. 왜냐하면 태양은 연을 만들어 내는 것이기 때문이다. 바로 이 지상의 불인 '예경하는 자'는 이러한 제사의 수단(sādhana)이 되는 것이다. 이들 세 세상들은 제사에서 쌓는 불인 '예경하는 자'의 몸의 부분들이다. 불은 '예경하는 자'이며, 태양은 마제다. 아울러 '예경하는 자'는 제사이며, 마제는 제사의 결과다. 지상의 불인 '예경하는 자'는 직접적으로 행위의 본질인 것이기에 제사의 형태다. 제사는 불에 의해서 이루어지는 것이다. 그래서 불은 제사의 형태로 지시 되어 불을 제사라고 한다. 결과는 제사에 의해서 이루어지는 것이다. 그래서 태양을 마제라고 한다. 이와 같이 '이루어지게 하는 것(sādhana)'은 제사이며 불이다. 그리고 '이

세 번째 절

쁘라자빠띠에게는 두 종류의 아들들이 있었다. 신神들과 아쑤라阿修羅들이다. 그들 가운데 신들은 적었고, 아쑤라들은 많았다.[42] 그들은 이 세상들에 대해서 서로 경쟁했다. 그래서 신들이 이렇게 말했다.

"그래, 어디 제사에서 우드기타를 사용해 아쑤라들을 한번 능가해 보자!"[43] 1

루어지는 것(sādhya)'은 결과이며 태양이다. 그러나 이 둘은 다시 하나가 된다. 그 하나는 죽음이라는 신이다. 이전에도 죽음이라는 신은 행위의 수단과 결과라는 구분에 의해서 나누어진 하나였다. 이 죽음이란 신은 행위를 완성한 후에도 바로 한 신으로, 즉 결과의 형태인 죽음으로 존재한다. 이처럼 마제를 하나인 신인 죽음으로 아는 사람, 즉 "내가 바로 죽음인 마제다. 말과 불을 수단으로 하여 이루어지는 하나인 신이 바로 나의 형태다!"라고 아는 사람은 거듭되는 죽음을 물리친다. 즉 그 사람은 죽은 다음에 다시 죽기 위해 태어나지 않는다. 죽음은 그 사람에게 도달하지 못한다. 왜냐하면 죽음은 이와 같이 아는 사람의 아(我)가 되었기 때문이다. 죽음이 바로 결과의 형태가 되어 이 신들 가운데 하나가 된다.

42 막스 뮐러와 라다크리슈난은 '신들은 어렸고, 아쑤라들은 나이가 많았다'라고 해석한다. 38쪽 16번 각주 참조.

43 샹카라에 의하면 현재의 생 이전 생의 쁘라자빠띠에게는 신(神)들과 아쑤라(阿修羅, 惡神)라는 두 종류의 아들들이 있었다. 이들은 쁘라자빠띠의 언어를 비롯한 생기(生氣)들이다. 이 생기들 가운데 경전을 통해서 생겨난 지혜와 행위에 감응된 것들은 빛나기 때문에 신들이다. 그리고 본성적인 것으로 직접 지각(pratyakṣa)과 추론(anumāna)을 통해서 생겨난 직접적이고 의도적인 행위와 지혜에 감응된 생기들은 아쑤라들이다. 자신의 생기(asu)들 안에서 즐기기(ramaṇa) 때문에 혹은 신(sura)들과는 다르기(a) 때문에 아쑤라(asura)라고 한다. 본성적인 행위와 지혜를 통해 생겨나는 것들은 애써 노력하여 얻어지는 것인 경전을 통해서 생겨나는 것들에 비해 훨씬 더 많다. 그래서 신들은 적고 아쑤라들은 많다. 생기들로서 쁘라자빠띠의 몸에 머물고 있는 이러한 신들과 아쑤라들은 본성적인 것과 비본성적인 것을 통해 세상들을 얻으려 경쟁했다. 경전을 통해서 생겨난 지혜와 행위에 감응된 형태의 생기들의 신적인 활동이 일어나면, 직접적이고 의도적인 직접 지각과 추론을 통해서 생겨난 지혜와 행위에 감응된 형태의 생기들의 아쑤라적인 활동은 억눌린다. 이것이 신들의 승리고, 아쑤라들의 패배다. 반대의 경우는 아쑤라들의 승리고, 신들의 패배다. 신들이 승리하면, 다르마(dharma)가 많아지기 때문에 쁘라자빠띠의 상태에 이르기까지 끌어 올려지고, 아쑤라들이 승리하면, '다르마가 아닌 것(adharma)'이 많아지기 때문에 '움직이지 않는 것(植物界, sthāvara)'에 이르기까지 끌어

그들은 언어에게 말했다. "그대가 우리를 위해 우드기타를 노래해 주시오!"

"그렇게 하리다!"라며 언어는 그들을 위해 우드기타를 노래했다. 언어 속에 있는 즐거움, 그것을 신들을 위해 노래하고, 상서로움을 말하는 것, 그것을 자신을 위해 노래했다.

"이 가수를 통해 우리를 능가할 것이다!"라고 그들은[44] 알았다. 그들은 그에게 달려들어 죄로 구멍을 뚫어 버렸다. 이 알맞지 않은 것을 말하는 것, 그것이 바로 죄다. 그것이 바로 그 죄다.[45] 2

이제 그들은 생기에게[46] 말했다. "그대가 우리를 위해 우드기타를 노래해 주시오!"

"그렇게 하리다!"라며 생기는 그들을 위해 우드기타를 노래했다. 생

내려진다. 그리고 신들과 아쑤라들이 대등해지면, 인간의 상태를 얻게 된다. 이러한 가운데 적은 신들은 많은 아쑤라들에게 눌려 지내다 서로서로 이렇게 말했다. "이제 우리는 이 즈요띠스또마(Jyotiṣṭoma) 제사에서 '우드기타(udgītha)'를 통해서, 즉 행위의 부분이 되는 것인 우드기타를 행하는 자의 본모습에 의지하여 능가하자! 즉 아쑤라들을 제압하여 경전을 통해서 밝혀지는 우리 신의 정서를 얻자!" 행위의 부분이 되는 것인 우드기타를 행하는 자의 본모습에 의지함은 지혜와 행위를 통해 이루어진다. 즈요띠스또마는 쏘마 제의(祭儀)의 이름이다. 전체 제의는 원래 세 부분으로 구성된다. 그러나 후대의 즈요띠스또마는 네 부분이나 다섯 부분 혹은 일곱 부분으로 구성된다. "우드기타"는 『싸마베다』의 성가이며, 옴(ॐ)을 의미하기도 한다.

44 샹카라에 의하면 "그들"은 아쑤라(阿修羅, 惡神)들이다.

45 샹카라에 의하면 쁘라자빠띠의 전생에 존재한 언어에 집어넣어진 "죄(pāpman)"가 있다. 이 죄는 알맞지 않은 것, 즉 경전에 의해 금지된 것을 말함에 영향을 받아 원하지 않음에도 불구하고 교양 없고, 혐오스럽고, 그릇된 것 등을 말하는 것이다. 알맞지 않은 것을 말해서 생겨나는 그 죄는 쁘라자빠띠의 결과들에 해당하는 백성(prajā)들의 언어에 존재한다. 쁘라자빠띠의 언어에 도달한 그 죄는 알맞지 않게 말하는 것을 통해 추정된다. 왜냐하면 결과는 원인을 따르는 것이기 때문이다.

46 샹카라에 의하면 여기서 "생기(生氣)"는 코(ghrāṇa)의 신이다.

기 속에 있는 즐거움, 그것을 신들을 위해 노래하고, 상서로움을 냄새 맡는 것, 그것을 자신을 위해 노래했다.

"이 가수를 통해 우리를 능가할 것이다!"라고 그들은 알았다. 그들은 그에게 달려들어 죄로 구멍을 뚫어 버렸다. 이 알맞지 않은 것을 냄새 맡는 것, 그것이 바로 죄다. 그것이 바로 그 죄다. 3

이제 그들은 눈에게 말했다. "그대가 우리를 위해 우드기타를 노래해 주시오!"

"그렇게 하리다!"라며 눈은 그들을 위해 우드기타를 노래했다. 눈 안에 있는 즐거움, 그것을 신들을 위해 노래하고, 상서로움을 보는 것, 그것을 자신을 위해 노래했다.

"이 가수를 통해 우리를 능가할 것이다!"라고 그들은 알았다. 그들은 그에게 달려들어 죄로 구멍을 뚫어 버렸다. 이 알맞지 않은 것을 보는 것, 그것이 바로 죄다. 그것이 바로 그 죄다. 4

이제 그들은 귀에게 말했다. "그대가 우리를 위해 우드기타를 노래해 주시오!"

"그렇게 하리다!"라며 귀는 그들을 위해 우드기타를 노래했다. 귀 안에 있는 즐거움, 그것을 신들을 위해 노래하고, 상서로움을 듣는 것, 그것을 자신을 위해 노래했다.

"이 가수를 통해 우리를 능가할 것이다!"라고 그들은 알았다. 그들은 그에게 달려들어 죄로 구멍을 뚫어 버렸다. 이 알맞지 않은 것을 듣는 것, 그것이 바로 죄다. 그것이 바로 그 죄다. 5

이제 그들은 마음에게 말했다. "그대가 우리를 위해 우드기타를 노래해 주시오!"

"그렇게 하리다!"라며 마음은 그들을 위해 우드기타를 노래했다. 마음속에 있는 즐거움, 그것을 신들을 위해 노래하고, 상서로움을 생각하는 것, 그것을 자신을 위해 노래했다.

"이 가수를 통해 우리를 능가할 것이다!"라고 그들은 알았다. 그들은 그에게 달려들어 죄로 구멍을 뚫어 버렸다. 이 알맞지 않은 것을 생각하는 것, 그것이 바로 죄다. 그것이 바로 그 죄다. 이처럼 이 신들을 죄로 연결했다. 이처럼 그들은 이들을 죄로 구멍을 뚫어 버렸다.[47] 6

이제 그들은 입에 있는 이 생기에게[48] 말했다. "그대가 우리를 위해 우드기타를 노래해 주시오!"

"그렇게 하리다!"라며 이 생기는 그들을 위해 우드기타를 노래했다.

"이 가수를 통해 우리를 능가할 것이다!"라고 그들은 알았다. 그들은 그에게 달려들어 죄로 구멍을 뚫고자 했다. 그것은 마치[49] 흙덩어리가 바위에 맞아 부서지듯이 이렇게 부서지며 사방으로 사라졌다. 그래서 신들은 번창하게 되었고, 아쑤라들은 패했다. 이와 같이 아는 이는 아我와[50] 함께하고, 이를 증오하는 사촌은[51] 패배한다. 7

---

47 샹카라에 의하면 언어를 비롯한 신들은 상서로운 대상을 특별히 자신과 관련지으려는 집착 때문에 아쑤라(阿修羅, 惡神)적인 죄와 연결되어 우드기타를 완성할 수 없었다. 그리고 상서로운 결과와 상서롭지 않은 결과가 보이기 때문에 말하지 않더라도 피부(tvac)를 비롯한 신들은 언어를 비롯한 신들과 마찬가지다. 죄에 의해 구멍이 뚫렸다는 것은 죄악에 연결되었다는 것을 의미한다.

48 샹카라에 의하면 입안의 구멍에 위치한 생기다.

49 샹카라에 의하면 "그것은 마치"는 '그 예(dṛṣṭānta)는 마치'라는 의미다.

50 샹카라에 의하면 여기서 "아"는 쁘라자빠띠의 본모습이다.

51 "사촌(bhrātṛvya)"은 적을 의미한다.

그들은 말했다.[52]

"이처럼 우리를 자유롭게 한[53] 그는 도대체 어디에 있지?"[54]

"이것은 입안에 있어!"

그 '입에 있는 이것'[55]은 '지체肢體의 정수精髓'[56]다. 왜냐하면 지체들의 정수이기 때문이다. 8

---

52 샹카라에 의하면 "그들"은 쁘라자빠띠의 생기(生氣)들이다. 신(神)들이다. 막스 뮐러 역시 그들을 '신들(devas)'이라고 해석한다.

53 "자유롭게 한"의 원어는 아싸끄따(asakta)다. 아싸끄따는 형용사로 '무관심한, 세속에 얽매이지 않는, 세속을 초탈한, 속박이 없는' 등을 의미한다. 아싸끄따는 불경에서 '무염(無染), 불구(不求), 불탐(不貪), 불애락(不愛樂), 부주(不住), 무애(無礙), 무소장(無所障)' 등으로 한역된다. 막스 뮐러는 아싸끄따를 '붙은(stuck)'이라고 번역한다. 라다크리슈난은 아싸끄따를 '맞부딪친(stroke)'이라고 번역한다.

54 샹카라에 의하면 우리를 이처럼 '자유롭게 한', 즉 '완전히 이긴 자(sañjitavān)', 즉 '신의 상태(devabhāva)'를 '아의 본질(ātmatva)'을 통해서 '제거되게 한 자(apagamitavān)'가 어디에 있는가라는 의미다. 왜냐하면 세상에서 그 누군가에 의해서 도움을 받은 사람은 도움을 준 사람을 기억하기 때문이다. 신들은 즐거움(bhoga)을 추구한다. 행위의 결과에 대한 향수(享受)인 즐거움으로부터도 자유로워야 '브라흐만의 환희(brahmānanda)'를 얻을 수 있다. 이러한 브라흐만의 환희는 '아의 본질'을 얻음으로써 얻게 되는 것이다. '아의 본질'을 통해서 '신의 상태'를 벗어나야 브라흐만에 이른다. 신의 상태는 아쑤라(阿修羅, 惡神)의 상태보다는 좋은 것이지만, 궁극적으로는 바람직한 상태가 아니다.

55 "입에 있는 이것"의 원어는 아야쓰야(ayāsya)다. 아야쓰야는 형용사로 '활기찬, 지칠 줄 모르는, 무적의, 씩씩한' 등을 의미하며, 남성 명사로는 '앙기라싸(Āṃgirasa)의 이름'을 의미한다. 그러나 싸뜨야브라따 씻단따랑까라에 의하면 여기서 아야쓰야는 '아야(aya)'에 '아쓰야(āsya)'가 더해진 것이다. 그리고 아야는 "이것은 입 안에 있어(ayam āsye antaḥ)!"에서 '이것은'을 뜻하는 아얌에서 마지막 음 'ㅁ(m)'이 탈락하여 '아야'가 된 것이다. 아쓰야는 "이것은 입 안에 있어!"에서 '입 안에'를 의미하는 아쓰예에서 처소격 단수 표시가 생략되어 아쓰예가 아쓰야로 된 것이다. 따라서 아야쓰야의 뜻은 "입에 있는 이것"이 된다.

56 "지체의 정수"의 원어는 앙기라싸다. 앙기라싸는 남성 명사로 '앙기라싸의 후손, 브리하쓰빠띠(Bṛhaspati)의 이름, 목성(木星)' 등을 의미한다. 그러나 『우파니샤드』 스스로 어원을 지체(aṃga)들의 정수(rasa)라고 밝히고 있다. 앙기(Āṃgi)는 '지체, 부분' 등을 뜻하는 앙가(aṃga)에서 파생된 낱말이다. 따라서 『우파니샤드』의 어원에 따라서 앙기라싸를 "지체의 정수"라고 옮긴다. 샹카라에 의하면 여기서 정수는 아(我)를 의미한다.

그러한 바로 이 신은[57] '먼'[58]이라는 이름이다. 왜냐하면 죽음은[59] 이것으로부터 멀리 있기 때문이다. 이와 같이 아는 이로부터[60] 죽음은 멀리 있게 된다. 9

그러한 바로 이 신은 이 신들의 죄악인[61] 죽음을 물리쳐 이 방위들의 끝이[62] 있는 곳까지 몰아냈다. 그곳에 이들의 죄를 고정시켜 놓았다. 그러므로 "나는 죄악인 죽음을 따르지 말아야지!" 이렇게 두려워하며 사람에게 다가가지 말아야 한다,[63] 끝에 다가가지 말아야 한다.[64] 10

그러한 바로 이 신은 이 신들의 죄악인 죽음을 물리치고, 이들이 죽음을 넘어서게 했다.[65] 11

---

57 샹카라에 의하면 "그러한 바로 이 신"은 아쑤라(阿修羅, 惡神)들이 흙덩어리가 바위에 맞아 부서지듯이 그렇게 부서지며 사방으로 사라지게 한 입안에 있는 신인 생기(生氣)를 의미한다.

58 "먼"의 원어는 두르(dūr)다. 두르는 '멀리, 먼' 등을 뜻하는 두라(dūra)라는 낱말에서 마지막 음인 단모음 '아(a)'가 탈락된 형태다.

59 샹카라에 의하면 "죽음"은 집착으로 나타나는 죄다.

60 샹카라에 의하면 청정(淸淨, viśuddhi)한 특질을 가진 생기에 대해서 명상하는 사람이라는 의미다.

61 샹카라에 의하면 "죄악"은 지각 기관과 대상들의 접촉에 대한 집착이다. 모두 죄악인 집착에 의해서 죽는다. 그래서 죄악이 죽음이다.

62 샹카라에 의하면 방위(diśā)는 끝이 없다. 그래서 여기서 방위는 『베다』의 전통에 따른 지식이 있는 사람이 있는 범위를 의미하며, "방위들의 끝"은 이러한 사람과 반대되는 사람이 사는 곳을 의미한다.

63 샹카라에 의하면 말하고 보는 것 등을 통해 가장 천한 사람과 접촉하지 말아야 한다. 왜냐하면 가장 천한 사람은 죄악의 온상이기 때문에 그와 접하면 죄와 접하는 것이다.

64 샹카라에 의하면 "끝(anta)"은 가장 천한 사람이 사는 곳으로 방위의 끝이 의미하는 곳이다. 그곳에 사람이 없어도 가지 말고, 장소와는 별도로 가장 천한 사람에게도 다가가지 말라는 의미다.

65 샹카라에 의하면 아(我)와 관련된 것을 단절시키는 죄가 "죽음"이다. 이 "죽음"은 '생기

그는 첫 번째인 언어를 건너게 해 주었다. 그것은 죽음에서 벗어나자 저 불이 되었다. 그러한 이 불은 저편에서 죽음을 벗어나 빛난다.[66] 12

이제 생기를 건너게 해 주었다. 그것은 죽음에서 벗어나자 저 바람이 되었다. 그러한 이 바람은 저편에서 죽음을 벗어나 분다.[67] 13

이제 눈을 건너게 해 주었다. 그것은 죽음에서 벗어나자 저 태양이 되었다. 그러한 저 태양은 저편에서 죽음을 벗어나 뜨겁게 빛난다. 14

이제 귀를 건너게 해 주었다. 그것은 죽음에서 벗어나자 저 방위들이 되었다. 그러한 이 방위들은 저편에서 죽음을 벗어나 있다. 15

이제 마음을 건너게 해 주었다. 그것은 죽음에서 벗어나자 저 달이 되었다. 그러한 저 달은 저편에서 죽음을 벗어나 빛난다. 이 신은[68] 이와 같이 아는 이를 이처럼 이 죽음에서 건너게 해 준다.[69] 16

의 아(prāṇātman)'에 대한 이해(vijñāna)를 통해서 제거된다. 그래서 생기는 죄악인 죽음을 제거하는 자이다. 생기는 언어를 비롯한 신들을 죄악인 죽음을 넘어서게 하여 각각 자신의 제한되지 않은 불을 비롯한 '신의 아(devātman)'의 형태를 얻게 했다.

66 샹카라에 의하면 우드기타를 노래할 때 "언어"는 다른 기관들에 비해서 첫 번째, 즉 으뜸이었다. 언어는 이전에도 '불(火)'이었지만, 죽음을 벗어나서도 역시 불이 되었다. 그러나 죽음을 벗어나기 전에는 '언어의 아(vāgātman)'로써 아(我)와 관련된 것인 죽음에 사로잡힌 불은 죽음을 벗어난 지금처럼 빛나진 않았다.

67 샹카라에 의하면 여기서 "생기(生氣)"는 후각 기관인 코를 의미한다. 냄새는 바람과 관련된다.

68 "이 신"은 입안에 있는 생기다.

69 샹카라가 인용하는 바에 의하면 "명상하는 것마다 그대로 그것이 된다(taṁ yathā yathopāsate tadeva bhavati. Śatapatha Brāhmaṇa; 10. 5. 2. 20)."

이제 자신을 위해 '먹을 곡식'을 노래했다. 왜냐하면 그 어떤 곡식을 먹든지 간에 그것은 바로 이것에 의해 먹어지고, 여기에 자리 잡기 때문이다.[70] 17

그 신들은 말했다.[71]

"곡식이란 이 모두 이만큼인데, 그것을 자신을 위해 얻으려 노래하다니! 우리에게도 나중에 이 곡식에 대한 몫을 나누어 주시오!"

"그런 그대들은 모두 내 안으로 들어들 오시오."

"그렇게 하오리다." 그러고는 그들은 사방에서 그에게로 들어갔다. 그래서 이것을[72] 통해서 먹는 그 곡식으로 인해 이들이[73] 만족해한다.

이와 같이 아는 이에게 친지들은 이처럼 모여든다. 친지들을 보살피고 챙기는 자, 으뜸인 자, 앞서 가는 자가 된다, 곡식을 먹는 자, 통치자가 된다.

이처럼 아는 이를 친지들 가운데 거스르려는 자가[74] 있다면, 그는 보살피고 챙겨 주어야 할 이들에 대해 부족하게 된다. 이제 이를 따르는 자, 혹은 이를 따라 보살피고 챙겨 주어야 할 자를 지켜주길 원하는 그

---

70 샹카라에 의하면 입의 생기는 아홉 개의 찬가로 "먹을 곡식"을 노래했다. 곡식이면서 먹을 것(ādya)이 "먹을 곡식(annādya)"이다. 그 어떤 곡식이든지 이 생기에 의해서 먹어진다. 그리고 생기는 또한 몸의 형태로 변화된 이 곡식에 자리 잡는다. 이처럼 생기는 자신의 토대를 마련하기 위해 "먹을 곡식"을 노래했기 때문에 생기에는 언어를 비롯한 것들처럼 상서로움에 대한 집착에서 생겨난 죄가 없다.

71 샹카라에 의하면 언어를 비롯한 것들이 "신(神)"이다. 자신의 대상을 밝히기(dyotana) 때문에 신(deva)이다.

72 "이것"은 입안의 생기를 의미한다.

73 샹카라에 의하면 "이들"은 언어를 비롯한 것들이다. 그리고 언어를 비롯한 것들은 독립적으로 곡식과 관계가 없다.

74 샹카라에 의하면 "거스르려는 자"는 경쟁자를 의미한다.

는 보살피고 챙겨 주어야 할 이에 대해 충분하게 된다. 18

그 '입에 있는 이것'[75]은 '지체肢體의 정수精髓'[76]다. 왜냐하면 지체들의 정수이기 때문이다. 생기가 바로 지체들의 정수다. 생기가 분명히 지체들의 정수다. 그래서 그 어떤 지체에서 생기가 빠져나가면 그것은 그대로 말라 버린다. 이것은 지체들의 정수이기 때문이다.[77] 19

이것은[78] 또한 '브리하쓰빠띠'[79]다.[80] 언어가 바로 '브리하띠'[81]다. 이것은 그것의 주인이다.[82] 그래서 '브리하쓰빠띠'다. 20

이것은[83] 또한 '브라흐마나쓰빠띠'[84]다. 언어가 바로 '브라흐만'[85]이

---

75 532쪽 55번 각주 참조.

76 532쪽 56번 각주 참조.

77 샹카라에 의하면 이로 인해 생기(生氣)가 '원인과 결과의 아(kāryakāraṇātman)'라는 사실이 입증된다.

78 "이것"은 입 안의 생기(生氣)를 의미한다.

79 "브리하쓰빠띠"는 경건과 종교가 인격화된 신의 이름이다. 기도와 제사를 봉헌하는 우두머리로 신들의 제관이다. 후기의 신화에서는 지혜와 웅변의 신으로 나타나기도 한다. 앙기라싸의 아들이며, 따라(Tārā)의 남편이다. 목성의 신이며 목성 그 자체이기도 하다. 129쪽 7번 각주 참조.

80 샹카라에 의하면 '지체(肢體)의 정수(精髓)'인 앙기라싸는 브리하쓰빠띠다.

81 샹카라에 의하면 "브리하띠(bṛhatī)"는 서른여섯 개의 음절로 이루어진 운율이다. 아누스뚭(anuṣṭubh) 운율 역시 언어다. 그러나 아누스뚭 운율은 브리하띠 운율에 포함된다. 모든『리그베다』의 찬가들 또한 브리하띠 운율에 포함된다.『리그베다』의 찬가들은 '언어의 아'이기 때문에 생기(生氣)에 포함된다. "브리하띠"는『리그베다』의 찬가다. 막스 뮐러와 라다크리슈난은 브리하띠를『리그베다』라고 해석한다.

82 생기(生氣)는 언어인 브리하띠의 주인(pati)이라는 뜻이다.

83 "이것"은 입 안의 생기(生氣)를 뜻한다.

84 "브라흐마나쓰빠띠(Brahmaṇaspati)"는 브라흐만(Brahman)의 주인이라는 의미다.

85 샹카라에 의하면 "브라흐만"은『야주르베다』의 제문(祭文)이다. 막스 뮐러와 라다크리

다. 이것은 그것의 주인이다. 그래서 '브라흐마나쓰빠띠'다. 21

이것은 또한 '싸마'[86]다. 언어가 바로 '싸마'[87]다. 이 '싸'와 '아마'라는 그것이 '싸마'의 싸마가 됨이다. 흰개미와[88] 같고, 모기와 같고, 코끼리와 같고, 이 세 세상들과[89] 같고, 이 모든 것과 같다. 그래서 바로 '싸마'[90]다. 이처럼 이 '싸마'에 대해서 아는 이, 그는 '싸마'와 밀접하게 연결되고, '싸마'와 같은 세상을 얻는다.[91] 22

이것은 또한 '우드기타'[92]다. 생기가 '위'다. 왜냐하면 이 모든 것은 생

슈난은 브라흐만을 『야주르베다』라고 해석한다.

86 막스 뮐러는 여기서의 "싸마(sāma)"를 우드기타라고 해석한다. 라다크리슈난은 여기서의 싸마를 『싸마베다』라고 해석한다.

87 막스 뮐러와 라다크리슈난 모두 여기서의 "싸마"를 『싸마베다』라고 해석한다.

88 막스 뮐러는 "흰개미(pluṣi)"를 '구더기(grub)'라고 번역한다. 라다크리슈난은 '흰개미(white ant)'라고 번역한다.

89 "세 세상"은 땅, 허공, 하늘의 세상을 의미한다.

90 라다크리슈난은 이하 "싸마"를 모두 『싸마베다』라고 해석한다. "싸마"는 중성 명사로 '동일함'을 의미한다.

91 샹카라에 의하면 생기(生氣)가 "싸마"다. '싸(sā)'는 대명사로 모든 여성 낱말이 나타내는 사물이며, 언어다. '아마(ama)'는 모든 남성 낱말이 나타내는 사물을 대상으로 하는 것이며, 생기다. 싸마는 언어와 생기를 의미하며, 아울러 생기에 의해서 만들어지는 소리들의 모음인 노래를 의미한다. 따라서 생기가 싸마이기도 하다. 생기는 흰개미의 몸과 같고, 모기의 몸과 같고, 코끼리의 몸과 같고, 세 세상의 형태인 쁘라자빠띠의 몸과 같고, 이 세상의 형태인 히란야가르바(黃金子宮, 金胎)의 몸과 같다. 이들과 단지 몸이 동일해서 같은 것이 아니라, 소(牛)라는 몸체에 소라는 성질이 온통 충만한 것처럼 생기의 형태가 없고, 편재하는 성질에 의해서 같은 것이다. 이처럼 싸마인 생기를 아는 사람은 싸마인 생기와 동일한 몸과 지각 기관이라는 자부심(abhimānatva)을, 그리고 싸마인 생기와 동일한 세상에 존재함을 얻는다.

92 "우드기타"는 '높은, 위' 등을 뜻하는 '우드(ud)'와 '기타(gītha)'가 합한 말이다. '기타'는 '기타아(githā)'이며 '기타아'는 여성 명사로 '노래, 언어' 등을 뜻한다. 샹카라에 의하면 우드기타는 『싸마베다』의 특별한 부분이다.

기에 의해 세워졌기 때문이다. 언어가 바로 '노래'다. 위이면서 노래인 그 것이 바로 '우드기타'다.[93] 23

그에 대해 브라흐마닷따 짜이끼따네야는[94] 왕을[95] 먹으면서 말했다. "만일 '입에 있는 이것'인 '지체肢體의 정수精髓'가 이와 다른 것으로 우드기타를 노래했다면, 이 왕이 그의 머리를 자르시기를!"

왜냐하면 그는 바로 언어와 생기로 우드기타를 노래했기 때문이다.[96] 24

그러한 바로 이 싸마의[97] 재산을 아는 이, 재산은 이의 것이 된다. 소리가 바로 그의 재산이다.[98] 그러므로 제관의 일을 행하면서 언어에 있어서 소리를 원해야 한다.[99] 소리가 풍성한 그 언어로 제관의 일을 행해야

---

93 "위"는 우드를 번역한 말이다. "노래"는 기타아를 번역한 말이다. 단모음 '아(a)'로 끝나는 기타와 장모음 '아(ā)'로 끝나는 기타아를 동일시하고 있다.

94 샹카라에 의하면 "브라흐마닷따(Brahmadatta)"는 이름이며, 찌끼따나(Cikitāna)의 아들이 짜이끼따나(Caikitāna)고, 짜이끼따나의 연소한 아들이 "짜이끼따네야(Caikitāneya)"다.

95 샹카라에 의하면 "왕(王, rājan)"은 제사에서 '쏘마'를 의미한다.

96 샹카라에 의하면 이름이 브라흐마닷따이며, 짜이끼따나의 아들로 찌끼따나의 손자인 짜이끼따네야는 제사에서 쏘마를 마시면서 말했다. "내가 먹고 있는 숟가락에 있는 이 쏘마는 만일 내가 거짓말을 한다면 거짓말하는 그 나의 목을 치리라! 만일 '입에 있는 이것(ayāsya)', '지체(肢體)의 정수(精髓)'로 일컬어지는 입에 있는 생기가 언어와 생기가 아닌 다른 신을 통해 노래를 불렀다면, 나는 거짓말쟁이가 될 것이니, 그렇다면 신은 그 나의 목을 치리라!" 이 이야기를 통해 그 '입에 있는 이것', '지체의 정수'는 생기가 주가 되는 언어와 자신의 아(我)인 생기로 노래했음이 분명하다.

97 샹카라에 의하면 "그러한 바로 이 싸마"는 바로 입안에 있는 생기인 싸마라는 의미다.

98 샹카라에 의하면 "소리(svara)"는 목소리의 감미로움이다. 이것이 그 싸마의 재산인 장식이다. 목소리의 감미로움으로 장식된 찬양(udgāna)은 풍부함이 있게 보이기 때문이다. 막스 뮐러와 라다크리슈난은 소리를 '음의 고저, 성조, 억양, 음조, 음질, 음색(tone)'이라고 번역한다.

99 샹카라에 의하면 단지 원한다고 해서 아름다운 소리가 생기는 것이 아니다. 양치질과

한다. 그래서 제사에서 소리를 갖춘 이를 보기를 원하는 것이다.[100] 이처럼 이 싸마의 재산을 아는 이, 재산은 이의 것이 된다. 25

그러한 바로 이 싸마의 황금을 아는 이, 황금은 이의 것이 된다. 소리가 바로 그것의 황금이다. 이처럼 이 싸마의 황금을 아는 이, 황금은 이의 것이 된다.[101] 26

그러한 바로 이 싸마의 기반을 아는 이는 확고히 자리 잡는다. 언어가[102] 바로 그것의 기반이다. 왜냐하면 바로 이 생기는 언어에 제대로 자리 잡아 이것을 노래하기 때문이다. 어떤 이들은 '곡식에'라고 말한다.[103] 27

이제부터 정화하는 찬가들에 관한 염송 행위念誦行爲다.[104]

참기름(taila)을 마시는 등 목소리를 아름답게 만드는 노력을 해야 한다.

100 샹카라에 의하면 세상에서도 또한 재산이 있는 사람을 보기를 원한다.

101 "황금"의 원어는 쑤와르나(suvarṇa)다. 쑤와르나는 '좋은, 아름다운' 등을 뜻하는 접두어 '쑤(su)'와 '덮개, 외양, 색, 색조, 아름다움, 카스트, 문자, 소리, 모음, 음절, 낱말, 찬양' 등을 뜻하는 '와르나(varṇa)'라는 남성 명사가 합해 만들어진 낱말이다. 와르나의 여러 의미들 가운데 '소리'를 선택하여 접두어 쑤를 붙이면, 황금을 의미하는 쑤와르나라는 낱말이 되고 동시에 '좋은 소리, 아름다운 소리'를 뜻하게 된다. 여기서 소리는 감미로운 소리를 뜻하기 때문에, 소리는 바로 쑤와르나 즉 황금이 된다. 샹카라에 의하면 소리인 쓰와라와 황금인 쑤와르나는 같은 낱말이다. 그래서 쓰와라와 쑤와르나의 특질을 잘 아는 사람에게는 결과로 세상의 황금이 생긴다.

102 샹카라에 의하면 여기서 "언어"는 혀뿌리(舌根, jihvāmūlīya)를 비롯한 장소를 나타낸다.

103 샹카라에 의하면 다른 사람들은 곡식에 자리 잡아 노래한다고 말한다. 이 의견도 무시할 수 없다. 따라서 언어 혹은 곡식이 기반(pratiṣṭhā)이라고 보아야 한다.

104 "염송 행위"의 원어는 아뱌로하(abhyāroha)다. 아뱌로하는 남성 명사 혹은 중성 명사로 '상승, 올라감, 기도(祈禱), 이동' 등을 의미한다. 샹카라에 의하면 '염송 행위(japakarma)'를 아뱌로하라고 이름한다. 막스 뮐러는 아뱌로하를 '상승, 승천(昇天, the ascention)'이라고 해석한다. 그에 의하면 행위자가 신들에게 도달하는 혹은 신이 되는 의식이다. 라다크리슈난에 의하면 행위자가 그가 숭배하는 신에 도달하는 것이기 때문에 '상승, 승천'

싸마베다 찬가의 서곡을 노래하는 그 제관은[105] 싸마를 노래하기 시작한다. 그가 노래하기 시작할 때, 그때 이것들을 염송해야 한다.[106]

"나를 허위에서 진실에게로 가게 하라!"[107] "나를 어둠에서 빛으로 가게 하라!"[108] "나를 죽음에서 불사不死로 가게 하라!"[109]

그가 "나를 허위에서 진실에게로 가게 하라!"고 말하는 것은 '죽음이 허위고,[110] 진실은 불사다.[111] 나를 죽음에서 불사로 가게 하라! 나를 불사로 만들라!'고 말하는 것이다.[112]

"나를 어둠에서 빛으로 가게 하라!"에서는 죽음이 바로 어둠이고,[113] 빛은 불사다.[114] 바로 '나를 죽음에서 불사不死로 가게 하라! 나를 불사로 만들라!'고 말하는 것이다.

"나를 죽음에서 불사로 가게 하라!"는 것, 여기에는 정말로 감춘 것

이란 의미에서 아뱌로하라고 불리는 것이다.

105 "『싸마베다』 찬가의 서곡을 노래하는 제관"의 원어는 쁘라쓰또뜨리(prastotṛ)다.

106 샹카라에 의하면 염송 행위는 제주(祭主, yajamāna)와 관련된 것이다.

107 "asato mā sadgamaya."

108 "tamaso mā jyotirgamaya."

109 "mṛtyormāmṛtaṁ gamaya."

110 샹카라에 의하면 본성적인 행위와 인식을 죽음이라고 일컫는다. 이것은 아주 천한 상태의 원인이 되기 때문에 허위다.

111 샹카라에 의하면 진실은 경전에 따른 행위와 인식이다. 이것은 죽지 않음의 원인이 되기 때문에 불사다.

112 샹카라에 의하면 허위인 행위와 인식으로부터 나를 진실인 경전에 따른 행위와 인식으로 가게 하라. 즉 신의 상태에 이르는 방편이 되는 '아의 상태(ātmabhāva)'를 얻게 하라는 의미다.

113 샹카라에 의하면 "죽음이 바로 어둠(tamas)"이며, 무지(無知)다. 왜냐하면 모든 무지는 덮는 성질이 있는 것이기 때문에 무지가 어둠이다. 그리고 무지는 죽음의 원인이기 때문에 죽음이다.

114 샹카라에 의하면 "빛(jyotis)은 불사"이며 신과 관련된 성질(svarūpa)이다. 지혜는 빛을 본질로 하는 것이기 때문에 빛이다. 바로 이러한 지혜는 불멸(avināśa)을 본질로 하는 것이므로 불사다.

이 없다.

이제 다른 찬양들, 그들에 있어서는 자신을 위해 '먹을 곡식'[115] 을 노래해야 한다. 따라서 그것들 안에서 소원을 바라야 한다. 원하는 것을 원해야 한다. 바로 이처럼 알고 있는, 싸마베다를 노래하는 그러한 이 제관은 자신을 위해 혹은 제주祭主를 위해 원하는 그것을 노래한다.[116] 그러한 이것은 바로 세상을 얻게 하는 것이다.[117] 이처럼 이 싸마에 대해 알고 있는 이는 세상이 없으리라 예상하지 않는다.[118] 28

네 번째 절

먼저 이 아我가 있었다. 사람 모양의 그는 주의 깊게 살펴보니 자신과는 다른 것은 발견할 수 없었다. 그는 "내가 있다"[119]라고 먼저 중얼거렸다. 그래서 '내가'[120]라는 이름이 되었다. 그래서 지금도 또한 물으면, "내가 이"[121] 라고 먼저 말하고는 이제 이의 다른 이름을 말한다. 그는 이

---

115 샹카라에 의하면 곡식이면서 먹을 것이 "먹을 곡식"이다.

116 샹카라에 의하면 '정화하는 찬가(pavamāna)' 세 개와 관련하여 제주를 위한 노래를 한다. 그리곤 바로 이어서 생기(生氣)를 알고 있는, 『싸마베다』를 노래하는 제관인 우드가뜨리(udgātṛ)는 생기가 되어서, 즉 바로 생기처럼 다른 나머지 세 개의 찬양과 관련하여 자신을 위해 '먹을 곡식'을 노래한다. 왜냐하면 앞에서 언급한 대로 생기에 대해서 알고 있는 우드가뜨리는 생기처럼 그 욕망을 이루게 할 수 있기 때문이다. 그러므로 제주는 그 세 찬양이 적용되면 소원을 바라야 한다. 원하는 것을 원해야 한다. 우드가뜨리는 자신과 제주를 위해 노래로 원하는 것을 이루게 하기 때문이다.

117 샹카라에 의하면 '생기의 아'는 지혜와 행위를 통해서 얻는 것이다. 그러나 행위를 배제한 '생기의 철학(prāṇadarśana)'만으로도 '생기의 아'를 얻는 것이 가능하다. 따라서 바로 이 생기의 철학이 "세상을 얻게 하는 것(lokajit)"이라고 말한다.

118 샹카라에 의하면 "세상이 없으리라"는 것은 세상을 얻기에 합당하지 않다는 것이다. 이미 세상을 얻은 것과 같다는 의미다.

119 "ahamasmi."

120 원어인 아함(aham)은 일인칭 대명사의 주격 단수 형태다.

121 "ahamayam."

모든 것 이전에 모든 죄들을 불살랐다. 그래서 인아人我다. 이와 같이 알고 있는 이, 그는 이 이전에 되기를 원하는 그것을 분명히 불사른다.[122] 1

그는 두려워했다. 그래서 혼자인 자는 두려워한다. 그러한 이는 바라보았다.

"만일 나 말고 다른 것은 없다면, 무엇 때문에 내가 두려워해야 하는가?"

그래서 이의 두려움은 사라졌다. 두려움이란 다른 것에서 생기는 것인데, 무엇 때문에 두려워하겠는가?[123] 2

---

122 샹카라에 의하면 아(我)는 첫 번째로 알에서 생겨난 몸이 있는 쁘라자빠띠며, 『베다』의 지혜와 행위의 결과로 된 것이다. 그는 사람(人我, puruṣa)처럼 머리, 팔 등의 징표를 가진 위라뜨(Virāṭ, Virāj)다. 처음으로 생겨난 존재인 그가 "나는 누구이며, 어떤 특징을 지니고 있는가?"를 주의 깊게 생각해 보니 자신과 다른 사물을 볼 수 없었다. 즉 자기 자신을 오로지 '모든 것의 아'로 보았다. 그리고 그는 전생(purvajanma)의 『베다』와 관련된 인식의 잠재의식(saṁskāra)에 의해서 "나는 쁘라자빠띠다, '모든 것의 아'가 나다!"라고 말했다. 그는 전생의 지혜의 잠재의식에 의해서 먼저 자신을 '내가(aham)'라고 말했다. 그래서 '내가'라는 이름이 되었다. 원인이 되는 쁘라자빠띠에게 이러한 일이 있었기 때문에 결과가 되는 사람들에 있어서도 지금도 역시 "너는 누구냐?"라고 물으면, "나는 이것이(ahamayam)"라고 먼저 말한 다음에 이름을 말한다. 쁘라자빠띠는 '지난 생(atikrāntajanma)'에 쁘라자빠띠가 되는 것에 장애가 되는 집착(āsaṃga)과 무지(ajñāna)를 불살랐다. 그래서 인아가 되었다. 전에(pūrvam) 불살랐다(auṣat)고 해서 인아라고 한다. 이 쁘라자빠띠가 장애가 되는 모든 죄들을 불사르고 인아인 쁘라자빠띠가 되었듯이, 다른 자 또한 지혜와 행위를 만들어 내는 실행이라는 불로 혹은 오로지 지혜의 힘으로 이보다 먼저, 즉 아는 사람보다 먼저, 쁘라자빠띠가 되기를 원하는 자를 불사른다. 사람과 인아의 원어는 모두 뿌루샤(puruṣa)로 동일하다. 상대가 이름을 물으면 '나는 이것이'라고 먼저 말하고는 이어서 이름을 대어 '나는 이것이 아무개입니다'라고 대답하는 것이 산스크리트의 어법이다. 즉 '나는 이 홍길동입니다'라는 식이다.

123 샹카라에 의하면 사람(人我)의 모양인, 몸과 감각 기관을 가진 쁘라자빠띠는 아(我)가 멸한다는 그릇된 바라봄(darśana)을 가졌기 때문에 두려워했다. 그래서 그와 동일하기 때문에 오늘날도 혼자인 사람은 두려워한다. 쁘라자빠띠는 살펴보았다. "이 나 말고 다른 것, 즉 아(ātman) 외의 다른 상대가 되는 사물은 없다. 그렇다면, 아가 멸할 원인이

그는 즐기지 못했다.[124] 그래서 혼자인 자는 즐기지 못한다. 그는 두 번째 것을 원했다.[125] 그는 여자 남자가 꼭 껴안은 듯한 만큼이 되었다.[126] 그는 이러한 자신을 둘로 떨어지게 했다. 그래서 남편과 부인이 생겨났다. 그래서 야갸발꺄는[127] "이것은 자신의 반쪽 같구나!"라고 말한 것이다. 그래서 이 허공은 여자로 가득해진다.[128] 그녀와 결합했다.[129] 그래서 사람들이[130] 생겨났다. 3

그러한 이 여인은[131] 바라보았다. "어떻게 나를 바로 자신으로부터 만들어 내고는 나와 결합하지? 그래, 내가 숨어야지!" 그녀는 암소가 되었다. 다른 쪽은 황소가 되어 그녀와 결합했다. 그래서 소들이 생겨났다. 한쪽이 암말이 되자 다른 쪽은 종마種馬가 되고, 한쪽이 암나귀가

없는데 내가 무엇 때문에 두려워해야 하는가?" 바로 그래서, 즉 '사실 그대로 아를 바라봄(yathābhūtātmadarśana)'으로 인해서 이 쁘라자빠띠의 두려움(bhaya)은 확연히 사라졌다. 쁘라자빠띠의 두려움은 단지 무명(無明)이 원인인 것이다. '궁극적인 의미에 있어서 바라봄(paramārthadarśana)'에 의해 그러한 두려움은 생겨나지 않는다. 다른 사물에 의해서 두려움은 생겨난다. 다른 것을 바라봄은 하나임을 바라봄에 의해서 사라진다.

124 샹카라에 의하면 쁘라자빠띠는 애락(愛樂, rati)을 누리지 못했다. 애락은 원하는 대상과 결합하여 생겨나는 놀이(krīḍā)다.

125 샹카라에 의하면 여자(strī)를 원했다는 의미다.

126 샹카라에 의하면 쁘라자빠띠인 '위라뜨'는 자신은 본래대로 존재하는 가운데 자신 외의 여자와 남자가 얼싸안은 크기의 다른 몸이 되었다.

127 샹카라에 의하면 "야갸발꺄(Yājñavalkya)"는 제사(yajña)에 대해 '말하는 사람(valkya)'인 야갸발꺄의 아들인 다이바라띠(Daivārati) 혹은 브라흐마의 아들인 야갸발꺄다.

128 샹카라에 의하면 남자의 절반인 "허공"은 여자인 절반으로 텅 비어 있었다. 이 허공은 결혼함으로써 여자인 절반으로 다시 가득해진다.

129 샹카라에 의하면 마누(Manu)라고 이름하는 그 쁘라자빠띠는 샤따루빠(백 가지 모습의 여인, Śatarūpā)라는 이름을 가진 자신의 딸을 아내로 삼았다.

130 여기서 "사람"의 원어는 뿌루샤가 아니라 마누스야(manuṣya)다. 마누스야는 최초의 인간인 마누(Manu)의 후손이란 의미다.

131 쁘라자빠띠가 합환(合歡)한 딸이며, 이름은 샤따루빠다.

되자 다른 쪽은 수나귀가 되어 그녀와 결합했다. 그래서 발굽이 하나인 것이 생겨났다. 한쪽이 암염소가 되자 다른 쪽은 숫염소가 되고, 한쪽이 암양이 되자 다른 쪽은 숫양이 되어 그녀와 결합했다. 그래서 염소와 양들이 생겨났다. 바로 이처럼 개미들에 이르기까지 쌍을 지은 이 그 모든 것을 만들어 냈다. 4

그는 "내가 바로 창조다. 왜냐하면 내가 바로 이 모든 것을 창조했기 때문이다"는 것을 알았다. 그래서 창조가 되었다. 이처럼 아는 이, 이의 이 창조 안에 있게 된다.[132] 5

이제 이리 비볐다.

그는 근원인 얼굴에서 근원인 두 손으로 불을 만들었다.[133] 그래서 이 둘은 안에 털이 없는 것이다.[134] 왜냐하면 여성 성기는 안에 털이 없

---

132 샹카라에 의하면 "창조(sṛṣṭi)"는 세상(jagat)을 의미한다. "내가 이 모든 세상을 만들었기 때문에 세상은 나와 다르지 않다. 그래서 내가 바로 창조다!"라고 말한 것이다. 창조라는 낱말로 자신을 일컬었기 때문에 쁘라자빠띠는 창조라는 이름을 가지게 되었다. 이처럼 '몸과 관련된 것(adhyātma)', '물질과 관련된 것(adhibhūta)', '신과 관련된 것(adhidaiva)' 들과 더불어 "세상이 나다!"라고 아는 자는 이 쁘라자빠띠의 세상에서 쁘라자빠띠처럼 '자신의 아(svātman)'와 다르지 않게 된 세상의 창조자가 된다.

133 샹카라에 의하면 쁘라자빠띠는 얼굴을 두 손으로 비벼서 "근원(yoni)인 얼굴"에서 그리고 "근원인 두 손"에서 브라흐마나(brāhmaṇa)의 후견자인 '불의 신(火神, agni)'을 만들었다. 브라흐마나 역시 쁘라자빠띠의 얼굴에서 생겨났다. 그래서 근원이 같기 때문에 형이 아우를 보살피는 것처럼 불의 신은 브라흐마나를 보살피는 것이다. 끄샤뜨리야(kṣatriya) 계급과 끄샤뜨리야를 다스리는 신인 인드라(神王, indra)는 힘이 깃든 곳인 쁘라자빠띠의 두 팔(bāhu)에서 생겨났다. 바이스야(vaiśya) 계급과 바이스야를 다스리는 신인 와쑤(Vasu)는 활동이 깃든 곳인 쁘라자빠띠의 정강이에서 생겨났다. 그래서 바이스야는 농사(kṛṣi) 등에 몰두한다. 땅의 신인 뿌샨(Pūṣan)과 섬기는 일을 하는 수드라(śūdra)는 쁘라자빠띠의 두 발에서 생겨났다. 인드라에 대해서는 62쪽 53번 각주, 뿌샨에 대해서는 44쪽 40번 각주 참조.

기 때문이다.[135]

"그에게 제사를 지내라! 그에게 제사를 지내라!" 이렇게 말하는 그것은 하나하나의 신을 말한다. 그것은 그의 다양한 창조다. 왜냐하면 이것이 바로 모든 신들이기 때문이다.[136]

이제 이 그 모든 액체, 그것은 정액에서 만들었다. 그것은 쏘마다.[137]

이러한 이 모든 것은 곡식과 곡식을 먹는 자다. 쏘마가 바로 곡식이다. 불이 곡식을 먹는 자다.[138]

그러한 이것은 브라흐만의 벗어난 창조다. 보다 월등한 것인 신들을 만들었기 때문이다. 죽어야 할 것이면서 이제 불사不死들을 만들었기 때문이다. 그래서 벗어난 창조다.

이와 같이 아는 이, 이의 이 벗어난 창조 안에 있게 된다.[139] 6

---

134 샹카라에 의하면 얼굴 안과 손 안에 털이 없다는 의미다. "얼굴"의 원어는 무카(mukha)다. 무카는 남성 명사로 '얼굴, 입, 머리' 등을 의미한다. 얼굴 안은 머리카락과 수염이 빙 두르고 있는 얼굴 안쪽을 의미한다.

135 샹카라에 의하면 얼굴과 두 손은 태워 버리는 것인 불의 근원이다. 그래서 이 둘은 털이 없다. 모든 곳에 털이 없는 것이 아니라 "'여성 성기(yoni)'는 안에 털이 없기 때문"에 안에만 털이 없다. '여성 성기'의 원어 역시 '근원'의 원어와 마찬가지로 요니다. '요니'는 여성 명사와 남성 명사로 '여성 성기, 자궁, 모태, 근원, 기원, 출생지, 샘, 둥지, 거처, 혈통, 가족, 종족, 카스트, 물, 씨알' 등을 의미한다.

136 샹카라에 의하면 제사를 지내는 사람들은 제사 시간에 이 말을 한다. "저 아그니(火神)에게 제사 지내라! 저 인드라에게 제사 지내라!" 이름과 경전과 찬가와 행위 등이 다르기 때문에 아그니를 비롯한 신들을 각기 다른 것으로 여기며 이렇게 말하는 것이다. 그러나 그렇게 알아서는 안 된다. 왜냐하면 '다양한 발현(visṛṣṭi)'인 '신의 차이(devabheda)'는 쁘라자빠띠의 것이기 때문이다. 생기(生氣)인 쁘라자빠띠가 모든 신들이기 때문이다. 이에 대해 두 가지 반대의 견해가 있다. 어떤 사람들은 지고(至高, para)의 존재는 바로 히란야가르바(黃金子宮, 金胎)라고 하고, 다른 사람들은 '윤회하는 존재(saṁsārī)'라고 한다.

137 샹카라에 의하면 쁘라자빠띠가 자신의 정액(精液)으로 만든 것인 모든 액체는 바로 "쏘마"다.

138 샹카라에 의하면 이처럼 '불과 쏘마의 아인 것(agnīṣomātmaka)'인 세상을 '아 라는 것(ātmatva)'으로 바라보는 사람은 그 어떤 죄에도 걸리지 않는다. 그는 쁘라자빠띠가 된다.

그러한 바로 이것은 그때 구분되어 나타나지 않은 것이었다.[140] 그것이 이름과 형태에 의해서 "저것은 이름이 이것이다. 이러한 형태다"라고 구분되어 나타났다. 그래서 지금 또한 이것을 "저것은 이름이 이것이다. 이러한 형태다"라고 이름과 형태에 의해서 구분하여 나타낸다.

그러한 이것은 여기에 들어와 있다.[141] 칼이 칼집에 들어 있듯이,[142] 혹은 모든 것을 지탱하는 불이 모든 것을 지탱하는 불의 둥지에 깃들어 있듯이,[143] 그렇게 손톱 끝에 이르기까지 들어가 있다.

그것을 보지들을 못한다. 그것은 전부가 아니다.[144] 숨을 쉬고 있기에 숨이라는 이름이 된다. 말을 하고 있기에 말,[145] 보고 있기에 눈, 듣고 있기에 귀, 생각하고 있기에 마음이다. 그것들은 이것의 바로 이러한 활동에 따른 이름들이다.[146]

---

139 샹카라에 의하면 브라흐마인 쁘라자빠띠가 자신보다 더한 것들인 신(神)들을 만들었기 때문에 "벗어난 창조(atisṛṣṭi)"다. 따라서 신을 창조하는 것이 "벗어난 창조"다. 왜냐하면 '죽어야 할 것(martya)'이면서 즉 죽는 성질을 가진 것이면서 불사(不死, amṛta)들인, 즉 죽지 않는 성질을 가진 것인 신들을 행위와 지혜의 불로 자신의 모든 죄를 불사르고 만들었기 때문이다. 따라서 이 벗어난 창조는 드높은 지혜의 결과다. 쁘라자빠띠의 아(我)로 된 이 벗어난 창조를 아는 사람은 이 벗어난 창조 안에서 쁘라자빠띠처럼 창조자가 된다.

140 샹카라에 의하면 세상은 생겨나기 이전의 그 시간에는 '씨앗의 상태(bījāvastha)'로 있었다.

141 샹카라에 의하면 세상이 생겨나기 이전에는 획득되지 않던 아(我)가 구분되어 창조된 결과들에 관해서 나중에 지성 안에서 얻어진다. 이러한 사실이 해(sūrya)를 비롯한 사물이 물에 비친 것처럼 결과를 만들어 내고 그 안에 들어온 것으로 표현된다.

142 샹카라에 의하면 '이발사의 삭도(削刀)가 삭도를 두는 곳 안에 있듯이'라는 의미다.

143 샹카라에 의하면 "모든 것을 지탱하는 것(viśvambhara)"은 불이다. 불은 모든 것을 지탱하게 하는 것이기 때문에 "모든 것을 지탱하는 것"이다. '불이 나무를 비롯한 것들에 내재되어 있듯이'라는 의미다.

144 각각 개별적인 사물에 들어와 있는 것으로 보이는 아(我)는 전부가 아니라는 뜻이다.

145 앞의 "말"은 언어, 그리고 뒤의 "말"은 언어 기관을 의미한다.

146 야쓰까(Yāska)의 『니루끄따(*Nirukta*)』에 의하면 모든 명사들은 동사들의 형태에서 생겨

따라서 하나하나에 대해 명상하는 사람, 그는 알지 못한다.[147] 이것은 전부가 아니다. 따라서 하나하나로 되는 것이다.

바로 아我라고 명상하라! 여기에서 이 모든 것들이 하나가 되기 때문이다.[148] 그러한 이것이 '발길을 디디는 곳'[149]이다.[150] 이것은 이 모든 것의 아다. 이것을 통해 이 모든 것을 알기 때문이다.[151]

이와 같이 아는 자, 그는 발자국을 따라가 찾아내듯이 이와 같이 명성과 찬사를 얻는다.[152] 7

그러한 이것은[153] 아들보다 사랑스럽다, 재물보다 사랑스럽다, 다른 모든 것들보다 사랑스럽다. 왜냐하면 이 아我는 보다 더 가까운 것이기

난 것들이다.

147 샹카라에 의하면 각각 하나하나의 형용사로 구분되어 특화된 것은 다른 속성들을 종합하지 못한다. 따라서 "나는 본다" 혹은 "나는 듣는다" 혹은 "나는 만진다"라고 아는 것은 아(我)를 전부 아는 것이 아니다.

148 샹카라에 의하면 여기 이 한정되지 않은 아(我)에는 물에 비친 태양의 여러 다른 모습들이 태양에서 하나가 되듯이 숨(prāṇa)을 비롯한 행위에 의해서 생겨난 이름으로 불리는 것들인, 생기를 비롯한 것들에 의해서 한계 지어진 특별한 것들이 하나가 된다. 즉 다르지 않은 상태에 도달한다.

149 샹카라에 의하면 "발길을 디디는 곳(padanīya)"은 '가야 할 곳(gamanīya)'이다.

150 모든 것이 그 안에서 하나가 되는 궁극적인 아(我)를 추구해야 한다는 뜻이다.

151 샹카라에 의하면 이 아(我)를 알게 됨으로 인해서 아에서 생겨난 이 다른 모든 것을 알게 된다는 의미다.

152 샹카라에 의하면 소를 비롯한 것의 발굽 자국이 찍힌 곳을 "발자국(pada)"이라고 말한다. 그 발자국을 통해 추적해서 잃어버린, 찾고자 하던 짐승을 찾아내는 것과 마찬가지로 아(我)를 얻음으로써 모든 것을 얻게 된다. 이 아는 이름과 형태 안으로 따라 들어가 "명성(khyāti)"을 얻고, 아라는 것 등의 이름과 형태에 의해서 생기를 비롯한 것의 모임인 "찬사(śloka)"를 얻는다. 이와 같이 아는 사람은 명성을 얻고, 찬사 즉 좋아하는 사람들과 함께 함을 얻는다. 혹은 앞에서 말한 실재를 아는 사람은 해탈을 원하는 사람들이 기대하는 명성(kīrti)이란 낱말로 표현되는 것인 '하나가 되는 지혜(aikyajñāna)'와 '하나가 되는 지혜'의 결과인 찬사란 낱말로 표현되는 것인 해탈(mukti)을 얻는다.

153 샹카라에 의하면 "그러한 이것"은 '아의 본질'을 의미한다.

때문이다.[154]

그러한 이가[155] 아我보다 사랑스러운 것을 말하는 자에게 "사랑스러운 것이 멸할 것이다"라고 말한다면, 그렇게 될 것이다. 왜냐하면 능력이 있기 때문이다.[156]

아를 바로 사랑스러운 것이라고 명상하라. 아를 바로 사랑스러운 것이라고 명상하는 그, 이의 사랑스러운 것은 사라지지 않게 된다. 8

"사람들은 브라흐만에 대한 지혜를[157] 통해서 모든 것이 될 것이라 여긴다!" 이리 말들을 한다.[158] 도대체 그 브라흐만에 대해 무엇을[159] 알았기에 그로 인해 그 모든 것이 되었는가? 9

이 브라흐만이 분명 먼저 있었다.[160] 그는 바로 자신에 대해[161] "나는

---

154 샹카라에 의하면 아들과 재산을 비롯한 외적인 것들보다 생기와 몸 덩어리의 모임이 보다 더 내적인 것, 즉 아(我)에 가까운 것이다. 이 내적인 생기와 몸 덩어리의 모임 보다 '아의 본질'인 이 아는 더 내적인 것이다.

155 샹카라에 의하면 "그러한 이"는 '아를 가장 사랑스럽다고 말하는 사람(ātmapriyavādī)'이다.

156 "능력이 있기 때문이다"는 '자재자이기 때문이다'로도 번역이 가능하다. 샹카라는 자재자를 '능력(samartha)'이라고 해석한다. 샹카라의 의견에 따르기로 한다.

157 샹카라에 의하면 "브라흐만"은 '지고의 아'다. 지고의 아가 그것을 통해 알게 되는 것이 "브라흐만에 대한 지혜(brahmavidyā)"다.

158 샹카라에 의하면 브라흐만에 대해 알기를 원하는 브라흐마나들이 말한다는 의미다.

159 샹카라에 의하면 사람들이 그것에 대해 앎(vijñāna)으로써 모든 것이 될 것이라고 하는 그 브라흐만이 무엇이냐는 의미다.

160 샹카라에 의하면 '높은 브라흐만(para brahman)'이 모든 상태에 도달함은 인식되는 것이 아니다. 모든 상태에 도달함이 인식됨으로 말미암아 여기서 브라흐만은 '낮은 브라흐만(brahmāpara, apara brahman)'을 의미한다. 이 낮은 브라흐만은 안에 들어와 있는 '창조자인 브라흐만(sraṣṭṛ brahman)'이다. "이 브라흐만"에서 "이(idam)"는 이 몸에 있는 것으로 파악되는 것을 의미한다. "먼저 있었다"는 것은 그것에 대해 알기 이전부터 있었다는 것을 의미한다.

브라흐만이다!"라고 알았다. 그래서 그는 모든 것이 되었다.[162] 신들 가운데 각각 그것에 대해 깨달은 그 신은 바로 그것이 되었다.[163] 그렇게 선인仙人들 가운데, 인간들 가운데도 마찬가지였다.

그러한 이것을 보면서 옛날에 와마데바[164] 선인仙人은 "나는 마누였다.[165] 태양이었다"는 것을 알았다.[166]

그래서 지금 또한 "내가 브라흐만이다!"라고 이렇게 아는 이, 그는 이 모든 것이 된다. 신들조차 그에 대해 해코지할 수 없다. 왜냐하면 그는 이들의[167] 아我가 되기 때문이다.

이제 다른 신에 대해 "저것은 다르다. 나는 다르다!"라고 명상하는[168]

---

161 샹카라에 의하면 "자신(ātman)"은 무명(無明)에 의해서 부과된 특별함이 배제된 아(我)를 의미한다.

162 샹카라에 의하면 직접적으로 "'모든 것 안에 있는 아(sarvāntarātman)', 먹고 싶은 욕망들을 벗어난 것, '이러한 것이 아니다, 이러한 것이 아니다!(neti neti)', '거친 것이 아니다, 미세한 것이 아니다'라는 등으로 나타나는 바로 그것이 나다! 나는 윤회하는 다른 것이 아니다!"라고 이렇게 알았다. 그리고 이처럼 앎으로써 그 브라흐만은 "모든 것이 되었다." 즉 '브라흐만이 아님이 부과됨(abrahmādhyāropaṇa)'을 거두어 내어 '브라흐만이 아님이 부과됨'의 결과인 '모든 것이 아니라는 것(asarvatva)'을 없앰으로써 "모든 것이 되었다"는 의미다.

163 샹카라에 의하면 신들 가운데 자신(ātman)에 대해 앞에서 말한 대로 깨달은 신은 아(我)인 바로 그 브라흐만이 되었다.

164 와마데바(Vāmadeva)는 『리그베다』의 제4권의 1~41, 45~48까지의 찬가를 지은 선인(ṛṣi)의 이름이다.

165 "마누"는 최초의 인간이다. 막스 뮐러는 마누를 달(moon)이라고 해석한다.

166 샹카라에 의하면 "그 브라흐만이 바로 이 자신인 나다"라고 바라봄으로써 와마데바라는 이름의 선인(仙人)은 이것을 알았다. 즉 그는 이 '브라흐만이 자신이라는 철학(brahmātmadarśana)'에 자리 잡아 "나는 마누였다. 태양이었다(ahaṁ manurabhavaṁ sūryaśca)"를 비롯한 진언(眞言)을 지었다.

167 "이들"은 신들을 뜻한다.

168 "명상하다"의 원어는 우빠쓰떼(upāste)다. 우빠쓰떼는 '가까이 앉다, 섬기다, 예배하다, 다가가다, 참가하다, 기다리다, 인정하다, 궁술을 연마하다, 명상하다' 등을 의미하는 어근 '우빠쓰(upās)'의 활용 형태다. 막스 뮐러와 라다크리슈난은 우빠쓰떼를 '예배하다

이, 그는 모른다.[169] 그는 마치 신들의 가축과 같다. 많은 가축들이 사람에게 유용한 것이 되듯이, 바로 그렇게 한 사람 한 사람이 신들에게 유용한 것이 될 뿐이다. 한 마리의 가축을 빼앗겨도 좋지 않거늘, 하물며 많은 경우에야 오죽하겠는가? 따라서 이들에게는 인간들이 이것을 아는 그게 달갑지가 않다.[170] 10

바로 이 브라흐만이 먼저 있었다.[171] 하나였다.[172] 혼자인 그는 번창할 수 없었다. 그래서 왕족을[173] 훌륭한 모습으로 높게 만들었다.

인드라, 와루나, 쏘마, 루드라, 빠르잔야, 야마, 므리뜨유, 이샤나, 신들 가운데 왕들인 이들을 높게 만들었다.[174] 그래서 왕족보다 높은 자는

(worships)'라고 번역한다.

169 샹카라에 의하면 브라흐만에 대해서 모르는 그 누군가가 자신과는 다른 그 어떤 신을 섬기면, 즉 찬송(stuti), 절(namaskāra), 제사(yajña), 제물(bali), 선물(upahāra), 귀의(praṇidhāna), 정신 집중(dhyāna) 등을 통해 "저것은 나와는 별개의 것으로 자신이 아니다. 빚진 사람처럼 그에게 갚아야 하는 의무가 있는 나는 다른 존재다"라는 인식을 가지고 섬기면, 그는 본질(tattva)을 모르는 사람이다.

170 신들은 자신을 예배하던 인간이 인간 자신의 본질인 브라흐만을 알아 해탈하는 것을 달가워하지 않는다는 뜻이다.

171 막스 뮐러는 '실로 처음에 이것은 브라흐만이었다(Verily in the beginning this was Brahman)'라고 번역한다. 라다크리슈난의 번역 역시 막스 뮐러의 것과 동일하나, 이것을 '세상(world)'이라고 해석한다.

172 샹카라에 의하면 불(火)을 만들어서 불의 형태를 취한 브라흐만이다. 브라흐마나 계급의 자부심 때문에 브라흐만이라고 일컫는 것이다. 이 끄샤뜨라(王公)를 비롯한 출신들은 브라흐만과 구별이 없는 "하나였다."

173 "왕족"의 원어는 끄샤뜨라(kṣatra)다. 끄샤뜨라는 왕공 무사 계급을 뜻하는 끄샤뜨리야의 고어다. 끄샤뜨라는 중성 명사로 '권능, 주권, 왕권, 왕' 등을 뜻하기도 한다. 샹카라에 의하면 끄샤뜨라는 끄샤뜨리야 계급이다.

174 샹카라에 의하면 "인드라"는 신들의 왕이다. "와루나(Varuṇa)"는 수중 동물의 왕이다. "쏘마(Soma)"는 브라흐마나들의 왕이다. "루드라(Rudra)"는 짐승들의 왕이다. "빠르잔야(Parjanya)"는 번개를 비롯한 것들의 왕이다. "야마(Yama)"는 조상들의 왕이다. "므리뜨유(Mṛtyu)"는 질병 등의 왕이다. "이샤나(Īśāna)"는 빛들의 왕이다. 이러한 이들은 신들 가

없다. 그래서 왕위 즉위 희생 제의에서[175] 브라흐마나는[176] 아래에 앉아 왕을 섬긴다. 왕에게 그 영광을 부여한다.[177]

왕의 그러한 이 근원은 브라흐만[178]이라는 것이다. 그래서 비록 왕이 최고 위에 이른다 해도 마지막에 가서는 자신의 근원인 브라흐만에게 의지하게 된다.[179]

이를 해치는 그는[180] 자신의 근원을 해하는 것이다. 가장 훌륭한 자를 해쳐 그러듯이 그는 심한 죄인이 된다.[181] 11

그는 번창할 수 없었다.[182] 그는 백성을[183] 만들었다. 무리 지어[184] 불

운데 끄샤뜨라들이다.

175 "왕위 즉위 희생 제의(王位卽位犧牲祭儀)"의 원어는 라자쑤야(rājasūya)다. 라자쑤야는 '왕'을 뜻하는 라자(rāja)와 '쏘마즙의 추출, 헌주, 희생 제의'를 뜻하는 쑤야(sūya)라는 낱말이 합해서 만들어진 낱말로 왕위 즉위식인 희생 제의를 뜻한다.

176 "브라흐마나"는 카스트상 가장 높은 서열인 사제 계급(師祭階級)이다. 브라흐마나들은 브라흐마나 문헌 시대에 이르러 자신들이 바로 우주의 궁극적 실재인 브라흐만이라고 주장하기에 이르러 브라흐만으로 불리기도 한다.

177 샹카라에 의하면 그 명성은 브라흐마나 계급 자신의 명성인 브라흐만이라는 이름의 형태를 의미한다. '왕위 즉위 희생 제의'에서 관정식을 행한 왕위에 앉은 왕이 "브라흐만이여!"라고 부르면, 제관들은 "왕이시여, 당신이 브라흐만이십니다!"라고 대답한다. 그래서 그는 "왕에게 그 영광을 부여한다"고 말하는 것이다.

178 이 부분과 바로 다음에 나오는 "브라흐만"은 사제 계급인 브라흐마나를 뜻한다.

179 샹카라에 의하면 왕이 '왕위 즉위 희생 제의'에서 관정식을 통해 왕으로서의 자격을 갖추었다고 해도 제의의 행위를 모두 끝마치면, 왕은 자신의 근원인 브라흐만, 즉 브라흐마나 계급에게 귀의한다. 즉 사제로서 앞세운다는 의미다.

180 샹카라에 의하면 힘에 대한 자만심 때문에 자신의 근원인 브라흐마나 계급을 천시하는 사람이다.

181 샹카라에 의하면 왕공 무사 계급인 끄샤뜨리야는 잔혹성 때문에 본래 죄인이다. 자신의 근원을 해쳐서 더욱 "심한 죄인"이 된다. 세상에서 아주 훌륭한 사람을 해쳐서, 즉 모욕하여 심한 죄인이 되듯이 그렇게 심한 죄인이 된다는 의미다.

182 샹카라에 의하면 재산을 모으는 자가 없었기 때문이다. 막스 뮐러는 '그는 충분히 강하지 못했다(He was not strong enough)'라고 번역한다. 라다크리슈난은 '아직 그는 번창하

리는 이 신의 종족들인 '와쑤'들, '루드라'들, '아디뜨야'들, '위스바데바'들, '마루뜨'들을 만들었다.[185] 12

그는 번창할 수 없었다. 그는 하인[186] 계급을,[187] 뿌샨을[188] 만들었다. 이것이[189] 바로 뿌샨이다. 이것은 그 무엇이든지 간에 이 모든 것을 기르기 때문이다. 13

그는 번창할 수 없었다. 그는 훌륭한 모습으로 다르마를[190] 더 높게

지 못했다(Yet he did not flourish)'라고 번역한다.

183 "백성"의 원어는 위샤(viśa)다. 위샤는 카스트상 세 번째 서열인 와이스야(vaiśya)의 동의어다. 와이스야는 일반적으로 상인 계급을 뜻한다. 그러나 샹카라에 의하면 주로 농사일에 종사하는 사람들이다.

184 샹카라에 의하면 백성은 무리 짓는 것을 좋아한다. 왜냐하면 무리를 지어서 재산을 모을 수 있기 때문이다.

185 샹카라에 의하면 "와쑤들"은 여덟으로 한 무리를 이룬다. "루드라들"은 열하나로 한 무리를 이룬다. "아디뜨야(Āditya)들"은 열둘로 한 무리를 이룬다. "위스바데바(Viśvadeva)들"은 위스바(Viśvā)의 아들들로 열셋이 한 무리를 이룬다. 혹은 위스바데바는 모든 신들이다. "마루뜨(Marut)들"은 마흔아홉이 한 무리를 이룬다.

186 "하인"의 원어는 샤우드라(śaudra)다. 샹카라에 의하면 샤우드라는 하인 계급인 수드라와 동의어다.

187 "계급"의 원어는 와르나(varṇa)다. 와르나는 본래 '색깔'을 뜻한다. 하인 계급인 샤우드라에게만 '색깔'을 뜻하는 와르나라는 낱말을 덧붙이고 있다. 카스트상 네 번째 서열인 샤우드라, 즉 수드라는 그 위의 서열에 속하는 계급들과는 피부색이 다른 종족이었음을 미루어 짐작할 수 있다.

188 샹카라에 의하면 "뿌샨(Pūṣan)"은 기른다(puṣyati). 그래서 뿌샨이다. 44쪽 40번 각주 참조.

189 샹카라에 의하면 "이것"은 땅 혹은 지구의 신인 쁘리티비(Pṛthivī, Pṛthvī)다.

190 "다르마(達磨)"는 '지니다, 간직하다, 멈추다, 억제하다' 등을 뜻하는 어근 '드리(dhṛ)'에서 파생된 남성 명사로 '정의, 진리, 도덕, 의무, 관습, 종교, 법, 불법(佛法)' 등을 뜻한다. 막스 뮐러는 다르마를 '법(Law)'이라고 번역한다. 라다크리슈난은 다르마를 '정의(justice)'라고 번역한다. 88쪽 86번 각주 참조.

만들었다. 이 다르마라는 것, 그것은 왕의 왕이다.[191] 그래서 다르마보다 더 높은 것은 없다.

그래서 마치 왕을 통해 그러는 것처럼 이제 아주 힘없는 사람도 다르마를 통해 보다 힘 있는 사람을 넘본다.[192]

다르마라는 것, 그것은 바로 진리다. 그래서 진리를 말하는 이를 다르마를 말하고 있다고 말들을 한다. 혹은 다르마를 말하고 있는 이를 진리를 말하고 있다고 한다. 왜냐하면 이것은 이 둘 다이기 때문이다.[193] 14

그러한 이것이 브라흐만, 왕, 백성, 하인이다.[194] 그것은 불로써 신들 가운데 브라흐마가, 사람들 가운데 브라흐마나가,[195] 왕족으로써 왕족이, 백성으로써 백성이, 하인 계급으로써 하인 계급이 되었다.[196] 그래서

---

191 "왕"의 원어는 끄샤뜨라(kṣatra)다. 끄샤뜨라는 왕공 무사 계급을 뜻하는 끄샤뜨리야의 고어다. 끄샤뜨라는 중성 명사로 '권능, 주권, 왕권, 왕, 왕족' 등을 뜻한다. 샹카라에 의하면 뒤의 왕의 원어인 끄샤뜨라는 '다스리는 자, 통제하는 자(niyantṛ)'를 의미한다. 막스 뮐러는 뒤의 왕을 '힘(power)'이라고 해석한다.

192 샹카라에 의하면 집안의 노예라 할지라도 세상에서 가장 힘 있는 왕을 통해 자신보다 힘 있는 사람을 이기기를 원하듯이 아주 힘없는 사람이라 할지라도 다르마의 힘을 통해서 자신보다 힘 있는 사람을 이기기를 원한다.

193 샹카라에 의하면 "진리(satya)"는 경전에 따른 의미성(arthatā)이다. 경전에 따른 의미성이 실행되면 다르마라는 이름이 된다. 그리고 경전의 의미성으로 인식되어지면 진리가 된다. 인식되어지고 그리고 실행되어지는 이 둘 모두는 바로 이 다르마다.

194 샹카라에 의하면 브라흐만, 끄샤뜨라, 위샤, 수드라, 이렇게 네 계급이 만들어졌다는 의미다.

195 샹카라에 의하면 창조자인 브라흐만이 바로 불의 형태로 신들 가운데 브라흐만, 즉 브라흐마나 계급이 되었다. 그리고 인간들 가운데는 불인 브라흐마나의 본모습으로 브라흐만이 되었다. 『베다』 문헌에 따르면 우주의 궁극적인 실재는 불이다.

196 샹카라에 의하면 창조자인 브라흐마는 불과 브라흐마나 이 둘에 있어서는 그 자체가 변함이 없지만, 다른 계급들에 있어서는 다른 형태를 취해 왕족의 모습으로 왕족이, 백성의 모습으로 백성이, 하인 계급의 모습으로 하인 계급이 되었다. 막스 뮐러와 라다크리슈난은 앞의 왕족, 백성, 하인 이라는 낱말 앞에 각각 신성한(divine)이라는 낱말을

신들 가운데 불에게, 사람들 가운데 브라흐마나에게 세상을 기원한다.[197] 왜냐하면 브라흐만은 이 두 모습을 통해서 나타났기 때문이다.

이제 이 세상에서 자신의 세상을 보지 못하고 떠나는 자, 그는 알지 못해서, 마치 공부하지 않은 베다처럼 혹은 실행하지 않은 그 어떤 다른 행위처럼 이것을 누리지 못한다.[198] 이와 같이 알지 못하는 자는 이 세상에서 위대한 덕행을 행한다 할지라도 그의 그것은[199] 결국에 가서는 스러진다.

바로 아我를 세상이라고 명상하라.[200] 아를 세상이라고 명상하는 자, 이의 행위는 스러지지 않는다. 이 아로부터 원하는 것마다, 그것을 이루어 낸다. 15

이제 이 아我는 모든 존재들의 세상이다.[201]

그는[202] 불에 태워 공양을 올리는 것과 제사를 지내는 것, 그것에 의

추가하여 해석한다.

197 불과 사제 계급인 브라흐마나는 창조자인 브라흐만의 변형되지 않은 모습이다. 따라서 신들 가운데는 불에게, 사람들 가운데는 브라흐마나에게 기원하는 것이다. 샹카라에 의하면 불과 관련된 행위를 행하여 '행위의 결과(karmaphala)'를 기원한다는 의미다.

198 샹카라에 의하면 "자신의 세상"은 아(我)다. "내가 브라흐만이다(ahaṁ brahmāsmi)"라고 보지 못하고 죽는 사람, 그는 비록 자신의 세상이지만, 몰라서 즉 무명(無明)에 의해 가려져서 이 아를 누리지 못한다. 즉 슬픔(śoka), 미혹(moha), 두려움들을 물리쳐 아를 보살피지 못한다. 이것은 마치 세상에서 공부하지 않은『베다』는 행위를 비롯한 것을 일깨우는 데 소용되지 않듯이, 혹은 농사를 비롯한 다른 행위가 행해지지 않아 자신의 결과를 산출하지 않듯이, 바로 그렇게 아인 자신의 세상이 자신의 항상한 아의 본모습으로 나타나지 않음으로 말미암아 누리지 못한다는 것을 의미한다.

199 "그것"은 위대한 덕행을 의미한다.

200 막스 뮐러는 "명상"을 '예배(worship)'라고 번역한다.

201 샹카라에 의하면 몸과 지각 기관 등에 의해 특화된 몸체인, 행위에 대한 의무를 가진 무지한 가장(家長, gṛhin)이 "아(我)"다. 이러한 아는 신을 비롯하여 개미들에 이르기까지 "모든 존재들의 세상" 즉 향수(享受)의 대상인 아라는 의미다.

해서 신들의 세상이다. 이제 따라 읽어 마음에 새기는 것, 그것에 의해 선인仙人들의, 이제 조상님들에게 제물을 올리는 것, 후손을 원하는 것, 그것에 의해서 조상님들의, 이제 사람들을 머물게 하는 것, 이들에게 음식을 주는 것, 그것에 의해 사람들의, 이제 가축들에게 목초牧草와 물을 얻게 하는 것, 그것에 의해서 가축들의, 이의 집안에 야수들, 새들, 개미들에 이르기까지 의지하게 하는 것, 그것에 의해 그들의 세상이 된다.

마치 자신의 세상을 위해 안전을 원하듯이 이처럼 바로 이와 같이 아는 이를 위해서는 모든 존재들이 안전을 원한다.

그러한 이것은 알려진 바이며 헤아려진 바다.[203] 16

바로 이 아我가 먼저 있었다,[204] 하나였다. 그는 원했다. "나의 아내가 있으면 좋겠다. 이제 나는 자식을 낳고 싶다![205] 이제 재산이 있으면 좋겠다. 이제 나는 행위를 행하고 싶다." 욕망은 바로 이 정도다. 바란다 해도 이보다 더 많이 얻지는 못한다.

그래서 지금도 홀로인 자는 이렇게 원한다. "나의 아내가 있으면 좋겠다. 이제 나는 자식을 낳고 싶다. 이제 나의 재산이 있으면 좋겠다. 이제 나는 행위를 행하고 싶다." 그는 이것들 가운데 하나하나를 얻기 전

---

202 샹카라에 의하면 "그"는 가장(家長)이다.

203 샹카라에 의하면 바로 이러한 앞에서 언급한 행위들을 빚을 갚듯 반드시 행해야 함에 대해 '오대 제사(五大祭祀, pañcamahāyajñya)'에 관련된 부분에 알려져 있고, 분량(分量, avadāna)에 관련된 부분에 헤아려져 있다. '생명체에 대한 제사(bhūtayajñya)', '사람에 대한 제사(manuṣyayajñya)', '조상에 대한 제사(pitṛyajñya)', '신에 대한 제사(devayajñya)', '브라흐만에 대한 제사(brahmayajñya)'를 '오대 제사'라고 한다. 그리고 제사 불에 제물을 넣어 태워 바칠 때 한 번 넣어 태워 바치는 분량의 우유 기름을 비롯한 제물을 분량이라고 한다.

204 샹카라에 의하면 여기서 "아(我)"는 자연스러운 사람으로 청정범행을 행하는 무지한 학생이다. 이 학생이 아내와 연결되기 전이라는 의미다.

205 샹카라에 의하면 자손의 형태로 나는 태어나고 싶다는 의미다.

까지는 전부가 아니라고 여긴다.

그의 전부다.[206] 마음이 바로 이의 자신이다.[207] 언어가 아내다.[208] 생기가 자손이다.[209] 눈이 인간적인 재산이다. 왜냐하면 눈으로 그것을 얻기 때문이다.[210] 귀는 신적인 것이다. 왜냐하면 귀로 그것을 듣기 때문이다.[211] 몸은[212] 바로 그의 행위다. 왜냐하면 몸으로 행위를 행하기 때문이다.

그러한 이 다섯 개로[213] 이루어진 것이 제사다. 다섯 개로 이루어진 것이 짐승이다. 다섯 개로 이루어진 것이 사람이다. 이 그 모든 것은 다섯 개로 이루어진 것이다.

이와 같이 아는 이는 이 그 모든 것을 얻는다.[214] 17

다섯 번째 절

"아버지가 지혜와 고행을 통해 일곱 곡식을 만든 것,[215] 이 가운데 하

---

206 샹카라에 의하면 그의 전부가 아니라고 여기는 "그의 전부"는 다음과 같다는 의미다.

207 샹카라에 의하면 "마음"은 으뜸이 되는 것이기 때문이다. "자신"의 원어는 아트만(ātman)이다. 아트만은 남성 명사로 '몸, 자신, 아들, 아(我), 브라흐만, 영혼, 본질' 등을 뜻한다. 막스 뮐러는 아를 '남편(husband)'이라고 해석한다. 라다크리슈난 '그 자신(his self)'이라고 번역한다.

208 샹카라에 의하면 "언어(vāc)"는 마음을 따른 것이기 때문이다.

209 샹카라에 의하면 남편과 아내에 해당되는 마음과 언어에 의해서 "생기(生氣)"는 산출되기 때문이다.

210 샹카라에 의하면 소를 비롯한 것이 "인간적인 재산"이다. 이러한 인간적인 재산은 눈을 통해 파악된다.

211 샹카라에 의하면 지식(vijñāna)이 신적인 재산이다. 이러한 신적인 재산은 귀를 통해 듣는다.

212 "몸"의 원어는 아트만이다.

213 막스 뮐러에 의하면 "그러한 이 다섯 개"는 마음, 언어, 생기, 눈, 귀다.

214 샹카라에 의하면 "이와 같이 아는 이"는 이 모든 세상을 '아의 본질'을 통해서 얻는다는 의미다.

215 샹카라에 의하면 그는 행위와 지혜를 통해 세상을 만들었다. 그는 모든 세상을 원인과 결과에 따라 일곱 가지로 나누었다. 일곱 가지로 나뉜 세상은 향수(享受)의 대상이

나는 공통의 것으로, 둘은 신들에게 나누어 주었다.

셋은 자신을 위한 것으로 만들었다, 하나를 짐승들에게 주었다. 숨을 쉬는 거나 숨을 쉬지 않는 거나 모두 다 그것에[216] 의거한다.

왜 그것들은 늘 먹어도 줄어들지 않는가? 이 줄어들지 않음을 아는 자, 그는 외양으로[217] 곡식을 먹는다.

그는 신들에게 다가간다. 그는 원기 있게 살아간다."

이상은 게송偈頌들이다. 1

"아버지가 지혜와 고행을 통해 일곱 곡식을 만든 것" 이것은 바로 아버지가 지혜와 고행을 통해서 만들었다는 의미다.

"이 가운데 하나는 공통의 것으로"라는 이것은 바로 먹는 이것이[218] 이 가운데 그 공통의 곡식이라는 것이다. 이것을 섬기는 자, 그는 죄악에서 벗어나지 못한다. 왜냐하면 이것은 섞인 것이기 때문이다.

"둘은 신들에게 나누어 주었다." 이것은 불에 제물을 넣어 태워 올린 것과 고수레로 올린 것이다.[219] 그래서 신들에게 불에 제물을 넣어 태워 올리고, 고수레로 올리기도 한다. 그리고 초승 제사와 보름 제사라고 말들을 한다. 그러므로 바라서 제사 지내는 자가 되지 말아야 한다.[220]

되기 때문에 "일곱 곡식"이라고 일컫는다. 이처럼 곡식들을 만들었기 때문에 그 곡식들의 아버지(pitṛ)라고 한다. "지혜(medhā)"는 '수승한 앎(prajñā)', '특별한 앎(vijñāna)'이다. "고행(tapas)"은 행위를 의미한다.

216 "그것"은 곡식을 뜻한다.

217 "외양(pratīka)"은 얼굴과 입을 뜻한다.

218 샹카라에 의하면 생명체들에 의해서 매일매일 먹는 것이 "먹는 이것"이다.

219 샹카라에 의하면 "고수레로 올린 것(prahuta)"은 불에 제물을 넣어 태워 올린 다음 그것을 일정 부분 나누어 고수레로 올린 것을 의미한다.

220 제물로 신에게 올린 곡식은 본래 신의 몫이기 때문에 신에게 바치는 제물의 대가로 무언가를 바라서 제사를 지내지 말아야 한다는 뜻이다.

"하나를 짐승들에게 주었다"는 것, 그것은 우유다. 왜냐하면 사람들과 짐승들은 처음엔 우유에 의지해 살기 때문이다. 그래서 갓난아이에게 처음에 우유 기름을 핥게 하거나 젖가슴을 빨게 한다.[221] 그리고 갓 태어난 송아지를 '목초를 먹지 못하는 것'이라고 말들을 한다.

"숨을 쉬는 거나 숨을 쉬지 않는 거나 모두 다 그것에 의거한다." 이것은 숨을 쉬는 거나 숨을 쉬지 않는 거나 이 모두 다 우유에 의지한다는 것이다. 그래서 일 년 동안 우유를 불에 넣어 올려 제사 지내는 자는 '다시 죽음'을 물리친다고[222] 이렇게 말들을 한다. 그렇게 알아서는 안 된다. 불에 넣어 올려 제사를 지내는 날, 그날에 '다시 죽음'을 물리친다.[223] 이와 같이 아는 이는 신들에게 모든 먹을 곡식을 바치기 때문이다.

"왜 그것들은 늘 먹어도 줄어들지 않는가?" 이것은 인아人我가 줄어들지 않음이다. 그가 이 곡식을 거듭거듭 만들어 내기 때문이다.

"이 줄어들지 않음을 아는 자" 여기서 줄어들지 않음은 인아다. 그가 바로 가지가지 지혜와 행위들을 통해 이 곡식을 만들어 내기 때문이다.[224] 만일 이렇게 하지 않으면 줄어들 것이다.

"그는 외양으로 곡식을 먹는다." 여기서 외양은 입이다. 입으로 이것

---

221 막스 뮐러와 라다크리슈난은 '갓난아기가 젖가슴에 바른 우유 기름을 먹게 한다'는 의미로 번역한다.

222 샹카라에 의하면 여기서 "'다시 죽음(punarmṛtyu)'을 물리친다"는 것은 이승을 떠나 신들 가운데 태어나서 다시 죽지 않는다는 의미다.

223 샹카라에 의하면 여기서 "'다시 죽음'을 물리친다"는 것은 한 번 죽어 몸을 벗어나 '모든 것의 아'가 되고, 다시 죽기 위해 제한된 몸을 취하지 않는다는 의미다. 왜 그런가 하면, 모든 먹을 곡식을 모든 신들에게 아침저녁으로 불을 통해 바침으로써 자신을 불을 통해 신에게 바치는 모든 제물의 아(我)로 만들어서 모든 신의 곡식의 형태로 모든 신들과 더불어 '동일한 아의 상태(ekātmabhāva)'에 이른 다음 모든 신이 되어 다시 죽지 않기 때문이다.

224 샹카라에 의하면 "인아"는 그때그때 생겨나는 지혜와 말과 마음과 몸의 활동을 통해서 곡식을 거듭거듭 만들어 낸다.

을 먹는다.[225]

"그는 신들에게 다가간다. 그는 원기 있게 살아간다."[226] 이것은 찬양이다. 2

"셋은 자신을 위한 것으로 만들었다." 이것은 마음, 언어, 생기, 그것들을 자신을 위해 만들었다는 것이다.[227]

"마음이 다른 곳에 있었어, 나는 보지 못했어!" "마음이 다른 곳에 있었어, 나는 듣지 못했어!"라는 것은 마음에 의해서 보고, 마음에 의해서 듣기 때문이다. 욕망, 결정, 의심, 믿음, 불신, 안정,[228] 동요,[229] 부끄러움, 지혜,[230] 두려움, 이 모든 것이 바로 마음이다. 그래서 등 뒤에서 만진 것을 마음으로 구분해 알아낸다.

그 어떤 소리라 할지라도 그것은 언어다. 왜냐하면 이것은 끝에 깃드는 것이기 때문이다.[231] 이것은 아니기 때문이다.[232]

---

225 샹카라에 의하면 "입(mukha)"인 얼굴(mukha)은 우두머리(mukhyatva), 즉 으뜸(prādhānya)이다. 곡식에 종속되어 먹는 것이 아니라 으뜸이 되어 곡식을 먹는다는 의미다.

226 샹카라에 의하면 '신의 아'를 얻는다. '불사의 감로(amṛta)'로 살아간다.

227 샹카라에 의하면 "마음, 언어, 생기(生氣)" 이들 셋은 곡식들의 아버지가 자신을 위해서 만든 곡식이다.

228 막스 뮐러는 "안정"을 '기억(memory)'이라고 번역한다. 안정의 원어인 드리띠(dhṛti)는 불경에서 '견고(堅固), 과감(果敢), 용(勇), 용건(勇健), 용맹(勇猛), 안중(安重), 지(持), 임지(任持), 총지(總持)' 등으로 한역된다.

229 막스 뮐러는 "동요"를 '망각(forgetfulness)'이라고 번역한다. 동요의 원어 아드리띠(adhṛti)는 안정의 원어인 드리띠의 반대말이다.

230 막스 뮐러는 "지혜(dhī)"를 '심사, 숙고, 성찰(reflection)'이라고 번역한다. 지혜의 원어인 디(dhī)는 불경에서 '혜(慧), 지(智)' 등으로 한역된다.

231 샹카라에 의하면 "끝"은 의미를 결정함이다. 언어는 의미를 결정하는 것을 추구한다. 그러나 "언어"는 의미처럼 스스로 밝혀지는 것이 아니다. 언어는 단지 의미를 밝히는 것이다.

232 샹카라에 의하면 언어는 밝혀지는 것이 아니다. 언어의 결과는 단지 밝히는 것으로

생기生氣,[233] 하기下氣,[234] 편기遍氣,[235] 상기上氣,[236] 평기平氣,[237] 호흡,[238] 이 모든 것은 바로 생기生氣다.[239]

이 아我는 이것으로 된 것이다.[240] 언어로 된 것, 마음으로 된 것, 생기로 된 것이다. 3

이것들은 바로 세 세상들이다. 언어는 이 세상[241]이다. 마음은 허공의 세상이다. 생기는 저세상[242]이다.[243] 4

서의 성질이다.

233 샹카라에 의하면 "생기"는 코와 입을 통해서 움직이는 '마음의 성향(심장의 활동, hṛday-avṛtti)'이다. '앞으로 가져가기(praṇayana)' 때문에 생기(prāṇa)다. 143쪽 120번 각주 참조.

234 샹카라에 의하면 "하기(apāna)"는 소변과 대변 등을 '아래로 가져가기(apanayana)' 때문에 하기다. 배꼽부터 위치하는 아래로 향하는 활동이다. 143쪽 119번 각주 참조.

235 샹카라에 의하면 "편기(vyāna)"는 '끌어당기는 일을 하는 것(vyāyamanakarmā)'이다. 생기와 하기를 결합하고, 용맹한 행위의 원인이 된다. 144쪽 126번 각주 참조.

236 샹카라에 의하면 "상기(udāna)"는 위로 끌어당기고 위로 올라가게 하는 등의 원인이다. 발바닥에서 머리까지 위치하며, 위로 올라가는 활동이다. 145쪽 127번 각주 참조.

237 샹카라에 의하면 "평기(samāna)"는 먹고 마신 것을 '동일하게 가져가기(samaṁ nayana)' 때문에 평기다. 배안에 위치하여 곡식을 소화시키는 것이다. 143쪽 121번 각주 참조.

238 샹카라에 의하면 "호흡(ana)"은 일반화된 활동이며, 일반적인 몸의 움직임과 관련된 활동이다.

239 막스 뮐러와 라다크리슈난은 '생기, 하기, 편기, 상기, 평기, 이 모든 호흡은 바로 생기다'라는 의미로 번역한다.

240 샹카라에 의하면 이 원인(지각 기관, karaṇa)과 결과(살, kārya)의 집적인 아는 몸 덩어리(piṇḍa)다. 이것이 분별하지 못하는 사람들에 의해서 아의 본모습으로 여겨진 것이다. "이것으로 된 것"은 이것이 변형된 것이다. 이것은 언어, 마음, 생기를 의미한다.

241 "이 세상"은 땅의 세상이라는 뜻이다.

242 "저세상"은 하늘의 세상, 즉 천국이라는 뜻이다.

243 샹카라에 의하면 "언어"는 부후(bhūḥ), "마음"은 부바하(bhuvaḥ), "생기"는 쓰바하(svaḥ)라는 이름의 세상이다. 부후는 땅의 세상이 음성화된 것이다. 부바하는 허공의 세상이 음성화된 것이다. 쓰바하는 하늘의 세상이 음성화된 것이다.

이것들은 바로 세 베다들이다. 언어는 리그베다다. 마음은 야주르베다다. 생기는 싸마베다다. 5

이것들은 바로 신들, 조상들, 인간들이다. 언어는 신들이다. 마음은 조상들이다. 생기는 인간들이다. 6

이것들은 바로 아버지, 어머니, 자식이다. 마음은 아버지다. 언어는 어머니다. 생기는 자식이다. 7

이것들은 바로 안 것, 알기를 원하는 것, 알지 못하는 것이다.[244] 그 무엇이든지 간에 안 것은 언어의 형태다. 언어는 아는 자이기 때문이다.[245] 언어는 그것이 되어 이를 보호한다.[246] 8

그 무엇이든지 간에 알기를 원하는 것은 마음의 형태다.[247] 마음이 알기를 원하는 것이기 때문이다. 마음은 그것이 되어 이를 보호한다.[248] 9

그 무엇이든지 간에 알지 못하는 것은 생기의 형태다. 생기는 알지 못하는 것이기 때문이다. 생기는 그것이 되어 이를[249] 보호한다.[250] 10

---

244 샹카라에 의하면 "안 것(vijñāta)"은 분명하게 안 것, "알기를 원하는 것(vijijñāsya)"은 분명하게 알기를 원하는 것, "알지 못하는 것(avijñāta)"은 앎의 대상이 아닌 것을 의미한다.

245 샹카라에 의하면 "언어"는 '밝히는 본성을 가진 것(prakāśātmakatva)'이기 때문에 "아는 자(vijñātṛ)"다.

246 샹카라에 의하면 "언어"는 언어의 권능(vibhūti)을 아는 사람을 그 '안 것'이 되어 보살핀다. 즉 "언어"는 '안 것'의 형태로 이 사람의 곡식, '향수(享受)할 것(bhojyatā)'이 된다.

247 샹카라에 의하면 "마음"은 의심스러운 형태의 것이기 때문에 "알기를 원하는 것"이다.

248 샹카라에 의하면 "마음"은 마음의 권능을 아는 사람을 그 "알기를 원하는 것"이 되어 보살핀다. 즉 "마음"은 그 "알기를 원하는 것"의 본모습으로 이 사람의 곡식이 된다.

그 언어에게 있어서 땅은 몸이다. 이 불은 빛의 형태다. 언어가 있는 그만큼이나 땅이 있다. 그만큼이나 이 불이 있다.[251] 11

이제 하늘은 이 마음의 몸이다. 저 태양은 빛의 형태다. 마음이 있는 그만큼이나 하늘이 있다. 그만큼이나 저 태양이 있다. 그 둘은 교합을 이루었다. 그로부터 생기가[252] 생겨났다. 그것이 인드라다.[253] 그러한 이것은 적이 없는 자다. 두 번째의 것이 바로 적이다. 이와 같이 아는 이에게는 적이 없다. 12

이제 물은 이 생기의 몸이다. 저 달은 빛의 형태다. 생기가 있는 그만큼이나 물이 있다. 그만큼이나 저 달이 있다. 그러한 이 둘 모두는 동일하다.[254] 모두는 영원한 것들이다. 이들을 유한한 것들로 명상하는[255] 이, 그는 유한한 세상을 이겨 얻는다. 이제 이들을 영원한 것들로[256] 명상하는 이, 그는 영원한 세상을 이겨 얻는다. 13

그러한 이 연年인 쁘라자빠띠는 열여섯 부분을 가지고 있다.[257] 밤들

---

249 "이"는 생기의 권능을 아는 사람을 뜻한다.

250 샹카라에 의하면 생기는 그 '알지 못하는 것'의 형태로 이 사람의 곡식이 된다.

251 샹카라에 의하면 쁘라자빠띠의 곡식으로 찬양되는 언어는 두 형태다. 하나는 결과인 토대(ādhāra)로 빛이 아니다. 이것이 외부의 토대이며 몸인 땅이다. 다른 하나는 원인이며, 토대에 놓아야 할 것으로 빛(prakāśa)이다. 이것이 땅의 불이다. 땅의 불은 놓아야 할 것인 원인의 형태이며, 땅으로 들어간 불이다.

252 막스 뮐러는 "생기(生氣)"를 바람(wind)이라고 번역한다.

253 샹카라에 의하면 여기서 "인드라"는 '지고의 자재자(parameśvara)'를 의미한다.

254 샹카라에 의하면 이들은 언어, 마음, 생기며, 이들은 동등하게 편재한다.

255 막스 뮐러는 "명상"을 예배(worship)라고 번역한다.

256 샹카라에 의하면 여기서 "영원한 것"은 '모든 것의 아(我)인 것(sarvātmaka)', 즉 모든 생명체들의 아가 된 것들이다.

이 그의 열다섯 부분이다.[258] 확정된 것이 열여섯 번째 부분이다.[259] 그는 밤들에 의해서 가득 채워지고, 그리고 줄어든다.[260] 그는 초승날 밤에 이 열여섯 번째 부분을 통해서 이 모든 생명을 가진 것들로 들어와서는 아침에 다시 생겨난다.[261] 그래서 이날 밤에는 생명을 가진 것의 생명을 끊지 말아야 한다, 이 신을 영예롭게 하기 위해서라도[262] 도마뱀의 생명조차 끊지 말아야 한다. 14

열여섯 부분을 가지고 있는 연年인 그 쁘라자빠띠는 바로 이것이다. 그는 바로 이처럼 알고 있는 이 사람이다.[263] 열다섯 부분은 바로 그의 재산이다. 이의 열여섯 번째 부분은 몸이다. 그는 재산에 의해서 가득 채워지고, 그리고 줄어든다. 이 몸이라는 것, 그것은 이 '바퀴의 중심'이다. 재산은 바퀴 테다. 그래서 비록 만일 모든 것이 사라지는 손실을 입는다 하여도 몸이 살아 있다면, 단지 바퀴 테만 손상을 입었다고 말들을 한다.[264] 15

---

257 샹카라에 의하면 "연인 쁘라자빠띠"는 '연의 아(saṁvatsarātman)'로서 시간의 형태인 쁘라자빠띠다. 이 쁘라자빠띠는 '세 곡식의 아(tryannātman)'다.

258 샹카라에 의하면 "밤들"은 날들이다. 열닷새에 해당하는 보름날들을 의미한다.

259 샹카라에 의하면 "확정된 것"은 초승달이 뜨는 날 밤이다. 이날은 열여섯 번째 부분에 해당한다.

260 샹카라에 의하면 달(candramā)인 쁘라자빠띠가 차고 기우는 것을 의미한다.

261 샹카라에 의하면 "아침에 다시 생겨난다"는 것은 초이튿날 달로 생겨난다는 것을 의미한다.

262 샹카라에 의하면 "이 신을 영예롭기 하기 위해서"는 '달의 신(somadevatā)'을 예배하기 위해서라는 의미다.

263 샹카라에 의하면 앞에서 언급한 대로 '세 곡식의 아'인 쁘라자빠띠를 '자신이 된 것(ātmabhūta)'으로 아는 사람이다.

264 "몸"의 원어는 아트만이다. 샹카라에 의하면 여기서 아트만은 몸(pīṇḍa)을 의미한다.

이제 인간의 세상, 조상의 세상, 신의 세상, 이렇게 세 세상들이 있다. 그러한 이 인간의 세상은 아들을 통해 얻어지는 것이다. 달리 행위를[265] 통해 얻어지는 것이 아니다. 행위를 통해 조상의 세상이, 지혜를 통해 신의 세상이 얻어진다. 신의 세상이 세상들 가운데 최고다. 그래서 지혜를 찬양한다. 16

이제 여기서부터는 전달이다.[266] 이승에서 떠난다고 생각할 때 아들에게 이렇게 말한다.

"네가 브라흐만이다! 네가 제사다! 네가 세상이다!"

그 아들은 다음처럼 대답한다.

"제가 브라흐만입니다! 제가 제사입니다! 제가 세상입니다!"

그 어떤 것이라 할지라도 베다의 학습과 관련된 그 모든 것은 브라흐만이라는 것에서 하나가 된다.[267] 그 어떤 제사들이라 할지라도 그 모든 것들은 제사라는 것에서 하나가 된다.[268] 그 어떤 세상들이라 할지라도 그 모든 것들은 세상이라는 것에서 하나가 된다.[269] 이만큼이 바로 이 모

---

265 샹카라에 의하면 "행위"는 화제(火祭, agnihotra) 등이다.

266 샹카라에 의하면 "전달(傳達, sampratti)"은 '전부 건네주는 것(sampradāna)'이다. 아버지가 아들에게 자신의 모든 임무를 전부 건네주는 행위이기 때문에 이 행위를 전달이라고 이름한다.

267 샹카라에 의하면 『베다』와 관련하여 학습한 것과 학습하지 않은 아버지의 모든 것은 이 브라흐만이라고 하는 낱말 안에서 하나가 된다. 즉 "네가 브라흐만이다"라는 말을 통해서 『베다』의 학습과 관련된 지금까지의 아버지인 나의 의무를 이제부터 아들인 네가 행할 사람이 되리라는 의미다.

268 샹카라에 의하면 아버지인 내가 행한 제사와 행하지 못한 제사, 그 모든 행해야 할 제사들이 제사라고 하는 낱말 안에서 하나가 된다. 즉 "네가 제사다"라는 말을 통해서 아버지인 내가 행해야 할 제사들이 이제부터 아들인 네가 행해야 할 제사가 된다는 의미다.

269 샹카라에 의하면 아버지인 내가 얻은 세상(loka)과 얻지 못한 세상, 그 모든 세상들이

든 것이다.[270]

"이자는 모든 것이 되어 이로부터 나를 보살피리라!"[271] 그래서 가르침을 전달받은 아들을 '더 나은 세상을 위해 이바지하는 것'이라고 부른다.[272] 그래서 이에게 가르침을 준다. 이와 같이 알고 있는 그가 이 세상을 떠나면, 이제 그는 이 생기들과 더불어 아들에게 들어온다.[273]

만일 그가 부주의로 그 무엇이라도 행하지 못한 것이 있다면, 아들은 그 모두로부터 이를 벗어나게 한다. 그래서 아들이라고 이름한다.[274] 그는 아들에 의해 이 세상에 자리 잡는다.[275] 이제 이에게 이 불사不死인 신의 생기들이 들어온다.[276] 17

세상이라고 하는 낱말 안에서 하나가 된다. 즉 "네가 세상이다"라는 말을 통해서 이제부터 그 세상들이 네가 얻어야 할 세상들이 된다는 의미다.

270 샹카라에 의하면 『베다』를 학습하고, 제사를 지내고, 세상들을 얻어야 하는 이 정도가 출가하지 않은 사람들이 해야 하는 "모든 것"들이다.

271 샹카라에 의하면 아들인 이자는 내게 속한 이 모든 짐을 내게서 가져가 자기가 떠맡아 이 세상으로부터 아버지인 나를 보살필 것이라는 의미다.

272 샹카라에 의하면 이처럼 잘 준비된 아들은 아버지를 이 세상 의무의 속박에서 벗어나게 한다. 그래서 브라흐마나들은 가르침을 받은 아들을 아버지의 '세상을 위해 이로운 것(lokahita)'이라고 부른다. "더 나은 세상을 위해 이바지하는 것"의 원어는 로끄야(lokya)다. 로끄야는 형용사로 '세계적인, 일반적인, 옳은, 천국의, 자유로운 공간을 허용하는, 더 나은 세상을 얻는 데 도움이 되는' 등을 의미한다. 불경에서는 '세(世), 세간(世間)' 등으로 한역된다. 막스 뮐러는 로끄야를 '세상의 아들(world-son)'이라고 번역한다. 라다크리슈난은 '세상을 얻는 것(world-procuring)'이라고 번역한다.

273 샹카라에 의하면 그는 아들과 모든 것들의 아(我)가 되기 때문에 언어, 마음, 생기들과 더불어 아들에게 편재하게 된다는 의미다.

274 샹카라에 의하면 "아들(putra)"은 아버지가 실수로 중간에 하지 못했고 해야 할 그 모든 일들을 행하면서 채워서(pūrayitvā) 모든 세상을 얻는 데 장애의 형태인 다하지 못한 의무로부터 아버지를 벗어나게 한다. 이처럼 채움(pūraṇa)을 통해서 아버지를 구원한다(trāyate)고 해서 아들이라 이름한다.

275 샹카라에 의하면 아버지는 죽은 다음에도 이처럼 아들에 의해서 불사(不死)의 존재가 되어 이 세상에 자리 잡는다.

276 샹카라에 의하면 전달(傳達)을 치른 아버지에게 언어를 비롯한 신적인 생기들이 즉

흙으로부터 그리고 불로부터 이에게 신적인 언어가 들어온다. 그 신적인 언어란 그것을 통해 말하는 것마다 바로 그대로 이루어지게 하는 언어다.[277] 18

하늘로부터 그리고 태양으로부터 이에게 신적인 마음이 들어온다. 그 신적인 마음이란 환희롭기만 하며, 이제 슬퍼하지 않는 마음이다.[278] 19

물로부터 그리고 달로부터 이에게 신적인 생기가 들어온다. 그 신적인 생기는 돌든지 돌지 않든지 간에 고통스럽지 않은 것이며, 해가 없는 것이다.

이와 같이 아는 그는 모든 존재들의 아我가 된다.[279] 마치 이 신처럼 그는 이렇게 된다.[280]

히란야가르바(黃金子宮, 金胎)의 불사의 생기들이 들어온다.

277 샹카라에 의하면 전달(傳達) 의식을 행한 사람에게 흙으로부터 그리고 불로부터 "신적인 언어(devī vāc)"가 들어온다. 흙과 불을 통해 나타나는 "신적인 언어"는 모든 언어의 질료인(質料因, upādāna)이다. 그러나 이 언어는 육체와 관련된 탐착(āsaṃga)을 비롯한 과실(過失, doṣa)들에 의해서 막혀 있다. 아는 사람에게 있어서는 그러한 과실이 사라져 뚜껑이 열린 그릇에 담긴 물에 등불 빛이 스며들듯이 "신적인 언어"가 스며든다. "신적인 언어"는 거짓을 비롯한 과실들이 없는 순수한 언어로써 자신을 위해서든 혹은 다른 존재를 위해서든 말하는 것마다 그대로 이루어지는 언어다. 절대 틀림이 없고 막힘이 없는 언어다.

278 샹카라에 의하면 "신적인 마음(daivaṁ manas)"은 본질적으로 무구(無垢, nirmala)한 것이기 때문에 그 마음을 통해 사람은 환희롭게만 된다. 그리고 슬픔을 비롯한 것의 원인과 결합하지 않기 때문에 결코 슬퍼하지 않게 하는 마음이다.

279 샹카라에 의하면 앞에서 언급한 '세 곡식의 아에 대한 철학(tryannātmadarśana)'을 아는 사람은 "모든 존재들의 아"가 된다. 모든 존재들의 생기(生氣)가 된다. 모든 존재들의 마음이 된다. 모든 존재들의 언어가 된다. 모든 존재들의 아임으로 인해서 '모든 것을 아는 자(sarvajña)'가 되고 '모든 것을 행하는 자(sarvakṛt)'가 된다.

280 샹카라에 의하면 히란야가르바(黃金子宮, 金胎) 신처럼 이 사람이 모든 것을 알고 모든 것을 행함에 있어서 그 어디에도 걸림이 없다.

마치 이 신을 모든 존재들이 보살피듯이 이렇게 모든 존재들이 이와 같이 아는 자를 보살핀다.[281]

이 중생들이 겪는 슬픔은 그 무엇이라 할지라도 그것은 이들의 것이다.[282] 공덕만이 그에게 이른다.[283] 죄악은 신들에게 이르지 않기 때문이다. 20

이제 여기서부터는 계행戒行에 대한 고찰이다.[284] 쁘라자빠띠가 행위들을 만들었다.[285] 만들어진 그것들은 서로서로 경쟁했다. 언어는 "나는 말해야지!"[286]라고, 눈은 "나는 보아야지!"라고, 귀는 "나는 들어야지!"라고 결심했다. 다른 행위들도 행위에 따라 이러했다.[287]

죽음은 피로가 되어서 그들을 붙잡았다. 그들에게 가득 스며들었다.

---

281 샹카라에 의하면 이 히란야가르바(黃金子宮, 金胎) 신은 공양(供養, ijyā)을 비롯한 것들로 모든 존재들이 보살핀다. 즉 경애(敬愛)한다. 마찬가지로 이처럼 아는 사람을 모든 존재들이 공양 등으로 표현되는 예경(禮敬, pūjā)을 늘 행한다.

282 샹카라에 의하면 '한계 지어지지 않은 아(aparicchinnātman)'인 자재자(自在者)에게는 고통(duḥkha)의 원인이 되는, 나의 것 너의 것 등의 인식의 과오가 없기 때문에 고통이 생겨나지 않는다. 그러나 이들 중생(衆生, prajā)들의 슬픔은 '한계 지어진 생각(paricchinnabuddhi)'에서 생겨나는 것이기 때문에 슬픔을 원인으로 하는 것인 고통은 바로 중생들에게만 관련된다.

283 샹카라에 의하면 쁘라자빠띠의 품위에 존재하는 이 사람에게는 "공덕(功德, puṇya)"의 결과만이 이른다.

284 샹카라에 의하면 이 생기(生氣)들 가운데 어떤 것의 행위를 계행(vrata)으로써 지녀야 하는지에 대한 고찰이다.

285 샹카라에 의하면 쁘라자빠띠는 피조물들을 만든 다음에 언어를 비롯한 기관(karaṇa)들을 만들었다. 언어를 비롯한 그 기관들은 행위를 위한 것이기 때문에 "행위"라고 일컫는 것이다.

286 샹카라에 의하면 말한다는 것은 자신의 활동으로부터 물러서지 않을 것이라는 의미다. 다음에 이어지는 눈과 귀의 경우도 마찬가지다.

287 샹카라에 의하면 앞의 "행위"는 기관이다. 다른 기관들도 각각의 행위에 따른 결심을 했다는 의미다.

죽음은 가득 스며들어 그들을 멈추게 했다. 그래서 언어는 피로해진다. 눈은 피로해진다. 귀는 피로해진다. 이제 이 중앙의 생기, 이것에는 스며들어 가지 못했다.[288]

그들은 알기로 결심했다. "돌든지 돌지 않든지 간에 고통이 없으며, 이제 해가 없는 이것은 분명 우리보다 아주 훨씬 탁월하다! 그래, 우리 모두 이것의 모습이 되자!" 그들 모두는 이것의 모습이 되었다. 그래서 이들은 이것과 더불어 생기들이라고 일컬어진다.[289]

이와 같이 아는 이가 태어난 그 가문은 바로 그와 더불어 일컬어진다.[290] 그리고 이와 같이 아는 이와 경쟁하는 자는 시들게 된다. 시들어 결국에는 죽게 된다. 이상은 몸과 관련된 것이다.[291] 21

이제 신에 관련된 것이다. 불은 "나는 불타야지!"라고, 태양은 "나는 달구어야지!"라고, 달은 "나는 빛나야지!"라고 결심했다. 다른 신들도 신과 관련된 것에 따라 이러했다. 이 생기들 가운데 그 중앙의 생기처럼 이 신들 가운데는 바람이 이러하다. 왜냐하면 다른 신들은 기울지만, 바람은 아니기 때문이다. 바람이란 것은 기울지 않는 그러한 이 신이다.[292] 22

이제 이것은 찬송이다.

---

288 샹카라에 의하면 주요한 생기(生氣)가 "중앙의 생기"다.

289 샹카라에 의하면 다른 모든 기관들이 아성(我性, ātmatva)으로써 생기의 모습을 얻었다. 그래서 이 생기의 이름으로 다른 모든 기관들 또한 "생기들"이라고 일컫는다.

290 생기를 아는 사람의 이름으로 그 사람의 가문이 일컬어진다는 뜻이다.

291 샹카라에 의하면 "몸과 관련된" '생기의 아에 대한 철학(prāṇātmadarśana)'이 설해졌다는 의미다.

292 샹카라에 의하면 "기운다"는 것은 자신의 활동을 멈춘다는 의미다.

"그에게서 해가 뜨고, 그에게로 해가 진다.

생기에서 이것은 떠오르고, 생기로 기우는 것이다.

신들이 그 법도를 만들었다. 그것은 바로 오늘이고 또한 내일이다.

이들이 그때 결심한 그것을 오늘도 지킨다."[293]

그러므로 하나의 계행戒行만을 행하라. '내게 죄악인 죽음이 스며들어선 안 된다!' 이렇게 숨을 들이쉬고, 숨을 내쉬라. 만일 행한다면, 다 마치기도 원하라. 그로써 이 신과 함께 결합함, 동일한 세상을 얻어 낸다.[294] 23

여섯 번째 절

이것은 이름, 형태, 행위, 셋인 것이다.[295] 그들 이름들에 있어서는 이 언어란 것이 이들의 직접적인 원인이다.[296] 이로부터 모든 이름들이 솟아나기 때문이다. 이것은 이들과 동일한 것이다.[297] 이것은 모든 이름들과 동일하기 때문이다.[298] 이것은 이들의 브라흐만이다.[299] 이것은 모든 이

293 샹카라에 의하면 언어를 비롯한 것들과 불을 비롯한 것들이 예전에 '생기의 계행(prāṇavrata)'과 '바람의 계행(vāyuvrata)'을 만들었다. 이러한 계행은 신들에 의해 오늘날과 미래에도 또한 지켜질 것이라는 의미다.

294 샹카라에 의하면 '생기의 아'를 얻는 그 계행에 의해서, 즉 "모든 존재들 속에서 언어를 비롯한 것과 불을 비롯한 것들이 바로 '나의 아(madātman)'인 것들이며, 생기의 아인 나는 모든 것을 움직이게 하는 존재다"라고 명상함으로써 바로 이 '생기의 신(prāṇadevatā)'과 '동일한 아성(ekātmatva)'을 얻는다. 혹은 인식의 열등함에 의해 '동일한 장소성(場所性, ekasthānatva)'을 얻는다.

295 샹카라에 의하면 나타난 세상과 나타나기 이전의 세상 이 모든 것은 "이름, 형태, 행위" 이렇게 아(我)가 아닌 셋인 것이다.

296 샹카라에 의하면 여기서 "언어"는 일반적인 소리를 의미한다. 이 일반적인 소리는 이들, 즉 특별한 이름들의 '질료적인 원인(upādāna)'이다. 막스 뮐러는 "직접적인 원인(uktha)"을 '찬가(hymn)'로 보고 '기원(origin)을 상징하는 것'으로 해석한다.

297 막스 뮐러는 "동일한 것(sama)"을 노래(song)인 '싸만(sāman)'으로 보고 '동일함(sameness)'을 상징하는 것으로 해석한다.

름들을 유지하기[300] 때문이다.[301] 1

이제 이 형태들에 있어서는 이 눈이란 것이 이것들의 직접적인 원인이다.[302] 이로부터 모든 형태들이 솟아나기 때문이다. 이것은 이들과 동일한 것이다. 이것은 모든 형태들과 동일하기 때문이다. 이것은 이들의 브라흐만이다. 이것은 모든 형태들을 유지하기 때문이다. 2

이제 이 행위들에 있어서는 이 몸이란 것이 이것들의 직접적인 원인이다. 이로부터 모든 형태들이 솟아나기 때문이다. 이것은 이들과 동일한 것이다. 이것은 모든 행위들과 동일하기 때문이다.[303] 이것은 이들의 브라흐만이다. 이것은 모든 행위들을 유지하기 때문이다.

그러한 이것은 셋인 것이면서 하나인 이 아我다.[304] 아는 하나이면서 이 셋인 것이다. 그러한 이 불사不死는 현실에[305] 의해서 덮여 있다. 생기

298 샹카라에 의하면 특별(viśeṣa)은 보편(sāmānya)에 포함된다. 그래서 일반적인 소리는 특별한 이름들과 동일한 것이다.

299 샹카라에 의하면 소리 말고는 달리 이름들의 본모습을 얻는 곳은 없기 때문에 언어는 이름들의 브라흐만, 즉 아(我)다. 막스 뮐러는 "브라흐만"을 기도(prayer)라고 보고 '지주, 토대(support)'를 상징하는 것으로 해석한다.

300 『우파니샤드』는 여기서 '채우다, 간직하다, 유지하다, 양육하다, 보살피다, 주다, 얻다' 등을 뜻하는 어근 '브리(bhṛ)'의 현재형 삼인칭 단수의 타위형 활용 형태인 비바르띠(bibharti)에서 '브라흐만'이라는 낱말이 유래하는 것으로 보고 있다.

301 샹카라에 의하면 보편적인 소리가 특별한 소리인 모든 이름들의 본모습을 부여하기 때문이다.

302 샹카라에 의하면 여기서 "형태"는 흰색, 검은 색 등을 의미하며, 눈(cakṣu)은 눈의 대상이 되는 일반적인 것, 일반적인 형태를 의미한다.

303 샹카라에 의하면 생각하고, 보고, 움직이는 등의 모든 '특별한 행위(karmaviśeṣa)'들은 '일반적인 활동(kriyāsāmānya)'에 포함된다.

304 샹카라에 의하면 이름, 형태, 행위, 이 셋은 서로서로 의지하며, 서로가 서로를 드러나게 하는 원인이며, 서로가 서로에게 합체하는 세 개의 막대기가 모인 것 같은 하나다.

가 바로 불사다. 이름과 형태가 현실이다. 이 둘에 의해서 이 생기가 덮여 있다.[306] 3

두 번째 장

첫 번째 절

옴ॐ, 강주講主인[307] 드리쁘따 발라끼 가르그야가 있었다.[308] 그가 까쉬의[309] 왕인 아자따샤뜨루에게 말했다.

"내가 당신에게 브라흐만에 대해 말씀 드릴까요?"

그러자 아자따샤뜨루가 대답했다.

"사람들이 자나까![310] 자나까! 하면서 달려가는데, 내 이 말씀에 대

---

305 "현실"의 원어는 싸뜨야(satya)다. 싸뜨야는 지금까지 '진리, 실재' 등으로 번역되었지만 여기서는 현실을 의미한다. 막스 뮐러는 싸뜨야를 '진실(the true)'이라고 번역한다. 라다크리슈난은 '진실, 실재, 현실(the real)'이라고 번역한다.

306 샹카라에 의하면 "생기(生氣)"는 '원인의 아(karaṇātmaka)인 것'으로 내면의 바탕인 아(我)가 되는 불사(不死)다. 이에 비해 이름과 형태는 '결과의 아(kāryātmaka)인 것', '몸의 아(śarīrātmaka)인 것', 몸에 위치한 것, 외부적인 것, 늘어나고 줄어드는 속성을 가진 것, 죽는 것들이다. 이러한 이름과 형태에 의해서 '활동의 아(kriyātmaka)'인 생기는 감추어져 있다.

307 "강주(anūcāna)"는 『베다』에 정통하여 『베다』를 읽고, 암송하고, 가르칠 수 있는 사람을 뜻한다. 강주는 경전을 가르칠 수 있는 능력을 갖추고 유창하게 말하는 사람을 의미한다.

308 샹카라에 의하면 "드리쁘따(Dṛpta)"는 거만하다는 의미다. 브라흐만에 대해 온전하게 알지 못하는 사람이기 때문이다. "발라끼(Bālāki)"는 발라까(Bālākā)의 아들이란 의미다. "가르그야(Gārgya)"는 가문을 나타낸다.

309 "까쉬(Kāśi)"는 인도의 7대 성지 가운데 하나며, 오늘날 외국인들의 관광지로 유명한 바라나시(Varanasi, Benares)다.

310 "자나까(Janaka)"는 '위데하(Videha)'국의 왕이며, 라마(Rāma)의 아내인 씨따(Sītā)의 아버지다.

해 당신께 천 개를 드리오리다."[311] 1

가르그야 그가 말했다.

"태양에 있는 저 인아人我,[312] 바로 이를 나는 브라흐만이라고 명상합니다."[313]

아자따샤뜨루 그가 대답했다.

"마시오, 이에 대해 말하지 마시오![314] 벗어나 있는 것,[315] 모든 존재들의 머리, 왕이라고[316] 나는 이에 대해 명상하오. 이에 대해 이렇게 명상하는 그는 벗어나 있고, 모든 존재들의 머리, 왕이 되오." 2

가르그야 그가 말했다.

"달에 있는 저 인아人我,[317] 바로 이를 나는 브라흐만이라고 명상합니다."

아자따샤뜨루 그가 대답했다.

"마시오, 이에 대해 말하지 마시오! 크나큰, 흰 옷을 입은 자, 쏘마

---

311 샹카라에 의하면 '자나까는 기꺼이 주고 싶어 하고, 자나까는 브라흐만에 대해 기꺼이 듣고 싶어 한다고 사람들이 그에게로 달려가는데, 나 역시 자나까와 마찬가지니, 단지 당신이 내게 "내가 당신에게 브라흐만에 대해 말씀 드릴까요?"라고 하신 이 말씀에 대한 보답으로 암소 천 마리를 드립니다'라는 의미다.

312 샹카라에 의하면 태양과 눈에는 같은 신이 있다.

313 막스 뮐러는 "명상"을 '숭배, 예배(adore)'라고 해석한다.

314 샹카라에 의하면 손을 내저으며 이 알 수 있는 브라흐만에 대해서는 말하지 말라는 것이다.

315 샹카라에 의하면 존재들을 벗어나 있는 것이다.

316 "왕"의 원어는 라잔(rājan)이다. 라잔은 '빛나다, 다스리다, 으뜸이 되다' 등을 뜻하는 어근 '라즈(rāj)'에서 파생된 낱말이다. 샹카라에 의하면 빛나는 성질을 가지고 있기 때문에 왕이라고 한다.

317 샹카라에 의하면 달과 마음에는 같은 신이 있다.

왕이라고 나는 이에 대해 명상하오.[318] 이에 대해 이렇게 명상하는 그는 매일매일 짜내고, 잘 짜내는 자가 되오,[319] 이의 곡식은 줄지 않게 된다오." 3

가르그야 그가 말했다.

"번개에 있는 저 인아人我,[320] 바로 이를 나는 브라흐만이라고 명상합니다."

아자따샤뜨루 그가 대답했다.

"마시오, 이에 대해 말하지 마시오! 빛나는 것이라고 나는 이에 대해 명상하오. 이에 대해 이렇게 명상하는 그는 빛나는 자가 되오, 이의 자손은 빛나게 된다오." 4

가르그야 그가 말했다.

"허공에 있는 이 인아人我,[321] 바로 이를 나는 브라흐만이라고 명상합니다."

아자따샤뜨루 그가 대답했다.

"마시오, 이에 대해 말하지 마시오! 충만한 것, 고요한 것이라고 나는 이에 대해 명상하오. 이에 대해 이렇게 명상하는 그는 자손과 가축들

---

318 샹카라에 의하면 달의 신인 생기의 몸은 물이다. "쏘마(soma) 왕"은 달이며, 제사에서 곡식으로 짜내는 덩굴 식물도 쏘마다. 기타프레스의 힌디 어 해석본에 의하면 물의 색은 흰색(śukla)이다.

319 샹카라에 의하면 '짜내는 자(suta)'는 '일상 제사'에서 쏘마를 짜내는 사람이며, "잘 짜내는 자(prasuta)"는 '부수적인 제사(vikāra)'에서 쏘마를 짜내는 사람이다. 짜내고, 잘 짜내는 사람이 된다는 것은 두 종류의 제사를 지낼 능력을 갖춘 사람이 된다는 것을 의미한다.

320 샹카라에 의하면 번개, 피부, 심장에는 같은 신이 있다.

321 샹카라에 의하면 허공, '심장의 허공(hṛdayākāśa)', 심장에는 같은 신이 있다.

로 충만하고, 이 세상에서 이의 자손이 끊이지 않게 된다오." 5

가르그야 그가 말했다.

"바람에 있는 이 인아人我,[322] 바로 이를 나는 브라흐만이라고 명상합니다."

아자따샤뜨루 그가 대답했다.

"마시오, 이에 대해 말하지 마시오! 인드라,[323] 거침없는 자, 불패의 군대라고[324] 나는 이에 대해 명상하오. 이에 대해 이렇게 명상하는 그는 승리자, 다른 자에게 패하지 않는 자, 적들을 이기는 자가 된다오." 6

가르그야 그가 말했다.

"불에 있는 이 인아人我,[325] 바로 이를 나는 브라흐만이라고 명상합니다."

아자따샤뜨루 그가 대답했다.

"마시오, 이에 대해 말하지 마시오! 견뎌 내는 자라고[326] 나는 이에 대해 명상하오. 이에 대해 이렇게 명상하는 그는 분명 견뎌 내는 자가 되오, 이의 자손 역시 견뎌 내는 자가 된다오." 7

가르그야 그가 말했다.

---

322 샹카라에 의하면 바람, 생기, 심장에는 같은 신이 있다.

323 샹카라에 의하면 여기서 "인드라"는 '지고의 자재자'를 의미한다.

324 샹카라에 의하면 바람은 마루뜨들의 무리로 유명하기 때문에 "군대(senā)"다.

325 샹카라에 의하면 불, 언어, 심장에는 같은 신이 있다.

326 샹카라에 의하면 다른 것들에 대해 "견뎌 내는 자(viṣāsahi)"다. 막스 뮐러는 "견뎌 내는 자"를 '강한, 힘센(powerful)'이라고 번역한다.

"물에 있는 이 인아人我,[327] 바로 이를 나는 브라흐만이라고 명상합니다."

아자따샤뜨루 그가 대답했다.

"마시오, 이에 대해 말하지 마시오! 닮은 모습이라고[328] 나는 이에 대해 명상하오. 이에 대해 이렇게 명상하는 그러한 이에게는 닮은 모습이 다가오고, 다른 모습은 다가오지 않소. 이제 이에게서 닮은 모습이 생겨난다오." 8

가르그야 그가 말했다.

"거울에 있는 이 인아人我,[329] 바로 이를 나는 브라흐만이라고 명상합니다."

아자따샤뜨루 그가 대답했다.

"마시오, 이에 대해 말하지 마시오! 화사한 것이라고[330] 나는 이에 대해 명상하오. 이에 대해 이렇게 명상하는 그는 화사하게 되오, 이의 자손은 화사하게 되오. 이제 그는 함께하게 되는 그 모든 것들보다 훨씬 화사해진다오." 9

가르그야 그가 말했다.

---

327 샹카라에 의하면 물, 정액, 심장에는 같은 신이 있다.

328 "닮은 모습"의 원어는 쁘라띠루빠(pratirūpa)다. 쁘라띠루빠는 중성 명사로 '비친 모습, 영상, 닮은 모습' 등을 뜻한다. 샹카라에 의하면 닮은 모습은 성전(śruti)과 법전(smṛti)에 어긋나지 않는 모습이다.

329 샹카라에 의하면 본질적으로 해맑은 거울, 칼을 비롯한 것들, 순수 진성(sattvaśuddhi)이 본질을 이루는 마음에는 같은 신이 있다.

330 "화사한 것"의 원어는 로찌스누(rociṣṇu)다. 로찌스누는 형용사로 '밝은, 화려한, 빛나는, 찬란한, 멋들어지게 차려 입은' 등을 뜻한다. 샹카라에 의하면 로찌스누는 '본질적으로 밝은 것, 본질적으로 아주 사랑스러운 것(dīptisvabhāva)'을 의미한다.

"가는 것을 뒤따라 일어나는 이 소리,[331] 바로 이를 나는 브라흐만이라고 명상합니다."

아자따샤뜨루 그가 대답했다.

"마시오, 이에 대해 말하지 마시오! 생명이라고[332] 나는 이에 대해 명상하오. 이에 대해 이렇게 명상하는 그는 이 세상에서 모든 수명을 누리고, 생기生氣는 때가 되기 전에 이를 버리지 않는다오."[333] 10

가르그야 그가 말했다.

"방위들에 있는 이 인아人我,[334] 바로 이를 나는 브라흐만이라고 명상합니다."

아자따샤뜨루 그가 대답했다.

"마시오, 이에 대해 말하지 마시오! 짝이라고,[335] 떨어질 수 없음이라고 나는 이에 대해 명상하오. 이에 대해 이렇게 명상하는 그는 짝이 있게 되고, 무리가 이에게서 떨어져 나가지 않는다오." 11

---

331 샹카라에 의하면 몸과 관련된 삶의 원인인 생기(生氣)다. 싸뜨야브라따 씻단따랑까라에 의하면 명상의 길을 가는 명상가는 자신의 뒤에서 소리가 일어나는 것을 듣는다.

332 "생명"의 원어는 아쑤(asu)다. 아쑤는 남성 명사로 '생명, 영적인 생명, 죽은 영혼의 생명, 물, 열, 몸 안의 다섯 가지 생기, 지혜' 등을 뜻한다. 샹카라에 의하면 여기서 아쑤는 삶의 원인인 생기(生氣)를 의미한다.

333 샹카라에 의하면 행위를 통해 얻은 모든 수명을 이 세상에서 누리고, 행위의 결과에 의해서 정해진 시간 이전에는 질병 등으로 고통을 받음에도 생기가 그를 버리지 않는다.

334 샹카라에 의하면 "방위(方位, diś)"들과 양쪽 귀에 있는 신은 동일하게 쌍둥이 신인 아스비나우(Aśvinau)다.

335 "짝"의 원어는 드비띠야(dvitīya)다. 드비띠야는 형용사로 '두 번째', 남성 명사로 '가족에서 두 번째 서열, 아들, 동료, 짝, 친구, 이인칭' 등을 뜻한다. 여기서는 짝꿍이라고 할 때의 짝을 의미한다. 방위(方位)들과 양쪽 귀에 있는 신인 아스비나우는 신들의 의사이며 쌍둥이 신이다. 그래서 방위에 있는 인아(人我)를 짝이라고 명상하는 것이다.

가르그야 그가 말했다.

"그림자의 이 인아人我,[336] 바로 이를 나는 브라흐만이라고 명상합니다."

아자따샤뜨루 그가 대답했다.

"마시오, 이에 대해 말하지 마시오! 죽음이라고 나는 이에 대해 명상하오. 이에 대해 이렇게 명상하는 그는 이 세상에서 모든 수명을 누리고, 이에게 죽음은 때가 되기 전에는 오지 않는다오." 12

가르그야 그가 말했다.

"아我에[337] 있는 이 인아人我,[338] 바로 이를 나는 브라흐만이라고 명상합니다."

아자따샤뜨루 그가 대답했다.

"마시오, 이에 대해 말하지 마시오! 아我가 있는 자라고[339] 나는 이에 대해 명상하오. 이에 대해 이렇게 명상하는 그는 아我가 있는 자가 되고, 이의 자손 역시 아가 있는 자가 된다오."

가르그야 그는 입을 다물었다. 13

아자따샤뜨루가 물었다.

---

336 샹카라에 의하면 그림자, 외부의 어둠, 아(我)와 관련하여 덮개의 성질을 지닌 무지, 심장에 있는 신은 동일하다.

337 막스 뮐러는 여기서 "아"를 '몸(body)'이라고 번역한다. 라다크리슈난은 '자아(the self)'라고 번역한다. 싸뜨야브라따 씻단따랑까라에 의하면 여기서 아는 '몸(śarīra)'을 의미하기도 한다.

338 샹카라에 의하면 아(我), 쁘라자빠띠, 지성, 심장에 있는 신은 동일하다.

339 싸뜨야브라따 씻단따랑까라에 의하면 "아가 있는 자(ātmanvī)"는 몸을 가진 자 혹은 아인 브라흐만과 연결된 자를 의미한다.

"그래, 이게 다요?"

"이만큼일 뿐입니다."

"이 정도로는 아는 게 아닌 거요!"

가르그야 그가 말했다.

"제가 당신께 가까이 가고 싶습니다."[340] 14

아자따샤뜨루 그가 말했다.

"'내게 브라흐만에 대해 말해 줄 것이다.' 이러면서 사제 계급이 왕공 무사 계급에게[341] 가까이 가는 이것은 관습에 어긋납니다. 아무튼, 제가 당신께 자세히 알려 드리겠습니다."

두 손을 잡아 그를 일으켜 세웠다.[342] 둘은 잠든 한 사람 곁으로 갔다. 그에게 이 이름들을 불렀다.

"크나큰! 흰옷을 입은 자! 쏘마 왕!"[343]

그는 일어나지 않았다. 손으로 눌러 흔들어 깨웠다. 그는 일어났다. 15

아자따샤뜨루 그가 말했다. "이 사람이 이렇게 잠들어 있었을 때, 지력이 충만한 이 인아人我는[344] 그때 어디에 있었습니까? 어디에서 이것이

---

340 샹카라에 의하면 어느 다른 제자가 스승께 가까이 가듯이 당신께 가까이 가고 싶다는 의미다.

341 "사제 계급(師祭階級)"의 원어는 '브라흐마나'이며, "왕공 무사 계급(王公武士階級)"의 원어는 '끄샤뜨리야'다.

342 두 손을 잡아 가르그야를 일으킨 것과 아자따샤뜨루의 앞의 말을 미루어보아 가르그야가 자신을 제자로 거두어 가르침을 달라고 아자따샤뜨루에게 몸을 낮추어 예를 올렸음을 알 수 있다.

343 왕(rājan)은 달의 신인 쏘마에 붙는 칭호다. 샹카라에 의하면 빛나는 성질을 가지고 있기 때문에 왕이라고 한다.

344 "지력(知力)"의 원어인 위갸나(vijñāna)는 중성 명사로 '지성, 이해력, 지혜, 분별, 지식,

왔나요?"

가르그야는 그에 대해 알 수가 없었다. 16

아자따샤뜨루 그가 말했다.

"이 사람이 이렇게 잠들어 있었을 때, 지력이 충만한 이 인아人我는 그때 지력으로 이 생기들의 지력을 거두어 가지고 심장 안에 있는 이 허공에 누워 있었습니다.[345] 그것들을[346] 이 인아가 붙잡고 있을 때, 그때 이 인아의 이름은 '자신에게 가다'[347] 입니다. 그때[348] 생기가[349] 잡혀 있습니다. 언어가 잡혀 있습니다. 눈이 잡혀 있습니다. 귀가 잡혀 있습니다. 마음이 잡혀 있습니다."[350] 17

음악, 정보' 등의 뜻을 가진다. 불경에서는 '심(心), 심법(心法), 지(知), 식(識), 의식(意識), 해(解), 본식(本識)' 등으로 한역된다. 샹카라에 의하면 여기서 지력은 그것을 통해서 알게 되는 것인 내적 기관으로 지성을 의미한다. "인아(人我)"는 '몸 안에(puri)' 눕기(śayana) 때문에 뿌루샤라고 한다.

345 샹카라에 의하면 인아의 지력(知力)은 내적 기관에 들어온 특별한 것을 드러내는 지력으로 한계 지어진 본질(svabhāva)에서 생겨난 것이다. 생기들의 지력은 언어를 비롯한 생기들이 가진 각각의 자기 대상에 관련된 능력이다. 허공은 자신의 '지고의 아'를 일컫는다. 이러한 '자신의 아'인 허공은 윤회하지 않는 자신의 본질이다. '특별한 아'로서의 자기 모습을 버리고 특별함이 없는 오로지 본질적인 아(我)에 머문다는 의미다.

346 샹카라에 의하면 "그것들"은 언어를 비롯한 생기들을 의미한다.

347 "자신에게 가다"의 원어는 쓰와삐띠(svapiti)다. 쓰와삐띠는 '잠자다, 눕다, 쉬다' 등을 뜻하는 어근 '쓰와쁘(svap)'의 현재형 삼인칭 단수의 타위형 활용 형태다. 그러나 샹카라에 의하면 쓰와삐띠는 '자신(sva)인 아(我)에 다가간다(apīti)'고 해서 쓰와삐띠다. 막스 뮐러는 쓰와삐띠를 '잠자다(sleeps)'라고 번역한다. 라다크리슈난은 '잠든(asleep)'이라고 번역한다.

348 샹카라에 의하면 "그때"는 잠자는 시간을 의미한다.

349 샹카라에 의하면 여기서 "생기(生氣)"는 후각 기관인 코를 의미한다.

350 샹카라에 의하면 언어를 비롯한 것들이 거두어지면 행위, 행위자, 결과의 아성(我性, ātmatā)이 없게 됨으로써 아는 '자신의 아'에 머무는 것이 된다.

"그가[351] 이렇게 꿈의 작용에 따라 움직일 때 바로 그 세상들은 이의 것입니다. 그때 대왕처럼, 대 브라흐마나처럼 됩니다.[352] 높고 낮은 상태에 도달하는 듯합니다. 그것은 마치 대왕이 백성들을 데리고 자기 나라에서 마음대로 이리저리 다니듯이, 이렇게 이것은[353] 이처럼 생기들을 데리고 자신의 몸에서[354] 마음대로 돌아다닙니다." 18

"이제 꿈 없는 잠의 상태일 때, 그 어떠한 것에 대해서도 알지 못할 때, '이로움'[355]이라는 이름의 경맥經脈들[356] 칠만 이천 개가 심장에서 심낭을 향해 퍼져 자리 잡고 있습니다.[357] 그 경맥들에 의해 되돌아와 심낭에서 쉽니다.[358] 그는 마치 어린아이, 혹은 왕, 혹은 대 브라흐마나가 고

---

351 샹카라에 의하면 아(我)가 꿈의 작용에 따라 활동할 때 세상들인 '행위의 결과'들은 그 아의 것이다.

352 샹카라에 의하면 "처럼(iva)"이라는 낱말을 통해 행위의 결과들인 이 세상들은 진짜가 아님을 알 수 있다.

353 샹카라에 의하면 "이것"은 '지력이 충만한 것(vijñānamaya)'이다. 인아(人我)를 뜻한다.

354 샹카라에 의하면 밖이 아니라 자신의 몸에서 마음대로 돌아다닌다. 즉 욕망과 행위에 의해서 고양된 것들인, 전에 경험한 사물과 같은 모습의 습기(習氣, vāsanā)들을 경험한다는 의미다.

355 "이로움"의 원어는 히따(hitā)다. 히따는 '둔, 놓은, 잡은, 적절한, 좋은, 이로운, 유용한, 상서로운' 등을 뜻하는 형용사 히따의 여성 명사 주격 단수 형태로 '둑, 둑길, 제방, 수로, 도랑' 등을 의미한다.

356 샹카라에 의하면 "경맥(nāḍī)"은 몸의 곡식의 정수(精髓)가 변화된 것이다.

357 샹카라에 의하면 "심낭(心囊, purītat)"은 온몸을 의미한다. 즉 '이로움'이라는 이름의 경맥들 칠만 이천 개가 온몸에 퍼져 마치 보리수 잎사귀의 수관(水管)들처럼 밖을 향해 펼쳐져 있다는 의미다. 막스 뮐러 역시 심낭을 '몸(body)'이라고 번역한다.

358 샹카라에 의하면 지성인 내적 기관의 장소는 심장이다. 다른 기관들은 심장에 위치한 지성의 통제를 받는다. 그래서 지성은 귀를 비롯한 기관들을 그 경맥들을 통해서 귓구멍을 비롯한 장소들로 그물처럼 펼쳐 보낸다. 펼쳐 보낸 다음 지성은 잠에서 깨어 있을 때 그 기관들에 머물러 그 기관들을 주관한다. '지력이 충만한 것'은 '나타난 것의 본질인 의식의 빛(abhivyaktasvātmacaitanyāvabhāsatā)'을 통해 이러한 지성에 편재한다. 그리고 '지성이 충만한 것'이 움츠러 들 때는 지성과 더불어 움츠러 든다. 움츠러 드는 것이

통을 아주 없애는 환희의 상태에 이르러 잠을 자듯이, 이렇게 이것은 이처럼 쉽니다."[359] 19

"마치 거미가 줄을 따라 오르듯이,[360] 마치 불에서 작은 불티들이 퍼져 오르듯이,[361] 이렇게 이 아我에서[362] 모든 생기들이,[363] 모든 세상들이,[364] 모든 신들이,[365] 모든 존재들이[366] 퍼져 오릅니다. 그것의[367] 우파니샤드는[368] 진리의 진리입니다.[369] 생기들이 바로 진리입니다. 그것들의 진

'지력이 충만한 것'의 잠이고, 깨어 있는 상태에서 전개를 경험하는 것이 향수(享受, bhoga)다. 물 등에 비친 달이 물 등을 따르듯이, 그 '지성이 충만한 것'은 지성이라고 규정된 것의 본질을 따르는 것이다. 따라서 잠에서 깨어 있는 상태를 대상으로 하는 지성이 그 경맥들을 따라 되돌아오면, '지성이 충만한 것'은 지성을 따라 되돌아와 몸에 머문다. 불에 달군 쇳덩어리에 불이 편재하듯이 몸에 고르게 편재한다는 의미다.

359 "쉽니다"의 원어는 쉐떼(śete)다. 쉐떼는 '눕다, 쉬다, 잠자다' 등을 뜻하는 어근 '쉬(śī)'의 삼인칭 단수 현재 자위형 활용 형태다. 따라서 '잡니다'로 옮겨도 좋다. 그러나 인아(人我)는 궁극적인 의미에서 잠자는 존재가 아니라는 뜻에서 '쉽니다'로 옮긴다.

360 샹카라에 의하면 "거미(ūrṇanābhi)"는 자신의 몸과 분리되지 않은 줄을 통해 올라간다. 거미가 올라가는 데 있어서 자신 외의 다른 동인(動因, kāraka)은 없다는 의미다.

361 샹카라에 의하면 동일한 불에서 "작은 불티들"이 다양하게 솟아오른다. 즉 불티와 불은 다른 것이 아니다.

362 샹카라에 의하면 여기서 "아"는 깨어나기 이전의 '지력이 충만한 것'의 본모습(svarūpa)을 의미한다.

363 샹카라에 의하면 "모든 생기(prāṇa)들"은 언어를 비롯한 것들이다.

364 샹카라에 의하면 "모든 세상들"은 부후(bhūḥ)를 비롯한 것들로 '행위의 결과'들이다. 부후는 땅의 세상이 음성화된 것으로 땅의 세상을 의미한다.

365 샹카라에 의하면 "모든 신들"은 생기들과 세상들에 주재하는 불(火)을 비롯한 것들이다.

366 샹카라에 의하면 "모든 존재(bhūta)들"은 브라흐마(Brahmā)에서 풀 더미에 이르기까지의 생명체들의 무리를 의미한다.

367 샹카라에 의하면 "그것"은 아(我)인 브라흐만을 의미한다.

368 "우파니샤드(Upaniṣad)"는 여성 명사로 '『우파니샤드』 문헌, 심원한 교설, 신비한 의미, 신비한 지식, 신비한 가르침, 최고 영혼에 대한 참된 지식, 비밀, 고독한 장소, 명상' 등을 의미한다. 샹카라에 의하면 여기서 "우파니샤드"는 아(我)인 브라흐만에 가까이(upa) 이르게 하는 것을 의미하는 낱말이다. 라다크리슈난은 "우파니샤드"를 '신비, 비밀, 심

리는 이것입니다."[370] 20

두 번째 절

"자리와[371] 더불어, 보존하는 곳과[372] 더불어, 기둥과 더불어, 밧줄과 더불어 아이를 아는 사람은 증오하는 일곱 사촌들을[373] 물리칩니다. 이 아이는 중앙의 이 생기입니다.[374] 이것이 그의 거처입니다.[375] 이것이 보존하는 곳입니다.[376] 생기가 기둥입니다.[377] 곡식이 밧줄입니다."[378] 1

원한 의미(secret meaning)'라고 번역한다. 싸뜨야브라따 씻단따랑까라는 '신비로운 지혜(rahasyamaya jñāna)'라고 해석한다.

369 샹카라에 의하면 "진리의 진리(satyasya satyam)"라는 지고의 우파니샤드는 '지고의 브라흐만(parabrahman)'의 것이다.

370 "그것들"은 생기들을 뜻한다. 그리고 "이것"은 아(我)인 브라흐만을 뜻한다. 샹카라에 의하면 '지고의 브라흐만' 외에 '윤회하는 자(saṁsārī)'라는 이름을 가진 그 어느 다른 사물은 없다.

371 막스 뮐러는 "자리(ādhāna)"를 '그의 장소, 위치(his place)'라고 번역한다. 라다크리슈난은 '그의 거처(his abode)'라고 번역한다.

372 막스 뮐러는 "보존하는 곳(pratyādhāna)"을 '그의 방, 침실(his chamber)'이라고 번역한다. 라다크리슈난은 '그의 덮개'(his covering)라고 번역한다.

373 샹카라에 의하면 "사촌들"은 증오하는 자들과 증오하지 않는 자들이 있다. 머리에 있는 일곱 생기들은 대상을 얻는 통로들이다. 이들에 의해서 대상에 대한 애착이 생긴다. '내면의 아(pratyagātman)'를 보지 못하게 하기 때문에 증오하는 사촌들이다. 머리에 있는 일곱 생기들은 두 눈, 두 귀, 두 콧구멍, 입 이렇게 얼굴에 있는 일곱 개의 구멍을 뜻한다.

374 샹카라에 의하면 '중앙의 생기(madhyamaprāṇa)'는 '미세신(微細身)의 아(liṃgātman)'다. 이 생기는 다섯 가지 종류로 몸 안에 들어와 크나큰(bṛhan), '흰옷을 입은 자(pāṇḍaravāsa)', '쏘마 왕(somarājan)'이라고 일컬어진다. 언어와 마음을 비롯한 기관들이 이 생기에 연결되어 있다. 다른 기관들과는 달리 이 생기는 대상들에 대해 미숙하기 때문에 "아이(śiśu)"다.

375 샹카라에 의하면 "이것"은 이 몸을 의미하며, "이 몸"이 그 생기의 거처다.

376 샹카라에 의하면 "이것"은 이 머리를 의미하며, 이 머리가 "보존하는 곳"이다.

377 샹카라에 의하면 "생기"는 "기둥(sthūṇā)", 즉 곡식과 음료에서 생겨난 힘이다.

378 샹카라에 의하면 "곡식"은 생기와 몸을 연결하기 때문에 "밧줄(dāma)"이다.

"이 일곱 불멸들이 그와 함께 합니다.[379] 그곳 눈 안에 이 붉은 줄들인 그것들을 통해 루드라가[380] 이와 어울립니다.[381] 이제 눈 안의 물들인 그것들을 통해 빠르잔야가,[382] 눈동자인[383] 그것을 통해 태양이, 까만 그것을 통해 불이, 하얀 그것을 통해 인드라가,[384] 아래 속눈썹을 통해 땅이 어울립니다. 하늘은 위 속눈썹을 통해 어울립니다. 이와 같이 아는 이의[385] 곡식은 줄지 않습니다." 2

"이것은 그에 대한 찬송입니다."

"아래가 입구고 위가 바닥인 쏘마 마시는 그릇,[386] 그곳엔 모든 형태의 영광 담겼네,

그 가장자리엔 일곱 선인仙人들이 앉았네, 여덟 번째인 언어가 브라흐만과 대화하네."[387]

---

379 샹카라에 의하면 불멸(akṣiti)의 원인이기 때문에 불멸이다. 그는 중앙의 생기다. 막스 뮐러는 "함께 합니다(upatiṣṭhanti)"를 '다가가다(approach)'라고 번역한다. 라다크리슈난은 '가까이 있다(stand near)'라고 번역하고, '봉사하다, 시중들다, 복무하다(serve)'라고 해석한다.

380 "루드라"는 건기를 마감하고 우기를 시작하게 하는 폭풍, 그리고 그 폭풍의 원인이 되는 태양의 힘이 신격화된 것이다. 우주를 파괴하고 새로운 우주를 창조하는 동인(動因)이 되는 쉬바(Śiva)의 원형이다.

381 막스 뮐러는 "어울립니다(anvāyattaḥ)"를 '달라붙다(cling)'라고 번역한다. 라다크리슈난은 '결합한(united with)'이라고 번역한다.

382 "빠르잔야"는 비의 신이다. 구름을 뜻하기도 한다.

383 샹카라에 의하면 "눈동자(kanīnakā)"는 '보는 힘'(dṛkśakti)을 의미한다.

384 "인드라"는 곡식을 싹 틔우는 비를 내리게 하는 구름을 가져오는 바람, 그리고 그 바람의 원인이 되는 태양의 힘이 신격화된 것이다. 신화에서 인드라는 신들의 왕이다.

385 샹카라에 의하면 이 일곱 불멸들이 생기의 곡식이 되어 늘 생기와 함께한다는 것을 아는 사람이다.

386 "쏘마 마시는 그릇"의 원어는 짜마싸(camasa)다.

"아래가 입구고 위가 바닥인 쏘마 마시는 그릇이란 것, 이러한 그것은 머리입니다. 왜냐하면 이 머리가 아래에 구멍이 있고, 위가 바닥인 쏘마 마시는 그릇이기 때문입니다."

"그곳엔 모든 형태의 영광 담겼다는 것, 여기서 모든 형태의 영광은 생기들입니다. 생기들에 대해 이러하다고 말합니다."[388]

"가장자리엔 일곱 선인仙人들이 앉았다는 것, 여기서 선인들은 생기들입니다. 생기들에 대해 이러하다고 말합니다."[389]

"여덟 번째인 언어가 브라흐만과 대화 한다는 이것은 언어가 바로 여덟 번째로 브라흐만과 대화를 하기 때문입니다."[390] 3

"이 둘이 바로 '고따마'와 '바라드와자'입니다. 이것이 '고따마'이고, 이것이 '바라드와자'입니다. 이 둘이 '바로 '위스바미뜨라'와 '자마다그니'입니다. 이것이 '위스바미뜨라'이고, 이것이 '자마다그니'입니다. 이 둘이 바로 '와씨스타'와 '까스야빠'입니다. 이것이 '와씨스타'이고, 이것이 '까스야빠'입니다. 언어는 바로 '아뜨리'입니다. 왜냐하면 언어 기관을 통해서 곡식을 먹기 때문입니다. '아뜨리'라고 하는 이것은 '아띠'라고 이름하는 것입니다. 이처럼 아는 사람은 모든 것의 먹는 자가 됩니다. 모든 것이 이의 곡식이 됩니다."[391] 4

---

387 기타프레스의 힌디 어 해석본에 의하면 "브라흐만과 대화"하는 것은 『베다』로 대화하는 것을 의미한다.

388 샹카라에 의하면 여기서 "생기(生氣)들"은 귀를 비롯한 것들이고, 바람들이 일곱 가지로 그곳에 펼쳐진 것이 "영광(yaśa)"이다. 바람들은 숨들을 의미한다. 기타프레스의 힌디 어 해석본에 의하면, 두 귀, 두 눈, 두 콧구멍, 혀, 이 일곱 개가 귀를 비롯한 것들이다.

389 샹카라에 의하면 여기서 "생기(生氣)들"은 운동하는 성질의 것들이다. 막스 뮐러는 여기서 생기를 '(활동적인) 지각들[(active) senses]'이라고 해석한다.

390 "언어"는 두 귀, 두 눈, 두 콧구멍, 혀, 이 일곱 개에 이어 "여덟 번째"에 해당한다.

391 샹카라에 의하면 쏘마를 마시는 그릇인 짜마사의 가장자리에 앉아 있는 일곱 선인

세 번째 절

"브라흐만의 두 형태가 있습니다. 형상이 있는 것과 형상이 없는 것,[392] 죽는 것과 죽지 않는 것, 멈춰 있는 것과 움직이는 것, 있는 것과 없는 것입니다."[393] 1

"바람 그리고 허공과 다른 그 이것이 형상이 있는 것입니다.[394] 이것은 죽는 것, 이것은 멈춰 있는 것, 이것은 있는 것입니다.[395] 이것은[396] 그 이 형상이 있는 것의, 이 죽는 것의, 이 멈춰 있는 것의 정수精髓입니다. 이 뜨겁게 빛나는 것이 바로 있는 것의 이 정수이기 때문입니다." 2

(仙人)이 누군지를 말하는 것이다. 이 두 귀가 "고따마(Gotama)"와 "바라드와자(Bharad-vāja)" 선인이다. 이 두 눈이 "위스바미뜨라(Viśvāmitra)"와 "자마다그니(Jamadagni)" 선인이다. 이 두 콧구멍이 "와씨스타(Vasiṣṭha)"와 "까스야빠(Kaśyapa)" 선인이다. 언어는 '먹는 활동(adanakriyā)'과 연결되기 때문에 일곱 번째인 "아뜨리(Atri)" 선인이다. 언어 기관으로 곡식을 먹기 때문에 이것은 "아띠(먹는다, atti)"라는 이름으로 유명하다. '먹는 자이기(atṛtva)' 때문에 아띠다. 아띠를 간접적으로 "아뜨리"라고 일컫는다. 아뜨리의 어원에 대한 지식으로 말미암아 이 모든 곡식에서 생겨난 생기를 먹는 자가 된다. 이처럼 위에서 언급한 생기에 대해 사실대로 아는 사람은 '중앙의 생기'가 되어 '거처'와 '보존하는 곳'에 있는 먹는 자가 된다.

392 막스 뮐러는 '물질적인 것과 비물질적인 것(the material and the immaterial)'이라고 번역한다.

393 샹카라에 의하면 "멈춰 있는 것(sthita)"은 제한된 것이고, "움직이는 것(yat)"은 제한되지 않은 것으로 편재하는 것이다. "있는 것(sat)"은 다른 것들에 비해 특별한 속성을 가진 것이며, "없는 것(tyat)"은 이와는 반대되는 것으로 항상 간접적인 형태로 언급되는 것이다. 막스 뮐러는 "있는 것"을 존재, 그리고 "없는 것"을 '그것(that)'이라고 해석한다. 라다크리슈난은 "있는 것"을 '실재적인 (실존자)[the actual (existent)]' 그리고 "없는 것"을 '진실한 (존재)[the true (being)]'라고 해석한다. "있는 것"은 여기에 현상적으로 있는 것이다. 즉 드러난 것이다. "없는 것"은 여기에 현상적으로 없는 것이다. 즉 드러나지 않은 것이다.

394 샹카라에 의하면 "바람 그리고 허공", 이 두 요소와 다른 것은 흙(pṛthivī)을 비롯한 세 요소들이다. 즉 흙, 물(āpas), 불 이 세 요소가 형상이 있는 것들이다.

395 샹카라에 의하면 "이것"은 '형상이 있는 것(mūrta)'이라는 이름의 세 요소를 의미한다.

396 "이것"은 태양을 의미한다. 샹카라에 의하면 태양인 싸비따(Savitā)가 정수(精髓)다.

"이제 형상이 없는 것은 바람 그리고 허공입니다. 이것은 죽지 않는 것, 이것은 움직이는 것, 이것은 없는 것입니다.[397] 이것은 그 이 형상이 없는 것의, 이 죽지 않는 것의, 이 움직이는 것의, 이 없는 것의 정수精髓입니다. 이 원 안에 있는 이 인아人我가 없는 것의 이 정수이기 때문입니다.[398] 이상은 신에 관련된 것입니다." 3

"이제 몸과 관련된 것입니다. 생기와 다른 것 그리고 이 몸 안에 있는 허공과[399] 다른 것이 바로 이 형상이 있는 것입니다. 이것은 죽는 것, 이것은 멈춰 있는 것, 이것은 있는 것입니다.[400] 이것이[401] 그 이 형상이 있는 것의, 이 죽는 것의, 이 멈춰 있는 것의, 이 있는 것의 이 정수입니다. 눈이 바로 있는 것의[402] 이 정수이기 때문입니다." 4

"이제 형상이 없는 것입니다. 생기와 몸 안에 있는 이 허공이 형상이 없는 것입니다. 이것은 죽지 않는 것, 이것은 움직이는 것, 이것은 없는 것입니다.[403] 이것이 그 이 형상이 없는 것의, 이 죽지 않는 것의, 이 움직

---

397 샹카라에 의하면 "움직이는 것"은 제한되지 않은 것으로 편재하는 것이다. "없는 것"은 간접적인 것이다.

398 샹카라에 의하면 "이 원(圓, maṇḍala) 안에 있는 인아"는 '기관의 아(karaṇātman)'인 것, 히란야가르바(黃金子宮, 金胎), 생기(生氣)라고 일컫는 것으로 바람과 허공 이 두 요소의 정수다. '없는 것'인 바람과 허공, 이 두 요소와 원 안에 있는 인아는 파악되지 않는다는 공통된 속성이 있다. 싸뜨야브라따 씻단따랑까라에 의하면 원은 태양의 원이다. 막스 뮐러 역시 원을 '태양의 원반(the disk of the sun)'이라고 번역한다.

399 "몸 안에 있는 허공"은 심장의 연꽃 안에 있는 허공을 뜻한다.

400 "형상이 있는 것(mūrta)"은 죽는 성질의 것, 제한된 것, 다른 것들에 비해 특별한 속성을 가진 직접적인 것이란 뜻이다.

401 "이것"은 눈을 뜻한다. 샹카라에 의하면 눈은 제일 먼저 생겨나는 것이며, 빛과 관련된 것이기 때문이다.

402 샹카라에 의하면 "있는 것"은 다른 것들에 비해 특별한 속성을 가진 것이다.

이는 것의, 이 '없는 것'의 정수입니다.[404] 오른쪽 눈에 있는 이 인아人我가 '없는 것'의 이 정수이기 때문입니다." 5

"그러한 이 인아人我의 모습입니다.[405] 마치 강황薑黃에[406] 물든 옷 같고, 마치 하얀 양털 옷 같고, 마치 연지벌레[407] 같고, 마치 불의 불꽃 같고, 마치 흰 연꽃 같고, 마치 일순 번쩍이는 번갯불 같습니다.[408] 이렇게 아는 이에게는 영광이 일순 번쩍이는 번갯불 같이 생깁니다."

"이제 여기서부터 '이게 아니다! 이게 아니다!'라는 지시입니다. '이게 아니다'라는 이것보다 더 나은 다른 것은 없습니다.[409] '실재의 실재'라는

---

403 "형상이 없는 것(amūrta)"은 불사(不死)이며, 제한되지 않은 것으로 편재하며, 직접 파악되지 않는 간접적인 것이란 뜻이다.

404 "이것"은 오른쪽 눈에 있는 인아를 뜻한다. 샹카라에 의하면 미세신(微細身, liṃga)은 특별히 오른쪽 눈에 머문다.

405 샹카라에 의하면 '기관의 아', 미세신(微細身)의 형태, 습기(習氣)로 이루어진 것, '미망의 인드라망의 신기루(māyendrajālamṛgatṛṣṇikā)' 같은 것인 다양한 "인아의 모습"이다.

406 "강황(māhārajana)"은 진노란색을 내는 카레의 주원료다. 한 번 물이 들면 좀처럼 빠지지 않는다.

407 "연지벌레"는 장마철에 생겨나는 아주 붉은색의 벌레다. 비의 신인 인드라가 보호자(gopa)라는 의미에서 인드라고빠(indragopa)라고 부른다.

408 샹카라에 의하면 강황에 옷이 물들듯이 마음(citta)이 여자 등의 대상을 접하면 마음에는 그 대상을 닮은 습기(習氣)가 생겨난다. 그래서 인아(人我)를 옷처럼 물든 것이라고 일컫는다. 하얀 양털 옷 같은 다른 습기가 생겨나기도 한다. 연지벌레처럼 아주 붉은색의 다른 습기가 생겨나기도 한다. 불의 불꽃처럼 빛나는 습기가 어딘가 그 누구에겐가 생겨나기도 한다. 백련처럼 하얀 습기가 그 누군가에게 생겨나기도 한다. 번개가 일순간 번쩍여 모든 곳을 비추듯이 지혜의 빛이 증장하는 습기가 누군가에게 생겨나기도 한다. 습기는 무수하다. 요가 철학에 의하면 습기(習氣)는 잠재의식(行) 가운데 기억(smṛti)을 야기하여 정신 활동을 만들어 내는 잠재의식을 일컫는다.

409 샹카라에 의하면 브라흐만에게는 이름도, 형태도, 행위도, 차이도, 종류도, 특질도 없다. 그 어떤 특별함이 없다. 브라흐만은 지시될 수 없다. 그래서 '실재의 실재(satyasya satya)'인 브라흐만을 "이게 아니다! 이게 아니다!"라는 말을 통해 나타내는 것이다. 세상에서 브라흐만을 "식(識)이며 환희가 브라흐만이다(vijñānamānandaṁ brahma)", "식으로 꽉

것은 이름입니다.[410] 생기들이 실재입니다. 이것이 그것들의 실재입니다." 6

네 번째 절

야갸발꺄는 말했다.

"마이뜨레야이!" "여보, 나는 이곳에서 나가 출가하려고 하오! 그래, 어떻소? 이 '까뜨야야니'와 당신과의 관계를 끝내고자 하오이다."[411] 1

'마이뜨레야이' 그녀가 대답했다.

"존경스런 분이시여, 만일 재산으로 가득한 이 모든 땅이 저의 것이 되면, 어찌 제가 그것으로 불사의 여인이 될 수 있는 건가요?"

야갸발꺄가 말했다.

"아니오!" "물질이 풍족한 사람들의 삶, 당신의 삶은 그런 삶이 될 뿐이오. 재산으로 불사성不死性을 기대할 수는 없소!" 2

'마이뜨레야이' 그녀가 말했다.

"제가 불사의 여인이 될 수 없는 거라면, 그것으로 제가 무엇을 하겠

찬 게 브라흐만의 아(我)다(vijñānaghana eva brahmātmā)"라고 말한다. 이렇게 브라흐만을 지시하는 것은 이름과 형태와 행위를 브라흐만에게 부여하여 지시하는 것이다.

410 샹카라에 의하면 "실재의 실재"는 '지고의 브라흐만(paraṁ brahma)'의 이름이다. 막스 뮐러는 실재를 '진실(the true)'이라고 번역한다. 라다크리슈난은 실재를 '진리, 사실, 참(the truth)'이라고 번역한다.

411 "마이뜨레야이(Maitreyayī)"는 야갸발꺄(Yājñyavalkya) 선인(仙人)의 첫째 부인이고, "까뜨야야니(Kātyāyanī)"는 둘째 부인이다. 샹카라에 의하면 야갸발꺄는 출가하려고 하며 첫째 부인을 불러 의견을 묻는 중이다. 남편이라는 존재 때문에 생긴 당신인 '마이뜨레야이'와 작은 부인인 '까뜨야야니', 두 사람과의 관계를 내가 재산을 나누어 주어 끝내게 하고 싶은데 의견이 어떠냐는 것이다. 즉 재산을 둘에게 나누어 주고 출가하고 싶은데 당신 생각은 어떠냐는 의미다.

어요?" "존경스런 분께서 알고 계신 걸 제게 말씀해 주세요!"[412] 3

야갸발꺄 그가 말했다.

"아, 그렇구려! 여보, 당신은 나의 사랑스러운 여인으로 사랑스러운 말을 하는구려!" "오시오, 가까이 앉으시오. 당신에게 설명해 주리다. 내가 설명하는 것에 대해 당신은 주의 깊게 새기며 마음을 기울이기 바라오." 4

그가 말했다.

"여보, 남편의 욕망을 위해 남편이 사랑스럽지는 않소, 자신의 욕망을 위해 남편이 사랑스러운 거라오."[413] "여보, 부인의 욕망을 위해 부인이 사랑스럽지는 않소, 자신의 욕망을 위해 부인이 사랑스러운 거라오." "여보, 아들들의 욕망을 위해 아들들이 사랑스럽지는 않소, 자신의 욕망을 위해 아들들이 사랑스러운 거라오." "여보, 재산의 욕망을 위해 재산이 사랑스럽지는 않소, 자신의 욕망을 위해 재산이 사랑스러운 거라오." "여보, 사제 계급의 욕망을 위해 사제 계급이 사랑스럽지는 않소, 자신의 욕망을 위해 사제 계급이 사랑스러운 거라오." "여보, 왕공 무사王公武士 계급의 욕망을 위해 왕공 무사 계급이 사랑스럽지는 않소, 자신의 욕망을 위해 왕공 무사 계급이 사랑스러운 거라오." "여보, 세상들의 욕망을 위해 세상들이 사랑스럽지는 않소, 자신의 욕망을 위해 세상들이 사랑스러운 거라오." "여보, 신들의 욕망을 위해 신들이 사랑스럽지는 않소, 자

---

412 샹카라에 의하면 유일한 '불사성을 얻기 위한 방법(amṛtatvasādhana)'을 알고 있다면, 그것을 자신에게 알려 달라는 것이다.

413 샹카라에 의하면 남편을 위해서 아내의 남편이 사랑스러운 것이 아니라, 아내인 자기 자신을 위해서 남편이 사랑스럽다는 의미다. 아래의 나머지들도 마찬가지다.

신의 욕망을 위해 신들이 사랑스러운 거라오." "여보, 중생衆生들의 욕망을 위해 중생들이 사랑스럽지는 않소, 자신의 욕망을 위해 중생들이 사랑스러운 거라오." "여보, 모든 것의 욕망을 위해 모든 것이 사랑스럽지는 않소, 자신의 욕망을 위해 모든 것이 사랑스러운 거라오." "여보, 이 자신이[414] 보아야 할 것, 들어야 할 것, 생각해야 할 것, 주의 깊게 새기며 마음을 기울여야 할 것이라오." "여보, 마이뜨레야이, 이 자신에 대해 보고, 듣고, 생각하고, 이해함으로써 이 모든 것을 알게 되는 거라오!" 5

"사제 계급은 사제 계급을 아我와는 다른 것으로 아는 이를 내쳐 버리오." "왕공 무사 계급은 왕공 무사 계급을 아와는 다른 것으로 아는 이를 내쳐 버리오." "세상들은 세상들을 아와는 다른 것으로 아는 이를 내쳐 버리오." "신들은 신들을 아와는 다른 것으로 아는 이를 내쳐 버리오." "중생들은 중생들을 아와는 다른 것으로 아는 이를 내쳐 버리오." "모든 것은 모든 것을 아와는 다른 것으로 아는 이를 내쳐 버리오." "이 사제 계급, 이 왕공 무사 계급, 이 세상들, 이 신들, 이 중생들, 이 모든 것은 바로 이 아인 것이오."[415] 6

"그것은 마치 치고 있는 가마솥 같이 생긴 큰 북의 밖으로 퍼져 나오는 소리들을 잡을 수는 없지만, 가마솥 같이 생긴 큰 북을 잡거나, 북을

414 "자신"의 원어는 '아트만(ātman)'이다. 아트만은 남성 명사로 '자신, 몸, 아(我), 브라흐만, 영혼, 아들, 본질' 등을 뜻한다. 여기서의 자신은 '아'인 아트만을 뜻하고, 윗부분의 모든 자신이란 낱말들은 말 그대로 자기 자신을 뜻한다.

415 샹카라에 의하면 '지고의 아'는 모든 것의 아(我)이기 때문이다. 아에서 생겨나고, 아 안에 잠겨들고, 그리고 있는 동안에는 '아로 충만(ātmamaya)'하다. 그래서 "아"가 바로 "모든 것"이다.

치는 자를 잡아서 소리가 잡히는 것과 같다오."[416] 7

"그것은 마치 불고 있는 소라 나팔의 밖으로 퍼져 나오는 소리들을 잡을 수는 없지만, 소라 나팔을 잡거나, 소라 나팔을 부는 자를 잡아서 소리가 잡히는 것과 같다오."[417] 8

"그것은 마치 연주하고 있는 칠현금七絃琴의[418] 밖으로 퍼져 나오는 소리들을 잡을 수는 없지만, 칠현금을 잡거나, 칠현금을 연주하는 자를 잡아서 소리가 잡히는 것과 같다오."[419] 9

"그것은 마치 젖은 땔감에 지핀 불에서 연기들이 산산이 흩어져 날리는 것과 같다오. 바로 이와 마찬가지로 이 거대한 요소의 날숨이 이 리그베다, 야주르베다, 싸마베다, 아타르방기라싸,[420] 역사, 옛이야기, 지식, 우파니샤드들, 시구들, 경구들, 설명들, 주석註釋들이라오. 여보, 이것들은 이것의 날숨들이라오."[421] 10

---

416 싸뜨야브라따 씻단따랑까라에 의하면 아(我)는 지각 기관이라는 가마솥같이 생긴 큰 북을 쳐서 세상에 암성(闇性, tamoguṇa)이라는 소리들을 만들어 내고 있다. 만일 세상을 잡으려 한다면, 지각 기관들을 잡거나 더 나아가 아를 잡아야 한다는 의미다.

417 싸뜨야브라따 씻단따랑까라에 의하면 "소라 나팔(śaṁkha)" 소리에 해당하는 세상의 염성(染性, rajoguṇa)이라는 소리를 잡으려는 사람은 아를 잡아야 한다는 의미다.

418 "칠현금"의 원어는 위나(vīṇā)다. 위나는 현(鉉)이 일곱 개인 현악기다. 두 개의 둥근 울림통을 가진 인도의 전통 현악기로 그 소리가 그윽하고, 깊고, 신비하며, 유현하다. 신에게 예배를 드릴 때 음악 공양을 올리기 위해 사용되던 악기다. 현재 인도의 남부 지방에 전승되고 있다. 302쪽 169번 각주 참조.

419 싸뜨야브라따 씻단따랑까라에 의하면 칠현금 소리에 해당하는 세상의 진성(眞性, sattvaguṇa)이라는 소리를 잡으려는 사람은 아(我)를 잡아야 한다는 의미다.

420 싸뜨야브라따 씻단따랑까라에 의하면 "아타르방기라싸(Atharvāṃgirasa)"는 『아타르바베다(*Atharvaveda*)』다.

"그것은 마치 모든 물들이 귀일하는 바다와 같다오. 이처럼 만지는 모든 것들이[422] 귀일하는 것이 피부라오. 이처럼 모든 냄새들이 귀일하는 것이 코라오. 이처럼 모든 맛들이 귀일하는 것이 혀라오. 이처럼 모든 형태들이 귀일하는 것이 눈이라오. 이처럼 모든 소리들이 귀일하는 것이 귀라오. 이처럼 모든 생각들이 귀일하는 것이 마음이라오. 이처럼 모든 지식들이 귀일하는 것이 심장이라오. 이처럼 모든 일들이 귀일하는 것이 두 손이라오. 이처럼 모든 즐거움들이 귀일하는 것이 성기라오. 이처럼 모든 배설들이 귀일하는 것이 배설기라오. 이처럼 모든 장소들이[423] 귀일하는 것이 두 발이라오. 이처럼 모든 베다들이 귀일하는 것이 언어라오."[424] 11

"그것은 마치 물에서 생긴 소금 덩어리를[425] 물에 던져 넣으면, 물에

---

421 샹카라에 의하면 불에서 불티, 연기, 잉걸, 불꽃들이 각각 나누어지기 이전에는 이 모두는 바로 불이었다. 이처럼 세상이 이름과 형태로 변화하기 이전에는 '앎으로 꽉 찬 것(prajñānaghana)'인 브라흐만이었다. 브라흐만인 '거대한 요소(mahadbhūta)'는 '지고의 아'다. 『리그베다』에서 주석들에 이르기까지 모든 것은 『베다』와 『브라흐마나』 문헌의 것들로 파악해야 한다. 왜냐하면 『베다』는 사람의 지성적인 노력을 통해서 나타난 것이 아니라 사람의 날숨처럼 나타난 것이기 때문이다. 넓은 의미에서 『베다』는 브라흐마나, 아란야까, 『우파니샤드』까지를 포함한다. 초기 『우파니샤드』는 그 자체가 『베다』의 일부분, 브라흐마나의 일부분이다.

422 "만지는 모든 것"은 모든 촉감(sparśa)을 뜻한다.

423 "장소"의 원어는 아드반(adhvan)이다. 아드반은 남성 명사로 '길, 거리, 여행, 시간, 공기, 대기(大氣), 방법, 공격' 등을 뜻한다.

424 샹카라에 의하면 모든 물들이 바다로 "귀일(歸一, ekāyana)"하듯이 귀몰(歸沒, pralaya)의 시간에 세상은 '바로 하나(ekameva)', '앎으로 꽉 찬 것', '단일한 맛(ekarasa)'인 브라흐만으로 귀일한다. 따라서 아(我)는 '하나이며 둘이 아닌 것(ekamadvayam)'이다. "귀일"은 '하나로 감(ekagamana)', '하나로 귀몰(ekapralaya)', '구분 없음에 도달함(avibhāgaprāpti)'이다.

425 샹카라에 의하면 "물에서 생긴 소금 덩어리"의 원어 싸인다바킬야(saindhavakhilya)에서 싸인다바(saindhava)는 '물에서 생긴, 혹은 물의 변형'이란 의미고, 킬야(khilya)는 덩어리를 의미한다. 물에서 생겨난 혹은 물의 변형인 소금을 자신의 원인인 물에 넣는다는 의

따라 녹아 이것을 건져 낼 수 없는 것과 같소. 그러나 취하는 곳곳마다 소금이오. 바로 이처럼 여보, 이 거대한 요소는[426] 영원한 바다,[427] 바로 앎으로 꽉 찬 것이라오.[428] 이 요소들에서 일어나 그들과 더불어 멸한다오.[429] 떠나서는 아는 바가 없다오."[430] "여보, 이렇게 나는 말하오."

미에서 『우파니샤드』는 소금 덩어리를 의미하는 여러 낱말들 가운데 의도적으로 싸인다바킬야를 선택했음을 알 수 있다.

426 샹카라에 의하면 "거대한 요소"는 '지고의 아'다. 거대한 요소는 '하나이며 둘이 아닌 것'이다. 허공을 비롯한 요소들의 원인이 되는 것이기 때문에 "거대한 요소"다. '요소'에 해당되는 원어인 부따(bhūta)는 과거, 현재, 미래 삼시(三時)에 걸쳐 변함이 없는 늘 본모습이다. 그래서 부따는 '존재하다, 생겨나다' 등을 뜻하는 어근 '부(bhū)'에 '확고함'을 의미하는 접미사 '따(ta)'가 첨가되어 만들어진 낱말이다. 혹은 부따라는 낱말은 '궁극적인 의미(paramārtha)'를 나타낸다. 즉 "거대한 요소"의 원어 마하드부따(mahadbhūta)는 거대한 것이고 궁극적인 것을 뜻하는 낱말이다.

427 "바다"의 원어는 아빠라(apāra)다. 아빠라는 형용사로는 '무변(無邊), 무한(無限), 거대한, 도달할 수 없는, 극복할 수 없는'을 뜻하며, 남성 명사로는 '바다', 중성 명사로는 '강 건너 둑인 피안(彼岸)', 여성 명사로는 '대지'를 뜻한다. 원문에서는 중성 명사가 사용되었다. 따라서 단어적인 의미만으로 볼 때는 바다를 '피안'으로 옮기는 게 적절하다. 그러나 문맥에 맞추어 아빠라를 바다로 옮긴다. 베다 어에서 격 표지의 상호 교류는 자주 나타나기 때문이다. 샹카라에 의하면 아빠라는 '차이가 없음(nirantara)'을 의미한다. 막스 뮐러는 '무제한의, 한정하지 않는(unlimited)'이라고 번역한다. 라다크리슈난은 '제한이 없는, 무기한의, 무한의, 광대한(limitless)'이라고 번역한다.

428 "앎으로 꽉 찬 것"의 원어 위갸나가나(vijñānaghana)는 위갸나(vijñāna)와 가나(ghana)라는 두 낱말을 합한 복합어다. 위갸나는 중성 명사로 '앎, 지혜, 지성, 이해, 분별, 기술, 세속적인 지식, 지각 기관, 음악, 정보' 등을 뜻한다. 가나는 형용사로는 '딱딱한, 굳은, 짙은, 가득한, 소리 등이 깊은, 항구적인, 위대한, 길상의, 꽉 찬' 그리고 남성 명사로는 '구름, 철봉(鐵棒), 군집, 꽉 찬 것, 딱딱한 것' 등을 뜻한다. 샹카라에 의하면 위갸나는 알림(vijñapti)이며, 가나는 다른 종류는 없다는 것을 의미한다.

429 샹카라에 의하면 "이 요소들"은 몸과 지각 기관의 대상의 형태로 변화한 것들인, 이름과 형태를 본질로 하는 것들이다. 이것들은 물에서 생겨난 물방울 물거품처럼 순수한 아(我)에서 생겨난 것들이다. 이것들이 사라짐과 더불어 '특별한 아'인 소금 덩어리의 상태도 사라진다.

430 샹카라에 의하면 몸과 지각 기관이 모인 것들을 벗어난 존재에게 있어서 "아는 바(saṁjñā)"는 없다. "아는 바"는 '특별한 것으로 아는 바(viśeṣasaṁjñā)'다. "나는 아무개다. 나는 아무개의 아들이다. 이것은 나의 토지 재산이다. 나는 행복하다. 나는 괴롭다" 등

이렇게 야갸발꺄는 말했다. 12

'마이뜨레야이' 그녀가 말했다.

"존경스런 분께서는 이에 대해 저를 당황케 하십니다. 떠나서는 아는 바가 없다고 하시다니요!"[431]

그가 대답했다.

"여보, 나는 황당함을 말하는 게 아니오." "여보, 이것은 충분히 알만한 거라오."[432] 13

"둘로 된 것 같은 곳,[433] 그곳에서는 다른 것이 다른 것을 냄새 맡으오. 그곳에서는 다른 것이 다른 것을 보오. 그곳에서는 다른 것이 다른 것을 듣는다오. 그곳에서는 다른 것이 다른 것에게 말하오. 그곳에서는 다른 것이 다른 것에 대해 생각하오. 그곳에서는 다른 것이 다른 것을 아오."

"허나, 이의 모든 것이 바로 아我가 된 곳, 그곳에서는 무엇이 무엇을 냄새 맡겠소![434] 그곳에서는 무엇이 무엇을 보겠소! 그곳에서는 무엇이

등 이렇게 나타나는 것이다. 이것은 무명(無明)에 의해서 생겨나는 것이다. 그러나 '브라흐만에 대한 지혜'에 의해 무명이 사라짐으로써 '특별한 것으로 아는 바'는 가능하지 않게 된다.

431 샹카라에 의하면 먼저는 '앎으로 꽉 찬 것'이라고 알려 주고는 "떠나서는 '아는 바'가 없다"고 다시 말하시니, 어떻게 '앎으로 꽉 찬 것'이 어떻게 '아는 바'가 없는 것인지, 이에 대해 '저는 당황스럽다'라는 의미다.

432 593쪽 430번 각주 참조.

433 샹카라에 의하면 궁극적인 의미에 있어서는 '둘이 아닌 것(advaita)'인 브라흐만에 대해 '둘인 것(dvaita)'처럼, 다른 것처럼 간주하는 것이다. 즉 아(我)와 다른 사물로 간주하는 것이다.

434 샹카라에 의하면 '브라흐만에 대한 지혜'에 의해서 무명(無明)이 사라져 버린 곳에는 아(我) 외에 다른 것은 없다. 이의, 즉 브라흐만을 아는 사람의 모든 이름과 형태 등이

무엇을 듣겠소! 그곳에서는 무엇이 무엇에게 말하겠소! 그곳에서는 무엇이 무엇을 생각하겠소! 그곳에서는 무엇이 무엇을 알겠소!"

"여보, 그것에 의해 이 모든 것을 아는 것을 무엇에 의해서 알겠소! 아는 자를 무엇에 의해 알겠소!"[435] 14

다섯 번째 절

"이 땅은 모든 존재들의 꿀이오, 모든 존재들은 이 땅의 꿀이오."[436] "이 땅에 빛으로 가득한,[437] 불사不死인 이 인아人我가 있소. 그리고 몸에는 이 육화肉化된,[438] 빛으로 가득한, 불사인 이 인아가[439] 있다오.[440] 그것

바로 아에 잠겨 사라져 모든 것이 아가 된 곳에서는 행위자가 없으므로 행위가 없고, 행위가 없기에 결과가 없다. 모든 행위는 행위자에 의해서 이루어지는 것이다. 따라서 그러한 곳에서는 그 누구에 의해서든 그 무엇이든 어떻게든 냄새 맡을 수 없다는 뜻이다.

435 샹카라에 의하면 기관은 '분별하여 알 것(vijñeya)'에 적용된다. 아는 자의 알고 싶어함 역시 자신에 적용되는 것이 아니라 '알 것(jñeya)'에 적용된다. 아(我)는 아의 대상이 아니다. 대상이 없으면 '아는 자(jñātṛ)'의 앎은 성립하지 않는다. 브라흐만을 아는 사람에게는 둘이 아닌 '아는 자(vijñātṛ)'만이 오로지 존재한다. 오로지 그 아는 자인 것은 그 무엇에 의해서도 알 수 없다.

436 샹카라에 의하면 이 땅은 창조의 신인 브라흐마를 비롯해 풀무더기(stamba)에 이르기까지의 모든 존재들의, 즉 생명체들의 "꿀(madhu)"이다. 꿀은 꿀 같은 것으로 결과를 의미한다. 마치 벌집 하나가 수많은 꿀벌들에 의해서 만들어지듯이 이 땅은 모든 존재들로 구성된 것이다. 마찬가지로 모든 존재들은 이 땅의 결과인 "꿀"이다.

437 샹카라에 의하면 "빛으로 가득한(tejomaya)"은 '오로지 정신의 빛으로 가득한(cinmātraprakāśamaya)'이라는 뜻이다.

438 샹카라에 의하면 "육화된 것(śārīra)"은 몸 안에 '존재하는 것(bhava)'을 의미한다.

439 샹카라에 의하면 "이 인아"는 '미세신(微細身)을 자신으로 상정하는 것(liṃgābhimānī)'이다. 그리고 이것은 모든 존재들에게 유용한 것이기 때문에 꿀이다.

440 샹카라에 의하면 이처럼 이 넷(땅, 모든 존재, 땅의 인아, 몸의 인아)은 하나다. 즉 모든 존재들의 결과다. 그리고 모든 존재들은 이 넷의 결과다. 따라서 이에 대해 '하나의 원인(ekakāraṇa)'이 전제된다. 하나의 원인에서 생겨난 것은 궁극적인 의미에서 하나(ekam)이며 브라흐만이다. '서로 다른 결과(itarakārya)'는 언어에서 비롯된 변형인 이름에 불과할 뿐이다.

이 바로 이 아我인 것이오."[441] "이것이 불사,[442] 이것이 브라흐만, 이것이 모든 것이오."[443] 1

"이 물이 모든 존재들의 꿀이오. 모든 존재들은 이 물의 꿀이오." "이 물에 빛으로 가득한, 불사인 이 인아가 있소. 그리고 몸에는 정액으로 된,[444] 빛으로 가득한, 불사인 이 인아가 있다오.[445] 그것이 바로 이 아我인 것이오." "이것이 불사, 이것이 브라흐만, 이것이 모든 것이오." 2

"이 불이 모든 존재들의 꿀이오. 모든 존재들은 이 불의 꿀이오." "이 불에 빛으로 가득한, 불사인 이 인아가 있소. 그리고 몸에는 언어와 관련된,[446] 빛으로 가득한, 불사인 이 인아가 있다오.[447] 그것이 바로 이 아我인 것이오." "이것이 불사, 이것이 브라흐만, 이것이 모든 것이오." 3

"이 바람이 모든 존재들의 꿀이오. 모든 존재들은 이 바람의 꿀이오." "이 바람에 빛으로 가득한, 불사인 이 인아가 있소. 그리고 몸에는 생기인, 빛으로 가득한, 불사인 이 인아가 있다오. 그것이 바로 이 아我인 것

---

441 샹카라에 의하면 앞(2. 4. 6)에서 야갸발꺄가 마이뜨레야이에게 "이 모든 것은 바로 이 아인 것이오"라고 말한 그것이 "이 아"라는 의미다.

442 샹카라에 의하면 야갸발꺄가 마이뜨레야이에게 말해준 '불사성(不死性)을 위한 방편(amṛtatvasādhana)'인 이 '아에 대한 앎(ātmavijñāna)'이 "불사"라는 의미다.

443 샹카라에 의하면 브라흐만에 대해서 앎으로써 "모든 것"이 되기 때문이다.

444 막스 뮐러와 라다크리슈난은 "정액으로 된(raitasa)"은 '정액으로 존재하는(existing as seed)'이라고 번역한다.

445 샹카라에 의하면 몸의 정액(精液)에 물의 특별한 상태가 있다.

446 막스 뮐러에 의하면 "언어와 관련된(vāṃmaya)"은 '언어로 존재하는(existing as speech)'이다. 라다크리슈난에 의하면 '언어로 만들어진(made of speech)'이다.

447 샹카라에 의하면 언어에 불(火)의 특별한 상태가 있다.

이오." "이것이 불사, 이것이 브라흐만, 이것이 모든 것이오." 4

"이 태양이 모든 존재들의 꿀이오. 모든 존재들은 이 태양의 꿀이오." "이 태양에 빛으로 가득한, 불사인 이 인아가 있소. 그리고 몸에는 눈과 관련된, 빛으로 가득한, 불사인 이 인아가 있다오. 그것이 바로 이 아我인 것이오." "이것이 불사, 이것이 브라흐만, 이것이 모든 것이오." 5

"이 방위들이 모든 존재들의 꿀이오. 모든 존재들은 이 방위들의 꿀이오." "이 방위들에 빛으로 가득한, 불사인 이 인아가 있소. 그리고 몸에는 귀와 관련된 메아리, 빛으로 가득한, 불사인 이 인아가 있소.[448] 그것이 바로 이 아我인 것이오." "이것이 불사, 이것이 브라흐만, 이것이 모든 것이오." 6

"이 달이 모든 존재들의 꿀이오. 모든 존재들은 이 달의 꿀이오." "이 달에 빛으로 가득한, 불사인 이 인아가 있소. 그리고 몸에는 마음과 관련된,[449] 빛으로 가득한, 불사인 이 인아가 있다오. 그것이 바로 이 아我인 것이오." "이것이 불사, 이것이 브라흐만, 이것이 모든 것이오." 7

"이 번개가 모든 존재들의 꿀이오. 모든 존재들은 이 번개의 꿀이오." "이 번개에 빛으로 가득한, 불사인 이 인아가 있소. 그리고 몸에는 광

448 샹카라에 의하면 몸에 있는 "귀(śrotra)"는 방위(方位)들에 속한 것이지만, 소리를 들을 때 특별하게 가까워진다. 그래서 몸에 있는 "메아리(prātiśrutka)"다. 들을 때에 생겨나는 것이 메아리다.

449 막스 뮐러에 의하면 "마음과 관련된(mānasa)"은 '마음으로 존재하는(existing as mind)'이다. 라다크리슈난에 의하면 '마음 안에 있는(who is in the mind)'이다.

채,[450] 빛으로 가득한, 불사인 이 인아가 있다오. 그것이 바로 이 아我인 것이오." "이것이 불사, 이것이 브라흐만, 이것이 모든 것이오." 8

"이 우레가[451] 모든 존재들의 꿀이오. 모든 존재들은 이 우레의 꿀이오." "이 우레에 빛으로 가득한, 불사인 이 인아가 있소. 그리고 몸에는 소리에 있는 음과 관련된,[452] 빛으로 가득한, 불사인 이 인아가 있다오. 그것이 바로 이 아我인 것이오." "이것이 불사, 이것이 브라흐만, 이것이 모든 것이오." 9

"이 허공이 모든 존재들의 꿀이오. 모든 존재들은 이 허공의 꿀이오." "이 허공에 빛으로 가득한, 불사인 이 인아가 있소. 그리고 몸에는 심장에 있는 허공,[453] 빛으로 가득한, 불사인 이 인아가 있다오. 그것이 바로 이 아我인 것이오." "이것이 불사, 이것이 브라흐만, 이것이 모든 것이오." 10

"이 법法이[454] 모든 존재들의 꿀이오. 모든 존재들은 이 법의 꿀이

---

450 샹카라에 의하면 "광채(taijasa)"는 '피부 빛(tvaktejas)' 안에 있는 것이다.

451 "우레"의 원어는 쓰따나이뜨누(stanayitnu)다. 쓰따나이뜨누는 남성 명사로 '우레, 천둥, 구름, 번개, 질병, 죽음' 등을 뜻한다. 막스 뮐러에 의하면 쓰따나이뜨누는 '우레(thunder)'다. 라다크리슈난에 의하면 '구름(cloud)'이다. 싸뜨야브라따 씻단따랑까라에 의하면 '우르릉거리는 구름'이다.

452 샹카라에 의하면 "소리(śabda)"에 있는 것은 몸과 관련된 것이지만, "음(音, svara)"에 특별히 존재하는 것이기 때문에 음과 관련한 것이 몸에 있는 것이다. 막스 뮐러에 의하면 "소리에 있는 음과 관련된(śābdaḥ sauvaraḥ)"은 '소리와 음성으로 존재하는(existing as sound and voice)'이다. 라다크리슈난에 의하면 '소리와 음조 안에 있는(is in the sound and in tone)'이다.

453 샹카라에 의하면 몸과 관련된 것은 '심장의 허공(hṛdyākāśa)'이다. 기타프레스의 힌디어 해석본에 의하면 몸과 관련된 인아(人我)는 심장의 허공이다.

454 "법"의 원어는 다르마(dharma)다. 다르마는 '가지다, 간직하다, 수행하다, 누르다, 견디다, 유지하다, 존재하다, 살다, 삶을 유지하다, 입다, 걸치다, 인용하다, 사용하다, 두

오."[455] "이 법에 빛으로 가득한, 불사인 이 인아가 있소. 그리고 몸에는 법과 관련된,[456] 빛으로 가득한, 불사인 이 인아가 있다오. 그것이 바로 이 아我인 것이오." "이것이 불사, 이것이 브라흐만, 이것이 모든 것이오." 11

"이 진실이[457] 모든 존재들의 꿀이오. 모든 존재들은 이 진실의 꿀이오." "이 진실에 빛으로 가득한, 불사인 이 인아가 있소. 그리고 몸에는 진실과 관련된,[458] 빛으로 가득한, 불사인 이 인아가 있다오. 그것이 바로 이 아我인 것이오." "이것이 불사, 이것이 브라흐만, 이것이 모든 것이오." 12

"이 인류가 모든 존재들의 꿀이오. 모든 존재들은 이 인류의 꿀이오." "이 인류에 빛으로 가득한, 불사인 이 인아가 있소. 그리고 몸에는 인류, 빛으로 가득한, 불사인 이 인아가 있다오. 그것이 바로 이 아我인 것이오." "이것이 불사, 이것이 브라흐만, 이것이 모든 것이오." 13

다, 마음을 두다' 등을 뜻하는 어근 '드리(dhṛ)'에서 파생된 남성 명사로 '관습, 종교, 의무, 진리, 도덕, 법, 특성, 속성' 등을 의미하는 낱말이다.

455 샹카라에 의하면 "이 법(法)"에서 '이'는 눈앞에 보이는 것을 지칭하는 낱말이다. 법은 보이는 것이 아니지만, 그 결과가 눈앞에 보이는 것이기 때문에 '이'라는 낱말을 사용한 것이다. 법은 성전(聖典, śruti)과 법전에 나타난 것이다. 법은 왕공(王公) 등을 제어하는 것이며, 땅을 비롯한 것들의 변화의 원인이 되기 때문에 세상의 다양함을 만들어 내는 것이다. 법은 생명체들에 의해 실행되어야 하는 형태들이다. 그래서 "이 법"이라고 직접적으로 언급한 것이다.

456 샹카라에 의하면 "법과 관련된(dhārma)"은 법(法) 안에 있는 것이다. 막스 뮐러에 의하면 '법으로 존재하는(existing as law)'이다. 라다크리슈난에 의하면 '법에 머무는 것으로 존재하는 것(who exists as lawabidingness)'이다. 싸뜨야브라따 씻단따랑까라에 의하면 '법의 주인' 혹은 '행위자'다.

457 샹카라에 의하면 보이고 실행되어지는 행위를 통해 법(法)이 "진실(眞實, satya)"이라는 이름이 된다.

458 샹카라에 의하면 "진실과 관련된(sātya)"은 진실 안에 있는 것이다.

“이 아我가[459] 모든 존재들의 꿀이오. 모든 존재들은 이 아의 꿀이오.” “이 아에 빛으로 가득한, 불사인 이 인아가[460] 있소. 그리고 이 아는[461] 빛으로 가득한, 불사인 이 인아[462]요. 그것이 바로 이 아인 것이오.” “이 것이 불사, 이것이 브라흐만, 이것이 모든 것이오.” 14

“그러한 이 아我는 모든 존재들의 주主 모든 존재들의 왕이라오.”[463] “그것은 마치 수레바퀴의 중심과 수레바퀴의 테에 모든 바퀴살들이 바쳐져 있듯이 이렇게 바로 이 아我에 모든 중생들,[464] 모든 신들, 모든 세상들, 모든 생기들,[465] 모든 이 아들이[466] 바쳐져 있소.”[467] 15

---

459 샹카라에 의하면 ‘모든 것의 아’다. 몸과 관련된 것, 물질과 관련된 것, 신과 관련된 것들을 비롯한 모든 특별함이 배제된 것이다. 모든 존재와 신의 무리와는 다른 ‘몸과 기관의 집적(kāryakaraṇasaṃghāta)’이 “이 아(ayamātman)”다.

460 샹카라에 의하면 “이 인아(人我)”는 모든 것의 아인 것인 ‘무형의 정수(amūrtarasa)’를 의미한다. 특별함이 없는 것이다.

461 샹카라에 의하면 ‘육신과 미세신의 결합(dehaliṃgasaṃghāta)’인 아(我)다. 기타프레스의 힌디 어 해석본에 의하면 ‘육신과 미세신의 결합’은 ‘몸과 기관의 집적된 형태(dehendriyasaṃghātarūpa)’다.

462 샹카라에 의하면 “이 인아(人我)”는 ‘앎으로 가득한(vijñānamaya)’ 것이다.

463 샹카라에 의하면 무명(無明)에 의해 만들어진 ‘몸과 기관의 집적’에 제한된 특별한 것이 있다. 이것이 ‘브라흐만에 대한 지혜’에 의해 궁극적인 의미에 있어서의 아(我)에 들어가게 되면, 안과 밖이 없는 것, 전체, ‘앎으로 꽉 찬 존재(vijñānaghanabhūta)’, 모든 존재들의 아, 모든 것들에 의해 섬겨지는 것, “모든 존재들의 주(adhipati)”인 “모든 존재들의 왕”이 된다. 이처럼 브라흐만을 아는 자인 학자는 ‘모든 존재의 아(sarvabhūtātman)’가 되어 해탈한 상태가 된다. 기타프레스의 힌디 어 해석본에 의하면 ‘몸과 기관의 집적’에 제한된 특별한 것은 ‘몸과 기관의 집적’이라는 형태의 조건에 얽매인 생령(生靈, jīva)이다.

464 샹카라에 의하면 “중생(衆生)들”은 브라흐마를 비롯해 풀무더기에 이르기까지의 것들이다. 중생의 원어는 부따(bhūta)다. 부따는 형용사로는 ‘된, 지나간, 과거의, 전의, 존재하는, 현재의, 실재의’ 등을 뜻하고, 남성 명사로는 ‘중생, 존재, 과거, 사실, 세상, 유령, 번영, 요소, 물질’ 등을 뜻한다. 바로 앞에서는 부따를 ‘존재’라고 옮겼다.

465 샹카라에 의하면 “생기(生氣)들”은 언어를 비롯한 것들이다.

466 샹카라에 의하면 “이 아(我)들”은 물의 달처럼 각각의 몸에 들어가 있는 것으로 무명

이러한 바로 그 꿀을 '다드양 아타르바나'가[468] 두 '아스빈'에게[469] 알려 주었다.[470] 그런 이것을 선인仙人이 보면서 말했다.

"두 영웅이여,[471]

얻기 위한 그대들의 그 잔혹한 행동을 구름이[472] 비를 내리듯 내 드

(無明)에 의해 상정된 것이다.

467 샹카라에 의하면 이전에도 바로 브라흐만이었지만, 무명(無明)에 의해 브라흐만이 아니었다. 이전에도 바로 모든 것이었지만, 무명에 의해 모든 것이 아니었다. 그러나 그 무명을 이 앎에 의해 제거하여 브라흐만을 아는 사람은 바로 브라흐만으로써의 브라흐만이 되었다. 바로 모든 것으로써의 모든 것이 되었다. 모든 것의 아(我)가 된, 모든 것의 아인 '브라흐만을 아는 사람(brahmavid)'에게 모든 세상들이 "바쳐져 있다." 이에 대한 예다.

468 샹카라에 의하면 "다드양(Dadhyaṃ)"은 이름이다. "아타르바나(Ātharvaṇa)"는 '아타르반(Atharvan) 가문의 사람, 아타르반의 문하생, 『아타르바베다』를 아는 사람' 등을 뜻한다.

469 "두 아스빈(Aśvin)"은 말의 모습을 한 어머니 아스비니(Aśvinī)와 태양신인 아버지 싸비뜨리(Savitṛ) 사이에 태어난 쌍둥이 신이다. 신들의 의사이며, 새벽의 여신 우샤쓰(Uṣas)의 전령이다. 어둠에서 밝음으로 옮겨지는 시간대의 신격이다. 그래서 어둠의 측면과 밝음의 측면을 동시에 가지기 때문에 쌍둥이 신이다. 하늘과 땅, 밤과 낮을 의미하기도 한다.

470 샹카라에 의하면 다드양 아타르바나가 두 아스빈에게 말했다. "내가 만일 꿀이라는 이름의 브라흐만을 다른 자에게 말해 주면 인드라가 나의 목을 자를 거라고 했다네. 나는 그게 두렵네! 만일 인드라가 내 목을 자르지 않는다면, 나는 그대 둘에게 꿀이라는 이름의 브라흐만을 알려줄 걸세." 그러자 두 아스빈이 대답했다. "저희 둘이 당신을 인드라로부터 구해 드릴 겁니다." 다드양 아타르바나가 물었다. "그대 둘은 어떻게 날 구할 건가?" 그들이 말했다. "당신께서 저희에게 알려 주시려 하실 때 저희는 당신의 목을 떼어다가 다른 곳에다 두겠습니다. 그런 다음 말의 머리를 가져다가 당신에게 붙여 놓으면, 그 머리로 우리에게 알려 주십시오. 인드라가 그 말의 머리를 잘라내면, 저희는 당신의 원래 머리를 가져다가 다시 붙이겠습니다." 그래서 다드양 아타르바나는 말의 머리를 하고 두 아스빈에게 꿀이라는 이름의 브라흐만에 대해 말해 주었다. 그러자 인드라가 와서 다드양 아타르바나가 붙이고 있던 말의 머리를 잘라 버렸다. 두 아스빈은 다른 곳에 두었던 다드양 아타르바나의 원래 머리를 가져다가 다시 붙였다.

471 "두 영웅"의 원어는 나라아(narā)다. 나라는 베다 어에서 나라(nara)라는 낱말의 주격 양수 형태다. 나라이는 남성 명사로 '사람, 남자, 용사, 최고의 영혼, 개별적인 영혼, 말(馬)' 등을 뜻한다. 샹카라에 의하면 나라아는 사람의 모습을 한 두 아스빈이다.

472 "구름"의 원어는 딴야뚜(tanyatu)다. 딴야뚜는 남성 명사로 '천둥, 우레, 구름, 바람' 등을 뜻한다. 샹카라에 의하면 딴야뚜는 '비구름 혹은 비, 비의 신(Parjanya)'이다. 싸뜨야브라따 씻단따랑까라에 의하면 딴야뚜는 '구름'이다. 막스 뮐러와 라다크리슈난에 의

러내리라!

'다드양 아타르바나'가 꿀을 그대들에게 말의 머리로 알려 주었나니!"[473] 16

이러한 바로 그 꿀을 '다드양 아타르바나'가 두 '아스빈'에게 알려 주었다. 그런 이것을 선인仙人이 보면서 말했다.

"두 '아스빈'이여,

그대 둘은 '다드양 아타르바나'를 위해 말의 머리를 가져다 놓았노라.[474]

그는 진리를 지키기 위해[475] 그대 둘에게

'뜨바스뜨리'[476]와 관련된 꿀에 대해 말했나니![477]

적을 무찌르는 둘이여,[478] 그 비밀 또한[479] 그대 둘에게 말했나니!"[480] 17

하면 딴야뚜는 '천둥(thunder)'이다.

473 『리그베다』(1. 116. 12)의 만뜨라다.

474 601쪽 470번 각주 참조.

475 샹카라에 의하면 "진리를 지키기 위해"는 '약속한 사실을 지키기 위해서'라는 의미다.

476 "뜨바스뜨리(tvaṣṭṛ)"는 '목수, 건축가, 장인(匠人), 창조자' 등을 뜻한다. 신화에서 "뜨바스뜨리"는 신들의 장인이다. 뜨바스뜨리에게는 쌍기야(意識, Saṁjñyā)라는 이름의 딸이 있었다. 쌍기야는 태양에게 시집을 갔지만, 남편인 태양의 강렬한 빛을 견뎌 낼 수가 없었다. 그래서 뜨바스뜨리는 태양의 빛나는 원을 다듬었다. 샹카라에 의하면 "뜨바스뜨리"는 태양이다.

477 샹카라에 의하면 제사의 머리가 잘려서 태양이 되었다. 잘려버린 제사의 머리를 붙이기 위한 것이 '쏘마 제사의 준비 의식(pravargyakarma)'이다. 쏘마 제사의 준비 의식의 부분이 되는 교의(教義, vijñāna)가 "뜨바스뜨리와 관련된 꿀(tvāṣṭramadhu)"이다. 즉 제사의 잘린 머리를 다시 연결하는 것 등과 관련된 철학(darśana)이 "뜨바스뜨리와 관련된 꿀"이다.

478 샹카라에 의하면 "적을 무찌르는 둘(dasrau)"은 '상대의 힘들을 약화시키는 둘 혹은 적들을 해치는 둘'이라는 의미다.

이러한 바로 그 꿀을 '다드양 아타르바나'가 두 '아스빈'에게 알려 주었다. 그런 이것을 선인仙人이 보면서 말했다.

"두 발의 몸들을 만들었나니, 네 발의 몸들을 만들었나니,[481]
그는 먼저 새가 되어 몸들에
인아人我는 들어갔네."[482]

그러한 이 인아人我는 모든 몸들 안에서 몸에 깃든 자다.[483] 이에 의해 덮이지 않은 것은 그 어느 것도 없다. 이에 의해 채워지지 않은 것은 그 어느 것도 없다.[484] 18

바로 이러한 그 꿀을 '다드양 아타르바나'가 두 '아스빈'에게 알려 주었다. 그런 이것을 선인仙人이 보면서 말했다.

"각각의 모습을 본뜬 모습이 되었나니,[485] 그것은 이것의 모습을 바

---

479 샹카라에 의하면 행위와 관계된 '뜨바스뜨리와 관련된 꿀'만을 말해 준 것이 아니라 감추어진 신비한 '지고의 아'와 관계된 교의(敎義)인 꿀 또한 그대 둘에게 말해 준 것이다.

480 『리그베다』(1, 117, 22)의 만뜨라다.

481 샹카라에 의하면 '지고의 자재자'가 드러나지 않은 이름과 형태를 드러내며 "두 발의 몸(pura)들"인 인간의 몸과 새들의 몸 들을, "네 발의 몸들"인 짐승들의 몸들을 만들었다.

482 샹카라에 의하면 "그"는 자재자(自在者)다. 자재자는 새(pakṣī), 즉 미세신(微細身)이 되어 몸들에 인아가 들어갔다. 기타프레스의 힌디 어 해석본에 의하면 몸들에 인아의 형태로 들어갔다. 막스 뮐러는 '처음에 새가 되어 그는 인아로써 몸들에 들어갔다(Having first become a bird, he entered the bodies as purusha)'고 번역한다. 1958년에 인도 푸나의 베다 교정 기관에서 간행된 교정 판본에 의하면 이 만뜨라의 출전은 불분명하다

483 샹카라에 의하면 바로 "이 인아"는 모든 몸들 안에서 '몸에 깃든 자'다. '몸에(puri) 깃든다(śete)'고 하여 '뿌리샤야(puriśaya)'가 되어 뿌루샤라고 일컬어진다.

484 샹카라에 의하면 아(我)의 단일성(ekatva)을 말한다.

485 샹카라에 의하면 '지고의 자재자'는 각각의 모습(rūpa)에 대해 그것과 닮은 다른 모습이 되었다. 아버지와 어머니의 모습을 닮은 모습의 아들이 생겨난다. 네 발 달린 것에

라보기 위함이라.[486]

인드라는 환술幻術들로[487] 많은 모습이 되나니,[488] 이의 묶인 말들은[489] 백 마리 열 마리라네."[490]

이것은 바로 말들이다.[491] 이것은 바로 열, 천, 수많은, 그리고 끝없음이다.[492] 그러한 이 브라흐만은 앞이 없는 것, 뒤가 없는 것, 사이가 없는

서는 두 발 달린 것이 생겨나지 않고, 두 발 달린 것에서는 네 발 달린 것이 생겨나지 않기 때문이다.

486 샹카라에 의하면 왜 닮은 모습으로 나타났는가 하면, 그것은 이 아(我)의 모습을 바라보기(praticakṣaṇa) 위해서다. 만일 이름과 형태가 드러나지 않으면, 이 아의 '조건 지어지지 않은 형태(nirupādhikaṁ rūpam)'인 '앎(覺)으로 꽉 찬 것(prajñānaghana)'을 바라보지 못하기 때문이다. 그러나 '원인과 결과의 성질(kāryakaraṇātman)'에 의해서 이름과 형태가 드러나게 되면, "이것의 모습을 바라보게" 된다.

487 "환술"의 원어는 마야(māyā)다. 마야는 '재다, 측정하다, 기준에 견주다, 준비하다, 구성하다, 만들다, 전시하다, 소리 내다' 등을 뜻하는 어근 '마(mā)'에서 파생된 여성 명사로 '초능력, 속임수, 마술, 환영(幻影), 환술(幻術), 허상, 정치적인 책략, 승인(勝因, pradhāna), 자연(自然, prakṛti), 동정(同情), 지혜, 기술, 부와 미의 여신인 락스미(Lakṣmī), 두르가 여신' 등을 뜻하는 낱말이다. 마야는 불경에서 '환(幻), 환화(幻化), 환사(幻事), 환법(幻法), 환목(幻目)' 등으로 한역된다. 샹카라에 의하면 마야는 지혜(般若, prajñā) 혹은 이름과 형태의 세상에서 만들어진 헛된 개념 작용(abhimāna)이다.

488 샹카라에 의하면 인드라는 '지고의 자재자'다. 지고의 자재자가 지혜(般若)들로 혹은 이름과 형태의 세상에서 만들어진 헛된 개념 작용들로 "많은 모습"이 되었다. 궁극적인 의미에 있어서는 많은 모습들이 아니다. '하나의 모습(ekarūpa)'인 '앎(覺)으로 꽉 찬 것'이면서 무명(無明)의 지혜들에 의해서 "많은 모습"이 되었다.

489 샹카라에 의하면 마차에 "묶인 말들"처럼 자신의 대상을 조명하기 위한 지각 기관들이 있다. 말(hari)들은 '데려가는 것(haraṇa)'이기 때문에 지각 기관(indriya)들이다. 생명체들의 차이가 많기 때문에 백 마리 그리고 열 마리가 된다. 지각 기관들의 대상이 많기 때문에 지각 기관들은 대상들을 조명하기 위해 연결되어 있는 것들이지, 아(我)를 조명하기 위해 연결된 것들이 아니다.

490 『리그베다』(6, 47, 18)의 만뜨라다.

491 샹카라에 의하면 이 '지고의 자재자'와 지각 기관들은 각기 다른 것이라는 상태에 이르게 되자 말해진다. 이 '지고의 자재자'가 바로 "말(馬)들", 즉 지각 기관들이다.

492 샹카라에 의하면 이 '지고의 자재자'는 바로 "열, 천, 수많은, 그리고 끝없음"이다. 생

것, 밖이 없는 것이다.[493] 이 아我가 모든 것을 경험하는[494] 브라흐만이다.[495] 이것이 가르침이다.[496] 19

여섯 번째 절

이제 사제 계승이다.[497]

명제들의 차이는 끝없기 때문이다. 더 말해 무엇 하겠는가? 아(我)인 것, 그것이 이 브라흐만이다.

493 샹카라에 의하면 앞(pūrva)은 원인(kāraṇa)이다. "앞이 없는 것(apūrva)"은 '원인이 없는 것'이다. 뒤(apara)는 결과(kārya)다. "뒤가 없는 것(anapara)"은 결과가 없는 것이다. "사이가 없는 것(anantara)"은 중간(antarāla)에 다른 종류(jāti)가 없는 것이다. 바깥이 없는 것이 "밖이 없는 것(abāhya)"이다.

494 막스 뮐러에 의하면 "모든 것을 경험하는(sarvānubhū)"은 '편재하는 그리고 전지한(omnipresent and omniscient)'이다. 라다크리슈난에 의하면 '모든 것을 인지하는 것(the all-perceiving)'이다. 싸뜨야브라따 씻단따랑까라에 의하면 모든 것을 경험하는 자, 모든 것을 아는 전지자(全知者, sarvajña), 혹은 모든 것의 경험 안에 오는 자, '스스로 감지되는 존재(svasaṁvedya)'다.

495 샹카라에 의하면 '다른 게 없음(nirantara)'인 "브라흐만"이 이 아(我)다. '개별적인 아(prtaygātman)', 보는 자, 듣는 자, 생각하는 자, 아는 자, 이해하는 자, 모든 것을 경험하는 자다. '모든 것의 아'로서 '모든 것을(sarvam)' '경험한다(anubhavati).' 그래서 '모든 것을 경험하는 자(sarvānubhū)'다. 여기서 '경험한다'로 번역한 낱말의 어근 '아누부(anubhū)'는 '뒤에, 따라서, 함께, 열등한, 몫을 가진, 반복, 향해서, 닮은, 지금, 다시' 등을 뜻하는 접사 '아누(anu)'와 '되다, 이다, 존재하다, 생존하다, 유지하다, 가능하다, 속하다, 행동하다, 번성하다' 등을 뜻하는 어근 '부(bhū)'를 합해 만들어진 어근이다. 이러한 어근 '아누부'는 '얻다, 동등하다, 포함하다, 맛보다, 즐기다, 경험하다, 겪다, 감지하다, 듣다, 배우다, 이해하다, 시도하다' 등을 뜻한다. 샹카라의 문맥에 따라 '경험하는'이라고 옮긴다.

496 샹카라에 의하면 "이것"이 모든 베단타(vedānta)의 가르침이다. 베단따는 『우파니샤드』를 뜻하기도 한다.

497 샹카라에 의하면 이 사제 계승의 만뜨라는 독송(svādhyāya)과 염송(japa)을 위한 것이다. "사제 계승"의 원어는 완샤(vaṁśa)다. 완샤는 남성 명사로 '대나무, 종족, 가계, 가문, 계통, 후손, 아들, 젓대' 등을 뜻한다. 그러나 여기서 완샤는 꿀의 브라흐만에 대한 사제 계승을 뜻한다. 이 사제 계승의 계보에서 동일한 이름은 동일한 인물이 아니라 동일한 족성(族姓)의 사람을 의미한다. 예를 들면 "'빠우띠마스야'는 '가우빠와나'에게서, '가우빠와나'는 '빠우띠마스야'에게서, '빠우띠마스야'는 '가우빠와나'에게서, '가우빠와나'는 '까우쉬까'에게서, '까우쉬까'는 '까운딘야'에게서, '까운딘야'는 '샨딜야'에게서, '샨

'빠우띠마스야'는 '가우빠와나'에게서,[498] '가우빠와나'는 '빠우띠마스야'에게서, '빠우띠마스야'는 '가우빠와나'에게서, '가우빠와나'는 '까우쉬까'에게서, '까우쉬까'는 '까운딘야'에게서, '까운딘야'는 '샨딜야'에게서, '샨딜야'는 '까우쉬까'와 '가우따마'에게서, '가우따마'는 1

'아그니웨스야'에게서, '아그니웨스야'는 '샨딜야'와 '아나비믈라따'에게서, '아나비믈라따'는 '아나비믈라따'에게서, '아나비믈라따'는 '아나비믈라따'에게서,[499] '아나비믈라따'는 '가우따마'에게서, '가우따마'는 '싸이따바'와 '쁘라찌나요그야'에게서, '싸이따바'와 '쁘라찌나요그야'는 '빠라샤르야'에게서, '빠라샤르야'는 '바라드와자'에게서, '바라드와자'는 '바라드와자'와 '가우따마'에게서, '가우따마'는 '바라드와자'에게서,[500] '바라드와자'는 '빠라샤르야'에게서, '빠라샤르야'는 '바이자와빠야나'에게서, '바이자와빠야나'는 '까우쉬까야니'에게서, '까우쉬까야니'는 2

'그리따까우쉬까'에게서, '그리따까우쉬까'는 '빠라샤르야야나'에게서, '빠라샤르야야나'는 '빠라샤르야'에게서, '빠라샤르야'는 '자뚜까른

딜야'는 '까우쉬까'와 '가우따마'에게서"라고 할 때, '빠우띠마스야', '가우빠와나', '까우쉬까', '까운딘야', '샨딜야'라는 이름들이 반복해서 나타난다. 이 같은 이름들은 동일 인물이 아니라 동일한 족성을 나타낸다. 즉 '빠우띠마스야'는 '빠우띠마스야' 족성의 사람을 뜻한다. 따라서 처음에 나오는 '빠우띠마스야'와 이후에 나오는 '빠우띠마스야'는 각각 같은 사람이 아니라, 같은 족성의 서로 다른 사람을 뜻한다. 이하 마찬가지다.

498 "빠우띠마스야(Pautimāṣya)"는 "가우빠와나(Gaupavana)"에게서 꿀의 브라흐만에 대해 가르침을 전해 받았다는 의미다. 이하 마찬가지다.

499 "아나비믈라따(Ānabhimlāta)"는 앞에서와 마찬가지로 동일한 사람의 이름이 아니라, '아나비믈라따'라는 같은 족성(族姓)의 각각 다른 사람의 이름이다.

500 "가우따마(Gautama)", "바라드와자(Bhāradvāja)"는 동일인이 아니라, 같은 족성(族姓)의 서로 다른 사람이다.

야'에게서, '자뚜까른야'는 '아쑤라야나'와 '야쓰까'에게서, '아쑤라야나'는 '뜨라이와니'에게서, '뜨라이와니'는 '아우빠잔다니'에게서, '아우빠잔다니'는 '아쑤리'에게서, '아쑤리'는 '바라드와자'에게서, '바라드와자'는 '아뜨레야'에게서, '아뜨레야'는 '만띠'에게서, '만띠'는 '가우따마'에게서, '가우따마'는 '가우따마'에게서, '가우따마'는 '와뜨쓰야'에게서, '와뜨쓰야'는 '샨딜야'에게서, '샨딜야'는 '까이쇼르야 까쁘야'에게서, '까이쇼르야 까쁘야'는 '꾸마라하리따'에게서, '꾸마라하리따'는 '갈라바'에게서, '갈라바'는 '위다르비까운딘야'에게서, '위다르비까운딘야'는 '와뜨싸나빠뜨 바브라와'에게서, '와뜨싸나빠뜨 바브라와'는 '빤타싸우바라'에게서, '빤타싸우바라'는 '아야쓰야 앙기라싸'에게서, '아야쓰야 앙기라싸'는 '아부띠 뜨와스따'에게서, '아부띠 뜨와스따'는 '위스와루빠 뜨와스따'에게서, '위스와루빠 뜨와스따'는 '아스비나우'에게서,[501] '아스비나우'는 '다드양 아타르바나'에게서, '다드양 아타르바나'는 '아타르바 다이바'에게서, '아타르바 다이바'는 '므리뜨유 쁘라드방싸나'에게서, '므리뜨유 쁘라드방싸나'는 '쁘라드방싸나'에게서, '쁘라드방싸나'는 '에까르쉬'에게서, '에까르쉬'는 '위쁘라찟띠'에게서, '위쁘라찟띠'는 '브야스띠'에게서, '브야스띠'는 '싸나루'에게서, '싸나루'는 '싸나따나'에게서, '싸나따나'는 '싸나가'에게서, '싸나가'는 '빠라메스틴'에게서, '빠라메스틴'은 '브라흐만'에게서,[502] '브라흐만'은 '쓰와얌부'다.[503] '브라흐만'께[504] 경배를 올립니다. 3

---

501 "아스비나우"는 '두 아스빈'이라는 뜻이다. 두 아스빈은 앞에서 언급한 쌍둥이 신이다.

502 샹카라에 의하면 "빠라메스틴(Parameṣṭhin)"은 위라뜨다. 브라흐만은 히란야가르바(黃金子宮, 金胎)다. 위라뜨는 브라흐만의 장남이다.

503 "쓰와얌부(svayambhu)"는 '스스로 생겨난 혹은 스스로 존재하는 것'이라는 뜻이며, 브라흐만의 이름이다.

504 샹카라에 의하면 "브라흐만"은 '항상한 것(nitya)', '스스로 생겨난 혹은 스스로 존재하는 것(svayambhu)'이다.

세 번째 장

첫 번째 절

옴ॐ, '위데하' 국에 있는 '자나까'는 많은 보시布施의 제사로 제祭를 올렸다.[505] 그곳에는 '꾸루' 국과 '빤짤라' 국의[506] 브라흐마나들이 운집해 있었다. '위데하' 국에 있는 그 '자나까'에게는 이 브라흐마나들 가운데 학식이 가장 높은 사람은[507] 누군지 알고 싶은 마음이 생겨났다. 그래서 그는 울타리를 둘러 천 마리의 암소들을 가두어 놓았다. 암소 하나하나의 양쪽 뿔에는 금화가 열 개씩 묶여 있었다.[508] 1

그들에게 말했다.[509]

"존경스런 브라흐마나들이시여, 여러분 가운데 최고의 브라흐마나, 그분이 이 암소들을 몰고 가시기 바랍니다."

그들 브라흐마나들은 감히 자신 있게 나서지 못했다. 그러자 야갸발

---

505 샹카라에 의하면 "위데하(Videha) 국"의 왕인 "자나까(Janaka)"라는 이름의 황제(samrāj, samrāṭ)가 있었다. "많은 보시(bahudakṣiṇa)의 제사"는 '많은 보시'라는 이름의 제사 혹은 마제(馬祭)다.

506 샹카라에 의하면 "꾸루(Kuru)"와 "빤짤라(Pāñcala)"는 학자들이 많은 것으로 유명한 나라다.

507 "학식이 가장 높은 사람"의 원어는 아누짜나따마(anūcānatama)다. 아누짜나따마는 아누짜나(anūcāna)의 최상급 형태다. 아누짜나는 '학습에 헌신하는 사람, 학자, 『베다』와 『베다』의 부속 학문에 정통하여 『베다』와 『베다』의 부속 학문을 읽고 암기하고 가르칠 수 있는 학자' 등을 뜻한다. 샹카라에 의하면 아누짜나따마는 '최고의 브라흐마나(brahmiṣṭha)'다.

508 "금화(金貨)"의 원어는 빠다(pāda)다. 빠다는 콩알 열두 개 크기에 해당하는 금화다. 천 마리의 암소들 양쪽 뿔에 금화가 열 개씩 매달려 있었으니, 아마도 사과 하나 크기의 황금덩이가 천 마리의 하얀 인도 암소들 양쪽 뿔마다 매달려 반짝이며 서로 이리저리 움직이고 있었을 것이다. 샹카라에 의하면 각각의 뿔들에는 금화가 다섯 개씩 있었다.

509 자나까 왕이 운집한 브라흐마나들에게 말했다.

꺄가 청정범행을 수행하는 자신의 제자에게 말했다.

"얘야, '싸마슈라바'야,[510] 몰고 가거라!"

그러자, 그 암소들을 몰고 갔다. 그들 브라흐마나들은 '그가 어찌 우리 가운데 최고의 브라흐마나라고 말할 수 있단 말인가?'라며 화가 났다. '위데하' 국의 '자나까'에게는 '아스왈라'라는 '신을 부르는 제관'이[511] 있었다. 그가 이에게 물었다.

"야갸발꺄여, 그대가 정말 우리 가운데 최고의 브라흐마나란 말이요?"

그가 대답했다.

"우린 최고의 브라흐마나에겐 경례를 하오. 허나, 우린 지금 암소들을 원하오!"[512]

그래서 제관인 '아스왈라'는 그에게 질문을 하기로 작정했다. 2

---

510 샹카라에 의하면 '싸마의 규정(sāmavidhi)'을 듣는다(śṛṇoti)고 해서 "싸마슈라바(Sāma-śrava)"라고 한다. 따라서 야갸발꺄는 네 가지 『베다』에 정통했음을 알 수 있다. 기타프레스의 힌디 어 해석본에 의하면 야갸발꺄는 『야주르베다』의 학자다. 그에게서 청정범행을 수행하는 제자가 『싸마베다』에 대해 들어 배우고 있다. 『싸마베다』는 『리그베다』에서 유래하여 노래 불러지는 것이다. 『아타르바베다』는 『리그베다』, 『싸마베다』, 『야주르베다』에 포함된다. 따라서 야갸발꺄는 네 가지 『베다』를 알고 있는 사람이라는 것이 입증된다. 막스 뮐러에 의하면 싸마슈라바는 제자가 아닌 야갸발꺄에게 적용된다. 즉 '오, 싸만의 영광이시여(O glory of Sâman)!'라고 제자가 야갸발꺄에게 대답하는 것이다.

511 "신을 부르는 제관"의 원어는 호뜨리(hotṛ)다. 호뜨리는 『리그베다』의 찬가를 읊어 신들을 제사장으로 모시는 역할을 하는 제관이다.

512 이 문장에서 야갸발꺄는 자신을 나타내는 대명사로 일인칭 단수 주격인 아함(aham)이 아닌 다수 주격인 와얌(vayam)을 사용하고 있다. 인칭 대명사에서 '나'라고 단수를 사용해야 할 때 "우리"라고 다수를 사용하는 것은 말하는 사람의 권위를 나타낸다. 따라서 야갸발꺄는 지금 위엄 있게 자신의 권위를 내세우며 다음처럼 말하고 있는 것이다. "만일 나 말고 최고의 브라흐마나가 이 중에 있다면, 난 그에게 당연히 예경을 올릴 것이오. 그러나 당신들 가운데는 나보다 더 훌륭한 브라흐마나가 없소이다! 따라서 이 암소들은 내가 가져가야겠소!"

"야갸발꺄여!" 이렇게 물었다. "이 모든 것은 죽음으로 가득한 것이오. 모든 것은 죽음에 사로잡힌 것이오. 무엇으로 제주祭主가 죽음의 손아귀에서 벗어날 수 있겠소?"

"신을 부르는 제관인 불에 의해서, 언어에 의해서요. 언어가 바로 제사의[513] 신을 부르는 제관이라오. 그러한 이 언어란 그것이 이 불이라오.[514] 그것이 신을 부르는 제관, 그것이 해탈, 그것이 완전히 벗어남이오!"[515] 3

"야갸발꺄여!" 이렇게 물었다. "이 모든 것은 낮과 밤으로 가득한 것이오. 모든 것은 낮과 밤에 사로잡힌 것이오. 무엇으로 제주祭主가 낮과 밤의 손아귀에서 벗어날 수 있겠소?"[516]

"제祭를 집행하는 제관인[517] 눈에 의해서, 태양에 의해서요. 눈이 바

---

513 샹카라에 의하면 "제사"는 여기서 제주(祭主)를 의미한다.

514 샹카라에 의하면 제사와 관련하여 언어는 제사인 제주에게 있어서 '신을 부르는 제관'이다. 그리고 제사인 제주의 언어는 신과 관련하여 바로 "이 불(火)"이다.

515 샹카라에 의하면 제사와 관련하여 '신을 부르는 제관'과 몸과 관련하여 언어는 제사의 목적을 달성하는 두 개의 도구(sādhana)다. 이 두 개의 도구는 분리되어 있고, 죽음으로 가득하다. 자신의 성질에 따른 무지(無知)로 인한 집착에 얽매인 행위인 죽음에 의해서 매순간 '다른 상태성(anyathātva)'을 얻어 죽음에 사로잡힌다. 그러한 것을 신과 관련된 불(火)로 바라봄으로써 제사의 제주가 죽음에서 벗어나게 된다. 제사의 목적을 달성하는 두 개의 도구를 불의 모습으로 바라볼 때, 그때 바로 자신의 성질에 대한 집착인 죽음으로부터 벗어난다. 즉 몸과 관련되고 물질과 관련되어 '한계 지어짐(paricchinna)'으로부터 벗어난다. 그래서 불의 모습으로 바라본 그 "신을 부르는 제관"은 "해탈", 즉 '해탈의 방편(muktisādhana)'이다. 해탈인 것이 "완전히 벗어남(atimukti)"이다. 불의 '본모습'을 봄(觀, darśana)이 "해탈"이다. '아스왈라'의 질문에 대한 '야갸발꺄'의 대답이다.

516 샹카라에 의하면 "낮과 밤(ahorātra)" 그리고 날(tithi), 이렇게 시간(kāla)은 두 형태다. 이 가운데 낮과 밤이라는 시간에서 벗어남에 대해 먼저 말하는 것이다. 왜냐하면 모든 것은 낮과 밤에 의해서 생겨나고, 자라나고, 사라지기 때문이다.

517 "제를 집행하는 제관"의 원어는 아드와류(adhvaryu)다. 아드와류는 『야주르베다』를 관장하며 『야주르베다』의 제문에 따라 불에 제물을 넣어 올리는 등 제를 집행하는 제관이다.

로 제사의 제를 집행하는 제관이라오. 바로 그 이 눈이란 게 저 태양이라오. 그것이 제를 집행하는 제관, 그것이 해탈, 그것이 완전히 벗어남이오!"[518] 4

"야갸발꺄여!" 이렇게 물었다. "이 모든 것은 앞보름과 뒷보름으로[519] 가득한 것이오. 모든 것은 앞보름과 뒷보름에 사로잡힌 것이오. 무엇으로 제주祭主가 앞보름과 뒷보름의 손아귀에서 벗어날 수 있겠소?"[520]

"신을 찬양하는 제관인[521] 바람에 의해서, 생기에 의해서요. 생기가 바로 제사의 신을 찬양하는 제관이라오. 바로 그 이 생기란 게 저 바람이라오. 그것이 제를 집행하는 제관, 그것이 해탈, 그것이 완전히 벗어남이오!"[522] 5

---

518 샹카라에 의하면 "눈(cakṣu)"과 "제를 집행하는 제관(adhvaryu)"은 제주의 목적을 달성하는 두 개의 도구다. 이 두 개의 도구가 몸과 관련되고 물질과 관련된 구분(pariccheda)을 버리고 '신과 관련된 아(adhidaivatātman)'로써 보이는 것이 "해탈"이다. 즉 태양의 상태로 보인 "제를 집행하는 제관"이 "해탈"이다. 왜냐하면 '태양의 아의 상태(ādityātmabhāva)'를 얻은 이에게 있어서 낮과 밤은 불가능하기 때문이다.

519 싸뜨야브라따 씻단따랑까라에 의하면 "앞보름(pūrvapakṣa)"은 달이 차오르는 동안의 '밝은 보름(śuklapakṣa)'이다. "뒷보름(aparapakṣa)"은 달이 기우는 동안의 '어두운 보름(kṛṣṇapakṣa)'의 시간이다.

520 샹카라에 의하면 이제 날을 비롯한 시간의 형태에 관해 언급하는 것이다.

521 "신을 찬양하는 제관"의 원어는 우드가뜨리(udgātṛ)다. 우드가뜨리는 『싸마베다』를 관장하며 『싸마베다』의 찬가를 노래하여 제사장의 신들을 찬양하는 제관이다. 1958년에 인도 푸나의 베다 교정 기관에서 간행된 교정 판본에 의하면 마드얀디나(Mādhyandina) 본에는 "신을 찬양하는 제관"과 다음 만뜨라에 나오는 '제(祭)를 감독하는 제관(brahmā)'이 서로 바뀌어 있다.

522 샹카라에 의하면 차이가 없는 '낮과 밤'을 만드는 것은 태양(āditya)이다. 그러나 태양은 초하루(pratipad)를 비롯한 날들을 만드는 것은 아니다. 초하루를 비롯한 날들을 만드는 것은 달(candramā)이다. 따라서 태양을 얻음으로써 낮과 밤에서 벗어나듯이, 달을 얻음으로써 앞보름과 뒷보름에서 벗어난다. 생기(生氣), 바람, 달은 '동일한 성질의 것(ekatva)'이다. 그리고 바람은 달의 늘어남과 줄어듦의 원인이다. 그래서 바람은 날을 비

"야갸발꺄여!" 이렇게 물었다. "이 허공은 의지할 것이 없는 듯한데,[523] 제주祭主는 어떤 통로로 천국에 도달하오?"

"제祭를 감독하는 제관인[524] 마음에 의해서, 달에 의해서요. 마음이 바로 제사의 제를 감독하는 제관이라오. 바로 그 이 마음이란 그것이 저 달이라오. 그것이 제를 집행하는 제관, 그것이 해탈, 그것이 완전히 벗어남이오!"[525]

이상은 완전히 벗어남에 대한 것들이다. 이제 성취들[526]이다.[527] 6

롯한 것들을 만드는 자를 만드는 자다. 따라서 바람을 얻은 이는 날을 비롯한 시간으로부터 벗어난다. 즉 '바람의 아(vāyvātman)'로써 바라봄이 "해탈"이며 "완전히 벗어남"이다.

523 샹카라에 의하면 "'의지할 것(ārambaṇa)'이 없는 듯하다"는 것은 의지할 것은 있지만, 알려지지 않는다는 의미다. 제주(祭主)가 의지하여 '행위의 결과(karmaphala)'인 천국을 얻게 하는 것, 즉 벗어나게 하는 것, 제주가 의지하는 바로 그것이 무엇이냐는 질문이다. 샹카라의 주석에서 행위는 제사 행위(yajñakarma)를 뜻한다.

524 "제를 감독하는 제관"의 원어는 브라흐마(brahmā)다. 브라흐마는 『아타르바베다』를 관장하며 제사를 감독하는 역할을 하는 제관이다.

525 제주인 제사의 몸과 관련된 이 마음은 신과 관련하여서는 바로 "저 달(candra)"이다. 물질과 관련하여 "제(祭)를 감독하는 제관"으로 '한계 지어짐(paricchinna)' 그리고 몸과 관련하여 마음으로 '한계 지어짐'이 있다. 이 두 개의 '한계 지어짐'을 달의 한계 지어지지 않은 형태로 바라봄으로써 달인 마음에 의지하여 행위의 결과인 천국을 얻는다. 즉 벗어난다는 의미다.

526 샹카라에 의하면 "성취(sampad)"는 그 어떤 공통(共通, 普遍, sāmānya)을 통해서 화제(火祭)를 비롯한 행위들, 즉 결과가 있는 행위들을 그 결과를 위해 '전이(轉移) 시키는 것(sampādana)' 혹은 성취의 결과를 전이시키는 것이다. 기타프레스의 힌디 어 해석본에 의하면 관상(觀想, bhāvanā)을 통해 어떤 사물을 다른 사물에 부여하는 것이 바로 성취다. '왕의 관정대제(灌頂大祭, rājasūya)'를 비롯한 행위는 많은 비용이 들어간다. 그리고 이러한 행위는 '삼종 계급(三種階級)의 구성원(traivarṇika)'인 상층의 세 카스트 모두가 할 권한이 있는 것도 아니니다. 그러나 재산이 없어서 혹은 카스트가 달라서 그 어떤 행위를 행할 수 없을 때, 성취를 통해서 그 행위의 결과를 얻을 수가 있다.

527 막스 뮐러와 라다크리슈난에 의하면 "이상은 완전히 벗어남에 대한 것들이다"는 야갸발꺄의 대화 내용이다. "이제 성취들이다"는 대화 외의 내용이다. 기타프레스의 힌디 어 해석본에 의하면 "이상은 완전히 벗어남에 대한 것들이다. 이제 성취들이다"는 야갸발꺄의 말이 아니다. 아스왈라의 질문도 아니다. 두 사람의 대화에 부연된 내용이다.

"야갸발꺄여!" 이렇게 물었다. "오늘 이 신을 부르는 제관은 몇 개의 리그베다 찬가들로 이 제사에서 행하겠소?"[528]

"세 개로요!"

"그 세 개는 어떤 것들이오?"

"서곡시가序曲詩歌, 봉헌시가奉獻詩歌, 세 번째로 찬양시가讚揚詩歌라오."[529]

"그것들로 무엇을 얻소?"

"생명을 지닌 이 모든 것이오!"[530] 7

"야갸발꺄여!" 이렇게 물었다. "오늘 이 제祭를 집행하는 제관은 몇 개의 헌공獻供들을 이 제사에서 불에 넣어 올리겠소?"

"세 개로요."

"그 세 개는 어떤 것들이오?"

"불에 넣어 올리면 불타오르는 것들, 불에 넣어 올리면 지나치게 소리 나는 것들, 불에 넣어 올리면 가라앉는 것들이라오."[531]

즉 이처럼 완전히 벗어남에 대해 설명이 되었고, 이제부터 성취들에 대해 표명되어질 것이라는 의미다.

528 샹카라에 의하면 "제사에서 행한다"는 것은 찬가를 찬송한다는 것을 의미한다.

529 샹카라에 의하면 "서곡시가(puronuvākyā)"는 제사 전에 사용되는『리그베다』찬가의 종류다. "봉헌시가(yājyā)"는 제물을 바치기 위해 사용되는『리그베다』찬가의 종류다. "찬양시가(śasyā)"는 찬송하기 위해 사용되는『리그베다』찬가의 종류다. 모든『리그베다』의 찬가들은 이들 세 가지『리그베다』찬가의 종류들에 포함된다.

530 샹카라에 의하면 수(數)의 공통 때문에 그 모든 생명체의 무리 모두를 얻는다. 세 가지 찬가의 종류와 세 가지 세상 사이에는 셋이라는 수가 공통이다. 따라서 세 가지 종류의 찬가를 통해 땅의 세계, 허공의 세계, 하늘의 세계, 즉 삼계(三界)의 그 모든 생명체들을 얻는다.

531 샹카라에 의하면 "불에 넣어 올리면 불타오르는 것들"은 화목(火木, samidh)과 '우유기름을 녹인 것(ājya)' 등이다. "불에 넣어 올리면 지나치게 소리 나는 것들"은 고기(māṁsa) 등이다. "불에 넣어 올리면 가라앉는 것들"은 우유(payas)와 쏘마 등이다.

"그것들로 무엇을 장악하오?"

"불에 넣어 올리면 불타오르는 그것들로 신의 세상을 장악하오. 왜냐하면 신의 세상은 작열灼熱하는 듯하기 때문이오. 불에 넣어 올리면 지나치게 소리 나는 그것들로는 조상의 세상을 장악하오. 왜냐하면 조상의 세상은 훨씬 더한 것 같기 때문이오.[532] 불에 넣으면 가라앉는 그것들로는 인간의 세상을 장악하오. 왜냐하면 인간의 세상은 아래인 듯하기 때문이오." 8

"야갸발꺄여!" 이렇게 물었다. "오늘 이 제祭를 감독하는 제관은 남쪽에서[533] 몇 명의 신들로 제사를 지킵니까?"

"한 명으로라오!"

"그 한 명은 어느 누구요?"

"바로 마음이오. 마음은 끝이 없소. 모든 신들은[534] 끝이 없다오. 그는 그것으로 끝이 없는 세상을 장악하오."[535] 9

---

532 샹카라에 의하면 "조상의 세상"과 관련된 쌍야미(saṁyamī) 성(城, purī)에는 와이와쓰와따(Vaivasvata)에 의해서 고통을 받는 이들의 "아이고, 죽겠네! 살려주오! 살려주오!"라는 소리가 있다. 와이와쓰와따는 도덕의 신이며, 죽음의 신인 야마(Yama)의 이름이다. 야마를 한자로 음사한 낱말이 염라(閻羅)다.

533 샹카라에 의하면 "제를 감독하는 제관"은 남쪽에서 '제를 감독하는 제관의 자리(brahmāsana)'에 머물러 제사를 지킨다. 막스 뮐러와 라다크리슈난에 의하면 "남쪽에서"는 '오른쪽(on the right)에서'다. 태양이 뜨는 동쪽을 정면으로 바라보고 있으면 오른쪽은 방위상 남쪽이다.

534 "모든 신들"의 원어는 '위스베 데바쓰(viśve devās)'다. '위스베 데바쓰'는 특정한 신들의 집단으로 그 수는 열 명이며, 위스바(Viśvā)의 아들들로 상정된다. 또한 '위스베 데바쓰'는 모든 신들을 뜻하기도 한다. 샹카라에 의하면 '위스베 데바쓰'는 "모든 신들은(sarve devās)"이라는 의미다.

535 '제(祭)를 감독하는 제관'은 끝이 없다는 공통을 통해서 끝이 없는 마음으로 끝이 없는 세상을 얻는다는 뜻이다.

"야갸발꺄여!" 이렇게 물었다. "오늘 이 신을 찬양하는 제관은 몇 개의 찬송찬가들로[536] 이 제사에서 찬송하겠소?"

"세 개로라오."

"그 세 개는 어떤 것들이오?"

"서곡시가序曲詩歌, 봉헌시가奉獻詩歌, 세 번째로 찬양시가讚揚詩歌라오."[537]

"몸과 관련해서는 그것들은 어떠한 것들이오?"

"생기生氣가 서곡시가요, 하기下氣가 봉헌시가요, 편기遍氣가 찬양시가요."[538]

"그것들로 무엇을 장악하오?"

"땅의 세계를 서곡시가를 통해 장악하오, 허공의 세계를 봉헌시가를 통해, 하늘의 세계를 찬양시가를 통해 장악하오!"[539]

---

536 "찬송찬가"의 원어는 쓰또뜨리야(stotriyā)다. 샹카라에 의하면 쓰또뜨리야는 몇 가지 찬가들 가운데 『리그베다』와 『싸마베다』에 속하는 찬가의 무리를 일컫는 이름이다. 기타프레스의 힌디 어 해석본에 의하면 노래로 부르는 찬가들을 가송(歌頌, stotra)이라 하고, 노래로 부르지 않는 찬가들을 독송(讀頌, śastra)이라고 한다. 가송이 찬송찬가(讚頌讚歌)며, 독송(讀頌)이 찬양시가(讚揚詩歌)다.

537 613쪽 529번 각주 참조.

538 『찬도그야 우파니샤드』(1, 3, 3)에 의하면 "밖으로 숨을 내쉬는 것, 그것이 생기다. 안으로 숨을 들이쉬는 것, 그것이 하기다. 그리고 생기와 하기의 결합인 것, 그것은 편기다." 샹카라에 의하면 'p'라는 소리가 공통이기 때문에 생기(prāṇa)는 서곡시가(puronuvākyā)다. 바로 이어지기 때문에 그리고 신들은 '불에 넣어 올린 제물(havis)'을 하기로 삼키기 때문에 하기(apāna)는 봉헌시가다. "밖으로 숨을 내쉬지 않으면서, 안으로 숨을 들이쉬지 않으면서 찬가를 낭송한다"는 성전(聖典)의 내용에 따라 편기(vyāna)가 찬양시가(讚揚詩歌)다. 기타프레스의 힌디 어 해석본에 의하면 바로 이어진다는 것은 하기는 생기에 이어지고, 봉헌시가는 서곡시가에 이어진다는 것을 의미한다. 성전은 『찬도그야 우파니샤드』(1, 3, 4)를 의미한다.

539 샹카라에 의하면 세상과 관련된 공통에 의해서 서곡시가(序曲詩歌)로 "땅의 세계(pṛthivīloka)"를 장악한다. 가운데라는 공통에 의해서 봉헌시가로 "허공의 세계(antarikṣaloka)"를 장악한다. 높다는 공통에 의해서 찬양시가로 "하늘의 세계(dyuloka)"를 장악한다. 기타프레스의 힌디 어 해석본에 의하면 서곡시가의 세상과 관련된 공통은 땅의 세

그러자 신을 부르는 제관인 '아스왈라'는 잠잠해졌다. 10

두 번째 절

이제 이에게[540] '자라뜨까라바 아르따바가'[541]가 물었다.

"야갸발꺄여!" 이렇게 물었다. "잡는 것은 몇 개, 넘어 잡는 것은 몇 개요?"[542]

"잡는 것이 여덟 개, 넘어 잡는 것이 여덟 개요!"

"잡는 것이 여덟 개, 넘어 잡는 것이 여덟 개인 그것들은 어떠한 것들이오?" 1

상은 세상들 가운데 첫 번째라는 것, 서곡시가는 찬가들 가운데 첫 번째라는 사실이 공통임을 의미한다. 이러한 공통에 의해서 서곡시가로 땅의 세계를 장악한다.

540 "이에게"는 '야갸발꺄에게'라는 뜻이다.

541 샹카라에 의하면 "자라뜨까라바(Jāratkārava)"는 자라뜨까루(Jarakāru)의 가문이란 의미이며, "아르따바가(Ārtabhāga)"는 리따바가(Ṛtabhāga)의 아들이란 뜻이다.

542 "잡는 것"은 지각 기관에 해당하고, "넘어 잡는 것"은 지각 대상에 해당된다. "잡는 것"의 원어는 그라하(graha)다. 그라하는 '잡다, 붙잡다, 파악하다, 받아들이다, 이기다, 설득하다, 기쁘게 하다, 만족하게 하다, 배우다, 알다, 이해하다, 감지하다, 지각하다, 간주하다, 추측하다, 구매하다, 빼앗다, 입다, 준수하다, 환대하다' 등을 의미하는 어근 '그라흐(grah)'에서 파생된 남성 명사로 '잡음, 붙잡음, 파악, 받아들임, 빼앗음, 행성, 식(蝕), 상어, 악어, 이해, 지각 기관, 의도, 호의, 집, 한 숟가락 가득, 한 국자 가득' 등을 뜻하는 낱말이다. "넘어 잡는 것"의 원어는 아띠그라하(atigraha)다. 아띠그라하는 '매우, 지나친, 넘어, 지난, 월등한, 위에' 등을 의미하는 접사 '아띠(ati)'와 '그라하'가 합쳐져 만들어진 낱말로 형용사로는 '이해하기 힘든, 이해할 수 없는' 등을 의미하며, 남성 명사로는 '지각 기관의 대상, 바른 앎, 정확한 이해, 앞지르기, 매우 많이 가진 사람' 등을 의미한다. 샹카라에 의하면 본성적인 무지에 의한 집착의 거처로서 몸에 관련된 대상과 물질에 관련된 대상으로 제한되어진 것이 '잡는 것'과 '넘어 잡는 것'으로 나타나는 죽음이다. '둘이라는 것(dvaita)'이 소멸할 때까지는 모든 것은 죽음이다. 그러나 궁극적인 의미에서 '둘이라는 것'이 소멸하면 죽음의 손아귀에서 벗어난다. 샹카라는 "잡는 것"과 "넘어 잡는 것"이라는 낱말에 대해서는 의외로 다른 동의어를 통해 뜻을 설명하지 않고 있다. 아마도 그 낱말 자체로 의미를 파악하라는 뜻일 것이다.

"생기生氣가 '잡는 것'이오. 그것은 하기下氣인 '넘어 잡는 것'에 의해 잡혀 있소. 왜냐하면 하기를 통해 냄새들을 맡기 때문이오."[543] 2

"언어가 '잡는 것'이오. 그것은 이름인 '넘어 잡는 것'에 의해 잡혀 있소. 왜냐하면 언어를 통해 이름들을 말하기 때문이오."[544] 3

"혀가 '잡는 것'이오. 그것은 맛인 '넘어 잡는 것'에 의해 잡혀 있소. 왜냐하면 혀를 통해 맛들을 분간하기 때문이오." 4

"눈이 '잡는 것'이오. 그것은 형태인 '넘어 잡는 것'에 의해 잡혀 있소. 왜냐하면 눈을 통해 형태들을 보기 때문이오." 5

"귀가 '잡는 것'이오. 그것은 소리인 '넘어 잡는 것'에 의해 잡혀 있소. 왜냐하면 귀를 통해 소리들을 듣기 때문이오." 6

"마음이 '잡는 것'이오. 그것은 욕망인 '넘어 잡는 것'에 의해 잡혀 있소. 왜냐하면 마음을 통해 욕망들을 욕구하기 때문이오." 7

---

543 샹카라에 의하면 생기는 후각 기관인 코(ghrāṇa)를 일컫는다. "하기"는 냄새(gandha)다. 냄새는 하기를 동반하는 것이기 때문에 하기를 냄새라고 말한다. 왜냐하면 모든 사람들은 하기에 의해서 제공된 냄새를 코로 맡기 때문이다.

544 샹카라에 의하면 세상 사람들은 몸과 관련되어 제한지어진 집착 대상의 거처인 언어에 의해서 거짓, 허망(虛妄), 교양 없음, 혐오(嫌惡) 등에 사로잡혀 지낸다. 그래서 언어는 "잡는 것"이다. 이름은 말해야 할 대상이다. 언어는 말해야 할 대상을 위한 것이기 때문에 말해야 할 의미에 매인 언어는 말해야 할 대상에 장악된다. 따라서 언어는 "넘어 잡는 것"인 이름에 잡혀 있다고 말하는 것이다. 이하 '잡는 것'인 피부와 '넘어 잡는 것'인 촉감에 이르기까지 마찬가지다. 여기서 언어의 개념은 발음 기관까지를 포함한다.

"두 손이 '잡는 것'이오. 그것은 행위인 '넘어 잡는 것'에 의해 잡혀 있소. 왜냐하면 두 손을 통해 행위를 하기 때문이오." 8

"피부가 '잡는 것'이오. 그것은 촉감인 '넘어 잡는 것'에 의해 잡혀 있소. 왜냐하면 피부를 통해 촉감들을 느끼기 때문이오. 이상 이것들이 여덟 개의 '잡는 것'들, 여덟 개의 '넘어 잡는 것'들이라오!" 9

"야갸발꺄여!" 이렇게 물었다. "이 모든 것은 죽음의 곡식이외다.[545] 허면, 죽음은 그 어떤 신의 곡식이겠소?"

"불이 바로 죽음이오, 그것은 물의 곡식이오. 다시 죽음을 물리친다오."[546] 10

"야갸발꺄여!" 이렇게 물었다. "이 사람이 죽을 때 이 사람에게서 생기들이 벗어나는 것이오? 아니오?"[547]

야갸발꺄는 "아니오!" 라고 대답했다.

"바로 이곳에서 모두 잠겨드오.[548] 그는 부풀어 오르오. 안으로 가득

---

545 샹카라에 의하면 이 드러난 모든 것은 "죽음의 곡식"이다. 모든 것은 '잡는 것'과 '넘어 잡는 것'으로 나타나는 죽음에 사로잡혀 생겨나고 멸하기 때문이다.

546 샹카라에 의하면 '잡는 것'과 '넘어 잡는 것'이라는 죽음이 사라지면 해탈이 생긴다. 만일 죽음의 죽음이라는 것이 있다면, '잡는 것'과 '넘어 잡는 것'으로 나타나는 죽음의 멸함도 있다. 죽음의 죽음은 있다. 따라서 '잡는 것'과 '넘어 잡는 것'으로 나타나는 얽매임(bandhana)으로부터 해탈이 가능하다. 즉 얽매임에서 벗어나기 위한 인간의 노력은 성공한다. 그래서 다시 "죽음을 물리치는" 것이다.

547 샹카라에 의하면 '최고의 아를 보는 것(paramātmadarśana)'인 최고의 죽음에 의해서 죽음이 삼켜졌을 때 브라흐만을 아는 사람은 해탈한다. 이러한 사람이 죽는 순간에 생기들, 즉 습기(習氣)의 형태로 안에 자리 잡아 자극하여 만들어 내는, 언어를 비롯한 '잡는 것'과 이름을 비롯한 '넘어 잡는 것' 들은 이 사람에게서 빠져나가느냐 아니냐를 묻는 것이다.

채운다오. 채우고는 죽어 잠든다오."[549] 11

"야갸발꺄여!" 이렇게 물었다. "이 사람이 죽을 때 무엇이 이를 떠나지 않는 거요?"

"이름!"[550]

"이름은 끝없는 것이오, 모든 신들은[551] 끝없는 것이오. 그것으로 그는 끝없는 세상을 장악하오."[552] 12

"야갸발꺄여!" 이렇게 물었다. "이 죽은 사람의 언어가[553] 불로 들어가

---

548 샹카라에 의하면 "바로 이곳"에서 '최고의 아(paramātman)'와 일체가 된다. 즉 '자신의 근원(svayoni')인 '최고 브라흐만의 본질(parabrahmasattva)'에 결과와 원인들이 하나가 되어 파도가 바다에 잠기듯이 잠겨든다. 기타프레스의 힌디 어 해석본에 의하면 결과는 요소이고 원인은 지각 기관(indriya)이다.

549 샹카라에 의하면 몸이 부풀고, 외부의 공기를 가득 채운 채 죽어 꼼짝없이 누워 있다. 얽매임이 멸하여 해탈한 사람은 그 어디로도 가지 않는다는 의미다.

550 샹카라에 의하면 모든 것이 잠겨들어도 "이름"은 모양(模樣, ākṛti)과 관련되기 때문에 잠겨 들지 않는다. 이름은 항상(恒常)하다. 모양의 원어인 아끄리띠(ākṛti)는 불경에서 '형(形), 형상(形相), 형용(形容), 용모(容貌), 모양(模樣), 형류(形類), 상(像), 실(實), 진실체(眞實體)' 등으로 한역된다.

551 "모든 신들"의 원어는 '위스베 데바쓰(viśve devās)'다. '위스베 데바쓰'는 특정한 신들의 집단으로 그 수는 열 명이며, 위스바의 아들들로 상정된다. 또한 '위스베 데바쓰'는 "모든 신들"을 뜻하기도 한다. 열 명의 신들을 끝이 없다고 말하기는 힘들다. 따라서 '위스베 데바쓰'를 주격 다수 형태로 보고 "모든 신들은"이라고 옮긴다. 앞에서도 샹카라는 '위스베 데바쓰'를 특정한 신들의 집단이 아닌 모든 신들로 보고 있다.

552 샹카라에 의하면 항상성(恒常性, nityatva)이 이름의 끝이 없음이다. 모든 신은 끝이 없음이다. 끝이 없는 이름에 주재하는 끝이 없는 모든 신들을 아성(我性, ātmatva)으로 얻는 그 '끝이 없음을 봄(anantadarśana)'을 통해 "끝없는 세상을 장악"한다.

553 샹카라에 의하면 "이 죽은 사람"은 '바르게 보지 못하는 사람(asamyagdarśin')이다. '머리 손 등을 가진 이 죽은 사람의 언어가 불로 들어가고, 생기가 바람으로 들어가고, 눈이 태양으로 들어간다'라고 동사를 모든 곳에 연결해야 한다. 언어를 비롯한 것들은 신들을 의미한다. 왜냐하면 해탈하기 전까지는 기관들은 물러가지 않기 때문이다. 기타

고, 생기가 바람으로, 눈이 태양으로, 마음이 달로, 귀가 방위들로, 몸이 흙으로, 아我가[554] 허공으로, 털들이 약초들로, 머리카락들이 나무들로 들어가고, 혈액과 정액이 물에 놓일 때,[555] 이 사람은 그때 어디에 있는 거요?"[556]

"친애하는 아르따바가여, 손을 잡으시오. 우리 둘만이 이에 대해 밝혀야 할 것이오. 우리 둘이 이것을 사람들이 있는 곳에서 밝힐 바는 아니외다."

그 둘은 벗어나 의견을 나누었다. 그 둘이 말한 그것은 행위에 대해 말한 것이었다.[557] 이제 그 둘이 찬양한 그것은 행위에 대한 찬양이었다.[558] 덕행德行으로 덕德이 생기고, 악행惡行으로 악惡이 생긴다는 것이다.[559] 그 후에 '자라뜨까라바 아르따바가'는 잠잠해졌다. 13

프레스의 힌디 어 해석본에 의하면 '바르게 보지 못하는 사람'은 '바른 지혜가 없는 사람(samyagjñānahīna)'이다.

554 샹카라에 의하면 여기서 "아"는 '심장의 허공'을 의미한다.

555 샹카라에 의하면 "놓인다"는 것은 혈액(lohita)과 정액을 다시 취한다는 것을 의미한다.

556 샹카라에 의하면 신들이 주재하지 않는 기관들은 떨어트린 낫을 비롯한 도구와 같다. 따라서 스스로 조절할 수 없는, 몸이 없는 행위자는 무엇에 의지하는가에 대해 질문하는 것이다. 즉 '무엇에 의지하여 다시 몸과 기관의 결합체를 얻으며, 무엇에 의해 '잡는 것'과 '넘어 잡는 것'의 형태인 얽매임을 얻는가? 그것이 무엇인가?'라는 질문이다.

557 샹카라에 의하면 "행위"가 바로 의지처(依支處, āśraya)다. 행위가 거듭 몸과 기관을 얻는 원인이다.

558 샹카라에 의하면 "그 둘"은 시간, 행위, 천명(天命), 자재자(自在者) 등의 원인들에 대해서도 동의하지만, 바로 행위에 대해서 찬양했다는 의미다.

559 샹카라에 의하면 경전에 설해진 "덕행(puṇyakarma)"에 의해서 "덕(puṇya)"이 생겨나고, 그와 반대인 "악행(pāpākarma)"에 의해서 "악(pāpa)"이 생겨난다. 기타프레스의 힌디 어 해석본에 의하면 덕의 자궁과 결합하고, 악의 자궁과 결합한다는 의미다. 싸뜨야브라따 씻단따랑까라에 의하면 생령이 덕의 결과를 맛보는 자가 되고, 악의 결과를 맛보는 자가 된다는 의미다.

세 번째 절

이제 이에게 '부즈유 라흐야야니'가[560] 물었다.

"야갸발꺄여!" 이렇게 물었다. "제례의 집행관인[561] 우리는 '마드라' 국을 돌아다니고 있었습니다. 그런 우리가 '빠딴짤라 까쁘야'의[562] 집에 갔었습니다. 그의 딸은 간다르바에게[563] 붙들려 있었습니다.[564] 그에게 우리가 물어 보았습니다. '그대는 누구요?' 그가 대답했습니다. '쑤단바 앙기라싸요!'[565] 그에게 우리가 세상들의 끝들을 물었을 때, 우리는 그에게 이렇게 물어보았습니다. '빠리끄쉬따 님은 어디 계시게 되었소?'[566]

---

560 샹카라에 의하면 "부즈유(Bhujyu)"는 이름이며, "라흐야야니(Lāhyāyani)"는 라흐야(Lahya)의 아들인 라아흐야(Lāhya)의 아들이라는 의미다.

561 "제례의 집행관"의 원어는 짜라까(caraka)다. 짜라까는 '걷다, 움직이다, 돌아다니다, 실행하다, 준수하다, 행하다, 풀을 뜯어먹다, 먹다, 종사하다, 생활하다, 살다, 퍼지다, 따라가다' 등을 뜻하는 어근 '짜르(car)'에서 파생된 남성 명사로 '첩자, 탁발하며 방랑하는 수행자, 『끄리스나야주르베다』 학파의 이름, 신의(神醫)의 이름' 등을 의미한다. 샹카라에 의하면 짜라까는 공부하기 위해 '계율을 지키기(vratacaraṇa)' 때문에 짜라까다. 혹은 아드바르유(adhvaryu)다. 아드바르유는 『야주르베다』를 관장하며 제사를 집행하는 제관이다. 싸뜨야브라따 씻단따랑까라에 의하면 짜라까는 공부하기 위해 여행하면서라는 의미다. 나중에 나오는 일곱 번째 장에서 '와루니 우달라까'는 야갸발꺄에게 질문을 하면서 "우린 '마드라'국의 '빠딴짤라 까쁘야'의 집에서 제례(祭禮)를 공부하며 지내고 있었소", "그의 아내가 간다르바에게 붙들려 있었소"라고 말한다. 따라서 짜라까를 "제례의 집행관"이라고 옮긴다.

562 샹카라에 의하면 "빠딴짤라(Patañcala)"는 이름이며, "까쁘야(Kāpya)"는 까삐(Kapi) 가문의 사람이란 의미다.

563 "간다르바(gandharva)"는 '천상의 음악가이며 반신(半神)의 존재, 가수, 말(馬), 사향노루, 죽은 다음 다시 태어나기 이전의 영혼, 태양, 현인' 등을 뜻한다. 간다르바는 불경에서 '악신(樂神), 음악(音樂), 향신(香神), 향음신(香音神)' 등으로 한역된다. 샹카라에 의하면 간다르바는 사람이 아닌 존재다. 혹은 제단의 불인, 제관(祭官, ṛtvij)의 신이다. 기타프레스의 힌디 어 해석본에 의하면 간다르바는 사람의 생령(生靈)이 아닌 다른 생령이다. 혹은 집의 불인, 제관의 신이다.

564 샹카라에 의하면 간다르바가 딸의 몸에 들어와 있다는 의미다.

565 샹카라에 의하면 "쑤단바(Sudhanvā)"는 이름이며, "앙기라싸"는 가문을 의미한다.

566 "빠리끄쉬따(Pārikṣita)"는 산스크리트 고대 서사시 『마하바라타(*Mahābhārata*)』의 주요

'빠리끄쉬따 님은 어디 계시게 되었소?' 야갸발꺄여, 그것을 나는 당신에게 물어봅니다. 빠리끄쉬따 님은 어디 계시게 되었소?"[567] 1

그가 대답했다.

"그분께서는 마제馬祭를 지내는 사람들이 가는 곳에 가셨다고 그가[568] 말하지 않았소?"

"마제馬祭를 지내는 사람들이 가는 곳은 어디요?"

"이 세계는 신神의 수레로 서른두 날이 걸리는 곳이오.[569] 그 사방에 땅이 두 배로 빙 둘러 있소이다. 그 땅을 사방으로 두 배의 바다가[570] 빙 둘러 있소이다. 면도날이 그런 것처럼, 모기의 날개가 그런 것처럼 그렇게 사이에는 허공이 있소이다.[571] 인드라는[572] 아름다운 날개의 새가 되어 그분을 바람에게 주었소. 바람은 그분을 자신 안에 품어서[573] 마제馬祭

인물인 아르주나(Arjuna)의 증손자다.

567 샹카라에 의하면 '간다르바를 통해서 내가 얻은 앎이 당신에게는 없을 것이니, 당신은 걸려들었다'는 의미다.

568 샹카라에 의하면 "그"는 간다르바다.

569 샹카라에 의하면 "신"은 태양이다. 태양의 수레로 삼십이 일이 걸리는 거리에 해당되는 양이 세상광명산(世上光明山, lokālokagiri)이 둘러싸고 있는 이 세상이다. 이 세상은 위라즈의 몸이며, 생명체들이 행위의 결과를 향수하는 곳이다. 이 세상 너머가 광명(光明, āloka)이다. 태양이 아침에 떠서 저녁에 지는 거리는 우리가 살고 있는 지금 이 온 세상을 포함하는 거리다. 따라서 여기서 말하는 세상은 우리의 세상보다 서른두 배나 되는 넓이의 세상을 말한다. 위라즈는 브라흐마를 뜻한다.

570 샹카라에 의하면 옛이야기들을 알고 있는 사람들은 이 "바다"를 '가노다(ghanoda)'라고 부른다.

571 샹카라에 의하면 '알과 껍질(aṇḍakapāla)'의 간극(vivara)에 대해 말하는 것이다. 마제(馬祭, aśvamedha)를 지내는 사람은 알과 껍질의 사이인 간극을 통해서 밖으로 나간다. 그 간극은 면도날처럼 가늘고, 모기의 날개처럼 얇은 "허공"이다. 싸뜨야브라따 씻단따랑까라에 의하면 '땅과 바다 사이의 허공'이다.

572 샹카라에 의하면 여기서 "인드라"는 '지고의 자재자'이며, 마제(馬祭)에서 쌓아 피운 불(火)이다.

를 지내는 사람들이 있는 곳으로 데려갔소이다. 바로 이처럼 그는 바람을 찬양하였소![574] 그래서 바람이 개체個體요, 바람이 전체全體라오.[575] 이와 같이 아는 사람은 '다시 죽음'을 물리치오!"[576]

그러자 '부즈유 라흐야야니'는 잠잠해졌다. 2

네 번째 절

이제 이에게 '우샤쓰따 짜끄라야나'가[577] 물었다.

"야갸발꺄여!" 이렇게 물었다. "눈앞에 명백한 브라흐만이며 모든 것의 안에 있는 아我,[578] 그것을 내게 분명하게 말해 주시오."

"이 그대의[579] 아가 모든 것의 안에 있는 것이외다."

"야갸발꺄여, 모든 것의 안에 있는 것은 어떠한 것이오?"[580]

---

573 샹카라에 의하면 '바람이 자신의 아로 되게 하여'라는 의미다.

574 샹카라에 의하면 간다르바가 바람을 찬양하였다는 의미다.

575 샹카라에 의하면 "바람"은 움직이거나 움직이지 않는 존재들의 '내적인 아(antarātman)'이며, 외부의 것이기도 하다. 그래서 몸, 물질, 신과 관련된 상태에서 바람은 다양하게 들어가 편재하는 것이다. 마찬가지로 바람은 오로지 '끈의 아(sūtrāman)'로서 "전체(samaṣṭi)"다. '끈의 아'로서 전체는 모든 진주에 동일하게 들어가 있는 진주 목걸이의 줄처럼 모두에게 동일하게 들어가 있는 것을 의미한다. 진주 목걸이의 진주 한 알 한 알의 입장에서 보면 자신에게 들어와 있는 끈이 개별적인 끈이지만 전체 진주의 입장에서 보면 그 끈은 모두 동일한 끈이다.

576 샹카라에 의하면 "이와 같이 아는 사람"은 개별적이고 전체적인 형태의 본질성(本質性, ātmakatva)을 통해서 바람을 아(我)로 얻는다. 그 결과로 한 번 죽어 다시 죽지 않는다. 한 번 죽어 다시 죽지 않는다는 것은 생사윤회를 벗어난다는 뜻이다.

577 샹카라에 의하면 "우샤쓰따(Uśasta)"는 이름이며, "짜끄라야나(Cākrāyaṇa)"는 짜끄라(Cakra)의 아들이란 뜻이다.

578 샹카라에 의하면 여기서 "아"는 '개별적인 아'다.

579 샹카라에 의하면 "그대"는 몸(kārya)과 지각 기관(karaṇa)의 집적 결합(集積結合, saṃghāta)을 뜻한다.

580 샹카라에 의하면 '몸 덩어리', 몸 덩어리 안에 있는 지각 기관의 집적 결합인 '미세신의 아(微細神我)', 그리고 세 번째의 것, 이들 가운데 어느 것이 '모든 것의 안에 있는 것

"생기生氣를 통해[581] 앞으로 나가는 숨을 쉬는 것, 그것이 모든 것의 안에 있는 그대의 아외다. 하기下氣를 통해 아래로 내려가는 숨을 쉬는 것,[582] 그것이 모든 것의 안에 있는 그대의 아외다. 편기遍氣를 통해 온몸에 퍼지는 숨을 쉬는 것, 그것이 모든 것의 안에 있는 그대의 아외다. 상기上氣를 통해 위로 오르는 숨을 쉬는 것, 그것이 모든 것의 안에 있는 그대의 아외다.[583] 이것이 모든 것의 안에 있는 그대의 아외다." 1

그러자 '우샤쓰따 짜끄라야나' 그가 말했다.

"마치 '이것이 소외다. 이것이 말이외다'라고 이렇게 엇나가게 말하듯이, 이것은 바로 그런 변명이오![584] 눈앞에 명백한 브라흐만이며 모든 것의 안에 있는 아我, 그것을 내게 분명하게 말해 주시오."

"이 그대의 아가 모든 것의 안에 있는 것이외다."

(sarvāntara)'인 나의 아(我)라고 말하느냐는 것이다. 1958년에 인도 푸나의 베다 교정 기관에서 간행된 교정 판본에는 없는 부분이다. 샹카라의 산스크리트 어 주석본에는 있는 부분이다. 막스 뮐러의 영어 번역과 라다크리슈난의 영어 번역과 원본에는 이에 해당되는 부분이 있다.

581 샹카라에 의하면 여기서 "생기"는 코와 입을 통해 움직이는 숨이다.

582 "하기"는 날숨을 의미하기도 한다. 하기는 불교 경전에서 '출식(出息), 출기(出氣)' 등으로 한역된다.

583 샹카라에 의하면 나무로 만든 기계는 의식을 지닌 존재가 그곳에 자리 잡아야 움직일 수 있다. 마찬가지로 몸과 지각 기관의 집적 결합에서 나타나는 앞으로 나가는 숨을 비롯한 움직임들은 '의식으로 가득한 것(vijñānamaya)'인 아(我)가 자리 잡아야 이루어진다. 생기가 생기의 활동을 하게 하는 그것이 몸과 지각 기관의 집적 결합인 그대의 아다. 이 아는 '의식으로 가득한 것'이다. '의식으로 가득한 것'에서 의식에 해당되는 원어는 위갸나(vijñāna)다. 위갸나는 중성 명사로 '앎, 지혜, 지능, 이해, 분별, 기술, 지식, 음악, 직업' 등을 뜻한다. 위갸나는 불교 경전에서 '심(心), 심법(心法), 지(知), 식(識), 의식(意識), 해(解), 본식(本識)' 등으로 한역된다.

584 샹카라에 의하면 야갸발꺄가 처음에 약속한 대로 직접 소와 말을 보여주듯이 확연하게 제시하는 것이 아니라 '움직이는 것이 소다', '달리는 것이 말이다' 이렇게 징표들로 변명하는 것에 불과하다는 의미다.

"야갸발꺄여, 모든 것의 안에 있는 것은 어떠한 것이오?"

"그대는 봄見의 보는 자를 볼 수 없소![585] 그대는 들음聞의 듣는 자를 들을 수 없소! 그대는 생각의 생각하는 자를 생각할 수 없소! 그대는 앎의 아는 자를 알 수 없소! 이 그대의 아我가 모든 것의 안에 있는 것이외다. 이것과 다른 것은 멸하는 것이외다."[586]

그러자 '우샤쓰따 짜끄라야나'는 잠잠해졌다. 2

다섯 번째 절

이제 이에게 '까홀라 까우쉬따께야'가[587] 물었다.

"야갸발꺄여!" 이렇게 물었다. "눈앞에 명백한 브라흐만이며 모든 것의 안에 있는 아我, 그것을 내게 분명하게 말해 주시오."

---

585 샹카라에 의하면 "봄(dṛṣṭi)"은 '세속적인 것(laukikī)'과 '궁극적인 의미의 것(pāramārthikī)' 이렇게 두 가지다. 세속적인 것은 눈과 결합한 내적 기관의 활동이다. 이러한 봄은 활동되어지는 것이고, 생겨나는 것이며, 멸하는 것이다. 그러나 궁극적인 의미인 '아(我)의 봄(ātmadṛṣṭi)'은 불이 가진 뜨거움과 빛처럼 "보는 자(draṣṭṛ)"의 본질성(svarūpatva)이기 때문에 생겨나지 않는 것이고, 멸하지 않는 것이다. 궁극적인 의미의 봄은 활동이라는 규정됨에 연결된 것과 같다. 그래서 "보는 자"라고 말해지며, "보는 자"와 "봄"의 차이가 말해진다. '세속적인 봄(laukikī dṛṣṭi)'은 눈을 통해서 형태의 물이 들어 생겨나는 것이다. 이 '세속적인 봄'은 항상(恒常)한 '아의 봄'과 연결된 듯한 것으로, '아의 봄'의 반영(反映, praticchāyā)이다. 아울러 이 '세속적인 봄'은 '아의 봄'이 편재한 것으로 생겨나고 멸하는 것이다. 행위가 된 '세속적인 봄'은 형태의 물이 들어 형태를 나타내는 것이다. 이러한 '세속적인 봄'은 아에, 즉 자기 자신을 편재케 하는 자인 '개별적인 영혼(pratyañc)'에 도달하지 못한다. 따라서 그대는 "봄의 보는 자"인 그 '개별적인 아'를 볼 수 없다고 야갸발꺄는 '우샤쓰따 짜끄라야나'에게 말한다. 이하 마찬가지다.

586 샹카라에 의하면 이 아(我)와 다른 것, 즉 '결과인 몸' 혹은 '기관을 본질로 하는(karaṇ-ātmika)' 미세신(微細身)은 "멸하는 것(ārta)"이다. 하나(ekam)인 이것만이 '멸하지 않는 것(anārta)', '불멸인 것(avināśin)', '움직이지 않고, 변하지 않고, 영원한 것(kūṭastha)'이다. 막스 뮐러와 라다크리슈난은 "멸하는 것"을 '악(evil)'이라고 번역한다.

587 샹카라에 의하면 "까홀라(Kahola)"는 이름이며, "까우쉬따께야(Kauṣītakeya)"는 꾸쉬따까(Kuṣītaka)의 아들이란 뜻이다.

"이 그대의 아我가 모든 것의 안에 있는 것이외다."

"야갸발꺄여, 모든 것의 안에 있는 것은 어떠한 것이오?"

"먹고 싶은 욕망과 마시고 싶은 욕망,[588] 우울,[589] 미혹,[590] 늙음, 죽음을 벗어난 것이오.[591] 바로 그러한 이 아我를 알아 브라흐마나들은 아들에 대한 희구로부터,[592] 재산에 대한 희구로부터,[593] 세상에 대한 희구로부터 활연히 벗어나 이제 구걸 행각求乞行脚을 하는 것이오. 아들에 대한 희구란 그것은 재산에 대한 희구요. 재산에 대한 희구란 그것은 세상에 대한 희구이외다! 왜냐하면 이 둘 다 희구일 뿐이기 때문이오.[594] 그러

---

588 샹카라에 의하면 "먹고 싶은 욕망(aśanāyā)"과 "마시고 싶은 욕망(pipāsā)"은 한 생기(生氣)의 법성(法性, dharmatva)이기 때문에 복합어로 쓰는 것이다.

589 샹카라에 의하면 "우울(憂鬱, śoka)"은 욕망이다. 원하는 사물에 대해 생각하는 사람에게 있어서 즐겁지 않음이다. "우울"은 갈망(tṛṣṇā)에 압도된 사람에게 있어서는 욕망의 씨앗이다. 왜냐하면 이것에 의해서 욕망이 작열하기 때문이다.

590 샹카라에 의하면 "미혹(迷惑, moha)"은 전도된 인식(pratyaya)에 의해서 생겨나는 무분별한 혼동이다. 이것은 무명(無明)으로 모든 불행(anartha)을 낳는 씨앗이다.

591 샹카라에 의하면 먹고 싶은 욕망을 비롯한 것들은 생기, 마음, 몸에 거처하는 것들이다. 이것들은 생명체들 안에 낮과 밤처럼 바다의 파도처럼 끊임없이 현존하는 것들이며, 윤회(saṁsāra)라고 일컬어진다. 봄(見)의 '보는 자'로 정의되는 것이, 실제로 끊임이 없는 것이, 결코 종속되지 않는 것이, 모든 것의 안에 있는 것이 브라흐마에서 풀무더기에 이르기까지의 존재들의 아(我)다. 이 아는 허공이 구름을 비롯한 더러움들에 닿지 않듯이 먹고 싶은 욕망을 비롯한 윤회의 속성(dharma)들에 결코 닿지 않는다.

592 샹카라에 의하면 "아들에 대한 희구(putraiṣaṇā)"는 '아들을 통해서 이 세상을 장악하리라'는 세상을 장악하는 수단에 대한 욕구(icchā)이며, 여자를 취하는 것이다.

593 샹카라에 의하면 "재산(vitta)"은 행위의 방편이 되는 소를 비롯한 재산 혹은 히란야가르바(黃金子宮, 金胎)를 비롯한 신에 대한 지식을 의미한다. "재산에 대한 희구(vittaiṣaṇā)"는 소를 비롯한 재산으로 행위를 하여 '조상의 세계(pitṛloka)'를 장악하고자 하는, 혹은 지혜가 결합된 행위를 통해 '신의 세계(devaloka)'를 장악하고자 하는, 혹은 히란야가르바에 대한 지식인 신적인 재산에 의해서 신의 세계를 장악하고자 하는 것이다.

594 샹카라에 의하면 수단에 대한 모든 욕구는 바로 결과에 대한 욕구이다. 둘 다 수단과 목적(sādhya)의 차이로 나타나는 하나의 "희구(eṣaṇā)"일 뿐이다. 따라서 브라흐만을 아는 사람에게는 행위와 '행위의 방편(karmasādhana)'이 없다.

므로 브라흐마나는[595] 선비가 알아야 할 것을[596] 남김없이 알아 힘의 상태로[597] 머물러야 할 것이오! 선비가 알아야 할 것과 힘의 상태를 남김없이 알아 이제 무니牟尼가 되오.[598] 침묵이 아닌 것과[599] 침묵을[600] 남김없이 알아 이제 브라흐마나가 되는 것이오.[601] 그가 무엇에 의해 브라흐마나가 되겠소? 어떤 것으로 되든지, 그것은 바로 이런 것이오. 이것 말고 다른 것은 멸하는 것이외다!"

그러자 '까홀라 까우쉬따께야'는 잠잠해졌다. 1

여섯 번째 절

이제 이에게 '가르기 와짜끄나비'가[602] 물었다.

"야갸발꺄여!" 이렇게 물었다. "여기 이 모든 것은 물에 날줄과 씨줄

---

595 샹카라에 의하면 여기서 "브라흐마나"는 브라흐만을 아는 사람이다.

596 샹카라에 의하면 "선비가 알아야 할 것(pāṇḍitya)"은 '아(我)에 대한 앎'이다.

597 샹카라에 의하면 "힘의 상태(bālya)"는 '지혜의 힘의 상태(jñānabalabhāva)'다. '아(我)에 대한 앎'이 힘이다. 지각 기관들은 그 힘의 상태에 의지하는 사람을 희구의 대상들에 감히 끌어가 세우지 못하기 때문이다. 막스 뮐러에 의하면 "힘의 상태"는 '실재의 힘(real strength)'이다. 라다크리슈난에 의하면 "힘의 상태"는 아이(child) 혹은 '유년 시대의 상태(the state of childhood)'다.

598 샹카라에 의하면 명상(manana)으로 인해 "무니(牟尼, muni)"인 요가 수행자(yogī)가 된다.

599 샹카라에 의하면 "침묵이 아닌 것(amauna)"은 '아(我)에 대한 지혜(ātmajñāna)'와 '아(我)가 아닌 것에 대한 인식을 버리는 것(anātmapratyayatiraskāra)'이다. '아에 대한 지혜'를 '선비가 알아야 할 것'이라 하고, '아가 아닌 것에 대한 인식을 버리는 것'을 '힘의 상태'라고 이름한다.

600 샹카라에 의하면 "침묵(mauna)"은 '아(我)가 아닌 것에 대한 인식을 버리기(anātmapratyayatiraskāraṇa)'의 종결(終結, paryavasāna)인 결과이다.

601 샹카라에 의하면 아(我)가 아닌 것에 대한 모든 인식을 버리는 것은 브라흐마나가 해야 할 일이다. 이것을 하여 브라흐마나는 할 바를 한 요가 수행자가 된다. 모든 것이 바로 브라흐만이라는 인식이 생겨난다.

602 샹카라에 의하면 "가르기(Gārgī)"는 이름이며, "와짜끄나비(Vācaknavī)"는 와짜끄누(Vācaknu)의 딸이라는 뜻이다.

로 엮여 있어요.[603] 하지만, 물은 어디에 날줄과 씨줄로 엮여 있나요?"[604]

"가르기여, 바람 안입니다."

"그럼, 바람은 어디에 날줄과 씨줄로 엮여 있나요?"

"가르기여, 허공의 세상들[605] 안입니다."

"그럼, 허공의 세상들은 어디에 날줄과 씨줄로 엮여 있나요?"

"가르기여, 간다르바의 세상들 안입니다."

"그럼, 간다르바의 세상들은 어디에 날줄과 씨줄로 엮여 있나요?"

"가르기여, 태양의 세상들 안입니다."

"그럼, 태양의 세상들은 어디에 날줄과 씨줄로 엮여 있나요?"

"가르기여, 달의 세상들 안입니다."

"그럼, 달의 세상들은 어디에 날줄과 씨줄로 엮여 있나요?"

"가르기여, 별의 세상들 안입니다."

"그럼, 별의 세상들은 어디에 날줄과 씨줄로 엮여 있나요?"

"가르기여, 신의 세상들 안입니다."

"그럼, 신의 세상들은 어디에 날줄과 씨줄로 엮여 있나요?"

"가르기여, 인드라의 세상들 안입니다."

"그럼, 인드라의 세상들은 어디에 날줄과 씨줄로 엮여 있나요?"

"가르기여, 쁘라자빠띠의 세상들[606] 안입니다."

---

603 샹카라에 의하면 이 지상의 요소 모두는 안과 밖 전체적으로 물에 의해서 편재되어 있다는 의미다.

604 샹카라에 의하면 제한되어진 구체적인 것인 결과는 제한되지 않은 미세한 것인 원인에 의해 편재되어 있다는 추론이 펼쳐지는 것이다. 땅은 물에 의해서 편재되듯이 앞의 것들은 모든 것의 안에 있는 것인 아(我)에 이르기까지의 뒤의 것들에 의해서 편재된다는 것이 질문의 의미다.

605 샹카라에 의하면 요소들이 함께 모여 있는 것들이 "허공의 세상(antarikṣaloka)들"이다.

606 샹카라에 의하면 "쁘라자빠띠의 세상(Prajāpatiloka)들"은 위라즈의 몸을 비롯되게 하는 요소(bhūta)들이다.

"그럼, 쁘라자빠띠의 세상들은 어디에 날줄과 씨줄로 엮여 있나요?"

"가르기여, 브라흐마의 세상들[607] 안입니다."

"그럼, 브라흐마의 세상들은 어디에 날줄과 씨줄로 엮여 있나요?"

그러자 그가 말했다.

"가르기여, 지나치게 묻지 마시오. 당신의 머리가 떨어지게 하지 마시오. 당신은 지나치게 묻지 말아야 할 신들에 대해서 지나친 질문을 하고 있습니다.[608] 가르기여, 지나치게 묻지 마십시오."

그러자 '가르기 와짜끄나비'는 잠잠해졌다. 1

일곱 번째 절

이제 이에게 '우달라까 아루니'가[609] 물었다.

"야갸발꺄여!" 이렇게 물었다. "우린 '마드라' 국의[610] '빠딴짤라 까쁘야'의[611] 집에서 제례祭禮를 공부하며 지내고 있었소. 그의 아내가 간다르바에게[612] 붙들려 있었소.[613] 그에게 우리가 물어 보았소. '그대는 누구

---

607 샹카라에 의하면 "브라흐마의 세상(Brahmaloka)들"은 알을 비롯되게 하는 요소들이다. 모든 곳들은 상대적으로 순차적으로 미세한 것들이다. 모든 세상들은 생명체들이 향수(享受, upabhoga)하는 거처 형태로 변화된 요소들이다. 다섯 요소들이 서로서로 결합된 것들이라 다수로 표현된 것이다. 기타프레스의 힌디 어 해석본에 의하면 알은 '브라흐마의 알(Brahmāṇḍa)'이다. '브라흐마의 알'은 세상이 전개되는 근원이다.

608 샹카라에 의하면 논리(nyāya)의 형태를 벗어나 성전(聖傳, āgama)에 의해서 추구되어져야 할 신에 대해서 추론을 통해 질문하지 말라는 의미다.

609 샹카라에 의하면 "우달라까(Uddālaka)"는 이름이며, "아루니(Āruṇi)"는 아루나(Aruṇa)의 아들이라는 의미다.

610 막스 뮐러와 라다크리슈난에 의하면 마드라(Madra) 국은 마드라스(Madras)다. 마드라스는 오늘날의 첸나이(Chennai)다.

611 샹카라에 의하면 "빠딴짤라"는 이름이며, "까쁘야"는 까삐 가문의 사람이란 의미다. 앞의 세 번째 절에 나오는 인물과 동일한 인물로 추정된다.

612 621쪽 563, 564번 각주 참조.

613 앞의 세 번째 절에서 '부즈유 라흐야야니'가 야갸발꺄에게 질문할 때는 그의 딸이 '쑤

요?' 그러자 그가 '까반다 아아타르바나'[614]라고 말했소. 그가 '빠딴짤라 까쁘야'와 제관祭官들에게[615] 물었소. '까쁘야여, 그대는 이 세상과 저세상 그리고 모든 존재들이 꿰어져 있는 그런 실을 알고 계시오?'[616] 그러자 그 '빠딴짤라 까쁘야'가 대답했소. '존경스런 분이시여, 저는 그것을 모르옵니다.' 그가 '빠딴짤라 까쁘야'와 제관들에게 물었소. '까쁘야여, 그대는 이 세상과 저세상 그리고 모든 존재들을 안에서 조종하는 그런 내부의 조종자를[617] 알고 계시오?' '빠딴짤라 까쁘야'가 대답했소. '존경스런 분이시여, 저는 그것을 모르옵니다.' 그가 '빠딴짤라 까쁘야'와 제관들에게 이렇게 말했소. '까쁘야여, 그 실과 그 내부의 조종자를 아는 자, 그는 브라흐만을 아는 자, 그는 세상을 아는 자, 그는 신을 아는 자, 그는 베다를 아는 자, 그는 존재를 아는 자,[618] 그는 아我를[619] 아는 자, 그는 모든 것을 아는 자라오.' 이렇게 그들에게 알려 주었소. 나는 그것을 알고 있소이다! 야갸발꺄여, 만일 그대가 그 실과 그 내부의 조종자를 모르면서 브라흐만의 소들을[620] 몰고 간다면, 그대의 머리는

단바 앙기라싸'라는 이름의 간다르바에게 신들려 있는 것으로 나온다.

614 샹카라에 의하면 "까반다(Kabandha)"는 이름이며, "아아타르바나(Ātharvaṇa)"는 아타르바나의 아들이란 의미다.

615 샹카라에 의하면 "제관(yājñika)들"은 '빠딴짤라 까쁘야'의 제자들이다.

616 샹카라에 의하면 "이 세상"은 이번 생, "저세상"은 다음 생, "모든 존재들"은 브라흐마에서 풀무더기에 이르기까지의 존재들이다. 목걸이가 실로 지탱되듯이 이것들을 함께 꿰고 있는 그 실이 무언지 당신은 아느냐고 묻는 것이다.

617 샹카라에 의하면 "내부의 조종자(antaryāmin)"는 이 세상과 저세상 그리고 모든 존재들을 내부에서(antara) 제어한다(yamayati), 통제한다(niyamayati), 나무 기계(dāruyantra)를 움직이듯이 움직이게 한다, 각각 자신에게 적절한 행위를 하게 한다.

618 "그는 존재를 아는 자"에 해당되는 부분은 1958년에 인도 푸나의 베다 교정 기관에서 간행된 교정 판본에는 없는 부분이다. 샹카라의 산스크리트 어 주석본에 있는 것을 옮긴 것이다.

619 샹카라에 의하면 여기서의 아는 내부의 조종자에 의해서 통제되는, '행위자로서의 성질(kartṛtva)'과 '향수(享受)하는 자로서의 성질(bhoktṛtva)'로 특화된 아다.

분명 떨어질 것이오!"

"가우따마여,[621] 나는 그 실과 그 내부의 조종자를 알고 있소."

"그 누구라도 '나는 안다' '나는 안다'라고 이렇게 말할 수는 있소이다! 어디 당신이 아는 대로 그대로 말해 보시오!" 1

그가 대답했다.

"가우따마여, 바람이[622] 바로 그 실이라오. 가우따마여, 바람인 실에 의해서 이 세상과 저세상이 그리고 모든 존재들이 꿰어져 있는 것이오. 그러므로 가우따마여, 떠난[623] 사람에 대해 '이 사람의 몸의 부분들은 무너졌다'고 말들을 하는 것이오. 왜냐하면 가우따마여, 바람인 실에 의해서 꿰어져들 있기 때문이오!"

"이건 이러하오. 야갸발꺄여, 내부의 조종자에[624] 대해 말해 보시오." 2

"땅에 머무는 것으로 땅 안에 있는 것이라오. 땅은 그것을 모르오.[625] 땅이 그것의 몸이라오.[626] 안에서 땅을 조종하는 자,[627] 이것이 그

---

620 샹카라에 의하면 "브라흐만의 소(brahmagavī)"는 브라흐만을 아는 자의 재산이 되는 소다.

621 샹카라에 의하면 "가우따마"는 '우달라까 아루니'의 족성(族姓)이다.

622 샹카라에 의하면 "바람"은 허공처럼 미세한 것으로 땅을 비롯한 것을 지탱하는 것이다. 이 바람은 생명체들의 욕망과 습기(習氣)와 긴밀히 연결된, 열일곱 가지로 된 미세신(微細身)의 본질이 되는 것이다. 개별적인 것과 전체적인 것의 본질이 되는 것, 외부적으로는 바다의 파도들처럼 마흔아홉 개의 '바람의 신의 무리(Marudgaṇa)'로 나타나는 이러한 '바람의 본질(vāyavya tattva)'을 실(sūtra)이라고 일컫는다.

623 "떠난(preta)"이란 '죽은'을 뜻한다. 영혼이 육신을 떠나가기 때문에 "떠난"이라고 말하는 것이다.

624 샹카라에 의하면 "내부의 조종자"는 실을 조종하는 자다.

625 샹카라에 의하면 땅(pṛthivī) 안에 있는 것을 '땅의 신(pṛthivīdevatā)'이라고 생각할까 봐 이렇게 말하는 것이다. 땅의 신조차도 '내부의 조종자'를 모른다는 뜻이다.

대의 아我, 내부의 조종자, 불사不死라오!"[628] 3

"물에 머무는 것으로 물 안에 있는 것이라오. 물은 그것을 모르오. 물이 그것의 몸이라오. 안에서 물을 조종하는 자, 이것이 그대의 아我, 내부의 조종자, 불사不死라오!" 4

"불에 머무는 것으로 불 안에 있는 것이라오. 불은 그것을 모르오. 불이 그것의 몸이라오. 안에서 불을 조종하는 자, 이것이 그대의 아我, 내부의 조종자, 불사不死라오!" 5

"땅과 하늘 사이에[629] 머무는 것으로 땅과 하늘 사이의 안에 있는 것이라오. 땅과 하늘 사이는 그것을 모르오. 땅과 하늘 사이가 그것의 몸이라오. 안에서 땅과 하늘 사이를 조종하는 자, 이것이 그대의 아我, 내부의 조종자, 불사不死라오!" 6

"바람에 머무는 것으로 바람 안에 있는 것이라오. 바람은 그것을 모

---

626 샹카라에 의하면 '타자를 위한 의무가 본성(parārthakartavyatāsvabhāva)'이기 때문에 '내부의 조종자'에게 있어서는 타자의 몸(kārya)과 지각 기관이 자신의 몸과 지각 기관이며, 자신의 몸과 지각 기관은 없다. 그래서 "땅이 그것의 몸(śarīra)"이라고 말하는 것이다. 여기서 몸은 제유적인 표현으로 지각 기관까지를 포함한다.

627 샹카라에 의하면 신의 몸과 지각 기관의 '외부를 향한 활동(pravṛtti)'과 '외부로부터 거두어 들여짐(nivṛtti)'은 자재자(自在者)가 단지 직접 봄을 통해 임(臨)함으로써 제어(niyama)되어 이루어진다. 나라야나(Nārāyaṇa)라는 이름의 이러한 자재자가 안에 머물러 땅의 신을 조종한다.

628 샹카라에 의하면 이하 이어지는 동일한 형식의 만뜨라들은 마찬가지 틀로 해석된다.

629 막스 뮐러와 라다크리슈난은 "땅과 하늘 사이(antarikśa)"를 '하늘, 상공, 창공(the sky)'이라고 번역한다.

르오. 바람이 그것의 몸이라오. 안에서 바람을 조종하는 자, 이것이 그대의 아我, 내부의 조종자, 불사不死라오!" 7

"하늘에 머무는 것으로 하늘 안에 있는 것이라오. 하늘은 그것을 모르오. 하늘이 그것의 몸이라오. 안에서 하늘을 조종하는 자, 이것이 그대의 아我, 내부의 조종자, 불사不死라오!" 8

"태양에 머무는 것으로 태양 안에 있는 것이라오. 태양은 그것을 모르오. 태양이 그것의 몸이라오. 안에서 태양을 조종하는 자, 이것이 그대의 아我, 내부의 조종자, 불사不死라오!" 9

"방위들에 머무는 것으로 방위들 안에 있는 것이라오. 방위들은 그것을 모르오. 방위들이 그것의 몸이라오. 안에서 방위들을 조종하는 자, 이것이 그대의 아我, 내부의 조종자, 불사不死라오!" 10

"달과 별에 머무는 것으로 달과 별 안에 있는 것이라오. 달과 별은 그것을 모르오. 달과 별이 그것의 몸이라오. 안에서 달과 별을 조종하는 자, 이것이 그대의 아我, 내부의 조종자, 불사不死라오!" 11

"허공에 머무는 것으로 허공 안에 있는 것이라오. 허공은 그것을 모르오. 허공이 그것의 몸이라오. 안에서 허공을 조종하는 자, 이것이 그대의 아我, 내부의 조종자, 불사不死라오!" 12

"어둠에[630] 머무는 것으로 어둠 안에 있는 것이라오. 어둠은 그것을 모르오. 어둠이 그것의 몸이라오. 안에서 어둠을 조종하는 자, 이것이

그대의 아我, 내부의 조종자, 불사不死라오!" 13

"빛에[631] 머무는 것으로 빛 안에 있는 것이라오. 빛은 그것을 모르오. 빛이 그것의 몸이라오. 안에서 빛을 조종하는 자, 이것이 그대의 아我, 내부의 조종자, 불사不死라오!" "이상은 신에 관한 것이오."[632] 14

"이제부터 물질에 관한 것이오."[633] "모든 물질들에 머무는 것으로 모든 물질들 안에 있는 것이라오. 모든 물질들은 그것을 모르오. 모든 물질들은 그것의 몸이라오. 안에서 모든 물질들을 조종하는 자, 이것이 그대의 아我, 내부의 조종자, 불사不死라오!" "이상은 물질에 관한 것이오." 15

"이제부터 몸에 관한 것이오." "생기에[634] 머무는 것으로 생기 안에 있는 것이라오. 생기는 그것을 모르오. 생기가 그것의 몸이라오. 안에서 생기를 조종하는 자, 이것이 그대의 아我, 내부의 조종자, 불사不死라오!" 16

---

630 샹카라에 의하면 "어둠(tamas)"은 덮어 버리는 성질을 가진 외부의 어둠이다.

631 샹카라에 의하면 "빛"은 앞의 어둠과는 반대되는 '일반적인 빛(prakāśasāmānya)'이다.

632 샹카라에 의하면 "신에 관한 것(adhidaivata)"은 신들과 관련하여 '내부의 조종자'에 대한 철학이다. 1958년에 인도 푸나의 베다 교정 기관에서 간행된 교정 판본에 따르면 여기까지가 바로 앞의 열네 번째 만뜨라의 마지막 부분이다.

633 샹카라에 의하면 "물질에 관한 것(adhibhūta)"은 브라흐마를 비롯해 풀무더기에 이르기까지의 물질(bhūta)들에 관련된 '내부의 조종자에 대한 철학(antaryāmidarśana)'이다. 샹카라의 산스크리트 어 주석본에 의하면 여기까지가 바로 앞의 열네 번째 만뜨라의 마지막 부분이다. 막스 뮐러의 영어 번역 역시 여기까지를 바로 앞의 열네 번째 만뜨라의 마지막 부분으로 본다. 그러나 야갸발꺄의 말이 아닌 부연된 내용으로 본다. 라다크리슈난의 영어 번역본과 원본 역시 여기까지를 바로 앞의 열네 번째 만뜨라로 본다. 그러나 야갸발꺄의 대화 내용으로 본다. 물질의 원어는 부따(bhūta)다. 부따에 대해서는 600쪽 464번 각주 참조.

634 샹카라에 의하면 여기서 "생기(生氣)"는 생기의 숨(vāyu)이 함께 있는 코(ghrāṇa)를 의미한다.

"언어에 머무는 것으로 언어 안에 있는 것이라오. 언어는 그것을 모르오. 언어가 그것의 몸이라오. 안에서 언어를 조종하는 자, 이것이 그대의 아我, 내부의 조종자, 불사不死라오!" 17

"눈에 머무는 것으로 눈 안에 있는 것이라오. 눈은 그것을 모르오. 눈이 그것의 몸이라오. 안에서 눈을 조종하는 자, 이것이 그대의 아我, 내부의 조종자, 불사不死라오!" 18

"귀에 머무는 것으로 귀 안에 있는 것이라오. 귀는 그것을 모르오. 귀가 그것의 몸이라오. 안에서 귀를 조종하는 자, 이것이 그대의 아我, 내부의 조종자, 불사不死라오!" 19

"마음에 머무는 것으로 마음 안에 있는 것이라오. 마음은 그것을 모르오. 마음이 그것의 몸이라오. 안에서 마음을 조종하는 자, 이것이 그대의 아我, 내부의 조종자, 불사不死라오!" 20

"피부에 머무는 것으로 피부 안에 있는 것이라오. 피부는 그것을 모르오. 피부가 그것의 몸이라오. 안에서 피부를 조종하는 자, 이것이 그대의 아我, 내부의 조종자, 불사不死라오!" 21

"지성에[635] 머무는 것으로 지성 안에 있는 것이라오. 지성은 그것을

---

635 "지성"의 원어는 위갸나(vijñāna)다. 위갸나는 중성 명사로 '앎, 지혜, 지능, 이해, 분별, 기술, 지식, 음악, 직업' 등을 뜻한다. 위갸나는 불교 경전에서 '심(心), 심법(心法), 지(知), 식(識), 의식(意識), 해(解), 본식(本識)' 등으로 한역된다. 막스 뮐러는 위갸나를 '지식, 이해, 인식(knowledge)'이라고 번역한다. 라다크리슈난은 '이해력, 지성, 사려, 분별, 오성

모르오. 지성이 그것의 몸이라오. 안에서 지성을 조종하는 자, 이것이 그대의 아我, 내부의 조종자, 불사不死라오!" 22

"정액에[636] 머무는 것으로 정액 안에 있는 것이라오. 정액은 그것을 모르오. 정액이 그것의 몸이라오. 안에서 정액을 조종하는 자, 이것이 그대의 아我, 내부의 조종자, 불사不死라오! 보이지 않는 것이면서 보는 자, 들리지 않는 것이면서 듣는 자, 생각되지 않는 것이면서[637] 생각하는 자, 분별되지 않는 것이면서 분별하는 자라오! 이것 말고 다른 보는 자는 없소, 이것 말고 다른 듣는 자는 없소, 이것 말고 다른 생각하는 자는 없소, 이것 말고 다른 분별하는 자는 없소. 이것이 그대의 아我, 내부의 조종자, 불사不死라오![638] 이것 말고 다른 것은 멸하는 것이라오."

그러자 '우달라까 아루니'는 잠잠해졌다. 23

여덟 번째 절

이제 '와짜끄나비'가 말했다.[639]

"존경스러운 브라흐마나들이시여, 이제 제가 이분께 두 가지 질문을 여쭙고자 하는데 괜찮을런지요? 만일, 저의 두 질문에 대해 이분께서 대답하신다면, 여러분들 가운데 그 어느 분도 브라흐만에 대해 말함에

(understanding)'이라고 번역한다.

636 샹카라에 의하면 여기서 "정액(精液)"은 생식기(prajanana)를 뜻한다.

637 샹카라에 의하면 '본 것(dṛṣṭa)'과 '들은 것(śruta)'에 대해서만 모두 생각하기 때문에 보지 못하고 듣지 못함으로 말미암아 생각되지 않는 것이다. '본 것'은 직접 경험한 것을 뜻하고, '들은 것'은 간접 경험한 것을 의미한다.

638 샹카라에 의하면 "불사"는 모든 '윤회하는 자(saṁsārin)'들에게 행위에 따라 결과를 나누어주는 자이며, 스스로는 모든 '윤회의 속성(saṁsāradharma)'이 배제된 자를 의미한다.

639 샹카라에 의하면 앞의 여섯 번째 절에서 질문을 하던 여인이다.

있어 이분을 이길 분은 없을 것입니다."

"가르기여,[640] 질문하시오!"[641] 1

그녀가 말했다.

"야갸발꺄여, '까쉬'[642] 혹은 '위데하'의[643] 용맹한 집안의 아들이 활줄을 풀어 놓은 화살에 활줄을 걸고 적에게 극심한 고통을 주는, 끝에 깃이[644] 달린 두 개의 화살을 손에 들고 그대에게 다가가 우뚝 선 것처럼 바로 이렇게 나는 두 개의 질문을 가지고 그대 곁에 우뚝 서 있습니다. 당신은 바로 그 두 개의 질문에 대해 제게 대답해 주셔야 합니다!"

"가르기여, 질문하시오!" 2

그녀가 물었다.

"야갸발꺄여, 하늘 위라는 것, 땅 아래라는 것, 하늘과 땅 사이라는 것, 이 하늘과 땅이라는 것, 그리고 과거와 현재와 미래라고 부르는 것은 어디에 날줄과 씨줄로 엮여 있나요?"[645] 3

그가 대답했다.

---

640 "가르기"는 와짜끄나비의 이름이다.

641 샹카라에 의하면 브라흐마나들이 '가르기 와짜끄나비'에게 질문을 허락한다고 대답하는 말이다. 막스 뮐러는 야갸발꺄가 대답하는 말로 해석한다.

642 샹카라에 의하면 "까쉬(Kāśi)" 사람들은 용맹하기로 유명하다. 까쉬는 오늘날 인도의 바라나시다.

643 "위데하"는 브라흐마나들이 야갸발꺄에게 질문을 하고 야갸발꺄가 대답하는 이 이야기가 전개되고 있는 나라의 이름이다.

644 샹카라에 의하면 "깃"은 대나무 조각을 붙인 것이다.

645 샹카라에 의하면 그 모든 '이원적인 무리(dvaitajāta)'가 하나로 되는 곳이 어느 곳이냐는 물음이다.

"가르기여, 하늘 위라는 것, 땅 아래라는 것, 하늘과 땅 사이라는 것, 이 하늘과 땅이라는 것, 그리고 과거와 현재와 미래라고 부르는 것은 허공에 날줄과 씨줄로 엮여 있다오!"[646] 4

그녀가 말했다.

"야갸발꺄여, 제게 이에 대해 잘 대답해 주신 당신께 머리 숙여 예를 올립니다. 이제 다른 것을 위해 준비해 주시기 바랍니다."

"가르기여, 질문하시오!" 5

그녀가 물었다.

"야갸발꺄여, 하늘 위라는 것, 땅 아래라는 것, 하늘과 땅 사이라는 것, 이 하늘과 땅이라는 것, 그리고 과거와 현재와 미래라고 부르는 것은 어디에 날줄과 씨줄로 엮여 있나요?"[647] 6

그가 대답했다.

"가르기여, 하늘 위라는 것, 땅 아래라는 것, 하늘과 땅 사이라는 것, 이 하늘과 땅이라는 것, 그리고 과거와 현재와 미래라고 부르는 것은 허공에 날줄과 씨줄로 엮여 있다오!"

---

646 샹카라에 의하면 하늘 위라는 것, 땅 아래라는 것, 하늘과 땅 사이라는 것, 이 하늘과 땅이라는 것, 그리고 과거(bhūta)와 현재(bhavat)와 미래(bhaviṣyat)라고 부르는 것, 이 모든 것들을 실이라고 말한다. 이 실은 허공에 "날줄과 씨줄로 엮여" 있다. 이 실을 본질로 하는 것인, 이 '드러난 것(vyākṛta)'인 세상은 '드러나지 않은 것(avyākṛta)'인 허공에 마치 물속에 흙의 요소가 있듯이 생성(utpatti)과 유지(sthiti), 소멸(laya)의 세 시간 속에서 존재한다.

647 샹카라에 의하면 앞의 세 번째 만뜨라와 동일한 의미다. 이 질문과 이 질문에 대한 대답은 앞에 이미 언급된 것을 확인하기 위한 것이다.

"그럼, 허공은 어디에 날줄과 씨줄로 엮여 있나요?"[648] 7

그가 대답했다.

"가르기여, 그것은 브라흐마나들이[649] 바로 불멸不滅이라고[650] 말하는 이것이오. 크지 않은 것, 작지 않은 것, 짧지 않은 것, 길지 않은 것이오.[651] 붉지 않은 것,[652] 흐르지 않는 것,[653] 그림자가 없는 것,[654] 어둠이 아닌 것, 바람이 아닌 것, 허공이 아닌 것, 접촉이 없는 것,[655] 맛이 없는

648 샹카라에 의하면 "허공"은 과거와 현재와 미래라는 세 시간을 초월하는 것이기 때문에 그에 대해 말하기가 쉽지 않다. 허공이 날줄과 씨줄로 엮여 있는 곳인 불멸(不滅)에 대해서는 더욱더 말하기가 어렵다. 그래서 '가르기'는 불멸은 '언급할 수 없는 것(avācya)'이며, 파악할 수 없는 것이라고 생각하고 있다. 논리학파의 이론에 따르면, 파악할 수 없는 것은 '이해의 결핍(apratipatti)'이라는 이름의 논리적 결함이며, 언급할 수 없는 것을 말한다는 것은 모순(vipratipatti)이라는 논리적 결함이다. 따라서 '가르기'는 이 물음에 대해서는 대답하기 힘들 것이라고 여기며 질문하는 것이다.

649 샹카라에 의하면 "브라흐마나"는 '브라흐만을 아는 사람(brahmavid)'을 뜻한다.

650 "불멸(不滅)"의 원어는 악샤라(akṣara)다. 악샤라는 부정 접두어 '아(a)'와 형용사로는 '녹아 버리는, 사라지는, 움직이는' 등을 의미하고, 남성 명사로는 '구름', 중성 명사로는 '물, 몸, 무지, 최고의 존재, 원인과 결과, 자연적인 형태' 등을 의미하는 끄샤라(kṣara)가 합쳐져 만들어진 낱말이다. 악샤라는 형용사로는 '불멸의, 불후의, 고정된, 변하지 않는' 등을 의미하며 개인적인 영혼과 궁극적인 영혼을 수식하는 말로도 쓰인다. 남성 명사로는 '쉬바 신, 위스누 신, 칼' 등을 뜻하고, 여성 명사로는 '소리, 낱말, 언어' 등을 뜻하며, 중성 명사로는 '문자, 음절, 기록, 옴(ॐ), 불멸의 영혼, 고행, 제의(祭儀), 물, 하늘, 정의, 해탈, 불멸, 궁극적인 존재인 브라흐만' 등을 의미한다. 샹카라에 의하면 '사그라지지 않는 것(yanna kṣīyate)' 혹은 '녹거나 멸하지 않는 것(na kṣarati)'이 불멸이다.

651 샹카라에 의하면 큰 것과는 다른 것이다. 그렇다고 작은 것인가 하면, 작은 것이 아니다. 그렇다고 짧은 것인가 하면, 짧은 것이 아니다. 그렇다고 긴 것인가 하면, 긴 것도 아니다. 네 가지 방법으로 량(量, parimāṇa)의 부정들을 통해 '물체의 속성(dravyadharma)'이 부정된다. 즉 불멸은 물체(dravya)가 아니라는 의미다.

652 샹카라에 의하면 '붉은 것(lohita)'은 불의 성질이다.

653 샹카라에 의하면 흐르는 것은 물의 성질이다.

654 샹카라에 의하면 '지시(指示)될 수 없는 것(anirdeśya)'이기 때문에 그림자(chāyā)와는 다른 것이다.

655 샹카라에 의하면 "접촉이 없는 것(asaṃga)"은 수지(樹脂)처럼 들러붙지 않는 것을 의미

것, 냄새가 없는 것, 눈이 없는 것, 귀가 없는 것, 언어가 없는 것, 마음이 없는 것, 빛이 없는 것, 생기가 없는 것,[656] 입이 없는 것,[657] 잴 것이 없는 것,[658] 틈이 없는 것,[659] 밖이 없는 것이오. 그것은 아무것도 먹지 않소. 그것을 그 누구도 먹지 않소."[660] 8

"가르기여, 이 불멸의[661] 다스림 하에 해와 달이 간직되어 머무르오. 가르기여, 이 불멸의 다스림 하에 하늘과 땅이 간직되어 머무르오. 가르기여, 이 불멸의 다스림 하에 순간瞬間들,[662] 잠시暫時들,[663] 낮과 밤들,[664] 보름들, 달들, 계절들, 연年들이 간직되어 머무르오. 가르기여, 이 불멸의 다스림 하에 흰 산들에서[665] 어떤 강들은 동쪽으로 흐르고, 어느 강들

한다.

656 샹카라에 의하면 "생기가 없는 것(aprāṇa)"은 몸과 관련된 숨이 없는 것을 의미한다.

657 샹카라에 의하면 "입이 없는 것(amukha)"은 문이 없는 것을 의미한다.

658 샹카라에 의하면 "잴 것이 없는 것(amātra)"은 그것에 의해서 그 무엇도 측량되지 않는 것을 의미한다. 1958년에 인도 푸나의 베다 교정 기관에서 간행된 교정 판본에는 "잴 것이 없는 것(amātra)"이 '몸이 없는 것(agātra)'으로 되어 있다. 막스 뮐러와 라다크리슈난 모두 샹카라의 산스크리트 어 주석본에 따라 해석한다.

659 샹카라에 의하면 "틈이 없는 것(anantara)"은 구멍이 없는 것이다. 막스 뮐러와 라다크리슈난은 '내부가 없는 것(having no within)'이라고 해석한다.

660 샹카라에 의하면 모든 형용사를 배제한 것이라는 의미다. 그것은 '둘이 아니라 바로 하나(ekamevādvitīyam)'인 것이다. 따라서 무엇으로 무엇을 형용하겠는가? 형용은 비슷하지만 다른 것을 통해 이루어진다. 그러나 하나 속으로 들어가면, 즉 하나인 곳에서는 다른 것이 없기 때문에 일체 형용할 것이 없어진다는 뜻이다.

661 샹카라에 의하면 "불멸"은 모든 것의 안에 있는 것인 직접적이고 명백한 브라흐만이다. 먹고 싶은 욕망 등의 속성을 벗어난 아(我)다.

662 "순간"의 원어는 니메샤(nimeṣa)다. 니메샤는 눈 한번 깜박일 동안의 시간이다.

663 "잠시"의 원어는 무후르따(muhūrta)다. 무후르따는 사십팔 분에 해당하는 시간이다. 하루는 삼십 무후르따다.

664 "낮과 밤"은 날을 뜻한다.

665 샹카라에 의하면 "흰 산(śvetaparvata)들"은 히마와뜨(Himavat)를 비롯한 산들이다. 히마와뜨는 눈(hima)을 '가지고 있는 것(vat)'을 의미하며, 눈의 거처(ālaya)를 뜻하는 히말라야

은 서쪽으로 흐르며, 혹은 각각의 방향을 향해 흘러가오. 가르기여, 이 불멸의 다스림 하에 사람들은 주는 이를 찬양하고, 신들은 제주祭主를, 조상들은 국자를[666] 뒤따른다오." 9

"가르기여, 이 불멸을 모르고서 이 세상에서 불에 제물을 넣어 태워 올리고, 제사 지내고, 여러 천 년 동안을 고행하는 자, 이의 그것은 끝이 있는 것이 되오.[667] 가르기여, 이 불멸을 모르고서 이 세상에서 떠나는 자, 그는 비천하오.[668] 이제, 가르기여, 이 불멸을 알고서 이 세상을 떠나는 자, 그가 브라흐마나라오!" 10

"가르기여, 그 이 불멸은[669] 보이지 않는 것이며 보는 자라오.[670] 들리지 않는 것이며 듣는 자, 생각되어지지 않는 것이며 생각하는 자, 알려지지 않는 것이며 아는 자라오. 이것 말고는 보는 자는 없소. 이것 말고는 듣

(himālaya)와 동의어다.

666 "국자"의 원어는 다르비(darvī)다. 다르비는 여성 명사로 '국자, 숟가락' 등을 뜻한다. 샹카라에 의하면 조상들을 위해 '국자로 불에 올리는 헌공(darvīhoma)'을 의미한다.

667 샹카라에 의하면 불멸을 모르면 윤회(輪廻)가 일어남은 정해진 것이다. 그러나 불멸에 대해 앎으로써 윤회가 끊어진다. 이 불멸을 모르고서 이 세상에서 불에 제물을 태워 올리고, 제사를 지내고, 비록 여러 천 년 동안을 고행한다 할지라도, 그의 결과는 종말이 있는 것이다. 즉 그의 행위들은 행위의 결과에 대한 향수(享受, upabhoga)가 끝나면 소멸한다.

668 샹카라에 의하면 이 불멸에 대한 앎이 없으므로 인해서 단지 행한 것의 결과만을 향수하는 자가 되어 생과 사의 연이어짐에 올라타 윤회한다. 이 불멸을 모르고서 이 세상을 떠나는 자는 돈을 주고 산 노예를 비롯한 자들처럼 천하다.

669 막스 뮐러는 "그 이 불멸은(tad vā etadakṣaram)"을 '그 브라흐만(that Brahman)'이라고 번역한다.

670 샹카라에 의하면 "이 불멸"은 '대상성(對象性)이 없는 것(aviṣayatva)'이기 때문에 그 누구에 의해서 보이는 것이 아니다. 그러나 봄(見)의 본질이기 때문에 스스로 보는 자다. 이하 "알려지지 않는 것이며 아는 자라오"에 이르기까지 마찬가지 방식이다.

는 자는 없소. 이것 말고는 생각하는 자는 없소. 이것 말고는 아는 자는 없소. 가르기여, 분명 이 불멸에 허공이 날줄과 씨줄로 엮여 있다오!”[671] 11

그녀가 말했다.

“존경하는 브라흐마나들이시여, 머리 숙여 예를 올려 이분에게서 이만 물러나는 것을 당연한 일로 여기세요. 여러분 가운데 그 누구도 브라흐만에 대해 말함에 있어 이분을 이길 분이 안 계십니다!”

그러고는 ‘와짜끄나비’는[672] 잠잠해졌다.[673] 12

아홉 번째 절

이제 이에게 ‘위다그다 샤깔야’가[674] 물었다.

---

671 샹카라에 의하면 “이 불멸”이 ‘직접적이고 명백한 브라흐만(sākṣādaparokṣādbrahma)’, 먹고 싶은 마음을 비롯한 윤회의 속성을 벗어난 것, 모든 것의 안에 있는 것인 아(我), 정점(頂點, parākāṣṭhā), ‘최고의 경지(parāgati)’, ‘지고의 브라흐만’, 땅에서 허공에 이르기까지의 실재(satya)의 실재, 허공이 날줄과 씨줄로 엮여 있는 곳이다.

672 와짜끄나비(Vācaknavī)는 와짜끄누(Vācaknu)의 딸이라는 뜻으로 가르기 집안과 관련된 이름이다.

673 샹카라에 의하면 생령(生靈)은 무명(無明)에 의한 욕망에 따른 행위에 의해서 특화된 몸과 지각 기관을 조건(upādhi)으로 갖는 아(我)이며 ‘윤회하는 것(saṁsārī)’이다. ‘내부의 조종자’인 자재자(自在者)는 더할 바가 없는 항상(恒常)한 ‘지혜의 힘(jñānaśakti)’을 조건으로 갖는 아다. 조건을 갖지 않은 아는 유일하고 순수하며, 자신의 본질에 의해서 불멸(不滅) 혹은 지고(至高)라고 일컬어진다. 이 조건을 갖지 않은 아는 규명할 수 없는 것이기 때문에, 특별함이 없는 것이기 때문에, 그리고 하나인 것이기 때문에 “이렇게는 아니다. 이렇게는 아니다(neti neti)”라고 지시된다. 조건을 갖지 않은 아가 히란야가르바(黃金子宮, 金胎), ‘드러나지 않은 것(avyākṛta)’, 신(devatā), 덩어리, 사람, 천한 것, 중음신(中陰身, preta)을 비롯한 몸과 지각 기관의 조건들에 의해서 특화되면, 바로 그 이름과 그 형태가 된다. 차이(bheda)는 ‘조건이 만들어 낸 것(upādhikṛta)’이다. 조건을 갖지 않은 아는 소금 덩어리처럼 ‘앎이 꽉 찬 하나의 맛이 본질인 것(prajñānaghanaikarasasvābhāvya)’이기 때문에 스스로는 차이도 ‘차이가 아닌 것(abheda)’도 없다.

674 샹카라에 의하면 “위다그다(Vidaghdha)”는 이름이며, “샤깔야(Śākalya)”는 샤깔라(Śakala)

"야갸발꺄여, 신들은 몇이나 되오?"

그러자 그는 신들의 수를 일러주는 이 만뜨라의 구절로 알려 주었다.[675]

"모든 신들의[676] 수를 알려 주는 만뜨라의 구절에 의하면, 삼 그리고 삼백 그리고 삼 그리고 삼천이오!"[677]

"좋소" 하고는 물었다. "야갸발꺄여, 신들은 몇이나 되오?"

"삼십삼이오!"

"좋소" 하고는 물었다. "야갸발꺄여, 신들은 몇이나 되오?"

"여섯이오!"

"좋소" 하고는 물었다. "야갸발꺄여, 신들은 몇이나 되오?"

"셋이오!"

"좋소" 하고는 물었다. "야갸발꺄여, 신들은 몇이나 되오?"

"둘이오!"

"좋소" 하고는 물었다. "야갸발꺄여, 신들은 몇이나 되오?"

"일과 이분의 일이오!"

"좋소" 하고는 물었다. "야갸발꺄여, 신들은 몇이나 되오?"

의 아들이란 뜻이다.

675 "신들의 수를 일러주는 이 만뜨라의 구절"의 원어는 니비드(nivid)다. 샹카라에 의하면 니비드는 신의 수를 알려 주는 만뜨라의 구절들이다. 그 어떤 것들이라 할지라도 와이스바데바(Vaiśvadeva)의 찬양에서 찬송되는 만뜨라의 구절들을 니비드라고 이름한다. '이 구절'은 다음에 나오는 "삼 그리고 삼백 그리고 삼 그리고 삼천(3+300+3+3000=3,306, trayaśca trī ca śatā trayaśca trī ca sahasra)"을 의미한다.

676 "모든 신들의"에 해당하는 원어는 와이스바데바(Vaiśvadeva)다. 와이스바데바는 '위스바데바(Viśvadeva)와 관련된'이란 의미다. '위스바데바'는 모든 신을 뜻한다. 혹은 복수를 나타내는 '위스베 데바쓰(viśve devās)'라는 형태로 사용되어 특정한 신들의 집단을 의미한다. '위스베 데바쓰'는 특정한 신들의 집단으로 그 수는 열 명이며, 위스바의 아들들로 상정된다. 또한 '위스베 데바쓰' 역시 모든 신들을 뜻하기도 한다.

677 샹카라에 의하면 "삼(3) 그리고 삼백(300) 그리고 삼(3) 그리고 삼천(3,000)"은 삼천삼백육(3,306)을 의미한다.

"하나외다!"

"좋소" 하고는 물었다. "야갸발꺄여, 삼 그리고 삼백 그리고 삼 그리고 삼천이란 어떤 것들이오?" 1

그가 대답했다.

"이것들은 이들의 확장들이오. 허나 신들은 바로 삼십삼이외다!"[678]

"그 삼십삼이란 어떤 것들이오?"

"여덟 '와쑤'들,[679] 열한 '루드라'들,[680] 열두 '아디뜨야'들,[681] 그들이 서른하나 그리고 '인드라'와[682] '쁘라자빠띠'가[683] 서른셋을 채우는 이들이

678 샹카라에 의하면 삼천삼백육 명의 신들은 이들 서른세 신들의 "확장들"이다. 궁극적인 의미에 있어서 신들은 서른 셋이다. 확장의 원어인 마히만(mahiman)은 남성 명사로 '위대함, 영광, 권능, 힘, 최고의 지위, 여덟 가지 신통력 가운데 하나로 마음대로 커질 수 있는 능력' 등을 의미한다. 샹카라는 마히만을 위부띠(vibhūti)라고 풀이한다. 위부띠는 여성 명사로 '위대함, 힘, 권능, 번영, 최고의 지위, 장대함, 장려(壯麗)함, 부, 여덟 가지 신통력, 소똥을 태운 재, 부의 여신의 이름, 확장' 등을 의미한다. 막스 뮐러는 '다양한 힘들(various powers)'이라고 번역한다. 라다크리슈난은 '발현, 현시, 표명들(manifestations)'이라고 번역한다.

679 "와쑤(Vasu)"는 '살다, 거주하다, 머물다, 존재하다, 시간을 보내다' 등을 의미하는 어근 '와쓰(vas)'에서 파생된 낱말이다. 와쑤는 불경에서 '세(世), 보(宝), 천(天), 물(物), 재물(財物)' 등으로 한역되며, '파수(婆藪), 파소(婆蘇)' 등으로 음사된다. 여덟 와쑤는 다음의 세 번째 만뜨라 참조.

680 "루드라(Rudra)"는 '울다, 비탄하다, 눈물을 흘리다, 울부짖다' 등을 의미하는 어근 '루드(rud)'에서 파생된 낱말이다. 루드라는 건기를 마감하고 우기를 비롯되게 하는 폭풍과 그 폭풍을 야기하는 태양이 베다 시대에 신격화된 것이다. 루드라는 힌두 삼신 가운데 파괴와 새로운 창조의 원동력이 되는 쉬바 신의 원형이다. 불경에서 "루드라"는 '포악(暴惡), 긴사(緊思)' 등으로 한역되며, '율타(律他), 로달라(魯達羅)' 등으로 음사된다. 열한 루드라들 가운데 으뜸을 루드라라고도 한다. 열한 루드라들에 대해서는 다음의 네 번째 만뜨라와 646쪽 686번 각주 참조.

681 "아디뜨야(Āditya)"는 아디띠(Aditi)의 아들이란 뜻으로 일반적으로 태양과 태양신 그리고 신을 의미한다. "아디뜨야"는 불경에서는 '일(日)'로 한역된다. 열두 '아디뜨야'들에 대해서는 다음의 다섯 번째 만뜨라와 646쪽 687번 각주 참조.

외다." 2

"'와쑤'들은 어떤 것들이오?"

"불, 땅, 바람, 하늘과 땅 사이, 태양, 하늘, 달, 별들, 이들이 '와쑤'들이외다."[684] "이들에 이 모든 것이 잘 놓여 있소. 그래서 '와쑤'들이라고 하오."[685] 3

---

682 "인드라"는 가장 오래된 『베다』인 『리그베다』에서 가장 많이 찬양받는 신들의 왕이며, 곡식의 싹을 틔우는 비를 내리는 구름을 만드는 바람, 궁극적으로는 그러한 바람을 만들어 내는 태양이 인격신으로 신격화된 것이다. 『리그베다』에서 인드라는 적을 물리치는 용맹한 왕의 모습으로도 많이 나타난다. 인드라는 불경에서 '왕(王), 주(主), 제(帝), 천주(天主), 제왕(帝王), 제주(帝主)' 등으로 한역되며, '인(因), 인타라(因陀羅), 인달라(因達囉), 제석(帝釋), 석제환인(釋提桓因)' 등으로 음사된다. 우리의 단군 신화에 나오는 환인(桓因)이 바로 인드라다. 환웅(桓雄)이 환인의 서자이니, 우리 민족은 고대 인도 신들의 왕인 인드라의 후손인 셈이다. 만일 환인이 신들의 왕인 인드라의 적자였다면, 인간들이 사는 세상으로 내려오지 않고 신들의 세상인 인도의 천국을 이어 받아 다스렸을 것이니, 신화에서 환웅이 환인의 서자인 것은 어찌 보면 당연하다. 아무튼 단군 신화를 단순히 불교의 영향을 받아 승려인 일연(一然)이 창작한 신화가 아니라 우리 민족의 정통 신화로 인정한다면, 우리 민족 문화의 출발은 고대 인도 문화와 밀접한 관계를 가진다. 이미 『삼국유사』가 만들어진 고려 시대 이전인 삼국 시대와 통일 신라 시대에 인도의 승려들이 우리나라에 들어온 역사적 사실을 감안한다면, 교통 수단에 별 차이가 없는 그 이전에 고대 인도와 우리 나라 사이에 있었을 문화 교류를 부정할 확실한 근거는 없는 듯하다.

683 "쁘라자빠띠"는 '출산, 생산, 자손, 후손, 새끼, 창조물, 백성, 인민, 인류, 정액, 기원' 등을 의미하는 여성 명사 '쁘라자(prajā)'와 남성 명사로 '주(主), 주인, 통치자, 지배자, 남편' 등을 뜻하며 여성 명사로는 '여주인, 부인' 등을 의미하는 '빠띠(pati)'라는 낱말이 합해 만들어진 단어다. 쁘라자빠띠는 '창조를 주관하는 신, 브라흐마의 별칭, 브라흐마에 의해서 처음으로 창조된 열 명의 주(主)들, 신들의 장인(匠人)인 위스바까르만(Viśvakarman)의 별칭, 위스누의 별칭, 태양, 왕, 아버지, 남성 성기, 제사' 등을 뜻한다. 쁘라자빠띠는 불경에서 '생주(生主), 중생주(衆生主), 세주(世主), 세간주(世間主), 세계주(世界主), 구류주(九類主), 범천(梵天), 범왕(梵王), 범천왕(梵天王), 유신천(有信天)' 등으로 한역되며, 파도파제(婆闍婆提)로 음사된다.

684 "와쑤들"은 모두 여덟이며, 불, 땅(pṛthivī, pṛthvī), 바람, '하늘과 땅 사이(antarikṣa)', 태양, 하늘(dyo, dyu), 달(candramas), 별들(nakṣatrāṇi)이 여덟 와쑤들이다.

"'루드라'들은 어떤 것들이오?"

"사람 안에 있는 이 열 개의 생기들과 열한 번째인 아我이외다! 그들은 이 죽을 이의 몸에서 떠나갈 때 이제 울게 한다오. 그것은 울게 하는 것이라오. 그래서 '루드라'들이라고 하외다!"[686] 4

"'아디뜨야'들은 어떤 것들이오?"

"한 해의 이 열두 달들이 이들 '아디뜨야'들이라오! 바로 이들이 이 모든 것을 가지고 가오. 그들이 이 모든 것을 가지고 가는 것이라서 그래서 '아디뜨야'들이라고 하외다!"[687] 5

"'인드라'는 어떤 것이오? '쁘라자빠띠'는 어떤 것이오?"

"뇌명雷鳴이[688] 바로 '인드라'외다! 제사가 '쁘라자빠띠'외다!"

---

685 샹카라에 의하면 "와쑤들"은 생명체들의 행위의 결과의 바탕으로, 몸과 지각 기관의 결합의 형태로, 생명체들의 머물 곳으로 변화되어 이 모든 세상을 '머물게 하고(vāsayanti)' 그리고 머문다(vasanti). 그들은 '머물게 한다(vāsayanti)'. 그래서 와쑤들이라고 한다.

686 샹카라에 의하면 "루드라들"은 사람(puruṣa)에게 있는 행동 기관(karmendriya)과 지각 기관(buddhīndriya)들인 열 개의 생기(生氣)들과 열한 개를 채우는 것인 아인 마음이다. 생명체들의 행위의 결과에 대한 향수(享受)가 끝나 이 생기들이 죽을 이의 몸에서 떠날 때, 이 생기들은 친지들을 '울게 한다(rodayanti).' 그래서 루드라들이라고 한다. 행동 기관은 언어 기관인 입, 활동 기관인 팔, 이동 기관인 다리, 생식기, 배설기 이렇게 다섯 개이며, 지각 기관은 눈, 코, 귀, 혀, 피부 이렇게 다섯 개다. 샹카라는 여기서 아를 마음이라고 풀이한다. 마음, 다섯 가지 행동 기관, 다섯 가지 지각 기관, 이렇게 열한 개 모두를 샹카라는 생기로 보고 있다. 140쪽 96번 각주 참조.

687 샹카라에 의하면 "아디뜨야들"은 한 해(saṁvatsara)의 시간의 부분들인 열두 달들이다. 이 열두 달들은 자꾸자꾸 변화하면서 생명체들의 수명들과 행위의 결과를 가지고 간다. 이들은 이 모든 것을 '가지고(ādadānāḥ)' '간다(yanti)'. 그래서 "아디뜨야들"이라고 한다.

688 "뇌명"의 원어는 쓰따나여이뜨누(stanayitnu)다. 쓰따나여이뜨누는 '소리 나다, 소리 내다, 울리다, 천둥소리 나다' 등을 의미하는 어근 '쓰딴(stan)'에서 파생된 남성 명사로 '천둥, 구름이 우르렁거리는 소리, 번개, 질병, 죽음' 등을 뜻한다. 막스 뮐러와 라다크리슈난은 쓰따나여이뜨누를 '천둥, 벼락(thunder)'이라고 번역한다.

"어떤 것이 뇌명이오?"

"벼락이오!"[689]

"어떤 것이 제사요?"

"짐승들이오!"[690] 6

"여섯이란 어떤 것들이오?"

"불, 땅, 바람, 땅과 하늘사이, 태양, 하늘, 이들 여섯이오. 왜냐하면 이들 이 모두는 여섯이기 때문이외다!"[691] 7

"그들 세 신들은 어떤 것들이오?"

"바로 이 세 세상들이오. 이곳들에 이들 모든 신들이 있기 때문이외다!"[692]

"그 두 신들은 어떤 것들이오?"

"바로 곡식과 생기외다!"[693]

---

689 "벼락"의 원어는 아샤니(aśani)다. 아샤니는 '편재하다, 완전히 채우다, 관통하다, 도달하다, 얻다, 즐기다, 경험하다, 쌓다, 먹다, 마시다' 등을 의미하는 어근 '아스(aś)'에서 파생된 남성 명사 혹은 여성 명사로 '인드라의 번개, 번갯불, 날아가는 무기' 등을 뜻하며, 남성 명사로는 '인드라, 불, 번개에서 생긴 불' 등을 뜻한다. 샹카라에 의하면 아샤니는 금강저(金剛杵, vajra), 용맹(vīrya), 힘(bala)이다. 생명체들을 해치는 것이 인드라다. 왜냐하면 그것이 인드라의 행위이기 때문이다.

690 샹카라에 의하면 "짐승들"은 제사의 방편(sādhana)들이다. 제사는 형태가 없기 때문에 그리고 짐승이라는 방편에 의지하는 것이기 때문에 짐승들을 제사라고 일컫는다.

691 샹카라에 의하면 불, 땅, 바람, 하늘과 땅 사이, 태양, 하늘, 달, 별들, 이들 여덟 와쑤들 가운데 달과 별들을 제외한 여섯이다. 서른셋을 비롯한 앞에서 언급한 이 모두는 이들 여섯이 된다. 즉 와쑤를 비롯한 확장(vistara)은 이들 여섯에 포함된다는 의미다.

692 샹카라에 의하면 땅과 불을 합하여 한 신, '하늘과 땅 사이'와 바람을 합하여 두 번째 신, 하늘과 태양을 합하여 세 번째 신이 된다. 모든 신들은 이 세 신들에 포함된다.

693 샹카라에 의하면 곡식과 생기(生氣), 이 둘에 앞에서 언급한 모든 신들이 포함된다.

"일과 이분의 일은 어떤 것이오?"

"이 불어서 쓸어 가는 것이오."[694] 8

"그러면, 말하건대, 하나인 듯이 불어서 쓸어 가는 이것이 어째서 일과 이분의 일이오?"

"이곳에서 이 모든 것이 번성하는 것이오, 그래서 일과 이분의 일이라 하외다!"[695]

"한 신은 어떤 것이오?"

"생기라오. 그것은 브라흐만이오, '뜨야뜨'라고 일컫는 것이외다!"[696] 9

---

694 "이 불어서 쓸어 가는 것"의 원어 '요얌 빠와떼(yo'yaṁ pavate)'에서 '불어서 쓸어 가다'에 해당되는 동사는 빠와떼(pavate)다. 빠와떼는 '정화하다, 깨끗하게 하다, 정제하다, 순수하게 하다, 겨를 고르다, 키질하다, 속죄하다, 분별하다, 생각하다, 고안하다, 흘러 말끔하게 하다, 깨끗하게 되다' 등을 의미하는 어근 '뿌(pū)'의 자위형 현재 시제 단수 형태다. 따라서 '요얌 빠와떼'는 바로 앞에서 불면서 검불이나 먼지 등을 깨끗이 쓸어 버리는 바람을 의미한다. 샹카라에 의하면 "이 불어서 쓸어가는 것"은 바람이다.

695 샹카라에 의하면 이 바람 안에서 이 모든 것은 '번성함을 얻는다(adhyārdhnot).' 그래서 "일과 이분의 일(adhyardha)"이다.

696 샹카라에 의하면 "생기(生氣)"는 모든 신들의 자성(自性, ātmakatva)이기 때문에 '큰 것(mahat)'인 브라흐만이다. 그래서 그 브라흐만을 "뜨야뜨(tyat)"라고, 즉 '눈에 보이지 않는 것(parokṣa)'을 지시하는 낱말로 일컫는다. 하나인 생기가 모두인 무한한 수로 확장한 것이다. 하나인 신의 이름, 형태, 행위, 속성(guṇa), 힘의 차이는 역할(adhikaraṇa)의 차이에서 기인한다. '눈에 보이지 않는 것'은 감지할 수 없는 것을 의미한다. '큰 것'은 상캬(Sāṁkhya) 철학의 스물다섯 원리 가운데 두 번째 원리인 지성을 의미하는 것으로 보인다. 상캬 철학에서 지성은 미현현(未顯現, avyakta)체인 자연(自然)에서 처음으로 현현하여 생겨난 것이다. 따라서 지성은 다른 모든 현현한 것들의 원인이 된다. 지성을 '큰 것', 진성(眞性)이라고도 부른다. 특히 요가 철학에서는 지성을 정신(精神, citta)이라 부르기도 한다. 뜨야뜨는 중성 명사로는 '바람, 공기, 하늘, 보이지 않는 것'을 의미하며, 대명사와 형용사로는 뜨야드(tyad)라는 형태가 되어 '그것, 그' 등을 뜻한다. 막스 뮐러는 뜨야뜨를 뜨야드로 보고 '그것(that)'이라고 번역한다. 라다크리슈난 역시 '그것'이라고 번역한다.

“땅이 그의 거처居處고,[697] 불이 그의 시각視覺이며,[698] 빛이 그의 마음인[699] 그러한 인아人我를, 모든 아我의 궁극의 목적을[700] 아는 자, 그가 바로 아는 자일 것이오! 야갸발꺄여!”[701]

“나는 당신이 모든 아의 최고의 목적이라고 말하는 그러한 인아를 알고 있소이다. 바로 이 몸에 있는[702] 인아, 그것이 이것이외다.[703] 샤깔야여, 더 말해 보시오.”

“그것의 신은 누구요?”[704]

“불사不死!”[705]라고 대답했다.[706] 10

---

697 샹카라에 의하면 “땅”이 그 신의 “거처(āyatana)”, 즉 ‘자리, 바탕, 의지처, 몸(āśraya)’이라는 의미다.

698 샹카라에 의하면 “불”을 통해서 본다는 의미다. 막스 뮐러는 “시각(視覺, loka)”을 ‘시계[視界, sight(world)]’라고 번역한다. 라다크리슈난은 ‘세상(world)’이라고 번역한다.

699 샹카라에 의하면 “빛”을 통해서 결심(saṃkalpa)과 ‘선택, 분별, 상상, 망상, 허망분별(vikalpa)’을 비롯한 작용을 한다는 의미다.

700 샹카라에 의하면 ‘모든 아의 궁극의 목적(sarvasyātmanaḥ parāyaṇam)’에서 아는 몸과 관련된 것인 아, 즉 몸과 지각 기관의 집적 결합의 아를 의미한다. 그리고 ‘궁극의 목적(parāyaṇa)’은 ‘궁극의 거처(paramayana)’인 ‘궁극의 자리, 혹은 바탕, 혹은 의지처, 혹은 몸(para āśraya)’이다. 즉 어머니에게서 생겨난 토양에 해당되는 피부, 살, 피의 형태와 아버지에게서 생겨난 씨앗에 해당되는 뼈, 골수, 정액의 형태 그리고 ‘지각 기관의 아(karaṇātman)’의 ‘궁극의 거처’라는 의미다.

701 샹카라에 의하면 “야갸발꺄여, 그대는 그것에 대해서 모르면서도 학자인 척하고 있소이다!”라는 의미다.

702 샹카라에 의하면 흙으로 된 부분인 몸에 있는 것으로 어머니에게서 생긴 ‘살의 세 가지 부분의 형태(kośatrayarūpa)’라는 의미다. ‘살의 세 가지 부분의 형태’는 피부, 살, 피의 형태를 뜻한다.

703 샹카라에 의하면 “그것이 이것이외다”는 “그러한 이 신이 그대가 질문한 신이오!”라는 의미다.

704 샹카라에 의하면 다른 특별히 할 말이 있으면 물어보라는 야갸발꺄의 말에 자극을 받아 샤깔야가 “몸에 있는 신의 신은 무엇이오?”라고 질문하는 것이다. 막스 뮐러와 라다크리슈난은 이 문장을 야갸발꺄가 샤깔야에게 물어보는 질문으로 본다.

705 샹카라에 의하면 먹은 곡식의 정수(精髓)로 어머니에게 생기는 혈(血, lohita)을 만드는 원인이 되는 것이 “불사”다. 바로 그 곡식의 정수에서 여성 안에 깃든 혈이 만들어진다.

"애욕이 그의 거처居處고,[707] 심장이 그의 시각視覺이며,[708] 빛이 그의 마음인 그러한 인아人我를, 모든 아我의 궁극의 목적을 아는 자, 그가 바로 아는 자일 것이오! 야갸발꺄여!"

"나는 당신이 모든 아의 최고의 목적이라고 말하는 그러한 인아를 알고 있소이다. 바로 이 애욕으로 된 인아,[709] 그것이 이것이외다. 샤깔야여, 더 말해 보시오."

"그것의 신은 누구요?"[710]

"여성들이오"[711]라고 대답했다. 11

"색들이[712] 그의 거처居處고, 눈이 그의 시각視覺이며, 빛이 그의 마음인 그러한 인아人我를, 모든 아我의 궁극의 목적을 아는 자, 그가 바로 아는 자일 것이오! 야갸발꺄여!"

그래서 '씨앗의 자리(bījāśraya)'인 혈로 된 몸이 생겨난다. 막스 뮐러와 라다크리슈난은 이 문장을 샤깔야가 야갸발꺄에게 대답하는 것으로 본다.

706 이하 유사한 만뜨라들은 마찬가지 방식으로 해석된다.

707 샹카라에 의하면 여성(女性, strī)과 섞이고자 하는 희구(希求, abhilāṣa)가 애욕(愛慾, kāma)이다. "애욕이 그의 거처"라는 것은 '애욕이 몸(kāmaśarīra)'이라는 의미다.

708 샹카라에 의하면 심장(hṛdaya)으로, 즉 지성(buddhi)으로 본다는 의미다. 라다크리슈난은 "시각"을 '세상(world)'이라고 번역한다.

709 샹카라에 의하면 바로 이 인아(人我)는 몸과 관련하여서도 '애욕으로 된 것(kāmamaya)'이다.

710 샹카라에 의하면 샤깔야가 야갸발꺄에게 질문하는 것이다. 막스 뮐러와 라다크리슈난은 이 문장을 야갸발꺄가 샤깔야에게 물어보는 질문으로 본다. 이하 마찬가지다.

711 샹카라에 의하면 여성에게서 애욕의 불빛이 생겨나기 때문이다. 야갸발꺄가 샤깔야에게 하는 대답이다. 막스 뮐러와 라다크리슈난은 이 문장을 샤깔야가 야갸발꺄에게 대답하는 것으로 본다. 이하 마찬가지다.

712 "색"의 원어는 루빠(rūpa)다. 루빠는 중성 명사로 '형태, 모습, 외양, 미모, 유형, 영상, 유사, 색, 연극, 소리, 낱말, 은, 백색, 특성' 등을 의미한다. 샹카라에 의하면 루빠는 흰색과 검은색을 비롯한 것이다. 막스 뮐러는 루빠들을 '색들(the colours)'이라고 번역한다. 라다크리슈난은 '형태들(forms)'이라고 번역한다.

"나는 당신이 모든 아의 최고의 목적이라고 말하는 그러한 인아를 알고 있소이다. 태양에 있는 바로 저 인아,[713] 그것이 이것이외다. 샤깔야여, 더 말해 보시오."

"그것의 신은 누구요?"

"진실이오"[714]라고 대답했다. 12

"허공이 그의 거처居處고, 귀가 그의 시각視覺이며, 빛이 그의 마음인 그러한 인아人我를, 모든 아我의 궁극의 목적을 아는 자, 그가 바로 아는 자일 것이오! 야갸발꺄여!"

"나는 당신이 모든 아의 최고의 목적이라고 말하는 그러한 인아를 알고 있소이다. 바로 이 귀에 있는 울림에 존재하는 인아,[715] 그것이 이것이외다. 샤깔야여, 더 말해 보시오."

"그것의 신은 누구요?"

"방위들이오"[716]라고 대답했다. 13

"어둠이 그의 거처居處고,[717] 심장이 그의 시각視覺이며, 빛이 그의 마음인 그러한 인아人我를, 모든 아我의 궁극의 목적을 아는 자, 그가 바로 아는 자일 것이오! 야갸발꺄여!"

---

713 샹카라에 의하면 모든 색들의 특별한 결과가 "태양에 있는 바로 저 인아(人我)"다.

714 샹카라에 의하면 "진실"이란 눈을 일컫는다. 왜냐하면 몸과 관련된 눈에서 신과 관련된 태양이 나오기 때문이다.

715 샹카라에 의하면 "귀에 있는 울림(śrautra prātiśrutka)"은 들을 때 귀 안에서 특별히 생겨나는 것이다. 막스 뮐러는 "귀에 있는 울림"을 '듣는 자와 대답하는 자(who hears and answers)'라고 해석한다.

716 샹카라에 의하면 "방위(diś)들"에서 몸과 관련된 저것이(귀에 있는 울림에 존재하는 인아가) 생겨나기 때문이다.

717 샹카라에 의하면 "어둠"이란 밤(śārvarī)의 암흑(暗黑, andhakāra)을 의미한다.

"나는 당신이 모든 아의 최고의 목적이라고 말하는 그러한 인아를 알고 있소이다. 바로 이 그림자로 된 인아,[718] 그것이 이것이외다. 샤깔야여, 더 말해 보시오."

"그것의 신은 누구요?"

"죽음이오"[719]라고 대답했다. 14

"형색形色들이[720] 그의 거처居處고, 눈이 그의 시각視覺이며, 빛이 그의 마음인 그러한 인아人我를, 모든 아我의 궁극의 목적을 아는 자, 그가 바로 아는 자일 것이오! 야갸발꺄여!"

"나는 당신이 모든 아의 최고의 목적이라고 말하는 그러한 인아를 알고 있소이다. 거울에 있는 바로 이 인아, 그것이 이것이외다. 샤깔야여, 더 말해 보시오."

"그것의 신은 누구요?"

"숨이오"[721]라고 대답했다. 15

---

718 샹카라에 의하면 "그림자로 된(chāyāmaya) 인아(人我)"는 '무지가 가득한(ajñānamaya)', 몸과 관련된 인아다.

719 샹카라에 의하면 신과 관련된 죽음이 그것이(그림자로 된 인아가) 생겨나는 원인이다. 기타프레스의 힌디 어 해석본에 의하면 여기서 "죽음"은 '드러나지 않은 것(avyākṛta)'인 자재자(自在者)를 의미한다.

720 "형색"의 원어는 루빠(rūpa)다. 루빠는 중성 명사로 '형태, 모습, 외양, 미모, 유형, 영상, 유사, 색, 연극, 소리, 낱말, 은, 백색, 특성' 등을 의미한다. 샹카라에 의하면 앞에서의 루빠는 일반적인 루빠들을 언급한 것이지만, 여기서의 루빠는 '빛나는 것, 밝히는 것(prakāśaka)'을 의미한다. 막스 뮐러는 '밝은 색들(bright colours)'이라고 번역한다. 라다크리슈난은 '형태들(forms)'이라고 번역한다.

721 "숨"의 원어는 아쑤(asu)다. 아쑤는 남성 명사로 '생기, 숨, 생명, 활력, 죽은 영혼들의 생명, 물, 열' 등을 의미한다. 샹카라에 의하면 아쑤는 생기(生氣)다. 생기에서 영상(影像, pratibimba)이라는 이름의 인아(人我)가 생겨나기 때문이다.

"물이 그의 거처居處고, 심장이 그의 시각視覺이며, 빛이 그의 마음인 그러한 인아人我를, 모든 아我의 궁극의 목적을 아는 자, 그가 바로 아는 자일 것이오! 야갸발꺄여!"

"나는 당신이 모든 아의 최고의 목적이라고 말하는 그러한 인아를 알고 있소이다. 바로 물에 있는 이 인아, 그것이 이것이외다. 샤깔야여, 더 말해 보시오."

"그것의 신은 누구요?"

"'와루나'요"[722] 라고 대답했다. 16

"정액이 그의 거처居處고, 심장이 그의 시각視覺이며, 빛이 그의 마음인 그러한 인아人我를, 모든 아我의 궁극의 목적을 아는 자, 그가 바로 아는 자일 것이오! 야갸발꺄여!"

"나는 당신이 모든 아의 최고의 목적이라고 말하는 그러한 인아를 알고 있소이다. 바로 아들로 된[723] 이 인아, 그것이 이것이외다. 샤깔야여, 더 말해 보시오."

"그것의 신은 누구요?"

"'쁘라자빠띠'요"[724] 라고 대답했다. 17

---

722 "와루나(Varuṇa)"는 '대양, 창공, 태양, 바다, 물의 신, 대양의 신, 창공의 신, 그리고 법의 신' 등을 의미한다. 불경에서 와루나는 '수천(水天), 수신(水神), 수왕(水王), 사대해신(四大海神)' 등으로 한역된다. 샹카라에 의하면 와루나에 의해서 집적 결합하는 것인, 몸과 관련된 물이 바로 연못을 비롯한 물이 생기는 원인이다. 기타프레스의 힌디 어 해석본에 의하면 여기서 "와루나"는 햇살들과 더불어 땅에 떨어지는 물을 의미한다.

723 샹카라에 의하면 "아들로 된(putramaya)"이란 아버지에게서 생겨난 것인 뼈와 골수와 정액들을 의미한다.

724 "쁘라자빠띠"는 '창조를 주관하는 신, 브라흐마의 별칭, 브라흐마에 의해서 처음으로 창조된 열 명의 주(主)들, 신들의 장인(匠人)인 위스바까르만(Viśvakarman)의 별칭, 위스누의 별칭, 태양, 왕, 아버지, 남성 성기, 제사' 등을 뜻한다. 샹카라에 의하면 아버지(pitṛ)

'야갸발꺄'가 말했다. "샤깔야여! 여기 이 브라흐마나들이 분명 그대를 숯불 끄는 부젓가락으로 삼은 것 같구려!"[725] 18

샤깔야가 말했다. "야갸발꺄여, 당신은 '꾸루'와 '빤짤라' 국의 브라흐마나들에 대해 이리 지나치게 말하는데, 그래 당신은 브라흐만이 무언지 알기라도 하오?"

"나는 신들과 더불어 거처들과 더불어 방위들을 알고 있소이다!"[726]

"만일 당신이 신들과 더불어 거처들과 더불어 방위들을 안다고 하면, 19

이 동쪽 방향에 그대는 어떤 신과 관련이 있소?"[727]

"태양의 신과 관련이 있소이다."

"그 태양은 어디에 자리 잡고 있소?"

"눈 안이오."

"그럼, 눈은 어디에 자리 잡고 있소?"

"형태들 안이오. 왜냐하면, 눈으로 형태들을 보기 때문이오."

에게서 아들(putra)이 생겨나기 때문에 쁘라자빠띠는 아버지를 일컫는다.

725 "숯불 끄는 부젓가락"의 원어는 앙가라와끄샤야나(aṃgārāvakṣayaṇa)다. 샹카라에 의하면 부젓가락을 비롯한 곳에서 숯불(aṃgāra)들이 꺼진다(avakṣīyante). 그래서 그 부젓가락을 비롯한 것이 앙가라와끄샤야나다. '브라흐마나들이 그대를 숯불 끄는 것으로 삼았다'는 말은 '그대는 나에 의해서 타들어가고 있다는 것을 모르고 있다'는 의미다.

726 샹카라에 의하면 브라흐만에 대한 나의 앎은 "방위들"에 대한 앎이라고 야갸발꺄는 말하는 것이다.

727 샹카라에 의하면 『베다』의 모든 곳에서는 각각의 신을 명상하면, 바로 이 세상에서 그 명상하는 것이 되어 각각의 그 신을 얻는다고 말한다. 따라서 "'방위의 아(digātman)'인 그대의 동쪽 방위에 주재하는 신은 어떤 것이오?" 즉 "그대는 어떤 신으로써 동쪽 방위의 형태로 존재하시오?"라는 의미다.

"그럼, 형태들은 어디에 자리 잡고 있소?"

"심장 안이오"라고 말했다. "왜냐하면, 심장으로 형태들을 알기 때문이오. 그래서 바로 심장 안에 형태들이 자리 잡고 있는 것이외다."[728]

"야갸발꺄여, 이것은 이러하오!" 20

"이 남쪽 방향에 그대는 어떤 신과 관련이 있소?"

"야마 신과 관련이 있소이다."

"그 야마는 어디에 자리 잡고 있소?"

"제사 안이오."

"그럼, 제사는 어디에 자리 잡고 있소?"

"보시布施 안이오."[729]

"그럼, 보시는 어디에 자리 잡고 있소?"

"신앙信仰[730] 안이오. 왜냐하면, 신앙할 때 보시를 주기 때문이오. 그래서 신앙 안에 보시가 자리 잡고 있다오."

"그럼, 신앙은 어디에 자리 잡고 있소?"

"심장 안이오"[731]라고 말했다. "왜냐하면, 심장으로 신앙을 알기 때문이오. 그래서 바로 심장 안에 신앙이 자리 잡고 있는 것이외다."

"야갸발꺄여, 이것은 이러하오!" 21

---

728 샹카라에 의하면 심장은 지성과 마음을 하나로 묶어 지시하는 것이다. 형태들에 대한 습기(習氣)를 본질로 하는 회상(smaraṇa)은 심장에 의해서 생겨난다. 그래서 형태들이 심장에 자리 잡고 있다.

729 샹카라에 의하면 제관들에 의해서 제사는 이루어진다. 제주(祭主)는 "보시"로 제관들에게서 제사를 사들여 그 제사를 통해서 야마(Yama)와 더불어 남쪽 방향을 장악한다.

730 샹카라에 의하면 "신앙(śraddhā)"은 '주기를 원함(ditsutva)' 즉 '헌신을 동반하는 신심(āstikyabuddhibhaktisahitā)'이다.

731 샹카라에 의하면 신앙은 심장의 활동이다. "심장"은 지성과 마음을 의미한다.

"이 서쪽 방향에 그대는 어떤 신과 관련이 있소?"

"와루나 신과 관련이 있소이다."

"그 와루나는 어디에 자리 잡고 있소?"

"물 안이오."

"그럼, 물은 어디에 자리 잡고 있소?"

"정액 안이오."[732]

"그럼, 정액은 어디에 자리 잡고 있소?"

"심장 안이오. 그래서 닮은 모습으로 태어난 아들에 대해 심장에서[733] 미끄러져 나온 것 같다고, 심장에서 만들어진 것 같다고 말하는 것이외다. 왜냐하면, 바로 심장에 정액이 자리 잡고 있기 때문이오."[734]

"야갸발꺄여, 이것은 이러하오!" 22

"이 북쪽 방향에 그대는 어떤 신과 관련이 있소?"

"쏘마 신과 관련이 있소이다."[735]

"그 쏘마는 어디에 자리 잡고 있소?"

"비법 전수秘法傳授[736] 안이오."[737]

---

732 샹카라에 의하면 성전(聖典)은 '물은 정액에서 만들어진 것이다(retaso hyāpaḥ sṛṣṭāḥ)'라고 말한다.

733 샹카라에 의하면 아버지의 심장에서다.

734 샹카라에 의하면 "정액(精液)"은 심장의 결과물이다. 애욕은 심장의 활동이다. 왜냐하면 애인(愛人, kāmin)의 심장에서 정액이 흘러나오기 때문이다.

735 샹카라에 의하면 여기서 "쏘마"는 쏘마 신과 쏘마 식물의 가지 모두를 의미한다.

736 "비법 전수"의 원어는 디끄싸(dīkṣā)다. 디끄싸는 제사를 지내기 전에 제관이 제주에게 은밀하게 제사의 비밀 의미와 제사를 지내기 위한 재계(齋戒)의 준수를 알려 주는 의식이다. 제사가 아닌 진언(眞言)의 전수를 비롯한 일반적인 의식을 위한 비법 전수를 의미하기도 한다. 디끄싸는 쏘마 신의 부인의 이름이기도 하다. 아마도 제사를 위한 비법 전수인 디끄샤와 쏘마 즙 없이는 제사를 지낼 수 없었기 때문에 디끄샤를 쏘마 신의 부인으로 신격화한 듯하다.

"그럼, 비법 전수는 어디에 자리 잡고 있소?"

"진실 안이오. 그래서 비법을 전수받은 사람에게 '그대는 진실을 말하라!' 이렇게 말하는 거외다. 왜냐하면, 진실 안에 비법 전수가 자리 잡기 때문이오."

"그럼, 진실은 어디에 자리 잡고 있소?"

"심장 안이오"라고 말했다. "왜냐하면, 심장으로 진실을 알기 때문이오. 그래서 바로 심장 안에 진실이 자리 잡고 있는 것이외다."

"야갸발꺄여, 이것은 이러하오!" 23

"이 고정된 방향에 그대는 어떤 신과 관련이 있소?"[738]

"불의 신과 관련이 있소이다."[739]

"그 불은 어디에 자리 잡고 있소?"

"언어 안이오."

"그럼, 언어는 어디에 자리 잡고 있소?"

"심장 안이오."

"그럼, 심장은 어디에 자리 잡고 있소?" 24

야갸발꺄가 대답했다. "공론가여![740] 이것을 우리가 아닌 다른 곳에

---

737 샹카라에 의하면 제사를 위한 비법을 전수한 제주(祭主)만이 쏘마(soma)를 살 수 있고, 사들인 쏘마를 가지고 제사를 지내서 쏘마 신이 주재하는 북쪽 방향을 얻을 수 있기 때문이다. 여기서 쏘마는 쏘마즙의 원료가 되는 쏘마라는 식물을 의미한다.

738 샹카라에 의하면 메루(Meru)의 사방에 사는 이들에게 상방(上方)은 움직이지 않기 때문에 "고정(固定, dhruva)"이라고 말한다. 메루는 황금과 보석으로 된 우주의 중심 산이다. 모든 별들이 메루 산을 중심으로 돌기 때문에 메루 산의 위는 움직이지 않는다고 말한다. 불경에서 메루는 '고(高), 고대(高大), 묘(妙), 승(勝), 묘승(妙勝), 묘고(妙高), 묘고산(妙高山), 금산(金山)' 등으로 한역된다.

739 샹카라에 의하면 고정된 방향에는 빛이 많기 때문이다. 빛이 불이다.

있다고 여긴다면, 이것은 우리가 아닌 다른 곳에 있을 것이오. 그러면 개들이 이것을 먹어 치우든지, 새들이 이것을 이리저리 찢어발길 것이외다!"[741] 25

"그럼, 당신과 아我는 어디에 자리 잡고 있소이까?"[742]

"생기生氣[743] 안이오."

"그럼, 생기는 어디에 자리 잡고 있소?"

"하기下氣 안이오."[744]

"그럼, 하기는 어디에 자리 잡고 있소?"

"편기遍氣 안이오."[745]

"그럼, 편기는 어디에 자리 잡고 있소?"

"상기上氣 안이오."[746]

"그럼, 상기는 어디에 자리 잡고 있소?"

"평기平氣 안이오. '이렇게는 아니다! 이렇게는 아니다!'라는 그러한

740 "공론가(空論家)"의 원어는 아할리까(ahallika)다. 아할리까는 남성 명사로 '수다쟁이, 공론가, 요설가(饒舌家), 죽은 몸' 등을 의미한다. 기타프레스의 힌디 어 해석본에 의하면 아할리까는 낮에(ahani) '잠기어 사라진다(līyate)'는 어원을 갖는다. 따라서 유령(preta)을 의미한다. 라다크리슈난은 아할리까를 '유령, 망령, 허깨비(ghost)'라고 번역한다.

741 샹카라에 의하면 심장은 나의 몸 안에 자리 잡고 있다는 의미다. 몸 또한 이름과 형태와 행위의 자성(自性)으로 인해서 심장 안에 자리 잡고 있다.

742 샹카라에 의하면 "당신"은 몸을, 그리고 "아"는 심장을 의미한다.

743 샹카라에 의하면 "생기"는 '생기의 활동(prāṇavṛtti)'을 의미한다. 생기, 하기, 편기, 상기, 평기에 대해서는 143쪽 119~121번, 144쪽 126번, 145쪽 127번 각주 참조.

744 샹카라에 의하면 하기의 활동에 의해서 제어되지 않으면, 생기는 앞으로만 나갈 것이기 때문이다.

745 샹카라에 의하면 중간에 위치하는 편기의 활동에 의해서 제어되지 않으면 생기는 앞으로만 나갈 것이고, 하기는 아래로만 내려갈 것이기 때문이다.

746 샹카라에 의하면 기둥의 역할을 하는 상기에 매이지 않으면 생기와 하기와 편기는 각각 가 버릴 것이기 때문이다.

이 아我는 파악되지 않기에 파악할 수 없는 것이오. 시들지 않기에 시들 수 없는 것이오. 붙지 않기에 붙지 않는 것이오. 매이지 않은 것이라 괴롭혀지지 않고 다치지 않소. 이것들이 여덟 거처들이오. 여덟 시각視覺들이오.[747] 여덟 신들이오. 여덟 인아人我들이오.[748] 그 인아들을 확실하게 헤아리고 결합하여 벗어나게 되는, 그런 우파니샤드의 인아를 내 그대에게 물어보겠소이다![749] 만일 그에 대해 내게 대답하지 못한다면, 분명 당신의 머리가 떨어질 것이오!"

샤깔야는 그에 대해 알 수가 없었다. 정말 그의 머리가 떨어졌다. 게다가 강도들이 무언가 다른 것으로 여기고는 그의 뼈들을 앗아가 버렸다.[750] 26

---

747 막스 뮐러와 라다크리슈난은 "시각(視覺, loka)"들을 '세상들(worlds)'이라고 번역한다. 앞의 샹카라의 주석에서 설명된 내용에 따라 '세상들'이라고 하지 않고 '시각들'이라고 옮긴다. 649쪽 698번 각주 참조.

748 샹카라에 의하면 땅을 비롯한 여덟 거처, '불의 시각(agniloka)'을 비롯한 여덟 시각, 불사(不死)를 비롯한 여덟 신, '몸에 있는 인아(śārīra puruṣa)'를 비롯한 여덟 인아를 의미한다. 즉 앞의 열 번째 만뜨라에서 열일곱 번째 만뜨라에 이르기까지에 언급된 것들을 의미한다.

749 샹카라에 의하면 그 누군가가 '몸에 있는 인아'를 비롯한 그 인아들을 확실하게 헤아려, 즉 확실하게 이해하여 네 개로 구분된 여덟 부분들로 '세상의 상태(lokasthiti)'에 도달한다. 그런 다음 그 누군가는 다시 동쪽 방향 등을 통해서 '자신의 아'인 심장 안에 그 인아들을 결합해서 심장을 비롯한 아성(我性)으로 '제한된 속성(upādhidharma)'을 벗어나게 된다. 자신의 아로써 자리 잡고 있는, 먹고 싶은 마음을 비롯한 것들이 배제된, 바로 『우파니샤드』들에서만 알 수 있지, 다른 앎의 도구들을 통해서는 알 수가 없는 그러한 인아를 그대에게 물어본다는 의미다. 기타프레스의 힌디 어 해석본에 의하면 네 개로 구분된 것은 거처, 시각, 신, 인아, 이렇게 네 개로 구분된 것을 뜻한다.

750 샹카라에 의하면 그의 제자들이 장례를 치르기 위해 뼈들을 수습해 가지고 그의 집으로 가는데 강도들이 무언가 재물을 가져가는 것으로 알고 빼앗아 가 버렸다는 의미다. 나무 밑에 안치하고 그곳에 우리나라의 성황당처럼 돌무더기를 쌓아 두었다. 혹은 정한 장소에 안치한 후 돌무더기를 쌓아 두었다. 이것이 탑의 원형이다.

이제 말했다. "존경스러운 브라흐마나들이시여, 여러분 가운데 원하는 분이 계시면, 그분은 제게 질문하시기 바랍니다. 아니면, 모든 분들이 제게 질문하십시오! 여러분 가운데 원하시는 분이 계시면, 제가 그분께 여쭈어보겠습니다. 아니면, 모든 분들께 여쭙겠습니다."

그 브라흐마나들은 감히 나서지 못했다. 27

그러자 그들에게 이 시구詩句들로 물어 보았다.

"숲속의 아주 큰 나무처럼 사람은 바로 그러하니,
틀림없나니,
그의 털들은 잎새들이요, 피부는 이것의 바깥 껍질들이라!" 1[751]

"이의 피부에서는 피가, 껍질에서는 수액이 나오니,
그리하여, 생채기 난 나무에서 즙이 흐르듯 상처 입은 곳에서 흐르도다." 2

"살들은 이것의 속껍질들이니, 속껍질 안은 근육인 양[752] 탄탄하다.
안에는 뼈들이 있으니, 속재목이 있으며, 골수는 골수라 비유되는 것[753]이로다." 3

---

751 1~7까지의 숫자는 샹카라의 산스크리트 어 주석본에 따른 시구(詩句, śloka)의 번호들이다. 막스 뮐러와 라다크리슈난의 영어 번역 역시 이 숫자를 따른다. 그러나 1958년에 인도 푸나의 베다 교정 기관에서 간행된 교정 판본에는 숫자가 안 나타난다.

752 "근육"의 원어는 쓰나바(snāva)다. 쓰나바는 남성 명사로 '힘줄, 근육, 신경' 등을 의미한다. 막스 뮐러는 쓰나바를 '힘줄(tendon)'이라고 번역한다. 라다크리슈난은 '신경(nerves)'이라고 번역한다.

753 샹카라에 의하면 다른 특별한 것이 없다는 의미다.

"만일 나무가 잘리면 뿌리에서 다시 새롭게 자라나니,
죽음에 의해 잘린 사람은 어느 뿌리에서 솟아 자라날까?"[754] 4

"정액에서라 그대들은 말하지 마오!
그것은 산자에게서 생겨나는 것이외다.
씨앗에서 자란 나무도 죽어 정말 생겨남이 있다오!" 5

"만일 나무가 뿌리째 뽑히면 다시 생겨나지 못하리니,
죽음에 의해 잘린 사람은 어느 뿌리에서 솟아 자라날까?"[755] 6

"생겨난 것이니 생겨나지 않는다 하면, 누가 이를 다시 생겨나게 하리오?"[756]

"앎이요[757] 환희인[758] 브라흐만, 재물을 주는 이의 최고의 목적,[759] 머물며 그것을 아는 이의 것이네!"[760] 7 28

---

754 샹카라에 의하면 '죽은 사람은 어디에서 솟아날까?'라고 질문하는 것이다.

755 샹카라에 의하면 모든 세상의 뿌리(mūla)에 대해서 질문하는 것이다.

756 샹카라에 의하면 죽은 자가 다시 솟아나는 세상의 뿌리를 물어 보았으나, 브라흐마나들은 그 뿌리를 알지 못했다. 그래서 야갸발꺄가 소들을 가져가고 브라흐마나들은 패배했다.

757 "앎"의 원어는 위갸나(vijñāna)다. 위갸나는 중성 명사로 '지식, 인식, 인지, 이해, 구별, 판단, 앎, 과학' 등을 의미한다. 불경에서 위갸나는 '심(心), 심법(心法), 지(知), 식(識), 의식(意識), 해(解), 본식(本識)' 등으로 한역된다. 막스 뮐러와 라다크리슈난은 위갸나를 '지식, 인식(knowledge)'이라고 번역한다.

758 샹카라에 의하면 "환희(ānanda)"는 대상에 대한 인식처럼 고통(duḥkha)에 물든 것이 아니다. 환희는 해맑은 것, 상서로운 것, 견줄 게 없는 것, 편안한 것, 항상하게 만족하는 '하나의 맛(ekarasa)'을 의미한다.

759 샹카라에 의하면 "재물을 주는 이의 최고의 목적"은 행위자인 제주(祭主)의 '최고의 목적(parāyaṇa)'이다. 즉 '행위의 결과(karmaphala)'를 주는 자를 의미한다.

760 샹카라에 의하면 이 문장은 야갸발꺄가 브라흐마나들에게 질문한 것에 대해 성전

네 번째 장

첫 번째 절

옴ॐ, 위데하의 왕 자나까가 의자에 앉아 있었다.[761] 그러자 야갸발꺄가 가까이 다가왔다. 그에게 물었다.[762]

"야갸발꺄시여, 어인 일로 오셨습니까? 가축들을 원해서입니까? 미묘한 결정들을 위해서입니까?"[763]

"황제 폐하,[764] 둘 다이옵니다!"라고 대답했다. 1

"누군가가 당신께 알려 드린 이야기를 나는 듣고자 합니다."[765]

"나에게 '지뜨바 샤일리니'[766]가 언어는 바로 브라흐만이라고 알려 주었습니다."

"어머니가 있는 사람, 아버지가 있는 사람, 스승이 있는 사람이 말하

(聖典) 스스로가 우리에게 대답해 주는 것이다. "머물며 그것을 아는 이의 것"은 욕구(eṣaṇā)들에서 벗어나 브라흐만에 머물러 브라흐만을 아는 자인 '행위 하지 않는 자(akarmakṛt)'의 최고의 목적이기도 하다는 의미다. '행위 하지 않는 자'는 제사 행위를 하지 않는 자를 뜻한다.

761 샹카라에 의하면 알현할 사람들을 맞이하기 위해 의자에 앉아 있었다는 의미다.

762 샹카라에 의하면 '환대의 예(pūjā)'를 올린 다음에 물었다는 의미다.

763 샹카라에 의하면 "미묘한 결정들을 위해서(aṇvantān)"는 '미묘한 것을 결정하는 질문들을 내게서 듣고 싶어서'라는 의미다.

764 샹카라에 의하면 "황제 폐하(samrāṭ)"는 와자뻬야(Vājapeya) 제사를 지낸 자에 대한 칭호, 혹은 명령으로 왕국을 지배하는 자, 혹은 모든 인도 대륙의 왕에 대한 칭호다. 와자뻬야 제사는 쏘마 제사의 일곱 가지 형태중의 하나이며, 최고의 지위를 얻기 위한 왕들이나 브라흐마나들이 지내는 제사다.

765 샹카라에 의하면 당신은 스승(ācārya)이 많으니 그 누군가 스승이 당신께 해 준 이야기를 듣고 싶다는 의미다.

766 샹카라에 의하면 "지뜨바(Jitvā)"는 이름이며, "샤일리니(Śailini)"는 쉴리나(Śilina)의 아들이라는 뜻이다.

듯이 그렇게 '샤일리니'는 '언어는 바로 브라흐만'이라고 그런 말을 한 것입니다.[767] 말하지 못하는 사람이 무슨 소용이 있겠습니까? 하오면, 그가 그것의 거처와 바탕에[768] 대해서 말씀을 올렸는지요?"

"내게 말하지 않았습니다."

"황제 폐하, 이것은 한 발에 불과할 뿐입니다."[769]

"그러면, 야갸발꺄시여, 내게 말해 주시오."

"언어가 거처이고 허공이 바탕입니다. 이것을 지혜라고 명상하옵소서!"[770]

"야갸발꺄시여, 무슨 지혜라는 것인가요?"

"황제 폐하, 바로 언어이옵니다!"라고 대답했다. "황제 폐하, 바로 언어에 의해서 친구를 알게 됩니다. 리그베다, 야주르베다, 싸마베다, 아타르방기라싸,[771] 역사, 옛이야기, 지식, 우파니샤드, 시구詩句들, 경구들, 설명들, 주석註釋들, 제사를 위한 규칙, 불에 넣어 헌공獻供하는 규칙, 곡식을 주는 관례, 음료를 주는 관례, 이 세상, 저세상, 모든 존재들을 언어에

---

767 샹카라에 의하면 잘 가르치시는 어머니, 잘 가르치시는 아버지, 입학부터 졸업까지 잘 가르치시는 스승, 이렇게 정화(śuddhi)의 세 가지 원인을 갖춘 그 스승은 결코 바른 앎의 길에서 벗어나지 않는다. 바로 이러한 스승이 제자에게 알려 주듯이 '지뜨바 샤일리니'는 당신께 "언어가 바로 브라흐만(vāg vai brahma)"이라고 말한 것이라는 의미다.

768 샹카라에 의하면 "거처(āyatana)"는 몸을 의미하며, "바탕(pratiṣṭhā)"은 삼시(三時)에 의지하는 곳이다. 삼시는 과거, 현재, 미래다.

769 샹카라에 의하면 세 발이 부족한 한 브라흐만에 대해 명상하면 결과가 없다는 의미다. 브라흐만은 네 발이다. 세 발은 지극히 높은 최고의 하늘이며 동시에 우리의 가슴 속에 있는 허공에 있다. 한 발은 모든 우주와 삼라만상이다.

770 샹카라에 의하면 '언어의 신(vāgdeva)'인 브라흐만에게 있어서 언어인 기관은 바로 거처인 몸이다. '전개되지 않은 것(avyākṛta)'이라고 하는 "허공"은 생겨나는 시간, 유지되는 시간, 침몰하는 시간, 이렇게 삼시에 있어서 바탕이다. "지혜"는 이 『우파니샤드』의 지혜로 브라흐만의 네 번째 발이다. 지혜라고 여기고서 이 브라흐만에 대해 명상하라는 의미다.

771 싸뜨야브라따 씻단따랑까라에 의하면 "아타르방기라싸"는 『아타르바베다』다.

의해서 알게 됩니다. 황제 폐하, 언어가 바로 최고의 브라흐만입니다. 황제 폐하, 바로 이와 같이 알면서 이에 대해 명상하는 사람, 이 사람을 언어는 버리지 않습니다. 모든 존재들이 이 사람 주위로 흘러듭니다. 신이 되어 신들에게 이릅니다."[772]

위데하의 왕 자나까는 "코끼리 같은 황소 천 마리를 드리겠습니다"[773]라고 말했다.

야갸발꺄 그가 대답했다.

"나의 아버님께서는 제대로 가르치지 않고는 가지지 말아야 한다고 생각하셨습니다." 2

"누군가가 당신께 알려 드린 이야기를 나는 듣고자 합니다."

"나에게 '우당까 샤울바야나'[774]가 생기生氣는[775] 바로 브라흐만이라고 알려 주었습니다."

"어머니가 있는 사람, 아버지가 있는 사람, 스승이 있는 사람이 말하듯이 그렇게 '샤울바야나'는 '생기가 바로 브라흐만'이라고 그런 말을 한 것입니다. 생기가 없는 사람이 무슨 소용이 있겠습니까? 하오면, 그가

772 샹카라에 의하면 언급한 것처럼 브라흐만에 대해 아는 "이 사람을 언어는 버리지 않는다." 모든 존재들이 헌공(獻供, balidāna) 등을 가지고 이 사람에게 흘러든다. 여기서 신이 되고, 다시 육신을 벗어난 이후의 시간에는 신들에게로 간다.

773 샹카라에 의하면 코끼리 같은 황소가 무리 중에 있는 천 마리의 소다. 암소는 귀한 것이다. 하지만 암소들만 있고 황소가 없으면 소들이 늘어나지 않는다. 그래서 대부분 암소들이지만 코끼리 같은 큰 황소가 무리 중에 있는 천 마리의 소들이란 의미다.

774 샹카라에 의하면 "우당까(Udaṃka)"는 이름이며, "샤울바야나(Śaulbāyana)"는 슐바(Śulba)의 아들이라는 뜻이다.

775 샹카라에 의하면 "생기"는 '바람의 신(vāyurdevatā)'이다. 막스 뮐러는 여기서 생기를 '생명(life)'이라고 번역한다. 라다크리슈난은 여기서 생기를 '생기(the vital breath)' 혹은 '생명(life)'이라고 번역한다.

그것의 거처와 바탕에 대해서 말씀을 올렸는지요?"

"내게 말하지 않았습니다."

"황제 폐하, 이것은 한 발에 불과할 뿐입니다."

"그러면, 야갸발꺄시여, 내게 말해 주시오."

"생기가 거처이고 허공이 바탕입니다. 이것을 사랑스러운 것이라고 명상하옵소서!"[776]

"야갸발꺄시여, 무슨 사랑스러운 것이라는 건가요?"

"황제 폐하, 바로 생기이옵니다!"라고 대답했다. "황제 폐하, 바로 생기를 위해서 제사 지내기 합당하지 않은 이에게 제사를 지내게 합니다. 받아들이지 말아야 할 것을 받아들입니다. 또한 해를 입을지도 모를 그런 장소로 갑니다. 황제 폐하, 바로 생기를 위해서인 것입니다. 황제 폐하, 생기가 바로 최고의 브라흐만입니다. 이와 같이 알면서 이에 대해 명상하는 사람, 이 사람을 생기는 버리지 않습니다. 모든 존재들이 이 사람 주위로 흘러듭니다. 신이 되어 신들에게 이릅니다."

위데하의 왕 자나까는 "코끼리 같은 황소 천 마리를 드리겠습니다"라고 말했다.

야갸발꺄 그가 대답했다.

"나의 아버님께서는 제대로 가르치지 않고는 가지지 말아야 한다고 생각하셨습니다."[777] 3

"누군가가 당신께 알려 드린 이야기를 나는 듣고자 합니다."

776 샹카라에 의하면 생기를 "사랑스러운 것(priya)"이라고 명상하는 것이 『우파니샤드』의 지혜다.

777 앞의 두 번째 만뜨라와 동일한 해석의 틀이다. 이후 일곱 번째 만뜨라에 이르기까지도 마찬가지다.

"나에게 '바르꾸 와르스나'[778]가 눈은[779] 바로 브라흐만이라고 알려 주었습니다."

"어머니가 있는 사람, 아버지가 있는 사람, 스승이 있는 사람이 말하듯이 그렇게 '와르스나'는 '눈은 바로 브라흐만'이라고 그런 말을 한 것입니다. 보지 못하는 사람이 무슨 소용이 있겠습니까? 하오면, 그가 그것의 거처와 바탕에 대해서 말씀을 올렸는지요?"

"내게 말하지 않았습니다."

"황제 폐하, 이것은 한 발에 불과할 뿐입니다."

"그러면, 야갸발꺄시여, 내게 말해 주시오."

"눈이 거처이고 허공이 바탕입니다. 이것을 진실이라고 명상하옵소서!"[780]

"야갸발꺄시여, 무슨 진실이라는 것인가요?"

"황제 폐하, 바로 눈이옵니다!"라고 대답했다. "황제 폐하, 눈으로 보는 사람에게 '그대는 보았소?'라고 말들을 하면, 그는 '나는 보았습니다'라고 대답합니다. 그것은 진실이 됩니다. 황제 폐하, 눈이 바로 최고의 브라흐만입니다. 이와 같이 알면서 이에 대해 명상하는 사람, 이 사람을 눈은 버리지 않습니다. 모든 존재들이 이 사람 주위로 흘러듭니다. 신이 되어 신들에게 이릅니다."

위데하의 왕 자나까는 "코끼리 같은 황소 천 마리를 드리겠습니다"라고 말했다.

---

778 샹카라에 의하면 "바르꾸(Barku)"는 이름이며, "와르스나(Vārṣṇa)"는 우리스나(Vṛṣṇa)의 아들이라는 뜻이다.

779 샹카라에 의하면 "눈"에는 태양의 신이 있다.

780 샹카라에 의하면 귀로 들은 것은 거짓일 수가 있지만, 눈으로 본 것은 그렇지가 않다. 눈이 진실이란 것이 『우파니샤드』의 지혜다.

야갸발꺄 그가 대답했다.

"나의 아버님께서는 제대로 가르치지 않고는 가지지 말아야 한다고 생각하셨습니다." 4

"누군가가 당신께 알려 드린 이야기를 나는 듣고자 합니다."

"나에게 '가르다비위삐따 바라드와자'[781]가 귀는[782] 바로 브라흐만이라고 알려 주었습니다."

"어머니가 있는 사람, 아버지가 있는 사람, 스승이 있는 사람이 말하듯이 그렇게 '바라드와자'는 '귀는 바로 브라흐만'이라고 그런 말을 한 것입니다. 듣지 못하는 사람이 무슨 소용이 있겠습니까? 하오면, 그가 그것의 거처와 바탕에 대해서 말씀을 올렸는지요?"

"내게 말하지 않았습니다."

"황제 폐하, 이것은 한 발에 불과할 뿐입니다."

"그러면, 야갸발꺄시여, 내게 말해 주시오."

"귀가 거처이고 허공이 바탕입니다. 이것을 끝없는 것이라고 명상하옵소서!"

"야갸발꺄시여, 무슨 끝없는 것이라는 건가요?"

"황제 폐하, 바로 방위들이옵니다!"라고 대답했다. "황제 폐하, 그래서 그 어느 방향으로 가든지, 그 끝에 이르지 못하는 것입니다. 왜냐하면 방위들은 끝이 없기 때문입니다. 황제 폐하, 방위들이 바로 귀입니다. 황제 폐하, 귀가 바로 최고의 브라흐만입니다. 이와 같이 알면서 이에 대

---

781 샹카라에 의하면 "가르다비위삐따(Gardabhīvipīta)"는 이름이며, "바라드와자(Bhāradvāja)"는 가문의 이름이다.

782 샹카라에 의하면 "귀"에는 방위의 신이 있다. 막스 뮐러는 여기서 귀를 '청각(hearing)'이라고 번역한다.

해 명상하는 사람, 이 사람을 귀는 버리지 않습니다. 모든 존재들이 이 사람 주위로 흘러듭니다. 신이 되어 신들에게 이릅니다."

위데하의 왕 자나까는 "코끼리 같은 황소 천 마리를 드리겠습니다"라고 말했다.

야갸발꺄 그가 대답했다.

"나의 아버님께서는 제대로 가르치지 않고는 가지지 말아야 한다고 생각하셨습니다." 5

"누군가가 당신께 알려 드린 이야기를 나는 듣고자 합니다."

"나에게 '싸뜨야까마 자발라'[783]가 마음은[784] 바로 브라흐만이라고 알려 주었습니다."

"어머니가 있는 사람, 아버지가 있는 사람, 스승이 있는 사람이 말하듯이 그렇게 '자발라'는 '마음은 바로 브라흐만'이라고 그런 말을 한 것입니다. 마음이 없는 사람이 무슨 소용이 있겠습니까? 하오면, 그가 그것의 거처와 바탕에 대해서 말씀을 올렸는지요?"

"내게 말하지 않았습니다."

"황제 폐하, 이것은 한 발에 불과할 뿐입니다."

"그러면, 야갸발꺄시여, 내게 말해 주시오."

"마음이 거처이고 허공이 바탕입니다. 이것을 환희라고 명상하옵소서!"[785]

"야갸발꺄시여, 무슨 환희라는 건가요?"

---

783 샹카라에 의하면 "싸뜨야까마(Satyakāma)"는 이름이며, "자발라(Jābāla)"는 자발라아(Jabālā)의 아들이라는 뜻이다.

784 샹카라에 의하면 "마음"에는 달의 신이 있다.

785 샹카라에 의하면 "환희"라는 것이『우파니샤드』의 지혜다.

"황제 폐하, 바로 마음이옵니다!"라고 대답했다. "황제 폐하, 바로 마음으로 여자를 끌어들입니다. 그 여인에게서 닮은 모습의 아들이 생겨납니다. 그것은 환희입니다.[786] 황제 폐하, 마음이 바로 최고의 브라흐만입니다. 이와 같이 알면서 이에 대해 명상하는 사람, 이 사람을 마음은 버리지 않습니다. 모든 존재들이 이 사람 주위로 흘러듭니다. 신이 되어 신들에게 이릅니다."

위데하의 왕 자나까는 "코끼리 같은 황소 천 마리를 드리겠습니다"라고 말했다.

야갸발꺄 그가 대답했다.

"나의 아버님께서는 제대로 가르치지 않고는 가지지 말아야 한다고 생각하셨습니다." 6

"누군가가 당신께 알려 드린 이야기를 나는 듣고자 합니다."

"나에게 '위다그다 샤깔야'가 심장은[787] 바로 브라흐만이라고 알려 주었습니다."

"어머니가 있는 사람, 아버지가 있는 사람, 스승이 있는 사람이 말하듯이 그렇게 '샤깔야'는 '심장은 바로 브라흐만'이라고 그런 말을 한 것입니다. 심장이 없는 사람이 무슨 소용이 있겠습니까? 하오면, 그가 그것의 거처와 바탕에 대해서 말씀을 올렸는지요?"

"내게 말하지 않았습니다."

"황제 폐하, 이것은 한 발에 불과할 뿐입니다."

"그러면, 야갸발꺄시여, 내게 말해 주시오."

---

786 샹카라에 의하면 "아들"은 환희의 원인이다.
787 샹카라에 의하면 "심장"에는 쁘라자빠띠가 신으로 있다.

"심장이 거처이고 허공이 바탕입니다. 이것을 안주安住라고 명상하옵소서!"

"야갸발꺄시여, 무슨 안주라는 것인가요?"

"황제 폐하, 바로 심장이옵니다!"라고 대답했다. "황제 폐하, 심장이 모든 존재들의 거처입니다. 황제 폐하, 심장이 바로 모든 존재들의 바탕이옵니다. 왜냐하면 심장에 모든 존재들이 자리 잡고 있기 때문입니다. 황제 폐하, 심장이 바로 최고의 브라흐만입니다. 이와 같이 알면서 이에 대해 명상하는 사람, 이 사람을 심장은 버리지 않습니다. 모든 존재들이 이 사람 주위로 흘러듭니다. 신이 되어 신들에게 이릅니다."

위데하의 왕 자나까는 "코끼리 같은 황소 천 마리를 드리겠습니다"라고 말했다.

야갸발꺄 그가 대답했다.

"나의 아버님께서는 제대로 가르치지 않고는 가지지 말아야 한다고 생각하셨습니다." 7

두 번째 절

위데하의 왕 자나까는 왕좌에서[788] 내려와 다가가며 말했다.

"야갸발꺄시여, 당신께 머리 숙여 예경을 올립니다. 제게 가르침을 주십시오."

그가 대답했다.

---

788 "왕좌"의 원어는 꾸르짜(kūrca)다. 꾸르짜는 남성 명사와 중성 명사로 '꾸러미, 풀 꾸러미, 풀 꾸러미 의자, 머리' 등을 의미한다. 샹카라에 의하면 꾸르짜는 '특별한 의자(āsanaviśeṣa)'다. 막스 뮐러는 꾸르짜를 '왕좌(throne)'로 번역한다. 라다크리슈난은 꾸르짜를 '안락의자, 긴 의자(lounge)'라고 번역한다. 아마도 꾸르짜는 수행자들을 알현하는 장소에 놓인, 성초(聖草, kuśa)로 만든 기대어 앉을 수 있는 왕좌를 의미하는 듯하다.

"황제 폐하, 큰 길을[789] 가는 사람이 수레나 배에 의지하듯이 그렇게 바로 이 우파니샤드의 지혜들에 의지해 당신께서는 평정한 아我가 되시었나이다.[790] 이처럼 높으시며 부유하신데다 베다를 익히시고 우파니샤드의 가르침을 받으신 분인 당신께서는 여기서 벗어나 어디로 가시겠사옵니까?"[791]

"존경스런 분이시여, 나는 가야 할 곳 그것을 모릅니다."

"하오면, 이제 당신께 내가 당신께서 가셔야 할 곳 그것에 대해 말씀드리겠습니다."

"존경스런 분이시여, 말씀해 주옵소서!" 1

"이 오른쪽 눈에 이 인아人我가 있습니다. 이것은 점화點火라는[792] 이름입니다. 그러한 이것은 점화이지만 간접적으로 '인드라'라고 부릅니다. 왜냐하면 신들은 간접적인 것을 좋아하고, 직접적인 것은 싫어하는 양하기 때문입니다." 2

"이제 왼쪽 눈에는 사람의 이 모습이[793] 있습니다. 이것은 이의 부인

---

789 샹카라에 의하면 "큰길"은 먼 길을 의미한다.

790 샹카라에 의하면 당신의 아는 이 『우파니샤드』의 지혜들을 갖추었다는 의미다. 막스 뮐러는 당신의 마음은 『우파니샤드』들을 잘 갖추었다는 의미다. 라다크리슈난에 의하면 당신의 마음은 『우파니샤드』의 가르침들을 잘 익히고 있다는 의미다.

791 샹카라에 의하면 이처럼 모든 권능과 풍요함을 갖추었다 할지라도 '지고의 아'에 대한 지혜가 없이는 두려움 가운데 머문다. 즉 지고의 브라흐만을 그대가 알기 전까진 그대는 뜻을 이루지 못한 상태라는 의미다. "여기서 벗어"난다는 것은 이 몸(deha)을 떠난다는 뜻이다.

792 샹카라에 의하면 눈이 브라흐만이라고 앞에서 언급한 태양에 포함된 인아는 오른쪽 눈에 특별하게 자리 잡고 있다. 이 인아의 이름은 진실이다. 이 인아는 빛나는 성질을 가지고 있어서 직접적으로는 "점화(indha)"라고 이름한다.

793 "사람의 이 모습"에서 '사람의 모습'의 원어는 뿌루샤루빠(puruṣarūpa)다. 뿌루샤루빠

인 '위라즈'입니다.[794] 그 둘이 서로 이 어울리는 곳은 심장 안에 있는 이 허공입니다.[795] 이제 심장 안에 있는 이 붉은 덩어리는 이 둘의 곡식입니다.[796] 이제 심장 안에 있는 그물 같은 이것은 이 둘의 닫집입니다.[797] 이제 심장에서 위로 올라가는 이 경맥經脈은 이 둘이 함께 움직이는 길입니다.[798] 마치 천 갈래로 나눈 머리카락처럼 바로 이렇게 이로움이라는 이름의 이 경맥들은 심장 안에 자리 잡고 있습니다. 이 흐르는 것은 이것들을 통해서 흘러갑니다.[799] 그래서 이것은 이 몸의 아我보다 더 미세한

는 인아(人我, puruṣa)의 형태(rūpa) 혹은 모습이라고도 옮길 수 있다. 그러나 여기서는 뿌루샤를 인아가 아닌 사람으로 번역하는 것이 문맥에 어울린다. 막스 뮐러는 뿌루샤루빠를 '사람의 모습(the shape of a person)'이라고 번역한다. 라다크리슈난은 '사람의 형태(the form of a person)'라고 번역한다.

794 샹카라에 의하면 인드라는 '먹는 자(bhoktṛ)'이며, 인드라의 부인은 '먹을 것(bhojya)'이다. 인드라의 부인인 "위라즈(virāj)"는 먹을 것이기 때문에 곡식이다. 왼쪽 눈에 있는 사람의 형태는 오른쪽 눈에 있는 인아(人我)인 인드라의 부인, 인드라니(Indrāṇī)다.

795 샹카라에 의하면 오른쪽 눈에 있는 인아(人我)인 인드라와 왼쪽 눈에 있는 사람의 형태인 인드라니(Indrāṇī)는 부부다. 이 둘은 '꿈꾸는 잠의 상태(svapna)'에서 하나로 합한다. "심장 안에 있는 허공"이 이들이 함께하여 서로서로 찬미하는 곳이다.

796 샹카라에 의하면 소화된 곡식은 두 가지로 변한다. 거친 것은 아래로 내려가고, 다른 것은 다시 몸 안의 불에 익혀져 중간 상태의 정수와 아주 미세한 정수 이렇게 두 가지 정수로 변한다. 중간 상태의 정수는 피(lohita) 등의 차서를 통해 다섯 가지 원소들의 덩어리인 몸을 키운다. 아주 미세한 정수는 심장 안에서 합환을 한 '미세신(微細神)의 아'인 인드라의 것인 '붉은 덩어리(lohitapiṇḍa)'가 된다. 이 '붉은 덩어리'를 활기(活氣, taijas)라고 부른다. 이 활기가 미세한 경맥(經脈)들 안으로 들어가 심장 안에서 합환한 인드라와 인드라니의 상태를 유지시키는 원인이 된다. 그래서 "이 둘의 곡식"이라고 말하는 것이다.

797 샹카라에 의하면 자는 사람과 먹는 사람들에게 닫집(prāvaraṇa)이 있듯이 인드라와 인드라니가 함께하는 곳인 심장 안에 그들의 "닫집"이 있다. 수많은 경락들의 구멍들이 있기 때문에 그물 같은 것이라고 말한다.

798 샹카라에 의하면 '꿈꾸는 잠의 상태'에서 '잠에서 깨어 있는 상태(jāgarita)'의 영역으로 오는 길이다.

799 샹카라에 의하면 머리카락을 천 갈래로 나누면 지극히 미세하게 된다. 이처럼 미세한 "이로움(hitā)"이라는 경맥들이 심장 안에 자리 잡고 있다. 이 경맥들은 심장에서 사방으로 퍼져나간다. 그리고 지극히 미세한 이 경맥들을 통해 흐르는 이 곡식은 흘러간다.

음식을 먹게 됩니다."[800] 3

"그의 동방은 동쪽의 생기들입니다, 남방은 남쪽의 생기들입니다, 서방은 서쪽의 생기들입니다, 북방은 북쪽의 생기들입니다, 상방은 위쪽의 생기들입니다, 하방은 아래쪽의 생기들입니다, 모든 방향들은 모든 생기들입니다.[801] '이렇게는 아니다! 이렇게는 아니다!'라고 한 그러한 이 아我는[802] 파악되지 않기에 파악할 수 없는 것입니다. 시들지 않기에 시들 수 없는 것입니다. 붙지 않기에 붙지 않는 것입니다. 매이지 않은 것이라 괴롭혀지지 않습니다, 다치지 않습니다. 자나까시여, 당신께선 두려움이 없는 상태를 얻으셨나이다."[803] 이렇게 야갸발꺄가 말했다.

---

800 샹카라에 의하면 대변과 소변 등은 곡식의 거친 부분이다. 이에 비해 '몸 덩어리'를 키우는 곡식은 보다 미세하다. 그리고 미세신(微細身)을 유지시키는 곡식은 '몸 덩어리'를 키우는 곡식보다 더욱 더 미세하다. 따라서 '미세신의 아'는 미세한 것보다 더 미세한 음식(āhāra)을 먹는 것이 된다. "이 몸의 아"인 와이스바나라(Vaiśvānara)보다 '심장의 아(hṛdayātman)'인 따이자쓰(Taijas)가 미세한 곡식에 의해서 증장한다.

801 샹카라에 의하면 '몸의 아'인 와이스바라나에서 '심장의 아'인 따이자쓰를, 그리고 '심장의 아'에서 '생기의 아'를 차례대로 얻은 현명한 사람에게는 동쪽 방향은 동쪽으로 간 생기들이며, 마찬가지로 남쪽 방향은 남쪽의 생기들, 서쪽 방향은 서쪽의 생기들, 북쪽 방향은 북쪽의 생기들, 위쪽 방향은 위쪽의 생기들, 아래쪽 방향은 아래쪽의 생기들, "모든 방향들은 모든 생기들"이다. 이처럼 현명한 사람은 '모든 것의 아'가 되는 생기를 아성(我性)으로 얻는다. '모든 것의 아'를 '개별적인 아'에 끌어당겨 '보는 자(draṣṭṛ)'의 '보는 상태(draṣṭṛbhāva)'인 '이렇게는 아니다! 이렇게는 아니다!'라는 '네 번째의 아(turīyātman)'를 얻는다.

802 샹카라에 의하면 '몸의 아', '심장의 아', '생기의 아', '네 번째의 아'가 차례로 있다. 이들 가운데 "이 아(我)"는 '네 번째의 아'를 의미한다. '몸의 아'는 '꿈에서 깨어 있는 상태(jāgrat)'의 아, '심장의 아'는 '꿈꾸는 상태(svapna)'의 아, '생기의 아'는 '꿈 없는 잠의 상태(suṣupta, suṣupti)'의 아, '네 번째의 아'는 '꿈 없는 잠의 상태' 너머의 본질인 '네 번째 상태(turīya)'의 아에 해당된다.

803 샹카라에 의하면 "두려움(bhaya)"은 삶과 죽음 등의 원인이다. '두려움이 없음(bhayaśūnya)'을 얻었다는 의미다.

위데하의 왕 자나까 그가 대답했다.

"존경스러운 분이시여, 당신께서 내게 알려 주신 두려움이 없는 상태가 당신께도 이르기를 기원하옵니다. 야갸발꺄시여, 머리 숙여 예경 드리오니, 여기 이 '위데하' 국과 제가 있나이다."[804] 4

세 번째 절

위데하의 왕 자나까에게 야갸발꺄가 갔다. '나는 말하지 않으리라!' 고 그는 마음먹었다. 그러나 위데하의 왕 자나까와 야갸발꺄가 화제火祭에 대해 대화를 할 때 야갸발꺄는 그에게 소원을 들어줄 것을 제의하자, 그는 마음대로 물어볼 것을 소원으로 삼고, 이를 위해 그것을 받아들어 주었다. 황제가 먼저 그에게 물었다.[805] 1

"야갸발꺄시여, 이 사람은 어떤 빛입니까?"[806]

"황제 폐하, 태양빛이옵니다."라고 대답했다. "이는 태양빛에 의해 앉습니다, 돌아다닙니다, 행동합니다, 돌아옵니다."

"야갸발꺄시여, 이것은 과연 이러합니다!" 2

---

804 샹카라에 의하면 '위데하' 국을 원하는 대로 누리시고, 여기 나는 당신의 하인의 상태로 존재한다는 의미다. 즉 자신과 왕국을 마음대로 하라는 뜻이다.

805 샹카라에 의하면 야갸발꺄는 위데하의 왕 자나까에게 가면서 아무 말도 안 하리라 생각했지만, 자나까가 물어보는 것마다 대답해 주었다. 그것은 전에 화제에 대해 자나까와 야갸발꺄가 대화를 할 때 화제에 대한 자나까의 지식에 만족하여 야갸발꺄가 자나까의 소원(vara)을 들어주기로 하자 야갸발꺄는 마음대로 물어볼 수 있는 것을 소원으로 선택한 때문이었다. 말하고 싶지 않아 조용히 앉아 있는 야갸발꺄에게 황제인 자나까가 이 소원의 효력에 의지해 먼저 질문을 했다.

806 샹카라에 의하면 몸과 지각 기관의 '집적 결합한 형태(saṁghātarūpa)'인 머리와 손 등이 있는 사람은 어떤 빛에 의해서 활동하는가라고 묻는 것이다.

"야갸발꺄시여, 태양이 지면 이 사람은 어떤 빛입니까?"[807]

"달이 이의 빛이 됩니다. 이는 달빛에 의해 앉습니다, 돌아다닙니다, 행동합니다, 돌아옵니다."

"야갸발꺄시여, 이것은 과연 이러합니다!" 3

"야갸발꺄시여, 태양이 지고, 달이 지면 이 사람은 어떤 빛입니까?"[808]

"불이 이의 빛이 됩니다.[809] 이는 불빛에 의해 앉습니다, 돌아다닙니다, 행동합니다, 돌아옵니다."

"야갸발꺄시여, 이것은 과연 이러합니다!" 4

"야갸발꺄시여, 태양이 지고, 달이 지고, 불이 꺼지면 이 사람은 어떤 빛입니까?"[810]

"언어가[811] 이의 빛이 됩니다. 이는 언어의 빛에 의해 앉습니다, 돌아다닙니다, 행동합니다, 돌아옵니다. 그래서 황제 폐하, 자기의 손도 분간조차 할 수 없을 때 이제 언어가[812] 들려오는 그곳을 향해 갑니다."

"야갸발꺄시여, 이것은 과연 이러합니다!" 5

"야갸발꺄시여, 태양이 지고, 달이 지고, 불이 꺼지고, 언어가 고요해

---

807 해(āditya)가 지면 사람은 어떤 빛에 의해서 활동하는가라고 묻는 것이다.

808 해가 지고 달이 지면 사람은 어떤 빛에 의해서 활동하는가라고 묻는 것이다.

809 샹카라에 의하면 해가 지고 달이 지면 "불"이 빛이다.

810 해가 지고, 달도 지고, 불마저 꺼지면 사람은 어떤 빛에 의해서 활동하는가라고 묻는 것이다.

811 샹카라에 의하면 "언어"는 소리를 의미한다. 소리라는 대상(viṣaya)에 의해서 청각 기관(śrotrendriya)이 밝혀진다. 청각 기관이 잘 밝혀지면 마음에 분별(viveka)이 생겨난다.

812 샹카라에 의하면 언어는 소리와 더불어 냄새(香)를 비롯한 것들도 의미한다.

지면 이 사람은 어떤 빛입니까?"[813]

"아我가[814] 이의 빛이 됩니다. 이는 아의 빛에 의해 앉습니다, 돌아다닙니다, 행동합니다, 돌아옵니다." 6

"어떠한 것이 아我입니까?"

"생기들 사이에 앎이 가득한 것,[815] 심장 안에 있는 빛인 인아人我,[816] 그가 동일하게 되어 두 세상을 따라 다닙니다.[817] 생각하는 듯하며, 이리

---

813 해가 지고, 달도 지고, 불마저 꺼지고, 소리 또한 잠잠해지면 사람은 어떤 빛에 의해서 활동하는가라고 묻는 것이다.

814 샹카라에 의하면 "아"는 몸과 지각 기관이라는 자신의 부분이 집적 결합한 외의 것이며 몸과 지각 기관을 드러내는 것이다. 아는 태양을 비롯한 외부의 빛들처럼 스스로 다른 것에 의해서 드러나는 빛이 아닌 내부의 빛이며, 꿈에서 깨어 있는 상태, 꿈꾸는 상태, 꿈 없는 잠의 상태의 빛이다.

815 샹카라에 의하면 "앎이 가득한 것"은 '앎이 다분한 것(vijñānaprāya)'이다. 지성의 앎이라는 한정(限定, upādhi)과 접하기 때문에 분별이 안 되어 '앎이 가득한 것'이라고 일컫는다. 지성의 앎에 접해야지만 대상이 얻어지기 때문이다. "생기들 사이에(prāṇeṣu)"는 '나무들 사이에 돌'처럼 다르다는 것을 나타내는 처소격이 사용되었다. 즉 나무들 사이에 있는 돌이 나무들과 다르듯이 '앎이 가득한 것'은 생기들과는 다르다는 뜻이다.

816 샹카라에 의하면 "심장"이라는 낱말은 연꽃 형태의 살덩어리다. 지성이 그곳에 있기 때문에 심장은 지성을 뜻한다. 따라서 지성 안에 있는 빛이 아(我)다. 지성 안에 있다는 것은 지성과 다르다는 것을 의미한다. 조명(照明, avabhāsa)의 본질이기에 아를 빛이라고 일컫는다. 인아는 허공처럼 편재하는 것이기 때문에 충만한 것이다. 이러한 인아는 스스로가 '빛의 본질(jyotiḥsvabhāva)'이다.

817 샹카라에 의하면 빛의 본질인 인아(人我)는 심장인 지성과 가까이 있게 되어 지성을 닮은 것이 된다. 지성은 맑은 것이어서 '아의식(我意識)의 빛(ātmacaitanyajyotis)'의 영상(影像, praticchāyā)이 된다. 그래서 분별력이 있는 사람들도 처음에는 지성에 대해 '아라는 자각(ātmābhimānabuddhi)'을 가지게 된다. 이어서 지성과 가까이 연결된 마음에 '의식의 현시(顯示, caitanyāvabhāsatā)'가 있게 된다. 마음과 연결된 지각 기관들에, 이어서 바로 기관들과 연결된 몸에 있게 된다. 이처럼 계통적으로 연결되어 아(我)는 '의식의 본모습인 빛(caitanyasvarūpajyotis)'으로 모든 '몸과 지각 기관의 집적 결합'을 조명한다. 이처럼 지성과 동일화됨으로써 모든 것과 동일하게 된 상태에서 이 세상과 저세상을 육신을 벗고 새 육신을 받아들이며 수백 가지로 이어져 연결되는 관계를 따라 돌아다닌다. 즉 스스로가 두 세상을 배회하는 원인이 되는 것이 아니라 지성과 동일하게 되는 것이 원인이 된다.

저리 움직이는 듯합니다.[818] 바로 그가 꿈이 되어 이 세상을,[819] 죽음의 형태들을 벗어납니다."[820] 7

"그러한 이 인아人我는 태어나 몸을 얻으며 죄악들과[821] 연결됩니다. 그는 벗어나 죽어 가며 죄악들을 내버립니다." 8

"그러한 이 인아人我에게는 두 개의 머물 곳이 있습니다. 이것과 다음 세상이라는 곳입니다.[822] 꿈이란 곳은 제삼의 것이며 연결하는 것입니다.[823] 그 연결하는 곳에 있으면서 여기와 다음 세상이라는 이 두 곳을 바라봅니다. 이제 이는 다음 세상에 도달하는 방법대로 존재합니다. 그 도달하는 방법대로 도달해 죄악들과 환희들 이 둘을 바라봅니다.[824] 그

---

818 샹카라에 의하면 인아(人我)는 스스로가 생각하는 것이 아니라 지성에 위치한 '의식의 본질인 빛의 형태'로 지성을 조명하여 지성과 동일하게 되어 생각하는 것처럼 보이는 것이다. 궁극적인 의미에 있어서는 생각하는 것이 아니다. 그리고 지나치게 움직이는 것도 실은 움직이는 것이 아니라 지성을 비롯한 기관들과 숨들이 움직이면 그들을 조명하기 때문에 움직이는 것처럼 보이는 것이다. '아의 빛(ātmajyotis)'은 움직이는 성질의 것이 아니다.

819 샹카라에 의하면 인아(人我)는 '꿈의 활동(svapnavṛtti)'을 비추면서 꿈의 형태가 되어 깨어 활동하는 것으로 나타나는 이 세상을 벗어난다.

820 샹카라에 의하면 행위와 무명(無明) 등이 "죽음"이며, 몸과 기관들이 이것의 형태들이다. '행위와 결과의 바탕(kriyāphalāśraya)'들을 벗어난다는 의미다.

821 샹카라에 의하면 "죄악(pāpman)"은 법(法, dharma)과 비법(非法, adharma)이 의지하는 곳인 몸과 지각 기관을 의미한다.

822 샹카라에 의하면 "이것(idam)"은 '현생(vartamānajanma)'이고 "다음 세상(paraloka)"은 다음 생을 의미한다.

823 샹카라에 의하면 "꿈(svapna)"은 현생과 다음 생을 연결하는 곳이다. 두 마을을 연결하는 곳을 세 번째 마을로 볼 수 없듯이 인아(人我)가 머무는 곳은 현생과 다음 생 둘이다.

824 샹카라에 의하면 인아는 '다음 세상'에 도달하기 위해 '다음 세상에 도달하는 방법(paralokapratipattisādhana)'인 지혜, 행위, 기억(pūrvaprajñā)의 징표(lakṣaṇa)를 갖추게 된다. 다

는 깊이 잠들었을 때 모든 것을 가진 이 세상의 한 부분을 가져가[825] 스스로 내버리고[826] 스스로 만들어[827] 스스로의 광명으로[828] 스스로의 빛으로[829] 깊이 잠듭니다. 여기서 이 인아는 스스로가 빛이 됩니다." 9

"그곳에는[830] 수레들이 없고, 수레에 맬 것들이[831] 없고, 길들이 없습니다. 이제 수레들을, 수레에 맬 것들을, 길들을 만들어 냅니다. 그곳에는 환희들이, 만족들이, 희열들이 없습니다.[832] 이제 환희들을, 만족들

음 세상을 향한 새싹의 상태에 이른 씨앗 같은 '도달하는 방법(ākrama)'에 도달해, 즉 의지해 악(pāpman, pāpa)들의 결과인 고통들과 덕(德, dharma)들의 결과인 환희들을 바라본다. 환희는 기쁨이다.

825 샹카라에 의하면 "모든 것을 가진 이 세상의 한 부분을 가져가(asya lokasya sarvāvato mātrāmapādāya)"에서 '모든 것을 가진'에 해당되는 원어 싸르바바뜨(sarvāvat)는 '모든 것을 보살피기 때문에(sarvamavatīti)' 이 세상은 '모든 것을 보살피는 것(sarvāvat)'이라는 의미다. 혹은 모든 '물질적인 요소(bautikamātrā)'들이 이것과 접하는 원인이 되어 있다. 그래서 '모든 것을 가진 것(sarvavān)'이다. 싸르바반(sarvavān)이 장모음화된 것이 싸르바바안(sarvāvān)이다. 그러한 싸르바바안의 한 부분을 가져간다는 의미다. 싸르바바뜨가 낱말의 본래 모습이며, 싸르바바안은 주격 단수 형태, 그리고 원문에 나오는 싸르바바따하(sarvāvataḥ)는 소유격 단수 형태다. 막스 뮐러는 "이 세상 모든 것의 한 부분을 가져가"를 '모든 세상에서 물질, 재료, 소재를 가져가(having taken away with him the material from whole world)'라고 번역한다. 라다크리슈난은 '이 모든 것을 감싸는 세상의 물질, 재료, 소재를 휴대하여(takes along of this all-embracing world)'라고 번역한다.

826 샹카라에 의하면 몸을 떨어뜨리는 것이 "스스로 내버리는" 것이다. 즉 의식이 없게 되는 것이다.

827 샹카라에 의하면 '습기로 만들어진(vāsanāmaya)' '꿈의 몸(svapnadeha)'을 만드는 것이 "스스로 만드는" 것이다.

828 샹카라에 의하면 "광명(bhās)"은 '모든 습기의 본성(sarvavāsanātmaka)'인 '내적 기관'의 활동인 밝음(prakāśa)이다.

829 샹카라에 의하면 "빛"은 광명을 대상으로 하는 것이며, '부단히 보는 자의 본질(alupt-adṛksvabhāva)'이다.

830 샹카라에 의하면 "그곳(tatra)"은 꿈을 의미한다.

831 샹카라에 의하면 "수레에 맬 것(rathayoga)"들은 수레에 매는 말을 비롯한 것들이다.

832 샹카라에 의하면 "환희"는 '특별한 기쁨(sukhaviśeṣa)'이다. "만족(moda)"은 아들 등을 얻어서 생기는 열락(悅樂, harṣa)이다. "희열(喜悅, pramoda)"은 강렬한 만족이다.

을, 희열들을 만들어 냅니다. 그곳에는 물웅덩이들이, 연꽃 호수들이, 강들이 없습니다. 이제 물웅덩이들을, 연꽃 호수들을, 강들을 만들어 냅니다. 그는 만드는 자이기 때문입니다.[833] 10

"그에 관해 이러한 시구詩句들이 있습니다."

"꿈으로 몸을 없애,[834] 잠들지 않은 채 잠든 것들을 두루 비추네.[835]
빛을 가지고 장소로 다시 오나니,[836] 황금의 인아人我 한 마리 기러기라네!"[837] 11

---

833 샹카라에 의하면 '의식의 빛(caitanyajyotis)' 스스로에게는 '조명하는 성질(avabhāsakatva)' 말고는 궁극적인 의미에 있어서 '만드는 자의 성질(kartṛtva)'이 없다. '의식아(意識我)의 빛(caitanyātmajyotis)'으로 내적 기관을 통해 몸과 지각 기관을 조명하면, 조명된 몸과 지각 기관들이 행위들에 종사한다. 그곳에 아(我)의 '만드는 자의 성질'이 가설(假說, upacāra)되는 것이다. 앞의 일곱 번째 만뜨라의 주석에서는 샹카라는 '의식아의 빛'이 아니라 '아의식(我意識)의 빛'이라는 용어를 사용하고 있다. 앞서 설명되고 있는 샹카라 주석의 문맥에 따르면, 내적 기관은 지성과 마음이다.

834 샹카라에 의하면 '수면 상태(睡眠狀態, svapnabhāva)'에 의해 몸을 움직이지 않게 하고라는 의미다.

835 샹카라에 의하면 스스로 끊임없이 보는 것을 비롯한 힘(śakti)의 자연성(自然性, svābhāvya) 때문에 잠들지 않아 잠든 것들을, 즉 습기(習氣)의 형태로 생겨난 내적 기관의 활동에 의지한 외부의 몸과 관련된 모든 것들을 끊임없는 '아의 시각(ātmadṛṣṭi)'으로 바라본다, 즉 조명한다는 의미다.

836 샹카라에 의하면 "빛(śukra)"은 순수한 빛을 지닌 지각 기관의 분량(分量, mātrā)의 형태다. 이러한 형태를 취하여 다시 행위를 위해 '잠에서 깨어 있는 상태(jāgaritasthāna)'로 온다는 의미다.

837 샹카라에 의하면 황금으로 된 것 같은 '의식의 빛의 본질(caitanyajyotiḥsvabhāva)'인 인아는 "한 마리 기러기(ekahaṁsa)"다. '바로 하나가 간다. 그래서 한 기러기다(eka eva hantīti haṁsaḥ).' 하나가 잠에서 깬 상태, 꿈꾸는 상태, 이 세상, 저세상 등을 간다. 그래서 한 기러기다.

"낮은 둥지를 생기로 보살피며[838] 불사不死는 둥지 밖으로 나가니,[839]
그 불사는 원하는 곳으로 가나니,[840] 황금의 인아人我 한 마리 기러기라네!" 12

"꿈속에서 위로 아래로 가며 신神은 많은 모습들을 이루나니,[841]
여성들과 더불어 즐기는 듯하고, 웃기도 하고,[842] 두려운 것들을[843] 보는 듯도 하네." 13

"이의 즐길 거리를 바라보지 그 누구도 그를 안 보나니,[844]
잠든 그를 억지로 깨우지 말라고 말들 하네."

"이것이 돌아오지 않는 이를 위해서는 치료하기가 어렵게 됩니다.[845]

---

838 샹카라에 의하면 "낮은(avara)" 것은 천한(nikṛṣṭa) 것이다. "둥지(kulāya)"는 몸이다. 몸은 수많은 부정한 것들의 집적 결합이기 때문에 아주 혐오스런 것이다. "생기(生氣)"는 다섯 가지 숨을 의미한다.

839 샹카라에 의하면 비록 몸에 머물러 꿈을 꾼다 할지라도 몸과 관계가 없기 때문에 "밖으로 나가니"라고 말하는 것이다.

840 샹카라에 의하면 습기(習氣)의 형태에 의해서 일어난 욕망을 향해 간다는 의미다.

841 샹카라에 의하면 "신"은 '비추는 자(dyotanavān)'를 의미한다. 위로 간다는 것은 신을 비롯한 상태를 얻는 것이며, 아래로 간다는 것은 천한 상태를 얻는 것이다. 무수한 습기(習氣)의 형태들을 만든다는 의미다.

842 샹카라에 의하면 친구들과 함께 웃는다는 뜻이다.

843 샹카라에 의하면 "두려운 것"은 사자(獅子, siṁha)와 호랑이(vyāghra) 등이다.

844 샹카라에 의하면 모든 사람들은 습기(習氣)로 만들어진 마을, 도시, 여자들, 곡식, 음식 등의 "즐길 거리"의 형태를 바라보지, 그 누구도 그 아(我)를 바라보지 않는다. 스스로가 빛인 아는 꿈에서 아주 별개의 것이 된다는 의미다.

845 샹카라에 의하면 세상에서 의사를 비롯한 사람들은 깨어 있는 몸에서 아(我)가 지각 기관이라는 문을 통해서 홀로 밖으로 나가 있는 것으로 본다. 그래서 그들은 잠이 든 아를 갑자기 깨우지 말라고 말한다. 지각 기관인 문이란 곳에서 빛을 가지고 나간 아가 지각 기관으로 다시 되돌아오지 못하고 혹시라도 지각 기관들의 일부분만으로 들

그래서 또한 '이것은 이의 깨어 있는 곳이다. 왜냐하면, 잠에서 깨어 있는 상태에서 보는 것들을 잠자면서 보기 때문이다'라고 말들을 합니다.[846] 이곳에서 이 인아人我는 스스로가 빛이 됩니다."[847]

"존경스런 분이시여, 제가 천千을[848] 드리겠나이다. 이보다 높은 해탈을 위해 말씀해 주십시오!" 14

"그러한 바로 이것은 이 해맑음에서[849] 즐기고 다니며 선과 악을 보고는[850] 다시 되짚어서 근원으로 꿈을 향해[851] 달려 돌아옵니다. 그는 그곳에서 무엇을 보든지 간에 그것과는 무관하게 있습니다.[852] 왜냐하면 이 인아人我는 붙는 것이 아니기 때문입니다.

"야갸발꺄시여, 이것은 과연 이러합니다! 존경스런 분이시여, 제가

어온다면, 귀머거리나 장님 등의 불구 상태가 되어 치료하기가 힘든 몸이 된다.

846 샹카라에 의하면 "잠에서 깨어 있는 상태"에서 보는 코끼리 등을 잠자면서도 보기 때문에 다른 어떤 사람들은 이 꿈이 '잠에서 깨어 있는 부분(jāgaritadeśa)'이라고 말한다.

847 샹카라에 의하면 잠에서 깨어 있는 부분이 바로 이 꿈이라면, 이 아(我)는 몸과 지각 기관과는 별개의 것이 아니라 둘과 섞인 것이 된다. 그렇다면, 아는 스스로가 빛나는 것이 아니다. 이것은 옳지 않다. 지각 기관들이 멈추어야 꿈들을 꾸기 때문이다. 따라서 그 상태에서는 다른 빛이 있을 수가 없다. 바로 이 인아 "스스로가 빛이 되는" 것이다.

848 "천(sahasra)"은 화폐 단위가 천인지 암소가 천 마리인지 확실치가 않다. 라다크리슈난은 천을 암소 천 마리로 본다. 기타프레스의 힌디 어 번역본은 천을 화폐 단위로 본다.

849 샹카라에 의하면 "이것"은 온전하게(samyak) 맑다(prasīdati). 그래서 "해맑음(samprasādana)"이다. '꿈에서 깨어 있는 상태'일 때는 더러움이 몸과 지각 기관의 수백의 활동에서 생겨난다. '꿈꾸는 상태'에서는 몸과 지각 기관의 활동들을 벗어나 조금 맑은 상태가 된다. 그러나 '꿈 없는 잠의 상태'에서는 온전하게 맑다. 따라서 꿈 없는 잠의 상태를 "해맑음"이라고 일컫는다.

850 샹카라에 의하면 "선(puṇya)"은 선의 결과를, "악(pāpa)"은 악의 결과를 의미한다. 선과 악을 직접적으로 볼 수는 없기 때문이다.

851 샹카라에 의하면 꿈을 꾸는 상태에서 꿈 없는 잠의 상태가 생겨난다.

852 샹카라에 의하면 선과 악을 행하는 사람이 선과 악에 관련되지, 단지 보는 것만으로는 그에 관련되지 않는다.

천千을 드리겠나이다. 이보다 높은 해탈을 위해 말씀해 주십시오!" 15

"그러한 바로 이것은 이 꿈에서 즐기고 다니며 선과 악을 보고는 다시 되짚어서 근원으로 깨어 있는 영역을 향해[853] 달려 돌아옵니다. 그는 그곳에서 무엇을 보든지 간에 그것과는 무관하게 있습니다. 왜냐하면 이 인아人我는 붙는 것이 아니기 때문입니다."[854]

"야갸발꺄시여, 이것은 과연 이러합니다! 존경스런 분이시여, 제가 천千을 드리겠나이다. 이보다 높은 해탈을 위해 말씀해 주십시오!" 16

"그러한 바로 이것은 이 깨어 있는 영역에서 즐기고 다니며 선과 악을 보고는 다시 되짚어서 근원으로 잠의 영역을 향해[855] 달려 돌아옵니다." 17

"그것은 마치 커다란 물고기가 동쪽으로 그리고 서쪽으로 양쪽 강둑을 따라 오가듯이, 바로 이렇게 이 인아人我는 잠의 영역으로 그리고 깨어 있는 영역으로 이 두 영역을 따라 오갑니다."[856] 18

---

853 샹카라에 의하면 "깨어 있는 영역(buddhānta)"은 '잠에서 깨어 있는 상태'다.

854 샹카라에 의하면 "이 인아"는 '붙지 않는 것(無着, asaṃga)'이기 때문에 잠에서 깨어 있는 상태인 깨어 있는 영역에서 그 무엇을 보든지 그것에 걸림이 없다. '아의 빛'에 의해서 조명된 몸과 지각 기관의 집적 결합이 활동하는 것이지 궁극적인 의미에 있어서 이 인아는 잠에서 깨어 있는 상태, 꿈꾸는 상태, 꿈 없는 잠의 상태, 이 세 가지 상태들에 있어서 걸림이 없는 것이다. 따라서 이 인아는 불사(不死)이며 세 가지 상태의 속성과는 성격이 다른 것이다.

855 샹카라에 의하면 "잠의 영역(svapnānta)"은 '꿈 없는 잠의 상태'인 해맑음을 의미한다. "잠의 영역"은 꿈꾸는 상태인 '꿈의 영역'으로도 옮겨질 수 있다. 꿈꾸는 상태와 꿈 없는 잠의 상태 모두를 의미하는 것으로 보아도 적절하다. 막스 뮐러는 "잠의 영역"을 '꿈꾸는 잠의 상태(the state of sleeping dream)'라고 번역한다. 라다크리슈난은 '꿈 혹은 깊은 잠의 상태(the state of dream or that of deep sleep)'라고 번역한다.

"그것은 마치 이 허공에서 매 혹은 독수리가[857] 이리저리 두루 날다 지쳐 두 날개를 접어 둥지로 깃들듯이, 바로 이렇게 이 인아人我는 잠이 들어 그 어떤 욕망도 추구하지 않고 그 어떤 꿈도[858] 꾸지 않는 이 영역으로 달려갑니다."[859] 19

"이의[860] 바로 그러한 이 이로움[861]이라는 이름의 경맥經脈들이 마치 천 갈래로 나뉜 머리카락만큼이나 아주 가늘게 있습니다. 흰색의, 푸른색의, 노란색의, 녹색의, 붉은색의 것으로 가득 차 있습니다.[862] 이제 이를[863] 해치는 듯하고, 압도하는 듯하고, 마치 코끼리가 뒤쫓는 듯하고, 구덩이에[864] 빠지는 듯합니다. 잠에서 깨어 있는 상태에서 보는 두려움,

---

856 샹카라에 의하면 "커다란 물고기(mahāmatsya)"는 양쪽 강둑 사이를 차례로 오가며 중간의 거센 물살에 휩쓸리지 않는다. 자신의 원인이 되는 욕망과 행위와 함께 죽음의 형태인 몸과 지각 기관의 집적 결합은 '아의 속성(ātmadharma)'이 없는 것이다. 그리고 이 아(我)는 이 죽음의 형태와는 성격이 다른 것이다.

857 샹카라에 의하면 "독수리(suparṇa)"는 재빠른 매(śyena)를 뜻한다.

858 샹카라에 의하면 "성전(聖典)"은 잠에서 깨어 있는 상태에서 보는 것조차도 "꿈"이라 여긴다.

859 샹카라에 의하면 모든 세상의 속성과는 성격이 다른 것으로, 즉 모든 행위와 행위자와 '행위의 결과'와 관련된 노고(āyāsa)가 없는 '자신의 아'로 들어간다.

860 샹카라에 의하면 "이"는 사람이다.

861 "이로움"의 원어는 히따(hitā)다. 히따에 대해서는 580쪽 355번 각주 참조.

862 샹카라에 의하면 풍(風, vāta), 담즙(膽汁, pitta), 점액(粘液, śleṣman, kapha)들이 서로서로 결합하는 비율에 따라서 수로라는 이름의 경맥들에 가득 찬 정수(精髓)의 색은 흰색, 푸른색, 노란색, 붉은색 등이 된다. 흰색 등의 정수가 가득한 이로움이라는 이름의 경맥들은 온몸에 퍼져 있으며, 이 경맥들에는 열일곱 개의 요소로 이루어진 미세신(微細神)이 존재한다. 이 미세신에는 귀하고 천한 윤회의 특질을 경험함으로써 생겨난 모든 습기(習氣)들이 깃들어 있다. 이러한 미세신이 경맥에 있는 정수라는 조건(條件, upādhi)과 결부됨으로써 여성, 수레, 코끼리 등의 형태를 가진 특별한 습기들과 더불어 나타난다. 미세신을 이루는 열일곱 개의 요소는 지성, 마음, '다섯 가지 요소(五唯)'인 색성향미촉(色聲香味觸), 다섯 가지 지각 기관, 다섯 가지 운동 기관을 의미하는 듯하다.

863 샹카라에 의하면 "이"는 '꿈을 꾸고 있는 자(svapnadṛś)'를 의미한다.

그것을 이곳에서는 무명無明에 의해서 두려움으로 여깁니다.[865] 이제 신처럼, 왕처럼, 내가 바로 이 모든 것이라고 여기는 상태, 그러한 것이 이의[866] 최고의 세상입니다."[867] 20

"그것은[868] 이의[869] 이 세속적인 욕망을 벗어난, 죄악을 여읜, 두려움이 없는 형태입니다.[870] 그것은 마치 사랑하는 여인에게 안긴 남자가 밖의 것과 안의 것을 아무것도 모르듯이, 바로 이렇게 이 인아人我는 지혜의[871] 아我에 안기어 밖의 것과 안의 것을 아무것도 모릅니다.[872] 그것은

---

864 샹카라에 의하면 "구덩이(garta)"는 낡은 우물 등이다.

865 샹카라에 의하면 그 누구도 해치거나 압도하지 않는다. 단지 무명에 의해 습기(習氣)가 야기되어 생겨난 미혹(bhrānti)일 뿐이다. 잠에서 깨어 있는 상태에서 보는 코끼리 등으로 나타나는 두려움은 이곳인 꿈에서는 코끼리 등의 형태가 없지만 무명의 습기에 의해서 헛되이 두려움이라 여긴다.

866 싸뜨야브라따 씻단따랑까라에 의하면 "이"는 '생령의 아(生靈, jīvātman)'를 의미한다.

867 샹카라에 의하면 이제 무명(無明)이 거두어지면서 지혜가 수승해지면, 스스로가 신처럼 된다. 즉 잠에서 깨어 있는 상태에서 신을 대상으로 하는 지혜가 생겨나면, 그에 의해 생겨난 습기(習氣)에 의해서 자신을 신으로 여기게 된다. 꿈에서도 또한 신처럼, 왕처럼 된다. 즉 왕위에 즉위한 사람은 왕의 습기에 훈습되어 꿈에서도 또한 '나는 왕이다'라고 여긴다. 이와 마찬가지로 무명이 아주 거두어지면서 '모든 것의 아'를 대상으로 하는 지혜가 생겨나면 '내가 바로 이 모든 것이다(ahamevedaṁ sarvo'smi)'라고 여기게 된다. 그러한 것이 이 아(我)의 "최고의 세상", 즉 본질적으로 최고인 '아의 상태'다. 무명이 사라지면서 지혜가 정점에 달하면 '모든 것의 아인 상태(sarvātmabhāva)'인 해탈이다.

868 샹카라에 의하면 그것은 '모든 것의 아(我)인 상태'다.

869 샹카라에 의하면 "이"는 아(我)를 의미한다. 싸뜨야브라따 씻단따랑까라에 의하면 "이"는 '생령(生靈)의 아'를 의미한다.

870 샹카라에 의하면 "죄악을 여읜" 것은 법(法)과 비법(非法)을 벗어나는 것이다. 두려움은 무명(無明)의 결과다. 두려움이 없는 모습은 무명을 벗어난 것이다.

871 "지혜"의 원어는 쁘라갸(prājña)다. 쁘라갸는 형용사로는 '지적인, 현명한, 영리한, 학식이 있는' 등을 의미하며, 남성 명사로는 '현인, 학식이 있는 사람, 지성, 지고의 존재' 등을 의미한다. 쁘라갸는 불경에서 '유지(有智), 구혜(具慧), 교혜(巧慧), 지혜구족(智慧具足), 묘혜대혜(妙慧大慧), 명(明), 철(哲), 지자(智者)' 등으로 한역되며 반야(般若)로 음사된다.

872 샹카라에 의하면 단일성(單一性)이 모르는 것의 원인이다. 온전하게 하나가 되어 '차

이의[873] 이 욕망이 이루어진, 아를 욕망하고, 욕망이 없는 형태입니다. 슬픔과는 다른 것입니다."[874] 21

"이곳에선[875] 아버지가 아버지가 아닙니다. 어머니가 어머니가 아니고, 세상들이 세상들이 아니고, 신들이 신들이 아니고, 베다들이 베다들이 아닙니다. 이곳에선 도둑이[876] 도둑이 아닙니다. 학식이 있는 브라흐마나를 죽이는 자가[877] 학식이 있는 브라흐마나를 죽이는 자가 아니고, 짠달라梅陀羅가[878] 짠달라가 아니고, 빠울까싸가[879] 빠울까싸가 아니고, 유행승遊行僧이[880] 유행승이 아니고, 고행자가[881] 고행자가 아닙니

이가 없는(nirantara)' '모든 것의 아'가 되기 때문에 외부의 다른 사물을 모르고 또한 내부의, 즉 자신 안에서 '이 내가 행복하거나 고통스럽다'라는 것을 모른다.

873 샹카라에 의하면 "이"는 아(我)를 의미한다.

874 샹카라에 의하면 전체(全體, samasta)이기 때문에 이 형태에는 욕망들이 이루어져 있다. 그래서 '욕망이 이루어진 것(āptakāma)'이다. 다른 것을 생각나게 하는 원인이 되는 무명(無明)이 없기 때문에 '아를 욕망하는 것(ātmakāma)'이다. 따라서 욕망할 것이 없기 때문에 "욕망이 없는 것(akāma)"이다. "슬픔과는 다른 것(śokāntara)"은 '슬픔이 없는 것(śokaśūnya)' 혹은 '슬픔을 벗어난 것(śokavarjita)'이다.

875 샹카라에 의하면 "이곳"은 '꿈 없는 잠의 상태'다.

876 샹카라에 의하면 "도둑(stena)"은 브라흐마나의 황금을 훔치는 자를 의미한다.

877 "학식이 있는 브라흐마나를 죽이는 자"의 원어는 브루나한(bhrūṇahan)이다. 브루나한은 '태아, 어린아이, 학식이 매우 많은 브라흐마나' 등을 의미하는 남성 명사 '브루나(bhrūṇa)'와 '죽이는 자'를 의미하는 형용사 '한(han)'이라는 낱말이 합해 만들어진 것이다. 따라서 "학식이 있는 브라흐마나를 죽이는 자"는 '태아를 죽이는 자'로도 옮길 수가 있다. 막스 뮐러와 라다크리슈난은 브루나한을 '살인자(murderer)'라고 번역한다.

878 샹카라에 의하면 "짠달라(cāṇḍala)"는 최하층 카스트인 수드라 출신의 아버지와 최상층 카스트인 브라흐마나 출신의 어머니 사이에 태어난 자식이다. "짠달라"는 브라흐마나들은 보기만 해도 부정을 탄다고 여기는 최하층 천민으로 카스트에도 소속되지 못한다. 주로 화장터에서 일을 한다.

879 샹카라에 의하면 "빠울까싸(paulkasa)"는 최하층 카스트인 수드라 출신의 아버지와 두 번째 카스트인 끄샤뜨리야 출신의 어머니 사이에 태어난 자식이다.

880 "유행승"의 원어는 슈라마나(śramaṇa)다. 슈라마나는 형용사로 '애쓰는, 노력하는, 낮

다.[882] 선과 무관하고, 악과 무관합니다. 그때는 가슴의 모든 슬픔들을 넘어서기 때문입니다."[883] 22

"그가 보지 않는 것은 보면서 보지 않는 것입니다. 불멸성이기 때문에 보는 이의 본다는 것은 멸하지 않습니다.[884] 그와는 다른 별개의 것을 볼 그 두 번째의 것은 없습니다."[885] 23

"그가 냄새 맡지 않는 것은 냄새 맡으면서 냄새 맡지 않는 것입니다.

은, 천한' 등을 의미하고, 남성 명사로 '수행자, 거지, 유행승' 등을 의미하고, 중성 명사로 '고생, 노력' 등을 의미한다. 슈라마나는 불경에서 사문(沙門)으로 음사된다. 출가하여 마을을 떠나 유행(遊行)하면서 혹은 숲에 머물면서 독신 생활로 고생하며 수행에 노력하는 수행자를 의미한다.

881 샹카라에 의하면 "고행자(tāpasa)"는 '숲에 머무는 사람(vānaprastha)'을 의미한다. '숲에 머무는 사람'은 인생의 세 번째 시기에 해당되는 사람으로 숲에 머물며 명상 수행하는 사람이다. 샹카라에게 있어서 고행의 일반적인 의미는 고도의 정신 집중, 즉 명상을 위한 수행이다.

882 샹카라에 의하면 아버지를 비롯한 존재가 아버지를 비롯한 존재가 되는 원인은 바로 행위다. 그러나 '꿈 없는 잠의 상태'에서는 행위가 없으므로 아버지를 비롯한 존재가 아버지를 비롯한 존재가 아닌 것이 된다.

883 샹카라에 의하면 "가슴"은 연꽃 모양의 살덩어리인 심장이며, 그 심장에 있는 내적 기관인 지성을 의미한다. "슬픔"은 욕망이다. 왜냐하면 원하는 대상에 대한 희구(希求)가 그 대상과 분리되면 슬픔이 되기 때문이다. 욕망은 행위의 원인이다. 그래서 모든 욕망을 벗어났기 때문에 "선(善)과 무관"하고 "악(惡)과 무관"한 것이다. '붙음, 걸림(saṃga)'이 욕망이다. 욕망이 없으면 그 무엇에도 걸림이 없다.

884 샹카라에 의하면 '꿈 없는 잠의 상태'에서 보지 않는 것은 보면서 안 보는 것이다. "보는 이"인 아(我)는 '멸하지 않는 것(avināśin)'이다. 따라서 아의 불멸성(avināśitva)으로 인하여 아의 시각(視覺, dṛṣṭi) 역시 멸하지 않는 것이다. 아는 멸하지 않는 본성을 가진 항상한 시각에 의해서 "보는 이"라고 일컬어진다. 아는 '스스로 빛(svayaṁjyotis)'이 본성인 멸하지 않는 시각에 의해 꿈 없는 잠의 상태에서 보면서 존재한다.

885 샹카라에 의하면 아(我)가 스스로 '모든 것의 아'로써 자신의 최고의 '지혜의 아(prājñātman)'와 하나가 되면, 지각 기관들과 대상들이 별개로 존재하지 않게 된다. 그래서 '보는 이'와 분리된 별개의 것을 본다는 것은 없다.

불멸성이기 때문에 냄새 맡는 이의 냄새 맡는 것은 멸하지 않습니다. 그와는 다른 별개의 것을 냄새 맡을 그 두 번째의 것은 없습니다."[886] 24

"그가 맛보지 않는 것은 맛보면서 맛보지 않는 것입니다. 불멸성이기 때문에 맛보는 이의 맛보는 것은 멸하지 않습니다. 그와는 다른 별개의 것을 맛볼 그 두 번째의 것은 없습니다." 25

"그가 말하지 않는 것은 말하면서 말하지 않는 것입니다. 불멸성이기 때문에 말하는 이의 말하는 것은 멸하지 않습니다. 그와는 다른 별개의 것을 말할 그 두 번째의 것은 없습니다." 26

"그가 듣지 않는 것은 들으면서 듣지 않는 것입니다. 불멸성이기 때문에 듣는 이의 듣는 것은 멸하지 않습니다. 그와는 다른 별개의 것을 들을 그 두 번째의 것은 없습니다." 27

"그가 생각하지 않는 것은 생각하면서 생각하지 않는 것입니다. 불멸성이기 때문에 생각하는 이의 생각은 멸하지 않습니다. 그와는 다른 별개의 것을 생각할 그 두 번째의 것은 없습니다." 28

"그가 만지지 않는 것은 만지면서 만지지 않는 것입니다. 불멸성이기 때문에 만지는 이의 만지는 행위는 멸하지 않습니다. 그와는 다른 별개의 것을 만질 그 두 번째의 것은 없습니다." 29

---

886 샹카라에 의하면 이하 서른 번째 만뜨라까지 스물여섯 번째 만뜨라와 마찬가지로 해석된다.

"그가 알지 않는 것은 알면서 알지 않는 것입니다. 불멸성이기 때문에 아는 이의 앎은 멸하지 않습니다. 그와는 다른 별개의 것을 알 그 두 번째의 것은 없습니다." 30

"다른 것인 양 있는 곳에선 다른 것이 다른 것을 봅니다. 다른 것이 다른 것을 냄새 맡습니다. 다른 것이 다른 것을 맛봅니다. 다른 것이 다른 것에게 말합니다. 다른 것이 다른 것을 듣습니다. 다른 것이 다른 것을 생각합니다. 다른 것이 다른 것을 만집니다. 다른 것이 다른 것을 압니다."[887] 31

"물속에서[888] 하나인 보는 이는 둘이 아닌 것이 됩니다.[889] 황제 폐하,

887 샹카라에 의하면 궁극적으로는 아(我)와 다른 사물은 없다. 그러나 '잠에서 깨어 있는 상태(jāgarita)' 혹은 '꿈'에서는 다른 것인 양, 즉 무명(無明)에 의해서 아(我)와 다른 사물인 것처럼 앞에 나타난다. 그래서 무명에 의해서 아를 다른 것처럼 여기면서 아와 분리된 다른 사물이 없음에도 불구하고 다른 것이 다른 것을 본다. 즉 지각한다. 다른 것이 다른 것을 냄새 맡는다, 맛본다, 말한다, 듣는다, 생각한다, 만진다, 안다.

888 "물속에서"의 원어는 쌀릴라(salila)다. 쌀릴라는 중성 명사로 '물, 홍수, 흐름' 등을 의미한다. 쌀릴라의 주격 단수 형태는 쌀릴라하(salilaḥ)이며, 처소격 단수 형태는 쌀릴레(salile)다. 쌀릴라하와 쌀릴레 모두 하나를 의미하는 뒤에 오는 낱말 에까(eka)의 첫 모음 '에(e)'에 영향을 받아 형태가 쌀릴라로 바뀐다. 따라서 원문의 쌀릴라는 '물에, 물속에서'라는 처소격과 '물이'라는 주격으로 해석될 수 있다. 샹카라는 쌀릴라를 주격 단수로 보고 '물처럼 아주 맑은'이라는 의미로 해석한다. 막스 뮐러는 주격 형태로 보고 '대양(an ocean)'이라고 해석한다. 라다크리슈난 역시 주격 형태로 보고 '물(water)'이라고 번역한다. 기타프레스의 힌디 어 해석본은 쌀릴라를 처소격 형태로 보고 '물(jala)에'라고 번역한다. 싸뜨야브라따 씻단따랑까라는 주격 형태로 보고 '물처럼 맑은 혹은 바다처럼 단일한 맛'이라고 해석한다.

889 소금 덩어리를 물에 넣으면 소금 덩어리와 물은 둘이 아닌 하나가 된다. 이처럼 '꿈 없는 잠의 상태'에서는 무명(無明)에 의해서 아(我)와 다른 것으로 인식되던 사물들이 무명이 제거되어 '보는 이'인 아와 둘이 아닌 하나가 된다. 샹카라에 의하면 '스스로가 빛의 본질(svayaṁjyotiḥsvabhāva)'인 지혜의 아와 결합하여 욕망이 이루어진, 아(我)를 욕망하

이것이 브라흐만의 세상[890]입니다."

이렇게 야갸발꺄는 이를[891] 가르쳤다. "이것이 이의[892] 최고의 경지입니다. 이것이 이의 최고의 성취입니다. 이것이 이의 최고의 세상입니다. 이것이 이의 최고의 환희입니다. 다른 존재들은 이 환희의 일부분에 의지해 삽니다."[893] 32

"인간들 가운데 건강하고 부유하며 다른 이들의 주主인 그가 인간이 누릴 모든 것들을 최고로 갖추고 있으면, 그것은 인간에게 있어서는 최고의 환희입니다.

이제 인간들의 백 개의 환희들이 있습니다. 그것은 '얻은 세상의 조상'들에게[894] 있어서는 한 개의 환희입니다.

이제 '얻은 세상의 조상'들의 백 개의 환희들이 있습니다. 그것은 간다르바의 세상에 있어서는 한 개의 환희입니다.

이제 간다르바의 세상의 백 개의 환희들이 있습니다. 그것은 행위에

고, 욕망이 없는 아의 형태는 물처럼 아주 맑게 된다. 무명에 의해서 다른 것이 구분되는 것인데, 무명이 사라지기 때문에 이곳에선 하나가 된다. '아의 빛의 본질(ātmajyotiḥsvabhāva)'인 시각의 불멸성에 의해서 "보는 이"다. 다른 볼 것이 없기 때문에 '둘이 아닌 것(advaita)'이다. 쌀릴라를 주격으로 보고 샹카라 식으로 해석하면 '물처럼 맑은 것, 하나, 보는 자, 둘이 아닌 것이 됩니다'라고 번역될 수 있다.

890 샹카라에 의하면 "브라흐만의 세상"은 브라흐만이 바로 세상인 것이다.

891 샹카라에 의하면 "이"는 '자나까'를 의미한다.

892 "이"는 아(我)를 의미한다. 샹카라에 의하면 "이"는 '앎으로 가득한 것'이다.

893 샹카라에 의하면 "환희의 일부분"은 무명(無明)에 의해서 나타나는 것이다. 즉 대상과 지각 기관이 관계되는 시간에 인식되는 것이다. 다른 존재들은 무명에 의해서 자신의 본모습을 다른 것으로 분리하고, 브라흐만과 다른 것들로 상정하는 것들이다. 이들은 대상과 지각 기관의 접촉을 통해서 인식되는 것에 의지해 산다.

894 샹카라에 의하면 '선조에 대한 제사(śrāddha)' 등의 행위들을 통해서 조상들을 만족시켜 그로 인해 세상(loka)을 얻은(jita) 조상들이 "얻은 세상(jitaloka)의 조상들"이다.

의해서 신神이 된 존재인 행위천신行爲天神이라는 신들에게[895] 있어서는 한 개의 환희입니다.

이제 행위천신行爲天神들의 백 개의 환희들이 있습니다. 그것은 천국에서 태어나 신神이 된 존재들에게[896] 있어서는 한 개의 환희입니다. 베다를 공부한, 성실한,[897] 욕망에 침해되지 않은 사람의 것입니다.[898]

이제 천국에서 태어나 신神이 된 존재들의 백 개의 환희가 있습니다. 그것은 쁘라자빠띠의[899] 세상에 있어서는 한 개의 환희입니다. 베다를 공부한, 성실한, 욕망에 침해되지 않은 사람의 것입니다.

이제 쁘라자빠띠의 세상에 있어서 백 개의 환희들이 있습니다. 그것은 브라흐만의 세상에[900] 있어서는 한 개의 환희입니다. 베다를 공부한, 성실한, 욕망에 침해되지 않은 사람의 것입니다.[901] 이제 이것이 최고의 환희입니다. 황제 폐하, 이것이 브라흐만의 세상입니다!"[902] 이렇게 야갸

---

895 샹카라에 의하면 "행위천신(karmadeva)"은 화제(火祭) 등을 비롯한 '『베다』에 규정된 행위(śrautakarma)'에 의해서 신이 된 존재다.

896 "천국에서 태어나 신이 된 존재"의 원어는 아자나자데바(ājānaja deva)다. '아자나(ājāna)'는 '출생, 출생지' 등을 뜻하며, '자(ja)'는 '태어남'을 뜻하고, '데바(deva)'는 '신'을 뜻한다. 낱말의 뜻으로 보면 '출생 혹은 출생지에 의해서 신이 된 존재'를 의미한다. 그러나 샹카라에 의하면 '아자나'는 천국이다. 천국에 태어나서 아자나자(ājānaja)라고 한다. 성전(聖傳, 聖典)에 따른 특별한 행위를 통해서 신들이 있는 곳에서 태어난 존재를 의미한다.

897 샹카라에 의하면 "성실한(avṛjina)"은 죄가 없다는 뜻이다.

898 샹카라에 의하면 천국에서 태어나 신이 된 존재들 이하에 언급되는 존재들은 대상에 대한 '갈망이 없는(vītatṛṣṇa)' 것들이다.

899 샹카라에 의하면 "쁘라자빠띠"는 '위라즈의 몸(virāṭśarīra)'이다. 『따잇띠리야 우파니샤드』(2. 8)의 주석에서 샹카라는 쁘라자빠띠가 삼계를 몸체로 하는 지배자인 브라흐마이며, 전체적이고 개별적인 형태로 '세상의 수레바퀴(世圓, saṁsāramaṇḍala)'에 편재한 존재이며, 히란야가르바(黃金子宮, 金胎)라고 말하고 있다.

900 샹카라에 의하면 "브라흐만의 세상"은 '히란야가르바의 아(Hiraṇyagarbhātman)'다.

901 샹카라에 의하면 브라흐만의 세상에 이르기까지의 환희들은 '최고의 환희(paramānada)'의 일부분으로 바다에 있어서 물방울 하나의 양에 해당하는 것이다.

902 샹카라에 의하면 이처럼 백 배씩 증가한 환희들이 하나가 되고, 『베다』를 공부한 사

발꺄는 말했다.

"존경스런 분이시여, 제가 천千을 드리겠나이다. 이보다 높은 해탈을 위해 말씀해 주십시오!"

이에 대해 야갸발꺄는 '지혜로운 왕이 나를 모든 끝들에 이르기까지 몰아세우는구나!'라고 두려워했다.[903] 33

"그러한 바로 이것은 이 꿈의 영역에서[904] 즐기고 다니며 선과 악을 보고는 다시 되짚어서 근원으로, 깨어 있는 영역을 향해 달려 돌아옵니다."[905] 34

"그것은 마치 수레가 짐을 가득 실어 삐걱이며 가듯이, 바로 이렇게 이 몸에 있는 아我는 지혜의 아를 실은 채 소리 내며 숨을 위로 거둘 때

람이 직접 경험하는 그런 환희는 해맑음으로 나타나는 "최고의 환희"다. 이러한 환희 속에서는 다른 것을 보지 않고, 다른 것을 듣지 않는다. 그래서 '더할 바 없음(bhūmā)'이다. 더할 바 없음이므로 불사(不死)다. 다른 환희들은 이와는 반대되는 것들이다. 『따잇띠리야 우파니샤드』(2. 8)에 대한 샹카라의 주석에 의하면 '더할 바 없음'의 동의어는 '큰 것', '더할 바 없는 것(niratiśaya)', '많은 것(bahu)'이다. 이것이 행복이다. 이것보다 아래의 것들은 더할 바가 있음으로 인해서 부족한 것이다. 부족함에 행복은 없다. 왜냐하면 부족함은 많은 갈망의 원인이며, 갈망은 고통의 씨앗이기 때문이다. 따라서 갈망을 비롯한 고통의 씨앗이 없기 때문에 '더할 바 없음'이 행복이다.

903 샹카라에 의하면 야갸발꺄는 말할 수가 없거나 무지 때문에 두려워한 것이 아니라, 현명한 왕인 자나까가 질문할 수 있는 끝까지 자신을 몰아세울까 두려워한 것이다. 즉 마음대로 질문할 수 있는 것을 핑계로 자신의 모든 지식을 가져갈까 두려워한 것이다.

904 "꿈의 영역(svapnānta)"은 '잠의 영역'을 의미하기도 한다.

905 샹카라에 의하면 이 아(我)는 '깨어 있는 영역(buddhānta)'에서 '잠의 영역'의 차서(krama)에 따라 해맑음에 머무른 다음 그곳에서 조금 아래로 내려와 꿈의 영역에서 즐기고 다시 깨어 있는 영역으로 달려 돌아온다. '선과 악을 본다'는 것은 선악과 무관하다는 것을 의미한다. 행위에 의해서 관련되지 단지 보는 것만으로는 관련되지 않기 때문이다. 해맑음은 '꿈 없는 잠의 상태'를 의미한다.

까지 갑니다."[906] 35

"그러한 이것이[907] 야위게 될 때, 늙어서 혹은 질병에 의해서 야위게 될 때, 그때 마치 망고 혹은 우담바라優曇波羅[908] 혹은 장과漿果[909]가 매달린 곳에서 떨어지듯이, 바로 이렇게 이 인아人我는[910] 이 몸의 부분들에서 벗어나 다시 되짚어서 생기를 위해[911] 근원으로 달려 돌아옵니다." 36

"그것은 마치 오는 왕을 포졸捕卒들,[912] 형리刑吏들, 마부들,[913] 고을의

---

906 샹카라에 의하면 "몸에 있는 아"는 미세신(微細神)으로 제한되어 죄의 결합과 분리의 형태인 태어남(janma)과 죽음을 통해 이 세상(ihaloka)과 저세상(paraloka)을 잠의 영역과 깨어 있는 영역처럼 따라 오가는 것이다. 이러한 몸에 있는 아가 떠나면 생기(生氣)를 비롯한 것들도 떠나간다. 몸에 있는 아는 지혜(智慧, 般若)인 '최고의 아', 즉 '스스로가 빛의 본질인 것'이 올라탄 채, 그의 숨이 위로 거두어질 때까지 소리를 내며 간다. 죄는 죄의 결과인 몸을 의미한다.

907 샹카라에 의하면 "그러한 이것"은 머리와 팔 등을 갖춘 몸을 의미한다.

908 "우담바라"의 원어는 우둠바라(udumbara)다. 무화과의 일종이며, 학명은 Ficus Glomerata다. 불경에서 '우담(優曇), 우담발(優曇鉢), 우담바라(優曇波羅)' 등으로 음사된다.

909 "장과(pippala)"는 무화과의 일종이다. 장과나무를 보리수라고도 하며 학명은 'Ficus-religios'다.

910 샹카라에 의하면 이 인아는 '미세신의 아', 즉 미세신(微細身)으로 제한된 인아이다.

911 샹카라에 의하면 "생기(生氣)를 위해"는 생기를 배치하기 위해서라는 의미다. 미세신(微細身)은 생기를 배치하기 위해 몸에서 다른 몸으로 간다.

912 "포졸"의 원어는 우그라(ugra)다. 우그라는 형용사로는 '난폭한, 거친, 야만의, 무서운, 강한, 노여운, 고귀한, 애쓰는' 등을 의미하며, 남성 명사로는 '끄샤뜨리야가 아버지, 수드라가 어머니인 혼혈 종족, 바람' 등을 의미한다. 샹카라에 의하면 우그라는 잔혹한 짓을 하는 사람 혹은 특별한 종족이다. 특별한 종족은 끄샤뜨리야가 아버지, 수드라가 어머니인 혼혈 종족을 뜻한다. 막스 뮐러와 라다크리슈난은 우그라를 '경찰관(policeman)'이라고 번역한다.

913 "마부"의 원어는 쑤따(sūta)다. 쑤따는 형용사로는 '태어난, 생긴, 방출한' 등을 의미하고, 남성 명사로는 '마부(왕공 무사 계급인 끄샤뜨리야 아버지와 사제 계급인 브라흐마나 어머니 사이에 태어난 혼혈 종족), 음유시인(상인 계급인 와이스야 아버지와 끄샤뜨리야 어머니 사이에 태어난 혼혈 종족), 목수, 태양, 수은' 등을 의미하고, 중성 명사로는 '수은'을 의미한다. 샹카라

수장首長들이[914] 곡식들, 음료들,[915] 머물 곳들을 채비하여 '이분께서 오시길! 이분께서 납시길!' 하며 기다리듯이, 바로 이렇게 이와 같이 아는 자를[916] 모든 존재들은[917] '이 브라흐만이[918] 오시길! 이분이 납시길!' 하며 기다립니다." 37

"그것은 마치 서둘러 가려는 왕에게 포졸捕卒들, 형리刑吏들, 마부들, 고을의 수장首長들이[919] 함께 다가오듯이, 바로 이렇게 이 아我에게[920] 마지막 때에, 이것이 숨을 위로 거두게 될 때 모든 생기들이[921] 함께 다가옵니다." 38

네 번째 절

"그러한 이 아我가 약한 상태에 이르러 미혹에 이른 듯하면, 이제 이에게 이 생기들이 모여 다가갑니다.[922] 그것은 이 빛의 부분들을 잘 수

에 의하면 마부는 특별한 혼혈 종족이다.

914 샹카라에 의하면 "포졸들, 형리들, 마부들, 고을의 수장들이(ugrāḥ pratyenasaḥ sūtagrāmaṇyaḥ)"는 '특별한 종족이거나 잔혹한 일을 하는, 죄와 관련된 일에 임명된, 즉 도둑 등에게 형벌을 주는 일 등에 임명된 마부들과 고을의 수장들이'라고 번역된다.

915 샹카라에 의하면 "음료(pāna)"들은 술(madirā)을 비롯한 것들이다.

916 샹카라에 의하면 "이와 같이 아는 자"는 '행위의 결과'를 아는 자로 '윤회하는 자'라는 뜻이다.

917 샹카라에 의하면 "모든 존재들"은 몸을 만드는 것들과 지각 기관을 풍요하고 이롭게 하는 태양을 비롯한 것들이다. 막스 뮐러는 존재들을 '요소들(elements)들'이라고 번역한다. 라다크리슈난은 '존재들(beings)'이라고 번역한다.

918 샹카라에 의하면 "이 브라흐만"은 '향수(享受)하는 자(bhoktṛ)'와 '행하는 자(kartṛ)'를 의미한다.

919 바로 앞의 만뜨라와 마찬가지다.

920 샹카라에 의하면 "이 아"는 '향수하는 자'를 의미한다. 향수하는 자는 행위의 결과를 향수하는 자다.

921 샹카라에 의하면 "모든 생기(生氣)들"은 언어를 비롯한 것들이다.

습하여 심장 안으로 이끌고 내려 들어갑니다.[923] 눈에 있는 이 인아人我가 되돌아가면, 이제 그는 형태를 모르게 됩니다."[924] 1

"'하나가 된다. 보지 않는다.' 이렇게 말들을 합니다.[925] '하나가 된다. 냄새를 맡지 않는다.' 이렇게 말들을 합니다.[926] '하나가 된다. 맛보지 않는다.' 이렇게 말들을 합니다. '하나가 된다. 말하지 않는다.' 이렇게 말들을 합니다. '하나가 된다. 듣지 않는다.' 이렇게 말들을 합니다. '하나가 된다. 생각하지 않는다.' 이렇게 말들을 합니다. '하나가 된다. 만지지 않는다.' 이렇게 말들을 합니다. '하나가 된다. 알지 않는다.' 이렇게 말들을 합니다.[927] 그 이 심장의 맨 끝이 빛나기 시작합니다. 그 빛에 의해서 이 아我는 밖으로 나갑니다.[928] 눈에서 혹은 머리 꼭대기에서 혹은 몸의 다

922 샹카라에 의하면 몸이 약한 상태에 이르는 것을 "아가 약한 상태에 이른다"고 가설하는 것이다. "미혹(sammoha)"은 분별이 없음이다. "이에게"는 '아에게'라는 의미다. 언어를 비롯한 생기(生氣)들이 아에게 모여 다가온다.

923 샹카라에 의하면 형태를 비롯한 것들을 조명함으로 인해서 눈을 비롯한 지각 기관들이 "빛의 부분(tejomātrā)들"이다. 아(我)는 지성을 비롯한 활동이 거두어지면, 지각 기관들을 거두어서 심장 안으로 들어간다. 즉 심장 안에서 앎이 현시된다.

924 샹카라에 의하면 눈에 있는 인아는 태양의 부분으로 향수(享受)하는 자의 행위에 상응하여 몸을 지니고 눈을 이롭게 하며 존재한다. 그러다 죽을 때가 되면 "눈에 있는 이 인아"는 눈을 이롭게 하던 것을 버리고 자기 자신인 '태양의 아(ādityātman)'로 다가간다.

925 샹카라에 의하면 '지각 기관의 무리(karaṇajāta)'들이 자신의 '미세신의 아'와 하나가 된다. 그러면 옆에 앉아 있는 사람들이 '이 사람은 보지 않는다'고 말한다.

926 샹카라에 의하면 '후각 기관의 신(ghrāṇadevatā)'이 물러나면 후각 기관은 '미세신의 아'와 하나가 된다. 그때 "냄새를 맡지 않는다"고 사람들은 말한다. 다른 것들도 마찬가지다.

927 샹카라에 의하면 이상은 신의 물러남과 지각 기관들이 심장 안에서 하나가 됨을 암시한다.

928 샹카라에 의하면 그 이 심장 구멍(hṛdayacchidra)의 이 "맨 끝(agra)"은 경맥(經脈)의 출구다. 스스로의 빛에 의해서 꿈꾸는 시간처럼 빛의 부분을 취함으로써 그리고 바로 자신의 빛인 아에 의해서 빛난다. 심장의 맨 끝에서 빛나는 그 '아의 빛'을 통해 '앎이 가득

른 부분들에서 빠져나가는 그것을 생기가 따라 나갑니다.[929] 따라 빠져나가는 생기를 따라서 모든 생기들이 따라 나갑니다.[930] 특별한 지혜를 갖게 됩니다.[931] 특별한 지혜를 갖추어 빠져나갑니다.[932] 지식과 행위 그리고 과거의 인식도 그와 함께 갑니다."[933] 2

"그것은 마치 풀 거머리가 풀 끝으로 갔다가 도달할 다른 것을 꽉 잡고 자신을 오므리듯이, 바로 이렇게 이 아我는 이 몸을 없애고 무명無明에 이르게 하여 도달할 다른 것을 꽉 잡고 자신을 움츠립니다."[934] 3

한' 미세신(微細身)으로 한정(限定)된 아는 빠져나간다. 그 미세신에는 '아의식(我意識)의 빛'이 늘 확연히 드러나 있다. 그 미세신이라는 한정에 의해서 아 속에서 태어남(生), 죽음(死), 감(去, gamana), 옴(來, āgamana)을 비롯한 변형의 형태가 작용한다. 그리고 지성을 비롯한 열두 가지의 기관들은 미세신이라는 한정을 본질로 한다. 이것이 실(sūtra), 이것이 생명(jīvana), 바로 이것이 움직이는 것과 움직이지 않는 것의 '내적인 아'다. 지성을 비롯한 열두 가지의 기관들은 지성, 마음, 다섯 가지 지각 기관, 다섯 가지 활동 기관을 의미한다.

929 샹카라에 의하면 만일 지혜 혹은 행위가 '태양의 세계(ādityaloka)'를 얻기 위한 것이라면 눈에서 빠져나간다. 만약 '브라흐만의 세계'를 얻기 위한 것이라면 '머리 꼭대기(mūrdhan)'에서 빠져나간다.

930 샹카라에 의하면 생기(生氣)가 빠져나가면 언어를 비롯한 모든 생기들이 따라 빠져나간다.

931 샹카라에 의하면 행위에 의해서 생겨나는 내적 기관의 특별한 활동에 의지한 습기(習氣)를 본질로 하는 특별한 앎에 의해서 모든 사람들은 이때 "특별한 지혜(vijñāna)"를 갖게 된다. 내적 기관은 지성과 마음이다.

932 샹카라에 의하면 "특별한 지혜"를 갖추어야만이, 즉 특별한 지혜에 의해서 조명되어야만이 가야 할 곳을 찾아간다.

933 샹카라에 의하면 저세상을 위해 가고 있는 그 아(我)를 지식과 행위가 그리고 '과거의 인식(pūrvaprajñā)'이 따라간다. 지식은 모든 종류의 규정되고 금지된 지식과 규정되지 않고 금지되지 않은 지식이다. 마찬가지로 행위는 규정되고 금지된 행위와 규정되지 않고 금지되지 않은 행위이다. '과거의 인식'은 과거에 경험한 대상에 대한 인식, 즉 지나간 행위의 결과의 경험에 대한 습기(習氣)다.

934 샹카라에 의하면 "풀 거머리(tṛṇajalāyukā)"는 풀끝으로 간 다음에 다른 풀에 의지하여 자기 몸의 뒷부분을 앞부분이 있는 곳으로 오므려 다른 풀로 옮겨 간다. 바로 그렇게

"그것은 마치 금 세공사가 금의 일부를 가지고 다른, 보다 새로운, 보다 아름다운 모습을 만들듯이, 바로 이렇게 이 아我는 이 몸을 없애고 무명無明에 이르게 하여[935] 다른, 보다 새로운, 보다 아름다운 모습을 만듭니다. 조상의 혹은 간다르바의 혹은 신의 혹은 쁘라자빠띠의 혹은 브라흐만의 혹은 다른 존재들의 모습을 만듭니다." 4

"그러한 이 아我는 브라흐만,[936] 앎이[937] 주를 이루는 것, 마음이 주를 이루는 것, 생기가 주를 이루는 것,[938] 눈이 주를 이루는 것,[939] 귀가 주를 이루는 것,[940] 흙이 주를 이루는 것,[941] 물이 주를 이루는 것,[942] 바람이 주를 이루는 것,[943] 허공이 주를 이루는 것,[944] 빛이 주를 이루는

윤회하는 이 아는 꿈을 얻으려는 사람처럼 전에 얻은 몸을 버리고는 무명(無明)에 이르게 하여, 즉 '자신의 아'에 끌어들여 의식을 없게 만들어 펼쳐진 습기(習氣)로 다른 몸을 취하여 아를 결합한다. 즉 그 몸에 '아의 상태'가 비롯되게 한다. 그리고 그 아에 행위에 따라서 활동을 얻은 기관들이 모이고 외부의 몸이 시작된다. 그리고 '불의 신'을 비롯한 신들이 지각 기관에 배치를 살펴서 언어 등을 이롭게 하기 위해 깃든다. 행위에 따라서 활동을 얻은 기관들은 전생의 행위의 업보에 따른 활동성을 얻은 지성과 마음인 내적 기관, 다섯 가지 지각 기관, 그리고 다섯 가지 활동 기관들을 의미한다.

935 바로 앞의 만뜨라에 대한 각주 참조.

936 샹카라에 의하면 이처럼 윤회하는 "바로 이 아"는 '먹고 싶은 마음(aśanāyā)' 등을 벗어난 브라흐만이다. 바로 최고(para)다.

937 샹카라에 의하면 여기서 "앎"은 지성을 의미한다.

938 샹카라에 의하면 "생기(生氣)"는 다섯 가지 활동을 의미한다.

939 샹카라에 의하면 볼 때는 "눈이 주를 이루는 것(cakṣurmaya)"이다.

940 샹카라에 의하면 소리를 들을 때는 "귀가 주를 이루는 것(śrotramaya)"이다. 이처럼 각각의 지각 기관의 활동이 생겨나면 각각 그 지각 기관이 주를 이루는 것이 된다.

941 샹카라에 의하면 흙과 관련된 몸이 시작되면 "흙이 주를 이루는 것(pṛthivīmaya)"이 된다.

942 샹카라에 의하면 와루나를 비롯한 세상들에서 물과 관련된 몸이 시작되면 "물이 주를 이루는 것(āpomaya)"이 된다.

943 샹카라에 의하면 바람과 관련된 몸이 시작되면 "바람이 주를 이루는 것(vāyumaya)"이 된다.

것,[945] 빛이 아닌 것이 주를 이루는 것,[946] 욕망이 주를 이루는 것,[947] 욕망이 없는 것이 주를 이루는 것,[948] 분노가 주를 이루는 것,[949] 분노가 없는 것이 주를 이루는 것,[950] 도덕이 주를 이루는 것, 도덕이 아닌 것이 주를 이루는 것, 모든 것이 주를 이루는 것[951]입니다. 이것이 주를 이루는 것,[952] 저것이 주를 이루는 것,[953] 바로 그것입니다. 실행하는 대로 행동하는 대로 그렇게 됩니다.[954] 착한 일을 하는 사람은 착한 사람이 되고,

---

944 샹카라에 의하면 허공과 관련된 몸이 시작되면 "허공이 주를 이루는 것(ākāśamaya)"이 된다.

945 샹카라에 의하면 신의 몸들은 빛으로 된 것들이다. 그들 가운데 시작되면 "빛이 주를 이루는 것(tejomaya)"이 된다.

946 샹카라에 의하면 짐승을 비롯한 몸들과 나락(那落, naraka)의 유령을 비롯한 몸들은 "빛이 아닌 것이 주를 이루는 것(atejomaya)"이다.

947 샹카라에 의하면 아(我)는 몸과 기관이 집적 결합한 것이 되어서 '이것은 내가 얻은 것, 저것은 내가 얻어야 할 것이다'처럼 전도된 상념(想念, pratyaya)으로 희구(希求, abhilāṣa)하게 된다. 즉 "욕망이 주를 이루는 것(kāmomaya)"이 된다.

948 샹카라에 의하면 욕망에 있는 결함을 보아 욕망하는 대상에 대한 희구가 가라앉으면 정신(citta)이 맑아지고 티 없이 고요해진다. 즉 "욕망이 없는 것이 주를 이루는 것(akāmomaya)"이 된다.

949 샹카라에 의하면 그 무언가에 의해 욕망이 좌절되면 욕망은 '분노의 상태(krodhatva)'로 변한다. 그래서 "분노가 주를 이루는 것(krodhamaya)"이 된다.

950 샹카라에 의하면 그 어떤 방법(upāya)에 의해서 분노가 제거되면 정신은 맑고 편안하여 분노가 없다고 일컬어진다. 그래서 "분노가 없는 것이 주를 이루는 것(akrodhamaya)"이 된다.

951 샹카라에 의하면 욕망과 분노 그리고 욕망이 없음과 분노가 없음에 의해서 그러한 것이 주를 이루는 것이 되어 "도덕이 주를 이루는 것(dharmamaya)"과 "도덕이 아닌 것이 주를 이루는 것(adharmamaya)"이 된다. 왜냐하면 욕망과 분노를 비롯한 것들이 없이는 도덕(dharma) 등의 활동이 생겨나지 않기 때문이다. 나타난 모든 것들은 도덕과 '도덕이 아닌 것(adharma)'의 결과다. 그래서 "도덕이 주를 이루는 것"과 "도덕이 아닌 것이 주를 이루는 것"이 되어 "모든 것이 주를 이루는 것(sarvamaya)"이 된다.

952 샹카라에 의하면 "이것이 주를 이루는 것(idammaya)"은 파악되는 대상 등이 주를 이루는 것이다.

953 샹카라에 의하면 "저것이 주를 이루는 것(adomaya)"은 내적 기관에 있는 작용(vyavahāra)이 주를 이루는 것이다. 내적 기관은 지성과 마음이다.

악한 일을 하는 사람은 악한 사람이 됩니다. 선행에 의해 선이 생기고, 악행에 의해서 악이 생깁니다.[955] 이제 이 인아人我는 욕망이 주를 이루는 것이라고 말들을 합니다. 그 욕망이 생겨나는 그대로 결심이 생겨납니다. 결심이 생겨난 대로 행위를 합니다. 행위하는 것, 그것을 얻게 됩니다."[956] 5

"이것은 그에 대한 시구詩句입니다."

"이의 미세신微細身인 마음은 집착하여 확고히 들러붙은 그곳으로 행위와 함께 가네,

무엇이든 이곳에서 행한 그 행위의 끝을 이것은 얻고는

그 세상에서 다시 이 세상으로 행위를 위해 온다네!"[957]

---

954 샹카라에 의하면 규정(vidhi)과 금지(pratiṣedha)에 의해서 알려져 정해지는 활동이 "실행(karaṇa)"이다. 그리고 정해지지 않은 것이 "행동(caraṇa)"이다.

955 샹카라에 의하면 "선"과 "악"이 윤회의 원인이다.

956 샹카라에 의하면 약간의 희구(希求)로 나타난 욕망이 대상에 대해 생겨나 제거되지 않으면 만개되어 결심(kratu)의 형태로 변한다. 결심에 뒤이어 활동이 생겨난다. 따라서 '모든 것이 주를 이루는 것'이 됨에 있어서 그리고 윤회하는 것이 됨에 있어서 바로 욕망이 원인이다.

957 샹카라에 의하면 "이"는 '윤회하는 자'를 의미한다. 마음은 미세신(微細身)의 으뜸이 되는 것이기 때문에 마음을 미세신이라고 일컫는다. 이러한 미세신은 희구가 생겨나 '결과에 집착하여 행한 행위'와 더불어 그 행위의 결과를 향해 간다. 혹은 미세신의 원어인 링가(liṃga)는 '그에 의해 알게 되는 것, 그것이 링가다(liṃgyate'vagamyate'vagacchati yena talliṃga).' 즉 링가는 마음이다. 윤회하는 자의 마음에 확실하게 들러붙은 것은 증장된 희구다. 희구하는 행위를 했기 때문에 마음은 희구에 따른 행위에 의해 그 결과를 얻는다. 따라서 욕망이 윤회의 뿌리다. 이 세상에서 행한 행위의 결과를 맛보고는 저세상에서 다시 "행위를 위해" 이 세상으로 온다. 왜냐하면 이 세상은 행위가 주가 되는 것이기 때문이다. 다시 행위를 하고는 결과에 탐착하여 다시 저세상으로 간다. 막스 뮐러는 이 부분을 다음처럼 번역한다. "사람 자신의 마음이 집착한 대상이 그 무엇이든지 간에 그는 그의 행위와 함께 그 대상으로 활기차게 갑니다. 그리고 이 땅에서 한

"욕망하는 자는 정말 이러합니다.[958] 이제 욕망하지 않는 자, 욕망이 없는 자, 욕망이 사라진 자, 욕망을 이룬 자, 아我가 욕망인 자, 그의 생기들은 빠져나가지 않습니다. 브라흐만이 되어 브라흐만에 이릅니다."[959] 6

"이것은 그에 대한 시구詩句입니다."[960]

"이의 가슴에 깃들은 모든 욕망들이 풀려날 때,
이제 죽어야 할 자는 불사不死가 되나니,
이곳에서 브라흐만을 얻노라."[961]

행위가 무엇이든지 간에 그 끝(마지막 결과들)을 얻어 그는 다시 행위를 위해 저세상에서 이 세상으로 다시 돌아옵니다." 라다크리슈난은 이 부분을 다음처럼 번역한다. "마음이 집착한 대상, 그것에 집착하여 미세신은 행위와 더불어 갑니다. 그가 이 세상에서 한 행위가 무엇이든지 간에 그 결과들이 고갈되면 그는 다시 행위를 위해 저세상에서 이 세상으로 다시 돌아옵니다."

958 샹카라에 의하면 이처럼 분명 "욕망하는 자(kāmayamāna)"는 윤회한다.

959 샹카라에 의하면 "욕망하지 않는 자(akāmayamāna)"는 결코 윤회하지 않는다. "욕망이 없는 자(akāma)"는 '욕망하지 않는 자'다. "욕망이 사라진 자(niṣkāma)"는 '욕망이 없는 자'가 된다. "욕망을 이룬 자(āptakāma)"는 '욕망이 사라진 자'가 된다. "아가 욕망인 자(ātmakāma)"는 '욕망을 이룬 자'가 된다. 아는 안과 밖이 없는 전체, '앎이 꽉 찬 덩어리(vijñānaghana)', '하나의 맛', 아 말고는 욕망할 다른 것이 위에도 옆에도 아래에도 없는 것이다. 모든 것이 아가 된 자에게 있어서는 그 무엇으로 그 무엇을 보고, 듣고, 생각하고, 알 것이 존재하지 않는다. 이와 같이 아는 사람은 그 무엇도 욕망할 것이 없다. 아가 욕망임을 통해서 "욕망을 이룬 자"가 되고, "욕망을 이룬 자"는 "욕망이 사라진 자"가 되며, "욕망이 사라진 자"는 "욕망이 없는 자"가 되고, 그리고 "욕망이 없는 자"는 "욕망하지 않는 자"다. '모든 것을 아로 보는 자(sarvātmadarśin)'에게는 욕망할 것이 없음으로 인해서 행위가 생겨나지 않는다. 이처럼 '욕망하지 않는 자'에게 있어서는 행위가 존재하지 않아서 갈 원인이 없기 때문에 언어를 비롯한 생기들이 몸 위로 올라가 떠나가지 않는다. 그래서 이러한 사람은 몸을 벗어난 다음이 아니라 바로 이 세상에서 브라흐만이 되어 브라흐만에 도달한다.

960 샹카라에 의하면 "시구"는 만뜨라다.

961 샹카라에 의하면 "욕망"은 '갈망의 품류(品類, tṛṣṇāprabheda)'다. 아들과 재산과 세상 등

"그것은 마치 뱀의 허물이 흰개미집에[962] 쓸모없이 내팽개쳐 누워 있듯이, 바로 이렇게 이 몸은 누워 있습니다.[963] 이제 이 몸이 없는 불사不死인 생기는 바로 브라흐만, 바로 빛입니다."[964]

위데하의 왕 자나까는 이렇게 말했다. "존경스런 분이시여, 제가 천千을 드리겠나이다." 7

"이것들은 그에 대한 시구詩句들 입니다."[965]

에 대한, 즉 이 세상과 저세상을 위한 갈구(eṣaṇā) 등이 욕망이다. 이러한 욕망들이 사람의 심장에, 즉 지성에 깃들어 있다. 지성에 깃든 이 욕망들이 흩어져 사라져 버리면, 욕망이 뿌리째 떨어지기 때문에 죽어야 할 속성을 지닌 인간이 불사의 존재가 된다. '아(我)가 아닌 것(anātman)'에 대한 욕망들이 무명(無明)으로 나타나는 죽음들이다. 따라서 알고 있는 사람은 죽음과 떨어져 살아 있는 동안 불사가 된다. 이 몸에 현존하면서 브라흐만을 얻는다, 즉 '브라흐만의 상태(brahmabhāva)'인 해탈을 얻는다. 따라서 해탈을 위해서 다른 장소로 가는 것 등이 필요치 않다.

962 "흰개미집(valmīka)"는 제법 커다란 흙무더기의 형태다. 인도에서 이러한 흰개미집에는 뱀이 산다고 한다.

963 샹카라에 의하면 알고 있는 사람의 생기(生氣)들은 상승하여 떠나가지 않고 있는 그대로 자신의 원인인 인아(人我)에 모두 들어가 잠긴다. 생기들이 모두 들어가 잠기고 몸이 자신의 원인에 잠기면 알고 있는 사람은 이곳에서 해탈하여 '모든 것의 아'가 되어 현존하면서 다시 이전처럼 윤회하는 성질을 지닌 몸을 얻지 않는가에 관해서 다음처럼 말한다. 이 몸은 뱀에 해당되는 해탈한 사람에 의해서 아(我)가 아닌 상태로 내버려져 죽은 듯이 누워 있다. 그리고 뱀에 해당되는 해탈한 사람은 모든 것의 아가 되어 뱀처럼 그곳에 현존하면서도 몸이 없다. 다시 이전처럼 몸이 생기지 않는다.

964 샹카라에 의하면 욕망에 따른 행위에 연결된 '몸의 아'의 상태에 의해서 이전에는 몸이 있고 죽어야 할 존재였지만, 이제는 욕망에 따른 행위에 연결된 '몸의 아'의 상태와 결별함으로써 몸이 없고 또한 "불사"의 존재가 된다. 여기서 "생기(生氣)"는 '지고의 아'를 의미한다. 브라흐만은 바로 '지고의 아'다. "빛"은 앎이라는 빛이다. '아의 빛'에 의해서 조명되는 세상은 앎의 빛을 갖춘 '지혜의 눈(prajñānetra)'이 되어 멸하지 않고 존재한다.

965 샹카라에 의하면 '아(我)를 욕망하는 자(ātmakāma)'인 브라흐만을 아는 사람에게는 해탈이 있다는 의미를 자세하게 표명하는 "시구"들이다.

"미세하고 오랜 길 펼쳐 내게 닿아 있으니,[966]
내가 추구한 것이네.
브라흐만을 아는 지혜로운 이들 그걸 통해
하늘나라로 가네,[967]
여기서 위로 벗어나 있네!"[968] 8

"그에 대해 흰 것을, 혹은 푸른 것을 말하네,
노란 것을, 녹색의 것을, 붉은 것을 말들 하네.[969]
이 길은 바로 브라흐만에 의해 찾아진 것, 그것을 통해
브라흐만을 아는 사람, 덕을 행한 사람, 빛나는 사람이 가네."[970] 9

---

966 샹카라에 의하면 알기가 어렵기 때문에 미세한 길이며, 펼쳐진 길이다. "펼쳐(vitata)"는 다른 판본에 의하면, 분명하게 건너게 해 주는 원인이 되는 것으로 '분명히 건너게 해 주는 것(vitara)', 즉 '해탈의 방편(mokṣasādhana)'인 '지혜의 길(jñānamārga)'이 된다. 오랫동안 항상(恒常)하게 성전(聖典)에 밝혀진 것이기 때문에 "오랜 길"이다. '브라흐만에 대한 지혜'의 형태인 이 '해탈의 길(mokṣamārga)'은 나에 의해서 얻어진 것이기 때문에 "내게 닿아 있다"고 말한다.

967 샹카라에 의하면 '하늘나라(svargaloka)'는 브라흐만에 대한 지혜의 결과인 해탈이다. 하늘나라는 신의 세계를 의미하는 낱말이지만 여기서는 해탈을 의미한다.

968 샹카라에 의하면 "여기서", 즉 이 몸에서 떨어져 나간 다음에 살아 벗어난 상태에서 해탈을 얻는다. 막스 뮐러는 이 부분을 다음처럼 번역한다. "그것을 통해 브라흐만을 아는 현인들은 천국으로 나아간다. 그리곤 그곳에서 더 높은 곳으로 완전히 자유롭게 나아간다."

969 샹카라에 의하면 그곳, 즉 '해탈의 방편인 길(mokṣasādhanamārga)'에 대해 해탈을 원하는 사람들 사이에 견해 차이가 있다. 그러나 이러한 색들은 점액(粘液)을 비롯한 정수(精髓)들이 자비 경맥(慈悲經脈, suṣumnā)을 비롯한 경맥(經脈)들에 섞여 가득 차 있는 상태들이다. 혹은 태양인 해탈의 길에 대해 이와 같이 말하는 것이다. 그러나 '지혜의 길'에는 흰색을 비롯한 색들이 있을 수 없다. 따라서 흰색을 비롯한 이것들은 '브라흐만에 대한 지혜의 길(brahmavidyāmārga)'과는 다른 것들이다. 683쪽 862번 각주 참조.

970 샹카라에 의하면 '아(我)에 대한 욕망(ātmakāma)'에 의해서 '욕망을 이룬 상태(āptakāmatā)'가 되어 모든 욕망이 소멸한다. 그러면 가는 것이 적절치 않게 되어 '등불이 꺼지듯이(pradīpanirvāṇavat)' 바로 이곳에서 들어가 잠긴다. 이것이 '해탈의 길'이다. 이 '지혜의 길'

"지혜가 아닌 것[971]을 숭배하는 사람들은
눈앞이 보이지 않는 어둠으로 들어가네.
지혜에[972] 빠진 사람들은
그보다 더욱 심한 어둠으로 들어가네."[973] 10

"기쁨이 없음이라는[974] 이름의 세상들은
눈앞이 보이지 않는 어둠에[975] 덮여 있네.
알지 못하고 깨닫지 못하는 사람들은[976]
떠나[977] 그 세상들로 가네."[978] 11

은 브라흐만에 의해서, 즉 모든 희구(希求)를 내버린 '지고의 아의 본모습'(paramātmas-varūpa)인 브라흐마나에 의해서 찾아진 것이다. '브라흐만에 대한 지혜의 길'인 그 길을 통해 다른 "브라흐만을 아는 사람" 역시 간다. 먼저 "덕을 행한 사람(puṇyakṛt)"이 되고, 다시 아들 등에 대한 희구를 내버려 '지고의 아의 빛(paramātmatejas)'과 자신을 연결하여 그 '지고의 아의 빛'에서 빛나는 존재로 생기한다. 즉 이곳에서 아가 된다는 의미다. 이처럼 브라흐만을 아는 사람은 그 길을 통해 간다. 혹은 브라흐만을 아는 사람이 그 길을 통해 간다. "덕을 행한 사람"과 "빛나는 사람"은 "브라흐만을 아는 사람"을 찬양하는 말이다.

971 샹카라에 의하면 "지혜가 아닌 것(無明)"은 행위를 의미한다.

972 샹카라에 의하면 "지혜(明)"는 무명(無明)의 사물을 이루어내는 행위를 목적으로 하는 세 가지 지혜다. 세 가지 지혜는 『리그베다』, 『야주르베다』, 『싸마베다』에 대한 지혜를 의미한다.

973 샹카라에 의하면 『베다』는 규정과 금지에 대한 것이지, 그 외의 다른 것은 없다고 하면서 『우파니샤드』의 의미를 무시하는 사람들은 행위를 추구하는 사람들보다 더 심한 어둠에 들어간다. 『우파니샤드』의 의미는 『베다』의 신비한 의미다. 이 만뜨라는 『이샤 우파니샤드』의 아홉 번째 만뜨라와 동일하다.

974 "기쁨이 없음"의 원어는 아난다(anandā)다. 아난다는 샹카라에 의하면 '환희가 없음(anānandā)', 즉 기쁨이 없음을 의미한다.

975 "어둠"을 '미혹'으로 옮겨도 좋다. 원어인 따마쓰(tamas)의 특질은 미혹이기 때문이다.

976 샹카라에 의하면 단지 알지 못하는 사람이 아니라 "알지 못하고 깨닫지 못하는 사람"이다. 즉 '아(我)에 대한 이해(ātmāvagama)'가 없는 사람들이다.

977 샹카라에 의하면 "떠나(pretya)"는 '죽어서(mṛtvā)'라는 의미다.

"만일 사람이 '이것이 나다'라고 아我를 안다면,[979]
무엇을 바라고
무엇을 욕망하여
몸을 따라 애태우리오!"[980] 12

"의심스럽고[981] 깊은[982] 이곳에 들어온 아我를 찾아내고 깨달은 자[983]
그는 모든 것의 행위자이기에
그는 우주를 만든 자라네,
세상은 그의 것이네, 그가 바로 세상이네!"[984] 13

---

978 『이샤 우파니샤드』(3)와 『까타 우파니샤드』(1. 1. 3) 참조.

979 샹카라에 의하면 "만일(cet)"이란 낱말은 '아에 대한 지혜(ātmavidyā)'가 얻기 힘들다는 것을 나타낸다. "아"는 '최고의 자신(svaṁ param)'이며, 모든 생명체들이 욕망하는 것을 아는 존재이며, 심장에 머물러 있으며, 먹고 싶은 마음을 비롯한 속성을 벗어난 존재다. 이것은 모든 생명체들의 인식을 직접 바라보는 '최고의 아'다. '이렇게는 아니다. 이렇게는 아니다' 등을 통해 언급된 것이다. 이것 말고는 다른 보는 자, 듣는 자, 생각하는 자, 아는 자가 없는 것이다. 동일함(sama)이다. 모든 존재들에 머무는 것이다. 항상(恒常)하고, 순수하며, 깨어 있고, 해탈한 본질이다. 바로 이러한 것이 "만일 '나다'라고 안다면"이라는 의미다.

980 샹카라에 의하면 아를 보지 못하는 사람들은, 즉 아와 다른 사물을 추구하는 사람들은 '이것이 내 것이 되었으면, 이것이 아들의 것이 되었으면, 이것이 아내의 것이 되었으면!' 이렇게 갈구하면서 거듭거듭 생사의 끊임없는 흐름에 올라타 몸의 병을 따라 병이 든다. 그러나 '모든 것의 아'를 보는 사람들은 그렇지가 않다.

981 샹카라에 의하면 "의심스럽다"는 것은 수많은 재난과 위험이 쌓여 있다는 의미다.

982 샹카라에 의하면 "깊다"는 것은 접근하기 힘들다는 것이다. 즉 '분별하여 앎(vivekavijñāna)'에 있어서 수많은 수십만의 장애들이 있다는 의미다.

983 샹카라에 의하면 '찾아낸다'는 것은 찾아 얻는 것이고, '깨닫는다'는 것은 직접 바라본다는 것이다. '내가 최고의 브라흐만이다(ahamasmi paraṁ brahma)'라고 이렇게 '개별적인 아성(pratyagātmatva)'을 통해서 이해한 자를 의미한다.

984 샹카라에 의하면 "세상"은 아(我)를 일컫는다. 모든 것은 그의 아이고, 그가 모든 것의 아라는 의미다.

"이곳에 있으며 이제 그걸 우리가 알 수 있나니,
모르면 큰 파멸이네.
그걸 아는 이들은 불사不死가 되네,
이제 다른 자들은 오로지 고통에 이른다네."[985] 14

"이 아我를 신으로,[986]
존재한 것과 존재할 것의 지배자로[987]
바로 바라보면, 그로 인하여 두려워하지 않는다네!"[988] 15

"그것의 아래에[989] 연年이[990] 날들과 함께

---

985 샹카라에 의하면 수많은 재난이 가득한 바로 이곳에 있으면서 무지의 기나긴 잠에 미혹되어 있으면서 어떻게든 '브라흐만의 본질(brahmatattva)'을 아성(我性)을 통해서 우리가 알게 되면, 우리는 해야 할 바를 이룬 사람들이 된다. 그러나 모르는 자가 되면 무한한 양의 생사(生死, janmamaraṇa)를 비롯한 형태들인 파멸이 생긴다. 우리는 브라흐만을 알아 이 파멸에서 벗어난다. 이렇게 브라흐만을 아는 사람들은 "불사"가 된다. 그러나 브라흐만을 모르는 사람들은 생사를 비롯한 형태의 고통만을 얻는다. "이곳"은 이승 혹은 이승의 몸을 의미한다.

986 샹카라에 의하면 "이 아"는 '자신의 아'다. 신(神)은 빛나는 존재 혹은 모든 생명체들에게 행위의 결과를 행위에 따라 주는 자이다.

987 샹카라에 의하면 "존재한 것과 존재할 것의 지배자(īśānaṁ bhūtabhavyasya)"는 삼시(三時, kālatraya)의 주인(svāmin)이다. 즉 과거 현재 미래의 주인이다. 지배자(īśāna)는 불경에서 '자재주(自在主), 자재천(自在天), 대자재천(大自在天), 중생주(衆生主)' 등으로 한역된다.

988 샹카라에 의하면 그에게서, 즉 지배자인 신에게서 자신을 특별히 보호하기를 원하지 않는다. 구별하여 보는 모든 사람들은 자재자(自在者)에게서 보호를 구한다. 그러나 '하나임을 보는 사람(ekatvadarśin)'은 그 어떠한 것도 두려워하지 않는다. 따라서 지배자인 신을 바로, 즉 아성(我性)을 통해 바라볼 때, 그때는 특별한 보호를 원하지 않는다. 혹은 그때는 모든 것을 자신으로 보기 때문에 그 무엇도 미워하지 않는다. 이와 같이 보면서 비난할 무엇이 있겠는가?

989 샹카라에 의하면 "그것"은 지배자다. 그것과는 다른 대상이라는 의미다. "그것의 아래에(yasmādarvāk)"는 '그 앞에서' 혹은 '그 뒤에서' 등으로도 옮길 수 있다. 막스 뮐러는 '그 뒤에서(behind whom)'라고 번역한다. 라다크리슈난은 '그 앞에서(in front of which)'라고

돌고 있네.
그것을 신들은
빛들의 빛인 불사, 수명이라 명상하네."[991] 16

"다섯이, 다섯 사람들이, 그리고 허공이
자리 잡고 있는 곳,[992]
그것을 난 아我로 여기네.
불사不死인 브라흐만을 아는 나는 불사라네!"[993] 17

"생기의 생기,

번역한다.

990 샹카라에 의하면 "연"은 '시간의 아(kālātman)'이며 모든 것을 생겨나게 하고 구분하는 것이다. 그러나 그것인 지배자를 구분하지는 못한다.

991 샹카라에 의하면 그것인 지배자는 태양을 비롯한 빛들을 빛나게 하는 것이기 때문에 "빛들의 빛"이다. 이 빛 말고 다른 빛들은 죽지만, 이 빛은 죽지 않는다. 그래서 "불사(不死)"다. 이 빛은 모든 것의 "수명(āyu)"이기 때문에 신들은 이 빛을 '수명이라는 특질(āyuguṇa)'로 명상하여 수명을 가지게 된다. 따라서 '수명을 욕망하는 자(āyukāma)'는 브라흐만을 수명이라는 특질로 명상하여야 한다는 의미다. "수명"의 원어는 아유(āyu)다. 아유는 남성 명사로 '인간, 인류, 생명체, 생명, 수명, 바람, 아들, 후손' 등을 뜻한다. "그것을 신들은 빛들의 빛인 불사, 수명이라 명상하네"에 해당되는 부분을 막스 뮐러는 '신들은 그를 빛들의 빛으로, 불사의 시간으로 경배하네'라고 번역한다. 라다크리슈난은 '신들은 그것을 빛들의 빛으로, 불사의 생명으로 경배하네'라고 번역한다.

992 샹카라에 의하면 브라흐만에는 간다르바들, 조상(pitṛ)들, 신들, 아쑤라(阿修羅, asura)들, 락샤쓰(rakṣas)들 이렇게 다섯 존재들이, 다섯 번째인 니샤다(niṣāda)를 비롯한 카스트들이, 그리고 '전개하지 않은 것(avyākṛta)'이라고 이름하는 "허공"이 자리 잡고 있다. 즉 "다섯 사람"은 네 개의 카스트인 브라흐마나, 끄샤뜨리야, 바이스야, 수드라, 그리고 다섯 번째인 니샤다들을 의미한다.

993 "그것을 난 아로 여기네. 불사인 브라흐만을 아는 나는 불사라네!"에 해당되는 부분은 샹카라에 의하면 '바로 그것을 나는 아로, 불사로, 브라흐만으로 여긴다. 브라흐만을 알아 나는 불사가 된다. 단지 무지에 의해서 나는 죽어야 할 존재였으나, 알고 있는 나는 그 무지가 제거됨으로써 불사가 된다'는 의미다.

또한, 눈의 눈, 또한, 귀의 귀,

또한, 마음의 마음을 아는 자들,

그들은 오래되고 으뜸인[994] 브라흐만을 분명 아네."[995] 18

"마음을 따라 살펴 보아야 하나니,

이곳에는 그 무엇도

각기 다른 것은 없다네.

이곳에서 각기 다른 듯이 보는 자, 그는 죽음에서 죽음으로 이르네."[996] 19

"헤아려지지 않는 것, 항구적恒久的인 것, 이것을 한 가지로 따라 살펴야 하나니,[997]

---

994 "으뜸"의 원어는 아그르야(agrya)다. 샹카라에 의하면 아그르야는 어원적으로 '앞에, 전에, 최초에, 꼭대기에(agre)' '존재하는 것(bhava)'이라는 의미다. 막스 뮐러는 아그르야를 '원시의, 태고의(primeval)'라고 번역한다. 라다크리슈난은 '최초의, 본원의(primordial)'라고 번역한다.

995 샹카라에 의하면 '브라흐만의 힘(brahmaśakti)'이 머물러야 눈을 비롯한 것들에 보는 것을 비롯한 능력이 존재한다. '아가 된(ātmabhūta)' '의식인 아의 빛(caitanyātmajyotis)'에 조명되어 생기(生氣)는 생기 활동을 한다. '의식인 아의 빛'이 없는 것들 스스로는 장작과 흙덩어리나 마찬가지다. 눈을 비롯한 것들의 작용을 통해 존재성을 추론하여 지각 대상이 되지 않는 '개별적인 아'를 아는 사람들은 오래되고 앞서 있는 브라흐만을 분명히 아는 사람들이다.

996 샹카라에 의하면 스승의 가르침에 의해서 '최고의 의미에 대한 지혜(paramārthajñāna)'를 통해 정화된 마음으로 살펴보아야 한다. 그렇게 보게 되는 대상인 이 브라흐만에는 그 무엇도 각기 다른 것이 없다. 각기 다름이 없음에도 무명(無明)을 통해 각기 다른 성질을 부여하는 자는 죽음에서 죽음을 얻는다. 궁극적인 의미에 따르면 '둘이라는 것(二元性, 二元論, dvaita)'은 무명이 부여한 것일 뿐 실재하는 것이 아니다.

997 샹카라에 의하면 "항구적(恒久的)인 것(dhruva)"은 '항상(恒常)한 것', '움직임이 없는 것(dhruva)', '안정된 것(avicālī)'이다. 이 브라흐만은 '일체가 하나임(sarvaikatva)'이기 때문에 "헤아려지지 않는 것(apramaya)"이다. 왜냐하면 다른 것이 다른 것을 헤아리기 때문이다.

티 없는 것,[998] 허공보다 더한 것,[999] 생겨나지 않은 것,[1000] 아我, 큰 것,[1001] 항구적인 것[1002]이네." 20

"현명한 브라흐마나는 바로 그것을[1003] 알아
지혜를 펼쳐야 하나니,[1004]
많은 말들에 대해 숙고하지 말아야 하네. 그것은 언어를 애쓰게 할 뿐이네!" 21

"생기들 속에 앎이 주를 이루는 그러한 이것은 위대한 것, 생겨나지 않은 것, 아我입니다. 심장 안에 있는 이 허공인 것입니다.[1005] 그곳에 모

허공처럼 끊임이 없는 '앎이 꽉 찬 하나의 맛(vijñānaikarasa)'으로 따라 살펴야 한다.

998 "티 없는 것"의 원어는 아라자쓰(arajas)다. 아라자쓰는 라자쓰가 아닌 것, 라자쓰가 없는 것이란 뜻이다. 라자쓰는 중성 명사로 '먼지, 꽃가루, 정념(情念), 경작지, 어둠, 죄악, 잇꽃, 대기, 비 혹은 비구름, 수증기, 세 가지 성질(guṇa) 중의 하나로 움직이고 고통스럽고 물들게 하는 성질' 등을 의미한다. 샹카라에 의하면 라자쓰는 법과 비법(非法)을 비롯한 더러움(mala)을 의미한다. 따라서 아라자쓰는 그러한 더러움이 없다는 뜻이다.

999 샹카라에 의하면 '나타나지 않은 것(avyākṛta)'이라고 이름하는 "허공보다" 미세한 것이거나 편재하는 것이라는 의미다.

1000 샹카라에 의하면 "생겨나지 않은 것(aja)"이라고 출생(janman)을 부정함으로써 출생 이후에 존재하는 '상태의 변화(bhāvavikāra)'들 역시 부정하는 것이다.

1001 샹카라에 의하면 양적으로 모든 것보다 "큰 것"이다.

1002 샹카라에 의하면 '멸하지 않는 것(avināśin)'이다. 여기서의 "항구적인 것"은 앞의 '항구적인 것'과 원어가 같다.

1003 샹카라에 의하면 "그것"은 아(我)다.

1004 샹카라에 의하면 지혜로운 브라흐마나는 스승의 가르침과 경전을 통해서 바로 그러한 아(我)를 알아 '앎에 대한 욕망(jijñāsā)'을 종결시키는 "지혜"를 만들어야 한다. 즉 지혜를 만드는 방편들인 '세속을 버림(saṁnyāsa)', '마음의 평정(śama)', '감각 기관의 제어(dama)', 무심함(uparama), 인내(titikṣā) 등을 행해야 한다.

1005 샹카라에 의하면 '심장의 연꽃(hṛdayapuṇḍarīka)' 안에 있는 "이 허공"은 '지성인 앎(budhivijñāna)'이 '깃든 곳(āśraya)'이다. '지성인 앎'이 함께하는 그 허공에 이 '앎이 주를 이

든 것을 장악한 자, 모든 것을 다스리는 자, 모든 것의 주主가 깃들어 있습니다. 그것은 선행에 의해서 늘어나지 않습니다. 악행에 의해서 줄어들지 않습니다.[1006] 이것은 모든 것의 지배자입니다. 이것은 존재의 주입니다. 이것은 존재의 보호자입니다. 이것은 이 세상들이 무너지지 않게 지탱하는 제방입니다.

그러한 이것을 브라흐마나들은 베다 학습을 통해, 제사를 통해, 보시를 통해, 고행을 통해, 금식을[1007] 통해 알기를 원합니다. 바로 이것을 알아 무니牟尼가[1008] 됩니다. 출가 수행자들은 바로 이 세계를 원하며 출가를 합니다. 그러한 이것을 아는 옛사람들은 세간을[1009] 바라지 않았습

루는 것(vijñānamaya)'은 머문다. 혹은 '해맑은 시간(samprasādakāla)'의 심장 안에 있는 이 허공은 바로 '앎이 주를 이루는 것'인 '자신의 본질(svasvabhāva)'인 '제한이 없는 것'인 아다. 그러한 '자신의 본질'인 허공이라고 이름하는 '지고의 아'에 '지성인 앎'은 머문다. '해맑은 시간'은 '꿈 없는 잠의 시간(suṣuptikāla)'을 그리고 '지고의 아'는 지고의 아의 상태를 의미한다.

1006 샹카라에 의하면 이러한 '심장 안의 빛(hṛdyantarjyotis)'이며 '앎이 주를 이루는 것'인 인아(人我)는 경전에 규정된 행위인 "선행에 의해서 늘어나지"도 않고, 경전에 금지된 행위인 "악행에 의해서 줄어들지"도 않는다.

1007 샹카라에 의하면 "금식(anāśaka)"은 음식을 물리치는 것이 아니라 마음껏 음식을 먹는 것이 아님을 의미한다. 음식을 물리치면 '아(我)에 대해 알게 되는 것(ātmavedana)'이 아니라 죽게 된다. 금식이란 낱말은 앞에 오는 고행을 꾸며주는 형용사다.

1008 "무니(muni)"는 '생각하다, 상상하다, 고려하다, 존경하다, 알다, 이해하다, 명상하다, 바라다, 마음을 기울이다, 동의하다' 등의 의미를 지닌 어근 '만(man)'에서 파생된 남성 명사로 '성인(聖人), 은자(隱者), 묵언 수행자, 수행자, 망고나무, 7이란 숫자' 등을 의미한다. 불경에서는 '선(仙), 선인(仙人), 대선(大仙), 신선(神仙), 묵(默), 적묵(寂默), 적묵자(寂默者), 인(仁), 존(尊), 불(佛), 세존(世尊), 여래(如來)' 등으로 한역되며, '모니존(牟尼尊), 모니(牟尼), 부니(父泥), 무니(茂泥)' 등으로 음사된다. 샹카라에 의하면 '숙고, 명상, 이해, 성찰'을 통해서 무니, 즉 요가 수행자가 된다는 의미다.

1009 "세간(世間)"의 원어는 쁘라자(prajā)다. 쁘라자는 여성 명사로 '출산, 번식, 자식, 자손, 후손, 동물, 사람, 창조물, 백성, 종자' 등을 의미한다. 불경에서는 '인(人), 민(民), 자(子), 중생(衆生), 유정(有情), 군생(群生), 세간(世間)' 등으로 한역된다. 막스 뮐러와 라다크리슈난은 쁘라자를 '자식, 자손(offspring)'이라고 번역한다.

니다. '이 아我가, 이 세상이 그런 우리의 것인데, 세간이 무슨 소용이냐!'[1010] 이렇게 그들은 아들에 대한 희구로부터, 재산에 대한 희구로부터, 세상에 대한 희구로부터 떨쳐 일어나 이제 구걸행求乞行을 합니다. 아들에 대한 그 희구란 것은 바로 재산에 대한 희구입니다. 재산에 대한 그 희구란 것은 바로 세상에 대한 희구입니다. 이 둘은[1011] 희구일 뿐입니다.

'이렇게는 아니다! 이렇게는 아니다!'라고 하는 그러한 이 아我는 파악되지 않기에 파악할 수 없는 것입니다. 시들지 않기에 시들 수 없는 것입니다. 붙지 않기에 붙지 않는 것입니다. 매이지 않은 것이라 괴롭혀지지 않습니다, 다치지 않습니다. 따라서 '나는 죄를 지었노라!' 따라서 '나는 공덕을 지었노라!'라는 바로 이 둘은 이에게[1012] 닿지 못합니다. 이는 이 둘을 건너갑니다. 행하고 행치 못한 일이 이를 괴롭히지 못합니다." 22

"그러한 이것이 찬가로[1013] 언급되었습니다."

"이것은 브라흐마나의[1014] 항상한 위대함이니[1015]

1010 샹카라에 의하면 무명(無明)이 물리쳐짐으로써 '자신의 아'에 자리 잡음이 '아의 세상(ātmaloka)'을 얻음이다. 세간(世間)은 외부의 세 가지 세상을 얻는 방편을 나타낸다. 세간을 바라지 않는다는 것은 세 가지 세상을 얻는 아들을 비롯한 방편을 추구하지 않는다는 것을 의미한다.

1011 싸뜨야브라따 씻단따랑까라에 의하면 "이 둘"은 '아들에 대한 희구'와 '재산에 대한 희구' 그리고 '재산에 대한 희구'와 '세상에 대한 희구(lokaiṣaṇā)'라는 두 쌍을 의미한다.

1012 샹카라에 의하면 "이"는 '브라흐만을 아는 사람'이다.

1013 샹카라에 의하면 "찬가"는 만뜨라다.

1014 샹카라에 의하면 "브라흐마나"는 '브라흐만을 아는 사람'이며 모든 희구를 버린 자다.

1015 샹카라에 의하면 '이렇게는 아니다! 이렇게는 아니다!' 등으로 나타나는 것이 "항상(恒常)한 위대함"이지, 행위를 통해 만들어진 위대함들은 항상한 것들이 아니다. "이것은 브라흐마나의 항상한 위대함이니"를 막스 뮐러는 '이것은 브라흐마나의 영원한 위대함'이라고 번역한다. 라다크리슈난은 '이것은 브라흐만을 아는 자의 영원한 위대함'이라

행위에 의해 늘지[1016] 않네, 줄지 않네.

그의 걸음을[1017] 아는 자 되어야 하니, 알아 죄악의[1018] 행위에 매이질 않네."

"그러므로, 이와 같이 아는 사람은 평온하고,[1019] 조복調伏하고,[1020] 고요하고,[1021] 인내하고,[1022] 평정하게[1023] 되어 아我 안에서 아를 바라봅니다.[1024] 모든 것을 아로 바라봅니다. 죄악은 이에게 이르지 못합니다.[1025] 이는 모든 죄악을 건너갑니다.[1026] 죄악은 이를 괴롭히지 못합니다. 이

고 번역한다.

1016 1958년에 인도 푸나의 베다 교정 기관에서 간행된 교정 판본에 의하면 원문에서 "늘다(vardhate)"에 해당되는 낱말이 죽다(vadhate)로 되어 있다. 샹카라의 산스크리트 주석본에는 원문이 '죽다'가 아니다 '늘다'다. 막스 뮐러와 라다크리슈난은 모두 원문을 '늘다'에 해당되는 낱말로 보고 각각 '크게 자란다(grow lager)'와 '증가한(increased)'이라고 번역한다.

1017 샹카라에 의하면 "걸음(pada)"은 본질(svarūpa)을 의미한다.

1018 샹카라에 의하면 "죄악(pāpaka)"은 법과 비법(非法)으로 나타나는 것이다.

1019 샹카라에 의하면 "평온한 것(śānta)"은 '외적 지각 기관(bāhyendriya)'의 활동이 고요한 것이다.

1020 샹카라에 의하면 "조복한 것(dānta)"은 '내적 기관'의 갈망이 사라진 것이다. 일반적으로 샹카라의 주석에 있어서 내적 기관은 지성과 마음을 의미한다.

1021 샹카라에 의하면 "고요한 것(uparata)"은 모든 희구를 벗어난 것이다.

1022 샹카라에 의하면 "인내"는 '대립되는 쌍(雙, dvandva)'을 견디는 것이다. 추위와 더위, 슬픔과 기쁨 등이 대립되는 쌍이다.

1023 샹카라에 의하면 "평정(samāhita)"은 지각 기관과 내적 기관이 움직이는 형태에서 벗어나 하나로 집중되는 형태로 고정되는 것이다. "평정"은 불경에서 '정(定), 화(和), 정심(定心), 불리(不離), 등인(等引), 적정(寂靜), 무불정(無不定), 평등주(平等住), 주평등(住平等), 서정정(棲正定), 입선정(入禪定), 어정이입(於定已入), 안주삼매(安住三昧)' 등으로 한역된다.

1024 샹카라에 의하면 아(我)에서 아를 바라본다는 것은 자신 안에서, 즉 몸과 기관의 결합체 안에서 '개별적인 의식체(pratyakcetayitṛ)'를 바라본다는 의미다.

1025 샹카라에 의하면 바로 이렇게 바라보는 브라흐마나에게는 선과 악으로 나타나는 죄악이 도달하지 못한다.

1026 샹카라에 의하면 '브라흐만을 아는 사람'은 아성(我性)을 통해서 모든 죄악을 넘어

는[1027] 모든 죄악을 태워 버립니다.[1028] 죄악을 벗고,[1029] 때를 없애고,[1030] 의심을 끊어 브라흐마나가 됩니다.[1031] 황제 폐하, 이것이 브라흐만의 세상입니다.[1032] 당신께서는 이에[1033] 도달하셨습니다." 이렇게 야갸발꺄가 말했다.

"존경스런 분께 그런 제가[1034] '위데하' 국을, 그리고 또한 더불어 저를 노예로 드리옵니다!" 23

그러한 이[1035] 위대한 생겨나지 않은[1036] 아我는
곡식을 먹는 것,[1037]
재물을 주는 것[1038]이다.

선다.

1027 샹카라에 의하면 "이"는 이와 같이 아는 사람이다.

1028 샹카라에 의하면 브라흐만을 아는 사람은 '모든 것을 아로 바라보는 불길(sarvātmad-arśanavahni)'로 모든 죄악을 태워 재로 만들어 버린다.

1029 샹카라에 의하면 "죄악을 벗는다"는 것(vipāpa)은 법과 비법(非法)이 사라진다는 것이다.

1030 샹카라에 의하면 "때를 없"앤다는 것(vigataraja)은 욕망을 없앤다는 것이다.

1031 샹카라에 의하면 '내가 모든 것의 아(我)인 최고 브라흐만이다(ahamasmi sarvātmā paraṁ brahma)'라고 확정된 지혜를 가진 의심이 끊긴 사람은 "브라흐마나가 된다."

1032 샹카라에 의하면 브라흐만이 바로 세상인 것이 "브라흐만의 세상"이다. 즉 진실하고 주요하게 '모든 것의 아의 상태'로 나타나는 것이 "브라흐만의 세상"이다.

1033 샹카라에 의하면 "이"는 브라흐만의 세상이다.

1034 샹카라에 의하면 "그런 제가(so'ham)"는 당신에 의해서 '브라흐만의 상태'에 도달한 '나', 자나까다.

1035 샹카라에 의하면 "그러한 이"는 자나까와 야갸발꺄의 이야기에서 표명된 아(我)다.

1036 "생겨나지 않은(aja)" 것은 본래부터 존재하는 것으로 생자필멸(生者必滅)의 법칙을 벗어나 영원한 것이다.

1037 샹카라에 의하면 "곡식을 먹는 것(annāda)"은 모든 존재에 머물러 모든 곡식을 먹는 자다.

1038 샹카라에 의하면 "재물을 주는 것(vasudāna)"은 모든 생명체들의 '행위의 결과'를 주는 자, 즉 생명체들에게 행위에 따른 결과를 배정하는 자라는 의미다.

이와 같이 아는 이는 재물을 얻는다. 24

그러한 이 위대한 생겨나지 않은 아我는 늙지 않는 것,[1039] 죽지 않는 것,[1040] 불사不死,[1041] 두려움이 없는 것,[1042] 브라흐만이다.[1043]

두려움이 없는 것이 바로 브라흐만이다.

이와 같이 아는 이는 바로 두려움이 없는 것인 브라흐만이 된다. 25

다섯 번째 절

이제 야갸발꺄에게는 두 명의 아내 '마이뜨레야이'와 '까뜨야야니'가 있었다. 그 둘 가운데 '마이뜨레야이'는 브라흐만에 대해 말하는 여인이었다. '까뜨야야니'는 여성스런 지혜를[1044] 가진 여인이었다. 이제 야갸발꺄는 다른 인생을 시작하려 하고 있었다.[1045] 1

"마이뜨레야이!" 이렇게 야갸발꺄는 말했다. "여보, 나는 출가 수행하려 이곳에서 나가고자 하오! 그래, 어떻소? 이 '까뜨야야니'와 당신과

1039 샹카라에 의하면 변하지 않기 때문에 "늙지 않는 것(ajara)"이다.

1040 샹카라에 의하면 '늙지 않는 것'이기 때문에 "죽지 않는 것(amara)"이다.

1041 샹카라에 의하면 생겨나고 늙는 것이 멸하거나 죽는 것이다. 그러나 이것은 생겨나는 것이 아니고 늙는 것이 아니기 때문에 '멸하지 않는 것(avināśin)'이다. 그래서 "불사"다. 생겨남(jani)을 비롯한 세 가지 '상태의 변화'가 없기 때문에 세 가지 상태의 변화에서 만들어진 욕망과 행위와 미혹을 비롯한 죽음의 형태들 또한 없다.

1042 샹카라에 의하면 "두려움"은 '무명의 결과(avidyākārya)'다. 무명(無明)의 결과가 부정되고 그리고 상태의 변화가 부정됨으로써 무명이 부정됨을 알아야 한다.

1043 샹카라에 의하면 "브라흐만"은 '전체적으로 증장한 것(parivṛḍha)', 즉 더할 바 없이 큰 것이라는 뜻이다.

1044 샹카라에 의하면 "여성스런 지혜(strīprajñā)"는 가정에 관심을 기울이는 지혜다.

1045 샹카라에 의하면 야갸발꺄는 '가정에 머무는 생활(gārhasthya)'로 특징지어지는 생활 양식에서 '출가 수행(pārivrājya)'으로 특징지어지는 생활 양식을 시작하려 하고 있었다.

의 관계를 끝내고자 하외다."[1046] 2

마이뜨레야이 그녀가 물었다.

"존경스런 분이시여, 만일 재산으로 가득한 이 모든 땅이 저의 것이 되면, 어찌 제가 그것으로 불사의 여인이 될 수 있는 건가요? 아닌가요?"

"아니오!" 이렇게 야갸발꺄가 대답했다. "물질이 풍족한 사람들의 삶, 당신의 삶은 그런 삶이 될 뿐이오. 재산으로 불사성不死性을 기대할 수는 없소!"[1047] 3

마이뜨라야이 그녀가 말했다.

"제가 불사의 여인이 될 수 없는 거라면, 그것으로 제가 무엇을 하겠어요? 존경스런 분께서 알고 계신 걸 제게 말씀해 주세요!"[1048] 4

야갸발꺄 그가 대답했다.

"정말 당신은 나의 사랑스러운 여인으로 사랑을 키우는구려! 그러니, 여보, 당신에게 이를[1049] 설명해 주리다. 내가 설명하는 것에 대해 당신은 주의 깊게 새기며 마음을 기울이기 바라오!" 5

그가 말했다.

"여보, 남편의 욕망을 위해 남편이 사랑스럽지는 않소, 자신의[1050] 욕

1046 두 번째 장의 만뜨라(2. 4. 1)와 유사한 내용이다. 588쪽 411번 각주 참조.

1047 두 번째 장의 만뜨라(2. 4. 2)와 유사한 내용이다.

1048 두 번째 장의 만뜨라(2. 4. 3)와 동일하다. 589쪽 412번 각주 참조.

1049 샹카라에 의하면 "이"는 '불사의 방법(amṛtasādhana)'이다.

1050 "자신"의 원어는 아트만(ātman)이다. 아트만은 남성 명사로 '자신, 몸, 영혼, 아(我),

망을 위해 남편이 사랑스러운 거라오. 여보, 부인의 욕망을 위해 부인이 사랑스럽지는 않소, 자신의 욕망을 위해 부인이 사랑스러운 거라오. 여보, 아들들의 욕망을 위해 아들들이 사랑스럽지는 않소, 자신의 욕망을 위해 아들들이 사랑스러운 거라오. 여보, 재산의 욕망을 위해 재산이 사랑스럽지는 않소, 자신의 욕망을 위해 재산이 사랑스러운 거라오. 여보, 가축들의 욕망을 위해 가축들이 사랑스럽지는 않소, 자신의 욕망을 위해 가축들이 사랑스러운 거라오. 여보, 사제 계급의 욕망을 위해 사제 계급이 사랑스럽지는 않소, 자신의 욕망을 위해 사제 계급이 사랑스러운 거라오. 여보, 왕공 무사王公武士 계급의 욕망을 위해 왕공 무사 계급이 사랑스럽지는 않소, 자신의 욕망을 위해 왕공 무사 계급이 사랑스러운 거라오. 여보, 세상들의 욕망을 위해 세상들이 사랑스럽지는 않소, 자신의 욕망을 위해 세상들이 사랑스러운 거라오. 여보, 신들의 욕망을 위해 신들이 사랑스럽지는 않소, 자신의 욕망을 위해 신들이 사랑스러운 거라오. 여보, 베다들의 욕망을 위해 베다들이 사랑스럽지는 않소, 자신의 욕망을 위해 베다들이 사랑스러운 거라오. 여보, 중생衆生들의 욕망을 위해 중생들이 사랑스럽지는 않소, 자신의 욕망을 위해 중생들이 사랑스러운 거라오. 여보, 알다시피 모든 것의 욕망을 위해 모든 것이 사랑스럽지는 않소, 자신의 욕망을 위해 모든 것이 사랑스러운 거라오. 여보, 알다시피 이 자신이 보아야 할 것, 들어야 할 것, 생각해야 할 것, 주의 깊게 새기며 마음을 기울여야 할 것이라오! 여보, 마이뜨레야이, 이 자신에 대해서 보고, 듣고, 생각하고, 이해함으로써 이 모든 것을 알게 되는 거라오!"[1051] 6

지고의 영혼, 브라흐만, 마음, 본질, 사고력, 생기, 아들, 태양, 불, 바람' 등을 의미한다.

1051 두 번째 장의 만뜨라(2. 4. 5)와 일부를 제외하고는 모두 동일하다. 589쪽 413번, 590쪽

"사제 계급은 사제 계급을 아我와는[1052] 다른 것으로 아는 그를 내쳐 버리오. 왕공 무사 계급은 왕공 무사 계급을 아와는 다른 것으로 아는 그를 내쳐 버리오. 세상들은 세상들을 아와는 다른 것으로 아는 그를 내쳐 버리오. 신들은 신들을 아와는 다른 것으로 아는 그를 내쳐 버리오. 베다들은 베다들을 아와는 다른 것으로 아는 그를 내쳐 버리오. 중생들은 중생들을 아와는 다른 것으로 아는 그를 내쳐 버리오. 모든 것은 모든 것을 아와는 다른 것으로 아는 그를 내쳐 버리오. 이 사제 계급, 이 왕공 무사 계급, 이 세상들, 이 신들, 이 베다들, 이 중생들, 이 모든 것은 바로 이 아란 것이오."[1053] 7

"그것은 마치 치고 있는 가마솥 같이 생긴 큰 북의 밖으로 퍼져 나오는 소리들을 잡을 수는 없지만, 가마솥 같이 생긴 큰 북을 잡거나, 북을 치는 자를 잡아서 소리가 잡히는 것과 같다오."[1054] 8

"그것은 마치 불고 있는 소라 나팔의 밖으로 퍼져 나오는 소리들을 잡을 수는 없지만, 소라 나팔을 잡거나, 소라 나팔을 부는 자를 잡아서 소리가 잡히는 것과 같다오."[1055] 9

414번 각주 참조. 샹카라에 의하면 먼저 스승과 성언(聖言, āgama)을 통해서 들은 다음에 그것을 다시 논리(tarka)로 헤아려 알게 되면, 즉 다른 것이 아닌 이것이라고 결정하게 되면, 이 모든 것은 아(我)와 다르지 않다는 것을 알게 된다.

1052 "아"의 원어는 위의 '자신'과 동일하게 아트만이다.

1053 두 번째 장의 만뜨라(2. 4. 6)와 일부를 제외하고는 모두 동일하다. 590쪽 415번 각주 참조. 샹카라에 의하면 '여하하게 보지 않는 자(ayathārthadarśin)'를 "이자는 나를 '아의 본 모습이 아닌 것(anātmasvarūpa)'로 본다"라는 죄(aparādha) 때문에 내쳐 버린다. 즉 독존(獨存, kaivalya)과 무관하게 만든다. 독존은 인아(人我)만이 오로지 존재한다는 뜻으로 해탈과 동의어다.

1054 두 번째 장의 만뜨라(2. 4. 7)와 동일하다. 591쪽 416번 각주 참조.

"그것은 마치 연주하고 있는 칠현금七絃琴의 밖으로 퍼져 나오는 소리들을 잡을 수는 없지만, 칠현금을 잡거나, 칠현금을 연주하는 자를 잡아서 소리가 잡히는 것과 같다오."[1056] 10

"그것은 마치 젖은 땔감에 지핀 불에서 연기들이 각자로 흩어져 날리는 것과 같다오. 바로 이와 마찬가지로 이 거대한 요소의 날숨이 이리그베다, 야주르베다, 싸마베다, 아타르방기라싸, 역사, 옛이야기, 지식, 우파냐니사드들, 시구들, 경구들, 설명들, 주석註釋, 제사, 불에 넣은 헌공獻供, 먹을거리, 마실 거리, 이 세상, 저세상, 그리고 모든 존재들이라오. 여보, 이 모든 것들은 이것의 날숨들이라오."[1057] 11

"그것은 마치 모든 물들이 귀일하는 바다와 같다오. 이처럼 만지는 모든 것들이 귀일하는 것이 피부라오. 이처럼 모든 냄새들이 귀일하는 것이 코라오. 이처럼 모든 맛들이 귀일하는 것이 혀라오. 이처럼 모든 형태들이 귀일하는 것이 눈이라오. 이처럼 모든 소리들이 귀일하는 것이 귀라오. 이처럼 모든 생각들이 귀일하는 것이 마음이라오. 이처럼 모든 지식들이 귀일하는 것이 심장이라오. 이처럼 모든 일들이 귀일하는 것이 두 손이라오. 이처럼 모든 즐거움들이 귀일하는 것이 성기라오. 이처럼 모든 배설들이 귀일하는 것이 배설기라오. 이처럼 모든 장소들이 귀일하는 것이 두 발이라오. 이처럼 모든 베다들이 귀일하는 것이 언어라오."[1058] 12

1055 두 번째 장의 만뜨라(2. 4. 8)와 동일하다. 591쪽 417번 각주 참조.
1056 두 번째 장의 만뜨라(2. 4. 9)와 동일하다. 591쪽 418, 419번 각주 참조.
1057 두 번째 장의 만뜨라(2. 4. 10)와 거의 동일하다. 591~592쪽 420, 421번 각주 참조.
1058 두 번째 장의 만뜨라(2. 4. 11)와 동일하다. 592쪽 422~424번 각주 참조.

"그것은 마치 물에 녹은 소금 덩어리가 안도 없고 밖도 없이 모두가 맛으로 꽉 찬 것이듯, 바로 이처럼 여보, 이 아我는 안도 없고 밖도 없는 바로 앎으로 꽉 찬 것이라오. 이 요소들에서 일어나 그들을 따라 멸한다오.[1059] 떠나서는 아는 바가 없다오. 여보, 이렇게 나는 말하오." 야갸발꺄는 이렇게 말했다.[1060] 13

마이뜨레야이 그녀가 말했다.

"존경스런 분께서는 이에 대해 저를 당황케 하십니다. 저는 이에 대해 잘 이해가 안 됩니다."

그가 대답했다.

"여보, 나는 황당함을 말하는 게 아니오. 여보, 이 아我는 불멸이며 파괴할 수 없는 속성의 것이라오."[1061] 14

"둘로 된 것 같은 곳, 그곳에서는 다른 것이 다른 것을 보오. 그곳에

1059 막스 뮐러와 라다크리슈난은 '그 요소들에서 일어나 다시 그들 속으로 사라진다'는 의미로 번역한다. 기타프레스의 힌디 어 해석본은 '이 요소들에서 일어나 이들과 더불어 멸한다'는 의미로 번역한다.

1060 두 번째 장의 만뜨라(2. 4. 12)와 "이 요소들에서" 이후 부분은 동일하다. 593쪽 429, 430번 각주 참조. 샹카라에 의하면 무명(無明)을 원인으로 하는 모든 결과가 귀멸(歸滅, pralaya)하면, 물에 녹인 소금 덩어리처럼 안과 밖이 없이 모두가 '앎으로 꽉 찬 것'인 하나의 아(我)의 상태가 된다. 그러나 그 이전에는 요소(bhūtamātrā)와 특별하게 결합함으로 말미암아 '특별한 앎(viśeṣavijñāna)'을 얻은 상태가 된다. 무명(avidyā)에 의해서 특별한 앎과 특별한 앎의 원인이 되는 요소와의 결합이 사라지면, 떠나서는 의식(saṁjñā)이 없게 된다. "떠나서는(pretya)"이란 말은 이 몸 혹은 이 세상을 떠나서, 즉 죽은 다음이라는 뜻이다.

1061 "여보, 나는 황당함을 말하는 게 아니오"까지는 두 번째 장의 만뜨라(2. 4. 13)와 유사하다. 594쪽 431, 432번 각주 참조. 샹카라에 의하면 멸(vināśa)한다는 것은 변질(vikriyā)된다는 것이다. 이 아(我)는 변질되는 특성도 없고 파괴되는 특성도 없다는 의미다.

서는 다른 것이 다른 것을 냄새 맡으오. 그곳에서는 다른 것이 다른 것을 맛보오. 그곳에서는 다른 것이 다른 것에게 말을 하오.[1062] 그곳에서는 다른 것이 다른 것을 들으오. 그곳에서는 다른 것이 다른 것에 대해 생각하오. 그곳에서는 다른 것이 다른 것을 만지오. 그곳에서는 다른 것이 다른 것을 아오.

허나, 이의 모든 것이 바로 아我가 된 곳, 그곳에서는 무엇이 무엇을 보겠소! 무엇이 무엇을 냄새 맡겠소! 그곳에서는 무엇이 무엇을 맛보겠소! 그곳에서는 무엇이 무엇에게 말을 하겠소! 그곳에서는 무엇이 무엇을 듣겠소! 그곳에서는 무엇이 무엇을 생각하겠소! 그곳에서는 무엇이 무엇을 만지겠소! 그곳에서는 무엇이 무엇을 알겠소! 그에 의해서 이 모든 것을 알고 있는 그를 무엇으로 알 수 있겠소!

'이렇게는 아니다! 이렇게는 아니다!'라고 하는 그런 이 아我는 파악되지 않기에 파악할 수 없는 것이오. 시들지 않기에 시들 수 없는 것이오. 붙지 않기에 붙지 않는 것이오. 매이지 않은 것이라 괴롭혀지지 않소, 다치지 않소.

여보, 아는 자를 무엇에 의해서 알겠소! 이렇게 당신에게 가르침을 말한 것이라오. 마이뜨레야이여, 이러한 것이 진정 불사성不死性이오!"[1063]

이렇게 말하고 야갸발꺄는 출가했다.[1064] 15

1062 "말을 하다(abhivadati)"는 '경례하다, 인사하다, 부르다, 말하다' 등의 의미를 지닌 어근 '아비와드(abhivad)'의 타위형 삼인칭 단수 현재형이다. 따라서 원문은 '경례하다, 인사하다, 부르다, 말하다' 등을 의미한다. 막스 뮐러는 '경례한다(salutes)'고 번역한다. 라다크리슈난은 '말한다(speaks)'라고 번역한다.

1063 샹카라에 의하면 '아에 대한 지혜'가 바로 '불사성(不死性)을 위한 방법(amṛtatvasādhana)'이다(ātmajñānamevāmṛtatvasādhanam).

1064 두 번째 장의 만뜨라(2. 4. 14)와 많은 부분 유사하다. 594~595쪽 433~435번 각주 참조.

여섯 번째 절

이제 사제 계승이다.

'빠우띠마스야'는 '가우빠와나'에게서, '가우빠와나'는 '빠우띠마스야'에게서, '빠우띠마스야'는 '가우빠와나'에게서, '가우빠와나'는 '까우쉬까'에게서, '까우쉬까'는 '까운딘야'에게서, '까운딘야'는 '샨딜야'에게서, '샨딜야'는 '까우쉬까'와 '가우따마'에게서, '가우따마'는[1065] 1

'아그니웨스야'에게서, '아그니웨스야'는 '가르그야'에게서, '가르그야'는 '가르그야'에게서, '가르그야'는 '가우따마'에게서, '가우따마'는 '싸이따바'에게서, '싸이따바'는 '빠라샤르야나'에게서, '빠라샤르야나'는 '가르그야나'에게서, '가르그야나'는 '웃달라까야나'에게서, '웃달라까야나'는 '자발라야나'에게서, '자발라야나'는 '마드얀디나야나'에게서, '마드얀디나야나'는 '싸우까라야나'에게서, '싸우까라야나'는 '까샤야나'에게서, '까샤야나'는 '싸야까야나'에게서, '싸야까야나'는 '까우쉬까야니'에게서, '까우쉬까야니'는[1066] 2

'그리따까우쉬까'에게서, '그리따까우쉬까'는 '빠라샤르야야나'에게서, '빠라샤르야야나'는 '빠라샤르야'에게서, '빠라샤르야'는 '자뚜까른야'에게서, '자뚜까른야'는 '아쑤라야나'와 '야쓰까'에게서, '아쑤라야나'는 '뜨라이와니'에게서, '뜨라이와니'는 '아우빠잔다니'에게서, '아우빠잔다니'는 '아쑤리'에게서, '아쑤리'는 '바라드와자'에게서, '바라드와자'는 '아뜨레야'에게서, '아뜨레야'는 '만띠'에게서, '만띠'는 '가우따마'에게서,

1065 두 번째 장(2. 6. 1)의 사제 계승과 동일하다. 605~606쪽 497, 498번 각주 참조.
1066 두 번째 장(2. 6. 2)의 사제 계승의 시작 부분과 마지막 부분이 동일하다.

'가우따마'는 '가우따마'에게서, '가우따마'는 '와뜨쓰야'에게서, '와뜨쓰야'는 '샨딜야'에게서, '샨딜야'는 '까이쇼르야 까쁘야'에게서, '까이쇼르야 까쁘야'는 '꾸마라하리따'에게서, '꾸마라하리따'는 '갈라바'에게서, '갈라바'는 '위다르비까운딘야'에게서, '위다르비까운딘야'는 '와뜨싸나빠뜨 바브라와'에게서, '와뜨싸나빠뜨 바브라와'는 '빤타싸우바라'에게서, '빤타싸우바라'는 '아야쓰야 앙기라싸'에게서, '아야쓰야 앙기라싸'는 '아부띠 뜨와스따'에게서, '아부띠 뜨와스따'는 '위스와루빠 뜨와스따'에게서, '위스와루빠 뜨와스따'는 '아스비나우'에게서, '아스비나우'는 '다드양 아타르바나'에게서, '다드양 아타르바나'는 '아타르바 다이바'에게서, '아타르바 다이바'는 '므리뜨유 쁘라드방싸나'에게서, '므리뜨유 쁘라드방싸나'는 '쁘라드방싸나'에게서, '쁘라드방싸나'는 '에까르쉬'에게서, '에까르쉬'는 '위쁘라찟띠'에게서, '위쁘라찟띠'는 '브야스띠'에게서, '브야스띠'는 '싸나루'에게서, '싸나루'는 '싸나따나'에게서, '싸나따나'는 '싸나가'에게서, '싸나가'는 '빠라메스틴'에게서, '빠라메스틴'은 '브라흐만'에게서, '브라흐만'는 '쓰와얌부'다. '브라흐만'께 경배를 올립니다.[1067] 3

다섯 번째 장

첫 번째 절

옴ॐ, 그것은 충만한 것이다. 이것은 충만한 것이다. 충만한 것에서 충만한 것이 생겨난다. 충만한 것의 충만함을 취하니 충만함만이 남는다.[1068]

1067 두 번째 장(2. 6. 3)의 사제 계승과 동일하다. 607쪽 501~504번 각주 참조.
1068 샹카라에 의하면 "그것은 충만한 것이다(pūrṇamadaḥ)" 등은 보유편(補遺篇, khilakāṇḍa)

옴ॐ은 허공, 브라흐만이다.[1069] 허공은 옛것이다.[1070] 바람이 있는 곳이 허공이라고 '까우라브야니뿌뜨라'는 말했다.[1071] 이것은 베다다, 브라흐마나들이 안다, 알아야 할 것을 이것으로 안다.[1072] 1

두 번째 절

쁘라자빠띠의 세 아들인 신들과 악신들[1073] 인간들은 청정범행의 학습기를 지내며 아버지인 쁘라자빠띠에게 머물렀다. 청정범행의 학습기

이다. 여기까지는 『이샤 우파니샤드』와 본 우파니샤드의 평온을 위한 낭송과 동일하다. 35쪽 2~5번, 36쪽 6번 각주 참조.

1069 샹카라에 의하면 "옴은 허공인 브라흐만이다(ॐ, khaṁ brahma)"라는 만뜨라다. 이것은 다른 곳에서는 사용되지 않고, 정신 집중 행위(dhyānakarma)에 사용되는 것이다. '허공인 브라흐만'은 옴이라는 낱말이 나타내는 의미다. 혹은 옴이라는 낱말의 본모습이다. 여기서 옴이라는 낱말은 브라흐만을 명상(upāsanā)하기 위한 수단으로 사용된다.

1070 샹카라에 의하면 "허공(kha)"은 여기서 물질적인 허공을 의미하는 것이 아니다. 그래서 "허공은 옛것(khaṁ purāṇam)", '오래된 허공(cirantanaṁ kham)'이라고 말하는 것이다. 즉 허공은 '최고아의 허공(paramātmākāśa)'을 의미한다.

1071 샹카라에 의하면 "까우라브야니뿌뜨라(Kauravyāṇīputra)"는 옛것인 허공이 아니라 바람이 있는 허공, 즉 단순한 허공을 허공이라고 말했다. 허공이 옛것인 허공, 즉 '조건 지어지지 않은 본모습(nirupādhisvarūpa)'의 브라흐만이든 혹은 바람이 있는 허공, 즉 '조건 지어진 것'인 브라흐만이든 간에 모두 다 옴이다. 상(像, pratimā)처럼 상징성(pratīkatva)에 의해서 방편이 된다. 막스 뮐러는 "오래된 창공(보이지 않는 것)이 있다. 그리고 대기의 (보이는) 창공이 있다. 이렇게 까우라브야니뿌뜨라가 말했다"라고 해석한다.

1072 샹카라에 의하면 "이것은" 옴(ॐ)이다. 옴은 『베다』다. "알아야 할 것(veditavya)"을 알게 하는 도구가 『베다』다. 옴은 '나타내는 것(vācaka)', 즉 이름(abhidhāna)이다. 이 '나타내는 것'을 통해서 "알아야 할 것"인 브라흐만을, 즉 '밝혀지는 것'을, '말해지는 것'을 수행자(sādhaka)는 안다, 즉 얻는다. 그래서 브라흐마나들은 이것을 『베다』라고 안다. 혹은 이 모든 『베다』는 옴이다. 이것에서 생겨나고, 이것을 본질로 하는 모든 『리그베다』, 『야주르베다』, 『싸마베다』는 이 옴이다.

1073 악신의 원어는 아쑤라(asura)다. 아쑤라는 불경에서 '비천(非天), 장폐(障蔽), 불음주(不飮酒), 무주신(無酒神)' 등으로 한역되며, '아쑤라(阿修羅), 아소라(阿素羅), 수라(修羅), 아수수(阿修輪), 아수륜(阿須輪)' 등으로 음사된다. 베다 시대 초기에 아쑤라는 생명(asu)을 '가져다 주는 존재(ra)'를 의미하여 선신으로 나타나나, 이후에 신(sura)이 아닌(a) 것을 의미하여 악신으로 나타난다.

를 지내자 신들이 말했다.

"존경스런 분이시여, 저희에게 말씀해 주십시오!"

그러자 그들에게 이 '다'라는 음절을[1074] 말했다.

"너희는 알겠느냐?"

"저희는 알겠습니다." 이렇게 대답했다. "저희에게 자제하라고 말씀하신 것입니다."[1075]

"그렇다!" 이렇게 말했다. "너희는 이해했구나!" 1

이제 이에게[1076] 인간들이 말했다.

"존경스런 분이시여, 저희에게 말씀해 주십시오!"

그러자 그들에게 이 '다'라는 음절을[1077] 말했다.

"너희는 알겠느냐?"

"저희는 알겠습니다." 이렇게 대답했다. "저희에게 주라고 말씀하신 것입니다."[1078]

1074 "다(da)"는 '너희는 자제하라'를 의미하는 원어 '담야따(dāmyata)'의 첫 번째 음절이다. 그리고 또한 "다"는 자제(自制)를 의미하는 남성 명사 다마(dama) 혹은 중성 명사 다마나(damana)의 첫 번째 음절이다. 다마는 불경에서 '조(調), 조복(調伏), 조순(調順), 유선(柔善)' 등으로 한역되고, 다마나는 불경에서 '조복(調伏), 선조(善調)' 등으로 한역된다.

1075 샹카라에 의하면 '너희는 천성적으로 자제하지 못하니, 자제하는 자들이 되라고 말씀하신 것입니다'라는 의미다.

1076 "이에게"는 '쁘라자빠띠에게'라는 의미다.

1077 "다"는 '너희는 주라'를 의미하는 원어 닷따(datta)의 첫 번째 음절이다. 또한 "다"는 '주기, 분배, 보시'를 의미하는 중성 명사 다나(dāna)의 첫 번째 음절이다. 다나는 불경에서 '시(施), 보시(布施), 시타(施他), 혜시(惠施), 공양(供養)' 등으로 한역되고, '단(檀), 단나(檀那), 타나(拕那)' 등으로 음사된다.

1078 샹카라에 의하면 '너희는 천성적으로 탐욕스러우니, 힘닿는 대로 함께 나누라고, 주라고 말씀하신 것입니다. 저희를 위해서 그 무슨 다른 이로운 것을 말씀하시겠습니까? 이렇게 인간들이 말했다'는 의미다.

"그렇다!" 이렇게 말했다. "너희는 이해했구나!" 2

이제 이에게 악신들이 말했다.

"존경스런 분이시여, 저희에게 말씀해 주십시오!"

그러자 그들에게 이 '다'라는 음절을[1079] 말했다.

"너희는 알겠느냐?"

"저희는 알겠습니다." 이렇게 대답했다. "저희에게 자비를 베풀라고 말씀하신 것입니다."[1080]

"그렇다!" 이렇게 말했다. "너희는 이해했구나!"

그래서 천둥의 이 신성한 소리가 '다' '다' '다'라고 이렇게 따라 말한다.[1081] '너희는 자제하라!', '너희는 주어라!', '너희는 자비를 베풀라!'라고. 그러므로 자제, 보시, 자비 바로 이 셋을 배워야 한다.[1082] 3

1079 "다"는 '너희는 자비를 베풀라'를 의미하는 원어 다야드흐밤(dayadhvam)의 첫 번째 음절이다. 또한 "다"는 '연민, 동정, 자비' 등을 의미하는 여성 명사 다야(dayā)의 첫 번째 음절이다. 다야는 불경에서 '자(慈), 비(悲), 자비(慈悲), 자심(慈心), 자비심(慈悲心), 애련(哀憐), 비민(悲愍), 애민(哀愍), 연민(憐愍), 민호(愍護), 인서(仁恕)' 등으로 한역된다.

1080 샹카라에 의하면 '너희는 천성적으로 잔혹하고 폭력에 몰두하니, 생명체들에게 자비를 베풀라!'고 말했다는 의미다.

1081 샹카라에 의하면 옛날에 '쁘라자빠띠'가 신 등에게 가르친 것을 오늘날에도 천둥소리 형태의 신성한 말로 가르친다는 의미다.

1082 샹카라에 의하면 사람(manuṣya)을 제외하고 달리 신들이나 악신들이 없다. 사람들 가운데 다른 최상의 덕(guṇa)들은 갖추었지만, 자제하지 못하는 자들이 신들이다. 탐욕(lobha)이 주를 이루는 자들은 인간들이다. 그리고 폭력에 몰두하여 잔혹한 자들은 악신들이다. 바로 인간들이 자제하지 못하는 것 등을 비롯한 세 가지 결함에 따라서 그리고 진성(眞性, sattva), 염성(染性, rajas), 암성(闇性, tamas)이라는 다른 성질들에 따라서 신을 비롯한 이름을 얻게 된다. 따라서 사람들이 이 세 가지를 배워야 한다. 진성은 밝고, 해맑고, 가볍고, 평온하고, 기쁜 성질이다. 염성은 움직이고, 물들고, 괴롭고, 슬픈 성질이다. 암성은 멈추고, 무겁고, 어둡고, 미혹하고, 덮는 성질이다. 쁘라자빠띠에 대해서는 131쪽 21번 각주 참조.

세 번째 절

이 쁘라자빠띠는 심장이란[1083] 것이다. 이것이 브라흐만이다. 이것이 모든 것이다. 그러한 이 심장은 세 음절이다.[1084] '흐리'라는 것이 한 음절이다. 이와 같이 아는 이에게는 친지들과 다른 이들이 가져온다.[1085] '다'라는 것이 한 음절이다. 이와 같이 아는 이에게는 친지들과 다른 이들이 준다.[1086] '얌'이라는 것이 한 음절이다. 이와 같이 아는 자는 하늘나라 세상에 간다.[1087] 1

네 번째 절

그것이,[1088] 바로 그러한 이[1089] 바로 그것이[1090] 있었다. 바로 실재다.[1091] 이 위대한 것을, 존경스런 것을, 첫 번째로 생겨난 것을,[1092] 실재

1083 샹카라에 의하면 "심장"은 심장에 위치한 지성을 일컫는다.

1084 중성 명사인 심장의 주격 단수 형태인 흐리다얌(hṛdayam)은 '흐리(hṛ)', '다(da)', '얌(yam)' 이렇게 세 음절을 가진 것이다.

1085 샹카라에 의하면 첫 번째 음절인 "흐리(hṛ)"는 '가까이 가져오다'를 의미하는 어근이다. 심장인 브라흐만에게 친지(sva)들인 지각 기관들, 또한 다른 사람들인 소리를 비롯한 대상들이 각각 자신의 결과를 가져온다. 그리고 심장은 그 결과를 '먹는 자(享受하는 자)'를 위해 가져간다. 따라서 '흐리'를 심장의 한 음절이라고 아는 사람에게 친지들과 또한 다른 사람들이 공물(bali)을 가져온다. 소리를 비롯한 대상은 형태(色), 소리(聲), 냄새(香), 맛(味), 촉감(觸)이며, '먹는 자'는 '개별적인 아'를 의미한다.

1086 샹카라에 의하면 두 번째 음절인 "다(da)"는 '주다'라는 의미를 가진 어근 '다(dā)'의 형태다. 심장인 브라흐만에게 친지들인 지각 기관들, 또한 다른 사람들인 대상들이 각각 자신의 정수(精髓)를 준다. 그리고 심장은 이 '먹는 자(享受하는 자)'를 위해 그 정수를 준다. 따라서 이와 같이 아는 사람에게는 친지들과 다른 사람들이 '다'라는 음절을 준다.

1087 샹카라에 의하면 세 번째 음절인 "얌(yam)"은 '가다'라는 의미를 가진 어근 '얌'의 형태다. 이와 같이 아는 사람은 하늘나라 세상으로 간다.

1088 샹카라에 의하면 "그것"은 심장인 브라흐만이다.

1089 샹카라에 의하면 "이(etat)"는 말하는 것을 지성에 존재하게 하는 것이다. 즉 말하는 것에 주의를 집중시키기 위한 낱말이다.

1090 샹카라에 의하면 "그것"은 심장이 브라흐만이라고 하는 것이다.

를 브라흐만이라고[1093] 아는 그는 이 세상들을 장악한다.[1094] 저것은 장악되어 없게 된다.[1095] 이처럼 이 위대한 것을, 존경스런 것을, 첫 번째로 생겨난 것을 브라흐만이라고 아는 그는,[1096] 왜냐하면 실재가 바로 브라흐만이기 때문이다. 1

다섯 번째 절

물들이 이[1097] 먼저 있었다.[1098] 그 물들이 실재를 만들었다.[1099] 실재

1091 실재의 원어는 "싸뜨야(satya)"다. 싸뜨야는 형용사로는 '존재하는, 있는, 실재하는, 고귀한, 높은, 최고의, 현명한, 견고한, 아름다운' 등을 의미하고 남성 명사로는 '실재, 존재, 좋음, 최고 영혼, 브라흐만, 제일 원인' 등을 의미하는 '싸뜨(sat)'에서 파생된 낱말로 형용사로는 '진실한, 진짜, 정직한, 완수한, 올바른' 등을 의미하고 남성 명사로는 '브라흐만의 거처, 브라흐만의 이름' 등을 의미하며 중성 명사로는 '진리, 진실, 선(善), 실재, 물, 최고 영혼' 등을 의미한다. 불경에서는 '진(眞), 실(實), 진실(眞實), 체(諦), 진체(眞諦), 진체리(眞諦理), 실체(實諦), 성(誠), 성체(誠諦), 성체(聖諦), 현선(賢善), 유의리(有義理), 서원사(誓願事), 서언(誓言), 지성(至誠)' 등으로 한역된다. 샹카라에 의하면 여기서 싸뜨야는 '싸뜨(sat)'와 '뜨야(tya)'며, 형태가 있는 것과 형태가 없는 것인 실재가 브라흐만이다. 즉 '오대 원소를 본질로 하는 것(pañcabhūtātmaka)'이다.

1092 샹카라에 의하면 이 브라흐만은 모든 윤회하는 것들보다 먼저 생겨난 것이기 때문에 "첫 번째로 생겨난 것(prathamaja)"이다.

1093 막스 뮐러는 "실재를 브라흐만(satyaṁ brahma)"을 '실재하는 브라흐만(the true Brahman, The true not the truth, the truly existing)'이라고 번역한다.

1094 샹카라에 의하면 실재인 브라흐만에 의해서 이 세상들은 '아로 합일되는 것(ātmasātkṛta)'이듯 장악되듯이, '위대한 것(mahat)'을, '존경스러운 것(yakṣa)'을, '첫 번째로 생겨난 것'을, '실재의 아(satyātman)'인 브라흐만을 아는 사람은 "이 세상들을 장악한다."

1095 샹카라에 의하면 "저것(asau)"이라는 낱말 다음에 적(敵, śatru)이 생략된 것이다. 따라서 적이 장악되어 없게 된다는 의미다.

1096 샹카라에 의하면 "이처럼 이 위대한 것을, 존경스런 것을, 첫 번째로 생겨난 것을 브라흐만이라고 아는 사람은" 세상들을 장악하고, 그에게는 적이 장악되어 없다는 의미다.

1097 기타프레스의 힌디 어 해석본에 의하면 "이"는 '드러난 세상(vyakta jagat)'이다. '이 드러난 세상 이전에 바로 물이 있었다'라는 의미다.

1098 샹카라에 의하면 "물"은 행위(作法)와 관련된 화제(火祭) 등의 헌공(獻供, āhuti)들이다. 화제 등의 헌공은 액체를 본질로 하는 것이기 때문에 물이다. 화제 등의 행위가 끝난 다음에 그 물은 홀로 있는 것이 아니라, 그 어떤 보이지 않는 미세한 아(我)로써 행위와

가 브라흐만이다.[1100] 브라흐만이 쁘라자빠띠를, 쁘라자빠띠가 신들을 만들었다.[1101] 그 신들은 실재를 숭배한다.[1102] 그러한 실재는 '싸' '띠' '얌'이라는 이 세 음절이다. '싸'라는 것이 한 음절이다. '띠'라는 것이 한 음절이다. '얌'이란 것이 한 음절이다.[1103] 첫 번째와 마지막 음절은 진실이고 가운데 것은 거짓이다.[1104] 양쪽으로 진실에 의해 포위되어 있는 그러한 이 거짓은 진실이 많은 것이다. 이와 같이 알고 있는 자를 거짓은[1105] 해치지 못한다.[1106] 1

의 관계를 버리지 않고 다른 요소와 더불어 존재한다. 물은 창조 이전에 행위자와 함께 있는, 발현되지 않은 모든 요소들을 의미한다. 그러한 물은 세상의 씨앗이 되어 '발현되지 않은 아(avyākṛtātman)'로서 자리 잡고 있다. 이름(名)과 형태(色)로 변형된 이 모든 세상은 처음에는 바로 그러한 물이었다. 그 외에 그 어떤 다른 변화된 것들은 없었다.

1099 샹카라에 의하면 그러한 물이 다시 "실재를 만들었다." 그래서 실재인 브라흐만은 '첫 번째로 생겨난 것'이다.

1100 샹카라에 의하면 이 "실재인 브라흐만"은 '실의 아(sūtrātman)'인 히란야가르바(黃金子宮, 金胎)이며, 발현되지 않은 세상의 전개(vyākaraṇa)다. 이러한 실재는 위대성(mahattva)으로 인해 브라흐만이다. 왜냐하면 모든 것의 창조자(sraṣṭṛ)이기 때문이다.

1101 샹카라에 의하면 "쁘라자빠띠"는 태양 등을 지각 기관으로 하는, 백성들의 어버이인 '위라즈'다.

1102 샹카라에 의하면 이렇게 창조된 신들은 어버이인 위라즈를 제치고 실재인 브라흐만을 숭배한다. 그래서 이 '첫 번째로 생겨난 것'인 '위대한 것'은 '존경스런 것'이다. 라다크리슈난은 이 부분을 '그 신들은 그 실재에 대해 명상했다(those gods meditated on the real)'라고 번역한다. 막스 뮐러는 '신들은 오로지 진실만을 숭배한다[The Devas adore the true (satyam) alone]'라고 번역한다. '숭배한다'에 해당되는 원문 우빠싸떼(upāsate)는 '명상한다'는 의미도 가지고 있다. 본 번역서에서 다른 많은 부분들은 대부분 '명상한다'로 번역되었다. 그러나 여기서는 문맥상 '숭배한다'로 번역한다.

1103 실재의 원어 싸뜨야의 중성 명사 형태 싸뜨얌(satyam)은 '싸(sa)', '띠(tī)', '얌(yam)' 이렇게 세 음절로 된 것이라는 의미다. 샹카라에 의하면 '띠'에서 장모음 '이(ī)'는 자음 'ㄸ(t)'를 발음하기 위해 모음 '이(ī)'가 덧붙여진 것이다.

1104 샹카라에 의하면 첫 음절과 마지막 음절 '싸(sa)'와 '야(ya)'는 죽음의 형태가 없기 때문에 "진실"이다. 그러나 가운데 음절인 'ㄸ(t)'는 "거짓"이다. 거짓은 죽음이다. 거짓(anṛta)과 죽음(mṛtyu)을 의미하는 원어에 있는 'ㄸ(t)'가 동일하기 때문이다.

1105 샹카라에 의하면 여기서 "거짓"은 그 언젠가 실수로 말한 거짓을 의미한다.

1106 실재와 진실의 원어는 모두 싸뜨야다. 싸뜨야에 대해서는 725쪽 1091번 각주 참조.

그 실재라고 하는 그것, 그것은 저 태양이다. 이 둥근 것에[1107] 있는 이 인아人我 그리고 오른쪽 눈에 있는 이 인아, 이 둘은 서로가 서로에게 의지하고 있다. 이것은 햇살들을 통해서 이곳에,[1108] 이것은 생기들을 통해 저곳에 의지하고 있다.[1109] 그가[1110] 떠나려고 할 때 순수한 이 둥근 것을[1111] 바라본다. 이 햇살들은 이를[1112] 향해 오지 않는다. 2

이 둥근 것에 있는 이 인아人我,[1113] 그의 머리는 '부후'라는 것이다.[1114] 머리도 하나고, 이 음절도 하나다. '부바하'라는[1115] 것은 두 팔이다. 팔도 둘이고, 이 음절들도 둘이다. '쓰바르'라는[1116] 것은 다리다. 다리도 둘이

1107 "둥근 것"의 원어는 만달라(maṇḍala)다. 만달라는 형용사로 '둥근'을 의미하고, 남성 명사로는 '원형의 군진, 멍멍이, 뱀의 한 종류' 등을 의미하고, 중성 명사로는 '둥근 것, 원, 바퀴, 반지, 일륜(日輪), 월륜(月輪), 모임, 사회, 영역, 장(場), 계(界), 『리그베다』의 권' 등을 의미한다. 만달라는 불경에서 '만다라(曼拏羅), 만다라(曼荼羅)' 등으로 음사된다. 샹카라에 의하면 '둥근 것'은 '태양의 원륜(ādityamaṇḍala)'이다.

1108 샹카라에 의하면 "이것(eṣaḥ)"은 '태양의 것'이다. "이곳(asmin)"은 '몸과 관련된 것(adhyātma)'인 '눈에 있는 것(cākṣuṣa)'이다. 태양에 있는 인아는 햇살들을 통해 눈에 있는 이 인아에 의지한다는 뜻이다.

1109 샹카라에 의하면 "이것(ayam)"은 '눈에 있는 것'이다. "저곳(amuṣmin)"은 '신과 관련된 것(adhidaiva)'인 '태양의 것'이다. 눈에 있는 이 인아는 생기들을 통해 저 태양에 있는 인아와 관련된다는 뜻이다.

1110 샹카라에 의하면 "그"는 이 몸에 있는, '앎이 주를 이루는 것'인 '먹는 자(향수하는 자)'를 의미한다.

1111 샹카라에 의하면 "순수한 이 둥근 것"은 월륜(月輪, candramaṇḍala)처럼 햇살이 없이 단지 순수한 원만을 의미한다.

1112 샹카라에 의하면 "이"는 눈에 있는 인아(人我)다.

1113 샹카라에 의하면 "이 인아"는 실재라는 이름의 인아다. 여기서 둥근 것은 일륜(日輪)을 의미한다.

1114 샹카라에 의하면 "부후(bhūḥ)"는 첫 번째이기 때문에 머리다. "부후"는 땅과 땅의 세계 모든 것이 담긴 소리다.

1115 "부바하(bhuvaḥ)"는 허공과 허공의 세계 모든 것이 담긴 소리다.

1116 막스 뮐러에 의하면 "쓰바르(svar)"는 발음할 때 '쑤바르(suvar)'로 발음한다. "쓰바르"는

고, 이 음절들도 둘이다. 낮이라는[1117] 것은 그의 우파니샤드다.[1118] 이와 같이 아는 자는 죄악을 없앤다, 버린다. 3

이 오른쪽 눈에 있는 이 인아人我, 그의 머리는 '부후'라는 것이다. 머리도 하나고, 이 음절도 하나다. '부바하'라는 것은 두 팔이다. 팔도 둘이고, 이 음절들도 둘이다. '쓰바르'라는 것은 다리다. 다리도 둘이고, 이 음절들도 둘이다. 나라는[1119] 것은 그의 우파니샤드다.[1120] 이와 같이 아는 자는 죄악을 없앤다, 버린다.[1121] 4

여섯 번째 절

빛이 실재인[1122] 이 인아人我는 마음이 주를 이루는 것이다.[1123] 그곳 심장 안에 쌀알 같고 혹은 보리알 같은 그러한 이것이[1124] 모든 것의 지

하늘과 하늘의 세계 모든 것이 담긴 소리다.

1117 "낮"의 원어는 아한(ahan)이다. 아한은 중성 명사로 '낮, 날, 밤, 하늘, 제일(祭日), 하루 공부할 치의 책 분량, 위스누' 등을 의미한다. 샹카라에 의하면 아한은 '죽이다, 가다'를 의미하는 어근 '한(han)'과 '버리다'를 의미하는 어근 '하(hā)'에서 파생된 낱말의 형태다.

1118 샹카라에 의하면 여기서 "우파니샤드"는 신비한 호칭(abhidhāna)이다. 브라흐만은 이 호칭으로 호명되면 사람들처럼 얼굴을 향한다.

1119 "나"의 원어는 아함(aham)이다. 아함은 일인칭 대명사 주격 단수 형태다. 샹카라에 의하면 '아한'과 마찬가지로 아함 역시 '죽이다, 가다'를 의미하는 어근 '한'과 '버리다'를 의미하는 어근 '하'에서 파생된 낱말의 형태다.

1120 샹카라에 의하면 그는 '개별적인 아의 본모습(pratygātmasvarūpa)'이기 때문에 '나'라는 것이 그의 신비한 이름이다.

1121 727쪽 1113~1116번 각주 참조.

1122 "실재"의 원어는 '싸뜨야'다. 싸뜨야에 대해서는 725쪽 1091번 각주 참조.

1123 샹카라에 의하면 마음을 통해 얻을 수 있는 것이기에 "마음이 주를 이루는 것(man-omaya)"이다. 이러한 인아는 빛(bhās)이 바로 실재, 즉 '본모습'이다. '빛나는 것'이다. '빛나는 것'의 원어인 바쓰와라(bhāsvara)는 형용사로는 '빛나는, 찬란한' 등을 의미하고, 남성 명사로는 '태양, 낮, 불' 등을 의미한다. 따라서 '빛나는 것'을 태양이라고 옮겨도 좋다.

배자, 모든 것의 주다, 이 그 어떤 것이든 이 모든 것을 다스린다. 1

일곱 번째 절

번개가 브라흐만이라고 말들을 한다. 가르기 때문에 번개다.[1125] 이처럼 번개가 브라흐만이라고 아는 자는 이 죄악을 갈라 낸다.[1126] 번개가 바로 브라흐만이기 때문이다.[1127] 1

여덟 번째 절

언어를 암소라고 명상하라. 그것의 네 젖통들이 있다. '쓰바하', '와샤뜨', '한따', '쓰와다'이다. 그것의 두 젖통들에 신들이 의지해 살아간다. '쓰바하'와 '와샤뜨'다.[1128] '한따'에 사람들이, '쓰와다'에 조상들이 의지해 살아간다.[1129] 그것의 생기는 황소고, 마음은 송아지다.[1130] 1

1124 샹카라에 의하면 심장 안에 있는 쌀알 혹은 보리알 크기만 한 이 인아(人我)는 요가 행자들에게 보인다.

1125 샹카라에 의하면 "가르기(vidāna) 때문에", 조각내기(avakhaṇḍana) 때문에, 구름의 어둠을 가르고 빛나기 때문에 "번개(vidyut)"다.

1126 샹카라에 의하면 "이 죄악"은 아(我)에 반대가 되는 죄악들이다. 즉 죄악은 무지를 의미한다. 번개가 먹구름의 어둠을 가르고 번쩍이며 생명의 비를 내리듯이 번개가 브라흐만이라고 아는 사람들은 무지를 부수고 브라흐만에 대한 지혜의 빛으로 깨달음의 비를 내리게 한다는 의미다.

1127 샹카라가 인용하는 『샤따빠타 브라흐마나(*Śatapathabrāhmaṇa*)』에 의하면 "그것에 대해 명상하는 그대로 바로 그것이 된다(taṁ yathā yathopāsate tadeva bhavati)."

1128 샹카라에 의하면 "쓰바하(svāhā)"와 "와샤뜨(vaṣaṭ)" 이 둘을 통해 신들에게 헌공(havi)이 주어진다.

1129 샹카라에 의하면 "한따(hanta)"라고 말하며 사람들에게 곡식을 준다. 그리고 "쓰와다(svadhā)"라는 말과 더불어 조상들에게 제물을 올린다.

1130 샹카라에 의하면 암소(dhenu)인 언어의 생기(生氣)는 "황소(ṛṣabha)"다. 왜냐하면 생기에 의해서 언어는 출산하기 때문이다. 마음이 "송아지"다. 왜냐하면 마음으로 관조하는 대상에 대해 언어는 작용하기 때문이다.

아홉 번째 절

사람 안에 있는 이것, 먹은 이 곡식을 소화 시키는 것, 이것은 불이다, 와이스바나라다.[1131] 그의 이 소리가 있다. 두 귀를 막아 듣는 이것이다.[1132] 떠나가려고 할 때 그는 이 소리를 듣지 못한다.[1133] 1

열 번째 절

사람이 이 세상에서 떠나가면, 그는 바람에게 온다. 그를 위해 그것은[1134] 수레바퀴의 구멍처럼[1135] 그곳에[1136] 틈을 낸다. 그것을 통해 그는 위로 올라간다. 그는 태양에 온다. 그를 위해 그것은[1137] '람바라'의[1138] 구멍처럼 그곳에[1139] 틈을 낸다. 그것을 통해 그는 위로 올라간다. 그는 달에 온다. 그를 위해 그것은[1140] 마치 북의[1141] 구멍처럼 그곳에[1142] 틈을 낸다. 그것을 통해 그는 위로 올라간다. 그는 슬픔과[1143] 고통이[1144] 없는

1131 샹카라에 의하면 "와이스바나라(viśvānara)"라는 이름의 불이 중생들이 먹은 곡식을 소화 시킨다. 이 불은 '배 안에 있는 불(jāṭhara)'이다.

1132 샹카라에 의하면 이 '배 안에 있는 불'에는 소리가 있다. 손가락으로 두 귀를 막고 이 소리를 듣는다.

1133 이 세상을 떠나가려고 할 때, 즉 죽을 때에 사람은 이 소리를 듣지 못한다는 의미다.

1134 샹카라에 의하면 "그것(saḥ)"은 바람이다.

1135 샹카라에 의하면 수레바퀴(rathacakra)의 구멍만 한 크기라는 의미다.

1136 샹카라에 의하면 "그곳(tatra)"은 바람 '자신의 아'다.

1137 "그것"은 태양을 의미한다.

1138 샹카라에 의하면 "람바라(lambara)"는 특정 악기다. 정확히 어떠한 악기인지는 미상이다.

1139 "그곳"은 태양 '자신의 아'다.

1140 "그것"은 달을 의미한다.

1141 "북"의 원어는 둔두비(dundhubhi)다. 둔두비는 불경에서 '고(鼓), 대고(大鼓), 천고(天鼓)' 등으로 한역된다.

1142 "그곳"은 달 '자신의 아'다.

1143 샹카라에 의하면 "슬픔"은 마음의 고통이다.

1144 "고통"의 원어는 히마(hima)다. 히마는 형용사로는 '추운, 얼은, 서리가 내린, 이슬이

세상에[1145] 온다. 그곳에서 항구한 해를 산다.[1146] 1

열한 번째 절

병이 들어 고통 받는 것, 이것이 바로 최고의 고행이다.[1147] 이와 같이 아는 자는 최고의 세상을 장악한다.[1148] 떠난 이를 숲으로 데려가는 것, 이것이 바로 최고의 고행이다.[1149] 이와 같이 아는 자는 최고의 세상을 장악한다. 떠난 이를 불에 놓는 것, 이것이 바로 최고의 고행이다.[1150] 이와 같이 아는 자는 최고의 세상을 장악한다. 1

내린' 등을 의미하며, 남성 명사로는 '겨울, 달, 장뇌(樟腦), 히말라야, 백단향 나무' 등을 의미하고, 중성 명사로는 '서리, 추위, 연꽃, 진주, 잠, 백단향 나무' 등을 의미한다. 샹카라에 의하면 히마는 '육체적인 고통(śarīraduḥkha)'을 의미한다. 막스 뮐러와 라다크리슈난은 히마를 모두 '눈(snow)'이라고 번역한다.

1145 샹카라에 의하면 "세상"은 '쁘라자빠띠의 세상'을 의미한다.

1146 샹카라에 의하면 브라흐마의 많은 겁(劫)들을 지낸다는 의미다. 즉 영원히 사는 것은 아니다.

1147 샹카라에 의하면 열병(熱病, jvara) 등에 걸려 고통을 받는 것을 "최고의 고행"으로 생각해야 한다. 고통이 동일하기 때문이다. 그 고통은 탓하지도 않고 우울해하지도 않으며 이와 같이 생각하며 아는 사람에게는 '업을 소멸하는 원인(karmakṣayahetu)'인 고행이 된다.

1148 샹카라에 의하면 이와 같이 아는 사람은 '앎을 통한 고행(vijñānatapas)'에 의해서 '죄를 불사른 자(dagdhakilviṣa)'가 되어 "최고의 세상을 장악한다."

1149 샹카라에 의하면 죽음에 임박한 사람은 제관들이 떠난 자신의 장례를 치르기 위해 마을에서 숲으로 데려가는 것을 최고의 고행으로 생각해야 한다. 왜냐하면 마을에서 숲으로 가는 것이 최고의 고행이라는 것은 잘 알려진 사실이다. 마을에서 숲으로 가는 것이 동일하기 때문이다. "떠난 이"란 '죽은 이'란 의미다. 죽음에 임박한 사람은 자신이 이제 죽어 장례를 치르기 위해 숲으로 가는 것을 명상하기 위해 출가하여 숲으로 가는 것과 동일한 고행으로 생각하라는 뜻이다.

1150 샹카라에 의하면 불에 들어가는 것이 동일하기 때문이다.

열두 번째 절

'어떤 이들은 곡식이 브라흐만이라고 말한다. 그건 그렇지 않다. 생기가 없으면 곡식은 썩기 때문이다. 어떤 이들은 생기가 브라흐만이라고 말한다. 그건 그렇지 않다. 곡식이 없으면 생기가 마르기 때문이다. 그럼, 이 두 신들은 한 가지 상태가 되어 최고의 상태에 도달하는 것들이다.'[1151] 그래서 쁘라뜨리다는 아버지에게 여쭈었다.

"이와 같이 아는 사람에게 제가 좋은 일을 할 수 있을까요? 아니면, 이런 사람에게 제가 나쁜 일을 할 수 있을까요?"[1152]

그는 손을 내저으며 대답했다.

"아니다! 쁘라뜨리다야, 누가 이 둘 가운데 한 가지가 되어 최고의 상태에 도달하겠느냐?[1153]" 그에게 이렇게 말했다. "'위'란다.[1154] 곡식은 바로 '위'다. 곡식에 바로 이 모든 존재들이 깃들어 있기 때문이다. '람'이란다." 생기는 바로 '람'이다.[1155] 생기 속에서 이 모든 존재들이 즐기기 때문이다. 이와 같이 아는 자,[1156] 이 자 안에 모든 존재들은 깃든단다. 모

1151 샹카라에 의하면 하나하나에 있어서 '브라흐만의 상태(brahmatā)'에 도달하지 못하기 때문에 곡식과 생기, 이 두 신들은 "한 가지 상태"가 되어 "최고의 상태"인 '브라흐만의 상태'에 도달한다. 이렇게 쁘라뜨리다(Prātṛda)는 결정했다.

1152 샹카라에 의하면 곡식과 생기가 함께 되어 브라흐만이라고 아는 이 사람은 안 좋은 일을 한다고 해서 손상되지 않고, 좋은 일을 한다고 해서 위대해지지 않는다.

1153 곡식과 생기 둘 모두가 되어야만 "최고의 상태"에 도달한다는 의미다.

1154 "위(vi)"는 '들어가 있는, 의지해 있는' 등을 의미하는 형용사 '위스따(viṣṭa)'의 첫 번째 음절이다. 샹카라에 의하면 곡식에 '이 모든 존재들이 들어 있다(imāni sarvāni bhūtāni viṣṭāni)', 즉 의지한다. 그래서 곡식을 "위"라고 일컫는다.

1155 "람(ram)"은 '즐기다, 기뻐하다, 놀다' 등을 의미하는 어근이며, 어근 '람'의 활용 형태의 첫 번째 음절이다. 샹카라에 의하면 '힘의 바탕(balāśraya)'인 생기가 있어야 모든 존재들이 즐긴다(ramante). 그래서 '람'이 생기다.

1156 샹카라에 의하면 곡식은 모든 존재가 깃드는 성질이고, 생기는 모든 존재가 즐기는 성질이다.

든 존재들이 즐긴단다." 1

열세 번째 절

찬가이다.[1157] 생기가 바로 찬가이다.[1158] 왜냐하면 생기가 이 모든 것을 일 세우기 때문이다.[1159] 이에게서 찬가를 아는 영웅이 나온다.[1160] 이와 같이 아는 자는 찬가와 하나가 되고 같은 세상을 누린다.[1161] 1

제문祭文이다.[1162] 생기가 바로 제문이다.[1163] 왜냐하면 생기 안에 이 모든 존재들이 매이기 때문이다. 이에게 모든 존재들이 가장 탁월함을 위해 매인다.[1164] 이와 같이 아는 이는 제문과 하나가 되고 같은 세상을

1157 "찬가"의 원어는 우끄타(uktha)다. 우끄타는 중성 명사로 '말, 문장, 시, 칭찬, 기원, 『싸마베다』, 생명, 제장으로 신을 부르는 제관인 호뜨리의 찬송' 등을 의미한다. 샹카라에 의하면 우끄타는 낭송(śastra)이다. 우끄타는 대계제(大戒祭, mahāvratakratu)에서 으뜸이 되는 것이다.

1158 샹카라에 의하면 "생기"는 지각 기관들 가운데 으뜸이며, "찬가"는 모든 낭송(śastra)들 가운데 으뜸이다. 따라서 생기가 찬가라고 명상해야 한다.

1159 샹카라에 의하면 "생기"는 이 모든 것을 일 세운다. '일 세우기(utthāpana)' 때문에 찬가다. 생기가 없으면 그 어떤 것도 일어나지 못한다. 일 세우기의 원어의 앞 두 음절과 찬가의 원어 사이에는 단지 자음 'ㄲ(k)'만이 다르고 다른 음들은 모두 동일하다.

1160 샹카라에 의하면 이와 같이 아는 "이에게서" 찬가를 알고 생기를 아는 "영웅(vīra)", 즉 아들이 나온다.

1161 "누린다"의 원어는 자야띠(jayati)다. 자야띠는 '승리하다, 이기다, 종속 시키다, 장악하다, 얻다' 등을 의미하는 어근 '지(ji)'의 현재형 삼인칭 단수 타위형이다. 이기면 장악하게 되고, 장악하면 누린다는 의미에서 '누린다'로 옮긴다. 이하 모든 '누린다'에 대해서도 마찬가지다.

1162 "제문"의 원어는 야주쓰(yajus)다. 야주쓰는 중성 명사로 '제문, 제식, 숭배, 『야주르베다』' 등을 의미한다.

1163 샹카라에 의하면 생기가 없으면 그 어떤 것도 그 어떤 것에 결합(yoga)할 수가 없다. 그래서 '결합하기 때문에(yunaktīti)' "생기가 바로 제문이다." 제문 또한 생기라고 명상해야 한다.

1164 샹카라에 의하면 이와 같이 아는 이에게 모든 존재들이 '가장 탁월한 상태(śraiṣṭhya,

누린다. 2

노래다.[1165] 생기가 바로 노래다.[1166] 왜냐하면 생기 안에 이 모든 존재들이 함께 모이기 때문이다. 이에게 모든 존재들이 함께 모인다, 가장 탁월함을 위한 것이 된다.[1167] 이와 같이 아는 이는 노래와 하나가 되고 같은 세상을 누린다. 3

왕공 무사 계급이다.[1168] 생기가 바로 왕공 무사 계급이다.[1169] 왜냐하면 생기가 왕공 무사 계급이기 때문이다, 이것을 상처로부터 보호하기 때문이다.[1170] 이와 같이 아는 이는 다른 보호가 필요 없는 왕공 무사 계급을 얻는다.[1171] 왕공 무사 계급과 하나가 되고 같은 세상을 누린다. 4

śreṣṭhabhāva)'를 위해, 즉 "이것이 우리 가운데 가장 으뜸이리라!"라며 매인다.

1165 "노래"의 원어는 싸만(sāman)이다. 싸만은 중성 명사로 '달래는 것, 위로하는 것, 협상, 부드러운 말, 찬송가, 소리, 『싸마베다』' 등을 의미한다.

1166 샹카라에 의하면 생기에 모든 존재들이 함께 모이기 때문에, '동일함에 도달하는 원인(sāmyāpattihetu)'이기 때문에 노래가 생기(生氣)다. 노래란 것이 생기라고 명상해야 한다. 두 강이 함께 만나면 같은 강이 된다. 이처럼 함께 모인다는 것은 동일하게 된다는 것을 의미한다.

1167 샹카라에 의하면 이에게 가장 탁월한 상태를 위한 것들이 될 수 있다. 즉 이와 같이 아는 이에게 모든 존재들이 '가장 탁월한 상태'를 위한 것들이 될 수 있다는 의미다. 인도에서는 두 강이 만나는 지점은 성지다. 세 강이 만나는 곳은 더욱 더 성스러운 성지가 된다. 이처럼 존재들이 함께 모여 탁월한 상태를 만들어 내는 능력을 지니게 된다는 의미다.

1168 "왕공 무사 계급"의 원어는 끄샤뜨라(kṣatra)다. 끄샤뜨라는 중성 명사 혹은 남성 명사로 '주권, 권력, 왕공 무사 계급인 끄샤뜨리야(kṣatriya), 전사, 무사, 용맹, 용기, 해(害)' 등을 의미한다.

1169 샹카라에 의하면 생기를 왕공 무사 계급이라고 명상해야 한다.

1170 샹카라에 의하면 생기(生氣)는 이 살덩어리(piṇḍa)인 몸을 무기 등으로 인한 손상으로부터 보호한다, 보살핀다. 즉 다시 살을 돋게 한다. 따라서 손상으로부터 보호하기 때문에 생기의 '왕공 무사 계급성(kṣatratva)'은 확연하다.

열네 번째 절

땅, 허공, 하늘, 이들은 여덟 개의 음절들이다.[1172] 여덟 개의 음절인 것은 가야뜨리의[1173] 한 발이다.[1174] 이것의[1175] 이것은[1176] 바로 이것[1177]이

1171 샹카라에 의하면 생기가 왕공 무사 계급이라고 명상하는 사람에게 얻어지는 결과다. 그 어떤 다른 자에 의해서 보호 받지 않는 왕공 무사 계급인 생기를 얻는다는 의미다. 다른 판본에 따르면 오로지 왕공 무사 계급을 얻는다, 즉 생기가 된다는 의미다. 현재 판본의 원문은 "pra kṣatramatramāpnoti"다. 이 원문의 "kṣatram atram"은 '다른 보호가 필요 없는 그런 절대적인 보호를 받는 왕공 무사 계급을'이라는 의미다. 그래서 '다른 자에게서 보호가 필요 없는 그런 절대적인 보호의 힘을 가진 생기를 얻는다'는 의미로 해석된다. 그러나 다른 판본인『마드얀디나』의 원문은 "pra kṣatramātramāpnoti"다. 이 원문의 "kṣatramātram"은 '오로지 왕공 무사 계급을'이라는 의미다. 그래서 '오로지 왕공 무사 계급을 얻는다, 즉 생기가 된다'는 의미로 해석된다. 막스 뮐러는 끄샤뜨라를 '힘(power)'이라고 해석한다.

1172 "땅"의 원어인 부미(bhūmi)는 두 음절로 된 단어다. "허공"의 원어인 안따리끄샤(antarikṣa)는 네 음절로 된 단어다. "하늘"의 원어인 드요(dyo)의 주격 단수 형태인 드야우쓰(dyaus)는 두 음절로 된 단어다. 이들 모두의 음절수를 합하면 "여덟 개의 음절들"이 된다.

1173 "가야뜨리(Gāyatrī)"는『베다』의 대표적인 운율로 여덟 개의 음절이 한 개의 음보를 이루는 삼 음보(三音步) 팔 음절(八音節)의 운율이다.『리그베다』 제3장 62번 찬가의 열 번째 만뜨라를 '가야뜨리만뜨라(Gāyatrīmantra)'라고 부른다. 이 만뜨라는 다음과 같으며 아주 중요한 만뜨라다. "Oṁ, tat saviturvareṇyam, bhargo devasya dhīmahi, dhiyo yo naḥ pracodayāt." 이 만뜨라는 만뜨라를 처음 시작할 때 내는 소리인 옴(ॐ)을 제외하면, '따뜨/싸/비/뚜르/와/레/니/얌(tat saviturvareṇyam, 태양의 그 최고의 것을)' 이렇게 팔 음절 일 음보, '바르/고/데/바/쓰야/디/마/히(bhargo devasya dhīmahi, 우리 빛나는 신의 빛을 명상하노니)' 이렇게 팔 음절 일 음보, '디/요/요/나하/쁘라/쪼/다/야뜨(dhiyo yo naḥ pracodayāt, 그 지혜를 우리에게 불러일으키소서!)' 이렇게 팔 음절 일 음보로 되어 있다. 즉 만뜨라 자체가 삼 음보 이십사 음절인 가야뜨리 운율로 되어 있다. 샹카라에 의하면 '가야뜨리 운율(gāyatrīchandas)'은 그 운율을 사용하는 사람의 생기(gaya)를 보호하기(trāṇa) 때문에 "가야뜨리(gāyatrī)"며, 모든 운율들 가운데 으뜸이 되는 것이다. "가야뜨리"는 '생기의 아'가 되는 것이며, 생기는 모든 운율들의 아(我)다. 생기가 "가야뜨리"다. "가야뜨리"에서 브라흐마나가 생겨났다.

1174 태양신의 하나인 '가야뜨리'는 세 발을 가진 새의 모습으로 비유된다. 땅, 허공, 하늘 이렇게 삼계(三界)가 세 발 가운데 한 발이라는 의미다. 우리나라의 신화에서 태양신을 의미하는 세 발을 가진 새인 삼족오(三足烏)와 유사하다. 아울러 발은 동시에 가야뜨리 운율의 음보를 의미하기도 한다. 가야뜨리 운율은 삼 음보 이십사 음절로 구성된다.

다. 이것의 이 발을[1178] 이와 같이 아는 이는 삼계에 있는 만큼 그만큼을 장악한다. 1

리그베다의 찬가들, 야주르베다의 제문祭文들, 싸마베다의 노래들, 이들은 여덟 개의 음절들이다.[1179] 여덟 개의 음절인 것은 가야뜨리의 한 발이다.[1180] 이것의[1181] 이것은[1182] 바로 이것이다.[1183] 이것의 이 발[1184]을 이와 같이 아는 이는 세 가지 지식[1185]만큼 그만큼을 장악한다. 2

생기生氣, 하기下氣, 편기遍氣, 이들은 여덟 개의 음절들이다.[1186] 여덟 개

1175 샹카라에 의하면 여기서 "이것"은 가야뜨리를 의미한다.

1176 샹카라에 의하면 여기서 "이것"은 첫 번째 발(pada, pāda)을 의미한다.

1177 여기서 "이것"은 여덟 개의 음절들로 된 땅, 허공, 하늘을 의미한다.

1178 샹카라에 의하면 "이것의 이 발"은 가야뜨리의 첫 번째 발인 "삼계의 아인 것(trailokyātmaka)"이다.

1179 "『리그베다』의 찬가들"의 원문인 리짜쓰(rcas)는 두 음절로 된 단어다. "『야주르베다』의 제문들"의 원문인 야준시(yajūṁṣi)는 세 음절로 된 단어다. 그리고 "『싸마베다』의 노래들"의 원어인 싸마니(samāni)는 세 음절로 된 단어다. 이들 모두의 음절수를 합하면 여덟 개의 음절들이 된다. 샹카라에 의하면 『리그베다』의 찬가들, 『야주르베다』의 제문들, 『싸마베다』의 노래들은 '세 가지 지식(trayī vidyā)'이다.

1180 샹카라에 의하면 가야뜨리의 두 번째 발이다.

1181 샹카라에 의하면 여기서 "이것"은 가야뜨리를 의미한다.

1182 샹카라에 의하면 여기서 "이것"은 두 번째 발을 의미한다.

1183 여기서 "이것"은 여덟 개의 음절들로 된 『리그베다』의 찬가들, 『야주르베다』의 제문들, 『싸마베다』의 노래들을 의미한다.

1184 샹카라에 의하면 "이것의 이 발"은 가야뜨리의 '세 가지 『베다』의 형태(traivaidyalakṣaṇa)'인 발이다.

1185 "세 가지 지식"은 『리그베다』, 『야주르베다』, 『싸마베다』의 지식이다. 『아타르바베다』는 초기에는 『베다』로 인정을 받지 못했다. 따라서 세 가지 지식이라고 말한다.

1186 "생기"의 원어인 쁘라나(prāṇa)는 두 음절로 된 단어다. "하기"의 원어인 아빠나(apāna)는 세 음절로 된 단어다. "편기"의 원어인 브야나(vyāna)는 세 음절로 된 단어다. 이들 모두의 음절수를 합하면 여덟 개의 음절들이 된다. 143쪽 119~120번, 144쪽 126번 각주

의 음절인 것은 가야뜨리의 한 발이다.[1187] 이것의[1188] 이것은[1189] 바로 이것[1190]이다. 이것의 이 발을[1191] 이와 같이 아는 이는 이 생명체만큼 그만큼을 장악한다.

이제 이 빛나는 것이[1192] 이것의[1193] 바로 이 네 번째의 것, 보이는 발, 세상들의 저편[1194]이다. 네 번째인 것이 네 번째의 것[1195]이다. 보이는 발이란 이것은[1196] 보이는 듯한 것이다.[1197] 이 세상들의 저편이란 모든 세상 위에 위에서 이것이[1198] 빛나는 것이다.[1199] 이것의[1200] 이 발을 이와 같

참조.

1187 샹카라에 의하면 가야뜨리의 세 번째 발이다.

1188 샹카라에 의하면 여기서 "이것"은 가야뜨리를 의미한다.

1189 여기서 "이것"은 세 번째 발을 의미한다.

1190 여기서 "이것"은 여덟 개의 음절들로 된 것인 생기(生氣), 하기(下氣), 그리고 편기(遍氣)를 의미한다.

1191 샹카라에 의하면 "이것의 이 발"은 가야뜨리의 세 번째 발이다.

1192 샹카라에 의하면 "이 빛나는 것"은 일륜(日輪, maṇḍala) 안에 있는 인아(人我)다.

1193 샹카라에 의하면 "이것"은 지금 언급하고 있는 가야뜨리를 의미한다.

1194 "세상들의 저편"의 원어는 빠로라자하(parorajāḥ)다. 빠로라자하의 빠로(paro)는 '너머에, 지나서, 보다 더, 저편에, 저 멀리, 미래에, 나중에' 등을 의미하는 빠라쓰(paras)라는 낱말이 음운 변화한 형태이며, 라자하(rajāḥ)는 '먼지, 가루, 꽃가루, 입자, 경작지, 어둠, 격정, 마음의 어둠, 월경(月經), 정열, 잇꽃, 공기, 대기, 세상, 죄악, 구름, 비, 우주를 구성하는 세 가지 성질 가운데 하나로 활동성과 고통과 전이성을 지닌 염성(染性)' 등을 의미하는 중성 명사 라자쓰(rajas)의 베다 어 주격 다수 형태, 이 두 형태가 합해 만들어진 낱말이다. 샹카라에 의하면 여기서 라자쓰는 세상을 의미한다. 막스 뮐러는 빠로라자하를 '하늘들 위로 높게 빛나는 것(shining high above the skies)'이라고 번역한다. 라다크리슈난은 '어두운 하늘들 위 저편에 빛나는 태양(above the dark skies the sun who glows yonder)'이라고 번역한다.

1195 "네 번째의 것"의 원어는 뚜리야(turīya)다. '네 번째인 것(caturtha)'인 뚜리야는 과거 현재 미래 이렇게 삼시(三時)를 초월한 것, 땅 허공 하늘 이렇게 세 공간을 초월한 것, 생성 유지 파멸 이렇게 생겨난 존재의 세 가지 상태를 초월한 것, 즉 현상계 너머의 본질을 뜻한다.

1196 샹카라에 의하면 "이것"은 '둥그런 것(maṇḍala)' 안에 들어 있는 인아(人我)다.

1197 샹카라에 의하면 '보이는 발(darśataṁ padam)'은 "보이는 듯한 것"으로 '둥그런 것' 안에 들어 있는 인아(人我)를 일컫는다. '둥그런 것'은 일륜(日輪)을 의미한다.

이[1201] 아는 이는 이와 같이 영광에 의해서 명성에 의해서 빛난다. 3

그러한 이 가야뜨리는[1202] 이 네 번째의 것에, 보이는 발에, 세상의 저편에 자리 잡고 있다.[1203] 그러한 바로 그것은[1204] 진실에 자리 잡고 있다. 눈이 바로 진실이다. 왜냐하면 눈이 진실이기 때문이다. 그래서 만일 지금 "내가 보았어!" "내가 들었어!" 이렇게 둘이 논쟁을 하며 온다면, "내가 보았어!"라고 이렇게 말하는 그를 우리는 신뢰한다.[1205] 그러한 바로 그 진실은[1206] 힘에 자리 잡고 있다. 생기가 바로 힘이다. 그것은[1207] 생기에 자리 잡고 있다.[1208] 그래서 힘이 진실보다 강한 것이라고 말들을 한

1198 샹카라에 의하면 "이것"은 '둥그런 것'에 머무는 인아(人我)다.

1199 샹카라에 의하면 "세상들의 저편(parorajāḥ)"은 '둥그런 것(日輪)'에 있는 인아(人我)가 "위에 위에서" 모든 세상들을 '군림(君臨)한 상태(ādhipatyabhāva)'로 비춘다. "위에 위에서"라고 반복하는 것은 모든 세상에 군림함을 나타내기 위한 의미다.

1200 기타프레스의 힌디 어 해석본에 의하면 "이것"은 가야뜨리의 이 네 번째 것인 보이는 발이다.

1201 샹카라에 의하면 여기서의 "이와 같이"는 '마치 태양(savitṛ)이 모든 것에 군림하는 형태로 영광(śrī)과 명성(yaśas)으로 빛나듯'이라는 의미다.

1202 샹카라에 의하면 "그러한 이 가야뜨리"는 '세 가지 세상(trailokya)', '세 가지 『베다』의 지식(traividya)', 그리고 생기의 형태들인 가야뜨리다.

1203 샹카라에 의하면 '형상이 있는 것(mūrta)'과 '형상이 없는 것(amūrta)'으로 구성된 세상인 세 발의 가야뜨리는 세 발과 더불어 태양(āditya)에 자리 잡고 있다. 태양은 형상이 있는 것과 형상이 없는 것의 '정수(精髓)가 되는 것(rasatva)'이기 때문이다.

1204 샹카라에 의하면 "그러한 바로 그것(tad vai tat)"은 '그 바로 네 번째 발(tad vai turīyaṁ padam)'이다. 동시에 발은 음보(音步)를 의미한다.

1205 샹카라에 의하면 듣는 자에게는 거짓된 들음(śravaṇa)이 가능하지만, 눈에는 거짓된 봄(darśana)이 없다. 그래서 진실에 이르게 하는 원인이기 때문에 눈이 진실이다. 그러한 진실인 눈에 다른 세 개의 발과 더불어 네 번째 발이 자리 잡고 있다는 의미다.

1206 샹카라에 의하면 "그러한 바로 그 진실(tad vai tat satyam)"은 네 번째 발이 의지하는 곳인 진실이다.

1207 샹카라에 의하면 "그것(tat)"은 진실을 의미한다.

1208 샹카라에 의하면 "생기"가 바로 힘(bala)이다. "생기"인 힘에 진실이 자리 잡고 있다.

다.[1209] 이처럼 이 가야뜨리는 몸에 관련된 것에 자리 잡고 있다.[1210] 그러한 이것은[1211] '가야'들을[1212] 보살핀다. 생기들이[1213] 바로 '가야'들이다. 그것은[1214] 생기들을 보호한다. '가야'들을 보호하는 것이기 때문에 그것은 가야뜨리라는 이름이다.[1215] 그가 가르쳐주는 그 태양의 운율은 바로 이것이다.[1216] 그가 가르쳐주는 그자의 생기들을 보호한다.[1217] 4

어떤 이들은 그 이 태양의 운율을 '아누스뚭'[1218]으로 가르친다.[1219]

1209 샹카라에 의하면 약한 것은 강한 것의 의지처가 되지 못하기 때문이다.

1210 샹카라에 의하면 "몸에 관련된 것"은 몸과 관련된 생기를 의미한다. 생기에 자리 잡고 있는 "이 가야뜨리"는 생기다. 그래서 세상이 가야뜨리에 자리 잡는다. 모든 신들, 모든 『베다』들, 모든 행위들과 행위의 결과는 생기 안에서 하나가 된다. 이처럼 가야뜨리는 생기의 형태가 되기 때문에 세상의 아(我)다.

1211 샹카라에 의하면 "그러한 이것(saiṣā)"은 가야뜨리다.

1212 "가야(gaya)"는 남성 명사로 '가야(gayā)라는 지역에 사는 사람, 부(富), 집, 가족, 가정, 자손, 자신의 처소' 등을 의미한다. 그러나 『우파니샤드』는 가야를 생기(生氣)라고 말한다.

1213 샹카라에 의하면 "생기들"은 언어를 비롯한 것들이다.

1214 "그것"은 가야뜨리를 의미한다.

1215 샹카라에 의하면 가야들을 보호하기(gayatrāṇa) 때문에 가야뜨리로 널리 알려져 있다.

1216 샹카라에 의하면 "그(saḥ)"는 스승을 의미한다. 스승이 여덟 살 난 아이를 입문시켜 '태양신과 관련된 것(savitṛdevatākā)'인 '태양의 운율(sāvitrī)'을, 즉 가야뜨리를 단어별로, 시구를 절반씩 나누어, 그리고 전체적으로 가르쳐 준다. 바로 이렇게 어린이(māṇavaka)에게 스승이 건네주는 것인, '직접적인 생기(sākṣātprāṇa)'인 세상의 아가 지금 설해진 것이지, 다른 것이 설해진 것이 아니다.

1217 샹카라에 의하면 "그"는 스승을 의미한다. 스승이 가르쳐주는 어린이, 그 어린이의 가야들, 즉 생기들을 나락(奈落)에 떨어지는 것으로부터 보호한다. 가야뜨리가 보호한다는 의미다.

1218 "아누스뚭(Anuṣṭubh)"은 여덟 개의 음절이 한 개의 음보를 이루는 사 음보(音步) 삼십이 음절(音節)의 운율이다. 또한 아누스뚭은 여성 명사로 '언어, 언어와 예술의 여신인 싸라쓰와띠(Sarasvatī)' 등을 의미하기도 한다. 예를 들면 『리그베다』 5장 82번 찬가의 첫 번째 만뜨라가 아누스뚭 운율이며 다음과 같다. "tatsaviturvṛṇīmahe vayaṁ devasya bhojanam, śreṣṭhaṁ sarvadhātamaṁ turaṁ bhagasya dhīmahi." 이 만뜨라는 '따뜨/싸/비/뚜르/브리/니/마/헤(tatsaviturvṛṇīmahe, 태양의 그것을 원하노라)' 이렇게 여덟 개의 음절로 된 한 음보, '와/얌/데/바/쓰야/보/자/남(vayaṁ devasya bhojanam, 우리는 빛나는 신의 음식을)'

"언어가 '아누스뚭'이다, 이 언어를 우리는 가르친다." 이렇게.[1220] 그러지 말아야 한다. 바로 '가야뜨리'를 태양의 운율이라고 가르쳐야 한다.[1221] 만일 이렇게 아는 이가[1222] 많은 듯이 받는다 하여도 그것은 '가야뜨리'의 한 발에조차 미치지 못한다. 5

그가 이 가득한[1223] 세 개의 세상들을 받는다 하여도, 그것은 이것의 이 첫 번째 발을 얻는 것이다.[1224] 이제 세 개의 지식만큼 그만큼을 모두 받는 이라 하여도, 그는 이것의 이 두 번째 발을 얻는 것이다. 이제 이 생

이렇게 여덟 개의 음절로 된 한 음보, '스레/스/탐/싸르/바/다/따/맘(śreṣṭhaṁ sarvadhātamaṁ, 더할 바 없는 모든 활력을 주는 최고의 것을)' 이렇게 여덟 개의 음절로 된 한 음보, '뚜/람/바/가/쓰야/디/마/히(turaṁ bhagasya dhīmahi, 태양의 힘을 명상하노라)' 이렇게 여덟 개의 음절로 된 한 음보, 즉 사 음보 삼십이 음절의 운율인 아누스뚭이다. 기타프레스의 힌디 어 해석본에 따르면, 만뜨라의 내용을 통해 알 수 있듯이 아누스뚭 운율의 신도 가야뜨리의 신과 마찬가지로 태양이다. 그래서 어떤 사람들은 아누스뚭을 '태양의 운율'이라고 말한다.

1219 샹카라에 의하면 일부 학파의 사람들은 그 이 '태양의 운율'을 '입문하는 아이(upanīta)'에게 아누스뚭 운율로 된 것으로 가르친다. 가야뜨리 운율로 된 태양의 운율을 입문하는 아이에게 가르쳐 주는 것이 아니라 아누스뚭 운율로 된 태양의 운율을 가르쳐 준다는 의미다.

1220 샹카라에 의하면 "언어가 아누스뚭이다." 그리고 언어는 몸 안에 있는 싸라쓰와띠다. 언어인 그 싸라쓰와띠를 우리는 어린이에게 가르친다고 그들은 말한다. 싸라쓰와띠는 여성 명사로 '언어와 학문의 여신이며 창조의 신인 브라흐마의 아내, 언어, 강, 강의 이름, 암소, 탁월한 여인, 쏘마 식물' 등을 의미한다. 싸라쓰와띠는 불경에서 '변(辯), 변재(辯才), 변천(辯天), 변천신(辯天神), 변재천녀(辯才天女), 묘음(妙音)' 등으로 한역된다.

1221 샹카라에 의하면 생기가 가야뜨리다. 생기가 말해지면, 언어, 싸라쓰와띠, 그리고 다른 생기들 모두가 어린이에게 건네어진다.

1222 샹카라에 의하면 "아는 이(vid)"는 '가야뜨리를 아는 이(gāyatrīvid)'다.

1223 샹카라에 의하면 "가득한(pūrṇa)" 세 개의 세상들은 소와 말을 비롯한 재산으로 가득한 땅 등의 세상들이란 의미다. 땅, 허공, 하늘이 세 개의 세상이다.

1224 샹카라에 의하면 가야뜨리의 "첫 번째 발"에 대한 '앎의 결과(vijñānaphala)'를 누리는 것이다. 나머지 부분들도 동일한 해석의 틀이다.

명체만큼 그만큼을 받는 이라 하여도, 그는 이것의 세 번째 발을 얻는 것이다. 이제 이 빛나는 것은[1225] 이것의 이 네 번째의 것, 보이는 발, 세상의 저편이다. 그 누구에 의해서도 얻을 수 없는 것이다. 도대체 어디서 이만큼을 받을 수 있겠는가? 6

그에 대한 예경이다.[1226]

"가야뜨리여, 그대는 한 발, 두 발, 세 발, 네 발이 있네.[1227]
그대는 발이 없네, 자취가 없기 때문이라네.[1228]
네 번째의 것에, 보이는 발에, 세상의 저편에, 그대에게 머리 숙이네!
그가 그걸 이루지 않기 바라네!"[1229]

증오하는 자라면, 그에 대해 '그가 이에게 욕망이 성취되지 말기 바라네!' 이렇게, 그러면 이자에게 그 욕망이 이루어지지 않는다. 혹은 위해서

1225 "이 빛나는 것"은 일륜(日輪) 안에 있는 인아(人我)다.

1226 샹카라에 의하면 "예경(禮敬)"의 원어인 우빠쓰타나(upasthāna)는 가까이 가 머무는 것이다. 이 만뜨라로 '예경하는 것(namaskaraṇa)'이다.

1227 샹카라에 의하면 '세 가지 세상'이란 발에 의해 한 발을 가진 것, 두 번째로 '세 가지 지식(trayīvidyā)'이란 발에 의해 두 발을 가진 것, 세 번째로 생기 등에 의해 세 발을 가진 것, 네 번째로 '네 번째의 것'에 의해 네 발을 가진 것이다. 이처럼 가야뜨리는 명상하는 자들에 의해서 이 네 개의 발들을 통해 알려진다. '세 가지 세상(trailokya)'은 땅, 허공, 하늘이다. '세 가지 지식'은 『리그베다』, 『야주르베다』, 『싸마베다』의 지식이다. 생기 등은 생기(生氣), 하기(下氣), 편기(遍氣)다.

1228 샹카라에 의하면 최고의 '조건 지어지지 않은 것(nirupādhika)'인 자신의 아(我)에 의해서 발이 없는 것이다. '이렇게는 아니다! 이렇게는 아니다!'라는 아성(我性)에 의해서 알려지는 자취(pada)가 없기 때문에 발이 없는 것이다.

1229 샹카라에 의하면 여기까지가 만뜨라다. "그가(asau)"는 그대에게 이르는 것을 가로막는 적인 죄다. "그걸(adas)"은 그대에게 이르는 것을 가로막음인 결과다. '나를 용서하여, 그 나의 적과 같은 죄악이 내가 그대에게 도달함을 가로막는 것, 그걸 이루어지지 않게 하소서!'라는 의미다.

이처럼 예배하는 이에게는, '내가 그걸 이루기 바라네!' 이렇게.[1230] 7

그 위데하의 왕 자나까가 '부딜라 아스와따라스위'[1231]에게 말했다.

"만일 그 가야뜨리를 아는 자라고 그대가 말했다면, 어찌하여 그대는 코끼리가 되어 짐을 나르는가?"[1232]

"황제 폐하, 이것의[1233] 입을 알지 못했습니다!" 이렇게 대답했다.

"불이 바로 그것의[1234] 입이오. 만일, 불에 많은 듯이 놓는다 해도 그 모든 것을 태워 버리오. 바로 이처럼 이와 같이 아는 이는 비록 많은 것 같은 죄를 짓는다 해도, 그 모든 것을 먹어 치워 청정하고, 정화되고, 늙

1230 샹카라에 의하면 누군가를 증오하거나 누군가가 잘되길 바라는 예배 방법이다. "그가"는 적인 아무개라는 이름이다. 즉 적의 이름을 '그'의 자리에 놓는다. "이에게(asmai)"도 적의 이름이다. 즉 적의 이름을 '이'의 자리에 놓는다. 그렇게 명상을 하면 그 이름을 가진 적에게 욕망이 성취되지 않는다. 그러나 그를 위해 예배하는 거라면, "그걸"의 자리에 자신이 위하는 사람의 이름과 '목적하는 것(abhipreta)'이란 말을 함께 놓는다. '그가', '그걸', '이루지 않기 바라네(mā prāpat).' 이렇게 세 개는 만뜨라에 있어서 자신이 원하는 대로 선택할 수 있는 것들이다. 예를 들면, 자신의 원수인 아무개에게 대해 '아무개가, 아무개에게 욕망이 성취되지 마라!'라고 명상하며 만뜨라를 외우면 아무개가 원하는 바가 이루어지지 않는다. 그리고 자신이 잘되기를 바라는 사람인 아무개에게 대해 '나는 아무개의 목적을 이루리라!'라고 명상하며 만뜨라를 외우면 아무개가 원하는 바가 이루어진다. '그가', '그걸', '이루지 않기 바라네.' 이렇게 세 개는 만뜨라에 있어서 자신이 원하는 대로 선택할 수 있는 것들이라는 것은 만뜨라의 마지막 부분인 "그가 그걸 이루지 않기 바라네(asāvado mā prāpat)!"에서도 이 부분들이 선택적인 부분이라는 뜻이다. '이루지 않기 바라네'는 '이루기 바라네'라고 선택할 수도 있다. 이처럼 예배의 방법은 누군가를 저주하거나 누군가가 잘되기를 바라는 두 가지가 있다. 전자를 아비짜리까(abhicārika), 후자를 아비우다이까(abhyudayika)라고 부른다.

1231 샹카라에 의하면 "부딜라(Buḍila)"는 이름이며, "아스와따라스위(Aśvatarāśvi)"는 아스와따라스와(Aśvatarāśva)의 아들이란 의미다.

1232 샹카라에 의하면 만일 "가야뜨리를 아는 자"라면, 어떻게 죄를 얻어 "코끼리가 되어 짐을 나르는가"라는 의미다.

1233 샹카라에 의하면 "이것"은 가야뜨리를 의미한다.

1234 샹카라에 의하면 "그것"은 가야뜨리를 의미한다.

지 않고, 죽지 않게 되오!"[1235] 8

열다섯 번째 절[1236]

진리의 얼굴이 황금 그릇에 덮여 있네![1237]
뿌샨[1238]이여,
진리의 법을[1239] 보게
그대여 그것을 거두려무나.[1240]

뿌샨[1241]이여, 일선一仙[1242]이여, 염라閻羅[1243]여, 태양[1244]이여, 조물주造

1235 샹카라에 의하면 자나까가 '부딜라 아스와따라스위'에게 들려주는 말이다.

1236 열다섯 번째 절은 전체가 『이샤 우파니샤드』 15~18번 만뜨라들과 동일하다.

1237 샹카라에 의하면 "황금 그릇"은 빛나는 그릇이다. 얼굴은 '본모습'이다. 진리라는 이름의 브라흐만은 마음(cetas)이 삼매에 들지 않은 사람들에게는 보이지 않기 때문에 빛나는 둥근 것에 덮인 것 같다.

1238 "뿌샨(Pūṣan)"은 이 낱말의 주격 단수 형태를 사용해서 뿌샤(Pūṣā)라고도 부른다. '풍성하게 하다, 양육하다' 등의 의미를 지닌 어근 '뿌스(pūṣ)'에서 파생된 낱말로 남성 명사로 '세상의 보호자, 태양, 땅' 등을 의미한다. 『니루끄따(*Nirukta*)』(12. 10)에 의하면 '풍성한 햇살들로 풍성하게 하기 때문에 뿌샨이다.' 뿌샨은 태양신이며, 가축을 보호하고 길을 수호하는 신격으로 영혼을 조상들의 세계로 안내하는 역할을 하기도 한다. 하리끄리스나다싸 고얀다까에 의하면 여기서 "뿌샨"은 모두를 기르고 양육하는 '지고의 자재자'를 의미한다.

1239 막스 뮐러는 "진리의 법(satyadharma)"을 '진실의 본질(the nature of the true)'이라고 해석한다. 라다크리슈난은 '진리를 사랑하는 나(I who love the truth)'라고 번역한다.

1240 샹카라에 의하면 '태양의 둥근 원(ādityamaṇḍala)'에 머무는 진리인 브라흐만의 얼굴, 즉 브라흐마의 문(門, dvāra)은 빛으로 만들어진 덮개로 덮여 있다. 그대인 진리에 대한 명상을 통해서 진리를 속성으로 가진 바로 그러한 나를 위해서 혹은 그대의 '진리의 아'를 얻기 위해 그대인 뿌샨은 '그 문을 젖혀라'라는 의미다.

1241 샹카라에 의하면 세상을 양육(poṣaṇa)하기 때문에 "뿌샨"은 태양(ravi)이다.

1242 "일선"의 원어는 에까르쉬(ekarṣi)다. 에까르쉬에서 '에까(eka)'는 '하나, 유일, 으뜸' 등을 의미하며, '르쉬(ṛṣi)'는 『베다』 찬가를 지은 선인(仙人)을 뜻한다. 따라서 에까르쉬는 '유일한 선인, 으뜸 선인'이란 의미다. 태양을 부르는 말이다. 샹카라에 의하면 에까르

物主의 아들[1245]이여,

햇살들을 가지런히 하여 빛을 모아라!

지복至福의[1246] 그대의 모습,

쉬는 한(eka) 르쉬(선인)다. '보기(darśana)' 때문에 '르쉬(선인)'다. 왜냐하면 태양은 모든 세상의 아(我)와 눈이 되어 보기 때문이다. 혹은 하나가 가기 때문에 에까르쉬다. 즉 샹카라는 '르쉬'를 '보다, 알다'라는 의미를 지닌 어근 '드리스(dṛś)', 혹은 '가다, 죽이다, 해치다, 꿰찌르다, 밀다, 흐르다, 미끄러지다' 등의 의미를 지닌 '리스(ṛṣ)'에서 파생된 것으로 본다.

1243 "염라"의 원어는 야마(Yama)다. 야마는 도덕의 신이며 선한 일을 한 이들이 사후에 즐기는 세상의 왕이다. 태양신 가운데 하나로 석양에서 다음 날 아침에 해가 뜨기까지의 태양이다. 이곳에서는 문맥으로 보아 석양의 신을 뜻한다. 야마는 불경에서 '염라, 염마(閻摩)' 등으로 음사된다. 불교에서는 지옥의 왕인 무서운 존재로 나타나지만, 『베다』 문헌에서는 일종의 천국의 왕에 해당되는 존재다. 샹카라에 의하면 세상을 제어하기(saṁyamana) 때문에 야마다.

1244 "태양"의 원어는 쑤르야(sūrya)다. 쑤르야는 『니루끄따』(12. 9)에 의하면 '가다'를 의미하는 어근 '쓰리(sṛ)', '보내다, 일을 붙이다' 등을 의미하는 어근 '수(ṣū)', '잘, 좋게, 아름답게' 등을 의미하는 접두어 '쑤(su)'에 '가다, 흔들리다' 등을 의미하는 어근 '이르(īr)'가 결합하여 파생된 낱말로 떠오르는 태양이다. 샹카라에 의하면 "태양"은 정수(精髓)들을, 햇살(raśmi)들을, 생기들을, 지혜들을 지상으로 잘(suṣṭhu) 보내 준다(īryate). 그래서 쑤르야다.

1245 "조물주의 아들"의 원어는 쁘라자빠따(prajāpatya)다. 샹카라에 의하면 쁘자라빠따는 쁘라자빠띠, 즉 자재자의 아들, 혹은 히란야가르바(黃金子宮, 金胎)의 아들이다. 쁘라자빠띠는 '생겨난 것, 백성(prajā)'의 '주인, 보호자(pati)'이며 조물주인 브라흐마를 의미한다. 불경에서 쁘라자빠띠는 '생주(生主), 중생주(衆生主), 세주(世主), 세간주(世間主), 세계주(世界主), 구류주(九類主), 범천(梵天), 범왕(梵王), 범천왕(梵天王), 유신천(有信天)' 등으로 한역된다.

1246 "지복"의 원어는 깔야나따마(kalyāṇatama)다. 깔야나따마는 형용사로 '축복 받은, 행복한, 운 좋은, 아름다운, 사랑스러운, 탁월한, 상서로운, 좋은, 진짜' 등을 의미하는 깔야나(kalyāṇa)의 최상급 형태다. 깔야나는 중성 명사로 '행운, 행복, 선(善), 축제, 황금, 천국' 등을 의미하며 여성 명사로는 '암소, 성스러운 암소, 어린 암소' 등을 의미한다. 불경에서 깔야나는 '선(善), 현선(賢善), 친선(親善), 진선(眞善), 선승(善勝), 정진(正眞), 진실(眞實), 정(淨), 묘(妙), 미묘(微妙), 묘선(妙善), 덕(德), 행복(幸福), 번영(繁榮), 제(祭), 선지식(善知識)' 등으로 한역된다. 샹카라에 의하면 깔야나따마는 '지극히 아름다운, 좋은, 상서로운(atyantaśobhana)'을 의미한다.

나는 그대의 그걸 보리라!

저기, 저 사람,[1247] 그건 바로 나![1248]

숨결은[1249] 바람으로[1250] 불사不死로,

이 몸은 재가 되어 끝나고,

옴ॐ[1251], 지성知性[1252]이여, 기억하라, 행한 것을[1253] 기억하라,

1247 "사람"의 원어는 뿌루샤(puruṣa)다. 뿌루샤는 남성 명사로 '남자, 사람, 신하, 지고의 존재, 우주적인 영혼, 개별적인 영혼, 우주의 근원인 영혼, 눈동자' 등을 의미한다. 불경에서 뿌루샤는 '인(人), 인자(人者), 남(男), 남자(男子), 장부(丈夫), 사부(士夫), 사(士), 대사(大士), 아(我), 인아(人我)' 등으로 한역된다. 샹카라에 의하면 '사람의 형태인 것(puruṣākāratva)'이기 때문에 뿌루샤다. 혹은 이 '생기인 지성의 아(prāṇabuddhyāman)'에 의해서 모든 세상은 가득하다(pūrṇa). 그래서 뿌루샤다. 혹은 몸(pur)에 깃들기(śayana) 때문에 뿌루샤다.

1248 샹카라에 의하면 저 사람의 "저"는 '부르부바하 쓰와하(bhūrbhuvaḥ svaḥ)'라는 소리의 부분인 사람, 사람의 형태를 지닌 것이기에 사람이라고 한다. 그가 "나"다.

1249 "숨결"의 원어는 와유(vāyu)다. 와유는 남성 명사로 '바람, 바람의 신, 다섯 가지 생기(生氣), 숨결, 호흡' 등을 의미한다. 샹카라에 의하면 여기서 와유는 생기를 의미한다. 막스 뮐러는 와유를 '숨(breath)'이라고 번역한다. 라다크리슈난은 '생명(life)'이라고 번역한다.

1250 "바람"의 원어는 아닐라(anila)다. 아닐라는 '바람, 바람의 신' 등을 의미한다. 마흔아홉의 아닐라가 존재한다. 『리그베다』(10. 16. 3)에 따르면 "눈은 태양으로 가고, 영혼은 바람으로 간다." 샹카라에 의하면 생기(生氣)가 '몸과 관련된 한계(adhyātmaparicchedа)'를 버리고 '신과 관련된 아(adhidaivatātman)', '모든 것의 아가 되는 것(sarvātmaka)', 불사, '실의 아(sūtrātman)'로 되라는 의미다.

1251 "옴"의 의미는 먼저 브라흐마나 문헌에 따르면 모든 것에 퍼진다는 의미를 담고 있으며, 브라흐마의 큰 아들이며, 마음이며, 신들의 왕인 인드라이며, 태양이며, 천상계이며, 진리요, 생명의 정수로, 생명의 원천인 물을 담고 있는 것이다. 『우파니샤드』 문헌에 따르면 "옴"의 의미는 보다 구체적으로 불멸, 과거와 현재 그리고 미래를 동시에 포함하며 아울러 시간을 초월한 존재, 지고의 영혼인 브라흐만이 소리로 현현된 것, 이 세상 모든 것, 접신을 이루게 하는 주문(呪文)이다. 요가 문헌에 따르면 "옴"은 고통과 행위와 행위의 결과와 욕망들로부터 완전히 결별된 특별한 영혼인 절대자를 의미하며, 옴을 염송(念誦)함으로써 절대자의 의미가 환기된다. 또한 "옴"은 상주함이요, 청정함이요, 깨달음이요, 불변함이요, 집착이 없음이요, 드러나지 않음이요, 시작과 끝이 없음이요,

지성이여, 기억하라, 행한 것을 기억하라!

아그니[1254]여, 지복至福을[1255] 위해 우리를 좋은 길로[1256] 인도하라.[1257]
신이여, 모든 움직임을[1258] 헤아려[1259]

하나요, 네 번째요, 과거요 현재요 미래요, 변함이요, 늘 단절되지 않음이요, 지고의 브라흐만이다. 불경에서 "옴"은 '극찬(極讚)'으로 한역되며, '봉(蓬), 엄(唵)' 등으로 음사된다. 『진언집』에 따르면 "옴"은 '일체 진언의 어머니(一切眞言之母)'다. 샹카라에 의하면 여기서 옴은 불(火)이라고 이름하는 '실재의 아성(實在我性, satyātmaka)'인 브라흐만을 의미한다.

1252 "지성"의 원어는 끄라뚜(kratu)다. 끄라뚜는 '제사(祭祀), 우주를 보호하고 유지 육성하는 신인 위스누, 지성, 힘, 능력, 의지, 결정, 계획, 적합, 영감(靈感), 봉헌(奉獻), 예배, 숭배, 말을 제물로 삼아 지내는 제사인 마제(馬祭, aśvamedhayajña)' 등을 의미하는 낱말이다. 불경에서 끄라뚜는 '사사(祠祀), 공시(供施)' 등으로 한역된다. 샹카라에 의하면 끄라뚜는 '의지의 아인 것(意志我, saṁkalpātmaka)'을 의미한다. '마음이 주를 이루는 것(manomayatva)'이기 때문에 끄라뚜다. 막스 뮐러는 끄라뚜를 '마음(mind)'이라고 번역한다.

1253 샹카라에 의하면 "행한 것(kṛta)"은 어린 시절부터 행한 행위다.

1254 "아그니(agni)"는 불의 신이다. 신과 인간의 세계를 연결시키는 역할을 한다.

1255 여기서 "지복"의 원어는 라이(rai)다. 라이는 남성 명사로 '부(富), 황금, 소리' 등을 의미한다. 샹카라에 의하면 라이는 재산(dhana)이며, '행위의 결과를 누리는 것(karmaphalabhoga)'을 의미한다. 막스 뮐러는 라이를 '(지복인) 부[wealth(beatitude)]'라고 번역한다. 라다크리슈난은 '번영(prosperity)'이라고 번역한다.

1256 샹카라에 의하면 "좋은 길(supath)"은 '남쪽 길(dakṣiṇamārga)'을 벗어난다는 의미다. '오고 감을 특징으로 하는 남쪽 길을 나는 혐오하니, 오고 감이 없는 상서로운 길로 데려가 달라고 그대에게 거듭거듭 요청한다'는 의미다. '남쪽 길'은 일 년 중 태양이 적도 아래로 남행하는 여섯 달 동안이다. 영혼이 태양이 남행하는 이 길을 따라가면 해탈에 이르지 못하고 태어나고 죽음, 즉 오고 감을 거듭하는 윤회를 벗어나지 못한다.

1257 샹카라에 의하면 행위의 결과인 재산을 얻기 위해 좋은 길로 "인도하라"는 의미다. 다시 돌아오는 것과 관련된 어두운 길인 남쪽 길이 아니라, 밝은 길인 좋은 길로 우리를 인도하라는 뜻이다.

1258 "움직임"의 원어는 와유나(vayuna)다. 와유나는 '가다, 움직이다' 등을 의미하는 어근 '와이(vay)'에서 파생된 중성 명사로 '지식, 지혜, 지각 기능, 사원(寺院), 규범, 관습, 행위' 등을 의미한다. 샹카라에 의하면 와유나는 행위 혹은 앎이다. 막스 뮐러는 와유나를 '사물(thing)'이라고 번역한다. 라다크리슈난은 '행위(deed)'라고 번역한다.

1259 샹카라에 의하면 '신이여, 그대는 모든 생명체들의 모든 생각(prajñāna)들을 아는 자이다'라는 의미다. 마음의 모든 움직임들을 아는 자라는 뜻이다. "신이여, 모든 움직임

그릇되게 하는 우리 잘못을 사하여라.
그대에게 예경의 말을 우리 한껏 바치노라![1260] 1

여섯 번째 장

첫 번째 절[1261]

옴ॐ, 가장 맏이인 것과 가장 탁월한 것을 아는 자, 그는 친지들 가운데 가장 맏이가 되고, 가장 탁월한 자가 된다. 생기가 바로 가장 맏이인 것이고 가장 탁월한 것이다.[1262] 이와 같이 아는 자는 친지들 가운데, 그리고 되기를 원하는 사람들 가운데 가장 맏이가 되고, 가장 탁월한 자가 된다. 1

가장 최고 부자를[1263] 아는 자, 그는 친지들 가운데 가장 최고 부자

을 헤아려(viśvāni deva vayunāni vidvān)"를 막스 뮐러는 '모든 것들을 알고 있는 신이여!'라고 번역한다. 라다크리슈난은 '우리의 모든 행위들을 알고 있는 신이여!'라고 번역한다. 그러나 샹카라에 의하면 '신이여, 모든 행위들 혹은 앎들을 알면서'라는 뜻이 된다.

1260 샹카라에 의하면 지금 우리는 그대에게 봉사(奉事, paricaryā)를 할 수 없기 때문에 "예경의 말(namokti)", 즉 경례(敬禮, namaskāra)로 봉사를 행한다는 의미다.

1261 첫 번째 절은『찬도그야 우파니샤드』다섯 번째 장 첫 번째 절과 거의 유사하다.

1262 샹카라에 의하면 "가장 맏이인 것(jyeṣṭha)"은 나이에 있어서 첫 번째, "가장 탁월한 것(śreṣṭha)"은 특질(guṇa)들이 가장 뛰어난 것을 의미한다. 어느 집안에 첫째가 특질들이 없어서 가장 탁월한 자가 아닐 수도 있다. 또한 둘째나 셋째가 특질들이 있어서 가장 탁월한 자가 될 수는 있으나 첫째는 될 수가 없다. 그러나 "생기"는 첫째이면서 동시에 가장 탁월한 것이다. 수태한 이후부터 생기가 모태(garbha)를 키운다. 눈을 비롯한 것들은 생기의 작용을 얻은 이후에 활동을 얻게 된다. 따라서 생기가 맏이다.

1263 "가장 최고 부자"의 원어는 와씨쓰타(vasiṣṭhā)다. 샹카라에 의하면 와씨쓰타는 여성명사로 가장 최고로 거주하게 하고, 거주하는 것이다. 언어에 유창한 사람이 부자가 되어 가장 최고로 거주하기 때문이다. 혹은 '덮다'는 의미를 가진 어근 '와쓰(vas)'에서 와

가 된다. 언어가 바로 가장 최고 부자다.[1264] 이와 같이 아는 자는 친지들 가운데, 그리고 되기를 원하는 사람들 가운데 가장 최고 부자가 된다. 2

'잘 자리 잡는 것'을 아는 자, 그는 평탄한 곳에 잘 자리 잡는다, 거친 곳에[1265] 잘 자리 잡는다. 눈이 바로 잘 자리 잡는 것이다.[1266] 눈으로 평탄한 곳과 거친 곳에 잘 자리 잡기 때문이다. 이와 같이 아는 이는 평탄한 곳과 거친 곳에 잘 자리 잡는다. 3

'제대로 이루게 하는 것'을[1267] 아는 자, 그에게 욕망하는 것이 제대로 이루어진다. 귀가 바로 제대로 이루게 하는 것이다.[1268] 귀에 이 모든 베다들이 가득 채워지기 때문이다. 이와 같이 아는 자에게는 욕망하는 것이 제대로 이루어진다. 4

씨쓰타는 파생된 것이다. 언어에 유창한 사람은 말로 다른 이들을 제압하기 때문이다. 『찬도그야 우파니샤드』 다섯 번째 장 첫 번째 절 두 번째 만뜨라에서는 여성 명사가 아닌 남성 명사 와씨스타가 나온다. 의미는 마찬가지다.

1264 샹카라에 의하면 '말 잘하는 사람들이 다른 사람들을 제압하고, 가장 부자들이다. 따라서 언어가 가장 최고 부자다.'

1265 샹카라에 의하면 "평탄한 곳(sama)"은 시간(kāla)과 공간(deśa)이 평탄한 곳이다. "거친 곳(durga)"은 접근하기 힘든 공간과 기근(饑饉, durbhikṣā) 등의 시간을 의미한다.

1266 샹카라에 의하면 눈으로 보면서 평평한 곳과 울퉁불퉁한 곳에 자리 잡기 때문이다. 그래서 "눈이 바로 잘 자리 잡는 것(pratiṣṭhā)"이다.

1267 "제대로 이루게 하는 것"의 원어는 쌈빠드(saṁpad)다. 쌈빠드는 여성 명사로 '재산, 부, 풍요, 행운, 성공, 욕망의 성취, 보물, 이익, 장식, 옳은 방법, 진주 목걸이' 등을 의미한다. 샹카라에 의하면 여기서 쌈빠드는 '쌈빠드의 특질을 지닌 것(saṁpadguṇayukta)'을 뜻한다.

1268 샹카라에 의하면 귀가 있어야만 모든 『베다』를 습득할 수가 있다. 왜냐하면 귀가 있는 사람이 학습할 수 있기 때문이다. 그리고 향수(享受)는 『베다』에 규정된 행위에 종속되기 때문이다. 따라서 귀가 "제대로 이루게 하는 것"이다. 고대 인도의 학습 방법은 문자를 통해 지식이 전달되는 것이 아니라, 스승이 구술하는 것을 귀로 듣고 암기하는 것이다.

의지할 곳을[1269] 아는 자는 친지들과 사람들의 의지가 된다.[1270] 마음이 의지할 곳이다.[1271] 이와 같이 아는 자는 친지들과 사람들의 의지가 된다. 5

생식生殖을[1272] 아는 자는 자손과 가축들로 풍성해진다. 정액이[1273] 생식이다. 이와 같이 아는 자는 자손과 가축들로 풍성해진다. 6

그러한 이 생기들이[1274] "내가 최고다!"[1275]라고 논쟁을 하며 브라흐만에게[1276] 갔다. 그들은 그에게 물었다.

"우리 가운데 누가 가장 최고입니까?"

그가 대답했다.

"너희 가운데 누군가 빠져 나가 이 몸이 가장 나쁘게 여겨지면, 그가

1269 "의지할 곳"의 원어는 아야따나(āyatana)다. 아야따나는 중성 명사로 '장소, 처소, 집, 성화(聖火)를 놓는 곳, 제단, 성소(聖所), 집터, 질병의 원인, 대지(垈地)' 등을 의미하며, 불경에서는 '처(處), 입(入), 입처(入處)' 등으로 한역된다. 샹카라에 의하면 아야따나는 의지처(依支處)다.

1270 샹카라에 의하면 친지들과 다른 사람들의 의지처가 된다는 의미다.

1271 샹카라에 의하면 마음은 향수자들에게 있어서 지각 기관이 제공한 대상들의 인식 형태의 '의지할 곳', 즉 의지처다.

1272 "생식"의 원어는 쁘라자띠(prajāti)다. 쁘라자띠는 여성 명사로 '생식, 번식, 출산, 생식력, 산고' 등을 의미한다. 기타프레스의 힌디 어 해석본은 쁘라자띠를 '쁘라자빠띠'라고 해석한다.

1273 샹카라에 의하면 "정액(精液)"은 생식기(prajananendriya)를 의미한다.

1274 "그러한 이 생기들(te heme prāṇāḥ)"은 앞에서 언급한 생기, 언어, 눈, 귀, 마음 등을 뜻한다.

1275 "최고"의 원어는 와씨스타(vasiṣṭha)다. 와씨스타는 형용사로 '가장 탁월한, 최고, 가장 부유한' 등을 의미하고, 남성 명사로는 '선인(仙人)의 이름'을 의미한다. 막스 뮐러는 와씨스타를 '가장 부유한 자(the richest)'라고 번역한다. 라다크리슈난은 '가장 탁월한 자(the most excellent)'라고 번역한다.

1276 샹카라에 의하면 여기서 "브라흐만"은 쁘라자빠띠를 의미한다.

너희 중에서 가장 최고다." 7

언어가 빠져 나갔다. 그녀는 일 년을 밖에서 지낸 후에 와서 말했다.

"어떠니? 나 없이 어떻게 살 수 있었니?"

그들은 대답했다.

"벙어리들처럼 언어로[1277] 말을 하지 않으면서, 생기로 숨을 쉬면서, 눈으로 보면서, 귀로 들으면서, 마음으로 알면서, 정액으로 자식을 낳으면서, 우린 이렇게 살 수 있었어!"

그러자 언어는 바로 들어갔다.[1278] 8

눈이 빠져 나갔다. 그는 일 년을 밖에서 지낸 후에 와서 말했다.

"어떤가? 나 없이 어떻게 살 수 있었는가?"

그들은 대답했다.

"장님들처럼 눈으로 보지 않으면서, 생기로 숨을 쉬면서, 언어로 말하면서, 귀로 들으면서, 마음으로 알면서, 정액으로 자식을 낳으면서, 우린 이렇게 살 수 있었어!"

그러자 눈은 바로 들어갔다. 9

귀가 빠져 나갔다. 그는 일 년을 밖에서 지낸 후에 와서 말했다.

"어떤가? 나 없이 어떻게 살 수 있었는가?"

그들은 대답했다.

"귀머거리들처럼 귀로 듣지 않으면서, 생기로 숨을 쉬면서, 언어로 말

1277 여기서 "언어"는 발음 기관, 즉 입을 의미한다. 나머지의 경우도 마찬가지다.

1278 자신이 가장 탁월한 것이 아님을 알고는 다시 몸으로 들어갔다는 뜻이다.

하면서, 눈으로 보면서, 마음으로 알면서, 정액으로 자식을 낳으면서, 우린 이렇게 살 수 있었어!"

그러자 귀는 바로 들어갔다. 10

마음이 빠져 나갔다. 그는 일 년을 밖에서 지낸 후에 와서 말했다.

"어떤가? 나 없이 어떻게 살 수 있었는가?"

그들은 대답했다.

"마치 바보들처럼 마음으로 알지 못하면서, 생기로 숨을 쉬면서, 언어로 말하면서, 눈으로 보면서, 귀로 들으면서, 정액으로 자식을 낳으면서, 우린 이렇게 살 수 있었어!"

그러자 마음은 바로 들어갔다. 11

정액이 빠져 나갔다. 그는 일 년을 밖에서 지낸 후에 와서 말했다.

"어떤가? 나 없이 어떻게 살 수 있었는가?"

그들은 대답했다.

"마치 고자들처럼 정액으로 자식을 낳지 않으면서, 생기로 숨을 쉬면서, 언어로 말하면서, 눈으로 보면서, 귀로 들으면서, 마음으로 알면서, 우린 이렇게 살 수 있었어!"

그러자 정액은 바로 들어갔다. 12

그러자 이제 생기가[1279] 빠져 나가려고 했다. 그는 마치 씬두[1280] 지방

1279 샹카라에 의하면 우두머리(mukhya)인 "생기"다. 입의 생기라고 번역할 수도 있다.
1280 "씬두(Sindhu)" 지방은 옛날부터 명마의 고장으로 이름난 지역이다. 씬두는 남성 명사로 '바다, 인더스 강, 인더스 강 유역, 코끼리' 등을 의미하고, 여성 명사로는 '강, 큰 강, 씬두 강' 등을 의미한다. 씬두는 불경에서 '천축(天竺), 신독(身毒), 신두(辛頭), 신도(信

의 큰 명마名馬가 발을 묶은 말뚝들을 모두 걷어내 버리듯이, 바로 이렇게 이 생기들을[1281] 걷어내 버렸다. 그러자 그들은 말했다.

"존경스런 분이시여, 떠나지 마소서. 당신이 없이 저희는 살 수가 없습니다!"

"그러하면, 그대들은 내게 공물供物을 바치시오!"

"그러겠습니다!" 13

언어인 그녀가 말했다. "제가 가장 최고 부자라는 것, 그 가장 최고 부자라는 것은 당신이십니다!"[1282] "제가 잘 자리 잡는 자라는 것, 그 잘 자리 잡는 자라는 것은 당신이십니다." 이렇게 눈이, "제가 제대로 이루게 하는 자라는 것, 그 제대로 이루게 하는 자라는 것은 당신이십니다." 이렇게 귀가, "제가 의지할 곳이라는 것, 그 의지할 곳은 당신이십니다." 이렇게 마음이, "제가 생식生殖이라는 것, 그 생식이라는 것은 당신이십니다." 이렇게 정액이 말했다.

"그러한 나의 곡식은 무엇이며, 옷은 무엇이오?"

"멍멍이들, 버리지들, 곤충과 새들에 이르기까지 이 그 무엇이든 당신의 곡식이고, 물이 옷입니다."[1283]

이와 같이 숨의[1284] 이 곡식을 아는 사람은 곡식이 아닌 것을 먹은

度), 현두(賢豆), 인도(印度)' 등으로 음사된다. 오늘날 인도라는 국가의 명칭은 바로 이 씬두라는 말에서 유래한 것이다.

1281 여기서 이 생기들은 언어, 눈, 귀, 마음, 정액 등을 의미한다. 747쪽 1263번 각주 참조.

1282 샹카라에 의하면 내가 "가장 최고 부자(vasiṣṭhā)"라는 것, 즉 나의 '가장 최고 부자라는 성질(vasiṣṭhatva)'은 바로 당신의 것이다. 그 '가장 최고 부자라는 성질'에 의해서 당신이 가장 최고 부자라는 의미다. 나머지 경우도 마찬가지다.

1283 샹카라에 의하면 멍멍이들, 버리지들, 곤충과 새들에 이르기까지 이 세상에 있는 그 무엇이든 간에, 그리고 멍멍이의 곡식, 버러지의 곡식, 곤충과 새의 곡식, 그와 더불어 생명체들이 먹는 그 무엇이든지 간에, 전부가 다 생기(生氣)의 곡식이라는 의미다.

바가 없게 된다.[1285] 곡식이 아닌 것을 받은 바가 없게 된다.[1286] 그러므로 베다를 학습한 학자인 브라흐마나들은 먹으려 할 때 물로 입가심을 한다, 먹은 후에 물로 입가심을 한다. 이것은 바로 그 숨을 벌거벗지 않게 만든다는 것이라고 여긴다.[1287] 14

두 번째 절

옛날에 스베따께뚜 아루네야가[1288] 빤짤라 국의 회합에 왔다. 그는 시중을 받고 있던 자이발리 쁘라바하나[1289]에게 다가왔다.

그를 쳐다보며 말했다.

"젊은이여!"

그는 "네!"라고 대답했다.

"그대는 아버님께 가르침을 받았는가?"

"네, 그렇습니다"라고 대답했다.[1290] 1

1284 "숨"의 원어는 아나(ana)다. 아나는 남성 명사로 '숨, 호흡' 등을 의미한다. 샹카라에 의하면 아나는 생기(生氣)다.

1285 샹카라에 의하면 '먹지 말아야 할 것(anadanīya)'을 먹은 것이 '먹을 것(adanīya)'을 먹은 것으로 된다. 즉 먹지 말아야 할 것을 먹은 잘못에 걸리지 않는다.

1286 샹카라에 의하면 '받지 말아야 할 것(apratigrāhya)'을 받은 것이 '받을 것(pratigrāhya)'을 받은 것으로 된다. 즉 받지 말아야 할 것을 받은 잘못에 걸리지 않는다.

1287 샹카라에 의하면 먹기 전과 먹은 후에 물로 입가심을 함으로써 '나는 생기에게 옷을 준다'고 알아야 한다는 뜻이다.

1288 샹카라에 의하면 "스베따께뚜(Śvetaketu)"는 이름이다. "아루네야(Āruṇeya)"는 아루니(Āruṇi)의 아들을 의미하며, 아루니는 아루나(Aruṇa)의 아들을 의미한다. 즉 아루네야는 아루나의 손자다.

1289 샹카라에 의하면 "쁘라바하나(Pravāhaṇa)"는 이름이다. "자이발리(Jaivali)"는 지발라(Jīvala)의 아들이란 의미다. 빤짤라(Pāñcāla) 국의 왕이다.

1290 샹카라에 의하면 스베따께뚜 아루네야는 아버지에게 가르침을 받은 후에 자신의 명성을 날리기 위해 빤짤라 국에 온 것이다. 유명한 곳이라 빤짤라의 일반 회중을 제압하고, 왕의 회중마저 제압하리라는 자만심에 차서 온 것이다. 이러한 사실을 사전에

"이 백성들이 떠나가[1291] 어떻게 해서 여러 갈래로 가는지를 그대는 아는가?"

"모르옵니다"라고 대답했다.

"어떻게 해서 이 세상으로 다시 돌아오는지를 그대는 아는가?"

"모르옵니다"라고 대답했다.

"어떻게 해서 저세상이 이처럼 많이 거듭거듭 떠나가는 자들에[1292] 의해서도 가득 차지 않는지를 그대는 아는가?"

"모르옵니다"라고 대답했다.

"몇 번의 헌공獻供을 불에 넣어 태워 올리면 물이 사람의 언어가 되어[1293] 일어나 말하는지를 그대는 아는가?"

"모르옵니다"라고 대답했다.

"신에게 이르게 하는 길에 닿게 하는 것, 혹은 조상에게 이르게 하는 길에 닿게 하는 것, 즉 그것을 행함으로써 사람들이 신에게 이르게 하는 길에 도달하고, 혹은 조상에게 이르게 하는 길에 도달하는 것을 그대는 아는가? 왜냐하면 선인仙人의 말씀을[1294] 우린 들었기 때문일세!"

"나는 신들에 관한 것, 조상들에 관한 것, 두 길에 대해 들었노라.
죽어야 할 인간들의 것이라네,

들어 안 빤짤라의 국왕인 자이발리 쁘라바하나는 시종들에게 시중을 들게 하다 자신에게 오는 그를 쳐다보고는 그의 콧대를 꺾고자 하는 의도에서 "젊은이여!" 하고 소리를 길게 빼어 불렀다. 그러자 "네(bho)!"라고 대답했다. 이렇게 "네!"라고 대답하는 것은 끄샤뜨리야에게는 어울리지 않는 것이지만, 화가 나서 그렇게 대답한 것이다.

1291 샹카라에 의하면 "떠나가(prayatyaḥ)"는 '죽어서'라는 의미다.

1292 샹카라에 의하면 "떠나가는 자(prayat)"는 "죽어 가는 자"라는 의미다.

1293 샹카라에 의하면 "사람의 언어(puruṣavāc)"는 사람의 언어를 가진 것, 혹은 사람의 소리를 말하는 것이다. 사람의 모습으로 변화되었을 때 사람의 언어가 된다.

1294 샹카라에 의하면 "선인의 말씀(ṛṣervac)"은 만뜨라다.

이 어머니와 아버지[1295] 사이에 있는 모든 것은 그 둘을 통해 제대로 간다네!"[1296]

"저는 이 가운데 하나도 모르겠습니다"라고 대답했다. 2

이제 이에게 머물라고 권했다. 청년은 머물 것을 무시하고 떠나 버렸다. 그는 아버지에게 왔다.

그에게 말했다.

"존경스런 분께서는 전에 제게 가르침을 다 주었다고 말씀하시지 않으셨습니까?"

"어찌된 거냐? 영특한 아이야!"

"왕공 무사의 친구[1297] 녀석이 저에게 다섯 가지 질문을 했습니다. 그 가운데 저는 단 하나도 알 수가 없었습니다!"

"그것들이 어떠한 것들이었느냐?"

"이런 것들이었습니다"라며 그는 표정을 본떠 예시하며 말했다. 3

그가 말했다.

"아들아, 나는 내가 알고 있는 그 모든 것을 네게 말해 주었다고 그리 나를 알려무나. 그리로 가자, 둘이 가서 청정범행의 학습 기간을 머물자꾸나!"

"존경스런 분이나 가세요!"

1295 샹카라에 의하면 "어머니와 아버지"는 알의 양쪽 껍질인 땅과 하늘이다.

1296 이것이 선인의 말씀이며 『리그베다』(10. 88. 15)의 만뜨라다.

1297 "왕공 무사의 친구(rājanyabandhu)"는 사제 계급인 브라흐마나가 왕공 무사 계급인 끄샤뜨리야를 무시할 때 사용하는 용어다.

그 가우따마는[1298] 쁘라바하나 자이발리가 있는 곳으로 왔다. 그를 위해 의자를 내오고 물을 가져오게 했다.[1299] 이제 이에게 예경을[1300] 올렸다.

그에게 말했다.[1301]

"존경스런 가우따마님을 위해 소원을[1302] 들어 드리겠습니다." 4

그가 말했다.

"이리 소원을 들어 주신다 제게 약속하시었으니, 당신께서 아이 곁에서 하신 말씀, 바로 그 말씀을 제게 일러주십시오!" 5

그가 말했다.

"가우따마시여, 그것은 신들에게 속한 것입니다. 인간들에게 속한 소원을 말해 주십시오." 6

그가 말했다.

"아시다시피, 황금, 소와 말들, 하인들, 수행원들, 의복들은 이미 가

1298 샹카라에 의하면 가우따마는 가문을 의미한다. 스베따께뚜 아루네야의 아버지인 아루니를 뜻한다.

1299 왕인 쁘라바하나 자이발리가 브라흐마나인 가우따마를 위해 그렇게 했다는 의미다.

1300 "예경"의 원어는 아르그야(arghya)다. 아르그야는 중성 명사로 '신이나 존경스런 인물에게 바치는 예물, 꿀의 종류'를 의미한다. 불경에서 아르그야는 '알가수(閼伽水)'로 음사된다. 샹카라에 의하면 사제를 통해 예물을 바치고 만뜨라와 더불어 환영의 의식을 행했다는 의미다.

1301 샹카라에 의하면 손님 접대를 받은 가우따마는 머물고는 다음 날 아침에 왕이 어전으로 나가자 일어나 왕에게로 갔다. 혹은 다른 사람들에게서 존경을 받는 가우따마가 직접 왕을 찾아갔다는 의미다.

1302 샹카라에 의하면 소와 말의 형태의 선물을 의미한다.

지고 있습니다. 존경스런 분께서는 많고, 끝없고, 한없는 것을 주시는 분이시면서 달리 주는 것을 인색해 하지 마십시오!"[1303]

"그러하면, 가우따마여, 법도에 맞게 원하시오."

"저는 당신께 입문합니다!"

예전에 일부는 말로써 입문했다.[1304] 그래서 그는 입문의 선서를 통해 머물렀다.[1305] 7

그가 말했다.

"가우따마여, 당신의 할아버님이 그러하셨듯이 당신도 우리를 그르게 하지 마시기 바랍니다.[1306] 이 지혜는 이 이전에는 그 어떤 브라흐마나

1303 샹카라에 의하면 "끝없는 것(ananta)"은 끝없는 결과를 가진 것이며, "한없는 것(aparyanta)"은 아들 손자 등에까지 이르는 것이다. 이러한 재산을 다른 이들에게는 주면서 내게는 주지 않는 분이 되지 말아 달라는 의미다. "많고, 끝없고, 한없는 것"은 많고, 끝없고, 한없는 지식을 의미한다. 막스 뮐러는 이 부분을 '내가 이미 많고, 풍부하고, 넘치게 가지고 있는 것으로 나를 쌓아 올리지 말아 달라'는 의미로 번역한다.

1304 샹카라에 의하면 옛날에 끄샤뜨리야 혹은 와이스야에게 배우기를 원하는 브라흐마나, 그리고 와이스야에게 배우기를 원하는 끄샤뜨리야는 '입문 의식의 선물(upāyana)'과 시중(śuśrūṣā) 등을 통해서 제자가 되는 것이 아니라 단지 말로써 제자가 되었다. 즉 신분이 높은 사람들은 자신보다 신분이 낮은 사람의 제자가 될 때 단지 입문한다는 말을 통해 제자가 되었다. 다른 경우는 예물과 스승을 섬기는 봉사의 행동을 통해 제자가 되었다.

1305 옛날에는 스승의 집에 머물며 스승에게 지식을 전수받았다.

1306 쁘라바하나 자이발리 왕이 브라흐마나인 가우따마에게 이제부터 가르치려고 하는 내용은 지금까지는 사제 계급인 브라흐마나들은 모르고 오로지 왕족인 끄샤뜨리야들만이 대대로 전하여 알고 있던 지식이다. 만일 왕공 무사 계급의 이 지식을 사제 계급인 가우따마의 할아버지가 알았더라면, 그릇된 것이라 비난할 수도 있었을 것이다. 그러나 이 지식은 지금까지 단 한 번도 사제 계급에게는 전해진 적이 없기 때문에 사제 계급인 가우따마의 할아버지는 이 지식을 말하는 쁘라바하나 자이발리가 속한 왕족을 그릇된 지식을 말한다고 비난한 적이 없다. 즉 가우따마는 이 지식은 참된 지식이니 듣고서 그릇된 것이라 비난하지 말라는 의미다. 혹은 가우따마의 할아버지가 왕공 무사 계급만의 지식인 이 지식을 알려고 하지 않은 것처럼 당신도 이 지식을 알려고 하지

들에게도 머문 적이 없습니다. 그러한 것을 그러나 내가 당신께 말하려 합니다. 그 누군들 이렇게 말하는 사람을 어떻게 거절할 수 있겠습니까?" 8

"가우따마여, 바로 저세상이 불입니다. 태양이 바로 그것의 땔감입니다. 햇살들은 연기입니다. 낮은 불길입니다. 방위들은 숯불들입니다. 간방間方들은 불티들입니다. 그러한 이 불에 신들은 믿음을 넣어 태워 올립니다. 그 제물에서 쏘마 왕이 생겨납니다."[1307] 9

"가우따마여, 바로 빠르잔야가[1308] 불입니다. 연年은[1309] 바로 그것의 땔감입니다.[1310] 구름들은 연기입니다.[1311] 번개는 불길입니다.[1312] 벼락은

말라는 의미다. 왜냐하면 왕공 무사 계급만의 지식을 사제 계급에게 전해주는 것은 그릇된 것이기 때문이다.

1307 샹카라에 의하면 "저세상"은 '하늘의 세상(dyuloka)'이다. 태양을 땔감으로 하여 저 하늘의 세상이 빛나기 때문에 태양은 "땔감"이다. 땔감에서 연기가 일어나기 때문에 태양에서 일어나는 햇살들은 "연기(dhūma)"다. 빛이라는 동일함 때문에 "낮은 불길"이다. 수그러듦이 동일하기 때문에 방위들이 "숯불들"이다. 불티들처럼 흩어지기 때문에 간방들이 "불티들"이다. 이러한 특징을 가진 하늘의 세상인 불에 인드라를 비롯한 신들은 "믿음(śraddhā)"을 넣는다. 이 "제물(āhuti)"에서 조상들과 브라흐마나들의 왕인 "쏘마"가 생겨난다. 인드라를 비롯한 신들은 몸과 관련된 생기(生氣)들이 신과 관련된 것으로 변한 것들이다.

1308 샹카라에 의하면 "빠르잔야"는 비를 내리게 하는 일을 주재하는 신아(神我)다.

1309 "연"의 원어는 쌍와뜨싸라(Saṃvatsara)다. 쌍와뜨싸라는 원래는 시간을 만들어 내는 태양을 의미한다.

1310 샹카라에 의하면 가을(śarad)에서 여름(grīṣma)에 이르기까지의 자신의 부분들에 의해 변화해 가는 쌍와뜨싸라에 의해서 빠르잔야인 불은 빛나기 때문이다. 가을은 한 해의 시작이고, 여름은 한 해의 끝이다. 여기서 쌍와뜨싸라는 연(年)이라는 시간을 의미한다.

1311 샹카라에 의하면 "구름(abhra)들"은 연기에서 생겨나기 때문에, 혹은 구름들은 연기처럼 보이기 때문이다.

1312 샹카라에 의하면 빛의 동일함 때문이다.

숯불들입니다.[1313] 천둥들은 불티들입니다.[1314] 그러한 이 불에 신들은 쏘마 왕을 넣어 태워 올립니다. 그 제물에서 비가 생겨납니다.[1315]"10

"가우따마여, 바로 이 세상이 불입니다.[1316] 땅은 바로 그것의 땔감입니다.[1317] 불이 연기입니다.[1318] 밤은 불길입니다.[1319] 달은 숯불들입니다.[1320] 별들은 불티들입니다. 그러한 이 불에 신들은 비를 넣어 태워 올립니다. 그 제물에서 곡식이 생겨납니다." 11

"가우따마여, 바로 남자가 불입니다.[1321] 벌린 입은 바로 그것의 땔감입니다.[1322] 생기는 연기입니다.[1323] 언어는 불길입니다.[1324] 눈은 숯불들

1313 샹카라에 의하면 가라앉는 것이고 딱딱한 것이라는 동일함 때문이다. "벼락"은 인드라의 무기인 금강저(金剛杵)이기도 하다.

1314 샹카라에 의하면 흩어지고 여럿이라는 동일함 때문이다.

1315 샹카라에 의하면 믿음이라는 이름의 물은 쏘마의 형태로 변화되어 '빠르잔야의 불(Parjanyāgni)'을 얻어 '비의 본질(vṛṣṭitva)'로 변화된다.

1316 샹카라에 의하면 "이 세상"은 생명체들의 탄생과 향수(享受)의 바탕이며, 행위와 행위자와 행위의 결과에 의해서 특징지어진 세 번째 불이다.

1317 샹카라에 의하면 이 세상은 수많은 생명체들의 향수를 갖춘 땅을 통해서 빛나기 때문이다.

1318 샹카라에 의하면 땅이라는 바탕에서 일어나는 것의 동일함 때문이며, 땔감에 의지하여 연기가 일어나듯이 땅이라는 연료에 의지하여 불이 일어나기 때문이다.

1319 샹카라에 의하면 '땅의 그림자(pṛthivīchāyā)'를 밤의 어둠이라고 일컫는다.

1320 샹카라에 의하면 불길에서 숯불이 생겨나듯이 밤에서 달이 생겨나기 때문이다.

1321 샹카라에 의하면 손과 발 등이 있는 사람이 네 번째 불이다. 사람의 원어인 뿌루샤(puruṣa)는 일반적으로 인아(人我)로 번역된다. 그러나 여기서는 구체적인 사람을, 특히 "남자"를 의미한다.

1322 샹카라에 의하면 땔감에 의해서 불이 빛나듯이 남자는 "벌린 입(vyātta)"을 통해서 말하고 독경(svādhyāya)을 하는 등에 있어서 빛나기 때문이다.

1323 샹카라에 의하면 "생기"는 연기처럼 입에서 밖으로 나가기 때문이다.

1324 샹카라에 의하면 '나타낸다는 것(vyañjakatva)'이 동일하기 때문이다. 즉 불길은 사물을 드러내는 것이고, 언어인 소리는 의미(abhidheya)를 드러내는 것이다.

입니다.[1325] 귀는 불티들입니다.[1326] 그러한 이 불에 신들은 곡식을 넣어 태워 올립니다. 그 제물에서 정액이[1327] 생겨납니다." 12

"가우따마여, 바로 여자가 불입니다.[1328] 생식기는[1329] 바로 그녀의 땔감입니다. 털들은 연기입니다.[1330] 음문은 불길입니다.[1331] 안에 넣는 것은 숯불들입니다.[1332] 쾌락들은 불티들입니다.[1333] 신들은 바로 이 불에 정액을 넣어 태워 올립니다. 불에 넣어 태워 올리는 그 제물에서 사람이 생겨납니다. 그는 사는 만큼 삽니다. 이제 때가 되면 죽습니다."[1334] 13

1325 샹카라에 의하면 적연 담박(寂然淡泊, upaśama)함이 동일하며, 빛이 '깃드는 곳(āśraya)'이기 때문이다.

1326 샹카라에 의하면 퍼지는 성질의 동일함 때문에 "귀는 불티들"이다.

1327 샹카라에 의하면 "정액(retas)"은 곡식이 변화한 것이다.

1328 샹카라에 의하면 "여자(yoṣā)"는 다섯 번째로 헌공(獻供, homa)을 올리는 불이다.

1329 "생식기"의 원어는 우빠쓰타(upastha)다. 우빠쓰타는 남성 명사와 중성 명사로 '일반적인 성기, 특히 여성의 성기, 항문, 엉덩이, 표면' 등을 의미한다. 그러나 만일 뒤에 나오는 음문이 여성 성기의 특수 부위가 아니라 여성 성기의 전체 부위를 의미하는 것이라면, 여기서는 문맥상 우빠쓰타는 남성의 성기를 의미할 수도 있다.

1330 샹카라에 의하면 일어나는 것이 연기와 동일하기 때문이다.

1331 샹카라에 의하면 "음문(陰門, yoni)"과 "불길(arci)"은 색이 동일하기 때문이다. 음문의 원어인 요니(yoni)는 남성 명사와 여성 명사로 '자궁, 여성 성기, 외음부, 출생지, 원인, 근원, 거처, 집, 물, 욕망, 씨앗' 등을 의미한다.

1332 샹카라에 의하면 "안에 넣는 것"은 합환 행위(合歡行爲, maithunavyavahāra)다. 힘이 수그러드는 원인이 되기 때문에 숯불과 동일하다. 즉 합환 행위는 힘 등이 수그러드는 원인이며, 숯불은 불이 수그러드는 원인이다.

1333 샹카라에 의하면 "쾌락(abhinandana)"은 '사소한 기쁨(sukhalava)'이다. 사소함이라는 동일성 때문에 "쾌락들은 불티들"이다.

1334 샹카라에 의하면 '믿음'이라는 낱말이 의미하는 물은 이처럼 하늘(dyu), 빠르잔야, '이 세상(iyaṁloka)', 남자, 여자의 불들에 순서대로 넣어 태워 올려져 믿음, 쏘마, 비, 곡식, 정액의 상태로 차례대로 점진적으로 구체적인 것으로 형성되어 사람의 몸을 만들어 낸다. 이것은 "몇 번의 헌공(獻供)을 불에 넣어 태워 올리면 물이 '사람의 언어'가 되어 일어나 말하는지를 그대는 아는가?"라는 앞의 두 번째 만뜨라의 물음에 대한 답이다. 그리고 "사는 만큼 산다"는 것은 이 몸에 '머무는 원인(sthitinimitta)'이 되는 행위가 있

"이제 이를 불에게 데려갑니다.[1335] 그의 불은 불이 됩니다. 땔감은 땔감이, 연기는 연기가, 불길은 불길이, 숯불들은 숯불들이, 불티들은 불티들이 됩니다.[1336] 그러한 이 불에 신들은 사람을 넣어 태워 올립니다. 그 제물에서 빛나는 색의 사람이 생겨납니다."[1337] 14

"이제 이처럼 이것을 아는 그들,[1338] 그리고 숲에서 믿음을 가지고 실재에 대해 명상하는 그들,[1339] 그들은 빛에[1340] 도달합니다. 빛에서 낮에,[1341] 낮에서 달이 차는 보름 기간에,[1342] 달이 차는 보름 기간에서 태양이 북쪽으로 가는 여섯 달들에,[1343] 달들에서 신의 세계에,[1344] 신의

는 동안이라는 뜻이며, 그 행위가 소멸하면 그때 죽는다는 의미다. 전생과 이번 생의 일정량의 행위의 결과가 이 몸에 머무는 것, 즉 수명이다. 따라서 수명의 원인이 되는 행위인 업이 소멸하면 이번 생을 마감하게 된다.

1335 샹카라에 의하면 죽은 사람을 제관들이 마지막 의식을 치르기 위해 일반적인 "불에게 데려간다"는 의미다.

1336 샹카라에 의하면 세간의 일반적인 불, 땔감, 연기, 불길, 숯불, 불티들이라는 의미다.

1337 샹카라에 의하면 "빛나는 색(bhāsvaravarṇa)"은 '더할 바 없는 빛을 가진 자(atiśaya-dīptimān)'라는 의미다. 수태 의식(niṣeka)을 비롯하여 마지막 의식(antyāhuti)에 이르기까지의 행위들에 의해서 정화됨으로써 '더할 바 없는 빛을 가진 자'가 된다.

1338 샹카라에 의하면 '가정생활을 하는 사람(gṛhastha)'들로서 앞에서 언급한 '다섯 가지 불의 철학(pañcāgnidarśana)'을 아는 사람들이다. 즉 '나는 불의 아들이다(ahamagnyapatyam)'라고 차례대로 불들에 의해서 생겨난 불의 형태라고 자신을 아는 사람들이다.

1339 샹카라에 의하면 지성(至誠, śraddhā)으로 실재인 브라흐만, 즉 '히란야가르바의 아'에 대해 명상하는 사람들, 숲에서 항상 생활하는 '숲으로 떠나가 생활하는 사람(vāna-prastha)'들과 '세상에서 벗어나 자유로이 돌아다니는 수행자(pārivrājaka)'들이다.

1340 샹카라에 의하면 "빛(arcis)"은 단순한 불빛이 아니라 빛으로 상정되는, 빛이라는 낱말이 의미하는 신이다. 왜냐하면 '세상에서 벗어나 자유로이 돌아다니는 수행자'들은 불의 빛과는 관련이 없기 때문이다. '세상에서 벗어나 자유로이 돌아다니는 수행자'는 불을 피워 제(祭)를 지내는 행위를 하지 않는다. 따라서 이들은 불빛과는 관련이 없다.

1341 샹카라에 의하면 "낮(ahan)"은 '낮의 신(ahardevatā)'이다.

1342 샹카라에 의하면 낮의 신에 의해 보내져서 '달이 차는 보름 기간의 신(āpūryamāṇa-pakṣadevatā)', 즉 '밝은 보름 기간의 신(śuklapakṣadevatā)'에게 도달한다.

세계에서 태양에, 태양에서 번갯불에[1345] 도달합니다. 그 번갯불들에 마음으로 만들어진 사람이 와서 브라흐마의 세상들로 가게 합니다.[1346] 그들은 그 브라흐마의 세상들에서 최고가 되어 최고로 삽니다.[1347] 그들이 다시 돌아옴은 없습니다."[1348] 15

"이제 제사,[1349] 보시,[1350] 고행을[1351] 통해 세상들을[1352] 장악하는 자

1343 샹카라에 의하면 '밝은 보름 기간의 신'에 의해 보내어져서 '태양이 북행하는 여섯 개월들의 신들(ṣaḍuttarāyaṇadevatāḥ)'에게 도달한다.

1344 샹카라에 의하면 그 '여섯 개월의 신(ṣaṇmāsadevatā)'들에 의해서 보내어져서 "신의 세계"에 주재하는 신에게 도달한다.

1345 샹카라에 의하면 "번갯불(vaidyuta)"은 번개로 상정되는 신, 즉 '번개의 신(vidyuddevatā)'이다.

1346 샹카라에 의하면 '브라흐마의 세상'에 살고 있는, 브라흐마에 의해서 마음으로 창조된 그 어떤 사람이 와서 번개의 신에게 도달한 이들을 브라흐마의 세상들로 가게 한다. "브라흐마의 세상들"이라고 복수를 사용함으로써 아래와 위의 땅의 차이로 인해서 브라흐마의 세상에도 차이들이 있다는 것을 알 수 있다. 명상의 차등에 의해서도 브라흐마의 세상에 차이들이 생겨난다.

1347 샹카라에 의하면 브라흐마의 세상에서 아주 빼어나게 되어 브라흐마의 수많은 겁(劫)들을 산다는 의미다.

1348 샹카라에 의하면 '브라흐마의 세상'으로 간 사람들은 다시 이 세상에 되돌아오지 않는다. 그러나 이 겁(劫) 이후에 돌아오는 것으로 이해된다. 기타프레스의 힌디 어 해석본에 의하면, 윤회에 얽매여 다시 돌아오는 것이 아니라 세존(bhagavat)이 시켜서 세상의 세태를 통제하고 조종하기 위하여 혹은 세존이 화현하는 삶의 보조자의 형태로 다시 돌아온다. 이들의 탄생은 행위에 얽매인 것이 아니며, 탄생하여도 해탈한 상태로 지낸다. 겁은 우주가 시작되었다가 세상이 끝나고 우주가 파괴될 때까지의 시간이다. 브라흐마의 낮이며, 인간의 시간으로는 사십삼억 이천만 년이다.

1349 샹카라에 의하면 "제사"는 화제(火祭)를 비롯한 것이다.

1350 샹카라에 의하면 "보시(dāna)"는 제단(vedi) 밖에서 구걸하고 있는 사람들에게 재물을 나누어 주는 것이다.

1351 샹카라에 의하면 "고행"은 '제식을 준비하기 위한 계행(dīkṣā)' 외에 '나날이 달이 차는 만큼 음식의 양을 늘여가고 나날이 달이 줄어드는 만큼 음식의 양을 줄이는 고행(kṛcchracāndrāyaṇa)', 즉 나날이 변하는 달의 크기만큼 음식을 먹는 고행을 의미한다.

1352 샹카라에 의하면 "세상들"이라고 복수를 사용함으로써 결과의 차등을 의미한다.

들, 그들은 연기에[1353] 도달합니다. 연기에서 밤에,[1354] 밤에서 줄어드는 보름 기간에,[1355] 줄어드는 보름 기간에서 태양이 남쪽으로 가는 여섯 달들에[1356] 도달합니다. 달들에서[1357] 조상의 세상에, 조상의 세상에서 달에 도달합니다. 그들은 달에 이르러 곡식이 됩니다. 그곳에서 그들을 신들이, 마치 쏘마 왕을 '그대여 차거라! 그대여 이울어라!'라고 하듯이, 이렇게 그곳에서 그들을 먹습니다.[1358] 그들의 그것이 온통 사라져 버리면, 이제 이 허공으로 갑니다.[1359] 허공에서 바람에,[1360] 바람에서 비로, 비에서 땅으로 갑니다. 그들은 땅에 도달하여 곡식이 됩니다. 그들은 다

1353 샹카라에 의하면 "연기"는 '연기의 신(dhūmadevatā)'이다. 다른 곳으로 보내주는 역할을 하는 신들이다.

1354 샹카라에 의하면 "밤"은 '밤의 신(rātridevatā)'이다.

1355 샹카라에 의하면 "줄어드는 보름 기간(apakṣīyamānapakṣa)"은 '달이 줄어드는 보름 기간의 신'이다.

1356 샹카라에 의하면 "남쪽으로 가는 여섯 달들"은 태양이 남행하는 여섯 '개월의 신(māsadevatā)'들을 의미한다. "남쪽으로 가는 여섯 달들"은 동지에서 하지에 이르는 여섯 달들을 뜻한다. 이 기간을 태양이 남행하는 길이라는 뜻에서 '남쪽의 길(dakṣiṇāyana)'이라고 부른다.

1357 남쪽으로 가는 여섯 달들인 동지에서 하지에 이르는 여섯 달의 신들을 뜻한다.

1358 샹카라에 의하면 이 세상의 제사에서 제관들은 "그대여 차거라! 그대여 이울어라!(āpyāyasvāpakṣīyasva)"라며 쏘마 왕을 먹는다. 이렇게 제관들이 제사에서 쏘마 왕을 먹듯이 신들은 달에 도달하여 곡식이 된 행위자(karmin)들을 먹는다, 즉 주인이 하인들을 부리듯이 이용한다. "그대여 차거라! 그대여 이울어라!"는 만뜨라가 아니다. 그릇에 있는 것을 먹어서 줄어들게 한 다음에 다시 거듭 먹는다는 의미다. 이처럼 신들 또한 '쏘마의 세계(somaloka)'에 몸을 얻은 자신의 소용거리가 된 행위자들을 다시 거듭 쉬게 한다. 즉 행위에 따르는 형태인 결과를 준다. 이것이 쏘마를 숟가락에 차게 하듯이 그들을 채우는 것이다. 이처럼 신들은 그들을 이용한다. 여기서 행위는 제사, 보시, 고행 등을 의미한다. 쏘마 왕은 쏘마라는 식물의 즙을 의미하며, '쏘마의 세계'는 달을 뜻한다. 쏘마라는 식물의 약성은 달과 밀접한 관계가 있다. 그래서 쏘마는 달을 뜻하기도 한다.

1359 샹카라에 의하면 그 행위자들을 '쏘마의 세계'에 도달하게 한 제사와 보시 등의 형태의 행위가 소멸해 버리면 그들은 바로 이 "허공"으로 들어간다.

1360 샹카라에 의하면 그 행위자들은 다시 또한 그 몸들이 되어 '앞에서 부는 바람(puro-vāta)' 등에 의해서 이리저리 실려 다닌다. 그 몸들은 허공이 된 몸들을 의미한다.

시 남자의 불에 넣어 태워 바쳐지게 됩니다. 그러고 나서 여자의 불에 태어납니다. 세상들을 위해 준비하는 자들이[1361] 되어 그들은 이처럼 계속 따라 돕니다.[1362] 이제 이 두 길을 모르는 사람들,[1363] 그들은 버러지들, 날것들,[1364] 이 물것이란 게[1365] 됩니다." 16

세 번째 절

이제 '나는 위대함을 얻으리라!' 이렇게 원하는 자, 그는 태양이 북행하는 동안의[1366] 달이 차오르는 보름 기간의[1367] 길일吉日에[1368] 십이일 동안[1369] 우빠싸드의 계戒를[1370] 지키는 자가 되어 '우담바라優曇波羅'[1371] 나

1361 샹카라에 의하면 "세상들을 위해 준비하는 자들(lokānpratyutthāyinaḥ)"은 화제(火祭)를 비롯한 행위를 하는 자들이란 의미다. 화제를 비롯한 행위들이 다른 세상을 위한 원인이 되기 때문이다. 막스 뮐러는 "세상들을 위해 준비하는 자들"을 '세상들을 향해 일어나는 자들(rise up towards the worlds)'이라는 의미로 번역한다.

1362 샹카라에 의하면 그곳으로부터 연기 등에 의해서 다시 거듭 '쏘마의 세계'로, 다시 이 세상으로, 이처럼 행위자들은 도공의 물레바퀴처럼 계속 돈다는 의미다. 브라흐만을 알게 될 때까지 '북쪽 길(uttaramārga)' 혹은 '신속한 해탈(sadyomukti)'을 위해 이처럼 계속 돈다. 그곳으로부터는 이 세상으로부터라는 의미다. '쏘마의 세계'는 달을 뜻한다. '북쪽 길'은 앞에서 언급한 태양이 북행하는 길이다.

1363 샹카라에 의하면 북쪽 길과 남쪽 길 "이 두 길을 모르는 사람들"이다. 즉 북쪽 길 혹은 남쪽 길을 위해 지혜 혹은 행위를 실행하지 않는 사람들이다. 북쪽 길은 지혜의 길이고, 남쪽 길은 행위의 길이다.

1364 "날것"의 원어는 빠땅가(pataṁga)다. 빠땅가는 남성 명사로 '새, 태양, 나방, 메뚜기, 수은, 악령, 말(馬)' 등을 의미한다.

1365 "물것"의 원어는 단다슈까(dandaśūka)다. 단다슈까는 남성 명사로 '뱀, 파충류, 악마' 등을 의미한다. 샹카라에 의하면 단다슈까는 쇠파리(daṁśa)와 모기(maśaka)다.

1366 샹카라에 의하면 태양이 북행하는 동안에는 모든 곳에서 얻어진다. 태양이 북행하는 동안은 동지에서 하지 사이의 기간이다.

1367 샹카라에 의하면 달이 차는 보름 기간에는 모든 곳에서 얻어진다.

1368 샹카라에 의하면 "길일(puṇyāhan)"은 자신의 행위를 성취하게 하는 날이다.

1369 샹카라에 의하면 길일로부터 시작하여 "십이일 동안"이다.

1370 샹카라에 의하면 "우빠싸드(upasad)"는 즈요띠스또마(jyotiṣṭoma)에 포함되는 것이다.

무로 만든 잔 혹은 '우둠바라' 나무로 만든 쏘마 즙을 마시는 그릇에[1372] 모든 약초들과 열매들을 모은다.[1373] 쓸고[1374] 바른 다음에[1375] 불을 안치하고 그 주위에 성스러운 풀을 덮는다.[1376] 녹인 우유 기름을 법도에 맞게 정화하여 남성이란 별과 더불어 휘저은 것을 가져다 놓고는 불에 넣어 제祭를 올린다.[1377]

"우빠싸드의 계(戒, vrat)"는 젖가슴이 불어나고 줄어드는 것에 따라 우유만을 마시는 것이다. '우빠싸드의 계를 지키는 자(upasadvratī)'를 '우유의 계를 지키는 자(payovratī)'라고 한다. 즈요띠스또마는 열여섯 명의 제관이 필요한 쏘마 제사다. 우빠싸드는 본제사의 며칠 전부터 진행하는 본제사의 준비 제사다. 젖가슴(stana)은 암소의 젖가슴을 의미한다.

1371 692쪽 908번 각주 참조.

1372 "쏘마 즙을 마시는 그릇"의 원어는 짜마싸(camasa)다. 짜마싸는 남성 명사 그리고 중성 명사로 '쏘마 즙을 마시는 데 사용하는 그릇, 보리나 쌀로 만든 빵' 등을 의미한다. 막스 뮐러와 라다크리슈난은 짜마싸를 '접시 혹은 사발(dish)'이라고 번역한다.

1373 샹카라에 의하면 가능한 대로 그리고 힘닿는 대로 마을들의 모든 "약초(oṣadhi)들"을 모은다. 약초들에는 쌀(vrīhi)과 보리(yava)를 비롯한 열 가지는 반드시 들어가야 한다. 그리고 가능한 대로 힘 닿는 대로 마을들의 과일들을 모은다. 모을 만한 것들은 다른 것들도 모두 모은다. 이렇게 모은 것을 가루로 만들어 '우담바라' 나무로 만든 잔 혹은 '우담바라' 나무로 만든 쏘마 즙을 마시는 그릇에 모아 담는다는 의미다.

1374 기타프레스의 힌디 어 해석본에 의하면 꾸샤(kuśa)라는 이름의 성스런 풀로 비질을 하는 것이다. 일반적으로 비질을 한 다음 물을 뿌려 정화한다. 샹카라에 의하면 '땅을 정화하는 의식(bhūmisaṁskāra)'이다.

1375 기타프레스의 힌디 어 해석본에 의하면 소똥과 물로 제단을 칠하는 것이다. 일반적으로 소똥을 물에 엷게 타서 칠한다. 샹카라에 의하면 땅을 정화하는 의식이다.

1376 샹카라에 의하면 "불"은 '가정에 있는 불(āvasathya)'이며, 다르바(darbha)라는 이름의 성스런 풀들을 덮는다. 다르바의 다른 이름은 꾸샤다. 풀잎이 무척 날카로워 제를 준비하려고 잎을 베다가 자주 손을 다친다고 한다. 산스크리트 문학 작품들에서는 이 풀이 사슴의 먹이로 알려져 있다.

1377 샹카라에 의하면 '불에 녹인 우유 기름(ājya)'을 정제한 다음에 남성(puṁs)이라는 이름의 별(nakṣatra)과 더불어, 즉 길일(吉日)과 더불어 모든 약초와 열매들을 갈아 섞어 넣은 그 '우담바라' 나무로 만든 그릇에 유락(乳酪, dadhi), 꿀, '우유 기름(ghṛta)'을 부어 넣고는 막대기 하나로 휘젓는다. 이렇게 "휘저은 것(mantha)"을 사이에 놓는다. 그런 다음에 우담바라 나무로 만든 '작은 제사용 국자(sruva)'로 '불에 녹인 우유 기름'을 떠서 다음의 만뜨라들과 더불어 불에 넣어 태워 올린다. 기타프레스의 힌디 어 해석본에 의하면 휘저은 것을 불과 자신 사이에 놓는다. 원문에서 "남성이라는 이름의 별과 더불어"

"자따웨다쓰여,[1378] 그대 안에서 삐쳐가며 인간의 욕망들을 해치는 그 모든 신들, 그들을 위해 나는 몫을 불에 넣어 올리나니, 그들은 만족하여 모든 욕망들로 나를 흡족하게 하라! 사바하!"[1379]

"'나는 훼방꾼이다!' 이렇게 삐쳐 망치는 그녀를 위해, 그대에게 우유 기름의 줄기로 제사 드리네, 소원 성취 이루게 하는 그녀를 위해 나는. 사바하!"[1380] 1

"맏이를 위해 사바하, 탁월함을 위해 사바하!"[1381] 이러면서 녹인 우유 기름을 불에 넣어 올리고는 남은 것을 휘저은 것에 붓는다.

"생기를 위해 사바하, 가장 최고 부자를 위해 사바하!"[1382] 이러면서 녹인 우유 기름을 불에 넣어 올리고는 남은 것을 휘저은 것에 넣는다.

"언어를 위해 사바하, 자리 잡는 것을 위해 사바하!"[1383]

이러면서 녹인 우유 기름을 불에 넣어 올리고는 남은 것을 휘저은 것

라고 기구격을 사용한 것은 단지 길일에 이러한 행위를 하는 것이 아니라, 마음속으로 '남성이라는 이름의 별'을 함께 섞어 넣는 것으로 명상한다는 것을 의미한다.

1378 "자따웨다쓰(jātavedas)"는 불(火)이다.

1379 기타프레스의 힌디 어 해석본에 의하면 "사바하(svāhā)"라는 말이 나올 때마다 우유 기름을 불에 넣어 태워 올려야 한다. 샹카라는 만뜨라에 대해 뜻을 설명하지 않으며, 만뜨라의 원문은 다음과 같다. "yāvanto devāstvayi jātavedastiryañco ghnanti puruṣasya kāmān, tebhyo'haṁ bhāgadheyaṁ juhomi te mā tṛptāḥ sarvaiḥ kāmaistarpayantu svāhā."
사바하에 대해서는 218쪽 47번 각주 참조.

1380 자따웨다쓰는 불이다. 그리고 불은 모든 신이다. 즉 불은 모든 신들을 포함한다. 따라서 그 여신을 위해서 불인 당신께 우유 기름의 줄기를 부어가며 태워 올려 제사를 지낸다는 뜻이다. 샹카라는 만뜨라에 대해 뜻을 설명하지 않으며, 만뜨라의 원문은 다음과 같다. "yā tiraścī nipadyate'haṁ vidharaṇī iti, tāṁ tvā ghṛtasya dhārayā yaje saṁrādhanīmahaṁ svāhā."

1381 "jyeṣṭhāya svāhā śreṣṭhāya svāhā."

1382 "prāṇāya svāhā vasiṣṭhāyai svāhā."

1383 "vāce svāhā pratiṣṭhāyai svāhā."

에 넣는다.

"눈을 위해 사바하, 제대로 이루게 하는 것을 위해 사바하!"[1384] 이러면서 녹인 우유 기름을 불에 넣어 올리고는 남은 것을 휘저은 것에 넣는다.

"귀를 위해 사바하, 의지할 곳을 위해 사바하!"[1385] 이러면서 녹인 우유 기름을 불에 넣어 올리고는 남은 것을 휘저은 것에 넣는다.

"마음을 위해 사바하, 생식生殖을 위해 사바하!"[1386] 이러면서 녹인 우유 기름을 불에 넣어 올리고는 남은 것을 휘저은 것에 넣는다.[1387]

"정액을 위해 사바하!"[1388] 이러면서 녹인 우유 기름을 불에 넣어 올리고는 남은 것을 휘저은 것에 넣는다. 2

"불을 위해 사바하!"[1389] 이러면서 녹인 우유 기름을 불에 넣어 올리고는 남은 것을 휘저은 것에 넣는다.

"쏘마를[1390] 위해 사바하!"[1391] 이러면서 녹인 우유 기름을 불에 넣어

1384 "cakṣuṣe svāhā sampade svāhā."

1385 "śrotrāya svāhā āyatanāya svāhā."

1386 "manase svāhā prajātyai svāhā."

1387 샹카라에 의하면 "맏이를 위해 사바하, 탁월함을 위해 사바하!"에서부터 여기까지는 각각 두 번씩 헌공(獻供, āhuti)을 불에 넣어 태워 올리고 '작은 제사용 국자'에 남아 있는 '불에 녹인 우유 기름'을 '휘저은 것'에 흘려 넣는다.

1388 "retase svāhā." 샹카라에 의하면 여기서부터는 각각 한 번씩 헌공(獻供)을 불에 넣어 태워 올리고 '작은 제사용 국자'에 남아 있는 '불에 녹인 우유 기름'을 '휘저은 것'에 넣는다. 다른 막대기 하나로 다시 휘젓는다.

1389 "agnaye svāhā."

1390 "쏘마"는 남성 명사로 '쏘마 라는 식물, 쏘마 식물의 즙, 달' 등을 의미한다. 쏘마 식물의 즙은 신들의 음료이며 베다 시대 제사에서 제주(祭酒)의 용도로 사용되었다. 쏘마는 마시면 힘과 용기가 생기고 천상의 환희를 느끼게 되지만 술은 아니다. 그러나 너무 많이 마시면 취하여 분별을 잃게 된다. 오늘날 쏘마가 무엇인지는 아직 밝혀지지 않았다. 환각 작용을 일으키는 버섯이라고 주장하는 설도 있으나, 『리그베다』의 쏘마와 관련된 찬가를 살펴보면 버섯은 아니다. 약성이 달과 밀접한 관계가 있어 달이 차면 약성

올리고는 남은 것을 휘저은 것에 넣는다.

"땅 사바하!"[1392] 이러면서 녹인 우유 기름을 불에 넣어 올리고는 남은 것을 휘저은 것에 넣는다.

"허공 사바하!"[1393] 이러면서 녹인 우유 기름을 불에 넣어 올리고는 남은 것을 휘저은 것에 넣는다.

"하늘 사바하!"[1394] 이러면서 녹인 우유 기름을 불에 넣어 올리고는 남은 것을 휘저은 것에 넣는다.

"땅 허공 하늘 사바하!"[1395] 이러면서 녹인 우유 기름을 불에 넣어 올리고는 남은 것을 휘저은 것에 넣는다.

"사제 계급을 위해 사바하!"[1396] 이러면서 녹인 우유 기름을 불에 넣어 올리고는 남은 것을 휘저은 것에 넣는다.

"왕공 무사 계급을 위해 사바하!"[1397] 이러면서 녹인 우유 기름을 불에 넣어 올리고는 남은 것을 휘저은 것에 넣는다.

"과거를 위해 사바하!"[1398] 이러면서 녹인 우유 기름을 불에 넣어 올리고는 남은 것을 휘저은 것에 넣는다.

"미래를 위해 사바하!"[1399] 이러면서 녹인 우유 기름을 불에 넣어 올

이 늘어나고 달이 이울면 약성이 줄어들어 보름달일 때 쏘마의 약성은 최고조에 이른다. 이처럼 달과 약성의 관련성 때문에 달을 쏘마라고도 부른다. 이러한 쏘마는 신격화되어 쏘마 혹은 '쏘마 왕'이라고 불린다. 라다크리슈난은 여기서 쏘마를 '달(moon)'이라고 번역한다.

1391 "somāya svāhā."

1392 "bhūḥ svāhā."

1393 "bhuvaḥ svāhā."

1394 "svaḥ svāhā."

1395 "bhūrbhuvaḥ svāhā."

1396 "brahmaṇe svāhā."

1397 "kṣatrāya svāhā."

1398 "bhūtāya svāhā."

리고는 남은 것을 휘저은 것에 넣는다.

"우주를 위해 사바하!"[1400] 이러면서 녹인 우유 기름을 불에 넣어 올리고는 남은 것을 휘저은 것에 넣는다.

"모두를 위해 사바하!"[1401] 이러면서 녹인 우유 기름을 불에 넣어 올리고는 남은 것을 휘저은 것에 넣는다.

"창조주를 위해 사바하!"[1402] 이러면서 녹인 우유 기름을 불에 넣어 올리고는 남은 것을 휘저은 것에 넣는다. 3

이제 이것을 만진다.[1403]

"그대는 돌아다니는 자라네![1404] 그대는 타오르는 자라네![1405] 그대는 가득하다네![1406] 그대는 확고하다네![1407] 그대는 한 집이라네![1408] 그대는 '힝' 소리가 내어진 거라네![1409] 그대는 '힝' 소리가 내어지는 거라

1399 "bhaviṣyate svāhā."

1400 "viśvāya svāhā."

1401 "sarvāya svāhā."

1402 "prajāpataye svāhā."

1403 샹카라에 의하면 "이것"은 '휘저은 것'이다. "이것"을 "그대는 돌아다니는 자라네!"라는 이 만뜨라와 더불어 만진다. 기타프레스의 힌디 어 해석본에 의하면 '휘저은 것'의 주재신은 생기(生氣)다. 따라서 '휘저은 것'은 생기와 한 가지 형태가 되기 때문에 '모든 것의 아가 되는 것(savātmaka)'이다.

1404 "bhramadasi." 기타프레스의 힌디 어 해석본에 의하면 '그대는 생기의 형태로 모든 몸들 안에서 돌아다니는 것이다'라는 의미다.

1405 "jvaladasi." 기타프레스의 힌디 어 해석본에 의하면 '불(火)의 형태로 모든 곳에서 움직이는 자'라는 의미다. "타오르는 자(jvalad)"를 '빛나고 있는 자'라고 옮겨도 좋다.

1406 "pūrṇamasi." 기타프레스의 힌디 어 해석본에 의하면 '브라흐만의 형태로 충만한 것'이라는 의미다.

1407 "prastabdhamasi." 기타프레스의 힌디 어 해석본에 의하면 '허공의 형태로 흔들림이 없다'는 의미다.

1408 "ekasabhamasi." 기타프레스의 힌디 어 해석본에 의하면 '모든 것에 거역하는 것이 아니기 때문에 세상이라는 형태의 한 전당(殿堂, sabhā)과 같다'는 의미다.

네![1410] 그대는 높은 노래라네![1411] 그대는 높이 노래되는 거라네![1412] 그대는 들려지는 거라네![1413] 그대는 되들려지는 거라네![1414] 그대는 습기 머금은 것 안에서 제대로 빛나는 거라네![1415] 그대는 편재하는 거라네![1416] 그대는 주主라네![1417] 그대는 곡식이네![1418] 그대는 빛이네![1419] 그대는 마

1409 "hiṃkṛtamasi." 기타프레스의 힌디 어 해석본에 의하면 제사의 서두에 쁘라쓰또뜨리에 의해서 '힝'(hiṃ) 소리가 내어진 것이라는 의미다. 막스 뮐러에 의하면 '제사의 시작에서 쁘라쓰또뜨리에 의해서 '힝'으로 예경받는 자'라는 의미다. 쁘라쓰또뜨리는 『싸마베다』를 가영(歌詠)하는 제관인 우드가뜨리의 부제(副祭)다. '힝' 소리는 제례 의식에서 의례용으로 '힝'이라고 내는 소리다.

1410 "hiṃkriyamāṇamasi." 기타프레스의 힌디 어 해석본에 의하면 제사에서 쁘라쓰또뜨리에 의해서 '힝' 소리가 내어지는 것이라는 의미다. 막스 뮐러에 의하면 '제사의 중간에 쁘라쓰또뜨리에 의해서 '힝'으로 예경 받는 자'라는 의미다.

1411 "udgīthamasi." 기타프레스의 힌디 어 해석본에 의하면 제사의 서두에 『싸마베다』를 가영(歌詠)하는 제관인 우드가뜨리에 의해서 높은 소리로 노래되는 우드기타라는 의미다. 우드기타는 우드가뜨리에 의해서 노래되는 『싸마베다』의 성가다.

1412 "udgīyamānamasi." 기타프레스의 힌디 어 해석본에 의하면 제사의 중간에 『싸마베다』를 가영(歌詠)하는 제관인 우드가뜨리에 의해서 찬송되는 것이라는 의미다.

1413 "śrāvitamasi." 기타프레스의 힌디 어 해석본에 의하면 제사의 서두에 제사를 집행하는 제관인 아드와르유를 통해서 들려지는 것이라는 의미다. 막스 뮐러에 의하면 제사의 시작에서 아드와르유에 의해서 '알려진 것 혹은 공표된 것(hast been celebrated)'이라는 의미다.

1414 "pratyāśravitamasi." 기타프레스의 힌디 어 해석본에 의하면 제사의 성화를 피우는 제관인 아그니드라(āgnidhra)에 의해서 되들려지는 것이라는 의미다. 막스 뮐러에 의하면 제사의 중간에 아그니드라에 의해서 '다시 알려진 것 혹은 공표된 것(Thou art celebrated again')이라는 의미다.

1415 "ārdre saṁdīptamasi." 기타프레스의 힌디 어 해석본에 의하면 "습기 머금은 것(ārdra)"은 구름을 뜻한다. 즉 구름 속에서 제대로 빛나는 것이라는 의미다.

1416 "vibhūrasi." "편재하는 것"의 원어는 위부(vibhū)다. 위부는 형용사로 '강한, 최고의, 능력이 있는, 자제하는, 영원한, 모든 곳에 존재하는, 만물에 편재하는' 등을 의미하며, 여성 명사로는 '허공, 공간, 시간, 영혼, 주인, 지배자, 왕, 최고 지배자, 위스누의 이름, 쉬바(śiva)의 이름, 브라흐마의 이름' 등을 의미한다. 위부는 불경에서 '불(仏), 여래(如來), 자재(自在), 주존(主尊), 편주(徧主)' 등으로 한역된다. 기타프레스의 힌디 어 해석본에 의하면 위부는 다양한 형태로 존재하는 것을 의미한다.

1417 "prabhūrasi." "주"의 원어는 쁘라부(prabhū)다. 쁘라부는 형용사로는 '강한, 능력이 있

지막이네![1420] 그대는 모두 품는 거라네!"[1421] 4

이제 이것을 들어 올린다.[1422]

"그대는 모든 것을 아네! 우리는 그대의 위대함을 잘 안다네! 그런 그대는 왕, 지배자,[1423] 주군主君[1424]이니! 그런 그대 나를 왕, 지배자, 주군으로 만들라!"[1425] 5

이제 이것을 조금씩 먹는다.[1426]

는, 상대가 되는, 풍부한, 영원한' 등을 의미하며, 여성 명사로는 '주, 주인, 지배자, 최고 권력자, 수은, 위스누의 이름, 쉬바의 이름, 브라흐마의 이름' 등을 의미한다. 쁘라부는 불경에서 '주, 주재(主宰), 주인(主人), 지배자(支配者), 자재(自在), 존(尊), 수승(殊勝), 왕(王), 부(夫), 사(師), 존귀위(尊貴位) 등으로 한역된다.

1418 "annamasi." 막스 뮐러에 의하면 "그대"는 쏘마로서 음식이라는 의미다.

1419 "jyotirasi." 기타프레스의 힌디 어 해석본에 의하면 먹는 자인 불의 행태로 "빛"이라는 의미다.

1420 "nidhanamasi." 기타프레스의 힌디 어 해석본에 의하면 원인의 형태로 모든 것이 '귀멸(歸滅)하는 곳(pralayasthāna)'이라는 의미다.

1421 "saṁvargo'si." "모두 품는 것"의 원어는 쌍와르가(saṁvarga)다. 쌍와르가는 남성 명사로 '잡는 것, 꽉 쥐는 것' 등을 의미한다. 막스 뮐러는 쌍와르가를 '모든 것을 흡수하는 것(the absorption of all things)'이라고 번역한다. 싸뜨야브라따 씻단따랑까라에 의하면 '생겨남, 근원(utpatti)'이다.

1422 샹카라에 의하면 이 만뜨라와 더불어 "이것"을 그릇째로 들어 올려 손에 놓아 잡는다. "이것"은 '휘저은 것'을 의미한다.

1423 "지배자"의 원어는 이샤나(īśāna)다. 이샤나는 형용사로 '소유하는, 지배하는, 다스리는, 부유한' 등을 의미하고, 남성 명사로는 '지배자, 쉬바의 한 형태로서의 태양, 위스누의 이름' 등을 의미한다. 이샤나는 불경에서 '자재천(自在天), 자재주(自在主), 대자재천(大自在天), 중생주(衆生主)' 등으로 한역된다.

1424 "주군(主君)"의 원어는 아디빠띠(adhipati)다. 아디빠띠는 남성 명사로 '주(主), 지배자, 왕, 우두머리' 등을 의미한다. 아디빠띠는 불경에서 '주, 왕(王), 군(君), 가주(家主), 주모(主母), 증상(增上), 증상력(增上力)' 등으로 한역된다.

1425 "āmaṁsyāmaṁhi te mahi, sa hi rājeśāno'dhipatiḥ, sa māṁ rājeśāno'dhipatiṁ karotu."

1426 "먹는다"의 원어는 아짜마띠(ācāmati)다. 아짜마띠는 '홀짝이다, 핥다, 조금씩 마시다,

"태양의 그 최고의 것이니,

감미로운 바람들이 불고, 감미로운 강들이 흐르네, 우리에게 약초들이 감미로운 것이 되어라! 땅 사바하!"[1427]

"우리 빛나는 신의 빛을 명상하노니,

밤과 아침이 감미롭게 되고, 땅의 공기들 감미롭고, 하늘인 우리의 아버지 감미로운 것이 되어라! 허공 사바하!"[1428]

"그 지혜를 우리에게 불러일으키나니,

입가심을 하다' 등을 의미하는 어근 '아짬(ācam)'의 삼인칭 단수 현재 시제 타위형의 활용 형태다. 샹카라는 여기서 아짜마띠를 '먹는다'고 해석한다. 막스 뮐러, 싸뜨야브라따 씻단따랑까라, 기타프레스의 힌디 어 해석본들 모두 '먹는다'고 번역한다. 라다크리슈난은 '홀짝인다(sip)'고 번역한다.

1427 "tatsaviturvareṇyam, madhu vātā ṛtāyate madhu kṣaranti sindhavaḥ, mādhvīrnaḥ santvoṣadhīḥ. bhūḥ svāhā." 막스 뮐러는 이 부분을 다음과 같이 번역한다. '우리는 숭배할 만한 그 빛에 대해 명상하노니, 바람들은 정의를 위해 꿀을 떨어뜨리고, 강들은 꿀을 흘리고, 우리의 식물들은 감미롭게 되어라!'. 샹카라에 의하면 가야뜨리의 첫 번째 음보(音步)인 "태양의 그 최고의 것이니(tatsaviturvareṇyam)"와 마두마띠(madhumatī)의 첫 번째 시구인 "감미로운 바람들이 불고, 감미로운 강들이 흐르네, 우리에게 약초들이 감미로운 것이 되어라(madhu vātā ṛtāyate madhu kṣaranti sindhavaḥ, mādhvīrnaḥ santvoṣadhīḥ)!", 그리고 첫 번째 브야흐리띠(vyāhṛti)인 "땅 사바하(bhūḥ svāhā)!"와 더불어 첫 번째 '휘저은 것'의 첫 번째 모금을 먹는다. 가야뜨리의 첫 번째 음보는『리그베다』(3. 62. 10)의 만뜨라이며, 마두마띠의 첫 번째 시구는『리그베다』(1. 90. 6)의 만뜨라다.

1428 "bhargo devasya dhīmahi, madhu naktamutoṣaso madhumatpārthivaṁ rajaḥ, madhu dyaurastu naḥ pitā. bhuvaḥ svāhā." 막스 뮐러는 이 부분을 다음과 같이 번역한다. '우리는 신성한 싸비뜨리에 대해 명상하노니, 밤은 아침에 꿀이 되고, 지상의 공기, 하늘, 우리의 아버지는 꿀이 되어라!' 샹카라에 의하면 가야뜨리의 두 번째 음보인 "우리 빛나는 신의 빛을 명상하노니(bhargo devasya dhīmahi)"와 마두마띠의 두 번째 시구인 "밤과 아침이 감미롭게 되고, 땅의 공기들 감미롭고, 하늘인 우리의 아버지 감미로운 것이 되어라(madhu naktamutoṣaso madhumatpārthivaṁ rajaḥ, madhu dyaurastu naḥ pitā)!"와 그리고 두 번째 브야흐리띠인 "허공 사바하(bhuvaḥ svāhā)!"와 더불어 '휘저은 것'의 두 번째 모금을 먹는다. 가야뜨리의 두 번째 음보는『리그베다』(3. 62. 10)의 만뜨라이며, 마두마띠의 두 번째 시구는『리그베다』(1. 90. 7)의 만뜨라다.

우리에게 초목들이 감미롭게 되고, 태양이 감미롭게 되고, 우리의 소들이 감미로운 것들이 되어라! 하늘 사바하!"[1429]

태양신과 관련된 운율과 '감미롭게'라는 말이 있는 찬가를 전부 반복한다.

"나는 이 모든 것이 되리라! 땅 허공 하늘 사바하!"[1430] 이리하며 마지막으로 먹는다. 두 손을 씻고, 불 뒤쪽에서 동쪽으로 머리를 향하고 앉는다.

아침에 기도하며 태양에 다가간다.

"그대는 방위들의 한 연꽃이니, 나는 사람들의 한 연꽃이 되리라!"[1431]

1429 "dhiyo yo naḥ pracodayāt, madhumānno vanaspatirmadhumāṁ astu sūryaḥ, mādhvīrgāvo bhavantu naḥ. svaḥ svāhā." 막스 뮐러는 이 부분을 다음과 같이 번역한다. '우리는 우리의 생각들을 불러일으키는 이에 대해 명상하노니, 나무는 꿀로 가득해지고, 태양은 꿀로 가득해지고, 우리의 암소들은 꿀처럼 감미롭게 되어라!' 샹카라에 의하면 가야뜨리의 세 번째 음보인 "그 지혜를 우리에게 불러일으키나니(dhiyo yo naḥ pracodayāt)"와 마두마띠의 세 번째 시구인 "우리에게 초목들이 감미롭게 되고, 태양이 감미롭게 되고, 우리의 소들이 감미로운 것들이 되어라(madhumānno vanaspatirmadhumāṁ astu sūryaḥ, mādhvīrgāvo bhavantu naḥ)!"와 그리고 세 번째 브야흐리띠인 "하늘 사바하(svaḥ svāhā)!"와 더불어 '휘저은 것'의 세 번째 모금을 먹는다. 가야뜨리의 세 번째 음보는『리그베다』(3. 62. 10)의 만뜨라며, 마두마띠의 세 번째 시구는『리그베다』(1. 90. 8)의 만뜨라다.

1430 "ahamevedaṁ sarvaṁ bhūyāsam, bhūrbhuvaḥ svaḥ svāhā." 샹카라에 의하면 '태양신과 관련된 운율(sāvitrī)'과 '감미롭게라는 말이 있는 찬가(madhumatī)'를 전부 반복하고는 "나는 이 모든 것이 되리라(ahamevedaṁ sarvaṁ bhūyāsam)!"라고 한다. 끝으로 "땅 허공 하늘 사바하(bhūrbhuvaḥ svaḥ svāhā)!"라고 하면서 '휘저은 것'을 모두 다 먹는다. '태양신과 관련된 운율'은『리그베다』(1. 62. 10)의 만뜨라인 가야뜨리다. 338쪽 413번 각주 참조.

1431 "diśāmekapuṇḍarīkamasyahaṁ manuṣyāṇāmekapuṇḍarīkaṁ bhūyāsam." 막스 뮐러는 이 부분을 다음과 같이 번역한다. '그대는 사방의 최고의 연꽃이니, 나는 사람 가운데 최고의 연꽃이 되리라!'. 샹카라에 의하면 이처럼 '휘저은 것'을 네 모금으로 나누어 먹을 수 있도록 미리 만들어 놓는다. 그릇에 묻은 것은 그 그릇을 모두 씻어 조용히 마신다. 양손을 씻은 다음에 불 뒤쪽에 머리를 동쪽으로 하고 앉는다. 아침의 '어슴푸레 날이 밝아 올 시간(아침 기도 시간, sandhyā)'에 "그대는 방위들의 한 연꽃이니, 나는 사람들의

간 그대로 돌아와 불 뒤에 앉아 가문을 염송한다. 6

그러한 이것을[1432] 웃달라까 아루니는 제자인[1433] 와자싸네야 야갸발꺄에게 알려 주고는 말했다. "누구든 이것을 마른 나무 기둥에 부으면 가지들이 생겨나고 잎사귀들이 자라날 것이다!"[1434] 7

이것을 와자싸네야 야갸발꺄는 제자인 마두까 빠잉갸에게 알려 주고는 말했다. "누구든 이것을 마른 나무 기둥에 부으면 가지들이 생겨나고 잎사귀들이 자라날 것이다!" 8

이것을 마두까 빠잉갸는 제자인 쭐라 바가위띠에게 알려 주고는 말했다. "누구든 이것을 마른 나무 기둥에 부으면 가지들이 생겨나고 잎사귀들이 자라날 것이다!" 9

이것을 쭐라 바가위띠는 제자인 자나끼 아야쓰투나에게 알려 주고

한 연꽃이 되리라!"는 만뜨라와 더불어 태양에 다가간다. 간 그대로 와서 불 뒤에 앉아 가문(vaṁśa)을 염송한다. "연꽃"의 원어는 뿐다리까(puṇḍarīka)다. 뿐다리까는 남성 명사로 '흰색, 쌀의 한 종류, 망고 나무의 한 종류, 주전자, 호랑이, 불, 이마에 칠하는 종파 표시' 등을 의미하고, 중성 명사로는 '연꽃, 흰색 연꽃, 하얀 양산(陽傘), 약' 등을 의미한다. 가문은 다음에 이어지는 전승에 대한 것이다.

1432 샹카라에 의하면 "이것"은 '휘저은 것에 대한 교의(manthavijñāna)'다. 이하 마찬가지다.

1433 "제자"의 원어는 안떼와씬(antevāsin)다. 안떼와씬은 '가까이(ante)' '머무는 자(vāsin)'를 의미한다. 예전에 제자는 스승의 집에서 학문을 다 전수 받을 때까지 스승과 식구처럼 함께 살면서 학문을 연마했다. 이러한 의미에서 제자를 안떼와씬이라고 한다.

1434 샹카라에 의하면 누가 먹기 위해 의식을 치른 이 '휘저은 것'을 생기가 사라진 마른 나무 기둥에 부으면, 이 나무 기둥에서 살아 있는 나무 기둥처럼 가지와 잎사귀들이 자라날 것이다. 따라서 이 행위로 인해서 욕망이 성취되는 것은 말할 필요도 없다. 즉 이 행위는 확실한 결과가 있는 것이다. 이하 마찬가지다.

는 말했다. "누구든 이것을 마른 나무 기둥에 부으면 가지들이 생겨나고 잎사귀들이 자라날 것이다!" 10

이것을 자나끼 아야쓰투나는 제자인 싸뜨야까마 자발라에게 알려 주고는 말했다. "누구든 이것을 마른 나무 기둥에 부으면 가지들이 생겨나고 잎사귀들이 자라날 것이다!" 11

이것을 싸뜨야까마 자발라는 제자들에게 알려 주고는 말했다. "누구든 이것을 마른 나무 기둥에 부으면 가지들이 생겨나고 잎사귀들이 자라날 것이다! 그런 이것을[1435] 아들이 아니거나 제자가 아닌 자에게는 알려 주지 말아야 한다.[1436] 12

넷은[1437] 우담바라 나무로[1438] 만든 것이다. 우담바라 나무로 만든 작은 제사용 국자 하나, 우담바라 나무로 만든 쏘마를 마실 때 사용하는 그릇 하나, 우담바라 나무로 된 땔감, 우담바라 나무로 만든 휘젓는 막대기 둘이다. 마을의 곡류들은 열 개다.[1439] 쌀, 보리, 참깨, 강낭콩, 청곡青穀,[1440] 기장,[1441] 밀, 편두扁豆, 콩, 살갈퀴[1442]들이다. 가루로 만든 이것

1435 샹카라에 의하면 "이것"은 '생기의 철학'인 '휘저은 것에 대한 교의'다.

1436 샹카라에 의하면 '생기의 철학'인 '휘저은 것에 대한 교의'는 아들과 제자만이 받아들일 자격이 있다.

1437 "넷"은 수가 아니라 종류를 의미한다.

1438 692쪽 908번 각주 참조.

1439 "마을의 곡류들(grāmyāni dhānyāni)"은 막스 뮐러와 라다크리슈난에 의하면 재배한 곡류들이다.

1440 "청곡"의 원어는 아누(aṇu)다. 아누는 형용사로 '작은, 미세한' 등을 의미하고, 남성명사로는 '원자, 가장 작은 입자, 겨자씨처럼 아주 작은 곡류' 등을 의미한다. 아누의 열매를 불경에서는 '청곡'이라고 한역한다. 현대 인도어인 힌디 어로는 아누를 쌍바

들을 유락乳酪[1443], 꿀, 우유 기름에 적신다.[1444] 불에 녹인 우유 기름을 불에 넣어 올려 제사 지낸다. 13

네 번째 절

이 존재들의 정수精髓는 땅이다. 땅에게 있어서는 물이다.[1445] 물에게 있어서는 식물들이다. 식물들에게 있어서는 꽃들이다. 꽃들에게 있어서는 열매들이다. 열매들에게 있어서는 사람이다. 사람에게 있어서는 정액이다.[1446] 1

쁘라자빠띠[1447] 그가 바라보았다.[1448] '아, 이것을[1449] 위해 놓을 자리

(sāṁvā)라고 한다. 막스 뮐러와 라다크리슈난은 아누를 '수수와 피의 씨앗(panic seeds)'이라고 번역한다.

1441 "기장"의 원어는 쁘리양구(priyaṁgu)다. 쁘리양구는 불경에서 '직(稷), 속(粟), 곡(穀)' 등으로 한역된다. 샹카라에 의하면 쁘리양구는 깡구(kaṁgu)라는 말로도 잘 알려져 있다. 현대 인도어인 힌디 어로는 쁘리양구를 깡가니(kāṁganī)라고 한다.

1442 "살갈퀴"의 원어는 칼라꿀라(khalakula)다. 샹카라에 의하면 칼라꿀라는 사람들 사이에서 꿀라뜨타(kulattha)라고 하는 것이다. 현대 인도어인 힌디 어로는 칼라꿀라를 꿀라티(kulathī)라고 한다. 살갈퀴는 콩과 식물이다.

1443 "유락"의 원어는 다디(dadhi)다. 다디는 일종의 요구르트다.

1444 샹카라에 의하면 마을의 열 가지 이 곡류들 외에도 제사에 관련되지 않는 것들을 제외한 모든 곡식들과 열매들을 힘닿는 대로 모아야 한다.

1445 땅의 정수는 "물"이라는 의미다. 이하 마찬가지다.

1446 사람의 정수는 "정액"이라는 의미다. 샹카라에 의하면 '성스러운 휘젓기 행위(śrīman-thaṁ karma)'를 행한 '생기의 철학자'에게 '아들을 위한 휘젓기(putramantha)'에 대한 권한이 있다. '아들을 위한 휘젓기'를 원하면, '성스러운 휘젓기(śrīmanthana)'를 한 다음에 아내의 배란기를 기다려야 한다. '성스러운 휘젓기' 행위는 바로 앞 절에서 언급한 휘젓기이며, '아들을 위한 휘젓기'는 훌륭한 아들을 얻기 위한 행위다.

1447 샹카라에 의하면 "쁘라자빠띠"는 창조자다.

1448 "바라보았다(īkṣāṁcakre)"는 것은 마음의 눈으로 바라보았다. 즉 깊게 생각했다는 뜻이다.

1449 샹카라에 의하면 "이것"은 '정액(精液)'이다.

를 만들어야겠구나!' 그래서 그는 여자를 창조했다. 그녀를 창조하고는 아래에 대한 명상을 했다.[1450] 그러므로 여자에 대해 아래에 대한 명상을 해야 한다. 그는 이 잘 움직이는, 쏘마를 누르는 돌처럼 딱딱한 것을[1451] 자신으로부터 잘 세워 가득하게 했다.[1452] 그것으로 이 여인을 임신시켰다. 2

그녀의 생식기는 제단이다. 털들은 성스런 풀이다.[1453] 가운데는 타오르는 것이다.[1454] 그 두 불두덩은[1455] 피부로 된 쏘마를 짜내는 두 판이다. 와자뻬야 제사를[1456] 통해 제주祭主의 그 세상이 되는 만큼이 이와 같이 알면서 아래놀이를[1457] 하는 이의 세상이 된다, 이 여인들의 선행을 끌어내 가진다. 이제 이것을 모르면서 아래놀이를 하면, 여인들이 이의 선행을 끌어내 가진다.[1458] 3

1450 샹카라에 의하면 합환(合歡, maithuna)이라고 일컫는 행위가 "아래에 대한 명상(adha upāsana)"이다.

1451 샹카라에 의하면 "쏘마를 누르는 돌처럼 딱딱한 것(grāvāṇa)"은 쏘마를 눌러 짜내는 데 사용하는 돌처럼 딱딱한 성질이 동일한 남성의 생식기를 의미한다.

1452 샹카라에 의하면 "잘 세워 가득하게 했다(samudapārayat)"는 여성 성징(女性性徵, strīvyañjana)에 세워 채워 넣었다는 의미다.

1453 기타프레스의 힌디 어 해석본에 의하면 여성의 생식기에 있는 털들이 "성스런 풀"이다. "성스런 풀"의 원어는 바르히(barhi)다. 바르히를 꾸샤 혹은 다르바라고도 부른다. 제단에 까는 신성한 풀이다.

1454 샹카라에 의하면 여성 성징(女性性徵)의 "가운데"는 타오르는 불(火)이다.

1455 기타프레스의 힌디 어 해석본에 의하면 "불두덩(muṣka)"은 여성 성기 양쪽에 있는 딱딱한 살덩어리다.

1456 "와자뻬야 제사"는 쏘마 제사의 일종이다.

1457 기타프레스의 힌디 어 해석본에 의하면 "아래놀이(adhopahāsana)"는 합환 행위다.

1458 샹카라에 의하면 '와자뻬야 제사의 완수(vājapeyasampatti)'를 모르고, 정액이 '최고의 정수라는 것(rasatamatva)'을 모른 채 아래놀이를 하면, 여자들이 이 모르는 사람의 선행(sukṛta)을 모두 뽑아 가진다.

이것은[1459] 알고 있는[1460] 웃달라까 아루니가 말한 바로 그것[1461]이다.[1462] 이것은 알고 있는 나까 마우드갈야가 말한 바로 그것이다. 이것은 알고 있는 꾸마라하리따가 말한 바로 그것이다. 이것을 알지 못하면서 아래놀이를 행하는 죽어야 할 사람들,[1463] 브라흐마나의 행각을 하는 많은 죽어야 할 사람들,[1464] 지각이 없는 많은 죽어야 할 사람들은 선행을 잃어 이 세상에서 떠나간다. 잠들거나 혹은 깨어 있는 상태에서 이 정액이 많이 흐른다.[1465] 4

그것을 만져야 한다. 그리고[1466] 만뜨라를 읊어야 한다.[1467]

1459 싸뜨야브라따 씻단따랑까라에 의하면 "이것"은 여자를 제사처럼 성스럽게 여기는 신비한 지식이다.

1460 샹카라에 의하면 '아래놀이'라고 일컫는 환환 행위는 '와자뻬야 제사를 갖춘 것(vājapeyasampanna)'이라고 아는 사람을 의미한다.

1461 싸뜨야브라따 씻단따랑까라에 의하면 "그것"은 가정생활을 하는 사람의 행위 규범이다.

1462 샹카라에 의하면 '이것을 알지 못하면서 아래놀이를 행하는 사람들, 브라흐마나의 행각을 하는 많은 사람들, 지각이 없는 사람들은 선행을 잃어 이 세상에서 떠나간다'는 내용에 대해 말하는 것이다.

1463 "죽어야 할 사람"의 원어는 마르야(marya)다. 마르야는 남성 명사로 '사람, 젊은이, 연인' 등을 의미한다. 어원적으로 보아 마르야는 '죽다'는 의미를 지닌 어근 '므리(mṛ)'에서 파생된 낱말이다. 즉 마르야는 죽어야 할 존재를 뜻한다. 신과 달리 인간은 죽어야 할 존재라는 의미다.

1464 샹카라에 의하면 "브라흐마나의 행각을 하는 사람(brāhmāyaṇa)"은 카스트만 브라흐마나로 생활하는 사람이다.

1465 샹카라에 의하면 '성스러운 휘젓기'를 하고 청정범행(brahmacarya)을 통해 아내의 배란기를 기다리다 '강한 애욕(rāgaprābalya)' 때문에 '잠자거나 혹은 깨어 있을 때 정액을 많게 혹은 적게 흘린다면'이라는 의미다. 그럴 경우에는 기타프레스의 힌디 어 해석본에 의하면 다음에 이어지는 속죄 행위(prāyaścitta)를 한다.

1466 "그리고(vā)"는 '혹은'이라고도 번역될 수 있다. 라다크리슈난은 '혹은 만지지 않고'라고 해석한다.

1467 기타프레스의 힌디 어 해석본에 의하면 다음에 이어지는 만뜨라를 반복해서 염송

"오늘 땅에 흘러 떨어진 내 정액, 식물들에도 흐른 것, 물에도 흐른 것, 그러한 이 정액을 내 다시 받아들이노라! 정력은[1468] 다시 내게로 오라! 다시 원기[1469]가! 다시 힘이![1470] 제단의 불이 제자리에 다시 자리 잡으라!"[1471]

무명지와 엄지로 잡아 가슴 혹은 두 눈썹 사이에다 문질러야 한다. 5

이제 만일 물에서 자신을 보면,[1472] 그러면 만뜨라를 읊어야 한다.

"나에게 원기, 정력, 명예, 재산, 선행이 있으라!"[1473]

해야 한다.

1468 "정력(精力)"의 원어는 인드리야(indriya)다. 인드리야는 중성 명사로 '힘, 신의 왕인 인드라에 속한 특질, 지각 기관, 지각 기능, 활동 기관, 신체적인 능력, 지각의 힘, 정액, 5의 상징' 등을 의미한다.

1469 "원기(元氣)"의 원어는 떼자쓰(tejas)다. 떼자쓰는 중성 명사로 '예리함, 날(칼날 등), 끝(칼끝, 불길의 정점 등), 빛, 열기, 광채, 불, 미모, 용기, 위광, 몸의 광채, 눈의 광채, 정액, 정수(精髓), 골수, 두뇌, 영적이거나 정신적이거나 주술적인 힘, 말(馬)의 속도, 신선한 버터, 황금, 난폭함, 분노, 태양' 등을 의미한다.

1470 "힘"의 원어는 바가(bhaga)다. 바가는 남성 명사 혹은 중성 명사로 '태양의 열두 형태 가운데 하나, 사랑과 결혼의 주재신인 태양의 이름, 태양, 달, 쉬바의 형태, 쉬바의 힘, 힘, 전능(全能), 행운, 행복, 지복(至福), 풍요, 명성, 영광, 미, 미덕, 탁월함, 사랑, 애정, 쾌락, 정액, 노력, 욕망(慾望), 무욕(無慾), 여성 성기, 지식, 여덟 가지 초능력 가운데 하나로 원자처럼 작아지는 능력' 등을 의미한다.

1471 샹카라에 의하면 정액을 만질 때 "오늘 땅에 흘러 떨어진 내 정액, 식물들에도 흐른 것, 물에도 흐른 것, 그러한 이 정액을 내 다시 받아들이노라(yanme'dya retaḥ pṛthivīmaskān-tsīdyadoṣadhīrapyasaradyadapaḥ, idamahaṁ tadreta ādade)!"의 부분에 해당되는 만뜨라와 더불어 무명지(anāmikā)와 엄지(aṃguṣṭha)로 정액을 집어 잡는다. 그리고 "정력은 다시 내게로 오라! 다시 원기가! 다시 힘이! 제단의 불이 제자리에 다시 자리 잡으라(punarmāmaitvindriyaṁ punastejaḥ punarbhagaḥ, punaragnirdhiṣṇyā yathāsthānaṁ kalpantām)!"에 해당되는 만뜨라와 더불어 정액을 두 눈썹 혹은 두 가슴 사이에 문지른다. "제단의 불이 제자리에 다시 자리 잡으라!"를 기타프레스의 힌디 어 해석본은 '불에 머무는 신들의 무리여, 다시 내 몸에 그 정액을 알맞은 장소에 놓게 하여라!'고 해석한다.

1472 샹카라에 의하면 물에서 '자신의 비친 모습(ātmacchāya)'을 본다는 의미다. 기타프레스의 힌디 어 해석본에 의하면 물에 정액을 떨어트려 자신의 비친 모습을 본다는 의미다.

"이 여인은 여인들 가운데 길상吉祥이니,[1474] 더러운 옷을 벗었기 때문이라."[1475] 그러므로 더러운 옷을 벗은 미려美麗한 여인에게 다가가 은근히 달래야 한다.[1476] 6

그녀가 만일 이에게 주지 않으면, 마음껏 이 여인의 환심을 사야 한다.[1477] 그녀가 만일 이에게 주지 않으면, 마음껏 막대기나 손으로 이 여인을 때린 다음 범해야 한다. "나는 원기와 명예로써 너의 명예를 거두노라!"[1478] 이러면 명예가 없는 여인이 된다. 7

그녀가 만일 이에게 주면, "나는 원기와 명예로써 그대의 명예를 세워 주노라!"[1479] 이러면 둘은 명예가 있는 자들이 된다. 8

1473 "mayi teja indriyaṁ yaśo draviṇaṁ sukṛtam." 기타프레스의 힌디 어 해석본에 의하면 여기까지가 물에 정액을 떨어트려 물에 비친 자신의 모습을 보고 물에 대해 읊는 만뜨라다.

1474 "길상"의 원어는 슈리히(śrīḥ)다. 슈리히는 여성 명사로 '부(富), 풍요, 국부(國富), 왕권, 아름다움, 광채, 위스누의 부인이며 부의 여신인 락스미, 미덕, 장식, 지성, 초능력, 연꽃, 브라흐마의 부인이며 학문과 언어의 여신인 싸라쓰와띠(Sarasvatī), 언어, 세 가지 『베다』(『리그베다』, 『싸마베다』, 『야주르베다』)' 등을 의미한다.

1475 "śrīrha vā eṣā strīṇāṁ yanmalodvāsāḥ." 기타프레스의 힌디 어 해석본에 의하면 이 부분은 아들을 낳기를 원하여 아내를 찬양하는 내용이다.

1476 샹카라에 의하면 삼일 밤 이후에 목욕을 한 "미려한 여인(yaśasvinin)", 즉 '아름답고 길상이 깃든 여인(śrīmatī)'에게 다가가 오늘 둘이서 아들을 만드는 일을 해야 한다고 은근히 말한다는 의미다.

1477 샹카라에 의하면 그녀가 합환을 하게 해 주지 않으면, 장신구(ābharaṇa) 등으로 달래야 한다.

1478 "indriyeṇa te yaśasā yaśa ādade." 샹카라에 의하면 "나는 너를 저주할 것이다." "나는 너를 소박맞은 여자로 만들 것이다." 이렇게 말하여 밝히고는 그녀에게 이 만뜨라와 더불어 다가간다. 그러면 그녀는 이 저주(abhiśāpa)에 의해서 '애 못 낳는 여자(vandhyā)', '소박맞은 여자(durbhagā)'라고 알려진 '명예 없는 여인(ayaśasvin)'이 된다.

1479 "indriyeṇa te yaśasā yaśa ādadhāmi." 샹카라에 의하면 만일 그녀가 남편(bhartṛ)의 뜻

그는 '이 여인이 나를 원하기를!' 이렇게 그녀를 바라면, 그녀 안에 물건을 고정시킨 다음[1480] 입으로 입을 맞대고 이녁의 성기를 문지르고는 염송해야 한다.

"몸 부분 부분에서 생겨나나니, 심장에서 태어나도다! 그러한 그대는 몸의 탕약湯藥이니, 독 칠한 것에 뚫린 듯이 이 여인 저 여인을 나에게 도취케 하라!"[1481] 9

이제 '임신시키지 말아야지!' 이렇게 그녀를 바라면, 그녀 안에 물건을 고정시킨 다음 입으로 입을 맞대고는 숨을 넣고 숨을 빼내야 한다.[1482] "나는 원기와 정액으로 그대의 정액을 거두노라!"[1483] 이러면 정액이 없는 여인이[1484] 된다. 10

이제 '갖게 해야지!' 이렇게 그녀를 바라면, 그녀 안에 물건을 고정시킨 다음 입으로 입을 맞대고는 숨을 빼고 숨을 넣어야 한다.[1485] "나는

에 따르는 여인이면 이 만뜨라와 더불어 다가가야 한다.

1480 샹카라에 의하면 "물건(artha)을 고정시킨다"는 것은 '남성의 생식기'를 밀어 넣는다는 뜻이다.

1481 "aṃgādaṃgātsambhavasi hṛdayādadhijāyase, sa tvamaṃgakaṣāyo'si digdhaviddhāmiva mādayemāmamūṁ mayi." "몸 부분 부분에서 생겨나나니, 심장에서 태어나도다! 그러한 그대"는 기타프레스의 힌디 어 해석본에 의하면 정액(vīrya)을 의미한다.

1482 기타프레스의 힌디 어 해석본에 의하면 "숨을 넣는 것"은 남자가 자신의 '남성 성기(śiśnendriya)'를 통해서 여성의 성기에 숨을 집어넣는 것이다. "숨을 빼내는 것"은 자신의 남성 성기를 밖으로 빼내면서 그 숨 또한 밖으로 빼내는 것이다.

1483 "indriyeṇa te retasā reta ādade." 샹카라에 의하면 이 만뜨라와 더불어 먼저 숨을 집어넣은 다음 나중에 숨을 빼내야 한다.

1484 샹카라에 의하면 "정액이 없는 여인(aretā)"은 임신하지 않은 여인이다.

1485 기타프레스의 힌디 어 해석본에 의하면 여기서 숨을 빼내는 것은 관상(觀想, bhāvanā)을 통해 여성의 정액에 결합된 숨을 끌어당기는 것을 의미한다. 숨을 넣는 것은 남자가 자신의 성기를 통해서 여성의 성기에 숨을 집어넣는 것이다.

원기와 정액으로 그대에게 정액을 놓아두노라!"[1486] 이러면 임신한 여인이 된다. 11

이제 아내에게 정부情夫가 생긴 자가 만일 그 정부를 증오한다면, 굽지 않은 흙 그릇에 불을 잘 담아가지고 화살처럼 생긴 성스런 풀을[1487] 거꾸로[1488] 깔고는 그곳에서 이 화살촉들을 거꾸로 하여 우유 기름으로 바른 것을 불에 넣어 태워 제祭를 올린다.

"그대는 나의 타오르는 불에 태워 제 올렸으니,[1489] 나는 그대의 생기生氣와 하기下氣를 거두노라! 그는……"[1490]

1486 "indriyeṇa te retasā reta ādadhāmi." 샹카라에 의하면 이 만뜨라와 더불어 먼저 숨을 빼낸 다음 나중에 숨을 넣어야 한다.

1487 "화살처럼 생긴 성스런 풀"의 원어는 샤라바르히쓰(śarabarhis)다. 샤라바르히쓰는 '갈대, 화살'을 의미하는 샤라(śara)와 제례용으로 사용되는 성스런 풀을 의미하는 바르히쓰(barhis)가 합한 말이다. 바르히쓰를 꾸샤 혹은 다르바라고도 한다. 아마도 갈대의 줄기처럼 화살 모양으로 생긴 성스런 풀의 줄기를 의미하는 듯하다. 기타프레스의 힌디 어 해석본에 의하면 샤라바르히쓰는 갈대(sarakaṇḍā)다. 싸뜨야브라따 씻단따랑까라에 의하면 샤라바르히쓰는 갈댓잎 같은 형태의 꾸샤다. 막스 뮐러는 '화살(arrows)'이라고 번역한다. 라다크리슈난은 '갈대 화살(reed arrows)'이라고 번역한다.

1488 샹카라에 의하면 모든 것을 거꾸로 해야 한다.

1489 기타프레스의 힌디 어 해석본에 의하면 '젊음 등으로 빛나는 내 아내의 타오르는 불에 그대는 정액을 불에 태워 올리는 제물로 넣었으니'라는 의미다. "타오르는 불"은 여성의 성기를 의미한다.

1490 "mama samiddhe'hauṣīḥ, prāṇāpānau ta ādade, asau." 샹카라에 의하면 불에 제물을 넣어 태워 올리는 제일 마지막에 각각의 만뜨라마다 그는 이렇게 이름을 거명해야 한다. 싸뜨야브라따 씻단따랑까라에 의하면 자신의 이름을 거명한다. 그러나 기타프레스의 힌디 어 해석본에 의하면 "거두노라(ādade)!"까지의 만뜨라를 읽은 다음에 '파뜨(phaṭ)'라는 소리를 발음하고는 첫 번째 제물을 불에 넣어 태운다. 제물을 불에 넣는 마지막 순간에 "그는 나의 적이다(asau mama śatruḥ)"라고 말하고는 적의 이름을 거명해야 한다. 만뜨라의 마지막은 '아싸우 이띠(asau iti)'로 끝난다. 아싸우(asau)는 '그는'이란 뜻이며, 이띠(iti)는 만뜨라가 끝나는 것을 의미한다. 막스 뮐러는 '아싸우 이띠'를 '나는 여기서'라

"그대는 나의 타오르는 불에 태워 제 올렸으니, 나는 그대의 아들과 가축들을 거두노라! 그는……"[1491]

"그대는 나의 타오르는 불에 태워 제 올렸으니, 나는 그대의 공덕과 선행을 거두노라! 그는……"[1492]

"그대는 나의 타오르는 불에 태워 제 올렸으니, 나는 그대의 희망과 앞날의 기대를 거두노라! 그는……"[1493]

이와 같이 아는 브라흐마나가 저주하는 그러한 이 자는 원기와 선행을 잃은 채 이 세상에서 떠나간다. 그러므로 이와 같이 아는 베다 학자의 아내와 놀기를 바라지 말아야 한다. 왜냐하면 이와 같이 아는 사람은 최종 승자가[1494] 되기 때문이다. 12

이제 아내가 생리 기간에 이르면 삼일 동안을 놋쇠 잔에다[1495] 마시

고 번역한다.

1491 "mama samiddhe'hauṣīḥ, putrapaśūṁsta ādade, asau." 기타프레스의 힌디 어 해석본에 의하면 "거두노라!"까지의 만뜨라를 읽은 다음에 두 번째 제물을 불에 넣고 마지막에 "그는……"이라고 말하며 적의 이름을 거명한다.

1492 "mama samiddhe'hauṣīḥ, iṣṭāsukṛte ta ādade, asau." 기타프레스의 힌디 어 해석본에 의하면 "거두노라!"까지의 만뜨라를 읽은 다음에 세 번째 제물을 불에 넣고 마지막에 "그는……"이라고 말하며 적의 이름을 거명한다.

1493 "mama samiddhe'hauṣīḥ, āśāparākāśau ta ādade, asau." 기타프레스의 힌디 어 해석본에 의하면 "거두노라!"까지의 만뜨라를 읽은 다음에 네 번째 제물을 불에 넣고 마지막에 "그는……"이라고 말하며 적의 이름을 거명한다.

1494 "최종 승자"의 원어는 빠라(para)다. 빠라는 형용사로 '다른, 먼, 건너, 이어지는, 다음의, 보다 높은, 최고의, 탁월한, 이상한, 적대적인, 초과하는, 최종의' 등을 의미하고, 남성 명사로는 '다른 사람, 외국인, 적(敵), 전능한 존재' 등을 의미하며, 중성 명사로는 '정점, 최고의 영혼, 지고, 다른 세상' 등을 의미한다. 샹카라에 의하면 여기서 빠라는 적(敵)을 뜻한다.

1495 "놋쇠 잔"의 원어는 깡싸(kaṁsa)다. 깡싸는 남성 명사 혹은 중성 명사로 '마시는 그

지 말아야 한다.[1496] 삼일 밤이 지난 이후에 목욕하고 새 옷을 입어 쌀을 찧게 해야 한다. 이 여인을 천한 남자와 천한 여자가 만져서는 안 된다.[1497] 13

'내 아들이 밝은 색으로 태어나길 바라노라! 한 베다에 정통하길 바라노라![1498] 모든 수명을 누리길 바라노라!'[1499] 이렇게 바라는 그는 우유 밥을 지어서 우유 기름과 더불어 둘이 먹어야 한다.[1500] 둘은 낳게 할 능력이 있게 된다. 14

이제 '내 아들이 황갈색으로[1501] 황색으로[1502] 태어나길 바라노라![1503]

릇, 컵, 잔, 종청동(鐘靑銅), 백동(白銅)' 등을 의미하며 남성 명사로만 사용되어 '금속, 불' 등을 의미한다. 막스 뮐러는 깡싸를 '금속 그릇(a metal vessel)'이라고 번역한다. 라다크리슈난은 '청동 컵(a bronze cup)'이라고 번역한다.

1496 기타프레스의 힌디 어 해석본은 아내가 마시지 않는 것으로 해석한다. 막스 뮐러는 아내가 마시지 않는 것으로 해석한다. 아울러 새 옷을 입는다고 해석한다. 라다크리슈난은 아내가 마시지 않는 것으로 해석한다. 아울러 새 옷을 입어도 안 된다고 해석한다. 그러나 싸뜨야브라따 씻단따랑까라는 남편이 마시지 않는 것으로 해석한다.

1497 샹카라에 의하면 목욕하기 전에 만져서도 안 되고, 목욕한 이후에 만져서도 안 된다.

1498 샹카라에 의하면 하나의 『베다』를 말한다는 의미다. 막스 뮐러는 한 개의 『베다』를 아는 것으로 해석한다. 라다크리슈난은 『베다』를 공부하는 것으로 해석한다.

1499 샹카라에 의하면 "모든 수명을 누린다"는 것은 백 세까지 산다는 뜻이다.

1500 기타프레스의 힌디 어 해석본에 의하면 부부가 둘이 우유와 쌀을 익혀 유미죽(乳米粥, khīra)을 만들어, 그 죽에 우유 기름을 섞어 먹는다.

1501 "황갈색"의 원어는 까삘라(kapila)다. 까삘라는 형용사로 '황갈색의, 불그스름한, 황갈색의 머리칼을 가진' 등을 의미하며, 남성 명사로는 '멍멍이, 향, 불의 형태, 황갈색, 태양의 이름' 등을 의미한다. 까삘라는 불경에서 '적색(赤色), 황백(黃白), 황적색(黃赤色)' 등으로 한역된다.

1502 "황색"의 원어는 삥갈라(piṃgala)다. 삥갈라는 형용사로 '적갈색의, 노란색의, 갈색의, 황갈색의' 등을 의미하고, 남성 명사로는 '황갈색, 불, 원숭이, 작은 올빼미' 등을 의미한다. 삥갈라는 불경에서 '황(黃), 황색(黃色), 황백색(黃白色)' 등으로 한역된다.

1503 막스 뮐러에 의하면 황갈색의 양 눈에 불그스름한 색의 피부를 가진 아들이 태어나

두 베다에 정통하길 바라노라![1504] 모든 수명을 누리길 바라노라!' 이렇게 원하는 자는 유락乳酪[1505] 밥을 지어서 우유 기름과 더불어 둘이 먹어야 한다.[1506] 둘은 낳게 할 능력이 있게 된다. 15

이제 '내 아들이 거무스레하게[1507] 불그레한 눈으로[1508] 태어나길 바라노라! 세 베다에 정통하길 바라노라![1509] 모든 수명을 누리길 바라노라!' 이렇게 원하는 자는 물로 밥을 지어서 우유 기름과 더불어 둘이 먹어야 한다.[1510] 둘은 낳게 할 능력이 있게 된다. 16

이제 '내 딸이 학자로 태어나길 바라노라! 모든 수명을 누리길 바라노라!'[1511] 이렇게 원하는 자는 참깨 밥을[1512] 지어서 우유 기름과 더불어

기를 원한다는 의미다. 라다크리슈난에 의하면 황갈색 혹은 갈색 피부의 아들이 태어나기를 원한다는 의미다.

1504 막스 뮐러는 두 개의 『베다』를 아는 것으로 해석한다. 라다크리슈난은 두 개의 『베다』를 공부하는 것으로 해석한다.

1505 776쪽 1443번 각주 참조.

1506 기타프레스의 힌디 어 해석본에 의하면 부부가 둘이 유락(乳酪)으로 쌀을 익혀 밥(bhāta)을 만들어, 그 밥에 우유 기름을 섞어 먹는다.

1507 "거무스레"의 원어는 스야마(śyāma)다. 스야마는 형용사로 '검은, 검푸른, 어두운 색의, 갈색의, 거무스름한' 등을 의미하며, 남성 명사로는 '검은색, 녹색, 구름, 뻐꾸기' 등을 의미한다. 스야마는 불경에서 '흑(黑), 구흑(垢黑), 자색(紫色), 녹(綠)' 등으로 한역된다.

1508 "불그레한"의 원어는 로히따(lohita)다. 로히따는 형용사로 '붉은, 구릿빛의, 구리로 만든' 등을 의미하고, 남성 명사로는 '붉은색, 화성, 뱀, 사슴의 종류, 쌀의 종류, 보석의 일종' 등을 의미하며, 중성 명사로는 '구리, 피' 등을 의미한다. 불경에서 '적(赤), 단(丹), 단색(丹色), 홍(紅), 홍색(紅色)' 등으로 한역된다.

1509 막스 뮐러는 세 개의 『베다』를 아는 것으로 해석한다. 라다크리슈난은 세 개의 『베다』를 공부하는 것으로 해석한다.

1510 기타프레스의 힌디 어 해석본에 의하면 부부가 둘이 물로 쌀을 익혀 밥을 만들어, 그 밥에 우유 기름을 섞어 먹는다.

1511 샹카라에 의하면 여자는 『베다』를 학습할 권리가 없기 때문에 딸이 학자가 됨은 가

둘이 먹어야 한다.[1513] 둘은 낳게 할 능력이 있게 된다. 17

이제 '내 아들이 학자, 저명한 자, 모임에 참석하는 자,[1514] 듣기 좋은 말을 하는 자로[1515] 태어나길 바라노라! 모든 베다에 정통하길 바라노라! 모든 수명을 누리길 바라노라!' 이렇게 원하는 자는 고기 밥을[1516] 지어서 우유 기름과 더불어 둘이 먹어야 한다. 둘은 낳게 할 능력이 있게 된다. 젊은 수소나 그보다 나이 든 수소의 고기로 한다.[1517] 18

이제 새벽이 되자마자 솥에 익히는 방법으로 액체 상태의 우유 기름을 저어서 솥에 익힌 것에서 조금씩 떼어낸 것을 불에 넣어 태워 올려

정학(gṛhatantra)에 관련된 것을 의미한다. 『베다』 찬가 가운데는 여자 선인(仙人)이 지은 것도 있다. 따라서 샹카라의 설명은 베다 시대의 상황에 그다지 어울리지 않는다.

1512 샹카라에 의하면 "참깨 밥(tilaudana)"은 '참깨와 쌀을 섞어 우유로 끓인 죽밥(kṛśara)'이다.

1513 기타프레스의 힌디 어 해석본에 의하면 부부가 둘이 깨와 쌀로 혼합죽(khicarī)을 만들어, 그 죽에 우유 기름을 섞어 먹는다.

1514 샹카라에 의하면 "모임에 참석하는 자(samitiṁgama)"는 회합(sabhā)에 가는 것으로 과감함(pragalbha)을 의미한다. 언변에 과감함을 뜻한다.

1515 샹카라에 의하면 "듣기 좋은 말을 하는 자(śuśrūṣitāṁ vācaṁ bhāṣitā)"는 정제된 언어로 의미 있는 말을 하는 사람을 뜻한다.

1516 샹카라에 의하면 "고기 밥(māṁsaudana)"은 고기를 섞은 밥이다.

1517 샹카라에 의하면 "젊은 수소의 고기(aukṣa)"는 수정할 능력이 있는 수소의 고기이며, "그보다 나이 든 수소의 고기(ārṣabha)"는 젊은 수소보다 훨씬 나이 든 수소의 고기를 뜻한다. 기타프레스의 힌디 어 해석본과 싸뜨야브라따 씻단따랑까라는 모두 다 '젊은 수소의 고기'를 우끄샤(ukṣā)라는 약초로, 그리고 '그보다 훨씬 나이 든 수소의 고기'를 리샤바(ṛṣabha)라는 약초로 해석한다. 아마도 힌두교도로서 소고기를 먹는다는 사실이 힌두교의 성전 가운데 하나인 『우파니샤드』에 명시된다는 사실을 인정하기 힘들었을 것이다. 그러나 바와부띠(Bhavabhūti)라는 작가가 쓴 『웃따라라마짜리땀(*Uttararāmacaritam*)』이란 산스크리트 희곡 작품을 통해서도 브라흐마나들이 소고기를 귀한 손님을 대접하는 데 사용했음이 확인된다. 아마도 샹카라가 살던 시대는 인도에서 소고기를 식용하던 시기였던 것 같다.

제祭를 지낸다.[1518]

"불을 위해 사바하! 승낙을[1519] 위해 사바하! 빛나는 싸비뜨리를 위해,[1520] 진리의 원천을 위해 사바하!"[1521]

불에 넣어 태워 올려 제를 지내고는 퍼내어 먹는다. 먹고는 이녁에게 준다.[1522] 양손을 씻은 다음 물그릇을 가득 채워서 그것으로 이 여인을 세 번 뿌려서 관정灌頂한다.[1523]

"여기서 일어나라, 위스바와쑤여![1524] 다른 농염濃艶한 여인을 찾으라! 아내는 온전히 남편과 함께하리라!"[1525] 19

1518 샹카라에 의하면 찧어서 준비한 쌀들을 가지고 바로 아침에 "솥에 익히는 방법(sthālīpākavidhi)"에 따라 "액체 상태의 우유 기름"을 저어서 즉 정제하여 메밥(caru)을 짓는다. 그리고 솥에 익은 메밥에서 덜어 낸 것을 '불에 넣어 올리는 제물'들로 삼아 불에 넣어 태워 올려 "불을 위해 사바하!" 등의 만뜨라와 더불어 제를 지낸다.

1519 승낙(承諾)의 원어는 아누마띠(anumati)다. 아누마띠는 여성 명사로 '동의, 승낙, 인정(認定)' 등을 의미한다. 또한 아누마띠는 달이 보름째 되는 날로써 이날 달의 모습은 만월(滿月)에 조금 못 미치는 형태이며 이 날은 신들과 조상들이 제물을 기꺼이 받아들이는 날이다.

1520 "빛나는 싸비뜨리를 위해(devāya savitre)"는 '신(神)인 싸비뜨리를 위해서'라고 옮겨도 좋다.

1521 "agnaye svāhā'numataye svāhā devāya savitre satyaprasavāya svāhā."

1522 샹카라에 의하면 남은 메밥을 스스로 먹고, 먹고 남은 것을 아내에게 준다는 의미다.

1523 샹카라에 의하면 양손을 씻은 다음 물로 입가심을 하고는 물그릇을 가득 채워 그 물로 이 여인에게 세 번 뿌린다. 물을 뿌릴 때 "여기서 일어나라!"라는 다음의 만뜨라와 더불어 뿌린다. 만뜨라는 한 번만 읽는다.

1524 막스 뮐러와 라다크리슈난에 의하면 위스바와쑤(viśvāvasu)는 사랑의 신에 해당되는 간다르바의 이름이다.

1525 "uttiṣṭhāto viśvāvaso'nyāmiccha prapūrvyāṁ saṁ jāyāṁ patyā saha."

이제 이 여인에게 다가간다.[1526]

"나는 생기生氣라오! 당신은 언어, 당신이 언어라오![1527] 나는 생기, 나는 싸마 찬가라오! 당신은 리그 찬가라오![1528] 나는 하늘, 당신은 땅! 오시오! 그러한 둘이 끌어안읍시다. 사내 아들을 얻게 우리 둘이 함께 정액을 간직하게 합시다!"[1529] 20

이제 이녁의 가랑이를 벌리게 한다.

"하늘과 땅이여 벌어지려무나!"[1530]

그녀 안에 물건을 고정시킨 다음 입으로 입을 맞대고는 털을 따라 이녁을 세 번 문지른다.[1531]

"위스누가 자궁을 만들기를 바라노라! 뜨바스뜨리가[1532] 모양들을

1526 '다가간다'의 원어는 아비빠드야떼(abhipadyate)다. 아비빠드야떼는 '가다, 접근하다, 다가가다, 고려하다, 간주하다, 돕다, 붙잡다, 공격하다, 압도하다, 받아들이다, 헌신하다, 준수하다, 존경하다' 등을 의미하는 어근 '아비빠드(abhipad)'의 주어가 삼인칭 단수일 때의 현재형 자위형의 활용 형태다. 막스 뮐러와 라다크리슈난 그리고 기타프레스의 힌디 어 해석본은 아비빠드야떼를 '끌어안는다'고 번역한다. 싸뜨야브라따 씻단따랑까라는 '곁으로 다가간다'고 번역한다.

1527 "언어"는 생기에 바탕을 둔다.

1528 "싸마 찬가"는 "리그 찬가"를 노래로 부르는 것이다. 따라서 싸마 찬가는 리그 찬가에 바탕을 둔다.

1529 "amo'hamasmi sā tvaṁsā tvamasyamo'haṁ sāmāhamasmi ṛk tvaṁ dyauraham pṛthivī tvaṁ tāvehi saṁrabhāvahai saha reto dadhāvahai puṁse putrāya vittaye." 샹카라에 의하면 동침할 때 이 만뜨라와 더불어 다가간다.

1530 "vijihīthām dyāvāpṛthivī." 샹카라에 의하면 이 만뜨라와 더불어 가랑이를 벌리게 한다.

1531 샹카라에 의하면 다음의 각각의 만뜨라와 더불어 머리에서부터 털이 누운 방향을 따라 세 번씩 문지른다.

1532 "뜨바스뜨리(Tvaṣṭṛ)"는 남성 명사로 '목수, 건축가, 장인(匠人), 신들의 장인인 위스바까르만'을 의미한다. 신들의 장인인 뜨바스뜨리에게는 뜨리쉬라쓰(Triśiras)라는 아들과 샹갸(Saṁjñā)라는 딸이 있었다. 이들 가운데 샹갸는 태양에게 시집을 갔다. 그러나 샹

만들기를 바라노라! 쁘라자빠띠가 부어 넣기를 바라노라! 다뜨리가[1533] 당신에게 아이를 배게 하기를 바라노라!"[1534]

"태아를 품게 하려무나, 씨니왈리여![1535] 태아를 품게 하려무나, 쁘리투스뚜까여![1536] 푸른 연꽃 목걸이를 한 빛나는 두 아스위나우가[1537] 당신에게 태아를 품게 하기를 바라노라!"[1538] 21

"황금의 두 부싯나무가[1539] 있었으니, 두 아스위나우는 그 둘로 비벼

갸는 자신의 남편인 태양빛이 너무 강렬해 견딜 수가 없었다. 그래서 아버지인 뜨바스뜨리는 태양을 자신의 작업대에 올려놓고 조심스럽게 태양의 빛나는 원반을 깎아 냈다. 태양에서 깎여 나간 부분들은 위스누의 무기인 원반(cakra), 쉬바의 무기인 삼지창(triśūla), 그리고 몇몇 다른 신들의 무기가 되었다.

1533 "다뜨리(Dhātṛ)"는 남성 명사로 '만드는 자, 창조자, 저자, 간직하는 자, 지지자, 보호자, 유지자, 세계의 창조자인 브라흐마의 별칭, 세계의 유지자인 위스누의 별칭, 영혼, 브라흐마가 세상을 창조할 때 존재하는 '일곱 선인(七仙人, saptarṣi)' 가운데 하나, 결혼한 여인의 애인, 마흔 아홉 개의 바람의 신들 가운데 하나, 풍성하게 하는 것, 운명' 등을 의미한다. 다뜨리는 불경에서 '지자(持者), 능지(能持)' 등으로 한역된다.

1534 "viṣṇuryoniṁ kalpayatu tvṣṭā rūpāṇi piṁśatu, ā siñcatu prajāpatirdhātā garbhaṁ dadhātu te." 『리그베다』(10, 184, 1)의 만뜨라다.

1535 "씨니왈리(Sinīvālī)"는 여성 명사로 '초승달이 뜨기 직전의 날 혹은 초승달이 아주 미약하게 보이는 날'을 의미한다.

1536 "쁘리투스뚜까(Pṛthuṣṭukā)"는 싸뜨야브라따 씻단따랑까라에 의하면 많이 찬양되는 자다. 기타프레스의 힌디 어 해석본에 의하면 거듭거듭 찬양되는 존재를 의미하며 씨니왈리를 꾸며 주는 낱말이다. 라다크리슈난은 쁘리투스뚜까를 '넓은 머리를 단으로 묶은 귀부인(broad tressed dame)'이라고 번역한다.

1537 "아스위나우(Aśvinau)"는 태양신의 쌍둥이 아들이며 말의 모습을 한 처녀에게서 태어났다. 이들은 신들의 의사다. 또한 이들은 새벽의 전령으로 젊고, 아름답고, 밝고, 재빠르다. 아스위나우는 어둠에서 빛으로 변해가는 것을 상징한다. 그래서 쌍둥이의 모습으로 표현된다. 혹은 하늘과 땅, 낮과 밤을 상징하기도 한다. "빛나는 두 아스위나우(aśvinau devau)"를 '두 아스위나우 신'이라고 옮겨도 좋다. 기타프레스의 힌디 어 해석본에 의하면 아스위나우는 태양과 달을 의미한다.

1538 "garbhaṁ dhehi sinīvāli garbhaṁ dhehi pṛthuṣṭuke, garbhaṁ te aśvinau devāvādhattāṁ puṣkarasrajau." 『리그베다』(10, 184, 2)의 만뜨라다.

1539 "부싯나무"의 원어는 아라니(araṇī)다. 아라니는 여성 명사 단수의 형태로 '마찰하여

불을 피웠네.[1540] 그러한 태아를 열 달 안에 출산하기 위해 우리는 그대에게 불에 넣어 태워 제를 올린다네."[1541]

"불을 배고 있는 땅처럼, 인드라를[1542] 임신한 하늘처럼, 바람이 방위들의 태아이듯이, 바로 그렇게 나는 그대에게 태아를 갖게 하네, 그는 이렇게"[1543] 22

출산하는 여인을 물로 뿌린다.

"바람이 연못을 모두 일렁이듯, 그렇게 그대의 태아가 움직여라. 태胎와 함께 아래로 나오라! 빗장 걸고 울타리 친 이 길은 인드라를[1544] 위해 만들어진 것이니, 인드라여, 그대는 태아와 탯줄과 함께 빠져 나오려무나. 이렇게"[1545] 23

불을 피우는 나무' 혹은 여성 명사와 남성 명사로 사용되는 아라니의 주격과 목적격 양수 형태로 '불을 피우는 나무 두 조각'을 의미한다. 남성 명사 혹은 여성 명사로 사용되는 아라니는 '마찰하여 불을 피우는 나무, 태양, 불, 부싯돌, 불을 만드는 식물들의 이름' 등을 의미한다. 원어는 장모음 '이(i)'로 끝나는 아라니다. 따라서 '부싯돌'처럼 불을 피우는 나무라는 의미에서 '부싯나무'라고 옮긴다.

1540 "비벼 불을 피우다"에 해당되는 어근은 '니르마트(nirmath)'다. 니르마트는 '휘젓다, 흔들다, 비벼서 불을 피우다, 상하게 하다, 완전히 파괴하다' 등을 의미한다.

1541 "hiraṇmayī araṇī yābhyāṁ nirmanthatāmaśvinau, taṁ te garbhaṁ havāmahe daśame māsi sūtaye." 『리그베다』(10. 184. 3)의 만뜨라다. 기타프레스의 힌디 어 해석본에 의하면 '옛날에 빛나는 부싯나무가 둘 있었다. 아스위나우는 그 둘을 비볐다. 그 비빔을 통해 불사의 형태인 태아가 생겨났다. 그 불사의 형태인 태아를 그대가 열 달 안에 탄생시키게 하기 위해 우리는 그대의 자궁 안에 놓아둔다'는 의미다.

1542 "인드라"는 번개로 구름을 자극하여 땅속에 있는 곡식이 싹을 틔우게 하는, 비를 내리게 하는 바람의 신이다. 신화에서는 천국에 거주하는 신들의 왕이다.

1543 "yathā'gnigarbhā pṛthivī yathā dyaurindriyeṇa garbhiṇī, vāyurdiśāṁ yathā garbha evaṁ garbhaṁ dadhāmi te'sāviti." 샹카라에 의하면 마지막에 "그는"의 자리에 그녀의 이름을 거명해야 한다. 그녀의 이름은 아내의 이름이다. 싸뜨야브라따 씻단따랑까라에 의하면 아내의 이름이 아니라 자신의 이름이 거명되어야 한다.

1544 싸뜨야브라따 씻단따랑까라에 의하면 여기서 "인드라"는 '생령의 아'를 의미한다.

태어나면, 불을 놓아 피우고 품에[1546] 안아 놋쇠 잔에[1547] 유락乳酪을 섞은 우유 기름을 담아가지고 유락을 섞은 우유 기름을 조금씩 덜어 낸 것을 불에 넣어 태워 제祭를 올린다.

"나는 자신의 이 집에서 번성하며 천千을 기르리라![1548] 이 아이의 혈통에 자손과 가축들이 끊어지지 않으리라, 사바하!"

"내게 있는 생기들을 네 안에 마음으로 제祭를 올려 바치노라. 사바하!

행위에 있어 내가 지나치게 하거나 혹은 부족하게 한 것이 여기 있으면, 알고 있는 아그니는[1549] 제대로 이루게 하는 이 되어 우리를 위해 바르게 헌공되고 바르게 제 지낸 것이 되게 하려무나, 사바하!"[1550] 24

이제 이의[1551] 오른쪽 귀에 대고서 "언어, 언어" 이렇게 세 번.[1552]

1545 "yathā vāyuḥ puṣkariṇīṁ samiṃgayati sarvataḥ, evā te garbha ejatu sahāvaitu jarāyuṇā, indrasyāyaṁ vrajaḥ kṛtaḥ sārgalaḥ sapariśrayaḥ, tamindra nirjahi garbheṇa sāvarāṁ saheti." 『리그베다』(5. 78. 7~8)의 만뜨라와 유사하다. 샹카라에 의하면 출산할 때 편하게 출산하기 위하여 출산하는 여인에게 이 만뜨라와 더불어 물을 뿌린다.

1546 샹카라에 의하면 관련된 전체 문맥으로 보아 아버지의 품이다.

1547 783쪽 1495번 각주 참조.

1548 기타프레스의 힌디 어 해석본에 의하면 '나의 이 집 안에서 아들의 형태로 증대함을 얻은 나는 수천의 사람들을 양육하는 사람이 되리라!'는 의미다.

1549 "아그니"는 불 또는 불의 신이다.

1550 "asmin sahasraṁ puṣyāsamedhamānaḥ sve gṛhe, asyopasadyāṁ mācchaitsīt prajayā ca paśubhiśca svāhā. mayi prāṇāṁstvayi manasā juhomi svāhā, yat karmaṇā'tyarīricaṁ yadvā nyūnamihākaram, agniṣṭat sviṣṭakṛdvidvān sviṣṭaṁ suhutaṁ karotu naḥ svāhā." 샹카라에 의하면 아들이 태어나면 아들을 품에 안고 놋그릇에 '유락(乳酪)을 섞은 우유 기름(pṛṣadājya)'을 담아 두고는 조금씩 덜어낸 것을 불에 넣어 태워 이 만뜨라와 더불어 제(祭)를 올린다.

1551 "이"는 갓 태어난 아이다.

1552 샹카라에 의하면 아이의 오른쪽 귀에 자신의 입을 대고서 "언어, 언어(vāg vāg)" 이렇게 세 번 염송해야 한다. 기타프레스의 힌디 어 해석본에 의하면 '언어, 언어, 언어(vāg, vāg, vāg)' 이렇게 세 번 말해야 하며, 세 번 말하는 것은 세 가지 『베다』의 형태인 언어에

이제 유락乳酪, 꿀, 우유 기름을 함께 섞어서 다른 것이 포함되지 않은 순금으로[1553] 먹인다.

"땅, 내 너에게 간직하게 하노라! 허공, 내 너에게 간직하게 하노라! 하늘, 내 너에게 간직하게 하노라! 땅, 허공, 하늘, 모든 것을 내 너에게 간직하게 하노라! 이렇게"[1554] 25

이제 이의[1555] 이름을 짓는다. "너는 베다다!" 그래서 그것은 바로 이의 비밀스런 이름이 된다.[1556] 26

이제 이를[1557] 엄마에게 주고는 젖가슴을 준다.

"그대의 젖가슴은 마르지 않는 것, 기쁨을 주는 것, 보물을 기르는 것, 부富를 얻게 하는 것, 제대로 주는 것이니, 그로써 그대는 모든 복福들을 양육하나니, 싸라쓰와띠여,[1558] 그대의 그것을 여기 이 몸 안에 만들려무나!"[1559] 27

입문케 하기 위함이다.

1553 기타프레스의 힌디 어 해석본에 의하면 "순금"은 순금 숟가락이다.

1554 "bhūste dadhāmi, bhuvaste dadhāmi, svaste dadhāmi, bhūrbhuvaḥ svaḥ sarvaṁ tvayi dadhāmīti." 샹카라에 의하면 이들 만뜨라들과 더불어 각각 먹인다.

1555 "이"는 갓 태어난 아이다.

1556 샹카라에 의하면 『베다』는 아이의 "비밀스런 이름"이 된다는 의미다.

1557 "이"는 갓 태어난 아이다.

1558 "싸라쓰와띠"는 창조의 신인 브라흐마의 아내로 언어, 학문, 예술의 여신이다. 싸라쓰와띠는 여성 명사로 '강의 이름, 강, 암소, 뛰어난 여인, 두르가의 이름, 쏘마라는 식물' 등을 의미하기도 한다. 싸라쓰와띠는 불경에서 '변(辯), 변재(辯才), 묘음(妙音), 변천(辯天), 변천신(辯天神), 변재천녀(辯才天女)' 등으로 한역된다.

1559 "yaste stanaḥ śaśayo yo mayobhūryo ratnadhā vasuvidyaḥ sudatraḥ, yena viśvā puṣyasi vāryāṇi sarasvati tamiha dhātave kariti." 『리그베다』(1, 164, 49)의 만뜨라에서 어구의 위치가 바뀐 형태다. 샹카라에 의하면 엄마에게 아이를 주고는 엄마 품에 있는 아이에게 이 만뜨라와 더불어 엄마의 젖가슴을 준다. 기타프레스의 힌디 어 해석본에

이제 만뜨라를 읊어 이의[1560] 엄마를 성스럽게 만든다.

"그대는 '미뜨라'와 '와루나'의 딸인 '이라'[1561]라네! 여걸女傑이여, 영웅을 낳아 우리를 영웅을 갖게 만들었으니, 그러한 그대는 영웅의 어머니 여라!"[1562]

그에게[1563] 이 말들을 한다.[1564]

"그대는 정녕 아버지를 능가하게 되었노라! 그대는 정녕 할아버지를 능가하게 되었노라! 그대는 정녕 영광과 명예와 브라흐만의 권능으로[1565] 최고 정점에 도달했노라!"

이와 같이 아는 브라흐마나에게는 아들이 생긴다. 28

의하면 '그러한 젖가슴을 싸라쓰와띠인 그대는 내 부인의 몸 안에 들어가 이 아이의 입에 주라!'는 의미다.

1560 "이"는 갓 태어난 아이다.

1561 "이라(Ilā, Iḍā)"는 우정과 관련된 태양의 신인 미뜨라(Mitra) 그리고 법과 관련된 수신(水神) 혹은 창공의 신인 와루나의 딸이다. "이라"는 여성 명사로 '땅, 언어, 공물(供物), 음식, 암소, 천국, 성스러운 언어의 여신으로써 인격화된 찬미 혹은 예찬의 흐름, 두르가의 이름' 등을 의미한다. 기타프레스의 힌디 어 해석본은 이라를 찬양 받을 만한 미뜨라와 아루나의 딸인 '아룬다띠(Arundhatī)'라고 해석한다. 아룬다띠는 와씨스타(Vasiṣṭha) 선인(仙人)의 아내다. 싸뜨야브라따 씻단따랑까라는 '찬양 받을 만한 땅 혹은 자연과 같은 여인'이라고 해석한다.

1562 "ilāsi maitrāvaruṇī vīre vīramajījanat, sā tvaṁ vīravatī bhava yā'smān vīravato'-karaditi." 샹카라에 의하면 이 만뜨라와 더불어 아이의 엄마를 성스럽게 한다.

1563 "그에게"는 '갓 태어난 아이에게'다.

1564 기타프레스의 힌디 어 해석본에 의하면 다른 사람들이 이 아이를 보고는 말한다.

1565 "브라흐만의 권능"의 원어는 브라흐마와르짜쓰(brahmavarcas)다. 브라흐마와르짜쓰는 중성 명사로 '성스러운 영광, 성스런 지식을 통해 얻어지는 영적인 수승함 혹은 성스러움, 브라흐마나의 권능' 등을 의미한다. 막스 뮐러는 브라흐만의 권능을 '『베다』의 영광(Vedic glory)'이라고 번역한다.

다섯 번째 절[1566]

이제 사제 계승이다.

'빠우띠마쉬'의 아들은 '까뜨야야니'의 아들에게서, '까뜨야야니'의 아들은 '가우따미'의 아들에게서, '가우따미'의 아들은 '바라드와지'의 아들에게서, '바라드와지'의 아들은 '빠라샤리'의 아들에게서, '빠라샤리'의 아들은 '아우빠쓰와띠'의 아들에게서, '아우빠쓰와띠'의 아들은 '빠라샤리'의[1567] 아들에게서, '빠라샤리'의 아들은 '까뜨야야니'의 아들에게서, '까뜨야야니'의 아들은 '까우쉬끼'의 아들에게서, '까우쉬끼'의 아들은 '알람비'의 아들과 '와이야그라빠디'의 아들에게서, '와이야그라빠디'의 아들은 '깐위'의 아들과 '까삐'의 아들에게서, '까삐'의 아들은 1[1568]

'아뜨레야이'의 아들에게서, '아뜨레야이'의 아들은 '가우따미'의 아들에게서, '가우따미'의 아들은 '바라드와지'의 아들에게서, '바라드와지'의 아들은 '빠라샤리'의 아들에게서, '빠라샤리'의 아들은 '와뜨씨'의 아들에게서, '와뜨씨'의 아들은 '빠라샤리'[1569]의 아들에게서, '빠라샤리'의 아들은 '와르까루니'의 아들에게서, '와르까루니'의 아들은 '와르까루니'의 아들에게서,[1570] '와르까루니'의 아들은 '아르따바기'의 아들에게서, '아르따바기'의 아들은 '샤웅기'의 아들에게서, '샤웅기'의 아들은 '쌍끄리

1566 샹카라에 의하면 '전체 교의를 이어나가는 계보(samastapravacanavaṁśa)'다. 여성이 탁월함으로 인해서 우수한 자질을 지닌 아들이 생겨난다. 따라서 여성의 별칭을 통해 아들의 별칭을 제시하여 스승의 계보를 찬양한다.

1567 "빠라샤리(pārāśarī)"는 앞에 나오는 빠라샤리와 동명이인이다. 이하 동일한 이름들은 동명이인을 의미한다.

1568 내용이 다음 항으로 이어진다.

1569 동명이인이다.

1570 "와르까루니(vārkāruṇī)의 아들"은 형제를 의미하는 것인지, 동명이인을 의미하는 것인지 확실치가 않다.

띠'의 아들에게서, '쌍끄리띠'의 아들은 '알람바야니'의 아들에게서, '알람바야니'의 아들은 '알람비'의 아들에게서, '알람비'의 아들은 '자얀띠'의 아들에게서, '자얀띠'의 아들은 '만두까야니'의 아들에게서, '만두까야니'의 아들은 '만두끼'의 아들에게서, '만두끼'의 아들은 '샨딜리'의 아들에게서, '샨딜리'의 아들은 '라티따리'의 아들에게서, '라티따리'의 아들은 '발루끼'의 아들에게서, '발루끼'의 아들은 '끄라운찌끼'의 두 아들에게서, '끄라운찌끼'의 두 아들은 '와이다브리띠'의 아들에게서, '와이다브리띠'의 아들은 '까르샤께야이'의 아들에게서, '까르샤께야이'의 아들은 '쁘라찌나요기'의 아들에게서, '쁘라찌나요기'의 아들은 '싼지비'의 아들에게서, '싼지비'의 아들은 '아쑤리와씬'인 '쁘라스니'의 아들에게서, '쁘라스니'의 아들은 '아쑤라야나'에게서, '아쑤라야나'는 '아쑤리'에게서, '아쑤리'는 2[1571]

'야갸발꺄'에게서, '야갸발꺄'는 '웃달라까'에게서, '웃달라까'는 '아루나'에게서, '아루나'는 '우빠웨쉬'에게서, '우빠웨쉬'는 '꾸스리'에게서, '꾸스리'는 '와자슈라와쓰'에게서, '와자슈라와쓰'는 '지흐와와뜨 바드야요가'에게서 '지흐와와뜨 바드야요가'는 '아씨따 와르샤가나'에게서, '아씨따 와르샤가나'는 '하리따 까스야빠'에게서, '하리따 까스야빠'는 '쉴빠 까스야빠'에게서, '쉴빠 까스야빠'는 '까스야빠 나이드루비'에게서, '까스야빠 나이드루비'는 '와쯔'[1572]에게서, '와쯔'는 '암비니'에게서, '암비니'는 '아디뜨야'[1573]에게서, 태양의 이 밝은[1574] 야주르베다는 '와짜싸네야[1575]

1571 내용이 다음 항으로 이어진다.

1572 "와쯔(vāc)"는 여성 명사로 '낱말, 소리, 언어, 약속, 구절, 어구, 학문과 언어 그리고 예술의 여신인 싸라쓰와띠' 등을 의미한다.

1573 "아디뜨야"는 남성 명사로 '아디띠의 아들, 신(神), 태양'을 의미한다. 아디띠는 까스

야갸발꺄'에 의해서 널리 알려지게 된다. 3

'싼지비'의 아들까지는 동일하다.[1576] '싼지비'의 아들은 '만두까야니'에게서, '만두까야니'는 '만다브야'에게서, '만다브야'는 '까우뜨싸'에게서, '까우뜨싸'는 '마히뜨티'에게서, '마히뜨티'는 '와마깍샤야나'에게서, '와마깍샤야나'는 '샨딜야'에게서, '샨딜야'는 '와뜨쓰야'에게서, '와뜨쓰야'는 '꾸스리'에게서, '꾸스리'는 '야갸와짜쓰 라자쓰땀바야나'에게서,

---

야빠 선인(仙人)의 아내로 신들의 어머니다.

1574 샹카라에 의하면 이 『야주르베다』는 브라흐마나 문헌에 섞이지 않아 '흰 것'들이다. 흰 것들은 순수(śuddha)한 것들이다. '흰'의 원어인 쑤끌라(śukla)는 형용사로는 '흰, 순수한, 밝은, 오점이 없는, 성공을 가져오는, 빛나는' 등을 의미하며, 남성 명사로는 '흰색, 달이 커 가는 밝은 보름 기간, 쉬바의 이름, 위스누의 이름' 등을 의미하고, 중성 명사로는 '은, 신선한 버터, 밝음, 흰 점' 등을 의미한다.

1575 "와자싸네야(Vājasaneya)"는 와자싸니(Vājasani)에서 파생된 낱말이다. 와자싸니는 '태양, 곡식을 주는 자' 등을 의미한다. 스승에게서 『야주르베다』를 배운 야갸발꺄는 스승의 미움을 받아 그가 배운 "야주르베다"를 모두 토해 내라는 명을 받았다. 그래서 야갸발꺄는 자신 안에 있던 『야주르베다』를 모두 토해 냈다. 그러자 스승은 다른 제자에게 자고새(taittira)로 변신해 토해 놓은 것을 먹으라고 명했다. 그래서 다른 제자가 자고새로 변신해 『야주르베다』를 먹었다. 그러나 땅에 토해 놓은 『야주르베다』를 먹었기 때문에 먹을 때 지푸라기나 흙 등 이물질이 함께 들어왔다. 그래서 자고새가 먹은 『야주르베다』는 순수한 『베다』가 아니라 내용상 브라흐마나 문헌이 함께 섞이게 되었다. 자고새가 먹은 이 『야주르베다』를 '자고새의 결집서'라는 의미에서 『따잇띠리야쌍히따(*Taittirīy-asaṁhitā*)』라고 부르며, 순수한 『베다』가 아니기에 '검은 야주르베다(kṛṣṇayajurveda)'라고도 부른다. 한편 『야주르베다』를 모두 토해 낸 야갸발꺄는 태양을 명상하여 태양에게서 『야주르베다』를 다시 얻었다. 야갸발꺄가 태양으로부터 다시 얻은 이 『야주르베다』는 태양에게서 얻은 것이기에 밝고 순수한 것이었다. 그래서 이 『야주르베다』에는 내용상 브라흐마나 문헌이 섞이지 않은 상태다. 이 『야주르베다』를 '태양의 결집서(vājasaneyis-aṁhitā)' 혹은 '정오의 결집서(mādhyaṁdinasaṁhitā)'라고 부르며, '흰 야주르베다(śuklay-ajurveda)'라고도 부른다. 이처럼 『야주르베다』에는 '자고새의 학파'와 '태양의 학파' 이렇게 두 학파가 존재한다.

1576 앞의 두 번째 항의 "'쁘라찌나요기'의 아들은 '싼지비'의 아들에게서"까지의 계보는 동일하며, 그 이후, 즉 "'싼지비'의 아들은 '아쑤리와씬'인 '쁘라스니'의 아들에게서"로 이어지는 계보와는 다른 계보라는 의미다.

'야갸와짜쓰 라자쓰땀바야나'는 '뚜라 까와쉐야'에게서, '뚜라 까와쉐야'는 '쁘라자빠띠'에게서, '쁘라자빠띠'는 '브라흐만'에게서, '브라흐만'은 '쓰와얌부'[1577]이다. '브라흐만'께 경배를 올립니다. 4

1577 원문의 "쓰와얌부(Syambhu)"는 단모음 '우(u)'로 끝난다. 쓰와얌부는 남성 명사로 '브라흐만의 이름'을 의미한다. 쓰와얌부는 불경에서 '불(仏), 자연(自然)' 등으로 한역된다. 장모음 '우(ū)'로 끝나는 쓰와얌부(Syambhū)는 형용사로 '스스로 존재하는'을 의미하며, 남성 명사로 '브라흐만의 이름, 위스누의 이름, 쉬바의 이름, 사랑의 신의 이름, 자이나교의 신격화된 성인, 여자의 가슴, 지고의 존재' 등을 의미한다. 쓰와얌부(Syambhū)는 불경에서 '세존(世尊), 대각(大覺), 선서(善逝), 여래(如來), 자각(自覺), 자재(自在), 대자재(大自在), 자연, 자연인(自然人), 자연기(自然起), 자연성(自然性), 자연오(自然悟), 무사(無師), 무사자연(無師自然)' 등으로 한역된다.

스웨따스와따라 우파니샤드

『스웨따스와따라 우파니샤드Śvetāśvatara Upaniṣad』는 『야주르베다Yajurveda』 가운데 '자고새의 학파'인 따잇띠리야Taittirīya 학파 계통에 속하는 『우파니샤드』다. 스웨따스와따라Śvetāśvatara는 이 『우파니샤드』를 전한 선인仙人의 이름이다. 스웨따스와따라는 의미상으로는 '하얀Śveta', '보다 좋은 말馬, aśvatara'을 뜻한다. 흰색은 순수청정을 나타내며, 말馬, aśva은 마음을 비롯한 지각 기관과 활동 기관을 상징한다. 따라서 스웨따스와따라는 마음을 비롯한 모든 기관들이 아주 청정무구한 사람을 의미한다. 샹카라는 이 『우파니샤드』를 '스웨따스와따라들의 만뜨라 우파니샤드śvetāśvatarāṇāṁ mantropaniṣad'라고 말한다. 스웨따스와따라들이라고 복수를 사용한 것은 존칭을 위한 복수, 혹은 스웨따스와따라의 가문 혹은 제자들 사이에 전래되는 만뜨라를 모은 『우파니샤드』를 뜻한다.

평온을 위한 낭송[1]

옴ॐ, 우리 둘을 함께 보호하소서! 우리 둘을 함께 맛보게 하소서! 우리 둘이 함께 위용을 떨치리니! 우리 둘이 배운 것을 빛나게 하소서! 우리 둘은 미워하지 않으리니!

옴ॐ! 평온이여, 평온이여, 평온이여!

첫 번째 장

옴ॐ, 브라흐만에 대해 이야기하는 이들이 말한다. "원인이 브라흐만인가?[2] 어디서 생겨났는가?[3] 무엇에 의해 우리는 살아가는가?[4] 어디에 버팀을 두는가?[5] 브라흐만을 아는 이여, 무엇에 의해 우리는 행복이 아

---

1 이 부분은 1958년에 인도 푸나의 베다 교정 기관에서 간행된 교정 판본에는 없는 부분이다. 샹카라의 산스크리트 어 주석본에도 없는 부분이다. 막스 뮐러의 영어 번역, 그리고 라다크리슈난의 영어 번역에도 없는 부분이다. 싸뜨야브라따 씻단따랑까라의 힌디 어 번역에도 없는 부분이다. 단지 기타프레스에서 나온 현대 인도어인 힌디 어 해석본에만 나오는 부분이다.

2 샹카라에 의하면 "원인이 브라흐만인가(kiṁ kāraṇaṁ brahma)?"는 '원인(kāraṇa)이 브라흐만인가 아니면 시간(kāla) 등인가?' 아니면 '브라흐만은 원인이 아닌가?' 원인이라면 '어떠한 원인인가? 즉 도구적 원인인가 아니면 질료적 원인인가? 아니면 둘 다인가?' 아니면 '브라흐만은 무엇이 원인인가?' 등으로 해석될 수 있다. 막스 뮐러는 '브라흐만이 원인인가?'라고 번역한다.

3 샹카라에 의하면 "어디서 생겨났는가(kutaḥ sma jātāḥ)?"는 창조(sṛṣṭi)에 대한 질문이다.

4 샹카라에 의하면 "우리는 무엇에 의해 살아가는가(jīvāma kena)?"는 존재 상태(sthiti)에 대한 질문이다.

5 샹카라에 의하면 "어디에 버팀을 두는가(kva ca sampratiṣṭhāḥ)?"는 '종말의 시간(pralayakāla)'에 어디에 머무는가?'라는 의미다. 즉 종말(pralaya)에 대한 질문이다. 막스 뮐러는 '우리는 어디로 가는가?'라고 번역한다.

닌 것들 속에[6] 머물며 정해진 틀을[7] 따라 도는가?”[8] 1

“시간,[9] 본성,[10] 필연,[11] 우연,[12] 요소들이[13] 원인인가?[14] 인아人我인가?[15] 이에 대해 생각해 보아야 한다.[16] 이들의 결합인가?[17]아니다! 아我가 존

---

6 “행복이 아닌 것들 속에(sukhetareṣu)”는 ‘행복과 고통들 속에’ 혹은 ‘행복이 아닌 것들 속에, 즉 고통들 속에’ 라고 번역될 수 있다. 샹카라에 의하면 ‘행복과 고통들 속에’라는 의미다.

7 “정해진 틀(vyavasthā)”을 라다크리슈난은 ‘다른 조건들(different conditions)’이라고 번역한다. 기타프레스의 힌디 어 해석본에 따르면 ‘윤회의 행로(saṁsāra yātrā)’ 혹은 ‘세상의 행로(loka yātrā)’다.

8 막스 뮐러는 ‘누구의 명령에 의해 우리는 고통 혹은 기쁨 속에 머무는가?’라고 번역한다.

9 샹카라에 의하면 모든 존재들의 ‘변화의 원인(vipariṇāmahetu)’을 “시간”이라고 이름한다.

10 샹카라에 의하면 사물들의 ‘개별적인 고유한 힘(pratiniyatā śakti)’을 “본성(svabhāva)”이라고 이름한다. 이를테면 불에 있어서 뜨거움 같은 것이다.

11 샹카라에 의하면 동일한 결과로 나타나는 ‘선과 악(puṇyapāpa)’이라는 형태의 행위가 “필연(niyati)”이다. 즉 선한 행위는 선한 결과를 가져오고, 악한 행위는 악한 결과를 가져오는 것이 필연이다.

12 샹카라에 의하면 “우연(yadṛcchā)”은 이유 없이 얻어짐이다.

13 샹카라에 의하면 “요소(bhūta)”들은 허공(ākāśa)을 비롯한 것들이다. 즉 지수화풍공(地水火風空)을 의미한다.

14 “원인”의 원어는 요니(yoni)다. 요니는 남성 명사와 여성 명사로 ‘여성의 생식기, 자궁, 모태, 음문(陰門), 출생지, 출생, 근원, 광산, 거처, 보금자리, 물, 씨앗, 종류’ 등을 의미한다. 따라서 요니를 자궁이라고 번역할 수도 있다. 라다크리슈난은 요니를 ‘자궁(the womb)’이라고 번역한다. 그러나 샹카라에 의하면 여기서 요니는 원인을 의미하며, 자연(自然, prakṛti)이라고 풀이되기도 한다. 자연이라고 풀이할 경우에는 바로 앞의 만뜨라에서 원인이라는 낱말을 이어가지고 와서 문장을 해석해야 한다. 자연은 빛, 가벼움, 투명함, 기쁨의 성질인 진성(眞性, sattva), 움직임, 물들임, 고통의 성질인 염성(染性, rajas), 멈춤, 덮음, 무거움, 어둠, 미혹의 성질인 암성(闇性, tamas), 이렇게 세 성질(guṇa)들의 평형 상태(sāmyāvasthā)다. 평형 상태란 각각의 성질이 가진 특성이 잠재태의 형태로 있음을 의미한다. 즉 빛도 어둠도 움직임도 멈춤도 기쁨도 고통도 미혹도 없는 상태다.

15 샹카라에 의하면 여기서 “인아”는 ‘의식의 아(意識我, vijñānātman)’를 의미한다.

16 원인의 원어인 ‘요니’를 원인으로 해석하는가, 아니면 자궁 혹은 자연(自然)으로 해석하는가에 따라 번역이 달라진다. 만일 자궁 혹은 자연으로 해석한다면, 다음과 같이 번

재하기 때문이다.[18] 허나, 아 또한 기쁨과 고통의 원인에 대해 무력한 것이다."[19] 2

그들은 집중 요가를[20] 통해 삼매에 들어[21] 스스로의 성질들에 의해서 감추어진[22] 신아神我의 힘[23]을 보았다. 그것은 하나이며 시간에서 아我

역된다. "시간, 본성, 필연, 우연, 요소들, 자연(혹은 자궁), 인아가 원인인가에 대해 고찰해 볼 필요성이 있다."

17 샹카라에 의하면 "이들의 결합(saṁyoga eṣām)"이라는 등의 말은 시간을 비롯한 앞의 각각의 것들이 원인이 아님을 의미한다.

18 샹카라에 의하면 결합된 것은 다른 것을 위한 것이다. 잔여(殘餘, śeṣa)에 의해서 "아가 존재"하고 있음이 확인된다. 따라서 독립적인 것이 아니기 때문에 생성, 존재, 파멸로 제한되어 나타나는 원인결과성에 어울리지 않는다. 예를 들자면 집은 여러 가지가 모여서 이루어진 것이다. 이처럼 여러 가지가 모여서 이루어진 것인 집은 집 자체를 위한 것이 아니라 그 집과는 다른 것, 즉 잔여인 사람을 위한 것이다. 따라서 결합된 것은 결합된 것 그 자체가 아닌 다른 것, 즉 잔여가 존재한다는 것을 알게 한다. 결합된 것은 물질이다. 따라서 결합된 것은 물질이 아닌 의식체인 아가 잔여로 존재함을 알게 한다. 그리고 결합된 것인 물질은 독립적인 것이 아니라 집이 사람에게 종속되듯이 의식체인 아에 종속되는 것이기 때문에 생성, 존재, 파멸의 과정으로 제한되어 나타나는 결과의 원인이 되기에 적합하지가 않다.

19 샹카라에 의하면 여기서 아(我)는 생령(生靈, jīva)이다. 생령은 기쁨과 고통의 원인에 대해 무력하기 때문에 독립적인 것이 아니다. 따라서 이것 역시 원인이 아니다.

20 샹카라에 의하면 "집중(dhyāna)"은 '정신을 하나로 모으는 것(cittaikāgrya)'이며, 바로 그것이 "요가(瑜伽, yoga)"다. 요가는 '이것을 통해서 결합되는 것(yujyate'neneti)'이라는 어원의 의미에 따라 집중해야 할 대상을 얻는 방편(upāya)이다. 막스 뮐러는 "집중 요가(集中瑜伽, dhyānayoga)"를 '명상과 집중(meditation and concentration)'이라고 번역한다. 라다크리슈난은 '명상과 숙고(meditation and contemplation)'라고 번역한다. "집중 요가"를 선요가(禪瑜伽)라고도 옮길 수가 있다. 『요가수트라(*Yogasūtra*)』의 주석가인 브야싸(Vyāsa)에 의하면 요가는 삼매(samādhi)와 동의어다. 그리고 『요가수트라』에 의하면 삼매는 집중의 다음 단계다. 따라서 요가 철학적인 해석을 하면, "집중 요가"의 원문인 드야나요가를 '집중 요가'가 아니라 '집중과 요가'로 번역하는 것이 적절하다.

21 "삼매에 들어"의 원어는 아누가따(anugata)다. 아누가따는 '따라(anu)', '갔다(gata)'는 기본 의미에서 파생되어 분사로써 '참석한, 가득한, 가려진, 획득한, 따르는, 준수하는, 모방하는, 수행(隨行), 통달' 등을 의미한다. 그러나 샹카라에 의하면 여기서 아누가따는 '삼매에 들어'라는 의미다.

에 이르기까지의 그 모든 원인들을 지배하는 것이다. 3

그것은 한 개의 바퀴살통,[24] 세 개로 감싸인[25] 열여섯 개로 된 테두

---

22 샹카라에 의하면 "'스스로의 성질들에 의해서 감추어진(svaguṇairnigūḍhām)"이란 말은 자연의 결과가 되는 것인 흙(pṛthivī)을 비롯한 것들에 의해서 덮여 버린 것이란 의미다. 즉 원인의 형태가 결과의 형태에 의해 압도됨으로써 결과와는 별개의 자기 모습(svarūpa)을 얻을 수가 없다는 뜻이다. 혹은 전지성(全知性, sarvajñatva)을 비롯한 '자재자의 성질(īśvaraguṇa)'들에 의해서거나 진성(眞性)을 비롯한 것들에 의해서 감추어진 것이란 의미다. 즉 '원인과 결과를 벗어난(kāryakāraṇavinirmukta)' '충만한 환희인 둘이 아닌 브라흐만의 아(pūrṇānandādvitīyabrahmātman)'로써는 얻어질 수 없다는 뜻이다. 혹은 '스스로의 성질(svaguṇa)'들은 진성, 염성(染性), 암성(闇性)들을 의미하며, 진성을 비롯한 한정(upādhi)과의 연관에 의해서 진성은 위스누(viṣṇu)를, 염성은 브라흐마(brahmā)를, 암성은 대자재자(大自在者, maheśvara)인 쉬바(śiva)를 의미한다. '한정되지 않은 것(nirupādhika)'인 '충만한 환희인 둘이 아닌 브라흐만의 아'로써는 얻어질 수 없다는 뜻이다. 위스누, 브라흐마, 쉬바는 지고의 브라흐만의 일을 행하며 '상태의 차이(avasthābheda)'에 의지하여 '힘의 차이(śaktibheda)'를 드러내는 것이지 '본질의 차이(tattvabheda)'에 의지하는 것이 아니다. 브라흐만은 제일 처음에는 '자재자의 아(īśvarātman)'인 '미망력(迷妄力)을 지닌 자의 형태(māyirūpa)'로 자리 잡고 있다. 그러한 그가 다시 세 가지 '구체적인 형태(mūrtirūpa)'로 나누어 자리 잡는다. 그리고 그 구체적인 세 가지 형태를 통해 창조, 유지(sthiti), 파멸(saṁhāra)의 형태로 제한하는 등의 결과를 만든다. 즉 우주를 보호, 유지, 육성하는 신인 위스누, 우주를 창조하는 신인 브라흐마, 우주를 파괴하고 다시 새로운 우주가 생겨나게 하는 동인(動因)으로 작용하는 신인 쉬바는 본질적으로는 차이가 없다는 뜻이다.

23 샹카라에 의하면 "신아의 힘(devātmaśakti)"은 밝히는 것을 비롯한 특질을 갖추고 '미망력(迷妄力)을 가진(māyin)' 대자재자(大自在者)인 '최고의 아(paramātman)', '자신의 것으로 존재하는(ātmabhūta)' 독립적이지 않은 힘(śakti)이다. 혹은 '신아의 힘'은 '신의 아(神我, devātman)'인 자재자(自在者, īśvara)의 형태로 자리 잡은 힘이다. 혹은 '신아의 힘'은 신(deva)인 '지고의 자재자(parameśvara)'의 아가 되는 것, 즉 세상의 '발생과 존재와 파멸의 원인(udayasthitilayahetu)'이 되는 것인 '브라흐마, 위스누, 쉬바의 아인 것(brahmaviṣṇuśivātmika)'인 힘이다. 혹은 '신아의 힘'은 '지고의 브라흐만'의 상태의 차이들인 신, 아(我), 힘이다. 이것은 자연(自然), 인아(人我), 자재자들의 본모습이 되는 브라흐만의 형태로 자리 잡은 '높은 것보다 더 높은 힘(parātparātarā śakti)'인 원인이다. 혹은 신아는 '빛나는 것인 아(dyotanātman)', 즉 '빛의 본모습(prakāśasvarūpa)', '빛들의 빛의 형태(jyotiṣāṁ jyotīrūpa)', '앎으로 꽉 찬 본모습(prajñānaghanasvarūpa)', '최고의 아'이며, 힘은 세상의 발생(udaya)과 유지와 몰락(laya)을 통제하는 힘, 즉 능력(sāmarthya)이다. 막스 뮐러는 "신아의 힘"을 '신 그 자신에게 속한 힘(the power belonging to God himself)'이라고 번역한다.

리,[26] 스무 개의 보조 바퀴살과 함께하는[27] 오십 개의 바퀴살,[28] 여덟 개

---

24 "바퀴살통(nemi)"은 바퀴살들이 모두 모여드는 곳이다. 샹카라에 의하면 '한 개의 바퀴살통(ekanemi)'은 모든 원인들을 지배하는 하나다. 근원(子宮, yoni), 원인, '드러나지 않은 것(無記, avyākṛta)', 허공, '최고의 하늘(paramavyoma)', 미망력(迷妄力, māyā), 자연, 힘, 어둠(tamas), 무명(無明, avidyā), 그림자(chāyā), 무지(無知, ajñāna), 거짓(anṛta), '나타나지 않은 것(不顯現, avyakta)' 등의 낱말들로 말해지는 것이다. 이것은 '하나의 원인 상태(ekā kāraṇāvasthā)'이며, 바퀴살통처럼 모든 것의 바탕이다. 그리고 이것은 '둘이 아닌(advitīya)' '지고의 아(paramātman)'의 것이다.

25 샹카라에 의하면 "세 개로 감싸인(trivṛta)"은 '자연의 성질(prakṛtiguṇa)'들인 진성(眞性), 염성(染性), 암성(闇性)들로 감싸였다는 의미다. 자연은 우주가 비롯되기 이전의 상태다. 『상캬쑤뜨라(*Sāṁkhyasūtra*)』에 의하면 "자연은 진성과 염성과 암성의 평형 상태다(sattvarajastamasāṁ sāmyāvasthā prakṛtiḥ)." 이 평형이 깨어지면서 성질들이 자신들의 고유한 특질을 발현하면서 우주가 창조되기 시작한다.

26 바퀴의 가장자리는 원형이다. 이 원형은 여러 개의 나무 조각을 다듬어 이어 붙여 만든다. 원형을 이루는 테두리가 열여섯 개의 나무 조각으로 되어 있다는 뜻이다. 샹카라에 의하면 열여섯 개는 '다섯 개의 원소들(五大, pañcabhūtāni, 땅, 물, 불, 바람, 허공)', '열한 개의 기관들(ekādaśendriyāṇi, 하나의 내적 기관인 마음, 다섯 개의 지각 기관인 눈, 코, 귀, 혀, 피부, 다섯 개의 활동 기관인 입, 손, 발, 생식기, 배설기)'이다. 이것들은 아(我)의 확장이 마감되는 끄트머리다. 혹은 『쁘라스나 우파니샤드』(6. 2)에 언급되며 『쁘라스나 우파니샤드』(6,. 4)에 나열되어 있는 열여섯 개다. 혹은 한 개의 바퀴살통은 '원인이 되는 것인 드러나지 않은 상태(kāraṇabhūtāvyākṛtāvasthā)'를 의미하며, 열여섯 개는 그 원인의 전체가 되는 결과인 위라뜨(virāṭ, virāj)와 쑤뜨라(sūtra), 그리고 그 원인의 개별이 되는 결과인 열네 개의 세상들이다.

27 샹카라에 의하면 "스무 개의 보조 바퀴살과 함께하는(viṁśatipratyarābhiḥ)"은 바퀴살들을 단단하게 버티게 해 주는 것들이 있다는 의미다. 스무 개는 열 개의 기관들과 그 기관들 각각의 대상들을 뜻한다(즉 귀와 귀의 대상인 소리, 피부와 피부의 대상인 촉감, 눈과 눈의 대상인 형태, 혀와 혀의 대상인 맛, 코와 코의 대상인 냄새, 입과 입의 대상인 말하기, 손과 손의 대상인 잡기, 발과 발의 대상인 가기, 배설기와 배설기의 대상인 버리기, 생식기와 생식기의 대상인 즐기기다).

28 샹카라에 의하면 "오십 개의 바퀴살(śatārdhāram)"은 오십 개의 인식(認識, pratyaya)의 종류들을 의미한다. 오십 개의 인식들은 착각(viparyaya), 무능(aśakti), 만족(tuṣṭi), 성취(siddhi), 이렇게 크게 네 가지로 나뉜다. 이들 가운데 착각은 어둠(tamas), 미혹(moha), '큰 미혹(mahāmoha)', 분노(tāmisra), 맹목 분노(andhatāmisra) 이렇게 다섯 가지다. 무능은 스물여덟 가지다. 만족은 아홉 가지다. 성취는 여덟 가지다. 착각에 있어서 어둠은 다시 여덟 가지로 나누어진다. 아(我)가 아닌 여덟 개의 자연을 아로 인식하는 것이 어둠이다. 따라서 어둠은 여덟 가지다(물질계의 근본 원질을 자연(prakṛti)이라고 하며, 그 자신이 다른 무엇을 만들어 내는 것을 자연이라고도 한다. 따라서 자연은 물질계의 근본 원질인 으뜸(상수上首, 성性, 자성自

씩으로 이루어진 여섯 조와 더불어[29] 여러 형태의 한 밧줄,[30] 세 갈래 길,[31] 두 개를 원인으로 하는 하나의 미혹[32]이다.[33] 4

性, 본本, pradhāna), '큰 것(대大, mahat)', '나라고 하는 것(아견我見, 아집我執, 아만我慢, ahaṁkāra)', '다섯 가지 기본 요소(五唯, pañcatanmātra, 즉 형태인 색유色唯 rūpatanmātra, 소리인 성유聲唯 śabdatanmātra, 냄새인 향유香唯 gandhatanmātra, 맛인 미유味唯 rasatanmātra, 촉감인 촉유觸唯 sparśatanmātra)' 이들 여덟 개를 아로 인식하기 때문에 여덟 가지가 된다). 미혹은 '몸이 아주 미세해지는 초능력(aṇimā)'을 비롯한 초능력에 따라 여덟 가지로 나뉜다(즉 요가 수행을 통해서 얻어지는 여덟 가지 초능력을 궁극적인 것으로 인식하는 것이 미혹이다. 요가 수행을 통해서 얻어지는 초능력은 '몸이 아주 미세해지는 초능력', '몸이 아주 가벼워지는 능력(laghimā)', '무엇이든 얻을 수 있는 능력(prāpti)', '원하는 대로 할 수 있는 능력(prākāmya)', '몸이 아주 커지는 능력(mahimā)', '전능한 능력(īśitva)', '자신이 원하는 대로 다스릴 수 있는 능력(vaśitva)', 욕망을 누르는 능력(kāmāvasāyitā) 등이다). '큰 미혹'은 열 가지다. 본 대상과 전해들은 대상(viṣaya)인 소리를 비롯한 각각 다섯 가지에 대해 집착함이 '큰 미혹'이다(본 대상은 지상의 대상인 색성향미촉이며, 전해 들은 대상은 천상의 대상인 색성향미촉이다. 이렇게 지상의 대상 다섯 가지와 천상의 대상 다섯 가지 모두 열 가지에 대해 집착함으로써 '큰 미혹'은 열 가지가 된다). 분노는 열여덟 가지다. 여덟 가지 신통력들과 더불어 본 대상과 전해 들은 대상 열 개에 대해 노력해도 그것들을 얻지 못해 생기는 노여움을 분노라고 한다. 맹목 분노 역시 열여덟 가지다. 여덟 가지 신통력과 열 가지 대상들을 절반쯤 누리다가 죽음에 의해서 그것들을 포기하게 되면, 아주 힘들게 이것들을 얻었는데 내가 이것들을 누리지도 못하고 죽음에 이르게 되었다고 슬퍼함이 맹목 분노다.

29 샹카라에 의하면 "여덟 개씩으로 이루어진 여섯 조와 더불어(aṣṭakaiḥ ṣaḍbhiḥ)"는 '여덟 개씩으로 이루어진 여섯 조가 연결된'이라고 해석해야 한다. 땅, 물, 불, 바람, 허공, 마음, 지성, 아만(我慢), 이렇게 여덟 개가 자연이라는 한 조를 이룬다. 피부, 가죽, 살, 피, 지방, 뼈, 골수, 정액, 이렇게 여덟 개가 성분(dhātu)이라는 한 조를 이룬다. '몸이 아주 미세해지는 초능력'을 비롯한 여덟 가지가 신통력(aiśvarya)이라는 한 조를 이룬다. 도덕, 지혜, 여읨, 권능, 비도덕, 무지, 여의지 못함, 무력(無力), 이렇게 여덟 개가 정서(bhāva)라는 한 조를 이룬다. 범천(梵天, brahmā), 중생주(衆生主, prajāpati), 신(神, deva), 향음신(香音神, gandharva), 야차(夜叉, yakṣa), 조상신(祖上神, pitṛ), 귀신(鬼神, piśāca), 나찰(羅刹, rākṣasa) 이렇게 여덟 개가 신(神)이라는 한 조를 이룬다. 모든 존재들에 대한 연민(憐愍, dayā), 인욕(忍辱, kṣānti), '질시하지 않음(anāsūyā)', 청정(淸淨, śauca), 태평함(anāyāsa), 화락함(maṁgala), 당당함(akārpaṇya), 무욕(無慾, aspṛhā), 이 여덟 개가 '자아의 덕성(ātmaguṇa)'이라는 한 조를 이룬다.

30 샹카라에 의하면 "여러 형태의 한 밧줄(viśvarūpaikapāśam)"은 천국, 아들, 곡식을 비롯한 대상들의 차이로 말미암아 여러 형태인 욕망(kāma)이라고 하는 하나의 밧줄을 가진 것이다.

31 샹카라에 의하면 "세 갈래 길(trimārgabhedam)"은 법(法, dharma), 비법(非法, adharma), 지혜

다섯 물줄기의 강을,[34] 다섯 근원의[35] 거칠고 굽이치는 것을, 다섯 생기의[36] 물결들을, 다섯 지각의 첫 뿌리를,[37] 다섯 소용돌이를,[38] 다섯 고통의 홍수로 밀려드는 것을,[39] 오십으로 갈라지는 것을,[40] 다섯 마디를[41]

(jñāna)라는 길의 차이를 가진 것이다.

32 샹카라에 의하면 "두 개를 원인으로 하는 하나의 미혹(dvinimittaikamoham)"은 선(puṇya)과 악(pāpa) 이 둘을 원인으로 하는 하나의 미혹이다. 이 하나의 미혹은 몸, 기관, 마음, 지성, 종성(種姓, jāti) 등의 아(我)가 아닌 것들에 대해 '아라는 그릇된 생각(ātmābhimāna)'을 가지는 것이다.

33 샹카라에 의하면 바로 앞의 만뜨라에서 동사 "그들은 보았다" 혹은 바로 다음의 만뜨라에서 동사 "우리는 안다, 고찰한다"를 가져와서 이 만뜨라에 이어 붙여 해석해야 한다. 즉 '그들은 그 한 개의 바퀴살통을, 세 개로 감싸인 열여섯 개로 된 테두리를, 스무 개의 보조 바퀴살과 함께하는 오십 개의 바퀴살을, 여덟 개씩으로 이루어진 여섯 조가 연결된 것을, 여러 형태의 한 밧줄을, 세 갈래 길을, 두 개를 원인으로 하는 하나의 미혹을 보았다' 혹은 '우리는 그 한 개의 바퀴살통에 대해, 세 개로 감싸인 열여섯 개로 된 테두리에 대해, 스무 개의 보조 바퀴살과 함께하는 오십 개의 바퀴살에 대해, 여덟 개씩으로 이루어진 여섯 조가 연결된 것에 대해, 여러 형태의 한 밧줄에 대해, 세 갈래 길에 대해, 두 개를 원인으로 하는 하나의 미혹에 대해 안다'라는 의미다.

34 샹카라에 의하면 "다섯 물줄기의 강(pañcasroto'mbu)"은 눈(cakṣus)을 비롯한 지각 기관(jñānendriya)들이 물에 해당되는 강(nadī)이다. 다섯 지각 기관은 눈, 귀, 코, 혀, 피부다.

35 샹카라에 의하면 "다섯 근원(pañcayoni)"은 오대 원소(pañcabhūta)다. 오대 원소는 땅, 물, 불, 바람, 허공이다.

36 샹카라에 의하면 "다섯 생기(pañcaprāṇa)"는 활동 기관(karmendriya)들이다. 활동 기관들은 다섯 가지로 입, 팔, 다리, 배설기, 생식기다.

37 샹카라에 의하면 "다섯 지각의 첫 뿌리(pañcabuddhyādimūla)"는 눈을 비롯한 것들에서 생겨난 다섯 지각의 첫 번째 원인인 마음(manas)이다. 모든 지각들은 '마음의 활동의 형태(manovṛttirūpa)'인 것이기 때문에 마음이 세상(saṁsāra)이라는 강의 뿌리, 즉 원인이다. 세상은 윤회를 아울러 의미한다.

38 샹카라에 의하면 "다섯 소용돌이(pañcāvarta)"는 소리(śabda)를 비롯한 다섯 가지 대상이다. 생명체들은 대상들에 잠기기 때문에 대상들이 소용돌이다. 소리, 형태, 냄새, 맛, 촉감이 다섯 가지 대상들이다.

39 샹카라에 의하면 "다섯 고통의 홍수로 밀려드는 것(pañcaduḥkhaughavega)"은 '태에 있을 때의 고통(garbhaduḥkha)', '출생의 고통(janmaduḥkha)', '늙음의 고통(jarāduḥkha)', '질병의 고통(vyādhiduḥkha)', '죽음의 고통(maraṇaduḥkha)', 이들 다섯 가지 고통들이 가득 밀려드는 것이다.

40 "오십으로 갈라지는 것(pañcāśadbheda)"이 무엇인지에 대해 샹카라는 언급하지 않는다.

우리는 안다네. 5

모든 것이 사는 곳에,[42] 모든 것이 머무는 곳에,[43] 거대한 이곳 브라흐만의 바퀴에 기러기가[44] 아我와 움직이게 하는 자를 별개로 알아 맴도네.[45] 친근親近하면, 그러면 그로 인해 불사성不死性에 이르네.[46] 6

허나, 높게 찬양된 것은 최고인 이 브라흐만이니,[47] 그곳엔 셋이 자리

아마도 바로 앞의 만뜨라에서 언급되는 '오십 개의 바퀴살'이 나타내는 오십 개의 인식(認識)의 종류가 아닐까 생각된다.

41 샹카라에 의하면 "다섯 마디(pañcaparva)"는 무명(無明, avidyā), 아견(我見, asmitā), 애염(愛染, rāga), 증오(憎惡, dveṣa), 망집(妄執, abhiniveśa), 이렇게 다섯 가지 번뇌(kleśa)를 의미한다.

42 샹카라에 의하면 "모든 것이 사는 곳(sarvājīva)"은 모든 것들의 삶이 있는 곳이다.

43 샹카라에 의하면 "모든 것이 머무는 곳(sarvasaṁstha)"은 모든 것의 마감(samāpti), 즉 소멸(pralaya)이 있는 곳이다.

44 "기러기"의 원어는 한싸(haṁsa)다. 샹카라에 의하면 한싸는 생령(生靈)이다. 한싸는 가다라는 의미를 지닌 어근 '한(han)'에서 파생된 낱말로 길을 '가기 때문에 그래서(hanti iti)' 한싸다. 불경에서는 '아(鵝), 안(雁), 안(鴈), 백고(白鵠), 난조(鸞鳥)' 등으로 한역된다.

45 샹카라에 의하면 생령은 아가 아닌 것인 몸을 비롯한 것을 아로 여기면서 신(sura), 인간(nara), 축생(tiryak) 등의 종류로 나누어지는 여러 가지의 자궁들에 배회하듯 맴돈다. 아인 '생령의 아(jīvātman)'와 '움직이게 하는 자(preritṛ)'인 자재자를 별개로 알아 여러 자궁들에 맴도는 것이다. "그것은 다른 것, 나는 다른 것이다"라고 생령과 자재자를 '구분하여 봄(bhedadarśana)'으로써 세상에 맴도는 것이다.

46 샹카라에 의하면 그 자재자인 '의식이며 존재이고 환희이며 둘이 아닌 것인 브라흐만의 아(citsadānandādvitīyabrahmātman)'와 "친근(juṣṭa)"하게 되어, 즉 "내가 브라흐만이다(ahaṁ brahmāsmi)!"라고 '깊은 명상(samādhāna)'을 하여 "불사성(amṛtatva)"에 이른다. 자신을 '충만한 환희인 브라흐만의 형태(pūrṇānandabrahmarūpa)'로 아는 자는 해탈하고, '지고의 아'와 자신을 다른 것으로 아는 자는 얽매인다. '의식이며 존재이고 환희이며 둘이 아닌 것인 브라흐만의 아'에서 의식의 원어인 찌뜨(cit)는 여성 명사로 '생각, 지성, 마음, 영혼, 브라흐만' 등을 의미하는 낱말이다.

47 샹카라에 의하면 "브라흐만"에는 현상계(現象界, prapañca)의 속성이 없다. 그래서 브라흐만은 지고(至高, parama)다. 지고는 수승한 것(utkṛṣṭa)이다. 세상의 속성에 침해받지 않는 것이기 때문에, '높게 찬양된 것(udgīta)'이기 때문에 브라흐만은 수승한 것이다. 수승한 것인 브라흐만에 대한 명상(upāsana)을 통해 해탈이라는 수승한 결과를 얻는다는 의미다.

잡아 좋은 바탕과 불멸不滅이라네.[48] 브라흐만을 아는 이들은[49] 이곳에서 안의 것을 알아 브라흐만에 잠겨 그에 전념專念하여 자궁에서 벗어나네.[50] 7

---

48 샹카라에 의하면 비록 브라흐만은 '현상계와 접촉하지 않는 것(prapañcāsaṁspṛṣṭa)'이며 '독립된 것(svatantra)'이지만, 현상계는 독립적인 것이 아니다. 그 브라흐만에는 '경험의 주체(享受者, bhoktṛ)', '경험의 대상(享受對象, bhogya)', '경험하게 하는 자(作動者, preritṛ)' 이 셋이 자리 잡고 있다. 혹은 '경험의 주체', '경험의 대상', 의미(artha) 이 셋이 자리 잡고 있다. 혹은 이름(nāma), 형태(rūpa), 행위(karma), 이렇게 셋이 자리 잡고 있다. 혹은 위스바(viśva), 따이자쓰(taijas), 쁘라갸(prājña), 이 셋이 자리 잡고 있다. 혹은 '잠에서 깨어 있는 상태(jāgrat)', '꿈꾸는 상태(svapna)', '꿈 없는 잠의 상태(suṣupti)', 이 셋이 자리 잡고 있다. 이러한 셋은 밧줄에 뱀처럼 자리 잡고 있다. 이처럼 현상계의 형태가 브라흐만에 자리 잡고 있기 때문에 브라흐만은 현상계의 '좋은 바탕(supratiṣṭhā)', 즉 '훌륭한 바탕(śobhanapratiṣṭhā)'이다. 그리고 현상계의 바탕은 변형(vikāra)이며, 변형은 '미망력을 본질로 하는 것(māyātmakatva)'이지만, 그럼에도 브라흐만은 "불멸(akṣara)"이다. 변형의 의지처가 됨에도 멸하지 않는 것인 브라흐만은 변함없이(kūṭastha) 머물러 있다. 그러므로 브라흐만은 '모든 것의 아가 되는 것(sarvātmakatva)'이지만, 브라흐만은 현상계의 '허망한 것의 아가 되는 것(mithyātmakatva)'과는 무관하다. 브라흐만은 현상계와 접촉하지 않기 때문에 '충만한 환희인 브라흐만의 아(pūrṇānandabrahmātman)'를 바라보는 자들은 해탈이라는 '인간의 최고 목표(paramapuruṣārtha)'를 이루게 된다. 의미는 기타프레스의 힌디 어 해석에 의하면 향수(享受, bhoga)다. 밧줄에 뱀이 허상으로 자리 잡듯한다는 것은 실재가 없다는 뜻이다.

49 "브라흐만을 아는 이들(brahmavidaḥ)"은 '『베다』를 아는 사람들'이라고 옮길 수도 있다. 브라흐만은 『베다』를 의미하기도 하기 때문이다. 브라흐마는 브라흐만의 주격 단수 형태다. 브라흐만은 중성 명사로 '예배, 성스러운 삶, 찬가, 기도, 성서, 주문(呪文), 옴(ॐ), 『베다』, 신학, 사제 계급, 절대자, 지고의 존재, 순결' 등을 의미하며, 남성 명사로는 '기도하는 사람, 사제(司祭), 성스런 지식, 사제 계급, 절대자, 창조자' 등을 의미한다. 브라흐만은 불경에서 '진정(眞淨), 묘정(妙淨), 청정(淸淨), 정결(淨潔), 청결(淸潔), 적정(寂靜), 범천(梵天), 범천왕(梵天王), 범왕(梵王), 대범천왕(大梵天王), 범주(梵主), 범존(梵尊)' 등으로 한역되며, '범(梵), 범의(梵矣), 범마(梵摩)' 등으로 음사된다.

50 샹카라에 의하면 "안의 것(antara)"은 '언어의 대상이 아닌 것(vācāmagocaram)'이다. 삼매에 전념하여 태아, 출생, 늙음, 죽음이라는 윤회의 두려움에서 벗어난다. '바로 그것만이며 다른 것은 생각지 않는 지혜(tadevānanyadhī)'이며, 아(我)로써 '지고의 아'를 얻어 아가 그 지고의 아에 푹 잠기는 것이 삼매다.

주主는 멸하는 것과 멸하지 않는 것이 결합된 이것을, 드러나고 드러나지 않은 모든 것을 유지케 하네.[51] 주가 아닌 아我는 먹는 자의 상태로 인하여 얽매이며, 신을 알아 모든 올가미들에서 벗어나네.[52] 8

아는 자와 알지 못하는 자, 둘은 생겨나지 않은 것, 주主와 주가 아닌 것이네.[53] 생겨나지 않은 하나는 먹는 자의 먹을 것으로 매인 거라네.[54] 아我는 영원한 것,[55] 모든 모습,[56] 행하지 않는 자니,[57] 셋을 얻을 때 브라

---

51 샹카라에 의하면 "드러난 것(vyakta)"은 '변화되어 생겨난 것(vikārajāta)'이며, "드러나지 않은 것(avyakta)"은 원인이다. 그리고 "드러난 것"은 '멸하는 것(kṣara)'이고, "드러나지 않은 것"은 '멸하지 않는 것(不滅, akṣara)'이다. 이러한 둘이 서로서로 결합한 '원인과 결과의 아인 것(kāryakāraṇātmaka)' 모두를 주(īśa)인 자재자(自在者)는 유지케 한다.

52 샹카라에 의하면 주(主)가 아닌, 즉 자재자가 아닌 아는 "먹는 자의 상태(bhoktṛbhāva)"로 인하여 무명(無明)의 결과로써 생겨난 몸(deha)과 지각 기관들에 의해서 얽매인다. 자재자는 서로서로 결합한 '개별적인 것과 전체적인 것의 형태(vyaṣṭisamaṣṭirūpa)'다. 그러나 주가 아닌 생령(生靈)은 개별적인 것으로 된 '몸과 기관의 아인 것(dehendriyātmaka)'이다. 이처럼 전체적인 것과 개별적인 것의 아인 것으로써 생령과 '지고의 존재' 이 둘에게는 '한정되는 것(aupādhika)'의 차이가 존재한다. 그러나 이러한 한정(限定)에 대한 명상을 통해서 '한정되지 않은 것(nirupādhika)'인 자재자(自在者)를 알아 해탈한다. "먹는 자의 상태"는 향수자(享受者)의 상태, 즉 지각하며 경험하는 자의 상태를 뜻한다.

53 샹카라에 의하면 단지 주는 '드러난 것과 드러나지 않은 것(vyaktāvyakta)'을 유지케 하고 "주가 아닌 것(anīśa)"인 생령(生靈)은 얽매이는 것이 아니라, 자재자인 주는 '아는 자(jña)'이며, 생령인 주가 아닌 것은 '알지 못하는 자(ajña)'다. 브라흐만만이 '변화하지 않은 것(avikṛta)'으로 '생령과 자재자의 아(jīveśvarātman)'로써 머물기 때문에 이 둘은 "생겨나지 않은 것(aja)", 즉 '생겨남 등이 없는 것(janmādirahita)'이다.

54 샹카라에 의하면 자연(自然)은 생겨나지 않는 것이다. 그래서 "생겨나지 않은 하나"다. 자연은 '만들어 내는 속성을 가진 것(prasavadharmiṇī)'이다. '모든 것의 어머니(viśvajananī)'인 '신아(神我)의 힘의 형태(devātmaśaktirūpa)'인 하나가 스스로 변화된 것인 '먹는 자(享受者, bhokṛ)', 먹음(享受, bhoga), '먹을 것(享受對象, bhogya)'으로 정해진 것이다.

55 샹카라에 의하면 아(我)는 시간과 공간(deśa)과 사물(vastu)에 의해서 단절되지 않는다.

56 샹카라에 의하면 '모든 것(一切, 宇宙, 世界, viśva)'은 아(我)의 모습이다. 그러나 지고(至高)는 '모든 것의 모습인 것(viśvarūpatva)'은 아니다. 즉 모든 것은 아의 모습이지만, 아는 모든 것의 모습이 아니다. 왜냐하면 변형은 언어에서 비롯된 이름에 불과한 것이기 때문이다.

57 샹카라에 의하면 아(我)는 영원(ananta)하고 '모든 모습(viśvarūpa)'이기 때문에 "행하지 않

흐만은 이것이라네.[58] 9

멸하는 것은 으뜸, 불사不死인 멸하지 않는 것은 파괴하는 자, 한 신이 멸하는 것과 아我를 다스리네.[59] 그에 대해 명상함으로써, 결합함으로써, 그리고 거듭 바로 그것이 됨으로써 마지막에 모든[60] 미망의 물러남이 있네.[61] 10

신을 알아 모든 올가미가 없어지며,[62] 번뇌들이 쇠함으로 생生과 사死

는 자(akartṛ)"다. 즉 아에는 행위자의 성질을 비롯한 세상의 속성이 없다는 의미다.

58 샹카라에 의하면 '먹는 자(享受者)', 먹음(享受), '먹을 것(享受對象)'의 형태인 셋은 '미망의 아인 것(māyātmaka)'이기 때문에 바탕(adhiṣṭhāna)이 되는 것인 브라흐만 외에는 없으며 브라흐만뿐이라고 알게 될 때, 그때 모든 허망분별(虛妄分別, vikalpa)을 벗어나 '충만한 것, 환희인 것, 둘이 아닌 것인 브라흐만(pūrṇānandādvitīyabrahma)'과 함께가 되어 행위자의 성질을 비롯한 모든 세상의 속성을 버리고 슬픔을 여의어 이룰 것을 이룬 자가 된다는 의미다. 혹은 아는 자인 자재자, 알지 못하는 자인 생령, 그리고 생겨나지 않은 것인 자연의 형태, 이 셋인 브라흐만을 알게 될 때, 그때 해탈한다는 의미다.

59 샹카라에 의하면 무명(無明)을 비롯한 것을 없애기 때문에 '지고의 자재자'는 '파괴하는 자(hara)'다. 불사는 바로 브라흐만인 자재자(自在者)라는 의미다. 그러한 자재자, 즉 '의식이며 실재이고 환희이며 둘이 아닌 것(citsadānandādvitīya)'인 '지고의 아'가 바로 한 신이며, 이 한 신이 "멸하는 것"인 으뜸(pradhāna)과 아(我)인 인아(人我)를 다스린다. 으뜸은 자연(自然)과 동의어다. 여기서 아인 인아는 개별적인 존재의 영혼, 즉 생령이다.

60 "모든"의 원어는 위스바(viśva)다. 위스바는 형용사로는 '모든, 모두, 편재하는' 등을 의미하고, 중성 명사로는 '우주, 온 세상, 말린 생강, 위스누(Viṣṇu)의 이름' 등을 의미하고, 남성 명사로는 '지고의 존재, 브라흐만, 쉬바(Śiva), 위스누, 태양' 등을 의미한다. 위스바는 불경에서 '일체(一切), 우주(宇宙), 세계(世界)' 등으로 한역된다.

61 샹카라에 의하면 '지고의 아에 대한 명상(paramātmābhidhyāna)'은 생령과 '지고의 아'를 결합함으로써 "내가 브라흐만이다(ahaṁ brahmāsmi)!"라고 이렇게 '바로 그것이 됨(tattvabhāva)'이다. 이러한 명상을 거듭함으로써 끝(anta)에, 즉 시작된 업(karma)의 끝에 "모든 미망(viśvamāyā)의 물러남(nivṛtti)"이 있다. 혹은 '자신의 아에 대한 지혜를 성취함(svātmajñānaniṣpatti)'이 끝이다. 즉 자신의 아에 대한 지혜가 일어나는 시간에 "모든 미망의 물러남"이 있다. '행복과 고통과 미혹의 아인 것(sukhaduḥkhamohātmaka)'이 남김없이 펼쳐진 형태가 "모든 미망"이다.

가 사라지네.[63] 그에 대해 명상함으로써 몸이 갈라지면 세 번째 것 모든 신통,[64] 오롯함, 욕망을 얻음이라네.[65] 11

이것을 알아야 하네, 바로 항상恒常한 것을, 자신에 깃든 것을, 왜냐하면 이것 말고 알아야 할 건 더 이상 그 아무것도 없기 때문이네.[66] 먹는 자, 먹을 것, 시키는 자를 알게 되니, 모든 것은 앞에 말한 세 가지 것이네, 브라흐만은 이것이라네.[67] 12

---

62 샹카라에 의하면 "이것은 바로 나다(ayamahamasmi)"라고 신을 알아서 올가미의 형태인 모든 무명(無明)을 비롯한 것들이 없어진다.

63 샹카라에 의하면 무명을 비롯한 "번뇌들이 쇠함"으로써 무명 등의 결과로 생겨난 태어남과 죽음을 비롯한 고통의 원인이 사라진다.

64 막스 뮐러와 라다크리슈난은 "모든 신통(viśvaiśvarya)"을 '우주적인 권능(universal lordship)'이라고 번역한다.

65 "몸이 갈라지면(dehabhede)"이란 '영혼이 육신을 벗어나면'이라는 뜻이다. 샹카라에 의하면 그 '지고의 자재자'에 대해 명상(abhidhyāna)함으로써 육신(śarīra)을 벗어난 후에 빛(arcis)을 비롯한 '신의 길(devayāna)'을 통해서 '지고의 자재자'와 결합한 이에게는 위라즈의 형태에 비해서 '구분되어 나타나지 않은 것인 지고의 허공, 원인의 자재자의 상태(avyākṛtaparamavyomakāraṇeśvarāvastha)'인 '모든 신통'이라는 형태의 결과(phala)인 '세 번째 것(tṛtīya)'이 있게 된다. 그 세 번째 것을 경험하고는 바로 그곳에서 아(我)에 대해 남김없이 알아 "오롯함(kevala)"에 이르러 모든 신통과 그에 한정되어 얻어진 것을 모두 버리고, 즉 '구분되어 나타나지 않은 것, 지고의 허공, 원인의 자재자의 아, 세 번째의 상태'인 모든 신통을 버리고 '욕망을 얻은 상태(āptakāma)'가 되어 '충만한 환희, 둘이 아닌 것, 브라흐만의 형태(pūrṇānandādvitīyabrahmarūpa)'로 머문다.

66 샹카라에 의하면 이 '순일(純一)한 아(我), 허공인 브라흐만의 형태(kevalātmākāśabrahmarūpa)'를 반드시 알아야 한다. 다른 것에 깃든 것이 아니라 '자신의 아(svātman)'에 깃든 것임을 알아야 한다. 혹은 바로 이 직접적인 '개별적인 아인 것(pratyagātmatva)'을 자신의 위대성에 위치한 항상(nitya)한 것, 즉 멸하지 않는 것인 브라흐만이라고 알아야 한다. 『쉬바다르모따라(*Śivadharmottara*)』에 따르면 "자신에 깃든 성지(聖地, tīrtha)를 버리고 밖에 있는 성지를 찾아 돌아다니는 사람은 손에 든 큰 보석을 버리고 유리 조각을 찾아다니는 사람과 같다."

67 샹카라에 의하면 "먹는 자"는 생령(生靈)이다. "시키는 자(preritṛ)"는 '내부의 통제자(antaryāmin)'인 '지고의 자재자'다. "먹을 것"은 먹는 자와 시키는 자 이외의 모든 것들이다. 이렇게 세 가지로 언급된 것은 바로 브라흐만이다. 먹는 자를 비롯한 것으로 나타

마치 근원에 들어 있는 불의 모습이 보이지 않듯이, 잠기어 가는 것의[68] 멸함은 없네.[69] 그것은 다시 불 지피는 근원에 의해 파악되나니,[70] 그 둘처럼 옴ॐ에 의해 몸에서 파악되네.[71] 13

자신의 몸을 아래에 놓는 나무로 그리고 옴ॐ을 위에 얹는 나무로 만들어, 명상의 비벼대기를 반복함으로써 감추어진 것 같은 빛나는 신을 보게 되네.[72] 14

나는 모든 구분(bheda)의 전개(展開, prapañca)를 사라지게 하여 무차별(無差別, nirviśeṣa)인 브라흐만을 아(我)로 알아야 한다는 뜻이다. 막스 뮐러는 "먹는 자"를 즐기는 자인 '개별적인 영혼(puruṣa)', "먹을 것"을 즐길 거리인 '자연(自然)', 그리고 "시키는 자"를 지배자인 신으로써의 '브라흐만인 자재자'라고 해석한다.

68 "잠기어 가는 것"의 원어는 링가(liṃga)다. 링가는 '가다, 움직이다, 색칠하다' 등의 의미를 지닌 어근 '링그(liṃg)'에서 파생된 중성 명사로 '표식, 상징, 징표, 가장(假裝), 증상, 증거, 성징(性徵), 성(性), 남성 성기, 신상(神像), 미세신(微細身), 명사의 본래 형태, 상캬 철학의 첫 번째 요소인 자연(自然)' 등을 의미한다. 미세신 혹은 개별적인 영혼은 그 근원인 자연(自然)에 잠겨 가는 것이기 때문에 '잠기어 가는 것'이라고 옮긴다. 막스 뮐러와 라다크리슈난은 링가를 '씨앗(seed)'이라고 번역한다.

69 샹카라에 의하면 "멸함은 없네"는 부싯나무(araṇi)에 들어 있는 불의 모습이 부싯나무를 비비기 전에는 보이지 않듯이 '잠기어 가는 것(微細身)'인 '미세한 몸(sūkṣmaśarīra)'의 멸함은 없다.

70 샹카라에 의하면 부싯나무에 들어 있는 그 불은 불을 지피는 근원에 의해서, 즉 부싯나무를 비벼댐으로써 거듭거듭 파악되는 것이다.

71 샹카라에 의하면 비벼대기 이전에는 파악되지 않고 비벼대어서 파악되는 그 둘처럼 아(我)는 위에서 비비는 '위에 얹는 나무(uttarāraṇi)'에 해당되는 쁘라나바(praṇava)를 통해 명상(manana)함으로써 '아래에 놓는 나무(adharāraṇi)'에 해당하는 몸에서 파악된다. 기타 프레스의 힌디 어 해석본에 의하면 그 둘은 불(agni)과 '불의 미세신(agniliṃga)'이다. 쁘라나바는 옴을 의미한다. 불을 피우는 나무인 부싯나무(araṇi)는 부싯돌처럼 두 개다. 하나는 아래에 놓이고, 다른 하나는 위에 놓인다. 위에 놓인 나무를 비벼 돌려 아래에 놓인 나무와 마찰열을 일으키게 하여 불을 지핀다.

72 샹카라에 의하면 "자신의 몸을 아래에 놓는 나무(adharāraṇi)"로 삼고, 명상(禪定, 靜慮, dhyāna)인 비비기를 반복함으로써 내재된 불을 보듯이 '빛의 형태(jyotīrūpa)'인 신을 보게 된다.

참깨들에는 기름이, 엉기게 발효한 우유에는 유지방이, 수맥水脈들에는 물이, 그리고 불 피우는 나무들에는 불이 있듯이, 이렇게 아我는 자신에서[73] 얻어지네,[74] 이것을 바라보는 것은 진실과 고행을 통해서라네.[75] 15

우유에 있는 유지방처럼 모든 것에 편재遍在한 아我라네. 아에 대한 지혜와 고행이 뿌리라네,[76] 그것은 브라흐만 가장 신비한 지혜라네.[77] 그것은 브라흐만 가장 신비한 지혜라네.[78] 16

두 번째 장

싸비뜨리여, 먼저 마음을 지혜들을 결합하여, 본질을 위해 불의 빛

---

73 "자신"의 원어는 아트만(ātman)이다. 아트만은 남성 명사로 '영혼, 개별적인 영혼, 생기, 지고의 영혼, 궁극의 존재, 브라흐만, 몸, 마음, 이해, 정신, 형태, 본질, 노력, 태양, 불, 바람, 아들' 등을 의미한다. 불경에서는 아트만은 '아(我), 아자(我者), 기(己), 자(自), 성(性), 자성(自性), 신(身), 자신(自身), 체(體), 체성(體性), 기체(己體), 자체(自體), 신(神), 신령(神靈)' 등으로 한역된다. 막스 뮐러는 아트만을 '자아(the self)'라고 번역한다. 라다크리슈난은 '자기 자신의 영혼(one's own soul)'이라고 번역한다.

74 싸뜨야브라따 씻단따랑까라에 의하면 브라흐만은 '생령의 아'에서 얻어진다. '생령의 아'는 개별적인 영혼이다.

75 샹카라에 의하면 "이것"은 아(我)다. 진실은 '사실 그대로이며 존재를 이롭게 하기 위한 말(yathābhūtahitārthavacana)'이다. 고행(tapas)은 지각 기관과 마음을 '하나로 모으는 것(ekāgrya)'이다.

76 샹카라에 의하면 "아에 대한 지혜(ātmavidyā)와 고행"은 뿌리, 즉 원인(作因, kāraṇa)이다. 혹은 "아에 대한 지혜와 고행"은 아(我)를 얻음에 있어서 뿌리, 즉 원인(因, hetu)이다.

77 샹카라에 의하면 "가장 신비한 지혜(upaniṣatparam)"는 최고인 지복(至福, śreyas)이 '모여 깃들어 있는 곳(upaniṣanna)'이다.

78 샹카라에 의하면 두 번 말하는 것은 장이 끝난다는 뜻이다.

을 헤아려 땅 위에 가득 채우소서![79] 1

연결된 마음으로 우리는 빛나는 신인 싸비뜨리의 지휘 안에 있으니, 힘을 갖춰 천국에 이르게 되리라.[80] 2

천국으로 가는 신들을 마음과 더불어 결합하여,[81] 싸비뜨리여, 그들을 지혜로 큰 하늘을 밝히는 것들이 되게 하소서.[82] 3

현명한 이들은 마음을 결합하고 또한 지식들을 결합하네,[83] 길을 아

---

79 샹카라에 의하면 명상을 시작할 때 '본질을 인식(tattvajñāna)'하기 위해서 우선 "마음"을 '지고의 아'에 결합해야 한다. "지혜(dhī)들", 즉 다른 것들인 생기(prāṇa)들 혹은 '외부의 대상에 대한 인식(bāhyaviṣayajñāna)'들을 또한 함께 모아야 한다. 말하는 바는 다음과 같다. 싸비뜨리(savitṛ)는 인식(jñāna)하는 데 몰두하고 있는 나의 마음을 외부의 대상에 대한 인식으로부터 거두어들여 바로 '지고의 아'에 결합하게 하기 위해 불을 비롯한 지지자인 신들의 모든 사물을 밝히는 능력 그 모두를 우리의 언어를 비롯한 것들에 풍부하게 하소서. 이러한 은총(prasāda)을 통해 요가를 이루리라. 지지자(anugrāhaka)인 신은 기관을 주관하여 지지하는 신을 뜻한다.

80 샹카라에 의하면 싸비뜨리에 의해서, '지고의 아'에 결합된 마음을 통해서 우리는 그 신인 싸비뜨리의 명령(anujñā)이 있으면 천국을 얻는 원인이 되는 명상 행위(dhyānakarma)를 위해 능력이 닿는 대로 최대한 노력하리라는 의미다. 여기서 "천국(suvarga)"이란 낱말은 '지고의 아'를 나타낸다. 왜냐하면 '지고의 아'에 관련된 부분이며, '지고의 아'는 '행복의 형태인 것(sukharūpatva)'이고, 다른 행복은 '지고의 아의 부분'이기 때문이다.

81 샹카라에 의하면 "신들"은 마음을 비롯한 지각 기관들이다. 소리를 비롯한 대상들을 향해 가는 것들이 아니라, 천국인 행복, 즉 '충만한 환희인 브라흐만(pūrṇānandabrahma)'을 향해 가는 지각 기관들이다.

82 샹카라에 의하면 "지혜"는 '올바르게 바라봄(正見, samyagdarśana)'이며, "하늘(div)"은 '빛나는 자성(dyotanasvabhāva)'인 '의식의 단일한 맛(caitanyaikarasa)'이다. "큰(bṛhat)"은 브라흐만이다. 밝힌다는 것은 '충만한 환희인 브라흐만'을 드러나게 하는 것이다. 싸비뜨리가 대상들에서 물러난 지각 기관들을 아(我)를 향하게 하여 아를 밝히게 해 주기를 원한다는 뜻이다.

83 샹카라에 의하면 지각 기관(karaṇa)들은 지각(dhī)의 원인이기 때문에 지각은 지각 기관

는 하나가 행위들을 제정하였나니,[84] 다양하게 편재하며,[85] 거대하고, 모두 살피는, 빛나는 싸비뜨리의 찬양은 위대하네![86] 4

그대 둘을 나는 예경들을 통해 이전의[87] 브라흐만과 연결하나니,[88] 찬송은 지혜로운 이의 길처럼 널리 퍼지라.[89] 천상의 거처에 머무는 모든

을 의미한다. "현명한 이(vipra)들"은 마음과 지각 기관들을 대상들로부터 거두어 들여 아(我)에 연결한다.

84 샹카라에 의하면 "길을 아는 하나(vayunāvideka)"는 '반야(般若)를 아는 자(prajñāvid)', 즉 '모든 것을 앎으로 인해서 직접 지각하는 존재'인 둘이 아닌 하나다. 이 하나인 싸비뜨리가 제사(祭祀, hotra) 드린 "행위(kriyā)들"을 제정한다.

85 "다양하게 편재하며"의 원어는 위쁘라(vipra)다. 위쁘라는 '흔들다, 떨리다, 진동하다, 자극하다, 고무하다' 등의 의미를 지닌 어근 '위쁘(vip)'에서 파생된 낱말로 형용사, 남성 명사, 중성 명사로 사용되어 '자극된, 고무된, 영감을 받은, 현명한, 지혜로운, 학식이 있는, 시인, 신학자, 사제(司祭), 달' 등을 의미한다. 위쁘라는 불경에서 '바라문(婆羅門), 범지(梵志)' 등으로 한역된다. 앞에서 '현명한 이'라고 번역한 낱말의 원어 역시 위쁘라다. 그러나 샹카라에 의하면 여기서 위쁘라는 '특별하게(viśeṣaṇena) 편재하는 것(vyāpta)'을 의미한다. 특별하다는 것은 구별되는 것이고, 구별되는 것은 다양하다는 맥락에서 "다양하게 편재하며"로 옮긴다.

86 샹카라에 의하면 마음을 비롯한 지각 기관들을 대상에서 거두어 아(我)에 연결하는 현명한 이들은 싸비뜨리의 큰 찬양(pariṣṭuti)을 해야 한다는 의미다.

87 싸뜨야브라따 씻단따랑까라에 의하면 "이전"은 창조 이전에 존재하는 이라는 뜻이다.

88 샹카라에 의하면 현시된(prakāśita) 브라흐만은 지각 기관과 지지자인 너희 둘과 연결되어 '밝혀지는 것(prakāśyatva)'이기에 너희 둘을 나는 브라흐만에 연결해 놓는다는 의미다. 혹은 너희의 원인이 되는 옛것인 오래된 브라흐만에 대해 나는 명상한다는 의미다. "예경(禮敬, namas)"은 경례(敬禮, namaskāra), 즉 '마음을 바치는 심원한 명상(cittapraṇidhāna)'이다. 지지자는 지각 기관을 지지하는 신을 뜻한다. 싸뜨야브라따 씻단따랑까라에 의하면 "그대 둘"은 '마음과 지성'을 뜻한다.

89 샹카라에 의하면 이렇게 연결하는 나의 찬양되어야 할 이 "찬송(śloka)"이 바른 길에 있는 '지혜로운 사람(sūri, sūrin)'의 것처럼 널리 퍼지라는 의미다. 혹은 길(pathyā)은 명성(kīrti)을 뜻한다. 즉 지혜로운 사람의 명성처럼 찬송이 널리 퍼지라는 뜻이다. "그대 둘을 나는 예경들을 통해 이전의 브라흐만과 연결하나니, 찬송은 지혜로운 이의 길처럼 널리 퍼지라"를 막스 뮐러는 '그대의 옛 기도문은 찬송들로 연결되어야 하니, 나의 노래여 태양의 길처럼 앞으로 나아가라'라고 번역한다. 라다크리슈난 역시 유사하게 '나는 그대의 옛 기도를 예배로 연결하니, 나의 시들이여 태양의 길처럼 앞으로 나아가라'라

불사不死의 아들들이 듣기 바라노라.[90] 5

불이 피워지는 곳, 바람이 막아지는 곳, 쏘마가 넘쳐나는 곳, 그곳에 마음이 함께 일어나네.[91] 6

싸비뜨리에 의해 짜내져[92] 이전의 브라흐만을[93] 즐기게 되리니, 너의

고 번역한다.

90 샹카라에 의하면 "불사"는 '태양의 아(sūryātman)'이며, 히란야가르바(黃金子宮, 金胎, Hiraṇyagarbha)인 브라흐만이다. "불사의 아들들"은 이러한 브라흐만의 아들들이다. 이 희구(希求, prārthanā)의 형태인 문장을 하늘에 있는 거처들에 사는 그 아들들이 들으라는 의미다.

91 샹카라에 의하면 "불이 피워지는 곳"은 '제사를 지내기 위한 불이 피워지는 곳(ādhāna)' 등이며, "바람이 막아지는 곳"은 '쏘마 제사를 지내기 이전에 행하는 예비 의식(pravargya)' 등이다. 쏘마(soma)가 거름망(daśāpavitra)을 통해 걸러져 넘쳐 나는 곳은 제사 행위(kratu)다. 이러한 제사 행위에 마음이 함께한다는 의미다. 혹은 불은 무명(無明)과 무명의 결과를 태우는 것이기 때문에 '지고의 아'다. 불이 피워지는 곳은 자신의 몸을 불을 피우는 나무로 삼아 앞에서 말한 '명상의 비벼대기(dhyānanirmathana)'를 통해서 '지고의 아'를 파악하게 하는 사람이다. 바람이 막아지는 곳은 숨을 토해내기(recaka) 등을 통해 바람이 소리를 내지 않게 하는 곳이다. "쏘마가 넘쳐나는 곳"은 수많은 생을 전념하여 제사(yajña), 보시(dāna), 고행(tapas), '호흡을 늘리어 멈추기까지에 이르는 호흡 수련(prāṇāyāma)', 삼매(三昧)에 의해서 청정무구(清淨無垢, viśuddhi)한 내적 기관(心, antaḥkaraṇa)을 뜻한다. 이러한 내적 기관에 '전체가 충만한 것이고 환희이며 둘이 아닌 브라흐만의 형태(paripūrṇānandādvitīyabrahmākāra)'인 마음이 생겨날 뿐, 다른 순수하지 않은 내적 기관에는 생겨나지 않는다. 따라서 첫 번째가 제사 등을 실행함이고, 그 다음이 '호흡을 늘리어 멈추기까지에 이르는 호흡 수련'이며, 그 다음이 삼매다. 그 후에 문장의 의미에 대한 지혜가 생겨나며, 그로 인해 '이룰 것을 이룬 상태(kṛtakṛtyatā)'가 된다. 문장의 의미는 "내가 브라흐만이다(ahaṁ brahmāsmi)"라는 등이며, '이룰 것을 이룬 상태'는 해탈의 상태를 의미한다.

92 막스 뮐러에 의하면 '싸비뜨리의 은총에 의해서(by the grace of Savitri)'라는 뜻이다.

93 "이전의 브라흐만(brahma pūrvyam)"은 싸뜨야브라따 씻단따랑까라에 의하면 세상이 생겨나기 이전에 존재하는 브라흐만이다. 막스 뮐러는 '이전의 브라흐만'을 '오래된 브라흐만(the old brahman)'이라고 번역한다. 라다크리슈난은 '고대의 기도문(the ancient prayer)'이라고 번역한다.

덕행이[94] 얽매지 않으리니, 그곳에 모태母胎를 만들라.[95] 7

셋을 위로 곧추 세운 몸을 바르게 하고,[96] 마음과 더불어 지각 기관들을 심장에 모아 안정시키어,[97] 알고 있는 자는 무시무시한 모든 강들을 브라흐만의 배로 건너네.[98] 8

생활 태도가 잘 제어된 상태에서 이곳에[99] 있는 생기들을 꾹 눌러 생기가 쇠해지면 코로 내쉬네.[100] 고약한 말에 매인 마차 같은 이 마음을,

---

94 "덕행(德行)"의 원어는 뿌르따(pūrta)다. 뿌르따는 중성 명사로 '브라흐마나에게 음식을 주거나, 우물을 파는 등의 선행'을 뜻한다.

95 샹카라에 의하면 곡물(sasya)을 산출하는 싸비뜨리에 의해서 옛 브라흐만을 누리니, 그 브라흐만에 "모태(yoni)", 즉 삼매라는 특징을 가진 바탕을 만들어야 한다. 이와 같이 함으로써 그대의 덕행이, 즉 법전에 규정된 행위와 성전에 규정된 행위가 얽매지 않는다. 즉 다시 겪게 되는 원인으로써 얽매지 않는다. 그 행위는 '지혜의 불(jñānāgni)'로 씨앗과 더불어 타 버린 것이기 때문이다. "얽매지 않으리니"의 원문 아끄쉬빠뜨(akṣipat)는 '던지다, 보내다, 시선을 던지다, 몸을 바쁘게 움직이다, 치거나 때리다, 두거나 놓다, 뿌리다, 던져 버리다, 제거하다, 모멸하다, 능가하다, 파괴하다, 넘기다' 등을 의미하는 어근 '끄쉬쁘(kṣip)'에 부정을 의미하는 단모음 '아(a)'가 첨가되어 활용된 형태다. 샹카라는 이러한 낱말인 아끄쉬빠뜨를 '얽매지 않는다(na badhnāti)'고 풀이한다. 덕행은 해탈을 위한 것이 아니라, 더 나은 다음 생을 위한 것이다. 즉 덕행은 결국은 해탈이 아닌 윤회를 위한 것이다. 따라서 덕행이 다시 겪게 되는 원인으로 얽매지 않는다는 것은 해탈한다는 것을 뜻한다.

96 샹카라에 의하면 "셋"은 가슴(uras), 목(grīva), 머리(śiras)다. 이 셋을 곧추 세운 몸을 바르게 자리 잡게 한다.

97 샹카라에 의하면 마음과 눈을 비롯한 것들을 마음으로 심장 안에서 모두 제어한다.

98 샹카라에 의하면 "브라흐만"은 옴(ॐ)을 의미한다. 옴으로 마음과 더불어 지각 기관들을 심장 안에 거두어들이고, 옴으로써 학자(學者, vidvān)는 세상이란 강들을, 본성적인 무지와 욕망과 행위에 의해서 움직이는 무시무시한 중음신(中陰身, preta)과 천한 태생과 높은 태생을 얻는 원인들인 다시 돌아오게 하는 강들을 건넌다.

99 라다크리슈난에 의하면 "이곳(iha)"은 육체다.

100 샹카라에 의하면 생기들을 꾹 눌러 이곳에서 '지나치게 먹지 않는 사람에게(nāyaśataḥa)' 『바가바드기타(*Bhagavadgītā*)』의 구절(6. 16)에서 언급한 방법에 의해 생활 태도가 잘 제어

알고 있는 자는 부주의 하지 않게 챙기네. 9

편한 곳에, 깨끗한 곳에, 자갈과 불과 모래가 없는 곳에, 소리와 물과 거처 등이[101] 마음에 드는 곳에, 그러나 눈에 거슬리지 않는 곳에, 바람이 없는 외딴 곳에[102] 거처하여 수행해야 하네.[103] 10

안개, 연기, 태양, 바람, 불, 반딧불, 번개, 수정, 달, 이들의 모습들은 브라흐만에 대한 요가에서 현현을 나타내는 선행하는 것들이네.[104] 11

된 상태에서 힘이 쇠해 마음이 희미해지면, 입이 아니라 두 콧구멍으로 느릿느릿 내쉬어야 한다. 숨을 멈춘 다음에 천천히 두 콧구멍으로 내쉬어야 한다. 거친 말을 맨 수레를 조종하는 사람처럼 사려 깊게 주의하며 마음을 챙겨야 한다. 호흡 수련에 의해서 마음의 때가 제거된 정신(citta)이 브라흐만에 머문다. 제일 먼저 '호흡 통로의 정화(nāḍīśodhana)'를 실시해야 한다. 그 이후에야 호흡 수련을 할 자격이 생긴다. 오른쪽 콧구멍을 손가락으로 막고 왼쪽 콧구멍으로 최대한 숨을 채운다. 그 이후에 바로 오른쪽 콧구멍을 열어 왼쪽 콧구멍을 손가락으로 막고 오른쪽 콧구멍으로 숨을 내뱉는다. 다시 왼쪽 콧구멍을 손가락으로 막은 채 오른쪽 콧구멍으로 숨을 채우고는 왼쪽 콧구멍으로 최대한 숨을 내뱉는다. 이와 같이 '밤의 후반부(새벽, apararātra)', 한낮(정오, madhyāhna), '밤의 전반부(저녁, pūrvarātra)', 한밤중(자정, ardharātra) 이렇게 네 시간대에 걸쳐 세 번씩 혹은 다섯 번씩 수련하는 사람에게 있어서는 보름 혹은 한 달 안에 정화가 이루어진다. 호흡 수련은 '숨을 토해 내뱉기(recaka)', '숨을 가득 채우기(pūraka)', '숨을 멈추기(kumbhaka)' 이 세 가지가 있다. "생기와 하기를 함께 결합함을 호흡 수련이라 일컫는 것이다(prāṇāpānasamāyogaḥ prāṇāyāmaḥ prakīrtitaḥ)."

101 샹카라에 의하면 '소리와 물과 주거 등이 없는'이라는 뜻이다. 소리는 논쟁을 비롯한 소리이며, 물은 대중들이 사용하는 물이며, 주거는 '사람들이 모이는 곳, 정자, 전각 등(maṇḍapa)'이다. 막스 뮐러, 라다크리슈난, 싸뜨야브라따 씻단따랑까라 세 사람 모두 이 부분과 이어지는 부분을 연결하여 '소리와, 물과, 머물 곳에 의해서 마음에 드는 곳' 등이라고 샹카라와는 반대로 해석한다.

102 "외딴 곳"의 원어는 구하(guhā)다. 구하는 여성 명사로 '숨겨진 곳, 동굴, 심장' 등을 의미한다. 샹카라는 구하를 '외딴 곳(ekānta)'이라고 풀이한다. 막스 뮐러는 '동굴들(caves)'이라고 번역한다.

103 샹카라에 의하면 바람이 없는 외딴 곳에 거처하여 정신을 '지고의 아'에 연결해야 한다.

104 샹카라에 의하면 생기들과 더불어 '정신의 활동(cittavṛtti)'이 안개처럼 전개된다. 그 후

흙, 물, 불, 바람, 허공이 나타나면, 다섯 개를 본질로 하는 요가의 특질이 발현하면,[105] 요가의 불로 된 몸을 얻은 그에게는 질병이 없고, 늙음이 없고, 죽음이 없네. 12

가벼움, 질병이 없음, 욕심이 없음, 색깔이 해맑음, 소리의 감미로움, 상서로운 향기, 작은 대소변을 첫 번째 요가의 발현이라 말들 하네.[106] 13

마치 흙으로 범벅이 된 거울이[107] 깨끗이 씻어 낸 다음에 빛나는 것이 되어 반짝이듯이, 그렇게 육체에 깃든 것은[108] 아我의 본질을 확연히

에 연기처럼 느껴진다. 그 후에 태양처럼, 그 후에 바람처럼 느껴진다. 그 후에 불처럼 아주 뜨거운 빛나고 불타는 바람이 나온다. 그 바람은 외부의 바람처럼 거칠고 힘세게 나타난다. 때로는 허공이 반딧불이 수놓아 박힌 듯이 보인다. 번개처럼 빛나는 것이 보인다. 때로는 수정의 모습이 보인다. 때로는 보름달 같은 것이 보인다. 이 형태들은 브라흐만을 현현하기 위해 행해지는 요가에서 성취에 앞서 나타나는 것들이다. 이러한 모습들이 나타날 때 '최고의 요가의 성취(paramayogasiddhi)'가 있게 된다.

105 샹카라에 의하면 오대 원소가 나타나면, 즉 오대 원소를 본질로 하는 "요가의 특질(yogaguṇa)"이 발현한다는 의미다. "요가의 특질"은 냄새를 가진 것인 흙의 냄새가 요가 수행자(yogī)에게 생긴다. 마찬가지로 물에서 맛이 생긴다. '요가의 불로 만들어진(yogāgnimaya)' 몸을 얻은 그러한 요가 수행자에게는 질병이, 늙음이, 죽음이 생기지 않는다. 요가의 불로 만들어진 몸은 요가의 불에 의해 죄악(doṣa)의 꾸러미가 모두 타 버린 몸이다. 『요가수트라』(1. 35)에 대한 주석에서 브야싸는 이렇게 말한다. "코끝에 집중하여 이에 의해 천상의 향기를 감지함, 이것이 바로 향기에 대한 전념(pravṛtti)이다. 혀끝에서는 천상의 맛을 감지함이, 입천장에서는 천상의 형태를 감지함이, 혀의 중간에서는 천상의 촉감을 감지함이, 혀뿌리에서는 천상의 소리를 감지함이 있다. 이렇게 일어난 이들 활동들은 정신을 활동하지 않는 고요한 흐름으로 매어 둔다. 그리고 의심을 척결하고 삼매반야(三昧般若, samādhiprajñā)에 이르는 통로가 된다."

106 몸이 가볍고, 병이 없고, 마음에 욕심이 깃들지 않고, 피부색이 해맑고, 목소리가 감미로우며, 몸에서 상서로운 향기가 나며, 대변과 소변의 양이 적어지는 것 등이 요가 수행의 첫 번째 결과로 나타나는 것들이란 뜻이다.

107 샹카라에 의하면 "거울(vimba, bimba)"은 황금으로 된 것 혹은 은으로 된 것이다.

108 싸뜨야브라따 씻단따랑까라에 의하면 "육체에 깃든 것(dehī)"은 몸을 유지하는 '생령

잘 보아 하나,[109] 뜻을 이룬 것, 슬픔을 여윈 것이 되네. 14

등불을 통하듯이 아我의 본질을[110] 통해서 브라흐만梵의 본질을 이곳에서 연결되어 보아야 하네.[111] 생겨나지 않은 것, 흔들림이 없는 것, 모든 본질들과 더불어 순수한 것인 신을 알아 모든 올가미에서 벗어나네.[112] 15

이 신은 모든 방위方位와 간방間方이네,[113] 먼저 생겨난 것이며 또한 모태 안에 있는 것이네,

생겨난 바로 그것, 생겨날 그것이네, 그는 각각의 사람들에 머무르네, 모든 곳이 얼굴이네.[114] 16

의 아'다. 생령의 아는 개별적인 영혼으로써의 아(我)를 의미한다.

109 샹카라에 의하면 "하나(eka)"는 '둘이 아닌 것(advitīya)'이다.

110 샹카라에 의하면 "아의 본질(ātmatattva)"은 자신의 아의 본질이다.

111 샹카라에 의하면 '빛의 본모습(prakāśasvarūpa)'인 자신의 아의 본질로 "브라흐만의 본질(brahmatattva)"을 보아야 한다. 즉 아(我)로써 '지고의 아'를 알아야 한다는 뜻이다.

112 샹카라에 의하면 "생겨나지 않은 것(aja)"은 다른 것에서 생겨나지 않는 것이다. "흔들림이 없는 것(dhruva)"은 '본모습에서 벗어나지 않는 것(apracyutasvarūpa)'이다. "모든 본질들과 더불어 순수한 것"은 무명(無明)과 무명의 결과들과 더불어 '순수한 것(viśuddha)', 즉 그것들이 전혀 섞이지 않은 것이다. "모든 올가미"는 무명을 비롯한 것들이다.

113 싸뜨야브라따 씻단따랑까라는 '이 신(神)인 브라흐만은 "방위와 간방" 들에 편재한다'고 풀이한다. 막스 뮐러와 라다크리슈난은 '그는 모든 경역(境域)에 편재하는 신이다'라고 번역한다.

114 샹카라에 의하면 "이 신"은 동쪽을 비롯한 방위(diś)들과 간방(upadiś)들 모든 것들이다. '히란야가르바의 아(hiraṇyagarbhātman)'로써 모든 것들보다 먼저 생겨난 것이다. 이것은 또한 자궁 안에 있는 것이다. 태어난 아이다. 생겨날 것이기도 하다. 바로 이것은 모든 사람들 각각에 머문다. 모든 생명체들의 얼굴(mukha)들은 이것의 소유물이기에 이것은 '전체가 얼굴(sarvatomukha)'이다. 싸뜨야브라따 씻단따랑까라에 의하면 "먼저(pūrva)"는 세상이 만들어지기 이전이며, "모태 안에 있는 것(garbhe antaḥ)"은 세상 안에 있는 것이고, "모든 곳이 얼굴(sarvatomukha)"은 모든 것을 직접 보는 자를 의미한다. 얼굴의 원

신은 불 안에 있고, 물 안에 있고, 모든 세상에 들어가 있고, 풀들에[115] 있고, 나무들에 있나니, 그러한 신께 예경 드리네, 예경 드리네![116] 17

세 번째 장

하나인 것, 그물을 가진 이가 자재자의 권능들로 다스리네, 모든 세상들을 자재자의 권능들로 다스리네.[117] 생겨남과 존재함에[118] 있어 하나인 것, 이것을 아는 그들은 불사不死가 되네. 1

루드라는 하나이니 다른 것에 기대지 않네.[119] 이 세상들을 자재자의 권능들로 다스리는 자라네, 각각의 사람들에 머무르네, 모든 세상들을 만들어 보호자가 되어 마지막 시간에 모아들이네.[120] 2

어 무카(mukha)는 입을 의미하기도 한다.

115 "풀"의 원어는 오샤디(oṣadhi)다. 오샤디는 여성 명사로 '약초, 일년초' 등을 의미한다. 샹카라에 의하면 여기서 오샤디는 벼(śāli)를 비롯한 것들이다.

116 샹카라에 의하면 "그러한 신"은 '우주의 아(viśvātman)', '세계의 뿌리(bhuvanamūla)', '지고의 아'다. 반복은 존경과 장이 끝남을 의미한다.

117 샹카라에 의하면 "하나"는 '지고의 아'다. "그물(jāla)"은 미망(迷妄, māyā)이다. 미망은 벗어나기 힘든 것이기 때문에 그물이다. "그물을 가진 이(jālavān)"는 '미망을 펼치는 자(māyāvin)'다. 지고의 아가 '미망이라는 한정(māyopādhi)'으로 존재하여 '지고의 힘(paramaśakti)'인 자신의 힘으로 모든 세상들을 다스린다.

118 샹카라에 의하면 "생겨남(udbhava)"은 '신통력의 결합(vibhūtiyoga)'이며, "존재함(sambhava)"은 나타남(prādurbhāva)이다. 싸뜨야브라따 씻단따랑까라에 의하면 "생겨남"은 모든 세상들의 나타남이며, "존재함"은 유지됨이다.

119 샹카라에 의하면 "루드라(Rudra)"는 하나이기 때문에 브라흐만을 아는 사람들, 즉 궁극적인 의미를 보는 사람들은 다른 사물에 기대지 않는다.

120 "모든 세상들을 만들어 보호자가 되어 마지막 시간에 모아들이네"는 루드라가 우주의 창조자와 보호자, 파괴자라는 것을 의미한다.

모든 곳이 눈, 모든 곳이 입, 모든 곳이 팔, 모든 곳이 발이네.[121] 한 신이 하늘과 땅을 만들어 내면서 두 팔로 날개들로 풀무질하여 벼리네.[122] 3

신들의 창조자와 보호자, 모든 것의 지배자, 루드라는 대선인大仙人[123] 이네. 히란야가르바를 먼저 만든 그가 우리를 상서로운 지혜로 이어주기 바라네.[124] 4

루드라여, 그대의 상서로운 몸은 무섭지 않은 것, 죄악을 밝히지 않는 것이니, 산에서 행복을 펼치는 이여,[125] 평온한 그 몸으로 우리를 잘 보살피라![126] 5

---

121 싸뜨야브라따 씻단따랑까라에 의하면 모든 것을 직접 보는 자, 『베다』의 가르침을 주는 자, 모든 것의 보호자, 내적 통제자라는 뜻이다.

122 샹카라에 의하면 한 신이 하늘과 땅을 만들며 두 팔로 날개와 발을 새와 사람에게 연결한다는 의미다. 한 신이 위라즈를 창조했다는 의미다. 싸뜨야브라따 씻단따랑까라에 의하면 대장장이가 어떤 물건을 만들기 위해 두 손으로 풀무질을 하듯이, 그렇게 한 신이 하늘과 땅을 풀무질하듯이 한다는 의미다.

123 샹카라에 의하면 "대선인(maharṣi)"은 '모든 것을 아는 자(sarvajña)'를 의미한다.

124 샹카라에 의하면 "히란야가르바(黃金子宮, 金胎)"는 빛나는 지혜를 '내적인 정수(antaḥsāra)'로 가지고 있는 자다. "먼저"는 '창조(sarga)의 시작에'라는 의미다.

125 "산에서 행복을 펼치는 이"의 원어는 기리샨따(giriśanta)다. 샹카라에 의하면 '산에 머물러서 행복을 늘린다(girau sthitvā śaṁ sukhaṁ tanoti).' 그래서 기리샨따다. 막스 뮐러와 라다크리슈난은 모두 기리샨따를 '산악에 거주하는 자(dweller in the mountains)'라고 번역한다.

126 샹카라에 의하면 "상서로운 몸(śivā tanūḥ)"은 순수한, 무명(無明)과 무명의 결과를 벗어난, '진실한 의식인 환희, 둘이 아닌 브라흐만의 형태(saccidānandādvayabrahmarūpa)'다. "무섭지 않은(aghora) 것"은 둥근 달처럼 기쁘게 하는 것이다. "죄악을 밝히지 않는 것(apāpakāśinī)"은 단지 기억만 해도 죄를 멸하는 것, 즉 덕(puṇya)을 나타나게 하는 것이다. '산에 머물러서 행복을 늘리는 이는 가장 행복하고 충만한 환희의 형태인 그러한 몸으로 우리를 잘 살피라, 즉 행복으로 이어지게 하라'는 의미다.

산에서 행복을 펼치는 이여, 쏘기 위해 한손에 들고 있는 활, 산을 지키는 이여,[127] 그것을 상서롭게 하라! 사람을, 세상을 그대는 해하지 마라! 6

그보다 더 높은 것인 브라흐만, 더 높은 것인 큰 것, 몸에 따라 모든 존재들 안에 감추어 있는 것, 세상을 감싸는 하나를, 자재자인 그를 알아 불사不死들이 되네.[128] 7

나는 이것을, 인아人我를, 큰 것을, 태양의 색을, 어둠의 저편에 있는 것을 아네. 그것을 알아 죽음을 벗어나네, 가기 위해 다른 길은 없네![129] 8

그보다 더 높고 더 낮은 것은 없네,[130] 그 어느 것도 그보다 작은 것은

---

127 "산을 지키는 이"의 원어는 기리뜨라(giritra)다. 샹카라에 의하면 '산을 보호한다(giriṁ trāyate).' 그래서 기리뜨라다.

128 샹카라에 의하면 결과가 된 것의 원인성(kāraṇatva)이기 때문에 사람을 포함한 세상보다 더 높은 것이다. 전개된 것에 '편재하는 것(vyāpaka)'이라는 의미다. 혹은 그 '세상의 아(jagadātman)'인 위라즈보다 더 높은 것이다. 그 브라흐만보다 더 높은 것이 '큰 것(bṛhanta)'이다. '히란야가르바(黃金子宮, 金胎)'인 브라흐만보다 편재하는 것이기 때문에 큰 것이다. '몸에 따라 감추어 있는 것(yathānikāyaṁ gūḍham)'은 모든 존재들 안에 자리 잡고 있는 것이다. "세상을 감싸는 하나(viśvasyaikaṁ pariveṣṭitāram)"는 모든 것을 안으로 하여 '자신의 아'로써 모든 것에 편재하여 자리 잡은 것이다. 이러한 자재자인 '지고의 자재자'를 알아 불사들이 된다.

129 샹카라에 의하면 "이것"은 '지고의 아'다. "이것"은 '모든 것의 아인 것(sarvātmatva)'이기 때문에 '개별적인 아(pratyagātman)'인 '직접 보는 자(sākṣin)'이며 "인아"인 '충만한 것(pūrṇa)'이고 "큰 것(mahānta)"이다. "태양의 색(ādityavarṇa)"은 '빛의 형태(prakāśarūpa)'라는 뜻이다. 어둠인 무지 저편에 있는 그것을 알아 죽음을 벗어난다. '지고의 경지(paramapada)'를 얻기 위한 다른 길은 없기 때문이다. '충만한 환희이며 둘이 아닌 브라흐만을 아(我)라고 전체적으로 앎(pūrṇānandādvitīyabrahmātmaparijñāna)'에 의해서만이 '인간의 최고 목표(paramapur-uṣārtha)'를 얻는다. 다른 것으로는 얻지 못한다. 인간의 최고 목표는 해탈을 의미한다.

130 막스 뮐러는 "그보다 더 높고 더 낮은 것은 없네(yasmāt paraṁ nāparamasti)"를 '그보다 월

없네, 그 어느 것도 그보다 더 큰 것은 없네, 나무처럼 움직이지 않고 하늘에[131] 머물러 있네, 하나인 그 인아人我로 이 모든 것은 가득하네.[132] 9

그보다 훨씬 월등한 것, 그것은 형태가 없는 것, 고통이 없는 것이네, 이것을 아는 그들은 불사不死들이 되네, 허나, 다른 이들은 고통을 향해 다가가네![133] 10

모든 것이 얼굴, 머리, 목이네, 모든 존재에 감추어 깃든 것이네,[134] 모든 것에 편재한 것이네, 그러므로 그 세존은[135] 모든 것에 존재하는 길상吉祥[136]이네. 11

등하고 그와 다른 것은 없네(to whom there is nothing superior, from whom there is nothing different)'라고 번역한다. 라다크리슈난은 '그보다 달리 높은 것은 전혀 없네(Than whom there is naught else higher)'라고 번역한다.

131 샹카라에 의하면 "하늘"은 '빛나는 아(dyotanātman)'인 자신의 위대함(mahiman)이다.

132 샹카라에 의하면 "하나"는 '둘이 아닌 것'인 '지고의 아'이며, '충만한 것'인 "인아"다. 이러한 인아에 의해 끊임없이 편재되어 이 모든 것은 충만한 것이다.

133 샹카라에 의하면 세상보다 '월등한 것(uttara)'은 원인이다. "그보다 훨씬 월등한 것(atyuttara)"은 원인과 결과를 벗어난 브라흐만이다. 그것은 형태를 비롯한 것들이 없고, 몸에 관련된 것을 비롯한 세 가지 고통이 없는 것이다. 불멸인 것으로 그것을 아는 사람들은 불사들이 된다. 그러나 그것을 모르는 다른 사람들은 고통만을 얻는다.

134 "모든 존재에 감추어 깃든 것(sarvabhūtaguhāśaya)"은 '모든 존재의 동굴(guhā)에 깃든 것' 혹은 '모든 존재의 심장에 깃든 것'이라고 옮길 수도 있다. 샹카라에 의하면 '모든 존재들의 지성(buddhi)에 깃든 것'이다. 막스 뮐러와 라다크리슈난은 모두 '모든 존재의 심장의 동굴에 거주하는 것'이라고 번역한다.

135 "세존(世尊)"의 원어는 바가완(bhagavān)이다. 바가완은 바가와뜨(bhagavat)라는 낱말의 주격 단수 형태다. 바가와뜨는 바가(bhaga)를 가진 존재라는 뜻이다. 샹카라가 인용하는 『위스누뿌라나(*Viṣṇupurāṇa*)』(6. 5. 74)에 의하면 바가는 권능(aiśvarya), 법(dharma), 명성(yaśas), 영광(śrī), 지혜(jñāna), 여읨(離欲, vairāgya) 이 여섯 가지 모두다. 바가와뜨는 불경에서 '세존(世尊), 유덕(有德), 덕성취(德成就), 출유(出有), 출유괴(出有壞), 여래(如來), 불(佛), 불세존(佛世尊)' 등으로 한역되며, '박가범(薄伽梵), 파가파(婆伽婆)' 등으로 음사된다.

136 "길상"의 원어는 쉬바(śiva)다. 쉬바는 '눕다, 모든 것 안에 눕다, 쉬다, 자다, 깃들다'

바로 위대한 주主인 이 인아人我는 진성眞性을[137] 움직이게 하는 자네, 청정한 이것을 얻기 위함이네. 지배자, 빛, 불멸이네.[138] 12

등을 의미하는 어근 '쉬(śī)'에서 파생된 낱말이며, 형용사로는 '상서로운, 좋은, 친절한, 행복한' 등을 의미하고, 남성 명사로는 '행복, 해탈, 길상(吉祥), 힌두 삼신(三神) 가운데 하나로 우주를 파괴하고 새로운 우주가 탄생하게 하는 동인(動因)이 되는 신' 등을 의미한다. 쉬바는 불경에서 '정(精), 유선(柔善), 적정(寂靜), 청량(淸凉), 정(淨), 청정(淸淨), 안(安), 낙(樂), 상락(常樂), 안은(安隱), 묘(妙), 복수(福壽), 길상지사(吉祥之事), 열반(涅槃), 길상(吉祥), 번영(繁榮), 안녕(安寧), 지복(至福), 대자재천(大自在天)' 등으로 한역된다.

137 "진성"의 원어는 싸뜨바(sattva)다. 싸뜨바는 중성 명사로 '존재, 실재, 본성, 진성, 정신, 기질, 생기, 생명, 활력, 중생, 동물, 유령' 등을 의미한다. 상캬 철학에 의하면 이러한 의미들 가운데 진성은 빛의 성질, 해맑은 특질, 기쁜 특질, 가벼운 특질 등을 속성(dharma)으로 갖고 있는 것으로 내적 기관인 정신(精神)과 동의어다. 우주의 최초의 상태인 자연(自然)은 진성, 염성, 암성이라는 세 가지 성질들이 자신들의 특질을 드러내지 않고 평형을 이루고 있는 상태다. 이 성질들 가운데 제일 먼저 진성이 자신의 특질들을 드러낸다. 이 상태가 자연이 변화한 첫 번째 상태이며 그 이후에 변화된 상태에 비해 맏이가 되기 때문에 '큰 것(mahat)'이라고 부른다. 이 큰 것은 진성으로 된 것이어서 체(體)의 측면에서 진성이라고 부른다. 아울러 이 큰 것의 작용은 지성의 활동이어서 용(用)의 측면에서 지성이라고 부른다. 움직이는 특질은 염성(染性)의 특질이다. 본래 진성에는 움직이는 특질이 없다. 따라서 내적 기관인 진성, 즉 지성은 움직일 수가 없다. 그러나 진성에 투영된 인아의 영향에 의해서 진성은 움직이는 힘을 갖게 된다. 이러한 의미에서 정신인 진성에 투영된 인아를 '정신력(精神力, citiśakti)'이라고 한다.

138 샹카라에 의하면 "위대한 주(mahānprabhuḥ)"는 세상이 생겨나고 유지되고 멸함에 있어서 결정적인 힘(samartha)이다. 이것은 내적 기관인 진성을 자신의 본모습에 머무는 상태를 얻게 하기 위해, 즉 '지고의 경지(paramapada)'인 '청정한 이것을(sunirmalāmimām)' 얻게 하기 위해 움직이게 하는 자다. 그리고 이것은 완전히 순수한 '의식의 빛(vijñānaprakāśa)'이다. 내적 기관인 진성의 본모습은 본래 순수한 것이다. 그러나 진성의 용(用)의 측면인 지성(知性)은 자신의 대상과 동일화된다. 따라서 고통의 특질을 가진 염성과 미혹의 특질을 가진 암성들이 대상이 될 경우 지성의 활동을 통해 우리의 마음에 이러한 성질들이 전이되어 들어온다. 바로 이러한 과정을 통해 마음은 본시 티끌 하나 없이 청정무구한데, 지성의 작용에 의해 때가 끼어 오염된 것으로 보이는 것이다. 대상에서 마음이 물러서면 마음은 본시 진성의 본모습인 청정무구한 해맑은 상태로 되돌아간다. 여기서 마음은 진성인 정신을 의미한다. 즉 자아 의식(阿曼, ahaṁkāra)이 변하여 만들어진 마음이 아니라 진성인 본마음을 뜻한다.

엄지만 한 크기의 인아人我가[139] 내면의 아我이니, 늘 사람들의 심장에 잘 자리 잡고 있네, 심장과 마음과 상응하는 지혜의 지배자이니,[140] 이것을 아는 그들은 불사不死들이 되네. 13

머리가 천千이네, 인아人我는 눈이 천이네, 발이 천이네. 그는 땅을 모두 덮고 열 손가락을 벗어나 있네.[141] 14

인아人我는 바로 이 모든 것, 있었던 것, 그리고 있을 것이네. 또한 불사성不死性의 지배자, 곡식으로 웃자라는 것이네.[142] 15

---

139 "인아"의 원어는 뿌루샤(puruṣa)다. 뿌루샤는 남성 명사로 '사람, 개인, 남자, 영혼, 우주적인 영혼, 개별적인 영혼, 궁극적인 실재' 등을 의미한다. 뿌루샤는 불경에서 '인(人), 인자(人者), 남(男), 남자(男子), 장부(丈夫), 사부(士夫), 사(士), 대사(大士), 아(我), 인아' 등으로 한역된다. 샹카라에 의하면 뿌루샤는 '충만한 것이기 때문에(pūrṇatvāt)' 혹은 몸인 '성에 깃드는 것이기 때문에(puri śayanāt)'에 뿌루샤다.

140 "심장과 마음과 상응하는 지혜의 지배자(hṛdā manvīśo manasābhikḷptaḥ)"를 샹카라에 의하면 '심장에 위치한 마음에 의해 보호된 지혜의 지배자(hṛdayasthena manasābhiguptaḥ manvīśo jñāneśaḥ)'라고 풀이한다. 이 부분을 막스 뮐러는 '심장, 생각, 마음에 의해서 감지되는 것'이라고 번역한다.

141 샹카라에 의하면 "천(sahasra)"은 무한(無限, ananta)을 의미한다. '인아는 충만한 것이다(puruṣaḥ pūrṇaḥ).' 땅(bhūmi)은 세상(bhavana)이다. 덮는 것은 편재하는 것이다. 그는 세상의 안과 밖 모두에 편재하여 아울러 세상을 벗어나 다스린다. "열 손가락(daśāṃgula)"은 '영원한', '끝없는'이라는 의미다. 혹은 배꼽(nābhi) 위에 열 손가락의 거리에 심장이 있으며, 그 심장에 머무른다는 의미다. 『리그베다』(10. 90. 1)와 『아타르바베다』(19. 6. 1)에도 나오는 만뜨라다.

142 샹카라에 의하면 "인아"는 "이 모든 것", "곡식으로 웃자라는 것", 보이는 이것인 현재(vartamāna)인 것, 과거(bhūta)인 것, 그리고 미래(bhaviṣyat)인 것이다. 또한 인아는 불사성(amṛtatva), 즉 '죽음이 없는 속성의 것(amaraṇadharmatva)'인 독존(獨存, kaivalya)의 지배자(īśāna), 그리고 곡식으로 자라고 현존하는 것의 지배자다. 독존은 인아가 홀로 있는 상태로 해탈과 동의어다. 『리그베다』(10. 90. 2)와 『슈끌라야주르베다』(31. 2)에도 나오는 만뜨라다.

모든 곳에 손발이 있네, 그는 모든 곳에 눈, 머리, 입이 있네, 모든 곳에 귀를 가진 자네, 세상에서 모든 것을 감싸 머무네.[143] 16

모든 기관들의 속성의 영상影像이네, 모든 기관들이 없는 것이네. 모든 것의 주主, 지배자네. 모든 것의 귀의처, 친구[144]라네.[145] 17

아홉 개의 문이 있는 성에서 몸을 지닌 기러기가 밖으로 푸드덕 날개 치네. 정지한 것과 움직이는 것의, 모든 세상의 지배자라네.[146] 18

손과 발 없이 신속하게 붙잡는 자라네, 눈 없이 보네, 그는 귀 없이

---

143 "세상에서 모든 것을 감싸 머무네(loke sarvamāvṛtya tiṣṭhati)"는 샹카라에 의하면 '생명체의 무리(prāṇinikāya)' 속에 모두 편재하여 머문다는 의미다. '생명체의 무리'는 '생명체의 몸'으로도 번역될 수 있다.

144 푸나의 판본에 있는 '친구, 친한' 등을 의미하는 원어 쑤흐리뜨(suhṛt)를 샹카라, 막스 뮐러, 라다크리슈난, 싸뜨야브라따 씻단따랑까라 네 사람 모두 다 '큰 것'을 의미하는 원어 브리하뜨(bṛhat)로 판본을 삼아 해석하고 있다.

145 샹카라에 의하면 내적 기관과 외적 기관(bahiṣkaraṇa)으로 한정된 존재로써 '모든 기관(sarvendriya)'들의 속성인 판단, 결심, 청취를 비롯한 특질을 가진 것처럼 보인다. 그래서 모든 기관들의 영상(ābhāsa)이다. 즉 모든 기관들을 통해 활동하는 것처럼 알아야 한다는 의미다. 무슨 이유로 활동하는 것이 아니라 '활동하는 것처럼'이라고 알아야 한다. 왜냐하면 "모든 기관들이 없는 것(sarvendriyavivarjita)"이기 때문이다. 따라서 기관의 활동들에 의해서 활동하는 것이라고 알아서는 안 된다. "모든 것의 주(prabhu)"인 지배자다. 샹카라의 판본에서는 "귀의처, 친구(śaraṇaṁ suhṛt)"가 '귀의처 큰 것(śaraṇaṁ bṛhat)'이 된다. 귀의처(śaraṇa)는 구경(究竟, parāyaṇa)이며, '큰 것'은 원인이다. 즉 모든 것의 궁극의 경지인 원인이라는 의미다.

146 샹카라에 의하면 머리에 일곱 개의 문(dvāra)들이 있고 아래에 두 문들이 있다. "몸을 지닌 것(dehin)"은 '모든 것의 아인 것'인 브라흐만이 '의식의 아(vijñānātman)'가 되어 '원인과 결과로 조건 지어진 것(kāryakāraṇopādhi)'의 상태다. "기러기"는 '지고의 아'다. '지고의 아'는 무명(無明)이 본질인 것인 결과를 '타파한다(hanti).' 그래서 기러기(haṁsa)라고 한다. '푸드덕 날개 치는 것'은 대상을 파악하기 위하여 밖으로 움직이는 것이다.

듣네. 그는 알 것을 아네, 그러나 그에 대해 아는 자는 없네. 그를 가장 첫 번째, 인아人我, 큰 것이라 말들 하네.[147] 19

가장 작은 것보다 작고 큰 것보다 큰 아我가 이 중생의 동굴에 놓여 있네. 욕망이 없는[148] 그것을 보니, 슬픔을 여의네. 창조자의 은총으로 위대함을, 자재자自在者를 보네.[149] 20

아노라, 나는 이것을, 늙지 않는 것을, 옛것을, 모든 것의 아我를, 편재성遍在性으로 인해 모든 것에 가 있는 것을. 태어남이 멈춤이라 그에 대해 말들 하네, 브라흐만에 대해 이야기하는 이들은 항상恒常한 것이라고 말들 하네![150] 21

---

147 샹카라에 의하면 "신속(javana)하다"는 것은 멀리 간다는 것이다. 손이 없어도 모든 것을 잡는 자다. '마음이 없는 것(amanaska)'이면서도 전지성(全知性)으로 인해서 알 것을 안다. '모든 것의 원인이 되는 것(sarvakāraṇatva)'이기에 '첫 번째(prathama)'다. 인아는 충만함(pūrṇa)을 의미한다.

148 "욕망이 없는(akratu)"을 라다크리슈난은 '움직임이 없는(actionless)'이라고 해석한다.

149 샹카라에 의하면 "동굴"은 심장(hṛdaya)이다. 심장에 아가 있다는 의미다. '욕망이 없는 것'은 '대상의 향수에 대한 상념이 없는 것(viṣayabhogasaṃkalparahita)'이다. 아의 위대함(mahimā)은 '행위로 인해서 늘어나고 줄어듦이 없음(karmanimittavṛddhikṣayarahita)'이다. 이러한 자재자를 보는 사람, 즉 '이것은 나다(ayamahamasmi)!'라고 직접적으로 아는 자는 '슬픔을 여읜 사람(vītaśoka)'이 된다. "창조자(dhātṛ)"는 자재자다. '지고의 자재자'가 기뻐해야 그에 대한 '사실 그대로의 본질(yāthātmya)'의 앎(jñāna)이 생겨나기 때문이다. 혹은 몸을 받아 지니게 하는 것이기 때문에 지각 기관들이 '창조자'들이다. 지각 기관들의 해맑음(prasāda)으로 인해서, 즉 지각 대상의 결함을 봄으로써 때(垢, mala)를 제거함으로 인해서 보게 된다. 왜냐하면 욕망들을 더불은 비천한 사람들에게 아는 알기 힘든 것이기 때문이다. 막스 뮐러는 '아(the Self)가, 작은 것보다 작고, 큰 것보다 큰 것이, 피조물의 심장 안에 숨겨져 있다. 모든 슬픔을 여읜 사람은 본다. 위엄을, 주를, 초연함을, 창조자인 주의 은총에 의해서'라고 해석한다.

150 샹카라에 의하면 "늙지 않는 것(ajara)"은 '변화라는 속성이 없는 것(vipariṇāmadharmavarjita)'이다. "태어남이 멈춤(janmanirodha)"은 '생겨남이 없음(utpattyabhāva)'이다.

네 번째 장

하나인 것, 색이 없는 것이 여러 가지로 힘을 결합하여 수많은 색들을 의도 없이[151] 지니네. 그리고 마지막에 모든 것이 흩어져 가네. 시초에 그 빛나는 신 그가 우리를 상서로운 지혜로 결합하기 바라네.[152] 1

그가 바로 불이네, 그가 태양이네, 그가 바람이네, 그가 달이라네. 그가 바로 태백太白이네, 그가 브라흐만이네, 그가 물이네, 그가 '쁘라자빠띠'라네.[153] 2

---

151 "의도 없이"의 원어는 니히따르타(nihitārtha)다. 니히따르타는 '둔, 놓아둔, 위치한, 맡긴, 비장(秘藏)한, 주둔한, 고정된' 등을 의미하며, 불경에서는 '리(離), 사리(捨離)' 등으로 한역되는 니히따(nihita)라는 낱말과 '의미, 목적, 의도, 재산' 등을 의미하는 아르타(artha)라는 낱말이 결합된 형태다. 니히따르타를 막스 뮐러는 '의도를 가지고(with set purpose)'라고 해석하고, 라다크리슈난은 '숨겨진 의도(hidden purpose)'라고 해석하며, 싸뜨야브라따 씻단따랑까라는 '의도를 가지고, 목적을 가지고(saprayojana, soddeśya)'라고 해석한다. 그러나 샹카라는 '의도를 지니지 않음(nigṛhītārtha)', 즉 '자신의 이익에 무관심함(svārthanirapekṣa)'이라고 풀이한다. 이것은 불경에서 한역된 니히따의 의미와 일치하는 해석이다. 즉 불경에서 한역되는 의미를 적용하면, 니히따르타는 '이익을 떠난 상태, 혹은 이익을 버려 마음이 언제나 평온하고 집착이 없는 상태'를 의미한다.

152 샹카라에 의하면 "하나"는 '둘이 아닌 것'인 '지고의 아'다. '색이 없는 것(avarṇa)'은 종류(jāti)를 비롯한 것이 없음, 즉 특별함이 없음이다. '의도 없음'은 '의도를 지니지 않음(agrahītaprayojana)', 즉 '자신의 이익에 무관심함'이다. 처음에 지니고 마지막에, 즉 '우주가 멸하는 시간(pralayakāla)'에 흩어진다. "그리고(ca)"라는 말은 중간(madhya)에도 모든 것이 있음을 뜻한다. "빛나는 신"은 '빛나는 본성(dyotanasvabhāva)'인 '의식의 단일한 맛(vijñānaikarasa)'을 의미한다. 막스 뮐러는 '그가, 태양이, 어떤 색도 없는 것이, 의도를 간직한 것이, 자신의 힘을 통해 끝없는 색들을 만들어 낸다. 그 안에 이 모든 것들이 처음에 함께 나오고, 마지막에 갈라져 간다. 그가, 신이 우리에게 좋은 생각들을 부여하기 바란다'라고 해석한다. 라다크리슈난은 '하나인 그가, 어떤 색도 없이, 그의 힘을 여러 가지로 사용하여 많은 색들을 그의 숨겨진 의도 속에서 분배한다. 그리고 시작에 그 안에 그리고 마지막에 우주는 모인다. 그가 우리에게 명백한 이해력을 부여하기를 바란다'라고 해석한다.

그대는 여자, 그대는 남자라네. 그대는 총각 그리고 또한 처녀라네. 그대는 늙은이, 지팡이로 비트적거리며 다니네. 그대는 생겨나 일체의 얼굴이 되네.[154] 3

검푸른 벌,[155] 녹색이 붉은 눈,[156] 번개의 모태,[157] 계절들, 바다들이네. 시작을 갖지 않은 그대는 편재하여 존재하니, 모든 세상들이 생겨나는 곳이라네.[158] 4

생겨남이 없는 암컷 하나를, 붉고 희고 검은 것을, 같은 모습의 많은 자손들을 만들어 내고 있는 것을, 생겨남이 없는 수컷 하나가 즐기며 함

---

153 샹카라에 의하면 '그것은 바로 아(我)라는 것이다(tadevātmatatva).' "바로(eva)"라는 낱말은 모든 것에 연결되는 것이다. "태백(śukra)"은 '순수함(淸淨, śuddha)'이며, 별(nakṣatra)을 비롯한 빛이 있는 다른 것도 포함한다. "브라흐만"은 '히란야가르바의 아'다. "쁘라자빠띠(Prajāpati)"는 '위라즈의 아(Virāḍātman)'다. 위라드(Virāḍ)는 복합어가 되면서 위라즈가 음운 변화된 형태다.

154 "그대는 생겨나 일체의 얼굴이 되네(tvaṁ jāto bhavasi viśvatomukhaḥ)"를 막스 뮐러는 '그대는 그대의 얼굴을 모든 곳으로 향하고 태어났네'라고 번역한다. 라다크리슈난은 '태어나 그대는 모든 곳으로 얼굴을 향하게 되었네'라고 번역한다. 기타프레스의 힌디 어 해석본은 '그대는 태어나 여러 형태가 된다'라고 번역한다.

155 "벌"의 원어는 빠땅가(pataṃga)다. 빠땅가는 남성 명사로 '새, 태양, 나방, 메뚜기, 공, 불꽃, 악마, 수은, 말, 쌀의 종류' 등을 의미한다. 그러나 샹카라에 의하면 빠땅가의 어원은 '떨어짐으로써 간다(patanādgacchati)'다. 그래서 빠땅가는 벌(bhramara)이다. 막스 뮐러는 빠땅가를 '벌(bee)'로 해석하고, 라다크리슈난은 '새(bird)'라고 해석한다.

156 샹카라에 의하면 "녹색이 붉은 눈(haritaḥ lohitākṣaḥ)"은 앵무새(śuka)를 비롯한 천한 생명체들이다. 그것이 바로 그대라는 의미다.

157 샹카라에 의하면 "번개의 모태(taḍidgarbha)"는 구름(megha)이다. 그것이 바로 그대라는 의미다.

158 샹카라에 의하면 "그대(tvam)"라는 낱말은 모든 곳에 연결된다. 그대는 모든 것의 아(我)이기 때문에 그대는 '시작이 없는 것(anādi)'이다. 즉 그대는 '시작과 끝이 없는 것(ādyantaśūnya)'이다. 편재하는 것으로 인해서 그에게서 모든 세상들이 생겨난 그것이다.

께 따라 눕네, 즐긴 이 암컷을 생겨남이 없는 다른 수컷이 버리네.[159] 5

아름다운 날개를 가진 두 마리 새가 함께 어울려 함께 나타나 같은 나무에 깃드네.[160] 두 마리 가운데 하나는 열매를[161] 맛있게 먹고, 다른 하나는 먹지 않으며 바라만 보네.[162] 6[163]

---

159 샹카라에 의하면 "생겨남이 없는 암컷"은 자연(自然)이다. "붉고 희고 검은 것(lohitaśuklakṛṣṇā)"은 빛(tejas)과 물(ap)과 곡식(anna)의 형태다. 혹은 집중 요가에 통달하여 바라보는 '신아의 힘(神我力)'이다. "생겨남이 없는 수컷 하나"는 무시 이래(無始以來, anādi)의 욕망과 행위에 의해서 망가진 '의식의 아'다. 이 '의식의 아'가 자신을 아(我)로 여기며 즐기고 누린다. '다른 것(anya)'은 스승의 가르침의 빛으로 무명(無明)의 어둠이 끝난 것이다. "붉고 희고 검은 것"은 자연의 세 가지 성질들인 진성(眞性), 염성(染性), 암성(闇性)을 의미한다. 그리고 '같은 모습의 자손'은 자연에서 생겨난 것들이 자연의 세 가지 성질을 가지고 있다는 것을 뜻한다. 상캬(sāṃkhya) 철학에 의하면 깨달음을 얻기 전까지는 영혼은 자연과 관계를 맺는다. 그러나 깨달음을 얻으면 영혼은 자연과 맺고 있던 관계를 끊는다. 영혼이 자연과 무관하게 홀로 있는 상태를 독존(獨存)이라고 부르며, 독존은 해탈과 동의어이다. "생겨남이 없는 암컷"의 원어인 아자아(ajā)는 암염소를 의미하기도 하며, "생겨남이 없는 수컷"의 원어 아자(aja)는 숫염소를 의미하기도 한다.

160 샹카라에 의하면 둘은 '의식의 아'와 '지고의 아'다. '함께 어울리는 둘(sayujā)'은 '늘 함께하는 둘(sadā saṁyuktau)'이다. '함께 나타나는 둘(sakhāyā)'은 '둘이 동일하게 말해지는 것(samānākhyau)', 즉 '나타나는 원인이 동일한 둘(samānābhivyaktikāraṇau)'이다. "나무(vṛkṣa)"는 몸(śarīra)을 의미한다.

161 "열매"의 원어는 삡빨라(pippala)다. 삡빨라는 성스러운 나무로 학명은 Ficus religios라고 한다. 그 나무의 열매를 의미한다. 감각적인 쾌락을 뜻하기도 한다.

162 샹카라에 의하면 두 마리 가운데 하나는 무명에 의한 욕망의 습기(習氣, vāsanā)의 의지처(依支處, āśraya)인 미세신(微細身, liṃga)에 의해 한정된 것인 '의식의 아'다. 이러한 '의식의 아'가 기쁨과 고통으로 나타나는 행위의 결과를 맛있게, 즉 수많은 다양한 고락(苦樂, vedanā)의 맛의 형태를 분별없이 누린다. 다른 하나는 항상(恒常)하고, 순수하고, '깨어 있는 상태(buddha)'이고, '해탈한 것(mukta)'이 본성인 '지고의 아'다. 이러한 '지고의 아'는 누리지 않고 모든 것을 바라만 보고 있다.

163 『리그베다』(1. 164. 20)와 『아타르바베다』(9. 14. 20)에 동일하게 나타나는 만뜨라다. 『문다까 우파니샤드(*Muṇḍaka Upaniṣad*)』(3. 1. 1)에도 동일하게 나타난다. 188쪽 218~226번 각주 참조.

몰두하는 인아人我는 같은 나무에서 하릴없이 미혹되어 슬퍼하네.[164] 이와는 다른 흠모하는 주인과 이의 위력偉力을 보면 슬픔을 여의게 되네.[165] 7[166]

찬가들은[167] 모든 신들이 의지해 있는 곳인 불멸의 최고 하늘에 있나

---

164 샹카라에 의하면 "나무"는 바로 앞의 만뜨라에서 말한 몸을 의미한다. "인아"는 몸 안에서 '먹는 자'를 의미한다. "몰두한다"는 것은 무명(無明)과 욕망과 행위의 결과에 대한 애착을 비롯한 무거운 짐에 겨워 호리병박이 바닷물에 빠진 것과 같음을 의미한다. 즉 '몸의 아(身我, dehātman)'의 상태로 떨어져—바로 이것이 나다, 나는 저 사람의 아들이다, 나는 이 사람의 손자다, 나는 야위었다, 나는 통통하다, 나는 덕이 있다, 나는 덕이 없다, 나는 기쁘다, 나는 괴롭다—바로 이러한 인식, 이러한 것 말고는 다른 것은 없다는 인식을 의미한다. 이러한 인식 때문에 태어나고, 죽고, 일가친지들과 만나고, 헤어진다. "하릴없이"는 나는 어떤 능력도 없다, 내 아들이 망했다, 내 부인이 죽었다, 내가 살아서 무엇 하나, 이런 어쩔 수 없다는 생각을 의미한다. "슬퍼하"는 것은 괴로워하는 것을 의미한다. "미혹되어"는 수많은 부질없는 유형들을 분별하지 못해 근심에 사로잡히는 것을 의미한다. 이러한 근심에 사로잡힌 사람은 죽은 후에 동물 인간 등의 자궁에, 즉 비천한 상태로 거듭하여 떨어지게 된다.188쪽 228번 각주 내용과 동일하다.

165 샹카라에 의하면 흠모하는 주인과 그의 위력을 보기 위해서는 수많은 생들 가운데 그 언젠가 순수한 다르마(dharma)의 집적이 원인이 되어 그 어떤 아주 자비로운 이에 의해서 제시된 요가의 길인 비폭력(ahiṁsā), 진실(satya), 청정범행(淸淨梵行, brahmacarya), '모든 것에 대한 포기(sarvatyāga)', '마음의 평정(śama)', '감관의 제어(dama)' 등을 갖추어 삼매에 든 아(我)가 되는 것이 전제 조건으로 갖추어져야 한다. "흠모하는"이란 말은 수많은 요가의 길들과 행위들에 의해서 섬겨지는 것을 의미한다. "다른"이란 말은 나무로 규정되어 나타나는 것과는 다른 특징을 의미한다. 주인은 윤회하지 않는 자이며, 배고픔과 갈증과 슬픔과 미혹과 늙음과 죽음을 벗어난 존재로 모든 세상의 주인을 의미한다. "보면"이란 말은 바로 내가 모든 존재에 깃들어 있는 모든 것과 동일한 아(我)이지, 무명(無明)에 의해 생겨난 틀로 규정된 '미망의 아(迷妄我, māyātman)'가 아니라는 것을, 그리고 세상의 모습으로 나타나는 위력은 바로 이 나의 지고의 자재자의 것이라고 보는 것을 의미한다. 이렇게 볼 때 그때 슬픔을 여의게 된다. 즉 모든 슬픔의 바다에서 확연하게 벗어나게 된다. 189쪽 229번 각주 내용과 동일하다.

166 『문다까 우파니샤드』(3. 1. 2)에도 동일하게 나타난다.

167 "찬가(ṛc)"는 『리그베다』 찬가를 의미한다. 막스 뮐러와 라다크리슈난은 찬가를 '『리그베다』'라고 번역한다.

니, 그것을 모르는 이가 찬가로 무엇을 하리오? 그것을 아는 바로 그러한 이들이 잘 지낸다네.[168] 8

운율들, 제사들, 제식들, 계행들, 있은 것, 있을 것, 그리고 베다들이 말하는 것, 이 모든 것은 이것에서 미망력迷妄力을 지닌 이가 만드네.[169] 그리고 그곳에 미망력에 의해 다른 것으로 갇혀 있네.[170] 9

미망력迷妄力을 자연自然이라고, 미망력을 지닌 이를 대자재자大自在者라고 알아야 하네. 그의 부분들이 되는 것들에 의해서 이 모든 세상은 편재하네.[171] 10

---

168 샹카라에 의하면 '세 가지 베다에 의해서 알게 되는 것(vedatrayavedya)'인 지고의 '허공과 같은(ākāśakalpa)' 그곳에 모든 신들이 의지해 머무른다. 그러한 '지고의 아'를 모르는 사람이 찬가로 무엇을 할 수 있겠는가? 그것을 아는 바로 그러한 이 사람들이 잘 지낸다. 즉 목표를 달성한 자들이 되어 지낸다는 의미다.

169 샹카라에 의하면 "운율들(chandāṁsi)"은 『리그베다』, 『야주르베다』, 『싸마베다』, 『아타르바베다』라는 이름의 『베다』들이다. "제사(yajña)"들은 '산 제물을 묶어 놓는 나무 기둥(yūpa)'과 관련된 것들이 없는 것으로 규정된 행위로 신에 대한 제사 등이다. "제식(kratu)"들은 쏘마 제사의 일종인 즈요띠스또마(jyotiṣṭoma) 등이다. "계행(vrata)들"은 '초하루에서 보름, 그리고 보름에서 그믐에 이르기까지 달이 늘어나고 줄어드는 모양에 따라 음식의 양을 조절해 먹는 금식(cāndrāyaṇa)' 등이다. "있은 것(bhūta)"은 과거(atīta)다. "있을 것(bhavya)"은 미래(bhaviṣyat)다. 이 둘 사이에 있는 현재(vartamāna)도 지시한다. 제사를 비롯한 이루어야 할 행위와 '있은 것'을 비롯한 전개된 것에 있어서 『베다』들이 증거(māna)가 된다는 의미다. '변하지 않는 것(kūṭastha)'이지만 자신의 힘에 장악되어 '모든 것의 창조자라는 성질(sarvasraṣṭṛtva)'이 생겨난다. 그래서 "미망력을 지닌 이(māyin)"가 된다. 이러한 존재가 "이것에서(asmāt)", 즉 불멸(不滅)인 브라흐만에서 앞에서 언급한 모든 것을 만들어 낸다.

170 샹카라에 의하면 자신의 미망력(迷妄力)으로 만든 "그곳에(tasmin)", 즉 '있은 것'을 비롯한 전개된 것에 미망력에 의해서 다른 것처럼 얽매어 무명(無明)에 지배되어 '윤회의 바다(saṁsārasamudra)'에서 떠돌아다닌다.

171 샹카라에 의하면 "자연(prakṛti)"이 "미망력"이다. 그리고 자연의 지배자인 '실재인 의식, 환희의 형태인 브라흐만(saccidānandarūpabrahma)'은 그 자연에 한정된 존재이기 때문

근원 근원을 지배하는 하나인 것,[172] 이 모든 것이 함께 모이고 퍼져 가는 곳인 것,[173] 그것을 지배자로, 소원을 들어주는 이로, 찬양할 신으로 분명히 하여 이 평온에 지극하게 이르네.[174] 11

신들의 창조자와 보호자, 모든 것의 지배자, 루드라는 대선인大仙人이

에 '미망력을 지닌 상태(māyitva)'가 된다. '의식의 형태(cidrūpa)'인 브라흐만의 미망력의 힘으로부터 만들어 낸 "부분들이 되는 것(avayavabhūta)"은 '원인과 결과가 모여 이루어진 것(kāryakaraṇasaṁghāta)'이다. 이러한 '원인과 결과가 모여 이루어진 것'들에 의해서 땅을 비롯한 전체적으로 보이는 이 세상은 편재해 있다. '미망력을 지닌 자(māyin)'는 미망력의 존재(sattā)와 현현(顯現, sphūrti)을 만들어 내는 자다. "대자재자(大自在者)"의 원어는 마헤스와라(maheśvara)다. 마헤스와라는 '큰, 위대한' 등을 의미하는 마하(mahā)와 자재자를 의미하는 이스와라(īśvara)가 합해 만들어진 낱말이다. 이스와라는 '다스리다, 지배하다, 자신이 원하는 무엇이든 할 수 있는 능력을 지니다. 자신이 원하는 모든 상태로 스스로 존재할 수 있는 능력을 가지다' 등을 의미하는 어근 '이스(īś)'에서 파생된 낱말이다. 자재자(自在者)는 자신이 원하는 모든 상태로 존재할 수 있는 자를 의미한다. 우주를 파괴하고 새로운 우주가 생겨나게 하는 신인 쉬바(Śiva)를 일반적으로 마헤스와라라고 부른다. 불경에서 마헤스와라는 '대자재(大自在), 대자재천(大自在天)' 등으로 한역되며 마혜수라(摩醯首羅)로 음사된다.

172 샹카라에 의하면 "근원 근원(yoni yoni)"이라고 반복함으로써 '근본 자연(mūlaprakṛti)'인 미망력(迷妄力)과 이후의 자연인 허공(viyat) 등을 나타낸다. 미망력을 벗어난 '환희 하나로 꽉 찬 것(ānandaikaghana)'인 '지고의 자재자'는 이러한 자연들의 존재와 현현을 만들어 내어 '내적 통제자(antaryāmin)'로 지배하여 머문다. "하나"는 '유일한 것(無二, advitīya)'이다.

173 샹카라에 의하면 이 모든 세상은 '우주가 거두어져 멸하는 시간(upasaṁhārakāla)'에 미망력을 지배하는 자재자에게 함께 모여들고, 즉 침몰(沈沒, laya)의 상태에 이르고, 다시 '창조의 시간(sṛṣṭikāla)'에는 다양한 상태에 도달한다. 즉 허공을 비롯한 형태들로 여러 가지가 된다.

174 샹카라에 의하면 "소원을 들어주는 이(varada)"는 '해탈을 주는 것(mokṣaprada)'이다. "신"은 '빛나는 본성을 가진 것(dyotanātmaka)'이다. "분명히 하여(nicāyya)"는 분명하게 '브라흐만이 나다(brahmāhamasmi)!'라고 직시하는 것이다. "평온(śānti)"은 '모든 고통을 벗어나 행복만이 유일하게 이어지는 본래 모습(sarvaduḥkhavinirmuktasukhaikatānasvarūpa)'인 해탈(mukti)이다. "지극하게(atyantam)"는 '다시 되돌아옴(punarāvṛtti)'이 없이 '한 맛(ekarasa)'이 되는 것이다. 다시 되돌아옴이 없는 것은 윤회가 없음이며, '한 맛'이 되는 것은 브라흐만과 한 맛이 되는 것, 즉 동일하게 되는 것이다.

네. 히란야가르바가 생겨나는 것을 보는 그가 우리를 상서로운 지혜로 이어주기 바라네.[175] 12[176]

신들의 군주君主인 자, 세상들이 깃들어 있는 곳인 것, 이 두 발 달린 것과 네 발 달린 것을 지배하는 자, 환희인 신에게[177] 봉헌물로 우리 예배 드리리.[178] 13

미세한 것보다 훨씬 미세한 것을,[179] 혼돈의[180] 가운데 있는 것을, 모든 것의 창조자를, 수많은 형태를, 세상을 감싸는 하나를,[181] 상서로운

---

175 샹카라에 의하면 '실의 아(絲我, sūtrātman)'인 '지고의 자재자'에게 '단절이 없는, 본질에 대한 지혜(akhaṇḍitatattvajñāna)'를 얻기 위해 부탁하며 말하는 것이다. "대선인"은 '모든 것을 아는 자'이며, "히란야가르바(黃金子宮, 金胎)"는 빛나는 지혜를 '내적인 정수'로 가지고 있는 자다.

176 제3장 4절의 만뜨라와 거의 유사하다.

177 "환희"의 원어는 '까(ka)'다. '까'는 남성 명사로 '브라흐만(Brahman), 위스누(Viṣṇu), 쉬바(Śiva), 불, 바람, 도덕의 신인 야마(Yama), 태양, 영혼, 공작새, 마음, 몸, 시간, 구름, 소리, 빛, 재산' 등을 의미하고, 중성 명사로는 '행복, 기쁨, 쾌락, 물, 머리' 등을 의미한다. 샹카라는 '까'를 '환희의 형태(ānandarūpa)'로 풀이한다. 싸뜨야브라따 씻단따랑까라는 '까'를 '행복의 본모습(sukhasvarūpa)', '행복을 주는 것(sukhaprada)'이라고 해석한다. 막스 뮐러는 '그것(that)'이라고 해석하고, 라다크리슈난은 '무슨(what)'이라고 해석한다.

178 샹카라에 의하면 "세상들이 깃들어 있는 곳"은 '세상들이 그 위에 놓여 있는 곳'이다. "이 두 발 달린 것과 네 발 달린 것을 지배하는 자"는 사람을 비롯한 것과 짐승을 비롯한 것을 지배한다는 의미다. '환희의 형태(ānandarūpa)'인 '빛나는 아'인 그에게 '신이나 조상에게 바치기 위해 쌀이나 보리를 끓인 것(caru)'과 떡(puroḍāśa) 등의 물건으로 예배를 드리리라는 의미다.

179 샹카라에 의하면 "미세한 것보다 훨씬 미세한 것"은 땅에서 시작하여 '발현되지 않은 것(avyākṛta)'에 이르기까지 점점 더 미세한 것보다 가장 미세한 것이다.

180 샹카라에 의하면 "혼돈(混沌, kalila)"은 무명(無明)과 무명의 결과를 본질로 하는 접근하기 힘든 난해한 것이다.

181 샹카라에 의하면 "세상을 감싸는 하나(viśvasyaikaṁ pariveṣṭitāram)"는 모든 것을 안으로 하여 '자신의 아'로써 모든 것에 편재하여 자리 잡은 것이다.

것을[182] 알아 지극한 평온에 이르네. 14

그가 바로 시간 속에서 세상의 보호자,[183] 모든 것의 주인, 모든 존재들 안에 감추어 있는 자,[184] 브라흐마나 출신의 선인仙人들과 신들이 연결되어 있는 곳, 바로 그를 알아 죽음의 올가미들을 끊어 버리네.[185] 15

우유 기름 위에 있는 더껑이처럼 아주 미세한 것을,[186] 모든 존재들 안에 감추어 있는 상서로운 것을,[187] 세상을 감싸는 하나를, 신을 알아 모든 올가미들에서 벗어나네. 16

이 신이 우주를 만드는 자,[188] 위대한 아我이니,[189] 늘 사람들의 심장

---

182 "상서로운 것"의 원어는 쉬바(śiva)다. 825쪽 136번 각주 참조.

183 샹카라에 의하면 "시간"은 '과거의 겁(atītakalpa)'들이다. 과거의 겁(劫, kalpa)들 속에서 생령(生靈)이 축적한 행위의 결과가 완숙되는 시간에 각각의 행위의 성질에 따라서 "세상의 보호자"가 된다.

184 샹카라에 의하면 브라흐마에서 풀(stamba)에 이르기까지의 "모든 존재(sarvabhūta)들" 안에서 단지 직접 바라보는 요소로 자리 잡고 있다.

185 샹카라에 의하면 "죽음(mṛtyu)"은 무명(無明)인 어둠이다. 형태를 비롯한 것들이 "올가미(pāśa)들"이다. 무명의 결과인 욕망과 행위를 멸한다.

186 샹카라에 의하면 "우유 기름(ghṛta) 위에 있는 더껑이(maṇḍa)"는 정수(精髓, sāra)다. 이 더껑이는 우유 기름을 먹는 사람을 아주 기쁘게 하는 것이다. 마찬가지로 '지고의 아'는 해탈을 원하는 사람들에게 '지극한 정수의 형태인 환희를 주는 성질(atisārarūpānanda-pradatva)'로 인해서 더할 바 없는 기쁨의 대상이다. '지고의 아'는 '환희의 형태'로써 우유의 정수처럼 지극히 미세한 것이다.

187 샹카라에 의하면 브라흐마에서 풀에 이르기까지의 중생(衆生, jantu)들 안에 행위와 결과와 향수(享受)를 직접 바라보는 성질로 인해서 분명히 존재하면서도 행위와 결과와 향수들에 의해서 '자재자의 상태(īśvarabhāva)'가 무시된다. '상서로운 것'의 원어는 쉬바다. 825쪽 136번 각주 참조.

188 샹카라에 의하면 "신"은 '빛나는 것을 본질로 하는 것(dyotanātmaka)'이다. '큰 것'을 비롯한 것들이 "우주(viśva)"다. 미망력(迷妄力)으로 들어감으로써 우주라는 형태가 이것의

에 잘 자리 잡고 있네,[190] 심장과 마음과 상응하는 지혜의 지배자이니,[191] 이것을 아는 그들은 불사不死들이 되네.[192] 17

어둠이 아닌 것일 때,[193] 그때는 낮이 없고, 밤이 없고, 있음이 없고, 없음이 없고, 오로지 상서로운 것만이라네.[194] 그것은 불멸, 그것은 싸비

결과가 되기 때문에 "우주를 만드는 자(viśvakarman)"다. '큰 것'은 미망력, 즉 자연(自然)이 처음으로 변화되어 만들어진 상태다. '큰 것'에서 자아 의식이 생겨나고, 자아 의식에서 '다섯 가지 기본 요소(五唯)', 마음, '다섯 가지 지각 기관(pañcajñānendriya)', '다섯 가지 활동 기관(pañcakarmendriya)' 모두 열여섯 가지들이 생겨난다. 이들 가운데 '다섯 가지 기본 요소'들에서 다시 '오대 원소(五大, pañcamahābhūta)'가 생겨난다. 지수화풍공인 오대 원소들에 의해서 우주의 삼라만상들이 만들어진다.

189 샹카라에 의하면 "위대한 아(mahātman)"는 '모든 것에 편재하는 자(sarvavyāpin)'이다.

190 샹카라에 의하면 "늘 사람들의 심장에", 즉 지고의 허공인 '심장의 허공(hṛdākāśa)'에 물을 비롯한 한정된 것들에 태양이 비추는 것처럼 잘 머물러 있다.

191 "심장과 마음과 상응하는 지혜의 지배자(hṛdā manīṣā manasābhiklṛptaḥ)"를 샹카라는 세 번째 장 열세 번째 만뜨라에서는 '심장에 위치한 마음에 의해 보호된 지혜의 지배자(hṛdayasthena manasābhiguptaḥ manvīśo jñāneśaḥ)'라고 풀이한다. 그러나 이곳에서는 분별지(分別智, vivekabuddhi)와 사고(思考, vicāra)를 통해 얻어지는 '단일성의 인식(ekatvajñāna)'에 의해서 밝혀지는 것, 즉 '단절이 없는 단일한 맛의 본질(akhaṇḍaikarasatva)'로 나타나는 것이라고 풀이한다. 이 부분을 막스 뮐러는 '심장, 생각, 마음에 의해서 감지되는 것'이라고 번역한다.

192 샹카라에 의하면 "불사들이 된다"는 것은 다시 되돌아옴이 없게 된다는 의미다. 즉 윤회를 하지 않게 된다는 뜻이다.

193 샹카라에 의하면 "그것이 너다(tattvamasi)!"를 비롯한 문장을 통해 생겨나는 등불에 해당되는 지혜에 의해서 무명(無明)이 타 버렸을 때가 "어둠이 아닌 것일 때"다. "그것이 너다!"를 비롯한 문장은 "내가 브라흐만이다(ahaṁ brahmāsmi)!", 또한 브라흐만 바로 "그것이 너다(tattvamasi)!"와 같은 문장이다. 바로 이러한 문장의 의미를 마음의 눈으로 직접 지각하여 무명의 어둠을 밝히는 등불과 같은 지혜가 생겨났을 때가 "어둠이 아닌 것일 때"다. "어둠이 아닌 것"의 원어는 아따마쓰(atamas)다. 아따마쓰는 '어둠, 암흑, 세 가지 성질 가운데 하나인 암성(闇性)으로 멈추고 무겁고 어둡고 미혹하고 덮는 성질, 슬픔, 비애, 죄악, 분노' 등을 뜻하는 중성 명사 따마쓰(tamas)에 '없음, 반대, 비슷함' 등을 나타내는 접두어 '아(a)'가 합해 만들어진 낱말이다.

194 '상서로운 것'의 원어는 쉬바(śiva)다. 샹카라에 의하면 여기서 쉬바는 '순수한 본질(śuddhasvabhāva)'을 의미한다. "오로지(kevala)"는 '무명이 상정하는 것이 없음(avidyāvikal-

뜨리의 최고의 것,[195] 그리고 그로부터 옛 지혜가 펼쳐진 거라네.[196] 18

이것을 위에서도, 비스듬히도, 가운데에서도 잡지 못했네.[197] 이름이 큰 영광이라는 것이니, 그것의 형상은 없네.[198] 19

이것의 모습은 보이는 것에 머물지 않으니, 그 누구도 눈으로 이것을 보지 못하네.[199] 가슴으로 마음으로 심장에 머문 이것을 이렇게 아는 그들은 불사不死들이 된다네.[200] 20

---

paśūnya)'이다.

195 샹카라에 의하면 "싸비뜨리의 최고의 것(saviturvareṇyam)"은 둥근 태양에 주재하는 이의 '기꺼운 것(saṁbhajanīya)'이다. 『리그베다』(3. 62. 10)의 가야뜨리만뜨라(Gāyatrīmantra)에 따르면 "싸비뜨리의 최고의 것"은 태양의 빛(bharga)이다.

196 샹카라에 의하면 "펼쳐진 것(prasṛtā)"은 그 순수성(純粹性, śuddhatva)을 원인으로 하여 '항상 분별(nityaviveka)' 등을 갖추고 있는 '모든 것을 여의고 던져 버린 출가자(saṁnyāsin)'들 사이에 충만한 형태로 편재한 것이다. "옛(purāṇī)"은 브라흐만에서 비롯하여 전통적으로 전해 얻어진, 즉 무시 이래(無始以來)로 얻어진 것이다.

197 샹카라에 의하면 제한되지 않은 형태인 것이고, 몫이 없는 것이고, 지체가 없는 것이기 때문에 위를 비롯한 방향들에서 그 누구도 파악할 수 없는 것이다.

198 샹카라에 의하면 자재자는 '단절이 없는 행복에 대한 인식인 것(akhaṇḍasukhānubhavatva)'이기 때문에 이와 닮은 다른 것이 없음으로 말미암아 비유할 것이 없다. 자재자의 이름은 "큰 영광(mahadyaśa)", 즉 방향을 비롯한 것들에 제한되지 않고 모든 곳에 충만한 영광이다.

199 샹카라에 의하면 눈을 비롯한 것으로 파악되는 곳에 머물지 않는다. 즉 눈을 비롯한 것의 대상이 되지 않는다. 눈은 '제유적인 표현(upalakṣaṇa)'이다. 모든 지각 기관들을 통한다 해도 그 누구도 지각 대상으로써 이것을 파악할 수 없다.

200 샹카라에 의하면 "가슴(hṛd)"은 순수 지성(śuddhabuddhi)이다. "마음"은 가슴을 설명하는 말이다. '심장에 머문 것(hṛdistha)'은 '심장의 허공이라는 동굴에 머문 것(hṛdākāśaguh-āstha)'이다. 개별적으로 그곳에 자리 잡은 것이다. "이렇게(evam) 안다"는 것은 "브라흐만이 나다(brahmāhamasmi)!"라고 직접적으로 아는 것이다. "불사들이 된다"는 것은 죽음의 원인인 무명(無明)을 비롯한 것이 '지혜의 불'에 타 버림으로써 다시는 다른 몸을 받지 않는다는 의미다.

생겨나지 않은 것이라! 이렇게 그 누군가는 두려워하며 귀의하네.[201] 루드라여, 그대의 상냥한 얼굴이 있나니, 그로써 나를 항상 보호하라.[202] 21

우리의 아들 손자에 대해, 우리의 수명에 대해, 우리의 소들에 대해, 우리의 말들에 대해 해롭게 하지 마라! 루드라여, 우리의 영웅들을 화내어 죽이지 마라! 봉헌물을 갖추어 우리 항상 그대를 부르리라! 22[203]

다섯 번째 장

불멸의 영원한 높은 브라흐만에[204] 지혜와 무명無明 두 개가 감추어 놓여 있네.[205] 멸하는 것은 무명이요, 불사不死는 지혜라네, 지혜와 무명

---

201 샹카라에 의하면 "생겨나지 않은 것(ajāta)"은 출생, 늙음, 배고픔, 목마름 등의 속성이 없는 것이다. 다른 모든 것은 멸하는 것이며 고통이 뒤따르는 것이다. 그래서 출생, 늙음, 배고픔, 목마름, 슬픔, 미혹이 뒤따르는 윤회를 두려워하며 그 어떤 누군가가 바로 당신에게 귀의한다. 혹은 나와 같은 그 누군가가 귀의한다는 의미다.

202 샹카라에 의하면 "상냥한 얼굴(dakṣiṇa mukha)"은 '기쁨을 생기게 하는(utsāhajanana)', 생각하면 '환희를 만들어 내는(āhlādakaram)' 얼굴이다. 혹은 남쪽 방향에 있는 얼굴이다. "상냥한"의 원어는 닥쉬나(dakṣiṇa)다. 닥쉬나는 형용사로 '솜씨 좋은, 오른쪽, 오른편에 위치한, 남쪽의, 남쪽에 위치한, 성실한, 정직한, 상냥한, 호의를 가진, 예의 바른' 등을 의미하며, 남성 명사로는 '오른손 혹은 오른팔, 예의바른 사람, 쉬바와 위스누의 별칭' 등을 의미한다.

203 『리그베다』(1. 114. 8)에 나오는 만뜨라와 거의 동일하다.

204 1958년에 인도 푸나의 베다 교정 기관에서 간행된 교정 판본에는 "높은 브라흐만에(brahmapare)"가 '브라흐만의 성(城)에(brahmapure)'로 되어 있다. 샹카라, 막스 뮐러, 라다크리슈난 모두 다 '높은 브라흐만에'를 원본으로 보고 있다. 이들의 의견을 따르기로 한다.

205 샹카라에 의하면 "높은 브라흐만(brahmapara)"은 브라흐마인 히란야가르바(黃金子宮, 金胎)보다 높은 것이다. 혹은 최고의 브라흐만이다. "영원한" 것은 공간과 시간과 사물에

을 다스리는 것, 그것은 다른 것이라네.[206] 1

근원 근원을 다스리네, 하나가 모든 형태들과 모든 근원들을 다스리네,[207] 처음에 낳은 까삘라[208] 선인仙人을 지혜들로 채워주었네, 생겨나는 것을 보았네.[209] 2

이 영역에서 이 신이 그물 하나하나를 여러 가지로 바꾸며 모두 거두어들이네.[210] 다시 주인들을 만들어 위대한 아我인 자재자自在者는 모든

제한되지 않는 것이다.

206 샹카라에 의하면 "무명"은 '흘러나오는 원인'(kṣaraṇahetu), 즉 '윤회의 원인(saṁsṛtikāraṇa)'이다. 그러나 지혜는 '해탈의 원인(mokṣahetu)'이다. '목격하는 성질(sākṣitva)'이기 때문에 무명과 "지혜"를 다스리는 것은 그 둘과는 다른 것이다.

207 샹카라에 의하면 하나인, 즉 유일한 아(我)가 곳곳을 다스리고 모든 형태들과 모든 것이 생겨나는 곳들을 다스린다.

208 샹카라는 여기서 "까삘라(kapila)"를 상캬 철학의 창시자의 이름으로 인정하지 않고 황금(kanaka)의 황갈색(kapilavarṇa)으로 풀이하여 히란야가르바(黃金子宮, 金胎)를 의미하는 것으로 본다. 막스 뮐러와 라다크리슈난은 모두 까삘라를 '불같이 빨간 것(the fiery)'이라고 번역하여 샹카라의 견해를 따른다. 그러나 본『스웨따스와따라 우파니샤드』는 그 내용이 상당 부분 상캬 철학적인 요소를 담고 있다. 따라서 상캬 철학의 추종자들이 자신들의 철학의 창시자를 존중해 브라흐마와 동일시한다는 관점에서, 그리고 원문에서 "까삘라"라는 낱말과 함께 선인(仙人)이라는 낱말이 나오기 때문에 까삘라는 상캬 철학의 창시자를 의미하는 것으로 보인다. 싸뜨야브라따 씻단따랑까라 역시 까삘라를 상캬 철학의 창시자로 해석한다.

209 샹카라에 의하면 "처음(agra)"은 '창조의 시간'이다. 스스로 만들어 낸 이것은 히란야가르바다. 처음에 이것을 만들었다고 말하기 때문이다. 다른 것에 대한 말은 없기 때문이다. "선인"은 전지자(全知者, sarvajña)를 의미한다. "지혜들"은 지혜, 법도(dharma), 이욕(離欲, vairāgya), 권능 들이다. 다른 것이란 낱말은 상캬 철학의 창시자인 까삘라를 지칭하는 말이다.

210 샹카라에 의하면 "이 신"이 창조의 시간에 신, 인간(manuṣya), 동물(tiryak) 등의 그물을 만든다. 그물 각각을 여러 가지로 바꾸며 이 '미망을 본질로 하는 영역(māyātmaka kṣetra)'에서 "이 신"이 거두어들인다. 신의 몸이든, 인간의 몸이든, 동물의 몸이든 영혼이 몸을 받는다는 것은 영혼인 물고기가 그물에 걸린 것과 같다. 그물 각각을 여러 가지로

것을 다스리네.[211] 3

황소가[212] 모든 방향을 위로 아래로 그리고 비스듬히 비추며 빛나듯이, 이렇게 그 빛나는 신神인 세존 기꺼운 하나가 근원의 본성들을 다스리네.[213] 4

우주의 근원이 본성을 익히네,[214] 익힐 만한 것들을 변하게 하는 거라네.[215] 하나가 이 모든 우주를 다스리며 모든 성질들을 배정하는 것이라네.[216] 5

그것은 베다의 비밀스런 우파니샤드들 속에 숨어 있는 것이니,[217] 브

바꾼다는 것은 영혼이 윤회를 거듭하면서 여러 몸을 받는다는 것을 의미한다.

211 샹카라에 의하면 이전의 겁(劫)에 그랬듯이 "위대한 아인 자재자"는 다시 마리찌(Marīci)를 비롯한 세상의 주인(pati)들을 만들어 모두를 다스린다. 마리찌는 창조를 주관하는 신인 쁘라자빠띠 가운데 하나다. 혹은 브라흐마의 마음에서 태어난 열 명의 아들들 가운데 하나다.

212 샹카라에 의하면 "황소(anaḍvān)"는 태양(āditya)이다.

213 샹카라에 의하면 "신"은 '빛나는 본성'이다. "하나"는 유일한 것인 '지고의 아'다. "세존"은 권능 등을 갖춘 존재다. "근원의 본성(yonisvabhāva)"은 모든 세상의 '자기 몸이 되는 요소(svātmabhūta)'들인 흙을 비롯한 사물들이다. 혹은 '원인이 되는 요소(kāraṇabhūta)'들인 흙을 비롯한 것들이다. 흙을 비롯한 것들은 오대 원소인 지수화풍공을 의미한다. 권능, 법, 명성, 영광, 지혜, 여읨(離欲) 이 여섯 가지가 권능을 비롯한 것들이다. 825쪽 135번 각주 참조.

214 샹카라에 의하면 우주의 근원이 "본성(本性)"을, 즉 불이 가진 뜨거움을 만들어 낸다.

215 샹카라에 의하면 "익힐 만한 것들"은 흙을 비롯한 것들이다. 이것들을 변하게 하는 것이다. 흙을 비롯한 오대 원소를 우주 만물로 변하게 한다는 의미다.

216 샹카라에 의하면 진성(眞性), 염성(染性), 암성(闇性)의 형태들을 배정하는 것이다.

217 샹카라에 의하면 『베다』들의 비밀(guhya)인 『우파니샤드』들에 덮여 있는 것이다. 라다크리슈난이 인용하는 위갸나빅슈(Vijñānabhikṣu)의 의견에 따르면 『베다』는 제사와 제사의 보상에 대해 가르치는 제식적인 '행위의 편(karmakāṇḍa)', 비밀은 브라흐만에 대한 예

라흐마가 브라흐만의 근원인 그것을 아네.[218] 옛 신들과 선인仙人들은 그것을 알았으니, 그들은 그것이 되어 불사不死들이 되었네.[219] 6

성질과 연결된 자,[220] 결과의 행위를 행하는 자,[221] 그가 그의 행한 것을 누리는 자네. 모든 형태,[222] 세 가지 성질,[223] 세 가지 길을 가는 자,[224] 생기生氣의[225] 주인, 그가 자신의 행위들과 더불어 가네.[226] 7

배를 가르치는 『아란야까(*Āraṇyaka*)』 문헌으로써 '요가의 편(yogakāṇḍa)', 『우파니샤드』는 브라흐만에 대한 지식을 가르치는 부분으로 '지혜의 편(jñānakāṇḍa)'을 의미한다. "우파니샤드"는 여성 명사로 '『우파니샤드』 문헌, 비전의 교의, 신비한 지식, 최고의 영혼에 관련된 진실한 지식, 명상, 외딴 곳' 등을 뜻하는 낱말이다. 막스 뮐러와 라다크리슈난은 "우파니샤드"를 번역하지 않고 있다. 즉 문헌을 지칭하는 의미로 해석한다.

218 샹카라에 의하면 "브라흐마"는 히란야가르바(黃金子宮, 金胎)다. "브라흐만의 근원(brahmayoni)"은 '『베다』가 입증하는 것(vedapramāṇaka)', 혹은 브라흐마인 황금 자궁의 근원, 혹은 『베다』의 근원을 의미한다.

219 샹카라에 의하면 "그것이 되어(tanmaya)"는 '그것의 아(tadātman)의 상태가 되어서'다. 지금도 그것을 알아 불사가 된다는 문장이 이어지는 것으로 해석해야 한다.

220 샹카라에 의하면 행위와 지혜를 통해 만들어진 '습기(習氣)로 된 것(vāsanāmaya)'들과 연결을 가지고 있는 것이 "성질과 연결된 자(guṇānvaya)"다. 싸뜨야브라따 씻단따랑까라에 의하면 진성(眞性), 염성(染性), 암성(闇性)인 성질들에 매어 있는 것이다.

221 샹카라에 의하면 결과를 위한 행위를 행하는 자다.

222 샹카라에 의하면 "모든 형태(viśvarūpa)"는 다양한 형태다. 원인과 결과가 집적된 것이기 때문에 다양한 형태다.

223 샹카라에 의하면 "세 가지 성질(triguṇa)"은 진성(眞性)을 비롯한 세 가지 성질을 가지고 있는 것이다. 세 가지 성질은 진성, 염성(染性), 암성(闇性)이다.

224 샹카라에 의하면 "세 가지 길을 가는 자(trivartman)"는 '신의 길'을 비롯한 세 가지 다른 길을 가지고 있는 자다. 세 가지 다른 길은 '신의 길', '조상의 길(pitṛyāna)', '인간의 길(manuṣyayāna)'이다.

225 샹카라에 의하면 "생기"는 '다섯 가지 활동(pañcavṛtti)'이다. '다섯 가지 활동'은 생기, 하기, 편기, 평기, 상기를 의미한다.

226 샹카라에 의하면 이제까지는 "그것이 당신이다(tattvamasi)!"라는 문장에서 그것(tat)에 대한 설명이었고, 지금부터는 당신(tvam)에 대한 설명이다. "그것"은 궁극의 존재인 브라흐만을 그리고 "당신"은 개별적인 영혼을 의미한다.

엄지만 한 크기, 해 닮은 모습,[227] 생각과 자아의식과 연계된 것,[228] 지성의 성질과 몸의 성질과도[229] 연계된 것, 낮은 것은[230] 찌르개 끝만큼이 보이는 것이네.[231] 8

머리카락 끝을 백 개로 나눈 것을 다시 백 갈래로 만든 것의 한 부분, 그것이 생령生靈이라고 알아야 하네, 그래도 그것은 영원할 수 있다네. 9

---

227 샹카라에 의하면 "해 닮은 모습(ravitulyarūpa)"은 '빛의 본질(jyotiḥsvarūpa)'이라는 의미다.

228 샹카라에 의하면 "생각(saṁkalpa)과 자아의식"은 지성의 성질이다. "생각"은 불경에서 '각(覺), 지(智), 원(願), 염(念), 지(志), 심(心), 사유(思惟), 분별(分別), 사념(思念), 상념(想念), 소원(所願), 대원(大願), 정사유(正思惟), 정분별(正分別), 억상분별(憶想分別)' 등으로 한역된다. "자아의식"은 불경에서 '아(我), 오(吾), 아만(我慢), 아집(我執), 아견(我見), 아인지상(我人之相)' 등으로 한역된다.

229 샹카라에 의하면 늙음(jarā) 등이 "몸의 성질(ātmaguṇa)"이다.

230 "낮은 것"의 원어는 아와라(avara)다. 아와라는 형용사로 '어린, 이후의, 낮은, 부족한, 천한, 마지막, 서쪽의, 다음의, 가장 뛰어난' 등을 의미하며, 남성 명사로는 '지난 시간'을 의미하며, 여성 명사로는 '방향'을 의미하고, 중성 명사로는 '코끼리의 뒷다리'를 의미한다. 그러나 1958년에 인도 푸나의 베다 교정 기관에서 간행된 교정 판본의 아와라가 샹카라의 판본에서는 아빠라(apara)로 나온다. 아빠라는 형용사로 '보다 높은 것이 없는, 필적할 만한 것이 없는, 다른, 부가적인, 자신의 것이 아닌, 후자의, 낮은, 열등한, 다음의, 서쪽의, 멀리, 반대의' 등을 의미하고, 남성 명사로는 '코끼리의 뒷발, 적' 등을 의미하며, 중성 명사로는 '미래, 코끼리의 뒷부분' 등을 의미하고, 여성 명사로는 '서쪽 방향, 『베다』의 부속 학문을 동반한 『베다』의 학습, 자궁' 등을 의미한다. 여기서는 아와라 혹은 아빠라가 형용사의 명사적인 용법으로 사용된 것으로 보인다. 막스 뮐러는 아와라를 판본으로 삼으며 '보다 낮은 것(lower one)'이라고 해석한다. 라다크리슈난은 아빠라를 판본으로 삼으나 이에 대해 해석하지 않는다. 싸뜨야브라따 씻단따랑까라는 아빠라를 판본으로 삼아 몸에서 그것보다 높은 것이 아무것도 없는 것인 아(我)라고 풀이한다.

231 샹카라에 의하면 "찌르개 끝만큼(ārāgramātra)"은 찌르개의 끝에 붙인 쇠바늘 끝만큼이다. 낮은 아(我)는 '지혜의 본질(jñānātman)'로써 알려진다는 의미다. 혹은 '물에 비친 태양(jalasūrya)'처럼 다른(anya) '생령의 아'가 가능하다는 의미다.

이것은 여자가 아니네, 남자가 아니네, 이건 중성도 아니라네.[232] 받는 각각의 그 몸 마다마다에 의해 연결되는 그거라네.[233] 10

먹을 것과 마실 것의 비로 몸이 불어 생겨나듯,[234] 몸에 깃든 것은 생각함과 만짐과 봄과 미혹에 의해 머물 곳들에서 차례로 행위에 따르는 형태들을 갖추네.[235] 11

몸에 깃든 것은 거칠고 미세하고 그리고 많은 형태들을 자신의 성향들에 의해서 받아들이네.[236] 행위의 성향들과 마음의[237] 성향들에 의한

232 샹카라에 의하면 스스로 유일하고 직접적인 '브라흐만의 아'의 본질인 것이기 때문에 이것은 여자도 아니고, 남자도 아니고, 중성도 아니다.

233 "연결되네(yujyate)"는 1958년에 인도 푸나의 베다 교정 기관에서 간행된 교정 판본에 나온다. 그러나 샹카라의 판본에는 "연결되네"가 '보살펴지네(rakṣyate)'로 되어 있다. 샹카라에 의하면 여자의 몸을 받든, 남자의 몸을 받든, 중성의 몸을 받든 각각 그 몸에 의해서 '의식의 아'는 보살펴진다. 즉 그 각각의 성질들을 자신에 부과하여 '나는 뚱뚱하다, 나는 말랐다, 나는 남자다, 나는 여자다, 나는 중성이다'라고 여긴다.

234 샹카라에 의하면 곡식과 음료를 한정 없이 부어대는 것은 몸의 원인(nidāna)이다, 즉 몸의 불어남이 생겨난다. '비처럼 음식을 퍼부어 먹어 몸이 불어나는 것처럼'이라는 뜻이다.

235 샹카라에 의하면 제일 먼저 "생각함(saṃkalpana)"이 있다. 그 후에 "만짐(sparśana)", 즉 피부라는 기관의 활동이 있다. 그 후에 '시선의 배정(dṛṣṭividhāna)'이 있다. 그 후에 "미혹"이 있다. 이러한 생각함과 만짐과 봄과 미혹에 의해 좋고 나쁜 행위들이 생겨난다. 그 후에 "몸에 깃든 것(dehin)"인 '죽어야 할 것(martya)'은 차례대로, 즉 행위들이 완숙되어 감에 의해서 행위들을 뒤따르는 여자, 남자, 중성의 형태들을 '머물 곳(sthāna)'들인 신, 동물, 인간을 비롯한 것들 속에서 얻는다. "몸에 깃든 것"은 개별적인 존재에 깃든 영혼을 의미한다. 샹카라는 여기서 '몸에 깃든 것'을 '죽어야 할 것'이라고 풀이하고 있다. 윤회를 계속하는 것이기에 '죽어야 할 것'이라고 풀이한 것 같다. 왜냐하면 윤회는 죽음이며 해탈은 불사(不死)이기 때문이다.

236 샹카라에 의하면 "몸에 깃든 것"은 '의식의 아'다. 이것이 바위를 비롯한 '거친 것(sthūla)'들과 '빛의 요소(taijasadhātu)'를 비롯한 것들인 '미세한 것(sūkṣma)'들을 그리고 신을 비롯한 몸들인 많은 것들을 "자신의 성향(svaguṇa)들"을 통해서, 즉 규정된 대상과 금지

그들의 결합의 다른 원인 또한 보이네.[238] 12

시작이 없는 것, 끝이 없는 것, 혼돈混沌의[239] 가운데 있는 것, 모든 것의 창조자인 하나의 형태, 세상을 감싸는 하나,[240] 신을 알아 모든 올가미들에서 벗어나네.[241] 13

가슴으로 파악하는 것, 둥지가 없다고 하는 것, 있음과 없음을 만드는 것, 상서로운 것,[242] 부분을 창조하는 것, 신을 아는 그들은 몸을 버리네.[243] 14

된 대상에 대한 경험(anubhava)에서 생겨난 잠재인상(行, saṁskāra)들을 통해서 받아들인다. "성향"의 원어는 구나(guṇa)다. 구나는 남성 명사로 '자질, 성향, 특질, 성질, 장점, 미덕, 효과, 성능, 지각 대상, 지각 기관, 끈, 활시위, 부수적인 부분, 더하기' 등을 의미한다. 불경에서는 '덕(德), 공덕(功德), 복덕(福德), 도덕(道德), 위덕(威德), 이(利), 승리(勝利), 이익(利益), 실(實), 미(美), 용(用)' 등으로 한역된다. 이 책에서 대부분의 경우에 성질이라고 옮겼으나, 여기서는 성향이라고 옮긴다.

237 "마음"의 원어는 아트만(ātman)이다. 아트만은 남성 명사로 '영혼, 아(我), 브라흐만, 본질, 본성, 몸, 마음, 지성, 생기, 형상, 태양, 불, 바람' 등을 의미한다. 대부분의 경우 아트만을 아(我)로 옮기지만 여기서는 마음으로 옮긴다. 막스 뮐러와 라다크리슈난은 여기서 아트만을 '몸(body)'이라고 번역한다.

238 샹카라에 의하면 그 후에 "행위의 성향(kriyāguṇa)들"과 "마음의 성향(ātmaguṇa)들"에 의해서 그 '몸에 깃든 것'은 다른 몸과 연결된다는 의미다.

239 샹카라에 의하면 "혼돈"은 '짙고 깊은, 이해하고 헤아릴 수 없는, 험난하고 심원한, 세상 윤회(gahanagabhīrasaṁsāra)'다.

240 샹카라에 의하면 '감싸는 자(pariveṣṭitṛ)'는 '자신의 아'로 모두 편재하여 머무는 것이다.

241 샹카라에 의하면 "신"은 '빛의 형태'인 '지고의 아'다. "모든 올가미(sarvapāśa)"는 무명(無明)과 욕망과 행위다.

242 "상서로운 것"의 원어는 쉬바(śiva)다. 825쪽 136번 각주 참조.

243 샹카라에 의하면 "가슴(bhāva)"은 '청정한 내적 기관(viśuddhāntaḥkaraṇa)'이다. "둥지(nīḍa)"는 몸이다. "상서로운 것"은 '순수한 것(śuddha)', 즉 무명(無明)과 무명의 결과를 벗어난 것을 의미한다. "부분(kalā)"은 『쁘라스나 우파니샤드』(6. 4)에 나오는 생기(生氣)에서 이름(nāma)에 이르기까지의 열여섯 부분들이다. 『쁘라스나 우파니샤드』(6. 4)의 본문과

여섯 번째 장

본성本性이라고 어떤 시인들은 말하네, 시간이라고 다른 이들은 그러네, 온통 미혹한 거라네. 분명 신의 이 위대함이 세상에 있나니, 그에 의해 이 브라흐만의 바퀴는[244] 돌아가네.[245] 1

그에 의해 이 모든 것이 항상 덮여 있는 것이네. 아는 자, 시간의 시간,[246] 성질에 깃든 자,[247] 모든 것을 앎[248]이네. 그에 의해 명령된 일이,[249]

158~159쪽 219~233번 각주 참조. 몸(tanu)을 버린다는 것은 윤회할 몸을 받지 않는다는 의미다.

244 기타프레스의 힌디 어 해석본에 따르면 "브라흐만의 바퀴(brahmacakra)"는 세상이라는 형태로 전개된 브라흐만의 모습인 바퀴다. 이에 대한 설명은 본『우파니샤드』(1. 4)에 나온다. 싸뜨야브라따 씻단따랑까라는 '브라흐만의 바퀴'를 창조의 바퀴(cakra)라고 한다.

245 샹카라에 의하면 "시인(kavi)"은 '지혜로운 자(medhāvin)'다. 본성과 시간을 원인으로 언급함으로써 첫 번째 장에서 지시된 다른 것들도 더불어 나타낸다. '온통 미혹한 것(parimuhyamāna)'은 '분별이 없는 이(avivekin)'들이, 즉 '대상에 사로잡힌 아(對象我, viṣayātman)'들이 온전하게 알지 못하는 것이다. 805쪽 24~28번 각주 참조.

246 1958년에 인도 푸나의 베다 교정 기관에서 간행된 교정 판본에 나오는 "시간의 시간(kālakālaḥ)"이 샹카라의 주석본에는 '시간을 만드는 자(kālakāraḥ)'로 나온다. 막스 뮐러는 '시간의 시간(the time of time)'이라고 해석한다. 라다크리슈난은 '시간을 만드는 자'를 번역의 판본으로 삼아 '시간의 창조자(the author of time)'라고 번역한다.

247 샹카라에 의하면 "성질에 깃든 자(guṇī)"는 죄악(pāpman)을 비롯한 것이 제거된 자를 의미한다. "성질에 깃든 자"의 원어는 구니(guṇī)다. 구니는 형용사로 '장점을 지닌, 좋은, 성질들을 대상으로 가지고 있는, 세 가지 성질을 가진' 등을 의미하는 구닌(guṇin)이란 낱말의 주격 단수 형태다. 상캬 철학에 따르면 최고 영혼인 뿌루샤(puruṣa)는 진성(眞性), 염성(染性), 암성(闇性)인 성질을 자신의 속성으로 가지지는 않지만 성질들에 깃드는 존재다. 이는 마치 개별적인 영혼이 몸을 자신의 속성으로 가지고 있지는 않지만 몸에 깃드는 것과 같다. 개별적인 영혼을 본『우파니샤드』에서는 원어로 데히(dehī)라고 한다. 데히는 '몸을 가지고 있는 자, 몸의 주인, 몸에 깃든 자' 등을 의미하는 데힌(dehin)이란 낱말의 주격 단수 형태다. 구니와 데히는 낱말의 구성 형태가 동일하다. 이런 근거에서 구니를 '성질에 깃든 자'라고 옮긴다.

248 샹카라에 의하면 '모든 것을 알기 때문에 모든 것을 앎이다(sarvaṁ vettīti sarvavidyaḥ).'

흙, 물, 불, 바람, 허공 들이라 여겨지는 것이 전개하네. 2

그 일을 하여 멈추고는 다시 실재를 실재와,[250] 하나와, 둘과, 셋과, 여덟과, 시간과, 그리고 바로 미세한 마음의 성질들과 결합시키네.[251] 3

성질들과 동반하는 일들을 시작하여 모든 생겨난 것들을 바치는 거라네, 그것들이 없으면 행한 일들이 멸함이네, 일이 소멸하면 그것은 실

---

249 샹카라에 의하면 "그"는 자재자이며, 흙을 비롯한 원소(bhūta) 다섯 개가 "일(karma)"이다. '일은 만들어지는 것이라서 일이다(karma kriyata iti karma).'

250 "실재"의 원어는 따뜨바(tattva)다. 따뜨바는 중성 명사로 '실제 상태, 실재, 진실, 본질, 요소, 마음, 지고의 존재, 세 가지 성질, 몸' 등을 의미한다. 따뜨바는 불경에서 '진(眞), 실(實), 진성(眞性), 진실(眞實), 진리(眞理), 진실의(眞實義), 진실리(眞實理), 정실(定實)' 등으로 한역된다. 막스 뮐러가 인용하는 위갸나뜨만(Vijñānātman)의 의견에 따르면 앞의 실재는 "그것이 당신이다!"라는 문장 가운데 당신에 해당되는 '자기 자신(self)'이며 뒤의 실재는 '그것'에 해당되는 주(主, the Lord)다. 바로 이 둘의 결합을 얻는 것이다. 어떻게 이 둘이 결합을 얻는가 하면 하나를 통해서, 즉 스승의 가르침을 통해서, 둘을 통해서, 즉 스승의 사랑과 주의 사랑을 통해서, 셋을 통해서, 즉 듣고 기억하고 명상하기를 통해서, 여덟을 통해서, 즉 『요가수트라』(2. 29)에 언급되는 요가의 여덟 가지 부분인 제어(yama), 통제(niyama), 좌법(āsana), 호흡 수련(prāṇāyāma), '마음과 감각 기관을 대상에서 거두어들임(pratyāhāra)', '대상에 정신을 고정함(dhāraṇā)', '대상에 대해 정신을 하나로 지속적으로 집중함(dhyāna)', 삼매들을 통해서, 시간을 통해서, 즉 알맞은 시간을 통해서, 자신의 자질을 통해서, 즉 자비 등을 통해서, 미세한 것을 통해서, 즉 앎을 위한 좋은 기질들을 통해서다.

251 샹카라에 의하면 흙을 비롯한 그 일을 하고는 멈추어서, 즉 살펴보고는 다시 그 아(我)를 흙을 비롯한 본질과 결합시킨다. 흙인 한 개와, 두 개와, 세 개와, 혹은 흙(bhūmi), 물(āpas), 불(anala), 바람(vāyu), 허공(kha), 마음, '자아의식(我慢)', 지성 이렇게 여덟 개 '자연의 존재(prakṛtibhūta)'들과, 시간과, '마음의 성질(ātmaguṇa)', 즉 '내적 기관의 성질(antaḥkaraṇaguṇa)'인 욕망을 비롯한 '미세한 것'들과 결합시킨다. 막스 뮐러가 인용하는 샹카라난다(Śaṁkarānanda)의 의견에 의하면 "하나"는 무명(無明), "둘"은 법도와 법도가 아닌 것, "셋"은 흰색, 붉은색, 검은색, "여덟"은 지성, '자아의식', 마음, 그리고 흙을 비롯한 오대 원소를 의미한다. 라다크리슈난에 의하면 하나는 상캬 철학의 인아(人我), 둘은 인아와 자연(自然), 셋은 진성, 염성, 암성인 세 성질, 여덟은 지성, 자아의식, 마음, 그리고 오대 원소를 의미한다.

재와는 다른 것이 되어 가네.[252] 4

그것은 시작, 결합의 동기인 원인, 삼시三時를 벗어난 것, 부분이 없는 것이지만 보이는 거네.[253] 그것은 모든 것의 형태,[254] 근원의 본질,[255] 찬양할 신, 자신의 마음에 깃든 것, 먼저 예배 드리어서 보이는 거네.[256] 5

그것은 나무와 시간의 형태를 벗어난 것,[257] 다른 것, 그로부터 나타난 이 세상이 돌아가네.[258] 법도에 이르게 하는 것, 죄악을 몰아내는 것,

---

252 샹카라에 의하면 진성(眞性)을 비롯한 성질들을 동반하는 행위들을 시작하여 지극히 특별한 '마음의 상태(bhāva)'들을 바쳐야 한다. 즉 자재자(自在者)에 모두 바쳐야 한다. 그것들을 자재자에게 모두 바침으로써 그 '마음의 상태'들과 아(我)와의 관계가 없게 된다. 관계가 없게 되면 전에 행한 행위들은 멸한다. 행위가 소멸하면, '특별히 순수한, 진성이 주가 되는 정신(viśuddhasattva)'이 되어 '자연의 존재(prakṛtibhūta)'들과는 다른 것이 된다. 즉 무명(無明)과 무명의 결과를 벗어나 '마음(인식, 지성, 영혼, 브라흐만), 실재, 환희, 유일한 브라흐만의 아인 것(citsadānandādvitīyabrahmātmatva)'으로 알아 간다. 남성 대명사 주격 형태인 '다른 것(anyaḥ)'이 중성 대명사 주격 혹은 목적격 형태인 '다른 것(anyat)'으로 되어 있는 판본에 따르면 실재들과는 다른 것인 브라흐만을 얻는다는 의미가 된다.

253 샹카라에 의하면 "시작(ādi)"은 모든 것의 원인을 의미한다. "결합의 동기인 원인(saṁyoganimittahetu)"은 몸과 결합하게 되는 동기(動機, nimitta)들인 무명(無明)들의 원인이다. "삼시를 벗어난 것(parastrikālāt)"은 과거, 현재, 미래를 벗어난 것이다. "부분이 없는 것(akala)"은 '전개하지 않은 것(niṣprapañca)'이다. 생기(生氣)에서 이름에 이르기까지의 부분들이 없기 때문에 삼시(trikāla)에 제한되지 않아 생겨남이 없고 멸하지 않는다.

254 샹카라에 의하면 "모든 것의 형태(viśvarūpa)"는 모든 형태들을 가지고 있는 것이다.

255 샹카라에 의하면 "근원(bhava)"은 그로부터 생겨나는 것이다. "본질(bhūta)"은 '거짓 없는 자신의 모습(avitathasvarūpa)'이다. 막스 뮐러는 "근원의 본질(bhavabhūta)"을 '(모든 것들의) 진실한 근원[the true source (of all things)]'이라고 해석한다. 라다크리슈난은 '모든 존재의 근원(the origin of all being)'이라고 해석한다.

256 샹카라에 의하면 '자신의 정신(svacitta)'에 위치한 찬양할 신을 '문장의 의미를 통해 지혜가 일어남(vākyārthajñānodaya)'에 앞서서 예배하여, 즉 '"이것이 나다(ayamahamasmi)!"라고 먼저 명상 귀의(瞑想歸依, samādhāna)하여'라는 의미다.

257 샹카라에 의하면 "나무"는 '세상이라는 나무(saṁsāravṛkṣa)'다. "이 영원(永遠)의 보리수는 위로 뿌리가 아래로 가지가 있나니"라고 『까타 우파니샤드』(6. 1)에서 말한다.

전능의[259] 주인을 알아 아我에 깃든 것, 불사不死, 모든 것의 거처에 이르네.[260] 6

그것은 자재자自在者들보다 높은 대자재자네,[261] 그리고 그것은 신들보다 높은 신격이네. 주인들의 주인, 높은 것보다 높은 것, 세상의 주인, 찬양해야 할 빛나는 신이라고 우리는 안다네.[262] 7

그의 결과와 원인은 없네,[263] 그와 같은 것과 그보다 더한 것은 보이지 않네. 이것의 높은 힘은 다양하게 움직이네,[264] 자신이 본래 가진[265]

---

258 샹카라에 의하면 "다른 것(anya)"은 전개(prapañca)와는 무관한 것이다. 자재자로부터 전개하여 돌아간다.

259 샹카라에 의하면 "전능(bhaga)"은 권능을 비롯한 것들이다. 즉 전능은 권능, 법, 명성, 영광, 지혜, 여읨(離欲), 이 여섯 가지들이다. 막스 뮐러는 "전능"을 '지복(至福, bliss)'이라고 해석한다. 라다크리슈난은 '번영(prosperity)'이라고 해석한다.

260 샹카라에 의하면 '법도에 이르게 하는 것(dharmāvaha)', '죄악을 몰아내는 것(pāpanuda)', 권능을 비롯한 것의 주인을 알아 '자신의 아'인 지성에 위치한 것인 죽지 않는 성질을 가진 모든 것의 바탕이 되는 것에 이른다.

261 "자재자"는 '다스리는 자, 자신이 원하는 모든 것을 할 수 있는 능력을 가진 자, 자신이 원하는 그 모든 것으로 스스로 존재할 수 있는 자' 등을 의미한다. 막스 뮐러와 라다크리슈난은 자재자를 '주(主, lord)'라고 해석한다.

262 샹카라에 의하면 여기서 자재자들은 와이와쓰와따야마(Vaivasvatayama)를 비롯한 자재자들이다. "신들"은 인드라를 비롯한 신들이다. "주인"은 쁘라자빠띠를 비롯한 주인들이다. "높은 것보다 높은 것(paraṁ parastāt)"은 불멸보다 높은 것이다. 신은 '빛나는 아인 것(dyotanātmaka)'이다. "세상의 주인(bhuvaneśa)"은 세상들의 주인이다. 막스 뮐러가 인용하는 위갸나뜨만(Vijñātman)의 의견에 따르면 브라흐마, 위스누, 루드라가 자재자들이다. 히란야가르바(黃金子宮, 金胎)를 비롯한 것들이 주인들이다.

263 샹카라에 의하면 "결과"는 몸이며, "원인"은 눈(cakṣu)을 비롯한 것들이다. 라다크리슈난은 "결과"를 '행동(action)'으로, "원인"을 '기관(organ)'으로 해석한다.

264 "움직이네"의 원어는 슈류야떼(śrūyate)다. 슈류야떼는 '듣다, 가다, 움직이다' 등을 의미하는 어근 '슈루(śru)'의 삼인칭 단수 현재 자위형 혹은 수동형 형태다. 막스 뮐러와 라다크리슈난은 슈류야떼를 모두 '드러내진 것(is revealed)'이라고 해석한다.

지혜와 힘의 활동이네.[266] 8

세상에 그의 주인은 아무도 없네, 다스리는 자도 없네,[267] 그의 표상도 없네.[268] 그가 원인이네, 기관의 주인의 주인이네.[269] 이것의 아버지와 주인은 그 아무도 아니네. 9

거미가 그러하듯이 으뜸에서[270] 생겨난 줄들로 자연스럽게 자신을 감싸는 신 하나가 있나니, 그가 우리를 브라흐만과 결합에 이르게 하게 나![271] 10

---

265 "자신이 본래 가진"의 원어는 쓰와바위끼(svabhāvikī)다. 쓰와바위끼는 '고유한, 본래의, 자신의 본질에 속하는' 등을 의미하며, 불경에서 '성(性), 자성(自性), 자성신(自性身), 실체(實體), 자체 본유(自體本有), 실법(實法)' 등으로 한역되는 쓰와바위까(svabhāvika)의 여성 형태다.

266 샹카라에 의하면 "지혜의 활동(jñānakriyā)"은 '모든 대상에 대한 인식 활동(sarvaviṣaya-jñānapravṛtti)'이다. "힘의 활동(balakriyā)"은 '단지 스스로 가까이 함(svasaṁnidhimātra)'으로써 모든 것을 장악하여 지배함(niyamana)이다.

267 샹카라에 의하면 "세상(loka)에 그의 주인이 아무도 없기" 때문에 그의 지배자(niyantṛ)가 없다.

268 샹카라에 의하면 그것을 통해 추론할 수 있는 연기(dhūma)에 해당하는 표시(cihna)가 없다. "표상"의 원어는 링가(liṁga)다. 링가는 중성 명사로 '표시, 표식, 상징물, 외양, 증상, 증거, 성(性), 남성 성기, 쉬바의 표상인 남성 성기 형태, 신상, 미세신(微細神), 상캬 철학의 으뜸(勝因, pradhāna)인 자연' 등을 의미한다.

269 샹카라에 의하면 "원인"은 모든 것의 원인을 의미한다. "기관의 주인의 주인(karaṇād-hipādhipa)"은 '지고의 자재자'다. 기관은 내적 기관인 마음, 눈을 비롯한 다섯 개의 지각 기관, 입을 비롯한 다섯 개의 활동 기관을 뜻한다.

270 "으뜸"의 원어는 쁘라다나(pradhāna)다. 쁘라다나는 진성(眞性), 염성(染性), 암성(闇性)이라는 세 가지 성질들이 평형을 이루고 있는 상태인 자연(自然)과 동의어다. 세 가지 성질들의 평형이 무너져 생겨 나오는 그 이후의 모든 것들의 으뜸이 되는 것이라는 뜻에서 "으뜸"이라고 부른다.

271 샹카라에 의하면 "으뜸(勝因)"에서 생겨난 것은 '나타나지 않은 것(不顯現, avyakta)'에서 생겨난 이름, 형태, 행위들이다. 거미줄들에 해당되는 이것들로 스스로를 덮어 버리는

한 신이 모든 존재들 안에 감추어 있나니,[272] 모든 것에 편재하는 자, 모든 존재의 내적인 아我라네. 행위를 주관하여 살피는 자, 모든 존재들에 머무는 자, 목격자, 의식하는 자,[273] 유일한 자, 성질이 없는 자라네.[274] 11

하나가, 장악하는 자가, 활동하지 않는 많은 것들의 씨앗 하나를 여러 개로 만드는 자라네.[275] 아我에 깃든 그것을 보는 현인들의 행복은 영원하네, 다른 이들의 것은 아니네.[276] 12

항상恒常함들의 항상함, 의식意識들의 의식, 많은 것들의 욕망들을 이루게 해주는 하나네.[277] 상캬와 요가를[278] 통해 다가갈 수 있는 그 원인,

---

그가 나에게 '브라흐만에 합병(brahmaṇyapyaya)'인 "브라흐만과 결합(brahmāpyaya)", 즉 '하나가 되는 상태(ekībhāva)'를 이루어 주라는 의미다.

272 샹카라에 의하면 "모든 존재"는 '모든 생명체(sarvaprāṇin)'다.

273 샹카라에 의하면 "의식하는 자(cetṛ)"는 '의식을 생겨나게 하는 자(cetayitṛ)'다. 막스 뮐러는 "의식하는 자"를 '감지자(perceiver)'라고 해석한다. 라다크리슈난은 '아는 자(the knower)'라고 해석한다.

274 샹카라에 의하면 "행위를 주관하여 살피는 자(karmādhyakṣa)"는 모든 생명체들이 행한 다양한 행위의 지배자(adhiṣṭhātṛ)를 의미한다. "목격자(sākṣin)"는 모든 존재들의 목격자로 '모든 것을 보는 자(sarvadraṣṭṛ)'다. "유일한 자(kevala)"는 '한정되지 않은 것(nirupādhika)'이다. "성질이 없는 자(nirguṇa)"는 진성(眞性)을 비롯한 성질이 없는 것이다. '한정되지 않은 것'은 토끼, 소, 사람, 구름, 별, 하늘 등 그 어떤 존재로 한정되지 않은 것을 의미한다.

275 샹카라에 의하면 "장악하는 자(vaśin)"는 '독립적인 것(svatantra)'이다. "활동하지 않는 것(niṣkriya)"은 생령(生靈)이다. 왜냐하면 모든 활동들은 아(我)에 연결되는 것들이 아니라 '몸과 기관(dehendriya)'들에 연결되는 것들이기 때문이다. 아는 '활동하지 않는 것'이며, 진성을 비롯한 '성질이 없는 것(guṇarahita)'으로 '변하지 않는 지고의 존재(kūṭastha)'이면서도 자신의 속성이 아닌 것들을 자신에 부과하여 행위자, 먹는 자, 행복한 자, 괴로운 자, 마른 자, 뚱뚱한 자, 사람, 아무개의 아들, 이 사람의 손자라고 여긴다. 이처럼 씨앗(bīja)에 해당되는 '미세한 존재(bhūtasūkṣma)'를 여러 가지로 만든다.

276 샹카라에 의하면 지성에 머무는 그것을 직접적으로 아는, 지혜로운 사람들, 즉 '아를 아는 사람(ātmavid)'들의 행복(sukha)은 영원(śāśvata)하다. 다른 사람들, 즉 '아를 모르는 사람(anātmavid)'들의 행복은 영원하지가 않다.

신을 알아 모든 올가미에서 벗어나네.[279] 13

그곳에 태양은 비추지 못하네,[280] 달과 별은 비추지 못하네, 이 번갯불들도 비추지 못하네, 하물며 이 불이[281] 어떠하겠는가? 빛나는 그것을 따라 모든 것이 비추나니, 그의 빛으로 이 모든 것들이 나타나네.[282] 14[283]

기러기 하나가 이 세상 속에 있나니,[284] 바로 그것은 물[285] 안에 들어 있는 불이네.[286] 그것을 알아 죽음을 벗어나네, 가기 위해 다른 길은 없

---

277 샹카라에 의하면 "항상함들"은 생령(生靈)들이다. 생령들 가운데에 있는 항상함이다. 그의 항상함에 의해서 생령들의 항상함이 있다는 의미다. 혹은 흙을 비롯한 것들 가운데에 있는 항상함이다. "의식들"은 '올바로 알고 있는 자(pramātṛ)'들이다. '올바로 알고 있는 자'들 가운데에 있는 의식이다. "욕망들"은 욕망을 원인으로 해서 생겨나는 향수(享受)들이다. 하나가 많은 생령들을 향수하게 해 준다.

278 "상캬"는 '온전히 밝혀 헤아림'을 의미하며 영혼인 인아(人我)와 자연(自然)을 비롯한 스물여섯 개의 원리를 '온전히 밝혀 헤아림'을 통해 해탈에 이르는 철학이다. "요가"는 『요가수트라』의 주석가인 브야싸에 의하면 삼매를 의미한다. 상캬의 철학적 원리에 바탕을 둔 이론을 중심으로 삼매를 실현하는 수행을 통해 해탈에 이르는 철학이다.

279 샹카라에 의하면 "신"은 '빛인 것(jyotirmaya)'이며 "모든 올가미"는 무명(無明)을 비롯한 것들이다.

280 샹카라에 의하면 "그곳"은 '지고의 아'인 브라흐만이다. 태양(sūrya)은 모든 것을 비추는 것이지만 브라흐만을 비추지는 못한다는 의미다.

281 샹카라에 의하면 "이 불"은 우리의 눈에 감지되는 불이다.

282 "나타나네"의 원어는 위바띠(vibhāti)다. 위바띠는 '빛나다, 보이다, 나타나다, 보이게 되다, 날이 새다' 등을 의미하는 어근 '위바(vibhā)'의 타위형 현재형이다.

283 『까타 우파니샤드』(5, 15)와 『문다까 우파니샤드』(2. 2. 11)에도 동일한 만뜨라가 있다. 116~117쪽 300~303번, 187쪽 213~216번 각주 참조.

284 샹카라에 의하면 "하나"는 '지고의 아'다. '지고의 아'는 무명(無明)을 비롯한 '속박의 원인(bandhakāraṇa)'을 '파괴한다(hanti)', 그래서 "기러기(haṁsa)"다. 이 세상(bhuvana)은 삼계(三界, trailokya)다.

285 "물"의 원어는 쌀릴라(salila)다. 쌀릴라는 중성 명사로 '홍수, 물'을 의미한다. 막스 뮐러와 라다크리슈난은 쌀릴라를 '대양(大洋, the ocean)'으로 번역한다.

286 샹카라에 의하면 무명과 그 무명의 결과를 태우는 것이기 때문에 "불"이다. 물은 '몸

네. 15[287]

그는 모든 것을 만든 자, 모든 것을 아는 자, 자신이 근원,[288] 아는 자, 시간의 시간,[289] 성질에 깃든 자,[290] 모든 것을 앎[291]이네. 으뜸과 영역을 아는 자의 주인,[292] 성질의 지배자, 윤회, 해탈, 머무름, 속박의 원인이네.[293] 16

의 아'로 변화된 것이다. 혹은 물은 맑은 물처럼 제사와 보시 등을 통해 때가 사라진 내적 기관이다.

287 "그것을 알아 죽음을 벗어나네, 가기 위해 다른 길은 없네"는 본 『우파니샤드』(3, 8)의 후반부와 동일하다. 824쪽 129번 각주 참조.

288 샹카라에 의하면 "자신이 근원(ātmayoni)"은 아(我)이고 근원인 것이다. 모든 것의 아이고, 모든 것의 근원이라는 의미다. 기타프레스의 힌디 어 해석본에 의하면 '스스로 생겨나는 존재(svayambhū)'다. 막스 뮐러와 라다크리슈난은 '자신이 원인인 것(the self-caused)'으로 번역한다.

289 1958년에 인도 푸나의 베다 교정 기관에서 간행된 교정 판본에 나오는 "시간의 시간"이 샹카라의 주석본에는 '시간을 만드는 자'로 나온다. 막스 뮐러는 '시간의 시간(시간의 파괴자)[the time of time(destroyer of time)]'이라고 해석한다. 라다크리슈난은 '시간을 만드는 자'를 번역의 판본으로 삼아 '시간의 창조자(the author of time)'라고 번역한다.

290 샹카라에 의하면 "성질에 깃든 자"는 죄악을 비롯한 것이 제거된 자를 의미한다. 847쪽 247번 각주 참조.

291 847쪽 248번 각주 참조.

292 샹카라에 의하면 "으뜸"은 '나타나지 않은 것(不顯現, avyakta)'이다. "영역을 아는 자(kṣetrajña)"는 '의식의 아'다. "주인"은 '보살피는 자(pālayitṛ)'다.

293 "윤회, 해탈, 머무름, 속박의 원인(saṁsāramokṣasthitibandhahetu)"을 샹카라는 '윤회, 해탈, 머무름, 속박 들의 원인인 이유(saṁsāramokṣasthitibandhānāṁ hetuḥ kāraṇa)'라고 말한다. 즉 윤회를 소유격으로 명시하지 않는다. 산스크리트에서 윤회는 동시에 세상을 의미하는 낱말이다. 막스 뮐러는 윤회를 세상으로 해석하고 아울러 소유격의 형태로 파악하여 '세상의 해탈과 존재와 속박의 원인(the cause of the bondage, the existence, and the liberation of the world)'이라고 해석한다. 라다크리슈난의 해석 역시 막스 뮐러의 것과 유사하다. 그러나 지고의 존재가 일체 모든 것의 원인이라면, 윤회의 원인이기도 하며, 해탈의 원인이기도 하고, 해탈을 한 상태이든 하지 않은 상태이든 세상에 머물러 있게 하는 원인이기도 하며, 아울러 속박의 원인이기도 하다는 관점에서 '윤회, 해탈, 머무름, 속박의 원인'이라고 옮긴다.

그는 그것으로 된 것,[294] 불사不死, 주인으로 머무는 것,[295] 아는 자, 모든 것에 가는 자, 이 세상의 보호자네. 이 세상을 항상 다스리는 자네, 다스리는 다른 원인은 없네.[296] 17

브라흐마나를 먼저 만든 이네,[297] 베다들을 그에게 전해준 자라네. 해탈을 바라는 나는 자기 지성의 빛인[298] 바로 그 신에게 귀의하네![299] 18

부분이 없는 것, 활동이 없는 것, 평온한 것, 말할 게 없는 것, 걸림이 없는 것이네. 불사不死의 드높은 다리, 마른[300] 장작 같은 불이네.[301] 19

---

294 샹카라에 의하면 "그것으로 된 것(tanmaya)"은 '모든 것의 아(viśvātman)' 혹은 '빛으로 된 것(jyotirmaya)'을 의미한다.

295 샹카라에 의하면 "주인으로 머무는 것(īśasaṁstha)"은 주인의 온전한 상태를 가지고 있는 것이다.

296 샹카라에 의하면 "원인"은 공능(功能, samartha)이다. 세상을 다스리기 위한 다른 공능은 없다는 의미다.

297 샹카라에 의하면 브라흐마나는 히란야가르바(黃金子宮, 金胎)다. 먼저(pūrvam), 즉 '창조의 시작(sargādi)'에 히란야가르바(黃金子宮, 金胎)를 만든 자다.

298 막스 뮐러에 의하면 "자기 지성의 빛(ātmabuddhiprakāśa)"의 원문은 필사본에서 글씨가 모호해서 '자기 지성의 해맑음(ātmabuddhiprasāda)'이라고도 읽힌다. 샹카라에 의하면 '자기 지성의 해맑음'은 자기 안에 있는 지성을 '해맑게 만드는 것(prasādakara)'을 의미한다. 그러나 '자기 지성의 빛'이라고 읽으면, '자기의 지성(ātmabuddhi)'을 밝히는 것, 혹은 아(我)가 바로 지성이고 그 지성이 바로 빛(prakāśa)이라는 것을 의미한다.

299 샹카라에 의하면 "그 신"에서 그는 '지고의 아'를 의미하며, "신"은 '빛으로 된 것'을 의미한다.

300 "마른"의 원어는 다그다(dagdha)다. 다그다는 형용사로 '불에 타 버린, 굶주린, 마른, 무미한' 등을 의미한다. 막스 뮐러는 다그다를 '소진된(consumed)'이라고 보고 뒤의 부분과 이어서 '연료가 소진된 불처럼(like a fire that has consumed its fuel)'이라고 해석한다. 라다크리슈난 역시 '연료가 타 버린 불처럼(like a fire with its fuel burnt)'이라고 해석한다.

301 샹카라에 의하면 "활동이 없는 것(niṣkriya)"은 자신의 위대함에 자리 잡아 '변함이 없는 것(kūṭastha)'이다. "평온한 것(śānta)"은 모든 변형(vikāra)이 거두어 없어진 것이다. "말할 게 없는 것(niravadya)"은 '비난할 것이 없는 것(agarhaṇīya)'이다. "걸림이 없는 것(nirañjana)"

가죽을 말아 감싸듯이 사람들이 창공을 말아 감쌀 수 있을 때,[302] 그때서야 신을 모르고서도 고통의 끝이 이루어지리라![303] 20

고행의[304] 힘과 신의 은총에 의해 이제 스웨따스와따라는 브라흐만에 대해 알았네! 선인仙人들의 회중에서 애호되던 가장 신성한 것을[305] 최고의 출가 수행자들에게[306] 온전히[307] 알려 주었네! 21

은 '오점이 없는 것(nirlepa)'이다. 불사성(不死性)인 해탈에 이르기 위한 다리(橋梁, setu) 같은 것이다. 세상의 큰 바다를 건너게 하는 인연 방편(upāyatva)이기 때문에 다리다. "마른 장작 불(dagdhendhanānala)"처럼 빛나는 것이다.

302 가죽을 말듯이 사람들이 허공을 말아 감싼다는 것은 불가능하다. 이처럼 신을 모르고서도 고통이 사라진다는 것은 불가능하다.

303 샹카라에 의하면 "신"은 '빛으로 된 것', 뜨지도 않고 지지도 않는 것, '지혜의 아(jñānātman)'로 자리 잡고 있는 것, '먹고 싶은 마음(aśanāyā)'을 비롯한 것과는 무관한 것인 '지고의 아'다. 이러한 신을 모르고서는 고통(duḥkha)을, 즉 몸에 관련된 고통, 물질에 관련된 고통, 신과 관련된 고통을 멸할 수가 없다. '지고의 아'를 '자신인 것(ātmatva)'으로 알지 못하는 한, 세 가지 고통에 짓눌려 악어를 비롯한 것들에 끌려가듯이 애(愛, rāga)를 비롯한 것들에 이리저리 끌리고 당겨져 아귀(餓鬼, preta), 축생(tiryañc), 인간의 자궁들에서 '생령의 상태(jīvabhāva)'를 얻어 계속 미혹되어 윤회한다. 그러나 전무후무(前無後無, apūrvamanaparam)한 '완전한 환희(pūrṇānanda)'인 '지고의 아'를 '자신인 것'으로 직접적으로 알게 되면, 그때 무지(無智, ajñāna)와 무지의 결과를 물리쳐 '완전한 환희'가 된다.

304 샹카라에 의하면 "고행"은 '초하루에서 보름, 그리고 보름에서 그믐에 이르기까지 달이 늘어나고 줄어드는 모양에 따라 음식의 양을 조절해 먹는 고행(kṛcchracāndrāyaṇa) 등을 의미한다. 법도에 맞추어 실행한 일상적인 행위들도 포함한다. 마음과 지각 기관들을 집중 통일(ekāgrya)하는 것이 최고의 고행이다.

305 샹카라에 의하면 "신성한 것(pavitra)"은 자연(自然)과 자연에서 생겨난 것을 비롯한 때(垢)를 벗어난 것이다. 자연은 세 가지 성질의 평형 상태인 으뜸(勝因)을 의미한다. 즉 진성, 염성, 암성 등의 성질을 벗어난 것을 뜻한다.

306 샹카라에 의하면 "최고의 출가 수행자(atyāśramin)"는 여읨(離欲)을 풍성하게 갖춘 사람들이다. '구걸하여 지내는 출가 수행자(bhikṣu)'들에게는 네 급수가 있다. 바후다까(bahūdaka), 꾸띠짜까(kuṭīcaka), 한싸(haṁsa), 빠라마한싸(paramahaṁa)다. 바후다까부터 차례로 급수가 올라가며 빠라마한싸가 최고의 출가 수행자다.

307 샹카라에 의하면 "온전히(samyak)"는 '자신의 상태(ātmatā)'로 직접 바라보게 해 주었다는 의미다. "온전히"라는 낱말은 "애호되던(juṣṭa)"에도 동시에 연결된다.

베다의 끝에[308] 지극하게 감추어진,[309] 이전의 겁劫에 교시된 것이니, 고요 평정치 않은 자에게 주어서는 안 되네, 또한 아들이 아니거나 제자가 아닌 자에게 주어서도 안 되네.[310] 22

신에[311] 지극한 신심이[312] 있는 자, 신에게 그러하듯이 스승에게도 그러한 자, 그에게 말한 이 의미들이 빛난다네, 위대한 아我에게. 빛난다네, 위대한 아에게.[313] 23

---

308 샹카라에 의하면 "베다의 끝(vedānta)"은 모든 『우파니샤드』를 의미한다.

309 샹카라에 의하면 "지극하게(paramam)"는 '지극한 것'이며, '인간의 최고 목표의 본모습(paramapuruṣarthasvarūpa)'을 의미한다. "감추어진(guhya)"은 '감출 것(gopya)'들 가운데 '가장 감출 것(gopyatama)'을 의미한다. 인간의 최고 목표는 해탈이다. 막스 뮐러와 라다크리슈난은 "베다의 끝에 지극하게 감추어진(vedānte paramaṁ guhyam)"을 '베단타 속에 있는 이 최고의 신비(This highest mystery in the Vedānta)'라고 해석한다.

310 샹카라에 의하면 "고요 평정(praśānta)"은 특별하게(prakarṣeṇa) '평온한 것'이다. 즉 애(愛)를 비롯한 모든 것의 때(垢)가 없는 정신을 가진 것이다. 고요 평정한 아들(putra)에게, 그리고 그러한 제자(śiṣya)에게 말해 주어야 한다. 사랑 때문에 고요 평정하지 않은 아들과 그러한 제자에게 '브라흐만의 지혜(brahmavidyā)'를 말해 주어서는 안 된다.

311 샹카라에 의하면 "신"은 지금까지의 문헌에서 제시한 '끊임이 없는 단일한 맛(akhaṇḍaikarasa)'이며, '있음이요, 의식이요, 환희요, 지고의 빛의 본질(saccidānandaparajyotiḥsvarūpa)'인 '지고의 자재자'다.

312 "신심(信心)"의 원어는 박띠(bhakti)다. 박띠는 여성 명사로 '분리, 구분, 몫, 헌신, 충성, 신앙' 등을 의미한다. 박띠는 불경에서 '신(信), 신심(信心), 심신(深信), 경(敬), 존경(尊敬), 공경(恭敬), 공경심(恭敬心), 공경심념(恭敬心念), 존중(尊重), 친(親)' 등으로 한역된다. 샹카라에 의하면 여기서 박띠는 '흔들림이 없음(acāñcalya)'과 믿음(śraddhā)을 아울러 의미한다. 막스 뮐러와 라다크리슈난은 박띠를 '헌신(devotion)'이라고 번역한다.

313 샹카라에 의하면 여기서 반복은 수제자(首弟子, mukhyaśiṣya)와 그 해탈 방편(sādhana)의 얻기 어려움을 나타낸다. 아울러 장의 끝남과 존경(ādara)의 의미를 나타낸다.

평온을 위한 낭송[314]

옴ॐ, 우리 둘을 함께 보호하소서! 우리 둘을 함께 맛보게 하소서! 우리 둘이 함께 위용을 떨치리니! 우리 둘이 배운 것을 빛나게 하소서! 우리 둘은 미워하지 않으리니!

옴ॐ! 평온이여, 평온이여, 평온이여!

---

314 이 부분은 1958년에 인도 푸나의 베다 교정 기관에서 간행된 교정 판본에는 없는 부분이다. 샹카라의 산스크리트 어 주석본에도 없는 부분이다. 막스 뮐러의 영어 번역, 그리고 라다크리슈난의 영어 번역에도 없는 부분이다. 싸뜨야브라따 씻단따랑까라의 힌디 어 번역에도 없는 부분이다. 단지 기타프레스에서 나온 힌디 어 해석본에만 나오는 부분이다.

찾아보기

가루다 129, 467
가마우지 392, 393, 394
가슴 121, 122, 123, 221, 288, 435, 490, 520, 523, 524, 663, 686, 699, 779, 797, 818, 839, 846
가야뜨리 326, 327
각각의 길 431, 435
간다르바 243, 333, 334, 520, 521, 621, 622, 623, 628, 630, 689, 696, 705, 787
간방 223, 387, 420, 520, 821
갈망의 품류 699
강주 571
거무스레 447, 785
거미 169, 581, 851
거울 119, 482, 505, 506, 575, 652, 820
거처 63, 65, 66, 86, 110, 111, 182, 183, 191, 194, 366, 378, 393, 409, 411, 414, 453, 454, 455, 465, 487, 491, 512, 582, 585, 616, 617, 626, 629, 640, 649, 650, 651, 652, 653, 654, 659, 663, 665, 666, 667, 668, 669, 670, 725, 760, 802, 816, 817, 819, 850
건달바 119
겁 170, 526, 732, 762, 837, 842, 857
결심 96, 98, 143, 146, 169, 170, 235, 263, 327, 363, 470, 471, 472, 473, 488, 493, 494, 495, 504, 505, 513, 514, 522, 567, 568, 569, 649, 698, 828
경락 123, 144, 145, 150, 184, 193, 221, 222, 672
경례 47, 173, 609, 718, 747, 816
경맥 448, 463, 501, 502, 503, 580, 581, 672, 683, 694, 701
계급 66, 74, 75, 94, 101, 111, 138, 139, 175, 236, 304, 382, 425, 428, 544, 550, 551, 552, 553, 554, 578, 589, 590, 612, 692, 714, 715, 734, 735, 755, 757, 758, 768, 809
계율 136, 179, 199, 251, 252, 253, 327, 328, 329, 330, 331, 332, 333, 334, 339, 372, 621
고요한 것 573, 710
고행 53, 57, 63, 66, 78, 82, 89, 104, 131, 133, 136, 154, 158, 159, 170, 172, 175, 180, 181, 182, 190, 191, 192, 196, 197, 198, 225, 226, 239, 240, 248, 249, 250, 251, 329, 337, 338, 345, 372, 389, 395, 396, 404, 422, 441, 526, 556, 557, 639, 641, 685, 686, 708, 731, 762, 763, 814, 817, 856
고행자 82, 685, 686
곡식 62, 71, 74, 118, 132, 135, 136, 139, 140, 141, 158, 159, 169, 170, 186, 197, 220, 221, 226, 232, 233, 234, 235, 238, 245, 248, 251, 252, 253, 254, 255, 256, 257, 264, 266, 267, 268, 282, 289, 291, 292, 305, 307, 309, 310, 313, 314, 315, 316, 317, 322, 327, 329, 335, 345, 346, 347, 348, 351, 359, 360, 363, 385, 386, 387, 397, 398, 411, 412, 415, 420, 421, 422, 423, 424, 430, 431, 432, 433, 434, 436, 437, 438, 439, 440, 444, 445, 446,

447, 448, 449, 450, 451, 452, 453, 454, 455, 462, 471, 475, 476, 477, 488, 495, 496, 500, 508, 525, 535, 539, 541, 545, 556, 557, 558, 559, 560, 561, 562, 563, 566, 573, 580, 582, 583, 584, 585, 618, 645, 647, 649, 663, 672, 673, 680, 693, 711, 729, 730, 732, 752, 753, 759, 760, 763, 770, 776, 790, 796, 806, 827, 832, 845
공능 57, 137, 855
공덕 88, 133, 173, 174, 378, 379, 423, 424, 426, 427, 567, 709, 783, 846
공희 75, 499
광명 108, 622, 678
광채 133, 339, 345, 346, 347, 348, 436, 598, 779, 780
괴로움 467
교설 93, 195, 216, 581
교시 375, 376, 491, 857
구다 87
구덩이 683
구름 39, 62, 95, 108, 118, 216, 308, 319, 320, 329, 360, 377, 419, 438, 457, 512, 520, 583, 593, 598, 601, 626, 639, 645, 646, 729, 737, 758, 770, 785, 790, 831, 836, 852
군대 574
귀가 395
귀가 주를 이루는 것 696
귀몰 592
귀신에 대한 학문 466, 467, 468, 475
귀의처 307, 420, 828
근육 660
글라바 마이뜨레야 314, 315
금강저 62, 118, 647, 759
기러기 378, 380, 381, 382, 391, 679, 680, 808, 828, 853
기력 270, 360
기억 37, 46, 47, 65, 75, 76, 107, 122, 146, 182, 274, 308, 380, 388, 445, 480, 481, 488, 489, 490, 513, 532, 559, 587, 677, 745, 746, 823, 848
기장 365, 775, 776
길상 75, 129, 780, 825, 826, 593
까쉬 571, 637
까우라브야니뿌뜨라 721
까우쉬따끼 296, 297
까타 69, 195, 703, 849, 853
깐바 33, 517
깔야나따마 45, 744
깨어 있는 영역 682, 691, 692
꿀에 대한 지혜 355
꿈 103, 119, 120, 147, 149, 150, 154, 156, 175, 178, 204, 205, 206, 207, 221, 269, 326, 358, 415, 443, 452, 453, 455, 456, 458, 487, 496, 497, 502, 509, 510, 511, 513, 580, 672, 673, 676, 677, 678, 679, 680, 681, 682, 683, 684, 685, 686, 688, 691, 694, 696, 708, 809
꿈꾸는 층위 358
꿈의 몸 678
꿈의 아 510
끄라뚜 46, 746
끄라운짜 335
끄리따 379, 380, 386, 387
끄샤뜨리야 138, 428, 544, 550, 551, 553, 578, 685, 692, 705, 734, 754, 757
끝 36, 46, 67, 99, 100, 134, 222, 454, 533, 559, 614, 619, 621, 641, 667, 694, 699, 745, 758, 779, 811, 831, 844, 846, 856, 857

나찌께따쓰 69, 71, 72, 74, 75, 76, 77, 78, 79, 80, 82, 83, 85, 86, 89, 93, 95, 96, 101, 103, 109, 124
나타나지 않은 것 42, 98, 100, 117, 120, 121, 175, 177, 316, 546, 707, 805, 812,

851, 854
난봉꾼 428
난타 269
낮은 73, 108, 153, 154, 156, 167, 174, 184, 186, 189, 195, 203, 224, 274, 318, 365, 418, 426, 429, 497, 520, 548, 580, 680, 757, 758, 824, 844
내부의 조종자 630, 631, 632, 633, 634, 635, 636, 642
내적 생기 55, 548
눈동자 45, 358, 368, 583, 745
눈이 주를 이루는 것 696
늙지 않는 것 156, 262, 712, 829
니루끄따 39, 45, 61, 218, 333, 466, 546, 743, 744

다뜨리 789
다르마 82, 88, 89, 94, 165, 166, 189, 227, 241, 318, 337, 380, 469, 528, 552, 553, 598, 833
다섯 가지 큰 물질 121
다섯 고통의 홍수로 밀려드는 것 807
다섯 물줄기의 강 807
다섯 생기 807
다섯 소용돌이 807
다섯 지각의 첫 뿌리 807
다양한 색 172, 514
다음 세상에 도달하는 방법 677
닥쉬나 72, 95, 341, 840
달의 신 129, 154, 255, 332, 402, 563, 573, 578, 668, 763
닮은 모습 575, 603, 604, 656, 669, 844
대가 166, 427, 429, 447
대멸 443
대선인 127, 823, 835, 836
대학자 427, 429, 447
도둑 428, 462, 464, 685, 693
독경 314, 327, 360, 759
독수리 272, 683
동공 513
동굴 77, 87, 92, 95, 104, 105, 181, 182, 192, 199, 231, 241, 251, 269, 324, 819, 825, 829, 839
동의의 소리 283
두려움 76, 87, 104, 118, 134, 156, 160, 177, 198, 241, 242, 243, 245, 246, 262, 273, 276, 289, 356, 400, 465, 472, 473, 497, 505, 507, 508, 509, 511, 542, 543, 554, 559, 671, 673, 674, 683, 684, 712, 809
둘이 아닌 것 190, 198, 206, 208, 262, 592, 593, 594, 688, 689, 808, 811, 812, 821, 825, 830
뒷보름 611
따드와남 65
땅 36, 37, 60, 61, 62, 63, 80, 81, 86, 95, 110, 111, 118, 134, 138, 145, 154, 169, 170, 184, 185, 215, 223, 232, 233, 234, 243, 252, 262, 263, 282, 288, 292, 298, 304, 305, 308, 318, 319, 326, 330, 333, 338, 340, 341, 344, 353, 355, 356, 357, 365, 367, 368, 377, 385, 391, 397, 405, 419, 420, 431, 433, 434, 435, 436, 437, 444, 445, 459, 469, 471, 473, 474, 475, 476, 477, 479, 492, 520, 523, 524, 537, 544, 552, 560, 562, 581, 583, 588, 595, 599, 601, 613, 615, 616, 622, 628, 631, 632, 637, 638, 640, 642, 645, 647, 649, 653, 659, 698, 713, 727, 735, 736, 737, 740, 741, 743, 755, 759, 762, 763, 764, 765, 768, 772, 773, 776, 779, 788, 789, 790, 792, 793, 796, 805, 806, 807, 815, 823, 827, 835, 836
뜨리스뚭 370, 371

라그여이 366

라싸 241
라이 47, 746
라이끄바 379, 380, 381, 382, 383
라자나 332, 333
라탄따라 327
레바뜨야 331
루드라 140, 244, 339, 340, 341, 342, 350, 351, 370, 550, 552, 583, 644, 646, 822, 823, 835, 840, 850

마가 62
마드얀디나 33, 39, 44, 45, 47, 517, 611, 719, 735
마따리스반 39, 61, 141
마루뜨 352, 353, 458, 552, 574
마부 73, 96, 97, 692, 693
마야 604
마제 46, 242, 347, 519, 522, 523, 524, 526, 527, 528, 608, 622, 746
마히다싸 아이따레야 371
멈춰 있는 것 585, 586
멸함 43, 100, 120, 262, 272, 400, 500, 512, 618, 813, 826, 848
모든 것을 다스리는 자 205, 206, 708
모든 아의 궁극의 목적 649
몸과 관련된 아 302
무관심 364, 365, 532, 830
무념무위 92
무니 99, 109, 627, 708
무명 35, 38, 40, 42, 53, 64, 82, 83, 84, 99, 101, 102, 109, 149, 152, 157, 160, 161, 163, 169, 174, 175, 176, 178, 182, 185, 186, 187, 188, 189, 195, 197, 198, 199, 204, 452, 453, 454, 462, 463, 486, 487, 490, 496, 497, 525, 543, 549, 554, 594, 600, 601, 604, 626, 642, 677, 684, 685, 688, 689, 695, 696, 700, 702, 706, 709, 712, 717, 779, 805, 808, 810, 811, 812, 817, 821, 823, 828, 832, 833, 834, 836, 837, 838, 839, 840, 841, 846, 848, 849, 853
무상 93, 94
무지 38, 39, 58, 67, 83, 84, 98, 113, 134, 239, 242, 246, 261, 264, 270, 272, 285, 289, 374, 411, 479, 490, 540, 542, 554, 555, 610, 616, 639, 652, 691, 704, 705, 729, 805, 806, 818, 824, 856
묵상하는 자 407
물이 주를 이루는 것 696
물질에 관한 것 634
미뜨라 213, 229, 230, 314, 332, 793
미망 99, 136, 175, 189, 587, 811, 822, 833, 841
미망력 804, 805, 809, 834, 835, 837, 838
미혹 40, 106, 120, 151, 188, 189, 462, 464, 490, 506, 554, 626, 684, 693, 694, 702, 704, 712, 723, 802, 805, 806, 807, 811, 826, 833, 838, 840, 845, 847, 856

바까 달브야 289, 314, 315
바다의 아 457
바람의 계행 569
바람의 신 46, 60, 61, 62, 63, 198, 213, 214, 215, 242, 255, 332, 342, 352, 389, 458, 631, 664, 745, 789, 790
바람이 주를 이루는 것 696
바이스바나라 427, 428, 429, 430, 431, 432, 433, 434, 435, 439, 440, 520
반야의 아 481
받침 433
발굽 520, 544, 547
발자국 547
백성 45, 131, 132, 133, 136, 137, 138, 139, 140, 146, 178, 193, 233, 289, 315, 380, 385, 386, 416, 493, 494, 496, 515, 525, 529, 551, 552, 553, 580, 645, 708,

726, 744, 754
백조 110, 378, 391
번뇌 163, 190, 193, 194, 808, 811, 812
벌 831
범아일여 193
법 40, 44, 88, 89, 93, 124, 175, 195, 337, 366, 467, 469, 552, 598, 599, 653, 677, 684, 707, 710, 711, 743, 793, 806, 825, 842, 850
벼락 419, 646, 647, 758, 759
별의 신 332
보리수 117, 459, 500, 501, 580, 692, 849
보시 72, 78, 337, 372, 378, 379, 423, 507, 608, 655, 722, 723, 762, 763, 817, 854
보이는 발 737, 738, 741
본질성 122, 623, 625
봄 146, 191, 196, 208, 269, 610, 619, 625, 626, 632, 641, 738, 808, 845
봉사 47, 382, 583, 747, 757
부바하 338, 367, 368, 405, 560, 727, 728
부분 양인 것 434
부운 424
부후 172, 219, 338, 367, 368, 405, 560, 581, 727, 728
불그레한 785
불멸 43, 46, 58, 90, 95, 97, 100, 121, 149, 151, 152, 153, 155, 156, 167, 168, 169, 170, 176, 177, 182, 183, 184, 197, 203, 217, 281, 283, 284, 367, 497, 540, 583, 625, 639, 640, 641, 642, 717, 745, 809, 825, 826, 833, 834, 838, 840, 850
불사 38, 41, 43, 46, 52, 57, 58, 76, 81, 114, 123, 124, 134, 138, 147, 159, 170, 175, 183, 184, 186, 187, 199, 217, 221, 222, 226, 254, 256, 262, 273, 276, 295, 296, 335, 338, 344, 345, 346, 347, 348, 349, 350, 351, 352, 353, 354, 357, 358, 361, 362, 367, 386, 400, 486, 487, 497, 501, 503, 505, 507, 509, 511, 512, 515, 540, 545, 546, 559, 565, 566, 570, 571, 587, 588, 595, 596, 597, 598, 599, 600, 632, 633, 634, 635, 636, 649, 680, 682, 691, 699, 700, 704, 705, 712, 713, 745, 790, 811, 817, 822, 824, 825, 827, 838, 839, 840, 843, 845, 850, 855
불사들 58, 349, 824, 825, 838, 839
불사성 38, 57, 76, 102, 123, 184, 338, 588, 596, 713, 718, 808, 827, 856
불사성을 얻기 위한 방법 589
불사의 방법 713
불의 시각 659
불의 신 47, 59, 60, 61, 63, 105, 114, 139, 145, 152, 173, 242, 255, 264, 332, 333, 334, 340, 341, 349, 366, 375, 544, 657, 696, 746, 791
붉은 것 172, 173, 420, 639, 701
붙지 않는 것 639, 659, 673, 682, 709, 718
브라흐마나 우파니샤드 49
브라흐마나쓰빠띠 536, 537
브라흐마짜르야 90
브라흐만의 권능 251, 252, 327, 330, 360, 376, 377, 430, 431, 432, 433, 434, 436, 437, 438, 439, 793
브라흐만의 성 185, 491, 492, 493, 501, 840
브라흐만의 신비 354
브라흐만의 힘 706
브리하드 517
브리하띠 288, 536
브리하쓰빠띠 129, 141, 161, 165, 200, 203, 209, 213, 229, 230, 245, 288, 335, 536
비법 40, 89, 124, 175, 195, 677, 684, 707, 710, 711, 806
비폭력 153, 189, 372, 833
빗장 341, 342, 343, 790

빛나는 색 761
빛의 본질 676, 679, 689, 844, 857
빛이 아닌 것이 주를 이루는 것 697
빠르와띠 63
빠르잔야 138, 140, 141, 178, 329, 360, 419, 438, 550, 583, 758, 759, 760
뿌루샤 45, 160, 221, 282, 299, 357, 358, 368, 369, 397, 420, 505, 542, 543, 579, 603, 745, 759, 827, 847
뿌샨 44, 45, 129, 161, 165, 200, 203, 209, 332, 544, 552, 743
쁘라 89, 143, 312, 322, 325, 412, 735
쁘라갸 204, 205, 275, 276, 684, 809
쁘라나바 296, 297, 348, 813
쁘라띠 313, 322
쁘라띠스타 86
쁘라와짜나 93
쁘라와하나 자이발리 416
쁘라자빠따 45, 744
쁘라자빠띠 41, 45, 131, 142, 244, 245, 263, 274, 285, 323, 334, 335, 336, 338, 355, 385, 396, 404, 409, 504, 505, 506, 507, 508, 510, 511, 512, 514, 515, 516, 519, 521, 522, 523, 524, 525, 526, 527, 528, 529, 531, 532, 537, 542, 543, 544, 545, 546, 562, 563, 567, 577, 628, 629, 644, 645, 646, 653, 654, 669, 690, 696, 721, 722, 723, 724, 726, 731, 744, 749, 776, 789, 797, 842, 850

사제 계급 66, 75, 94, 101, 111, 139, 175, 236, 304, 382, 425, 428, 551, 554, 578, 589, 590, 692, 714, 715, 755, 757, 758, 768, 809
사촌 255, 531, 582
살갈퀴 775, 776
상기 144, 145, 146, 149, 150, 193, 223, 360, 438, 439, 560, 658, 843
상캬 98, 99, 120, 168, 177, 193, 233, 274, 484, 489, 648, 813, 826, 832, 841, 847, 848, 851, 852, 853
생각 52, 54, 55, 56, 58, 65, 72, 73, 80, 84, 85, 86, 146, 150, 151, 158, 180, 182, 184, 189, 195, 238, 255, 267, 268, 272, 274, 286, 287, 293, 322, 335, 363, 374, 409, 410, 415, 427, 436, 437, 438, 439, 441, 442, 444, 447, 450, 469, 470, 471, 472, 476, 477, 480, 482, 483, 484, 485, 487, 488, 497, 507, 508, 513, 514, 521, 524, 525, 526, 531, 542, 546, 564, 567, 570, 588, 590, 592, 594, 595, 605, 625, 626, 631, 636, 639, 641, 642, 648, 664, 665, 667, 668, 669, 670, 674, 676, 677, 685, 687, 688, 694, 699, 703, 708, 714, 716, 718, 731, 746, 773, 776, 802, 807, 808, 809, 827, 830, 833, 838, 844, 845
생기가 정예함 373
생기의 계행 569
생기의 아 106, 541, 568, 569, 673, 735
생기의 철학 413, 541, 775, 776
생령 46, 103, 104, 114, 146, 155, 177, 188, 269, 445, 450, 452, 453, 455, 458, 459, 513, 600, 620, 621, 642, 803, 808, 810, 811, 812, 837, 844, 852, 853, 856
생령의 아 98, 110, 112, 188, 189, 241, 242, 269, 445, 446, 452, 465, 482, 497, 684, 790, 808, 814, 821, 844
생명 38, 39, 46, 52, 61, 74, 105, 131, 132, 133, 135, 140, 141, 158, 178, 233, 234, 268, 284, 337, 341, 458, 477, 489, 563, 576, 613, 652, 664, 695, 705, 721, 729, 733, 745, 826
생식기 80, 109, 143, 180, 636, 646, 749, 760, 777, 781, 802, 805, 807
샤끄와르야 330, 331
샤우나까 까삐야 384, 385

샨딜야 365, 605, 606, 607, 719, 720, 796
서곡 310, 312, 318, 319, 320, 321, 322, 323, 324, 325, 326, 327, 328, 329, 330, 331, 332, 333, 334, 540
서곡시가 613, 615, 616
선 45, 686, 725, 744
선과 악 681, 682, 691, 710, 802
선업 95
성가 256, 293, 327, 334, 336, 340, 529, 770
성전 35, 224, 248, 254, 255, 272, 305, 387, 401, 575, 599, 615, 629, 656, 661, 683, 690, 701, 786, 818
성취 47, 86, 192, 337, 389, 502, 612, 613, 689, 741, 742, 748, 764, 774, 805, 820
세 갈래 길 806, 807
세 세상 333, 334, 527, 537, 560, 564, 647
세 지혜 333, 334, 405, 406
세간 36, 131, 448, 565, 708, 709, 761
세상광명산 622
세상들의 저편 737, 738
세상의 수레바퀴 690
세속적인 삶 308
세정 의식 373
세존 130, 131, 137, 142, 147, 153, 157, 167, 247, 314, 489, 490
소라 나팔 591, 715
소리 47, 52, 65, 77, 83, 96, 100, 103, 104, 105, 153, 154, 155, 158, 168, 180, 187, 195, 198, 203, 204, 218, 219, 221, 224, 232, 281, 283, 290, 292, 294, 295, 296, 297, 302, 305, 313, 315, 316, 318, 323, 324, 325, 326, 327, 328, 329, 330, 331, 332, 333, 334, 335, 338, 344, 348, 356, 362, 367, 371, 372, 376, 377, 414, 462, 488, 490, 520, 525, 538, 539, 559, 569, 570, 576, 590, 591, 593, 597, 598, 604, 613, 615, 617, 639, 646, 650, 652, 675, 676, 691, 692, 696, 715, 716, 723, 724, 727, 728, 730, 735, 745, 746, 754, 759, 769, 770, 782, 795, 805, 806, 807, 815, 817, 819, 820
소음 295, 362
수면 상태 679
수신 315, 653, 793
수제자 395, 857
수행 64, 109, 329, 339, 422, 485, 598, 609, 686, 712, 803, 806, 819, 820, 853
수행자 65, 106, 110, 191, 197, 221, 241, 242, 302, 466, 474, 490, 505, 522, 621, 627, 670, 686, 708, 761, 820, 856
숲의 길 500, 501
쉴라까 샬라와뜨야 303, 304, 305
슈끌라 야주르베다 33, 517
스웨따께뚜 아루네야 416, 417
스웨따스와따라 799, 841, 856
슬픔을 여읜 것 326, 821
승낙 787
승인 177, 196, 604
식 36
신성한 것 177, 192, 856
신심 131, 133, 180, 655, 857
신에 관한 것 64, 634
신의 상태 463, 532, 540
신의 아 41, 213, 335, 534, 559, 804
신인 467, 468, 469, 474, 475, 476, 477
신적인 마음 566
실재 37, 41, 46, 58, 74, 101, 149, 150, 151, 153, 156, 158, 165, 169, 170, 176, 183, 191, 214, 222, 230, 231, 240, 241, 353, 357, 402, 422, 442, 446, 447, 452, 455, 458, 459, 460, 461, 463, 464, 465, 483, 484, 489, 492, 497, 547, 551, 553, 571, 585, 588, 600, 627, 642, 706, 724, 725, 726, 727, 728, 746, 761, 809, 811, 826, 827, 834, 848, 849
실재의 실재 587, 588

실행 44, 77, 296, 470, 476, 481, 485, 486, 493, 542, 553, 554, 599, 621, 697, 764, 817, 856
심낭 580
심장의 허공 95, 104, 105, 111, 115, 205, 251, 269, 397, 496, 502, 573, 598, 620, 838, 839
싸나뜨꾸마라 465, 466, 489, 490
싸드야 179, 180, 353, 354
싸뜨야까마 자발라 387, 388, 389, 395, 413, 668, 775
싸라쓰와띠 302, 739, 740, 780, 792, 793, 795
싸마 144, 256, 298, 304, 537, 538, 539, 540, 541, 609
싸마 찬가 304, 305, 306, 310, 311, 312, 313, 314, 315, 316, 317, 318, 319, 320, 321, 322, 323, 324, 325, 326, 327, 328, 329, 330, 331, 332, 333, 334, 335, 336, 340, 341, 342, 346, 347, 405, 406, 788
싸마베다 49, 78, 89, 90, 138, 155, 156, 159, 167, 179, 219, 220, 224, 236, 256, 279, 281, 282, 283, 284, 289, 291, 292, 293, 294, 295, 297, 298, 299, 300, 301, 302, 303, 304, 310, 311, 312, 313, 314, 333, 334, 346, 347, 367, 368, 403, 405, 450, 466, 467, 468, 475, 525, 529, 537, 540, 541, 561, 591, 609, 611, 663, 702, 716, 721, 733, 736, 741, 770, 780, 834
싸비따 315, 585
싸하마나 366
쌈바바 42
쌈부띠 42
쑤르야 45, 130, 242, 332, 744
쑤부따 366
쑤슘나 123, 145, 193
쓰깐다 490
쓰바하 218, 219, 338, 367, 368, 405, 406, 560, 729
쓰와쓰띠 129
쓰와얌부 607, 720, 797
씨앗의 상태 208, 546

아(我)를 욕망하는 자 700
아(我)에 대한 욕망 701
아가 있는 자 577
아그니 47, 59, 60, 63, 105, 139, 145, 152, 173, 218, 264, 332, 333, 340, 422, 545, 746, 791
아닐라 46, 339, 745
아디띠 104, 105, 644, 795
아띠단바 샤우나까 307
아란야까 517, 843
아마 298, 299, 301, 414, 537
아비쁘라따리 384, 385
아빠쓰 39
아성 46, 57, 132, 192, 238, 248, 256, 354, 363, 427, 434, 483, 568, 569, 579, 619, 659, 673, 703, 704, 710, 741, 746
아쌈바바 42, 43
아쑤라 38, 114, 138, 285, 286, 287, 507, 521, 528, 529, 531, 532, 533, 705, 721
아쑤르야 38
아야쓰야 288, 532
아에 대한 앎 116, 596
아우드달라끼 아루니 76
아우호여이 316
아침 낭송 403, 404
아타 316
아타르바나 601, 602, 603, 630
아타르바앙기라쓰 찬가 347
아트만 57, 100, 119, 147, 335, 506, 520, 521, 524, 525, 526, 527, 556, 563, 590, 713, 715, 814, 846
앙기라쓰 139, 166, 167, 236, 288, 373
앞보름 611
애욕으로 된 것 650

야갸야겨이야 332
야마 44, 73, 74, 75, 85, 93, 243, 366, 550, 614, 655, 744, 836
야주르베다 33, 69, 78, 89, 90, 138, 154, 156, 159, 167, 179, 211, 214, 219, 220, 236, 284, 292, 294, 295, 301, 302, 333, 338, 346, 367, 368, 403, 405, 450, 466, 467, 468, 475, 517, 525, 536, 537, 591, 609, 610, 621, 663, 702, 716, 736, 741, 780, 795, 796, 799, 834
약샤 59
언어 51, 52, 53, 54, 55, 67, 137, 138, 141, 180, 192, 218, 222, 236, 246, 248, 261, 265, 266, 281, 288, 292, 300, 301, 302, 314, 316, 317, 321, 322, 326, 355, 356, 357, 359, 375, 384, 385, 386, 387, 403, 404, 408, 409, 410, 411, 412, 420, 437, 442, 446, 447, 448, 449, 452, 454, 455, 463, 468, 469, 470, 471, 472, 484, 488, 516, 520, 524, 525, 528, 529, 531, 534, 535, 536, 537, 538, 539, 546, 556, 559, 560, 561, 562, 565, 566, 567, 568, 569, 570, 574, 579, 581, 582, 583, 584, 585, 592, 595, 596, 600, 610, 617, 618, 619, 635, 639, 640, 646, 657, 662, 663, 664, 675, 693, 694, 695, 696, 699, 707, 716, 729, 739, 740, 747, 748, 749, 750, 751, 752, 754, 759, 760, 766, 780, 786, 788, 791, 792, 793, 795, 809, 810, 815
없음 40, 46, 66, 72, 91, 92, 122, 136, 138, 156, 160, 182, 185, 187, 193, 196, 240, 241, 242, 262, 323, 326, 376, 400, 443, 483, 486, 487, 490, 497, 505, 507, 509, 511, 576, 592, 593, 605, 619, 673, 688, 691, 694, 697, 699, 702, 706, 745, 820, 829, 830, 835, 838, 839, 846, 857
여성스런 지혜 712
연기 108, 327, 418, 419, 420, 421, 423, 424, 425, 591, 592, 716, 758, 759, 760, 761, 763, 764, 819, 820, 851
열기 169, 170, 270, 329, 444, 446, 447, 448, 449, 452, 454, 455, 462, 463, 471, 478, 479, 488, 501, 502, 503, 515, 523, 527, 779
열기정수 523
열매 188, 459, 469, 765, 775, 776, 832
열음 294, 335, 336
염라 44, 45, 73, 614, 743, 744
염송 행위 539, 540
영상의 아 301
오대 제사 555
와루나 213, 229, 230, 247, 248, 249, 250, 251, 315, 335, 351, 352, 366, 550, 653, 656, 696, 793
와마데바 227, 272, 273, 276, 549
와마데브야 328
와쑤 110, 244, 339, 340, 341, 349, 350, 354, 366, 369, 544, 552, 644, 645, 646, 647
와쑤데바 98
와유 46, 60, 61, 63, 213, 214, 215, 230, 242, 332, 745, 746
와유나 47, 746
와이라자 330
와이루빠 329, 330
와이스바나라 132, 204, 207, 673, 730
와자 71, 521
와자슈라와싸 71, 76
왕공 무사 계급 94, 138, 382, 425, 428, 550, 551, 553, 578, 589, 590, 692, 714, 715, 734, 735, 755, 757, 758, 768
왕공 무사의 친구 417, 755
왕위 즉위 희생 제의 551
외딴 곳 56, 73, 314, 516, 819, 843
외부를 향한 활동 632
외양 539, 557, 558, 650, 652, 851
욕망이 주를 이루는 것 697
우끄타 301, 733

우다라샨딜야 307, 308
우담바라 413, 415, 692, 764, 765, 775
우드 145, 291, 292, 299, 300, 302, 313, 322, 325, 537, 538
우드가뜨리 279, 284, 289, 297, 300, 303, 310, 311, 312, 334, 336, 403, 405, 541, 611, 770
우드기타 281, 282, 283, 284, 286, 287, 288, 289, 290, 291, 292, 294, 296, 297, 300, 303, 304, 307, 308, 310, 312, 313, 314, 325, 334, 528, 529, 530, 531, 534, 537, 538, 770
우드기타의 철학 307
우빠 322
우빠꼬쌀라 까말라야나 395
짜끄라야나 우샤쓰띠 309, 311
우아함 360
우연 802, 803
우울 626
울림 362, 651
움직이는 것 36, 58, 182, 185, 233, 282, 316, 403, 525, 585, 586, 624, 677, 695, 828
움직이지 않는 것 40, 58, 117, 233, 275, 282, 386, 403, 445, 458, 525, 528, 695
움직임 47, 84, 85, 86, 93, 304, 373, 376, 473, 474, 484, 560, 624, 746, 802, 829
원기 105, 270, 405, 406, 436, 450, 489, 521, 526, 527, 557, 559, 779, 780, 781, 782, 783
원인의 아 35, 571
월륜 727
위라뜨 276, 316, 330, 338, 523, 542, 543, 607, 805
위라즈의 몸 628, 690
위스누 35, 46, 98, 103, 110, 112, 117, 129, 131, 153, 178, 213, 224, 229, 230, 247, 262, 295, 468, 519, 639, 645, 653, 728, 746, 770, 771, 780, 788, 789, 796, 804, 811, 836, 840, 850
유락 765, 776, 785, 791, 792
육화된 것 595
윤회 38, 39, 47, 57, 58, 67, 78, 82, 83, 84, 85, 94, 95, 96, 97, 103, 113, 117, 119, 119, 123, 155, 166, 169, 173, 175, 186, 189, 197, 242, 262, 264, 270, 271, 272, 276, 361, 373, 402, 425, 457, 462, 486, 493, 503, 545, 549, 579, 582, 623, 626, 636, 641, 642, 683, 693, 696, 698, 699, 700, 725, 746, 762, 802, 807, 809, 818, 833, 834, 835, 838, 840, 841, 842, 845, 846, 847, 854, 856
으뜸 44, 67, 73, 91, 98, 137, 139, 140, 148, 166, 190, 205, 217, 218, 225, 237, 238, 253, 349, 350, 351, 352, 353, 384, 428, 519, 534, 535, 556, 559, 572, 644, 698, 706, 733, 734, 735, 743, 805, 811, 851, 854, 856
음료 339, 349, 419, 495, 496, 582, 663, 693, 767, 845
음성학 66, 154, 167, 207, 213, 214, 237, 466
의식 36, 39, 54, 74, 86, 91, 98, 107, 109, 115, 116, 120, 124, 151, 152, 157, 183, 187, 191, 205, 222, 240, 273, 364, 396, 445, 452, 459, 473, 472, 488, 489, 579, 580, 624, 635, 676, 677, 678, 679, 691, 706, 717, 802, 808, 811, 815, 826, 828, 830, 832, 838, 845, 852, 853, 854, 857
의식의 아 39, 54, 802, 828, 832, 845, 854
의식체 106, 116, 710, 803
의지처 282, 304, 393, 409, 620, 649, 739, 749, 809
이단드라 269, 270
이로움 448, 580, 672, 683
이이 316
이하 316
인내 274, 707, 710

인드라 46, 62, 63, 64, 118, 129, 138, 140, 161, 165, 173, 200, 203, 209, 213, 217, 222, 229, 230, 242, 244, 245, 269, 270, 274, 335, 336, 350, 351, 423, 426, 504, 505, 508, 513, 544, 545, 550, 562, 574, 583, 587, 601, 604, 605, 622, 628, 644, 645, 646, 647, 671, 672, 745, 758, 790, 850
인아 45, 98, 99, 107, 108, 109, 110, 112, 114, 120, 121, 122, 139, 142, 143, 151, 153, 154, 155, 156, 157, 158, 159, 160, 175, 176, 177, 178, 179, 180, 181, 188, 189, 194, 198, 199, 221, 231, 263, 264, 265, 269, 282, 285, 299, 300, 301, 302, 357, 358, 361, 363, 368, 397, 400, 402, 420, 422, 505, 512, 513, 542, 558, 572, 573, 574, 575, 576, 577, 578, 579, 580, 581, 586, 587, 595, 596, 597, 598, 599, 600, 603, 649, 650, 651, 652, 653, 659, 671, 672, 676, 677, 678, 679, 680, 681, 682, 683, 684, 692, 694, 698, 700, 715, 727, 728, 729, 737, 738, 741, 759, 802, 803, 804, 811, 824, 825, 826, 827, 829, 833, 848, 853
입이 없는 것 640
있음 40, 42, 107, 118, 122, 138, 156, 182, 192, 193, 240, 241, 327, 328, 329, 330, 331, 332, 333, 334, 362, 376, 377, 382, 441, 443, 444, 445, 447, 450, 452, 453, 454, 455, 456, 457, 459, 460, 461, 462, 463, 464, 465, 484, 486, 488, 489, 491, 499, 500, 502, 513, 526, 691, 802, 803, 830, 838, 846, 857

자가띠 370, 371
자기 경험 56
자나슈루띠 빠우뜨라야나 378
자따베다쓰 59, 60, 105
자연 42, 43, 87, 89, 98, 100, 120, 175, 177, 196, 198, 199, 237, 604, 648, 793, 797, 802, 803, 804, 805, 806, 810, 811, 813, 826, 832, 834, 835, 838, 848, 849, 851, 853, 856
자유로운 왕국 342, 350, 351, 354
자재자 36, 37, 41, 43, 44, 47, 54, 58, 62, 94, 102, 115, 116, 118, 140, 152, 158, 159, 160, 175, 177, 179, 181, 187, 188, 189, 190, 217, 229, 242, 264, 265, 268, 270, 273, 275, 302, 336, 364, 425, 427, 493, 499, 516, 522, 548, 562, 567, 574, 603, 604, 620, 622, 632, 642, 652, 704, 744, 804, 808, 810, 811, 812, 813, 822, 824, 829, 835, 836, 837, 839, 841, 842, 848, 849, 850, 851, 857
자제 66, 73, 153, 722, 723, 770
잠에서 깨어 있는 층위 358
장과 692
재계 372, 656
적연 담박 760
적정 36, 66, 75, 100, 710, 809, 826
전능 247, 779, 783, 806, 850
절대자 33, 36, 46, 75, 745, 809
절정 99, 318, 319, 320, 321, 322, 323, 325, 326, 327, 328, 329, 330, 331, 332, 333, 334
접촉이 없는 것 639
정도 343
정력 270, 779
정법 337
정액 114, 136, 178, 232, 233, 264, 265, 270, 271, 420, 421, 422, 424, 454, 524, 545, 575, 596, 620, 636, 645, 649, 653, 656, 661, 749, 750, 751, 752, 760, 767, 776, 777, 778, 779, 781, 782, 806
제관 72, 95, 106, 111, 167, 171, 224, 279, 284, 289, 293, 297, 300, 310, 311, 312, 315, 334, 336, 403, 404, 405, 406,

407, 421, 536, 538, 540, 541, 551, 609, 610, 611, 612, 613, 614, 615, 616, 621, 630, 655, 656, 731, 733, 761, 763, 765, 770
제례의 집행관 621
제사의 철학 371, 373
제장 167, 171, 179, 279, 284, 300, 303, 315, 334, 336, 733
제주 72, 76, 149, 173, 179, 283, 284, 303, 311, 312, 335, 339, 340, 341, 342, 343, 372, 373, 404, 407, 418, 423, 540, 541, 610, 611, 612, 641, 645, 655, 656, 657, 661, 767, 777
제한된 속성 659
조물주의 아들 45, 744
조복한 것 710
종곡 318, 319, 320, 321, 322, 324, 325, 326, 327, 328, 329, 330, 331, 332, 333, 334
죄악 67, 89, 94, 199, 238, 246, 286, 287, 299, 300, 377, 426, 427, 440, 531, 533, 534, 557, 567, 569, 677, 684, 710, 711, 728, 729, 737, 741, 820, 823, 838, 847, 849, 850, 854
주군 771
주후 366
중앙의 생기 568, 582, 583, 585
지고의 아 37, 38, 57, 66, 88, 94, 103, 150, 151, 155, 159, 166, 167, 181, 188, 193, 194, 196, 197, 204, 217, 224, 231, 237, 239, 240, 241, 246, 254, 257, 270, 273, 281, 282, 284, 324, 338, 497, 499, 500, 521, 548, 579, 590, 592, 593, 603, 671, 700, 702, 708, 808, 809, 811, 815, 817, 819, 821, 822, 824, 825, 828, 830, 832, 834, 837, 842, 846, 853, 855, 856
지고의 자재자 37, 43, 44, 47, 94, 102, 114, 115, 116, 118, 140, 158, 159, 160, 175, 177, 179, 181, 187, 189, 217, 562, 574, 603, 604, 622, 804, 811, 812, 829, 833, 835, 836, 851, 857
지배자 36, 62, 104, 107, 112, 118, 131, 226, 245, 273, 414, 483, 645, 690, 704, 705, 708, 770, 771, 813, 823, 826, 827, 828, 834, 835, 838, 851, 852, 854
지복 45, 47, 82, 90, 173, 247, 744, 746, 779, 814, 826, 850
지식 41, 42, 43, 47, 75, 77, 79, 81, 114, 167, 170, 175, 176, 197, 215, 218, 247, 274, 285, 383, 394, 408, 429, 430, 447, 467, 469, 475, 533, 556, 578, 581, 585, 592, 593, 624, 626, 635, 661, 663, 674, 691, 695, 716, 736, 738, 740, 741, 746, 748, 757, 758, 778, 779, 793, 809, 815, 843
지체의 정수 532, 538
진성 99, 100, 120, 121, 150, 237, 274, 484, 489, 490, 493, 494, 575, 591, 648, 723, 802, 804, 805, 826, 832, 842, 843, 847, 849, 848, 851, 852
진실 44, 45, 58, 66, 111, 112, 133, 136, 142, 153, 155, 170, 171, 180, 189, 190, 191, 193, 224, 225, 227, 237, 239, 240, 261, 276, 286, 361, 364, 365, 372, 389, 452, 464, 465, 483, 491, 522, 540, 571, 588, 599, 651, 657, 666, 671, 725, 726, 738, 743, 744, 814, 833, 848
진언 35, 46, 170, 171, 218, 294, 295, 340, 341, 342, 369, 373, 414, 467, 470, 471, 472, 480, 481, 490, 503, 514, 515, 549, 656, 746
짐승들 180, 217, 235, 324, 334, 475, 476, 477, 525, 526, 550, 557, 558, 603, 647
집적 결합 623, 624, 649, 653, 674, 676, 680, 682, 683, 697
짜이끼따야나 달브야 303, 304, 305
찌뜨따 146

찬도가 279
찬도그야 279, 336, 615, 747, 748
찬도그야 브라흐마나 279
찬송찬가 615
창조 91, 118, 119, 120, 131, 140, 158, 170, 180, 193, 205, 206, 233, 240, 262, 269, 274, 376, 402, 445, 486, 490, 524, 544, 545, 546, 583, 595, 644, 645, 653, 726, 740, 762, 777, 789, 792, 801, 804, 805, 816, 823, 835, 841, 842, 847
창조주 131, 133, 135, 136, 139, 193, 219, 223, 315, 316, 323, 335, 353, 379, 426, 769
천수 262, 263
청곡 775
청정범행 82, 90, 131, 133, 135, 136, 153, 154, 180, 189, 190, 199, 218, 219, 239, 337, 339, 374, 383, 384, 385, 386, 387, 395, 400, 441, 491, 498, 499, 500, 501, 504, 512, 555, 609, 721, 755, 778, 833
청정범행처 387, 388
촉감 96, 103, 105, 121, 158, 168, 180, 232, 362, 592, 617, 618, 724, 805, 806, 807, 820
촉음 335, 336, 337
최종 승자 783
최하층 천민 425, 440, 685
충실 485
칠현금 302, 465, 466
침묵 627

코 52, 55, 80, 96, 112, 143, 146, 148, 150, 180, 192, 193, 198, 225, 234, 263, 265, 266, 286, 287, 290, 295, 300, 364, 375, 513, 529, 534, 560, 570, 592, 617, 624, 634, 646, 716, 805, 807, 818
쾌락 247, 421, 760, 779, 832, 836

태양신 44, 315, 329, 332, 339, 351, 352, 601, 644, 735, 739, 743, 744, 773, 789
태양의 세상 303, 628
태양의 신 198, 242, 255, 332, 339, 342, 343, 402, 654, 666, 793
태양의 아 110, 611, 694, 817
태양의 인아 302

파괴하는 자 811
편기 144, 145, 148, 193, 219, 220, 221, 223, 234, 290, 291, 359, 436, 437, 560, 615, 624, 658, 736, 737, 741, 843
평기 143, 144, 145, 149, 193, 223, 360, 438, 560, 658, 843
평정 36, 94, 176, 186, 189, 192, 196, 251, 474, 671, 707, 710, 833, 857
평탄한 곳 748

하강 318, 319, 320, 321, 323, 324, 325, 326, 327, 328, 329, 330, 331, 333, 334
하기 112, 113, 143, 145, 148, 180, 193, 213, 219, 220, 221, 223, 234, 241, 253, 254, 264, 265, 267, 268, 290, 291, 359, 437, 560, 615, 617, 624, 658, 736, 737, 741, 782, 819, 843
하늘나라 67, 178, 221, 262, 263, 423, 434, 701, 724
하늘의 세상 326, 418, 419, 422, 537, 560, 758
하우 316
하이 316
하이마와띠 62
하인 358, 386, 552, 553, 674, 756, 763
합환 행위 760, 777
항상성 57, 182, 619
항상한 것 116, 168, 354, 607, 709
해탈 38, 41, 47, 57, 76, 82, 83, 86, 119,

121, 161, 184, 186, 188, 194, 197, 198, 226, 257, 262, 338, 424, 464, 465, 491, 500, 547, 550, 600, 610, 611, 612, 618, 619, 639, 681, 682, 691, 700, 701, 703, 715, 746, 762, 764, 808, 809, 810, 811, 817, 818, 824, 826, 827, 832, 835, 837, 841, 845, 853, 854, 855, 857
해탈의 방편인 길 701
행위의 방편 626
행위천신 244, 690
허공의 세상 326, 342, 560, 628
허공이 주를 이루는 것 696, 697
현자 77, 83, 87, 91, 93, 100, 174
형상이 있는 것 240, 256, 585, 586, 738
호흡 46, 52, 60, 104, 105, 143, 144, 145, 180, 235, 264, 266, 274, 285, 412, 560, 745, 753, 817, 819, 848
혼돈 836, 846
혼불 74
화목 175, 180, 389, 390, 429, 504, 508, 510, 511, 613
화사한 것 575
화제 37, 66, 133, 159, 170, 171, 172, 178, 179, 181, 182, 192, 224, 225, 244, 306, 337, 340, 389, 418, 419, 423, 428, 429, 435, 439, 440, 493, 564, 612, 674, 690, 725, 762, 764
환희 64, 140, 186, 205, 222, 230, 236, 238, 239, 241, 242, 243, 244, 245, 246, 250, 251, 254, 256, 269, 326, 339, 488, 532, 566, 581, 587, 661, 668, 669, 677, 678, 689, 690, 691, 702, 767, 804, 808, 809, 811, 812, 815, 817, 823, 824, 834, 835, 836, 837, 840, 849, 856, 857
활기 217, 270, 315, 345, 347, 348, 672
황갈색의 784
황소 334, 362, 389, 390, 394, 513, 543, 664, 665, 666, 669, 670, 729, 842
홈 316, 322
휘저은 것 413, 414, 765, 766, 767, 768, 769, 771, 772, 773, 774, 775
흐르는 것 348, 639, 672
흙이 주를 이루는 것 696
희망 37, 75, 140, 335, 480, 481, 482, 488, 783
흰 산 640
흰개미집 700
히란야가르바 42, 43, 86, 98, 104, 155, 158, 169, 170, 175, 245, 263, 274, 275, 355, 377, 501, 516, 522, 537, 566, 567, 586, 607, 642, 690, 726, 744, 761, 817, 821, 823, 824, 831, 836, 840, 841, 843, 850, 855
힘의 상태 627
힝 315, 316, 318, 319, 320, 321, 322, 323, 324, 325, 326, 327, 328, 329, 330, 331, 332, 333, 334, 769, 770